ISBN 978-0-266-08454-9
PIBN 10947570

FB &c Ltd, Dalton House, 60 Windsor Avenue, London, SW19 2RR.
Company number 08720141. Registered in England and Wales.

For support please visit www.forgottenbooks.com

REVUE CHRONOLOGIQUE DE L'HISTOIRE DE FRANCE.

Se trouve à Londres,

Chez Martin BOSSANGE et Compagnie,
14 Great Marlborough street.

De l'imprimerie de Firmin DIDOT, rue Jacob, n° 24.

REVUE
CHRONOLOGIQUE
DE
L'HISTOIRE DE FRANCE,

DEPUIS LA PREMIÈRE CONVOCATION DES NOTABLES JUSQU'AU DÉPART DES TROUPES ÉTRANGÈRES.

1787—1818.

> Je présente une époque signalée par de grands évènements, de terribles révolutions, des guerres acharnées, et des traités non moins funestes. (*Histoires de* TACITE.)

SECONDE ÉDITION,

REVUE ET AUGMENTÉE.

A PARIS,

CHEZ FIRMIN DIDOT PÈRE ET FILS,

LIBRAIRES, RUE JACOB, N° 24.

AVIS

DES ÉDITEURS.

Nous reproduisons un ouvrage que le public a jugé favorablement. La première édition, publiée à la fin de 1820, manque depuis près d'un an. Cette seconde édition lui est conforme, sauf quelques rectifications de dates, de légers changements dans la rédaction, et des additions jugées nécessaires dans l'exposé d'un très-petit nombre de faits.

INTRODUCTION.

L'histoire nationale doit former une partie essentielle de l'éducation primaire, s'il est vrai que la connaissance des devoirs de sujet et de citoyen appuie les lois, fasse la force et amène la sécurité d'un gouvernement sagement constitué, c'est-à-dire établi pour la nation elle-même.

Jadis, le professorat des colléges reconnaissait pour base de toute instruction, l'étude des langues mortes. On voyait des pédagogues en soutane ou sous le froc monacal, expliquer les annales de vingt peuples païens, et, s'enfonçant dans les obscures régions d'une merveilleuse antiquité, exalter l'imagination de nos jeunes élèves, en leur signalant les ombres fantastiques de *Léonidas*, de *Scévola*, de *Décius*, de *Clélie;* déployer à leurs yeux étonnés les hauts faits de *Sésostris*, de *Cyrus*, d'*Alexandre*, personnages à demi-fabuleux, guerriers d'un monde à-peu-près idéal; tandis que les noms les plus glorieux de la terre des Français étaient laissés dans l'oubli : on passait sous silence les exploits du *vainqueur de Bouvines*, les bienfaits de ce *Charles* qui sauva la France aussi, mais sans combats, et par les seuls moyens de sa profonde sagesse; le bonheur de cet autre *Charles* que la mollesse avait plongé dans l'abîme, et que relevèrent des sujets généreux. On dédaignait de montrer aux jeunes Français le dévouement sublime d'*Eustache de Saint-Pierre*, le mâle courage de ces femmes plébéiennes conduites par *Jeanne Hachette*, la valeur bien plus éclatante de *Jeanne d'Arc*, juridiquement assassinée à vingt ans par le fanatisme ultramontain, que conduisait la vengeance des Anglais. Une ignoble effigie, sur la place d'Orléans, était le seul indice de la reconnaissance des habitants qu'avait sauvés cette jeune héroïne. Un poëme ridicule obscurcit sa mémoire; un poëme obscène la fit revivre pour la flétrir. Combien aurait-on compté de Français hors de *Saint-Jean-de-Lône* (Côte-d'Or) qui connussent les noms de *Pierre Desgranges*, de *Pierre Lâpre*, dignes citoyens qui, en 1636, s'étant mis à la tête des habitants de cette ville, la défendent contre une nombreuse armée d'Allemands et d'Espagnols, et préservent ainsi la France des horreurs d'une invasion? En 1594, *Brissac* reçoit une somme considérable pour admettre Henri IV dans la capitale. Le nom de ce seigneur, chargé d'éloges, paré des plus beaux titres, est transmis à la postérité; tandis que l'échevin *Langlois*, dont les efforts ont décidé la reddition de Paris, qui n'est déterminé que par le sentiment du patriotisme, reste ce qu'il était, simple bourgeois; les historiens daigneront à peine faire mention de lui.

Nos écoles retentissaient des oraisons du consul romain à Catilina, contre Verrès, pour Milon; des harangues mensongères de Tite-Live, des fictions de Quinte-Curce; tandis que les discours du vertueux l'Hôpital, les combats, les vertus, les crimes de nos pères, leurs malheurs même, d'où procédèrent les nôtres, ne semblaient pas dignes de nous instruire. On eût rougi de jeter un regard sur nos annales; et les plus beaux modèles de l'héroïsme national restaient ensevelis dans les archives poudreuses des cités, dans les bibliothèques des monastères. Prétendait-on former des sujets à la monarchie, en ne leur parlant que d'Athènes et de Rome?

Vers le milieu du dix-huitième siècle, la nation, humiliée de ses revers, honteuse des égarements de ses chefs, inquiète sur l'avenir, se replie sur le passé : *Henri IV* d'abord, puis *Lusignan*, *Tancrède*, *du Guesclin*, *Bayard*, sortent de la tombe, comme pour nous demander compte de l'héritage qu'ils nous transmirent. A leur aspect, les savants interrogent avec un zèle plus judicieux les antiquités nationales; les jurisconsultes recherchent les origines de nos lois, les publicistes sondent les fondements de nos institutions; on recherche avec avidité les vestiges de nos anciennes libertés. Ce ne sont plus des faits stériles, ce sont d'utiles renseignements qu'on demande à l'histoire. On veut savoir d'où l'on est parti, connaître le but vers lequel on se dirige.

A cette époque, paraît, *en français*, un Abrégé de l'Histoire de France, à l'usage de l'École-Militaire; abrégé qui, tout concis qu'il est, imparfait comme il est, donne une esquisse des faits principaux. Mais à quelles sources le jeune homme puisera-t-il des notions plus étendues, lorsqu'il n'existe encore que des chroniques apocryphes ou des recueils d'anecdotes?

De Thou, le premier historien digne de ce titre, vivait sous Louis XIII. Il se montra peu jaloux d'écrire pour les grands de son temps, gens fort illettrés, consumant leurs jours dans les intrigues d'une cour remplie d'Italiens pervers. Il ne jugea pas non plus que le gros de la nation, cette masse plébéienne si peu considérée, étrangère même dans l'état, excepté lorsqu'on était réduit à réclamer son aide pour sauver le trône, l'autel ou le château féodal, dût être informée des évènements passés, ou préparée aux coups de la fortune. *De Thou*, faisant de l'histoire une science occulte, accessible seulement aux gens de robe ou d'église, méprisa l'idiôme vulgaire; et, par un singulier contraste, tandis qu'*Amyot* venait de s'en servir pour faire connaître aux Français les héros et les sages qui vécurent, dans les siècles reculés, sur les bords du Tibre ou de la mer Égée, *de Thou*, transmettant dans une langue morte le récit des derniers troubles de la patrie, en dérobait les leçons salutaires à la foule de ses contemporains.

Mézeray vient ensuite. Trop véridique pour le temps, il ose rappeler les droits de la nation dans l'établissement des impôts: aussitôt les ministres, qui, par habitude ou par dépravation, maintiennent la clandestinité dans les affaires de finances, lui retirent sa modique pension, et brisent sa plume.

Après lui, vient le *jésuite Daniel*, chargé des graces d'un monarque qui rapporte *à lui seul toute la monarchie*. Excessivement diffus dans les récits des combats, dans les descriptions des fêtes, cet écrivain se tait quand il s'agit d'institutions, de ressorts d'évènements, des progrès de l'esprit humain. Il voudrait établir en principe (ainsi que l'observe Saint-Simon) que la plupart des Rois de la première race, plusieurs de la seconde, quelques-uns de la troisième, furent illégitimes, très-souvent adultérins et doublement adultérins; que ce défaut ne les avait pas exclus du trône, et n'avait jamais été considéré comme un motif qui pût ou dût les en éloigner. Ainsi la nation se trouve entretenue dans l'ignorance de son bien-être, comme de ses devoirs; elle est imbue de doctrines pernicieuses et contraires à ce dogme antique de la légitimité dans la succession au trône; et, par une inconcevable erreur, c'est le souverain le plus jaloux des prérogatives de la royauté, qui sème de sa propre main ces germes d'innovation, qui provoque le mépris de la morale publique, et qui invite au renversement des lois fondamentales de la monarchie.

Les derniers règnes montrent avec évidence que le secret fut le grand principe de nos Rois, en fait de gouvernement.

Ils s'étaient tellement persuadés que la publicité mettait leur puissance en danger, qu'ils ne toléraient que des historiographes, c'est-à-dire des écrivains stipendiés. De temps à autre, la vanité, la loquacité de quelques personnages qui avaient figuré dans de hautes intrigues, venaient bien entretenir sur eux-mêmes la curiosité des lecteurs, par la révélation d'anecdotes malignes ou licencieuses; et, à travers ces recueils volumineusement fastidieux, paraissaient aussi quelques mémoires judicieux qui montraient, en passant, les causes d'un évènement considérable. Néanmoins la France, si riche en productions littéraires, attendait un corps d'histoire nationale.

A la faveur de cette impatience, *Hénault* obtint un grand succès. Mais, outre que son ouvrage n'est qu'un abrégé excessivement resserré, le défaut de critique s'y découvre assez souvent, lorsqu'il ne s'agit pas des obscurités de l'ancienne jurisprudence, ou des incertitudes de la chronologie. Prosterné devant l'idole du pouvoir, il se demande, à l'occasion des turpitudes de *Henri III* (*V*. an 1576) : « *Pourquoi ne dirait-on pas quelquefois les défauts des princes?* » Et il lui suffit d'observer : « que ce souverain aurait utilement travaillé pour la « religion, en réformant la licence de sa cour. » Hénault fait un grand éloge de *Louis XIII*, de ce Roi qui ne sut que mettre son autorité dans les mains d'un prêtre, et son royaume sous la protection de la Vierge. Il semble ne trouver d'autre tort à ce prince que d'avoir été placé entre *Henri IV* et *Louis XIV*. — *François Ier* accepte, en 1516, un concordat inutile, onéreux, flétrissant, des mains d'un pontife dépravé qui donne aux Italiens des bénédictions et de mauvais exemples. La mention que fait Hénault de cette transaction, se borne à trois mots (an 1517) : *Traité avec Rome.* — Deux femmes de la famille de ce pape, deux Médecis, sont Reines de France. Hénault dit de *Catherine*, dont les débordements et les cruautés effacent l'histoire ou le roman de Frédégonde : *Femme d'un génie vaste et d'une magnificence qu'elle porta jusqu'à l'excès.* La seule réflexion que cet écrivain si prôné se permette sur *Marie*, autre méchante femme sortie de la même famille, se réduit à ceci : « Princesse dont la fin fut digne de pitié, mais « d'un esprit trop au-dessous de son ambition, et qui ne fut « *peut-être pas assez surprise ni assez affligée* de la mort funeste « d'un de nos plus grands Rois. » — Le précis chronologique d'Hénault abonde en puérilités ; par exemple (an 1318) : *Bulle de Jean XXII, qui déclare la Sainte-Chapelle exempte de la juridiction épiscopale.* (An 1601) *Etablissement des religieux pénitents, dits Picpus.* (An 1607) *Le duc d'Epernon entre en carrosse dans le Louvre, sous prétexte d'incommodité.* (An 1669) *On accorde à M. de Guise la permission d'avoir un carreau à la messe du Roi, comme monsieur son père l'avait eu.* — Cependant Hénault, pourrait-on le croire? vivait dans l'intimité de Montesquieu, à cette même époque où des objets dignes de l'attention des hommes remplaçaient déja ces ignobles frivolités de cour, sujet éternel de mille et mille volumes. — L'abrégé d'Hénault, ouvrage sec et décharné, ne peut servir qu'à la recherche d'un fait, à la vérification d'une date ; et les faits sont très-souvent présentés sous un faux jour ; les dates sont assez souvent fautives. Ce n'est, à proprement parler, qu'un recueil d'étiquettes placées suivant l'ordre chronologique ; ses indications sont tout au plus propres à l'usage auquel sont destinées les bornes milliaires, dont l'exacte position fait le seul mérite.

De nos jours, audacieuse à dénaturer les évènements et les réputations, l'hypocrisie vient contrefaire l'histoire. Une personne à laquelle des efforts soutenus pendant trois quarts de siècle, ne produisent qu'une pâle et maigre célébrité; qui a plus écrit que n'ont écrit Scudéri et Baculard, l'un et l'autre; qui aimerait à confondre tous les genres, comme elle essaya de toutes les doctrines; après avoir échoué dans de bizarres essais d'éducation particulière, s'offrit pour l'instruction du genre humain. Obscurément mêlée à nos troubles politiques, dès leur naissance, elle y prit du goût pour les sentiments équivoques, et de la prédilection pour les systêmes confus. Se jetant, bientôt après, dans la basse littérature, toute chargée de romans, mais dont, heureusement, la frêle contexture atténue le danger, et poursuivant sa mission vagabonde, elle écrit, avec une stérile abondance, des compositions morales, philosophiques, religieuses, ascétiques même, destinées à toutes les conditions. Parvenue à sa première vieillesse, elle a généreusement fait présent aux lecteurs superficiels, d'une vingtaine de volumes biographiques, travestissant à tel point les faits les plus avérés, que les évènements comme les personnages en sont rendus méconnaissables. Pour elle, aucune réputation n'est sacrée; elle n'en laisse aucune intacte. En écrivant deux gros in-8° sur notre Henri IV, elle a pu lui dérober cette grace, cette aménité, ce charme, cette simplicité, cette bonhomie qui le distingue de tous les grands hommes; elle n'a su inspirer qu'un respect glacial, une triste admiration. Enfin, elle se délecte, dans sa caducité, par des compilations dont le décousu, les infidélités et les commentaires forment des tableaux-modèles bien dignes de plaire à ces gens qui regretteraient le noble temps des ruelles, les triomphes des courtisans-valets, et les succès des filous de bonne compagnie.

Il est temps de considérer le passé sous de plus dignes aspects. Des historiens ont paru, qui, recherchant les causes des révolutions, indiquent ainsi les moyens de s'en garantir. A la vérité, les plus recommandables, *Hume*, *Robertson*, *Muller*, appartiennent à l'Écosse, à la Suisse; mais resterions-nous, par vanité nationale, dans la fausse route où s'engagèrent nos écrivains ? Dirait-on que le talent de la composition historique manque à nos auteurs ? Cependant c'est d'un Français, de *Rollin*, que l'Italie reçut la première histoire de Rome écrite par les modernes. Les annales du Bas-Empire furent l'œuvre de deux Français péniblement laborieux. Un refugié, *Rapin-Toyras*, mit les Anglais sur les traces de leurs propres fureurs. Robertson, dans son introduction à l'histoire de Charles-Quint, dit de *Voltaire* : « Je l'ai suivi comme un guide dans « mes recherches ; et il m'a indiqué non-seulement les faits sur « lesquels il était important de s'arrêter, mais encore les con- « séquences qu'il fallait en tirer..... Je vois en lui *un historien* « *savant et profond.* » Enfin, c'est à l'un de nos compatriotes, *Lévêque*, qu'est due la connaissance des antiquités de ce vaste empire qui n'est moderne et européen que depuis un siècle.

Des principales contrées de l'Europe, la France est sans doute celle qui présente le plus grand nombre d'hommes éminents. Les Français ont réussi en toutes choses, et, trop souvent, sans autres moyens que des efforts individuels, sans autre appui que les dons d'une heureuse nature ; rarement les institutions favorisaient-elles leurs tentatives. Aujourd'hui que la nation aime à connaître ce qu'elle fut, afin d'éviter ce qu'elle ne doit plus être, et pressentir ce qu'elle peut devenir ; vous, scrutateurs opiniâtres de la haute antiquité, daignez descendre jusqu'à la France, vous y établir ; et, négligeant enfin vos héros babyloniens, mèdes, grecs et romains, parlez-nous un peu des nôtres. Pourquoi nous présenter toujours *Epaminondas* et *Décius* ? Voici *Catinat* et *d'Assas*. *Bayard* à Brescia vaut bien *Scipion* à Carthagène. Le combat des *Thermopyles* est beau ; mais la submersion du *Vengeur* est sublime. Montrez-nous donc que nous eûmes d'éclatants intervalles de gloire, et de très-rares moments de prospérité ; que cet éclat, ce bonheur, furent dus à nos grands hommes, et presque à eux seuls ; que tout ce qui nous échappa, nous échappa parce que nos institutions étaient vicieuses ; parce que, disposant de nos destinées, nos chefs furent trop souvent le jouet de leur propre inconsidération.

En aucun temps la France ne fut dépourvue de génies supérieurs, d'ames généreuses, de talents distingués. Cette terre favorisée produisait avec *luxuriance*, et sans cesse, les plus beaux jets de la nature; mais, si tant d'hommes éminents ne se voyaient pas rejetés dans l'inaction, ils restaient isolés ou circonscrits de telle manière que la nation n'éprouvait pas, de leurs travaux divisés, les effets permanents qu'elle en eût retirés, alors que leur action se fût simultanément dirigée vers un seul but, celui de la prospérité générale. Ainsi, des feux que ne réunit pas un foyer concentrique, ne distribuent, dans leurs rayons divergents, qu'une chaleur sans intensité. Tandis que l'Angleterre, par exemple, dont les annales offrent un bien moindre nombre d'hommes supérieurs, a vu leurs efforts, constamment dirigés vers un même résultat, être couronnés d'un succès complet.

L'esprit de la nation anglaise s'étant porté, depuis trois siècles, sur un seul objet, elle le possède: la mer est devenue son domaine. En France, au contraire, que d'oscillations, que de contradictions, que de méprises dans notre politique, dans nos armements, dans notre législation, à dater de la paix de Nimègue (1678), terme des prospérités de Louis XIV! Dès-lors le sang et l'or des Français ont été versés à grands flots, non pour l'intérêt réel de la France, mais pour imposer aux Anglais un culte qu'ils réprouvaient; pour renverser le roi Guillaume, qui avait mécontenté Louis XIV, en refusant la main de sa fille naturelle; pour l'agrandissement spécial de la maison de Bourbon; pour satisfaire les préjugés d'une huguenote convertie, et les passions d'un jésuite atrabilaire; pour détrôner l'héritière de Hapsbourg, dont on avait si solennellement garanti les droits; pour venger des sarcasmes d'un Roi bel-esprit, la fille d'un boucher, favorite à Versailles. Le génie des Français a produit; le gouvernement anglais a récolté. Les monarques, ou plutôt les courtisans du Louvre et de l'OEil-de-Bœuf, ont dissipé, détruit les plus beaux germes de la nature.

S'étonnera-t-on qu'une nation, engagée dans de fausses routes, durant des siècles, soit susceptible de s'égarer, lorsque les rênes du gouvernement viennent à se détendre? Notre révolution n'a fait que jeter dans de nouvelles déviations cette nation jusque-là si mal dirigée. C'est ce qu'il convient de lui dire, pour l'amener à la connaissance de ce qui peut constituer, établir sa véritable prospérité. Eh! comment le faire, si, au lieu de signaler dans sa propre histoire les écueils qu'elle doit éviter, on l'entretient encore des institutions de Sparte et de Rome?

C'est nos annales mêmes qu'il convient de dérouler. On y verra que la fausse splendeur de certaines époques, de plusieurs règnes cités avec emphase, fit le malheur de la France. Assez long-temps on nous a présenté le faste de la grandeur comme le signe de la félicité publique. Les Rois qui ruinèrent leurs peuples sont ceux-là mêmes qui recevaient les plus grands éloges. Les actes de leur administration les plus funestes à leurs états excitaient l'enthousiasme, étaient célébrés par-dessus tous les autres.

Grand Roi, cesse de vaincre, ou je cesse d'écrire.

. . . .

Encor, si ta valeur, à tout vaincre obstinée,
Nous laissait pour le moins respirer une année!

. . . .

Est-il dans l'univers une plage lointaine
Où ta valeur, grand Roi, ne te puisse porter?

. . . .

Je t'attends, dans deux ans, aux bords de l'Hellespont.

. . . .

Qui ne sent point l'effet de tes soins généreux?
L'univers, sous ton règne, a-t-il des malheureux?

(Boileau.)

« Le Roi, dont le jugement est une règle toujours sûre...
« Sous lui, la France a appris à se connaître....... Si les
« Français peuvent tout, c'est que leur Roi est par-tout *leur*
« *capitaine*..... Jamais on n'a fait la guerre avec une force
« plus *inévitable*..... Après que le Roi est privé de ces deux
« grands chefs (Turenne, Condé), on le voit concevoir de
« plus grands desseins, exécuter de plus grandes choses, s'élever
« au-dessus de lui-même, surpasser et l'espérance des siens,

« et l'attente de l'univers : tant est haut son courage; tant est « vaste son intelligence; tant ses destinées sont glorieuses! » « (ossuet, *Oraisons Funèbres.*) « Les rois de France (dit-il « ailleurs) sont, de tous les rois, le plus clairement prédits « dans les prophéties.... Je ne sais si la milice romaine a ja- « mais rien eu d'aussi admirable que les armées de Louis XIV. » Comment le monarque, enivré de ces magnifiques louanges que déposaient à ses pieds l'oracle de la chaire et l'oracle du Parnasse, ne s'en serait-il pas cru digne? Et c'est à Louis XIV qu'on les prodiguait, à ce monarque asiatique, portant dans ses camps le luxe de Xerxès; dont la capacité militaire se réduisait à mettre beaucoup d'importance dans les petits détails; qui ne parut jamais devant une place que sa reddition ne fût certaine, et qui, dans ses campagnes d'ostentation, loin de montrer le petit-fils d'Henri IV, se souciait peu de s'exposer comme Louis XIII, prince brave, très-brave de sa personne, et cherchant les dangers avec passion. On sait comment Louis XIV devint l'objet des sarcasmes, à l'occasion de son départ de l'armée, en 1676, lorsqu'il évita l'occasion de détruire l'armée du prince d'Orange, près de Valenciennes. (*V.* Saint-Simon.)

Dans une monarchie absolue, comme était la monarchie française, le prince distingué par de brillantes qualités, ou par des vertus privées, pouvait cependant faire le malheur public. Ni l'éclat de sa cour, ni la douceur de ses mœurs, ni l'urbanité de ses manières, ne devraient en imposer, quand il s'agit de l'intérêt général. Toutes les fois que la destinée de l'espèce humaine est mise en jeu, il faut se tenir en garde contre les prestiges de la grandeur.

Ainsi *Louis XII* reçut le beau surnom de *Père du Peuple*; mais, pour le lui conserver, il faut lui tenir compte de ses inspirations : car les projets qui lui firent décerner ce titre restèrent en *ébauche*, et cela par sa propre faute. Les projets que lui dictait l'amour de ses sujets étaient incompatibles avec ses prétentions si folles au-delà des monts, ses combinaisons si fausses, et ses campagnes si mal conduites. Diminuer les impôts de moitié, c'était plus que doubler les difficultés des guerres qui remplirent les dix-sept années de son règne. Toujours en négociations ou sous les armes, *Louis XII* fut toujours abusé, toujours vaincu. Il se consolait des perfidies de *Ferdinand d'Aragon*, en s'écriant, « J'aime mieux perdre un royaume « que l'honneur ». Voilà, sans doute, un noble sentiment; mais une conduite prudente, qui aurait conservé à-la-fois ce royaume de Naples et l'honneur, aurait un plus juste droit à l'admiration. Et puis! qu'importait cette possession lointaine au bonheur des Bourguignons et des Tourangeaux? Ce bon Roi, sans cesse égaré dans sa politique, soutint, accueillit, éleva, enrichit l'exécrable *César Borgia*, et donna une immense prépondérance au père de ce monstre, au pape *Alexandre VI*, dont les crimes furent si profitables à la cour de Rome et si nuisibles aux peuples voisins.

Le vulgaire des écrivains ne tarit pas non plus sur les éloges de *François Ier*; et le vulgaire des lecteurs les admet sans restrictions. On croit réfuter toute critique en appelant ce Roi, *le Restaurateur des Lettres*; et cependant son règne n'offre qu'un enchaînement de fautes et de malheurs dont lui-même est la cause. Dépourvu de talents pour la guerre, il la fait en personne; jouet des favoris et des femmes, et trop complaisant pour sa mère, il s'aliène *Doria*, *le connétable de Bourbon*. En vain se promet-il *pour sa maison* d'heureux résultats de ce *concordat*, monument honteux parmi les honteuses transactions de la diplomatie française; il ruine la France après l'avoir entraînée sur le bord de l'abîme. Avec ses conquêtes lointaines, *il perd*, enfin, *l'honneur, en violant le traité de Madrid*, sous des prétextes de la plus insigne déloyauté; bien différent de *saint Louis* et du malheureux *Jean*, ses ancêtres, scrupuleux observateurs des conventions les plus rigoureuses. Qu'importe, après tout cela, que *François Ier* ait visité un peintre malade, et qu'il ait causé avec *Marot*?

« En lisant les déclamations de nos jours (dit madame de Staël), « on croirait que les huit siècles de la monarchie n'ont été que « des jours tranquilles, et que la nation était alors sur des « roses. On oublie les Templiers brûlés sous Philippe-le-Bel; « le triomphe des Anglais sous les Valois; la guerre de la Jac-

« querie; les assassinats des ducs d'Orléans et de Bourgogne; « les cruautés perfides de Louis XI; les protestants français « condamnés à d'affreux supplices sous François Ier, tandis « qu'il s'alliait lui-même aux protestants d'Allemagne; les hor- « reurs de la ligue, surpassées toutes encore par le massacre « de la Saint-Barthélemi; les conspirations contre Henri IV « et son assassinat, œuvre effroyable des ligueurs; les écha- « fauds arbitraires élevés par le cardinal de Richelieu; les dra- « gonnades, la révocation de l'édit de Nantes, l'expulsion « des protestants et la guerre des Cévennes, sous Louis XIV. »

Devra-t-on toujours faire l'apothéose du fils d'Anne d'Autriche, en considération de quelques améliorations accidentelles, incomplètes autant qu'inévitables; affectant d'oublier les désastres des quarante dernières années de son règne, les calamités qu'il répandit sur la France dans son temps, et celles qu'il lui prépara et dont nous avons éprouvé le poids? Son orgueil sera-t-il toujours divinisé, parce que son berceau se vit entouré de cette foule de grands hommes, véritables demi-dieux issus des guerres civiles, ou créés par l'influence encore agissante du héros qui ferma le temple de la Discorde? Tous ces beaux talents avaient germé avant le jour qui vit naître *Louis XIV*; ils se développèrent par leur propre sève, avant que le jeune monarque fût en état de les protéger; ils appartiennent à l'époque même. La munificence qui récompense les travaux du génie ne l'a pas créé. *Turenne*, *Condé*, n'avaient-ils pas déja fait triompher les armes de *Louis XIII*? N'était-ce pas cinq jours après la mort de *Louis XIII*, que le champ de *Rocroi* se couvrit de lauriers? Cette même année 1643, *Turenne*, déja célèbre par plusieurs campagnes, recevait le bâton de maréchal sur la brèche de *Trino*. La France vit *la merveille du Cid* deux ans avant le prince qui affecta d'oublier la vieillesse de *Corneille*. En 1642, *Pascal* révélait son génie au monde savant. *Colbert* avait mûri le sien pendant la minorité. C'est entouré de ce cortége, riche héritage du siècle précédent, que *Louis XIV* se place sur le trône, lorsqu'à vingt-trois ans il veut régner par lui-même. Tout prospérera pendant l'existence de ces grands hommes qui virent son adolescence; mais, après la mort des capitaines sortis de l'école de Gustave-Adolphe et des élèves de ces capitaines, après ces génies supérieurs des premiers temps, que trouve-t-on? Deux ou trois génies secondaires, un grand nombre de vils courtisans et de généraux à talents ordinaires, trois ou quatre généraux de second ordre, quelques légers reflets de gloire et beaucoup de maux, d'erreurs et de honte. « Voilà, dit Saint-« Simon, où conduisit l'aveuglement des choix, l'orgueil de « tout faire, la jalousie des anciens ministres et capitaines, « la vanité d'en choisir de tels qu'on ne pût leur rien attribuer « pour ne point partager la réputation de grand avec personne, « la clôture exacte qui ferma tout accès et jeta dans les plus « affreux panneaux; enfin, toute cette déplorable façon de « gouverner qui précipita dans le plus évident péril d'une « perte certaine, et qui jeta dans le dernier désespoir ce maître « de la paix et de la guerre, ce *châtieur* des nations, ce con-« quérant, ce grand par excellence, cet homme immortel pour « qui on épuisait le marbre et le bronze, pour qui tout était « à bout d'encens. Conduit ainsi jusqu'au dernier bord du « précipice avec l'horrible loisir d'en reconnaître toute la pro-« fondeur, la toute-puissante main qui n'a posé que quelques « grains de sable pour bornes aux plus furieux orages de la « mer, arrêta tout d'un coup la dernière ruine de ce roi si « présomptueux et si superbe, après lui avoir fait goûter à « longs traits sa faiblesse, sa misère et son néant. »

Tel est l'inévitable abîme où le pouvoir absolu conduit une nation. Le despotisme amenera la perte de l'empire par l'excès de la violence, ou la subversion de l'état, en détruisant tous ses appuis, en dépravant la morale publique, afin d'atteindre quelque objet de peu d'importance dans un intérêt particulier et momentané. Tous les moyens, toutes les manières de nuire aux hommes sont dans l'exercice comme dans l'essence du pouvoir absolu, de ce pouvoir qui, ne voulant pas être surveillé, ne pouvant pas être balancé, ne saurait être retenu que par des considérations passagères. Ainsi le sultan est, de loin en loin, informé par l'incendie d'un quartier de Constantinople, que tel de ses actes déplaît à la multitude. Chez nous, le mécontentement des opprimés s'exhalait en chansons légères dont la vapeur, quelquefois importune aux tyrans secondaires, produisait assez d'effet pour leur faire suspendre d'iniques concussions ou des guerres désastreuses. Toute puissance qui croit exister par elle seule, creuse son tombeau. Notre révolution a prouvé, jusqu'à l'évidence, combien était faux le système du gouvernement qui l'a précédée. Mais, comme si cette catastrophe ne suffisait pas pour instruire les princes autocrates, le monde retentit, de nos jours aussi, de la chûte soudaine de cette vaste monarchie, qui, suivant l'expression d'un poëte, *se présente partout où luit l'astre du jour*, de l'Espagne, de cet empire gouverné par le favori tout puissant d'un souverain qui ne rend à ses sujets aucun compte des actes de sa politique ou de son administration.

Voilà deux exemples contemporains qui prouvent irrécusablement à quels extrêmes malheurs conduisent, soit la faiblesse ou l'incapacité de ces princes dont la puissance est indéfinie. Notre histoire montre également, et sous plusieurs règnes, qu'une action trop forte de la main qui tient les rênes de l'état, en compromet la destinée. Plus le despote se distinguera par ses qualités, plus la nation sera plongée dans l'asservissement. Malheur, cent fois malheur à cette nation qui verra ses chaînes couvertes de fleurs, devant laquelle on n'étalera que la gloire des conquêtes, quand les arts s'empresseront de la distraire par leurs brillantes frivolités! A cette époque où les dominateurs du monde se passionnaient pour les spectacles, ils obéissaient à de vils affranchis. *Périclès*, *Auguste*, *Louis XIV*, *Napoléon*, ont agi l'un comme l'autre; ils semblent s'être passé de main en main leurs instruments d'oppression.

Sans doute on a vu des princes absolus dignes d'être comptés parmi les bienfaiteurs de l'humanité. Mais combien ils furent rares ceux qui joignirent à la noble passion de faire le bonheur de leurs semblables, une immuable volonté et de grands talents d'exécution; dont l'oreille se fermait à la flatterie, dont l'ame résistait aux séductions qui dépravent les sentiments généreux! Des trente-deux Capétiens qui ont gouverné la

France pendant une période de huit siècles, il n'en est que deux pour lesquels un Français devrait réserver son estime toute entière, dont il doive bénir les travaux; parce qu'eux seuls furent véritablement grands, c'est-à-dire éminemment utiles à la nation, et qu'ils eurent la force, comme le desir, d'imposer à leur autorité des bornes qu'ils ne trouvaient pas dans les institutions. Possédant l'un et l'autre la plénitude de la puissance, ils aimèrent à ne se considérer que comme les représentants nés du peuple.

Ces deux rois, seuls dignes de l'immortalité, *Charles V (le Sage)*, *Henri IV*, ont trop long-temps resté bannis du souvenir des Français. Le culte qu'obtint enfin la mémoire du chef des Bourbons a pris naissance dans le poëme de Voltaire. *Henri IV*, dont on parlait à peine dans les années qui suivirent sa mort, et qui ne reçut, depuis l'érection de sa statue (en 1614), aucun hommage public, dont le nom même n'osait se prononcer à la cour de son petit-fils, sembla ressusciter, après un siècle, dans les cœurs français, alors qu'écrasés sous un règne trop long de moitié, ils gémissaient sans espoir. Mais, alors même, leurs yeux, éblouis par les fausses lueurs du siècle, se portaient de préférence sur les hauts faits du conquérant : ils ne rendaient qu'une imparfaite justice au Roi administrateur; et, quand ils avaient fait l'éloge de sa bonté, de sa valeur, de ses qualités sociales, ils croyaient cet éloge achevé. L'adversité nous le présente aujourd'hui sous un nouveau jour qui le grandit et l'élève encore; le héros ne perd rien de sa vaillance; le Français par excellence, de sa grace native; l'homme généreux et compâtissant est toujours aussi renommé pour ses actes de bonté privée; et, de plus, il nous apparaît comme le bienfaiteur des sociétés, le modèle des souverains, l'instituteur des hommes d'état, l'ange tutélaire de la patrie.

Mais les Français oublient encore le nom de *Charles V*, qui répara sans bruit, avec une modération céleste et avec une si exquise habileté, tous les désastres de la France, réduite aux abois. Ses traits restent inconnus; tandis que les arts travaillèrent à l'envi pour transmettre l'effigie de *Catherine de Médicis!*

Puissent les malheurs dont nous avons été les auteurs, les témoins et les victimes, servir utilement à nos neveux! Notre expérience leur laissera des notions plus justes sur une foule d'objets dont dépend l'existence ou le bien-être des nations. Ils ne recueilleront pas du moins, de notre héritage, ces semences de désordre que nous apporta le gouvernement de *Richelieu* et de *Louis XIV*. Et, quoique les hommes intéressés à dénaturer le principe comme à rapprocher l'époque de notre révolution, prétendent qu'elle ne s'est annoncée que le jour où elle a frappé ses premiers coups, il est trop évident que ses germes, pleins de vie, avaient été semés par les siècles antérieurs. Dira-t-on que les flancs du Vésuve ne reçoivent le soufre et le bitume qu'à l'instant où le cratère mugissant les répand en torrents enflammés? dira-t-on que ces mines qui soulèvent un vaste terrain et lancent au loin des débris prodigieux, ne sont chargées qu'au moment où l'étincelle en excite l'explosion? La génération d'un tel phénomène n'a pu s'improviser; et, plus l'apparition est merveilleuse, plus longtemps elle a dû être préparée. Le pouvoir avait usurpé, sans ménagement, depuis Henri IV: la raison, l'humanité, les passions, si l'on veut, réclamèrent; on les rebuta toujours. L'occasion reparut; avec elle tous les sentiments généreux se ranimèrent; la raison elle-même s'indigna; les passions s'enflammèrent, et la force aveugle se vengea des résistances inconsidérées.

L'insurrection des idées était faite dès le temps où le sceptre de Louis XIV les comprimait avec une attention si jalouse, qu'elle allait jusqu'à la barbarie. *Les solitaires de Port-Royal*, si affreusement traités, avaient pour premiers torts d'exercer la faculté du raisonnement et de fixer des limites à la crédulité, comme d'établir des règles pour le doute. On aperçoit dans *Molière* des traits qui montrent sur quels objets se serait élancé son génie, s'il lui avait été permis de franchir les limites hors desquelles il ne hasardait que des bonds modérés. Sans doute il y avait des esprits exercés à l'investigation, dans le monde intellectuel, à cette époque où *la Bruyère* croyait devoir à ses protecteurs des dissertations contre *les esprits forts*. Lorsque *Descartes* révélait sa philosophie, lorsque *Montaigne* doutait, lorsque *Molière* écrivait son *Tartuffe*, ils préparaient la révolution de 1789.

Et, depuis Louis XIV, de quel ordre partirent les scandales qui révoltaient l'Europe? Ces généraux qui s'humiliaient aux pieds des courtisannes en titre, après les avoir produites sur une scène élevée de prostitution, sortaient-ils eux-mêmes de familles récemment obscures? Ces trois filles d'un régent, dont les déportements décolorent les tableaux de Suétone; ces deux indignes descendants du vainqueur de Rocroi, l'un fuyant le premier du champ de Crévelt où coulait à grands flots le sang français, l'autre exerçant sa meurtrière adresse sur des couvreurs, où fut placé leur berceau? était-ce sous un toit de chaume? Et ce cardinal, d'un nom illustre, trop habile négociateur d'une alliance infortunée, ne dut-il pas sa célébrité à de ténébreuses négociations? L'éclat de ce collier destiné à la reine (en 1786), n'était-ce pas une étrange révélation faite à la multitude, une atteinte visiblement portée à la majesté du trône, que les ancêtres de ce prélat outragèrent quelquefois, à la vérité, mais par de plus nobles attentats? Bientôt après, un archevêque, un prince du saint-empire, un rejeton de cette même tige, s'unit à la populace de Liége contre le souverain de cet état (*V*. 18 août 1789, 12 janvier 1791). Le peuple, imitateur, n'a donc fait que suivre les traces des grands. Le *cordon-bleu* qui protégeait *Champfort*, ou tel autre plébéien bel-esprit, et l'employait à chansonner des magistrats petits-maîtres, des prélats administrateurs profanes, pouvait-il compter sur la déférence d'un protégé qui sentait en lui-même des talents d'un ordre plus élevé? dût-il s'étonner lorsqu'il s'en vit abandonné? Oui, les courtisans de Versailles allumèrent eux-mêmes l'incendie qui dévora la France. Après avoir été les auxiliaires du peuple, les antagonistes du trône, ils ont vu le trône périr, et le peuple les immoler. A qui s'en prendront-ils? Les ordres privilégiés et les parlements commencèrent l'insurrection contre l'autorité royale, mais par des motifs exclusifs dont les intérêts de la nation fournissaient le prétexte.

L'histoire du siècle antérieur, c'est-à-dire du dix-septième siècle, quoique moins connue que celle du siècle de Louis XV, n'avait pu rester entièrement ignorée du vulgaire. Que lui présentait-elle? Les princes, les seigneurs, ayant *Condé*, *Turenne* à leur tête, osant, au plus léger mécontentement, attaquer et combattre le souverain, s'allier à l'étranger, exiger des indemnités, marchander leur soumission. Car les bourgeois de ce temps-là se livraient à de tout autres industries que celle des intrigues publiques. Leurs esprits n'enfantaient point de complots. Ils desiraient n'être ni trop humiliés, ni trop grevés d'impôts, pouvoir semer ou trafiquer en sûreté, et recueillir à moitié pour eux-mêmes.

Telles sont déja, sous *Louis XIV*, les dispositions du *tiers-état*, ou des trente-neuf quarantièmes de la nation. *Fénélon*, *Vauban*, *Racine*, se font en vain ses interprètes : le premier est exilé, le dernier meurt du regret d'avoir déplu, le second conserve ses dignités, parce qu'on ne pourrait suppléer un talent d'autant plus nécessaire que l'oppresseur de la France et le fléau de l'Europe a plus besoin chaque année d'élever des bastions contre les étrangers et contre ses sujets; il lui faut des citadelles dans le sein des principales villes de l'intérieur, comme une ligne de forteresses sur la frontière.

Pendant le règne suivant, le char usé du despotisme roule dans les mêmes ornières. A mesure que la nation s'éclaire, la noblesse rétrécit ses petits préjugés. Des vœux pour la tolérance religieuse éclatent par-tout; *Abbeville*, *Toulouse*, voient des meurtres judiciaires, véritables *auto-da-fé*. Les frêles rejetons de la féodalité s'étayent par des mésalliances; et cependant ils s'irritent de ce que ceux que Louis-le-Gros rendit citoyens, réclament encore après sept cents ans leur existence politique et la reconnaissance solennelle de leur droit de participer au vote de l'impôt dont presque seuls ils supportent le fardeau. La cour veut étouffer ce desir de bonheur dans les classes ascendantes; elle ne frappe de temps à autre quelques coups mal assurés qu'afin de prolonger les loisirs d'une mollesse invétérée. L'occasion paraît enfin, et des plus favorables : elle est saisie, et l'ancien édifice s'écroule au premier coup de marteau. Dire donc que la révolution n'a pas été disposée depuis long-temps par les vices du gouvernement, par les prétentions désordonnées des corps privilégiés, c'est donner un démenti à toute l'histoire du règne de Louis XV. « Il n'est « pas arrivé de grand changement, dit Bossuet, qui n'ait eu « ses causes dans les siècles précédents ». Burke, le Bossuet de la politique, dit aussi (dans ses Lettres sur la révolution francaise, p. 217) : « *Une révolution silencieuse dans le monde* « *moral devança la révolution politique, et la prépara.* Il n'était « plus question des grands et de la populace. Les classes mi- « toyennes s'étaient accrues bien au-delà de leur ancienne pro- « portion. Comme tout ce qui est effectivement riche est grand « dans la société, ces classes devinrent le siége de la politique « active et le poids prépondérant pour en décider. Là se trou- « vaient toute l'énergie qui fit acquérir la fortune, et tous les « succès qui en proviennent; là se faisaient remarquer tous « les talents, avec l'impatience de se mettre à la place que la « société leur assigne. Ces hommes nouveaux s'interposaient « entre les nobles et la classe inférieure, et agissaient presque « seuls sur elle. Ils sentaient l'importance de leur position ». Peut-on, d'après cela, attribuer la révolution à telle ou telle circonstance, à un homme quelconque?

Non, une révolution générale ne s'improvise point; elle n'éclate même qu'après une très-longue attente, beaucoup d'hésitations, de nombreuses tentatives partielles. La cloche qui sonna les Vêpres-Siciliennes était-elle autre chose que le signal de ce massacre que depuis très-long-temps préparait la vengeance d'un peuple outragé? Les efforts du tiers-état se reproduisaient à chaque conjoncture ; il avait aperçu ses droits, il voulait en jouir : ce n'est ici ni l'emportement du fanatisme religieux, ni l'effet d'une conjuration politique, ni une fougueuse et passagère émeute de prolétaires; c'est l'élan de toute une nation qui se soulève par le malaise qui la tourmente. Le gouvernement apprécie la gravité des circonstances, la nécessité des concessions; mais ses plans sont incertains : son langage est positif, et sa marche vacillante : à chaque pas, il est retenu par des intrigues de cour, par les entraves des anciens abus, par la force des vieilles erreurs, par les inepties d'une étiquette surannée. Le roi le plus éclairé par les théories, le plus instruit des détails de l'administration, le plus dévoué au bonheur général et le meilleur ami de son peuple, le plus doué de vertus privées, doute toujours de lui-même quand il se met en action, parce qu'il a toujours vécu dans le tabernacle de la royauté, environné de courtisans, seuls ministres du culte qu'ils font rendre au pouvoir. Malheureux le gouvernement qui flatte la populace, protège l'aristocratie, et néglige les classes moyennes qui forment le corps de la nation, la véritable, la seule nation! L'aristocratie est le fléau de tous les gouvernements dont elle ne fait pas l'essence; la populace est l'instrument meurtrier de tous les partis, dans toute espèce de troubles, qu'il s'agisse d'intrigues de cour comme dans la minorité de Louis XIV, de billets de confession comme sous Louis XV, ou de questions politiques auxquelles le vulgaire ne comprend jamais rien.

Bientôt, pour surmonter l'opposition inconsidérée de la cour, les fondateurs de la liberté apelleront le peuple lui-même; ils se fortifieront de sa puissance : la vertu sera imprudente parce que l'aristocratie est déraisonnable. Dès-lors, il ne s'agira plus d'effectuer des modifications utiles, convenables, d'amener un *changement dans la situation de la nation;* on se trouve entraîné au *renversement de tout le système du gouvernement.* Dès-lors on franchit le but où tendaient *Turgot*, *Malesherbes*, *Necker*, *Dupont de Nemours*, *Liancourt*, *Mounier*, *Malouet*, *Lally*. Le peuple, cette arme si dangereuse, passe aussitôt aux mains des factieux. Elle leur échappera : des scélérats la ramasseront. Le torrent de la révolution aura rompu toutes ses digues, et nulle force, nulle sagesse humaine, ne pourront l'arrêter. A des temps d'exaltation et d'erreur, où l'on aura poursuivi des chimères politiques, succéderont des temps d'horribles injustices, de massacres, d'absolue tyrannie.

Aujourd'hui l'opinion générale, redressée par une si longue et si douloureuse expérience, ne se laissera plus abuser par des abstractions métaphysiques, ni séduire par le prestige des mots. La nation veut très-distinctement une liberté positive et pratique, dont la garantie repose sur un bon système représentatif. Elle réclame des institutions fixes qui la mettent à l'abri des hasards de la légitimité héréditaire; car le génie ne se transmet pas avec la couronne : Louis XIII est venu de Henri IV; Louis-le-Débonnaire, de Charlemagne; Robert, de Hugues-Capet. L'ame comme le sceptre des trois fondateurs ne passa pas à leurs descendants.

Veuille le ciel que tous les Français, entièrement rendus à d'aussi justes et salutaires idées, apprécient leur position! qu'ils bénissent des institutions correspondant à leurs besoins; qu'ils s'attachent à la charte, comme le peuple hébreu s'attachait aux préceptes réglementaires de Moïse, comme les Spartiates conservaient les établissements de Lycurgue, comme les Romains vénéraient les dispositions de Numa! En Angleterre, en Suède, en Suisse, chaque génération redouble d'affection pour les lois qui garantissent la liberté civile; chaque génération désapprouve davantage les idées d'innovation. Aussi n'a-t-on vu, en 1818, aux élections de Londres, que *quatre-vingt-quatre votants, sur quinze mille, soutenir le démagogue Hunt.* Quelles racines a donc jetées cette constitution, depuis un siècle et demi, puisque les classes moyennes d'une capitale de douze cent mille habitants fournissent moins de misérables prêts à bouleverser les choses existantes, qu'il ne parut de princes, de prélats ou de grands seigneurs dans chacun des vingt ou trente soulèvements qui, depuis l'attentat d'*Etienne Marcel*, en 1358, remplirent Paris de crimes et de carnage! Lorsqu'en 1798, la nation anglaise, craignant les accidents possibles de l'invasion méditée par le gouvernement français, parut soudainement et toute entière sous les armes, les hommes de la classe aisée voulurent défendre seuls la patrie. Ils refusèrent de s'associer les prolétaires. Nul ne pouvait faire partie d'un corps de volontaires, et avoir le droit d'entrer dans leurs rangs, s'il n'était chef de maison ou s'il n'avait deux chefs de maison pour garants. Les Anglais tinrent en vigueur ce statut fondamental qui n'admet dans la milice que celui qui est en état de répondre de toutes ses actions. Quelle ne serait donc pas notre confiance, en cas d'invasion, si nous vivions sous les mêmes influences constitutionnelles, nous, qui vîmes, en 1793, les classes inférieures, mues par une partie seulement des classes intermédiaires, préserver notre territoire, tandis que l'autre partie sommeillait dans un lâche égoïsme, et lorsque la désertion des riches et les soulèvements de plusieurs villes ou provinces ouvraient mille portes à l'ennemi?

Chaque peuple, parmi les peuples dignes d'occuper la postérité, vit sa carrière troublée par des agitations intestines, et la discorde secouer ses torches en profanant la liberté. Il en est qui recueillirent de leurs déplorables combats les éléments d'une prospérité durable; et nous sommes destinés à marcher sur leurs traces. La France s'était trouvée, en 1789, sans aucune instruction préalable, saisie du droit de se gouverner; sachons donc apprécier l'avantage de ces connaissances positives qui nous empêcheront de retomber dans les précipices où nous avaient jetés et notre folle précipitation et notre aveugle ignorance.

De toutes les périodes de notre histoire, celle qu'il nous convient de parcourir avec le plus de soin et d'empressement, est incontestablement celle-là même qui renferme notre dernière révolution, et qui en est entièrement remplie. Le temps ressemble à un paysage où les objets les plus rapprochés, interceptant presque tout l'espace, livrent au spectateur jusqu'aux moindres détails de leur configuration, tandis que les objets éloignés n'offrent que des masses réduites. Ainsi les siècles reculés ne doivént pas être interrogés avec cette attention que nous demande le siècle qui nous a vus naître, et qui nous transmet les informations les plus analogues à notre existence.

Le grand nombre d'entre nous se retrace fort inèxactement ou se rappelle à peine les prodigieux évènements dont nous venons d'être si douloureusement témoins et victimes. Il importe cependant de les connaître, et de juger combien leur retour serait funeste, afin de le prévenir. En les parcourant, il est impossible de ne pas se pénétrer que des formes précises et constantes de gouvernement, résultant d'une sage combinaison des pouvoirs, sont le plus grand bienfait que les hommes retirent de l'état de société.

Les agitations qui viennent de cesser, ont pris naissance, où plutôt se sont annoncées avec gravité, dès la réunion de la première assemblée des notables, en février 1787. Cette circonstance peut être envisagée comme le premier pas vers un système représentatif, comme l'éclair précurseur de la révolution, dont les ravages, ou, si l'on veut, les traces profondes ont existé jusqu'au mois de novembre 1818. Le dernier reflet de ce terrible phénomène n'a cessé d'être visible à l'horizon, qu'au moment où le dernier soldat de la confédération européenne a franchi la frontière du royaume. Alors se fixe la roue de la fortune. En achevant son tour immense, elle semble remettre la France au point même du départ, si l'on ne considère que la surface du territoire continental qui formera le royaume de *Louis XVIII.*

Cette période convulsive de trente-deux années se divise elle-même en six périodes secondaires.

Première période. — *Gouvernement de Louis XVI*, commençant en 1787, finissant au 21 septembre 1792, jour de la première séance de la *Convention nationale*, du décret d'abolition de la royauté et de l'établissement de l'ère républicaine.

Seconde période. — *Gouvernement révolutionnaire*, commençant au 21 septembre 1792, finissant au 26 octobre 1795, jour auquel la *Convention* se sépare et fait place au gouvernement établi par la *Constitution*, dite *de l'an* 3.

Troisième période. — *Gouvernement directorial*, commençant au 26 octobre 1795, finissant au 11 novembre 1799, (le lendemain du 19 *brumaire*).

Quatrième période. — *Gouvernement consulaire*, commençant au 11 novembre 1799, jour de l'installation des *Consuls provisoires;* finissant au 18 mai 1804, date du *Sénatus-Consulte* qui défère à *Napoléon Bonaparte* le titre d'*Empereur.*

Cinquième période. — *Gouvernement impérial*, commençant au 18 mai 1804, finissant au 11 avril 1814, jour de l'*abdication expresse de Napoléon.*

Sixième période. — *Gouvernement royal*, commençant au 11 avril 1814, jour auquel les droits de Louis xviii sont pleinement et universellement reconnus; finissant au 30 novembre 1818, dernier jour de l'occupation de plusieurs parties du territoire français par les troupes des puissances confédérées.

Des personnages qui doivent à nos discordes toute leur célébrité, qui n'ont d'autre titre à l'attention générale que leur apparition sur la scène de la révolution, s'offenseront peut-être de cette nue exposition de faits et de dates. Ils aimeraient que leurs noms, tant anciens que nouveaux, fussent replongés dans l'oubli, ou du moins recouverts d'un voile favorable. Pourquoi donc firent-ils de si grands efforts pour se dérober à l'obscurité, pour briller dans l'histoire? C'est eux qui se sont nommés. Glorieux des rôles qu'ils choisirent, ils les ont fait valoir de toutes leurs facultés. Dans une pièce où chaque scène dérive de la scène précédente, on ne peut séparer les personnages de l'action. Puisque ces grands hommes d'un jour ont voulu descendre à la postérité, il faut bien qu'ils y tombent sous les travestissements et avec l'escorte qu'ils ont pris eux-mêmes. S'il existe encore quelques-uns de ces individus, signalés par l'indignation publique comme les abominables de la révolution, qu'ils se cachent! qu'ils se taisent! qu'ils jouissent, dans l'ombre, du fruit de leurs forfaits! qu'ils s'applaudissent, mais en secret, d'avoir si bien imité ce prêtre impie qui

A force d'attentats veut perdre ses remords!

A quel propos réclameraient-ils contre la mention de leurs noms et de leurs œuvres? L'infamie est le salaire justement mérité de ce nombre prodigieux d'éclatantes turpitudes. De quoi se plaindraient-ils? Quand on a recueilli les faveurs matérielles d'une révolution, de vingt révolutions; qu'on s'est enrichi du pillage, qu'on a trafiqué des cendres de sa patrie; qu'on s'est revêtu de dépouilles sanglantes, décoré de ces mêmes titres qu'on avait proscrits avec tant de barbarie, on ne doit s'attendre ni à l'estime des contemporains, ni au suffrage de la postérité. Ces hommes, qui pardonneraient si bien de se voir cités s'ils étaient loués, peuvent-ils récuser les justes reproches que leur conduite publique leur attire? Aussi-bien l'humanité ne saurait assez désavouer cette doctrine pernicieuse qui prescrirait de s'énoncer avec indulgence sur les délits politiques, et de sourire au scandale. L'écrivain qui se tait quand il doit blâmer, n'est pas seulement inutile, il est malfaisant. S'il inculpe à tort, lui-même il mérite la censure. Si ses jugements ne s'appuient que sur des documents incertains, si ses témoignages réprobatifs ne dérivent que de ses conjectures, qu'on le voue au mépris! Mais s'il n'avance que des faits avérés, si l'expérience a justifié ses inductions, alors il aura montré et qu'il fut conduit par le plus noble des sentiments, l'amour de son pays, et qu'il ne négligea point le premier de ses devoirs, la recherche de la vérité; et, malgré toute l'irritation des passions ou des préjugés qu'il aura mécontentés, il obtiendra l'approbation des gens de bien, pour avoir entrepris d'offrir à ses concitoyens une esquisse réduite, mais exacte, de l'un des plus vastes et des plus intéressants tableaux que puisse offrir la galerie des siècles. *Fontenelle* disait qu'il se garderait d'ouvrir la main si elle renfermait des vérités. Il s'adressait alors à une nation vaine, dans la servitude. Ce n'est pas ainsi qu'on traitera désormais les Français, fiers d'obéir à des institutions qui laissent en jeu leurs facultés morales.

REVUE CHRONOLOGIQUE
DE
L'HISTOIRE DE FRANCE,

DEPUIS LA PREMIÈRE CONVOCATION DES NOTABLES JUSQU'AU DÉPART DES TROUPES ÉTRANGÈRES.

1787—1818.

1787.

PREMIÈRE PÉRIODE. — *Gouvernement de Louis XVI.*

> Lorsque deux factions divisent un empire,
> Chacun prend au hasard la meilleure ou la pire,
> Suivant l'occasion ou la nécessité. (CORNEILLE.)

JANVIER 11. *Traité de navigation et de commerce, entre la France et la Russie, signé à Pétersbourg.* Il est conclu pour douze années.

Février 13. *Mort du comte de Vergennes,* ministre des affaires étrangères, distingué par de rares talents comme négociateur. Le traité de commerce qu'il conclut l'année précédente, entre la France et l'Angleterre, fut alors, et reste encore l'objet de beaucoup de controverses; mais il serait injuste de ne pas avouer qu'il excita vivement l'industrie nationale, en lui présentant des objets d'imitation jusque alors inconnus. La France en a recueilli l'effet le plus désirable, *le perfectionnement par la rivalité.* Il est incontestable qu'entre deux peuples dont les moyens de transactions et les rapports politiques sont à-peu-près égaux (et telle était, en 1786, la position de la France et de l'Angleterre), la liberté de correspondre dans leurs ventes et dans leurs achats doit amener, de part et d'autre, une vive émulation, l'emploi plus varié et plus productif des capitaux. Les résultats pourraient se faire attendre; la souffrance du moins actif, être immédiate : mais enfin il y gagnerait toujours, en acquérant la connaissance et le développement de ses moyens. — *Le comte de Montmorin* devient ministre des affaires étrangères.

22. *Ouverture de la première assemblée des notables.* Convocation dont il n'y avait pas eu d'exemple depuis 1626, que le cardinal de Richelieu les réunit, afin d'accroître son crédit. Ces assemblées n'avaient d'autre attribution que celle de dire au Roi leur avis sur les questions que les ministres jugeaient à propos de leur adresser. — *La démarche de Louis XVI est le premier hommage rendu dans le dix-huitième siècle au principe de la publicité en fait d'administration.* — Les princes, le haut clergé, la haute noblesse, des conseillers du Roi, les députés des parlements et des pays d'états, ainsi que les chefs de quelques grandes municipalités, sont réunis à Versailles, au nombre de cent trente-sept membres, pour *indiquer les moyens d'améliorer les revenus de l'état et d'assurer leur libération entière.* Il leur est exposé que le *déficit* est de cent quarante millions, y compris les remboursements échus, et les dépenses extraordinaires et passagères (*V.* 25 mai).

Avril 29—30. *Le contrôleur-général Calonne* est renvoyé. La cour ne présentait pas un homme plus immoral et plus frivole à-la-fois. — *Loménie de Brienne*, archevêque de Toulouse (puis de Sens, puis cardinal), est nommé *chef du conseil des finances.* — En même temps, *François de Lamoignon* devient garde-des-sceaux; *le comte de Brienne*, frère de l'archevêque, a le département de la guerre; *le comte de la Luzerne*, celui de la marine; *le comte de Montmorin* reste aux affaires étrangères, et *le baron de Breteuil* à la maison du Roi et à l'intérieur.

Mai 25. L'*assemblée des notables* (*V.* 22 février), qui a montré beaucoup d'opposition à tous les plans proposés par le ministre des finances Calonne, *se sépare*, après avoir arrêté six articles principaux : 1° emprunt de six millions de rentes viagères; 2° établissement d'assemblées provinciales pour la répartition égale des impôts; 3° suppression de la corvée; 4° suppression d'un grand nombre de droits sur les traites et gabelles; 5° reculement des barrières fiscales aux frontières; 6° établissement d'un conseil des finances. Le Roi adopte ces six articles. Il donne l'exemple des sacrifices, en opérant dans sa maison des réformes considérables.

Le marquis, lieutenant-général, de la Fayette, membre de cette assemblée, a proposé la suppression des lettres de cachet et des prisons d'état; il a demandé l'état civil des protestants, et la convocation d'une assemblée des députés de la nation.

Juin 17. *Déclaration du Roi,* confirmative d'un arrêt rendu en septembre 1774, *qui accorde la liberté du commerce des grains.*

22. *Déclaration du Roi, portant création d'assemblées provinciales,* chargées de procéder à l'égale répartition des impôts (*V.* 25 mai).

27. *Déclaration du Roi, qui convertit l'obligation de la corvée* pour la confection ou l'entretien des routes, en une prestation en argent. Les assemblées provinciales seront, à mesure de leur formation (*V.* 22 juin), chargées de tout ce qui tient à ces objets.

Juillet 6. Le parlement de Paris délibère sur deux *édits bursaux,* qui lui sont transmis avec injonction de les enregistrer. L'un porte établissement d'un *droit de timbre* sur les provisions, brevets, commissions d'offices quelconques, et sur les actes civils; l'autre remplace les *vingtièmes* par une *subvention territoriale* de quatre-vingt millions. Le parlement supplie le Roi de lui faire communiquer les états des recettes et dépenses. Son vœu ne sera pas accueilli. Alors entraîné par l'opinion publique, et dans la vue d'entraver la marche du gouvernement, ce corps se déclare incompétent pour vérifier de semblables édits, en ajoutant qu'aux seuls représentants de la nation appartient le droit d'accorder les subsides. Il sollicite la convocation des états-généraux.

Août 1er. *Brienne* (*V.* 24 avril) est nommé *principal ministre.*

6. *Séance royale au parlement de Paris,* mandé à Versailles; autrement : *Lit de justice* où le Roi fait enregistrer les deux édits concernant les nouveaux impôts (*V.* 6 juillet). — Assemblé le lendemain à Paris, le parlement déclare nulle et illégale la transcription faite sur ses registres.

9. Le Roi, desirant alléger les dépenses de l'état, a fait de grandes réformes dans ses maisons civile et militaire. Il ordonne la démolition ou la vente des châteaux de *Choisy, la Muette, Madrid, Vincennes, Blois,* ainsi que la vente de toutes les maisons qu'il possède à Paris, et qui n'entrent point dans le plan d'isolement du Louvre.

10. Plainte au parlement de Paris, sur les abus d'autorité et les prodigalités de l'ex-contrôleur-général *Calonne* (*V.* 20 avril). Cette plainte est reçue avec permission d'informer.

14—15. *Arrêt du conseil du Roi,* qui évoque la plainte portée au parlement de Paris, le 10 août, et lui défend de donner suite à son arrêt. — Le parlement de Paris est exilé à Troyes. — Plusieurs autres parlements seront aussi transférés.

18. *Les frères du Roi,* escortés de troupes, *sont envoyés à la cour des comptes et à la cour des aides,* pour y forcer l'enregistrement des édits (*V.* 6 juillet). Au retour, *Monsieur (Louis XVIII)* est accueilli par les acclamations d'une foule immense qui l'accompagne au Luxembourg, sa résidence; le comte d'Artois est insulté par la populace.

Septembre 20. *Le parlement de Paris,* dont Brienne, principal ministre, a gagné les membres les plus influents, *est rappelé.* Il admet les nouveaux impôts (*V.* 6 juillet et 15 août).

Octobre 10. *Entrée à Amsterdam des troupes prussiennes,* qui rétablissent le stathouder en abattant le parti français. — Le principal ministre, *Brienne,* homme à petites vues (*V.* 24 août 1788), a mieux aimé faire une guerre intérieure et dangereuse, aux parlements, qu'une guerre extérieure et honorable, à la Prusse. La Hollande protégée eût donné des subsides; et cette guerre, attachant l'armée au Roi, le rendait respectable au-dedans et au-dehors; elle aurait, sinon détourné, du moins divisé l'agitation publique.

Novembre 19—20. *Séance royale au parlement de Paris,* autrement : *Lit de justice, pour forcer l'enregistrement d'un édit, portant création de divers emprunts,* jusqu'à concurrence de quatre cent quarante millions. Les conseillers, *Duval-d'Esprémesnil, Robert de Saint-Vincent, Sabatier de Cabre* (abbé), s'y opposent fortement. — Le Roi exile les conseillers *Fréteau, Sabatier de Cabre,* et *le duc d'Orléans.*

Décembre 18. *Déclaration du Roi* annonçant la convocation des états-généraux, mais dans cinq ans.

1788.

Janvier 4. Arrêt du parlement de Paris contre l'émission des lettres de cachet, et pour le rappel des personnes exilées, suivi de déclarations énergiques contre tous les actes arbitraires du gouvernement.

17. Le Roi casse l'arrêt rendu, le 4, par le parlement de Paris.

18. Le parlement de Paris confirme les conclusions de son arrêt du 4.

21. *Déclaration du Roi qui rend aux non-catholiques l'usage des droits civils,* dont ils sont privés depuis l'édit de 1685, qui a révoqué

l'édit de Nantes. — Cette déclaration détermine les formalités à suivre dans les actes de l'état civil des non-catholiques.

Février 15. *Déclaration du Roi qui abolit la torture préparatoire.*

Mars 15. *Lapeyrouse, commandant les frégates la Boussole et l'Astrolabe*, parties de Brest, en 1785, pour un voyage autour du monde, *appareille de Botany-Bay* (Nouvelle-Hollande). La dépêche qu'il expédie de ce port, le 10, est le dernier renseignement transmis par lui-même, concernant son expédition. — On conjecture qu'il aura péri sur les nombreux rescifs dont sont parsemés les archipels qu'il allait explorer dans le détroit qui sépare la Nouvelle-Hollande de la Nouvelle-Guinée; et que la manière dont les deux frégates ont toujours navigué à la portée de la voix, aura pu rendre commun à l'une et à l'autre le même écueil.

Avril 16. *Mort de Buffon*, à quatre-vingts ans. — Son nom, porté aux extrémités du globe, est destiné à la dernière postérité. Tout, dans ses ouvrages, et même le grand nombre de ses erreurs, atteste la force de son génie, l'immensité de son savoir et la magie de son style. Quarante années de travaux littéraires et scientifiques sont, pour Buffon, quarante années de gloire; vivant, il a reçu les honneurs de l'immortalité.

21. Le parlement de Grenoble menace de séparer le Dauphiné de la France.

Mai 3—5. Arrêt du parlement de Paris qui déclare : que la France est une monarchie gouvernée par le Roi, suivant les lois; et que de ces lois plusieurs, qui sont fondamentales, embrassent et consacrent, 1° le droit de la maison régnante au trône, de mâle en mâle, par ordre de primogéniture; 2° le droit de la nation, d'accorder librement des subsides par l'organe des états-généraux régulièrement convoqués et composés; 3° les coutumes et les capitulations des provinces; 4° l'inamovibilité des magistrats; 5° le droit des cours de vérifier dans chaque province les volontés du Roi, et de n'en ordonner l'enregistrement qu'autant qu'elles sont conformes aux lois constitutives de la province, ainsi qu'aux lois fondamentales de l'état; 6° le droit de chaque citoyen, de n'être jamais traduit, en aucune manière, par-devant d'autres juges que ses juges naturels qui sont ceux que la loi désigne; et 7° le droit, sans lequel tous les autres sont inutiles, de n'être arrêté par quelque ordre que ce soit, que pour être remis, sans délai, entre les mains des juges compétents. Proteste ladite cour, contre toute atteinte qui serait portée aux principes ci-dessus exprimés.

Par suite de cette délibération, *les conseillers Duval-d'Esprémesnil, Goislard de Monsabert, sont arrêtés la nuit, dans la grand-chambre assemblée*. Un officier de la maison du Roi, *Vincent d'Agoult*, à la tête de huit cents Suisses, gardes-du-corps, etc., exécute cette arrestation. Le public est indigné; mais cet officier est récompensé de son obéissance militaire par *le gouvernement des Tuileries*.

8. *Séance royale au parlement de Paris*, ou *Lit de justice*, tenu à Versailles. — Le Roi ordonne l'enregistrement de plusieurs édits relatifs aux fonctions et à la compétence des tribunaux du royaume, à certains points de procédure criminelle, et à l'établissement d'une cour suprême, nommée *Cour plénière*, destinée à juger en dernier ressort, suivant des lois communes à tout le royaume. Cette cour devra se composer des princes, des pairs, d'un certain nombre de magistrats, officiers militaires et prélats choisis par le Roi; *le capitaine des gardes y aura voix délibérative*. — Cette cour n'est pas réunie.

16. Arrêté du châtelet contre les édits du 8.

20. Le parlement de Rennes déclare infâmes ceux qui entreront dans *la cour plénière* (*V.* 8 mai). — Combats dans cette ville entre les troupes et la bourgeoisie.

Juin 7. *Émeutes à Grenoble*. Les habitants, aidés de paysans, résistent à deux régiments chargés d'arrêter tous les membres du parlement.

20. Le Roi casse les arrêts des parlements contre les nouveaux édits (*V.* 8 mai). Huit parlements sont exilés.

Juillet 5. Arrêt du conseil-d'état, qui prescrit des recherches sur les élections et la réunion des anciens états-généraux, afin de rendre régulière et avantageuse à la nation la convocation annoncée le 18 décembre 1787.

5. Révolte du peuple de Rennes. Les édits du 8 mai sont brûlés.

Août 8. Arrêt du conseil-d'état qui fixe au 1er mai 1789, la tenue des *états-généraux* du royaume, et suspend jusqu'à cette époque l'établissement de la cour plénière instituée le 8 mai. — Le clergé, très-impatient de voir se réunir les états-généraux, a vivement réclamé contre les cinq ans de délai portés sur la déclaration du 18 décembre 1787.

10. *Louis XVI* donne audience aux ambassadeurs de son allié *Tippoo-Saëb*, souverain du Mysore, dans la presqu'île du Gange.

24. *Le cardinal de Brienne, principal ministre*, se retire avec huit cent mille francs de revenus en bénéfices ou pensions. C'était

un homme à petits moyens, à vues incomplètes, à plans désordonnés, à grande ambition. Il devait sa réputation aux femmes; il la perdit dès ses premiers pas dans les affaires.

Necker, de Genève, qui dirigea les finances de 1777 à 1781, est remis à la tête de ce département. Son premier ministère avait fait apprécier l'étendue de ses connaissances et l'intégrité de son administration. Les projets qu'il annonçait pour le bonheur public ont exalté les esprits. Il n'est personne qui ne le regarde comme le sauveur réservé pour la France.

27. *Premiers mouvements populaires à Paris.* L'effigie de Brienne est brûlée aux pieds de la statue de Henri IV.

29. *Émeutes de la populace de Paris.* La force armée est obligée de faire feu. Quelques chefs de la sédition sont punis de mort; mais le pardon, trop facilement accordé à plusieurs individus, trahit déja la faiblesse du gouvernement.

Septembre 23. *Déclaration du Roi*, statuant que l'assemblée des états-généraux aura lieu en janvier 1789, et que les officiers des cours de justice rentreront en exercice (*V.* 20 juin). — En enregistrant cette déclaration, le parlement de Paris énonce la clause expresse, qu'ils seront régulièrement convoqués et composés selon la forme observée en 1614; c'est-à-dire, les trois ordres votant séparément, et produisant trois votes collectifs; les députés de chaque ordre, élus en nombre égal.

Novembre 6. *Ouverture de la deuxième assemblée des notables à Versailles.* Elle est composée, ainsi que la première (*V.* 22 février 1787).— Comme les états-généraux n'ont pas été assemblés depuis cent soixante-quinze ans, les notables sont appelés à délibérer, 1° sur leur composition; 2° sur la forme des convocations; 3° sur l'ordre des élections, 4° sur la manière de régler la tenue des diverses assemblées qui doivent donner les instructions des députés aux états-généraux.

Décembre 1er. *Les états du Dauphiné s'assemblent à Romans.* — On y décide unanimement, que le nombre des députés que la province doit envoyer aux états-généraux, sera fixé d'après la seule considération de la population, sans avoir égard à la quotité des impositions; parce qu'on se rassemble en états-généraux, comme hommes et hommes libres, et non relativement aux fortunes. La représentation du Dauphiné est fixée à trente députés, savoir : cinq du clergé, dix de la noblesse, et quinze du tiers-état.

5. *Arrêt du parlement de Paris, les pairs y séant.*—Le nombre des députés que chaque ordre doit envoyer aux états-généraux, n'étant fixé par aucun usage constant, ni par aucune loi de l'état, c'est à la sagesse du Roi à prononcer à cet égard. Le Roi est supplié de ne plus permettre aucun délai pour la tenue des états-généraux, de déclarer et consacrer leur retour périodique, leur droit d'établir les impôts; la suppression de tous impôts distinctifs des ordres, et l'égalité des charges; la responsabilité des ministres; la liberté individuelle des citoyens, et la liberté légitime de la presse. — Ainsi les deux corps les plus imprégnés d'aristocratie, se prononcent pour la convocation immédiate des états-généraux (*V.* 8 août).

8. *Mort du bailli de Suffren*, vice-amiral, à soixante-un ans. Ses succès sur les Anglais dans les mers de l'Inde, en 1782 et 1783, illustrent sa mémoire.

12. *Clôture de la deuxième assemblée des notables* (*V.* 6 novembre). —La majorité a pensé que le nombre des députés devait être, pour chaque bailliage, le même qu'en 1614. Sur la question de l'égalité du nombre des députés du tiers-état, à celui des deux autres ordres réunis : l'opinion qui s'élève contre cette égalité, compte, 1° la majorité décidée des notables; 2° une grande partie du clergé et de la noblesse; 3° le vœu prononcé de la noblesse de Bretagne; 4° le sentiment connu de plusieurs magistrats; 5° une sorte d'exemple, tiré des états de Bretagne, de Bourgogne et d'Artois; 6° enfin plusieurs princes du sang, dont les sentiments se sont manifestés d'une manière positive. L'opinion en faveur de l'égalité se fonde sur 1° l'avis de la minorité des notables; 2° le vœu des trois ordres du Dauphiné; 3° la demande formée par les bureaux intermédiaires des assemblées provinciales; 4° l'induction, tirée de l'ancienne constitution des états de Languedoc, et de la formation récente des états de Provence et de Hainault; 5° l'avis de plusieurs publicistes; 6° un arrêt du parlement de Paris qui s'en remet à la décision du Roi; 7° les adresses sans nombre des villes et des communes du royaume, 8° enfin cette considération, que la cause du tiers-état se trouve liée aux sentiments généreux, les seuls que l'on ose manifester. — Des sept bureaux dans lesquels l'assemblée s'est divisée, celui que préside *Monsieur (Louis XVIII)* émet *seul*, le vœu que le tiers-état ait des représentants en nombre égal aux représentants réunis des deux ordres du clergé et de la noblesse. Dans deux autres bureaux la minorité est de huit contre seize.

13. *Mort de Charles III, roi d'Espagne*, à soixante-treize ans. Il a pour successeur son fils aîné, *le prince des Asturies*, qui prend le nom de *Charles IV*.

20. *Arrêté des ducs et pairs de France, assemblés au Louvre*. Il est signé par trente d'entre eux, et présenté au Roi. — « Sire, les « pairs de votre royaume s'empressent de donner à V. M. et à la « nation des preuves de leur zèle pour la prospérité de l'état et de « leur desir de cimenter l'union de tous les ordres, en suppliant V. M. « de recevoir le vœu solennel qu'ils portent aux pieds du trône, de « supporter tous les impôts et charges publiques dans la juste pro- « portion de leur fortune, sans exemption pécuniaire quelconque. « Ils ne doutent pas que ces sentiments ne fussent unanimement ex- « primés par tous les autres gentilshommes de votre royaume, s'ils « se trouvaient réunis pour en déposer l'hommage dans le sein « de V. M. »

27. *Résultat du conseil-d'état* sur la forme de convocation des états-généraux. — Il est déterminé, 1° que les députés aux prochains états-généraux seront au moins au nombre de mille; 2° que ce nombre sera formé en raison composée de la population et des contributions de chaque bailliage; 3° que le nombre des députés du tiers-état sera égal à celui des deux autres ordres réunis (*V.* 12 décembre).

1789.

Janvier 24. Lettres du Roi aux bailliages portant *convocation des états-généraux*.

26—27. Rixes sanglantes à Rennes, entre les nobles et les bourgeois.

Février 13. *La société de la charité maternelle*, qui a pris naissance l'année précédente, sous la protection de la reine *Marie-Antoinette*, voit confirmer son institution, l'une de celles qui honorent davantage la bienfaisance éclairée du XVIIIe siècle. Les fondateurs instruisent le public de leurs premiers succès, en exposant leurs ressources et leurs besoins.

Avril 7. *Mort d'Achmet IV, empereur des Turcs*. Il a pour successeur le fils de son frère, *Sélim III*, âgé de vingt-huit ans.

28. *La maison et la manufacture de papiers peints de Réveillon*, dans le faubourg Saint-Antoine, sont *pillées et incendiées* par le bas peuple.

Mai 5. *Ouverture de l'assemblée des états-généraux*, à Versailles, après cent soixante-quinze ans d'interruption.

Clergé : quarante-quatre prélats; cinquante-deux abbés, chanoines, vicaires-généraux, professeurs ; deux cent cinq curés; sept moines ou chanoines réguliers : *total* trois cent huit. — *Noblesse :* deux cent soixante-six gentilshommes d'épée; dix-neuf magistrats de cours supérieures : *total* deux cent quatre-vingt-cinq. (La noblesse de Bretagne a refusé de siéger, dans l'espoir que son absence, jointe à l'absence de plusieurs autres députations de la noblesse, invaliderait les actes de l'assemblée.) — *Tiers-état :* quatre prêtres sans exercice public ; quinze nobles ou administrateurs militaires ; vingt-neuf maires ou magistrats municipaux ; deux magistrats de cours supérieures ; cent cinquante-huit magistrats de cours inférieures ; deux cent quatorze hommes de loi ou notaires ; cent soixante-dix-huit négociants, propriétaires, cultivateurs, bourgeois-rentiers ; douze médecins ; cinq hommes de finances ou d'administrations civiles ; quatre hommes de lettres : *total* six cent vingt-un. — *Total des deux premiers ordres*, cinq cent quatre-vingt-treize.

Le Roi prononce le discours suivant : « Messieurs, le jour que mon « cœur attendait depuis long-temps est enfin arrivé, et je me vois « entouré des représentants de la nation, à laquelle je me fais gloire « de commander. — Un long intervalle s'était écoulé depuis les der- « nières tenues des états-généraux, et, quoique la convocation de « ces assemblées parût être tombée en désuétude, je n'ai pas balancé « à rétablir un usage dont le royaume peut tirer une nouvelle force, « et qui peut ouvrir à la nation une nouvelle source de bonheur. — « La dette de l'état, déja immense à mon avènement au trône, s'est « encore accrue sous mon règne : une guerre dispendieuse, mais « honorable, en a été la cause; l'augmentation des impôts en a été « la suite nécessaire, et a rendu plus sensible leur inégale répartition. « — *Une inquiétude générale, un desir exagéré d'innovations, se sont « emparés des esprits, et finiraient par égarer totalement les opinions, « si l'on ne se hâtait de les fixer par une réunion d'avis sages et mo- « dérés.* — C'est dans cette confiance, Messieurs, que je vous ai ras- « semblés, et je vois avec sensibilité, qu'elle a déja été justifiée par « les dispositions que les deux premiers ordres ont montrées à renon- « cer à leurs privilèges pécuniaires. L'espérance que j'ai conçue de voir « tous les ordres, réunis de sentiments, concourir avec moi au bien « général, ne sera point trompée. — J'ai déja ordonné dans les dé-

« penses des retranchements considérables ; vous me présenterez encore, à cet égard, des idées que je recevrai avec empressement ; « mais, malgré la ressource que peut offrir l'économie la plus sévère, « je crains, Messieurs, de ne pouvoir pas soulager mes sujets aussi « promptement que je le desirerais. Je ferai mettre sous vos yeux la « situation exacte des finances ; et, quand vous l'aurez examinée, je « suis assuré d'avance que vous me proposerez les moyens les plus « efficaces pour y établir un ordre permanent et affermir le crédit « public. Ce grand et salutaire ouvrage, qui assurera le bonheur du « royaume au-dedans et sa considération au-dehors, vous occupera « essentiellement. — Les esprits sont dans l'agitation ; mais une assemblée des représentants de la nation n'écoutera sans doute que « les conseils de la sagesse et de la prudence. Vous aurez jugé vous-mêmes, Messieurs, qu'on s'en est écarté dans plusieurs occasions « récentes ; mais l'esprit dominant de vos délibérations répondra aux « véritables sentiments d'une nation généreuse, et dont l'amour pour « ses rois a toujours été le caractère distinctif ; j'éloignerai tout autre « souvenir. — Je connais l'autorité et la puissance d'un Roi juste au « milieu d'un peuple fidèle et attaché de tout temps aux principes de « la monarchie : ils ont fait la gloire et l'éclat de la France ; je dois « en être le soutien, et je le serai constamment. — Mais tout ce qu'on « peut attendre du plus tendre intérêt au bonheur public, tout ce « qu'on peut demander à un souverain, le premier ami de ses peuples, vous pouvez, vous devez l'espérer de mes sentiments. — Puisse, « Messieurs, un heureux accord régner dans cette assemblée, et cette « époque devenir à jamais mémorable pour le bonheur et la prospérité du royaume ! c'est le souhait de mon cœur, c'est le plus ardent « de mes vœux ; c'est enfin le prix que j'attends de la droiture de « mes intentions et de mon amour pour mes peuples. »

Le garde-des-sceaux, *Barentin*, retrace ensuite avec quelle facile condescendance le Roi dispose les moyens d'amener la prospérité publique, et combien il importe de seconder ses efforts par une confiance égale à celle qu'il témoigne à ses sujets..... « L'ambition ou « plutôt le tourment des Rois oppresseurs est de régner sans entraves, de franchir les bornes de toute puissance légitime, de « sacrifier les douceurs du gouvernement paternel aux fausses jouissances d'une domination illimitée, d'ériger en loi les caprices effrénés du pouvoir arbitraire : tels ont été ces despotes dont la « tyrannie fournira toujours à l'histoire des contrastes frappants avec

« la bonté de Louis XII, la clémence de Henri IV, et la bienfaisance « de *Louis XVI*. Vous le savez, Messieurs, le premier besoin de S. M. « est de répandre des bienfaits. Mais, pour être une vertu royale, « cette passion de faire des heureux doit prendre un caractère pu- « blic et embrasser l'universalité de ses sujets. Des graces versées sur « un petit nombre de courtisans et de favoris, quoique méritées, ne « satisferaient pas la grande ame du Roi..... Qu'on se retrace tout ce « qu'a fait le Roi depuis son avènement au trône, et l'on trouvera « dans cet espace assez court une longue suite d'actions mémorables: « la liberté des mers que l'humanité réclamait, et celle de l'Améri- « que, assurée par le triomphe des armes; la question *préparatoire*, « proscrite et abolie, parce que les forces physiques d'un accusé ne « peuvent être d'une mesure infaillible de l'innocence et du crime; « les restes d'un ancien esclavage détruits; toutes les traces de la « servitude effacées, et l'homme rendu à ce droit sacré de la nature, « que la loi n'avait pu lui ravir, de succéder à son père et de jouir « en paix du fruit de son travail; le commerce et les manufactures « protégés; la marine régénérée; le port de Cherbourg créé, celui de « Dunkerque rétabli, et la France ainsi délivrée de cette dépendance « où des guerres malheureuses l'avaient réduite..... »

Le ministre des finances, *Necker*, insiste sur la nécessité de procéder avec lenteur dans les réformes, et de n'être pas *envieux du temps*..... « On ne saurait rétablir la fortune de l'état, qu'en agis- « sant avec ménagement sur les intérêts particuliers. Vous n'avez pas « seulement à faire le bien, mais, ce qui est plus important encore, « à le rendre durable et à l'abri des injures du temps et des fautes « des hommes..... » Ce ministre présente les comptes très-détaillés du trésor pour l'année courante.

Dette publique...........................		3,090,000,000 l.
Recettes fixes.		
Régies, fermes.................	284,347,000	
Recettes générales.		
Tailles, capitation, vingtième..	155,655,000	475,294,000
Impôts des pays d'états........	24,556,000	
Retenues sur les pensions.... / Recettes diverses............	10,736,000	

Dépenses.

Intérêts de la dette perpétuelle et viagère	162,486,000	
Gages des charges, émoluments, indemnités, etc.	80,327,000	
Maison du roi	25,000,000	
Maisons des princes	8,240,000	
Chancellerie	3,173,000	
Affaires étrangères, ligues suisses, etc	7,480,000	531,444,000 l.
Guerre	99,160,000	
Marine	40,900,000	
Trésor-royal	5,803,000	
Traitements des fermiers, etc.	20,094,000	
Pensions	29,560,000	
Police et autres dépenses de Paris à la charge du trésor	3,985,000	
Dépenses diverses	45,236,000	
Déficit		56,150,000

Dans la soirée de ce même jour, *les députés du tiers*, assemblés par provinces, dans la salle commune, *décident que les députés du clergé et de la noblesse se réuniront à eux, pour procéder à la vérification des pouvoirs respectifs.*

6. Les députés du tiers-état se rendent dans la salle commune, et y attendent inutilement les députés du clergé et de la noblesse. Ceux-ci, assemblés dans des salles séparées, décident (le clergé, à la majorité de cent trente-trois voix contre cent quatorze; la noblesse, de cent quatre-vingt-huit contre quarante-sept) *que les pouvoirs seront vérifiés et légitimés dans chaque ordre séparément.* Le tiers-état, au contraire, tient pour principe, que toutes les délibérations, et sur-tout les vérifications des pouvoirs, doivent se faire en présence des trois ordres, et que, sans cette vérification préalable, les représentants de la nation n'ont aucun caractère reconnu.

Ainsi, dès le second jour, la scission a lieu sur un point important. — Les partisans de la réunion s'appuient sur les témoignages historiques les plus anciens. Ils montrent que, depuis l'assemblée générale convoquée par Philippe-le-Bel, en 1303, dans laquelle le tiers-état parut pour la première fois, jusqu'aux états-généraux tenus à Orléans, en 1560, les ordres se sont toujours réunis pour délibérer et prendre leurs résolutions définitives ; qu'ils n'ont présenté qu'un seul cahier, n'ont choisi qu'un seul président, et se sont exprimés par la bouche d'un seul orateur : qu'en 1560, les ordres ont commencé à délibérer séparément, et que ce fut le tiers qui l'exigea; mais cette forme parut si contraire à l'ancien usage, qu'elle excita les réclamations des deux premiers ordres, et principalement du clergé. Que si, dès-lors, jusqu'aux derniers états de 1614, les ordres ont continué de se séparer, il ne faut l'attribuer qu'aux querelles de religion, au fanatisme et à l'intolérance qui avaient jeté la défiance dans tous les cœurs et armé le Français contre le Français, et à l'ambition de quelques grands qui faisaient servir la religion de prétexte pour établir leur pouvoir et s'élever jusqu'au trône. On démontre aussi que, dans plusieurs états-généraux, postérieurs à 1355, on a délibéré *par tête, même sur les subsides.*

10. Les électeurs du tiers-état de Paris se déclarent en séance permanente.

15. *Le comte d'Artois*, frère du Roi, fait informer l'assemblée de la noblesse, que les ordres du Roi lui interdisent d'y siéger. « .... Mais (dit ce prince), je donne à la chambre la ferme et certaine assurance que le sang de mon aïeul (Henri IV) a été transmis « à mon cœur dans toute sa pureté, et que, tant qu'il m'en restera « une goutte dans les veines, je saurai prouver à l'univers entier « que je suis digne d'être né gentilhomme français. »

23. *Etats-généraux.—Deux députations du clergé et de la noblesse* se rendent séparément à l'assemblée du *tiers* ou des *communes*, et y font connaître la résolution de l'un et de l'autre ordre, de renoncer à tous leurs priviléges et de supporter avec égalité les contributions et les charges générales, *conformément à la très-grande majorité des cahiers* rédigés dans les assemblées bailliagères de leurs commettants.

Juin 13. *Etats-généraux.* — Trois curés du Poitou commencent la défection du clergé et vont siéger avec les députés des communes.

15. *Etats-généraux.* — La chambre de la noblesse transmet au Roi un arrêté par lequel elle n'adopte qu'avec des restrictions le plan que viennent de proposer les ministres, afin de concilier les différends des deux premiers ordres avec le tiers-état, sur la vérification des pouvoirs en commun (*V.* 6 mai). — Réponse du Roi : « J'ai examiné « l'arrêté de l'ordre de la noblesse. J'ai vu avec peine qu'il persistait « dans les réserves et les modifications qu'il avait mises au plan de « conciliation proposé par mes commissaires. Plus de déférence de

« la part de l'ordre de la noblesse aurait peut-être amené la conci- « liation que j'ai désirée. »

17. *Etats-généraux.* — Les députés du tiers, réunis à quelques dissidents obscurs du clergé, déclarent, *dans une séance* DE NUIT, après plusieurs jours de discussions, à la majorité de quatre cent quatre-vingts voix, sur cinq cent soixante-neuf, *qu'ils sont la seule réunion légitime ; attendu qu'il ne peut exister entre le trône et cette assemblée, aucun pouvoir négatif;* et s'intitulant ASSEMBLÉE NATIONALE, ils se constituent immédiatement en activité.

On décrète sur-le-champ que les contributions, telles qu'elles se perçoivent actuellement dans le royaume, n'ayant point été consenties par la nation, sont toutes illégalement établies et perçues. On les autorise provisoirement au nom de la nation ; mais seulement jusqu'au jour de la première séparation de cette assemblée, *de quelque cause que la séparation puisse provenir.* — Ce décret, qui est la révolution elle-même, et qui manifeste l'audace des chefs du tiers-état, n'aurait été ni proposé, ni admis, si la noblesse avait montré moins d'inconsidération, ou le gouvernement moins d'indécision (*V.* 15 juin).

20. *Etats-généraux.* — La salle où viennent s'assembler les députés du tiers, étant fermée par ordre supérieur, afin de la disposer pour une séance royale, *Bailly*, qui les préside, les réunit dans un *jeu de paume*, (rue Saint-François). Ils y font le *serment de ne se séparer qu'après avoir donné une constitution à la France.*

22. *Etats-généraux.* — Cent quarante-neuf membres du clergé se réunissent aux députés du tiers, assemblés dans l'église Saint-Louis.

23. *Etats-généraux.* — *Séance royale.* — Les trois ordres se réunissent dans la salle du tiers-état. *Louis XVI* paraît, accompagné de ses ministres, excepté de M. Necker qui a désapprouvé cette démarche.

Le Roi se plaint de la division qui règne parmi les ordres, « division si funeste à l'ouvrage de la restauration ». Son discours est suivi de la lecture d'une déclaration précise et impérative, qui maintient l'ancienne distinction des ordres, comme essentiellement liée à la constitution du royaume ; qui prononce sur la nature des mandats, sur les formes des délibérations, et ne les autorise en commun, que pour les seuls objets de finances ; qui annule la délibération prise le 17, par le tiers, et défend l'entrée de la salle au public.

Le Roi annonce une seconde déclaration, où sont énumérés tous les avantages qu'il accorde à ses peuples.

« ...... Je puis dire, sans me faire illusion, que jamais roi n'en « a autant fait pour aucune nation. Mais quelle autre peut l'avoir « mieux mérité par ses sentiments, que la nation française ? » Cette déclaration, en trente-cinq articles, statue sur tous les objets qui fixent l'attention publique. — Aucun impôt ne sera établi, aucun emprunt n'aura lieu, sans le consentement des représentants de la nation. — Le tableau des finances sera rendu public chaque année, suivant le mode déterminé par les états-généraux. — Les applications des sommes seront déterminées. — Abolition des priviléges pécuniaires du clergé et de la noblesse, de la taille et du franc-fief. — Respect pour les propriétés de tout genre, et pour les prérogatives utiles et honorifiques des terres et des personnes. — Règles pour l'anoblissement. — Abolition des lettres de cachet. — Liberté de la presse. — Établissement d'états provinciaux composés de $\frac{2}{10}$ pour le clergé, $\frac{3}{10}$ pour la noblesse, $\frac{5}{10}$ pour le tiers-état; les membres en seront librement élus par les ordres respectifs, suivant une mesure nécessaire de propriété pour être électeur et éligible. Ces états provinciaux administreront, par des commissions intermédiaires, non-seulement ce qui touche aux finances, mais aussi tous les objets dont il sera avantageux de leur confier la direction. — Les états-généraux s'expliqueront sur les domaines, sur le reculement des douanes aux frontières, sur la liberté du commerce, les corvées, es droits de main-morte, les milices; ils s'occuperont sur-tout des codes civil et criminel, de la liberté personnelle, de l'égalité des contributions, de l'établissement des états-provinciaux. — Le Roi détermine que toutes les dispositions d'ordre public et de bienfaisance, qu'il aura sanctionnées pendant la présente tenue des états-généraux, ne puissent jamais être changées sans le consentement des trois ordres, pris séparément.

Le Roi fait la clôture de la séance par le discours suivant : « Vous « venez, Messieurs, d'entendre le résultat de mes dispositions et de « mes vues; elles sont conformes au vif desir que j'ai d'opérer le bien « public; et si, par une fatalité loin de ma pensée, vous m'abandonniez dans une si belle entreprise, seul, je ferai le bien de mes « peuples; seul, je me considérerai comme leur véritable représentant; et, connaissant vos cahiers, connaissant l'accord parfait qui « existe entre le vœu le plus général de la nation et mes intentions « bienfaisantes, j'aurai toute la confiance que doit inspirer une si rare « harmonie, et je marcherai vers le but auquel je veux atteindre avec « tout le courage et la fermeté qu'il doit m'inspirer. Réfléchissez,

« Messieurs, qu'aucun de vos projets, aucune de vos dispositions ne « peut avoir force de loi sans mon approbation spéciale. Ainsi je suis « le garant naturel de vos droits respectifs; et tous les ordres de « l'état peuvent se reposer sur mon équitable impartialité : toute dé- « fiance de votre part serait une grande injustice. C'est moi, jusqu'à « présent, qui fais tout pour le bonheur de mes peuples; et il est rare, « peut-être, que l'unique ambition d'un souverain soit d'obtenir de « ses sujets qu'ils s'entendent enfin pour accepter ses bienfaits. Je « vous ordonne, Messieurs, de vous séparer tout de suite, et de vous « rendre demain matin, chacun dans les chambres affectées à votre « ordre, pour y reprendre vos séances. J'ordonne, en conséquence, « au grand-maître des cérémonies, de faire préparer les salles. »

Le Roi retiré, et la séance levée, le clergé, à l'exception de quelques curés, et la noblesse, obéissent et s'éloignent; les communes seules restent dans la salle. — Le maître des cérémonies (marquis *de Brézé*) rappelant les ordres du Roi, touchant la séparation de l'assemblée, *Bailly* répond qu'il est lié par le vœu des membres dont il est le président. Le maître des cérémonies insistant, *Mirabeau* s'écrie : « Vous qui n'avez ici ni place, ni voix, ni droit de parler, vous n'êtes « pas fait pour nous rappeler le discours du Roi. Allez dire à votre « maître, que nous sommes ici par la puissance du peuple, et qu'on « ne nous en arrachera que par la force des baïonnettes. » La véhémence de cette apostrophe foudroie le dignitaire de cour; elle électrise l'assemblée qui décrète sur-le-champ, et à la majorité de quatre cent quatre-vingt-six voix contre trois cent quarante-une, *l'inviolabilité de ses membres*.

Telle est cette séance royale dont les effets répondront si mal à l'espoir de ceux qui la conseillèrent. La déclaration d'un souverain qui dépose volontairement une portion considérable de son autorité, dans la seule vue d'amener le bonheur de ses sujets, devait être reçue aux acclamations de la joie et de la reconnaissance. Cette déclaration devait devenir la grande charte du peuple français. Mais les ambitieux, les méchants, les enthousiastes, se verraient réduits au silence et à l'inaction; ils rentreraient dans l'obscurité, s'ils accédaient à la proposition du Roi, s'ils comblaient, en un instant, les vœux de la nation! *Sieyes*, *Mirabeau*, *Bailly*, ne sauraient renoncer aux rôles qu'ils entreprennent. *Louis XVI* est incapable de fermeté dans ses actes de royauté; on le sait, et on lui résistera. On s'avancera contre lui, parce qu'on est sûr de n'éprouver qu'une défensive mal combinée d'un ministère incertain et divisé, dont les avis sont, en outre, neutralisés par un *conseil secret*, formé de courtisans aussi présomptueux qu'inhabiles. Les chefs du tiers-état, connaissant toute leur popularité, se reposent sur ce moyen de succès qui les dispense et de courage et de génie. Que leur importe le danger auquel ils exposent l'état en soulevant la multitude, au cas même qu'ils présument ce danger, lorsqu'il s'agit de la satisfaction de leurs vanités de tribuns? Ils ne veulent point d'une transaction qui terminerait les divisions. Ils rejettent les immenses concessions du Roi, parce qu'ils rejettent toute composition avec des propriétés et des prérogatives revêtues d'une longue prescription; parce qu'ils veulent déposséder entièrement ceux dont il suffirait d'admettre les renonciations pour effectuer le bonheur général; parce qu'ils ne veulent pas d'un bien qui ne serait pas une dépouille.

S'il est positif que *la liberté* des peuples est l'effet d'un contrat entre l'indépendance et la sûreté; la liberté pleine et entière dérivait de l'acquiescement à la proposition du Roi. — Quel affreux intervalle séparera cette déclaration de *Louis XVI*, au 23 juin 1789, de la charte apportée par *Louis XVIII*, le 4 juin 1814?

24. *États-généraux.* — Cent cinquante-un ecclésiastiques se réunissent définitivement aux députés du tiers (*V.* les 13 et 22).

25. *États-généraux.* — Quarante-sept membres de la noblesse se présentent dans la salle du tiers. *Le duc d'Orléans* est parmi eux, rangé dans l'ordre des bailliages.

27. *États-généraux.* — *Assemblée nationale.* — *D'après l'invitation du Roi*, la minorité du clergé et la majorité de la noblesse se rendent dans la salle de l'*assemblée nationale;* achevant ainsi la fusion des trois ordres.

Les membres les plus remarqués pendant la session de cette assemblée, surnommée *constituante*, sont : *Mirabeau* (le comte), *Cazalès* (fils d'anobli), *Maury* (abbé), le comte *de Clermont-Tonnerre*, *Barnave* (avocat), *Mounier, Malouet* (administrateur de la marine, ministre en 1814), *Lally-Tollendal* (pair de 1814), *Montesquiou* (abbé, pair de 1815, ministre en 1814—15), *Tronchet* (avocat, défenseur de *Louis XVI*), *Target* (avocat), *Chapelier* (avocat), *Sieyes* (abbé, conventionnel, votant la mort de *Louis XVI*, directeur, consul en 1799, etc., etc.), *Talleyrand-Périgord* (évêque d'Autun, etc., etc., etc., etc., etc.) : (*V.* la Table des matières), *Grégoire* (curé, évêque-constitutionnel, conventionnel), le duc *de la Rochefoucauld*, le duc *de la Rochefoucauld-Liancourt* (pair de 1814), *Boissy-d'Anglas* (conventionnel, pair de 1814), *Lanjuinais* (conventionnel, pair de 1814), *Volney* (homme de lettres, pair de 1814), *Bailly* (homme de lettres), le marquis *de la Fayette* (général, député de la série de 1818), *Bergasse* (avocat).

Résultat du dépouillement des cahiers remis aux députés aux états-généraux par leurs commettants. (*Nota.* Ce résultat a été présenté à l'assemblée nationale dans sa séance du 28 juillet suivant). — « *Principes avoués.* Art. 1er. Le gouvernement français est monarchi-« que. — 2. La personne du Roi est inviolable et sacrée. — 3. La « couronne est héréditaire de mâle en mâle. — 4. Le Roi est dépo-« sitaire du pouvoir exécutif. — 5. Les agents de l'autorité sont « responsables. — 6. La sanction royale est nécessaire pour la pro-« mulgation des lois. — 7. La nation fait la loi avec la sanction royale. « — 8. Le consentement national est nécessaire à l'emprunt et à « l'impôt. — 9. L'impôt ne peut être accordé que d'une tenue des « états-généraux à l'autre. — 10. La propriété sera sacrée. — 11. La « liberté individuelle sera sacrée. » — « *Questions sur lesquelles l'universalité des cahiers ne s'est point expliquée d'une manière uniforme.* « 1. Le Roi a-t-il le pouvoir législatif limité par les lois constitu-« tionnelles du royaume? — 2. Le Roi peut-il faire, seul, des lois « provisoires de police et d'administration dans l'intervalle des tenues « des états-généraux? — 3. Ces lois seront-elles soumises à l'enre-« gistrement libre des cours souveraines? — 4. Les états-généraux « ne peuvent-ils être dissous que par eux-mêmes? — 5. Le Roi peut-il, « seul, convoquer, proroger et dissoudre les états-généraux? — « 6. En cas de dissolution, le Roi est-il obligé de faire sur-le-champ « une nouvelle convocation? — 7. Les états-généraux seront-ils per-« manents ou périodiques? — 8. S'ils sont périodiques, y aura-t-il, « ou n'y aura-t-il pas une commission intermédiaire? — 9. Les deux « premiers ordres seront-ils réunis dans une même chambre? — « 10. Les deux chambres seront-elles formées sans distinction d'ordre? « — 11. Les membres de l'ordre du clergé seront-ils répartis dans « les deux autres ordres? — 12. La représentation du clergé, de la « noblesse et des communes sera-t-elle dans la proportion *d'un, deux,* « *trois?* — 13. Sera-t-il établi un quatrième ordre, sous le titre « d'ordre des campagnes? — 14. Les personnes possédant charges, « emplois ou places à la cour peuvent-elles être députées aux états-« généraux? — 15. Les deux tiers des voix seront-ils nécessaires pour « former une résolution? — 16. Les impôts ayant pour objet la li-« quidation de la dette nationale seront-ils perçus jusqu'à son entière « extinction? — 17. Les lettres de cachet seront-elles abolies ou mo-

« difiées? — 18. La liberté de la presse sera-t-elle indéfinie ou mo-« difiée? »

Ce résumé, qui fait si bien connaître les opinions et les vœux de la nation à cette époque, amène plusieurs rapprochements susceptibles d'intérêt. L'assemblée nationale constituante peut et doit être jugée d'après la coïncidence de ses travaux avec l'expression de la majorité des cahiers. On est à même d'apprécier la maturité de l'esprit national au commencement même de la révolution, et d'en faire la comparaison avec l'esprit qui s'est manifesté au moment où les princes Bourbons ont reparu en France pour la terminer. On acquiert enfin la conviction que la charte de *Louis XVIII* n'a fait que sanctionner les principes reconnus et résoudre les doutes énoncés dans les mandats donnés directement par la nation, il y a trente ans; et que, puisque les bases de cette charte obtiennent encore aujourd'hui (en 1819) l'assentiment général, elle réunit tous les éléments analogues au caractère comme à l'état moral et politique des Français, et par conséquent susceptibles d'augmenter indéfiniment la prospérité de leur patrie.

30. Le peuple de Paris force la prison de l'abbaye Saint-Germain, et délivre plusieurs gardes-françaises détenus pour délits d'insubordination.

Juillet 2 — 9. Des troupes en grand nombre, et la plupart étrangères, s'établissent près de Versailles et de Paris; elles sont mises sous le commandement du maréchal *de Broglie*, mandé de très-loin à cet effet. Dans l'une et dans l'autre ville, la population s'alarme de ces préparatifs. Un esprit d'insubordination agite les gardes-françaises casernés à Paris, où des factieux excitent, par toute sorte de moyens, l'effervescence des classes inférieures. A la cour, l'incertitude est dans les esprits, la précipitation ou la mollesse dans les mesures; et cependant la menace sort de toutes les bouches. — La majorité des députés de la noblesse se réunit toujours, après les séances générales, en comités secrets, et ne cesse de protester contre la réunion des trois ordres.

11. *Révolution soudaine dans le ministère.* — La division est au conseil du Roi : de ses ministres, les uns, alarmés des premiers symptômes de la liberté, réclament l'appareil de la force, pour contenir les agitateurs du peuple de Paris, en imposer aux factieux de l'assemblée nationale, tels que *Sièyes*, *Mirabeau*; les autres, et *Necker*, sur-tout, croient que le Roi est trop avancé pour ne pas suivre l'impulsion générale, et que son autorité est trop forte pour être

compromise, s'il ne cesse pas de donner des gages de la sincérité de ses intentions. *Louis XVI* adopte le premier avis; mais, à ce jour, comme en toute autre conjoncture, son caractère énerve, paralyse l'exécution. Il s'appuie sur les troupes, et jamais il ne parut à cheval dans leurs rangs. Les factieux se montrent, un peuple immense s'émeut; et le petit-fils de *Henri IV* vit au fond d'un palais, dans la stricte observance de l'étiquette, en habit brodé, accessible seulement à messieurs les gentilshommes de la chambre. Il enjoint à *Necker* de s'éloigner mystérieusement, disgraciant de la manière la plus timide un homme qui jouit de la plus grande popularité et regardé comme seul capable de sauver l'état, parce qu'on croit encore que le salut public ne tient qu'à l'embarras des finances. Quel avenir de fautes dans cette seule faute!

12—13. *Troubles de Paris.* — Le prince *de Lambesc,* commandant une partie des troupes rassemblées au voisinage de Paris (*V.* 2 juillet); charge, à la tête d'un régiment allemand et d'un corps de Suisses, des attroupements formés à la place de Louis XV, et force l'entrée du jardin des Tuileries, pendant que des pelotons de gardes-françaises, qui ont pris parti pour le peuple, se fusillent, sur le boulevard voisin, avec les soldats étrangers. — Au même instant, toutes les barrières sont attaquées, renversées, brûlées; et Paris se trouve entre une armée et cette foule d'hommes hideux que l'on voit toujours, au premier tumulte, sortir comme de dessous terre.

Les bourgeois, universellement pénétrés du danger général, s'assemblent dans les districts. Le tocsin sonne dans chaque quartier, tous les citoyens s'arment de leur mieux, et des patrouilles de volontaires établissent immédiatement une police de sûreté. Les électeurs des députés aux états-généraux accourent à l'Hôtel-de-Ville, et, se réunissant au corps municipal, ils créent sur-le-champ la milice parisienne. Quarante-huit mille citoyens s'enregistrent dans un seul jour; les soixante assemblées de districts les forment en bataillons, en compagnies. Enfin, l'assemblée de l'Hôtel-de-Ville établit un comité de sûreté permanent, qui prend l'arrêté suivant: « Les désor« dres..... ayant déterminé à rétablir sans délai la milice parisienne, « il a été décidé: Le fonds de cette milice sera de quarante-huit « mille hommes....... formant seize légions....... L'état-major « général, composé d'un commandant-général, d'un commandant « en second, d'un major-général, et des états-majors de chacune des « seize légions; tous les officiers seront nommés par le comité per« manent......... Les couleurs de la ville ayant été adoptées par

« l'assemblée générale des électeurs, chacun portera *la cocarde bleue* « *et rouge*........... » Tel est le premier acte d'autorité publique qui a constitué la force populaire. — Le 16 juillet, le Roi approuvera la dénomination de *Garde Nationale* qu'a prise la milice bourgeoise. — Les provinces ne tarderont pas à imiter Paris; par-tout les gardes nationales s'organiseront sur le même plan. Trois millions de Français vont être sous les armes pour soutenir les principes de la révolution.

13. *Assemblée nationale*. — *Décrets*. — Les ministres et leurs agents sont personnellement responsables de toute entreprise contraire aux droits de la nation et aux décrets de l'assemblée nationale. — La dette publique ayant été mise sous la garde de la loyauté française, nul pouvoir n'a le droit de manquer à la foi publique. — L'assemblée déclare persister dans ses arrêtés des 17, 20 et 23 juin.

14. Prise de la Bastille. — La fermentation s'accroît à Paris, à mesure des craintes qu'inspire la cour. Plusieurs courriers sont arrêtés; on trouve dans leurs dépêches de nouveaux sujets de défiance. Une foule prodigieuse se porte à l'hôtel des Invalides et somme le gouverneur de livrer le dépôt d'armes confié à sa garde. Il s'y refuse; et trente mille fusils sont enlevés avec vingt pièces de canon. Dès la veille, le peuple s'est emparé de toutes les armes trouvées chez les armuriers, ainsi que d'un bateau chargé de poudre. Dans plusieurs églises, lieux d'assemblées pour les districts, des ouvriers s'emploient à faire des balles.

Il reste néanmoins beaucoup d'hommes à armer, lorsque le bruit se répand que la Bastille renferme des dépôts considérables. Le peuple y court, à la suite de personnes qui portent au gouverneur une lettre du *prévôt des marchands* (premier magistrat municipal). La porte de ce château est ouverte à une quarantaine d'hommes; mais à peine sont-ils introduits, qu'une fusillade se fait entendre dans l'intérieur. La fureur de la multitude s'irrite; les portes sont enfoncées, les chaînes des ponts-levis coupées; le gouverneur (marquis *de Launay*) et le major sont saisis, entraînés à la place de Grève, où, après avoir éprouvé les plus indignes traitements, ils sont massacrés. Leurs têtes, mises au bout de deux piques, avec des écriteaux, sont promenées dans les rues.

Le soir, le prévôt des marchands, *Flesselles*, qui est généralement soupçonné de connivence avec la cour, sort de l'Hôtel-de-Ville. Frappé sur le perron, d'un coup de pistolet, il est mis en pièces par la multitude.

Cependant la nuit est tranquille : plusieurs pelotons de gardes-françaises, et un assez grand nombre de Suisses, de soldats, de cavaliers, de dragons, qui se trouvaient sous les murs de la capitale, se sont joints à la milice bourgeoise.

La Bastille reste confiée à cette milice, qui s'est hâtée de délivrer les prisonniers. On s'étonne de n'en trouver que *sept*, savoir : les nommés *Béchade*, *la Caurège*, *la Roche*, *Puzade*, tous quatre natifs d'Agen, falsificateurs de lettres-de-change au nom de *Tourton et Ravel*, banquiers de Paris ; le comte *de Solages* (d'Albi), renfermé en punition de très-graves désordres, et à la demande de son père ; *Tavernier* et l'Irlandais *Whyte*, hommes obscurs, fous l'un et l'autre, emprisonnés pour des raisons inconnues. — Il résulte des procédures de la Bastille, d'après *les documents authentiques* livrés au public, que depuis la régence, on y a renfermé quelques criminels, beaucoup de mauvais sujets, mais un plus grand nombre de personnes très-légèrement répréhensibles ou entièrement innocentes, et victimes, soit de l'intrigue, d'ennemis puissants, ou des intérêts, des passions, des méprises du ministère. C'est dans ces temps-là qu'un ministre s'écriait : *S'il n'y avait pas de lettres-de-cachet, je ne voudrais pas être ministre.*

Ordonnance du Roi. — « S. M. ayant été à portée de juger de « l'effet qu'a produit dans ses troupes la punition des *coups de plat* « *de sabre*, établie par son ordonnance du 25 mars 1776, supprime « ladite punition ; voulant S. M., que cette peine soit remplacée par « celle de la prison ou autres punitions réglées pour la discipline mi- « litaire, suivant l'exigence des cas..... »

15. Le Roi, voyant qu'il faudrait noyer l'insurrection dans des flots de sang, aime mieux la légitimer par une clémence sans réserve. Il se transporte avec ses deux frères, mais sans gardes, sans cortége et sans ministres, au lieu où siégent les états-généraux qu'il nomme pour la première fois *assemblée nationale*. Il annonce le renvoi de l'armée réunie près de Paris ; il approuve la formation de la milice bourgeoise ; il remet au président une lettre de rappel pour *Necker* (*V.* 11 juillet) ; et invite à envoyer des députés à Paris pour y ramener l'ordre et le calme, en y répandant ces nouvelles. Le Roi retourne au château, à pied, au milieu de l'assemblée toute entière qui lui sert de cortége. Des députés envoyés à Paris réussissent à calmer les esprits ; à leur voix la multitude se dissipe. — Un comité pris parmi les électeurs aux états-généraux (*V.* le 12, 13) exerce toutes les fonctions municipales. Le besoin d'un point de ralliement

a fait de ce comité la seule autorité reconnue et le centre auquel tout aboutit. Il nomme *Bailly* maire; *la Fayette* général en chef, et le vicomte *de Noailles* major-général de la *garde nationale.* La nomination de ces trois députés annonce le triomphe complet du parti populaire. Dès ce jour, le Roi descend au troisième degré de puissance; car la commune de Paris occupe le second. — Toutes les villes s'empresseront de suivre l'exemple de la capitale. Plusieurs centaines de mille hommes, subitement mis sous les armes, viendront demander des ordres à *l'assemblée nationale*, universellement regardée comme la suprême autorité. En moins de quinze jours, *deux millions de gardes nationaux couvriront la France.* Ces milices formeront d'abord l'armée de la faction dominante dans l'intérieur; et en 1793, elles sauveront la France des armées étrangères.

16. En même temps que *Necker* est rappelé (*V.* 15 juillet), le maréchal *de Broglie*, le duc *de la Vauguyon*, et le baron *de Breteuil*, nommés ministres cinq jours auparavant, se retirent.

Le comte *d'Artois*, frère du Roi, *le prince de Condé*, prince du sang, et une foule de personnes tenant à la cour, qui redoutent la fureur populaire, s'éloignent précipitamment et se retirent au-delà des frontières. — Le Roi n'a plus auprès de lui, de toute sa famille, que *Monsieur* (*Louis XVIII*) son frère, madame *Élisabeth*, sa sœur, *la Reine* et *ses enfants.*

16. Les membres de la minorité de la noblesse et du clergé, qui, depuis leur réunion à l'assemblée nationale, le 27 juin, persistaient à ne prendre aucune part aux délibérations, annoncent qu'ils reviennent sur cette détermination. L'abbé *de Montesquiou* exprime avec componction que la minorité du clergé s'est trompée et qu'elle en fait l'aveu à la nation.

17. Le Roi, accompagné de cent membres de l'assemblée nationale, se rend à l'Hôtel-de-Ville de *Paris*. Il est reçu aux acclamations du peuple et avec respect par *les nouvelles autorités.* Cependant le maire *Bailly* dit fort peu convenablement dans sa harangue: « Sire, j'ap« porte à V. M. les clés de sa bonne ville de Paris; ce sont les mêmes « qui ont été présentées à Henri IV. *Il avait reconquis son peuple : ici, le peuple a reconquis son Roi.* » Il prend *la cocarde rouge et bleue*, couleurs de la ville (*V.* 13 juillet); sa présence apaise les troubles.

22. *Nouveaux désordres à Paris.* La cherté des grains en est l'occasion, et devient une arme terrible dans la main des agitateurs. *Foulon*, ancien administrateur des armées, et son gendre *Berthier de*

Sauvigny, intendant de la généralité de Paris, sont massacrés par la populace, à laquelle ils sont désignés comme accapareurs de blés. Elle leur fait subir des tourments dont on ne trouve d'exemples que chez les Cannibales ou parmi les nègres révoltés de Saint-Domingue. Ces actes de férocité sont comme des signaux envoyés dans les provinces où le peuple, s'excitant au meurtre, à l'incendie, au pillage, voudra aussi se signaler par des arrestations arbitraires et des jugements de proscription.

26. Le général *la Fayette*, commandant de la garde nationale de Paris, joignant la couleur des lys à celles de la ville (*rouge et bleue*) présente à l'assemblée des électeurs *la cocarde tricolore*. Il les assure que cette cocarde fera le tour du monde. — Avant la cocarde *rouge et bleue* (*V.* 13 juillet), le peuple de Paris avait pris pour signe de ralliement une *cocarde vert tendre*, couleur emblématique de l'espérance; mais elle fut rejetée parce que la livrée du comte *d'Artois*, frère du Roi, était de cette couleur, et que ce prince était l'objet de l'animosité populaire.

28. *Décrets* portant formation d'un *comité des rapports* et d'un *comité d'information et de recherches*.

Août 1er. Le maire de Saint-Denis est massacré par la populace de ce bourg, qu'irrite la cherté du pain. — Ce meurtre annonce la longue nomenclature des violences, des dévastations, des atrocités commises dans les provinces.

Un détachement de milice bourgeoise amène à Paris l'arsenal de Chantilly, où, entre autres objets, se trouvent vingt-sept pièces de canon, dont quelques-unes avaient été données au *grand Condé*, après la victoire de *Rocroi*, et deux au dernier prince *de Condé*, après la bataille de *Johannisberg*. — L'arrivée de ce convoi militaire, ainsi que la saisie de dix-sept canons trouvés à l'Isle-Adam, château du prince *de Conti*, fortifieront les défiances populaires qu'a produites une foule de brochures et d'affiches touchant les princes et les nobles qui ont abandonné la France.

DÉCRETS DU 4 AOÛT. — Dans la séance du matin, l'assemblée nationale a décrété que la constitution sera précédée de la déclaration des droits de l'homme et du citoyen. « En produisant cette déclaration, a dit le vicomte *Matthieu de Montmorenci*, donnons un « grand exemple à l'univers; présentons-lui un modèle digne d'être « admiré. »

La séance du soir, ouverte à huit heures, et continuée fort avant dans la nuit, présente une scène inattendue et des plus extraordinaires. La délibération a commencé sur l'adoption d'un projet de déclaration au peuple français, à l'occasion des détails affligeants qu'on a reçus de plusieurs provinces où la sûreté des personnes, la conservation des propriétés et le paiement des impôts sont ouvertement méconnus. Dans le cours de la discussion sur ce projet dont le but est de calmer l'effervescence, d'assurer la liberté publique et de confirmer les propriétaires dans leurs droits; le vicomte *de Noailles*, remontant aux causes de l'insurrection qui se propage dans tout le royaume, déclare que le moyen de l'apaiser est, avant de procéder à la constitution, de remplir les premiers vœux du peuple, en le délivrant à l'instant même des vexations dont il est victime. Il propose l'égale distribution de toutes les charges publiques, le remboursement de tous les droits féodaux, et la suppression sans rachat des corvées seigneuriales et des servitudes personnelles. Les ducs *d'Aiguillon et du Châtelet*, le comte *de Grammont* étendent cette proposition. Le marquis *de Foucault* demande qu'on frappe sans ménagement sur les pensions et les places de la cour, accordées pour la plupart aux plus basses intrigues. Aussitôt les membres du clergé et de la noblesse, transportés d'une sorte d'ivresse philanthropique, renoncent à l'envi l'un de l'autre, à tous les droits et priviléges qui pèsent sur les peuples, qui l'humilient et s'opposent au progrès de son bien-être. Un jeune homme, le vicomte *Matthieu de Montmorenci*, se présentant en scène, excite encore l'enthousiasme universel, en proposant d'arrêter sur-le-champ toutes ces dispositions. Aussitôt et sans délibération, on abolit, avec les droits féodaux et les justices seigneuriales, tous priviléges, franchises ou immunités de pays d'états, de villes, de communautés, d'individus; on supprime la vénalité des charges de justice; les annates et déports, comme les droits casuels des curés de campagne; on déclare rachetables les dîmes de toute nature et les redevances féodales: on reconnaît que tous les Français sont également admissibles aux emplois civils et militaires; on interdit la pluralité des bénéfices et des pensions ecclésiastiques; on décrète la révision des pensions. L'étincelle électrique n'est pas plus rapide que ce mouvement patriotique. L'exaltation des opinions et des sentiments généreux est à son comble, et tient lieu d'examen, de discussion; tout ce qui est offert est reçu, soit que l'offre vienne du possesseur ou de celui qui envie la possession. Et dans ce violent tumulte, l'évêque de Chartres demande l'abolition du droit de chasse; un noble d'épée, celle de la vénalité des offices de judicature; un homme de loi, celle des justices seigneuriales. Toutes les motions sont adoptées par acclamation, aussitôt qu'énoncées, et suivies d'un torrent de renonciations. On s'empresse, on se foule pour déposer sur le bureau, non-seulement des priviléges odieux, des prérogatives nuisibles, mais aussi des droits justes et nullement onéreux qui paraissent des obstacles à la fraternité, à l'égalité de tous les citoyens. Toutes les dépouilles des classes privilégiées sont confusément jetées sur l'autel de la patrie; et sur les débris de tant d'intérêts immolés, on ne distingue que l'ardeur à fournir des holocaustes. Une espèce d'inspiration surnaturelle semble commander aux préjugés invétérés. Chacun les abandonne, dans l'espoir de régénérer l'état, de rétablir les finances, de mettre un terme à la disette du jour, d'appaiser les troubles et de satisfaire l'énergique impatience de la nation qui réclame la liberté pleine et entière, et une forme précise et constante de gouvernement. Ce qui n'est pas moins remarquable, c'est l'impétuosité de ces élans patriotiques de la part de plusieurs députés qui tiennent à cette sordide espèce de courtisans, déprédateurs si hardis du trésor public, qui, dans ces temps d'arbitraire fiscal, obtenaient des engagements, des inféodations, des aliénations de domaines, au grand préjudice de l'état; qui recevaient des graces excessives, accumulaient des pensions non méritées, dont la surcharge retombait sur le peuple; et qui, depuis le renversement du pouvoir absolu, transformés en démagogues, s'empressent de tout abandonner, de tout déposer en faveur du peuple. — Plusieurs prélats, les ducs *de Castries* et *de Villequier-d'Aumont*, renoncent à leurs prérogatives, en les signalant comme des abus très-répréhensibles. Le vicomte *de Beauharnais* demande l'égalité des peines pour tous les citoyens et leur égale admission à tous les emplois. Le marquis *de Mortemart* dit: qu'il n'y a plus qu'un vœu de la part de la noblesse, de hâter le décret qui consomme tous les sacrifices.

Cette détermination unanime de l'assemblée nationale, mais si précipitamment amenée, en détruisant d'un seul coup tous les abus, doit entraîner les plus graves désordres et conduire à d'injustifiables excès. Une transaction entre des partis politiques ne saurait être solide qu'autant que chaque contractant voit ses sacrifices compensés, ou du moins réduits dans de certaines limites. L'Angleterre, la Suède, sont deux exemples très-frappants de cette nécessité, ou de cette convenance. Chez nous, les classes privilégiées ont déja fait voir une majorité généreuse renonçant à ces prérogatives reconnues nuisibles, mais qu'une ancienne possession et l'état de la société avaient consacrées (*V.* 23 mai et 27 juin). Cette majorité cède sans effort, comme sans hypocrisie, à l'impulsion du siècle. Il ne s'agirait donc que d'attendre un très-petit nombre d'années pour amener de grands biens sans mélange. Mais d'autres hommes, trop fougueux défenseurs des droits généraux, ardents et ambitieux tribuns, refusent d'admettre le temps comme élément de la réformation sociale; ils abattent l'édifice avant d'avoir formé le plan de reconstruction. De ces hommes, si les uns sont séduits par des considérations abstraites, d'autres nourrissent de perfides intentions ou d'ignobles ressentiments; et tous n'obtiennent une première concession, que pour en demander une seconde, en exiger une troisième, en prescrire une quatrième. Ils procèdent avec une jalouse fureur au renversement de toutes les institutions; ils détruisent tous les appuis de la morale, de l'ordre public; ils ébranlent le respect dû à la propriété, en attaquant sans ménagement toutes les anciennes propriétés. Et, pour tous ces maux qu'ils déversent à-la-fois sur la France, ils ne présentent d'autres palliatifs que des théories, des conceptions métaphysiques. En prononçant les mots de *liberté*, d'*égalité*, ils croient en avoir établi l'usage.

Cependant la nation applaudit avec transport. L'excuse de cette nation ne peut se trouver que dans son ignorance des moyens d'amener la félicité publique; ignorance qu'entretinrent avec un soin si attentif et un si malheureux succès, pendant un siècle et demi, les ministres des deux prédécesseurs de *Louis XVI*, qui lui ont légué les funestes résultats de leur système de gouvernement. A mesure que les lumières se propageaient, ils redoublaient d'efforts pour soutenir les abus, ils reproduisaient les actes du pouvoir absolu. Aussi l'inconsidération qui doit caractériser les députés de la nation, pendant tout le cours de cette session, est déja profondément marquée dans cette nuit du 4 au 5 août.

On peut envisager cette nuit de destruction, comme l'explosion d'une troisième révolution politique, ou comme une troisième éruption du volcan ouvert sous la France. C'est le complément de la journée du 17 juin, où le tiers-état s'investit de l'autorité souveraine en s'attribuant tous les droits de la nation; c'est le sceau de la journée du 14 juillet, où les Parisiens en armes, se faisant les interprètes de l'opinion générale, ont déployé la force populaire, renversé la Bastille, et précipité sur ses ruines le pouvoir arbitraire. Au 17 juin, les lois cessent d'émaner de la volonté royale; au 14 juillet, l'action exécutive n'appartient plus au gouvernement; au 4 août, disparaît la puissance de la noblesse et du clergé. Ainsi tombe en quelques semaines, et disparaît en entier le système si faussement posé d'un ministre et d'un Roi à grande renommée, l'œuvre du superbe Richelieu et du fastueux Louis XIV. Exemple terrible qui devrait éclairer et qui n'éclairera pas les princes absolus!

9. *Finances publiques.* — *Décret* portant création d'un emprunt de trente millions à quatre et demi pour cent, *sans retenue.* Cet emprunt se doit aux non-rentrées de plusieurs impôts que, dans la plupart des provinces, le peuple refuse de payer. — Il ne se remplira pas (*V.* le 27).

10. *Décret et proclamation de l'assemblée nationale,* pour rétablir la tranquillité publique. — Proclamation illusoire! Ce n'est point avec des exhortations à l'ordre, qu'on y ramène des prolétaires fougueusement soulevés.

11. *Décret.* — *Suppression de la dîme ecclésiastique sans rachat.* — Ce décret est en contradiction avec le décret du 4. Il établit une disposition injuste, en dépouillant d'une propriété ceux qui en jouissent depuis plusieurs siècles, et cela sans leur assigner d'indemnités; inconsidérée, en abandonnant ce tribut à ceux qui le doivent; inutile à l'état qui devait puiser d'abondantes ressources dans le rachat. Ainsi les premiers pas de l'assemblée nationale dans la route de la liberté, sont des injustices perdues pour la nation, et contagieuses pour l'avenir. Le peuple, voyant supprimer soudainement ce que jusque alors il a respecté, perdra toute pudeur, en se livrant à l'impétuosité des passions qui lui seront inspirées. Dès-lors les provinces offriront le plus affligeant spectacle : le pillage des titres seigneuriaux; l'incendie de beaucoup de châteaux, de plusieurs abbayes, et aussi de quelques manufactures; des meurtres fréquemment renouvelés et souillés de barbaries; des dévastations qui accableront le revenu public comme celui des particuliers. Les moyens de répression seront sans force; car les institutions judiciaires, qui pourraient contenir les malfaiteurs, sont livrées à la déconsidération, au mépris même des classes inférieures.

12. L'assemblée nationale arrête *dans ses bureaux* que chacun de ses membres recevra une indemnité de dix-huit francs par jour. — Cette mesure retient les députés qui ne jouissent que d'un très-faible revenu et qui, formant le grand nombre, auraient affaibli l'assemblée par leur retraite, au point de l'exposer à se dissoudre.

18. *Insurrection démocratique à Liége,* qui chasse le prince-évêque, et s'empare du gouvernement. — Les factieux se donneront une constitution. Ils appelleront à leur tête le prince *Ferdinand de Rohan,*

archevêque de Cambrai, qui ne craindra pas l'indignation de l'Europe, en répondant à leurs desirs (*V.* 12 janvier 1791).

23. *Décret* qui proclame que « Nul homme ne doit être inquiété « dans ses opinions, même religieuses, pourvu que leur manifestation « ne trouble pas l'ordre public établi par la loi. »

27. *Finances publiques.* — *Décret* ordonnant un emprunt de quatre-vingt millions, moitié en argent, moitié en effets publics. Le pouvoir exécutif en fixera le mode. — Cet emprunt n'aura pas plus de succès que l'emprunt décrété le 9 (*V.* 6 octobre).

31. *Ordonnance du Roi* qui supprime les gardes-françaises.

Septembre 9. *Décret constitutionnel.* — L'assemblée nationale sera permanente.

10. *Décret portant que le corps législatif ne sera composé que d'une chambre.* — Très-peu de députés conçoivent les inconvénients de cette disposition. On ne saurait en citer que cinq ou six dont l'opinion paraisse arrêtée sur ce point essentiel : *Lally-Tollendal, Dupont de Nemours, Mounier, Malouet, Cazalès.* Le premier a vainement, dans un discours aussi profond qu'éloquent, développé tous les avantages qui résultent *d'une monarchie constituée avec deux chambres législatives.* Tous ces Français qui veulent un gouvernement représentatif, sont tellement dans l'ignorance, à l'égard de la distribution des pouvoirs, que ce discours est écouté avec défaveur, interrompu par de bruyants murmures. Trop peu de membres du *tiers-état* savent, qu'en concentrant *en eux seuls* toute l'autorité des *états-généraux* avec l'autorité royale, qu'en s'étant constitués *assemblée unique*, ils ont ouvert la porte au despotisme de la démocratie, qui, s'il n'est pas le plus durable de tous les despotismes, en est le plus terrible, à cause de l'infixité de ses agents et de la continuelle mobilité de ses caprices.

Aussi-bien ce parti nombreux, qui est populaire, mais qui n'est point la faction démagogique, qui n'a point de coupables ou d'ambitieux desseins, ce parti s'irrite de plus en plus contre les nobles qu se séparent de plus en plus des intérêts généraux. Il repousse cet élément de stabilité, parce qu'il n'envisage que la conduite actuelle de ceux qui seraient appelés à la chambre haute. Les priviléges et les prétentions de la noblesse ont profondément blessé la nation. Quelque avantageuse que pût être la perspective d'institutions analogues aux institutions qui régissent nos voisins d'outre-mer, les Français refuseraient l'établissement d'une magistrature patricienne. L'aversion est générale. On repousserait même un sénat semblable à celui des États-Unis, dont les membres so nt renou velés de six en six ans. — Aussi l'assemblée nationale ne balance pas à se décider pour une seule chambre. Organisant la société à contre-sens, elle réunit le pouvoir législatif et divise le pouvoir exécutif.

18. *Le Roi adopte les décrets du 4 — 5 août.* S'abandonnant au système de ses conseillers secrets, qui consiste à le faire regarder comme en état de contrainte, *Louis XVI* a résolu de sanctionner indistinctement tous les décrets de l'assemblée nationale. Il y mêle cependant quelques observations que les factieux interpréteront de manière à s'en faire contre lui un moyen de préparer un mouvement populaire.

Octobre 1er. *Décrets constitutionnels.* — L'assemblée émet la déclaration des droits de l'homme en société, et dix-neuf articles de la constitution.

2. *Les gardes-du-corps, et les officiers du régiment de Flandre se donnent des fêtes à Versailles.* La cocarde nationale est insultée. L'exaltation des convives, accrue à l'apparition de la reine, amène des scènes indiscrètes dont la relation exagérée produit au-dehors, et sur-tout à Paris, une impression des plus fâcheuses. Les orateurs des rues, les pamphlétaires démagogues y trouvent de nouveaux prétextes pour exciter de nouveaux soulèvements. Et, certes, il fallait bien mépriser les dispositions du peuple et les défiances qui agitent tous les esprits, pour hasarder de semblables fêtes. On voit à chaque circonstance de cette première époque de la révolution, le parti de la cour irriter la fureur de ses ennemis, et ne savoir jamais les combattre.

4 — 5. *Louis XVI*, alarmé de la fermentation qui s'annonce dans Paris, et pressé par l'assemblée, accepte les dix-neuf articles de la constitution décrétés avec les droits de l'homme (*V.* ci-dessous, 1er octobre et 3 septembre 1791). Les observations dont il accompagne son adhésion prouvent, et qu'il apprécie les défauts de ce travail, et qu'il n'a pas dans son caractère la force de le désapprouver.

JOURNÉES DES CINQ ET SIX OCTOBRE. — Le peuple de Paris est, depuis quelques mois, en proie à des souffrances qu'il supporte de plus en plus impatiemment. Les assassinats commis en juillet, les scènes aussi tumultueuses que fréquentes, excitées par les motionnaires du Palais-Royal, par les harangueurs des faubourgs, ont éloigné beaucoup de familles opulentes. Le peuple est privé de leur secours, des aumônes du clergé, et de travail; il se procure difficilement un pain de mauvaise qualité et très-cher, malgré l'abondance de la récolte nouvelle. Cette disette provient-elle des accaparements faits à grands frais; ou bien, les différents partis la souhaitaient-ils, la provoquent-ils même, afin d'y trouver des moyens d'agiter le peuple ? Sans désavouer que de criminelles spéculations peuvent avoir accru la cherté, il faut convenir que des achats et des emmagasinements assez considérables pour affamer une aussi nombreuse population, sont invraisemblables et presque impossibles. Il suffit de la stupeur produite dans les contrées environnantes, par les troubles de Paris, pour exciter la méfiance des propriétaires et des fermiers, pour occasionner la lenteur et causer l'insuffisance des transports et des approvisionnements, ainsi que la rareté des grains sur les grands marchés. Mais, soit que cette pénurie dérive en partie de mesures préméditées, ou seulement de la pression des circonstances, elle décide la crise terrible dont les symptômes deviennent de jour en jour plus alarmants.

Le peuple, encouragé dans ses desirs d'indépendance, agité de l'esprit novateur du temps, aigri par les annonces des mesures défensives de la cour, et par les récits des fêtes de Versailles (*V.* les 1—2), impatient des retards mis à l'acceptation des décrets constitutionnels du 1er, excité par la rumeur d'un prochain enlèvement du Roi vers Metz (rumeur fondée, mais très-insidieusement dénaturée, afin de faire nommer le duc *d'Orléans* lieutenant-général du royaume, si la cour prend la fuite); le peuple, irrité des bravades toujours plus emportées et des tentatives toujours moins heureuses des partisans de l'ancien régime, insensiblement entraîné par les déclamations les plus violentes contre toutes les institutions, le bas peuple se soulève au même instant et comme d'un seul effort. Tout ce que les boues des faubourgs Saint-Antoine et Saint-Marceau peuvent receler d'impur, tout ce que les galetas et les égoûts des quartiers voisins de la Grève peuvent vomir de plus vil, de plus obscur, de plus crapuleux, se précipite à l'Hôtel-de-Ville, demandant du pain et la mort des *aristocrates*, exigeant du conseil municipal qu'on marche sur Versailles. Aussitôt, dans la matinée, des troupes d'ouvriers, bizarrement armés et mêlés à des femmes, la lie de leur sexe, en prennent la route. Toute la journée, Paris jette sur Versailles des masses de prolétaires furieux et déguenillés. — La garde nationale se met en marche avant la nuit, ayant à sa tête son commandant en chef.

Quelles qu'aient pu être les erreurs systématiques de *la Fayette*, ou l'impropriété de quelques-unes de ses démarches antérieures; quoi qu'il en soit de l'espoir qu'il entretient aujourdhui, lorsqu'il promet de contenir les malveillants, d'après l'idée qu'il s'est faite de l'importance de ses attributions, de la réalité de ses forces, ains que de la magie de sa popularité; on ne saurait s'empêcher de reconnaître dans sa conduite l'intention de prévenir les attentats et de garantir la personne du Roi. Il y a déja quelque temps que ce commandant de Paris informa les ministres des symptômes et des préparatifs de l'insurrection. On le verra se dévouer à l'instant le plus dangereux, pour sauver la reine, pour arracher des gardes-du-corps aux mains des brigands tout prêts à les égorger; quoiqu'il n'ignore pas être lui-même une des victimes marquées par les conjurés.

Pendant que les premiers flots de la populace parisienne arrivent à la grande avenue de Versailles, *Louis XVI*, plongé dans la sécurité, maglré le nombre infini d'indices qui lui sont parvenus depuis plusieurs jours et la veille même, prend le divertissement de la chasse aux environs de Meudon. Il revient, et se hâte d'ordonner à ses gardes et à d'autres corps rangés en avant du château, de se replier dans les cours ou de se retirer dans leurs quartiers. Ces dispositions encouragent la multitude. Les gardes-du-corps assaillis reçoivent ordre de ne pas se défendre, et dix à douze (suivant la relation la plus modérée) sont tués, massacrés, mis en pièces. Tous les récits écrits s'accordent en ce point, que des gardes ont péri dans ce premier choc; cependant les dépositions d'un assez grand nombre de gardes eux-mêmes devant le châtelet, tribunal spécialement chargé des poursuites relatives aux attentats commis dans cette soirée, ne parlent que de la blessure de l'un de leurs camarades.

La Fayette arrive vers dix heures du soir. Il dispose des postes à l'extérieur du château; les commandants des gardes-du-corps se refusant à partager les postes de l'intérieur, soit par dévouement ou parce que l'ordre du service autour du Roi leur semble une étiquette inviolable. — Tout paraît tranquille; on se livre au repos avec confiance.

Quelques scélérats d'élite veillent seuls. Des guides travestis les introduisent avant le jour dans le château. Ils s'y répandent en proférant des imprécations contre la Reine. Deux gardes-du-corps, en faction près de son appartement (*Varicourt, Deshuttes*), sont égorgés; la résistance de quelques autres lui laisse le temps de se dérober à demi vêtue au poignard des assassins, qui parviennent (disent deux ou trois relations connues) jusqu'à son lit. A ce tumulte, la garde de Paris accourt, et, avec une ardeur digne du souvenir de la postérité, elle repousse les émissaires du crime. Mais cette multitude, qui est restée au-dehors, ne consent à retourner aux lieux d'où elle fut amenée, qu'après avoir entendu le Roi promettre, du balcon de la cour de marbre, d'aller, ce jour même, fixer sa résidence à Paris. Aussitôt cette abjecte populace fait retentir les airs de ses acclamations, et commence à s'éloigner; mais en emportant, comme trophées de son expédition, les têtes sanglantes des deux défenseurs de la Reine.

Il est pénible de pouvoir à peine douter que le duc *d'Orléans* et *Mirabeau* (le comte) soient au nombre des instigateurs de cette nuit pleine d'horreurs. L'empressement que, pendant une année entière, ce dernier mettra à prévenir, émousser, détourner l'instruction judiciaire qu'un reste de pudeur aura contraint la majorité de l'assemblée nationale à permettre; les étranges allégations de cet homme perdu d'honneur; ses injures, ses menaces à la tribune; la rédaction si confuse de l'apologie dressée par le rapporteur du comité nommé à cet effet; les assertions de plusieurs centaines de témoins, qui tous ne peuvent être mus par un même esprit de parti ou de vengeance aveugle; la faiblesse des mémoires publiés en faveur du prince infâme qu'on verra commettre un régicide plus froidement médité; tout enfin prouve, atteste que ni l'un ni l'autre ne furent étrangers, ni à l'attentat des 5 et 6 octobre, ni aux mouvements qui se tramaient visiblement à Paris, depuis le commencement de septembre. Cependant, leurs apologistes allèguent que les dépositions reçues par le Châtelet sont peu d'accord, fort peu concluantes, et conjecturales; on leur répond que, si la procédure de ce tribunal est défectueuse, c'est parce qu'il n'osa rien approfondir, ni remonter aux origines, ni verser un jour entier sur la scène de ces iniquités. — On ne saurait douter, quoiqu'on n'ait aucune preuve légale, que les dominateurs de l'assemblée nationale n'aient favorisé des projets qui forceraient le Roi à transférer le siége du gouvernement. On observa que, pendant cette nuit, les gardes nationaux de Paris parvinrent très-difficilement à se procurer du pain; tandis qu'à l'aube du 6, la foule regorgea de subsistances.

Le Roi, avec toute sa famille, se met en route à une heure après midi, accompagné de cent membres de l'assemblée nationale. Il descend à l'Hôtel-de-Ville, salué par des acclamations universelles. — A minuit, il se retire aux *Tuileries*, résidence abandonnée depuis la minorité de *Louis XV*. *Monsieur* (*Louis XVIII*) se retire au *Luxembourg*. Pendant ces deux journées, on ne parle pas plus de ce prince que s'il n'existait pas; et personne n'a fait connaître où il se trouvait, pendant que des forcenés bouleversaient le château.

Paris offre déja l'apparence du calme. Le 5, la disette y était; le 7, l'abondance y régnera. Il est assez remarquable que Paris ne manquera pas de pain jusqu'au commencement de 1793, règne de la convention.

6. *Finances publiques.* — *Décret établissant une contribution patriotique,* fixée au quart du revenu de toutes les propriétés, traitements, etc. — Cette contribution doit suppléer les emprunts des 9 et 27 août. Comme sa quotité se détermine d'après une déclaration simple, volontaire, non sujette à contrôle, de la part de chaque individu, il n'en résultera qu'une somme d'environ quatre-vingt-dix millions, laquelle même ne sera perçue entièrement que dans trois années. On aperçoit bien, dans cette occasion, le mécontentement des classes riches, ainsi que l'égoïsme des classes aisées. Un semblable appel en Angleterre, en Hollande, en Espagne, aurait obtenu d'abondants résultats.

8—9. *Décret sur la réformation de quelques points de la jurisprudence criminelle.* — Établissement de deux jurys : d'information, de jugement. — L'interrogatoire commencé dans les vingt-quatre heures. — Libre communication de l'accusé avec ses conseils, en tout état de cause. — Publicité des débats. — L'usage de la sellette, au dernier interrogatoire, et *la question dans tous les cas,* abolis. — Aucune peine afflictive ou infamante ne peut être prononcée qu'aux deux tiers des voix, et la condamnation à mort par les juges en dernier ressort ne peut l'être qu'aux quatre cinquièmes (*V.* 16 septembre 1791).

13. *Décret* qui supprime les lieux privilégiés servant de retraite aux accusés.

14. Le duc *d'Orléans,* universellement regardé comme le principal moteur ou l'instrument le plus dégradé des forfaits des 5 et 6 octobre, se rend en Angleterre. On ignore s'il cède à sa pusillanimité naturelle, ou bien à des insinuations faites au nom du Roi, dont il n'ose encore méconnaître l'autorité, et qui lui sont intimées d'une manière très-impérative par *la Fayette.* Il part chargé des plus graves inculpations, et paraissant chargé d'une mission de confiance.

19. L'assemblée nationale tient sa première séance à l'archevêché de Paris. « L'assemblée constituante, dit *madame de Staël,* transportée à Paris par la force armée, se trouva, à quelques égards, « dans la situation du Roi lui-même; elle ne jouit plus entièrement « de sa liberté. Le 5 et le 6 octobre furent, pour ainsi dire, les pre« miers jours de l'avènement des jacobins; la révolution changea « d'objet et de sphère; ce n'était plus la liberté, mais l'égalité qui « en devenait le but; et la classe inférieure de la société commença, « dès ce jour, à prendre de l'ascendant sur celle qui est appelée par

« ses lumières à gouverner. *Mounier* et *Lally* quittèrent l'assemblée « et la France. Une juste indignation leur fit commettre cette er- « reur ; il en résulta que le parti modéré fut sans force. Le vertueux « *Malouet* et un orateur tout-à-la-fois brillant et sérieux, *M. de* « *Clermont-Tonnerre*, essayèrent de le soutenir ; mais on ne vit plus « de débats qu'entre les opinions extrêmes. L'assemblée constituante « avait été maîtresse du sort de la France, depuis le 14 juillet jus- « qu'au 5 octobre ; mais, à dater de cette dernière époque, c'est la « force populaire qui l'a dominée..... La révolution devait descendre « toujours plus bas, chaque fois que les classes les plus élevées lais- « saient échapper les rênes, soit par leur manque de sagesse, soit par « leur manque d'habileté. »

21. *Décret conférant au châtelet l'information et le jugement des crimes de lèse-nation.* — *Robespierre* a demandé une commission prise dans la représentation nationale.

Cette assemblée, qui vient de déclarer les droits de l'homme, institue pour son usage à elle un *tribunal d'exception*, qui jugera des crimes non définis. — Sous Tibère, on prononçait l'accusation de *lèse-majesté* contre ceux que ne pouvait atteindre aucune loi positive.

Loi martiale contre les attroupements jugés dangereux. A toute proclamation de la loi, le canon d'alarme sera tiré, et un drapeau rouge flottera sur la maison commune, comme un signal fait aux attroupements de se dissiper. En cas de désobéissance, le magistrat sommera par trois fois le rassemblement de se séparer, et le dissipera par la force, s'il se refuse à cette triple sommation. — Cette loi est proposée par *Mirabeau*.

Arrêté des représentants de la commune de Paris portant *établissement d'un comité des recherches.* — Il se compose de six membres : *Agier, Oudart, Perron, Lacretelle (aîné), Garan de Coulon, Brissot.* — Ce comité, chargé de connaître des dénonciations contre les *ennemis de la chose publique*, est le modèle de ces institutions inquisitoriales qui désoleront les citoyens au nom de la liberté. Les grandes villes donneront le spectacle d'officiers de police municipale exerçant, sans lois, les fonctions les plus redoutables que la tyrannie ait jamais confiées à ses agents. Tel est le caractère des factions, qui ne brisent le joug que pour l'imposer elles-mêmes : ainsi se vérifie ce fait consigné dans chaque page de l'histoire, qu'à l'ardeur de l'indépendance extrême succède infailliblement le despotisme, et que très-peu, infiniment peu d'hommes ont le sentiment de la liberté. — Dans une circonstance analogue, le député *Cazalès* a dit ces paroles mémorables : « Toute accusation vague est une invention « de tyran. Par-tout où l'on peut en faire de semblables, il n'y a « plus, suivant l'expression de Montesquieu, qu'une république non « libre. »

Novembre 2. *Finances publiques.* — *Décret* rendu sur une motion primitive de l'évêque d'Autun, *Charles-Maurice de Talleyrand Périgord*, qui met à l'entière disposition de la nation, toutes les propriétés et tous les revenus ecclésiastiques : cinq cent soixante-huit voix pour ; trois cent quarante-six contre ; quarante nulles. — L'évêque d'Autun est ce personnage qu'on retrouvera dans les principales phases de la révolution, croissant et décroissant comme elles, et célèbre enfin à force de variations politiques (*V.* la Table des matières). Au mois de juin, le clergé a cessé d'être un corps politique ; il cesse aujourd'hui d'être un corps civil.

6. *Formation à Paris du club des amis de la constitution, appelé plus tard club des Jacobins ;* club dont l'influence amènera les calamités des années suivantes. Il est une dérivation du *club breton,* formé d'abord à Versailles par des curés de la Bretagne. Il tient ses séances dans ce même couvent des jacobins, rue Saint-Honoré, où s'étaient tenues les assemblées de la sainte ligue, assemblées composées de prêtres invitant au régicide, et des plus méprisables factieux.

9. *L'assemblée nationale siège au manége des* Tuileries, situé sur l'emplacement qu'occupent les maisons n°s 36 et 38 de la rue de Rivoli.

30. *Décret.* — L'île de Corse est déclarée partie de l'empire français. Ses habitants seront régis par la même constitution que les autres Français.

Décembre 3. *Mort de Vernet,* peintre célèbre de marine, à l'âge de soixante-quinze ans ; son fils et son petit-fils, *Carle, Horace,* héritiers de son talent qu'ils appliquent à d'autres genres de peinture, maintiennent l'illustration de ce nom.

19. *Finances publiques.* — *Décret* qui ordonne la vente de domaines, soit de la couronne, au choix du Roi, et autres que les forêts, ou de domaines ecclésiastiques pour la valeur de quatre cents millions ; *et qui crée quatre cents millions d'assignats territoriaux, papier-monnaie* destiné à être reçu en paiement desdits domaines nationaux.

23. *Mort de l'abbé de l'Épée,* âgé de soixante-dix-sept ans. — La mémoire de ce bienfaiteur de l'humanité vivra aussi long-temps qu'il existera des hommes auxquels la nature aura refusé le sens de l'ouïe.

Seul, sans appui et sans secours, il forma et soutint, pendant plusieurs années, l'établissement destiné à l'éducation des *sourds-muets*. Il ne put obtenir du gouvernement français l'adoption de cet établissement, qui faisait l'admiration de l'Europe, et que plusieurs souverains avaient imité. Aucune compagnie savante n'admit *de l'Épée* dans son sein (*V.* 21 juillet 1791).

24. *Décret.* — Les *non-catholiques* sont admissibles à tous emplois civils et militaires; sans entendre rien préjuger relativement aux Juifs, sur l'état desquels l'assemblée nationale se réserve de prononcer.

26. *Monsieur* (*Louis XVIII*), frère du Roi, se rend à l'Hôtel-de-Ville de Paris. Il désavoue les bruits répandus à l'égard de ses relations avec *Thomas de Mahi*, s'appelant : marquis *de Favras*, récemment arrêté comme prévenu de complots tendant à renverser les nouvelles institutions. — « Messieurs (dit le prince à l'assemblée « générale des représentants de la commune), le désir de repousser « une calomnie atroce m'appelle auprès de vous....... Vous n'at- « tendez pas, sans doute, que je m'abaisse jusqu'à me justifier de « crimes aussi bas........ Quant à mes opinions personnelles, j'en « parlerai avec confiance à mes concitoyens. Depuis le jour où, dans « la seconde assemblée des notables, je me déclarai sur la question « fondamentale qui divisait les esprits (*V.* 12 décembre 1788), je « n'ai pas cessé de croire qu'une grande révolution était prête; que « le Roi, par ses intentions, ses vertus et son rang suprême, devait « en être le chef, puisqu'elle ne pouvait être avantageuse à la nation « sans l'être également au monarque; enfin, que l'autorité royale de- « vait être le rempart de la liberté nationale, et la liberté nationale « la base de l'autorité royale. Que l'on cite une seule de mes actions, « un seul de mes discours qui ait démenti ces principes, qui ait montré « que, dans quelques circonstances où j'ai été placé, le bonheur du « Roi, celui du peuple, aient cessé d'être l'unique objet de mes pen- « sées et de mes vues : jusque-là, j'ai le droit d'être cru sur ma pa- « role. Je n'ai jamais changé de sentiments et de principes, et je n'en « changerai *jamais*. »

1790.

Janvier 15. *Décret portant division du territoire en quatre-vingt-trois départements*, dont chacun sera subdivisé en districts; chaque district le sera en cantons ; chaque canton, en municipalités :

21. *Jurisprudence criminelle.* — *Décret.* Art. 1er. Les délits et les

crimes seront punis du même genre de peines, quels que soient le rang et l'état des coupables. 2. Les délits et les crimes étant personnels, le supplice d'un coupable et les condamnations infamantes quelconques n'impriment aucune flétrissure à sa famille. L'honneur de ceux qui lui appartiennent n'est nullement entaché, et tous continuent d'être admissibles à toutes sortes de professions, d'emplois et de dignités. 3. La confiscation des biens des condamnés ne pourra jamais être prononcée dans aucun cas. 4. Le corps du supplicié sera délivré à sa famille si elle le demande. Dans tous les cas, il sera admis à la sépulture ordinaire, et il ne sera fait sur le registre aucune mention du genre de mort.

26. *Décret* qui défend à tout membre de l'assemblée nationale d'accepter aucune place ou don du gouvernement. — Ce décret absurde constitue le corps législatif en état permanent d'hostilité avec le pouvoir exécutif. *Mirabeau* réclame vainement, et ne peut même obtenir que les ministres assistent aux délibérations de l'assemblée, si on leur interdit d'en être membres. *Regnauld de Montlosier*, se prononce avec beaucoup de véhémence contre l'admission des ministres dans l'assemblée, admission à laquelle s'opposent aussi les adversaires du pouvoir royal dans le parti démocratique, *Robespierre*, *Péthion*.

Février 4. Le Roi se rend près de l'assemblée nationale. Il promet de défendre la liberté constitutionnelle, dont le vœu général, d'accord avec le sien, a consacré le principe. Chaque député jure *d'être fidèle à la nation, à la loi, au Roi, et de maintenir de tout son pouvoir la constitution décrétée par l'assemblée nationale, et acceptée par le Roi.*

C'est précisément à cette époque où les opinions devraient s'adoucir, les dissentiments perdre de leur violence, que les folliculaires et les harangueurs de la démagogie redoublent leurs invectives contre l'autorité, le caractère et la famille du monarque; que les menaces des partisans de l'ancien régime se produisent à la cour avec une plus vaine ostentation.

13. *Décret constitutionnel*, rendu suivant le projet de *l'abbé de Montesquiou.* — La loi ne reconnaîtra plus de vœux monastiques solennels de personnes de l'un ni de l'autre sexe; en conséquence, les ordres et congrégations réguliers dans lesquels on fait de pareils vœux, sont et demeurent supprimés en France, sans qu'il puisse en être établi de semblables à l'avenir.

On évaluera la surcharge des établissements ecclésiastiques dans le royaume, par le dénombrement de ceux de Paris où se trouvent cinquante paroisses et dix églises ayant les mêmes droits; vingt chapitres; quatre-vingts églises ou chapelles, non paroisses; trois abbayes d'hommes; huit abbayes de filles; cinquante-trois couvents et communautés d'hommes; enfin, cent quarante-six couvents et communautés de filles : en tout, trois cent soixante-dix églises.

19. Le marquis *de Favras* (*V.* 26 décembre 1789), reconnu coupable de haute trahison, par le châtelet de Paris, à la majorité de vingt-huit voix sur trente-huit, est exécuté en place de Grève avec un appareil extraordinaire. — Ce jugement est le premier rendu pour cause d'opinions ou de délits politiques.

20. *Mort de Joseph II, empereur d'Allemagne.* Il a pour successeur de ses états héréditaires son frère *Léopold II*, grand-duc de Toscane, qui sera déclaré empereur le 30 septembre suivant. — Joseph était philosophe dans ses opinions et despote dans sa conduite. En irritant les Belges avec la prétention de les éclairer, en voulant introduire violemment chez eux d'utiles réformes, il les a disposés à recevoir les démagogues français comme des libérateurs.

20. *La Fayette*, prenant la parole à l'assemblée nationale, pendant une discussion sur les moyens d'arrêter les troubles, déclare : que *lorsque la servitude rend une révolution nécessaire, l'insurrection est le plus saint des devoirs. Mais les temps sont changés; il faut que le calme renaisse.....*

En rapportant infidèlement cette phrase, et en ne la présentant que dans le sens général qu'elle aurait sans la restriction qui l'a devancée et l'induction qui la suit, les ennemis de la Fayette ont voulu persuader qu'il ne s'élevait pas seulement contre l'autorité arbitraire et les abus de l'ancien gouvernement, mais qu'il se plaisait à provoquer une licence sans frein. Ces mots sont, sans doute, une très-grave imprudence à cette époque où déjà le peuple égaré se porte à d'injustifiables excès envers les propriétés et les personnes : mais on sait assez que des intentions philanthropiques, soutenues par des notions abstraites sur les droits des peuples, les institutions politiques et les devoirs comme la nature des gouvernements, ne peuvent tenir lieu de talents pour conduire et terminer une révolution populaire. L'ardeur d'un bien indéfini est trop souvent aussi accompagné d'imprévoyance. La Fayette croit pouvoir guider des Français, courbés sous un despotisme de plusieurs siècles, qui ne trouvent dans leur histoire que des exemples de proscription, de massacres, d'intolérance; ainsi que Washington dirigea les Américains qui avaient une longue possession de la liberté, en connaissaient l'exacte mesure; qui n'aspiraient qu'à l'indépendance *commc nation*, et qui n'avaient à combattre ni l'inégalité des conditions, ni des habitudes dépravées. — On ne peut donc improuver que le choix de la conjoncture où cette proposition de droit public est avancée, sa substance ne sera niée que par les admirateurs et les instruments d'un despotisme oriental. Bossuet n'a-t-il pas dit? « Il « y a des lois dans les empires contre lesquelles tout ce qui s'est fait « est nul de droit; il y a toujours à revenir contre, et dans d'autres « circonstances, et dans d'autres temps. »

Mars 5. L'assemblée nationale, voulant mettre fin aux prodigalités dont les courtisans sont l'objet, exige des ministres la *communication du* LIVRE ROUGE où s'inscrivent les sommes délivrées sur des ordres ou *bons* donnés du propre mouvement du Roi. — En les faisant remettre à l'assemblée, *Louis XVI* fait sceller de bandes de papier les feuillets qui portent les détails des sommes accordées par *Louis XV*. — Ce scellé est respecté. — *Camus*, membre du comité des finances, déclare (dans la séance du 18 mars), « qu'il résulte de « la lecture de ce livre, de nouveaux motifs d'amour pour le Roi. « Tous les Français y verront qu'au moment où ses ministres le « trompaient pour verser des millions sur d'inutiles courtisans, il « ne prenait rien pour lui, et que, entouré de déprédations qu'il ne « connaissait pas, il sacrifiait même ses jouissances personnelles à « la bienfaisance et à l'économie » (*V*. 1er avril 1790).

8. *Colonies.* — *Décret* rendu sur le rapport de *Barnave*. — Chaque colonie, autorisée à faire connaître son vœu sur la constitution, la législation et l'administration qui conviennent à sa prospérité et au bonheur de ses habitants; à la charge de se conformer aux principes généraux qui lient les colonies à la métropole et qui assurent la conservation de leurs droits respectifs. — Maintien et formation des assemblées coloniales. Des instructions seront données pour cet objet. (*V*. le 28)........ — Les assemblées énonceront leur vœu sur les modifications au régime prohibitif entre les colonies et la métropole (*V*. le 28).

16. *Décret qui abolit les lettres-de-cachet* et toutes les mesures arbitraires de l'autorité.

17. *Finances publiques.* — *Décret.* — En conséquence de celui du 2 novembre 1789, l'assemblée nationale détermine la vente de quatre cents millions de biens ecclésiastiques pour servir d'hypothèque et de remboursement aux *assignats* créés le 19 décembre. — Un mé-

moire du ministre *Necker* évalue à soixante-huit millions l'excédent des dépenses fixes sur les revenus fixes; le déficit s'est donc accru de douze millions depuis dix mois (*V.* 6 mai 1789).

21. *Décret supprimant la gabelle.*

28. *Colonies.—Décret,* sur le rapport de *Barnave,* qui admet le texte des instructions rédigées pour faciliter l'exécution du décret du 8. « Art. 4. — Toutes les personnes âgées de vingt-cinq ans, proprié- « taires d'immeubles, ou, à défaut d'une telle propriété, domiciliées « dans la paroisse depuis deux ans, et payant une contribution, se « réuniront pour former l'assemblée coloniale. »

Avril 1er. *Publicité du* Livre rouge (*V.* 5 mars). — Le 1er article est en date du 19 mai 1774; le dernier, du 16 août 1789. Le dépouillement total des dépenses est de deux cent vingt-huit millions; ce qui fait quinze millions deux cent mille fr. par an, l'un portant l'autre. — Le comité des pensions déclare, dans son rapport, que le *Livre rouge* n'est pas le seul registre qui contienne les preuves de l'avidité des gens en faveur, et qu'il est certain que les *ordonnances du comptant,* imaginées pour voiler une infinité de dépenses qu'on aurait eu honte d'avouer, s'élèvent à de très-fortes sommes. Ces ordonnances ont été, en 1787, dans l'année la moins chargée, de quatre-vingt-deux millions; et en 1783, l'année la plus chargée, de cent quarante-cinq millions. « Le comité des pensions terminera « cette notice en répétant ce qu'il a déja annoncé publiquement « (*V.* 5 mars). Le Roi a été souvent trompé par les prétextes dont « on couvrait des demandes indiscrètes. En lui présentant des occa- « sions de bienfaisance particulière, on détournait un moment ses « yeux des besoins de son peuple. Jamais, lorsqu'il a été question « ou de ses affaires ou de ses goûts personnels, on n'a pu lui per- « suader de s'écarter d'une sévère économie. Le comité fera remar- « quer les réponses du Roi à des propositions qui le regardaient « personnellement. Elles portent : *Il n'y a rien de pressé. Bon; à « condition que cela n'occasionnera pas de nouvelles dépenses.* Le Roi « a senti la nécessité indispensable de réprimer à jamais ces sollicita- « tions importunes qui dévoraient la subsistance de son peuple.... » — Dans le chapitre des dons et des gratifications du *Livre rouge,* on remarque une ordonnance au porteur d'un million deux cents mille livres, à laquelle somme S. M. a fixé *le prix de l'engagement du domaine de Fénestranges, accordé à M. le duc de Polignac* (*V.* 14 février 1791, 20 avril 1816 et 16 janvier 1817).

14. *Saint-Domingue.* —Une assemblée, composée de représentants

choisis seulement par une partie des paroisses de la colonie, se réunit à *Saint-Marc*, se déclare assemblée générale et se constitue puissance indépendante.

16. *Décret qui déclare les dettes du clergé dettes nationales.* — Suivant le rapport présenté par le comité ecclésiastique, la dépense totale du culte s'élevera à soixante-cinq millions quatre cent mille fr., et il y aura quarante-huit mille ministres. — mille trois cent soixante fr. par tête.

17. *Mort de Francklin*, à quatre-vingt-quatre ans. — Le respect inviolable que portait à la *propriété* cet homme célèbre, principal acteur de la révolution d'Amérique, aurait dû servir d'exemple aux législateurs français qui affectaient le plus de citer son ardent amour pour la *liberté*.

29. *Décret qui reconnaît la libre circulation des grains.*

30. *Décret. — Institution des jurés dans la procédure criminelle.*

Mai 10. *Massacre des patriotes à Montauban.*

12. Formation de la *Société*, dite *de* 1789, nommée ensuite *club des Feuillants*. *Bailly* et *la Fayette* en sont les auteurs, et la destinent à balancer l'influence du *club des jacobins* (*V.* 6 novembre 1789). Ces deux clubs rivaux inonderont la France de leurs manifestes et se disputeront l'empire avec acharnement, cette année et la suivante. Le plan de quelques-uns de ces *feuillants* est de gouverner, en s'attribuant les places de l'administration, en se faisant redouter de la cour, en dominant l'assemblée nationale, et à la faveur de ces moyens, d'établir une sorte de monarchie tempérée ou de démocratie royale qui serve d'exemple aux pays gouvernés par des souverains absolus.

22. *Décret constitutionnel* rendu après une longue discussion sur cette question : *A qui appartient le droit de faire la guerre ou la paix ? Mirabeau* soutient qu'il doit appartenir au monarque : l'assemblée nationale décide qu'il appartient à la nation. — Ce puissant orateur voit fléchir aujourd'hui sa popularité sous les efforts d'un rival excessivement envieux, de *Barnave*. Après la séance, les hommes des tribunes portent celui-ci en triomphe. Étonné, mais non abattu, Mirabeau, le lendemain, s'écrie : « Et moi aussi ! on « voulait, il y a quelques jours, me porter en triomphe ; et aujour« d'hui, l'on crie dans les rues : *la grande trahison du comte de Mi*« *rabeau*. Je n'avais pas besoin de cette leçon pour savoir qu'il n'est « qu'un pas du Capitole à la Roche-Tarpéienne. » Exclamation prophétique à l'égard de plusieurs de ces mêmes députés qui l'enten-

dent, et de Barnave lui-même qui l'excite. — *Cazalès* a, dans la défense de la prérogative royale, fait entendre un des plus beaux et des plus solides discours qui signalent la tribune nationale.

28. Résolution de l'assemblée générale de Saint-Domingue, réunie à *Saint-Marc*, qui détermine le plan de la constitution à donner à cette colonie. — L'assemblée générale a seule l'autorité législative pour tout ce qui a rapport à la direction intérieure. — Le droit de confirmer les actes est reconnu au Roi. — Cette résolution doit être transmise en France pour y recevoir la sanction de l'assemblée nationale et du Roi.

Juin 3. Insurrection des mulâtres à la Martinique.

9 — 10. *Décret* rendu sur la proposition du Roi, par lequel *la liste civile est fixée à vingt-cinq millions (y compris* l'entretien de la maison militaire). Un douaire de quatre millions est assigné à la Reine. — Ce décret est porté sans discussion et par acclamation. — Tel est le texte du procès-verbal : « L'assemblée, par acclamation, a « (le 5) chargé son président de se retirer *de nouveau* vers le Roi, « pour prier S. M. de faire connaître ses intentions sur la somme « nécessaire à la dépense de sa maison, en consultant plus ce qui re- « vient à sa dignité et à celle de la nation, que la sévérité de ses prin- « cipes et son économie naturelle. » En conséquence de la réponse du Roi qui propose vingt-cinq millons, *y compris l'entretien de sa maison militaire*, la décision suivante est prise : « L'assemblée natio- « nale, après avoir entendu la lecture des deux lettres et messages du « Roi, *a voté par acclamation et décrété à l'unanimité* toutes les « dispositions et demandes portées dans ledit message ; a de plus sur « l'heure fixé à quatre millions le douaire de la Reine, et a ordonné que « son président se retirera par devers LL. MM. pour leur faire part « de la détermination qu'elle vient de prendre. » (*V.* 26 mai 1791.)

19. *Décret qui supprime la noblesse*, regardée comme transmission héréditaire, et abolit toutes qualifications, toutes marques extérieures qui lui étaient réservées. — Le vicomte *Mathieu de Montmorenci* (pair de 1815), disciple de *l'abbé Sièyes* signale son zèle pour l'égalité en provoquant l'anéantissement général de *ces distinctions* ANTISOCIALES, *pour voir effacer du code constitutionnel toute institution de noblesse, et contre la vaine ostentation des livrées.*

Présentation à la barre de l'assemblée nationale, d'un certain nombre d'individus se disant étrangers et députés des différentes nations de l'univers : Arabes, Chaldéens, Syriens, Indiens, Américains, Polonais, Prussiens, Liégeois, Avignonais, Grisons, etc. — Le président *Menou*, celui-là même qui professera l'islamisme aux portes de l'Arabie, et se fera battre en Égypte fort peu honorablement (*V.* 21 mars. Premier art., 30 août 1801), répond gravement au discours des Arabes : « *Messieurs*, c'est l'Arabie qui jadis a donné à « l'Europe des leçons de philosophie; c'est elle qui, ayant conservé « le dépôt des sciences exactes, a répandu, dans le reste du monde, « les connaissances sublimes de toutes les parties des mathématiques. « Aujourd'hui la France, voulant acquitter la dette de l'Europe, « vous donne des leçons de liberté et vous exhorte à les propager « dans votre patrie. » — Ces étrangers ne sont autre chose qu'un ramas de vagabonds, que le bruit de nos troubles a attiré à Paris. Ils se présentent, revêtus de costumes pris dans les magasins des théâtres. Les meneurs de l'assemblée ont préparé cette burlesque cérémonie, digne des tréteaux de la foire, dans l'espoir qu'elle fascinera la crédule vanité de la nation. Que c'est bien l'apprécier, et avoir bien sondé le vide des têtes françaises!

20. *Décret qui ordonne la déplacement des quatre figures de nations enchaînées qui accompagnent le statue de Louis XIV à la place des Victoires.* — La motion a été faite par *Alexandre Lameth*; l'abbé *Maury* s'y est opposé : « Je crois qu'il ne faut pas toucher à la statue « de Louis XIV. La philosophie doit consacrer ce monument pour « montrer à la postérité comment on flattait les rois. Il fut trop « flatté pendant sa vie, mais trop méconnu après sa mort. C'est un « Roi qui n'avait peut-être pas autant de grandeur dans le génie que « dans le caractère; mais il est toujours digne du nom de Grand, « puisqu'il a agrandi son pays. Quand vous érigerez des monuments, « vous ferez voir la différence qu'il y a du XVIIe au XVIIIe siècle : vous « leur donnerez un but moral qui élève l'ame des rois. Mais il ne faut « pas pour cela dégrader aux yeux du peuple des rois ensevelis « dans la tombe, et porter ainsi de terribles atteintes à la majesté « royale. . . . . . . » — Des artistes venant, le 23, demander la conservation de ces quatre figures, chef-d'œuvre de *Desjardins*, en les délivrant de leurs chaînes et en les ornant des attributs de la liberté, le président, *Lepelletier Saint-Fargeau*, leur répond : . . . . . qu'ils « égaleront les monuments du règne de Louis XIV, et que *le siècle* « *d'une grande nation* serait effacé par *le siècle d'une grande nation.*

Juillet 10. *Décret* qui rend aux héritiers des *non-catholiques*, dépossédés par suite de la révocation de l'édit de Nantes, celles de leurs propriétés qui sont encore tenues par la régie des biens des *religionnaires.* — Un édit du Roi, en 1787, avait ordonné cette restitution. Il existe encore aujourd'hui des biens de cette régie, produisant environ cent dix mille francs de revenu.

12. *L'assemblée nationale décrète l'ensemble de la constitution civile du clergé.* — Un siége épiscopal par département. — L'élection des évêques et des curés, faite suivant l'usage de la primitive église, par le peuple, à la pluralité des suffrages. — Tous les fonctionaires ecclésiastiques salariés du trésor royal. — Suppression du casuel. — Traitement des évêques : à Paris, cinquante mille francs ; dans les villes de cinquante mille ames, vingt mille francs, dans les villes de moindre importance, douze mille francs. Traitement des curés : à Paris, six mille francs ; dans les villes, de quatre mille à deux mille quatre cents francs ; dans les bourgs et villages, de deux mille à douze cents francs. Le minimum des traitements des vicaires, sept cents francs. — Total de la dotation du clergé, soixante-dix-sept millions, y compris les pensions des religieux et religieuses. Les revenus du clergé s'évaluant à trois cents millions, la nation aurait en boni le capital de deux cent vingt-trois millions. (*V.* 27 novembre.)

14. *Jour anniversaire de la prise de la Bastille; fête de la fédération au Champ-de-Mars.*

Un grand nombre d'ouvriers, aidés par un nombre infiniment plus grand de travailleurs volontaires de toutes les classes, de toutes les professions, de tous les âges, de l'un et de l'autre sexe, est parvenu, en quelque semaines seulement, à former les tertres de cette immense enceinte. A cette époque, l'enthousiasme atteint son dernier période. Là on voit la femme délicate remplissant une brouette que va pousser la robuste harangère, la courtisanne effrontée bêchant près de la jeune demoiselle, le vénérable chevalier de Saint-Louis assisté du petit écolier, le garçon de boutique joint au magistrat, un comédien s'attelant avec un abbé. Là sont accourus, de l'aube au crépuscule du soir, des troupes de cordonniers, de tailleurs, d'artisans de toutes les corporations ; des troupes de marchands, de bourgeois, de clercs de procureurs ; des processions de moines de couleurs diverses, bénédictins, capucins, chartreux : tous ces ouvriers du hasard, avec des pioches, des pelles, et tout ce qui peut servir à remuer, transporter, tasser la terre. Cent orchestres animent la scène, égayent le travail. L'immense population de Paris est sans cesse au Champ-de-Mars, en revient, y retourne. Ce sont les saturnales de la liberté ; mais sans désordres, sans querelles, sans autre tumulte que les cris de la joie, les invitations ou les remerciements d'une bienveillance mutuelle.

Jamais sans doute, et dans aucun autre pays, on ne vit un semblable tableau.

Enfin tout est prêt pour celui que déploiera ce jour solennel, les tertres sont élevés, et trois cent mille spectateurs s'y pressent. Une galerie est disposée devant l'École Militaire. Du milieu de cette galerie s'élève un pavillon qui couvre le trône; et à la droite, sur la même estrade, le fauteuil du président de l'assemblée nationale. Le fond du pavillon forme une tribune réservée à la Reine, au dauphin et aux princesses. Sur toute la longueur, et en avant de la galerie, règne un vaste amphithéâtre qu'occupent les députés de l'assemblée nationale et les corps invités à la cérémonie. Les membres de la fédération, au nombre de onze mille pour les armées de terre et de mer, de dix-huit mille pour les gardes nationales, se déploient sur l'esplanade. — Au milieu du Champ-de-Mars domine l'autel de la patrie. Deux cents prêtres vêtus d'aubes blanches que serrent de larges ceintures tricolores, couvrent les degrés de l'autel : et de même que dans la traversée du désert de Rahma, les cérémonies religieuses étaient présidées par le grand-pontife Aaron; ici l'auguste sacrifice de la messe est célébré par le plus illustre des prélats patriotes, l'évêque d'Autun, *Charles Maurice de Talleyrand-Périgord* (constituant), ministre du directoire en 1797, 98, etc., etc. (*V.* la table des matières), — Les fédérés et les députés ayant prêté le serment civique, le Roi prononce la formule suivante : *Moi, roi des Français, je jure à la nation d'employer tout le pouvoir qui m'est délégué par la loi constitutionnelle de l'état, à maintenir la constitution et à faire exécuter les lois.* — Aussitôt les transports éclatent de toutes parts : vains transports de l'enthousiasme national! ils seront les derniers qu'avoueront les vrais amis de la liberté.

31. *Dons patriotiques.* — *État des bijoux et vaisselles d'or et d'argent portés à la monnaie de Paris, depuis le 22 septembre 1789, jusqu'au* 31 *juillet* 1790. — Or, sept cent trente-neuf marcs, à sept cent dix-huit francs. Argent, deux cent dix-neuf mille quatre cent vingt-huit marcs à cinquante-cinq francs.

Le total est de près de douze millions cinq cent mille francs.

Ainsi le mouvement généreux des esprits et le résultat de ces vertus publiques auxquelles on semblait mettre toute confiance, ne produisent que cette faible ressource. — On peut en assigner trois causes principales : 1° l'opposition de la cour et des hautes classes aux principes de la révolution, opposition si mal calculée, et qui les privera de toute influence; 2° la défiance que plusieurs personnes opulentes, et cependant d'opinions favorables à l'esprit originaire de la révolution, conçoivent sur l'issue des évènements; en voyant un *Sieyes*, un *Chapelier*, un *Garat*, un *Robespierre*, un *Marat*, prendre déja de l'ascendant, élever leur voix dans l'assemblée ou publier leurs idées dans les feuilles quotidiennes, il est évident que ces déclamateurs ne sont animés d'aucun sentiment de bien public, et que la colère, l'avarice, l'envie, la vanité, sur-tout la vanité, leur donnent l'impulsion, et que cette impulsion est reçue par la multitude appartenant aux classes moyennes; multitude complètement ignorante sur les matières d'état, les finances publiques, absolument vide de connaissances politiques; 3° l'absence d'esprit public, funeste héritage du règne de Louis XV. Qu'on veuille en effet comparer les résultats de l'élan patriotique de la nation française, depuis deux siècles, avec les efforts prodigieux des particuliers de toutes les classes chez les Anglais, les Espagnols, les Allemands, les Russes même, *de nos jours*, et qu'on juge! Les Italiens seuls restent au-dessous des Français; et, certes, les raisons en sont trop claires pour avoir besoin d'être expliquées.

Août 2. *Bailly* est réélu maire de Paris, à la majorité de douze mille cinq cent cinquante voix, sur quatorze mille votants. (On évalue à plus de soixante-dix mille citoyens majeurs, ayant droit de voter, le nombre des électeurs.)

6. *Décret. — Abolition des droits d'aubaine et de détraction*, sans condition de réciprocité. — Cette disposition a été rapportée le 18 mars 1803, par l'article 11 du code civil: « L'étranger jouira en France « des mêmes droits civils que ceux qui sont ou qui seront accordés « aux Français par les traités de la nation à laquelle cet étranger « appartiendra. »

16. *Décret qui institue des juges de paix et des tribunaux de famille.*

20. *Décret* fixant pour l'année 1790 les dépenses des différentes académies et sociétés littéraires. — Académie Française, vingt-cinq mille francs; des Belles-Lettres, quarante-quatre mille francs; des Sciences, quatre-vingt-treize mille francs; société de Médecine, trente-six mille francs. — Par un décret du 3 septembre suivant, la dépense de la Bibliothèque du Roi est réduite à cent dix mille francs; celle de l'Observatoire, à huit mille sept cents francs.

31. Les soldats du *régiment suisse de Châteauvieux* donnent dans l'armée de ligne le premier exemple de révolte ouverte. Ligués avec quelques hommes des régiments français du Roi et de Mestre-de-

camp, soutenus par la populace de Nanci, ils se défendent dans les rues de cette ville contre les chefs et la garde nationale, et ne se soumettent qu'après un combat très-meurtrier.

Septembre 4. *Retraite de Necker.* Fin de son troisième ministère des finances et de sa carrière politique.

Il n'y a pas deux ans que cet étranger était l'objet d'une idolâtrie exclusive (*V.* 24 août 1788). Son nom était à la tête de la révolution. Un mécontentement général punissait le Roi de lui avoir retiré sa confiance (*V.* 23 juin 1789). Les chefs des communes, liant adroitement leurs intérêts à sa popularité, l'accablaient de doléances dans sa disgrace. Éloigné le mois suivant (*V.* 11 juillet), son départ devint un jour de deuil, et faillit en être un de sang. Son buste, promené dans la capitale comme le *palladium* de la liberté, enivrait six cent mille spectateurs: les théâtres se fermèrent; et, dans cette calamité publique, l'assemblée nationale et le peuple rivalisèrent d'efforts à prescrire au Roi le rappel de son ministre. Il revint (*V.* 15 juillet); il parut en triomphateur à cet Hôtel-de-Ville, où quelques jours auparavant le monarque avait été amené captif. Il se flatta de sauver la France en gouvernant ses législateurs, et son illusion fut promptement détruite. Au premier essai de ses forces, il éprouva des résistances; il supplia, il voulut transiger; on l'intimida. Son effroi l'entraîna bientôt dans le cours du torrent: s'abandonnant aux flots, au lieu de combattre leur violence, il fit échouer la monarchie, et résigna le gouvernail.

Sa démission est reçue avec froideur par l'assemblée nationale, avec insouciance par le public, avec une joie concentrée par les factieux, *Mirabeau*, *Barnave*, etc. Cette tête, qui plia sous les couronnes civiques, est au moment d'être proscrite; *Necker* s'éloigne en fugitif (*V.* 9 avril 1804). Par-tout, sur son passage, il voit le peuple se déclarer contre lui.

La retraite de *Necker* est suivie de celle des autres ministres, à l'exception de *Montmorin*. Ils inspirent un si faible intérêt que cet évènement ne se distingue que par le discours de *Cazalès*, beau monument de son talent oratoire. « Je ne me présente point à cette « tribune pour défendre les ministres personnellement; leur ca- « ractère ne m'est point connu, et je n'estime pas leur conduite. « Si je n'avais pas sans cesse devant les yeux le principe constitu- « tionnel qui règle le partage des pouvoirs, il y a long-temps que « j'aurais accusé les ministres d'avoir laissé avilir l'autorité royale « qui leur était confiée, de l'avoir trahie. C'est bien un crime de

« lese-nation de laisser périr cette autorité salutaire qui garantit la « nation du despotisme de l'assemblée nationale, ainsi que celle-ci « garantit la nation du despotisme des rois...... »

6. *Décret qui supprime les parlements,* les cours souveraines, tous les anciens tribunaux, et qui restreint ceux qui vont être établis aux fonctions judiciaires.

10. *Finances publiques.* — Rapport à l'assemblée nationale sur l'*état de la dette* au 1er janvier 1791. — 1° *Dette constituée :* rentes perpétuelles, soixante-un millions ; viagères, cent deux *id.;* 2° *dette exigible,* comprenant les dettes du clergé, le prix des offices et charges supprimés, les cautionnements, l'arriéré, les emprunts à terme fixe, etc., dix-neuf cents millions.

23. *Décret.* — Les membres de l'assemblée nationale ne pourront être commissaires du Roi dans les tribunaux que *quatre ans* après la fin de la législature.

29. *Finances publiques.* — *Décrets.* — Après deux mois de discussions orageuses, l'assemblée nationale décide, à la majorité de cinq cent deux voix contre quatre cent vingt-trois, *l'émission de huit cents millions d'assignats forcés et sans intérêt,* lesquels seront employés à l'acquit de la dette publique non constituée. Les assignats rentrés au trésor seront brûlés. Il n'en sera fait aucune nouvelle fabrication qu'en vertu d'un décret du corps législatif, et toujours sous la condition qu'ils ne puissent excéder la valeur des biens nationaux, ni se trouver au-dessus de douze cents millions en circulation. — Cette création d'assignats, en accélérant la vente des biens du clergé, confirme la direction donnée à la révolution.

Octobre 12. *Saint-Domingue.* — *Décret* qui dissout l'assemblée de Saint-Marc, annule ses actes, etc. (*V.* 14 avril, 28 mai).

28. *Finances publiques.* — *Décret.* — Les biens nationaux sont : 1° tous les biens des domaines de la couronne, non affectés à la jouissance du Roi; 2° tous les biens des apanages; 3° tous les biens du clergé; 4° tous les biens des séminaires diocésains. L'assemblée ajourne tout ce qui concerne les biens des fabriques, les biens des fondations établies dans les églises paroissiales; les biens des séminaires-colléges, des colléges, des établissements d'étude et de retraite, et de tous établissements destinés à l'enseignement public; en outre, les biens des hôpitaux, maisons de charité, et autres établissements destinés au soulagement des pauvres. — Tous les biens de la première classe seront vendus dès-à-présent.

29. *Saint-Domingue.* — Soulèvement des mulâtres dans la pro-

vince du nord. — La proclamation des droits de l'homme, émise par l'assemblée nationale avant même d'avoir fixé la rédaction des articles énonciatifs de ces droits (*V.* 4, 5 août 1789), a suggéré aux mulâtres le dessein de se relever par eux-mêmes de leur état d'infériorité, état que refuse d'améliorer l'assemblée de Saint-Marc, et que voudraient aggraver les riches colons réunis à Paris dans le *club Massiac*. Les mulâtres sont encouragés par le *club des amis des noirs* dont le curé *Grégoire* est un des apôtres le plus indiscrètement zélés (*V.* 26 février 1791). Déja tout conspire au désastre de cette belle colonie : la faiblesse de son gouvernement, l'orgueil des planteurs qui veulent se rendre indépendants de la mère-patrie, et rejettent toute participation des gens de couleur propriétaires aux premiers droits politiques, l'imprudente émission faite par l'assemblée nationale des principes abstraits d'égalité et de liberté, et sur-tout l'application immédiate de ces principes que demandent les démagogues de l'assemblée et des journaux.

Novembre 4. Insurrection à l'Ile-de-France. Le capitaine de vaisseau *Macnemara* est massacré.

20. *Décret.* — Sur le rapport de *Barrère*, l'assemblée nationale met *le château de Vincennes* à la disposition de la commune de Paris pour y renfermer les détenus, les prisons de cette ville étant devenues insuffisantes.

27. L'assemblée nationale termine la constitution civile du clergé (*V.* 12 juillet). On enjoint aux ecclésiastiques en exercice de prêter publiquement le serment de la maintenir de tout leur pouvoir. Les contrevenants seront censés renoncer à leurs offices et remplacés aussitôt; et, au cas qu'ils s'immiscent dans leurs anciennes fonctions, ils seront poursuivis comme perturbateurs de l'ordre public. — Les défenseurs des antiques prérogatives de la hiérarchie cléricale et leurs adversaires voient également dans l'établissement de ces mesures comminatoires et répressives, comme dans la résistance qu'éprouvera leur mise en exécution, des facilités pour entretenir les divisions. Effectivement, la constitution civile du clergé, réprouvée par la philosophie comme par la discipline ecclésiastique, actuellement en vigueur, et même par le véritable esprit religieux, deviendra l'un des ferments les plus actifs des désordres qui ravageront la France, durant les années suivantes. En se faisant de la sorte un clergé à part, l'assemblée nationale ajoute l'intolérance politique à l'intolérance religieuse; elle crée une secte; elle ressuscite des controverses aussi déplorables que celles qui désolèrent la France pendant la première moitié de ce siècle

Alors éclatait la guerre entre les jansénistes et les molinistes; aujourd'hui naissent les débats des non-assermentés et des constitutionnels. En butte à de nombreuses oppositions, cette imprudente assemblée devra recourir à la séduction, à l'intrigue, même à la violence, pour soutenir sa création. — Trois évêques étant nécessaires pour sacrer un nombre suffisant d'évêques constitutionnels, et leur conférer ainsi la faculté d'ordonner des prêtres; l'évêque d'Autun, *M. de Talleyrand*, se présente comme premier consécrateur. Il restera le patriarche de la nouvelle église, jusqu'au moment (et ce moment n'est pas éloigné) où des circonstances, qu'il jugera déterminantes, le porteront à donner l'exemple de renoncer à sa profession et aux doctrines qu'il a volontairement suivies et prêchées jusqu'à l'âge de trente-huit ans. Le cardinal Wolsey était plus jeune quand il pensa qu'il était expédient d'abandonner pour son propre compte la communion de Rome.

27. *Décret* portant institution d'un tribunal de cassation, et réglant sa composition, son organisation et ses attributions.

Décembre 14. *Étienne Marchand*, marin de Marseille, met à la voile, de ce port, pour un voyage autour du monde. L'armement est fait par la maison de commerce *Baux* (*V.* 14 août 1792, 2e art.). C'est la première circumnavigation du globe effectuée par des Français, sans l'appui du gouvernement.

22. Prise de la forteresse d'Ismaïl (en Bessarabie, sur le Danube). — Le général russe Suwarow ordonne, de sang-froid, le massacre des habitants et celui de la garnison, qui s'était vaillamment défendue en repoussant huit attaques consécutives. Les atrocités commises à Ismaïl éterniseront l'incroyable barbarie du scythe Suwarow, dont on ne fait ici mention, que parce que les Français auront un jour à le combattre. Mais ce féroce conducteur d'esclaves disciplinés épuisera vainement sa tactique contre *Masséna* (*V.* 26 sept., 31 oct. 1799).

22. Le Roi, cédant aux importunes et menaçantes sollicitations de la majorité de l'assemblée nationale, accepte le décret du 27 novembre, qui exige des ecclésiastiques le serment à la constitution civile du clergé.

30. *Décret* qui déclare que toute découverte ou nouvelle invention est la propriété de son auteur, et qu'un titre, conféré par l'autorité, lui en assure la jouissance. — Cet acte de législation délie les premières entraves de l'industrie; bientôt, la suppression des priviléges achèvera son émancipation (*V.* 2 mars 1791). Les inventions, en tout genre, sont la végétation, et pour ainsi dire la pousse

annuelle de toutes les branches de l'industrie. Chaque pas que l'invention fait faire à l'industrie d'un peuple, élève ce peuple d'un degré sur ses rivaux; l'exemple de l'Angleterre fait évidence. Lorsque dans vingt-cinq ans, on jettera les yeux sur les progrès des arts qui charment l'existence ou soulagent son fardeau, le Français les admirera, l'étranger les enviera. Sans la liberté de produire et de propager les inventions, sans la garantie de leur propriété aux inventeurs, la France de 1819 verrait-elle avec orgueil, et l'étranger avec dépit, les *Ternaux*, les *Liancourt*, les *Perrier*, les *Falatieu*, et tant d'autres créateurs de ces éléments d'industrie qui, dans leurs mains encore, sont devenus d'abondantes sources de la prospérité nationale?

1791.

Janvier 12. Les troupes autrichiennes occupent Liége, et y rétablissent le prince-évêque, chassé par la révolution du 18 août 1789. — *Le prince Ferdinand de Rohan*, chef des révoltés, a pris la fuite. Cet usurpateur est le même personnage qu'on verra en 1805 et années suivantes, aumônier de Napoléon.

27. Le maire de Paris, *Bailly*, dissipe un attroupement qui menace les membres du *club monarchique*. Ce club est en opposition avec le *club des feuillants*, et en inimitié déclarée avec le *club des jacobins*.

28. *Décret.* — L'assemblée nationale, prévenue par le Roi que les émigrés fomentent les dispositions hostiles de quelques princes allemands voisins de la France, et que ces émigrés trouvent des facilités pour s'armer eux-mêmes, ordonne de porter tous les régiments au pied de guerre, de lever cent mille soldats auxiliaires destinés à être répartis dans les régiments (*V.* 26 mai, art. 2).

Février 1er. *Colonies.* — L'assemblée nationale invite le Roi à envoyer à Saint-Domingue des commissaires chargés de pouvoirs extraordinaires, afin d'y appaiser les troubles.

12. *Décret* établissant, dans toute l'étendue du royaume, la *liberté* de culture, de fabrication et de débit du *tabac*.

14. *Décret qui révoque la cession du domaine de Fénestranges*; — « attendu que l'engagement de ce domaine *au duc et à la duchesse* « *de Polignac* a été substitué à des décisions en vertu desquelles ce « domaine devait leur être accordé à titre presque entièrement « gratuit, et qu'il résulte du registre particulier des décisions de

« finances connu sous le nom de *livre rouge* (*V.* 1er avril 1790), « qu'il leur a été accordé une ordonnance au porteur du mon- « tant de la finance dudit engagement (un million deux cent « mille francs), lequel est compris dans le compte de l'exercice « de 1782; en sorte qu'aucune finance effective n'a réellement « tourné au profit du trésor public (*V.* 20 avril 1816, 16 jan- « vier 1817). » — Le même décret annule une liquidation faite en 1786, en faveur du même Polignac, de la somme de huit cent mille francs, dont le trésor devra se pourvoir en répétition solidaire, tant contre les susnommés, que contre l'ex-contrôleur-général *Calonne*. — Cette famille de courtisans est celle qui, depuis la retraite de la courtisanne *Dubarry*, a le plus excité l'animadversion publique.

18. *Finances publiques.* — *Décret* qui fixe les dépenses générales, pour l'année 1791, à cinq cent quatre-vingt-cinq millions. — Les articles principaux sont : maison du Roi, vingt-cinq *id.*; des princes, six *id.*; culte, cent quarante *id.*; dette anciennes du clergé, etc.; remboursements de diverse nature, pension de toute espèce, etc., deux cent deux *id.*

22. Une foule considérable accourt au Luxembourg, agitée par les bruits qui circulent du prochain départ de *Monsieur* (*Louis XVIII*). Ce prince se montre et la rassure, en protestant que loin d'avoir le projet de joindre les émigrés, qui se rassemblent sur le Rhin, il est résolu de ne point se séparer du Roi.

26. *Saint-Domingue.* — Le soulèvement des mulâtres (*V.* 29 octobre 1790) a été promptement dissipé, et s'est terminé par le supplice d'*Ogé*, leur premier chef. Ce supplice, d'une excessive barbarie, suivi de plusieurs exécutions, qu'à défaut d'humanité ou de justice une sage politique aurait évitées, comptera parmi les causes principales des malheurs de la colonie où existent de si nombreux ferments de discorde.

28. Le nombre des mécontents qui sortent de France, en avouant le dessein d'y rentrer à main armée, pour rétablir l'ancien régime, devenant de jour en jour plus considérable, le parti de l'assemblée nationale qui réunit les hommes les plus malfaisants, *Barnave*, *Barrère*, *Merlin* dit *de Douai*, *Robespierre*, propose un décret qui prohibe et punisse l'émigration. Après les plus vifs débats, qui montrent le déclin de l'influence de *Mirabeau*, s'opposant de toutes ses forces à cette mesure tyrannique, le décret est seulement ajourné.

La populace du faubourg Saint-Antoine se porte au château de

Vincennes. Elle y commet des dégâts, après avoir inutilement tenté de massacrer les prisonniers (*V.* 20 novembre 1790).

Un certain nombre de personnes, affiliées à la *Société monarchique* établie en opposition au club des jacobins, se sont rendues, secrètement armées, dans les appartements des Tuileries. Beaucoup d'entre elles croient la personne du Roi en danger; on leur suppose l'intention d'attaquer la garde nationale qui fait le service du château. *Louis XVI* ayant, afin d'éviter une rixe sanglante, ordonné à ces personnes de déposer leurs armes, on les insulte et on les maltraite en sa présence même.

Mars 1er. *Armées.* — Rapport à l'assemblée nationale sur l'effectif des troupes, consistant en cent trente mille hommes.

Marine.—Rapport à l'assemblée nationale, annonçant qu'il existe, tant dans les ports, qu'à la mer et sur les chantiers, quatre-vingt-deux vaisseaux, soixante-sept frégates, et vingt-une corvettes.

2. *Finances publiques.* — *Décret* qui supprime tous les droits d'aides, les corporations de métiers, les maîtrises, les jurandes, ainsi que tous les priviléges des professions mécaniques ou industrielles, et qui établit la *contribution des patentes.*

4. *Saint-Domingue.* — Insurrection au Port-au-Prince contre les autorités supérieures, à l'arrivée des forces envoyées pour l'exécution des décrets du 12 octobre précédent. Elle a été préparée par les fauteurs de l'indépendance coloniale. Les mulâtres et les noirs n'y prennent aucune part. Le colonel Mauduit est égorgé.

5. *Décret* instituant provisoirement à Orléans un tribunal criminel pour le jugement des crimes de *lèse-nation.*

12. *Décret* ordonnant de faire les listes des ecclésiastiques qui ont prêté ou qui ont refusé de prêter le serment (*V.* 27 novembre 1790). —Le 20, le Roi sanctionnera ce décret.

20. *Finances publiques.* — *Décrets.*—La liberté de culture, de fabrication et de débit du tabac est établie dans toute l'étendue du royaume. — La ferme et la régie générales sont supprimées; tous les baux et traités qui leur sont relatifs sont cassés.

26. *Décret* sur les moyens d'établir l'uniformité des poids et mesures. — La grandeur du quart du méridien terrestre est adoptée pour base du nouveau système de mesures; en conséquence, les opérations pour déterminer cette base, telle que les indique l'académie des sciences, et notamment la mesure d'un arc du méridien, depuis Dunkerque jusqu'à Barcelone, seront incessamment exécutées.

28. Le *club monarchique*, menacé le 27 janvier, dont les membres ont été maltraités aux Tuileries le 28 février, est assailli de nouveau dans le lieu de ses séances par le peuple. Les sociétaires outragés et dispersés ne pourront plus se rassembler.

Avril 2. *Mort d'Honoré Riquetti, comte de Mirabeau, âgé de quarante-deux ans.*

Fameux, dès son adolescence, par la fougue de son caractère, les égarements de sa conduite, ses emprisonnements, et des écrits qui révélaient un implacable ennemi du despotisme, il fut, au début des troubles, l'oracle du tiers-état, et le plus fort levier des opinions démocratiques. Rejeté par la noblesse, il jura de l'humilier. La dureté de son père le mit en révolte contre l'autorité paternelle. Les persécutions des dépositaires de l'autorité royale allumèrent son indignation contre le pouvoir excessif de la couronne. C'est dans l'extrême irritabilité de son ame, plutôt encore que dans l'extraordinaire énergie de ses facultés, et non dans la nature de ses penchants, qu'on découvre la source de ses vices et le premier mobile de ses déréglements politiques. La nature le doua de toutes les qualités qui agissent sur les hommes réunis. Aucun orateur n'excella, comme lui, dans cet art d'imprimer du mouvement à la discussion, et de rendre sensibles à l'imagination les objets présentés d'abord à l'intelligence. L'amer sarcasme, l'ironie piquante, la mordante hyperbole, la force de la pensée, l'originalité de l'expression, la véhémence du débit, tout cela donnait à ses discours un effet prodigieux; et de tous les hommes éloquents qui ont fait retentir leur voix dans nos assemblées, il est le seul qui ait possédé l'éloquence des passions dans la plénitude de sa puissance. Il est aussi celui qui en a le plus abusé. Trop souvent il répandit de la tribune un torrent de menaces, d'anathêmes populaires, d'incendiaires déclamations, qui reproduisait ce spectacle du Forum, lorsque *Clodius*, exécrable par ses mœurs, déshonoré même parmi les gens sans honneur, de patricien devenu plébéien pour faire servir à ses intérêts un peuple effréné, montrait au sénat le fer des prolétaires, et lui arrachait l'exil de *Cicéron*. Mais lorsque ce même *Mirabeau* n'était point ému par une circonstance extraordinaire, qu'il n'était point irrité, ou qu'il argumentait en faveur d'une cause trop évidemment mauvaise, il divaguait, devenait obscur, et cette molle verbosité, dont il ne pouvait alors se défendre, lui dérobait tous ses avantages. Factieux encore plus qu'orateur, il était en outre homme d'état; la portée de son regard s'élevait bien au-dessus, s'étendait bien au-delà du point où se portait la vue de ceux de ses collègues que distinguaient des talents supérieurs.

Mirabeau subjugua d'abord, il entraîna long-temps la majorité de l'assemblée constituante; plus tard, il y contenait la faction naissante des jacobins. Aussi a-t-on cru qu'ils avancèrent ses jours. On ne saurait du moins douter qu'il ne fût revenu de ses emportements contre la royauté. Surmontant, par la vigueur de son génie, l'orgueil le plus irascible et les ressentiments les plus invétérés, il sentait la nécessité de relever la cause de la raison et de la justice; il voulait s'établir médiateur entre les passions démagogiques et les préjugés opiniâtres. Mais il eût vainement essayé d'arrêter ce fleuve qu'il avait lui-même déchaîné; il était trop tard. Ayant tué la monarchie en soufflant sur l'esprit qui la vivifiait, par quel prodige en eût-il ranimé le simulacre? Écouté de jour en jour avec moins de faveur, de jour en jour il perdait de son ascendant (*V.* 26 janvier, 22 mai 1790). Dans la séance orageuse du 28 février 1791, tous ses efforts parvinrent seulement à faire ajourner la rédaction de la loi contre l'émigration, et non à faire reconnaître l'injustice du principe. En vain s'écria-t-il: « La popularité que j'ai ambitionnée, et dont j'ai eu l'honneur de « jouir comme un autre, n'est point un faible roseau; c'est dans la « terre que je veux enfoncer ses racines sur l'imperturbable base de « la raison et de la liberté. Si vous faites une loi contre les émigrants, « je jure de n'y obéir jamais..... ; je combattrai les factieux; je les « combattrai, de quelque parti et de quelque côté qu'ils puissent « être. » Ce discours fut le dernier éclair d'une éloquence désarmée de ses foudres.

On peut donc assurer que la mort et l'existence de cet homme extraordinaire furent également funestes à la France. Il donne la preuve que l'ostentation de l'immoralité est une grande faute de conduite dans un chef de parti, de quelques rares talents dont il soit doué; tandis que les réapparitions de son grand auxiliaire, le ténébreux *abbé Sieyes*, auront montré que l'hypocrite peut, quoique avec des moyens vulgaires, flotter sur le courant des révolutions. *Cromwell*, *Robespierre* et *Bonaparte* offrent de bien plus terribles exemples de cette haute domination à laquelle on arrive par l'imposture bien plus encore que par l'audace.

7. *Décret constitutionnel.* — Aucun député à l'assemblée nationale ne pourra entrer dans le ministère que quatre ans après la fin de la législature.

17—18. Le Roi, craignant d'employer ostensiblement près de sa personne le ministère des prêtres qui se sont refusés au serment exigé d'eux (*V.* 27 novembre 1790), voudrait se retirer à Saint-Cloud pendant la semaine sainte. Il se voit retenu aux Tuileries par une multitude alarmée des préparatifs de son départ. La Fayette, paraissant mécontent de n'avoir pas été obéi d'une partie de la garde nationale, en essayant de protéger la liberté du Roi, donnera sa démission; mais, cédant aux sollicitations universelles, il reprendra le commandement trois jours après l'avoir déposé.

23. Le Roi prescrit à ses agents près des cours étrangères de leur faire part qu'il a prêté serment à la constitution.

Mai 4. *Décret* statuant que le comtat Venaissin et la ville d'Avignon, avec leurs territoires et dépendances, doivent être réunis à l'empire français, conformément aux réserves exprimées par plusieurs rois (*V.* le 25).

15. *Colonies.* — *Décret* admettant *les gens de couleur* résidant dans les colonies et nés de parents libres, à l'égalité des droits avec les blancs. Il est dû au zèle de *l'abbé Grégoire* pour la cause des noirs, et aux dissertations de *Robespierre.* C'est principalement à l'influence de ce décret porté et mis en exécution avec une précipitation inconsidérée, qu'il faut attribuer les premiers désastres des colonies et leurs affreuses suites.

16. *Décret.* — Les membres de l'assemblée nationale ne pourront être réélus à la prochaine législature. — Les sophismes de *Robespierre* et les déclamations de *Garat,* ce même *Garat,* porteur de l'arrêt de mort à Louis XVI (*V.* 20 janvier 1793), enlèvent à des législateurs insensés cette dangereuse résolution, en la leur présentant comme un beau témoignage d'abnégation personnelle, malgré les justes observations de *Buzot :* « Beaucoup d'hommes sont séduits par « l'idée que l'unité est un élément de composition plus simple. La « perfection, selon eux, consiste dans la simplicité. Rien de plus « simple que le principe des mécaniques; rien de plus compliqué que « les machines : rien de plus simple que le despotisme; et Montes- « quieu dit avec raison, qu'un gouvernement est d'autant plus tyran- « nique qu'il est moins compliqué. » La non-réélection des membres de l'assemblée constituante est nécessaire aux projets de domination exclusive des jacobins, qui dirigent le conseil de la commune de Paris; projets qui tendent à fonder un gouvernement démocratique républicain.

18. *Déclaration de Pavie.* — L'empereur Léopold II manifeste son projet d'amener, de concert avec d'autres puissances, une contre-révolution en France (*V.* 6 juillet).

25. *Décret* confirmatif de celui du 4, relativement aux droits de la France sur Avignon et le comtat Venaissin, avec invitation au Roi d'employer des forces suffisantes pour empêcher les troupes ou les bandes qui se combattent ou s'égorgent dans ces contrées, de continuer les désordres.

26. *Décret constitutionnel* qui fixe définitivement (*V.* 9 juin 1790) la liste civile, pendant le règne actuel, à la somme de vingt-cinq millions, le douaire de la Reine à quatre millions, et qui désigne les propriétés dont la jouissance est réservée au Roi. — Ce décret est porté par acclamation à l'unanimité, et conformément au desir exprimé par *Louis XVI* lui-même.

Décret ordonnant une levée de soixante-quinze mille auxiliaires, destinés à compléter l'armée de terre, et de vingt-cinq mille autres pour la marine (*V.* 28 janvier).

28. *Décret* relatif à la réunion des assemblées électorales qui procéderont à la nomination des députés à la *première législature.*

31. *Adresse de G. Th. Raynal, remise par lui-même au président de l'assemblée nationale, et lue en séance publique.* — « En arrivant « dans cette capitale, après une longue absence, mon cœur et mes « regards se sont tournés vers vous..... Prêt à descendre dans la nuit « du tombeau..... que vois-je autour de moi? des troubles religieux, « des dissensions civiles, la consternation des uns, l'audace et l'em- « portement des autres, un gouvernement esclave de la tyrannie po- « pulaire; le sanctuaire des lois environné d'hommes effrénés qui « veulent alternativement, ou les dicter, ou les braver; des soldats « sans discipline; des chefs sans autorité; des magistrats sans cou- « rage; des ministres sans moyens; un Roi, le premier ami de son « peuple, plongé dans l'amertume, outragé, menacé, dépouillé de « toute autorité, et la puissance publique n'existant plus que dans « les clubs où des hommes ignorants et grossiers osent prononcer « sur toutes les questions politiques. Telle est, Messieurs, n'en dou- « tez pas, telle est la véritable situation de la France.... — J'étais plein « d'espérance et de joie, lorsque je vous vis poser les fondements de « la félicité publique, poursuivre tous les abus, proclamer tous les « droits, soumettre aux mêmes lois, à un régime uniforme, les di- « verses parties de cet empire. Mes yeux se sont remplis de larmes, « quand j'ai vu les plus vils, les plus méchants des hommes, em- « ployés comme instruments d'une utile révolution; quand j'ai vu le « saint nom de patriotisme prostitué à la scélératesse, et la licence « marcher en triomphe sous les enseignes de la liberté! L'effroi s'est

« mêlé à ma juste douleur, quand j'ai vu briser tous les ressorts du « gouvernement, et substituer d'impuissantes barrières à la nécessité « d'une force active et réprimante..... Combien je souffre, lorsqu'au « milieu de la capitale et dans le foyer des lumières, je vois ce peuple « séduit, accueillir avec une joie féroce les propositions les plus « coupables, sourire aux récits des assassinats, chanter ses crimes « comme des conquêtes, appeler stupidement des ennemis à la ré- « volution, la souiller avec complaisance, fermer ses yeux à tous les « maux dont il s'accable..... Appelés à régénérer la France, vous de- « viez considérer d'abord ce que vous pouviez utilement conserver « de l'ordre ancien, et de plus, ce que vous ne pouviez pas en aban- « donner. La France était une monarchie : son étendue, ses besoins, « ses mœurs, l'esprit national, s'opposent invinciblement à ce que « jamais des formes républicaines puissent y être admises, sans y « opérer une dissolution totale. Le pouvoir monarchique était vicié « par deux causes : les bases en étaient entourées de préjugés, et ses « limites n'étaient marquées que par des résistances partielles. Épurer « les principes, en asseyant le trône sur sa véritable base, la souve- « raineté de la nation; poser les limites, en les plaçant dans la repré- « sentation nationale, était ce que vous aviez à faire. Et vous croyez « l'avoir fait! Mais, en organisant les deux pouvoirs, la force et le « succès de la constitution dépendaient de l'équilibre, et vous aviez « à vous défendre contre la pente actuelle des idées; vous deviez voir « que dans l'opinion le pouvoir des rois décline, et que les droits « du peuple s'accroissent. Ainsi, en affaiblissant sans mesure ce qui « tend naturellement à s'effacer, en fortifiant sans proportion ce qui « tend naturellement à s'accroître, vous arriviez forcément à ce triste « résultat : *Un roi sans aucune autorité, un peuple sans aucun frein....* « Comment souffrez-vous, après avoir consacré le principe de la li- « berté individuelle, qu'il existe dans votre sein une inquisition qui « sert de modèle et de prétexte à toutes les inquisitions subalternes « qu'une inquiétude factieuse a semées dans toutes les parties de « l'empire?........ Vous avez posé les bases de la liberté, de toute con- « stitution raisonnable, en assurant au peuple le droit de faire ses « lois et de statuer sur l'impôt. L'anarchie engloutira même ces droits « éminents, si vous ne les mettez sous la garde d'un gouvernement « actif et vigoureux; et le despotisme nous attend, si vous repoussez « toujours la protection tutélaire de l'autorité royale......... »

Juin 2. *Louis XVI*, intimidé, donne à plusieurs décrets la sanction qu'il a refusée jusqu'à ce jour (*V.* le 10).

3. *Jurisprudence criminelle.* — *Décret.* — « Les peines qui seront « prononcées contre les accusés trouvés coupables par le jury, sont : « la peine de mort, la chaîne, la réclusion dans la maison de force, « la gêne, la détention, la déportation, la dégradation civique, le « carcan. — La peine de mort consistera dans la simple privation de « la vie, sans qu'il puisse jamais être exécuté *aucune torture* envers « les condamnés (*V.* 15 février 1788). — La marque est abolie. — « Tout condamné à mort aura la tête tranchée. » (Une machine appelée *guillotine*, du nom de son inventeur, le docteur en médecine *Guillotin*, constituant, sera le seul instrument de décollation.)

5. *Décret qui retire au Roi le droit de faire grace.* — En le privant de cette prérogative, on tranche le dernier lien du gouvernement monarchique. Aucun sentiment n'attachera plus le peuple au prince, et la dégradation morale du trône est consommée. Ce privilége sublime, dont l'abus est idéal dans une constitution libre qui rend les agents de la couronne responsables, et qui, par l'esprit qu'elle répand, restreint nécessairement l'usage de la clémence, ne fut jamais contesté au souverain dans les monarchies absolues, ni refusé au chef du gouvernement dans les états étroitement limités. Le Roi de Pologne en jouissait; et les Américains-Unis en ont investi le président de leur congrès, avec les réserves que peut exiger l'intérêt public.

10. Le Roi proteste, *mais en secret*, contre la sanction qu'il a donnée le 2, à plusieurs décrets; il proteste en outre contre toutes les sanctions qui, par le passé ou à l'avenir, avaient été ou seraient obtenues contre son gré.

11. *Décret* ordonnant à tous les officiers des armées de terre et de mer de signer une déclaration d'obéissance et de fidélité à la constitution.

Décret enjoignant au prince de Condé de rentrer en France, sous peine d'être mis hors de la loi, et d'avoir ses propriétés confisquées.

Décret prescrivant des mesures contre les embaucheurs à l'étranger.

19. *Robespierre* est élu accusateur public du tribunal criminel de Paris. *Péthion*, *Buzot* en sont élus président, vice-président.

21 — 25. VOYAGE DE VARENNES. — *Louis XVI* est retenu depuis plusieurs mois aux Tuileries, sous une surveillance dont *la Fayette* augmente chaque jour les précautions. Il importe peu de démêler si ce commandant de la garde nationale les juge indispensables, afin

que la constitution, qu'il regarderait comme l'arche du salut public, puisse être établie, ou s'il est, à son insu, l'instrument de la faction républicaine, qui voudrait lasser l'inertie du Roi, et le pousser à des démarches dont elle dénaturerait les motifs aux yeux de la nation. Quoi qu'il en soit, *Louis XVI*, fatigué de sa captivité, en butte aux insultes populaires, aux motions de plus en plus outrageantes des clubs, s'émeut enfin. Il se dérobe des Tuileries avec la Reine, ses deux enfants et sa sœur, le 21, à une heure de la nuit *(Cette nuit est précisément la plus courte de l'année)*. Le succès de l'évasion dépend, jusqu'à un certain point, du peu d'éclat mis dans les détails, et ne peut qu'être compromis par l'appareil du voyage. Un monarque fugitif ne devrait conserver aucune apparence qui le décèle. Mais les ordonnateurs du voyage croiraient avilir la majesté royale, s'ils l'assimilaient à une condition commune, en la privant de toutes ses marques, et s'il ne trouvait pas, dans sa fuite accélérée, à-peu-près toutes les convenances dont le successeur de Louis XIV et de Louis XV est habitué de jouir dans un voyage d'agrément. Il serait difficile d'imaginer quelque chose de plus mal combiné que le plan et l'exécution de ce voyage.

A la vue d'un très-grand équipage, de forme extraordinaire, suivi d'une autre voiture, l'attention est d'autant plus éveillée, dans chaque lieu de passage, que de sinistres rumeurs sont répandues sur la route de Lorraine, l'une des routes les plus suivies par les émigrants. Le projet de la fuite du Roi était annoncée depuis plusieurs jours, par quelques journaux de Paris, tenant à la faction démocratique; soit qu'ils tinssent ces discours d'après des notions vagues du secret du Roi, ou que ce fût une de ces choses qu'ils inventaient tous les jours au hasard, et qui s'est trouvée fortuitement vérifiée par l'évènement. Neuf voyageurs, deux courriers, l'un en avant, l'autre à côté de la principale voiture, employant onze chevaux, ne sauraient passer, sans se faire remarquer, à travers des gardes nationales qui sont dans la première ferveur de leur service, en présence d'autorités soupçonneuses et jalouses, à l'excès, de faire valoir leurs nouvelles attributions.

Ayant éludé tous les obstacles que présentait la sortie de Paris, *Louis XVI* s'avance sur la route dans une douce sécurité, par conséquent avec négligence; se mettant assez souvent à la portière; descendant quelquefois aux relais; agréablement surpris de se trouver dans l'état ordinaire de la vie sociale. Il s'arrête à *Étoges* (Marne), chez une personne de confiance, pour des réparations à sa voiture; il y reste deux heures, quoique ayant le moyen d'en prendre une autre et de continuer aussitôt sa marche. Il traverse Châlons à quatre heures et demie; il y est reconnu par plusieurs personnes. A la poste suivante (*pont de Sommevelle*, trois lieues de Châlons), on devait trouver des troupes à cheval pour entourer la voiture jusqu'au relais suivant; personne n'y étant, on y reste dans l'attente jusqu'à huit heures. On arrive à Sainte-Ménehould où le Roi s'étant montré plusieurs fois est reconnu par le maître de poste *Drouet*, pendant qu'on achève d'atteler : cet homme n'ose pas l'arrêter; mais il dépêche son fils par des chemins de traverse, afin de prévenir les autorités des lieux sur lesquels on se dirige. Celui-ci devance la voiture à Varennes (quarante-huit lieues de Paris), où elle parvient à onze heures du soir seulement. Louis XVI y est arrêté; et ce qui doit paraître inconcevable, il défend les tentatives qui pourraient le dégager. Des dragons, détachés pour l'escorter jusqu'à *Montmédi*, but de son voyage, sont désarmés par les habitants en essayant de le délivrer.

Loin de se montrer alarmée à la nouvelle du départ de la famille royale, l'assemblée nationale prend avec calme des mesures décisives. En quelques heures, elle se voit investie de tous les pouvoirs; et cela, sans troubles, sans orages, sans même agitation à la surface. Le gouvernement marche, les affaires s'expédient à l'ordinaire, les spectacles s'ouvrent et les pièces sont écoutées; rien n'est dérangé des habitudes journalières de cette nombreuse population que renferme Paris, durant les trois jours écoulés dans l'incertitude de ce qu'est devenu le chef du gouvernement : l'indifférence, à-peu-près générale sur le sort des augustes fugitifs, indique aux ambitieux que les images d'une ancienne adoration ne reposent plus que sur des cœurs attiédis.

L'assemblée envoie au-devant du Roi les députés *Barnave*, *La Tour-Maubourg*, *Péthion*. Ce cortége entre à Paris, le 25, à sept heures du soir, au milieu d'une foule immense, frappée de stupeur. Trois gardes-du-corps, enchaînés, sont placés sur le siége de la voiture du Roi. La populace, irritée de ce qu'ils ne méconnurent pas leur devoir, se dispose à les massacrer; la garde nationale parvient à les sauver. A l'exception de ce mouvement éphémère de férocité, la contenance du peuple est morne et silencieuse; il regarde passer le cortége sans montrer aucune irritation, ni la plus légère émotion de pitié. *Louis* n'essuie point d'insulte personnelle. Nul cri menaçant, nulle sorte d'injure qui s'adresse à lui-même, ne vient frapper son oreille et le retirer de son affliction par le sentiment d'un danger imminent. Tous les hommes restent la tête couverte. On lit sur des placards : *Quiconque applaudira le Roi, aura des coups de bâton ; quiconque l'insultera, sera pendu.*

En partant de Paris, le Roi a laissé une proclamation qui est rendue publique dans la journée. Il y retrace les mauvais traitements qu'il ne cesse d'éprouver depuis le 6 octobre 1789, qu'il habite les Tuileries. « Lorsque le Roi a pu espérer de voir renaître « l'ordre et le bonheur par les moyens employés par l'assemblée « nationale et par sa résidence auprès de cette assemblée, aucun « sacrifice ne lui a coûté ; il n'aurait par même argué du défaut de « liberté dont il est privé depuis le 6 octobre 1789 : mais aujour- « d'hui que le résultat de toutes les opérations est de voir la royaute « détruite, les propriétés violées, la sûreté des personnes compro- « mise, une anarchie complète dans toutes les parties de l'empire, « sans aucune apparence d'autorité suffisante pour l'arrêter ; le Roi, « après avoir protesté contre les actes émanés de lui pendant sa cap- « tivité, croit devoir mettre sous les yeux des Français le tableau de « sa conduite...... Français, et vous qu'il appelait habitants de sa « bonne ville de Paris, méfiez-vous de la suggestion des factieux ; « revenez à votre Roi ; il sera toujours votre ami, quand votre sainte « religion sera respectée, quand le gouvernement sera assis sur un « pied stable et la liberté posée sur des bases inébranlables. »

Tel est le sombre dénouement d'une entreprise résolue si tardivement, si pauvrement disposée à Paris, si misérablement exécutée, et dont le succès eût peut-être prévenu les grandes calamités qui ravageront la France. Car le jacobinisme a déjà fait de trop grands progrès pour que sa domination puisse être arrêtée par les faibles barrières de la constitution.

L'évasion de *Monsieur (Louis XVIII)* s'est effectuée dans la même nuit du 21. Ce prince n'a voulu se séparer du Roi son frère, qu'au moment où sa présence ne peut plus le consoler dans ses malheurs, ni appuyer ses efforts contre les factions.

25 — 27. *Décrets.* — Les gardes-du-corps sont licenciés. — Aussitôt que le Roi sera arrivé au château des Tuileries, il lui sera provisoirement donné une garde qui, sous les ordres du commandant-général de la garde nationale parisienne, veillera à sa sûreté et répondra de sa personne. Il sera provisoirement donné une garde particulière à la Reine. — Il sera informé sur l'évènement du 21 juin. L'assemblée nationale nommera trois commissaires pris dans son sein, pour recevoir les déclarations du Roi et de la Reine. La

sanction, l'acceptation du Roi, et toutes ses fonctions législatives ou exécutives sont suspendues. Les ministres sont autorisés provisoirement à continuer de faire, chacun dans leur département et sous leur responsabilité, les fonctions du pouvoir exécutif. — Les députés *Robespierre*, *Péthion*, *Alexandre de Lameth*, *Thouret*, *Ræderer*, se font remarquer parmi les ennemis du pouvoir royal. Ce dernier assure que les dispositions de cette loi n'attaquent pas le principe de l'inviolabilité du Roi; qu'il ne s'agit pas d'un jugement, mais seulement de le tenir en état *d'arrestation provisoire*.

La déclaration écrite du Roi, remise aux commissaires, porte: « ..... Les motifs de mon départ sont les outrages et les menaces « qui ont été faites, le 18 avril, à ma famille et à moi-même. Depuis « ce temps, plusieurs écrits ont cherché à provoquer des violences « contre ma personne et ma famille; et ces insultes sont restées « jusqu'à présent impunies. J'ai cru dès-lors, qu'il n'y avait pas de « sûreté ni même de décence pour ma famille et pour moi de rester « à Paris. J'ai desiré, en conséquence, quitter cette ville. Ne le pou- « vant faire publiquement, j'ai résolu de sortir de nuit et sans suite. « Jamais mon intention n'a été de sortir du royaume. Je n'ai eu « aucun concert sur cet objet, ni avec les puissances étrangères, ni « avec mes parents, ni avec aucun autre Français sorti du royaume. « Je pourrais donner pour preuve de mon intention, que des loge- « ments étaient préparés à *Montmédi*, pour me recevoir ainsi que « ma famille. J'avais choisi cette place, parce que, étant fortifiée, « ma famille y aurait été en sûreté, et qu'étant près des frontières, « j'aurais été plus à portée de m'opposer à toute espèce d'invasion.... « Si j'avais eu l'intention de sortir du royaume, je n'aurais pas publié « mon mémoire le jour même de mon départ; mais j'aurais attendu « d'être hors des frontières..... »

26. Le marquis *de Bouillé*, lieutenant-général, écrit de *Luxembourg* à l'assemblée nationale, qu'il est le seul auteur du projet d'enlever le Roi. — Ses bravades, aussi fougueuses qu'impuissantes, irritent les ennemis du trône et les excitent à des mesures violentes.

Juillet 3. *Décret* qui ordonne de grandes dispositions militaires dans les départements frontières du N. E, le complètement des régiments de l'armée de ligne, et la mise en activité de vingt-six mille gardes nationales sur la ligne exposée.

6. *Lettre de l'empereur Léopold II*, *datée de Padoue* (*V*. 18 mai). — Les souverains sont invités à s'unir à lui, pour déclarer à la France: qu'ils regardent tous la cause du Roi très-chrétien, comme

la leur propre; qu'ils demandent que ce prince et sa famille soient mis sur-le-champ en pleine liberté........; qu'ils se réuniraient pour venger avec le plus grand éclat tous les attentats ultérieurs quelconques........; qu'enfin, ils ne reconnaîtraient comme lois constitutionnelles, légitimement établies en France, que celles qui seront munies du consentement volontaire du Roi, jouissant d'une liberté parfaite; mais, qu'au contraire, ils emploieront de concert tous les moyens qui sont en leur puissance, pour faire cesser le scandale d'une usurpation de pouvoirs qui porterait le caractère d'une révolte ouverte, et dont il importerait à tous les gouvernements de l'Europe de réprimer le funeste exemple (*V.* le 25).

7. Le Roi, instruit qu'il se fait en son nom des enrôlements pour les corps d'émigrés qui se forment hors des frontières, envoie à l'assemblée nationale son désaveu formel.

9. *Décret* qui taxe à une triple imposition, pour 1791, les biens des émigrés qui ne seront pas rentrés sous deux mois, sauf les mesures plus sévères à prendre en cas d'invasion (*V.* 1er août, 20 octobre).

17. *Attroupement nombreux au Champ-de-Mars*, à Paris. — La *loi Martiale* (*V.* 20 octobre 1789) est proclamée. *Bailly*, maire, arrive sur les séditieux avec la force armée. Ils résistent à la sommation qu'il leur fait; il les disperse en faisant tirer sur eux.

18. *Décret.* — Il est accordé deux millions de récompense aux personnes qui ont concouru à l'arrestation du Roi à Varennes, le 22 juin. Le maître de poste de Sainte-Ménehould (*Drouet*), y est compris pour trente mille francs.

21. *Décret relatif à* l'abbé de l'Épée *et à son établissement des sourds-muets.* (*V.* 23 décembre 1789). — L'institution est déclarée nationale; un local et des fonds sont affectés pour son entretien.

22. *Décret* ordonnant la mise en activité immédiate de quatre-vingt-dix-sept mille gardes nationaux, y compris les vingt-six mille destinés par le décret du 3, lesquels seront répartis sur les frontières et sur les côtes.

25. Convention entre les cours de Vienne et de Berlin, stipulant des points préliminaires d'une alliance défensive, et portant qu'elles s'emploieront pour effectuer incessamment ce concert, auquel l'empereur vient d'inviter les puissances, concernant les affaires de France (*V.* le 6).

30. *Décret* qui supprime tout ordre de chevalerie, toute corporation, toute décoration, tout signe extérieur, toute qualification,

qui supposent des distinctions de naissance. Ce décret est rendu d'après la rédaction du député *Rœderer*, le même qui, sous le régime impérial, s'appellera *comte Rœderer*.

Août 17. *Décret relatif aux émigrants* (*V.* 9 juillet). — « Tout « Français, absent du royaume, est tenu d'y rentrer dans le délai « d'un mois, sous peine de payer, par forme d'indemnité du ser- « vice personnel que chaque citoyen doit à l'état, une triple contri- « bution; se réservant, au surplus, l'assemblée nationale, de pro- « noncer telle peine contre les réfractaires, en cas d'invasion hostile « sur les terres de France. — Aucun Français ne pourra sortir du « royaume sans avoir satisfait aux formalités qui seront prescrites « (*V.* 14 septembre, art. 2). »

22, et suiv. *Saint-Domingue.* — Première insurrection des nègres. — La reconnaissance de leurs droits politiques, exprimée dans le décret du 15 mai, devait irriter les colons; elle les a portés à des mesures d'une violence extrême. Aussitôt commencent d'horribles représailles. Les esclaves, suscités par les hommes de couleur, frappent, égorgent, sans distinction d'âge, de sexe, tous les blancs qu'ils peuvent atteindre sur les habitations. Ils incendient la plaine du *Cap-Français*. La plus riche campagne des Antilles, la merveille de l'art et de la nature, offre aussitôt, dans un rayon de plusieurs lieues autour de la ville, la destruction et la mort. Les cruautés de ces Africains défient l'imagination d'un Européen. Les ravages sont si rapidement exécutés, qu'après quelques jours seulement, on compte dans cette partie de l'île deux cents manufactures de sucre et six cents de café entièrement détruites, avec tous les objets que l'industrie et les travaux d'un siècle ont développés. Le noir esclave *Jean-François* commande ses pareils; mais ce chef visible est conduit par d'autres chefs, véritables instigateurs de cette catastrophe. Le système régulier d'attaque et de défense des révoltés ne laissera pas douter que leur entreprise ne soit dirigée par des êtres d'une intelligence supérieure à la leur.

27. *Entrevue de Léopold II, empereur d'Allemagne, et de Frédéric Guillaume II, roi de Prusse, à Pilnitz* (Saxe-Électorale). L'ex-ministre *Calonne* et le marquis *de Bouillé* sont dans ce lieu. — Les deux souverains émettent la déclaration suivante : « LL. MM. « ayant entendu le desir et les représentations de LL. AA. *Mon- « sieur* et le comte *d'Artois*, frères du roi de France, déclarent con- « jointement qu'elles regardent la situation où se trouve actuellement « le roi de France, comme un objet d'un intérêt commun à tous les

« souverains de l'Europe. Ils espèrent que cet intérêt ne peut man-« quer d'être reconnu par les puissances dont les secours sont ré-« clamés; et qu'en conséquence elles ne refuseront pas d'employer, « conjointement avec leurs susdites majestés, les moyens les plus « efficaces, relativement à leurs forces, pour mettre le roi de France « en état d'affermir, dans la plus parfaite liberté, les bases d'un gou-« vernement monarchique également convenable aux droits des souve-« rains et au bien-être de la nation française. *Alors et dans ce cas*, leurs « dites majestés, l'empereur et le roi de Prusse, sont résolus d'agir « promptement, d'un mutuel accord, avec les forces nécessaires « pour obtenir le but proposé en commun. En attendant, elles « donneront à leurs troupes les ordres convenables pour qu'elles « soient à portée de se mettre en activité. » — La convention de Pilnitz est le piége le plus funeste aux émigrés français qui, s'ils n'y voyaient pas un moyen prompt et assuré de ressaisir leur influence, leurs biens et leurs priviléges, se laisseraient peut-être moins séduire par l'ardeur chevaleresque de Gustave III, roi de Suède, ou par les insidieuses promesses de Catherine II, impératrice de Russie.

Septembre 2. *Décrets sur la révision des décrets constitutionnels.* — Lorsque trois législatures consécutives auront émis un vœu uniforme, pour le changement de quelque article constitutionnel, il y aura lieu à la révision demandée. Les membres de la troisième législature, qui auront demandé le changement ne pourront être élus à l'assemblée de révision. — La nation a le droit imprescriptible de revoir et de changer la constitution; mais elle déclare qu'il est de l'intérêt général qu'elle suspende l'exercice de ce droit jusqu'en 1821.

3—13. *L'assemblée nationale*, dite *constituante*, termine l'acte constitutionnel, plus connu dans la suite sous le nom de CONSTITUTION DE 1791. Les membres du comité chargé de cette œuvre de régénération, sont : *Talleyrand-Périgord* (évêque d'Autun, ministre sous quatre régimes consécutifs et antérieurs, prince laïque pair, etc.) (*V.* la table des matières), *Sieyes* (en abbé conventionnel, votant la mort de *Louis XVI*, etc., etc.), *Alexandre-Lameth* (ex-courtisan), *Péthion* (conventionnel votant la mort de *Louis XVI*, maire au 10 août 1793), *Buzot* (conventionnel votant la mort de *Louis XVI*), *Target*, *Briot*, *Beaumetz*, *Thouret*, *Duport fils*, *Barnave*, *Chapelier*, *Desmeuniers* (tous avocats), *Rabaud Saint-Étienne* (ministre évangélique).

Le texte de la constitution a 208 articles. — Le royaume est un et indivisible. Son territoire est divisé en départements. — La souveraineté une, indivisible, appartient à la nation, qui en délègue l'exercice. — Le gouvernement est représentatif et monarchique. — Des assemblées *primaires* sont instituées; elles se composent de tous les citoyens *actifs*, c'est-à-dire, âgés de vingt-cinq ans, payant une contribution directe de trois jours de travail. — Une imposition d'un marc d'argent, c'est-à-dire de cinquante-quatre livres, suffit pour être député. *Une seule chambre* permanente de sept cent quarante-cinq représentants élus pour *deux ans*, par des électeurs nommés dans les assemblées primaires, forme la partie essentielle du pouvoir législatif; le Roi en devient la partie accessoire, au moyen de la sanction qu'il accorde aux décrets, ou du *veto*, dont l'effet peut les suspendre pendant deux ans. — La réunion de l'assemblée a lieu chaque année, le 1er de mai. — Le Roi n'a pas le droit de la dissoudre, ni celui de proposer les lois; il ne peut que présenter des observations. — La royauté est héréditaire; au Roi seul appartient le pouvoir exécutif; sa personne est inviolable, sacrée; il prête le serment de maintenir la constitution. Il est censé avoir abdiqué, s'il rétracte ce serment, s'il se met à la tête de l'armée contre la nation, s'il sort du royaume sans l'agrément du corps législatif; l'abdication le rejette dans la classe commune des citoyens; il pourra être accusé et jugé comme eux, pour les actes postérieurs à son abdication. — Des juges *élus à temps par le peuple* sont investis du pouvoir judiciaire. — Le corps législatif délibère et fixe chaque année les contributions publiques. — Les fonds de la liste civile ne pourront être accordés qu'après que le Roi aura prêté, en présence du corps législatif, le serment que tout Roi des Français est obligé par la constitution de faire à la nation, lors de son avènement au trône. — Les colonies et possessions françaises dans l'Asie, l'Afrique et l'Amérique, quoiqu'elles fassent partie de l'empire français, ne sont pas comprises dans la susdite constitution.

L'assemblée nationale, qui s'est attribuée de son chef, sans institution antérieure, sans mandats, sans loi quelconque, et même contre l'attente générale, le pouvoir absolu et illimité sous le nom de *pouvoir constituant*, a, dans le pacte social qu'elle vient de créer, favorablement traité le peuple dont elle s'est aidée, et lui a fait une large part de domination. Elle a bien inscrit le mot de monarchie sur le frontispice de l'édifice, mais elle n'a construit qu'un gouvernement démocratique. N'est-ce pas, en effet, de la démocratie sans mélange, qu'une assemblée unique dont les éléments sont pris au plus bas étage de la propriété, un véto suspensif, des assemblées départementales et municipales élues par le peuple ; des juges temporaires, nommés par la masse entière des justiciables; la licence de la presse, des clubs, etc.? Au dernier jour même de la discussion, *Robespierre et Ræderer*, s'adressant aux passions des gens du peuple qui remplissent les tribunes, déclament avec violence contre les progrès de l'autorité royale et l'ascendant des ministres. Cette assemblée constituante, qui se compose de plus de discoureurs que de propriétaires, ne se borne pas à prévenir l'abus de la puissance législative dans les mains du Roi, elle l'en dépossède entièrement. Elle conserve la royauté comme pouvoir exécutif, et ne l'investit pas de ces attributions nécessaires pour faire observer les lois; elle annonce la liberté, et viole les principes de la propriété; elle a proclamé les droits métaphysiques de l'homme, et confond tous les éléments de la société; elle déchaîne les passions populaires; elle autorise ou tolère les vexations sur les routes, les perquisitions à domicile, les arrestations provisoires, les jugements de proscription, toutes les infractions au droit commun, toutes les violations de l'ordre public; elle érige dans son sein un *comité des recherches*, et lui laisse prendre toutes les odieuses attributions des lieutenants de police sous l'ancien gouvernement; elle imagine des crimes de *lèse-nation*, elle institue une cour de justice pour en connaître et les poursuivre, donnant le premier modèle de ces *tribunaux d'exception*, dont, pendant vingt-six années, les divers gouvernements se complairont à faire usage. Par ses décrets des 2 novembre et 19 décembre 1789, des 17 mars et 29 septembre 1790, elle a ouvert le gouffre où seront jetés tous les créanciers de l'état, ce gouffre qui se refermera sur eux à jamais. Ces déclamateurs, si dépourvus d'expérience, auraient dû prendre pour modèle les Américains, qui ont assis la liberté sur les solides bases de la justice, et qui, pour jouir de la plénitude de ses bienfaits, n'attaquèrent jamais le droit sacré de propriété. *Adams*, *Morris*, *Washington*, avaient fait diviser le corps législatif, et attribuer au président du congrès plus de dignité ou de pouvoir que n'en ont conservé au prétendu monarque des Français, ces légistes subalternes, *Thouret*, *Target*, *Chapelier*, *Péthion*, etc., et les autres associés *Talleyrand* et *Sieyes*.

Une députation de l'assemblée nationale présente l'acte constitutionnel à l'acceptation du roi. En même-temps elle lui rend la faculté de donner tous les ordres qu'il jugera convenables pour sa garde et la dignité de sa personne. Les scellés sont levés dans ses appartements, et le jardin ainsi que le château des Tuileries sont rouverts au public. — Cette relâche de la royauté, qui a duré plus de deux mois (depuis le 25 juin), a exercé sur les esprits une influence prodigieuse. Il leur semble révélé que tout peut aller sans la royauté, qu'elle est un rouage inutile et dispendieux.

12. *Décret sur l'organisation de la garde nationale de Paris.* — Elle restera composée de soixante bataillons formant six légions, à cinq compagnies par bataillon. — Il n'y aura pas de commandant général; chaque chef de légion en fera les fonctions et exercera le commandement pendant un mois, à tour de rôle.

Dès ce moment, soumise à des influences diverses, opposées même, à des chefs dont le rang est éphémère, la garde parisienne perd la force que lui donnait l'unité du commandement, et, avec cette force, l'énergie nécessaire au maintien de l'ordre public et l'enthousiasme pour la constitution. Par l'effet de ce décret, *la Fayette* cesse d'être important dans Paris, foyer permanent des troubles.

14. *Décret qui réunit définitivement à la France Avignon et le comtat Venaissin.*

Décret. — D'après les desirs du Roi, faisant savoir par un message son acceptation de la constitution, et sur la motion de *la Fayette*, l'assemblée nationale prononce l'abolition de toutes procédures instruites sur les faits relatifs à la révolution, une amnistie générale en faveur des hommes accusés ou condamnés, et la révocation du décret du 17 août dernier, relatif aux émigrants. L'assemblée déclare, en outre, que conformément à la constitution, il ne sera plus mis aucun obstacle au droit de tout citoyen de voyager librement dans le royaume, et d'en sortir à volonté.

Le Roi se rend à l'assemblée nationale, y prête serment à la constitution, s'engageant à la maintenir de tout le pouvoir qui lui est délégué.

Son acquiescement, fait sans restriction, n'a pas été obtenu sans beaucoup d'intrigues. Ce prince éclairé pénètre les vices, l'incohérence, les dangers du nouveau régime. Puisque l'assemblée persiste dans l'adoration de son ouvrage, Louis XVI pourrait la déclarer seule garante de ses effets, et demander que, pour la responsabilité de ses auteurs, ils prennent eux-mêmes les rênes de l'état; il pourrait, avec un peu de cette énergie que déploierait si à propos un descendant de Henri IV, déclarer, qu'il ne peut accepter des lois qu'il estime dangereuses et inexécutables; qu'il n'abdiquera point; parce que ce serait souscrire à la violence. Il cesserait alors de se trouver dans cette fausse position dont il ne sortit jamais; il se dégagerait de ce qu'elle offre de plus fâcheux; il ôterait à la malveillance de ses ennemis leurs prétextes les plus spécieux, et les jetterait dans de grandes difficultés, en restant ferme *pour la première fois*. Mais on vient alarmer sa vertueuse sensibilité; on lui fait redouter les premiers effets d'une résolution si contraire au vœu général. Il faut que la destinée s'accomplisse; le plus infortuné des rois se jette avec résignation dans l'obscur avenir.

Cependant l'acceptation de la constitution cause d'universels transports d'allégresse. Trop peu clairvoyants, trop confiants, et séduits par leur impatience, les Français supposent que cette circonstance termine la révolution, assure la liberté, unit par des liens indissolubles le souverain et le peuple, et commence une ère de bonheur impérissable.

28. *Départ de Brest du capitaine d'Entrecasteaux*, commandant les corvettes *la Rocherche* et *l'Espérance*, envoyées sur les traces du navigateur *Lapeyrouse* (*V.* 15 mars 1788 et 19 février 1794).

29. *Décret sur l'organisation de la garde nationale.* — Pour être admis dans la garde nationale, il faut être citoyen actif, ou fils de citoyen actif. — La garde nationale sera organisée par district et par canton; elle ne pourra l'être par commune, si ce n'est dans les villes considérables, ni par département. — Les promotions aux grades auront lieu par élection, au scrutin individuel. — Il ne sera fait aucune fédération particulière; tout acte de ce genre est déclaré un attentat à l'unité du royaume et à la fédération constitutionnelle de tous les Français.

Décret qui défend à toute société, non instituée politiquement, de faire corporation, de paraître légalement sous un nom collectif, et de prendre des décisions sur les affaires politiques. — Les contrevenants seront poursuivis et punis.

Cette mesure contre les *clubs* qui, disséminés sur toute la France, rejettent l'autorité du Roi, outragent sa personne, excitent les dissensions, organisent le pillage, l'incendie, l'assassinat, n'est qu'un vain hommage aux principes constitutionnels, hommage que les dominateurs actuels de l'assemblée nationale n'osent pas refuser au moment même de sa séparation. Bientôt on verra reparaître ces mêmes législateurs pour achever la destruction et de cette constitution qu'ils jurèrent tant de fois de conserver, et de toutes les formes existantes de l'organisation politique. C'est ainsi que *Péthion*, *Vadier*, *Garat*, *Barrère*, *Robespierre*, obscurs satellites à l'assemblée constituante, obtiendront enfin une affreuse célébrité pendant le règne de la convention.

30. *Dernière séance de l'assemblée constituante.*

Louis XVI y paraît, et promet de nouveau (*V.* 14 septembre) d'employer tout ce que la constitution lui donne de force et de moyens pour assurer aux lois le respect et l'obéissance qui leur sont dus.

Cette assemblée se trouve divisée depuis assez long-temps, 1° en partisans de l'ancien régime pur et absolu, appelés aristocrates, et constamment menacés par le peuple ; ils sont en très-faible nombre ; 2° en zélateurs d'une monarchie tempérée, qu'on désigne assez communément sous le nom de monarchistes ou monarchiens, hommes réservés, mais sans popularité et, peu nombreux aussi ; 3° en patriotes, d'abord imprudents par exaltation ou par système, qui ont reconnu leurs erreurs ; mais qui trop avancés pour s'arrêter, ou trop vains pour revenir sur leurs pas, ont continué sans direction fixe, en se persuadant que leur masse les fera triompher ; 4° et en hommes dépravés et furieux, tendant à renverser entièrement l'ordre nouveau : ce sont les jacobins, dont l'influence augmentera de jour en jour.

L'histoire de cette assemblée apprend à voir l'abîme de la liberté, de l'ordre public et de l'état dans les exagérations de l'enthousiasme, et dans les méprises de l'inexpérience. Une assemblée législative doit être jugée sur ses actes et non sur les discours de ses orateurs. Peut-on admettre qu'elle ait fondé la liberté politique d'une nation civilisée sur un gouvernement représentatif, lorsque le peuple, toujours en ébranlement, reçoit une puissance active supérieure à celle de ses représentants ; lorsque ceux-ci partagent avec le peuple le pouvoir d'exécuter les lois et de rendre la justice, en laissant subsister un fantôme de puissance exécutive, étrangère à la législation, dépouillée de tous ses attributs, et hors d'état de faire respecter ses ordres par la moindre municipalité? Peut-on croire qu'une constitution libre consiste dans l'autorité illimitée et non contenue d'un corps de représentants populaires, d'un roi nul, et d'un peuple maître absolu de l'administration, de la force publique et du choix de tous les officiers civils et religieux? N'agit-on pas, enfin, en sens inverse de la raison et de l'expérience, lorsqu'on divise et subdivise l'action du pouvoir, et que l'on concentre la législation dans une seule chambre?

La faction dominante n'a cessé de favoriser les violences, d'excuser les attentats, de laisser impunis les perturbateurs de l'ordre public. On donne à la nation un gouvernement tout nouveau, et on le rend odieux en retirant la protection des lois à ceux qui en souffrent ou qui le désapprouvent. Égarés par une perfide tolérance, le peuple et les soldats s'habituent à la licence, qui devient bientôt un besoin impérieux; au mépris des autorités qu'on voit conniver lâchement aux désordres, et qu'on cesse de craindre en cessant de les estimer. En vain les déclamateurs s'épuisent à rappeler *le respect à la loi*, comme si ce respect n'était pas l'ouvrage de l'habitude, de l'autorité morale et domestique. Ils exigent pour des lois toutes récentes une obéissance dont ils ont anéanti le principe, en renversant impétueusement toutes les lois anciennes. Législateurs à la journée, ces avocats, ou lettrés subalternes, poussés par l'envie, la basse vengeance, ont aliéné, effrayé les classes des mécontents, en les excluant de tous les emplois nouveaux, pour ne les remplir que des créatures du club des jacobins. L'intolérance, l'irascibilité, la vanité despotique de tous ceux qui dirigent les opinions de la multitude, forment un spectacle inoui dans les révolutions.

Le caractère sanguinaire, gratuitement imprimé à la révolution dès son début, se retrouve après deux ans. Après deux ans de session, la France, encombrée de lois, de magistrats, de gardes citoyennes, liées par des serments solennels à la défense de l'ordre et de la sûreté, la France reste une arène où des bêtes féroces dévorent des hommes désarmés. Et (chose incroyable) on ne rencontre aucune résistance combinée, aucune opposition un peu ferme. Depuis le trône jusqu'à l'humble presbytère, l'ouragan a tout renversé. Les mécontents, livrés à la fureur inquiète des clubs, des délateurs, et souvent même des administrateurs, ne se défendent nulle part. Au lieu de se dévouer pour le salut du monarque, pour l'ordre public, pour la conservation des propriétés, les nobles fuyent au loin. Un château est-il brûlé, à l'instant vingt possesseurs de châteaux abandonnent leurs pénates. Un assassinat est commis, on sait bien qu'il ne sera fait aucune poursuite judiciaire, et c'en est assez pour que l'effroi s'empare de tous les habitants aisés d'une ville et pour que la foule d'hommes menacés se soumette éternellement à l'état de victimes.

Cette assemblée, si étrangement surnommée *constituante*, a donc désorganisé la monarchie avec une inconcevable célérité. Elle a lancé la France dans l'abîme, elle fuit; et la constitution, qu'elle a si péniblement mise au jour, aura le sort des testaments des rois absolus. A peine Louis XIII, Louis XIV, eurent-ils fermé les yeux, qu'on annula leurs dispositions.

En se séparant, ces présomptueux constituants offrent à la nation le tableau le plus favorable des finances. A les en croire, cent millions restent au trésor public; et, sur douze cents millions d'assignats décrétés (*V.* 19 décembre 1789, et 29 septembre 1790), deux cent cinquante-trois seulement ont été employés. A ces ressources se joint l'hypothèque des biens nationaux qui paraissent chaque jour plus considérables. Mais, en admettant la fidélité de leurs comptes, ne peut-on pas leur représenter que le droit de propriété a été violé, que la mauvaise foi a pris son essor, que le crédit a disparu, et que mille portes s'ouvrent au désordre? En soumettant tous les détails à l'assemblée nationale, on a introduit un très-grave inconvénient; car, plus le corps qui s'occupe des comptes des finances est nombreux, moins il a de moyens éprouvés pour en connaître. Une nation riche ne doit pas dédaigner la voix publique, qui trompe rarement en fait de probité; et quand elle accorde sa confiance à des administrateurs, ne pas trop la limiter.

Cependant, si les passions du parti dominant dans cette fameuse assemblée, ont amené un si grand nombre de funestes évènements; si, dès les premiers jours, ce parti conduisit la révolution dans des routes sanglantes, il serait injuste de ne pas convenir que cette assemblée a proclamé les vrais principes d'un gouvernement libre. Elle n'en a pas fait l'application, mais elle les a reconnus. Ces principes d'éternelle vérité, semés dans les esprits, doivent y germer et se faire jour à travers les sophismes dont on les recouvre.

C'est à l'assemblée constituante que la France rapporte l'origine d'une foule d'améliorations.—La torture et les barbaries judiciaires abolies. (Louis XVI n'avait mis hors d'usage que la question *préparatoire*, 15 février 1788.) — La jurisprudence criminelle réformée. — La liberté des cultes la plus complète reconnue en principe. — L'abolition des vœux monastiques. — Les lettres-de-cachet abolies, et la liberté individuelle consacrée. — L'égalité proportionnelle des charges publiques. — La suppression des douanes intérieures. — La division du territoire en départements, division qui, établissant l'uniformité d'administration, efface les inimitiés ou les jalousies des provinces. — L'abolition des dîmes, des droits féodaux dont plusieurs étaient injurieux, et qui tous, ainsi que les dîmes, nuisaient à l'agriculture. Cette abolition doit être considérée ici, en elle-même: l'injustice de la disposition qui, plus tard (*V.* 12 août 1789), n'en admet pas le rachat, ne saurait détruire la bonté du principe. — La division des propriétés du clergé a soustrait à l'indigence une très-nombreuse classe de la société. — La suppression des maîtrises, des jurandes, des priviléges, et des gênes de toute espèce imposées à l'industrie, a développé cet esprit d'entreprise qui s'est montré de toutes parts dans une carrière où l'on ne faisait que suivre les vieilles routines. Les Français, en trente années, auront plus inventé, plus perfectionné ou importé dans tout ce qui tient aux manufactures et à l'industrie en général, que dans les trois siècles qui ont précédé l'année 1789. — Les intérêts locaux ont été soignés par des administrateurs connus des administrés et sous leur influence. — Une admirable institution est la garde nationale, dont les avantages se développeront si bien à Paris et dans toute la France, en 1814 et 1815. On ne doit pas perdre de vue que lorsque les factieux, en 1792, 93, 94, déchaîneront le crime, ils commenceront par neutraliser, diviser, désorganiser cette garde nationale. Lorsque le despotisme de Bonaparte pèsera de tout son poids sur la France, et que son ambition transportera au loin ses armées, il sera pourtant obligé de recourir à la garde citoyenne pour maintenir la sécurité de l'intérieur (*V.* 24 septembre 1805, 12 novembre 1806).

Une considération, favorable encore à la mémoire de cette assemblée, se prend de l'ordre, de l'uniformité, de la simplicité qu'elle a portés dans le système financier. Il n'y avait point, en France, de mode régulier pour la perception des contributions publiques : elles devaient toutes leur origine au hasard, aux conceptions fortuites ou aux systêmes d'un administrateur, aux priviléges que diverses provinces, villes et classes de contribuables prétendaient avoir de ne pas contribuer ou de ne contribuer que d'une certaine manière, ou bien à l'adresse de l'autorité pour éluder ces priviléges, ou pour abuser le peuple sur la somme exorbitante des impositions, par leur variété et par les noms sous lesquels elle les déguisait.

L'assemblée constituante se présente donc sous deux aspects, et bien opposés. En détruisant une foule d'abus, en émettant des principes de monarchie limitée, en traçant les premiers linéaments d'institutions essentiellement favorables au peuple, elle a préparé, ébauché, signalé de grands biens. Mais, depuis le 6 octobre 1789, ses erreurs furent si graves, ses torts si nombreux; elle amena sans nécessité de si grands maux : bravant l'expérience, dédaignant les routes suivies par tous les législateurs du monde connu, pour adopter les idées qu'enfantait le délire de quelques novateurs charlatans qui faisaient un emploi souvent très-impropre des mots de *raison*, de *liberté*, d'*égalité*, d'*humanité*, de *tolérance*, elle constitua si défectueusement la France, laissant tout principe, religieux anéanti, les mœurs au dernier terme de débordement, tous les vices déchaînés, le droit de propriété miné dans ses fondements; les finances, les armées, les flottes, les colonies, dans une extrême confusion; toutes les sources de la richesse nationale diminuées et sur le point de tarir : elle finit si lâchement, au moment où elle se voit obligée de supporter tout le poids de son ouvrage, qu'elle doit être regardée comme la première, comme la principale, comme l'immense cause de toutes les calamités dont la France sera désolée pendant une période de vingt-quatre années. Une assemblée souveraine ne peut être jugée autrement qu'on ne juge les rois, c'est-à-dire, que par la morale d'abord, et puis par les résultats de sa domination. En la jugeant en masse, admirons ses réformes dans l'ordre judiciaire, ses travaux dans l'ordre administratif; déplorons ses aberrations, et condamnons ses excès dans l'ordre politique.

L'assemblée constituante a décrété dans l'acte constitutionnel plus de trois cents articles auxquels aucune des législatures suivantes n'aura le droit de toucher, qu'à des conditions dont la réunion est presque impossible; s'irritant ainsi contre les leçons de l'avenir, autant qu'elle a dédaigné celles du passé.

Pendant les vingt-huit mois de sa session ou de son règne, elle n'a pas rendu moins de deux mille cinq cents *lois* ou *décrets;* peut-être n'en reste-t-il pas vingt-cinq qui soient en vigueur dans cette présente année 1819. De ces deux mille cinq cents actes, on en compte

	en 1789	68
	en 1790	623
	en 1791	628
		1,319

relatifs à la législation ou à l'administration générale.

Octobre 1er. *Première séance de la seconde assemblée nationale, dite assemblée législative.* Elle se compose de sept cent quarante-cinq membres, dont près de quatre cents sont des avocats, des légistes sans considération, exerçant près des tribunaux inférieurs; environ soixante-dix sont des prêtres, dits constitutionnels; autant de littérateurs ou poëtes sans renommée, soudainement transformés en Lycurgues, anciens valets des courtisans de Versailles, aujourd'hui courtisans du peuple ou de la commune de Paris, et très-peu de propriétaires; de sorte que le premier des intérêts en tout pays est ici bien loin d'être représenté. Le plus grand nombre des députés ne possède même aucun patrimoine; et, pour la plupart, ils ne sont connus que parce que, depuis deux ans, ils ont exercé leur loquacité dans les clubs et les assemblées populaires. La grande majorité se forme aussi d'hommes qui n'ont pas atteint leur trentième année.

On distinguera, du premier au dernier jour de la session, trois groupes principaux. — 1° Un très-petit nombre d'hommes étrangers aux injustices, aux désordres de la révolution, et qui, regardant la constitution actuelle, toute défectueuse qu'elle est, comme la seule ancre de la France, voudront la consolider : *Becquey* (conseiller-d'état en 1814, 15, 16, 17, 18), *Beugnot* (ministre en 1814, 15), *Bigot de Préameneu*, *Daverhoult*, *Mathieu Dumas* (lieutenant-général, conseiller-d'état en 1818), *Stanislas de Girardin*, *Hua* (avocat-général à la cour de Paris en 1815, 16, 17, 18), *de Jaucourt* (pair de 1814, ministre en 1815), *Lémontey* (homme de lettres), *Ramond* (maître des requêtes en 1816, 17, 18).—Le second groupe est formé d'un certain nombre d'hommes assez recommandables par leurs qualités dans la vie privée, mais entraînés par les idées spéculatives du temps, sectaires d'assez bonne foi, par conséquent très-portés à faire de fausses applications des nouvelles théories : *Cérutti* (ex-jésuite, écrivain), *Dumolard*, *Koch* (auteur d'écrits diplomatiques), *Lacepède* (naturaliste), *Lacuée - Cessac* (ministre sous l'empire), *Pastoret* (pair de 1814), *Quatremère de Quincy*, *Viennot-Vaublanc* (ministre à la fin de 1815, amateur en littérature). — Enfin, une foule d'hommes égarés déjà par des principes démagogiques, et qui presque tous se signaleront dans les temps de la république par leur participation aux plus affreux excès : *Bazire*, *Brissot*, *Carnot* (officier du génie, directeur en 1795, 96, 97), *Chabot* (capucin), *Condorcet* (académicien), *Hérault de Séchelles* (ancien magistrat au parlement), *Gensonné*, *Guadet*, *Guyton - Morveau* (chimiste du parlement de Bourgogne), *Lasource*, *Léquinio*, *Mailhe*, *Merlin* dit *de Thionville*, *Quinette*, *Thuriot*, *Vergniaud* (tous conventionnels votant la mort de Louis XVI), *François* dit *de Neufchâteau* (directeur en 1797, 98).

7. *Louis XVI* se rend auprès de l'assemblée nationale, il insiste dans son discours sur la nécessité de rétablir l'ordre et de se rallier à l'amour de la patrie. Le président Pastoret lui répond : « . . . . Une « constitution est née, et avec elle la liberté française. Vous devez « la chérir comme citoyen ; comme Roi, vous devez la maintenir et « la défendre. *Loin d'ébranler votre puissance, elle l'a raffermie* . . . . « La constitution vous a fait le premier monarque du monde . . . . »

14. *Proclamation du Roi aux émigrés*, pour les convaincre de sa parfaite adhésion à l'acte constitutionnel, et les engager à s'y rallier.

Sans doute *Louis XVI* est opprimé lorsqu'il leur déclare ses intentions; sa puissance ne saurait les protéger; il est trompé par ses ministres; c'est eux qui conduisent sa plume. Mais c'est par cela même que les défenseurs d'un aussi bon Roi, les amis de la monarchie, ne devraient pas s'éloigner. Étrange doctrine, de poser en principe que, quand un chef d'empire est en péril, celui qui le quitte le premier, et qui se sauve le plus loin, atteint le plus haut degré de la pureté et de la fidélité d'un sujet loyal ! Le vertige de l'émigration est incompréhensible. De toutes les parties du royaume, il sort des flots de militaires et de nobles. Beaucoup de familles, frappées de terreurs paniques ou entraînées par la mode du jour, suivent ce torrent et abandonnent la France, dans la crainte que la nouvelle législature n'en ferme les portes. La tyrannie, la crainte du déshonneur, et l'imitation, voilà les principaux mobiles de cette multitude fugitive. L'ignorance des devoirs politiques n'est grande dans les classes supérieures, que parce que, depuis deux siècles, le gouvernement les a privées de tout exercice de leurs droits.

Si l'on considère les intérêts réels de la noblesse des provinces, noblesse agricole et militaire, qu'il ne faut pas confondre avec quelques familles de courtisans héréditaires, il est aisé de prouver que ses pertes étaient d'opinion, et qu'elle obtenait des avantages positifs. La féodalité était abolie, mais la noblesse, par la suppression des dîmes ecclésiastiques, éprouvait, comme propriétaire des terres, plus qu'elle ne perdait par l'extinction des droits féodaux: les dîmes inféodées et les droits fonciers étaient déclarés rachetables. Les distinctions, les droits honorifiques étant supprimés, la vanité perdait, oui; mais la noblesse des provinces, cette classe nombreuse désignée sous le nom de petite noblesse, prenait sa part de l'égalité civile, attribuée à toutes les fonctions publiques; elle n'était plus reléguée dans les grades subalternes de l'armée; elle devait concourir pour les premiers emplois, qui, jusque alors, furent réservés aux favoris d'une cour corrompue. Si l'on veut considérer ensuite les avantages que la noblesse, toujours propriétaire de ses champs, quoique ayant perdu ses droits de fief sur les champs d'autrui, pouvait retirer de l'importance de ses propriétés, de son éducation, de l'influence des anciennes habitudes; on conviendra qu'avec un peu d'adresse, elle aurait été portée en majorité aux assemblées politiques; et certes, les places de représentants de la nation étaient plus honorables que les faveurs reçues par l'intermédiaire des hommes et des femmes de la cour. La constitution de 1791 offrait à la noblesse deux grandes successions à recueillir, celle du clergé et celle des parlements : elle y renonça par un zèle aveugle pour les intérêts particuliers de ces hommes qui la traitaient avec dédain, et qui, s'intitulant eux-mêmes *haute noblesse*, avaient fort peu de droits à l'estime comme à la reconnaissance de la nation.

Au lieu donc de défendre, au sein même de la France, et le Roi et leurs propriétés, les émigrés laissaient à la merci des ravisseurs, des assassins, et leurs propriétés et le Roi. Ces croisés de la basse féodalité n'emportent aussi qu'une épée; mais, si elle n'est funeste, elle sera inutile. Ils font gaiement les plus douloureux sacrifices au nom de l'honneur, donnant à ce qu'on appelle les lois de l'honneur, la plus inexacte signification. Ils quittent la patrie avec le dessein de revenir la combattre; ils vont chercher le fléau de la guerre étrangère, avant d'avoir essayé de former un parti dans l'intérieur. Des milliers d'imposteurs, quelques journalistes insensés, les excitent et les trompent.

C'était dans l'intérieur même qu'il fallait déployer l'étendard de la fidélité. Au retour de Varennes (*V.* 21 juin), des mécontentements contre la démagogie percent déja dans toutes les provinces, et n'attendent qu'un appui pour éclater plus fortement; c'est alors même que ceux dont elles pourraient recevoir cet appui, s'éloignent en foule. Les provinces de l'ouest, y compris la Normandie et la Picardie, seront, après le 20 juin 1792 (*V.* à cette date les propositions de *Liancourt*), toutes prêtes à s'insurger; et cela, parce que l'émigration y aura fait moins de ravages. La guerre civile eût moins consommé d'hommes; elle eût prévenu la dégradation générale. La nation ne se fût pas précipitée dans la servitude; car la guerre civile, à laquelle les opprimés eussent eu recours, demande bien plus d'énergie que la guerre d'invasion; toutes les facultés de l'ame y sont mises en jeu. Alors l'insurrection de la Vendée eût précédé l'entrée en campagne des Prussiens, elle eût pu s'étendre; et si cette insurrection, circonscrite dans trois ou quatre départements, ne doit pas laisser que de mettre la république en péril, à quelles extrémités ne la réduirait-elle pas, en se propageant dans la plupart des provinces? et c'est ce qui serait arrivé, si les principaux propriétaires n'avaient fui. Les prôneurs de l'émigration, en séduisant une multitude d'enthousiastes, ont facilité ces spoliations inouies, amené ce déluge de calamités qui vont couvrir la France. Celui qui déserte ses foyers menacés semble renoncer à leur possession; il enhardit les assaillants. Un commandant de place l'évacue-t-il en voyant une troupe ennemie? Qu'on ne s'y trompe pas, la guerre civile n'est ni le premier, ni le dernier des malheurs. Le plus grand de tous les fléaux est la dégradation morale des classes supérieures, dégradation qui provient autant de l'ignorance des devoirs politiques, que de la dissolution des mœurs. Rome comptait encore de beaux caractères pendant les dissensions de Pompée et de César; elle eut des vertus publiques jusqu'à l'usurpation d'Octave, et n'eut que des talents sous Octave devenu Auguste; elle ne vit plus ensuite que des crimes sans dignité, et les bassesses des affranchis, qui étaient les courtisans en titre des empereurs. Mais introduire des soldats étrangers, se couvrir de leur protection, c'est annoncer qu'on n'ose rien par soi-même; aussi les jacobins n'ont-ils cessé de rabaisser, d'injurier le caractère des émigrés. La nation ne trouvant les grands propriétaires nulle part, pour la délivrer de ses tyrans domestiques, et les voyant dans les armées allemandes qui se vantent de la plier au joug, portera sur eux les jugements les plus désavantageux. Plus tard, on appellera de même brigands les généreux Vendéens, et cependant on transigera avec eux; et quand ces royalistes de l'intérieur seront perdus, ils ne le seront qu'à cause de la coopération des émigrés. L'émigration aura causé mille maux; elle n'aura produit aucun avantage. La postérité connaîtra du moins les noms de *Laroche-Jacquelin*, de *Charrette*. Quels noms les royalistes d'outre-Rhin auront-ils à leur présenter? *Henri IV* avait admis des Écossais et des reîtres dans son armée; mais ils ne furent que ses auxiliaires, ils dépendaient de lui. La Sorbonne ayant appelé les bandes catholiques de cette moitié de l'Europe asservie au Tibère espagnol, le grand Roi se trouvait justifié par la nécessité, autant que par la politique; deux motifs qui manquèrent aux instigateurs de l'émigration.

16. *Massacres d'Avignon.* — Ce pays, enclave de la France, a ressenti plus misérablement les secousses de la révolution. Livré, sans force publique, à la fureur des partis, il a vingt fois, depuis deux ans, été couvert de sang : des bandits, accourus des côtes d'Italie et des îles de la Méditerranée, se sont répandus en Provence; le meurtre, le sacrilége, les plus graves et les plus honteux excès, y marquent leurs pas; *Jourdan coupe-tête,* né dans le Comtat, les mène à Avignon. Réunis aux jacobins de la ville, ils arrêtent des personnes

de l'un et de l'autre sexe, les égorgent tranquillement, et jettent les cadavres dans une tour du château, nommée *tour de la Glacière*, où les précipitent dans le Rhône. Jamais forfait d'une telle horreur n'aura souillé le midi de la France.

28. *Décret* qui requiert *Monsieur (Louis XVIII)*, frère du Roi, de rentrer en France dans le délai de deux mois; faute de quoi, il est déchu de son droit éventuel de régence.

31. *Marine française.* — Le ministre présente à l'assemblée nationale le tableau des forces navales. — Deux cent quarante-six bâtiments, dont quatre-vingt-six vaisseaux de ligne, soixante-dix-huit frégates, etc., le tout en bon état. — Quatre-vingt mille officiers de mer et matelots, des magasins bien approvisionnés.

Novembre 1er. *Finances publiques.* — *Décret* portant, *Émission* de deux cents millions d'*assignats*. — Total émis à ce jour, quatorze cents millions.

9. *Loi révolutionnaire.* — *Décret sur les émigrés.* — Il est rendu après plusieurs jours de discussion, qui ne s'élèvent guère que sur la nature et l'étendue des peines à leur infliger; car très-peu de députés représentent l'injustice de ces mesures répressives. — Dans la séance du 25 octobre, le député *Pastoret* a concilié *les droits de l'homme et les lois contre les émigrants dans les cas extraordinaires;* et citant *Montesquieu, le voile jeté sur la liberté, l'habeas-corpus suspendu, la loi martiale;* il a présenté les émigrés comme « des mécon« tents qui ne peuvent *s'acclimater* à une constitution qui a eu la « *perfidie* d'exclure du premier rang l'intrigue et l'opulence, pour y « placer deux divinités obscures, *le talent et la vertu.* D'autres sont « des hommes tourmentés par la rage, agités de desseins pervers, « prêts à se sacrifier à leur vengeance, si la vengeance pouvait exister « pour eux..... Leurs efforts seront impuissants. Le glaive des amis « du despotisme s'est toujours émoussé sur le bouclier des amis de « la liberté. Nous avons pour modèles les Grecs et les Romains de « l'antiquité; et chez les modernes, les Anglais, les Hollandais, les « Suisses et les Américains...... » — Le 8, le député *Viennot-Vaublanc* s'exprime ainsi : « .... On a dit que les princes étaient dans « la classe ordinaire des citoyens...... Mais je vous demande si la « constitution n'a pas placé dans le code pénal une loi particulière « contre le *prince premier* appelé à la régence?........ Il faut une loi « particulière, une loi telle qu'il soit impossible aux chefs d'échapper; « car je soutiens que, si vous ne faites pas une loi *particulière contre* « *les princes*, il faut renoncer à faire des lois contre les simples émi-

« grés; *mais je ne vois pas sans indignation que les princes, nourris* « *si chèrement par la patrie, trament sa ruine dans l'impunité*..... » Ce discours vaudra la présidence à *Viennot-Vaublanc*. — *Carnot* vient l'appuyer par d'indignes et barbares sophismes; après lui, *Brissot* et *Vergniaud* expriment les mêmes opinions. Le décret passe à une forte majorité. Il frappe de séquestre les biens des princes qui sont hors du royaume, déclare coupables de conspiration, et enjoint de poursuivre et de condamner les Français rassemblés au-delà des frontières, ainsi que les fonctionnaires, s'ils ne rentrent avant le 1er janvier 1792. — Tout officier qui abandonnera ses fonctions sans avoir donné sa démission, sera poursuivi comme soldat déserteur. Le Roi fera former incessamment des cours martiales pour juger tous les délits militaires. — Il sera pris des mesures à l'égard des puissances limitrophes, qui protégeraient les rassemblements des émigrés (*V.* le 12).

12. Le Roi refuse de sanctionner le décret du 9 contre les émigrés. Il leur adresse une seconde proclamation pour les inviter à revenir en France (*V.* 14 octobre).

17. Le démagogue *Péthion* est élu *maire de Paris*. On compte quatre-vingt mille citoyens actifs; dix mille seulement donnent leurs suffrages : Péthion en obtient près de sept mille. Il va remercier les jacobins de leur protection, et jure de leur être dévoué. C'est alors qu'il s'entend proclamer *le vertueux* par la populace.

22. *Saint-Domingue.* — *Incendie du Port-au-Prince.* — En quarante-huit heures, les trois quarts de cette grande ville deviennent un monceau de cendres. La perte des édifices, des marchandises, du mobilier est évaluée à cinquante millions. — Ce désastre n'a pas été médité; il est la suite d'une rixe fortuite que suit un combat entre des blancs et des hommes de couleur. — Aussitôt ceux-ci se confédéreront; et désormais l'île nourrira dans son sein trois guerres distinctes, des noirs contre les blancs, des sang-mêlés contre les blancs, des blancs entre eux.

25. *Loi révolutionnaire* portant *création d'un comité de surveillance*. — Le comité doit être renouvelé tous les trois mois. — Il exercera des fonctions judiciaires; il ordonnera, lorsqu'il le croira convenable, des visites domiciliaires, et ne rendra pas compte de leur exécution à l'assemblée nationale. *Merlin* dit *de Thionville*, *Quinette*, appuient vivement ces mesures.

29. *Loi révolutionnaire* rendue sur le rapport de *François* dit *de Neufchâteau*, auteur de poésies fugitives. Elle enjoint aux prêtres non assermentés de prêter le serment civique, et prive les réfrac-

taires de tout traitement ou pension. Le rapporteur multiplie les citations historiques, pour établir qu'il existe entre les prêtres catholiques et les ministres des autres religions, des différences qui nécessitent une loi beaucoup plus sévère contre les premiers. En preuve, il remonte jusqu'au cardinal de Richelieu et à son capucin le père Joseph, inventeurs des lettres-de-cachet. Il conclut que ce n'est pas pour les prêtres que la constitution a dit: *Nul ne sera inquiété pour ses opinions religieuses; les cultes sont libres; quiconque fait exécuter des ordres arbitraires, doit être puni; les citoyens ont le droit d'élire ou de choisir les ministres de leur culte.* — L'impression de ce discours est décrétée, ainsi que l'envoi aux quatre-vingt-trois départements.

Rapport du comité militaire de l'assemblée nationale. *Situation militaire.* — Depuis Dunkerque jusqu'à Huningue, les frontières sont dans un bon état de défense, et gardées par cent trente mille hommes effectifs, tant de troupes de ligne que de garde nationale. — Les bouches à feu sont au nombre de onze mille, sans compter celles de la marine. — Les magasins contiennent dix-huit millions de livres de poudre, et deux cent cinquante mille fusils. — La force active est: troupes de ligne, cent mille hommes; artillerie, trente-six mille hommes; volontaires nationaux, quatre-vingt-quatre mille hommes: total, deux cent vingt-quatre mille hommes effectifs.

Message de l'assemblée nationale au Roi, pour l'intimider au sujet du *veto* qu'il a mis sur le décret du 9, concernant les émigrés, et le contraindre à des mesures sévères contre eux. — Le président *Viennot-Vaublanc* (ministre à la fin de 1815), s'exprime ainsi (*V.* proc.-verb. de l'Ass. législ., tom. 2, pag. 193): «...... Leur « audace est soutenue par des princes allemands, qui affectent d'ou« blier qu'ils doivent à l'empire français le traité de Westphalie qui « garantit leurs droits et leur sûreté. Ces préparatifs hostiles, ces « menaces d'invasion.......! *c'est à vous* à les faire cesser; *c'est à « vous* de tenir aux puissances étrangères le langage qui convient au « Roi des Français. *Dites-leur* que......; *dites-leur,* enfin, que si des « princes d'Allemagne continuent de favoriser des préparatifs dirigés « contre les Français, nous porterons chez eux, non pas le fer et la « flamme, mais *la liberté. C'est à eux à calculer quelles peuvent être « les suites du réveil des nations.* Depuis deux ans que les Français « patriotes sont persécutés près des frontières, que les rebelles y « trouvent des secours, quel ambassadeur a parlé, *comme il le devait,* « en votre nom? — *Aucun*....... *Tout vous prescrit* un langage

« différent de celui de la diplomatie ; la nation attend de vous des « déclarations énergiques. Qu'elles soient telles que *les hordes des « émigrés* soient à l'instant dissipées ! Nous reconnaîtrons à cette écla- « tante démarche le défenseur de la constitution............ » Le président *Vaublanc* termine son rapport à l'assemblée, en disant : « J'observerai qu'il m'a paru, quand nous sommes entrés, que le « Roi s'est incliné *le premier;* je me suis incliné *ensuite* vers lui ; « le reste s'est passé ainsi qu'il est d'usage. (On a vivement ap- « plaudi.) »

Décembre 2. Le démagogue *Manuel est nommé procureur-syndic* de la commune de Paris.

14. Le Roi se rend à l'assemblée nationale. Il annonce toute la confiance qu'il conserve dans les bonnes dispositions de l'empereur, ajoutant, qu'il prend, néanmoins, les mesures militaires les plus propres à faire respecter ses déclarations ; et que, si elles ne sont point écoutées, il ne lui restera qu'à proposer la guerre. — Sur cela, l'assemblée décrète le développement des forces qui garnissent les frontières de l'empire d'Allemagne.

17. *Décret.* — *Émission* de deux cents millions *d'assignats.* Total, émis à ce jour, seize cents millions.

19. *Véto du Roi* sur le décret du 29 novembre, relatif aux prêtres.

20. Signification faite de la part du Roi à l'électeur de Trèves, que, s'il ne s'oppose pas efficacement à tout rassemblement de Français dans ses états, la France le regardera comme son ennemi.

1792.

Janvier 1er. *Loi révolutionnaire* qui déclare les frères du Roi et quelques chefs d'émigrés en état d'accusation. — *La haute - cour nationale*, séant à Orléans, les jugera.

Les généraux Lukner et Rochambeau sont nommés *maréchaux de France.*

14. *Décret.* — L'assemblée nationale invite le Roi à demander, au nom de la nation, des explications à l'empereur sur ses dispositions envers la France. Le 10 février est fixé pour terme de la réponse ; et, *à défaut de réponse, ce procédé de l'empereur sera envisagé par la nation, comme une rupture du traité de 1756, et comme une hostilité.*

23, 24. *Pillage des épiciers de Paris* par la populace des faubourgs, mécontente du surhaussement du prix du sucre, qui se vend quarante-deux sols la livre.

25. L'assemblée nationale prolonge jusqu'au 1er mars le terme

donné à l'empereur (*V*, 14 janvier). « *Son silence, ainsi que toutes « réponses évasives ou dilatoires, seront regardés comme une décla- « ration de guerre.* »

30. *Marie, reine de Portugal*, frappée d'aliénation mentale, est reconnue incapable de gouverner. *Jean, prince du Brésil*, exerce la régence.

Février 7. *Traité de Berlin entre l'Autriche et la Prusse*, établissant une alliance défensive pour comprimer les troubles de la France et de la Pologne. — La Russie y accédera.

Les cabinets de Vienne, de Berlin et de Pétersbourg, affectent sans cesse de confondre les révolutions de France et de Pologne, les représentant comme dérivées d'une même source, et susceptibles d'amener des résultats pareils. Mais la tendance de la première est démocratique; l'esprit de la seconde est aristocratique et monarchique. En France, les factions dominantes, les tribuns qui dirigent l'opinion, veulent le nivellement des rangs, appellent le peuple à l'exercice même de la souveraineté, et déchaînent les passions de la populace; tandis que le but de la révolution polonaise est l'indépendance de la couronne, en conservant tous les droits des nobles, hors celui de leur éligibilité au trône; et la constitution promulguée par la diète, le 3 mai 1791, laisse les paysans dans la servitude la plus dégradante. La déclaration des trois cours alliées, qui prétendent trouver de l'analogie entre deux révolutions si dissemblables, restera comme un des plus honteux monuments de la politique moderne.

9. *Loi révolutionnaire*, portée presque à l'unanimité, *qui frappe de séquestre les propriétés des émigrés.* — L'effet de cette mesure est de multiplier à l'infini les émigrants volontaires. Le très-grand nombre parmi les nobles, ou ceux qui prétendent l'être, croient que l'honneur leur ordonne de fuir les geôliers de leur Roi (*V*. 14 octobre 1791). Beaucoup d'entre eux sont animés, sans doute, de sentiments désintéressés, et s'oublient eux-mêmes, dans l'espoir de réintégrer le roi de France, objet de leur adoration exclusive, sur le trône de ses ancêtres; c'est là qu'ils voient toute l'histoire de France; la splendeur de la couronne et la force du sceptre leur représentent la patrie. Mais ils sont de bonne foi, comme le sont les sujets des monarques orientaux, sujets que le principe d'une entière abnégation d'eux-mêmes dévoue au sacrifice. Il en est d'autres qui, délaissant la France, affectent d'annoncer qu'ils veulent se préserver de la contagion révolutionnaire, à l'instar des marins, soigneux d'éviter les côtes pestiférées de la Barbarie; d'autres, encore plongés

dans les idées du moyen âge, n'apperçoivent qu'une émeute passagère dans un mouvement général de l'esprit humain, et raisonnent à-peu-près comme ces monsignori de Rome, lorsque la voix de Luther avait déja soustrait au Vatican la belle moitié de l'Allemagne : ils disent qu'il faut effacer jusqu'au dernier vestige de cette rumeur, quand il s'agit d'un bouleversement qui a suscité toutes les passions des hommes. Ils s'adressent très-imprudemment à ces puissances ennemies ou jalouses de la France, les priant, les conjurant d'intervenir dans ses débats domestiques, avant que ses débats n'aient incommodé les voisins. Ils refoulent ainsi tous les mécontentements qui commencent à se produire contre le nouvel ordre de choses : mécontentements dont la dilatation eût affaibli, peut-être même dissipé le cours des innovations préjudiciables et des injustices. Au premier danger, eux, et les malheureux qu'ils persuadèrent, ont abandonné, l'esprit saisi d'une aliénation panique, leurs propriétés, qu'arrosent la Seine ou le Rhône; ils courent..... Où?.... Sur les bords du Rhin! Que faire?.... Implorer les moyens de retourner dans leurs foyers! Ayant des armes chez eux, ils vont en demander aux ennemis invétérés de leurs ancêtres! Au lieu d'attendre l'affaiblissement de l'ivresse populaire, le moment où la voix de la justice et du bon sens pourrait se faire entendre, en prenant une attitude à la fois tranquille et ferme; ils vont essayer leur intercession auprès de ces cabinets corrompus par les succès récents de leur indigne ambition. Ces trois puissances, qui se partagent les lambeaux de la Pologne (*V.* 7 février), voient avec joie des symptômes de dissolution à l'occident de l'Europe. Elles encourageront les émigrants, afin d'agrandir les divisions de la France.

Mais cette impulsion si rapide de l'enthousiasme chevaleresque, semble à la nation française un indice de pusillanimité. Cette nation, qui estime par-dessus toutes choses la bravoure personnelle, se méprenant à l'égard de ces nobles fugitifs, cessera de redouter leur opposition; elle leur insultera par son dédain. Dès-lors l'enthousiasme de la démocratie monte au délire. Des sociétés populaires s'établissent jusque dans les bourgades. Leurs séances, faisant contracter à tous les esprits le *besoin*, inconnu jusque-là, de discourir sur les intérêts généraux, ou même d'entendre discourir, développeront des principes d'énergie et de constance dont le peuple ne paraissait pas susceptible. D'abord, la vanité l'attachera aux succès de la république, et l'animera pour repousser l'étranger; cette vanité, s'épurant peu-à-peu, deviendra un noble orgueil, alors que par de grandes victoires la France sera délivrée, et le territoire des agresseurs envahi. La fierté indignée, l'ardeur des représailles porteront aux dernières limites les sacrifices de tout genre dans une guerre sacrée. La haine portée aux émigrés, se confondant avec la haine vouée à leurs protecteurs, deviendra un sentiment universel et profond, qui, très-habilement entretenu par les tyrans de chaque jour, perdra très-peu de son intensité dans la suite des temps. La génération qui vit partir les émigrés ne changera jamais à leur égard; et eux aussi conserveront sans altération toutes ces illusions qui les entraîneront aux démarches les plus impolitiques. On dirait que le même esprit, qui, à la fin du onzième siècle, précipitait les Bouillon, les Tancrède, les Raymond, en Palestine, anime les imprudents qui, à la fin du dix-huitième siècle, accourent en Allemagne. L'émigration semble-t-elle, en effet, autre chose qu'une croisade de la basse féodalité? Et le Roi qu'ils jurent de sauver, ils l'ont laissé seul; seul, au milieu des Caraïbes!

12. Une députation d'hommes de la lie du peuple vient féliciter l'assemblée nationale de ses heureux travaux. Ces hommes sont armés de piques et coiffés du *bonnet rouge* qu'ils adoptent comme emblême de la *liberté*, et qui distingue déja les républicains forcenés, les *jacobins* ou *sans-culottes*.

Le Roi sanctionne le décret du 9, relatif au séquestre sur les biens des émigrés.

Mars 1er. *Mort de Léopold II, empereur d'Allemagne*. Son fils *François* lui succède dans ses états héréditaires.

2. Installation d'une garde particulière du Roi, en remplacement des gardes-du-corps, licenciés après le voyage de Varennes (*V.* 29 mai 1792).

3. Le maire d'Étampes, *Simoneau*, est assassiné dans l'exercice de ses fonctions, par le peuple de ce bourg.

19. *Décret* de l'assemblée nationale qui décharge *Jourdan-coupe-tête* et ses complices des accusations portées contre eux, au sujet des massacres commis à Avignon, en octobre 1791. — Les députés *Mathieu Dumas*, *Stanislas Girardin* se sont élevés avec force contre cette scandaleuse et criminelle amnistie.

28. *Colonies*. — *Loi révolutionnaire* qui reconnaît et détermine que les hommes de couleur et les nègres libres des colonies jouiront immédiatement de l'entier usage des droits politiques.

29. *Mort de Gustave III, roi de Suède*, assassiné le 16, dans un bal à Stockholm, par des conjurés de la faction des nobles qu'il avait renversée en 1772. Il s'aliéna, par sa révolution complémentaire de

1789, les cœurs d'un grand nombre de citoyens, mécontents de voir s'élever le pouvoir de la couronne sur les droits généraux. Le peuple cependant se contente de lui retirer son affection; l'aristocratie ne cesse de le poursuivre jusqu'à ce qu'elle l'ait immolé. Ce prince, tourmenté par l'amour de la gloire militaire, disait souvent *qu'il fallait une guerre pour caractériser un règne.* Aussi avait-il, en 1788, déclaré avec une extrême précipitation la guerre à la Russie. Tout en y montrant une grande bravoure, il décela la plus étrange imprévoyance dans les plans militaires et commit beaucoup de fautes dans l'exécution. Fomentant la coalition des souverains contre la révolution française, il avait le dessein de se mettre à la tête des émigrés dont il enflamma, dont il égara l'enthousiasme. Après avoir abaissé la noblesse de Suède, il se proposait de relever celle de France.—Son fils Gustave IV, âgé de treize ans, lui succède; *le duc de Sudermanie,* frère du feu roi, exerce la régence, et la Suède gardera pendant douze ans une exacte neutralité envers la France (*V.* 3 décembre 1804).

30. *Loi révolutionnaire* qui affecte les biens des émigrés à l'indemnité due à la nation.

Avril 6. *Décret* qui supprime toutes les congrégations d'hommes et de femmes, ecclésiastiques ou laïques, et qui prohibe les costumes ecclésiastiques.

20. *Déclaration de guerre à François Ier, roi de Hongrie et de Bohême.*

Louis XVI, entraîné par *Dumouriez*, son ministre des affaires étrangères, en fait la proposition.—L'assemblée nationale, réunie dans une *séance de nuit*, l'accepte après une discussion de moins de deux heures, et presque à l'unanimité. Les députés *Becquey, Hua, Jaucourt, Mathieu Dumas*, s'élèvent avec énergie contre cette résolution. Le discours du premier est très-remarquable, en ce qu'il prédit les calamités que la guerre amènera sur la France. *Pastoret*, au contraire, se prononce avec enthousiasme pour la guerre. Le décret est proclamé au milieu des plus bruyants transports et des cris populaires de *Vive le Roi.*

Le même enthousiasme ravira les Français qui se permirent si rarement de penser ou de sentir autrement que leurs maîtres. La cour se réjouit aussi du commencement d'une lutte dans laquelle elle voit l'accomplissement de ses espérances. Étrange phénomène! s'il ne devait pas se reproduire vingt fois: les royalistes s'accordent avec les démagogues.

Quatre partis principaux existent en France : 1° *les royalistes absolus*, qui veulent le rétablissement de la monarchie absolue ; ils sont en fort petit nombre, tiennent à l'ancien ordre de la noblesse et n'ont d'influence que dans les cours étrangères ; 2° *les royalistes constitutionnels*, attachés à la constitution de 1791 ; ils appartiennent à toutes les classes, et forment l'immense majorité de la nation ; 3° *les républicains*, faction peu considérable encore ; elle se compose à-peu-près de savants, d'hommes de lettres, d'avocats, séduits par les souvenirs de la belle antiquité ou par de spécieuses théories ; enfin, *les anarchistes*, ce levain corrupteur qui se trouve au fond de chaque peuple, dont la fermentation produit depuis plus de deux ans de si graves désordres dans les villes et dans les campagnes, et dont les rapides progrès annoncent déja la décomposition totale de la société.

A ce jour, cent vingt bataillons et soixante escadrons, formés du mélange d'anciennes troupes de ligne, d'enrôlés volontaires, de garde nationale, présentent, sur les frontières de Besançon à Dunkerque, trois armées mobiles, en Alsace, sur la Moselle, sur la Sambre. *Luckner, la Fayette, Rochambeau,* les commandent. Le premier a pour seul titre à cette préférence, le mal que, dans la guerre de Sept Ans, il a, comme chef de partisans, fait aux troupes françaises. Les deux autres ont leurs services aux États-Unis. Cependant, la guerre d'Amérique n'a produit qu'un seul exploit digne de mémoire dont on puisse faire honneur à l'armée française, savoir : la capitulation d'Yorck-Town, résultat des manœuvres de *l'amiral de Grasse* dans la Chesapeack, et de l'active intrépidité du *maréchal-de-camp de Saint-Simon.*

D'après le rapport, sans doute très-exagéré, du député *Aubert Dubayet*, les forces françaises consisteront dans quelques mois en deux cent mille hommes de troupes réglées et neuf cent mille combattants.

État approximatif des forces combinées de la Prusse et de l'Autriche, prêtes à entrer en campagne :

Armée autrichienne du Brabant......	58,000 h.	
Troupes prussiennes, *ib.*............	12,000	
Armée autrichienne du Luxembourg..	25,000	
Troupes prussiennes, *ib.*............	15,000	200,000 h.
Armée autrichienne dans le Palatinat..	30,000	
D° prussienne, *ib.*..................	25,000	
D° autrichienne en Brisgau..........	35,000	

21. *Bourse de Paris.* — Cent francs espèces pour cent cinquante-six francs *assignats.*

28. *Premières rencontres de la guerre.*— 1° *Combat de Quiévrain* (en Belgique, entre Mons et Valenciennes), livré par le *général Biron* (ex-duc et pair); il est repoussé le lendemain. 2° Le *général Théobald Dillon,* repoussé près de *Lille* par les Autrichiens, est massacré par ses propres soldats. 3° *Prise* des défilés de la ville de *Porentruy* par le *général Custine.*

30. *Finances publiques.* — *Décret* portant création de trois cent millions d'assignats.— Total à ce jour, dix-neuf cents millions.

Mai 3. La licence de la presse est à son dernier degré.—Deux journalistes incendiaires, *Royou,* auteur de *l'Ami du Roi, Marat,* auteur de *l'Ami du Peuple,* sont décrétés d'accusation; celui-ci, sur la motion aussi courageuse qu'éloquemment développée du député *Beugnot.*

24. *Loi révolutionnaire* par laquelle les autorités locales sont autorisées à déporter hors de France tout prêtre non assermenté, que vingt pétitionnaires dénonceront comme troublant l'ordre public.

27. *Rœderer,* procureur du département de Paris, justifie hautement les manœuvres du maire *Péthion,* dont le but est de perdre le Roi; et le peuple en devient plus indisposé contre l'autorité et la personne de *Louis XVI.*

29. *Décret*, porté dans une *séance de nuit*, qui licencie la garde soldée du Roi (*V.* 2 mars), accusée d'incivisme.—Le député *Stanislas Girardin* s'y oppose avec énergie, et représente que le régicide, étant prêché à haute voix, on laisse *Louis XVI* exposé au dernier attentat. —La faute du Roi en cédant sans résistance, sera irréparable. Il prouve de nouveau qu'il ne sera jamais un appui pour ceux qui se dévouent à sa personne; il décourage ses adhérents, et jette dans le parti de ses ennemis le grand nombre toujours incertain, et qui attend le résultat de la crise pour se ranger du côté victorieux.

L'assemblée nationale, d'après la motion de *Carnot,* et sous le prétexte de complots royalistes, *se constitue en séance permanente.*

Dès ce moment les anarchistes l'emportent. On distinguera sous les noms de *brissotins, girondins, fédéralistes,* les factieux qui ne sont qu'ennemis de la constitution de 1791 et de *Louis XVI,* et qui cependant admettraient toutes les formes de gouvernement, pourvu qu'ils en eussent la direction. Cette autre faction, dont le moteur est le farouche et cynique *Danton,* long-temps désignée sous le nom de *Cordeliers,* est dévorée de la soif de l'or. Détruire la monarchie, bouleverser la France, consacrer le brigandage et la licence, paraissent à Danton et à ses associés autant de moyens décisifs de se gorger de richesses, et de se livrer aux plus vils excès de la débauche.

Une troisième faction, *les jacobins, proprement dits*, niveleurs impitoyables, n'adoptent les mesures des deux autres factions, qu'autant qu'elles conduisent à la confusion générale. L'or n'a point d'attrait pour eux. La passion du crime possède toutes leurs facultés; ils ne brûlent que de la soif du sang; ils sont conjurés contre tout ce qui s'élève au-dessus du plus bas niveau; talents, vertus, distinctions sociales, industrie, propriété, sont toutes choses qu'ils abhorrent, qu'ils proscrivent également. Ils ne veulent ni palais, ni grandes villes; la génération actuelle doit être sacrifiée à leur principe d'égalité absolue. Du pain grossier, du fer, des soldats; voilà, selon eux, les seuls besoins d'une république naissante. Périsse la France, ou qu'elle n'existe que république jacobine!

Juin 8. Sur la proposition du ministre de la guerre *Servan*, proposition faite à l'insu du Roi, l'assemblée nationale ordonne qu'à l'occasion de l'anniversaire du 14 juillet, chaque canton du royaume envoie cinq hommes armés, et qu'il en soit formé un camp de vingt mille hommes sous les murs de Paris.—Les motifs de cette mesure sont d'assurer aux démagogues les moyens de balancer l'influence préservatrice de la garde nationale de Paris, et de créer une force d'attaque qui puisse renverser le trône; car l'action prédominante des sociétés affiliées aux jacobins de Paris assure aux ennemis de la monarchie le choix des hommes par canton.—Le 19, et seulement le 19, *Louis XVI* appose son *veto* sur ce décret, et cette démarche sera la seule que puisse lui suggérer la vue de l'extrême danger dans lequel il se trouve.

10. *Pétition de huit mille* citoyens, contre la formation du camp près de Paris.

12, 13. Le Roi, trahi par trois de ses ministres, *Servan, Roland, Clavières*, les a renvoyés. L'assemblée nationale, dirigée par le parti de la Gironde, déclare qu'ils emportent les regrets de la nation.

20. JOURNÉE DU 20 JUIN *et ses suites.*—Le parti de la Gironde, déterminé à venger la disgrace des trois ministres de son choix (*V.* les 12, 13), a recours à une insurrection, dont l'effet doit intimider *Louis XVI*, ou le perdre entièrement dans l'opinion.

Les ouvriers des faubourgs Saint-Antoine et Saint-Marceau, excités par les émissaires de la commune et par des confidents du *duc d'Orléans, Laclos, Sillery-Genlis*, se dirigent vers le quartier Saint-Honoré. Ils amènent avec eux une multitude de femmes, ou plutôt de furies. Le brasseur *Santerre* les dirige. En tête de leurs colonnes flottent des bannières chargées d'inscriptions infernales. Là un homme, couvert de haillons, tient élevés au haut d'une pique des lambeaux d'une culotte de soie noire, avec cet écriteau: *Tremblez, tyrans, voici les sans-culottes!* Ailleurs, des bouchers portent au bout d'une perche un cœur de bœuf percé d'outre en outre, avec cette légende: *Cœur d'aristocrate.*

Cependant la garde nationale se rassemble avec précipitation: nul ordre ne lui est donné pour s'opposer aux brigands. Désorganisée (*V.* 29 septembre 1791, premier article), sachant à peine quel est son commandant actuel, elle laisse ces bandes de furieux poursuivre leur marche vers la rue Saint-Honoré. On dirait des soldats en faction dans une salle de spectacle, regardant les apprêts d'un combat simulé sur la scène. Nul magistrat n'invite à la défense du Roi, la commune étant elle-même le grand ressort du parti qui veut amener la dégradation de la royauté. L'assemblée nationale affecte d'ignorer l'existence du rassemblement, elle s'occupe d'insignifiantes délibérations; lorsque *Rœderer*, procureur-syndic du département, se présente à la barre: « Il paraît, dit-il, que ce *rassemblement*, com« posé de *personnes* diverses par leurs intentions, a aussi plusieurs « objets distincts. Planter un arbre en l'honneur de la liberté; faire « une fête civique commémorative du serment du jeu de paume; ap« porter à l'assemblée nationale un nouveau tribut d'hommages et « de nouveaux témoignages de zèle pour la liberté: tel est, *certaine« ment, le but de la plus grande partie de ce rassemblement.* Mais « nous avons lieu de *craindre* qu'il ne serve à son insu, *peut-être*, « à appuyer, par l'appareil de la force, une adresse au Roi, à qui « il ne doit en parvenir, comme à toute autre autorité constituée, « que sous la forme de simple pétition. On peut croire aujourd'hui « que des hommes *armés* se rassemblent par un *mouvement civique*; « mais demain il peut se rassembler une foule de malveillants, en« nemis *de la chose publique et de l'assemblée nationale.* »

Vers deux heures, les insurgés sont introduits malgré la courageuse opposition du député *Ramond*. Leur orateur, nommé *Huguenin*, vomit d'affreuses imprécations contre le Roi; on l'écoute en silence. Ils défilent dans la salle, de plus en plus encouragés par le parti *girondin*. Leur joie féroce se signale dans cette enceinte même, par des danses sauvages et par ces chants révolutionnaires qui appellent aux massacres. L'assemblée se sépare, attendu qu'il n'y a plus rien à l'ordre du jour de la séance du matin. L'affreux cortége se porte au château des Tuileries. Des postes de gardes nationaux en occupent les avenues, ainsi que les terrasses du jardin; mais n'ayant point reçu de consigne, ils n'agiront pas d'eux-mêmes; ils ne feront aucune résistance, et ouvrant leurs rangs à cette foule égarée, ils resteront immobiles dans une lâche indécision.

Les grilles sont abattues, les portes enfoncées à coups de hache. En peu d'instants, les cours, les escaliers, les salles de l'appartement du Roi s'inondent de vingt mille forcenés brandissant des piques, des coutelas, des scies, des faulx, de longs bâtons armés de fer. Un canon est traîné jusque dans la salle haute des cent-suisses.

Louis XVI, environné de sa famille, attend dans une pièce éloignée. On menace d'en briser la porte; lui-même, il l'ouvre et se présente seul à ces furieux qui l'entourent et le pressent. Mille bras menacent sa tête; une pique va l'atteindre, cette arme d'un sans-culotte est détournée par un garde national. Pendant deux heures, on lui prodigue les outrages, et sa contenance ne trahit aucune émotion. Des hommes à face hideuse, couverts des plus sordides vêtements, l'interpellent, l'interrogent, le tutoient, lui prescrivent dans les termes les plus injurieux, dans le langage des halles, la sanction des décrets du 24 mai et du 8 juin. Toujours calme, *Louis XVI* déclare qu'il ne se dessaisira jamais des droits que lui donne la constitution; qu'il en a juré le maintien. La foule crie en rugissant, que cela n'est pas vrai; qu'il a déja trompé; qu'il trompera encore; et puis *à bas le veto! Sanctionnez les décrets. Rappelez les ministres patriotes. Vive la nation!* (Discours de *Gonchon*, orateur du faubourg Saint-Antoine, à la société des jacobins, dans la séance du 20 au 21).—Pressé par la foule, le Roi monte sur une chaise. Il demande à boire: on lui donne une bouteille; il y boit sans hésiter. — On lui présente au bout d'une pique un bonnet de laine rouge; cette coiffure emblême de la révolte, il la met sur sa tête qu'il semble ainsi achever de dépouiller du diadême. Enfin, ce prince montre tout ce qu'est le courage passif, seul courage dont la nature l'ait doué, ou qu'une éducation mal entendue ait pu développer. — La Reine et ses enfants échappent ailleurs au dernier danger. Car les assaillants se sont répandus dans tout le château jusqu'aux combles et sur les toits. Plusieurs portes et toutes les armoires de l'appartement de la reine ont été brisées, les serrures enlevées, les panneaux enfoncés, les crochets cassés.—L'épouvante est par-tout avec l'appareil du meurtre : mais, soit que *Louis XVI* ait touché les cœurs par la sérénité de sa physionomie, par la familiarité de ses manières, et que chacun s'étonne d'avoir cru voir en lui l'ennemi du peuple; soit que les chefs de cette agression restent fidèles aux ordres qu'ils reçurent d'avilir et non de renverser en ce jour la royauté, soit encore que l'incertitude et l'irrésolution aient fatigué et vaincu cette multitude; à six heures du soir, l'effervescence, le tumulte diminuent, les vociférations ont cessé.

Cependant les députés ont reparu sur leurs siéges, à l'heure ordinaire de la séance du soir. Les moteurs du parti girondin se rendent au château. Leur principal objet étant rempli, ils essaient de haranguer au milieu de la foule. Le maire *Péthion*, le dieu du jour, l'homme du peuple, obtient seul du silence. Inquiet peut-être lui-même des suites éloignées de cette tentative, ou se méfiant d'un retour subit de l'opinion, il s'écrie: *Mes amis, mes frères, votre modération prouve que vous êtes dignes d'être libres; retirez-vous; et je vais moi-même vous en donner l'exemple. Peuple, tu viens de te montrer digne de toi-même; nul excès n'a souillé tes mouvements sublimes; espere et crois enfin que ta voix aura été entendue: mais la nuit s'approche, des malveillants pourraient se glisser dans ton sein; peuple, grand peuple, retire-toi.* La foule obéissante s'écoule aussitôt. Il est neuf heures; le silence règne dans le château.

Les traces de l'agitation ne se trouvent déja plus dans Paris, comme c'est ordinaire, après une fête publique. Même, pendant cette journée, le mouvement habituel n'a point été interrompu; les spectacles ont été ouverts, et remplis d'une foule de curieux venant s'y demander des nouvelles. Les Parisiens commentent ces événements, les déplorent, mais s'accusent à peine de leur inaction.

Ce jour, ce moment est le dernier que la fortune aura présenté à *Louis XVI;* il n'en profitera pas; et son nombre choisi de serviteurs zélés qui forment ce conseil particulier ne saura non plus y puiser l'occasion d'une détermination vigoureuse. La cour restera obstinément isolée des différents partis dont les efforts se balancent encore, mais pour peu de temps. La royauté n'a pas été renversée, elle a été avilie; et l'adorateur qui ne respecte plus son idole, est bien près de la mettre en pièces.

Plusieurs moyens sont proposés à l'infortuné monarque. On pourrait rassembler autour de sa personne une force de la garde nationale, à laquelle on redonnerait du ressort, dont on animerait les bonnes dispositions; mais *Louis XVI* ne lui apparaît point, il ne l'a jamais passée en revue; jamais ceux qui le suivraient avec ardeur un jour d'émeute, ne le virent à cheval. On ne citerait pas un pontife de Rome moderne moins militaire que le roi de France. *Louis XIV* devait, si la bataille de Denain était perdue, parcourir les rues de sa capitale en excitant les habitants à marcher à l'ennemi; il ne doutait pas de reconquérir ainsi sa couronne. Par un semblable appel aux Parisiens consternés, et qui conçoivent l'imminence du danger général, *Louis XVI* embrasserait une grande ressource. L'irruption des faubourgs les surprit, les intimida; mais ils n'en partagèrent point les égarements; ils demandaient un chef, et ne surent pas s'en donner eux-mêmes.

Instruit des évènements de cette journée, *la Fayette* accourt à Paris (*V.* le 28): son influence serait grande encore, si le Roi le secondait, s'il paraissait; mais le Roi se tient renfermé aux Tuileries. — *La Fayette* offre de conduire la famille royale à Compiègne, et de l'entourer d'une armée toute disposée à l'obéissance, quand on lui commande au nom de la constitution et de la loi; ces deux noms dont l'effet est magique; mais au château, l'on ne veut pas être sauvé par la Fayette, et en refusant obstinément l'appui de sa popularité, non douteuse encore, elle en précipite le déclin.

La Rochefoucault-Liancourt commande à Rouen quelques régiments dévoués. Il propose au Roi de se mettre à leur tête. La province entière voudrait le défendre; elle n'attend qu'un signal. Le signal ne sera pas donné.

Le vertueux *Louis XVI*, pénétré d'avoir rempli tout son devoir en soutenant une épreuve difficile, sans avoir fait de sacrifices, ni même de promesse, se persuade que ses ennemis ne se porteront pas à d'autres tentatives, et que leur audace est brisée. En vain des serviteurs fidèles, éclairés, et avec eux tous les amis de l'ordre, ont espéré que cette journée aura produit une salutaire révolution dans le caractère du monarque. Bientôt désabusés, ils le voient retomber dans l'indécision, se condamner à l'inertie, attendre enfin sa destinée. Il est certain que *Louis XVI* relisait sans cesse l'histoire de *Charles Ier d'Angleterre*, espérant échapper au même sort par un système opposé de conduite. Où *Charles* avait mis de l'ardeur, de l'opiniâtreté, *Louis XVI* mettait de la condescendance, de la résignation. Le peu de défenseurs qui sont restés près de lui, de plus en plus étonnés de cette inépuisable longanimité, de cette éternelle inaction, mettront aussi de la tiédeur, de la nonchalance, et même de l'insouciance à le soutenir sur la pente rapide qui l'entraîne vers l'abîme.

22. *Proclamation du Roi.* — Elle exprime que la violence ne lui arrachera jamais un consentement aux décrets qu'il jugera contraires à l'intérêt public. — C'est à ces protestations écrites que se réduisent

les mesures défensives en faveur de la monarchie. Aucun moyen efficace de répression, aucune enquête judiciaire n'auront lieu par suite de l'évènement du 20. Le Roi fait une proclamation, le maire *Péthion* en fait une autre; le corps législatif rend un décret en termes généraux contre les attroupements armés. C'est tout.

26. PREMIÈRE COALITION CONTINENTALE. — *Manifeste du Roi de Prusse.* — En exposant les motifs qui le déterminent à s'armer contre la France, *Frédéric-Guillaume II* insiste sur la suppression des droits et possessions des princes allemands en Alsace et en Lorraine; sur l'aggression des Français contre l'empire et contre la cour d'Autriche, son alliée; sur le danger de la propagation des idées révolutionnaires, ainsi que sur l'inquiétude générale qu'inspire le royaume de France, formant *jadis* un poids si considérable dans la balance de l'Europe, et livré depuis si long-temps aux horreurs de l'anarchie qui ont, pour ainsi dire, *anéanti son existence politique.*

28. *Le général la Fayette,* venu de son quartier-général à Paris, se présente à la barre de l'assemblée nationale. Rappelant une lettre qu'il écrivit le 16 juin à cette assemblée, il accuse de nouveau la faction des jacobins, et demande, au nom de son armée, la punition des auteurs de l'attentat du 20 juin. — Cette démarche isolée, qu'on détourne le Roi d'appuyer, accroît l'ascendant des jacobins. On brûle sur les places publiques l'effigie de *la Fayette;* et l'immense popularité de celui qui voulut être chef de parti, ne s'apercevant pas que la nature lui en avait refusé les moyens, croule en un seul jour. Placé comme à la tête, il ne commanda jamais. Il n'obtint de succès que contre l'ancienne monarchie; dès qu'il voulut asseoir la nouvelle et arrêter l'ordre de la destruction, il trahit son impuissance.

Juillet 1er. Un grand nombre d'adresses contre la journée du 20 juin sont parvenues des départements à l'assemblée nationale. — *Pétition* dite *des vingt mille* à ce sujet. Ce nombre de signatures est sans doute exagéré; car la moitié de ces pétitionnaires, sincèrement dévoués à la cause de l'ordre, eût suffi pour prévenir et l'insurrection que cette pétition déplore, et l'insurrection qui va bientôt éclater. L'insouciance, l'égoïsme, l'inertie de la population parisienne dans toutes ces circonstances, est une affreuse singularité de l'histoire.

2. *Décret.* — Les factieux obtiennent le licenciement des états-majors des gardes nationales à Paris, et dans les villes de cinquante mille ames.

7. François II d'Autriche est élu empereur d'Allemagne.

9. Tous les ministres du Roi donnent leur démission; il reste seul

exposé aux attaques des scélérats, que le maire *Péthion* excite publiquement.

11. *Décret qui déclare la patrie en danger.* Ces mots, envoyés comme l'étincelle électrique dans les quatre-vingt-trois départements, y précipitent le départ de nombrenx bataillons de volontaires.

13. Le 6, après avoir entendu le rapport de *Rœderer*, procureur-syndic, dans lequel sont étalés d'insidieux sophismes pour justifier *Péthion*, maire, et *Manuel*, procureur de la commune, accusés l'un et l'autre d'avoir préparé et favorisé les désordres du 20 juin; et, nonobstant les conclusions dudit *Rœderer*, l'administration départementale de Paris a suspendu ces deux fonctionnaires. — Le 11, cet arrêté reçoit la confirmation du Roi; mais le 13, en conséquence des motifs développés par les députés *Brissot* et *Muraire*, amis de *Péthion* et de *Rœderer*, ce même arrêté est annulé par l'assemblée nationale. — *Péthion* est réintégré (*V.* le 23).

14. *Troisième fédération au Champ-de-Mars.* Le Roi y assiste. On jure sur l'autel de la patrie fidélité à la constitution. — *Péthion* paraît en triomphateur au milieu des applaudissements. Les devises *Vive Péthion, Péthion ou la mort*, sont écrites avec de la craie sur les chapeaux des hommes du peuple.

15. *Décret.* — Les troupes de ligne sortiront de Paris sous trois jours, et en seront éloignées à quinze lieues.

17. *Des fédérés* qui, trois jours auparavant, ont juré d'être fidèles à la constitution, demandent, à la barre de l'assemblée nationale, *la suspension du pouvoir exécutif dans la personne du Roi*, la mise en accusation du général *la Fayette*, la destitution des états-majors de l'armée, la punition des directoires des départements, et le renouvellement des corps judiciaires. Le président *Vaublanc* se borne à leur répondre qu'*il ne faut pas désespérer du salut public.*

23. Une seconde députation de fédérés sollicite, à la barre de l'assemblée nationale, *la suspension du pouvoir exécutif, et la convocation d'une convention nationale.* Il leur est répondu que l'assemblée applaudit à leur dévouement et à leur civisme.

Indignés des machinations tramées par les *girondins*, huit membres du département de Paris, sur neuf dont il se compose, donnent leur démission. *Mais Rœderer, procureur-général-syndic, retient sa place* (*V.* le 13).

25. L'assemblée nationale est informée des massacres commis à Arles, et dans plusieurs autres lieux de la Provence; elle y reste indifférente.

25. *Manifeste du duc de Brunswick, généralissime des cours alliées d'Autriche et de Prusse, daté de son quartier-général, à Coblentz.* — On lit dans ce manifeste, qui sera pour les siècles à venir un étrange monument de fausse politique et de présomption : « Les gardes « nationaux qui auront combattu contre les troupes des deux cours « coalisées, et qui seront pris les armes à la main, seront punis comme « rebelles. — Tous les magistrats sont responsables sur leurs têtes. « — Les habitants qui oseraient-se défendre.... seront punis sur-« le-champ, selon la rigueur du droit de la guerre.... La ville de « Paris sera tenue de se soumettre sans délai au Roi.... » Après des menaces de supplices, d'exécution militaire et de subversion totale, leurs majestés offrent aux Français leurs bons offices auprès de S. M. très-chrétienne, *pour obtenir le pardon de leurs torts et de leurs erreurs.*

Ce manifeste excite en France l'indignation générale. Rédigé au nom de l'Autriche et de la Prusse, il semble appartenir aux Vandales, plutôt qu'à des souverains du dix-huitième siècle. Il afflige ceux qui, restés encore près de *Louis XVI*, redoutent pour lui l'intervention hostile des souverains. Que pourraient des considérations politiques sur un peuple qui, ayant pris l'éclair de la liberté pour le signal de la licence, a perdu sa raison dans l'essai de sa force, et qui, depuis trois ans, éprouve que rien ne lui résiste? Que lui sont des menaces parties de si loin? Ses perfides agitateurs ne trouveront-ils pas dans la provocation de l'étranger, le moyen d'irriter la fierté française? Ils lisent avec une joie féroce cette insolente déclaration. Ils y répondront par le bouleversement complet de l'ordre social. Sous prétexte de défendre le territoire, ils iront aux dernières extrémités. Il n'est rien qu'ils n'osent. Leur féconde perversité offrira chaque jour à l'étonnement du monde un nouveau crime; ils porteront l'impudence des forfaits à des degrés inattendus (*V.* 10 août, 2 septembre 1792). Qu'appréhenderaient-ils, retranchés comme ils le sont derrière une nation enthousiaste, dont ils sauront multiplier jusqu'à la démence les plus douloureux sacrifices? Forts de la nécessité de sauver la patrie, affranchis de tout ménagement, ils s'élanceront à sauts de tigre sur le cadavre sanglant de la monarchie. Ils savent que l'impunité des crimes politiques s'obtient par des crimes plus grands; et l'imprudente agression de *Frédéric de Brunswick*, ses menaçantes injonctions accéléreront la perte de *Louis XVI*. Dès cet instant elle est résolue, et ses ennemis ne regarderont plus en arrière.

Dès que ce dernier attentat sera consommé, le soldat, voyant qu'il n'y a plus de traité, ni de capitulation possible, jurera, non de vaincre ou mourir, mais de vaincre; et il vaincra. Les Français comprendront qu'ils doivent devenir la première des nations, sous peine d'être la dernière, ou de n'être plus. Le sentiment de la dignité nationale prévaudra dans les armées, sur toutes les considérations de justice. Ce point d'honneur deviendra général; il rendra légers tous les sacrifices. On supportera tout, réquisition des hommes et des propriétés, terreurs, meurtres judiciaires, famine, perte de l'agriculture, destruction du commerce, anéantissement de l'industrie. L'horreur de la domination étrangère, l'appréhension de l'avilissement aux yeux de l'Europe, obtiendront le renoncement de tous les intérêts privés. Une nation de vingt-cinq millions d'hommes, éparse sur une surface de vingt-cinq mille lieues carrées, emploiera tous les extrêmes moyens de défense, comme une simple garnison de quelque place assiégée. Et voilà où auront conduit et les expressions outrageantes d'un général étranger et les imprudentes démonstrations des émigrés français, qui n'ont cessé de dire : « Il n'a fallu que quelques « semaines pour réduire le Brabant, pour remettre la Hollande sous « le joug du Stathouder ; il ne faudra que deux mois pour renverser « la révolution de France. Ceux qui voient différemment ne sauraient « être que des *jacobins* déguisés, etc. »

Il est indubitable, aujourd'hui, que l'armement et les menaces de la coalition ont entraîné le sort de *Louis XVI.* Sans les insidieux encouragements des cours d'Autriche, de Prusse et de Russie, les émigrés seraient rentrés en France, et n'auraient pu être ni proscrits ni expropriés. Plusieurs d'entre eux eussent péri, sans doute, mais en défendant leurs foyers; et le plus grand nombre, échappant au désastre, et reprenant par degrés l'influence conservatrice qui s'attache nécessairement à la propriété, aurait servi de barrière au torrent de la démagogie.

— *Décret.* — Les assemblées des sections de Paris se tiendront en permanence. — Les anarchistes se donnent ainsi quarante-huit foyers d'insurrection et de révolte.

26. Discours du député *Brissot*, sur les propositions de déclarer la déchéance du Roi (*V.* les 17, 23). — Il fait adopter en principe, que la commission extraordinaire est chargée d'examiner quels sont les actes qui peuvent faire encourir la déchéance, et si le Roi s'en est rendu coupable.

30. *Arrivée à Paris d'un bataillon de Marseillais.* — Sous ce

nom, se trouvaient réunis cinq à six cents forçats, vagabonds ou bandits des provinces méridionales, assassins d'Arles ou d'Avignon, avec des brigands accourus des provinces limitrophes d'Italie.

31. *Finances publiques.* — Décret portant création de trois cents millions d'assignats. — Total, émis à ce jour, deux mille deux cents millions.

Août 3. — 9. *Péthion*, maire de Paris, accuse, à la barre de l'assemblée nationale, *Louis XVI* de conspirer contre le peuple; il demande l'*abolition de la royauté*. — Des *fédérés*, jacobins amenés des différents points de la France, font une troisième fois la même demande (*V.* 17, 23 juillet). Ils obtiennent les honneurs de la séance. — La garde nationale, dont la masse, amie de l'ordre, manifeste l'intention de défendre le gouvernement, est insultée, divisée; ses chefs sont accusés ou destitués. — Il se forme un *comité d'insurrection*, qui prépare l'attaque du château des Tuileries. — Des assassinats se commettent impunément, et en grand nombre, dans l'intérieur des maisons comme dans les lieux publics.

Décret, émis à la majorité de quatre cent six voix contre deux cent vingt-quatre, portant qu'il n'y a pas lieu de mettre *la Fayette* en accusation (*V.* 28 juin). — Ce résultat prouve que les constitutionnels sont les plus forts dans l'assemblée quand, par hasard, ils montrent de l'énergie.

9. Des rumeurs sinistres, des mouvements extraordinaires dans plusieurs quartiers de Paris, la contenance des anarchistes, sont des indices d'un grand complot près d'éclater. — L'assemblée mande à sa barre le procureur-syndic du département de Paris, *Rœderer*. Après avoir rendu compte des mesures prises pour prévenir une insurrection annoncée pour la nuit prochaine, il se repose si faiblement sur leur efficacité, qu'il termine ainsi : « La tranquillité publique sera-t-elle maintenue? Je l'ignore; personne ne saurait en répondre. » Quant à l'arrivée des 900 fédérés, *je n'en ai aucune connaissance.* » Sur ces renseignements, l'assemblée passe au grand ordre du jour. — Le maire *Péthion* se présente, et rend compte des dispositions faites pour la tranquillité de la capitale, et celle du Roi. Il déclare que la force publique étant divisée d'opinion, il est difficile de la requérir contre le peuple; il croit plus convenable d'employer les armes de la raison et de la confiance. — La séance est levée à sept heures du soir. — A peine les députés sont-ils retirés, que les troubles s'accroissent d'une manière effrayante.

Cependant le Roi, sans cesse menacé depuis la journée du 20 juin, n'a pu se résoudre à tenter les hasards de la fuite; il attend sa destinée. La cour a voué aux constitutionnels une animosité trop profonde, pour consentir à recevoir leur secours. Les avis de *Malesherbes*, de *Lally;* les offres d'exécution faites par *la Rochefoucault-Liancourt*, par *la Fayette* (*V.* 20 juin), n'ont pu trouver ni accès, ni grace dans des ames encore moins glacées d'épouvante à la vue des sinistres préparatifs de la faction régicide, que nourries de soupçons et de défiances contre ceux qu'on vit en 1789 dans le parti du tiers-état.

10. JOURNÉE DU 10 AOUT. — L'insurrection a été préparée si hautement, que les autorités constituées en ont connaissance depuis plusieurs jours. Le comité de surveillance de l'assemblée nationale en est instruit, et pourrait aisément la prévenir ou la dissoudre. Aucune disposition ne sera faite dans ce but.

Au milieu de la nuit du 9 au 10, l'alarme se répand dans tous les quartiers de Paris; le tocsin donne le signal aux *sans-culottes*. Dès le point du jour, la place du Carrousel se remplit de la populace des faubourgs et de ces brigands appelés *Marseillais*. Des canons sont braqués sur le château des Tuileries. *Louis XVI* a pour sa défense au-dehors quelques compagnies de grenadiers de la garde nationale, bien disposées, mais laissées à elles-mêmes, sans ordres déterminés, sans indication d'un point de ralliement, et remplies de méfiance. Plusieurs de ces grenadiers se sont réunis, ont accouru par une impulsion volontaire. Derrière eux, se rangent cinq ou six cents Suisses. Les ministres n'ont pas osé faire arriver à Paris la moitié de ce corps étranger caserné à *Courbevoie* (une lieue et demie de Paris, seulement). Les appartements sont occupés par environ quatre cents royalistes, qui ont dédaigné de se faire inscrire dans la garde nationale, et qui, joints à elle, eussent été de quelque secours; mais qui, séparés d'elle avec affectation, l'indisposent. « Pourquoi, se dit-on, « les rassembler de la sorte? s'ils voulaient défendre la constitution, « ils viendraient dans nos rangs, ils porteraient l'uniforme national; « mais ils détestent la révolution, la bourgeoisie; ils nous méprisent. »

A cinq heures, le Roi passe en revue les troupes, assigne les postes; il semble avoir le dessein de se défendre. Passagère et trop fugitive résolution! — A huit heures et demie, *Rœderer,* procureur-syndic du département, paraît dans les cours, s'adressant aux gardes nationaux, et leur rappelant les lois relatives aux devoirs des *citoyens-soldats*, en cas d'émeute; il les avertit à l'amiable de ménager *le peuple*. « Vous

« ne serez pas assaillants, à Dieu ne plaise (leur dit-il)! vous ne se« rez que sur la défensive. » L'incertitude augmente donc dans leurs esprits, tandis qu'ils voient les canonniers séduits vider la charge des pièces. Ensuite *Rœderer*, entrant dans la pièce où les ministres délibèrent, invite de la manière la plus forte, d'un ton même impératif, la famille royale à se réfugier dans la salle de l'assemblée nationale. A ce dernier point de la crise, il ne restait plus qu'à s'abandonner au naufrage, ou qu'à se sauver par une soudaine impulsion. *Louis*, écoutant le funeste conseil du procureur-syndic, s'empresse de le suivre et d'aller se remettre *en ôtage*, à la grande satisfaction de celui qui semble ne l'avoir donné, qu'afin de livrer toute la famille aux ennemis de la royauté (*V.* 24, 25). Ainsi s'abîme lui-même ce descendant de Henri IV, doué de toute sa bonté, mais privé de ses qualités guerrières et de sa royale fermeté.

Les augustes fugitifs, conduits par *Rœderer* et ses dignes collègues du département, traversent le jardin sans obstacle jusque auprès des Feuillants, au milieu de deux haies formées par les grenadiers nationaux, restés fidèles, et par un détachement des gardes suisses. Arrivés à l'escalier de la terrasse, la populace qui se presse sur ce point, refuse le passage. Pendant plus d'un quart-d'heure, on entend ces cris terribles : *Nous ne voulons plus de tyrans. La mort! la mort! A bas* MADAME VÉTO! Le département obtient enfin le passage et la faculté pour le Roi de se rendre dans la salle de l'assemblée nationale, à condition que son escorte n'entrera pas.

Parvenu dans l'enceinte, *Louis XVI* dit : « Je suis venu pour « épargner un grand crime; je pense que je ne saurais être plus en « sûreté qu'au milieu des représentants de la nation. » Le président *Vergniaud* répond : « Vous pouvez compter, sire, sur la fermeté de « l'assemblée nationale; ses membres ont juré de mourir en soute« nant les droits du peuple et les autorités constituées. »

La retraite du Roi a déconcerté ses défenseurs, enhardi les assaillants. A neuf heures, les sans-culottes tirent à boulets : les Suisses les repoussent et s'emparent de leurs canons; mais on n'a point d'ordres, il n'y a point de chef. On ne retire aucun fruit de ce premier avantage, quoique la terreur ait gagné les membres de la majorité de l'assemblée. A ce moment même le roi s'entend demander des ordres qui préviennent la marche des Suisses de Courbevoie, qui défendent aux Suisses du château de continuer leur feu. *Louis* promet tout, signe tout, expédie tout. Alors les fuyards reviennent; le château est de nouveau investi : les Suisses succombent, accablés par le nombre; tout ce qui paraît attaché au Roi est égorgé, et le massacre dure jusqu'à deux heures, dans les appartements, sur la terrasse, dans les cours, et sur la place du Carrousel. Pendant ce temps, les petits bâtiments adjacents aux Tuileries s'embrasent; neuf cent toises sont en feu, et les Marseillais tirent sur les pompiers : l'intérieur du château est au pillage.

A l'assemblée, les députés jacobins, revenus de leurs terreurs, et désormais tout-puissants dans les délibérations, montrent un visage tranquille; ils discutent avec calme, tandis que les adhérents de la minorité sont hués, insultés dans la salle, assaillis et maltraités au-dehors. Sur l'observation dérisoire d'un membre, qu'aux termes de la constitution, l'assemblée ne peut délibérer en présence du Roi, on l'a placé, ainsi que sa famille, dans une loge de journaliste, où il est contraint de dévorer les plus indignes outrages dont jamais Roi ait été abreuvé. Des hommes hideux, couverts de haillons, teints de sang, noircis de fumée, se succèdent continuellement à la barre. Encouragés par les hurlements des tribunes, par les sourires des députés jacobins, ils demandent, ordonnent *la déchéance du Roi. Un décret, rendu* EN SA PRÉSENCE, *le suspend de ses fonctions, et indique une convention nationale* « qui prononcera sur les mesures nécessaires « pour assurer la souveraineté du peuple et le règne de la liberté « et de l'égalité. *L'assemblée nommera un gouverneur pour le prince « royal.* Le Roi et sa famille demeureront dans l'enceinte du corps « législatif, jusqu'à ce que le calme soit rétabli. Le département leur « fera préparer un logement au Luxembourg. Le paiement de la liste « civile est suspendu. Tout fonctionnaire civil ou militaire qui, « dans ces jours d'alarmes, abandonnera son poste, est déclaré in- « fâme et traître à la patrie. » Le projet de ce décret est l'ouvrage d'une commission extraordinaire, dont *Vergniaud* est le rapporteur. — Toutes ces dispositions sont votées par deux cent quatre-vingt-quatre députés, les seuls présents; c'est-à-dire, par un peu plus des deux cinquièmes de l'assemblée, qui se compose de sept cent quarante-cinq membres (ce nombre de deux cent quatre-vingt-quatre députés présents est constaté par le scrutin, qui s'effectue aussitôt après pour la nomination des ministres, le bureau proclamant que la majorité absolue est de cent quarante-trois voix.)

Le massacre continue dans plusieurs quartiers de Paris. La nuit seule vient mettre fin à tant d'atrocités. — On croit qu'il y a cinq mille victimes de cette journée, la dernière du pouvoir royal.

Au 10 août, en effet, s'est terminée la bataille contre la monarchie;

bataille mal entamée le 20 juin. La journée du 10 août amènera les massacres des premiers jours de septembre. Les conjurés étaient cependant loin d'avoir les moyens du succès, s'ils avaient rencontré quelques-uns de ces obstables qu'on pouvait si facilement leur opposer. Si *Louis XVI* avait tiré l'épée, il aurait vaincu ; ou périssant, il aurait péri en Roi sur la brèche de son palais. Il n'y a, parmi tous les monarques dépossédés de nos jours, qu'un souverain, un seul qui ait pris cette résolution, et qui n'ait quitté le trône qu'avec la vie. Mais il n'a pas régné en Europe ; c'est *Tippoo-Saëb* (*V.* 4 mai 1799).

11. *Lois révolutionnaires.* — *Formation d'un conseil exécutif*, composé de six ministres : *Roland* dit *de la Plâtière*, *Clavières*, *Servan*, *Danton*, *Monge*, *Lebrun* (de Genève) ; *Grouvelle* (homme de lettres) est secrétaire de ce conseil. — Convocation au 16 août, des assemblées primaires pour le choix des électeurs qui nommeront des députés à une *convention nationale*. Toute distinction entre les citoyens actifs et les citoyens non actifs (*V.* 3 septembre 1791), EST ABOLIE. Les assemblées électorales se composeront de tous les Français âgés de vingt-un ans, vivant de leur revenu ou du produit de leur travail, et n'étant point en état de domesticité. Il suffira, pour être éligible comme électeur et comme député, d'être âgé de vingt-cinq ans. Les assemblées primaires sont invitées à revêtir leurs représentants d'une confiance illimitée. — Suspension des comités des quarante-huit sections et de tous les juges-de-paix à Paris. — Licenciement de l'état-major de la gendarmerie. — Nomination de *Santerre* (brasseur du faubourg Saint-Antoine) au commandement de la garde nationale parisienne.

L'agitation continue ; la populace renverse et brise les statues des Rois, et même celle de *Henri IV*. — Les factieux triomphent complètement ; *Péthion* domine la commune sans partage.

Toutes les mesures extrêmes qui doivent résulter de la journée du 10 août, se succéderont avec rapidité. Les proscriptions judiciaires commencent ; les visites domiciliaires deviendront très-fréquentes ; des commissaires parcourront les départements, afin de s'y concerter avec les sociétés populaires, conformément à l'instruction du ministre de la justice *Danton*. Dorénavant, ces sociétés affiliées au club des jacobins de Paris, seront reconnues comme parties intégrantes du gouvernement.

13. *Réclusion au Temple, du Roi et de la famille royale.* — La commune de Paris en a la garde et la responsabilité.

13—21. Les ministres des cours étrangères quittent Paris.

14. *Loi révolutionnaire* rendue sur la proposition de *François* dit *de Neufchâteau* (directeur en 1797-98). Elle ordonne la vente des biens des émigrés par petites portions, *afin*, dit-il, *d'attacher les habitants des campagnes à la révolution.*

Retour à Toulon du capitaine Marchand, parti le 14 décembre 1790, de Marseille, pour une expédition autour du monde; expédition entreprise par des négociants. L'objet du voyage était le commerce des pelleteries. Son résultat scientifique consiste dans la découverte d'un groupe d'îles appartenant à l'archipel des Marquises, et dans la reconnaissance de quelques parties encore mal déterminées de la côte N. O. de l'Amérique.

15. *Loi révolutionnaire qui consigne les pères, mères, femmes et enfants des émigrés, dans leurs communes respectives.*

17. *Loi révolutionnaire créant un tribunal spécial,* chargé de poursuivre les auteurs des crimes commis au 10 août. — Ce tribunal prononcera en dernier ressort et sans recours en cassation (*V.* 24, 25). — Il servira de modèle au fameux tribunal révolutionnaire de la convention; le conseiller au parlement de Paris, *Hérault de Séchelles*, ouvre les voies au conseiller des aides de Montpellier, *Cambacérès* (*V.* 10 mars 1793).

18. *Fuite de la Fayette.* — Proscrit à Paris, ce général abandonne son armée, après avoir inutilement essayé de l'animer contre les jacobins, auteurs de la catastrophe du 10 août; son quartier-général est près de Sedan. Il aime mieux s'expatrier que de passer à l'ennemi en lui livrant la frontière. Il s'évade avec les généraux *Alexandre Lameth, Victor Latour-Maubourg*, le colonel *Bureau de Puzy*, tous trois ex-constituants, et seize autres personnes. Ils sont arrêtés aux avant-postes autrichiens. La Fayette avec les trois constituants sont retenus prisonniers, et seront successivement transférés à Wesel, Magdebourg, Glatz, Neiss et Olmütz, où ils éprouveront les plus grandes rigueurs de la captivité. Cette captivité ne cessera pour la Fayette, que le 27 août 1797. Dans ces temps où d'horribles proscriptions remplirent d'innombrables cachots, le général la Fayette aura été, après la famille royale de France, le prisonnier réservé aux plus indignes traitements. Mais la famille royale a eu pour geôliers d'atroces démagogues; et c'est de même que les ministres de deux souverains armés, dit-on, dans l'intérêt de la royauté, traitent les derniers soutiens d'un trône abandonné par ceux qui devaient périr sur ses degrés! « Cette extraordinaire sévérité, dit un auteur anglais

« (Bigland), envers des hommes dont les opinions étaient suivies avec « enthousiasme par la majorité et la plus estimable partie de la nation « française, fut une erreur funeste dans un moment où ils n'étaient « proscrits que parce qu'ils avaient tenté d'appuyer un trône, que « sans doute ils affaiblirent trop d'abord, mais qu'en dernier lieu ils « voulaient préserver. L'absurde politique qui décida les souverains « à les traiter avec une si grande dureté, produisit bientôt de fâcheux « résultats pour la coalition ; montrant ainsi à quelles vengeances on « était réservé, si la contre-révolution s'effectuait. Cette politique, « ainsi que le manifeste du duc de Brunswick (*V.* 25 juillet), con- « duisit à l'union générale pour défendre le territoire. »

L'armée, abandonnée par la Fayette, passe sous le commandement de *Dumouriez*, intrigant sans pudeur, qui veut de la célébrité à tout prix.

19. *Loi révolutionnaire* qui décompose la garde nationale de Paris.

22. *Première insurrection Vendéenne.* — Huit mille paysans, du district de *Châtillon-sur-Sèvre* (Deux-Sèvres), prenant pour chef *Gabriel Baudry-d'Asson*, gentilhomme du pays, et conduits par *Delouche*, maire de Châtillon, s'emparent de cette petite ville. — L'époque de la prestation du serment ecclésiastique avait été le premier signal des troubles dans le département de la Vendée.

23. *Prise de Longwy par le général autrichien Clairfait,* après vingt-quatre heures de bombardement (*V.* 22 octobre).

24—25. Exécution sur la place du Carrousel de plusieurs royalistes condamnés par un *tribunal spécial* (*V.* 17 août), comme coupables des désastres du 10 août. — *Rœderer*, procureur-syndic du département de Paris, accusé de négligence dans cette journée, s'exprime ainsi devant l'assemblée nationale (*V.* *Monit.* nos 235 et 237) : « J'ai considéré que le Roi et sa famille *étaient d'utiles ôtages* dans « une guerre entreprise sous leur nom par des puissances étrangères, « et nous tiendraient lieu d'un grand nombre de légions contre nos « ennemis. » *Rœderer* est absout.

26. *Loi révolutionnaire* qui bannit du territoire français tout prêtre non assermenté.

28 — 29. *Loi révolutionnaire,* ordonnant des visites domiciliaires dans toutes les habitations en France, et spécialement, des perquisitions nocturnes dans les maisons de Paris, avec peine de mort contre quiconque entraverait les opérations du gouvernement provisoire. — *Danton* a porté la proposition de cette mesure : « Il faut « une convulsion nationale pour faire rétrograder les despotes. Jus-

« que ici, nous n'avons eu qu'une guerre simulée; ce n'est pas de ce « misérable jeu qu'il doit être maintenant question. Il faut que le « peuple se porte, se roule en masse sur les ennemis pour les ex- « terminer d'un coup : il faut, en même temps, enchaîner tous les « conspirateurs; il faut les mettre dans l'impossibilité de nuire. »

30. *Décret qui casse la municipalité de Paris.*

31. *Décret relatif à la reddition de Longwy* (*V.* le 23).—« Aus- « sitôt que la ville de Longwy sera rentrée au pouvoir de la nation « française, toutes les maisons, à l'exception des maisons nationales, « seront détruites et rasées. »

Septembre 2. *Loi révolutionnaire* enjoignant de confisquer et de mettre en vente *toutes* les propriétés des émigrés.

Prise de Verdun en présence du roi de Prusse.—Son armée se met en marche sur Paris (*V.* 22 octobre).

2—6. MASSACRES *des nobles, des prêtres et autres personnes déte- nues à la Conciergerie, à la Force, au Châtelet, à l'abbaye Saint- Germain, au Séminaire saint-Firmin, rue Saint-Victor, aux Carmes de la rue de Vaugirard, au cloître des Bernardins, à Bicêtre, à la Salpêtrière, etc.*

Des cannibales, appelés dès-lors *septembriseurs*, dirigés et payés par la commune, dont *Tallien*, *Robespierre* et *Billaud-Varennes* font partie, procèdent avec ordre, avec calme, comme s'il s'agissait d'a- battre des animaux dans une boucherie. Les massacres durent cinq jours, quoique le peuple témoigne sa répugnance, et que les massa- creurs, en petit nombre, puissent être facilement contenus. Les ha- bitants de Paris, par une lâcheté sans exemple dans l'histoire, restent immobiles spectateurs. Pas un bras ne s'arme contre les monstres qui versent des flots de sang. La garde nationale croit ne pouvoir marcher au secours de ceux qu'on égorge, sans avoir reçu l'ordre de son commandant, l'exécrable *Santerre*. *Danton*, *Lacroix*, *Tallien*, *Marat*, *Péthion*, *Manuel*, *Fabre-d'Églantine*, *Camille Desmoulins*, *Robespierre*, préparèrent, organisèrent de sang-froid les massacres, en calculèrent les suites, et s'en vanteront hautement.

C'est sous les yeux d'une assemblée nationale, composée de sept cent cinquante individus, qui se disent les oracles de la loi, que l'on égorge pendant cinq jours; et que, pendant cinq jours, ils laissent violer toutes les lois sacrées de l'humanité! On peut déja prévoir que le crime ne cessera de triompher; car la stupeur et l'inertie en- gourdissent déja la masse de la population, suspendent l'élan de tout homme ennemi du crime. Jamais, chez aucun peuple, on ne vit rien de pareil. C'est la première *conspiration de prisons* que l'on invente. Depuis quinze jours on en parle, l'explosion en est annoncée tout haut; on raisonne publiquement sur les fâcheuses suites qu'elle entraînera : des émissaires, en grand nombre, excitent les prolétaires des faubourgs à se défaire des *aristocrates*. Et le corps-législatif se tait ! les représentants de la nation laissent assassiner, sous leurs yeux, pendant cinq jours et quatre nuits, plusieurs milliers de détenus ! En sortant de leur salle, ils passent devant les prisons où l'on massacre; ils reprennent, à la séance suivante, les discussions commencées, sans s'occuper de l'épouvantable spectacle dont ils viennent d'être témoins ! Ces mêmes hommes qui, peu de jours auparavant, ont déclaré la dynastie régnante déchue du trône, ne se trouvent plus assez de pouvoir pour arrêter quelques misérables !

Les directeurs de ces exécutions ont détruit avec soin les renseignements qui pourraient faire connaître le nombre des victimes. Cependant, d'après les indications qui restent, on a la presque certitude que les prisons (autres que les localités servant d'hospices) ne contenaient pas moins de trois mille individus, et que trois ou quatre cents seulement ont été sauvés. Chose horrible ! les exécuteurs vont froidement, les jours suivants, à la commune, toucher le salaire qui leur est réservé.

Dès le 3, les administrateurs de Paris adressent à toutes les communes de la république l'exposition de leur conduite : « . . . . . . La « commune de Paris se hâte d'informer ses frères de tous les dépar« tements, qu'une partie des conspirateurs féroces détenus dans les « prisons, a été mis à mort *par le peuple, actes de justice qui lui ont « paru indispensables*, pour retenir, par la terreur, les légions de « traîtres entrés dans ses murs au moment où l'on allait marcher à « l'ennemi; et, sans doute, la nation entière, après la longue suite « de trahisons qui l'ont conduite sur le bord de l'abîme, *s'empressera « d'adopter ce moyen si nécessaire de salut public*; et tous les Fran« çais s'écrieront, comme les Parisiens : Nous marchons à l'ennemi, « mais nous ne laissons pas derrière nous des brigands pour égorger « nos femmes et nos enfants. » — L'infernal espoir de ces provocateurs ne sera pas rempli. Trois ou quatre municipalités seulement se déshonoreront en imitant leur exemple, et feront périr environ cent cinquante personnes. — L'histoire n'a compté que très-peu de gouverneurs ou de magistrats qui refusèrent d'obéir aux ordres sanguinaires de *Charles IX* (massacre de la Saint-Barthélemi, en 1572) ; le très-grand nombre des communes de France reçoivent, au contraire, avec indignation la circulaire féroce de la commune de Paris; et la catatrosphe de 1572 reste encore, suivant l'expression de Péréfixe, « une action exécrable, qui n'a jamais eu, et qui n'aura jamais, « s'il plaît à Dieu, de semblable. » — Sans doute, on doit accuser le peuple français de la plus insigne lâcheté pour avoir souffert le triomphe de la commune de Paris; mais les émissaires de Catherine de Médicis, les courtisans du Louvre, sous l'avant-dernier des Valois, avaient mis tous un horrible empressement à massacrer leurs concitoyens sans défense.

Si, en 1792, les anciens chefs du peuple français, ces hommes auxquels il eût, entraîné par ses habitudes, rendu quelque déférence, se fussent trouvés en France, ils auraient inévitablement influé sur l'opinion générale, et, sans doute, prévenu l'exécution de plusieurs cruautés révolutionnaires. L'exemple de la Vendée accusera toujours les nobles qui s'éloignèrent.

9. Cinquante-sept *prisonniers,* destinés d'abord à être jugés par la haute-cour, séante à Orléans, et amenés à Paris, sous le prétexte d'accélérer leur jugement, *sont massacrés à Versailles avec vingt-une personnes* détenues dans les prisons de cette dernière ville.—*Danton* dit aux meurtriers : « Ce n'est pas le ministre de la justice, c'est le mi- « nistre de la révolution qui vous remercie de votre louable fureur. »

16. Vol des bijoux et pierres précieuses du Garde-Meuble de la couronne. Ce vol est exécuté par d'obscurs brigands, émissaires de la commune de Paris, afin de couvrir une partie des dépenses occasionnées par les préparatifs et la consommation des journées du 10 août et des 2—6 septembre. Le surplus se couvrira par des assignats d'une fabrication subreptice.

Rapport de Gohier à l'assemblée nationale sur les papiers inventoriés dans les bureaux de la liste civile. — Il est, dans tout son développement, une accusation positive, et à termes violents, de *Louis XVI* (*V.* 6 novembre, art. 2).

19. *Décret* qui supprime l'ordre de Malte.

20. *Combat de Valmy* (deux lieues à l'ouest de Sainte-Menehould, Marne) et ses suites. — *Dumouriez*, général en chef et commandant l'armée du Nord; *Miranda*, *Beurnonville*, généraux de division; trente-cinq mille hommes : *Kellermann*, commandant l'armée de la Sarre, vingt-cinq mille hommes; *Valence*, *Schawembourg*, généraux de ligne; *d'Aboville*, *Senarmont*, généraux d'artillerie : tués ou blessés, de sept à huit mille hommes. — Armée confédérée, le roi de Prusse, le duc de Brunswick, généralissime;

Clairfait, le prince de Hohenlohe-Kirchberg, généraux autrichiens; quatre-vingt mille combattants : tués ou blessés, environ six mille. — Le succès des Français est dû à quelques coups de canon tirés à propos, et aussi à de légères circonstances, dont le général *Kellermann* profite avec audace. Car, il n'y a pas eu de mêlée ni de charges de cavalerie. La célébrité de cette rencontre tient à ses suites immédiates, ainsi qu'au grand effet qu'il produit sur l'esprit national.

Les jours suivants, l'armée prussienne commence à se retirer. Le plan de ses généraux est si défectueux, leur confiance est si présomptueuse, que tout se trouve renversé par une seule canonnade, à la première rencontre des troupes françaises. Cette armée manque de vivres, et est en proie aux maladies. Les chefs, enivrés de la rapidité de leurs progrès, se sont affranchis des règles ordinaires. Laissant sur leurs derrières toutes les places fortes, dont ils ne sont pas les maîtres, ils marchent sur une ligne très-étroite et sur une profondeur de plus de quarante lieues; ils s'avancent témérairement en Champagne sans magasins, sans prévoir le défaut de subsistances, et sans que l'immobilité de la population les éclaire sur ses dispositions. Frédéric-Guillaume voyant ses forces compromises dans une entreprise dont l'issue devient de plus en plus incertaine, et dont le succès ne peut lui être personnellement avantageux, se retire en se plaignant amèrement des émigrés qui lui ont si faussement annoncé la jonction des soldats français et des habitants. — Tels sont les principaux motifs de cette retraite si diversement expliquée d'abord, parce que, étant inattendue, elle paraissait incompréhensible à beaucoup de monde. Frédéric-Guillaume était accouru plein de l'idée qu'il immortaliserait son nom par le rétablissement de l'ancienne monarchie française. L'illusion était brillante, mais au premier pas elle s'évanouit, et il a voulu conserver ses troupes que ravage une maladie contagieuse jointe à la famine. Repoussés de la France, ses généraux ne tarderont pas à l'être, moins honorablement encore, de la Pologne. Kosciusko leur fera lever précipitamment le siége de Warsovie, après un bombardement inutile de plus de deux mois; et l'armée prussienne ne devra son salut qu'au secours des Russes et à l'humanité de leur chef. (*V.* 4 novembre 1794).

21. *Clôture de la seconde assemblée nationale, surnommée* législative. — *François* dit *de Neufchâteau*, remettant les pouvoirs de cette assemblée aux membres réunis de la *convention nationale*, leur parle ainsi : « Le but de vos efforts sera de donner aux Français *la « liberté, les lois, et la paix : la liberté*, sans laquelle les Français ne

« peuvent plus vivre; *les lois*, le plus ferme fondement de la liberté; « *la paix*, seul et unique but de la guerre. *La liberté*, *les lois*, *la* « *paix* : ces trois mots furent imprimés par les Grecs sur la porte du « temple de Delphes; vous les imprimerez sur le sol entier de la « France. » Cette harangue de rhéteur est bafouée de ceux même à qui elle s'adresse.

L'assemblée constituante avait été perfide, mais courageuse; du moins à son début. Celle qui l'a remplacée a, du premier au dernier jour, réuni la lâcheté à la perfidie. Arrivée avec la fièvre révolutionnaire, elle s'est acharnée à renverser ce qui restait encore de l'ancien état monarchique. Elle plonge la France dans l'abîme, et fuit avec précipitation. Mais ses chefs se sont réservé de reparaître avec des attributions plus malfaisantes; on va les retrouver à la convention, où, soutenus des auxiliaires infernaux qu'ils auront évoqués, ils combleront la mesure du crime. *L'assemblée constituante* avait proclamé avec ostentation des formules de liberté, d'indépendance; à d'éternelles vérités, elle avait mêlé de spécieuses doctrines; elle avait faussement appliqué de bons principes de droit public ou politique; la majorité avait été abusée ou entraînée par les méchants, tandis que *l'assemblée législative* a émis une foule de lois qu'on ne pourra jamais mieux caractériser, qu'en leur conservant le nom de *lois révolutionnaires*. Ses actes ont porté la confusion dans les relations sociales, dénaturé l'instinct du bon sens, dépravé les notions de morale, éteint toutes les affections honnêtes.

Les démagogues les plus ardents de cette assemblée, furent *Bazire*, *Brissot*, *Cambon*, *Carnot*, *Chabot*, *Condorcet*, *Couthon*, *Gensonné*, *Guadet*, *Isnard*, *Lacroix*, *Lamarque*, *Lasource*, *Lecointre*, *Mailhe*, *Quinette*, *Thuriot*, *Vergniaud*, tous élus à la convention. Que pouvaient contre cette horde de révolutionnaires forcenés, les efforts de quelques défenseurs de la justice, de l'humanité, *Becquey*, *Beugnot*, *Bigot de Préameneu*, *Daverhoult*, *Mathieu Dumas*, *Stanislas Girardin*, *Hua*, *Jaucourt*, *Lémontey*, *Ramond*? Cette faible minorité n'avait à son usage que le langage de la raison, lorsque ses adversaires déchaînaient les passions, s'annonçaient comme des patriotes inébranlables, et flattaient le peuple, trop disposé à voir le zèle dans le fanatisme, comme la perfidie dans la modération. Cette minorité flottait elle-même sans boussole et sans gouvernail. En butte aux dédains des conseillers secrets du Roi, elle se méfiait, avec raison, de leurs arrière-pensées, et pressentait trop bien l'instabilité du conseil ostensible. La cour toujours plus malhabile, parce qu'à ses vieilles erreurs qu'elle conservait avec une imprudence extrême, elle joignait un profond ressentiment des outrages dont on l'avait abreuvée, ainsi qu'une indiscrète impatience de ressaisir sa domination; la cour isolée par la fuite ou la retraite de ceux qui rattachaient leur sort au sien; la cour, s'égarant de plus en plus, se précipitait vers l'inévitable abîme où devait disparaître la monarchie.

En résumant les travaux de cette assemblée dont la durée n'a été que d'une année, et qui pourtant a rendu deux mille cent cinquante *décrets* généraux ou spéciaux et sur toutes sortes d'objets, on voit qu'elle laisse à la France

La guerre avec deux grandes puisances du nord;

La guerre civile dans la Vendée;

Les colonies dévastées par les principes et les attentats du jacobinisme;

Les finances dans l'anéantissement, après qu'il a été émis deux milliards deux cents millions d'assignats;

L'institution des visites domiciliaires;

Les développements de l'anarchie par les clubs et les comités révolutionnaires;

L'habitude des massacres sanctionnés par les autorités.

Cette assemblée a protégé les assassins et les brigands d'Avignon; elle a refusé d'informer contre les égorgeurs de Paris; elle a consacré le système absurde autant qu'atroce des condamnations en masse, des proscriptions de classes.

Enfin, on ne saurait citer un seul bienfait, un seul service rendu à la patrie par cette assemblée, dite *législative*.

1792.

Deuxième Période. — *Gouvernement révolutionnaire.*

> Exterminez, grands dieux, de la terre où nous sommes,
> Quiconque avec plaisir répand le sang des hommes!
> (Voltaire.)

Septembre 21. *Ouverture de la troisième assemblée* appelée convention nationale.

Le comédien *Collot-d'Herbois* propose en débutant *l'abolition de la royauté.* A ces mots, la salle retentit d'applaudissements. Cependant, quelques députés demandant une délibération calme, « Eh! « qu'est-il besoin de discuter? (s'écrie l'évêque constitutionnel *Gré-* « *goire*) les Rois sont dans l'ordre moral ce que les monstres sont « dans l'ordre physique. Les cours sont l'atelier des crimes et la ta- « nière des tyrans. L'histoire des rois est le martyrologe des nations. » — *La république est proclamée.*

Ainsi, à la voix d'un histrion ambulant et d'un curé de village, la France est constituée république par environ trois cents individus, ignorés jusqu'à ce jour ou connus depuis deux ans par des actes répréhensibles. Étrange destinée du plus ancien état de la chrétienté! Aussitôt tous les Français se transforment en républicains, comme par un coup de la baguette de Circé; et pendant vingt-cinq ans, ils ne cesseront pas de se transformer comme le prescrira toute assemblée, tout dominateur, qui, ayant envahi la souveraineté, auront donné à leurs actes les noms de *décrets*, *d'arrêtés*, de *sénatus-consultes*, de lois enfin.

Dans l'idiôme de quelques publicistes modernes, qui s'autorisent des deux seuls exemples donnés par les Anglais et les Américains-Unis, une *convention* est une assemblée à laquelle la nation est censée avoir remis tout pouvoir, non-seulement sur les individus, mais aussi sur les institutions; à laquelle cette nation confie, sans réserve, le droit de vie et de mort sur tout ce qui dépend de l'état social, sur tout ce qui tient à l'état naturel. La France adoptant, pendant trois années, le sens absolu de cette dénomination, obéira pendant trois années, et dans une entière abnégation, à de vils tyrans, ainsi qu'obéissait cette peuplade du Liban au Vieux de la Montagne, au prince des Assassins; comme obéissaient les jésuites au successeur de Loyola. Le charme d'un seul mot, introduit dans l'usage commun, plongera dans cette ignoble dépendance les Français, si mésestimés depuis quatre siècles à cause de la mobile inconsidération de leurs sanglantes émeutes et de leurs promptes rechûtes dans l'asservissement, à cause de la légèreté de leurs oppositions politiques et de la sombre obstination de leur fanatisme religieux.

Robespierre, Danton, Marat, Collot-d'Herbois, Billaud dit *de Varennes, Barrère, Couthon, Tallien, Carrier, Fouché* dit *de Nantes, Merlin* dit *de Douai, Thuriot, Carnot, Cambacérès, Mailhe, Vadier, Brissot, Vergniaud, Guadet, Gensonné, Péthion*, etc., etc.; voilà les noms qui retentiront chaque jour, pendant trois années, des Alpes aux Pyrénées, du Rhin à l'Océan, et dont nos neveux conserveront le souvenir, comme les Péruviens gardent aujourd'hui même le souvenir des farouches exterminateurs de leurs ancêtres.

« Près du lieu des séances de cette assemblée (dit *Lacretelle jeune*), « une autre convention existait dans l'ancien couvent des jacobins. « Elle s'assemblait le soir, et continuait fort avant dans la nuit ses « délibérations; quelques lampes éclairaient faiblement les voûtes « de cette enceinte monacale. On était presque contraint de s'y pré- « senter avec de sordides vêtements. En y entrant, les hommes les « plus grossiers ajoutaient encore à la rudesse de leur ton; les plus « féroces, à leur air farouche. Cette société comptait, dans Paris seul, « près de quinze cents membres. Une multitude de complices obscurs « remplissait les tribunes. La séance s'ouvrait par des chants révolu- « tionnaires, les uns lugubres, comme les avertissements de la mort; « les autres d'une gaieté encore plus barbare. On lisait un extrait « de la correspondance des sociétés du même genre qui s'étaient « établies dans toutes les villes, et bientôt dans presque tous les vil- « lages de France. Elles félicitaient la société-mère; elles exaltaient « son courage; quelquefois elles lui reprochaient sa faiblesse, sa « lenteur. Là, se trouvaient la liste et l'éloge des massacres commis « sur tous les points de la république. Peu de ces adresses se termi- « naient sans une dénonciation; des milliers de proscrits y trouvaient « l'arrêt de la mort, ou l'avis de fuir..... Après cette lecture, com- « mençaient des débats, tout-à-la-fois burlesques et terribles. Les « députés à la convention venaient la dénoncer, s'ils y avaient éprouvé

« quelques échecs; ils se consolaient de quelques jours où leur ven-« geance était suspendue, par la perspective de l'obtenir plus longue « et plus complète. Il régnait une telle méfiance dans ces débats ; « on croyait y voir une telle démence, qu'on s'attendait à les trouver « sans résultats : et pourtant, jamais une conception du crime n'y fut « perdue ; à peine était-elle proposée, c'était à qui l'applaudirait, « la développerait, l'exécuterait. La force de cette faction consistait, « sur-tout, à savoir employer des hommes qui, par leurs formes stu-« pides et grossières, et par leur avilissement, auraient été dédaignés « de tout autre parti. Ils avaient réussi à mettre à leur disposition, « les vices de chaque individu en France. Il y avait parmi eux, des « fanatiques, des hypocrites et des hommes qui voulaient, à tout prix, « sauver l'indépendance de leur patrie : les uns étaient plus avides « de sang ; les autres, plus avides d'or : pour ceux-là, la cruauté était « un besoin ; pour ceux-ci, elle était un calcul. On s'y faisait une loi « d'insulter publiquement à la pitié comme à la dernière bassesse du « cœur. »

22. *Décret instituant une ère républicaine*, à commencer de ce jour.

Décret. — Les corps administratifs, municipaux et judiciaires, seront renouvelés, ainsi que les juges de paix, *comme tous suspects d'être gangrenés de royalisme.*

23. *Occupation de Chambéry par le général Montesquiou.*

28. *Occupation de Nice par le général Anselme.*

29. Arrêté de la commune de Paris. — *Louis XVI* sera séparé de *Marie-Antoinette*; il sera transféré dans la grande tour du Temple. (Jusqu'à ce jour, réuni à sa famille, il habitait le petit bâtiment adjacent). — Les prisonniers, ainsi que les personnes de service à la tour, se verront enlever papier, encre, plumes, crayons et même les papiers écrits. Les commissaires permettent à la reine et à madame *Élisabeth* de communiquer avec les enfants ; ils consentent que le dîner ait lieu en famille, mais sous condition de ne faire aucun signe et de ne tenir aucun propos suspect. *Louis XVI* peut rester seul dans sa chambre ; mais une porte à vitres le rend toujours visible aux commissaires municipaux, en permanence dans la pièce précédente.

Octobre 8. *Fin du bombardement de Lille*, commencé le 29 septembre. — *Duhoux*, commandant supérieur ; *Ruaut*, commandant d'armes ; *André*, maire ; *Bryan*, chef de la garde nationale ; huit mille hommes, dont trois mille de troupes régulières, et cent trente-deux canonniers. — Confédérés, trente-quatre mille hommes; duc Albert de Saxe-Teschen, généralissime. — Le siége est levé. Cent mille projectiles ont été lancés; plus de sept cent maisons sont détruites. La conservation de la place est due principalement au courage et au patriotisme des habitants.

9. *Loi révolutionnaire*, prononçant la peine de mort contre les émigrés pris les armes à la main, et leur exécution immédiate. — *Garat*, ex-constituant, est nommé *ministre de la justice*; sur trois cent quarante-quatre suffrages, il en obtient deux cent vingt-un.

10. *Décret.*—Les dénominations de *Citoyen*, *Citoyenne* remplacent celles de *Monsieur*, *Madame*, dans les assemblées des sections et de la commune de Paris.

15. *Décret* qui supprime la croix de Saint-Louis.

21. *Prise de Mayence par le général Custine.*

22. *Evacuation de Longwy* par les Prussiens (*V.* 23 août).—*Verdun* a été abandonné le 14 (*V.* 2 septembre). —Le territoire français est entièrement évacué.

23. Entrée des troupes françaises à Francfort-sur-le-Mein.

Loi révolutionnaire qui bannit à perpétuité les émigrés, et punit de mort ceux qui rentreraient en France, sans distinction d'âge ni de sexe. La proposition en a été faite par *Garnier* dit *de Saintes*. — Cette loi est, à-la-fois, une accusation, une procédure, un jugement. Émigrés, rassemblés, suspects, prévenus, convaincus, tous sont également frappés. Cette loi est, à elle seule, le système de proscription le plus vaste dont l'Europe moderne ait donné l'exemple, après le renvoi des Maures d'Espagne, et la révocation de l'édit de Nantes.

Rapport du ministre de la justice, *Garat* (Dom. Joseph), à la convention nationale, relativement aux journées des 2—6 septembre. —« .... Les prisonniers, détenus dans Paris, n'étaient pas les prisonniers d'une ville, mais de la nation. L'*insurrection* ne doit pas « être la violation des lois éternelles de la justice, mais leur rétablissement opéré par une crise violente et passagère.... C'est presque « un crime envers la nation que de penser que ces évènements n'appartiennent pas à l'*insurrection*.... Cette tempête devait épurer « l'athmosphère de la France....Les glaives ne se promenaient pas « *entièrement au hasard;* et les victimes les plus connues attestent « qu'on cherchait ceux qui *avaient voulu* frapper eux-mêmes la liberté.... Il s'agissait de travailler à l'édifice du véritable ordre social « *sur des vues un peu étendues* .... »

24. *Finances publiques.* — *Décret* portant création de quatre cents millions d'*assignats*. — Leur circulation pourra se porter à deux milliards quatre cents millions. — La circulation actuelle est de un milliard neuf cents millions.

Novembre 6. *Victoire de Jemmapes* (une lieue ouest de Mons), remportée sur les Autrichiens par *Dumouriez*. — Armée française, quatre-vingt-huit mille hommes; *Beurnonville*, *Valence*, *Harville*, *Labourdonnaye*, le duc *de Chartres-Orléans*, généraux de division. — Confédérés, quarante mille hommes retranchés; le duc de *Saxe-Teschen*, général en chef; *Beaulieu*, *Latour*, généraux autrichiens: tués, blessés ou prisonniers, huit mille hommes. — Perte très-considérable des Français. En attaquant de front une armée bien retranchée, *Dumouriez* montre peu de capacité; en attaquant, avec des soldats braves, mais inexpérimentés, des troupes aguerries, il donne le premier exemple de cette insouciance pour la vie des hommes, à laquelle les généraux français devront souvent leurs avantages. — La Belgique sera le prix de cette journée.

Procès de Louis XVI (*V.* 16 septembre, art. 2). — *Valazé* (Orne), fait à la convention nationale un rapport expositif des preuves trouvées dans les papiers recueillis par la commune de Paris. C'est une accusation qui se sert des expressions les plus outrageantes, qui s'étaie des plus absurdes sophismes, et qui appelle le meurtre (*V.* l'article suivant).

7. Procès de Louis XVI (*V.* l'article précédent). — Sur le rapport de *Mailhe* (Haute-Garonne), *la convention décrète que Louis XVI peut être jugé; qu'il le sera par elle;* que des commissaires feront un rapport énonciatif des délits dont *Louis XVI* sera prévenu; que cet acte sera imprimé, et que les originaux des pièces à sa charge lui seront communiqués; que la convention fixera le jour auquel *Louis XVI* comparaîtra devant elle; que *Louis XVI* présentera, par lui, ou par ses conseils, sa défense écrite ou verbale; enfin, que le jugement sera porté par appel nominal.

Le projet de ce décret a été fortement appuyé, dans plusieurs séances, par les députés *Billaud* dit *de Varennes* (Marne), *Léonard-Bourdon* (Loiret), *Manuel* (Paris), *Robert* (Paris), *Grégoire*, évêque constitutionnel (Loir et Cher), *Serre* (Hautes-Alpes), *Barbaroux* (Bouches-du-Rhône), *Charlier* (Marne), *Péthion* (Paris), *Oudot* (Côte-d'Or), *Lecarpentier* (Marne), *Jean-Bon Saint-André* (Loiret). Quatre députés seulement: *Morisson* (Vendée), *Fauchet*, évêque constitutionnel (Calvados), *Gamon* (Ardèche), *Lefort*

(Oise), peuvent s'élever contre ce décret, et présenter quelques observations avec ménagement, et en professant des doctrines d'un absolu républicanisme. Ils essaient infructueusement de faire prévaloir les principes d'une saine jurisprudence, et les formes admises par toutes les législations. Ils invoquent l'inviolabilité, dont la constitution entoure le monarque; inviolabilité d'après laquelle il ne saurait être passible que de la déchéance, pour les délits commis pendant la durée de cette constitution. Ils exposent, en outre, mais toujours en vain, que ce jugement n'apporterait aucune garantie à la solidité du gouvernement républicain. Les conseils de la raison, de la justice, de la politique, de l'humanité, ne sauraient prévaloir dans une assemblée où la haine des partis, la soif de la vengeance, et la peur sur-tout, font les lois (*V.* 3 décembre).

14. *Occupation de Bruxelles par le général Dumouriez.*

19. *Décret* par lequel la convention promet protection et secours à tous les peuples qui voudraient renverser leurs gouvernements. — Les jacobins, ayant une grande nation pour levier, et le crime pour point d'appui, entreprennent de soulever le monde. Il n'est rien qu'ils n'osent (*V.* 15—17 décembre).

20. Le ministre *Roland* (*V.* 11 août) annonce la découverte de *l'armoire de fer.* Cette armoire, pratiquée dans un mur du château des Tuileries, renferme des papiers qui fourniront des sujets d'accusation contre *Louis XVI.* Ces papiers, cependant, ne révèlent que de petits détails sur les moyens que la cour crut devoir quelquefois employer pour détourner les attaques dont elle était l'objet, et rien n'est moins prouvé que l'existence de ce dépôt secret, et l'authenticité des pièces.

Finances publiques. — *Décret* portant création de six cents millions d'*assignats.* — Total à ce jour, deux milliards et demi.

25. *Stanislas Poniatowski* est forcé, par la Russie, de renoncer à la couronne de Pologne. Les débris de ce royaume venant à être partagés entre les trois grandes puissances voisines, les Polonais se verront effacés de la liste des nations. Le même sort attend la France si elle se laisse vaincre (*V.* 7 février).

27. *Décret.* — *Réunion de la Savoie à la France.*

30. *Prise de la citadelle d'Anvers, par le général Labourdonnaye.*

Décembre 2. *Prise du château de Namur, par le général Valence.*

3—4. PROCÈS DE LOUIS XVI (*V.* 7 novembre). — *Robespierre* impatient des lenteurs d'une information judiciaire, enchérissant sur les propositions de *Mailhe*, demande, que *Louis XVI* soit déclaré, sans nul délai, traître à la patrie, et criminel envers l'humanité; qu'il soit condamné à mort, pour donner un grand exemple au monde, et dans ce lieu même où sont morts, le 10 août, les généreux martyrs de la liberté. Un autre jacobin, *Ferry* (Ardennes), dit : « Her-« cule ne s'amusait pas à faire un procès en forme aux brigands, il « en purgeait la terre. » Cependant, d'après l'avis de *Péthion*, la convention se borne à confirmer le décret du 7 novembre, et décide qu'elle s'occupera du procès de *Louis XVI*, tous les jours, de midi à six heures. — Il est aussi décrété, que tout congé sera refusé aux membres de la convention, jusqu'à la fin du jugement de *Louis XVI* (*V.* le 6).

4. *Loi révolutionnaire.* — Quiconque proposera ou tentera d'établir en France la royauté, ou *tout autre pouvoir attentatoire à la souveraineté du peuple*, sera puni de mort.

5. *Loi révolutionnaire* qui prononce la peine de mort contre les exportateurs de grains.

6. Procès de Louis XVI. (— Sur la demande de *Quinette*, *décret* qui nomme une commission de vingt-un membres pour accélérer l'instruction du procès de *Louis XVI* (*V.* 7 novembre, 11 décembre).

On enlève aux *prisonniers du Temple*, et à ceux qui les servent, tous les instruments tranchants, tels que rasoirs, couteaux, canifs, ciseaux, les compas à rouler les cheveux, etc. On fait déguster tous les comestibles à leur usage; et l'on prend, à leur égard, toutes les précautions extrêmes, usitées envers les malfaiteurs endurcis, les plus vils relaps.

11. Procès de Louis XVI. (*V.* 6-7 novembre, 3-6 décembre).— Dès le point du jour, un bruit extraordinaire, dans l'enceinte du Temple, effraierait les prisonniers, si *Cléry*, valet de chambre de *Louis XVI*, enfermé près de lui, n'avait reçu quelques avis des projets agités dans la convention. *Louis XVI*, qui n'en a pas eu d'autre information, est brusquement transporté à la convention, à travers une escorte formidable, pourvue d'artillerie.

Il paraît à la barre, *Santerre* l'accompagne. — *Barrère*, président, dit : « *Louis, la nation vous accuse;* l'assemblée nationale a décrété « que vous seriez jugé par elle et traduit à sa barre. On va vous lire « l'acte énonciatif des délits qui vous sont imputés. Vous pouvez vous « asseoir. » Lecture faite par *Mailhe* de cet acte, *Barrère* procède à l'interrogatoire : « *Louis*, le peuple vous accuse d'avoir commis une « multitude de crimes pour établir votre tyrannie, en détruisant sa « liberté » ; et, déduisant chaque article d'accusation, il interpelle

Louis XVI de répondre. L'énumération des charges remonte jusqu'au 20 juin 1789, jour où la salle des *états-généraux* fut fermée, et où les députés du tiers se réunirent dans un jeu de paume. L'interrogatoire rappelle tous les évènements publics qui mirent l'autorité royale aux prises avec ses adversaires, toutes les mesures du Roi pour échapper aux attentats entrepris sur sa personne, ainsi qu'un très-grand nombre de faits relatifs à des actes particuliers ou à des correspondances privées. *Charles Ier*, roi d'Angleterre avait refusé de répondre. *Louis XVI*, sans récuser la compétence de ceux qui se portent pour ses juges, leur répond comme un accusé ordinaire : sa religion lui présente une vertu dans cette résignation. Il nie positivement la plupart des inculpations, en ajoutant qu'il n'eut jamais connaissance des projets de conspiration dont on le suppose ou l'auteur ou le complice. Il repousse plusieurs autres imputations, comme d'avoir tenté de désorganiser les armées, d'avoir apporté des retards dans l'envoi de certaines lois, etc., en rejetant ces faits dans la classe de ceux pour lesquels la constitution n'exige que la seule responsabilité des ministres. Sommé ensuite de reconnaître les pièces désignées dans l'acte d'accusation, notamment les différents mémoires de *Laporte*, intendant de la liste civile, de *Sainte-Foix*, de *Talon*, et une lettre à *l'évêque de Clermont*, relative à la validité des sacrements donnés par les prêtres constitutionnels, le Roi désavoue toutes ces pièces, à l'exception de quelques ordonnances de paiement pour son ancienne maison militaire, ordonnances datées du commencement de 1791.

Louis XVI est reconduit au Temple, après cinq heures d'interrogatoire; ayant, sans avoir été prévenu, sans préparation, montré dans toutes ses réponses une précision, une justesse, une présence d'esprit admirables; et dans son air, le calme et la sécurité de l'homme vertueux. Tout semble le dégrader dans une telle situation; rien ne l'avilit dans la manière dont il l'a soutenue. — L'acte énonciatif d'accusation porte sur cinquante-sept chefs; il est appuyé de cent soixante-deux pièces (*V.* l'article suivant).

12. Procès de Louis XVI. (*V.* 3, 6, 11 décembre). — Sur sa demande qu'il lui soit accordé un conseil, la convention ne s'y détermine qu'après trois heures de débats. — *Cambacérès*, *Thuriot*, *Dubois-Crancé*, *Dupont-Debigorre*, commissaires envoyés au Temple, instruisent l'assemblée, que *Louis XVI* choisit pour conseils *Target* et *Tronchet* (ex-constituants). Le premier refuse; et, dans la lettre froidement atroce qu'il adresse à la convention, lettre qu'il signe *le républicain*

Target, il ne se borne pas à motiver sa détermination sur la faiblesse de ses organes (il n'est que dans sa 54e année, et il déclare être dans sa 59e), et quoiqu'on n'ignore pas qu'il jouit d'une santé ferme, les expressions perfidement ambiguës de sa lettre montrent à quel point il approuve l'accusation. Ce même *Target*, qui avait défendu le méprisable et méprisé cardinal *de Rohan*, refuse son ministère à *Louis XVI*. *Tronchet*, presque septuagénaire accepte en déclarant, que « celui « qui se trouve appelé d'une manière si publique à la défense d'un « accusé, ne pourrait refuser son ministère sans prendre sur lui- « même de prononcer un jugement *téméraire*, avant tout examen « des pièces, *barbare*, après cet examen ». A *Tronchet* est adjoint *Lamoignon de Malesherbes*. Ce ministre, patriote dans un temps de despotisme, se dévoue lui-même à cette mission. Il vient, sans crainte et sans effort, prêter son secours au juste persécuté. Il écrit à la convention : « J'ai été appelé deux fois au conseil de celui qui fut « mon maître, dans le temps que cette fonction était ambitionnée « par tout le monde. Je lui dois le même service, lorsque c'est une « fonction que bien des gens trouvent dangereuse. » Plusieurs personnes, *Lally-Tollendal*, *Malouet*, *Cazalès*, ont aussi recherché ce danger. Du fond de leur retraite, *Necker* et *Lally* publieront deux éloquentes défenses du Roi. L'Europe en retentira; mais elles seront dédaignées de l'affreux tribunal qui s'est donné le droit de prononcer (*V.* le 13).

13. Procès de Louis XVI (*V.* 6-7 novembre, 3, 6, 11, 12 décembre). — *Décret.* — La commission des vingt-un fera expédier, *dans les vingt-quatre heures*, les pièces relatives au procès, et emploiera, à cet effet, tous les commis nécessaires, en les requérant de diverses administrations publiques.

14. *Finances publiques.* — *Décret* ordonnant la fabrication de trois cents millions d'*assignats*. — Total à ce jour, deux milliards huit cents millions.

Discours du roi d'Angleterre au parlement. Le Roi déclare qu'il est disposé à s'opposer aux vues d'agrandissement de la France, sans se mêler de ses affaires intérieures.

15. Procès de Louis XVI (*V.* 3, 6, 11, 12, 13 décembre). — *Décrets.* — Des experts ne procéderont pas à la vérification des écritures non-reconnues par *Louis XVI* sur les pièces originales du procès. Les preuves testimoniales sont rejetées. — *Quinette* propose de fixer les bornes dans lesquelles devront se renfermer les défenseurs de *Louis XVI*. — Il est résolu que *Louis XVI* ne pourra com-

muniquer qu'avec ses enfants, lesquels ne pourront communiquer avec leur mère et leur tante, qu'après le dernier interrogatoire. Mais *Louis XVI*, qui ne fit jamais que ce qu'il crut devoir faire, sacrifie la consolation d'être avec ses enfants, à la crainte d'augmenter les sacrifices de leur mère (*V.* l'art. suivant).

16. PROCÈS DE LOUIS XVI. (*V.* 3, 6, 11, 12, 13, 15 décembre). — Des commissaires de la convention se rendent à la tour du Temple et communiquent à *Louis XVI*, cent sept pièces d'accusation qui ne lui avaient pas été présentées le 11, à la barre; de sorte que leur nombre est porté à deux cent soixante-neuf (*V.* le 17).

Décret qui renvoie du territoire de la république, ainsi que du territoire occupé par ses armées, tous les membres de la famille des Bourbons, qui s'y trouvent actuellement, à l'exception des détenus au Temple, et avec réserve de prononcer à l'égard de *Philippe Égalité* (duc *d'Orléans*). (*V.* 6 avril 1793).

Décret enjoignant aux généraux de proclamer, dans les pays conquis, la doctrine de la souveraineté des peuples et de dissoudre les autorités existantes. La convention déclare sa résolution d'établir partout le système de son gouvernement (*V.* 9 novembre).

17. PROCÈS DE LOUIS XVI (*V.* 3, 6, 11, 12, 13, 15, 16 décembre). — *Louis XVI* ayant choisi pour son troisième défenseur *Desèze*, avocat de Bordeaux (pair de 1815, premier président de la cour de cassation en 1815, 16, 17, 18); la convention y consent (*V.* le 26).

25. TESTAMENT DE LOUIS XVI.

Ne pouvant douter que sa perte est résolue, ce prince veut laisser au monde un témoignage de la pureté des motifs qui le guidèrent au commencement de cette révolution dont il sera la plus déplorable victime. Il rédige, lui-même, une déclaration en forme de testament. — L'histoire doit la conserver comme un monument solennel. Qu'on voie *Louis XVI* tombé du faîte des grandeurs dans la profondeur des abîmes, sous le poids d'une infortune qui semble excéder les forces d'un mortel! Qu'on le voie seul dans un donjon; à côté des objets les plus chers, et privé de les voir! sujet aux avanies, aux insultes journalières des hommes les plus vils, les plus atroces; livré à ses ennemis, qu'il sait être altérés de son sang! Qu'on le contemple dans cette solitude, au milieu de surveillants qui guettent toutes ses actions, qui épient ses moindres mouvements, qui savourent son affliction, tracer, avec une conscience calme, d'une main ferme, d'un esprit reposé, un écrit où brillent le respect pour la divinité, l'affection pour tous les hommes, la douceur envers ses cruels oppresseurs ! Qu'on le voie préparer ce *Testament*, le transcrire en double, le revêtir de toutes les formalités, comme une transaction ordinaire de la vie ! Qu'on lise cet acte, et qu'on prononce ! ! !

« Au nom de la Très-Sainte-Trinité, du Père, du Fils et du Saint-« Esprit. Aujourd'hui, vingt-cinquième jour de décembre, mil sept « cent quatre-vingt-douze, moi, Louis XVI du nom, Roi de France, « étant depuis plus de quatre mois enfermé avec ma famille dans la « tour du Temple, à Paris, par ceux qui étaient mes sujets, et privé « de toutes communications quelconques, même depuis le 10 du cou-« rant, avec ma famille; de plus, impliqué dans un procès dont il est « impossible de prévoir l'issue, à cause des passions des hommes, et « dont on ne trouve aucun prétexte ni moyen dans aucune loi exis-« tante, n'ayant que Dieu pour témoin de mes pensées, et auquel je « puisse m'adresser : je déclare ici, en sa présence, mes dernières vo-« lontés et mes sentiments.

« Je laisse mon ame à Dieu mon créateur; je le prie de la recevoir « dans sa miséricorde, de ne pas la juger d'après ses mérites, mais par « ceux de Notre-Seigneur Jésus-Christ, qui s'est offert en sacrifice à « Dieu son père pour nous autres hommes, quelque indignes que « nous en fussions, et moi le premier.

« Je meurs dans l'union de notre sainte mère l'Église catholique, « apostolique et romaine, qui tient ses pouvoirs, par une succession non « interrompue, de saint Pierre, auquel Jésus-Christ les avait confiés.

« Je crois fermement et je confesse tout ce qui est contenu dans le « symbole et les commandements de Dieu et de l'Église, les sacre-« ments et les mystères, tels que l'église catholique les enseigne « et les a toujours enseignés. Je n'ai jamais prétendu me rendre juge « dans les différentes manières d'expliquer les dogmes qui déchirent « l'Église de Jésus-Christ; mais je m'en suis rapporté et rapporterai « toujours, si Dieu m'accorde vie, aux décisions que les supérieurs « ecclésiastiques, unis à la sainte Église catholique, donnent et « donneront conformément à la discipline de l'Église, suivie depuis « Jésus-Christ.

« Je plains de tout mon cœur nos frères qui peuvent être dans « l'erreur; mais je ne prétends pas les juger, et ne les aime pas moins « en Jésus-Christ, suivant ce que la charité chrétienne nous enseigne. « Je prie Dieu de me pardonner tous mes péchés. J'ai cherché à les « connaître scrupuleusement, à les détester et à m'humilier en sa « présence. Ne pouvant me servir du ministère d'un prêtre catho-

« lique, je prie Dieu de recevoir la confession que je lui en ai faite, « et sur-tout le repentir profond que j'ai d'avoir mis mon nom « (quoique cela fût contre ma volonté) à des actes qui peuvent être « contraires à la discipline et à la croyance de l'Église catholique, à « laquelle j'ai toujours resté sincèrement uni de cœur. Je prie Dieu « de recevoir la ferme résolution où je suis, s'il m'accorde vie, de « me servir, aussitôt que je le pourrai, du ministère d'un prêtre ca- « tholique, pour m'accuser de tous mes péchés, et recevoir le sacre- « ment de pénitence.

« Je prie tous ceux que je pourrais avoir offensés par inadvertance « (car je ne me rappelle pas d'avoir fait sciemment aucune offense à « personne), ou ceux à qui j'aurais pu avoir donné de mauvais « exemples ou des scandales, de me pardonner le mal qu'ils croient « que je peux leur avoir fait. Je prie tous ceux qui ont de la charité « d'unir leurs prières aux miennes pour obtenir de Dieu le pardon de « mes péchés.

« Je pardonne de tout mon cœur à ceux qui se sont fait mes enne- « mis, sans que je leur en aie donné aucun sujet, et je prie Dieu de « leur pardonner, de même qu'à ceux qui, par un faux zèle, ou par un « zèle mal entendu, m'ont fait beaucoup de mal!

« Je recommande à Dieu ma femme et mes enfants, ma sœur, mes « tantes, mes frères, et tous ceux qui me sont attachés par le lien du « sang ou par quelque autre manière que ce puisse être. Je prie Dieu « particulièrement de jeter des yeux de miséricorde sur ma femme, « mes enfants et ma sœur, qui souffrent depuis long-temps avec « moi, de les soutenir par sa grace, s'ils viennent à me perdre, et « tant qu'ils resteront dans ce monde périssable.

« Je recommande mes enfants à ma femme. Je n'ai jamais douté « de sa tendresse maternelle pour eux : je lui recommande sur- « tout d'en faire de bons chrétiens et d'honnêtes hommes, de ne leur « faire regarder les grandeurs de ce monde (s'ils sont condamnés à « les éprouver) que comme des biens dangereux et périssables, et « de tourner leurs regards vers la seule gloire solide et durable de « l'éternité. Je prie ma sœur de vouloir continuer sa tendresse à mes « enfants, et de leur tenir lieu de mère, s'ils avaient le malheur de « perdre la leur.

« Je prie ma femme de me pardonner tous les maux qu'elle souffre « pour moi, et les chagrins que je pourrais lui avoir donnés dans le « cours de notre union; comme elle peut être sûre que je ne garde « rien contre elle, si elle croyait avoir quelque chose à se reprocher.

« Je recommande bien vivement à mes enfants, après ce qu'ils « doivent à Dieu, qui doit marcher avant tout, de rester toujours « unis entre eux, soumis et obéissants à leur mère, et reconnaissants « de tous les soins et les peines qu'elle se donne pour eux, et en « mémoire de moi. Je les prie de regarder ma sœur comme une se- « conde mère.

« Je recommande à mon fils, s'il avait le malheur de devenir roi, « de songer qu'il se doit tout entier au bonheur de ses concitoyens, « qu'il doit oublier toute haine et tout ressentiment, et nommément « ce qui a rapport aux malheurs et chagrins que j'éprouve; qu'il ne « peut faire le bonheur des peuples qu'en régnant suivant les lois : « mais, en même-temps, qu'un roi ne peut les faire respecter, et « faire le bien qui est dans son cœur, qu'autant qu'il a l'autorité né- « cessaire, et qu'autrement, étant lié dans ses opérations, et n'inspi- « rant point de respect, il est plus nuisible qu'utile.

« Je recommande à mon fils d'avoir soin de toutes les personnes « qui m'étaient attachées, autant que les circonstances où il se trou- « vera lui en donneront les facultés; de songer que c'est une dette sa- « crée que j'ai contractée envers les enfants ou les parents de ceux qui « ont péri pour moi, et ensuite de ceux qui sont malheureux pour moi.

« Je sais qu'il y a plusieurs personnes de celles qui m'étaient atta- « chées qui ne se sont pas conduites envers moi comme elles le de- « vaient, et qui ont même montré de l'ingratitude; mais je leur par- « donne (souvent dans les moments de trouble et d'effervescence, « on n'est pas maître de soi), et je prie mon fils, s'il en trouve l'oc- « casion, de ne songer qu'à leur malheur.

« Je voudrais pouvoir témoigner ici ma reconnaissance à ceux qui « m'ont montré un attachement véritable et désintéressé : d'un côté, « si j'ai été sensiblement touché de l'ingratitude et de la déloyauté « des gens à qui je n'avais jamais témoigné que des bontés, à eux, « ou à leurs parents et amis; de l'autre, j'ai eu de la consolation à « voir l'attachement et l'intérêt gratuit que beaucoup de personnes « m'ont montré : je les prie d'en recevoir tous mes remerciements. Dans « la situation où sont encore les choses, je craindrais de les compro- « mettre si je parlais plus explicitement; mais je recommande spécia- « lement à mon fils de chercher les occasions de pouvoir les reconnaître.

« Je croirais calomnier les sentiments de la nation, si je ne recom- « mandais ouvertement à mon fils MM. de *Chamilly* et *Hue*, que leur « véritable attachement pour moi avait portés à s'enfermer avec moi « dans ce triste séjour, et qui ont pensé en être les malheureuses

« victimes. Je lui recommande aussi *Cléry*, des soins duquel j'ai eu « tout lieu de me louer depuis qu'il est avec moi. Comme c'est lui qui « est resté avec moi jusqu'à la fin, je prie messieurs de la commune « de lui remettre mes hardes, mes livres, ma montre, ma bourse, et « les autres petits effets qui ont été déposés au conseil de la commune.

« Je pardonne encore très-volontiers à ceux qui me gardaient, les « mauvais traitements et les gênes dont ils ont cru devoir user envers « moi. J'ai trouvé quelques ames sensibles et compâtissantes : que « celles-là jouissent de la tranquillité que doit leur donner leur façon « de penser.

« Je prie MM. de *Malesherbes*, *Tronchet* et *Desèze* de recevoir ici « tous mes remerciements et l'expression de ma sensibilité, pour tous « les soins qu'ils se sont donnés pour moi.

« Je finis en déclarant devant Dieu, et prêt à paraître devant lui, « que je ne me reproche aucun des crimes qui sont avancés « contre moi.

« Fait double à la tour du Temple, le vingt-cinq décembre mil « sept cent quatre-vingt douze.

« *Signé* LOUIS. »

Décembre 26. PROCÈS DE LOUIS XVI (*V.* 3, 6, 11, 12, 13, 15, 16, 17 décembre). — Le Roi comparaît de nouveau à la barre de la convention avec ce calme, cette dignité ferme, mais résignée, qu'il ne cesse de montrer depuis qu'il est malheureux et captif. Son défenseur *Desèze* occupe l'auditoire pendant trois heures. Le plaidoyer a été écrit la nuit précédente, vu la nécessité de le prononcer ce jour même, jour irrévocablement fixé. L'orateur, ne pouvant donner à sa cause l'extension et les développements dont elle est susceptible, n'offre que la vérité, la simple vérité, sans les ressources de l'art, sans ornements. Il se propose de confondre les accusateurs, en évitant de les irriter, en ôtant même à ses raisonnements une partie de leur force. Le mérite de cette défense, comme œuvre oratoire, consiste plus dans l'adresse des réticences que dans la vigueur des développements. On ne peut s'empêcher de regretter qu'aux arguments pressants de la logique, l'orateur n'ait pas joint les armes d'une éloquence plus véhémente. Il n'avait pas à convaincre des magistrats intègres, des juges désintéressés, mais à soulever des ames exercées aux violentes émotions. Quel tableau à présenter à ces conventionnels, en assez grand nombre, qui, n'étant que pusillanimes, desiraient trouver un moyen de résister, que la vue d'un puissant monarque précipité du haut de son trône dans un cachot; du chef d'une grande nation en butte à des ennemis qu'il n'offensa jamais; d'un législateur humain ayant, de son propre mouvement, éteint la persécution religieuse, aboli la torture, mis fin à la servitude des paysans du Jura; ayant délivré les mers, appelé volontairement les Français à la liberté, et qui, délaissé de ses courtisans, exposé par le faux zèle de ses serviteurs, est chargé de chaînes par son peuple, qui ne reçut de lui que des bienfaits! Celui qui refusa toujours l'ordre de répandre quelques gouttes de sang coupable, entend demander tout le sien: de féroces proscripteurs en ont une soif démesurée! Ne doivent-ils pas redouter le courroux de la nation, rendue aux sentiments de justice et d'humanité qui reparaissent après les discordes civiles? Ils allument l'indignation de tous les peuples....... Mais tous ces moyens, susceptibles de réveiller le courage, d'exciter la commisération dans la majorité tremblante, indécise, comme de reporter la terreur dans le sein des bourreaux, ont été interdits par *Louis XVI* à ses défenseurs. N'aspirant qu'à la palme du martyre, le salut de son ame est le seul qu'il envisage; et lorsque *Desèze* lui a présenté la péroraison touchante qui termine son discours: *Non*, lui dit ce prince, qui persiste à rejeter tout souvenir de royauté, *je ne veux pas attendrir.*

Desèze élève la voix. — Voici des extraits de son discours.

« Citoyens représentants de la nation; il est enfin arrivé le moment « où *Louis* accusé au nom du peuple français, et entouré du conseil « que l'humanité et la loi lui ont donné, va faire entendre sa « justification. Le silence même qui m'environne m'avertit que le « jour de la justice a succédé aux jours de la prévention. Les infor- « tunes des rois ont quelque chose de bien plus attendrissant et de « plus sacré que les infortunes des autres hommes; et celui qui na- « guère occupait le trône le plus brillant de l'univers, doit encore « exciter un intérêt bien plus puissant. Vous l'avez appelé au milieu « de vous; il y est venu avec calme, avec dignité, fort de son inno- « cence, appuyé du témoignage de sa vie entière. Il vous a révélé « jusqu'à sa pensée, en discutant sans préparation, sans examen, des « inculpations qu'il ne prévoyait pas.

« *Louis* n'a pu que vous dire son innocence: je vais vous la dé- « montrer; j'en apporte les preuves. Je voudrais que cette enceinte « pût s'agrandir pour que la multitude de citoyens, qui a reçu « contre *Louis* l'impression la plus funeste, reçût une impression « contraire. *Louis* sait que l'Europe attend avec inquiétude le ju- « jement que vous allez rendre; il sait que la postérité doit le re- « cueillir: il le sait; mais il ne considère que ses contemporains.....

« Si je n'avais à répondre qu'à des juges, je me contenterais de leur « dire que, depuis que la nation a aboli la royauté, il ne peut rien « y avoir à prononcer contre *Louis*. Mais je parle au peuple; j'ai à « examiner l'affaire sous deux points de vue : celui où *Louis* était « placé avant l'acceptation de la constitution, et celui où il était après « l'acceptation de la constitution.

« J'examine d'abord le décret qui déclare que *Louis* sera jugé par « la convention. Apparemment que les législateurs ont dit que son « inviolabilité ne pourrait lui servir. Qu'avez-vous donc fait par « votre décret? Vous vous êtes constitués juges de l'accusation que « vous avez portée vous-mêmes. Vous avez encore décrété, que *Louis* « sera entendu : mais s'il doit être entendu, il a le droit de se défen- « dre; il n'appartient pas à un juge d'en circonscrire les moyens. La « convention les appréciera quand il les aura prononcés. Si *Louis* se « trompe, elle réfutera ses erreurs.

« On a discuté le caractère de l'inviolabilité accordée à *Louis* par « la constitution. On a prétendu que ce n'était pas un contrat synal- « lagmatique : j'y consens : c'est un mandat, si l'on veut; mais le « mandataire n'a pu se soumettre à d'autres conditions, à d'autres « peines que celles portées dans le mandat.

« Ouvrons maintenant le chapitre *de la royauté*; nous y verrons, « que la personne du Roi est inviolable. Il n'y a ni exception, ni mo- « dification; mais il est des circonstances dans lesquelles il peut perdre « ce caractère d'inviolabilité. *Si le Roi n'a pas prêté serment*, ou *si*, « *après l'avoir prêté, il le rétracte, il sera censé avoir abdiqué la* « *royauté*. Telles sont les expressions de l'art. 5 : ici, le mot *dé-* « *chéance* n'est pas même prononcé; ce n'est qu'une présomption « d'abdication de la royauté.

« *Si le Roi*, dit l'art. 6, *se met à la tête d'une armée, et en dirige* « *les forces contre la nation*, ou s'il ne *s'oppose pas, par un acte* « *formel, à une telle entreprise, qui s'exécuterait en son nom, il sera* « *censé avoir abdiqué le royauté*. Certes, il ne saurait exister de délit « plus criminel, que celui qui est prévu par cet article. Il suppose toutes « les machinations, toutes les perfidies, toutes les trahisons, toutes « les horreurs, tous les fléaux d'une guerre sanglante et intestine; « et cependant, que prononce la constitution? La présomption d'a- « voir abdiqué la royauté.

« Il est donc impossible de juger *Louis*, à moins que le peuple ne « fasse une loi pour cette affaire particulière. Car, je lis dans Rous- « seau : *Là, où je ne vois ni la loi qui poursuit, ni la loi qui con-*

« *damne, je ne veux pas m'en rapporter à la volonté générale; car, la* « *volonté générale ne peut prononcer ni sur un homme, ni sur un fait.*

« Au surplus, si vous ôtez à *Louis* le droit d'être inviolable comme « Roi, vous ne pouvez lui ôter le droit d'être jugé comme citoyen; « et, dans ce dernier cas, où sont ces formes conservatrices, où sont « ces jurés, ces espèces d'ôtages de la vie et de l'honneur des citoyens? « Je vous le demande, où est cette proportion de suffrages que la « loi a si sagement établie? Où est ce scrutin silencieux qui enferme « dans la même urne et l'opinion et la conscience du juge? Je vous « parle avec la franchise d'un homme libre; JE CHERCHE PARMI VOUS « DES JUGES, ET JE N'Y VOIS QUE DES ACCUSATEURS. Vous voulez pro- « noncer sur *Louis*, et vous l'avez accusé! Vous voulez prononcer « sur *Louis*, et vous avez émis votre vœu à son égard! Vous voulez « prononcer sur *Louis*, et vos opinions parcourent l'Europe!

« Vous l'accusez d'avoir voulu, au mois de juillet 1789, dissoudre « l'assemblée nationale. Oubliez-vous que c'était lui qui l'avait con- « voquée? Oubliez-vous que, depuis plus de cent cinquante ans, des « princes, plus jaloux que lui de son autorité, s'étaient constamment « refusés à cette convocation? Oubliez-vous que, sans lui, sans les « nombreux sacrifices qu'il a consentis, vous ne seriez pas à délibérer « ici sur les intérêts de l'état?

« Vous lui opposez des lettres, des projets, des correspondances « de *Talon*, *Sainte-Foix*, *Laporte*, *la Fayette*, *Mirabeau*, etc., etc. « Mais le domicile de *Louis* a été envahi, ses armoires ont été brisées, « ses tiroirs forcés : il n'y a point eu de scellés, point d'inventaire; « on a pu égarer des pièces, égarer celles qui répondaient aux pièces « qu'on oppose.

« Mais laissons toutes ces futiles accusations, qui d'ailleurs, sont « antérieures au 14 septembre 1791; ce jour *Louis XVI* a accepté la « constitution; la constitution était le pacte d'alliance entre le peu- « ple et le Roi : il n'y avait plus de nuages; le passé était oublié.

« Depuis cette acceptation, que reprochez-vous à *Louis? Le traité* « *de Pilnitz?* Mais il l'a dénoncé sitôt qu'il l'a connu. Les troubles « de *Nîmes*, de *Montauban*, de *Jalès?* Mais était-ce donc au Roi à « répondre des troubles inséparables d'une grande révolution? Une « lettre de *Wittgenstein?* Mais il a été destitué, et n'a plus été em- « ployé. Le compte rendu par *Narbonne?* Mais l'assemblée législative « décréta que *Narbonne* emportait les regrets de la nation. La reddi- « tion de *Longwy?* Mais ce sont les habitants qui en furent coupables. « La reddition de *Verdun?* Eh! qui donc avait nommé ce comman-

« dant si célèbre par son héroïsme, si ce n'est *Louis?* Sa lettre à « l'*évêque de Clermont?* Mais c'était une opinion purement religieuse. « De l'argent distribué aux émigrés? Ce reproche est dénué de toute « espèce de fondement. Le plus âgé de ses neveux avait quatorze ans. « Il n'existait pas de loi qui fixât l'âge où l'émigration est un crime. « Pour être Roi, fallait-il cesser d'être parent? — *Choiseul-Beaupré* « était en Italie depuis 1789. — *Rochefort* n'est pas sorti de France. « — Quant à *Bouillé*, sa lettre dit : *Donné à Monsieur frère, du roi,* « *par son ordre.* Mais cet ordre n'est pas celui du Roi, c'est celui de « *Monsieur.* — L'exercice de son *veto?* La constitution lui laisse la « sanction libre des décrets..... etc., etc.

« On a fait à *Louis* un reproche qui a excité l'indignation du « peuple; et qui doit, en effet, lui paraître bien grave. On l'accuse « d'avoir payé ses gardes-du-corps à *Coblentz.* J'avoue que cette ac- « cusation m'avait fait à moi-même une impression douloureuse. « J'avais pu soupçonner la bonne foi de *Louis*, les pièces m'avaient « paru claires. Je viens aujourd'hui lui faire, aux yeux de toute « l'Europe, la réparation que je lui dois. Toutes les pièces se rap- « portent au mois d'octobre 1791. Voici ce qu'écrivait l'administra- « teur de la liste civile au trésorier, au mois de novembre suivant : « *L'intention de S. M. est de continuer le traitement de ses gardes-* « *du-corps, jusqu'à ce qu'ils soient replacés; mais S. M. entend que* « *le montant de ce traitement ne soit pas délivré en masse à l'état-* « *major, mais à chaque individu, à la caisse de la liste civile, sur sa* « *quittance particulière et son certificat de résidence dans le royaume.* « Toutes les pièces ont reçu la plus grande publicité; on a dénoncé « *Louis* à la France, à l'Europe entière; on a ordonné l'impression « de tous les actes d'accusation; et *la pièce qui seule répond à ces* « *faits, est demeurée* SEULE *ignorée?* Par quelle étrange fatalité ne s'y « trouve-t-elle point? *Louis* est parvenu après bien des soins, à se « faire remettre dans les bureaux, une copie authentique de cette « lettre; il la produit aux yeux de l'Europe.

« J'arrive enfin à cette journée désastreuse du 10 août. Tous vos « succès depuis cette journée, vous auraient permis d'être généreux; « je ne vous demande que d'être justes. *Louis* craignait l'invasion « de son château; il entretient une correspondance plus exacte avec « les autorités populaires......... Enfin, le peuple est là, le pro- « cureur-syndic (*Rœderer; V.* 10 août) lit la loi qui ordonne de « repousser la force par la force. Les canonniers, pour toute réponse, « déchargent leurs canons devant lui. Alors le procureur-syndic

« invite *Louis* à se rendre au sein de l'assemblée nationale; il s'y « rendit.......... Une heure après, nos malheurs commencèrent. « Comment s'est engagé le combat? Je l'ignore; l'histoire l'ignorera « peut-être aussi. On lui a reproché d'avoir passé les troupes en revue. « Eh bien! reprochez donc au maire de Paris (*Péthion*) d'avoir visité « les postes. *Louis* n'était-il pas une autorité constituée? Son autorité « n'était-elle pas, entre ses mains, un dépôt auquel la loi lui défendait « de laisser porter la moindre atteinte?

« Je sais qu'on a dit que *Louis* avait excité l'insurrection pour ar- « river à l'exécution de ses projets. Mais qui donc ignore aujour- « d'hui, que cette insurrection avait été machinée, mûrie; qu'elle « avait ses agents, son conseil, son directoire? Qui donc ignore, « qu'il avait été fait et signé des actes, des traités à ce sujet? *Dans « cette salle, on s'est disputé la gloire du* 10 *août*; je ne viens point « la contester : mais, puisqu'il est prouvé que cette journée avait été « méditée, comment pourrait-on en faire un crime à *Louis?*

« Et, vous l'accusez! et vous voulez prononcer la mort contre lui! « contre lui! qui n'a jamais donné un ordre sanguinaire; contre lui! « qui, à *Varennes*, aima mieux revenir captif que d'exposer la vie d'un « seul homme; contre lui! qui, le 20 juin, refusa toute espèce de secours, « et préféra de rester seul au milieu du peuple. Entendez l'histoire dire: « *Louis, monté sur le trône à vingt ans, y porta l'exemple des mœurs, « la justice, l'économie; il abolit la servitude dans ses domaines; le « peuple voulut la liberté, il la lui donna*...... Je n'achève pas. Je « m'arrête devant l'histoire. Songez qu'elle jugera votre jugement. »

Desèze ayant fini, *Louis XVI* prend la parole et dit à-peu-près ces mots : « Citoyens, on vient de vous présenter mes moyens de « défense. Je n'ai rien à y ajouter; ma conscience est pure; et je vous « l'assure en vous parlant, peut-être, pour la dernière fois. On me « reproche d'avoir voulu répandre du sang, et je suis déchiré d'une « pareille imputation.. » — Le président *Defermon* : « Vous n'avez « plus rien à ajouter pour votre défense? » *Louis XVI* : « Non. » *Le président* : « Vous pouvez vous retirer. » — Il est une heure après-midi.

La discussion s'engage aussitôt sur la suite à donner à l'accusation. *Lanjuinais* (ex-constituant, pair de 1814) prononce un discours énergique, souvent interrompu par les vociférations des tribunes et les emportements des députés, dits *montagnards* (ceux qui affectent de se placer sur les gradins les plus élevés, et qui émettent les opinions les plus violentes). *Lanjuinais* accuse la convention de s'être déshonorée, en se constituant juge de *Louis XVI* par un décret rendu dans une minute......... « Puisqu'il doit être jugé, qu'on observe

« les formes salutaires, conservatrices, qui sont réservées pour tous « les citoyens, sans exception, et qu'elles soient aussi appliquées à « notre ci-devant roi ! De là, on ne viendra plus vous parler de le « faire juger par la convention nationale ; on ne viendra plus vous « dire : Il faut qu'il soit jugé par les conspirateurs qui se sont dé- « clarés hautement à cette tribune, les auteurs de l'horrible journée « du 10 août..... Vous seriez les conspirateurs du 10 août, les ac- « cusateurs, le juré d'instruction, le juré de jugement, les juges!... « Vous ne pouvez rester juges de l'homme désarmé, duquel plusieurs « d'entre vous ont été les ennemis directs et personnels ; puisqu'ils « ont tramé l'invasion de son domicile, et qu'ils s'en sont vantés. Vous « ne pouvez pas rester juges, applicateurs de la loi, jurés d'accusa- « tion, jurés de jugement, ayant émis tous, ou presque tous, vos « avis ; l'ayant fait, quelques-uns de vous, avec une férocité scanda- « leuse..... J'entends parler du salut du peuple. Ce sont donc des « idées politiques que l'on vous appelle à discuter, et non plus des « idées judiciaires..... La politique veut-elle que la convention soit « déshonorée ? La politique veut-elle que la convention partage les « inconvénients, les calamités qui peuvent résulter et de la diversité « et de la variabilité étonnante de l'opinion publique ? Certes, il n'y « a qu'un pas, dans l'opinion publique, de la rage à l'amour et à la « pitié. Eh bien ! on voudrait que vous vinssiez, pour le salut pré- « tendu de l'état, à la dissolution effrayante qui paraît vous me- « nacer ; soit que vous ayez prononcé pour, soit que vous prononciez « contre..... Et moi, je vous dis : Consultez le salut du peuple. Je « vous propose une mesure de sûreté générale qui vaut mieux qu'un « jugement. Le salut du peuple veut que vous vous absteniez d'un « jugement qui vous fera de grands ennemis, qui les aide à servir les « horribles conspirations qu'ils méditent contre vous. Si vous suivez « les principes de l'ordre judiciaire, vous ne pouvez confondre dans « vos personnes des rapports incompatibles, qui ne sauraient exis- « ter chez une nation humaine et éclairée. Si vous consultez la poli- « tique, vous aurez également à examiner la question de la vie ou « de la mort de *Louis*, mais sous des rapports bien moins difficiles. « Il est temps de fixer l'opinion sur cet état perpétuel d'alarmes et « d'espérances. Je demande que l'assemblée, rapportant son décret « par lequel elle a décidé qu'elle jugerait *Louis XVI*, ou l'inter- « prétant, décrète : *qu'elle prononcera sur son sort*, *par mesure de « sûreté générale*, deux jours après la distribution du mémoire. J'ob- « serve, d'ailleurs, que ce sont les expressions dont vous vous êtes « servis, dans le décret par lequel vous avez prorogé le délai accordé

« à *Louis*, pour sa défense. »— Loin d'être ramenés, par ces considérations, à quelque sentiment de justice et d'humanité, les chefs de *la montagne* les considèrent comme des provocations à de plus promptes mesures. Ils invoquent, avec des cris de fureur, le jugement *Sans désemparer et par appel nominal.*

Hardy (Seine-Inférieure) : «.... Bien que, chez les nations libres, « des jugements aient été portés par le peuple, ils étaient rendus par « le sénat qui les confirmait.... La justice exige que l'accusateur et « l'accusé aient des forces morales égales; car c'est ainsi que je con« çois la balance de la justice.... Je n'apporte pas des hurlements à « cette tribune, je n'y apporte que l'austère vérité.... »

Kersaint (Seine-et-Oise) : « Je demande qu'on ne se permette pas « des déclamations. Nous sommes juges, et non bourreaux. »

L'ajournement étant demandé, des cris de rage s'élèvent du point où siégent les hommes les plus sanguinaires. *Thuriot, Duhem, Billaud-Varennes, Camille Desmoulins, Jullien* (Drôme) sont à leur tête et menacent d'égorger les ajournants. — La convention décrète, à cinq heures, que la discussion est ouverte et qu'elle sera continuée, *toute autre affaire cessante*, jusqu'à la prononciation du jugement définitif (*V.* l'art. suivant).

27—31. PROCÈS DE LOUIS XVI (*V.* 7 novembre; 3, 6, 11, 12, 13, 15, 16, 17, 26 décembre). *Commencement et suite des débats à la convention nationale.*

« Quant à moi, dit *Rabaut de Saint-Etienne* (le 28), je vous « l'avoue : *je suis las de ma portion de despotisme; je suis fatigué*, « *harcelé, bourrelé de la tyrannie que j'exerce pour ma part;* et je « soupire après le moment où vous aurez créé un *tribunal national* « qui me fasse perdre les formes et la contenance *d'un tyran*...... « Si vous êtes législateurs, faites des lois; mais ne jugez pas. Si les « juges sont en même temps législateurs; s'ils décident la loi, les « formes, le temps; s'ils accusent et s'ils condamnent; s'ils ont toute « la puissance législative, exécutive, judiciaire; ce n'est point en « France, c'est à Constantinople, c'est à Lisbonne, c'est à Goa, qu'il « faut aller chercher la liberté. » L'opinion de *Rabaut* est fortement soutenue par *Vergniaud* : « Tout le pouvoir de la convention, dit-il, « n'est que provisoire, soumis à la ratification du peuple qui est le « souverain. Le droit du peuple serait donc blessé par l'exécution « provisoire d'un décret de mort contre *Louis;* puisque dans le cas « où ce décret serait improuvé par la nation, il ne serait pas pos« sible de rendre l'existence à *Louis.* » *Vergniaud* parle aussi *des fausses considérations politiques qu'une fausse vanité a cru devoir écarter jusqu'ici.* Il rappelle les intentions déja manifestées de l'Espagne, de l'Angleterre, l'opinion du reste de l'Europe. Il fait le tableau des évènements préparés à la France par le parti qui, après tant de sang répandu, demande encore du sang. « On feint de craindre la guerre civile; mais les agitateurs n'ont pas dans les départements la même influence qu'à Paris, et d'ailleurs la craint-on cette guerre civile pour l'acceptation des lois constitutionnelles?.... On dit que la majorité de la nation est royaliste; d'après cela, que ne propose-t-on de bannir la France de la France? Mais qui sont ceux qui nous annoncent la guerre civile? Ne sont-ce pas ceux qui la prêchent par leurs écrits, et la préparent par la subversion de toutes les idées de la morale et de la justice? Qui sont ceux qui nous annoncent des incendies, si ce ne sont ceux dans les mains de qui on voit les torches incendiaires?.... On a fait *Louis*, même renfermé étroitement au Temple, auteur de la cherté, de la disette, de tous les maux, de tous les soulèvements qu'il y a eu depuis qu'il est hors d'état d'agir. Mais, dès que *Louis* ne sera plus, ce sera la *convention* qu'on en chargera.... On dit: Si l'indignation est universelle, *la cause en est au Temple;* si les assignats perdent sur le numéraire, *la cause en est au Temple;* si nos armées sont mal approvisionnées, *la cause en est au Temple;* si le pain est cher, *la cause en est au Temple.* Eh bien! *Louis* mourra. Mais qui vous dira que ces hommes, après la mort de *Louis*, ne vous diront pas, Si la guerre se prolonge, *la cause en est à la convention;* si le peuple souffre encore, *la cause en est à la convention;* si nos colonies sont perdues, *la cause en est à la convention;* si la machine marche mal, *la cause en est à la convention;* si la famine ravage la France, *la cause en est à la convention?* Alors, citoyens, alors, qui garantira que vous ne verrez pas paraître *cet ambitieux qui vous aura avilis? ce chef* qui, sans doute, sera percé à l'instant; mais qui n'en aura pas moins causé des maux inexprimables...» (*V.* 1er janvier 1793.)

31. *Le citoyen Chauvelin*, ministre de la république française à Londres, ayant r[illegible] une note pour demander si le gouvernement britannique est neutre ou ennemi; il lui est répondu, qu'on ne le reconnaît pas, en sa qualité de ministre de la république.

1793.

Janvier 1—17. PROCÈS DE LOUIS XVI (*V.* 7 novembre, 3, 6, 11,

12, 13, 15, 16, 17, 26, 27 décembre). — *Suite des débats à la convention nationale.* La discussion entamée le 26 décembre se prolonge jusqu'au 7 janvier; on ajourne la délibération au 14.

Acharnés à sa perte, les conventionnels les plus sanguinaires ne cessent de demander sa prompte condamnation. La soif du crime les dévore; il leur faut le sang d'un Roi. Il est d'autres députés, enthousiastes de république, mais dont l'ame ne se ferme pas entièrement à la pitié, qui présentent des considérations politiques, proposent des délais, insistent pour l'observation des formes judiciaires, sauvegardes de la justice et de l'humanité. Il suffit que leurs opinions décèlent quelque modération, pour qu'ils soient interrompus, bafoués ainsi que ces huit ou dix hommes de bien, inébranlables dans les saines doctrines, qui déploient un courage à toute épreuve, en faveur du monarque abattu. Malheur à celui qui hésite, qui réfléchit et ne se déclare pas avec véhémence! Son nom est à l'instant porté sur des tablettes de mort qu'on étale à ses yeux; en vain voudra-t-il plus tard, faire valoir sa complicité dans les journées qui préparèrent la chûte du trône, en détruisant le prestige de la royauté. Il ne sera point fait grace à ceux qui n'opinent pas pour la mort, et la mort immédiate de *Louis XVI.* Ils sont poursuivis des vociférations de ces tueurs soudoyés qui remplissent les tribunes, qui obstruent les avenues de la salle, et qui savent si promptement exécuter leurs propres sentences. *Ou la sienne ou la tienne*, dit-on des tribunes à un orateur, par une affreuse allusion à la tête de *Louis XVI.*

Depuis l'ouverture du procès, ce qu'il y a de plus atroce parmi les motionnaires du club des jacobins, assiége la barre; ce qu'il y a de plus révoltant en théories politiques, est exprimé à découvert dans les adresses qu'envoient les comités révolutionnaires; tout se dispose dans cette enceinte pour assurer l'arrêt de mort. Au-dehors, *Robespierre*, *Collot-d'Herbois*, *Saint-Just*, *Barrère*, *Danton*, *Tallien*, *Péthion*, tiennent à leurs ordres ces bêtes féroces, qu'une infernale prévoyance attira dans Paris pour la journée du 10 août, ramas exécrable de forçats, de malfaiteurs, de contrebandiers, d'étrangers vagabonds. Ils se sont assurés du maire *Chambon*, du commandant-général *Santerre* (brasseur du faubourg Saint-Antoine), du ministre de la justice *Garat* (le rhéteur). Aucun de ces moyens, que le génie du crime sait inventer, n'est négligé pour épouvanter, pour abattre cette immense population de Paris. La gendarmerie a été dissoute; l'état-major de la garde nationale, supprimé; les compagnies d'élite ont été réformées. Les administrateurs du département qui avaient essayé de prévenir la catastrophe du 10 août, ont tous, à l'exception du procureur-syndic *Rœderer*, déposé leurs fonctions (*V.* 23 juillet 1792); les prisons se peuplent; des assassinats combinés se multiplient, et leurs auteurs ne sont pas recherchés. Les habitants de toute condition sont frappés de stupeur, leur activité morale est anéantie; environnés de périls et d'horreurs, ils semblent avoir perdu l'idée de l'avenir; leurs facultés restent suspendues; le sentiment est comme desséché : personne ne sait à quelle époque il vit, quel est le maître du jour, quel attentat se prépare, quel est ce tumulte qui fait retentir les airs, ce que présagent ces cris sinistres qui les déchirent. Une sombre affliction est par-tout répandue; le courage de l'opposition aux méchants ne se rencontre nulle part. La démence convulsionnaire de quelques brigands fait seul un effrayant contraste avec cette torpeur universelle : car les plébéiens des derniers rangs eux-mêmes, ont perdu leur effervescence; ils cèdent en silence, et machinalement à l'impulsion de ceux qui les conduisent, de ceux qu'ils sont habitués à voir leurs chefs dans les insurrections, de ces monstres dont ils ne pénètrent pas les noirs desseins, quoique la consommation du régicide ait été si hautement annoncée. Tant il est aisé de prolonger l'égarement d'un peuple qui, retiré inopinément de l'indolente servitude dans laquelle il croupissait, a été porté du premier élan aux excès de la licence! — Tel est le sombre tableau qu'offre Paris, depuis le commencement des débats de cette odieuse procédure, et qu'il offrira jusqu'au dernier jour de *Louis XVI*. — D'ailleurs, quel espoir pourrait rester aux bons? quelle crainte ressentiraient les méchants dans une ville où quatre-vingt mille gardes nationaux bien armés et disciplinés ont cédé à six mille fédérés vomis par les provinces (*V.* 20 juin 1792)? Des vrais habitants de Paris, dont le très-grand nombre compâtit aux royales infortunes, les uns sont abattus par la terreur; les autres, étourdis par la foudroyante rapidité des évènements, ou abusés par leurs illusions; et *Louis XVI*, le meilleur des rois, est laissé à lui-même, à lui seul.

13. *Le peuple de Rome massacre Basseville*, secrétaire de légation de la république française, et incendie le bâtiment de l'académie française de peinture.

14. PROCÈS DE LOUIS XVI (*V.* 7 novembre, 3, 6, 11, 12, 13, 15, 16, 17, 26, 27 décembre 1792; 1er janvier). — *Suite des débats à la convention nationale; jugement.*

La convention décrète que les questions sur le jugement de *Louis XVI* seront posées dans l'ordre suivant : Louis *est-il coupable?*

— *Le jugement sera-t-il soumis à la sanction du peuple?* — *Quelle sera la peine?* (*V.* l'art suivant).

15. Procès de Louis XVI (*V.* 7 novembre, 3, 6, 11, 12, 13, 15, 16, 17, 26, 27 décembre 1792; 1er, 14 janvier). — *Suite des débats à la convention nationale; jugement.*

L'appel nominal s'ouvre sur la première question : Louis *est-il coupable de conspiration contre la liberté, et d'attentats contre la sûreté générale de l'état?* Oui ou Non. — De sept cent dix-neuf membres présents, six cent quatre-vingt-trois votent pour l'affirmative.

L'appel nominal a lieu de nouveau sur la deuxième question : *Le jugement qui sera rendu sur* Louis *sera-t-il soumis à la sanction du peuple réuni dans ses assemblées primaires?* Oui ou Non. — L'assemblée se compose de sept cent quarante-neuf membres :

Absents par maladie	9
Dito par commission	20
Refusant de voter	6
Admettant l'appel au peuple dans des cas spécifiés	4
Votant l'appel au peuple, sans conditions	286
Refusant tout appel au peuple	424
	749

Entre tous, l'artificieux *Barrère* est celui qui contribue le plus à décider cette majorité. Faisant froidement l'énumération des dangers d'une convocation générale, il montre à cette foule de conventionnels, aussi crédules que lâches, les discordes de l'intérieur et la conjuration des rois, qui durera aussi long-temps que vivra le dernier Roi de France. *Barrère* représente *Louis XVI* comme une victime qu'on est forcé d'immoler à la concorde (*V.* l'art. suiv.).

16, 17, 18. Procès de Louis XVI (*V.* 7 novembre, 3, 6, 11, 12, 15, 16, 17, 26, 27 décembre 1792; 1er, 14, 15 janvier). — *Suite des débats à la convention nationale; jugement.*

Le troisième appel nominal va s'ouvrir. Les hommes du 2 septembre sont accourus armés de sabres et de bâtons. Altérés du sang que leur promettent les jacobins, ils occupent toutes les avenues de la salle; ils y attendent les députés, applaudissant ceux qui leur sourient, et poursuivant, de cris féroces et de gestes menaçants, ceux qui, dans les séances précédentes, parlèrent de clémence. — Ce troisième appel nominal, commencé le soir du 16, à huit heures, se prolonge vingt-quatre heures sans interruption. La troisième question est posée ainsi : *Quelle peine* Louis *a-t-il encourue?*

Un grand nombre de députés motivent leur opinion; quelques-uns prononcent des discours assez étendus. *Sieyes* affecte, au contraire, la brièveté en disant : *La mort sans phrases.* Barrère s'écrie : *L'arbre de la liberté ne peut croître qu'arrosé du sang humain. Philippe Égalité* (duc d'Orléans) s'exprime ainsi : « *Fidèle à mes devoirs, et con-* « *vaincu que tous ceux qui ont attenté ou attenteront par la suite à la* « *souveraineté du peuple, méritent la mort, je prononce la mort de* « Louis. » Des cris d'horreur se font entendre, même des tribunes, et de ses complices qu'épouvantent la fermeté de sa voix et l'impassibilité de sa contenance.

L'appel nominal dure vingt-cinq heures. Le président *Vergniaud* proclame le résultat du scrutin :

« L'assemblée se compose de		749 membres.
« Absents par commission..	15	
« *Id.* par maladie	7	28
« *Id.* sans cause et censuré..	1	
« Non votants.............	5	
« Nombre des votants...........		721
« ONT VOTÉ — pour les fers..............	2	
« — Pour la détention et le bannissement immédiat, ou pour la « réclusion ; et quelques-uns y « ont ajouté la peine de mort conditionnelle, si le territoire était « envahi....................	286	334
« — Pour la mort avec sursis, « soit après l'expulsion des Bourbons, soit à la paix, soit à la ratification de la constitution...	46	
« ONT VOTÉ — pour la mort..............	361	387
« — pour la mort, en demandant « une discussion sur le point de savoir s'il conviendrait ou non à « l'intérêt public qu'elle fût ou « non différée, et *en déclarant* « *leur vœu indépendant de cette* « *demande*..................	26	
« Ainsi, *pour la mort sans condition*.....	387.	
		721

« Je déclare, au nom de la convention nationale, que la peine « qu'elle prononce contre *Louis Capet* est celle de mort. »

Le plus profond silence règne pendant cette proclamation. Les députés les plus déterminés à la perte de *Louis XVI* sont en extase à la vue de leur succès; ceux qui désiraient le sauver, en prolongeant son agonie, sont frappés de stupeur; les auditeurs des tribunes conçoivent à peine qu'ils entendent la sentence d'un roi.

On remet à la séance prochaine la discussion sur la question du sursis à l'exécution du décret de mort, et l'on se sépare à onze heures, dans la nuit du 17 au 18, au milieu des huées des tribunes que mécontente ce renvoi.

L'assemblée se trouvant de nouveau formée, le 18 vers midi, un membre fait observer qu'il y a eu erreur dans le libellé du décret de mort, il en demande la rectification. Plusieurs autres députés affirment que le relevé de l'appel nominal et son résultat sont fautifs. Ces réclamations paraissent aux votants pour la peine capitale, des prétextes afin d'éluder le résultat déja proclamé; ils inculpent les secrétaires qui sont du parti girondin; ils s'opposent à tout recensement, se faisant soutenir par les hideux prolétaires dont ils ont rempli les galeries ainsi que les avenues de la salle; mais c'est en vain.

Le troisième appel nominal est recommencé ce même jour. Chaque membre est interpellé de déclarer si son suffrage a été fidèlement rapporté. Le résultat de cette seconde opération, proclamé par le président, offre de légères différences avec le résultat de la première opération; mais ces différences ne portent nullement sur le point essentiel, *sur le total des votes pour* LA MORT SANS CONDITION, *lequel total comprend, outre les* trois cent soixante-un *votes portés sur le tableau* n° 1 (*V.* pag. 175—178), *les vingt-six votes portés sur le tableau* n° 2 (*V.* pag. 178, 179); *et ces vingt-six votes sont pour la mort avec l'amendement présenté d'abord par Mailhe.* Il est évident que cet amendement n'en est pas un; car il est présenté en termes trop dubitatifs, et *Mailhe*, interpellé là-dessus, après la clôture de l'appel nominal, le 17 vers neuf heures du soir, immédiatement avant la première proclamation du résultat, *désavoue expressément* l'intention de faire un amendement. Ainsi *ces vingt-six votes du tableau* n° 2, *doivent être ajoutés aux trois cent soixante-un votes, pour la mort sans observations, portés au tableau* n° 1, et c'est positivement ainsi qu'ils ont été compris par le bureau, dans la vérification opérée le 18.

Sans doute l'énoncé de quelques votes du parti modéré, aura été peu fidèlement inscrit sur le registre, et il est bien à présumer que ces votants, qui votent le poignard des sans-culottes suspendu sur leurs têtes, n'auront pas osé réclamer des rectifications qui eussent encore plus exposé leurs jours. Timides comme ils se sont montrés, ils se seront applaudis de l'ambiguité avec laquelle ils surent exprimer leurs opinions. — Quel que soit, au reste, le nombre précis de ces infâmes sacrificateurs, le monde n'en avait jamais autant vu s'associer pour délibérer froidement d'un forfait exécrable.

On a remarqué que les députations unanimes ou presque unanimes pour le régicide, sont : 1° celles de *Paris*, *Marseille*, *Bordeaux*, villes où les factieux agissent sur une plus grande masse de prolétaires, et où, par conséquent, les choix ont été plus influencés par le parti démagogique ; à *Lyon*, où la population ouvrière est dans une plus étroite dépendance de ceux qui leur fournissent du travail ; à *Lyon*, à *Rouen*, où règne une industrie plus sagement laborieuse, les jacobins eurent moins de succès ; 2° les députations des départements, dont les habitants comptaient alors, comme les plus dégradés par l'ignorance, et les plus abâtardis par la superstition, l'*Arriège*, l'*Aveyron*, le *Gers*, la *Dordogne*, la *Haute-Loire*, la *Corrèze*, le *Var*.

L'inspection des quatre tableaux ci-joints, pourrait amener à penser que le fanatisme républicain est, à cette époque désastreuse, presque uniformément répandu sur la France ; car, en agglomérant huit ou dix départements, de manière à faire dix ou huit sections du territoire, on verrait les mandataires de chacune de ces sections concourir en nombre égal, et avec une même ardeur, aux œuvres de la destruction et du meurtre.

On peut observer encore que deux départements n'eurent à reprocher le régicide à aucun de leurs délégués. Honneur aux *Basses-Pyrénées !* Les fidèles gardiens du berceau de Henri IV n'aidèrent pas à creuser la tombe de son petit-fils. Les retraites écartées des *Hautes-Alpes* ne recelèrent pas non plus de ces bêtes féroces qu'engendrait la révolution.

Que serait devenue la France, si tous les bons germes avaient été desséchés par le souffle empesté des fausses doctrines ? Mais qui n'aura pas vécu dans ce temps n'estimera pas assez ce très-petit nombre de membres de la convention qui en sont sortis purs et sans tache. Il y avait du courage à braver les rugissements des égorgeurs qui brandissaient hors des tribunes leurs bras ensanglantés, à dicter soi-même sa proscription à la plume du rédacteur de cet impérissable procès-verbal.

Bresson (Vosges) « Non, nous ne sommes pas juges : car les « juges sont prosternés devant une loi égale pour tous ; et nous, « nous avons violé l'égalité pour faire une exception contre un seul. « Nous ne sommes pas juges : car les juges ont un bandeau glacé sur « le front, et la haine de *Louis* nous dévore..... On voit les juges « s'attendrir sur le scélérat qu'ils viennent de condamner, et adoucir « l'horreur qui l'environne, par l'expression de la pitié : notre aver- « sion poursuit *Louis* jusque sous la hache des bourreaux ; et même « j'ai plusieurs fois entendu prononcer son arrêt de mort avec l'accent « de la colère, et des signes approbateurs répondaient à ce cri funèbre. »

Chiappe (Corse). « Je ne saurais être juge, applicateur de peine, « lorsque je suis législateur..... »

Marec (Finistère). « L'accumulation des fonctions de jury, de « juge, de législateur est monstrueuse, tyrannique, subversive de « tout ordre social..... Je ne veux point être juge ; je ne puis ni ne « dois l'être...... Mais la convention eût-elle reçu un mandat spécial « pour juger ; pourrait-elle, sans violer les droits sacrés de la justice « et de l'égalité, user de toute la rigueur de la loi envers le coupable, « après lui avoir refusé la protection des formes conservatrices ?...... »

Lanjuinais (Ille-et-Vilaine). « ..... Au reste, j'ai entendu dire qu'il « fallait que nous jugeassions cette affaire, comme le peuple la juge- « rait lui-même. Or, le peuple n'a pas le droit d'égorger un prison- « nier vaincu.... »

Daunou (Pas-de-Calais). « ..... Les formes judiciaires n'étant pas « suivies, ce n'est point par un jugement criminel que la convention « a voulu prononcer. Je ne lirai donc pas les pages sanglantes de « notre code, puisque vous avez écarté toutes celles où l'humanité « avait tracé les formes protectrices de l'innocence. Je ne prononce « donc pas comme juge. Or, il n'est pas de la nature d'une mesure « d'administration, de s'étendre à la peine capitale. Cette peine serait- « elle utile ? L'expérience des peuples qui ont fait mourir leur roi, « prouve le contraire.... »

Kersaint (Seine-et-Oise). « Je vais motiver mon dernier *avis* ; car « je ne me crois pas appelé à prononcer une *sentence*. Si j'étais juge, « je voterais par clémence et non par haine : car c'est ainsi, seule- « ment, que j'espérerais d'être le véritable interprète d'une nation « généreuse. Comme législateur, l'idée d'une nation qui se venge ne « peut entrer dans mon esprit ; l'inégalité de cette lutte me révolte.... »

Himbert (Seine-et-Marne). « Je viens comme législateur, et non « comme juge, prononcer une mesure de sûreté générale. Je déclare

« que ce n'est point le refus de l'appel au peuple qui m'y détermine; « c'est le sentiment intime que je n'ai pas le pouvoir de juger. Le « peuple m'en a convaincu, en nommant des hauts-jurés pour une « haute-cour nationale.... Vous avez cassé la haute-cour nationale. « Eh! ne craignez-vous pas que l'histoire ne vous accuse d'avoir « usurpé un pouvoir qui vous manquait?... »

TABLEAU N° 1er. — Noms des députés de la convention qui ont voté *pour la mort, sans aucune réserve.*

Haute-Garonne.....	Delmas, Projean, Julien, Calès, Ayral.
Gers.............	Laplaigne, Maribon-Montaut, Descamps, Barbeau-Dubarran, Laguire, Ichon, Bousquet.
Gironde..........	Gensonné, Jay, Ducos cadet, Garreau, Boyer-Fonfrède, Deleyre.
Hérault..........	Cambon, Bonnier, Rouyer.
Ille-et-Vilaine......	Duval, Sévestre, Chaumont, Beaugeard.
Indre..............	Thibault, Lejeune.
Indre-et-Loire.....	Nioche, Dupont, Pottier, Ysabeau.
Isère..............	Baudran, Génevois, Amar, Génissieu, Charrel.
Jura..............	Grenot, Prost, Amyon, Ferroux.
Landes...........	Dartigoyte, Dizès, Ducos l'aîné (consul provisoire en 1799).
Loir-et-Cher.......	Brisson, Chabot (ex-capucin), Foussedoire, Fressine, Venaille.
Haute-Loire.......	Reynaud, Delcher, Flageas, Faure, Bonet, Barthélemy.
Loire-Inférieure....	Méaulle, Villers, Fouché, dit de Nantes (duc d'Otrante, ministre en 1815).
Loiret............	Lombard-Lachaux, Delagueulle, Léonard-Bourdon.
Lot..............	Monmayou, Cavaignac, Jean-Bon Saint-André, Clédel.
Lot-et-Garonne....	Vidalot, Boussion, Fournel.
Lozère............	Châteauneuf-Randon.
Maine-et-Loire.....	Choudieu, Delaunay l'aîné, Réveillère-Lepeaux (directeur en 1795, 96, 97), Leclerc, Pérard.
Manche...........	Lemoine, Letourneur (directeur en 1795, 96), Lecarpentier (de Valogne), Havin, Hubert.
Marne............	Prieur, Thuriot, Charles Charlier, Delacroix-Deconstant, Deville, Drouet, Armonville, Vatelier.

Haute-Marne.......	Guyardin, Monnet, Roux, Valdruche, Chaudron-Rousseau, Laloi (ci-devant Leroi).
Mayenne..........	Joachim Luce Lavallée, Grosse-Durocher.
Meurthe..........	Mallarmé, Levasseur, Bonneval.
Meuse............	Pons, dit de Verdun.
Morbihan.........	Lequinio.
Moselle...........	Antoine, Hentz, Bar, Thirion.
Nièvre............	Sautereault, Damerone, Lefiot, Guillerault, Legendre, Goyre-Laplanche.
Nord..............	Merlin, dit de Douai (directeur en 1797, 98), Duhem, Cochet, Lesage-Senault, Carpentier, Prière, Sallengros, Poultier, Aoust, Boyaval.
Oise..............	Coupé, Calon, Massieu, Anacharsis Cloots (Prussien), Bezard, Isoré, Bourdon, Mathieu.
Orne..............	Bertrand Lahordinière, Deshrouas, Julien Dubois, Colombel, Plet-Beauprey.
Paris.............	Robespierre (Maximilien), Danton, Collot-d'Herbois (comédien), Billaud, dit de Varennes, Camille Desmoulins, Marat (Suisse), Lavicomterie, Legendre, Raffron, Panis, Sergent, Robert, Fréron (fils du Zoïle de Voltaire), Beauvais, Fabre-d'Églantine (auteur comique), Osselin, Robespierre le jeune, David (peintre), Boucher, Laignelot, Philippe Égalité (duc d'Orléans).
Pas-de-Calais......	Carnot (directeur en 1795, 96), Duquesnoy, Lebas, Guffroy, Bollet.
Puy-de-Dôme.....	Couthon, Gibergues, Maignet, dit Brutus, Romme, Soubrany, Rudel, Blanval, Laloue, Dulaure, Monnestier.
Hautes-Pyrénées...	Barrère, dit Vieuzac, Féraud, Lacrampe.
Pyrénées-Orientales.	Montégut, Cazanies.
Haut-Rhin........	Ritter, Laporte, Pflieger.
Bas-Rhin.........	Laurent, Bentabole, Louis.
Rhône-et-Loire.....	Dupuis fils, Dubouchet, Pressavin, Noël Pointe, Cusset, Javogues.
Haute-Saône.......	Gourdan, Bolot, Dornier.
Saône-et-Loire.....	Gelin, Carra, Guillermin, Reverchon, Guillemardet, Bodot, Mailly, Moreau.

Sarthe............ Richard, François-Primaudière, Philippeaux, Boutrone, Levasseur, Froger, Sieyes (abbé, constituant, directeur, et consul provisoire en 1799), Letourneur.

Seine-et-Oise...... Lecointre, Bassal, Audouin, Tallien, Marie-Joseph Chénier (poëte).

Seine-Inférieure.... Albitte, Pocholles.

Seine-et-Marne..... Tellier, Mauduyt, Cordier.

Deux-Sèvres....... Lecointe-Puyraveau, Dubreuil, Cochon.

Somme........... Saladin, Dumont, Eloy-Hourier.

Tarn............. Lasource, Lacombe-Saint-Michel, Campmas, Meyer.

Var.............. Escudier, Charbonier, Ricard, Isnard, Despinassy, Roubaud, Barras (directeur en 1795, 96, 97, 98, 99).

Vendée........... J. F. Goupilleau, Aimé Goupilleau, Maignen, Fayan, Musset, Garos.

Vienne........... Piorry, Ingrand, Martineau, Thibaudeau.

Haute-Vienne...... Gay-Vernon.

Vosges........... Perrin.

Yonne............ Maure, Lepelletier-Saint-Fargeau, Jacques Boilleau, Turreau, Bourbotte, Hérard, Finot.

Ain.............. Deydier, Gauthier, Merlin Et.

Aisne............ Jean de Bry, Beffroy, Saint-Just, Quinette, Lecarlier.

Allier............ Videlin, Martel, Petit-Jean, Forestier.

Basses-Alpes....... Maïsse, Derbés-Latour.

Ardennes.......... Ferry, Dubois-Crancé, Robert.

Arriège........... Vadier, Clauzel, Campmartin, Espert, Lakanal, Gaston.

Aube............. Courtois, Robin, Garnier.

Aude............. Azéma, Bonnet, Ramel, Marragon.

Aveyron.......... Bô, Camboulas, Joseph Lacombe, Seconds, Louchet.

Bouches-du-Rhône.. Duprat, Rebecquy, Barbaroux, Granet, Gasparin, Moyse Bayle, Pierre Baille, Rovère, Pélissier, Laurent.

Cantal............ Milhaud, J. B. Lacoste, Carrier.

Charente.......... Dubois de Bellegarde, Guimbertau, Chazaud,

Ribereau, Brun, Crevelier.

Charente-Inférieure. Bernard, Bréard, Eschasériaux, Niou, Ruamps, Vinet, Loseau, Garnier, dit de Saintes.
Cher............. Foucher, Labrunerie, Pelletier.
Corrèze........... Brival, Borie, Chambon, Lannot, Penières.
Corse............. Salicetti.
Côte-d'Or......... Bazire, Guyton-Morveau (chimiste), Prieur, Oudot, Guiot, Trulhard, Berlier.
Côtes-du-Nord..... Loncle.
Creuse............ Guyès.
Dordogne.......... Lamarque, Pinet aîné, Élie Lacoste, Roux-Fasillac, Taillefer, Peyssard, Cambert, Allafort, Bouquier aîné.
Doubs............. Michaud, Monnot, Vernerey, Besson.
Drôme............. Jullien, Sauteyra, Boisset, Jacomin.
Eure.............. Duroy, Robert-Thomas Lindet, Bouillerot, Robert Lindet.
Eure-et-Loir....... Lacroix, Péthion, Loyseau, Châles, Fremenger.
Finistère.......... Boham, Guezno, Guermeur.
Gard.............. Leyris, Tavernel.

Total, trois cent soixante-un.

TABLEAU N° 2. — Noms des votants *pour la mort*, *avec la réserve proposée par Mailhe* (rapporteur du décret d'accusation du 7 novembre précédent).

(Cette réserve se réduit à demander à l'assemblée : *Si, après la condamnation à mort, elle ne trouverait pas convenable d'examiner la question de l'époque à laquelle l'exécution devrait avoir lieu.* Toute illusoire qu'est cette réserve, elle a été abandonnée par *Mailhe*, lorsqu'à la répétition du troisième appel nominal, il a été interpelé d'expliquer nettement son vote. Aussi les votants de cette catégorie ont-ils été compris au nombre des votants pour *la mort, sans condition.*)

Haute-Garonne.... Mailhe, Desacy.
Gironde.......... Vergniaud, Guadet, Duplantier.
Indre-et-Loire..... Ruelle, Champigny.
Loiret............ Laboissière.
Lot-et-Garonne.... Paganel (évêque constitutionnel).
Morbihan......... Audrein.
Oise............. Portiez.

Haut-Rhin........	Johannot.
Haute-Saône.......	Siblot.
Somme...........	François.
Aisne............	Petit.
Allier............	Giraud.
Aude.............	Girard.
Basses-Alpes.......	Savornin, Peyre.
Calvados..........	Bonnet.
Charente..........	Chedanau.
Corrèze...........	Lidon.
Creuse............	Huguet.
Eure-et-Loir.......	Lesage.
Gard.............	Chazal fils, Voulland.
	Total, vingt-six.

TABLEAU N° 3. Noms des membres qui, s'étant prononcés *pour la mort*, ont pensé *que l'assemblée pourrait, dans sa clémence, accorder un sursis, lequel sursis expirerait dans les vingt-quatre heures de la première irruption tentée par une puissance étrangère sur le territoire français.*

Hérault...........	Cambacérès.
Manche...........	Laurence-Villedieu.
Mayenne..........	Bissy le jeune, Enjubault, Serveau.
Orne.............	Duboë, Thomas.
Rhône-et-Loire.....	Lanthenas.
Saône-et-Loire.....	Montgilbert.
Seine-et-Oise......	Alquier.
Somme...........	Delecloy.
Haute-Vienne......	Lesterpt-Beauvais.
Vosges............	Poulain-Grandpré.
Aisne............	Bélin.
Ardèche..........	Gamon.
Ardennes.........	Blondel, Vermond.
Calvados..........	Dubois-Dubais, Taveau.
Drôme...........	Colaud de la Salcette.
	Total, vingt.

TABLEAU N° 4. — Noms des votants *pour la mort, qui proposent un sursis finissant*, 1°, suivant les uns (*a*), *au jour du décret qui prononcera l'expulsion de tous les Bourbons*; 2°, suivant d'autres (*b*), *à l'époque de la ratification de la constitution par le peuple*; 3° et suivant d'autres (*c*), *au moment de la paix.*

Loiret............ J. B. Louvet (*b*).
Lozère........... Monestier (*c*).
Manche........... Ribet (*a*), Bonnesœur (*a*).
Orne............. Dufriche-Valazé (*a*), Plat-Beauprey (*a*).
Puy-de-Dôme...... Girod-Pouzol (*c*).
Hautes-Pyrénées... Dupont (*a*), Piqué (*c*).
Pyrénées-Orientales. Birotcau (*a*).
Rhône et-Loire.... Moulin (*a*).
Scine-et-Oise...... Royt (*b*).
Seine-et-Marne..... Bernard (*b*).
Tarn............. Gouzy (*a*).
Yonne............ Précy (*b*).
Ardèche.......... Soubeyran-Saint-Prix (*a*).
Ardennes......... Menesson (*a*).
Eure............. Buzot (*b*).
Eure-et-Loir....... Brissot (*b*).
Gard............. Aubry (*b*), Rabaut-Pomier (*b*).
Total, vingt-un. (*V.* l'article suivant.)

17 — 18. PROCÈS DE LOUIS XVI (*V.* 7 novembre ; 3, 6, 11, 12, 15, 16, 17, 26, 27 décembre 1792; 1er, 14, 15, 16 janvier). — *Suite des débats à la convention nationale ; jugement.* Il est huit heures du soir. Les trois défenseurs de *Louis XVI* sont admis à la barre. Ils donnent lecture d'un écrit de sa main : « Je dois à mon « honneur, je dois à ma famille, de ne point souscrire à un jugement « qui m'inculpe d'un crime que je ne puis me reprocher; en consé- « quence, je déclare que j'interjette appel, à la nation elle-même, « du jugement de ses représentants...... » En vain, *Desèze*, *Tronchet*, prennent la parole, établissent l'illégalité d'une décision suprême qui, semblable à un décret ordinaire, n'est portée qu'à la majorité absolue des voix. C'est inutilement que *Tronchet*, fort de ses connaissances judiciaires, affirmera que la loi pénale, alors en vigueur, exige *les deux tiers des voix* pour que l'accusé soit condamné; inutilement observera-t-il que quand il était question de déterminer quelles devaient être la majorité et la force du calcul des voix, une affaire aussi importante que celle-là méritait d'être traitée par un appel nominal; en vain, en s'appuyant sur toute cette argumentation, vient-il solliciter l'assemblée de rapporter un décret par lequel elle a passé *à l'ordre du jour* sur la manière de prononcer le jugement (comme si, avec des brigands, il s'agissait de discuter les règles du combat). Le vénérable *Malesherbes* vient aussi intercéder; mais les

plus douloureux sentiments oppressent son ame. A peine a-t-il la force de proférer quelques mots; la voix de celui qui fut, pendant un demi-siècle, l'oracle de la magistrature, le défenseur des opprimés, se perd dans les sanglots; et l'aspect de la plus haute vertu qui supplie, qui fond en larmes, est un vain spectacle pour des hommes habitués à braver le remords. *Robespierre, Barrère, Merlin* dit *de Douai*, monstres acharnés sur leur proie, rugissent avec fureur. Ce dernier saisit avidement l'occasion de paraître le rival du célèbre jurisconsulte *Tronchet*, et de développer cette malfaisante sagacité qui fera distinguer, à chaque époque, l'auteur de *la loi des suspects* (*V.* 17 septembre 1793). « C'est, dit-il, dans l'institution « des jurés, qu'il est question du nombre de voix nécessaire pour la « condamnation d'un accusé; mais il n'en n'est pas question dans le « code pénal. C'est là l'erreur de *Tronchet*; il ne faut pas accorder « les honneurs de l'ajournement à une erreur aussi grossière. » — *La convention déclare nul l'acte de* Louis Capet, *apporté à la barre par ses conseils, qualifié* d'appel à la nation *du jugement contre lui rendu par la convention; défend à qui que ce soit d'y donner aucune suite, à peine d'être poursuivi comme coupable d'attentat contre la sûreté générale de l'état.*

Thuriot, Tallien, Robespierre, Couthon, Barrère, toujours plus impatients d'achever la victime, insistent pour qu'il soit décidé, *séance tenante*, sur les questions *du sursis*. *Barrère* reproduisant avec affectation les mots qui ont caractérisé son vote sur la troisième question soumise à l'appel nominal (*V.* l'art. précédent), s'écrie : « *L'arbre de la liberté ne peut croître qu'arrosé du sang des Rois.* » — « *Citoyens*, s'écrie Robespierre, *c'est par* HUMANITÉ *que vous ne* « *devez pas adopter de délais. Songez que, sous le gouvernement que* « *vous avez détruit, le ministre qui précédait la révolution se couvrit* « *de honte, parce qu'un des édits qu'il avait proposés mettait un in-* « *tervalle entre la condamnation et le supplice......* » On applaudit à ces exécrables sophismes. La décision définitive est cependant remise au lendemain; car ces législateurs-bourreaux succombent aux fatigues d'une séance de soixante heures. — Mais le tigre *Robespierre* cherchera-t-il le repos avant de s'être repu de tout le sang de sa proie? S'en dessaisira-t-il avant que le souffle de l'existence l'ait abandonné? « *Le tyran vit encore*, s'écrie-t-il...... Que tous les citoyens « ici présents déploient leur influence, pour empêcher que jusqu'au « moment où nous l'aurons amené sur l'échafaud, on ne puisse, en « excitant le zèle le plus pur des bons citoyens, abuser de la juste

« impatience de voir exécuter le jugement que nous venons de ren-« dre..... » Le tigre rugit encore; mais il est minuit; ses plus dévoués complices s'aperçoivent de leur petit nombre et se dispersent (*V.* l'article suivant).

19—20. PROCÈS DE LOUIS XVI (*V.* 6-7 novembre; 3, 6, 11, 12, 13, 15, 16, 17, 26, 27 décembre 1792; 1er, 14, 15, 16, 17 janvier). — *Suite des débats à la convention nationale; jugement.*

La discussion s'ouvre sur la question finale du sursis. Cependant la tribune est faiblement assiégée, et *Buzot* expose le motif qui en éloigne les orateurs dont l'ame ne serait pas fermée à la pitié...... « Je ne me soucie pas de ma vie, j'en ai fait le sacrifice..... Je serai « assassiné peut-être...... Je ne me dissimule pas que ceux qui vo-« teront pour un sursis, seront accusés de royalisme; c'est le mo-« ment où les passions les plus violentes ne respectent pas même « l'opinion des représentants de la nation...... La convention est « commandée par des lois partielles...... Mais mettant à l'écart les « dangers qu'on peut courir, j'examine...... » *Barbaroux* accuse une faction qui voudrait se servir de l'horreur même que le régicide exciterait chez les Français, pour relever le trône en faveur d'un Bourbon qui suit la révolution dès son origine (le duc *d'Orléans*, aujourd'hui *Philippe-Égalité*). — *Thuriot* et *Barrère*, infatigables apologistes de tous les forfaits, jettent leurs imprécations sur la tête de ceux qu'ils appellent *timides défenseurs de l'humanité*. « En vain, « ajoute ce dernier, objecte-t-on le courroux des Rois.... Est-il venu « dans cette assemblée un homme qui, comme Fabricius, vous ait « apporté dans le pli de sa robe la paix ou la guerre, selon que vous « adopterez ou rejetterez le sursis?..... Que vous apporte-t-on en « cet instant? Rien, que des conjectures et des illusions diploma-« tiques..... *N'oubliez pas votre plus belle mission, celle de faire une* « *révolution chez les puissances.* » En vain, un des hommes de la faction de *Brissot*, s'écrie-t-il: « Les Rois chassés de leur trône n'y sont « jamais remontés; les Rois qui ont trouvé des *Brutus*, ont eu des « successeurs; ceux qui ont péri sur l'échafaud, ont été remplacés « par des *Cromwell*. »

On procède au *quatrième appel nominal*. — *Sera-t-il sursis à l'exécution du jugement de* Louis Capet? OUI ou NON.

Nombre des votants............ 690
Majorité absolue................ 346

Contre le sursis............... 380
Pour le sursis................. 310
Voix au-dessus de la majorité...... 34

Il est trois heures après minuit. *Cambacérès* s'élance à la tribune : « *Citoyens, en prononçant la mort du dernier Roi des Français, vous* « *avez fait un acte dont la mémoire ne passera point, et qui* SERA « GRAVÉ PAR LE BURIN DE L'IMMORTALITÉ DANS LES FASTES DES NATIONS. « .... *Qu'une expédition du décret de mort soit envoyée* A L'INSTANT « *au conseil exécutif pour le faire exécuter* DANS LES VINGT-QUATRE « HEURES *de la notification.* » Cette exclamation est le coup asséné sur la victime; le décret est aussitôt porté. — Celui qui, faisant entendre ce vœu d'immédiate exécution, éteint la dernière lueur d'espérance, exerçait une charge de conseiller de la cour des comptes, aides et finances du Languedoc. Dans un état assez voisin de l'indigence, il avait en 1786 reçu *de Louis XVI, lui-même*, à la sollicitation directe du baron *de Périgord*, commandant de cette province, une pension de deux cents livres sans retenue. (*V.* État nominatif des pensions sur le trésor royal, imprimé par ordre de l'assemblée nationale, 1789, tome II, page 239). En même temps, le père de ce conseiller touchait une pension de deux mille livres; ainsi que le constate l'état dressé conformément à la loi du 15 mai 1791, applicative de la loi du 25 février précédent, relativement aux personnes comprises dans les listes des secours affectés sur la loterie royale, sur le Port-Louis et sur les fermes générales. — A ce jour, les exemples les plus éclatants d'ingratitude et d'injustice sortent de la convention même. Là, parents, anciens serviteurs, ministres des cultes, dénonciateurs, ennemis personnels, députés absents, ont opiné contre *Louis XVI*, et en violant toutes les formes. Que ce soit dépravation de principes, cupidité, lâcheté ou scélératesse d'ame, il importe fort peu (*V.* l'article suivant).

20. SIGNIFICATION DU JUGEMENT DE LOUIS XVI (*V.* les 14, 15, 16, 17, 19). *Garat*, ministre de la justice (celui qui se vit souvent désigné sous le nom de *Garat-Septembre*, parce qu'il avait arrêté ou prévenu les procédures contre les auteurs des massacres du 2 au 6 septembre 1792); *Lebrun* (de Genève), ministre des relations extérieures; *Grouvelle*, secrétaire du conseil exécutif (homme de lettres); deux membres du département de Paris, dont les noms restent perdus dans la foule des noms appartenant aux scélérats obscurs de cette époque; *Chambon*, maire, sont introduits, à deux heures de l'après-midi, par le commandant *Santerre*, dans la cour du Temple,

auprès de Louis XVI. Le ministre *Garat* élève la voix, et sans doute pour montrer encore moins d'égards au prisonnier, il lui annonce sa mission la tête couverte. *Grouvelle* lit les décrets des 15, 16, 17, 19 et 20. — Louis XVI témoigne sa résignation, mais il demande *trois jours de sursis*. — Ces trois jours lui sont refusés. — On lui rend la faculté de voir sa famille et de l'entretenir sans témoins. On lui accorde la présence de l'ecclésiastique qu'il désignera, pour en recevoir les dernières consolations. — Il écrit, pour recommander à la bienfaisance de la nation, toutes les personnes qui lui ont été attachées; sur-tout celles d'un âge avancé, ou qui n'ont d'autres moyens d'existence que leurs appointements. La convention passe brutalement à l'ordre du jour sur cet objet; mais, par une décision ignoblement barbare, elle lui fait déclarer, *que le peuple français, toujours magnanime, prendra soin de sa famille* (V. l'art. suiv.).

21. Mort de Louis XVI (*V.* l'art. précédent). Dès la veille, toutes les précautions sont prises afin d'assurer l'exécution de Louis XVI. Des *sans-culottes*, choisis dans chaque section de Paris, des brigands, appelés de tous les départements, doivent former le cortége, au milieu duquel rouleront des canons, mèche allumée. On dispose de l'artillerie sur toutes les places et sur les ponts; on en met aux barrières, et sur les principales avenues, à une distance de plusieurs lieues. Il est défendu de se tenir en groupes dans les rues, sous peine d'exécution militaire; on invite à ne pas se montrer aux fenêtres pendant le passage du cortége. Outre ces mesures, et sur la motion de *Robespierre*, faite la veille à la séance des jacobins, ceux-ci désigneront dans leurs sections, des hommes éprouvés qui doivent se réunir sur le lieu destiné à l'exécution, et *se presser autour de l'échafaud*. — Que de précautions pour consommer un jugement dont on proclame la justice, qu'on annonce comme l'expression de la volonté générale! — La veille encore, *Legendre* (boucher), député à la convention, a proposé aux jacobins de partager le cadavre en quatre-vingt-quatre morceaux, et de les envoyer aux quatre-vingt-quatre départements!!!

Louis XVI se couche avant une heure du matin, dort d'un sommeil paisible, se lève après cinq heures, entend la messe, et reçoit la communion. — La nuit règne encore, et le bruit des tambours, des chevaux, des canons, répand dans les rues une terreur profonde. Tout ce qui n'est pas employé pour un service *commandé*, se cache; les habitants retirés chez eux laissent un vide effrayant dans les lieux les plus fréquentés; Paris est, pendant plusieurs heures, une vaste solitude. Chacun prête l'oreille, comme pour entendre ce coup sourd de l'instrument du crime. Le ciel, voilé par de sombres nuages, couvre de demi-ténèbres la ville coupable, et semble lui présager tous ces jours sinistres qui succèderont à ce jour d'effroyable deuil. — A neuf heures la victime est dressée pour le sacrifice. Louis l'annonce lui-même : « *Je suis prêt* », dit-il. Il descend l'escalier de la tour du Temple, accompagné de *Jacques Roux* et de *Pierre Bernard*, prêtres et officiers municipaux, chargés par la commune de le conduire à l'échafaud ; il monte dans une voiture où son confesseur, l'abbé *Edgeworth* s'assied à son côté. Sur le devant, se placent deux gendarmes, dont l'aspect sinistre indique assez les ordres qu'ils sont chargés d'exécuter, s'il se fait un mouvement irrégulier ou inattendu près de la voiture. — Les individus du peuple, attirés sur les boulevards que suit le cortége, et à l'entrée des rues aboutissantes, errent isolés et dans un morne silence. Des canons sont traînés avec fracas, en avant et en arrière. Pendant le trajet, Louis XVI paraît triste, mais non abattu. Il arrive à dix heures sur *la place de Louis XV*, nommée alors *place de la Révolution*. Parvenu au bas de l'échafaud, il s'entretient pendant peu de minutes avec l'abbé *Edgeworth;* il met pied à terre sans hésitation. Il monte d'un pas assuré, se porte rapidement vers l'extrémité gauche de l'échafaud, et regardant le peuple, ou plutôt la force armée qui remplit la place, il s'écrie d'une voix forte : *Français, je meurs innocent, je pardonne à mes ennemis ; je desire que ma mort soit......* un roulement de tambours, ordonné par le commandant *Santerre*, étouffe sa voix. *Louis*, perdant l'espoir de se faire entendre, ôte lui-même son habit, détache sa cravate. Les bourreaux s'emparent de sa personne et lui lient les mains derrière le dos; le juste est livré à l'instrument de mort; le coup fatal tombe à dix heures vingt minutes. Aussitôt l'exécuteur divise et distribue ses dépouilles : là même, il en reçoit le prix ; les cheveux sont achetés très-cher. Des furieux escaladent l'échafaud, trempent leurs armes dans le sang, comme si c'était un talisman qui dût les rendre victorieux de tous les Rois de la terre.—Le corps et la tête placés dans un panier d'osier, sont à l'instant même portés au cimetière de la Madelaine, jetés aussitôt dans une fosse *profonde de douze pieds, ouverte de six, garnie et recouverte de chaux vive, et dissous à l'instant.* « —Deux heures après, suivant *le Moniteur,* dont ici le récit est exact, « rien n'annonçait dans Paris que celui qui naguère était le chef de « la nation, venait de subir le supplice des criminels. La tranquillité « publique n'a pas été troublée un instant. » — On croit avoir retrouvé l'emplacement de cette fosse; de très-faibles fragments d'ossements, en calcination presque achevée, y ont été recueillis vingt-quatre ans après (*V.* 18 et 19 janvier 1815), et désignés comme les restes de Louis XVI seront déposés au même lieu, sous un monument érigé dans la chapelle expiatoire, actuellement (1819) en construction, rue d'Anjou-Saint-Honoré (*V.* 19 janvier 1816). Mais l'anniversaire de ce jour sera, pendant sept ans, célébrée dans Paris comme un jour de fête; et, les années suivantes, les habitants de Paris n'oseront produire leurs regrets : plus tard ils paraîtront avoir perdu tout souvenir de ce fait.

Ainsi périt ce monarque regardé comme le plus honnête homme de son royaume, qui a montré toute la faiblesse des bons cœurs; mais dont l'ame, méconnue de ses lâches ennemis, a pris, dans la trempe du malheur, une fermeté qui les étonne. Ce Roi devient grand par son caractère, du jour qu'il est renversé, et aussitôt qu'il ne peut plus déployer que les vertus des victimes. Ainsi les Français qui ont souffert les cruautés de *Louis XI*, la perfidie de *Charles IX*, et le pouvoir absolu de *Louis XIV*, laissent condamner et mettre à mort, pour de prétendus crimes de barbarie, de perfidie et de despotisme, le plus humain, le plus juste et le plus doux de tous les Rois de France. Et, comme de toutes les causes qui déterminent ou modifient, de tous les agents qui façonnent le caractère général d'un peuple, le système de gouvernement est le plus efficace, et qu'il serait difficile de supposer que dans aucun autre pays de l'Europe *Louis XVI* eût été plus complètement abandonné, ou plus malhabilement soutenu, ou plus horriblement attaqué, les admirateurs les plus outrés de l'ancien régime doivent avouer que nos institutions étaient déplorablement vicieuses, insuffisantes, incapables de résistance. Par la plus étrange fatalité, le prince qui desire sincèrement leur amélioration, qui l'entreprend, qui s'y dévoue, expire sur l'échafaud, pour avoir recueilli le funeste héritage de ce despotisme sanguinaire sous *Louis XII*, oppresseur sous *Louis XIV*, étroit et tracassier sous *Louis XV*, et qui, toujours corrupteur, a de plus en plus dégradé, avili les Français.

C'est non-seulement un fait susceptible d'entraîner notre admiration pour *Louis XVI*, mais un phénomène qui doit exciter toute notre surprise; que dans le grand nombre de personnes qui l'ont entouré, que dans cette multitude de gens de toutes les classes qui connaissaient sa conduite depuis sa première jeunesse, pas une voix ne lui ait reproché un acte arbitraire. Lorsque l'assemblée constituante portait la lumière dans les profusions de la cour, les dilapidations du trésor furent trouvées bien moindres depuis 1774 que ne l'avaient prétendu les adversaires de cette cour inconsidérée. On ne découvre même aucune trace de la moindre somme dépensée par *Louis XVI*, pour sa satisfaction personnelle (*V.* 5 mars 1790). A la vérité, cette même bonté d'ame qui, dans ses dernières années, lui fit tout sacrifier à la crainte de verser le sang, l'avait conduit, dans le temps de sa toute-puissance, à la funeste habitude d'acquitter des dettes étrangères; mais, en détournant ainsi le produit des sueurs du peuple, il ne peut qu'être excusé par ses intentions. Ce qu'il aurait refusé aux dissipateurs eux-mêmes, il l'accordait pour payer des créanciers en souffrance, ou pour retirer d'un état pénible les personnes qu'il affectionnait. Si ses principes eussent été suivis par le grand nombre de celles qui l'entouraient, ou qui déshonorèrent la fin du règne précédent, il n'aurait pas perdu la vie dans une révolution dont leur conduite accéléra l'explosion.

Les méchants ne rougirent pas d'imputer à *Louis XVI* le crime de trahison. Quand même leurs allégations auraient quelque vraisemblance, cessèrent-ils eux-mêmes de trahir les Français? Ils l'accusèrent de tyrannie et de despotisme, eux dont la tyrannie et le despotisme écrasèrent le peuple; lorsqu'ils immolaient en peu d'heures (*V.* 10 août, 2 septembre 1792) à leur propre ambition, à leurs vengeances personnelles, plus de victimes, qu'il n'est tombé de criminels sous le glaive de la loi, pendant tout le cours de son règne! leur tyrannie deviendra furieuse à tel point, qu'on immolera des citoyens accusés *d'avoir osé* verser des larmes, en faisant le récit de ce qu'ils avaient vu au Temple.

Quant aux traitements gratuitement barbares que *Louis XVI* a éprouvés pendant sa captivité, ou quant à ce simulacre de procès qui le conduisit à l'échafaud, l'univers les connait et l'univers entier a témoigné son horreur.

Mais ce qui n'a jamais été aussi généralement connu, c'est comment ses ennemis parvinrent à plonger et à retenir toute la France, et particulièrement les habitants de Paris, dans une profonde stupeur, jusqu'à ce qu'il fût trop tard pour prévenir la consommation du crime. Le parti dominant dans la convention, dans les clubs et à la commune, n'était point sans craintes à cet égard. Il n'ignorait pas que la très-grande majorité des Français, non-seulement détestait les violences exercées sur le Roi, mais aussi désapprouvait le 10 août et toutes les machinations qui le suivirent. La certitude du meurtre du

Roi pouvait être le signal d'une insurrection générale, qui, venant se rallier à un centre quelconque, aurait mis en péril la domination des jacobins. Aussi, pour empêcher toute réunion un peu importante, les discussions de l'assemblée prirent une direction telle, qu'on resta généralement persuadé que l'exil ou l'emprisonnement suffiraient à leur animosité. Le Roi était depuis si long-temps captif, que la vaine formalité d'une prétendue condamnation judiciaire qui confirmerait sa captivité, ne semblait pas devoir alarmer sur ses jours; et son exil, dans de telles conjonctures, était envisagé comme un bienfait par les royalistes eux-mêmes. Le procès de *Louis XVI* fut donc conduit de manière à porter l'attention publique sur ces deux genres de peine, ainsi qu'à détourner l'appréhension d'une sentence de mort, jusqu'à la fin des débats; et l'*exécution précipitée* de la sentence prévint la possibilité de toute tentative de la part des départements. Ainsi, lorsqu'au milieu de la nuit du 20 *Cambacérès* propose *l'exécution immédiate*, il s'est rendu l'organe de ce parti dont l'affreuse prévoyance a si artificieusement enchaîné les esprits.

Les chefs jacobins eurent soin aussi d'assoupir les craintes, d'endormir les soupçons des habitants de Paris. Leurs émissaires jetaient des espérances, laissaient entrevoir que le danger serait plus grand, s'il se manifestait quelque opposition aux projets convenus. Au reste, on doit croire que les habitants de Paris n'auraient point essayé de délivrer *Louis XVI*, lors même que les premiers débats de l'assemblée leur auraient donné la conviction qu'il serait condamné à la peine capitale. Quelle résistance attendre d'une population assez lâche, pour rester passive au 10 août, à la vue des massacres de septembre; lorsque précédemment quatre-vingt mille gardes nationaux bien armés, bien disciplinés, se sont laissé dominer par moins de six mille bandits vomis par les départements? Cependant l'ex-maire *Péthion* et les chefs de cet affreux complot, s'assuraient encore mieux de l'inertie de cette population stupéfaite, en semant des rumeurs favorables, en la persuadant qu'on ne voulait mener le Roi sur le bord de l'échafaud, qu'afin d'inspirer à tous les souverains un respectueux effroi de la souveraineté du peuple français. On faisait dire que le peuple devait crier *grace*, autour de l'échafaud. On alla même jusqu'à répandre dans Paris et au loin, ainsi qu'il était arrivé après la mort de Charles Ier d'Angleterre, que ce n'était point le Roi qui avait été mis à mort, mais un criminel supposé à sa place; tandis qu'on avait donné l'ordre de sacrifier immédiatement celui en faveur duquel s'opérerait la moindre tentative. De sorte que, soit d'après la certitude que cet ordre serait suivi, autant que par l'adresse avec laquelle on avait inspiré de vagues espérances aux partisans du Roi, les chefs jacobins s'assurèrent la consommation de leur sanguinaire attentat.

De tous les peuples, le peuple français est le plus prompt au dévouement, le plus enclin à l'obéissance. Cela ne sera que trop prouvé, de 1793 à 1814. L'exaltation dans les sacrifices et la constance dans l'assujettissement ne seront que trop fortement prononcés durant ces vingt années. Il a fallu que *Louis XVI* cessât de se montrer à ses sujets, pour que ses sujets cessassent de se montrer empressés à le défendre. En refusant de témoigner qu'il voulait se faire obéir, il semblait dire : Ne m'obéissez plus.

Quelques personnes ont blâmé *Louis XVI* d'avoir comparu. Suivant elles, il devait, à l'instant où il fut amené à la barre, déclarer qu'il n'avait rien à répondre à des sujets révoltés. Sans doute cette récusation d'un tribunal composé des hommes les plus féroces, les plus corrompus ou les plus lâches dont le monde ait vu la réunion, aurait eu de la dignité; elle aurait épargné une profonde humiliation à la majesté des Rois, mais elle n'eût pas sauvé *Louis XVI* du sort auquel les jacobins l'avaient irrévocablement prédestiné; tandis qu'elle aurait voilé l'éclat et la grandeur d'ame qui se produisirent à l'Europe étonnée, et qui feront l'éternel objet de son admiration. Si cette ame si pure avait été douée de l'énergie que suppose une semblable démarche, *Louis XVI*, repoussant les premières atteintes portées dès 1789 à cette partie de son autorité dont le bonheur de la nation réclamait la conservation, aurait évité le funeste dénouement de 1793; il n'aurait pas été amené à comparaître devant ses sujets. N'est-ce pas à ce défaut d'énergie dans ce malheureux prince qu'est uniquement due l'issue de sa fuite de Paris (*V.* 21 juin 1791), dont ses ennemis ont fait un des principaux griefs de leurs accusations? *Louis XVI* se fit toujours un scrupule religieux d'exposer, pour sa sûreté personnelle, la vie d'un autre. On ne connaît pas, dans toute sa conduite politique, une seule résolution qui fût spontanée et libre en même temps; et, lorsqu'on lui avait suggéré une mesure défensive, il se voyait ramené à l'inaction par l'idée de compromettre une seule personne innocente. Ce prince écoutait des conseillers secrets. Il croyait utile d'en avoir. Ces conseillers agirent quelquefois à son insu, sur des plans à eux, souvent en opposition directe aux plans du conseil ostensible, c'est-à-dire du ministère. Quel avenir de malheurs dans une telle disposition! Enfin la situation du Roi était devenue si compliquée depuis le 6 octobre 1789, qu'on peut dire de lui ce que Hume dit de Charles Ier : *Il se trouvait dans une situation où les moindres fautes étaient irréparables, et cette situation ne saurait convenir à la fragile nature humaine.*

On prétendit aussi que si les puissances étrangères, et sur-tout celles qui restaient neutres, s'étaient entremises avec modération en faveur de *Louis XVI*, elles auraient préservé ses jours. Mais tout ce qui se lie à l'histoire de cette époque, les desseins si prononcés des dominateurs de la convention, leurs principes, leur sauvage énergie, tout prouve invinciblement qu'ils auraient rejeté avec insolence les ouvertures de tous les cabinets, ainsi qu'ils repoussèrent les insinuations du ministre d'Espagne; ils auraient de même fait passer à l'ordre du jour. *Barrère* ne disait-il pas? « L'Angleterre arme, l'Espagne « excitée prépare une attaque. Ces deux gouvernements tyranniques, « peu satisfaits de persécuter les patriotes de leurs états, croient peut- « être influencer le jugement que nous allons prononcer sur le tyran « de la France; ils comptent nous effrayer. Non. Le peuple qui a « conquis sa liberté; ce peuple qui a chassé du sein de son territoire, « jusqu'aux rives les plus éloignées du Rhin, les formidables batail- « lons de l'Autriche et de la Prusse, ce peuple ne recevra les ordres « d'aucun tyran. » Pendant que ce langage retentissait à la tribune de la convention, la coalition se reformait, s'étendait, prenait l'aspect le plus menaçant sans que les jacobins retardassent d'un jour, d'une heure, la consommation de leur dessein. On peut aujourd'hui se permettre de penser que certains cabinets ne voyaient, dans le coup fatal qui serait porté, que ce qu'il amenerait de favorable à leurs vues politiques. Peut-être desiraient-ils opposer aux fureurs du gouvernement français l'universelle horreur des peuples. Serait-ce faire beaucoup de tort à la mémoire de l'anglais *Pitt*, que de lui prêter encore cette combinaison machiavélique? *Fox*, *Shéridan*, *Grey*, le sommèrent, au nom de l'humanité, d'intervenir. Cependant, malgré l'inutilité de ses efforts, quelque vaines qu'eussent été les tentatives des cours étrangères, il y avait de l'honneur à ne pas garder le silence; le monde n'eût pas douté si les souffrances imméritées d'un Roi intéressaient les chefs des nations. Et même, en supposant toute la réalité de leurs obscures pensées, un refus leur donnait une arme de plus dans l'opinion des peuples.

On ne saurait disconvenir que *Louis XVI* ne fût doué de très-beaux talents, et qu'il ne les eût cultivés avec soin, lui-même. Sa conduite, pendant et après le procès, et jusqu'à sa dernière heure, la déclaration qu'il a laissée au monde comme son testament, ont élevé son nom bien au-dessus des atteintes de ses ennemis, et l'ont fait bien plus remarquer que lorsqu'il brillait de toute la splendeur de son rang. Il commit de très-graves fautes, sans doute; mais on a pu se convaincre que beaucoup ne vinrent pas de lui, qu'elles étaient dans la nature des circonstances; et certes il serait assez embarrassant de trouver dans tous les Bourbons qui ont ou qui n'ont pas porté la couronne, un seul descendant de Charles, duc de Vendôme, père d'Antoine, roi de Navarre (Henri IV, ce premier grand homme, à part), qui n'eût pas commis d'aussi grandes erreurs, et qui eût pu en même temps présenter cette inaltérable pureté d'intentions qui distingue *Louis XVI*. La nature, en accordant à ce prince infortuné ses plus estimables dons, lui avait refusé cette force de caractère qui peut seule les rendre utiles dans l'exercice de la domination suprême. Son éducation fut mal dirigée, on le sait. Il monta trop jeune sur ce trône, l'un des plus élevés et des plus brillants du monde, et dont, par leur système de gouvernement, ses trois prédécesseurs avaient exposé la stabilité. A son avènement, un esprit de dissimulation conduisait la cour et le conseil; cela est trop attesté, pour que personne en doute aujourd'hui. Cet esprit s'y conservait, depuis ce Roi qui n'avait su que devenir le sujet de Richelieu. Peut-être *Louis XVI*, élevé, dès sa tendre enfance, dans les principes reçus et qu'avaient transmis six ou sept générations, pensa-t-il que la prompte manifestation des mesures adoptées dans la haute administration pouvait nuire à l'exercice du pouvoir, paralyser l'action d'un gouvernement exclusivement monarchique; que, spécialement en France, les ressorts de l'autorité devaient jouer sans se découvrir aux profanes regards de la multitude, et qu'aucune conception du conseil particulier ne devait être connue avant sa mise en exécution. En outre, *Louis XVI* portait, jusque dans ses moindres actions, le sentiment d'une austère vertu. Ne voyant autour de lui que corruption et scandale, sa vertu l'invitait à temporiser. Il aima donc à se replier en lui-même, à se renfermer dans son ame si pure, à se confier peu; il crut encore devoir se défier souvent, et souvent suspendre des déterminations que, dans un premier mouvement d'humanité et de probité, il avait jugées convenables. Sa vertu avait trop de douceur et de calme pour l'exciter à mécontenter ceux dont il désapprouvait le plus la conduite extérieure. Il pensait que son exemple aurait assez d'efficacité pour ramener à l'observation des bienséances, sinon au sentiment des devoirs. La bénignité de son naturel, la facile condescendance de son caractère qui, avec un grand fonds de résignation pieuse, le soutinrent constamment dans l'adversité, étaient donc autant de qualités propres à neutraliser les vigoureux efforts qui seuls auraient eu l'efficacité de prévenir nos premiers désordres. *Louis XVI* abandonna la monarchie pièce à pièce; mais il se défendit admirablement dans les retranchements de la conscience.

On doit en croire *Maleskerbes* disant : Louis XVI *fut aussi pieux que* Louis IX, *aussi humain que* Henri IV; *sa seule faute consiste à s'être conduit trop souvent comme le père de ses peuples et pas assez comme leur Roi.*

Tous les étrangers, et même dans les états démocratiques, dans la patrie de *Washington* comme chez les descendants de *Guillaume Tell*, ont voué à l'exécration les bourreaux de ce vertueux monarque. Le peuple anglais s'est signalé par une unanimité de sentiments et de douleur qu'on n'avait jamais vue. Le grand adversaire de *Pitt*, le chef des whigs, *Fox*, trois ans encore après (en 1796), haranguant, dans le forum de Westminster, les électeurs dont il sollicitait les suffrages, leur disait : *Il n'est pas un Européen hors de France, qui ne considère ce déplorable évènement, comme l'acte le plus révoltant de la cruauté et de l'injustice.*

Louis XVI était né le 23 août 1754, parvenu au trône, le 10 mai 1774.

23. *Garat*, nommé ministre de la justice, en remplacement de *Danton*, le 9 octobre 1792, qui depuis ce temps a donné des preuves irrécusables de civisme jacobin, et qui les a complétées le 20 de ce mois en prononçant à *Louis XVI* son arrêt de mort, et le lendemain en rendant compte de l'exécution à la convention, donne sa démission. Il pense qu'il ne saurait faire davantage. Il devient ministre de l'intérieur (*V.* 14 mars, art. 2).

24. La nouvelle de la mort de *Louis XVI*, portée en cinquante-quatre heures à Londres, y occasionne un deuil général, volontaire et spontané; les pauvres même portent un ruban noir. Annoncée à l'un des théâtres, elle saisit les spectateurs qui sortent en poussant des cris d'horreur. — *Fox*, chef de l'opposition, dont la voix retentit si souvent contre le despotisme des ministres qu'avaient choisis nos Rois, *Fox*, qui méprisait notre ancien système de gouvernement, *Fox*, whig si prononcé, discutant, à la chambre des communes, la convenance des préparatifs de guerre contre la France, s'écrie : « Le « meilleur moyen de punir les Français de ce *meurtre exécrable*, est « de les abandonner à eux-mêmes; puisqu'une nation capable de « commettre et de souffrir une injustice, une atrocité aussi manifestes

« ne peut manquer d'en recueillir bientôt les fruits les plus amers. » L'indignation est commune à tous les partis dans ce pays; et, par l'unanimité et la force de ce sentiment, la nation la plus jalouse de la liberté signale la distance immense qui se trouve entre l'impatience du joug et la férocité.

L'envoyé non reconnu, mais toléré, de la république française à Londres, *Chauvelin* reçoit l'injonction de se retirer. — Le ministère anglais s'arrête après cette démarche, afin de laisser à la convention l'initiative de la déclaration de guerre. *Pitt*, qui le dirige, espère que la lutte des factions, affaiblissant la France, délivrera pour long-temps l'Angleterre de sa rivalité. Le cabinet britannique n'a fait aucune tentative en faveur de *Louis XVI*, dont il affecte de déplorer le malheur; et les démonstrations de ses regrets se manifesteront plus hautement, afin de mieux couvrir la honte de son inaction. — Il est remarquable que *Cromwell* ayant établi son protectorat, *Louis XIV* reçut, avec la plus grande distinction, ses ambassadeurs, et envoya féliciter son altesse. Si la conduite de *Mazarin* fut un prodige de lâcheté, la politique de *Pitt* est un tissu de perfidies.

28. *Déclaration de Monsieur (Louis XVIII donnée à Hamm)*, en Westphalie, par laquelle, en prenant le titre de régent de France, il reconnaît son neveu, fils de *Louis XVI*, Roi, sous le nom de *Louis XVII*, et institue *le comte d'Artois*, son frère, lieutenant-général du royaume.

31. *Décret qui réunit le comté de Nice à la France.*

Février 1er. *Finances publiques. — Décret portant création de huit cents millions d'assignats.* — La circulation pourra s'élever à la somme de trois milliards cent millions. — Suivant le rapport fait à la convention, les assignats créés et émis jusqu'à ce jour se portent à trois milliards cent millions, dont six cent quatre-vingt-deux millions ont été brûlés.

La convention déclare la guerre à l'Angleterre et à la Hollande. — *Brissot*, ancien espion diplomatique, entraîne l'unanimité de cette résolution. Il prononce un long discours, dans lequel, par une odieuse et dangereuse fiction, séparant les peuples de leurs gouvernements, il insiste sur la nécessité de venger les outrages faits aux droits de l'homme. — En adoptant sans délibération ce parti violent et téméraire, on remplit les desirs du ministre anglais qui, sous les dehors de la neutralité, jugeait que les factieux maîtres de la France ne pourraient rester long-temps dans les bornes de la modération. — La France est sans finances, sans armes et presque sans armées. Ses forces navales ne consistent qu'en soixante-six vaisseaux de ligne, quatre-vingt-seize frégates ou corvettes, etc. (*V.* 31 octobre 1791), le tout en assez bon état; mais l'émigration a enlevé presque tous les officiers de la marine royale. — La marine anglaise est forte de cent cinquante-huit vaisseaux de ligne, vingt-deux vaisseaux de cinquante, cent vingt-cinq frégates, cent huit cutters. La Hollande a cent vaisseaux de guerre, de différentes grandeurs. — La marine marchande française était, en 1790, d'environ cinq mille cinq cents navires, dont le port s'évaluait à six cent mille tonneaux.

4. Les habitants de Lyon ferment le club des jacobins établi dans cette ville, et font des dispositions pour résister à l'oppression des émissaires de la convention (*V.* 29 mai).

La convention nomme le général *Beurnonville* ministre de la guerre, en remplacement de *Pache.*

17. Irruption de l'avant-garde de *Dumouriez* en Hollande.

24. *Décret ordonnant une levée de* trois cent mille hommes. — L'empressement des jeunes Français, enthousiastes de la liberté et de l'égalité, à se rendre sous les drapeaux, est d'autant plus grand, qu'on a exagéré davantage les succès accidentels des armes de la république. On ne vit jamais un gouvernement porter à un si haut degré le mensonge et la forfanterie. Une dépêche, répandue sous le nom d'un chef d'armée, avait annoncé que les Autrichiens avaient perdu près de quinze cents hommes, dans un engagement qui n'avait amené d'autre malheur que la blessure d'un tambour français. Cet évènement est facétieusement célébré dans le quatrain suivant:

> Quand d'Autrichiens morts on compte plus d'un mille,
> Nous ne perdons qu'un doigt, encore le petit:
> Holà! monsieur de Beurnonville!
> Le petit doigt n'a pas tout dit.

25. *Prise de Bréda* par le célèbre *d'Arçon*, de l'armée de *Dumouriez.*

25—26. Mouvements populaires à Paris, pillage des épiciers.

28. *Finances publiques.* — Un rapport de l'ex-capucin *Chabot* établit le capital de la dette à huit milliards trente-quatre millions; le total des intérêts perpétuels et viagers à trois cent soixante-huit millions. L'actif, qui se compose des biens ecclésiastiques, des biens des émigrés, colléges, hôpitaux, des anciens domaines et des forêts nationales, ainsi que de la valeur des cloches et de l'argenterie des églises, est évalué à neuf milliards cent soixante-dix-huit millions.

Mars 1er. *Situation militaire.* — La France a huit armées. — Du Nord, *Dumouriez;* des Ardennes, *Valence;* de la Moselle, *Beurnonville;* du Bas-Rhin, *Custine;* des Alpes, *Kellermann;* d'Italie, *Biron;* des Pyrénées, *Servan;* des côtes, *Labourdonnaye.*

7. *Prise de Gertruydemberg* par le général *d'Arçon.* — Ici finissent après vingt jours, les succès de *Dumouriez* sur le territoire Hollandais.

La convention déclare la guerre à l'Espagne.

8. *Décret* ordonnant la vente des biens qui forment les dotations des colléges, bourses et autres établissements d'instruction publique.

9. *Décret* envoyant dans tous les départements des commissaires pris dans la convention, lesquels, investis de pouvoirs illimités, rassembleront des forces suffisantes pour dissiper les ennemis.

PREMIÈRE COALITION CONTRE LA FRANCE. Cette coalition rassemble l'Autriche, la Prusse, l'empire d'Allemagne, la Grande-Bretagne, la Hollande, l'Espagne, le Portugal, les Deux-Siciles, l'État ecclésiastique, et le roi de Sardaigne.

10, 11. *Loi révolutionnaire.* — *Création du tribunal extraordinaire révolutionnaire.*

Depuis quelque temps, on aperçoit dans Paris des symptômes d'une crise populaire. Les hommes hideux du 10 août, du 2 septembre, reparaissent. On propose dans les clubs de *se défaire* d'une partie des députés, tels que *Lanjuinais, Boissy-d'Anglas, Porcher* (pairs de 1814); on y insiste sur la nécessité d'un grand mouvement. Le duc *d'Orléans*, qui s'est ignominieusement masqué sous le nom d'*Égalité*, tient avec ses affidés, les *Genlis*, les *Laclos*, des conférences nocturnes; ou plutôt il préside à des orgies révolutionnaires. — Le 10, dans une séance de nuit, les galeries étant pleines de *sans-culottes* armés, un orateur qui leur est bien assorti par son air ignoble, *Cambacérès*, monte à la tribune et s'écrie : « *Il s'agit de sauver « la chose publique; il faut des moyens actifs et généraux.... Tous « les pouvoirs vous ont été confiés, vous devez les exercer* TOUS; *il « ne doit y avoir aucune séparation entre le corps qui délibère et ce- « lui qui fait exécuter; il ne faut pas suivre les principes ordinaires. « Je demande que,* SÉANCE TENANTE, *on forme un tribunal révolution- « naire, et un nouveau ministère....* » — « Oui, ajoute *Danton, il « faut tout décréter sans désemparer;* et que demain, nos commis- « saires partent de tous côtés; que la France entière se lève, coure « aux armes, marche à l'ennemi; que la Hollande soit envahie; que « la Belgique soit libre; que le commerce de l'Angleterre soit ruiné;

« que nos armes, par-tout victorieuses, apportent aux peuples la « délivrance et le bonheur, et que le monde soit vengé. »

Conformément aux propositions de *Cambacérès* et de *Danton*, le décret suivant est rendu *dans cette nuit même*. — IL SERA ÉTABLI A PARIS UN TRIBUNAL CRIMINEL-EXTRAORDINAIRE-RÉVOLUTIONNAIRE, *pour juger les conspirateurs et les contre-révolutionnaires*. — Les membres du jury sont choisis par la convention. Les juges, l'accusateur public et ses deux substituts, sont aussi nommés par elle, *à la pluralité relative des suffrages*.—Une commission de six membres de la convention est chargée de l'examen préparatoire des pièces et de la haute surveillance sur les procédures. — Le tribunal prononcera sur la validité de la récusation des jurés qui pourrait être faite par les accusés.—La déclaration des jurés sera rendue à la pluralité absolue des suffrages. — Les juges ne peuvent rendre de jugement, s'ils ne sont au nombre de trois. — Les jugements seront exécutés, *sans récours* au tribunal de cassation. — *Les biens des condamnés seront acquis au profit de la république.*

12. *Loi révolutionnaire.* — *Établissement de comités de surveillance* dans les sections de Paris.

14. *Loi révolutionnaire* rendue sur le rapport de *Fouché* dit *de Nantes*, qui prescrit des mesures contre ceux qui aideraient à soustraire les biens des émigrés.

Garat (*V.* 23 janvier) remplace *Roland* au ministère de l'intérieur (*V.* 15 août).

15. Guerre *de la Vendée*. *Prise de Chollet* par les royalistes; deux paysans, *Cathelineau*, *Stofflet*, les commandent.

18. *Bataille de Nerwinde* (près de Tirlemont). *Dumouriez* est défait par le prince de Cobourg. — Généraux français, le duc *de Chartres* (*Orléans*), *Valence*, *Miranda*. — Généraux Autrichiens, l'archiduc Charles, Clairfait.—Quatre mille Français tués ou blessés, trois mille pris avec le matériel; déroute complète. Dumouriez rejette les causes de ce désastre sur l'insubordination de Miranda, et sur les cabales des jacobins. Miranda accuse le général en chef d'avoir trahi la république. Il paraît que le défaut de discipline chez les Français, et la tactique supérieure de leurs ennemis, sont les grandes causes de ce résultat.

Loi révolutionnaire rendue sur la proposition de *Charlier*, qui ordonne l'exécution, dans les vingt-quatre heures, de tout individu convaincu d'être émigré ou prêtre sujet à la déportation.

19. *Loi révolutionnaire* rendue sur le rapport de *Cambacérès*. —

Ceux qui sont ou qui seront prévenus d'avoir pris part à des révoltes contre-révolutionnaires, qui ont ou qui auraient lieu à l'époque du recrutement, sont hors la loi; en conséquence, ils ne peuvent profiter des décrets concernant la procédure criminelle et l'institution des jurés. — Le fait demeure constant par un procès-verbal revêtu de deux signatures, ou bien d'une seule, confirmée par un témoin, ou par la déposition orale de deux témoins.—Les prêtres, les ci-devant nobles, les émigrés, les agents et domestiques de toutes ces personnes, subiront la peine de mort avec confiscation des biens.

23. Contre-déclaration de guerre de l'Espagne à la république française (*V.* 7 mars).

Réunion à la France de l'évêché de Bâle, autrement du *pays de Porentrui.*

25. *Loi révolutionnaire instituant un comité de défense générale et de salut public.* — Vingt-cinq membres sont aussitôt nommés: *Guyton-Morveau*, *Robespierre*, *Sieyes*, *Condorcet*, *Barrère*, *Quinette*, *Cambacérès*, *Jean Debry*, *Treilhard*, *Sillery-Genlis*, *etc.* — Bientôt ce comité se divisera en deux comités: *de sûreté générale*, *de salut public* (*V.* 6 avril).

26. *Loi révolutionnaire* prescrivant le désarmement des nobles et des prêtres, sur tous les points de la France.

27. *Loi révolutionnaire* rendue sur le rapport de *Treilhard*, *qui met hors de la loi les aristocrates et les ennemis de la révolution.*

Proclamation de Dumouriez annonçant à son armée qu'il va marcher sur Paris, pour renverser la convention, et rétablir la royauté constitutionnelle.

28. *Loi révolutionnaire concernant les émigrés*, rendue sur le rapport de *Treilhard.* — Les émigrés sont bannis à perpétuité; ils sont morts civilement, leurs biens sont acquis à la république; l'infraction du bannissement sera puni de mort. Leurs successions, échues ou à échoir, seront recueillies par l'état, *pendant cinquante années* (Cette disposition sera révoquée le 29 décembre 1810).

29. *Loi révolutionnaire* qui ordonne, dans les villes au-dessus de trois mille ames, d'afficher à l'extérieur des maisons, les noms, âge et professions de ceux qui les habitent.

31. *Dumouriez* négocie en secret avec les Autrichiens. Il leur livre *Bréda* et *Gertruydemberg*, comme des gages de la sincérité de son projet d'attaquer la convention et le gouvernement républicain.

Avril 1er. Les conventionnels *Camus*, *Quinette*, *Lamarque*, *Bancal*, et le ministre de la guerre *Beurnonville*, envoyés pour arrêter le général *Dumouriez*, sont eux-mêmes arrêtés et livrés aux Autrichiens.

4. Le général *Dumouriez*, ayant trop présumé de ses moyens et de son influence, ne pouvant engager les soldats qu'il commande à seconder ses projets pour délivrer la France de la tyrannie de la convention et rétablir la constitution de 1791, s'échappe de son quartier-général, établi aux *Bains-Saint-Amand* (Nord), et se réfugie aux avant-postes autrichiens, accompagné du duc *de Chartres-Orléans* et de *Valence*, généraux de division. Là, se termine la carrière politique d'un homme beaucoup trop cité, qui prit l'intrigue pour la gloire, le bruit pour la célébrité; qui désavouait les doctrines et changeait de conduite au gré des circonstances, et qui ne fit qu'entreprendre sans obtenir de résultat.

6. *Loi révolutionnaire* portant établissement au sein de la convention d'un *comité de salut public*, composé de neuf membres. Il est chargé de surveiller et de diriger l'action du pouvoir exécutif; ses délibérations seront secretes. Les patriotes jugés dignes d'y être reçus, à sa formation, sont : *Barrère*, *Delmas*, *Bréard*, *Cambon*, *Jean Debry*, *Guyton-Morveau*, *Treilhard*, *Delacroix*; les suppléants sont : *Isnard*, *Lindet*, *Cambacérès*.

8. La convention décrète que tous les individus de la famille de Bourbon, hors ceux détenus au Temple, seront détenus à Marseille (*V.* 16 décembre 1792, deuxième article).

Décret portant que les députés convaincus d'un *délit national* seront livrés sur-le-champ au tribunal révolutionnaire.

9. *Loi révolutionnaire établissant près de chaque armée des représentants du peuple, pris dans la convention et investis de pouvoirs illimités.* Les généraux et tous les fonctionnaires civils sont tenus d'obéir à leurs ordres. — La convention met sur pied dix armées : du Nord et des Ardennes, *Custine*; de la Moselle, *Houchard*; du Rhin, *Alexandre Beauharnais*; des Alpes, *Kellermann*; d'Italie, *Brunet*; des Pyrénées-Orientales, *Dèflers*; des Pyrénées-Occidentales, *Dubousquet*; des Côtes de la Rochelle, *Canclaux*; des Côtes de la Manche, *Félix Wimpfen*; de l'Ouest, *Westermann*.

11. *Loi révolutionnaire* qui défend la vente du numéraire, sous peine de six années de fers.

13. *Le parti* dit *de la Gironde* (*V.* 29 mai 1792, deuxième article), aujourd'hui séparé des *jacobins*, fait décréter d'accusation le féroce *Marat*, conventionnel et journaliste. Le décret est émis à la majorité de deux cent vingt voix contre quatre-vingt-douze et par appel nominal. — Le 24, les jacobins parviendront à le faire absoudre.

15. Les Anglais prennent l'île française de *Tabago*.

17. Les Espagnols envahissent le *Roussillon*.

Mai 4. *Loi révolutionnaire* enjoignant aux autorités municipales de fixer un *maximum du prix des grains et farines* (*V.* 29 septembre).

7. *Finances publiques.* — *Décret portant création de douze cents millions d'assignats.* — Il est établi que la somme en circulation est de trois milliards cent millions (*V.* 1er février).

9. *Décret* autorisant, d'arrêter et d'amener dans les ports de la république, les navires neutres chargés de marchandises quelconques, même de vivres, et destinés pour des ports ennemis (*V.* 8 juin).

10. La convention, abandonnant la salle du Manége, tient sa première séance au château des Tuileries.

18. Les *girondins* obtiennent l'établissement d'une commission extraordinaire, à l'effet de contenir les *terroristes.* Cette mesure amène une scission complète des deux partis. — La commission sera dissoute le 27, rétablie le 28, et définitivement supprimée le 31.

20. *Loi révolutionnaire. Emprunt forcé d'un milliard, imposable seulement sur les riches* (*V.* 3 septembre).

26. Les Corses, à la persuasion de *Paschal Paoli*, prennent le parti de se soustraire à la domination de la France. Il se forme une *consulte*, c'est-à-dire, une assemblée extraordinaire des députés de toutes les communes. — *Paoli* sera nommé généralissime, ou chef suprême de l'île. — Le clergé sera réintégré, les émigrés seront rappelés, et les émissaires de la république française proscrits (*V.* 22 mai, 19 juin 1794).

29. Insurrection générale à Lyon contre les jacobins (*V.* 4 février).

30, 31. — Juin 1, 2. *Révolution*, dite *du* 31 *mai*. — Au son du tocsin qui retentit dans Paris, les sections s'assemblent, leurs délégués se constituent *Puissance révolutionnaire centrale*; ils renvoient du conseil général de la commune tous les amis de l'ordre; ils provoquent la proscription de *Lanjuinais*, de *Henri Larivière*, membres de la convention, défenseurs intrépides de la justice, ainsi que la proscription de plusieurs de leurs collègues, désignés sous les noms de *girondins*, *brissotins*, *fédéralistes* (*V.* 29 mai 1792, deuxième article). — Des brigands armés se portent à la convention, remplissent les tribunes, interceptent les passages, campent la nuit au jardin des Tuileries et ne se retirent dans la soirée du 2 juin, qu'après avoir obtenu la proscription de vingt-neuf membres de la convention et des ministres *Clavières*, *Lebrun*; tous prévenus d'avoir conspiré *contre la liberté*. — La veille, *Grégoire* s'est signalé parmi les proscripteurs ou *montagnards*.

Les proscrits, qui ont sur leurs adversaires l'avantage des talents oratoires, manquent de résolution. Ils se retirent de l'assemblée au moment décisif. L'inébranlable *Lanjuinais*, que les proscripteurs mêlent aux *girondins*, résiste seul; et défiant tous les assassins levés sur lui, fait entendre les derniers accents de la liberté. *Barrère*, organe du comité de salut public, *Barrère* qui dans toutes les crises eut trois discours différents, *pour*, *contre* et *sur* l'insurrection, et qui souvent les prononça tous les trois, à deux heures d'intervalle, incertain sur la lutte actuelle, a proposé, non pas l'accusation ou l'arrestation des *girondins*, mais leur suspension volontaire. *Lanjuinais* ose s'y refuser, quoique toujours sous les poignards. « N'attendez « de moi, ni démission ni suspension. Sachez qu'une victime n'est « point insultée alors qu'on va l'immoler. Les sacrifices doivent être « libres, et nous ne le sommes pas dans cette enceinte. Je vous dé« clare donc que je ne puis émettre une opinion en ce moment, et « je me tais. » — *Garat*, aujourd'hui ministre de l'intérieur, ce même *Garat* qui, ministre de la justice, annonça à *Louis XVI* sa condamnation (*V.* 20 janvier), excite les brigands *sans-culottes*, et contribue puissamment à leur succès. Les membres de la commune jouent le principal rôle dans ces troubles, et rappellent la faction du prévôt *Étienne Marcel*, en 1358, ou celle des *Seize*, au temps de la *Sainte-Ligue*. Les municipaux actuels préparent et commettent des actes aussi détestables. Et, comment cela ne serait-il pas? Les membres du conseil de cette commune, pris parmi les meneurs des *sections* ou des *comités révolutionnaires*, passent aux *jacobins*, et des *jacobins* à la *magistrature*. Le maire *Pache*, le procureur de la commune *Chaumette*, le commandant-général *Henriot*, sont les plus ardents promoteurs des fureurs populaires.

Ainsi est terrassée la faction de *Brissot* et de *Vergniaud* par celle de *Danton* et de *Robespierre*. Les jacobins affermissent leur épouvantable domination; et de cette journée date le grand *régime de la terreur*. « En révolution, disait *Collot-d'Herbois*, quiconque s'arrête « est écrasé. » — « Osez, disait *Saint-Just*, ce mot est toute la poli« tique de la révolution. » — « En révolution, l'autorité appartient « aux plus scélérats, disait *Danton*. » — Treize cents prévenus de conspiration sont jetés, *à-la-fois*, dans les prisons de Paris.

Dans le Calvados, la Gironde, et en quelques autres lieux, on se soulevera, sans résultat, contre cette horrible tyrannnie. De plus de soixante départements qui se ligueront contre les jacobins, il n'y en aura que sept ou huit qui feront des efforts actifs. Marseille, Lyon, succomberont (*V.* 25 août, 9 octobre, deuxième article).

Durant ces dissensions, les armées françaises perdront leurs avantages sur tous les points, au nord, sur les bords du Rhin, et vers les Pyrénées (*V.* 31 octobre).

8. L'Angleterre, en représailles du décret du 9 mai, déclare tous les ports de France en état de blocus, et prononce la confiscation des bâtiments neutres destinés à y porter des vivres.

9. *Combat d'Arlon* (quatre lieues nord-ouest de Luxembourg). L'armée de Moselle (*Houchard*) met en déroute un corps d'armée autrichien. — Succès inutile.

10. *Guerre de la Vendée.* — *Bataille et prise de Saumur* par l'armée vendéenne des royalistes, qui ont pour chefs *la Roche-Jacquelin*, *Lescure*, *Cathelineau*, *Stofflet*. Le général républicain *Menou*, complètement défait, abandonne deux mille prisonniers (*V.* le 30).

11. *Mort* du docteur *Robertson*, historien écossais très-célèbre, principalement par l'Histoire de Charles-Quint, qui forme comme une épisode de notre propre histoire, à une époque aussi intéressante que peu glorieuse pour nous.

13. Reddition de Condé aux Autrichiens.

21 — 24. *Saint-Domingue.* — *Incendie du Cap et massacre général des blancs.* — Plus de la moitié de la ville devient la proie des flammes.

23. *Décret qui abolit la loi martiale* (*V.* 21 octobre 1789).

24. Reddition de Bellegarde (Pyrénées-Orientales) au général espagnol Ricardos.

La constitution, dite *de* 93 ou *de l'an* Ier, redigée, préparée, discutée en moins de quinze jours, *est décrétée et envoyée à l'acceptation des assemblées primaires.* — Elle est en cent vingt-cinq articles, précédés de trente-cinq autres, formant la déclaration des droits de l'homme et du citoyen. *Condorcet*, primitif et principal auteur de cet acte, n'y a fait entrer que des éléments démocratiques; *Hérault de Séchelles* et ses collaborateurs actuels n'y mettent aucun correctif. — Au reste, elle ne sera point mise en activité. Ce n'est qu'une amorce à la crédulité populaire, les maîtres de la convention se proposent de retenir long-temps encore la suprême autorité.

26. *Loi révolutionnaire* enjoignant aux juges du tribunal extraordinaire (*V.* 11 mars) d'opiner à haute voix et en public.

27 — 29. *Guerre de la Vendée.* — *Attaque de Nantes* par les royalistes vendéens, qui sont repoussés avec une perte immense.

30. *Guerre de la Vendée* — *Reprise de Saumur* par *Canclaux*, général de la convention (*V.* le 10).

Juillet 2. *Loi révolutionnaire*, qui fixe une indemnité de dix-huit francs par jour aux jurés du tribunal révolutionnaire (*V.* 11 mars).

3. La reine *Marie-Antoinette d'Autriche*, veuve de Louis XVI, prisonnière au Temple depuis onze mois, est séparée de son fils (*Louis XVII*).

Guerre de la Vendée. — *Prise de Châtillon* (Deux-Sèvres). — Le général républicain, *Westermann*, s'empare de cette petite ville, après avoir défait les Vendéens, commandés par *Lescure* et *la Roche-Jacquelin*. — Le surlendemain, ceux-ci reprennent Châtillon.

13. *Mort de Marat*, poignardé par *Charlotte Corday d'Armans*, jeune personne née à *Saint-Saturnin des Lignerets*, près de *Séez* (Orne).

Cet exécrable conventionnel était de *Baudry*, village de la principauté de *Neufchâtel*. Attaché comme médecin aux gardes d'Artois, il avait attiré quelque attention, en publiant un système d'optique qui n'admettait que trois couleurs primitives. — *Charlotte Corday* a conçu le généreux dessein de sauver son pays en abattant la tête la plus affreuse de l'hydre qui le dévore. Mais *Marat* ne compte parmi les chefs d'aucun parti; les principaux factieux le méprisent: car sa démagogie, qui repousse tout calcul de conduite, est une démence sans intervalle. C'est de la boue détrempée dans du sang. Féroce par instinct, et tel que ces chiens employés par les colons anglais à la chasse des nègres, *Marat*, lâché sur sa proie, s'y attache avec fureur et la livre, ensanglantée, pour qu'on l'achève. Déclamateur effréné, tribun de la populace, il n'est déja plus, pour les grands moteurs du jacobinisme, qu'un instrument usé; et la fin de ce misérable ne suspend ni n'affaiblit aucun des plans qu'émit leur féconde perversité. « Le coup, bien porté, est mal adressé », dit un proscrit.

Mais, cet acte de *Corday* que les anciens eussent divinisée, n'excitera point les Français. Toujours engourdis par la peur, ils resteront incapables du moindre effort. Il n'est personne qui ne sût recevoir le coup mortel, et personne qui ose le prévenir par une détermination individuelle ou par une agression combinée. — Aussi, pour un seul monstre de moins, la France ne verra point s'amortir ses désastres. Des milliers d'hommes déploient à l'envi les prodiges de la valeur militaire: une jeune fille a seule montré la résolution d'immoler à la patrie un de ses plus barbares oppresseurs. Ah! si dans cette vaste France, vingt admirateurs de cette jeune Française eussent ramassé son arme, et, rentrant dans les droits de la nature outragée, frappé vingt de ces furieux qui se plaçaient hors de toute société en détruisant tout ordre social, sans doute, la horde sacrilége eût, à son tour, été glacée d'effroi. Les victimes, mieux inspirées, eussent senti que le courage n'est pas seulement la résignation; alors les prisons et les échafauds s'écroulaient sur les bourreaux, et le sang cessait d'inonder le sol. Mais la plus entière résignation est le sentiment universel. « On ne conçoit pas à Paris (écrit Charlotte Corday elle-même), comment une femme inutile, dont la plus « longue vie ne serait bonne à rien, peut se sacrifier de sang-froid « pour sauver son pays. »

Marat sera déifié. — Le peintre et conventionnel *David* fera le programme de l'apothéose. Ses restes seront portés triomphalement au Panthéon. — Tous les lieux publics seront souillés par la hideuse effigie de celui qui répétait sans cesse, *Il faut abattre deux cent mille têtes*; et désormais ce dieu de sang présidera à d'innombrables sacrifices humains.

20. *Exécution de Charlotte Corday.* Le tranquille courage de cette jeune fille ne se dément point dans ses derniers moments. Elle est conduite au supplice, recouverte d'une draperie rouge destinée aux assassins. — L'assurance de presque toutes les victimes étonnant le peuple, les tyrans s'alarment et mettront quelquefois en usage ce déguisement qui fait paraître pâles et défaits les visages des condamnés.

Proclamation des autorités autrichiennes, qui défend aux émigrés l'entrée des parties conquises du territoire français, et conserve provisoirement le séquestre sur leurs biens (*V.* le 28).

23. *Loi révolutionnaire* qui prescrit les formalités relatives à l'administration, à la vente des biens des émigrés et à la liquidation de leurs dettes (*V.* 2 septembre 1772, premier article; 14, 28 mars 1793).

Reddition de Mayence aux Prussiens, après un siége de près de quatre mois. — Quatre-vingt mille assiégeants sous le général *Kalkreuth*; le Roi de Prusse présent.—*Doyré*, commandant; *Aubert Dubayet*, commandant d'armes; vingt-deux mille hommes au commencement du siége; dix-sept mille capitulent, à la seule condition de ne point servir d'un an contre les puissances coalisées. — Cette garnison sera précipitamment envoyée dans la Vendée, où après avoir porté les plus terribles coups aux royalistes, elle périra jusqu'au dernier homme. Mais cette mesure sera plus efficace que toutes celles prises jusque-là pour l'extinction de cette guerre civile (*V.* le 28).

26. *Décret*, ordonnant l'établissement des télégraphes.

Loi révolutionnaire.—L'accaparement est un crime capital.—Sont déclarés coupables d'accaparement, ceux qui dérobent de la circulation les marchandises ou denrées de première nécessité, ainsi que ceux qui les font ou les laissent périr. —Les jugements rendus par les tribunaux criminels, en vertu de la présente loi, ne seront pas sujets à l'appel.

27. *Robespierre* entre au comité de salut public.

28. *Reddition de Valenciennes* aux Autrichiens, après un siége de deux mois, les assiégés ayant épuisé tous leurs moyens de défense. *Ferrand*, commandant. — Le duc d'Yorck, présent au siége. — La garnison, forte de six mille hommes, est renvoyée libre. Elle est aussitôt dirigée contre les Vendéens (*V.* le 23.). La prise de possession de cette place se fait au nom de l'empereur (*V.* le 20). On y efface, ainsi qu'à *Condé*, pris le 13 juin, tous les signes de la domination française, en substituant ceux de la propriété autrichienne.

Août 1er. *Lois révolutionnaires.* — *Barrère*, ce même *Barrère*, implacable persécuteur de *Louis XVI*, infatigable apologiste de tous les crimes (*V.* 11 décembre 1792; 15, 16, 18, 19 janvier; 31 mai 1793), fait à la convention un rapport sur les *mesures* que le comité de salut public a cru devoir prendre au milieu de ces circonstances difficiles. — Ces mesures consistent dans quatre lois principales, et dans des dispositions concernant les procès de la Reine, l'exil des princes Bourbons, l'entretien des enfants de Louis XVI, et les tombeaux de ses ancêtres.

« 1° Marie-Antoinette est renvoyée au tribunal révolutionnaire;
« elle sera transférée, sur-le-champ, à la conciergerie. (Cette prison
« est le premier degré de l'échafaud.) — Tous les individus de la
« famille des Capets (Bourbons) seront déportés, à l'exception des
« deux enfants de Capet et de ceux qui sont sous le glaive de la loi
« (*V.* 16 septembre 1792, deuxième article; 6 avril 1793). Élisa-
« beth Capet (sœur de Louis XVI) ne sera déportée qu'après le
« jugement de Marie-Antoinette. — La dépense des deux enfants de
« Louis Capet sera réduite à ce qui est nécessaire pour l'entretien et
« la nourriture des deux individus. — Les tombeaux des ci-devant
« rois, qui sont à Saint-Denis ou dans les autres églises, seront dé-
« truits le 10 août. »

2° La garnison de Mayence (*V.* 23 juillet) sera transportée en poste dans la Vendée. Il y sera envoyé, par le ministre de la guerre, des matières combustibles de toute espèce pour incendier les bois, les taillis, les genêts ; les forêts seront abattues; les repaires des rebelles seront détruits; les récoltes seront coupées par des compagnies d'ouvriers, pour être portées sur les derrières de l'armée, et les bestiaux seront saisis; les femmes, les enfants et les vieillards seront conduits dans l'intérieur.

3° Les biens de toutes les personnes qui ont été ou qui seront hors de la loi, appartiennent à la république.

4° Tous les parcs, jardins, enclos, maisons et édifices qui porteraient des armoiries, seront confisqués au profit de la nation.

5° Les étrangers des pays avec lesquels la république est en guerre, et non domiciliés en France avant le 14 juillet 1789, seront mis sur-le-champ en arrestation, et le scellé sera apposé sur leurs papiers, caisses et effets.

2. *Loi révolutionnaire,* déclarant traîtres à la patrie, tous ceux qui, placeront des fonds sur les comptoirs et banques des pays avec lesquels la France est en guerre.

5. *Guerre de la Vendée.* — *Combat de Saumur* entre les royalistes vendéens et les troupes de la convention. — *Rossignol*, commandant ces dernières, donne, dans son rapport, des éloges à son adjoint (ou aide-de-camp) le *républicain Canuel* (lieutenant-général), commandant à Lyon, en 1796 et en 1817.) — A cette époque, les Vendéens, sur lesquels on a lancé les garnisons capitulées de Mayence et de Valenciennes (*V.* 23, 28 juillet), ont encore à se défendre contre les hommes les plus abjects parmi les jacobins. Le comité de salut public emploie, à dessein, au soutien de cette guerre civile, les vagabonds qui ont fait le siége de la convention, aux 1er et 2 juin. Ils se recrutent sur leur route, de tout ce que la lie de la populace produit de brigands. Leurs bandes, appelées *colonnes infernales*, ont ordre de tout exterminer, de tout détruire (*V.* 1er août, n° 2). Elles ont pour chefs, *Santerre*, *Rossignol*, *Ronsin*, qui prennent le titre de *généraux révolutionnaires*, et qui s'efforceront de surpasser les crimes qu'ils ont commis à Paris. — Rossignol écrit à la commune de Paris : « Apprenez que j'ai brûlé tous les moulins, hormis un seul qui « appartenait à un patriote. »

7. *Décret de proscription contre Pitt.* — Afin de prolonger et d'affermir leur domination, les jacobins sont de plus en plus restreints à l'essai de ces moyens extrêmes d'énergie et de charlatanisme

dont se servent les tyrans et les imposteurs politiques. *Louis XVI* a péri; les nobles ont pris la fuite; les prêtres sont déportés; les riches sont dans l'indigence et dans les fers; la rivalité des girondins est domptée, elle va s'éteindre dans leur sang. Sur qui, désormais, rejetter les calamités amenées par la scélératesse ou l'impéritie des jacobins eux-mêmes?...... Sur le gouvernement anglais; sur la nation anglaise. — La convention déclare solennellement, « au nom « du peuple français, que Pitt, ministre de Georges III, est l'ennemi « du genre humain ». Le sans-culotte *Barrère* le représente comme « un jeune esclave d'un Roi en démence, insensible à toute autre « gloire que celle des oppresseurs, qui n'a de la politique, que les « crimes ; du gouvernement, que les calculs ; de la fortune, que « l'avarice ; de la renommée, que les intrigues ». *Garnier* dit *de Saintes* soutient que tout le monde a le droit d'assassiner Pitt.

8. *Décret* rendu sur le rapport de *Grégoire*, qui supprime toutes les académies et sociétés scientifiques ou littéraires, patentées ou dotées par la nation.

12. *Loi révolutionnaire*. La convention décrète, en principe, que les *gens suspects* seront arrêtés; et que les commissaires du peuple sont chargés de faire l'appel nominal dans leurs cantons (*V.* 11 septembre).

13. *Carnot* (directeur en 1795, 96, 97) entre au comité de salut public.

14. *Loi révolutionnaire*. La convention déclare qu'elle ne paiera aucune des dettes de *Louis XVI*.

15. *Garat* sort du ministère de l'intérieur (*V.* 14 mars). Il va se perdre dans l'obscurité qui convient aux sophistes du crime, sans courage et sans cœur.

23. Levée en masse. — *Lois révolutionnaires*, rendues sur le rapport de *Barrère*. — « Tous les Français, sont en requisition permanente pour « le service des armées. » Il y aura une fabrication extraordinaire d'armes de tout genre. Il sera frappé des contributions en nature, pour former de grands approvisionnements. Tandis que les jeunes gens iront combattre, les hommes mariés transporteront des subsistances ou forgeront les armes; les femmes feront des habits, serviront dans les hôpitaux; les enfants feront de la charpie; les vieillards harangueront sur les places publiques, afin d'exciter le courage des défenseurs de la liberté, la haine des Rois, et célébrer l'indivisibilité de la république. Les édifices nationaux deviendront des casernes;

les places publiques, des ateliers d'armes. Les caves seront lessivées pour l'extraction du salpêtre. Les armes de calibre serviront à ceux qui seront en présence de l'ennemi; les fusils de chasse seront réservés pour le service intérieur contre les ennemis de la révolution. Il y aura une réquisition illimitée de chevaux.—Les *Carnot*, les *Barrère*, les *Merlin* dit *de Douai*, auxiliaires de *Robespierre* au comité de salut public, trouvent dans le départ de tous les jeunes gens, le double avantage d'opposer des multitudes à trois cent mille soldats disciplinés, et de dégarnir l'intérieur de cette population dont la bouillante ardeur pourrait d'un seul élan inattendu, renverser leurs projets.

Les Anglais s'emparent de Pondichéri. — A ce jour, tous les établissements français au Bengale, sur les côtes de Coromandel et de Malabar, sont envahis.

24. *Finances publiques.* — *Lois révolutionnaires.*—Suppression de la caisse d'escompte et de toutes les compagnies dont les capitaux reposent sur des actions ou des effets au porteur.

25. Le général et conventionnel *Carteaux* occupe Marseille, dont les habitants semblaient d'abord animés d'un esprit aussi généreux que les Lyonnais (*V.* 29 mai).

27. *Reddition de Toulon*, livré par les habitants à l'amiral anglais *Hood*, dont la flotte est accompagnée de deux escadres espagnole et napolitaine. —*Louis XVII* est proclamé par les habitants, tandis que le commandant de l'expédition proclame l'autorité du Roi de la Grande-Bretagne. — Les contre-amiraux *Trogoff*, *de Grasse*, remettent aux Anglais onze vaisseaux de ligne; le contre-amiral *Saint-Julien* échappe avec sept autres vaisseaux (*V.* 19 décembre).

28. Le général *Custine* porte sa tête sur l'échafaud, pour avoir laissé prendre Mayence (*V.* 23 juillet).—Cet exemple instruit les généraux du sort qui les attend dès que la victoire les abandonnera. Aussi leur tactique consistera, dorénavant, à sacrifier, sans ménagement, des milliers d'hommes à l'occupation de quelques lieues de terrain.

Septembre 1er. *État des prisons de Paris :* quinze cent quatre-vingt-dix-sept détenus.

3. *Finances publiques.*— *Loi révolutionnaire.*—Rédaction définitive du décret sur *l'emprunt forcé* (*V.* 20 mai). — Toutes les propriétés y sont sujettes; il est progressif.

5. *Lois révolutionnaires.*—La convention, étendant de plus en plus le système de terreur dont elle fait son unique moyen de gouverne-

ment (*V.* 12, 23 août, 1er art.), établit *une armée révolutionnaire ambulante*, qui parcourra les départements, traînant avec elle de l'artillerie et la guillotine. — « Puisque notre vertu, notre modéra-« tion, nos idées philosophiques ne nous ont servi de rien, *soyons* « *brigands*, dit un député; *pour le bonheur du peuple, soyons bri-* « *gands*..... Déclarons solennellement que les hommes *suspects* ré-« pondront, sur leur têtes, des malheurs de l'état; que les comités « révolutionnaires, en arrêtant un homme *suspect*, *n'aient pas be-* « *soin d'expliquer leurs motifs*..... » *Thuriot* s'écrie : « Sentons « notre dignité; point de fausse mesure. L'homme qui combat à la « face du monde pour une révolution qui a pour but l'égalité, la « justice, le bonheur des hommes, veut qu'à l'instant où il prend « les armes, aucun être sur la terre n'ait le moindre reproche à lui « faire. *Il faut que cette révolution, qui est l'ouvrage d'un génie ex-* « *traordinaire, déifie tous les Français*. Il faut que la France s'honore « de chacune de vos actions; qu'on lise dans l'histoire, *avec tendresse*, « les noms de ceux dont les votes énergiques ont fait triompher cette « révolution..... » — *L'armée révolutionnaire ambulante* existera jusqu'au 27 mars 1794.

6, 7. *Lois révolutionnaires*, ordonnant l'arrestation, en France, de tous les étrangers nés sur le territoire des puissances avec lesquelles la république est en guerre, et la confiscation de leurs biens.

6, 7, 8. *Bataille de Hondtschoot* (2 l. de Bergues, Nord), gagnée par *Houchard*, *Jourdan*, *Hédouville*, *Colaud*, *Vandamme*, généraux de division. — Le duc d'Yorck, généralissime; Freytag, Alvinzy, Autrichiens. — Confédérés, soixante mille hommes; Français, quarante-huit mille hommes. — Quatre mille tués, blessés ou prisonniers, de part et d'autre.

9. A la suite de l'affaire de Hondtschoot, le duc d'*Yorck* lève le siége de Dunkerque, laisse cinquante-deux gros canons, ses munitions, ses bagages, et bat précipitamment en retraite sur Furnes.

Etat des prisons de Paris : dix-huit cent soixante détenus.

11. *Reddition du Quesnoy*. — (Nord) au général autrichien Clairfayt.

16. *Loi révolutionnaire*. — Le tribunal révolutionnaire aura ses prisons particulières.

17. *Loi révolutionnaire, concernant les gens* SUSPECTS. Elle est souvent citée sous la désignation de *loi du 17 septembre*. *Merlin*, dit *de Douai* (directeur en 1797, 98, 99), en est le rapporteur, au nom du comité de législation.

« Immédiatement après la publication du présent décret, tous « les gens suspects qui se trouvent sur le territoire de la république, « et qui sont encore en liberté, seront mis en état d'arrestation. — « *Sont réputés suspects*, ceux qui, soit par leur conduite, soit par « leurs relations, soit par leurs propres écrits, se sont montrés les « partisans de la tyrannie ou du fédéralisme, et ennemis de la li- « berté; ceux qui ne peuvent justifier de l'*acquit de leurs devoirs ci-* « *viques;* ceux à qui il a été refusé des *certificats de civisme;* ceux « des ci-devant nobles, ensemble les maris, les femmes, pères, « mères, fils ou filles, frères ou sœurs, et agents d'émigrés, qui n'ont « pas *constamment* manifesté leur attachement à la révolution. — « Les tribunaux civils et criminels pourront faire retenir en état d'ar- « restation, *comme gens suspects*, et envoyer dans les maisons de « détention ci-dessus énoncées, les prévenus de délits, à l'égard des- « quels il serait déclaré n'y avoir pas lieu à accusation, ou qui se- « raient acquittés de celles portées contre eux. » — Le vague immense de ces dispositions ne met au choix et au nombre des victimes d'autres restrictions que les caprices des tyrans subalternes. Ce décret amènera *la détention de plus de trois cent mille individus.* Les comités révolutionnaires sont établis juges des suspects, et ces comités existeront dans beaucoup de villages; Paris en comptera quarante-huit. On ne saurait éviter d'être suspect, si l'on appartient à une classe moyenne, et que l'on n'exerce pas un état mécanique, qu'en dénonçant des suspects; et, chose à peine croyable, des milliers de personnes, élevées dans des professions qui demandent une éducation cultivée, recherchent l'emploi de faire arrêter les gens suspects, dans l'espoir qu'ayant donné des gages aussi manifestes de civisme, elles ne seront pas elles-mêmes arrêtées. Les délateurs recevant un salaire, tous ceux que la misère, la domesticité, rendaient dépendants, peuvent trouver, dans la délation, des moyens d'existence et de rapine.

C'est au génie froidement homicide, à l'infernale sagacité de *Merlin*, dit de *Douai*, de *Cambacérès*, d'*Oudot*, qu'appartient l'invention de cette arme révolutionnaire. Un autre monstre de la convention, *Collot-d'Herbois*, disait, « que tout est permis à quiconque « agit dans le sens de la révolution; que quiconque outrepasse le but, « souvent n'y est pas encore arrivé. » — Enfin, on en viendra à ajouter aux *gens suspects* de *Merlin* dit *de Douai*, des *gens suspects d'être suspects.*

18. *Saint-Domingue.* — Des troupes anglaises entrent à *Jérémie*, en prennent possession, en vertu d'une convention avec les habi-

tants de la *Grande-Anse*, qui se mettent sous la protection du roi d'Angleterre, pour échapper aux fureurs des nègres (*V.* 9 mai 1798).

21. *Lois révolutionnaires.* — Les galériens ne porteront plus le *bonnet rouge*, devenu l'emblème de la liberté. — Les femmes se pareront de la cocarde nationale, sous peine de huit jours de détention, et, en cas de récidive, d'être regardées comme *suspectes*, et enfermées jusqu'à la paix. *La cuisine du Temple est supprimée.* Les détenus (le fils, la fille, la sœur de *Louis XVI*) seront réduits au strict nécessaire; les femmes et valets de chambre seront renvoyés.

23. *Finances publiques.* — *Loi révolutionnaire* enjoignant de remettre dans les caisses nationales les dépôts faits chez les notaires et autres officiers publics.

28. *Décret* ordonnant une émission de deux milliards d'assignats.

29. *Loi révolutionnaire* qui spécifie les denrées de première nécessité sujettes au *maximum* (*V.* 4 mai). Ce sont tous les comestibles et les combustibles d'un usage ordinaire, les matières premières qui servent aux fabriques, les métaux usuels, les étoffes, les toiles, le tabac, les souliers, les sabots.

Octobre, 1er *État des prisons de Paris :* deux mille quatre cents détenus.

3. Procès de la reine Marie-Antoinette. — *Décret* enjoignant au tribunal révolutionnaire de s'en occuper sans délai et sans interruption (*V.* premier août). — Sans égard pour son ancienne dignité, sans pitié pour son extrême infortune, les geôliers de la *Conciergerie* traitent la fille de l'illustre Marie-Thérèse comme un malfaiteur abject.

5. *Décret* « qui abolit définitivement l'ère chrétienne (*V.* 21 septembre 1792, deuxième article), et porte le commencement de l'ère des Français au 22 septembre 1792 ». — L'année se divise en douze mois de trente jours; les mois recevront des noms analogues aux saisons; à ces douze mois seront ajoutés cinq à six jours nommés *complémentaires* et aussi *sans-culotides.* (L'annuaire républicain sera supprimé le 9 septembre 1805, et l'usage du calendrier grégorien remis en usage le premier janvier 1806.)

9, 10. *Décrets.* — Le poignard des assassins, encouragé par la convention, n'atteignant pas le ministre anglais Pitt (*V.* 7 août), elle lance deux décrets sur l'Angleterre. L'un proscrit, sous peine de vingt ans de fers, l'introduction en France de toute marchandise manufacturée dans les pays soumis à la puissance britannique. L'autre décret ordonne, de nouveau, l'arrestation de tout sujet anglais, et met ses propriétés à la disposition de la nation (*V.* 6 septembre).

Prise de Lyon par les troupes de la convention, après un siège de soixante-dix jours. — *Kellermann*, général en chef; *Dubois-Crancé*, *Gauthier*, commissaires conventionnels près l'armée. — *De Précy*, *de Virieu*, *Nervo*, commandant les assiégés.

La courageuse résistance de la seule ville de France qui sache opposer à toutes les fureurs de la tyrannie toutes les forces de l'honneur et du désespoir, est un épisode qui signale à jamais la honteuse inertie de toutes les autres grandes villes.

Les assiégeants ont dirigé, de préférence, les bombes sur les hôpitaux. — Le quart de la ville a été consumé par le feu des batteries. La famine est à son dernier degré pendant les vingt derniers jours de siége. Les vainqueurs, plus terribles que la flamme et la faim, s'empressent de livrer au pillage les propriétés des notables, de dévaster les ateliers, d'achever la ruine des édifices. — Les jours suivants, les habitants seront mitraillés par masses; hommes, femmes, enfants, riches, pauvres (*V.* 12 octobre). Plus de deux mille individus seront ainsi mis à mort, *et de sang-froid* (discours de *Camille Jordan* au conseil des cinq cents, le 4 juillet 1797).

Loi révolutionnaire. — Sur le rapport de *Saint-Just*, « le gouvernement est déclaré révolutionnaire jusqu'à la paix ». — Le conseil exécutif, les généraux, les corps constitués, sont placés sous la surveillance immédiate du *comité de salut public*. Tous les pouvoirs sont délégués à ce comité. — Ces dispositions sont prises *par moins de quatre-vingts votants*.

Par cette seule combinaison, tous les crimes se rattachent à un seul principe, et lient à la même chaîne tous ceux qui les commettent. Ce décret consolide le système de la terreur et des échafauds.

12. *Loi révolutionnaire.* — Elle porte qu'il sera nommé une commission extraordinaire pour faire punir militairement, et sans délai, *les contre-révolutionnaires de Lyon.* — La ville sera détruite, tout ce qui fut habité par le riche sera démoli; il ne restera que la maison du pauvre. Le nom de Lyon sera effacé du tableau des villes de la république. La réunion des maisons conservées portera désormais le nom de *Commune-Affranchie*. Les biens qui ont appartenu aux riches et aux contre-révolutionnaires seront distribués aux patriotes pour les indemniser.

Les commissaires de la convention, *Collot-d'Herbois*, *Fouché* dit *de Nantes*, exécutent les dispositions ordonnées avec une férocité raisonnée dont on ne trouve aucun autre exemple dans l'histoire moderne avant cette époque. — Ils écrivent à la convention (*Moniteur*, n°s 57, 64) : « . . . . . La terreur est véritablement ici à l'ordre « du jour; elle dépouille le crime de ses vêtements et de son or. . . . . « La commission révolutionnaire que nous venons d'établir remplit « ses devoirs avec une sévérité stoïque et une impartiale rigueur. « C'est sous les voûtes de la nature qu'elle rend la justice, comme le « ciel la rendrait lui-même. . . . . Nous sommes convaincus qu'il n'y « a d'innocent dans cette *infâme cité* que celui qui fut opprimé et « chargé de fers par les assassins du peuple. . . . . NOUS SOMMES EN « DÉFIANCE CONTRE LES LARMES DU REPENTIR. . . . . Rien ne peut dés- « armer notre sévérité. . . . Cette mission est la plus pénible et la plus « difficile; il n'y a qu'un amour ardent de la patrie qui puisse con- « soler, dédommager l'homme qui, résistant à toutes les affections « que *la nature et une douce habitude* ont rendues chères à son cœur, « à toute sensibilité personnelle, à son existence entière, ne pense, « n'agit et n'existe que dans le peuple et avec le peuple; qui, fermant « les yeux sur tout ce qui l'entoure, ne voit que *la république s'éle- « vant dans la postérité sur les tombeaux des conspirateurs et sur les « tronçons de la tyrannie*. . . . . . Les démolitions sont trop lentes; il « faut des moyens plus rapides à la *vengeance républicaine. L'explo- « sion de la mine et l'activité de la flamme peuvent* SEULES *exprimer la « toute-puissance du peuple :* sa volonté ne peut être arrêtée comme « celle des tyrans; *elle doit avoir les effets du tonnerre*. . . . . . . Nous « célébrons aussi des fêtes civiques; mais c'est en immolant à la jus- « tice du peuple, sans ménagement, sans exception, tous les enne- « mis de la liberté. Ces sortes de fêtes présentent, au premier coup- « d'œil, l'aspect funèbre des ruines et du néant; mais elles laissent « à la méditation cette pensée consolante, que les tombeaux de la « domination du vice et du crime renferment les germes féconds, les « matrices vigoureuses d'une génération d'hommes libres. . . . » *Fouché, seul*, écrivant au comité de salut public (*Monit.*, n° 180, an II) : « Le tableau qu'offrait, dans la fête qui eut lieu hier, la commission « révolutionnaire suivie de deux exécuteurs de la justice nationale, « tenant en main LA HACHE DE LA MORT, a excité les cris de la SENSI- « BILITÉ et de la reconnaissance des bons patriotes, du peuple. . . . Ses « édifices odieux tomberont sous le marteau des républicains et seront « convertis en salpêtre tyrannicide. . . . . (*Monit.* n° 204, an II) : Le « sang du crime féconde le sol de la liberté et affermit sa puissance « sur des bases inébranlables. » *Fouché* à *Collot d'Herbois*, son collègue et son ami : « Exerçons la justice, A L'EXEMPLE DE LA NATURE;

« vengeons-nous en peuple; frappons comme la foudre, et que la « cendre même de nos ennemis disparaisse du sol de la liberté...... « Nous n'avons qu'une manière de célébrer la victoire (la reprise de « Toulon (*V.* 19 décembre 1793): nous envoyons, ce soir, deux cent « treize rebelles sous le feu de la FOUDRE. » — *Nota.* Les principales lettres des conventionnels envoyés pour ensanglanter et détruire Lyon ont les dates des 27 brumaire, 5, 16, 22 frimaire, 7 nivose, 25, 30 pluviose, 21 ventose an II. — Les exécutions continuent pendant six mois (*V.* 30 octobre).

Quelque temps après le supplice de *Robespierre* (*V.* 28 juillet 1794), lorsque l'horreur du public, appuyée sur des preuves manifestes, éclatera contre *les bourreaux de Lyon*, *l'infâme* FOUCHÉ osera pallier de tels forfaits; mais ses apologies seront rejetées, même des plus vils factieux. Il entreprendra de se justifier auprès des jacobins de Paris, et, à leur tribune, le 1er août 1794, il leur dénoncera ces écrits que l'on publie contre lui, et qu'il appelle « *des libelles*, où « l'on présente froidement à l'imagination indignée 4,000 hommes « déchirés par la mitraille du canon de *Commune-Affranchie*.... « Cependant, continue-t-il, il est constant que la commission révo- « lutionnaire n'a fait fusiller que 1,600 personnes en six mois, et « jamais la foudre nationale n'en a frappé plus de 60 à-la-fois.... » A ces mots, ici même dans l'antre des jacobins, FOUCHÉ est interrompu par des cris d'ordre du jour. — « Je ne rappelais ces faits, « reprend le tigre, que pour en tirer des réflexions sur le *système « de sensibilité fausse et hypocrite* qui se développe depuis quelque « temps; que pour démontrer LA NÉCESSITÉ DE RÉTABLIR LA TERREUR, « et que toute pensée d'indulgence, de modérantisme, est une pen- « sée CONTRE-RÉVOLUTIONNAIRE.... » *Fouché* est encore interrompu par de violents murmures, et il se hâte de conclure en demandant que les auteurs de ces *libelles* se fassent connaître. La société des jacobins ne prononce rien sur cet objet. Sans doute, craignant pour son existence même, depuis le 9 thermidor, ne se voyant plus soutenue par les habitués de ses tribunes, cette société n'aura ni voulu repousser entièrement les prières de l'un de ses plus chers affiliés, ni osé prendre son parti contre l'opinion publique, qui se développe d'une manière formidable.

12. PROCÈS DE LA REINE MARIE-ANTOINETTE (*V.* 1er août, 5 octobre). — *Elle subit un interrogatoire.* Tout est disposé pour ajouter l'odieux des formes à l'odieux de l'attentat. — *Demande.* C'est vous qui avez appris à *Louis Capet* cet art d'une profonde dissimulation avec la

quelle il a trompé le peuple français qui ne se doutait pas qu'on pût porter à un pareil degré la scélératesse et la perfidie? — *Réponse.* « Oui, le peuple a été trompé ; il l'a été cruellement ; mais ce n'est ni par mon mari ni par moi. » — *D.* Par qui donc a-t-il été trompé? — *R.* « Par ceux qui y avaient intérêt. » — *D.* Quel intérêt mettez-vous aux armées de la république? — *R.* « Le bonheur de la France « est celui que je desire par-dessus tout. » — *D.* Pensez-vous que les rois soient nécessaires au bonheur des peuples? — *R.* « Un individu ne peut pas décider de cette chose. » — *D.* Vous regrettez sans doute que votre fils ait perdu un trône sur lequel il eût pu monter, si le peuple, éclairé sur ses droits, n'eût pas brisé ce trône? — « *R.* Je « ne regretterai jamais rien pour mon fils quand mon pays sera heu-« reux. » — *D.* Quelle est votre opinion sur la journée du 10 août, où les Suisses, par l'ordre de l'habitant du château, ont tiré sur le peuple? — *R.* « J'étais hors du château quand on a commencé à tirer; « je ne sais comment cela s'est passé; je sais seulement que jamais « l'ordre n'a été donné pour tirer. » — Ces fragments d'un interrogatoire, que les greffiers ou les juges n'auront certainement pas embelli, suffisent pour donner une idée du calme étonnant avec lequel cette princesse infortunée supportait des souffrances inouies et aussi prolongées. Les jours qui ont précédé cet interrogatoire, on a essayé l'infâme projet d'amener SES ENFANTS à déposer contre elle. On publie les prétendues imputations de son fils *(Louis XVII)*, âgé seulement de 8 ans, et l'on osera en faire usage au *tribunal révolutionnaire* (*V.* le 16) *!!!*

15, 16. *Bataille de Wattignies* et *déblocus de Maubeuge.* — *Jourdan*, général en chef; Clairfayt, général autrichien. — Les deux armées, à-peu-près d'égale force, perdent l'une et l'autre environ quatre mille hommes; mais les Français obtiennent l'avantage en dégageant une place assiégée.

PROCÈS DE LA REINE (*V.* 1er août, 5, 12 octobre). — *Marie-Antoinette d'Autriche*, veuve de *Louis XVI*, est condamnée à mort. — L'acte d'accusation a été rédigé par *Fouquier-Tinville*, accusateur public, nommé par le comité de salut public, où, à côté de *Robespierre*, siègent *Barrère*, *Carnot*, etc. C'est désigner toute la turpitude, toute l'infamie de cet acte. L'énumération des griefs est le tableau le plus révoltant que puisse offrir la perversité des jacobins. Les juges, mêlant l'outrage et la dérision à la cruauté, dans le cours de la procédure, retracent ces Cannibales dansant autour du bûcher auquel est garottée la victime dont ils vont dévorer les chairs palpitantes. — *Chauveau - Lagarde* (avocat aux conseils), *Tronçon-Ducoudray* (déporté par suite du 18 fructidor, ou 4 septembre 1797, et mort à *Sinamary*), sont nommés d'office ; mais il leur est interdit de présenter des moyens de défense : ils doivent se borner à réclamer la clémence du tribunal. Quelque superflus que leur paraissent les efforts de ce triste ministère, ils l'exercent néanmoins avec un zèle très-remarquable. Aussi sont-ils immédiatement arrêtés, d'après l'ordre d'un comité de la convention.

Aucun mouvement de faiblesse humaine, aucun emportement, n'ont altéré la dignité de l'infortunée reine, devant le tribunal, et jusqu'à l'échafaud. Quoique ses forces physiques soient abattues par de longues souffrances, par les plus dures privations et des maux compliqués, ses facultés morales n'éprouvent aucun affaissement. Elle est conduite, les mains liées, au lieu de l'exécution, dans un des tombereaux communs aux condamnés. Elle a eu besoin d'emprunter des vêtements à la femme du geôlier. Ses abjects persécuteurs ont épuisé sur elle les raffinements de la cruauté. — Sa vie politique ne parût-elle pas exempte de légères faiblesses aux yeux de la postérité, les crimes dont elle fut indignement accusée ne sauraient atteindre sa mémoire, et feront l'éternelle honte de ses assassins.

Composition du tribunal révolutionnaire, les 15 et 16 octobre.

Hermand (Amand-Martial), président; *Foucault* (Étienne), *Douzé-Verneuil* (Jh.-Fr.-Ignace), *Lane* (Marie-Joseph), juges; *Fouquier-Tinville* (Antoine-Quentin), accusateur public; *Fabricius*, autrement *Pâris* (Joseph), greffier. Les jurés sont: *Ganney*, perruquier; *Nicolas*, imprimeur; *Châtelet*, peintre; *Grenier-Trey*, tailleur; *Antonelle*, ex-marquis, ex-maire d'Arles, député à l'assemblée législative; *Gimond*, tailleur; *Devèze*, charpentier; *Deydier*, serrurier; *Sicard*, profession non-désignée.

Loi révolutionnaire. — Sont punis de mort, dans les 24 heures, les prêtres sujets à la déportation (*V.* 26 août 1792), qui rentreront; ceux qui, pris sur les frontières ou en pays étranger, seront convaincus d'avoir porté les armes contre la république (*V.* 15 fév. 1794).

22. *Loi révolutionnaire.* — Il n'y aura plus aucun établissement public dans les villes mises en état de rebellion.

29. *Loi révolutionnaire.* — Il est enjoint au président du tribunal révolutionnaire, lorsqu'un procès aura duré plus de trois jours, de demander au jury, au commencement de la séance, si sa conscience est suffisamment éclairée; et sur l'affirmative, il sera tenu de procéder de suite au jugement. — L'objet de cette disposition est de fermer

la bouche à *Vergniaud*, député proscrit, dont l'éloquent plaidoyer vient de faire une vive impression sur les juges et sur les auditeurs du tribunal (*V.* le 31).

30. *Loi révolutionnaire* autorisant les représentants du peuple en mission à Lyon, à prendre toutes les mesures jugées de nouveau nécessaires pour la prompte punition des contre-révolutionnaires (*V.* le 12, 1er art.) — Leurs pouvoirs s'étendent aux départements circonvoisins.

31. *Exécution de 21 conventionnels*, désignés sous les noms de *brissotins*, *girondins*, *fédéralistes*, et arrêtés par suite de la journée du 2 juin. Les plus remarquables de ces démagogues, envoyés à l'échafaud par d'autres démagogues plus audacieux et plus perfides, sont *Brissot*, *Vergniaud*, *Carra*, *Lasource*, *Gensonné*, *Guadet*, *Fauchet* (évêque constitutionnel), *Brûlart-Sillery-Genlis*, confident de *Philippe-Égalité* (duc d'Orléans), qu'une puissante sympathie de caractère et de mœurs rendit complice de ces lâches forfaits. *Sillery-Genlis* est l'époux de cette femme auteur qui produisit d'abord quelques romans réprouvés des ames honnêtes et généreuses, *Les chevaliers du Cygne*, *Alphonsine*, etc. etc., et qui plus tard a publié plusieurs ouvrages prétendus historiques : *Madame de Maintenon*, *Mademoiselle de la Vallière*, etc., etc.

Novembre 1er. *Loi révolutionnaire* prononçant la confiscation des biens des Français qui sont sortis de France *avant le* 14 *juillet* 1789, et qui n'y sont pas rentrés.

La convention, qui fait exécuter par ses délégués les plus odieuses rapines, reçoit, pendant ses séances, l'or et l'argent qu'ils expédient. *Fouché* dit *de Nantes*, envoie du département de la Nièvre dix-sept malles remplies d'espèces ou de matières métalliques. « Je » ne sais, dit ce suppôt de la tyrannie, par quelle imbécille com- « plaisance on laisse encore ces métaux entre les mains des HOMMES « SUSPECTS..... Il n'y a plus ici ni pauvre ni riche.... »

C'est des confiscations, des emprunts forcés, des taxes arbitraires *sur les suspects*, des fouilles patriotiques pour la recherche du numéraire ; c'est de toutes ces mesures d'extorsion et d'iniquité, que se compose ce système dont l'esprit est, suivant l'expression en usage dans les tribunes des sociétés populaires, « de faire disparaître la « richesse du régime de l'égalité. »

État des prisons de Paris : trois mille deux cent trois détenus.

3. *Carnot*, membre du comité de salut public (directeur en 1795, 96, 97), fait connaître à la convention l'importance des ateliers créés

et des mesures improvisées, pour obtenir avec rapidité de nombreux et formidables moyens de défense contre l'ennemi (*V.* 22 septembre 1794).

6. *Exécution du duc d'Orléans.*—On sait que, ne se trouvant pas assez avili par l'opprobre dont il a flétri ce nom, ce prince s'est ignominieusement couvert du nom d'*Égalité.* Il parvient enfin au même échafaud où ses parricides machinations, et son vote dénaturé, ont porté *Louis XVI*, le chef de sa famille. Le tombereau révolutionnaire s'arrête une demi-heure devant la grille du Palais-Royal, afin de laisser à son possesseur le loisir de contempler cette résidence, le théâtre de ses premiers égarements, le repaire du vice, et le foyer des crimes révolutionnaires.

7. *Abjuration du culte catholique et du christianisme* au sein de la convention, par l'évêque de Paris, accompagné d'une partie de son clergé, plusieurs autres évêques constitutionnels, et *Julien*, dit *de Toulouse*, ministre du culte protestant, tous conventionnels. — *Décret* qui charge le comité d'instruction publique de présenter un projet de décret *tendant à substituer un culte raisonnable et civique au culte catholique* (*V.* l'art. suiv.).

8. *Loi révolutionnaire.* — Les enfants dont les pères et mères auront subi un jugement emportant la confiscation de leurs biens, *seront reçus dans les hospices destinés aux enfants abandonnés.*

10. *Loi révolutionnaire.* — Le délire irréligieux est à son comble; la convention décrète que « le culte catholique sera remplacé par le « culte de la raison », auquel l'église Notre-Dame de Paris est dédiée. — On verra, aux jours consacrés, une prostituée assise sur l'autel, figurer la déesse du lieu. — Les autres églises de Paris sont mises sous l'invocation d'êtres métaphysiques, de la Liberté, de l'Amour conjugal, etc. (*V.* 7 mai 1794.)

11. *Exécution de Bailly*, ex-constituant, ex-maire de Paris, bien plus connu par sa conduite politique que par ses travaux littéraires. Guidé par l'amour du bien, mais séduit par de spécieuses théories, il sema hasardeusement d'incertaines doctrines, et dut s'attendre à en recueillir les fruits. — Beaucoup d'autres moteurs de la révolution, qui réclamèrent imprudemment le secours des passions populaires, seront perdus comme Bailly, et seront consumés par les feux qu'ils allumèrent; malheureux, sans doute, de n'avoir pas prévu les effroyables ravages de l'incendie.

14. *Proclamation du général autrichien Wurmser*, en Alsace : « Alsaciens,.... jetez vos regards sur les *autres* peuples d'Allemagne;

« voyez comme ils se réjouissent .... de pouvoir vous nommer *de* « *nouveau* leurs frères. Réjouissez-vous avec eux. Il n'est pas un de « vous, pas un, je le sais, qui se refusera au bonheur d'être *un Alle-* « *mand.* »

14, 15. *Guerre de la Vendée.—Siége de Granville.*—Les royalistes vendéens échouent dans l'attaque de cette place maritime, en perdant beaucoup de monde.

15. *Finances publiques.—Décret* qui supprime la loterie de France, comme institution immorale (*V.* 30 septembre 1797, 2e article; 27 septembre 1800).

17. Lettre du comité de salut public à *Lebon*, envoyé à Arras. Elle est signée, *Barrère*, *Carnot*, *Billaud-Varennes*. « .... L'amnistie « prononcée lors de la constitution captieuse (*V.* 13 septembre 1791) « est un crime qui ne peut en couvrir d'autres; les forfaits ne se ra- « chètent point contre une république; ils s'expient sous le glaive. « Le tyran l'invoqua, le tyran fut frappé. »

19. *Loi révolutionnaire.* — Les biens de tout individu décrété d'accusation, ou contre lequel l'accusateur public du tribunal révolutionnaire aura formé l'acte d'accusation, et qui se donnera la mort, sont acquis et confisqués au profit de la nation. — *Le présent décret aura son exécution, à compter du 10 mars 1793, jour de la formation du tribunal révolutionnaire.*

Décembre 1er. *État des prisons de Paris :* — quatre mille cent trente détenus.

4. *Loi révolutionnaire organisant un gouvernement révolutionnaire* provisoire, conformément au décret du 10 octobre précédent.

La convention nationale est le moteur unique du gouvernement. Tous les corps constitués et les fonctionnaires publics sont mis sous l'inspection immédiate du *comité de salut public*, pour les mesures de gouvernement; et du *comité de sûreté générale*, pour tout ce qui est relatif aux personnes et à la police générale et intérieure. Au comité de salut public appartient le changement des autorités. Il fait ou approuve toutes les nominations d'agents dans les départements, aux armées et chez l'étranger. Il est particulièrement chargé de la direction des affaires diplomatiques.

7. *Loi révolutionnaire*, relative aux arrestations d'individus non compris littéralement dans la loi du 17 septembre sur les gens *suspects*, et autorisant les comités révolutionnaires et de surveillance à faire exécuter provisoirement les mesures de sûreté qu'ils auront prises.

Loi révolutionnaire qui séquestre les biens des pères et mères des émigrés.

19. *Reprise de Toulon* (*V.* 27 août). — *Dugommier*, général en chef; *Victor*, *Lapoype*, généraux d'infanterie; *Marescot*, commandant du génie; *Bonaparte*, commandant en 2ᵉ l'artillerie. *Salicetti*, *Barras*, *Ricord*, *Robespierre jeune*, commissaires conventionnels. — Forces anglaises : Hood, vice-amiral; Sydney Smith, commodore; O'Hara, général en chef. — Le magasin de la mâture est incendié ; vingt bâtiments de guerre sont brûlés, dont onze vaisseaux de ligne, six frégates; quinze emmenés, savoir, un vaisseau à trois ponts, deux d° de ligne, cinq frégates et sept autres bâtiments de moindre dimension; trente-huit sont conservés.

Les délégués de la convention exercent à Toulon les mêmes actes de barbarie et de destruction commis à Lyon (*V.* 12 octobre). *Barras*, digne émule de *Fouché* dit *de Nantes*, écrit à la convention (le 16 et le 19 nivose, ou 5 et 8 janvier 1794) : « La majeure partie des « habitants s'est embarquée; et la justice nationale ne sera point as- « souvie comme elle devait l'être. On avait ouvert l'avis de détruire « la ville par l'effet des mines; on ne le pouvait pas sans risquer de « brûler les magasins et l'arsenal. Il a été décidé que tous les maçons « des six départements environnants seront requis d'accourir avec « leurs outils, pour une démolition générale et prompte. Avec une « armée de 12,000 maçons, la besogne ira grand train; et Toulon « doit être rasé en 15 jours.... Les fusillades sont ici à l'ordre du « jour.... Fusillades jusqu'à ce qu'il n'y ait plus de traîtres. »

22. *Guerre de la Vendée. Déroute des royalistes, à Savenay* (Loire-Inférieure), et dispersion totale de leur armée sur la rive droite de la Loire. — *Westerman*, *Marceau*, *Kléber*, généraux républicains.

Le fort Saint-Elme, *Collioure*, *Port-Vendre* (Pyrénées-Orientales), sont livrés aux Espagnols.

1794.

Janvier 3. *Loi révolutionnaire* approuvant toutes les mesures adoptées par les représentants du peuple, avant et après la reprise de Toulon (*V.* 19 décembre 1793).

16. *Loi révolutionnaire.* — *Marseille* est déclarée rebelle et *sans nom.* — *Barras* et *Fréron*, qui ont exercé toutes les fureurs révolutionnaires à Toulon, arrivent à Marseille. Ils y prendront un arrêté portant que tous les lieux qui servirent de rassemblement aux sections seront rasés. Aussitôt le marteau frappera le portique de Saint-

Ferréol; et cette ville verra détruire plusieurs de ses beaux édifices, après avoir vu tomber les têtes de ses plus riches armateurs. — Les deux infâmes proconsuls, ayant régné six mois dans cette contrée, iront dans une bastide se livrer aux débauches.

21. La convention en corps se joint aux membres des sociétés populaires de la commune et à tous les *sans-culottes* de Paris, pour célébrer sur la place *de la Révolution* (de Louis XV) l'anniversaire de la mort de *Louis XVI*. Au milieu des chants et des danses, le bourreau fait tomber quatre têtes sous la hache de la guillotine.

Février 1er. *Loi révolutionnaire* ordonnant la démolition de tout château-fort, tour ou tourelle garnis de créneaux, qui existent dans la république, à l'exception des postes militaires. — Il est dit que les pavillons construits dans les angles des jardins seront conservés, à moins que, par leur forme ou par leur construction, ils ne puissent offrir aux malveillants des moyens d'attaque ou de défense; mais il arrivera que les autorités des campagnes, interprétant arbitrairement cette loi, détruiront toutes les fabriques d'agrément appartenant aux personnes qu'elles proscrivent comme *aristocrates*.

4. *Loi révolutionnaire* portant abolition *immédiate* de l'esclavage dans les colonies françaises, et admettant tous les nègres à l'usage des droits de citoyen français.

12. La convention redonne à Marseille son nom (*V.* 16 janvier).

15. La convention détermine le drapeau national de trois bandes verticales et égales: rouge, blanche, bleue.

16. Mort de l'ex-archevêque-cardinal-ministre *Brienne*. Il s'empoisonne pour ne point aller à Paris mourir sur l'échafaud avec toute sa famille (*V.* 30 avril, 1er août 1787 et 24 août 1788). Ayant adhéré à la constitution civile du clergé (*V.* 12 juillet 1790), ce prélat se vit admonesté par le pape *Pie VI*. Il est à propos de remarquer ici, que *Pie VI* sera disposé, dans la suite, à déférer à la demande du directoire, en sanctionnant cette constitution, moyennant la restitution des trois légations pontificales. Le saint-père aurait alors, pour recouvrer ses domaines temporels, apostoliquement effacé la tache de l'hérésie ou du schisme qui couvrait le royaume très-chrétien.

19. *Hermini d'Auribeau*, qui a succédé au capitaine *d'Entrecasteaux* dans le commandement des corvettes *la Recherche* et *l'Espérance*, parties de Brest, le 28 septembre 1791, pour découvrir le sort de *Lapeyrouse*, touche à *Sourabaya*, dans l'île de *Java*, et livre les deux bâtiments aux Hollandais. — Les papiers relatifs à ce voyage sont recueillis par *Rossel*, officier de l'expédition (de l'Institut en

1815). Il en a publié, en 1809, la relation qui forme un monument précieux d'astronomie nautique.

24. *Loi révolutionnaire*, faisant suite à celle du 29 septembre précédent. Elle régularise le systême et dispose les tableaux d'un *maximum* général sur le prix des denrées et objets spécifiés *denrées ou objets d'un usage ordinaire*.

Exécution de plusieurs *fédéralistes* et *cordeliers* (*V.* 29 mai 1792, deuxième article; 31 octobre 1793.) Parmi eux, sont les nommés, *Cloots*, *Hébert*, *Ronsin*, *Vincent*.

Mars 1er. *État des prisons de Paris :* six mille détenus.

12. *Loi révolutionnaire* qui déclare acquis au profit de la nation, les biens des ecclésiastiques déportés par la loi, ou absents de leur propre volonté, des vieillards ou infirmes en réclusion.

13. *Loi révolutionnaire* qui déclare traîtres à la patrie, et punit comme tels, ceux qui seront convaincus d'avoir, de quelque manière que ce soit, favorisé, dans la république, le plan de corruption des citoyens, de subversion des pouvoirs et de l'esprit public; d'avoir excité des inquiétudes à dessein d'empêcher l'arrivage des denrées à Paris; d'avoir donné asyle aux émigrés; ceux qui auront tenté d'ouvrir les prisons; ceux qui auront introduit des troupes dans Paris avec le dessein d'assassiner le peuple et la liberté; ceux qui auront tenté d'ébranler ou d'altérer la forme du gouvernement républicain, etc., etc.

22. Les Anglais achèvent la conquête de la Martinique. Le général *Rochambeau*, attaqué au Fort-Royal, par des forces nombreuses, obtient une capitulation honorable, après quarante-neuf jours de siége, et sort, avec trois cents hommes, sains, malades ou blessés, seuls restes de la garnison.

27. *Décret* qui licencie l'armée révolutionnaire créée, le 5 septembre 1793.

Avril er. *Décret* qui supprime *le conseil exécutif* (*V.* 11 août 1792), et le remplace par *douze commissions* prises dans la convention.

État des prisons de Paris : sept mille deux cents détenus.

5. *Robespierre*, qui décime, par intervalles, la convention (*V.* 31 octobre 1793, 24 février 1794), envoie au supplice le fougueux *Danton*, dont il redoute l'éloquence populaire et l'audace; *Chabot*, ex-capucin; *Bazire*, *Lacroix*, *Camille Desmoulins*, *Hérault de Séchelles*, le poète *Fabre d'Églantine*, et plusieurs autres de ces anarchistes désignés sous le nom de *cordeliers*. — Dès ce jour, le parti de *Robespierre*, c'est-à-dire ce qui aura paru de plus inique et de plus atroce,

dominera sans opposition. *Barrère*, *Merlin* dit *de Douai* (directeur en 1797, 98, 99.), *Saint-Just*, *Couthon*, *Collot-d'Herbois*, *Fouché* dit *de Nantes*, *Vadier*, *Carnot* (directeur en 1795, 96, 97), secondent *Robespierre* de tous leurs efforts.

8. *Prise d'Oneille* par le général *Masséna*. — Premier succès obtenu par l'armée d'Italie.

16. *Loi révolutionnaire*. — 1° Tous les individus « prévenus de « conspiration, ou qui porteraient ombrage », seront traduits, de tous les points de la république, au tribunal révolutionnaire de Paris. 2° Tous les ci-devant nobles, et les étrangers, sortiront de Paris, des villes frontières et maritimes, dans le délai de dix jours, « sous peine de mort ».

19. *Traité de la Haye*, entre les rois d'Angleterre, de Prusse et le stathouder. — Toutes les conquêtes faites par l'armée prussienne le seront au nom de l'Angleterre et de la Hollande, et « resteront à leur « disposition ».

22. *Mort* de Chrétien-Guillaume LAMOIGNON DE MALESHERBES, ex-ministre de *Louis XVI*, et son défenseur, âgé de soixante-douze ans et quatre mois. Il est conduit au supplice avec sa sœur, sa fille, son gendre, sa petite-fille et l'époux de cette jeune personne. On a dit, mais le fait est douteux, que les juges fermaient ou détournaient les yeux, craignant l'aspect de ce vieillard vénérable et les signes d'émotion des assistants.

Malesherbes fut le meilleur citoyen, l'homme le plus vertueux, le plus intègre, à-la-fois, et le plus éclairé qui se soit montré à la cour des rois de France. On ne saurait, du moins, mettre auprès de lui que *l'Hôpital*, *Sully*, *Fénélon* et *Catinat*. — La mémoire de *Malesherbes* attend encore (en 1819) un monument.

30. *Prise de Landrecies* par les armées de la coalition.

Mai 1er. *État des prisons de Paris* : huit mille détenus. — Le tribunal révolutionnaire livre chaque jour, depuis deux mois, plusieurs têtes à l'exécuteur.

7. Après un très-long discours de *Robespierre*, dans lequel cet exécrable fourbe se donne à lui-même de grands éloges : *La convention reconnaît l'existence de l'Être-Suprême et l'immortalité de l'ame*. Elle substitue au christianisme un culte national, une sorte de paganisme épuré qui ne rend honneur qu'aux vertus humaines (*V.* 7, 10 novembre 1793; 8 juin 1794).

8. *Exécution* du célèbre chimiste *Lavoisier*, et de vingt-sept autres *fermiers-généraux*.

10. *Mort* de la princesse ÉLISABETH, sœur de *Louis XVI.* — Elle comparaît avec un air plein de douceur et de dignité, que ne sauraient altérer les outrageantes et grossières expressions de l'interrogatoire. On assure qu'elle a répondu au président du tribunal : « Si « mon frère eût été un tyran, ni vous ni moi ne serions à la place « que nous occupons en ce moment. » Sa condamnation étonne d'autant plus, que ses vertus semblent en avoir imposé aux plus grands scélérats, qui n'ont jamais demandé sa mort. — On affecte de la conduire au supplice sans aucune distinction, en l'associant, sur le fatal tombereau, à vingt-quatre autres victimes. Plusieurs femmes de la cour sont de ce nombre. L'une d'elles, quoique enceinte, a refusé de se soustraire, par sa déclaration, au sort commun. *Élisabeth* fait avertir les juges, et la sauve. Exécutée la dernière, elle porte sur l'échafaud, couvert de sang et de cadavres, cette angélique sérénité qui ne l'a pas abandonnée un seul instant de sa vie.

11. *Incendie de Bédouin* (trois lieues Est de Carpentras). — Le représentant *Maignet* surpasse, dans le département de Vaucluse, les cruautés exercées à Lyon par *Fouché* dit *de Nantes* (*V.* 12 octobre 1793), et par *Barras* à Toulon (*V.* 19 décembre 1793). Ce monstre est plus féroce encore que *Jourdan-Coupe-Tête*, qu'il a remplacé (*V.* 16 octobre 1791, et 19 mars 1792).

Un arbre de la liberté a été coupé, pendant la nuit, à Bédouin, bourg de cinq cents maisons, l'un des plus florissants et des plus industrieux du département. Il paraît constant que *Maignet* lui-même en a donné l'ordre. Aussitôt les autorités constituées, les nobles, les parents d'émigrés, les prêtres, les gens suspects, sont enfermés dans Bédouin, qui est tout entier consumé par les flammes; afin, dit *Maignet*, de détruire jusqu'au nom de ce lieu infâme. — Il obtient l'établissement à Orange, d'une commission populaire pour juger les ennemis de la révolution qui seront trouvés dans les départements environnants. L'instruction, adressée par le comité de salut public, porte : « La peine due à ce crime (un arbre de la liberté coupé) est « la mort; les preuves acquises pour la condamnation sont tous les « renseignements, de quelque nature qu'ils soient, qui peuvent con« vaincre un homme raisonnable et ami de la liberté, etc. » *Signé*, *Carnot*, *Barrère*, *Billaud* dit *de Varennes*. — La commission d'Orange fera périr quinze mille personnes, en deux mois. Le rapport accuse ce nombre. Au cri d'horreur qui s'élève, le comité de salut public répond qu'il est satisfait de la conduite de *Maignet*, et la convention nationale approuve la réponse du comité de salut public.

Loi révolutionnaire qui condamne tous les prêtres insermentés, infirmes et sexagénaires, à la réclusion dans le chef-lieu de leur département.

15. *Finances publiques.* — Suivant le rapport du comité des finances, il y a en circulation *six milliards d'assignats.*

18. *Victoire de Turcoing* (Nord). — *Pichegru*, général en chef (absent); *Moreau*, commandant; *Souham*, *Macdonald*, généraux de division; soixante-dix mille Français. — Armées alliées, quatre-vingt-dix mille hommes; l'empereur François II, le duc d'Yorck, présents; le prince de Cobourg, général en chef; l'archiduc Charles, Clairfait. — Soixante canons pris, et trois mille tués, blessés ou prisonniers. — Cette journée amène la délivrance de la France, et prépare la seconde conquête de la Belgique.

22. Les Anglais appelés en Corse, par *Pascal Paoli*, y opèrent un débarquement (*V.* 26 mai 1793, 19 juin 1794).

26. *Décret.* — La convention entraînée par *Barrère*, qui reproche au gouvernement britannique de nombreux actes de perfidie, enjoint de ne faire aucun prisonnier anglais ou hanovrien. — Les militaires français refuseront toujours d'exécuter cet ordre (*V.* 30 décembre).

Juin 1er. *Combat naval* dans l'Océan, à cent lieues environ des côtes de France, entre la flotte française de vingt-cinq vaisseaux, dont trois à trois ponts, commandée par le vice-amiral *Villaret-Joyeuse*, et la flotte anglaise de vingt-sept vaisseaux, dont neuf à trois ponts, aux ordres du vice-amiral *Howe.* L'action est continue de sept heures du matin à six du soir; *Jean-Bon Saint-André*, commissaire conventionnel, en ordonnant précipitamment la retraite, est la principale cause du désastre des Français. Six de leurs vaisseaux sont pris; deux (le *Vengeur* et le *Jacobin*) engloutis; le *Vengeur*, par la résolution unanime de l'équipage, qui refuse d'amener, et qui, après avoir cloué le pavillon et déchargé la batterie basse, déja à fleur d'eau, s'enfonce aux cris de *Vive la république, la liberté.* — *Barrère* aura l'impudence d'annoncer à la tribune, que les six vaisseaux pris sont à la poursuite de l'ennemi. — Il n'y a pas un vaisseau anglais qui n'ait éprouvé des avaries considérables; deux sont désemparés et mis hors de service; leur amiral établit le nombre de ses tués ou blessés à mille.

A la suite de ce combat, un convoi très-considérable de bâtiments marchands, chargés de grains et venant des États-Unis, entre dans les ports de France et prévient la famine, ou plutôt les craintes excessives de la famine, qu'il était du plus grand intérêt des tyrans

Robespierre, *Carnot*, *Barrère*, etc., d'éloigner, afin de ne pas exposer leur pouvoir.

8. *Fête en l'honneur de l'Être-Suprême* (*V.* 7, 10 novembre 1793, 7 mai 1794). — *Robespierre*, élevé sur une estrade qui s'appuie au bâtiment des Tuileries, du côté du jardin, entouré de la convention, remplit les fonctions de grand-prêtre du nouveau culte de la raison. Un gros bouquet est le signe de sa dignité pontificale. Il prononce un long discours métaphysique; puis, met le feu à deux mannequins représentant l'Athéisme et le Fanatisme : voilà la fête!

10. *Lois révolutionnaires.* — La convention décrète de nouvelles dispositions destinées à accélérer les jugements du *tribunal révolutionnaire*. (*V.* 11 mars, 29 octobre 1793). — L'accusé sera interrogé à l'audience; la formalité de l'interrogatoire secret qui précède, est supprimée comme superflue. — La loi donne pour défenseurs aux patriotes calomniés, des jurés patriotes; elle n'en accorde point aux CONSPIRATEURS. — La preuve pour condamner les ennemis du peuple, est toute espèce de document, soit matériel, soit moral, soit verbal ou écrit, qui peut naturellement obtenir l'assentiment de tout esprit juste et raisonnable. — *La règle des jugements* est la conscience des juges, éclairée par l'amour de la patrie; *leur but*; le triomphe de la république et la ruine de ses ennemis; *la procédure*; les moyens simples que le bon sens indique pour parvenir à la connaissance de la vérité, dans les formes que la loi détermine. — S'il existe des preuves matérielles ou *morales*, *indépendamment* de la preuve testimoniale, il ne sera point entendu de témoins. — La peine portée contre tous les délits spécifiés, est la mort. — Le rapporteur de ce décret, *Couthon* a traité d'*absurde*, d'*immorale*, d'*impolitique*, *l'institution des défenseurs officieux*.

16. *Première bataille de Fleurus* (cinq lieues ouest de Namur). — L'armée de *Sambre-et-Meuse* est forte de quatre-vingt mille combattants; *Jourdan*, général en chef; *Marceau*, *Lefebvre*, *Championnet*, *Kléber*, généraux de division. — L'armée austro-hollandaise compte environ cent mille hommes; le prince de Cobourg, généralissime; le prince d'Orange, l'archiduc Charles, Latour, Beaulieu, généraux. L'action reste indécise; les pertes sont à-peu-près égales de part et d'autre. Les deux armées reprennent leurs positions.

17. *Prise d'Ypres*, après un siége de douze jours. — La garnison, forte de six mille hommes, est prisonnière de guerre. On y trouve beaucoup de munitions, de grands magasins. Le général *Moreau*

commande les troupes de siége; le général *Songis* dirige l'artillerie; le chef de bataillon *Dejean*, le génie.

19. *Finances publiques.* — *Décret* portant création de douze cent cinq millions d'*assignats.*

Une *consulte générale* s'assemble à *Corte;* elle a pour président *Pascal Paoli* (*V.* 26 mai 1793); pour secrétaire, *Charles-André-Pozzo di Borgo* (ex-député à l'assemblée législative, général au service de la Russie, et ambassadeur à Paris, 1815—18). On offre au roi d'Angleterre, le titre de *roi de Corse;* il l'accepte, et l'*union de la Corse à la Grande-Bretagne* est effectuée. — *Paoli* qui a réclamé la présence des Anglais pour soutenir le pouvoir dont il s'est emparé (*V.* 22 mai), voit ses espérances déçues. Il est réduit à accepter une pension alimentaire des auxiliaires qui l'ont dépossédé.

26. *Deuxième bataille de Fleurus* (*V.* au 16). — L'action dure quinze heures. — Perte des Français, sept mille morts ou blessés; des alliés, dix mille tués ou blessés, et trois mille prisonniers. — Un aérostat élevé à une assez grande hauteur, mais retenu, y facilite la connaissance des positions de l'ennemi. — Cette victoire ouvre une seconde fois la Belgique aux armées françaises.

Juillet 1er. *État des prisons de Paris:* onze mille quatre cents détenus.

Prise d'Ostende par le général Pichegru. — La garnison anglaise effrayée à l'approche des premiers Français, évacue la place sans tirer un seul coup de canon, et s'embarque à la hâte, abandonnant des magasins considérables.

Prise de Mons par le général Ferrand de l'armée de Sambre-et-Meuse.

L'occupation d'Ostende et de Mons dégage nos frontières, et permet d'assiéger Condé, Valenciennes, le Quesnoy, et Landrecies, places prises les 13 juin, 28 juillet, 11 septembre 1793, 30 avril 1794.

2. *Occupation de Tournay, par l'armée du Nord.* — *Pichegru.*

4. *Décret.* — La convention déclare que toutes les troupes des tyrans coalisés, qui forment les garnisons des places de la frontière du nord, tombées en leur pouvoir, et qui ne se rendront pas dans les vingt-quatre heures de la sommation qui leur en sera faite, ne seront admises à aucune capitulation, et seront passées au fil de l'épée.

6. *Occupation de Gand par l'armée du Nord.* — *Pichegru.*

10. *Occupation de Bruxelles.* — On y trouve des magasins très-considérables. — Les armées du Nord (*Pichegru*) et de Sambre-et-Meuse (*Jourdan*), y font leur jonction.

11. *Loi révolutionnaire* qui réunit au domaine national l'actif des hôpitaux, maisons de secours, de pauvres, etc.

16. *Reprise de Landrecies* (*V.* 30 avril).

17. *Prise du château de Namur* par l'armée de Sambre-et-Meuse. — *Jourdan.*

18. *Prise de Neuport* par l'armée du Nord (*Pichegru*), qui y trouve beaucoup de munitions et d'artillerie.

27. *Prise d'Anvers, par Pichegru; de Liége, par Jourdan.*

27 — 28. JOURNÉES DES 9 ET 10 THERMIDOR.

Depuis que, sur la proposition de *Barrère* (10 octobre 1793), le *gouvernement révolutionnaire* a été proclamé; tous les décrets sont rendus par environ *deux cents* membres de la convention, qui votent en se conformant toujours aux volontés des membres du *comité de salut public.* Ce comité, dont les renouvellements n'ont, depuis sa formation, été que partiels, est composé, et l'a été presque continuellement de *Robespierre, Saint-Just, Couthon, Barrère, Collot-d'Herbois, Billaud* dit *de Varennes, Prieur* dit *de la Marne, Carnot* (directeur en 95, 96, 97), *Lindet. Le comité de sûreté générale* qui agit dans l'intérieur, directement sur les individus, est ordinairement influencé par *Cambacérès* et *Merlin* dit *de Douai,* praticiens très-versés dans les subtilités de la jurisprudence, et qui en ont fait le plus détestable emploi. — L'énumération des atroces mesures mises en œuvre par cette vingtaine de conventionnels défie la mémoire de l'homme.

Tant qu'il ne s'est agi que d'atteindre le but auquel aspirent également les moteurs des divers partis dans la convention, et hors de la convention, c'est-à-dire le massacre des citoyens honnêtes, paisibles, et l'envahissement du pouvoir ou des fortunes, ils restent unis. Mais dès que *Robespierre* entreprend de se réserver la suprême autorité, la division commence. Au 31 mai 1793, les *girondins* conduits par *Brissot* et *Vergniaud* sont renversés par *Danton* et *Robespierre.* — Ce *Danton,* dont l'aspect hideux et cynique annonce la noirceur de l'ame, est écrasé à son tour (*V.* 5 avril 1794) par un rival qui porte dans la vengeance une imperturbabilité d'hypocrisie qu'on ne vit jamais en France, aux plus profonds scélérats.

Aussitôt le territoire se couvre de prisons et d'échafauds; et cependant, de tous les points, on charrie des victimes à Paris. Se remplissant et se vidant sans cesse par les exécutions, *la Conciergerie* est l'image du tonneau des Danaïdes transfusant du sang humain. On comptait à Paris, sous l'ancien régime, quatre ou cinq prisons; les jacobins en ont ouvert *trente-deux.* Chaque comité révolutionnaire a en outre un cachot provisoire; la commune a aussi sa chambre d'arrêt; les comités de salut public et de sûreté générale ont de même leur geôle particulière. Quatre mille municipalités jouissent de la prérogative de décerner des mandats d'arrêt, ainsi que cinq cent cinquante districts et quatre-vingt-quatre administrations de département.

Cependant, le croirait-on? presque tous les prisonniers attendent l'arrêt de mort, non-seulement avec résignation, mais même avec une sorte d'impatience; tant on est étonné de survivre aux siens. L'ame semble s'être matérialisée, pour échapper à l'idée de l'inévitable supplice. On se laisse transporter au lieu de l'exécution, comme on s'est fait conduire, peu de jours auparavant, à sa maison de campagne. La frivolité ne cesse de sourire aux bourreaux. Un nommé *Champcenetz* a été arrêté au foyer de l'Opéra, pour un pitoyable calembourg anti-républicain; traduit au tribunal révolutionnaire, il demande la permission de se faire remplacer, ainsi qu'il en a l'habitude, pour le service de la garde nationale. Sur la fatale charrette, il dénonce aux passants de la rue Saint-Honoré, son voisin, un républicain fort connu d'une faction abattue, lequel se récrie de toutes ses forces, contre l'injustice de son arrêt de mort; le frivole royaliste assure, en plaisantant, que l'un et l'autre sont également aristocrates; monté sur l'échafaud, il dit à l'exécuteur déja couvert de sang: « Dépêche-toi, je vais te donner pour boire. » C'est la démence de la frivolité; toute l'insouciance de la vie, sans une nuance de plus, sans une nuance de moins. Aujourd'hui, au sein d'une fête avec les personnes de son choix; demain, dans une noire prison; après-demain, au tribunal; et l'heure suivante, sous la hache. Est-ce donc là du courage, de l'honneur, des principes, de la vertu? est-ce quelque chose, enfin?

Robespierre s'est proposé, il l'a dit, on le sait, d'extirper la triple aristocratie de la naissance, de la fortune, des talents ou du savoir. Ni la caducité, ni l'adolescence, ne sauvent un proscrit; on immole un grand nombre de septuagénaires, et aussi plusieurs octogénaires: *Bardy*, conseiller au parlement de Toulouse, périt à quatre-vingt-cinq ans; on conduit au supplice un enfant de quinze ans (*Sainte-Amaranthe*). Il n'y a plus d'âge dans les prisons, les détenus se disent: *Mes amis, nous avons tous quatre-vingts ans*. Le 7 juillet, *soixante-dix-huit victimes* sont frappées du même fer, soixante-neuf ont été condamnées par la section du tribunal siégeant dans la salle de *la liberté*, et 9 par la section de *l'égalité*. Cent trente-cinq personnes sont guillotinées les 25, 26 et 27 juillet. Ces massacres de chaque jour s'appellent des *fournées*, des *charretées*. Il arrive assez fréquemment que les accusés ne sont pas interrogés (*V.* 8 mai 1795). A peine y a-t-il un innocent sur *quarante* accusés traduits à ce tribunal. Les petits savoyards viennent deux fois implorer la grace de l'abbé *de Fénélon*, vieillard octogénaire, et qui fut leur instituteur, leur père à tous; et ils sont rejettés. La même charrette porte à l'échafaud le royaliste inconsidéré, le constitutionnel à systèmes, le prêtre, le philosophe, le jacobin qui s'est un peu modéré, le financier, le manœuvre, la courtisane effrontée et la mère de famille. — Dans plusieurs villes, à Bordeaux, par exemple, du temps de *Tallien*, les accusés étaient envoyés à la mort, comme « convaincus qu'ils de« vaient être de la classe des aristocrates et des ennemis de la ré« volution. »

Les exécutions ayant lieu d'abord à la *place Louis XV*, les promenades adjacentes sont délaissées. Les habitants des rues que suit le cortége de la mort, se renferment au fond de leurs maisons; c'est l'heure de la solitude et du silence. Ce morne silence n'est interrompu que par les crieurs de la fatale liste; le nom d'un parent, d'un ami retentit dans les airs comme un affreux sifflement. La veille, on l'avait vu, on lui avait parlé; le lendemain il n'existe que pour le souvenir.

Aussi ombrageux que cruel, *Robespierre* transporte l'échafaud à *la place de la Bastille*. L'horreur commençant à se manifester dans le quartier Saint-Antoine, comme dans la rue Saint-Honoré, le théâtre du carnage recule *jusqu'à la barrière du Trône*. Là, chaque jour voit augmenter le nombre des supplices; les bras des bourreaux se lassent, et les victimes qui sont frappées les dernières expirent dans un long martyre en poussant des cris aigus. Combien d'entre elles qui ont imploré la grace d'être sacrifiées les premières! Le sang qui découle de l'échafaud forme une mare, que chaque soir on recouvre de sable ou de son! — Le glaive de la guillotine n'ayant pas un mouvement assez accéléré, on fait à Bicêtre l'expérience d'une machine à *neuf tranchants* qui tomberont ensemble. L'expérience ne réussit pas; on propose publiquement aux jacobins de mitrailler en masse, *trois mille* contre-révolutionnaires dans le Champ-de-Mars; et si *Robespierre* règne quelques jours encore, cette mesure d'extermination s'exécute.

On trouve aussi dans les villes, aux armées, des commissions populaires, révolutionnaires, militaires. Il y en a cent quarante-huit qui envoyaient à la mort *révolutionnairement*. On fait périr beaucoup d'hommes obscurs, paisibles, d'une existence toute machinale; car tous ceux qui n'entrent pas dans la révolution, comme moteurs ou comme instruments, sont désignés et punis comme *contre-révolutionnaires. Danton* excusait *ces méprises de la liberté :* « Une révolution ne peut se faire *géométriquement.* Les bons citoyens qui souffrent pour la liberté et l'égalité, doivent se consoler par ce grand « et sublime motif. » Un autre monstre profanait ainsi le mot de Titus : « La liberté a perdu un jour ; l'on n'a pas guillotiné. »

On avait vidé les bagnes, Bicêtre, la Salpêtrière, des plus vils malfaiteurs qui recevaient un salaire pour insulter aux victimes devant le tribunal, dans leur transport au lieu et jusqu'au moment de l'exécution. Cette grossière multitude, familiarisée avec le cortége et l'appareil des supplices, n'y trouvait qu'un spectacle journalier de plus. Les victimes se montraient calmes, dédaigneuses, et leur impassibilité, qui presque toujours était le dernier signe de cette lâche abnégation d'efforts produite à chaque crise politique, invitait naturellement les basses classes du peuple à l'indifférence. C'était sans intérêt qu'il voyait passer, mourir des gens qui ne semblaient mettre aucun intérêt à la vie, à la mort. On dirait un défi entre les spectateurs et les suppliciés ; ceux-là épient les défaillances de la nature, l'abandon du courage pour en jouir ; ceux-ci font un dernier essai de stupide vanité, pour ôter à cette canaille, salariée ou non, cette brutale jouissance. Les gladiateurs romains devaient tomber et mourir avec grace ; les condamnés du tribunal révolutionnaire se font un point-d'honneur de se laisser immoler avec une froide insouciance. Cependant une célèbre prostituée, *la Dubarry*, excite la commisération ; ses sanglots, ses plaintes touchent le peuple. Elle montre, non la faiblesse de son sexe (les femmes mouraient avec stoïcisme), mais l'avilissement de son état. Et néanmoins, si plusieurs condamnés eussent osé essayer ce moyen d'émouvoir ; s'ils eussent montré de l'irritation, exhalé le désespoir ; s'ils eussent harangué ; les tyrans auraient craint de continuer ces boucheries d'hommes, de femmes, de vieillards. Mais les hommes de cette classe, plus particulièrement destinée au supplice, ne savent, ne sauront jamais, ni user des droits de la défense individuelle, ni concerter une opposition. Fuir aux terres étrangères, ou se laisser renfermer, égorger comme des troupeaux : voilà leur misérable histoire ! La postérité ne la comprendra pas. La postérité n'expliquera pas davantage l'abjecte pusillanimité de la population de Paris, que les tyrans bravent impunément, en lui présentant les spectacles les plus faits pour exciter un moment de résolution. Quatorze jeunes filles de Verdun sont amenées au supplice pour avoir paru à un bal donné par les Prussiens; le peuple les voit, les plaint, et ne s'élance pas pour les délivrer!

Pendant les douze mois d'exercice du *tribunal révolutionnaire de Paris*, il y eut au-delà de quatre mille victimes de ses arrêts, dont neuf cents femmes. Jamais le moraliste ne fut mieux à même de prononcer que le sang altère, au lieu d'étancher la soif du crime, et que la facilité à verser du sang, invite à le verser à grands flots. — Avec quelque célérité que procèdent les juges divisés en quatre sections, les jugements restant encore assujettis à des formalités, on s'en affranchit (*V.* 10 juin 1794); plusieurs exécutions ont lieu sans condamnation (*V.* 8 mai 1795). Des complots sont excités ou supposés dans les prisons, afin d'avoir lieu d'employer les moyens les plus prompts d'exécution militaire. Le citoyen en butte à la haine d'un seul jacobin, ne peut s'y soustraire. Fuira-t-il un tribunal implacable, il est mis *hors de la loi*. Ose-t-il comparaître, il se trouve enveloppé dans de prétendues conspirations. Il n'est aucune victime qui sorte des serres de la tyrannie autrement qu'en lambeaux.

Les *Merlin* dit de *Douai*, les *Barrère*, etc., ont épuisé leurs conceptions; la ferveur des proscriptions est parvenue à sa plus grande intensité. *Marat*, qui parla d'abattre deux cent mille têtes, pour assurer le triomphe de la république, allait être vaincu. Ses successeurs, déterminés à mutiler la population, ne s'arrêtaient pas à ce degré. Dans la progression de leurs calculs, ils doublaient, décuplaient, centuplaient les victimes. Ils promettaient à l'échafaud ces multitudes de *suspects* emprisonnés. *Barrère*, un jour, a proposé contre eux une loi de déportation à la Guyane; mais envoyer dans ce cimetière de la France l'élite de sa population, paraît un acte d'indulgence à *Collot-d'Herbois*. « Qu'ils tremblent dans leurs « prisons, s'écrie-t-il, ces lâches ennemis de la patrie! Qu'ils trem- « blent! sur-tout si nous éprouvons les revers dont ils font leur « joie. Il faut qu'une mine soit pratiquée sous leurs prisons; et qu'à « l'approche des brigands armés, qu'ils appellent leurs libérateurs, « *une étincelle salutaire* jetée sur la mine, réduise en poudre les « conspirateurs! » Cette menace ne reçut pas d'exécution; les armées étrangères n'ayant pas avancé.

Lorsque, long-temps après la chûte des proscripteurs, on veut, par mesure administrative, et par considération pour les intérêts des familles, constater le nombre des victimes des tribunaux révolutionnaires, une liste nominative, établie par ordre alphabétique, est affichée dans Paris. Mais les magistrats, effrayés eux-mêmes du long espace que couvrent déja les premières affiches funéraires, renoncent à ce moyen de publicité, et se bornent à la réunion de ces lugubres documents au dépôt des actes civils.

Peut-on citer une nation chez laquelle on ait, pendant deux ans, égorgé des femmes, des vieillards, des filles de seize, dix-sept ans? Une nation dont le territoire ait été sillonné, pendant deux ans, par des chariots chargés de l'instrument de mort, accompagnant la marche triomphale de deux cents proconsuls? chez laquelle les assassins dans les places publiques, les orateurs des sociétés populaires dans les temples, aient dit : « Il faut chaque jour un bain de « sang à la liberté; on n'en saurait trop verser pour la république »? une nation dont les législateurs sur leurs siéges et d'innombrables bourreaux sur les échafauds, aient célébré pendant deux ans *la fête des massacres*, l'anniversaire du 10 août 1792?

Tant de fureurs, et si froidement excitées, trouveront néanmoins, pendant plusieurs années encore, des apologistes qui viendront justifier et *Carnot*, et *Fouché*, et *Barras* et *Barrere*, tous ceux enfin qui surnageant sur cet océan de sang, survivront à leurs complices comme à leurs victimes. Il semble que les seuls coupables sont ceux qui reçurent la punition de leurs forfaits, *Marat*, *Danton*, *Robespierre*, *Couthon*, *Saint-Just*, *Fouquier-Tinville*; et que, parce que la Providence laisse vivre *Carnot*, *Fouché*, *Barras*, *Barrère*, *Merlin* dit *de Douai*, *Mailhe*, on doit les tenir pour innocents, les considérer comme des hommes seulement égarés par de spécieuses théories. Que les Français, trop enclins à l'indulgence, se souviennent éternellement de l'exaltation de ces personnages, de leurs sauvages discours, de leurs joies homicides, et qu'ils ne cessent de les vouer à l'exécration! Pourraient-ils oublier que *Barrère* représentait les actes les plus barbares, comme *des formes un peu acerbes?* qu'il s'écriait à la tribune, *Frappez, frappez toujours; il n'y a que les morts qui ne reviennent pas*; qu'il trouvait admirable, de *battre monnaie sur la place de la Révolution* (le lieu des exécutions)? Ce monstre, se complaisant à de féroces jeux d'esprit, a donné *à la langue des bourreaux*, une foule de mots épouvantables. Peut-on trouver quelque excuse dans les intentions d'aucun de ces conventionnels dirigeants?

Depuis l'avènement des Capétiens, pendant huit siècles (de 987 à 1787), la France compte trente-deux rois; elle n'a eu qu'un seul *Louis XI*. Sans doute, on reprochera éternellement de sanglantes exécutions, d'odieuses injustices à *Philippe-le-Bel*, à *François Ier*, à

Charles IX, à *Louis XIII*, à *Louis XIV*; mais quel parallèle pourrait-on établir entre des actes isolés, tout horribles qu'ils sont, et cette suite non interrompue de proscriptions, de massacres systématiques?

Enfin, va paraître le jour qui verra, sinon cesser entièrement, du moins beaucoup diminuer l'effusion du sang humain. *Robespierre*, qui prétend être le seul régulateur de la république, s'étonne d'éprouver au comité de salut public, une légère résistance dans les détails de quelques mesures. Se jugeant assez fort pour n'avoir plus besoin de cette profonde dissimulation qui lui a fait supplanter ses rivaux, abattre ses ennemis, il ose laisser connaître qu'il sacrifiera ceux de ses complices qui ne lui sont pas entièrement soumis. Aidé de ses intimes affidés, il transporte aux jacobins le siége de sa domination. Il s'isole du comité de salut public. Il est resté trente-six jours sans y paraître, lorsque *Barrère* le plus impudent, et pourtant le plus cauteleux de ses interprètes, fait à la convention un rapport sur les dangers intérieurs qui menacent la patrie. Divaguant sur une foule d'objets, il parle de vastes complots, de conspirations intestines; il jette les soupçons autour de lui; il accuse la timidité, l'insuffisance des mesures suivies jusqu'à ce jour; il se plaint « que des « milliers de conjurés sont encore libres et s'agitent impunément: il « désigne, comme susceptibles d'être arrêtés, les artistes du Théâtre-« Français, parce qu'il SERAIT POSSIBLE, dit-il, qu'ils fussent d'intel-« ligence avec les ennemis de la France pour corrompre l'esprit pu-« blic ». Il termine par un pompeux éloge du *vertueux Robespierre*.

Le lendemain 26, celui-ci prononce un très-long discours, dans lequel après avoir célébré son patriotisme et son désintéressement, il se déchaîne contre ceux de ses collègues qui désapprouveraient le moindre de ses desseins, si éminemment conservateurs; s'exprimant de manière à convaincre ceux qu'il désigne, que s'ils ne préviennent ses coups et s'ils ne songent immédiatement à leur sûreté, leur perte est certaine. Le soir même, *Couthon* parle à la séance des jacobins, accusant de trahison plusieurs membres des comités de salut public et de sûreté générale.

Le jour suivant 27, *Couthon* encore déclare, à la convention, que pour sauver le corps de l'état il faut retrancher les membres gangrenés qu'il aperçoit de cette même tribune d'où il parle. Cette déclaration si positive accroît les alarmes des députés qui se présument proscrits; elle devient le signal d'un soulèvement. *Vadier*, *Tallien*, *Billaud*, *Fréron*, épouvantés, dénoncent sur-le-champ *Ro-*

bespierre, comme voulant usurper *la dictature*. Les cris *A bas le tyran*, se répondent de tous les points de la salle. Un décret d'accusation est lancé contre *les deux Robespierre*, *Couthon*, *Saint-Just*, *Lebas*, conventionnels; *Henriot*, commandant la garde nationale de Paris; *Dumas* (de Lons-le-Saulnier), président du tribunal révolutionnaire, et quelques autres individus.

Il se fait, à l'entrée de la nuit, un soulèvement en faveur de ces hommes; mais bientôt abandonnés, ils sont arrêtés. Les jacobins sont chassés du lieu de leurs séances.

Enfin, le 28, vingt-deux de ces monstres sont exécutés sur la place Louis XV, aux acclamations universelles.

29—30. Ces deux jours voient la punition de quatre-vingt-deux jacobins, membres presque tous du conseil général de la commune de Paris.

La chûte du grand tyran *Robespierre* rendra plus circonspects à commettre le crime, ceux d'entre ses exécrables collègues qui lui survivent. Mais les auteurs de cette révolution, *Vadier*, *Billaud*, *Tallien*, craindraient de s'avancer dans la route de la justice. Les amis de l'humanité auront long-temps encore à gémir sous le poids de cette lourde chaîne qui pèse sur la France, et dont seulement quelques anneaux sont brisés. *Collot-d'Herbois* et *Barrère*, conservant leur ascendant, s'efforceront de faire remettre en vigueur le même système de cruauté, de despotisme et d'oppression. Si leurs tentatives l'emportaient, la convention redeviendrait esclave et la France serait perdue à jamais.

Heureusement, le sentiment de frayeur qui vient de soulever la masse de la convention, la porte à décréter que les comités de salut public et de sûreté générale seront renouvelés tous les mois au scrutin secret, et que les membres de la convention reprendront leur inviolabilité et leur liberté. Car ce n'est point ce régime de sang qu'ont attaqué les dénonciateurs du tyran, ou plutôt ses rivaux en scélératesse, mais bien l'appréhension d'une dictature qui, dédaignant de les admettre au partage, les menacerait tous de ses proscriptions, et ne leur laisserait que l'expectative d'être ses victimes. En expulsant *Tallien et Fréron* des jacobins, en désignant indiscrètement plusieurs autres de ses collègues pour ses vengeances, *Robespierre* les oblige à le perdre pour n'être pas perdus eux-mêmes. *Tallien*, *Fréron*, *Cambon*, *Vadier*, *Billaud*, *Collot*, spécialement indiqués, sont les premiers à se mutiner. Pressés de se sauver, *ils* n'intéressent à leur péril la majorité de la convention, que par l'effroi contagieux d'un péril semblable. Quels crimes, ces hommes sanguinaires, peuvent-ils donc reprocher à celui qu'ils conduisent au supplice, si ce n'est d'avoir préparé le leur? Qu'opposent-ils à ses principes, que des principes tout semblables, la terreur? *Robespierre*, improuvant les plans et les calculs financiers de *Cambon*, a blessé son orgueil. Aussi *Vadier*, *Billaud*, *Tallien*, *Amar*, *Cambon*, reprocheront-ils avec fureur à *Robespierre*, non pas d'entraîner les comités et la convention à d'atroces mesures; mais « de calom« nier et la convention et les comités dans leur marche énergique et « révolutionnaire »; non pas d'attenter à la vie, à la liberté de tous les Français, mais « d'étendre les arrestations et les proscriptions « jusqu'à eux-mêmes; d'environner ses collègues d'espions; de les « avoir placés sur une liste connue de ses victimes ». *Vadier* n'accusera pas *Dumas* président du tribunal révolutionnaire d'égorger des citoyens vertueux, mais d'avoir désigné, comme conspirateur, *le vertueux Collot-d'Herbois*. Les conventionnels qui proscrivent *Robespierre* ne l'inculpent que d'avoir voulu les proscrire. *Tallien*, craignant qu'on ne lui suppose l'intention de défendre l'innocence si odieusement assassinée par le tribunal révolutionnaire, s'écrie: « Nous ne serons pas pour cela des modérés, et nous voulons seule« ment que les accusés soient traités avec décence. » Car *Tallien* ne voit dans l'égorgement quotidien de soixante victimes qu'une violation de formes.

On ne doit pas attendre de ceux qui proclament de semblables principes, qu'ils y dérogeront. De tous les instruments affreux dont l'humanité desire la destruction, ils ne rejetteront que ceux qui les menacèrent ou les blessèrent eux-mêmes. Ce n'est point l'abrogation de ce comité dans lequel se concentrent tous les pouvoirs qu'ils sollicitent; c'est le complètement de ses membres et leur plus fréquent renouvellement. La convention, satisfaite de rentrer ainsi dans la participation du despotisme, s'empressera d'enlever à ce comité la faculté d'arrêter provisoirement un représentant du peuple; mais elle lui laissera le pouvoir d'opprimer vingt-cinq millions de Français, le droit de les renfermer dans ses innombrables bastilles et de les assassiner avec ses innombrables tribunaux et commissions révolutionnaires. La convention craindra de rendre à la liberté les victimes d'une tyrannie vaincue; elle ne les délivrera qu'une à une, avec une lenteur calculée. Mais elle annoncera tous les biens qu'elle ne fera pas; et, couverte par l'hypocrisie de ses intentions, elle maintiendra le régime révolutionnaire avec ses institutions; elle saisira toutes les occasions d'en exercer les plus odieuses rigueurs (le massacre de Quiberon. *V.* 21 juillet 1795). Les juges-bourreaux du tribunal de Paris, redoutant plus les suites de leur infamie qu'ils n'en sont honteux, résigneront leurs fonctions. Leur retraite amènera quelques modifications dans la composition, dans les attributions de ce tribunal; mais il continuera d'être révolutionnaire. Ses arrêts seront moins nombreux, parce qu'on craint les soulèvements; mais ils n'en seront pas moins reconnus légaux et justes. Ce ne sera donc pas la réparation de ses forfaits que médite cette convention, toujours jalouse de son existence et de son pouvoir tyrannique. L'opinion publique luttera pendant près de quatre mois avant d'obtenir la réintégration des soixante-treize conventionnels proscrits au 21 mai 1793 (*V.* 8 décembre). On craint le retour de *Lanjuinais* et de quelques membres absolument étrangers aux crimes, et aussi de plusieurs autres qui, révolutionnaires plus imprudents que méchants, ont, depuis leur proscription, fait d'amères réflexions sur leurs égarements; on redoute l'appui qu'ils donneront à cette foule de lâches qui laissèrent la tyrannie se déployer et qui voudraient des chefs moins indignes d'influer sur les délibérations. « Jacobins (s'écriera Collot-d'Herbois « dans leur antre rouvert), reprenez votre ancienne énergie..... « Les jacobins du 9 thermidor ne furent pas les vieux et fidèles jaco- « bins; ceux-ci vont reprendre leur lustre. » Les féroces collègues de ce misérable, *Billaud-Varennes*, *Vadier*, *Amar*, *Vouland*, accusés par l'exécration universelle, de tous les désastres dont les comités où ils siégeaient à côté de *Robespierre*, ont couvert la France, trouveront des soutiens intrépides dans la majorité des *montagnards* qui, après avoir été complices volontaires de leurs fureurs, prévoient les dangers d'une juste récrimination et d'une responsabilité solidaire. Ces motifs engageront *Carnot* à défendre *Barrère* (*V.* 1er avril 1795). Ils porteront *Fouché* dit *de Nantes*, *Merlin* dit *de Douai*, *Sièyes*, à réclamer le concours de l'abjecte populace des faubourgs (*V.* 20 mai 1795). L'audace de ces jacobins ajoutera chaque jour à l'irritation de l'opinion publique : la convention devant être chaque jour amenée, par la force, à des capitulations nouvelles avec cette opinion qu'elle redoute, comme le malfaiteur redoute l'action de la justice, la convention sera contrainte, enfin, à la retraite; mais elle prendra toutes les mesures susceptibles de faire dominer son esprit dans le gouvernement qu'elle instituera pour lui succéder (*V.* 23 septembre 1795). Le génie du bien luttera long-temps encore avec le génie du mal; leurs succès alternatifs marqueront diversement les circonstances de la période qui commence.

31. *Décret* qui rapporte toutes les dispositions par lesquelles les comités de salut public et de sûreté générale étaient autorisés à mettre en état d'arrestation les membres de la convention.

Août 1er. *Prise de Fontarabie* (Biscaye).

4. *Prise de Saint-Sébastien*, par le général *Moncey*.

6. *Occupation de Trèves*, par l'armée de Rhin-et-Moselle.

10. *Décret qui modifie le tribunal révolutionnaire.* — Il procédera suivant des formes plus favorables aux accusés, qui pourront avoir des défenseurs. — Les exécutions n'ont plus lieu chaque jour, et commencent à ne comprendre *à-la-fois* qu'un petit nombre de condamnés.

16. *Reprise du Quesnoy* (Nord), par le général *Schérer* (*V.* 11 septembre 1793).

19, 20. Incendie d'un atelier de salpêtrerie établie dans l'abbaye de Saint-Germain-des-Prés, à Paris. La riche bibliothèque qu'elle contient est consumée.

24. *Décret limitant les attributions des comités de salut public et de sûreté générale.* — Elles éprouvent des modifications qui limitent leur autorité (*V.* 25 mars, 6 avril, 1er art.; 10 octobre 1793). — Le comité de salut public a été renouvelé, ou pour mieux dire, prorogé *quatorze fois* depuis sa création, le 6 avril 1792, jusqu'au 12 thermidor ou 30 juillet 1794, c'est-à-dire, quatre jours après la chûte de *Robespierre*. *Barrère* y aura siégé pendant dix-sept mois (*V.* 1er septembre); *Carnot*, pendant quatorze mois (*V.* 6 octobre) : d'où l'on peut juger combien leur participation aux crimes du comité a été suivie et *volontaire*.

27. *Reprise de Valenciennes* (*V.* 28 juillet 1793). — Les Autrichiens effrayés capitulent et abandonnent des magasins considérables, avec deux cents pièces de canon. — *Pichegru*, général en chef; *Schérer*, commandant le siége.

30. *Reprise de Condé* sur les Autrichiens (*V.* 13 juin 1793). — Cette place est la dernière reprise des quatre places dont les armées coalisées se sont emparées, sur la frontière du nord, savoir : celle-ci, Landrecies, le Quesnoy et Valenciennes.

31. Explosion de la poudrière de Grenelle, près de Paris. Il y périt environ mille personnes. La cause de ce désastre est restée ignorée.

Décret sur le rapport de *Grégoire* (ex-constituant, ex-évêque constitutionnel). La convention decrète que les monuments d'arts et de sciences sont mis sous la surveillance des autorités. — Ce *tableau du vandalisme révolutionnaire* offre des traits à conserver. — On détruit de très-belles antiquités à Arles, pour extraire du salpêtre. — Le scellé est apposé sur des serres chaudes, et des plantes équinoxiales très-précieuses périssent. — Des arbres exotiques sont arrachés, sous prétexte de planter des pommes de terre. — La marquise de Marbœuf est condamnée à mort pour avoir semé de la luzerne au lieu de blé, dans les carreaux de son jardin. — Cent chefs-d'œuvre de sculpture sont mutilés ou brisés, parce qu'ils retracent des signes de féodalité. — On délibère à la commune de Paris, sur la proposition de *brûler la bibliothèque de la rue de Richelieu.*

Septembre 1er. Premier changement dans le *comité de salut public.* — *Barrère*, *Billaud-Varennes*, *Collot-d'Herbois*, en sortent.

14. *Combat de Boxtel* (deux lieues sud de Bois-le-Duc). Les ennemis, commandés par le duc d'Yorck, perdent deux mille hommes, huit canons. — *Pichegru.*

18. *Reprise du fort de Bellegarde* (Pyrénées-Orientales), sur les Espagnols. — *Dugommier*, général en chef de l'armée française (*V.* 24 juin 1793),

22. *Occupation d'Aix-la-Chapelle* par l'armée de Sambre-et-Meuse. — *Jourdan.* On y prend un parc considérable d'artillerie.

Des savants attachés au comité de salut public sont, depuis plusieurs mois (*V.* 3 novembre 1793), occupés à créer des moyens extraordinaires pour la défense du territoire. Il faut à la France du fer, de l'acier, du salpêtre, de la poudre et des armes. Voici les résultats produits à ce jour, par ce grand mouvement qu'ont imprimé les sciences. On les a vues jusques ici, ne fleurir que sous des gouvernements tranquilles, et périr dans les dissensions civiles. Le despotisme révolutionnaire leur donne maintenant une influence politique; il s'en sert pour inspirer de la confiance au peuple, pour préparer des victoires et gagner des batailles. — « Douze millions de salpêtre « extraits du sol de la France, dans l'espace de neuf mois. » A peine en retirait-on autrefois un million par année. — « Quinze fonderies « en activité pour la fabrication des bouches à feu de bronze; leur « produit annuel porté à sept mille pièces. » Il n'existait en France que deux établissements de ce genre avant la révolution. — « Trente « fonderies pour les bouches à feu en fer, donnant treize mille « canons par année. » Il n'y en avait que quatre au commencement de la guerre, elles donnaient annuellement neuf cents canons. — « Les « usines pour la fabrication des projectiles et des attirails d'artillerie « multipliées dans la même proportion. — Vingt nouvelles manufac-

« tures d'armes blanches dirigées sur des procédés nouveaux. » Il n'en existait qu'une seule, avant la guerre. — « Une immense fabrique « d'armes à feu, créée tout-à-coup, à Paris même, et donnant cent « quarante mille fusils par année, c'est-à-dire plus que toutes les « autres fabriques anciennes ensemble. Plusieurs établissements de « ce genre, formés sur le même plan, dans les départements. — Cent « quatre-vingt-huit ateliers de réparation pour les armes de toute « espèce. » Avant la guerre il n'en existait que six. — « L'établissement « d'une manufacture de carabines », armes dont la fabrication était jusque alors inconnue en France. — « L'art de renouveler les lumières « des canons découvert, et porté aussitôt à une perfection qui permet « de l'exercer au milieu des camps. — L'aërostat et le télégraphe « devenus des machines de guerre. — Tous les procédés des arts de « la guerre simplifiés et perfectionnés par l'application des théories « les plus savantes. — Un établissement secret formé à Meudon pour « cet objet. On y fait des expériences sur la poudre de muriate « suroxigéné de potasse, sur les boulets incendiaires, les boulets « creux, les boulets à bague. — Plusieurs recherches pour remplacer « ou reproduire les matières premières que les besoins de la guerre « dévorent; pour multiplier le salin et la potasse que la fabrication « de la poudre enlève aux manufactures. — Et enfin, ce qui est inap- « préciable dans ces circonstances, la découverte d'une méthode « pour tanner, en peu de jours, les cuirs qui exigeaient ordinaire- « ment plusieurs années de préparation. »

Ainsi les conservateurs du feu sacré de la science, au milieu des convulsions intestines, ont triomphé d'un dénuement universel, et créé spontanément pour quatorze armées le matériel de la victoire. Ils seraient admirables dans leurs efforts, si, travaillant pour la patrie, ils n'avaient autant contribué à faire gémir l'humanité en établissant ou en consolidant l'empire des plus affreux tyrans qu'ait vus l'Europe. Les membres du comité de salut public oseront dire : « Ces premières victoires et toutes celles qui ont signalé l'immortelle « campagne de 1794 sont à vous; elles sont l'effet des mesures qu'on « nous reproche comme des crimes. C'est avec ces succès que nous « rendrons compte de tout le sang que nous avons versé ». Horrible justification! paroles dignes d'Attila, et qui doivent faire exécrer le nom de *Carnot*, qui les a proférées.

24. Destruction de *Sierra-Léone* et des établissements anglais sur la côte occidentale d'Afrique, par une division de frégates françaises.

29. *Guerre de la Vendée.* — La convention, convaincue enfin par des rapports plus exacts que ceux de l'impudent *Barrère*, que la résistance désespérée des Vendéens a sa principale cause dans les cruautés et les dévastations exercées par les agents du comité de salut public; la convention ordonne l'arrestation du général *Turreau* et de quelques-uns de ses complices, qui ont fait impitoyablement brûler les villages entiers, les récoltes sur pied, les grains emmagasinés, fusiller en masse les habitants, égorger jusqu'aux femmes et aux enfants. — Ces agents se défendront, en exhibant les instructions émanées du comité de salut public où sont et *Carnot*, et *Barrère*, et *Merlin* dit de *Douai;* instructions qui, au reste, sont ordonnées par le décret du 1er août 1793.

Octobre 2. *Bataille d'Aldenhoven* (sur la Roër, une lieue ouest de Juliers). — *Jourdan*, commandant l'armée de Sambre-et-Meuse, *Schérer*, *Kléber*, *Lefebvre*, *Bernadotte*, *Hatry*, généraux de division. — Le prince de Cobourg, général des Autrichiens, se retire après avoir essuyé une perte considérable.

3. *Prise de Juliers* par l'armée de Sambre-et-Meuse, qui y trouve soixante canons et un arsenal important.

6. *Carnot* sort du comité de salut public où il siége depuis quatorze mois.

7. *Prise de Bois-le-Duc* par l'armée du Nord; *Pichegru*, général en chef, absent; *Moreau*, commandant par intérim. Près de quatre cents émigrés, qui font partie de la garnison, sont fusillés aux termes du décret du 9 octobre 1792.

Occupation de Cologne par l'armée de Sambre-et-Meuse. — *Jourdan.* On y trouve d'immenses magasins, et un arsenal très-bien pourvu.

10. *Décret* ordonnant l'établissement, à Paris, d'un *Conservatoire des arts et métiers.*

16. *Décret* qui défend, comme subversives du gouvernement et contraires à l'unité de la république, toutes affiliations, aggrégations, fédérations, correspondances en nom collectif, entre sociétés, sous quelque dénomination que ces sociétés existent.

17. *Invasion de la vallée de Roncevaux.* — *Moncey*, commandant en chef l'armée des Pyrénées-Occidentales, repousse douze mille Espagnols, s'ouvre l'entrée de la Navarre, s'empare des belles fonderies d'Orbaïcet et d'Éguy, estimées plus de trente millions, et brûle la mâture royale d'Iraty.

23. L'armée de Sambre-et-Meuse, commandée par *Jourdan*, enlève de vive force *Andernach* et *Coblentz.*

26. *Prise de Vanloo* par l'armée du Nord (*Pichegru*), après quatre jours de tranchée ouverte.

30. *Décret*, ordonnant *l'établissement de l'École-Normale*, destinée à former des instituteurs et à rendre l'enseignement uniforme.

Novembre 4. *Prise de Mastricht*, après onze jours de tranchée ouverte, par l'armée de Sambre-et-Meuse (*Jourdan*), qui y trouve une artillerie considérable. — Sept mille prisonniers. — *Kléber*, commande les troupes; *Marescot*, le génie.

Suwarow, commandant les troupes russes en Pologne, prend d'assaut *Praga*, faubourg de Warsovie. Renouvelant la scène tragique qui a eu lieu à la prise d'Ismaïl (*V.* 22 décembre 1790), il fait massacrer de sang-froid quatorze mille individus, hommes, femmes, enfants.

8. *Prise de Nimègue* par l'armée du Nord. — *Pichegru.*

12. *Décret qui suspend les séances de la société des jacobins.* La convention diminue ainsi l'influence de la commune de Paris (*V.* 24 janvier 1795).

20. *Bataille d'Escola*, autrement *de la Montagne Noire*, en Catalogne. Elle se termine, après cinq jours de combats acharnés, par la retraite des Espagnols. — Le général en chef, *Dugommier*, est tué le 18; le général en chef ennemi, *la Union*, est tué le 20. *Pérignon*, *Las-Amarillas*, prennent le commandement. — Armée Française, trente mille hommes; *Augereau*, *Victor*, généraux de division. — Armée Espagnole, quarante-cinq mille hommes. Perte des Français, incertaine; des Espagnols, dix mille tués ou blessés, huit mille prisonniers; trente canons enlevés ou recueillis.

27. *Prise de Figuières.* Cette place très-forte est lâchement rendue par le commandant espagnol, *Torrès*, après un blocus de six jours. — *Pérignon*, général en chef; *Augereau*, commandant le siége. — Dix mille prisonniers, deux cents canons, deux cents milliers de poudre; d'immenses quantités d'armes, de munitions, de comestibles, etc., etc.

Décembre. 2. *Guerre de la Vendée.*—La convention amnistie toutes les personnes connues sous les noms de *Vendéens*, *Chouans*, qui déposeront les armes dans le délai d'un mois.

8. Soixante-treize députés, proscrits après le 31 mai 1793, rentrent dans la convention; parmi eux se trouvent *Lanjuinais*, *Boissy-d'Anglas*; *Daunou*, *Henri Larivières.*

16. *Le conventionnel Carrier est condamné à mort* par le nouveau tribunal criminel extraordinaire (*V.* 9 août). Ses collègues l'avaient

décrété d'accusation *à la majorité de quatre cent quatre-vingt-dix-huit voix sur cinq cents.* — Les formes les plus favorables aux prévenus ont été scrupuleusement observées dans la procédure. Il a eu au-delà d'un mois, pour produire sa défense. On lui a laissé tous les moyens de repousser les charges de ses nombreux accusateurs. — Quel contraste avec la manière dont cette même convention instruisit et termina le procès de *Louis XVI!* Et pourtant *Carrier* surpassa en barbarie tous ces hommes de sang qui se complurent à faire périr leurs semblables.

Les détails des crimes de *Carrier* peuvent à peine être crus, quoique attestés par les quatre-vingt mille habitants de *Nantes*, et quoique lui-même ait développé la scélératesse de son ame, dans la séance du 21 février 1794, alors qu'on applaudissait aux scélérats qui venaient se glorifier de leurs crimes : « Les femmes de la Vendée, disait-« il, sont toutes des monstres. Les enfants ont aussi servi contre la « république ; ceux de treize à quatorze ans portent les armes, et « ceux d'un plus bas âge encore servent d'espions. Plusieurs de ces « petits scélérats ont été jugés et condamnés par la commission mili-« taire. » — *Carrier* fit fusiller un escadron de Vendéens qui s'étaient rendus sur la foi d'un armistice solennellement proclamé. — Il fit condamner à mort, *dans un espace de vingt jours, plus de quatre mille personnes.* — Un grand nombre de détenus périrent sans jugement. — On attachait, nus, un jeune homme et une jeune fille, et on les jetait dans la Loire; le monstre appelait ces exécutions, *des mariages républicains;* et ils furent nombreux. — Ce *représentant du peuple* entassa, *plusieurs fois*, des hommes, de petits enfants, dans des bateaux que, au moyen de soupapes, on submergeait au milieu du fleuve. La quantité de cadavres engloutis dans la Loire a été telle, et l'eau en a été infectée au point, qu'une ordonnance de police en a interdit l'usage aux habitants de Nantes, interdisant aussi de manger du poisson. — Enfin, et c'est tout exprimer, les atrocités exercées par *Carrier*, à Nantes, ont excédé même celles du féroce *Lebon*, qui *dépeupla trois rues d'Arras;* celles de *Maignet-Brutus, incendiaire de Bédouin* (*V.* 11 mai 1794); celles de *Barras, à Toulon* (*V.* 19 décembre 1793); et même celles de ces deux tigres accouplés sur les ruines fumantes de *Lyon*, *Collot-d'Herbois* et *Fouché* dit *de Nantes* (*V.* 12 octobre 1793). Jamais les hommes n'avaient été épouvantés par la révélation de semblables horreurs. Les forfaits du monstre *Carrier* sont si effrayants, si nombreux, qu'on est tenté de nier leur possibilité, ou d'en regarder le récit comme un conte des Mille et une Nuits, inventé aux enfers pour la satisfaction du prince des démons. Deux choses encore sont aussi peu compréhensibles, le grand nombre d'exécuteurs des ordres de *Carrier*, et cette lâche immobilité d'une grande population.

23. *Cambacérès*, *Merlin* dit *de Douai*, *Guyton-Morveau* (chimiste), etc., etc., membres du comité de salut public, écrivent à l'ambassadeur de la république française en Suisse, le citoyen *François Barthélemy*. . . . . . « Nous te chargeons, citoyen, de déclarer à « tous les cantons, que les émigrés ne cesseront jamais d'être traîtres, « et que notre juste vengeance les poursuivra par-tout où elle pourra « les atteindre. »

24. Suppression de toutes les lois portant fixation d'un *maximum* sur les prix des denrées et marchandises (*V.* 3 mai, 29 septembre 1793; 14 février 1794).

30. Rapport du décret du 26 mai 1794, portant qu'il ne serait pas fait de prisonniers sur les Anglais et sur les Hanovriens.

1795.

Janvier 3. Déclaration signée à Pétersbourg, entre l'Autriche et la Russie, touchant le dernier démembrement de la Pologne (*V.* 19 janvier, 25 novembre), et les lots de ces deux puissances, ainsi que le lot réservé au roi de Prusse.

19. Notification du ministre de Russie au corps diplomatique à Warsovie, exprimant qu'il n'y a plus de royaume ni de république en Pologne (*V.* 25 novembre).

Occupation d'Amsterdam par l'avant-garde de l'armée de *Pichegru*, qui en prend possession au nom de la France. — Le stathouder a fui en Angleterre.

20. *Prise de la flotte hollandaise* que les glaces retiennent dans le Texel, *par des hussards français*.

22. *Cambacérès*, organe des comités de salut public, de sûreté générale et de législation, fait à la convention nationale un rapport contre la mise en liberté des enfants de *Louis XVI*, toujours prisonniers dans la tour du Temple.

24. *Décret* qui ferme définitivement la salle des jacobins. (*V.* 12 novembre 1794, 17 mai 1795).

30, 31. *Prise de Berg-op-Zoom et de Zwoll* par l'armée du Nord (*Pichegru*). — La Hollande est entièrement conquise.

Février 3. *Prise de Roses*, après soixante-dix jours de siége, par le général *Pérignon*, commandant l'armée des Pyrénées-Orientales. — L'enlèvement du fort du *Bouton* est un de ces coups-de-main qui signalent l'audace du soldat français, et surprennent l'imagination.

9. *Traité de paix entre la France et la Toscane.* Cet acte introduit la république française dans le système politique de l'Europe.

15. *Première pacification de la Vendée, conclue à la Jaunais* (Loire-Inférieure), entre les commissaires de la convention nationale et *Charrette*, l'un des principaux chefs royalistes. Le traité leur accorde deux millions de francs, en indemnités, avec le libre exercice du culte.

21. *Décret* qui divise la commune de Paris en douze arrondissements ou municipalités. — Par cette mesure, l'autorité des factieux qui dominaient la convention et la France, se trouve anéantie. (*V.* 2 février 1796.)

26. *Charrette entre à Nantes* avec son état-major royaliste et fraternise avec les républicains (*V.* 15 février.)

Mars 1er. *Situation militaire.* — A l'ouverture de la campagne, la république a huit armées : du Nord, *Moreau;* de Sambre-et-Meuse, *Jourdan;* du Rhin-et-Moselle, *Pichegru;* des Alpes et d'Italie, *Kellermann;* des Pyrénées-Orientales, *Schérer;* des Pyrénées-Occidentales, *Moncey;* des Côtes-de-l'Ouest, *Canclaux;* des côtes de Brest et de Cherbourg, *Hoche.*

2. *Décret* qui met en état d'accusation et d'arrestation les conventionnels *Barrère, Billaud-Varennes, Collot-d'Herbois, Vadier.* (*V.* 1er avril).

13. *Combat naval* dans la Méditerranée, à la hauteur de Savone, entre une flotte française de quinze vaisseaux, commandée par le *contre-amiral Martin*, et une flotte se composant de treize vaisseaux anglais et de deux vaisseaux napolitains, aux ordres du vice-amiral Hotham. — Un vaisseau français pris, un englouti; deux vaisseaux anglais mis hors de service. — Un vaisseau anglais est tombé au pouvoir des Français, six jours avant celui de l'action.

21. *Formation et mise en activité de l'École-Polytechnique*, sous le nom d'*École centrale des travaux publics*, en conformité d'un décret de la convention. — Cette école est créée, alors que les écoles spéciales des services publics, tout-à-fait désorganisées, ont vu fuir de leur sein les professeurs et les élèves : les uns, pour se soustraire à la persécution; les autres, pour servir aux armées. C'est à cette création, comme aux prodiges que les sciences opèrent sur la ma-

tière brute (*V.* 22 septembre 1794), qu'on doit rapporter les causes principales des étonnants avantages qu'on obtiendra sur la première coalition. Attaquée de toutes parts, la France réclame les secours d'ingénieurs habiles, et est menacée de n'en plus trouver. Des hommes distingués par de vastes connaissances et par un ardent patriotisme conçoivent, tracent le plan d'une institution qui remplacera celles qu'on vient de détruire. — le mode d'enseignement a deux branches principales : 1° les sciences mathématiques comprenant l'analyse avec ses applications à la géométrie, à la mécanique, et la géométrie *descriptive*; 2° les sciences physiques renfermant la physique générale et la chimie. Ce mode d'enseignement est le caractère distinctif de l'École-Polytechnique. — Les instituteurs les plus distingués sont, à l'époque de la formation, *Lagrange, Prony, Monge, Hassenfratz, Fourcroy, Guyton-Morveau, Berthollet, Vauquelin, Chaptal*, à jamais illustres dans les hautes sciences, et qui en ont fait d'heureuses applications au bien-être de la société (*V.* 16 décembre 1799 ; 16 juillet 1804 ; 13 avril, 4 septembre 1816.)

Avril 1er et suiv. JOURNÉE DU 12 GERMINAL.

Barrère, Collot-d'Herbois, Billaud dit *de Varennes, Vadier*, membres de l'ancien comité de salut public, étaient en accusation, comme principaux auteurs des mesures de ce comité. (*V.* 2 mars). Le sort de *Robespierre* leur était réservé, s'ils n'eussent été vivement défendus par ceux de leurs collègues qui, graces à des talents utiles dans les circonstances actuelles, n'avaient pas été compris dans les mêmes inculpations. C'est ainsi que *Carnot* (directeur en 1795, 96, 97), a soutenu que l'assemblée devait s'interdire les fonctions de jury, parce qu'elle se trouverait, à-la-fois, partie, dénonciateur et juge. Et ces mêmes hommes violateurs de toutes les formes, de tous les principes, dans le procès de *Louis XVI*, veulent épuiser toutes les longueurs et toutes les précautions judiciaires en faveur des sanguinaires oppresseurs du peuple!

Barrère, le plus impudent des imposteurs qui souillèrent la tribune politique, vient se disculper d'avoir mis la terreur à l'ordre du jour. Il se contenta, dit-il, de combattre *le modérantisme*. Il repousse le grief d'avoir couvert la France de prisons. Que pourrait-on arguer contre lui, des *trente-deux Bastilles établies dans Paris?* Il est bien plus surprenant, ajoute-t-il, qu'il n'y en ait pas eu *quarante-huit*. A la vérité, la France s'est vue inondée de sang ; mais par qui? Par le dictateur *Robespierre;* voilà le grand, le seul coupable. Car « les « signatures des autres membres du comité n'étaient que des forma-

« lités pour l'expédition des ordres; des signatures de confiance.... » C'est ainsi que *Barrère*, tyran sans pudeur et scélérat sans remords, oppose à des faits, des hypothèses; à des raisonnements, des paralogismes, et des déclamations à des preuves. — *Carnot* le seconde; *Carnot* son complice, ce même *Carnot* qui, inculpé lui-même, prétendra ne s'être jamais occupé que de plans militaires. Mais, si cela fut ainsi, pourquoi *Carnot* a-t-il été chargé de l'organisation de la commission d'Orange qui devait régulariser les atrocités de *Maignet-Brutus* (*V.* 11 mai 1794)? D'où vient que *Carnot* adressait, le 26 brumaire an II, ou le 15 novembre 1793, la lettre suivante, à *Joseph Lebon*, le bourreau d'Arras, capitale de la contrée dont *Carnot* fut deux fois le représentant? « Le comité de salut public, citoyen col-« lègue, vous fait observer que, investi de pouvoirs illimités, vous « devez prendre dans votre énergie toutes les mesures commandées « par le salut de la chose publique. Continuez votre attitude révo-« lutionnaire; l'AMNISTIE prononcée lors de la constitution captieuse « (*V.* 13 septembre 1791) et invoquée par tous les scélérats, est un « crime qui ne peut en couvrir d'autres. Les forfaits ne se rachètent « point contre une république; ils s'expient sous le glaive.... Secouez « sur les traîtres le flambeau et le glaive; marchez toujours, citoyen « collègue, sur cette ligne révolutionnaire que vous décrivez avec « courage; le comité applaudit à vos travaux. *Signé*, BARRÈRE, « CARNOT, BILLAUD-VARENNES. » — Sans doute, *Carnot* rend hommage à la vérité, lorsque, défendant ses complices, il dit à la tribune: « qu'il a partagé tous les crimes de ses collègues, membres du co-« mité de salut public, *s'ils en avaient commis* ». Il n'était donc pas seulement chargé des détails relatifs à la guerre, comme il l'a déclaré.

Mais les excès de la tyrannie ont rallié les esprits contre elle; et toute cette rhétorique jacobine de *Barrère* et de ses complices restait insuffisante. Pour y suppléer, les agents des anciens comités soulèvent l'abjecte populace des faubourgs, dont une députation se présente à la barre de la convention. Son orateur dit: « Vous voyez des hommes « du 14 juillet, du 10 août, du 31 mai. Depuis le 9 thermidor (*V.* « 27 juillet 1794), vous vous vantez d'avoir mis la justice à l'ordre « du jour. Ce mot est vide de sens. Vous avez dit que cette journée « ramènerait l'abondance, et nous mourons de faim. L'assignat ne « vaut pas un cinquième de sa valeur. Le peuple veut du pain, la « constitution de 1793 (*V.* 27 juin 1793) et la liberté de nombre de « patriotes incarcérés. » L'assemblée brave les menaces de ces forcenés, les réprime, et décrète *la déportation des quatre accusés*, ainsi que l'arrestation de plusieurs autres conventionnels de la même faction. Paris est déclaré en état de siége ; le commandement en est déféré au général *Pichegru*, qui date de ce jour son apparition dans la carrière politique. Ces législateurs, si désordonnés dans leurs théories, sentent déja que l'épée d'un soldat est nécessaire pour défendre leur autorité.

5. *Traité de paix entre la république française et le roi de Prusse, conclu à Bâle*, par *François Barthélemy* (neveu de l'auteur d'Anacharsis, directeur du 20 mai au 4 septembre 1797, pair de 1814), et le baron de Hardenberg. — Les deux puissances n'ont aucune conquête à se restituer.

7. *Décret* établissant l'uniformité des poids, mesures et monnaies, suivant le système décimal.

9. *Décret ordonnant le désarmement des terroristes* (*V.* 24 janvier, 4 octobre).

28. *Loi révolutionnaire* par laquelle la confiscation prononcée par les décrets des 2 septembre, 30 mars 1792, 1er mars 1793, s'étendra jusqu'aux portions que les enfants des émigrés peuvent espérer de recueillir dans les successions de leurs ascendants vivants. Les ascendants des émigrés sont obligés de faire, avec la république, un partage de leurs biens, appelé *partage de présuccession*.

30. *Mort de l'abbé Barthélemy*, âgé de 79 ans, auteur du voyage d'Anacharsis.

Mai 3. *Décret. Les biens des condamnés* par les tribunaux révolutionnaires, et par les commissions populaires, pour toute autre cause que l'émigration, seront *restitués* à leurs familles (*V.* 11 mars 1793). *On excepte les familles de Robespierre et de Louis XVI!* — Les ventes faites sont maintenues ; le prix leur en sera rendu par l'état.

Ce décret est dû à la noble et vertueuse fermeté de *Lanjuinais* et de *Boissy-d'Anglas* (pairs de 1814), qui, proscrits par la faction de *Robespierre*, et cachés par suite de la journée du 31 mai 1794, signalent ainsi leur présence à l'assemblée (*V.* 8 décembre 1794).

4. *Guerre de la Vendée. — Proclamation de Stofflet, chef des Vendéens*, aux habitants de l'Anjou et du haut Poitou, pour leur enjoindre de cesser toute hostilité, et de se soumettre aux lois de la république.

6. *Fouquier-Tinville*, accusateur, et 15 juges ou jurés de l'ancien tribunal révolutionnaire, sont exécutés *en place de Grève, à Paris*.

Le premier est convaincu d'avoir fait périr une foule d'individus de l'un et de l'autre sexe et de tout âge (*V.* 27 juillet 1794), sous le prétexte de conspiration ; d'avoir fait juger en trois ou quatre heures, jusqu'à soixante, quatre-vingts personnes ; d'avoir fait encombrer des charrettes, préparées dès le matin, de victimes dont les qualités n'étaient point désignées, et contre lesquelles les jugements *signés en blanc* ne contenaient aucunes dispositions ; d'avoir composé le jury de jurés à lui affidés, etc., etc. — Les interrogatoires se bornaient à demander à l'accusé son nom, son état, et à lui dire : « As-tu con« naissance d'une conspiration ? » La négative, sans discussion, était suivie de ces mots : « Tu n'as plus la parole ; gendarmes, faites votre devoir. » L'accusé était sur-le-champ emmené. Le jugement se prononçait en masse ; et les chariots qui attendaient les condamnés, les traînaient à l'instant au lieu du supplice. — Le fils fut jugé pour le père, le père pour le fils, de très-jeunes gens pour leurs frères plus âgés ; des conformités de nom firent périr un accusé pour un autre ; et si l'erreur était reconnue, le président, sans la rectifier, répondait : « Qu'importe aujourd'hui ou demain ? » — *Collot-d'Herbois* lui-même, désapprouvant une liste de cent cinquante-cinq personnes, que *Fouquier* voulait faire juger à-la-fois, lui dit : « Que vous restera-t-il « donc, quand vous aurez démoralisé le supplice ? » Et les cent cinquante-cinq prisonniers firent ce qu'on appelait *trois fournées*.

Fouquier est arrêté depuis la réformation du tribunal révolutionnaire, depuis le 9 août 1794. Mais on n'ose pas d'abord instruire son procès. Lorsque enfin on le traduit en jugement, on affecte les formes les plus lentes, comme pour contraster avec la rapidité de celles qu'il avait si souvent employées. Les procédures se prolongent pendant *dix-neuf jours ;* deux cents témoins sont entendus à sa charge, et deux cents à sa décharge. — Ce grand acte de justice n'a pu s'obtenir qu'après une lutte de six mois, entre le parti du féroce *Barrère* et le parti un peu moins exécrable de *Tallien*.

16. *Traité de paix et d'alliance entre la France et les Provinces-Unies.* — Cession de tout le territoire batave sur la rive gauche de l'Escaut-occidental, ainsi que sur les deux rives de la Meuse, au sud de Vanloo, et y compris cette place. — Les Provinces-Unies paient à la France pour l'indemniser des frais de la guerre, cent millions de florins, argent courant de Hollande.

20.—28. JOURNÉE DU 1er PRAIRIAL *et ses suites.*

Toujours avide de domination, toujours altérée de sang, la faction des jacobins renouvelle ses efforts. Parmi ses chefs, les uns, *Barrère*, *Collot-d'Herbois*, *Amar*, *Vadier*, *Billaud* dit *de Varennes*, *etc.*, ne siégent plus à la convention depuis le 1er avril (journée du 12 germinal); d'autres, tel que *Fouché* dit *de Nantes*, *Sieyes* (ex-abbé, ex-constituant, directeur en 1799, consul provisoire en 1799), *Merlin* dit *de Douai* (directeur en 1797, 98, '99), etc., etc., affectent d'approuver la chûte de *Robespierre*, et dissimulent leurs projets de vengeance. Dangereux Protées, ils ont dépouillé la robe du tigre, et se couvrent de la peau du serpent. Mais, sous quelque forme qu'ils paraissent, il leur faut des victimes, de nombreuses victimes. S'ils eurent d'abord l'élan de la cruauté, ils en ont aujourd'hui l'arrière-pensée. Objets de l'indignation générale, ils sont peu-à-peu délaissés par ces divers partis de républicains qui n'ont pas, comme le parti jacobin, entièrement abjuré tout sentiment de justice et d'humanité. Il importe donc aux terroristes de faire avancer leurs corps de réserve, *l'abjecte populace des faubourgs de Paris*, et d'employer à cet effet le plus terrible des mobiles, *la disette*. Mais les véritables chefs de l'insurrection épieront dans l'ombre l'apparition du succès, laissant à d'imprudents lieutenants tous les dangers de l'action, et réservant à eux-mêmes une retraite jusque dans le parti qu'ils font attaquer, dans le cas où ce parti l'emporterait.

Le tocsin rassemble, au milieu de la nuit, des milliers de compagnons-ouvriers : se dirigeant vers les Tuileries, ils placent aux premiers rangs des femmes et des enfants, afin qu'à cette vue les troupes, envoyées pour arrêter leur marche, hésitent à les combattre. Ils pénètrent dans la salle de la convention, en brisant les portes : ils demandent à grands cris, *du pain*, *la liberté des patriotes*, *et la constitution de* 1793 (*V.* 27 juin 1793). Des militaires essaient de s'opposer à leurs excès; ils sont repoussés à coups de feu. Un député, *Féraud*, est tué, dans la tribune, en cherchant à garantir le président, *Boissy-d'Anglas*, dont la fermeté est inébranlable. La tête de *Féraud*, placée sur une pique, devient le signal du triomphe des partisans de *Barrère*. Ils délibèrent entre eux, et proclament, tumultuairement, des lois de sang et de pillage. — Enfin, à minuit, après dix heures passées dans cet effroi, les troupes des sections paraissent, dispersent les assassins, et délivrent la majorité de la convention qui a eu l'étonnant courage de rester sur les bancs, en suivant l'exemple du président.

Les troubles continuent pendant deux jours. Les factieux amènent des canons aux Tuileries; ils sont repoussés. — Le faubourg Saint-Antoine est désarmé. — Quelques scélérats obscurs sont exécutés. — La convention décrète d'accusation trente de ses membres qui se sont *le plus indiscrètement* prononcés pour le retour du régime de la terreur. — Treize de ces jacobins endurcis subissent le jugement du tribunal ; mais, sans attendre l'exécution, s'étant procuré, dans leur prison, un couteau, ils se le prêtent l'un à l'autre, et ceux qui survivent paraissent seuls sur l'échafaud. Il n'y a plus en France que des républicains enthousiastes et des jacobins endurcis qui soient doués de ce courage individuel qui fait attaquer la vie de son ennemi, ou décider de sa vie propre.

Dans ces huit jours, les révolutions du 28 juillet 1794 (10 thermidor) et 1er avril 1795 (12 germinal), ont reçu leur complément. Le gouvernement est enlevé aux complices de *Robespierre*. Cependant les appréhensions d'un pas fait vers la royauté détourneront la majorité de la convention des voies de l'équité, et l'empêcheront d'accorder toute la satisfaction que réclame l'humanité si affreusement outragée. Tandis que des ouvriers du faubourg Saint-Antoine sont mis à mort, ceux qui les égarèrent restent impunis; et la convention, craignant d'exercer trop libéralement la distribution de la justice, retient dans son sein plusieurs membres infâmes des *comités du salut public*, *de sûreté générale*.

30. *Décret* rendu sur le rapport de *Lanjuinais* (pair de 1814), autorisant la célébration des cultes dans les édifices qui y étaient originairement destinés.

31. Sur le rapport de *Porcher de Richebourg* (pair de 1814), *Décret* qui supprime le tribunal criminel extraordinaire, créé le 10 mars 1793, modifié le 9 août 1794, et plus connu sous le nom de *tribunal révolutionnaire*.

Juin 7. *Prise de Luxembourg*, seule place des Pays-Bas autrichiens non soumise. Elle capitule après un siége de huit mois. La capitulation, conduite par le général en chef *Jourdan*, est signée par le général de division Hatry. La garnison, forte encore de 12,000 hommes, et commandée par le maréchal Bender, sort libre, à l'exception de quatre cents émigrés ou transfuges français. — On trouve dans cette place, outre huit cents bouches à feu, une quantité très-considérable d'ornements d'église, d'argenterie, qui y ont été transportés des contrées catholiques voisines, comme dans un asyle impénétrable.

8. Louis-Charles de France, en naissant *duc de Normandie*, puis *Dauphin*, et destiné au trône, sous le nom de Louis XVII, meurt à l'âge de dix ans, deux mois, douze jours. Il était renfermé dans la tour du Temple depuis le mois d'août 1792. — Sa fin peut

avoir été produite par les mauvais traitements dont on n'a cessé de l'accabler pendant ses deux dernières années. Néanmoins, si l'on observe, 1° que c'est depuis la chûte de *Robespierre* (27 juillet 1794), qu'on l'a isolé de sa sœur et qu'on a redoublé de rigueurs; 2° qu'il est mort lorsque l'expédition pour *Quiberon* se disposait avec un appareil formidable, avec la plus grande ostentation, dans les ports anglais; 3° que le célèbre médecin *Desault*, qui l'a soigné dans les premiers temps de sa maladie déclarée, meurt subitement; on doit croire que la mort de l'héritier de *Louis XVI*, d'un enfant sur lequel les ennemis de la royauté ne peuvent diriger les traits de la calomnie pour en éloigner l'opinion générale, a été accélérée par les combinaisons de ces hommes qui ont, à ce jour même, la direction des affaires publiques. Au reste, le défaut d'air et d'exercice, dans un âge si tendre, est un poison lent dont l'action suffisait pour amener le résultat tant souhaité, et sans doute si bien prévu par les chefs de la faction régnante. On sait dans quel état fut trouvé, en 1764, l'infortuné prince *Iwan de Russie.*

21. *Finances publiques. — Décret établissant, pour les paiements et recettes d'assignats, une échelle de proportion*, calculée sur le progrès de leur émission, ou de leur rentrée au trésor public.

23. *Combat naval à la proximité de Port-Louis* (Morbihan), entre douze vaisseaux français, et dix vaisseaux anglais. Les premiers, commandés par le vice-amiral *Villaret-Joyeuse*, perdent deux vaisseaux, *le Tigre* et *l'Alexandre. Le Formidable* saute en l'air par un accident étranger au combat. L'action n'a duré que quatre heures.

24. *Guerre de la Vendée. — Charrette, soumis depuis le traité de la Jaunais* (15 février), reprend les armes, suivant la promesse qu'il en a faite à un aide-de-camp de *Monsieur, comte d'Artois*, envoyé près de lui pour le décider. *Charrette* rassemble 12,000 hommes à *Belleville* (quinze l. N.-O. de Fontenay-le-Comte).

29 *Expédition de Quiberon*. Les Anglais débarquent sur la plage de *Carnac* (entre le golfe du Morbihan et la presqu'île de Quiberon) un corps d'émigrés, ayant pour chef *d'Hervilly*. Ce corps, réuni aux chouans, conduits par un prétendu royaliste, nommé *Puisaye*, s'empare, le lendemain, du bourg d'Auray.

Juillet 4. *Expédition de Quiberon*. La convention nationale, instruite du débarquement à Quiberon (27 juin), décrète la suspension de toute radiation d'émigrés des listes d'inscription. — C'est une particularité singulièrement remarquable, que, pendant tout le cours de la révolution, pendant plus de trente ans, les efforts des royalistes (à l'exception des Vendéens) n'aient servi qu'à l'affaiblissement de leur parti et n'aient amené que la confusion de leurs espérances. Leur conduite ne fut jamais qu'un tissu de fautes commises par l'orgueil en dépit des plus simples notions du bon sens.

4. *Expédition de Quiberon.* Les deux chefs royalistes, *d'Hervilly*, *Puisaye*, après huit jours passés à débattre le plan d'attaque, s'emparent du chétif village de *Lomaria* ou *Quiberon*, et du ètes-petit fort *Penthièvre.*

5. *Expédition de Quiberon.*—Le poste de Carnac (*V.* 72 juin.), menacé par un corps de républicains, est abandonné par les émigrés qui se resserrent et s'établissent dans la presqu'île de Quiberon; se mettant par-là, sous la protection des forts et sous le feu de l'escadre anglaise, au lieu de s'avancer en Bretagne pour donner la main aux autres bandes royalistes et marcher ensuite sur les républicains.—Cette faute est décisive.

16, 17. *Expédition de Quiberon.*— Dans la nuit du 15 au 16, les émigrés attaquent les républicains postés à *Sainte-Barbe*, au débouché de la presqu'île; repoussés jusqu'au fort Penthièvre; *d'Hervilly* est mortellement blessé. On a cru que, jaloux de se réserver l'honneur de l'action, ce chef avait fait retarder le débarquement d'une 2e division d'émigrés, mouillée, depuis plusieurs jours, dans la baie; division commandée par le jeune *comte de Sombreuil.* — Le débarquement a lieu, le lendemain, mais en désordre; et les jours suivants, le défaut de vivres augmente l'indiscipline.

21. CATASTROPHE DE QUIBERON. — Les corps émigrés débarqués sur cette plage se composent, en grande partie, de soldats et de marins français, prisonniers en Angleterre, et qui retiennent toute la ferveur des premières idées républicaines. Entrer dans les rangs royalistes n'est, pour ces prisonniers, que se ménager l'occasion de les abandonner dès qu'ils toucheront le sol français.—Leur complot formé, des transfuges en instruisent *Hoche*, général des plus habiles, des plus actifs et des plus braves.—Le fort Penthièvre tombe en son pouvoir; la garnison en est égorgée; les émigrés sont cernés; leur camp est enlevé; très-peu d'entre eux ont le temps de parvenir jusqu'aux vaisseaux anglais; et *Sombreuil*, qui, par un sentiment héroïque de l'exemple qu'il doit à ceux dont il a le commandement, a dédaigné de se sauver, est obligé de mettre bas les armes. Tout leur corps est fait prisonnier, y compris les chouans et les Anglais, faisant en tout environ 10,000 individus avec les femmes et les enfants. — Dans le même temps, d'autres chouans essaient en vain de livrer

Saint-Malo aux Anglais. — *Puisaye*, aussi lâche qu'inhabile, fuit. Il ira transporter dans le Canada sa honte, avec le prix de ses basses intrigues auprès du cabinet de Londres, intrigues qui amènent la perte d'une foule de braves. — *Sombreuil* appelle *Puisaye*, *lâche fourbe*, dans une lettre qu'il écrit le 22, de sa prison d'Auray, à *sir John Warren* commandant la flotte anglaise; lettre qui renferme les adieux d'un mourant.

En faisant déposer les armes à sa troupe, *Sombreuil* avait cru capituler; mais le *général Hoche* a constamment exprimé, qu'il n'avait ni fait, ni sous-entendu, ni supposé de capitulation; et la franchise avérée de son caractère, ainsi que la loyauté de ses procédés dans la Vendée, le mettent à l'abri de toute imputation de fausseté, et seraient au moins de fortes présomptions en faveur de ses dénégations. Cependant il n'est pas douteux que, s'il eût pu suivre sa propre impulsion, il n'eût épargné de braves Français, ses prisonniers. Mais de féroces conventionnels étaient sur les lieux, revêtus de l'autorité supérieure. Là était *Tallien*, qui n'avait sollicité cette mission que pour trouver une occasion de recouvrer sa popularité chez les républicains enthousiastes; *Tallien*, né dans une misérable condition, d'abord collaborateur *du journal-affiches des Sans-Culottes*, membre de l'infâme commune au 10 août et au 2 septembre, signataire de tous les actes de proscription qu'elle émit. Il s'était emparé d'une partie des fonds destinés à ces journées, et avait aussi pris sa part dans les dépouilles des victimes. Devenu conventionnel, il s'était donné le proconsulat de Bordeaux où sa fureur et sa cupidité se gorgèrent de sang et de pillage. C'est ce même *Tallien* dont les passions furibondes avaient paru à des hommes crédules s'être tempérées, dans les journées de thermidor (*V.* 27, 28 juillet 1794). Mais alors son grand motif, son motif le plus noble, était de sauver les jours d'une femme de mauvaise renommée, que *Robespierre* avait fait emprisonner. Ainsi, dans le désert de Sahara, le tigre combat d'autres tigres pour ravoir sa compagne. Qu'attendre donc du tigre *Tallien* à Quiberon? il ordonnera qu'on fusille *Sombreuil* avec ses 1200 émigrés. Cette horreur révoltera la nation; mais *Tallien* reviendra triomphant à la tribune de la convention.

Il est donc très-vraisemblable que la convention sur laquelle se reposaient les émigrés en rendant leurs armes, n'a eu lieu que verbalement et dans le tumulte de la mêlée et avec un chef secondaire; mais alors même, elle devait être tenue : elle avait épargné le sang de part et d'autre; elle était conforme aux usages de la guerre; toute législation qui n'est pas barbare admet les vraisemblances en faveur du faible, de l'accusé, du vaincu.

Comme, parmi ces émigrés, il se trouvait environ trois cents officiers de cette marine si distinguée pendant la guerre d'Amérique, on en a conclu que le cabinet britannique les avait conduits à leur perte. Cette opinion a trouvé beaucoup de partisans, même en Angleterre; et le machiavélisme si avéré de *Pitt* a dû l'accréditer. Ce ministre, essayant, devant la chambre des communes, de pallier la honte de cette expédition, s'est écrié: « *Du moins le sang anglais n'a pas coulé. Non, sans doute,* réplique *Shéridan, mais l'honneur anglais a coulé de tous ses pores.* » Au reste, ce cabinet a fait un si grand nombre de mauvaises expéditions, qu'on peut bien ne pas relever ses mauvais desseins; vingt tentatives de sa part, dans vingt années, montrent assez qu'il ne sait réussir qu'à force de bras, à force d'or, à force de temps et à force d'auxiliaires étrangers. — A Quiberon, l'amiral anglais est des plus mal choisis; le plan, des plus mal combinés; tandis que les moyens d'exécution sont immenses, prodigieux. La valeur seule des approvisionnements abandonnés sur la plage s'élève à plusieurs millions.

22. *Traité de paix entre la France et l'Espagne, signé à Bâle* par *François Barthélemy* (directeur en 1797, pair de 1814) et don Domingo Yriarte. — La France rend ses conquêtes en Biscaye et en Catalogne; l'Espagne cède la partie de Saint-Domingue qu'elle possède.

Charles IV, bien convaincu de l'insincérité des cabinets coalisés, appréciant l'étendue de leurs revers, juge plus convenable de traiter avec les républicains français, que de s'ensevelir sous les débris de la monarchie espagnole. Sans doute, ses sujets doivent le bénir de s'être conduit plutôt en monarque, qu'en Bourbon; d'avoir préféré les intérêts positifs de son royaume à ceux de la branche malheureuse de sa famille.

Mais les cabinets de Vienne et de Londres persisteront dans le chimérique dessein d'anéantir la démocratie, ou plutôt la France ellemême. Ils ne voient pas, ou, dans leurs intérêts particuliers, ils affectent de ne pas voir, que la question de l'indépendance de la république est déja décidée par la victoire, et que la continuation de la guerre expose la sécurité des vieilles monarchies. Le grand objet de leur coalition, celui qu'ils annoncèrent avec tant de faste et de hauteur, n'est point le motif qui les engage à prolonger une lutte aussi funeste à l'Europe en général. Ils refusent aux princes français un commandement qui puisse les mettre à portée de rentrer en France, et d'y former un parti; ils ne souffrent pas que le chef de cette maison, qu'ils reconnaissent comme roi, se mette à la tête de ceux de ses sujets qui combattent pour lui, et ils le réduisent à chercher une retraite dans les états de Venise. *Le prince de Condé*, subordonné, contraint dans toutes ses opérations, voit les émigrés, qu'il commande, sacrifiés sans utilité pour leur cause. En vain, par de nombreux faits de valeur, rendent-ils des services signalés à l'armée autrichienne: on les place continuellement aux avant-gardes dans les attaques, aux arrière-gardes dans les retraites; ils sont honteusement livrés dans toutes les capitulations (*V.* 7 octobre 1794, 7 juin 1795). Ceux d'entre eux qui ne portent point les armes, privés presque en tous lieux de protection, et même d'asyle, restent abandonnés de ces cours qui, s'annonçant pour défendre la cause de la royauté, les ont entraînés hors de leurs foyers.

Plus fastueux, le gouvernement anglais les reçoit; il semble applaudir, encourager les actes de bienfaisance qui distinguent un si grand nombre de particuliers dans les trois royaumes. Il soutient les émigrés, comme individus souffrants: agissant à-peu-près comme agirait un corsaire algérien, recueillant, nourrissant l'équipage captif d'un bâtiment qu'il aurait pillé et submergé. Le gouvernement anglais prendra la Corse, la Martinique, les vaisseaux de Toulon, pour lui et en son nom, et non pour les princes français ses alliés; il laissera les Vendéens à leurs propres forces, les excitant par des promesses d'un grand secours, qui n'arrivera jamais, et ne permettant pas qu'un des princes aille les joindre. Il fait débarquer douze cents émigrés à Quiberon, mais sans les soutenir par des troupes anglaises; et *Pitt* se glorifie de ce que pas une goutte de sang anglais n'a coulé (*V.* art. précédent). Le monde entier, persistant à voir une perfidie dans cette expédition, se persuade que *Pitt* desire prolonger la durée, étendre les ravages d'une révolution dont l'Angleterre semble à l'abri par sa position insulaire, révolution dont les désastres lui sont de plus en plus avantageux.

Ainsi les ministres du roi d'Espagne, convaincus de la déloyauté de ses alliés, comme de la grande supériorité des armées républicaines, qui ont pénétré dans deux belles provinces de son royaume, le sauvent par un traité de paix. Si cet exemple était suivi par l'Autriche et l'Angleterre, les jacobins usant la plupart de leurs moyens d'influence, le peuple reviendrait promptement à des principes plus sociables, à des formes de gouvernement plus concentrées, qui, le rendant moins malheureux et moins agité, n'exposeraient plus les anciennes institutions de l'Europe au danger d'une entière subversion.

La tranquille neutralité de la Suède, du Danemarck, de la Suisse, ainsi que les traités que viennent de conclure la Toscane et la Prusse (*V.* 9 février, 5 avril), prouvent à l'Autriche et à l'Angleterre qu'on peut négocier avec sûreté. La politique de ces deux dernières puissances amènera les calamités de l'Europe pendant les années qui vont suivre.

Août 1er. *Bourse de Paris.*—Le prix du louis d'or est de neuf cent vingt francs en *assignats.*

3. *Décret* portant établissement, à Paris, d'un Conservatoire de Musique, pour le perfectionnement de cet art.

17. *Loi révolutionnaire.* — La convention adopte, comme article additionnel à la constitution qu'elle prépare, ce qui suit: « La nation « française déclare que jamais, en aucun cas, elle ne souffrira la « rentrée des Français qui, ayant abandonné la patrie depuis le 15 « juillet 1789, ne sont pas compris dans les exceptions portées aux « lois contre les émigrés (il est interdit aux corps législatifs de faire « de nouvelles exceptions sur ce point). » — Cette loi est une suite amenée par l'expédition de Quiberon (*V.* 4, 5, 16, 21 juillet). Jamais les royalistes ne sauront faire que des fautes.

22. *La nouvelle constitution*, dite *de l'an III*, après avoir été discutée, article par article, est adoptée par la convention. — Les assemblées primaires sont convoquées pour procéder à l'acceptation de cette constitution, et aux nominations du corps législatif (*V.* 23 septembre).

23. *Décret*, qui dissout définitivement les assemblées connues sous les noms de *clubs* ou *sociétés populaires.*

26. *Monsieur*, comte *d'Artois*, part de Portsmouth, à bord de la frégate le Jason, pour les côtes de France (*V.* 2 octobre).

30. *Loi*, dite *du 13 fructidor*, portant que les assemblées électorales prendront d'abord les deux tiers des membres que chacune d'elles doit fournir au corps législatif, appelé par la nouvelle constitution (*V.* 23 septembre), exclusivement dans la convention même; soit qu'elles les choisissent dans la députation de leur département, ou parmi les députations des autres départements.

Septembre 1er. *Bourse de Paris.* — Le louis d'or coûte douze cents francs en *assignats.*

4. *Décret.* — La convention nationale, reconnaissant que « le *ci-*

« toyen *Maurice Talleyrand-Périgord* (ex-évêque d'Autun, etc.) — « (*V.* la Table des matières) a puissamment secondé la révolution par « sa noble conduite, comme citoyen et comme ecclésiastique; appré« ciant, en outre, les motifs qui l'ont éloigné, l'autorise à rentrer en « France. »

6. *Loi révolutionnaire.* — Sont bannis à perpétuité, les prêtres déportés et rentrés sur le territoire français.

Passage du Rhin, et prise de Dusseldorff par l'armée de Sambre-et-Meuse, aux ordres de *Jourdan*. Il s'opère à *Urdingen* (quatre lieues au-dessous de *Neuss*) sous la direction du général *Dejean* commandant le génie, ayant sous ses ordres le chef de bataillon *Caffarelli-Dufalga*. Les généraux *Lefebvre*, *Kléber*, *Championnet*, *Grenier*, *Bernadotte*, se distinguent.

20. *Capitulation de Manheim*, remis à l'armée de Rhin-et-Moselle, commandée par *Pichegru*.

21. La convention nomme une *commission de cinq membres*, pour lui présenter, sur-le-champ, les mesures propres à prévenir les malheurs qui menacent encore la république. Les cinq sont, *Roux*, *Florent-Guyot*, *Tallien*, *Pons* dit *de Verdun*, *Dubois-Crancé*. — *Barras*, nommé commandant des forces conventionnelles, est le principal appui du parti anti-populaire (*V.* 26 septembre et 4 octobre).

23. Proclamation d'une *troisième constitution*, dite *de l'an III*. Elle a trois cent soixante dix-sept articles, et est précédée, suivant l'usage, d'une déclaration des droits de l'homme et du citoyen.

Tout homme né et résidant en France, âgé de vingt-un ans, et payant une contribution directe de la valeur de trois journées de travail, est *citoyen français*, et a droit de voter dans les *assemblées primaires*. — Chaque assemblée primaire nomme un *électeur*. — Pour être électeur, il faut être âgé de vingt-cinq ans, et payer une contribution foncière de la valeur de cent cinquante ou deux cents journées de travail, suivant les localités. — Il y a une *assemblée électorale* par département. — *La législation* est confiée *à deux conseils* : l'un dit *des Cinq Cents*, à raison du nombre de ses membres; l'autre, *des Anciens*, parce qu'il se compose de députés plus âgés. Le premier propose les lois, le second les accepte. Ils se renouvellent par tiers, chaque année. — Les contributions publiques sont délibérées et fixées, tous les ans, par le *corps législatif*. — Les tribunaux sont indépendants. — La garde nationale est formée de tous les citoyens actifs, ou fils de citoyen actif. — *Le pouvoir exécutif* est remis à *cinq directeurs* nommés par les conseils. Les ministres soumis au directoire, et nommés par lui, sont responsables. — *La guerre* ne peut être *décidée* que *par le corps législatif*, sur la proposition du directoire. — *Les traités* ne sont valables qu'après avoir été *ratifiés par le corps législatif*. — Il y a des administrations municipales; une administration centrale par département, etc.

Les monstrueuses illégalités du gouvernement révolutionnaire commencèrent à être improuvées de ses enthousiastes, lorsque beaucoup d'entre eux devinrent ses victimes. Le très-grand nombre des Français, appréciant enfin toute l'iniquité de l'arbitraire, réclament une constitution qui porte elle-même des moyens de stabilité, et qui fasse rentrer le gouvernement dans les voies de la civilisation. Les meneurs de la populace, les *Barrère*, les *Merlin* dit *de Douai*, l'ont excitée (*V.* 1er avril et 20 mai) à demander la constitution anarchique de 1793 (*V.* 27 juin 1793). — A ces cris universels, quoique divers, de constitution, la convention a répondu par la création d'une commission chargée d'en préparer les dispositions. Mais les jacobins, redoutant l'influence des délais, se sont soulevés deux fois. Terrassés deux fois, leurs efforts démontrent la nécessité d'un code social moins démocratique que celui dont, avec de malfaisantes intentions, ils exigent la mise en exercice. Plus ils pressentent qu'on veut leur arracher ce moyen de désorganisation, plus ils l'invoquent.

D'un autre côté, la convention s'aperçoit, de plus en plus, que la France est fatiguée de sa domination. Dans l'impossibilité de capter les suffrages, cette méprisable assemblée les dictera. Elle envisage, avec effroi, le moment où elle déposera ce pouvoir qui fait la sûreté d'un grand nombre de ses membres chargés de crimes; pouvoir qu'elle ne saurait retenir plus long-temps. Alors, sous prétexte d'assurer au peuple la garantie de l'acte constitutionnel, et de conserver les traditions républicaines, les conventionnels voudront se retrouver en majorité dans le nouveau corps législatif; ils violeront tous les principes de souveraineté du peuple, de liberté d'élections, afin d'assurer leur amnistie. Ils changeront les formes de l'autorité, mais ils en garderont les rênes. Les assemblées primaires, convoquées pour l'acceptation de la constitution (*V.* 22 août), l'ont accueillie à la presque unanimité, tant les Français attendent avec impatience un autre ordre de choses. Mais la loi du 13 fructidor (*V.* 30 août) étant reçue par-tout avec indignation, la convention, qui ne consentira jamais à se dessaisir du pouvoir, interprète, en faveur de cette loi, et comme une conséquence nécessaire, tous les suffrages donnés à l'ensemble de la constitution; attendu, dit-elle, que cette loi du 13 fructidor en fait partie. La nation soutiendra que l'insertion de cet article est subreptice; et la journée du 13 vendémiaire (*V.* 4 octobre) sera le résultat de ce dernier attentat d'une perverse assemblée.

La première assemblée, *la constituante*, ayant donné une constitution, s'était séparée avant d'en avoir fait l'essai. — L'assemblée *législative* avait détruit la monarchie, et livré la personne du Roi à des juges-bourreaux réunis en *convention*. — La *convention* proclame d'abord une théorie démagogique (*V.* 27 juin 1793); mais elle s'abstient de la mettre en activité, afin de retenir sa dictature; et, jetant un troisième acte constitutionnel sur la France, comme un nouveau brandon de discorde, elle s'éloignera au milieu des imprécations d'un peuple auquel tout mode de gouvernement semblera meilleur que le régime qu'elle emporte dans sa lâche fuite.

En effet, si la convention a donné une constitution à la France, elle n'a pu la mettre dans une position à suivre régulièrement cette constitution; elle n'a pas fait revivre le crédit public, elle n'a pas ranimé le commerce, anéanti par les plus scandaleux trafics, ainsi que par la guerre; elle n'a pas rétabli l'harmonie, rappelé la confiance, éteint les haines et la soif de la vengeance, aussi vives que jamais. Ayant passé la plus grande partie du temps de son existence dans l'infamie de l'asservissement au tyran *Robespierre*, elle finit sous la pernicieuse influence de *Tallien*, *Barras*, *Merlin* dit *de Douai*, *Sieyes*, etc., etc.; et *le terrorisme* plane une seconde fois sur toutes les têtes. Les nouveaux tyrans seront moins atroces, moins sanguinaires; mais ils seront plus insidieusement malfaisants.

Cependant cette dernière constitution, en consacrant le principe d'une autorité indépendante, dans son action, de la représentation nationale, prépare des institutions monarchiques; elle rend aux esprits fatigués des sophismes de l'anarchie, les souvenirs de quelques bons principes émis par l'assemblée constituante : souvenirs destinés à servir de *palladium* aux Français, dans les temps d'une autre adversité.

25—26. Rassemblements tumultueux, à Paris, au sujet du décret du 13 fructidor (*V.* 30 août). — La convention déclare que, si elle n'est point respectée, elle se réunira dans une autre ville.

Octobre 1er. *Bourse de Paris.* — Le louis d'or coûte douze cents francs *en assignats*.

Décret portant que tous les pays conquis en-deçà du Rhin, ainsi que la Belgique, l'état de Liége et le Luxembourg, sont réunis au territoire de la république.

2. Une escadre anglaise débarque, à l'*Ile-Dieu* (à trois lieues des côtes de la Vendée), *Monsieur*, comte *d'Artois*, sept à huit mille émigrés, et quatre mille anglais (*V.* 26 août, 17 novembre).

4. *Décrets* qui rapportent, 1° l'affreuse loi du 17 septembre 1793 sur les *suspects*, loi dont *Merlin* dit *de Douai* fit le rapport; 2° la loi du 9 avril dernier, relative au désarmement des *terroristes*.

5. JOURNÉE DU 13 VENDÉMIAIRE.

Les Français sortaient enfin de cet engourdissement dans lequel un régime de terreur, semblable à la baguette de Circé, les avait plongés et retenus trois ans entiers. Rendus à leur impétuosité naturelle, à leur caractère primitif, par les évènements des 1er avril et 20 mai (journées du 12 germinal, du 1er prairial), ils exhalent la plus violente haine contre toute espèce de tyrannie. Les assemblées primaires, appelées à l'élection des candidats à la nouvelle législature, s'indignent de ce que les auteurs de la constitution, voulant garder l'autorité dont ils firent un si détestable usage, ont déterminé que les *deux tiers* des membres des deux conseils, seront pris dans le sein même de la convention (*V.* 30 août). L'opposition se manifeste plus énergiquement encore à Paris, où l'on est plus fatigué de la domination de ce ramas d'êtres malfaisants. Des quarante-huit sections, quatre ou cinq sont livrées aux séides de *Robespierre*, à ses plus assidus courtisans, aux *Merlin*, aux *Carnot*. Toutes les autres repoussent l'oppression sous quelque forme qu'elle se déguise; elles s'excitent et s'appellent aux armes. Mais depuis la dernière insurrection (20 mai), qui montra l'audace renaissante du jacobinisme, des camps sont établis aux abords de Paris; des batteries défendent les avenues des Tuileries; la convention se garde comme le dey d'Alger. Ces précautions dirigées contre les instruments abjects des fauteurs du terrorisme, contre la populace des faubourgs, vont servir contre ces nombreux citoyens, la force et l'espoir de l'immense population que renferme la capitale; et le rebut de la classe des prolétaires, ces *sans-culottes* déguenillés, ces *hommes du 10 août*, ces *massacreurs de septembre*, formeront, dans cette conjoncture, la réserve de la convention; ceux-là mêmes qu'elle redoutait naguère, seront son appui.

Lanjuinais (ex-constituant, pair de 1814), qu'on retrouve toujours, lorsqu'il devient dangereux d'invoquer les principes, ou de défendre les opprimés, se récrie vainement et répand l'opprobre sur cette cause qui emploie d'aussi vils instruments. Sa voix se perd dans les clameurs de ces législateurs-assassins, qui ne peuvent trouver que dans de nouveaux forfaits l'impunité de tous leurs forfaits. En même temps, les sections, hors d'état de réunir promptement de puissants moyens d'attaque, se flattent d'en imposer par leur masse. Vingt-cinq mille hommes prennent poste, et couvrent les principaux quartiers.

Le 5 au matin, quelques-uns de leurs bataillons s'avancent pour dissoudre la convention. *Barras*, l'ordonnateur des massacres de Toulon (*V.* 19 décembre 1793), commande pour elle. L'adjoint de *Barras* est *Bonaparte*, ce corse fugitif d'Ajaccio où sa voix parricide avait appelé la discorde et la mort, et qui figura aussi parmi les assiégeants de Toulon. Là, ses chefs ayant remarqué la froide cruauté de son naturel, bien plus que son talent dans l'arme de l'artillerie, l'avaient, après la chûte de Robespierre, fait rejeter dans les cadres de l'infanterie; il devait y languir dans une stérile inactivité. A la vue d'une autre guerre civile, alors qu'il faut un exterminateur inaccessible à la pitié, *Bonaparte* accourt; il rappelle à *Barras* avec quel plaisir il répand le sang français; il est accueilli, et son canon qui foudroie la multitude sur les degrés de l'*église Saint-Roch*, vient apprendre aux Parisiens ce nom étranger que pendant vingt ans ils admireront, ils encenseront, et que, pendant des siècles, leurs descendants chargeront d'imprécations. — On croit que deux mille personnes ont péri dans cette journée, dont les suites seront, au contraire, fort peu sanglantes. Car, désormais, la fourberie remplacera la cruauté. On n'oserait relever les échafauds. La tyrannie ne peut plus marcher précédée de licteurs farouches; elle s'annoncera par d'insidieuses promesses, et s'exercera désormais par des sbires de police, silencieux comme les muets du grand-seigneur. Le parti victorieux craindrait d'exposer son triomphe en se vengeant au grand jour. — Aussi les conseils de guerre, institués pour sévir contre les chefs des sections, ne jugeront-ils que des contumaces.

Le 13 *vendémiaire* est le dernier acte d'insurrection auquel des masses prendront part. Dorénavant, les crises politiques, qui transformeront le gouvernement, ne seront plus que des débats intérieurs entre les autorités législatives et le pouvoir exécutif. L'intervention des troupes soldées sera seule employée (*V.* 18 fructidor ou 4 septembre 1797; 18 brumaire ou 9 novembre 1799), et la nation engourdie ne disputera jamais le droit du vainqueur. L'expérience a trop bien démontré aux chefs des partis, que si l'on peut mouvoir les masses, il est difficile de les diriger, de les contenir, de les arrêter; que le peuple est une arme terrible, qui souvent éclate dans la main qui en fait usage. Aussi-bien les Français sont affaissés; leurs sentiments ont perdu toute élasticité : furieux dans les premiers paroxismes de leur ivresse, ils resteront pendant vingt années dans un état de léthargie politique. Il faudra les coups de foudre inattendus de 1814 et de 1815 pour les réveiller, leur rendre le sentiment de leur dégradation morale, et leur donner cette salutaire impatience d'obtenir enfin des garanties politiques en état d'assurer leur bonheur.

18. Le général autrichien *Wurmser* attaque, près de *Manheim*, un camp retranché des Français, le force, et fait prisonnier le général *Oudinot*.

24. Traité de Saint-Pétersbourg, qui détermine le troisième et dernier partage de la Pologne entre la Russie, l'Autriche et la Prusse.

Loi révolutionnaire excluant jusqu'à la paix, des fonctions publiques, les parents des émigrés, et ceux qui auraient signé des arrêtés *liberticides* dans les assemblées primaires ou électorales.

25. *Décret de formation de l'Institut des sciences et des arts.*

26. *La convention nationale termine sa session par un décret d'amnistie* pour tous les délits révolutionnaires qui ne sont pas compliqués de vol ou d'assassinat; amnistie non applicable aussi aux prêtres déportés, ou sujets à la déportation, comme aux émigrés rentrés ou non rentrés.

Le dernier acte des oppresseurs de la France sanctionne donc une multitude de crimes publics, et d'iniquités nationales. Mais, enfin, ils se dépouillent de leur funeste pouvoir; ils ferment leur antre horrible, ces hommes abjects autant que féroces, cannibales avec le titre de représentants de la nation, objets de l'exécration du monde, scélérats parvenus au dernier terme de la rage et de la démence législatives. Là, une poignée de vils factieux parlaient au nom du peuple français; ils transformaient en loi le cri de la fureur; les efforts convulsifs de leur délire s'appelaient raison et sagesse. Elle se sépare enfin, cette assemblée qui, par la plus monstrueuse cumulation de pouvoirs, a détruit toute espèce de liberté; elle se sépare après les avoir gardés, dans ses odieuses mains, trois ans entiers. Elle fait place à un gouvernement informé, sans doute, mais qui présente, du moins, les ébauches d'un système constitutionnel. Jusque ici, tout a eu un caractère excessif : la grandeur était gigantesque; le stoïcisme de la vertu, impassible; les victimes insultaient avec un froid dédain aux bourreaux, et le crime dédaignait les remords.

Peu, très-peu d'entre ces fameux criminels qui se sont promenés sur ce théâtre ensanglanté, échapperont à leur punition. Les premiers acteurs de ces scènes tragiques ont fini, comme les gladiateurs romains, par s'entre-tuer, aux applaudissements des spectateurs. Et, lorsque cet horrible drame sera terminé, il ne restera plus qu'un petit nombre de fourbes qui jouèrent les rôles de confidents; semblables aux plus ignobles reptiles qui trouvent toujours des abris dans les cavités fortuites des édifices en ruine. C'est ainsi qu'on aura la douleur de revoir au jour et *Barrère*, et *Cambacérès*, et *Sieyes*, et *Fouché* dit *de Nantes*, et *Merlin* dit *de Douai*, et *Carnot*, et *Quinette*. Tous les autres seront rejetés dans l'obscurité, ou auront subi les arrêts d'une justice invisible; leurs supplices, à quelques exceptions près, auront été gradués suivant les forfaits; plusieurs de ces tigres ont expiré dans les horreurs de la faim, déchirés par les bêtes immondes, ou réduits à se frapper eux-mêmes dans des convulsions frénétiques.

La convention a rendu huit mille trois cent soixante-dix décrets, suivant la table de la Collection de *Rondonneau*. Les trois quarts sont des lois de circonstance, des lois d'exception, des lois de sang; des *lois révolutionnaires*.

Nomenclature des désignations employées par les partis, les uns contre les autres.

En 1789, 90, 91. Aristocrates. — Monarchiens. — Constitutionnels. — Démocrates. — Hommes du 14 juillet. — Membres du côté gauche, du côté droit. — Feuillants. — Fayettistes. — Orléanistes. — Cordeliers. — Jacobins.

En 1792 et 1793. Ministériels. — Partisans de la liste civile. — Chevaliers du poignard. — Hommes du 10 août. — Septembriseurs. — Girondins, Brissotins, Fédéralistes. — Hommes d'état. — Hommes du 31 mai. — Modérés. — Suspects. — Membres de la plaine. — Crapauds du marais. — Montagnards.

En 1794. Alarmistes. — Apitoyeurs. — Avilisseurs. — Endormeurs. — Emissaires de Pitt et Cobourg. — Muscadins. — Hébertistes. — Sans-culottes. — Contre-révolutionnaires. — Habitants de la crête. — Terroristes. — Maratistes. — Égorgeurs. — Buveurs de sang. — Thermidoriens. — Patriotes de 1789. — Compagnons de Jésus. — Chouans.

1795.

Troisième Période. — *Gouvernement directorial.*

> Ainsi, lorsque les vents, fougueux tyrans des eaux,
> De la Seine et du Rhône ont soulevé les flots,
> Le limon croupissant, dans leurs grottes profondes,
> S'élève en bouillonnant sur la face des ondes.
>
> (Voltaire.)

Octobre 26. Les membres de la convention se forment en corps électoral, pour compléter *les deux tiers* d'entre eux qui doivent siéger aux conseils.

27. Les conventionnels réélus par le peuple, joints à ceux que les conventionnels en masse ont nommés la veille, et qu'ils ont pris parmi eux-mêmes, et joints encore au *troisième tiers* d'hommes nouveaux élus directement par le peuple, se forment en corps législatif pour procéder à la division en deux conseils.

28. *Première séance des deux conseils législatifs.* — Le conseil des Anciens se réunit au château des Tuileries, dans la salle de la convention; le conseil des Cinq-Cents, dans l'ancienne salle du manége, située sur l'emplacement des maisons n° 1, 36, 38, de la rue de Rivoli.

Les deux tiers des membres de cette quatrième législature sont extraits de la troisième, car les chefs de la convention ont appréhendé qu'une assemblée entièrement composée de mandataires directs de la nation, de la nation guidée par le desir de mettre un terme aux calamités publiques, ne répudie une partie de l'affreux héritage qui lui écherra, et ne détruise le règne du crime en appelant la justice et l'humanité au secours de la liberté, si dérisoirement outragée jusqu'à ce jour. Les oppresseurs de la France, les meneurs de la convention, auront très-bien apprécié l'importance de cette combinaison. La majorité des députés envoyés des départements pour le troisième tiers des conseils, est effectivement choisie dans les rangs des adversaires ou des victimes de ce gouvernement tyrannique qui vient de cesser. Les gens de bien applaudissent à la nomination de *Dupont de Nemours*, *Barbé-Marbois*, *Portalis*, *Tronchet*, *Tronçon-Ducoudray*, *Henri Larivière*, *Lecoulteulx-Canteleu*, *Jourdan* (des Bouches-du-Rhône), *Rouchon*, *Madier de Montjau*, du général *Mathieu Dumas*. L'horreur du jacobinisme est si répandue, que, dans la nécessité d'élire les deux tiers des membres des conseils dans la convention même, les votes se sont accumulés sur les conventionnels qui combattirent le jacobinisme. C'est par un hommage de la reconnaissance universelle, qu'en divers lieux on a porté *Lanjuinais*, *Boissy-d'Anglas*, *Porcher-de-Richebourg*. Mais on s'indigne de ce que des noms odieux, tels que les noms de *Cambacérès*, de *Tallien*, souillent le tableau des élus du peuple. L'action de ces hommes malfaisants, rouvrant les plaies de la France, ranimera la fièvre des révolutions. Des secousses orageuses, amenées par leur influence, préviendront, arrêteront la maturité de l'opinion, les progrès de la vraie liberté, et disposeront les Français au joug militaire, cette dernière ressource d'une nation en proie à l'anarchie. Ainsi des navigateurs, battus de la tempête, préfèrent s'échouer sur ces côtes inhospitalières de l'Afrique, où les attend l'esclavage.

29. *Combat de Monbach.* — Clairfait, général autrichien, passe le Rhin, près de Mayence ; il attaque les lignes des Français, qui perdent trois mille hommes et cent canons. — Le capitaine *Marmont* se distingue par une bravoure extraordinaire. — L'armée de Rhin-et-Moselle se replie rapidement sur la rive gauche du Rhin.

Combat de Manheim. — Wurmser, général autrichien, attaqué près de cette ville, par les Français, les repousse, et leur prend vingt-cinq pièces.

Novembre 1er. *Bourse de Paris.* — Le louis d'or coûte deux mille six cents francs *en assignats*.

Formation du directoire. — Les conseils législatif nomment les cinq membres de ce conseil exécutif : *Reveillère-Lepeaux*, *Letourneur* dit *de la Manche*, *Rewbell*, *Barras*, *Carnot*; tous conventionnels, ayant voté la mort de Louis XVI (*Rewbell*, se trouvant en mission lors du troisième appel nominal fait dans la nuit du 17 au 18 janvier 1793, s'est empressé de transmettre son vote pour la mort). — Cette aristocratie du régicide indispose déja la nation, et lui offre des présages certains d'un sinistre avenir. Qu'attendre de bon d'hommes méchants, faits à l'exercice de la tyrannie, imbus de fausses doctrines, portés à commettre le mal par instinct, par habitude, et, de plus, par la crainte d'éprouver les représailles de leurs innombrables victimes?

4. *Le directoire exécutif* s'établit au Luxembourg. — Il forme son ministère de six départements : relations extérieures, justice, guerre, trésorerie, marine, intérieur. Le conventionnel *Merlin* dit *de Douai*, auteur de la *loi des suspects* (*V.* 17 septembre 1793), est ministre de la justice.

Sous la convention, les affaires étaient abandonnées aux caprices non contrôlés de chaque membre d'une assemblée non contrôlée elle-même, si ce n'est par la furie d'une populace sanguinaire, dont les moteurs siégeaient aux jacobins et à la commune de Paris. Le système actuel de gouvernement, tout imparfait qu'il est, quoique mal assorti au caractère national, contient les germes d'une constitution pondérée ; la séparation des pouvoirs s'y trouve indiquée, et cette confuse ébauche offre, du moins, les premiers linéaments du gouvernement représentatif.

17. *Les Anglais évacuent l'Ile-Dieu*, côtes de la Vendée (*V.* 2 octobre). — Leur séjour sur une plage stérile, et leur inaction pendant six semaines, ouvrent un vaste champ aux conjectures sur la sincérité des projets que leur gouvernement déclare avoir formés pour le repos de la France et la paix de l'Europe. Ces délais et cette retraite donnent aussi lieu à beaucoup de doutes, touchant la sagacité ou la bonne foi des rapports adressés au cabinet britannique, par les émissaires des royalistes de l'Ouest. — Ce séjour si vainement prolongé des forces anglaises a laissé le temps à l'habile général *Hoche*, de porter ses troupes sur *Charrette*, qui s'attend et se résigne à périr victime des imprudentes démonstrations faites, *contre son avis*, en faveur de la cause royale dont il est le principal appui. Les Vendéens réduits par les armes, ou captivés par les ménagements de *Hoche*, et voyant qu'ils s'abusent de l'espoir d'avoir à leur tête un des princes Bourbons que, depuis trois années, ils appellent avec enthousiasme ; les Vendéens cessent de se réunir, de s'animer contre les républicains, de s'opposer au gouvernement ; ils retournent à leurs travaux. C'est en vain que *Monsieur, comte d'Artois*, les fait assurer, au moment où il se voit reporté, malgré lui, de l'Ile-Dieu en Angleterre, qu'il ira bientôt les joindre. Après d'aussi cruelles épreuves, leur ardeur est amortie. Le feu de cette guerre intestine ne jettera plus que de fugitives étincelles rallumées par des chefs de bandes, qui n'éleveront, par intervalles, le drapeau blanc, que pour la satisfaction de quelques intérêts particuliers, pour se donner une

importance éphémère et marchander leur soumission, quand le gouvernement montrera le desir sincère d'assurer la paix dans ces contrées désolées (*V.* 15 août 1796, 18 janvier 1800).

23, 24. *Bataille de Loano* (2 l. O. de Final, rivière de Gênes). — L'avantage très-important, qu'obtient l'armée d'Italie, est dû principalement au général *Masséna*. Les généraux *Augereau*, *Victor*, s'y font remarquer, ainsi que le chef de bataillon *Suchet*. — Trente-six mille Français, sans cavalerie, dénués de vivres, de magasins, d'habits, dispersent cinquante mille Austro-Sardes. — Environ huit mille ennemis sont tués, blessés ou pris. L'armée victorieuse s'empare d'une immense quantité d'approvisionnements. — *Final*, *Vado*, *Savone*, abandonnés; le Milanais exposé: tels sont les résultats de ces deux journées; résultats susceptibles de devenir bien plus considérables, si *Schérer*, le plus inhabile de tous les généraux français, après *Menou* (*V.* 21 mars 1801), ne se rejetait pas dans l'inactivité.

25. Acte d'abdication de *Stanislas Poniatowski*, dernier roi de Pologne (*V.* 19 janvier), qui, en échange, reçoit de la Russie une pension alimentaire.

Décembre 1er. *Bourse de Paris*. — Le louis d'or coûte trois mille cinquante francs *en assignats*. — Des documents publics établissent leur montant en circulation, à dix-neuf *milliards*.

Combat et prise de Creutznach. — Ce fait d'armes réfléchit une brillante lumière sur *Bernadotte*, général de division de l'armée de Sambre-et-Meuse.

10. *Finances publiques*. — *Loi* portant qu'il sera fait un *emprunt forcé*, pour subvenir aux frais de la guerre, et aux dépenses d'urgence. Il sera gradué d'après la fortune connue ou évaluée des particuliers. Il sera payé en matières d'or et d'argent; les assignats ne seront admis pendant un mois, que pour un centième de leur valeur nominale. — Cet emprunt est supposé devoir produire six cents millions.

19. *Madame* (fille de *Louis XVI*) *sort de la tour du Temple*, après une détention de quarante mois. Sa délivrance est, depuis quelque temps, l'objet des négociations du cabinet autrichien. L'Europe apprend alors qu'il s'intéresse aux infortunes de la famille royale. — Dans toute l'Europe on dit que ce cabinet, profondément méditatif, ne s'est déterminé que par l'espoir qu'un mariage, unissant la jeune princesse à l'un de ses cousins, frère de l'empereur, aurait la vertu de faire rentrer l'Alsace et la Lorraine, *fiefs non masculins*, dans l'héritage de la maison d'Autriche (*V.* 26 décembre).

21. *Prise de Manheim* par l'autrichien Wurmser, après un long

bombardement. La garnison française de sept à huit mille hommes est prisonnière.

23. *Loi* portant que *les assignats*, émis ou à émettre, ne pourront excéder la somme de QUARANTE MILLIARDS, et que, leur fabrication terminée, les planches seront brisées.

26. *Échange effectué à Richen* (près de Bâle) *de Madame fille de Louis XVI* (*V.* 19 décembre), contre, 1° les conventionnels *Camus*, *Lamarque*, *Quinette*, *Bancal*, et l'ex-ministre de la guerre *Beurnonville*, tous cinq livrés aux Autrichiens par *Dumouriez* (*V.* 1er avril 1793; 2° *Maret*, *Sémonville*, ex-envoyés diplomatiques de la convention, arrêtés par les Autrichiens, en juillet 1793; 3° *Drouet*, ex-conventionnel, maître de poste de Sainte-Menehould (*V.* 21 juin 1791), fait prisonnier en octobre 1792.

31. *Armistice* entre les armées française et autrichienne, sur le Rhin.

1796.

Janvier 1er. L'année s'ouvre par l'institution du *ministère de la police.* — A la violente tyrannie du régime révolutionnaire, vient succéder cette sorte d'inquisition qui s'insinue dans les moindres actes de la vie privée, pour en troubler le mouvement. Le rapporteur de l'horrible *loi des suspects* (*V.* 17 septembre 1793), *Merlin* dit *de Douai* est aussi l'introducteur de ce moyen d'arbitraire. Voici comme ce jurisconsulte de l'iniquité présente sa nouvelle décision: « Nous « aurons une république sage; un air pur règnera par-tout; par-tout « le citoyen pourra habiter en sûreté. »

Bourse de Paris. — Le louis d'or coûte quatre mille six cents fr. en *assignats.*

Février 1er. *Bourse de Paris.* — Le louis d'or coûte cinq mille trois cent fr. en *assignats.*

2. *Installation des douze municipalités de Paris* (*V.* 21 février 1795). — Cette grande ville, livrée aux mains d'un seul maire, avait déployé une force irrésistible de sédition. Sa division en quarante-huit sections avait manifesté les dangers de ce grand nombre de foyers d'insurrection, qui, s'entretenant d'eux-mêmes, mettaient en défaut la vigilance des autorités supérieures. Un gouvernement, quelle que fût sa nature, devait donc redouter et l'influence dominante d'une espèce de muphti, et les mutineries de ces quarante-huit ortes de janissaires continuellement armées de piques et de canons. Par le clas-

sement de cette nombreuse population en douze municipalités, le directoire la rend une masse inerte, et si néanmoins encore son poids est susceptible de faire pencher la balance chargée des destinées de la France, elle n'en sera plus l'unique mobile. Désormais la conduite du gouvernement, ou des causes diverses, détermineront plus spécialement les vicissitudes de la patrie commune.

24. *Guerre de la Vendée.* — *Stofflet*, qui, de garde-chasse, a su devenir l'*un des chefs* redoutés *de la grande Vendée, est surpris à Jallais*, près de Cholet (Maine et-Loire), *et fusillé*, le lendemain, *à Angers.* — Il avait repris les armes, un mois auparavant, à la sollicitation de *Charrette.*

Mars 1er. *Bourse de Paris.* — Le louis d'or coûte sept mille deux cents fr. en *assignats.*

7. *Mort de l'ex-abbé Raynal*, à Paris même, dans la quatre-vingt-quatrième année de son âge. Cet auteur, ou principal collaborateur de l'Histoire philosophique des deux Indes, fit plus d'effet sur ses contemporains qu'il n'intéressera la postérité.

18. *Finances publiques.* — *Création de deux milliards quatre cents millions de mandats territoriaux* destinés à rembourser les assignats à raison de trente capitaux pour un. Ce papier est décrédité, même avant de sortir des presses nationales.

23. *Guerre de la Vendée.* — *Charrette*, l'un des premiers chefs des royalistes, *est surpris, à Saint-Sulpice*, près de Montaigu (Vendée), avec trente-deux des siens. *Il se rend* après avoir reçu plusieurs blessures. (*V.* l'art. suiv.)

29. *Guerre de la Vendée.* — *Charrette est fusillé à Nantes.* — Toujours brave un jour d'action, il porte devant le conseil qui le condamne cette noble fierté qui sied au guerrier pénétré d'avoir loyalement fait son devoir de citoyen, en combattant pour une cause qu'il estime juste. Il reste impassible aux outrages que lui prodiguent les autorités républicaines et plusieurs officiers indignes d'être Français et militaires. Il meurt avec fermeté, emportant toute la force de son parti. — Heureusement pour les contrées de l'ouest, la sagesse du général *Hédouville* y ramènera, et bien promptement, la tranquillité, la confiance et l'oubli des maux.

A cette occasion, un Français cherche à se retracer la politique des puissances coalisées. — Puisque, dès 1793, elles avaient manifesté l'intention de ne ménager aucun des partis qui se prononçaient pour le maintien plus ou moins étendu des effets produits par la révolution; qu'elles avaient explicitement annoncé l'intention de ne transiger avec aucune opinion démocratique ou simplement constitutionnelle, et de rétablir l'ancien régime en France (*V.* 25 juillet 1792), elles devaient, afin d'obtenir ce résultat, secourir avec franchise et vigueur les royalistes de la Vendée; elles devaient leur fournir abondamment des armes, des vaisseaux, des secours de toute espèce, et y porter les princes français qui là, seulement, pouvaient être utilement placés pour reconquérir l'opinion publique. Car cette conquête devait être le but principal des efforts de nos princes, et même l'attitude militaire, qu'ils y eussent prise, ne pouvait servir que de moyen secondaire. Au contraire, les princes sont éloignés, abusés sans cesse par les plus fallacieuses promesses. On disperse les émigrés à Saint-Domingue, en Portugal, en Corse, dans les plus vaines et les plus meurtrières expéditions; ou bien, on les dévoue continuellement pour le salut de l'armée impériale. *Le corps de Condé*, pendant les campagnes de 1795, 96, 97, fera toujours l'avant-garde des Autrichiens dans les attaques, et l'arrière-garde dans les retraites. « Ainsi le motif réel de la coalition, et spécialement du ca-« binet de Saint-James, est de prolonger les déchirements de la « France, et non de les terminer dans l'intérêt général de l'Europe. » —C'est au nom de l'empereur, que les généraux autrichiens s'emparent des places et du territoire de la Flandre (*V.* 20, 28 juillet 1793). — L'Angleterre déploie de grands efforts pour s'emparer de Dunkerque, cet ancien objet de sa convoitise; mais l'extrême incapacité du duc d'Yorck fait avorter le plan du ministre Pitt, assez malhabile pour choisir le plus malhabile des généraux britanniques (*V.* 9 septembre 1793). — Par une convention, tenue d'abord secrète, l'Alsace devait retourner à l'Autriche. Et, à ce sujet, quelles tentatives n'ont pas été faites à Vienne; de quelle obsession n'a-t-on pas usé, pour amener la fille de *Louis XVI*, la petite-fille de Marie-Thérèse (*Madame*), à recevoir la main d'un archiduc? Cet archiduc, c'est le prince Charles, dont le caractère magnanime fait bientôt cesser, par son désistement, les persécutions qu'éprouve sa trop infortunée cousine, engagée par des serments sacrés, prononcés dans la tour du Temple, à s'unir au duc d'Angoulême. Mais le mariage de la jeune princesse française avec un Autrichien aurait donné le prétexte d'un titre pour réclamer, dans une conjoncture favorable, et l'Alsace et la Lorraine, et d'autres fiefs des seizième et dix-septième siècles; fiefs réputés *non-masculins* (*V.* 19 décembre 1795). Voilà l'éternelle, l'invariable politique du cabinet aulique, qui ne dévie pas plus que le bœuf n'abandonne son sillon, que l'âne ne s'écarte de son sentier. La persévérance du cabinet de Vienne a traversé les siècles. Que ne peut l'obstinée médiocrité? — A la vérité, Toulon est reçu au nom de *Louis XVII* (*V.* 27 août 1793), par égard pour le roi d'Espagne; mais on s'empresse de détruire la marine de ce roi, dont on affecte de protéger l'enfance et l'infortune. — Enfin, ces mêmes Anglais, s'introduisent en Corse (*V.* 19 juin 1794), et Georges III considère fort peu s'il ternit le lustre des trois couronnes britanniques, en alliant à leur or par les chétifs accompagnements de ce diadême, que *Louis XI* lui-même (prince fort peu susceptible de honte, mais très-avisé) dédaigna de ceindre. Le successeur des Alfred et des Édouard, arborant le titre de roi de Corse, semble recueillir la succession d'un aventurier sorti des bruyères de la Westphalie, de *Théodore de Neuhoff*, dont le fils touche, à Londres, l'aumône de l'indigent. — C'est sur de semblables résultats, qu'il conviendrait de juger la politique de Pitt, de ce ministre si contradictoirement célèbre (*V.* 23 janvier 1806).

Que d'après ces faits divers, les Français, dans quelque parti qu'ils se soient vus jetés, apprécient enfin la politique étrangère! Puissent leurs descendants, avertis par des perfidies aussi caractérisées, ne jamais méconnaître que l'intérêt général doit dominer, dans leur noble patrie, tous les intérêts privés, surmonter toutes les passions, et qu'il ne peut être permis de faire intervenir les étrangers dans les débats domestiques! *Charrette* a péri pour avoir accédé aux importunes sollicitations du cabinet anglais. Sa destinée est d'autant plus à plaindre, qu'il l'avait prévue; et que, nouveau Curtius, il préféra se précipiter au fond du gouffre, dans le vague espoir du salut commun. Oui, le sort de la Pologne attend cette nation, qui produirait deux générations assez insensées, pour attirer l'étranger dans son sein.

Avril 2—9. *Insurrection du Berry.* — Le parti royaliste entraîné, depuis la réunion des états-généraux en 1789, dans des oppositions partielles, imprudentes, mesquines, devait rester, jusqu'au dernier jour de la révolution, un exemple, singulier dans l'histoire, d'un parti politique faisant des fautes et ne faisant que des fautes pendant vingt-sept années. L'émigration avait laissé la France à la merci des novateurs; ses tentatives dans l'intérieur, conçues par la déraison, exécutées par l'ineptie, fournissaient de continuels prétextes à la tyrannie républicaine. — L'expédition de Quiberon (*V.* 21 juillet 1795), vient de se terminer de la manière la plus funeste. Le foyer de la Vendée s'éteint dans le sang de *Stofflet* et de *Charrette* (*V.* 24

février, 29 mars); et alors même, des hostilités éclatent au centre de la France, dans la contrée la moins susceptible, par la configuration de son sol, de favoriser une guerre civile! N'importe. Les mouvements des royalistes commencent à *Surry-en-Vaux*, près de Sancerre. *Phelippeaux-d'Herbault*, commandant ces insurgés, prend *Sancerre*, le 3; est surpris le 9 à *Sens-Beaujeu*, par le général *Canuel*, et mis en complète déroute. — La guerre est finie.

11, 12. *Bataille de Montenotte* (trois lieues nord de Savone). — Elle ouvre la première campagne d'Italie. — *Bonaparte*, âgé de vingt-six ans, a sous ses ordres *Masséna* et trente-six mille Français. Beaulieu, âgé de soixante-seize ans, commande cinquante mille Autrichiens. Ce dernier éprouve une perte considérable; il se replie.

13. Le sénat de Venise, craignant déja de se compromettre avec le gouvernement français, enjoint à *Monsieur*, comte *de Provence*, qui, depuis la mort du fils de *Louis XVI*, prend le nom de *Louis XVIII*, de quitter Vérone et les états de la république. — Ce prince, prenant sa route à travers les Grisons, se rend au corps du prince *de Condé*, qui sert en Allemagne, avec les Autrichiens (*V.* le 28).

14, 15. *Bataille de Millésimo. Combat de Dégo.* — Beaulieu, vivement poursuivi (*V.* le 11.), perd dans ces deux actions vingt canons, huit mille prisonniers avec le général Provera, et deux mille morts. — *Bonaparte* sépare l'armée sarde de l'armée autrichienne.

22. *Bataille de Mondovi.* — Colli, général des troupes sardes, laissé à ses seules forces, après les affaires des 14 et 15, attaqué et battu chaque jour, en défendant l'entrée du Piémont, éprouve, dans cette dernière journée, une perte considérable. Il se rejette derrière la Stura. — *Masséna*, *Augereau*, *Serrurier*, généraux de division; *Berthier*, chef de l'état-major; *Murat*, aide-de-camp du général en chef *Bonaparte*, se distinguent.

25, 28. *Occupation de Chérasque* (15 l. S. de Turin), et prise d'une forte artillerie et de grands approvisionnements. — *Armistice* entre les troupes sardes et l'armée française, qui reçoit en dépôt les forteresses de *Coni*, *Tortone*, *Céva*.

28. *Louis XVIII*, parti de Vérone (*V.* 13 avril), rejoint le corps du *prince de Condé*, à Radstadt (duché de Bade).

Mai 10. *Combat du pont de Lodi* (sur l'Adda, 9 l. S. E. de Milan). Ce pont, long de cent toises, est défendu par dix mille Autrichiens et trente pièces de canon; ils sont forcés avec perte de dix-huit pièces et de deux mille hommes. — La perte des Français est moins considérable. *Bonaparte*, général en chef; *Masséna*, *Augereau*, *Berthier*, généraux ; *Lannes*, *Marmont*, officiers supérieurs, se distinguent. — Toute la Lombardie est envahie.

Occupation de Milan par le général *Masséna.*

15. *Traité de paix conclu à Paris, entre la république française et le roi de Sardaigne.* Il cède à la France *la Savoie*, *Nice*, *Tende* ; il accorde un libre passage dans ses états, remet ses places fortes, et consent à la démolition des fortifications d'*Exiles*, de *la Brunette* et de *Suze*. Il expulse les émigrés français.

Juin 4. *Bataille d'Altenkirchen* (en Franconie), livrée par l'aile gauche de l'armée de Sambre-et-Meuse, que commande *Jourdan*. Les Autrichiens sont chassés de leurs positions, avec perte de dix canons et de trois mille tués, blessés ou prisonniers. Les généraux *Lefebvre*, *Soult*, *d'Hautpoul*, et l'adjudant-général *Ney*, se font remarquer.

21. *Armistice accordé au pape, par le général Bonaparte, signé à Bologne.* Les conditions en sont très-dures (*V.* 19 février 1797).

24. *Passage du Rhin* effectué de vive force, à Kehl, par l'armée de Rhin-et-Moselle. Cette opération, exécutée par le *général Desaix*, est considérée comme un très-beau fait militaire. Elle commence la grande réputation de *Moreau*, qui vient de remplacer au commandement en chef *Pichegru*, dont le directoire est peu satisfait.

27. *Occupation de Livourne, par le général Vaubois.*

29. *Prise du château de Milan* avec dix-huit cents hommes et cent-cinquante pièces.

Juillet 5. *Bataille de Radstadt* gagnée par *Moreau*, commandant l'armée de Rhin-et-Moselle, sur l'archiduc Charles, qui s'éloigne du Rhin. — *Gouvion-Saint-Cyr*, *Lecourbe*, généraux de division ; *Decaen*, adjudant-général.

14. Occupation de Francfort-sur-Mein, par l'armée de Sambre-et-Meuse. *Jourdan*, général en chef; *Kléber*, commandant l'attaque.

18. *Louis XVIII*, contraint par le gouvernement autrichien de quitter *le corps de Condé* (*V.* 28 avril), passant à *Dillingen* en Souabe, est blessé d'un coup d'arme à feu, parti d'une main inconnue, mais qu'on suppose avoir été dirigée par le directoire.

Finances publiques. Les *assignats*, entièrement décrédités, cessent d'avoir cours. On croit que la somme émise s'élève à quarante milliards, dont trente-deux restent dehors.

25. *Occupation de Stuttgard, par le général Gouvion-Saint-Cyr*, de l'armée de Rhin-et-Moselle, commandée par *Moreau*, après un engagement qui rejette les Autrichiens à la droite du Necker.

Occupation de Wurtzbourg, par les généraux *Klein* et *Ney*, de l'armée de Sambre-et-Meuse, commandée par Jourdan. Trois cents bouches à feu.

Août 4. *Occupation de Bamberg* par l'armée de *Jourdan*.

5. *Traité de Berlin entre la république française et le roi de Prusse*, relativement à une ligne de démarcation qui assure la neutralité du nord de l'Allemagne.

Victoire de Castiglione (4 l. du Mincio et du lac de Garda). — *Bonaparte*, général en chef; *Masséna*, *Serrurier*, *Augereau*, généraux de division ; ce dernier fait des prodiges de valeur. *Junot*, *Marmont*, officiers supérieurs, se distinguent. — Wurmser, général en chef des Autrichiens. — Cette action termine une suite de combats, que les militaires appellent la campagne des cinq jours, et dont le résultat donne aux Français dix mille prisonniers, soixante bouches à feu. — Les débris de l'armée battue s'enfoncent dans les défilés du Tyrol.

8. *Occupation de Vérone par le général Serrurier.*

9. *Finances publiques.* — *Loi* portant que les contributions seront payées en numéraire ou en mandats, valeur au cours.

11. *Bataille de Néresheim* (basse Souabe), entre *Moreau*, commandant l'armée de Rhin-et-Moselle, et l'archiduc Charles : quoique fort meurtrière, elle n'amène point de résultat.

15. *Pacification de la Vendée.* — *Le général Hoche*, aussi recommandable par son humanité que par ses talents, achève de pacifier les contrées de l'Ouest. Le général *Hédouville*, chef de son état-major, l'a très-habilement secondé. D'*Autichamp*, seul chef des royalistes qui soit resté sous les armes, se soumet à la république. — Jusqu'à ce jour, les royalistes et le gouvernement anglais se sont réciproquement abusés sur leurs plans, sur leurs espérances ou sur leurs intentions.

17. *Combat et occupation d'Amberg*, par l'armée de Sambre-et-Meuse, aux ordres de *Jourdan*. Les généraux *Legrand*, *Klein*, *Ney*, se distinguent.

18. *Alliance offensive et défensive, entre la France et l'Espagne, conclue à Saint-Ildefonse*, par le général *Pérignon* et don Manuel Godoï (prince de la paix). La puissance requise fournira quinze vaisseaux de ligne, six frégates, quatre corvettes, dix-huit mille hommes d'infanterie, six mille chevaux et l'artillerie nécessaire. (*V.* 8 octobre).

22—24. *Combat de Neumarck* (en Franconie, 13 l. N. O. de Ratisbonne). — L'archiduc Charles, battu à Radstadt, le 5 juillet, et contenu à Neresheim, le 11 août, par *Moreau*, commandant l'armée de Rhin-et-Moselle, s'est replié ; mais, réunissant tout-à-coup une grande partie de ses forces au corps nombreux dont dispose le général Wartensleben, il attaque *Jourdan*, général en chef de l'armée de Sambre-et-Meuse. — *Bernadotte*, conduisant la droite, essuie une perte considérable, et se voit repoussé à la gauche du Mein, tandis que *Moreau*, conservant et augmentant ses avantages, force le passage du Lech, et pénètre en Bavière.

Septembre 3. *Bataille de Wurtzbourg.* — *Jourdan*, commandant l'armée de Sambre-et-Meuse, défait, le 24 août, à Neumarck, dirigeant très-inconsidérément sa retraite par Wurtzbourg, est atteint sous les murs de cette ville par l'archiduc Charles. Les fautes multipliées du général français amènent sa seconde défaite. — Frappée de terreur, l'armée précipite sa marche dans le plus grand désordre, abandonne, en peu de jours, les dépouilles de la Franconie, la ville de Francfort, et ne s'arrête qu'à Dusseldorf, où n'ont pu l'empêcher d'arriver les généraux autrichiens, dépourvus d'activité, et ne sachant s'aider ni de la supériorité numérique de leurs troupes, ni de l'état de pénurie dans lequel se trouvent les soldats français. — *Jourdan* sera remplacé le 22 par *Beurnonville* qui commande, à cette heure, une réserve en formation appelée armée du Nord. — Un armistice indéfini, et applicable seulement à l'armée de Sambre-et-Meuse, en sauvera les débris.

3. *Loi* qui rend aux prêtres reclus la jouissance de leurs biens (*V.* 12 mars 1794.)

3, 4. *Combats de Rovérédo* ou *de Caliano* (6 l. S. de Trente), dans lesquels *Bonaparte*, ayant sous lui *Masséna*, *Augereau*, *Vaubois*, généraux de division, défait les généraux autrichiens Wurmser et Davidovich. — Cinq mille hommes pris avec vingt canons.

5. *Occupation de Trente par le général Vaubois.*

7. Placé dans une position hasardeuse, depuis la défaite essuyée le 3 par *Jourdan*, *Moreau* impose néanmoins à l'électeur de Bavière un armistice dont les conditions sont très-dures. — Trois jours après, *Moreau* commence cette retraite dont tous les militaires proclament le mérite.

8. *Combat de Bassano* (sur la Brenta, 6 l. N. de Vicence), livré par *Bonaparte*. — Prise de trois mille Autrichiens et de vingt-cinq canons. *Masséna*, *Augereau*, généraux de division. *Lannes*, général de brigade, fait remarquer sa bravoure. — Cette journée, qui en-

traîne la prise de Legnago, est suivie de plusieurs actions partielles toutes avantageuses, et amène la dispersion de la *troisième armée* formée par l'empereur pour défendre l'Italie. Cette affaire devient encore plus importante, en ce qu'elle réduit les débris de ces troupes, ainsi que le général en chef Wurmser, à s'enfermer dans Mantoue.

22. *Finances publiques.* — Les dépenses de l'an V de l'ère républicaine, commençant à ce jour, sont portées à quatre cent quarante-huit millions, pour dépenses ordinaires; à cinq cent cinquante millions, pour dépenses extraordinaires. Les recettes ordinaires sont évaluées à quatre cent quatre-vingt-neuf millions (la France compte quatre-vingt-dix-neuf départements). Le montant de la dette publique est de deux cent soixante-dix millions : 1° dette consolidée par inscriptions sur le grand-livre, quatre-vingt-dix-huit millions; 2° dette viagère, quatre-vingt-dix millions; 3° pensions, quatre-vingt-deux millions.

Octobre 2. *Bataille de Biberach.* — L'armée de Rhin-et-Moselle, en retraite sur le Rhin (*V.* 7 septembre), prend aux Autrichiens quatre mille hommes, dix-huit canons. Les dispositions de *Moreau*, bien exécutées par ses deux lieutenants *Desaix*, *Gouvion-Saint-Cyr*, sont la principale cause de ce succès qui assure la marche des Français.

8. Manifeste du roi d'Espagne qui déclare la guerre à l'Angleterre (*V.* 18 août).

10. *Traité de paix, signé à Paris, entre la république française et Ferdinand IV, roi des Deux-Siciles.*

16. *Mort de Victor-Amédée III, roi de Sardaigne*, dans la soixante-dixième année de son âge et la vingt-troisième année de son règne. *Charles Emmanuel IV*, son fils aîné, lui succède. Il proteste aussitôt, et dans les termes les plus humbles, de son attachement à la république française.

22. *La Corse rentre sous la domination Française.* — Les Anglais, qui l'occupent depuis plus de deux ans (*V.* 22 mai, 19 juin 1794), sont forcés de l'évacuer; les habitants, fatigués de leur domination, se prononçant ouvertement en faveur de la France. — *Paoli* président, *Pozzo* secrétaire de la consulte constituante, vont à Londres toucher l'utile salaire de leur inutile défection.

Le lord Malmesbury arrive à Paris pour suivre, au nom du gouvernement anglais, des négociations de paix avec le directoire.

26. L'arrière-garde de l'armée de Rhin-et-Moselle arrive sur le

Rhin.—Cette armée, partie du centre de la Bavière, a opéré en quarante jours une retraite de cent lieues, dans un pays hérissé de montagnes, couvert de forêts, coupé de défilés et de rivières; traversant une population irritée et en armes; suivie et débordée par des troupes qui sont en nombre infiniment supérieur, depuis la conclusion de l'armistice particulier à l'armée de Sambre-et-Meuse (*V.* 3 septembre). Attaquée chaque jour, l'armée de Rhin-et-Moselle a chaque jour l'avantage; elle triomphe *à Biberach* (*V.* 2 octobre), *sur l'Elz, à Schliengen;* elle débouche, en deux colonnes, sur *Kehl* et *Huningue,* restant maîtresse des ponts du Haut-Rhin et des postes principaux de la rive droite. L'honneur de cette retraite appartient aux combinaisons de *Moreau.* Les généraux de division *Reynier, Desaix, Gouvion-Saint-Cyr,* partagent avec le général en chef le mérite de l'exécution, à laquelle aussi le chef de l'état-major, le général *Dessolles,* a beaucoup contribué. —C'est cependant une telle retraite que *Bonaparte,* parvenu au zénith de sa domination et de sa gloire, appellera, dans une ignoble saillie de jalousie, *une retraite de sergent.* — *Moreau* pouvait s'ouvrir une issue en Suisse; il fut contenu par le respect pour l'alliance et la neutralité des cantons. *Bonaparte* se serait-il fait scrupule de violer un territoire ami? Non; sa vie militaire offre plusieurs exemples d'une telle violation.

Novembre 15—17. *Bataille d'Arcole* (5 l. E. de Vérone.)—Elle est très-meurtrière.—*Bonaparte* général en chef. Les généraux *Masséna, Augereau, Lannes, Vignoles, Belliard,* s'y distinguent. La perte de l'ennemi est estimée de huit à dix mille hommes tués, blessés ou prisonniers.—Cette armée est *la quatrième* que l'Autriche envoie en Italie, depuis le commencement de l'année : Alvinzy n'éprouve pas un meilleur sort que Beaulieu et Wurmser (*V.* 11, 14 avril; 5 août; 8 septembre.)

17. *Mort subite, mais naturelle, de Catherine II, czarine, ou impératrice de Russie.* Ses admirateurs, ses flatteurs, ou ses détracteurs, lui décernèrent le nom de *Sémiramis du Nord;* mais la manière dont ses jours sont terminés affaiblit cette similitude historique. Comme la princesse de Babylone, Catherine remplace un époux et aura régné avec bien plus de gloire qu'il n'eût régné lui-même. — Elle cesse de vivre, à la veille de signer un traité d'alliance et de subsides avec l'Angleterre, et pendant qu'elle dispose contre la France des armements qu'il a été dans sa politique de promettre jusqu'au moment où l'affaiblissement des puissances belligérantes rendra sa prépondérance assurée dans l'ouest de l'Europe.—*Paul Ier, Petro-*

witz, son fils, s'empresse de repousser le traité, de cesser les préparatifs de guerre, et contribue à diminuer la confiance des cabinets coalisés.

Décembre 20. *Le directoire exécutif renvoie de France le lord Malmesbury* (*V.* 22 octobre).

Des conférences de deux mois se sont bornées à des messages insignifiants, à des préliminaires évasifs. Le ministère anglais, en faisant établir les conférences à Paris, avait en vue d'affaiblir les reproches du parti de l'opposition parlementaire, d'obtenir plus aisément un accroissement de taxes; sur-tout, de faire épier, par un observateur subtil et exercé, la situation intérieure de la France, sur laquelle les rapports intéressés des *émigrés-chouans* avaient présenté de si fausses données; ainsi que de découvrir le but des armements considérables qui se faisaient à Brest (*V.* 24 décembre). Les cinq directeurs redoutent la paix, qui donnerait à la nation, avec le loisir de reconnaître la faiblesse, l'impéritie, la basse astuce de son gouvernement, un impatient desir de s'en délivrer; au lieu que l'état de guerre, augmentant leur ascendant ainsi que leurs moyens, leur prête des facilités ou des prétextes pour recourir, *au nom de la patrie*, à des mesures extrêmes, à des coups de révolution. Complices de *Robespierre*, ils ne sauraient nourrir d'autres desseins que les siens. *Robespierre* dissimula en débutant à l'assemblée constituante; jacobins véhéments dans leurs premiers essais, ils dissimuleront dans le cours de leur seconde mission. Ils remplacent la cruauté par la fourberie, la violence par l'inquisition. Où ces élus du crime auraient-ils puisé l'amour du bien public ?

24 et suivants. *Expédition d'Irlande.* — Une flotte, commandée par le vice-amiral *Morard de Galles*, a mis à la voile de Brest, le 16. Elle est forte de dix-sept vaisseaux de ligne, un vaisseau rasé, douze frégates, six corvettes et un petit nombre de bâtiments de transport; ayant à bord dix-huit mille hommes de troupes de terre, sous les ordres de *Hoche*, quinze jours de vivres pour les troupes, et six semaines pour les équipages. — La division du contre-amiral *Bouvet* arrive en vue de la côte occidentale de l'Irlande, et met à l'ancre le 24, dans la baie de Bantry. Un coup de vent l'en éloigne, le 27. Elle retourne à Brest, où les autres divisions de la flotte, dispersées par les tempêtes, rentrent successivement. — Il a péri trois vaisseaux et deux frégates; une frégate et deux corvettes sont tombées au pouvoir de l'ennemi. Ce dénouement, fatal à la marine française, n'a du moins procuré aucune gloire à la marine des Anglais, qui avouent eux-mêmes que les éléments ont seuls sauvé l'Irlande,

1797.

Janvier 9. *Kehl se rend par capitulation à l'archiduc Charles, le quarante-huitième jour de tranchée ouverte.*

Après avoir remporté d'éclatants succès dans une offensive audacieuse, s'être mis au-dessus de tous les capitaines modernes dans l'art de la défensive, en ramenant son armée du Lech au Rhin, *Moreau* s'illustre encore par une ferme et savante résistance sur le rivage de Kehl. Ses troupes ont tenu soixante-dix jours dans des ouvrages construits à la hâte et non revêtus; elles ont occasionné une perte de huit à dix mille hommes à l'ennemi, qui s'est toujours entretenu au complet de trente-deux à trente-cinq mille combattants, depuis l'ouverture de la tranchée. L'ennemi a construit quarante-trois batteries; près de cent mille coups de canon et vingt-cinq mille bombes ont sillonné les ouvrages des Français—Les généraux *Desaix, Gouvion-Saint-Cyr,* commandant alternativement les troupes de siége, ont une part considérable à la gloire de cette défense. Les Autrichiens, en prenant possession du fort, ne trouvent que des remparts renversés, des palissades brisées, des amas de décombres, un poste enfin à-peu-près inutile pour eux. Toute l'artillerie en a été enlevée. Les efforts de l'Autriche se sont brisés sur ce point, comme les vagues sur un rocher.

14—16. *Bataille de Rivoli* (village à quatre lieues de Vérone), *et combats de Saint-Georges et de la Favorite* (sous Mantoue). — *Bonaparte,* général en chef.

Le général Alvinzy fait les plus grands efforts pour débloquer Mantoue (*V.* 8 septembre 1796), dont le sort doit entraîner la destinée de la haute Italie. Entraîné dans une suite d'actions partielles, il succombe dans un engagement général, et voit détruire la *quatrième armée* (*V.* 5 août, 8 septembre, 15 novembre 1796), que les impériaux ont mise en campagne depuis dix mois. — Le résultat de ces trois journées est cinq mille Autrichiens tués ou blessés, et vingt mille prisonniers, dont cinq mille commandés par le même général Provera qui se rendit à Millésimo, le 15 avril précédent, avec sa division forte de huit mille hommes. — Les généraux *Masséna, Augereau, Serrurier, Victor, Joubert, Brune, Miollis, Lannes, Murat,* se distinguent dans ces différentes actions.

25. *Finances publiques.* — *Arrêté* du directoire exécutif, qui fixe le cours des *mandats* à vingt sous pour cent francs.

29. *Occupation de Trente, par le général Joubert.*

Février 2. *Prise de Mantoue.* — Le général Wurmser, enfermé depuis cinq mois (8 septembre) dans cette forte place, est réduit à capituler. La garnison, forte de douze mille hommes malgré les ravages des maladies et de la disette, reste prisonnière de guerre. Les Français y trouvent cinq cents bouches à feu. Les Autrichiens n'ont plus de forteresse en Italie.

4. *Finances publiques.* — *Loi* statuant que les *mandats* n'ont plus de cours forcé.

5. *Reddition de la tête de pont d'Huningue*, où les Français ont tenu pendant plus de trois mois, et d'où ils se retirent libres, emportant tous les objets qui sont de la moindre utilité.

9. *Prise d'Ancône par le général Victor.* Cette place livre quatre-vingt-dix bouches à feu et des magasins considérables.

15. Proclamation du général en chef *Bonaparte*, datée de Macérata (Marche-d'Ancône), relativement aux prêtres français refugiés dans les états du pape, et qui y sont laissés dans une profonde misère, au grand scandale de l'Europe chrétienne. — Leur séjour est autorisé; il est fait défense de les molester; ils seront mis en subsistance dans les couvents, où ils recevront, en outre, un traitement en argent.

19. *Traité de paix de Tolentino* (bourg de la Marche-d'Ancône), *entre la république française et le pape*, qui renonce à ses prétentions sur Avignon et le comtat Venaissin; cède Bologne, Ferrare, la Romagne; s'engage à payer dix millions en numéraire, et cinq en diamants ou effets précieux. — C'est par le traité de Tolentino que se termine cette suite d'opérations extraordinaires qui, depuis l'armistice de Chérasco (28 avril 1796), accordé aux troupes sardes, ont détruit quatre armées autrichiennes (*V.* 5 août, 8 septembre, 15 novembre 1796, et 16 janvier 1797), soumis la haute Italie et entamé le Tyrol.

Mars 16. *Passage du Tagliamento.* — L'archiduc *Charles*, commandant la nouvelle armée destinée à s'opposer à l'invasion de l'Autriche antérieure, est forcé dans ses retranchements. Le territoire vénitien et le Tyrol restent à découvert. *Bonaparte* doit les succès de cette journée aux généraux *Serrurier, Bernadotte.*

19. *Prise de Gradisca*, forteresse importante, contiguë au Frioul; elle est enlevée de vive force par le général *Bernadotte*, soutenu du général *Serrurier.* — Deux mille prisonniers.

22. *Prise de Botzen* par les troupes du général *Joubert.*

24. *Combat de Tarvis* (dix lieues sud-ouest de Klagenfurth). Le général *Masséna* remporte de grands avantages.

Prise de Trieste par le général *Bernadotte*.

29. *Prise de Klagenfurth*, capitale de la Carinthie, par le général *Masséna*, après une action très-vive.

Avril 1er. *Prise de Laybach*, capitale de la Carniole, par le général *Bernadotte*.

15. *Préliminaires de paix entre la France et l'Autriche, signés à Léoben* (haute Styrie, à trente-huit lieues sud-ouest de Vienne).

L'armée française, commandée par *Bonaparte*, est établie sur la Muehr, depuis Muehrau jusqu'à Léoben. Les Autrichiens, battus sur presque toute leur ligne, se trouvent, après trente-trois jours de campagne, considérablement affaiblis.

18. *Passage du Rhin à Neuwied, près de Coblentz, par l'armée de Sambre-et-Meuse.* Cette armée, mise un instant sous les ordres de *Beurnonville* (*V.* 3 septembre 1796), après la déroute de *Jourdan*, est aujourd'hui commandée par *Hoche*. — Les Autrichiens sont défaits à *Neuwied* et à *Diersdorff*, avec perte de cinq mille hommes, et de vingt pièces d'artillerie. — *Championnet*, *Lefebvre*, *Grenier*, généraux de division; *Ney*, *Soult*, généraux de brigade.

20—21. *Passage du Rhin*, par l'armée de Rhin-et-Moselle, aux ordres de *Moreau*. — *Prise de Kehl, d'Offembourg*. — Ce passage du Rhin, fait de jour, en présence de l'ennemi, est, de tous les passages de ce fleuve qui ont de la célébrité, celui qui a obtenu le plus d'éloges. La perte des Autrichiens, dans ces deux journées, est portée à quatre mille hommes et vingt pièces de canon. — *Desaix*, *Gouvion-Saint-Cyr*, *Dessolles*, généraux de division.

23. *Armistice sur le Rhin*, en conformité de la convention préliminaire de Léoben, du 15.

Mai 16. Le général *Augereau entre dans Venise*, à la tête d'une division française. — L'ancien gouvernement est renversé, et remplacé par une municipalité démocratique; mais *Bonaparte*, ce grand destructeur ou fondateur de républiques, déclare l'établissement d'une nouvelle constitution suspendu jusqu'à la paix avec l'Autriche (*V.* 17 octobre).

20. *Renouvellement d'un tiers du corps législatif.* Par cette abjonction, les conseils se composent des deux tiers envoyés par les élections faites pour les législatures de 1796 et 1797, et d'un tiers de conventionnels restants. La bonté des choix actuels montre combien la nation réprouve les injustices et les barbaries commises au nom de la liberté.

On aura l'occasion de remarquer, parmi les nouveaux membres, *Boissy d'Anglas*, *J.-J. Aimé*, *Camille-Jordan*, *Royer-Collard*, les généraux *Pichegru*, *Willot*, *Jourdan*, l'amiral *Villaret-Joyeuse*, *Marmontel*, homme de lettres. On remarque aussi le général *Jourdan*, républicain très-prononcé. L'infame *Barrère* n'est point admis, comme étant condamné à une peine infamante (*V.* 2 mars 1795). — *François Barthélemy* est nommé *directeur*.

31. *Révolution de Gênes.* — Naissance de la république ligurienne, et apparition de l'avocat *Corvetto*, un des plus ardents promoteurs de cette révolution.

Juin 17. Dans un rapport au conseil des cinq-cents, concernant la révision des lois portées sur la police des cultes et contre les prêtres, *Camille-Jordan* présente avec force, et développe avec éloquence les motifs qui font desirer à toute la France l'abolition de ces lois tyranniques.

28. *Prise de Corfou.* — Les Français y trouvent six cents pièces d'artillerie.

Juillet 6. *Ouverture de conférences à Lille*, pour traiter de la paix, entre le lord *Malmesbury*, envoyé de l'Angleterre (*V.* 22 octobre, 20 décembre 1796) et *Letourneur*, ex-directeur, *Pléville-Pelay*, officier de marine, *Maret*, négociateurs pour la république.

8. *Mort d'Edmund Burke*, à soixante-huit ans; publiciste anglais, connu par la haine qu'il vouait aux principes et aux crimes des démagogues français; elle fut énergique et constante : mais il était bien éloigné de réprouver la convenance des réformes si nécessaires à notre vieux gouvernement. C'est très-mal-à-propos que les champions obstinés du despotisme féodal le présentent comme leur défenseur. Dès 1790, *Burke* reprochait aux Français de ne pas adopter les éléments de la constitution anglaise : « Je la leur recommande : tout « notre bonheur vient d'elle..... Il n'y a qu'une opinion en France « contre la monarchie absolue. » — Ses ouvrages sur la révolution française sont des livres classiques pour tous les hommes épris d'une sage liberté.

9. *Proclamation de la république cisalpine*, formée de la Lombardie autrichienne, du Bergamasque, du Brescian, du Crémasque et d'autres contrées de l'état de Venise, de Mantoue, du Modénais, de Massa et Carrara, du Bolonais, du Ferrarais et de la Romagne.

Août 18. Sur le rapport du général *Jourdan*, les conseils déterminent la composition de l'état-major de l'armée : quatre-vingts généraux de division, cent cinquante de brigade; cent adjudants-généraux; quatre cent cinquante ordonnateurs ou commissaires des guerres.

24. *Loi qui rapporte toutes les lois relatives à la déportation ou à la réclusion des prêtres non-assermentés* (*V.* 24 mai, 26 août 1792; 18—19 mars 1793; 12 mars, 11 mai 1794).

Septembre 4, et suiv. JOURNÉE DU 18 FRUCTIDOR.

S'éveillant enfin de la profonde stupeur qu'a produite le régime révolutionnaire, les Français demandaient hautement la fin des proscriptions et une liberté positive. Le vœu de la nation ne s'était jamais aussi bien déclaré que dans les élections du mois d'avril dernier, pour remplacer le *second tiers sortant* du corps législatif.

Les nouveaux députés travaillent avec ardeur à réparer les maux, à disposer un meilleur avenir. Ils ferment les clubs, ils rappellent l'institution des gardes nationales, ils portent la lumière dans l'abîme des finances, abîme si profondément creusé par le ravage des papiers-monnaie, le saccagement des propriétés, et les dilapidations. Dans l'espoir d'adoucir les dissentiments religieux, ils abrogent les lois pénales qui frappent les prêtres insermentés, et proclament le libre exercice de tous les cultes. *Barthélemi*, homme droit, modéré, est au directoire.

Mais la majorité des *conseils*, cette majorité envoyée par la nation et qui, connaissant le vœu général, se prononce de la sorte, pour le retour à l'ordre social, est en butte à l'audace malfaisante des restes impurs de la convention. Là sont, *Tallien*, *Lamarque*, *Garnier* dit *de Saintes*, *Merlin* dit *de Thionville*, etc., qui tous participèrent aux actes de la tyrannie. Redoutant les ressentiments de leurs innombrables victimes, ils s'unissent à la majorité du directoire, s'efforçant de remettre dans ses mains la dictature du comité de salut public.

Tandis qu'on délibère dans les deux assemblées, le directoire agit. D'abord, il s'entoure de ministres célèbres dans la France nouvelle; et c'est alors que reparaît un apôtre zélé de la primitive église révolutionnaire. Le citoyen *Talleyrand - Périgord* est promu (18 juillet) au département des relations extérieures. L'alacrité avec laquelle ce généreux patriote avait dépouillé sa robe épiscopale, l'empressement avec lequel il avait rejeté les hochets de sa caste, semblent à des directeurs démagogues garantir la franchise de ses principes républicains. Ils n'auront pas à craindre qu'après des gages aussi solennellement donnés, il aille s'incliner devant un usurpateur qui remplirait à-la-fois les rôles de *Dumouriez* et de *Robespierre*, ni qu'en cas de revers inattendus qu'éprouverait ce destructeur de la souveraineté du peuple, le même *Talleyrand* aille se prosterner aux pieds d'un Bourbon. N'est-ce pas lui, ce même *Talleyrand*, qu'on désigne si expressément comme rédacteur de la déclaration du conseil exécutif aux puissances étrangères sur la mémorable journée du 10 août 1792 et sur la déchéance de *Louis XVI* (*V.* Moniteur n° 190, an 1798)? D'ailleurs, ce vieux ami des droits de l'homme, ce *Las-Casas* de la philanthropie de 1789, revient en Europe, retrempé des leçons orales de *Washington*, des exemples laissés par *Franklin;* il imitera leur désintéressement, ainsi que les mœurs simples et la frugalité des quakers pensylvaniens, au milieu desquels il alla choisir une modeste mais temporaire retraite, en se souvenant du mot d'un sage grec, *Pendant les grands orages, cache ta vie.* Publiciste profond et disert, aussi versé dans les ingénieuses subtilités de la diplomatie, que familier avec les innocents détours de la politique intérieure, il devient pour les directeurs une précieuse acquisition. Sa bonne renommée détournera les craintes qu'inspirent leur odieuse famosité. Toute la France sera persuadée, en voyant entrer au ministère les citoyens *Talleyrand* et *François* dit *de Neufchâteau*, que le gouvernement actuel veut décidément la liberté et le bonheur de la France. Si ces ministres ne sont pas le fil qui guidera, dans le labyrinthe de fructidor, l'audace de ceux qui vont terrasser le royalisme, ils seront jetés comme un voile sur les préparatifs de cette tentative.

Cependant la foudre gronde au loin; l'éclair part du sommet des Alpes. *Bonaparte*, dès le 14 juillet, ce premier des jours anniversaires, signale aux vainqueurs de l'Autriche les deux conseils comme des traîtres vendus aux ennemis de la France. Il fait délibérer les soldats de son armée; chaque division y forme un club. Ils jurent tous, le 10 août, sur l'autel de la patrie, d'exterminer les *brigands-modérés;* leurs menaçantes adresses, rédigées dans le style des *sans-culottes* de 1793, sont envoyées avec profusion et par ordre du *général Berthier*, chef de l'état-major, dans tous les départements. A peine l'anarchie s'éloigne, que le soldat veut disposer de la nation. — Au nord, *Hoche*, commandant l'armée de Sambre-et-Meuse, dirige des armes, des munitions sur Paris, et des troupes sur les villes voisines. C'est *Schérer*, ministre de la guerre, général sans talents, mais jacobin valeureux et du premier grade, qui conduit l'attaque.

Tout se prépare dans l'intérieur. Les adversaires du directoire sont assaillis par les allégations du journal officiel, par les injures d'un nombre infini d'affiches. Les sociétés populaires, dont la destruction avait promis aux bons citoyens le retour d'une certaine tranquillité, se recomposent de toutes parts et malgré les lois. Le gouvernement laisse manquer tous les services; et, rejetant les causes de la détresse sur les mesures des conseils, il excite des mouvements séditieux dans plusieurs départements; il autorise le général *Canuel* commandant de Lyon à mettre cette malheureuse ville en état de siége; enfin, le général *Augereau*, soldat intrépide, mais citoyen farouche, est investi du commandement de Paris. *Augereau* sera secondé par le général *Bernadotte*, républicain sincère, français de bonne foi, par conséquent un peu crédule, envoyé comme *Augereau* de l'armée d'Italie pour aider le directoire dans l'exécution de la grande révolution. Ainsi ce même *Bonaparte*, qui fomenta les révolutions de Venise, de Gênes, de Rome, de Modène, en Toscane, en Piémont, dans la Valteline, dirige maintenant ses projets subversifs en France et y soutient le crime; dévoré qu'il est de jalousie contre cet autre général, *Pichegru*, qui jouit de sa célébrité dans l'estime publique.

Le 4 septembre, le canon d'alarme donne le signal; et avant le jour, les deux salles des conseils, aux Tuileries et au palais Bourbon, sont investies. *Augereau*, en arrêtant de sa main *Pichegru*, ne croit pas se dégrader lui-même; ainsi, en 1749, le major-général des gardes-françaises s'honora d'arrêter le prince Édouard. Plusieurs autres députés sont saisis dans leurs domiciles. En même temps, les complices de *Rewbell*, *Réveillère-Lepaux*, *Barras*, réunis près de ces trois directeurs, révoquent dans un quart-d'heure les lois portées depuis quatre mois et condamnent à la déportation les directeurs *Carnot*, *Barthélemi* et cinquante-trois députés, parmi lesquels on doit citer *Barbé-Marbois*, *Boissy-d'Anglas*, *Camille Jordan*, *Portalis*, *Henri Larivière*, *Tronçon-Ducoudray*; les généraux *Pichegru*, *Willot*, *Mathieu Dumas*. Le directeur *Barthélemi* est arrêté; le directeur *Carnot* s'échappe.—Les vainqueurs, appréhendant de révolter la nation encore toute émue du souvenir des meurtres juridiques, se garderont de frapper d'une mort soudaine cette multitude de proscrits. *Boulay* dit *de la Meurthe* déclare : « La déportation doit être, « désormais, le grand moyen de salut pour la chose publique; *les* « *formes judiciaires ne peuvent avoir lieu, dans ce moment, contre* « *les conspirateurs reconnus.* » Mais, on ne néglige pas de séquestrer leurs biens, en attendant qu'ils trouvent la fin de leur existence sur les plages de la Guyane.

Le triumvirat *Rewbell*, *Réveillère-Lepaux*, *Barras*, dépourvu de preuves pour justifier à la nation le coup-d'état qu'il vient de frapper, charge ses adversaires, lorsqu'ils sont hors d'état de répondre, de tous ces griefs qui doivent paraître les moins invraisemblables; il les accuse d'avoir conspiré en faveur de la royauté.

En effet, les Français en général, quoique passablement ignorants des ressorts intérieurs dont ils voient les effets, savent à-peu-près, ont entendu dire, supposent peut-être, que les anciens princes, en proie aux cuisantes incertitudes d'un exil prolongé, ont souvent été abusés par les dépositaires de leur confiance; que de leurs confidents les uns revêtus de quelques apparences s'en servirent pour déguiser la préméditation d'un parjure; que d'autres, agents obscurs en basse diplomatie, ne voyaient dans un complot de royalisme que le sordide salaire qui resterait dans leurs mains.

Le soi-disant comte *d'Antraigues*, gentillâtre des bords mal famés de l'Aveyron, signalé lui-même, avant 1789, par une très-mauvaise renommée, avait été arrêté au mois de mai, à Venise, où il prenait la qualité d'agent de *Louis XVIII* auprès de la sérénissime république. *D'Antraigues* était clandestinement marié à mademoiselle *Saint-Huberti*, ancienne actrice de l'Opéra de Paris. Elle obtient du général *Berthier*, chef de l'état-major de l'armée d'Italie, qu'elle avait aperçu jadis dans les corridors du château de Versailles, la liberté de son mari. Afin de mériter ce bienfait, *d'Antraigues* remet des notes écrites par lui-même, concernant des intelligences que *Pichegru*, commandant en chef sur le Rhin, aurait entretenues, *deux ans auparavant*, avec le prince *de Condé*; et cela, par l'intermédiaire de deux Suisses, émisssaires des plus équivoques, des plus infimes.

En outre, on avait, au commencement de cette année 1797, saisi à Paris deux agents véritables, mais très-subalternes, des princes Bourbons (Brotier, Laville-Heurnois). En leur promettant la vie, on en retire toutes les révélations susceptibles d'entacher de conspiration contre la république les membres les plus recommandables des deux conseils; et ces révélations, on les annonce comme la vérité descendue du ciel.

A ces témoignagnes on joint encore quelques fragments de lettres interceptées *par la police du directoire*. — Et aucune information judiciaire, aucune preuve matérielle, aucun jugement public, n'attesteront l'authenticité d'un seul de ces nombreux renseignements.

7. Député-rapporteur au conseil des cinq-cents, *Girod-Pouzol* dit

effrontément : « On n'a pu se procurer les pièces originales qui ser- « vent de preuve contre les conspirateurs. »—Un autre bateleur en législation, *J.-Ch. Bailleul*, dans un rapport fait, *plus de six mois après*, sur cette prétendue conspiration, s'adresse ainsi au corps législatif (*V.* Moniteur an 1798, n° 182 et suiv.) : « Malheureusement « nous n'avons jamais bien connu le foyer de ces machinations et la « main qui leur imprimait le mouvement : *tout ce que nous savons « de positif*, c'est que le gouvernement anglais a constamment payé « des agents de désordre et de crimes..... Nous ne retraçons pas « à vos yeux tout ce qui précéda cette journée fameuse ; et nous ne « ferons pas aux royalistes l'honneur de discuter leurs dénégations, « que d'ailleurs ils n'ont jamais soutenues avec trop d'opiniâtreté.... « Quoique plusieurs conspirateurs ne soient pas *nominativement* dé- « signés dans les pièces, ils n'en sont pas *moins coupables*. Liés avec « les auteurs, il est *évident* qu'ils sont enveloppés dans la conspira- « tion ; quoiqu'on ne puisse pas dire de chacun deux, *qu'il a fait* « TELLE OU TELLE CHOSE, *ni désigner le rôle dont il était chargé.* » *Saint-Just*, accusant ses collègues de la convention, disait : *les pièces sont au comité de salut public*. *Bailleul* dit de même : *les pièces sont chez les ministres* ; et néanmoins, il ajoutera : « Votre commission « croirait avoir mal saisi votre intention, si elle se présentait pour « apporter des preuves, pour fournir des justifications. » Afin de prouver qu'on ne devait pas se renfermer dans les lois constitutionnelles, *Bailleul* encore s'écriera : *Bannissons ces absurdes théories de prétendus principes, ces invocations stupides à la constitution.*

Pour donner cependant quelque consistance à d'aussi vagues imputations, on envoie à Strasbourg des instructions *télégraphiques à Moreau*. Des trois généraux en chef, ce général est le seul qui n'ait pas ostensiblement épousé la cause du directoire. Il écrit donc *après l'événement* ; il fait part au *directeur renversé*, *Barthélemi*, qu'il a trouvé, *plusieurs mois auparavant*, et dans un fourgon autrichien, des indices formels contre *Pichegru*. *Ce fourgon*, assure Moreau, *a été pris au passage du Rhin, le 2 floréal* (21 avril), *à Offembourg, vers trois heures après midi*. En effet, il faut que ce soit bien exactement le jour même du passage, le 21 avril, ou le lendemain au point du jour ; car, le 22 après midi, les troupes belligérantes ont posé les armes, en conformité des préliminaires conclus à *Léobén*. (C'est dans cette *si courte campagne*, pour se servir de l'expression même de *Moreau*, que les bureaux de l'état-major de l'armée ennemie ont été pris.) « Les pièces qui y ont été recueillies sont en

« chiffres, continue le général dénonciateur: les preuves en sont « plus claires que le jour; *mais je doute qu'elles puissent être judi- « ciaires.* » La trahison supposée de Pichegru remonte à 1795, lorsqu'il commandait sur le Haut-Rhin; d'où l'on voit combien il est invraisemblable qu'un général autrichien, quelque autrichien qu'on le suppose, ait gardé deux ans entiers dans son fourgon ambulant, aux avant-postes, des papiers indicateurs d'une conspiration avortée. — Ce n'est pas tout; et ici l'on ne sait ce qu'on pourrait alléguer en faveur de *Moreau; Moreau* adresse le 9 (à l'instant que la nouvelle des évènements du 4 arrive à Strasbourg, par les voies ordinaires), une proclamation à son armée. « Il n'est que trop vrai que *Pichegru* « a trahi la confiance de la nation entière. » Eh bien! *Moreau* se voit récompensé de sa docile obéissance, par la privation de son commandement. La délation de cet ami de *Pichegru*, de celui qui servit sous ses ordres, qui en fut protégé, et auquel il dut sa promotion au premier grade, cette délation lui vaut des Français de tous les partis une surprise qui s'allie mal à la considération que leur inspirent ses talents militaires. Il n'est pas un Français qui ne sente que *Moreau* aurait dû, à son amitié pour *Pichegru*, de supprimer des pièces qui l'inculpent; ou à son amour de la patrie, de les cacher moins long-temps. On a prétendu, et il paraît certain, que les deux généraux réunis dès long-temps, dans l'idée de délivrer la France de la tyrannie du directoire, étaient convenus que, si l'un d'eux échouait, l'autre ne songerait qu'à sa sûreté personnelle. Tout en admettant ce fait, la défection de Moreau et ses inculpations ne laissent pas que de flétrir son caractère. De telles précautions appartiennent à d'obscurs malfaiteurs, et non à des conjurés qui se proposeraient un but estimable.

Les rigueurs de fructidor s'exercent aussi sur les propriétaires, auteurs, imprimeurs, de quarante-deux journaux ou recueils périodiques; tout cela est condamné en masse, en bloc, à la déportation.

Les élections de quarante-neuf *départements* sont déclarées illégales et nulles. — Les autorités administratives sont suspendues. — Les prisons se rouvrent. — Les spoliations reprennent leur cours. — Les hommes qui avaient couvert la France de ruines, de cadavres et d'échafauds, relèvent leurs bras sanglants, et secouent de nouveau les torches révolutionnaires.

Merlin dit *de Douai*, rapporteur de l'*infame loi des suspects*, ou *du* 17 *septembre* 1793, obtient la récompense qu'il a déployée dans cette crise comme ministre de la police; il s'élève au directoire. Un autre complice du 18 fructidor, en qualité de ministre de l'intérieur, qui s'est livré à toutes les ambitions que rêve l'homme médiocre, et qui ne peut atteindre à la réputation en aucun genre, qu'il fasse bien ou mal, l'inévitable *François* dit *de Neufchâteau* devient le cinquième des premiers magistrats imposés à la France sous un costume romain.

On s'étonne peut-être que *Carnot*, ce vigoureux conventionnel qui, membre du comité de salut public, donnait avec une si facile complaisance des signatures à *Robespierre* (*V.* 1er avril 1795), soit sacrifié par ses obscurs camarades en scélératesse, et en toutes choses, *Rewbell*, *Réveillère-Lepaux*, *Barras*. Il semble imprudent à eux de se priver de ce génie qui, suivant l'opinion commune, *sut organiser la victoire*. L'étonnement cessera à la plus légère attention sur ces triumvirs qui sont à ce poste élevé, pour montrer que la présomption accompagne toujours l'incapacité. D'ailleurs, cette opinion qui attribue à *Carnot* le principal et presque le seul mérite des combinaisons militaires exécutées en 1794, 95, 96, est sans fondement. Outre que les grands talents de deux des trois généraux (*Bonaparte*, *Moreau*) chargés de l'exécution, doivent être comptés pour beaucoup dans les prodigieux succès qu'ils obtinrent; personne ne doute aujourd'hui que les revers de *Jourdan* et la retraite de *Moreau*, que ces revers rendirent nécessaire (en 1796), doivent s'attribuer, en très-grande partie, aux fausses mesures décidées dans le cabinet dirigeant du Luxembourg, comme à la timidité et aux principes de subordination de ces deux généraux, qui ne se permirent pas de modifier des plans qu'ils trouvaient eux-mêmes défectueux, et contre lesquels ils avaient fait des représentations réitérées. On n'ignore pas, non plus, que la commission intérieure chargée, par le comité de salut public, en 1794, 95, de la confection des plans d'opérations, réunissait *d'Arçon*, *Danissy*, *Lafitte*, *Boisdeffre*, *Grinvard*, génies militaires du premier ordre, dont *Carnot*, vu son âge, vu son expérience peu formée encore, ne pouvait être, à ce jour, que l'intelligent élève, en étant leur intermédiaire. Cette commission disposait des dépôts de l'ancien régime, que remplissait un recueil immense de projets, de mémoires, produits des travaux de tout ce que la France avait possédé de militaires instruits ou célèbres, depuis deux cent cinquante ans. La commission ne manquait ni de matériaux ni d'ouvriers. Elle pouvait mettre à exécution tous les plans soumis à Louis XIV, à Louis XV. Les membres du comité de salut public, ne se trouvant gênés par aucun motif de politique extérieure, ni même d'humanité, disposaient de toute la population, de toute la richesse accumulée, et de la ferveur enthousiaste d'une grande nation. Ainsi la part de gloire qui reviendrait à *Carnot* dans les plans de ces trois campagnes, pourrait se réduire à très-peu de chose. Ce n'est pas *Carnot*, non plus, ainsi qu'il l'a prétendu, c'est *Barras* qui porta le jeune *Bonaparte* au commandement de l'armée d'Italie. Qui ne sait que le service rendu aux jacobins par ce jeune général, ainsi que son union avec *Barras*, dans la journée du 13 vendémiaire (5 octobre 1795), que la faveur que le succès valut au citoyen d'Ajaccio, vainqueur de Paris, que son mariage ajusté par *Barras*, ont amené, décidé sa promotion? — Aussi-bien le parti triomphant au 18 fructidor, voyant la guerre continentale terminée, a pensé que les talents de bureau qui distinguent *Carnot* deviennent aussi inutiles que les connaissances pratiques du négociateur *Barthélemy*. Et, pour tout dire, les trois méprisables directeurs, *Rewbell*, *Réveillère-Lepaux*, *Barras*, se trouvant éclipsés, ou déconsidérés, par le voisinage de leurs deux collègues, ont un autre motif de plus pour résoudre leur perte.

Les déportés envoyés à *Sinamary*, dans la Guyane française, seront traités, pendant leur voyage, jusqu'au port d'embarquement, et pendant la traversée, comme les plus vils malfaiteurs.

La journée de fructidor amène les suites les plus désastreuses. Elle prépare les voies à cette révolution qui doit courber la France sous le joug militaire.

15. *Loi* qui exclut les ex-nobles des fonctions publiques, et les prive de l'usage des droits politiques.

17. Les conférences suivies à Lille, depuis le 6 juillet, pour traiter avec l'Angleterre, sont rompues par le directoire.

18. *Mort du général Hoche, à vingt-neuf ans.* On l'a cru empoisonné par le directoire, dont la politique consiste dès-lors à se défaire des généraux dont le caractère prononcé, ou les talents supérieurs, ou la haute réputation, offusquent ces cinq magistrats sans renommée, sans mérite et sans popularité. *Moreau* est réformé, quoique il ait dénoncé *Pichegru* déja proscrit. *Bernadotte* sera jeté, malgré lui, dans la carrière diplomatique (*V.* 13 avril 1798). *Bonaparte* sera lancé sur les mers, dans l'espoir que sa fortune échouera. On l'enverra dans la baie d'Aboukir avec le même dessein particulier qui fit envoyer *Hoche* dans la baie de Bantry (*V.* 24 décembre 1796).

30. *Finances publiques.* — *Loi* d'après laquelle toute rente perpétuelle ou viagère, ainsi que toutes les autres dettes de l'État, anciennes et nouvelles, liquidées ou à liquider, seront remboursées, savoir : *deux tiers* en bons au porteur, libellés, *dette publique mo-*

bilisée, lesquels bons ne seront échangeables qu'en biens nationaux ; *le troisième tiers*, conservé comme valeur numérique, sera *inscrit* sur le grand-livre, et portera un intérêt de cinq pour cent, payable par semestre. — Ce troisième tiers (tiers-consolidé) est le principe de la dette publique. — Les bons, dits deux-tiers, perdent, à l'instant même de leur émission, de soixante-dix à quatre-vingts pour cent.

Cette banqueroute est la *sixième banqueroute générale*, ou à-peu-près complète, faite par l'état, depuis l'avènement de Henri IV: 1° par Sully, qui réduisit arbitrairement les intérêts accordés aux prêteurs sous les règnes précédents, et affecta les à-compte déja payés au remboursement des capitaux; 2° par Desmarêts, à la fin du règne de Louis XIV; 3° par le duc de Noailles, chargé de l'opération du *visa* sous la régence; 4° par l'abbé Terray, en 1770; 5° par l'extinction de quarante milliards de papier-monnaie, assignats ou mandats : total, *six banqueroutes en deux siècles*. Ainsi chaque génération a pu en voir une. En outre, il faut ajouter à cette énumération les infractions moins considérables à la loyauté publique, telles que les suppressions arbitraires, les retranchements partiels, les refontes des monnaies, les liquidations, etc., etc., etc.

Finances publiques. — La loi qui prononce la banqueroute est suivie de la loi qui rétablit le pernicieux impôt des loteries. Sa suppression (*V.* 15 novembre 1793) était le seul bien opéré par la convention. — On l'attend de nouveau en 1819. Quand on a proclamé, quand on met en usage les grands principes de morale publique, le gouvernement et les chambres ne voudront plus, sans doute, d'un profit aléatoire calculé sur une trop inégale répartition de chances, profit qui, par cela seul, est illicite et condamnable. Il est démontré que les bénéfices du gouvernement sont du *tiers des mises;* et ce jeu est celui où les joueurs ont, pour la plupart, le moins de fortune.

Octobre 17. TRAITÉ DE PAIX DE CAMPO-FORMIO (hameau du Frioul, près d'Udine). Les signataires sont, le général *Bonaparte*, le comte *Louis Cobentzel.* — L'Autriche cède les Pays-Bas à la France; Milan, Mantoue, Modène, à la république cisalpine. L'état de Venise est abandonné à l'empereur, à la réserve des îles Ioniennes, que la France retient. — Les ministres impériaux reçoivent en présent de très-beaux diamants, que le pape a livrés en exécution du traité de Tolentino (*V.* 19 février).

C'est ainsi que finit, avantageusement en apparence, la première guerre continentale de la révolution; qu'expire, à trente lieues de Vienne, cette formidable coalition des principales puissances du continent contre la France, déchirée par les factions, et qui semblait à ces puissances, en 1793, une proie aussi facile à saisir que la Pologne (*V.* 3—19 janvier 1795).

Novembre 16. *Mort du roi de Prusse, Frédéric-Guillaume II,* neveu de Frédéric II. Il meurt à cinquante-trois ans, après en avoir régné onze. Il a pour successeur *Frédéric-Guillaume III,* son fils, âgé de vingt-sept ans.

Décembre 9. *Ouverture du congrès de Radstadt.* — Plusieurs arrêtés du directoire indiquent de nouveaux projets politiques et militaires. L'armée d'Italie est mise sous les ordres du général *Berthier.* Le général *Bonaparte* est désigné pour commander les troupes qui se rassemblent sur les côtes de l'Océan et qui ont pris le nom d'*armée d'Angleterre;* mais il doit auparavant présider au *congrès de Radstadt,* la légation française chargée de traiter de la paix avec l'empire germanique. — La première conférence a lieu, ce jour même.

10. *Présentation solennelle du général Bonaparte au directoire.* — L'autel de la patrie s'élève au milieu de la cour du Luxembourg. Parvenu au pied de l'autel, le général est présenté par le ministre des relations extérieures, le citoyen *Charles-Maurice Talleyrand-Périgord,* le même qui, évêque d'Autun, célébra, le 14 juillet 1790, le saint sacrifice de la messe, en présence de *Louis XVI.* Ce ministre prononce, en face de quatre conventionnels qui condamnèrent ce Roi (*Rewbell, Révillère-Lepaux, Barras, Merlin* dit *de Douai*), un discours très-étendu à la louange du vainqueur de l'Italie......

« C'était, n'en doutons point, pour conquérir l'amour et la vertueuse « estime des Français, qu'il se sentait pressé de vaincre...... Tous « les Français ont vaincu en Bonaparte; sa gloire est la prospérité de « tous; il n'est aucun républicain qui ne puisse en revendiquer sa « part...... Tout en lui est l'ouvrage de *cet amour insatiable de la « patrie et de l'humanité;* et c'est là un fonds toujours ouvert que « les belles actions, loin de l'épuiser, remplissent chaque jour da- « vantage..... Il déteste le luxe et l'éclat, misérable ambition des « âmes communes; et il aime les chants d'Ossian, sur-tout parce « qu'ils détachent de la terre...... Ah! loin de redouter ce qu'on « voudrait appeler son ambition, je sens qu'il nous faudra, peut- « être, le solliciter un jour pour l'arracher aux douceurs de sa stu- « dieuse retraite. La France entière sera libre; peut-être lui ne le « sera jamais : telle est sa destinée. »

25. *Homélie du citoyen cardinal* Chiaramonte, *évêque d'Imola,* dans la Romagne (*Pie VII,* élu pape le 14 mars 1800). — L'évêque

fait un pompeux éloge *du gouvernement démocratique, de la liberté, de l'égalité*.... « Oui, mes très-chers frères, soyez bons chrétiens et « vous serez *d'excellents démocrates*.... (siate buoni cristiani e sa- « rete ottimi democratici)..... Les vertus morales rendent bons « démocrates..... Les premiers chrétiens étaient animés de l'esprit « de démocratie..... Dieu favorisa les travaux de Caton d'Utique et « des illustres républicains de Rome..... » (L'évêque d'Imola aurait dû dire le contraire de ceci; car, à moins que d'être très-ignorant de l'histoire du paganisme, on sait que Caton se poignarda, parce qu'il n'avait pu préserver cette république du joug de César.) — *Bonaparte*, bouleversant les gouvernements de l'Italie et les remplaçant par des républiques informes et malfaisantes, trouve ainsi des auxiliaires parmi les prêtres romains. Il n'est pas douteux que cette homélie du *prélat d'Imola* sert autant, en 1798, les projets subversifs des démagogues français en Italie, que la présence à Paris, en 1804, de ce même prélat devenu chef de l'église, pour y sacrer ce même Bonaparte, devenu Napoléon, sera utile à l'établissement du despotisme impérial.

28. Des émeutes ont eu lieu à Rome, les jours précédents.—L'ambassadeur de la république française, *Joseph Bonaparte*, est insulté, dans le palais de l'ambassade, par les troupes pontificales, et le général *Duphot* est tué à ses côtés. — La légation française sort de Rome et de l'état ecclésiastique.

1798.

Janvier 4. *Système continental.* — Le directoire fait saisir au même instant, sur tous les points de la France, toutes les marchandises anglaises. Il déclare de bonne prise, les navires qui en seraient chargés.

5. *Finances publiques.* — *Loi portant ouverture d'un emprunt de quatre-vingts millions*, pour subvenir aux frais des préparatifs d'une descente en Angleterre. — Depuis deux mois, tous les chantiers de nos ports sont dans une grande activité. — L'emprunt ne se remplira pas.

28. *Invasion de la Suisse.* — Irruption des troupes françaises dans le pays de Vaud, sous prétexte de rétablir la tranquillité troublée en Suisse par l'insurrection des Vaudois contre le gouvernement de Berne, insurrection fomentée par la France. — Le directoire motive son intervention sur de très-anciens traités du temps de Charles IX,

lesquels rendent la France garante des droits du peuple vaudois. Les vrais motifs de l'agression sont le desir de révolutionner des voisins paisibles; le ressentiment de l'asyle accordé à des proscrits français, émigrés ou fructidorisés; le dessein de ravir le trésor de Berne, et d'imposer de fortes contributions sur ces pays, où de grands capitaux se refugièrent dès les premiers troubles de la France.

Traité de réunion de Mulhouse (Haut-Rhin), ville libre et confédérée de la Suisse, *au territoire français.*

Février 10. Le général *Berthier*, accouru pour venger l'assassinat de *Duphot* (*V.* 28 décembre) et s'opposer à la cour papale que des engagements secrets unissent à la cour de Naples, campe sous les murs de Rome et occupe le château Saint-Ange.

11. *Louis XVIII* quitte le séjour de *Blanckembourg* (duché de Brunswick), où il vit, sous le nom de *comte de Lille*, depuis que la politique autrichienne l'a contraint de se séparer des émigrés formant le corps de Condé (*V.* 18 juillet 1796). Ce prince se rend en Russie, où *Paul I*er lui donne asyle.

15. Le peuple de Rome rejette l'autorité du pape (*V.* 28 décembre 1797). Les troupes françaises qui occupent le château Saint-Ange (*V.* 10 janvier), favorisent l'insurrection. Le général *Berthier* reconnaît, au nom de la France, la république romaine.

20. *Pie VI*, dont le trône vient de s'écrouler (*V.* le 15), quitte Rome, et se retire dans un couvent de Sienne.

Mars 1er. *Congrès de Radstadt.* — La députation de l'empire (*V.* 9 décembre 1797), reconnaît la rive gauche du Rhin pour limite de la république française.

2. *Invasion de la Suisse.* — *Combat et prise de Fribourg.* — *Occupation de Soleure et de Morat.* Deux bataillons, de la Côte-d'Or et de l'Yonne, se regardant comme les descendants des Bourguignons vaincus en 1476 dans ce dernier lieu, détruisent le monument ossuaire élevé par les Suisses.

5. *Invasion de la Suisse.* — *Prise de Berne*, par capitulation, après plusieurs engagements meurtriers avec les Suisses. — *Brune*, général en chef. — La prise de ce chef-lieu du canton prédominant, entraîne la soumission de la Suisse presque entière.

Avril 13. Le général *Bernadotte*, ambassadeur de la république à Vienne, est assailli, dans son hôtel, par une foule mécontente d'y voir arboré le drapeau tricolore, surmonté du bonnet rouge, et portant les mots, *liberté*, *égalité*. L'ordre lui en avait été donné par le directoire. Ce fait, interprété comme une innovation dans les usages diplomatiques, conduit à des explications qui se terminent par le départ de l'ambassadeur, malgré les démarches conciliantes et les humbles excuses des ministres impériaux. Le public suppose, d'abord, que c'est une machination du directoire, afin d'amener la guerre; fort mécontent de se voir écarté du centre des affaires, en France, et rejeté dans la diplomatie, *Bernadotte* sait y trouver un motif de se rendre à Paris, et de mettre fin à cet honorable bannissement que le directoire inflige aux généraux qui lui portent ombrage; car c'était ainsi qu'on avait essayé d'éloigner *Pichegru* avant la catastrophe du 18 fructidor, en le commissionnant ambassadeur à *Stockholm*, et qu'on avait éloigné *Pérignon*, *Aubert-Dubayet*, *Truguet*. Cette conjecture acquiert de la consistance par le refus de l'ex-ambassadeur à Vienne, de se rendre à La Haye, lorsque, répondant à sa lettre de nomination, transmise par le citoyen *Charles-Maurice Talleyrand*, ministre des relations extérieures, il s'exprime en ces termes : « Depuis long-temps, mes vœux et mon peu de penchant « pour la carrière diplomatique vous sont connus. . . . . Il m'est doux « de croire que le peuple français sera instruit de l'exacte vérité..... « Vous avez justement senti que la réputation d'un homme qui avait « contribué à placer sur le piédestal la statue de la liberté, était une « propriété nationale. »

26. *Traité de réunion de Genève à la France.*

Mai 1er. La Hollande se donne une nouvelle constitution, sous le titre de *république batave* une et indivisible.

9. *Saint-Domingue.* — Les troupes anglaises finissent d'évacuer les postes qu'elles occupaient dans la partie occidentale, conformément à la convention faite avec le général noir *Toussaint-Louverture*, commandant en chef les forces de la colonie. — A cette occasion, *Toussaint* accorde une amnistie à un très-grand nombre de colons blancs. — Le premier débarquement des Anglais avait eu lieu le 18 septembre 1793 (*V.* à cette date); et, depuis cette époque, le cabinet de Londres n'eut d'autre vue, en portant des forces à Saint-Domingue, que d'accélérer la destruction de cette colonie, objet de toute son envie.

11. Le gouvernement, redoutant l'esprit de sagesse d'un grand nombre de députés nouvellement nommés, obtient une loi qui casse les élections de plusieurs départements.

19. DÉPART DE L'EXPÉDITION D'ÉGYPTE.

Une flotte de trente-une voiles de guerre, dont un vaisseau de cent vingt, trois de quatre-vingt, neuf de soixante-quatorze, huit frégates et deux bricks armés, appareille de Toulon, sous les ordres du vice-amiral *Brueys*. Elle convoie environ cent quarante bâtiments de transport. On compte à bord dix-neuf mille hommes de débarquement, deux mille employés d'administration, un nombre très-considérable d'artistes et savants de toutes classes, et en outre, une immense quantité de munitions et d'objets propres à une expédition militaire. *Le général Bonaparte commande en chef.*—Le directoire a fait préparer dans tous les ports de la Méditerranée des armements qui se réuniront en mer à celui de Toulon. La conquête de l'Égypte est le but de ces grands efforts.

La paix continentale a refoulé dans l'intérieur trois cent mille soldats, dont les habitudes belliqueuses pourraient offrir des dangers à ce gouvernement inepte autant qu'immoral. *Pichegru* est déporté (*V.* 4 septembre 1797). *Moreau* a lui-même terni sa renommée (*V.* ib.). *Hoche*, miraculeusement échappé des côtes d'Irlande, est inopinément frappé par la mort (*V.* 18 septembre 1797). *Jourdan* n'a rien de brillant, il se montre franc démocrate et sans ambition personnelle; sa mesure politique est bien connue du directoire qui n'en redoute aucune agression. Sous des dehors aussi républicains *Bernadotte*, au contraire, ambitionne la célébrité; et le sentiment exalté de l'honneur de sa patrie peut lui faire chercher les moyens d'améliorer ses destinées. Le directoire le craint, le flatte, et veut l'éloigner; mais le Béarnais, plein de sagacité, sait éluder cette amorce (*V.* 13 avril). L'intrépide *Masséna* n'est que soldat. Les généraux qui paraissent après ceux-ci, n'ont pas encore assez de gloire, assez de popularité pour faire ombrage au directoire. Mais le grand homme du jour, le chef entreprenant de l'armée d'Italie, celui qui provoqua le 18 fructidor (*V.* 4 septembre 1797); celui qui le soutint; celui qui a bouleversé les gouvernements de l'Italie; celui qui, par de nombreux actes politiques, a décelé une haute, une vaste ambition, *Bonaparte* paraît très-dangereux au voisinage du Luxembourg, quoique le citoyen *Talleyrand* ait ingénieusement ou ingénuement dit (*V.* 10 décembre 1797): « Tout en lui est l'ouvrage de cet amour « insatiable de la patrie et de l'humanité.... *Il nous faudra le solliciter un jour, pour l'arracher aux douceurs de sa studieuse retraite.* » Bonaparte, général, a fait un éclatant apprentissage de la domination politique, en traitant d'égal à égal avec des têtes couronnées, en leur dictant des lois comme leur souverain. Se soumettrait-il à se ranger simple citoyen sous le niveau de la loi, ou voudrait-il servir la puissance d'un gouvernement qu'il méprise? Une expédition outre-mer délivrera de la présence de ce jeune César les cinq directeurs de la France. Le directoire lui a proposé la descente en Angleterre; mais l'habile capitaine a bientôt reconnu que cette expédition est insensée. Le souvenir de l'expédition de *Bantry-Bay* (*V.* 24 décembre 1796) ne saurait lui sourire. A la vérité, *Hoche* put échapper; aussi le directoire lancera-t-il *Bonaparte* sur un rivage plus reculé, sur cette terre d'Afrique où la peste exerce de périodiques ravages. Qu'importe le sacrifice de cinquante-mille Français, lorsqu'il s'agit de conserver la constitution de l'an III? Que fait l'avenir de la France à ces cinq rois de cinq ans? à ces furieux proconsuls de la convention, *Barras*, *Rewbell*? à cet autre conventionnel, fabricateur et grand-prêtre d'une religion sans dogmes et sans rites (*la théophilanthropie*), *Réveillère-Lepaux*? à ce membre du comité de sûreté générale, raporteur de l'infâme loi des *suspects*, *Merlin* dit *de Douai*? à ce myrmidon littéraire, ambitieux de toutes réputations, tout gonflé de théories raisonneuses, *François* dit *de Neufchâteau*? Périsse la France pour le maintien des cinq directeurs de la république une, indivisible, impérissable!

L'Égypte fut le théâtre de la gloire d'Alexandre, de César. Le Corse, qu'on appelle déja le héros de la grande nation, et qui est plein des grands souvenirs de l'histoire, se flatte de surpasser les deux héros de l'antiquité, et de devenir le monument le plus colossal du pays des merveilles. Flatté de la comparaison dont on caresse son orgueil, il se promet, outre le laurier du conquérant, la palme du législateur, et le sceptre d'un fondateur d'empire.

L'idée d'établir une colonie sur les bords du Nil, occupa jadis le cabinet de Versailles. On espère, en 1798, y trouver la compensation de nos pertes commerciales dans la presqu'île du Gange et aux Antilles; aboutir à l'Inde par la mer Rouge, et fortifier *Tippoo-Saëb*, implacable ennemi de l'usurpation anglaise. La possession de l'Égypte sera pour la France le levier à l'aide duquel elle remuera le système commercial des quatre parties du monde.

Cependant l'espoir d'envahir le suprême pouvoir, en France même, s'est insinué dans l'ame de *Bonaparte*. Nommé chef de l'aventureuse expédition d'Égypte, il met peu d'empressement à ses préparatifs. On le devine. Plus il demande de moyens, plus on lui en accorde. Pour déterminer son exil, on épuiserait la France. Il voit aussi tout cela; et à chaque concession, il suscite un nouveau délai. Il espère vaguement que s'il tarde à s'éloigner, la nation l'élevera sur le pavois. Mais en vain se montre-t-il aux Parisiens avec une simplicité étudiée ; sa vue éteint l'enthousiasme que créa l'illusion d'une perspective éloignée. Il aperçoit très-bien que bientôt il ne sera plus remarqué; qu'il peut être délaissé comme *Moreau*, ou proscrit comme *Pichegru*, ou empoisonné comme *Hoche*. Enfin les directeurs lui donnent l'ordre de partir de Paris sur-le-champ, lui déclarant qu'il est libre de donner sa démission, de reprendre la toge et de rentrer dans la foule. Il dissimule, obéit; et, s'abandonnant au destin, il s'élance vers ces régions où règne le dogme du fatalisme.

Juin 10 — 13. *Expédition d'Égypte.* — *Prise de Malte.* — La flotte de Toulon (*V.* 19 mai) paraît devant Malte. Augmentée en mer des divisions parties de Civita-Vecchia, de Gênes et de Bastia, elle a réuni soixante-douze bâtiments de guerre, quatre cents bâtiments de transport, montés par dix mille gens de mer, et ayant à bord trente-six mille hommes de troupes réglées. On remarque parmi les officiers-généraux, *Menou*, *Berthier*, *Desaix*, *Kléber*, *Régnier*, *Dammartin*, *Caffarelly-Dufalga*, *Murat*, *Lannes*, *Davoust*, *Belliard*; parmi les officiers-supérieurs, *Junot*, *Marmont*; parmi les non-militaires, *Berthollet*, chimiste; *Desgenettes*, *Larrey*, médecins; *Thouin*, *Geoffroi*, *Delille*, naturalistes; *Conté*, *Champy*, physiciens; *Monge*, *Fourrier*, *Costaz*, *Girard*, mathématiciens; *Parseval-Grandmaison*, *Redouté*, *Denon*, *Lepeyre*, cultivant les lettres ou les beaux-arts. — Les Français prennent terre sur plusieurs points de l'île. Les troupes de l'ordre, retranchées dans des fortifications inexpugnables, pourraient défier les armées de toute l'Europe. Mais l'effet de la surprise, la mollesse et l'inexpérience des chevaliers, la connivence de quelques-uns d'entre eux, l'insurrection fomentée parmi les habitants, toutes ces causes rendent la défense presque nulle. L'ordre se soumet à une honteuse capitulation, et livre deux vaisseaux, une frégate, quatre galères, douze cents bouches à feu, avec une prodigieuse quantité de munitions, et le trésor de l'ordre évalué à trois millions. La prise de possession de cette forteresse est une très-grande faute. Les directeurs, bourgeoisement ennemis de toute institution héraldique, n'y voient que la satisfaction d'anéantir subitement un ordre au gouvernement duquel les Maltais étaient habitués, et qui faisait la force morale de ce poste important. En le leur conservant, on pouvait les rendre des alliés fidèles de la France. Alors, en neutralité avec les Anglais, qui sans leur secours n'auraient pu ni attaquer, ni bloquer leur port, ils auraient reçu les renforts destinés pour l'Égypte. — *Bonaparte* ayant réglé l'administration de l'île, et laissé quatre mille hommes pour sa défense, se rembarque. — Toute la flotte est en pleine mer le 20 juin. Admirable activité qui fera le salut de l'expédition!

Juillet 1.—3. *Expédition d'Égypte.* — Malte prise (*V.* 10 juin), la flotte française a cinglé vers l'Égypte. Elle se présente devant *Alexandrie.* — *Kléber,* commandant l'avant-garde de l'armée, qui a pris le nom d'*armée d'Orient*, entre de vive force dans cette place importante.

21. *Bataille des Pyramides* livrée par *Bonaparte,* général en chef de l'armée d'Orient, entre les villages d'*Embabeh* et de *Gizeh,* près du Nil en vue des Pyramides, et à une lieue O. du *Caire.* — « Français, « dit *Bonaparte*, songez que, du haut de ces monuments, quarante « siècles ont les yeux fixés sur vous. » — Les Beys qui gouvernent l'Égypte, ayant *Mourad-Bey* et *Ibrahim-Bey* à leur tête, fondent impétueusement avec six mille Mameloucks sur les troupes françaises. Ils sont mis en déroute, laissant sur le champ de bataille deux mille hommes, trente canons, quatre cents chameaux chargés. — Les vainqueurs entrent le lendemain 22 au *Caire.* Leur perte a été presque nulle. — *Mourad-Bey* s'échappe vers la haute Égypte ; *Ibrahim-Bey* se jette dans l'isthme de Suèz. — Dès ce moment, le gouvernement des Mameloucks est renversé, et la conquête de la basse Égypte assurée!

Août 1, 2. *Bataille navale d'Aboukir,* livrée dans la baie de ce nom, à neuf l. E. d'Alexandrie.

La flotte française, de un vaisseau de cent vingt (l'Orient), trois de quatre-vingts, neuf de soixante-quatorze, et de quatre frégates, armée de onze cent quatre-vingt-six canons, a partie de ses équipages à terre; il est resté à bord environ sept mille marins. — La flotte anglaise de treize vaisseaux de soixante-quatorze, et un de cinquante, en tout onze cent cinquante-six canons, est montée par huit mille hommes, et commandée par *Nelson.*

Averti de l'approche de la flotte ennemie, *Brueys* préfère le combat le moins avantageux, en s'embossant dans une rade foraine, dont la côte ne lui assure d'autre protection qu'un îlot, sur lequel il ne place même que deux mortiers. Sa ligne mal décrite, trop éloignée de la terre, laisse encore de trop grands intervalles entre les vaisseaux. S'il restait sous voiles, ce qui pouvait lui donner des chances plus avantageuses (puisqu'il avait eu un mois pour la combinaison de son embossage); s'il savait tirer parti de sa position dans des eaux dont il est maître, et combiner sa ligne de défense avec la côte, sa flotte serait invincible; ou, du moins, elle offrirait le premier exemple d'une flotte embossée et bien défendue par des batteries de terre, qui voit rompre sa ligne. .

L'ennemi, plus fort déja par les mauvaises dispositions de l'amiral français, commence l'attaque à cinq heures et demie du soir, et tandis que cinq de ses bâtiments passent entre la terre et la ligne, deux autres coupent la ligne vers le centre, et six la prolongent en-dehors. Dès-lors la division du milieu et celle de droite, mises entre deux feux, soutiennent un combat très-inégal, que le secours de l'arrière-garde pourrait seul rétablir. Cependant cette division de gauche, où le contre-amiral *Villeneuve* a son pavillon, reste immobile sur ses ancres. — Le désastre des Français commence au milieu de la nuit, par l'explosion de *l'Orient*, vaisseau amiral. L'action s'arrête. — Elle se rengage, et dure jusqu'à trois heures du matin. —Neuf vaisseaux sont pris, une frégate est coulée bas par l'ennemi; un vaisseau et une frégate sont brûlés par les équipages; deux vaisseaux et deux frégates seulement parviennent à s'échapper avec les contre-amiraux *Villeneuve* et *Decrès;* celui-ci, commandant l'escadre légère, s'est tenu en observation.

Tel est le résultat de ce combat de mer, le plus malheureux de tous ceux qu'a essuyés la France dans les deux guerres de la révolution; désastre inouï dans les annales de la marine moderne, et auprès duquel les actions de la Hogue et du 1er juin 1794 sont de légers échecs. Le dévouement des Français est digne d'eux: mais que peut l'intrépidité mal dirigée contre une tactique supérieure?

La flotte anglaise, très-maltraitée elle-même, n'est en état d'appareiller que quinze jours après l'action: six de ses vaisseaux sont mis hors de service. On évalue sa perte à mille tués ou blessés.

Sans doute les fautes graves commises par l'amiral français sont les causes efficaces de ce désastre: mais *Bonaparte* rejette avec un empressement trop marqué, sur la mémoire de *Brueys,* des torts dont lui-même, *Bonaparte,* est répréhensible: il prétend avoir donné l'ordre positif de se retirer à Corfou, immédiatement après le débarquement de tous les objets appartenant à l'armée de terre, si l'on reconnaissait ne pouvoir, faute d'eau, entrer dans le vieux port d'Alexandrie. Bonaparte ajoute ou fait dire que, *Brueys* ayant fait sonder les passes, il en résulta que les gros bâtiments étaient susceptibles d'entrer, quoique avec des précautions, et que, malgré cette certitude, la flotte resta au mouillage d'Aboukir; mais il existe des documents qui prouvent que le général en chef a prescrit à l'amiral de ne pas abandonner la côte d'Égypte, dans la crainte qu'il n'arrive des bâtiments de Constantinople; car il importe de tenir éloigné tout navire qui démentirait l'assurance donnée aux Égyptiens par les proclamations de l'armée envahissante, que la France agit de concert avec le sultan, précaution nécessaire tout le temps qu'on ignorera au serrail l'invasion de l'Égypte. L'ordre donné à *Brueys* porte d'envoyer à Corfou *une frégate seulement*, pour y prendre des approvisionnements qui s'y trouvent prêts. *Bonaparte*, sachant que les Anglais ne sont supérieurs, ni en nombre de vaisseaux, ni en nombre de canons, qu'ils ont des bâtiments d'un échantillon plus faible, des pièces d'un moindre calibre, *Bonaparte* se persuade, avec *Brueys*, qu'ils ne viendront pas, de quelque temps, présenter le combat. Cette assurance inspire une sécurité qui conduit à la perte de la flotte française. Les fautes grossières de *Brueys*, l'inconcevable témérité de Nelson, l'immobilité de *Villeneuve*, ont fait le reste. — *César* fit brûler les vaisseaux qui transportèrent ses légions sur le sol des Bretons indomptés ; *Cortès*, après avoir mis le pied sur le continent américain, fit brûler aussi sa flotte, pour mettre ses soldats dans la nécessité de vaincre. Les soldats de *Bonaparte* se dévouent avec joie à la même destinée; mais ils ne la doivent pas à sa résolution; et ce désastre, disposé par ses fausses mesures, empêchera l'arrivée des renforts.

22. Une escadre de trois frégates et une corvette, sortie de Rochefort, portant onze cent cinquante hommes sous les ordres du général *Humbert, aborde à Killala*, dans le comté de Mayo, province de Connaught, sur la côte S.-O. de l'Irlande.

Septembre 5. *Loi portant établissement d'une conscription militaire*, d'après le rapport du général *Jourdan*. Elle comprend tous les Français de 20 à 25 ans. Les *conscrits* sont divisés en cinq classes, suivant leur âge. — Des lois particulières doivent fixer le nombre de conscrits à mettre en activité de service.

8. Le général *Humbert*, qui, depuis son débarquement en Irlande (*V.* 22 août), avec onze cent cinquante hommes seulement, a tenu en échec, pendant seize jours, les forces anglaises, est défait et pris avec huit cent quarante hommes, à *Ballinamack*, par le lord Cornwallis, commandant vingt-cinq mille hommes de troupes réglées, soutenues par près de cent pièces d'artillerie. Tel est l'aveu des relations anglaises. — Cornwallis est ce même général qui capitula à New-Yorck, en 1778, si peu honorablement, quoique à la tête de dix mille soldats bien retranchés, et n'ayant en face que des milices américaines, avec quelques centaines de Français, conduits par le maréchal-de-camp Saint-Simon.

12. Déclaration de guerre de la Porte à la France. — Alliance offensive de la Porte avec la Grande-Bretagne et la Russie.

24. *Loi* qui met en activité deux cent mille conscrits.

Octobre 7. *Bataille de Sedyman* (haute Égypte). — Mourad-Bey, en fuite après la bataille des Pyramides (*V.* 21 juillet), se trouve campé avec un corps de quatre mille Mameloucks et de sept mille Arabes fantassins. Il est attaqué par le *général Desaix*, conduisant deux mille hommes d'infanterie, défait et jeté dans le désert avec les débris de sa cavalerie; son artillerie est prise; les Arabes se dispersent. Cette action, très-remarquable, est surtout glorieuse pour le *général Friant*, *l'adjudant-général Donzelot*, et le *capitaine*, depuis *général*, *Rapp*.

12. — 20. *Combats de mer.* — Une escadre d'un vaisseau de ligne, huit frégates ou corvettes, sortie de Brest le 16 septembre, avec des troupes destinées à soutenir en Irlande l'expédition du *général Humbert* (*V.* 22 août, 8 septembre), est rencontrée par des forces anglaises qui s'emparent de sept bâtiments.

Novembre 1er. *Situation militaire.*—Le directoire, menacé en Allemagne et en Italie, augmente ses forces. Il dispose un plan d'offensive, d'après lequel *Jourdan*, son plus zélé champion, est investi du commandement de la principale armée, nommée *armée du Danube*, quoiqu'elle n'occupe encore que l'embouchure du Mein. *Jourdan* a sous ses ordres *Masséna*, chef de l'armée d'Helvétie, et *Bernadotte*, chef d'un corps d'observation. *Joubert* est envoyé dans le Milanais. *Championnet* conduit les troupes destinées à agir dans le midi de l'Italie. *Brune* est au Texel. *Moreau*, que sa dénonciation de *Pichegru* (*V.* 4 septembre 1797) n'a pu réhabiliter dans l'esprit des directeurs, reste en inactivité. *Hoche* a péri, sa mort a été attribuée au poison (*V.* 18 septembre 1797). *Bonaparte* est éloigné. Tant ce gouvernement, aussi présomptueux qu'oppresseur et lâche, est loin de supposer que le sort de la guerre dépende des talents de ces généraux, dont il se priva parce qu'il redoutait leur influence!

21. Une armée napolitaine, commandée par l'autrichien Mack, attaque les avant-postes français sur la frontière des états romains.

Décembre 5. *Combat de Civita-Castellana* (dix lieues N.-E. de Rome). — Le général Mack, à la tête de quarante mille soldats napolitains, fait attaquer la droite de l'armée française, aux ordres de *Championnet*. Cette aile droite compte à peine six mille hommes. Mais par les habiles dispositions de *Macdonald*, qui la conduit, autant que par la vigoureuse intrépidité des troupes, l'ennemi est aussitôt mis en déroute complète. Vingt-quatre canons, cinq cents hommes tués, blessés ou prisonniers, sont les trophées de la journée. Le général *Kellermann*, d'avant-garde avec deux bataillons, trois escadrons et deux pièces d'artillerie légère, a repoussé l'attaque d'une colonne forte de huit mille hommes, lui en a tué trois cents, fait prisonniers deux mille, pris douze canons et tous ses bagages. Voilà le mérite de ces populations abruties par la superstition, amollies par l'action d'un gouvernement insensé et caduc !

6. *Loi* portant déclaration de guerre aux rois de Naples et de Sardaigne.

8. — 10. *Occupation de Turin par le général Joubert.* — On y trouve mille huit cents pièces d'artillerie. — Le roi de Sardaigne cède à la France tous ses droits sur le Piémont. Il se retire à Cagliari. Un gouvernement provisoire s'établit à Turin.

14. *Combat naval.* — La corvette *la Bayonnaise* de vingt canons de huit, commandée par le lieutenant de vaisseau *Edmond Richer*, enlève à l'abordage, après trois heures de combat, la frégate anglaise *l'Embuscade*, portant vingt-six canons de dix-huit, six canons de six, et dix canons de vingt-quatre.

15. *Occupation de Rome par le général Championnet.* — Il y rentre après dix-huit jours d'absence, pendant lesquels son armée a pris ou tué près de vingt mille soldats napolitains, et s'est emparée de quarante canons.

18. *Traité* d'alliance et de subsides entre la Russie et l'Angleterre, contre la France (*V.* 5 janvier 1799).

21. Arrivée en Moravie d'un corps russe envoyé contre la France.

1799.

Janvier 3. *Prise de Gaëte.* — Le général *Rey*, n'ayant avec lui qu'un faible détachement, frappe de terreur quatre mille napolitains renfermés dans cette place extrêmement forte et par sa position et par ses ouvrages. Ils la rendent, et avec elle soixante-dix canons, vingt mortiers, vingt mille fusils, cent milliers de poudre, et une immense quantité d'approvisionnements.

5. *Traité* d'alliance défensive et offensive, entre l'Angleterre et la Russie, confirmatif et extensif du traité du 18 décembre 1798.

10. *Occupation de Capoue* par le général *Championnet.*

20. *Pacification de la Vendée.* — On doit ce résultat à la profonde habileté, à la conduite humaine et loyale du général *Hédouville*,

qui termine sans effusion de sang, sans proscriptions, sans désastres, cette guerre connue sous le nom de guerre de la *seconde Vendée*. A la vérité, les chefs royalistes sont très-au-dessous, en talents et en intentions, des chefs de la *première Vendée*, terminée par la défaite et la mort de Charrette (*V.* 23, 29 mars, 15 août 1796). Quelques insurgés tiennent encore dans le Morbihan, mais ils ne forment que des bandes isolées, ayant plus de haine pour la paix publique que de moyens de la troubler.

21. *Traité* d'alliance entre la Porte et le roi des Deux-Siciles, contre la France.

23. *Occupation de Naples* par le général *Championnet*. — En deux mois, l'état romain est repris sur les troupes napolitaines; ces troupes sont détruites. L'autrichien Mack, leur commandant en chef, menacé par les lazzaronis révoltés, vient implorer le secours des Français, et se livre à eux. — Le roi *Ferdinand* s'est retiré en Sicile, sans tirer l'épée, imitant toute la pusillanimité du roi sarde fugitif à Cagliari (*V.* 8 décembre 1798). On dirait que le sang de *Henri IV* s'est figé dans les veines de ce prince Bourbon. — Un gouvernement démocratique se forme à Naples. Il prend le nom de *république Parthénopéenne*, et n'aura que quelques mois d'existence (*V.* 13 juillet).

Bataille de Samhoud, près de *Girgé* (haute Égypte). — Le général *Desaix*, ayant sous lui les généraux *Davoust*, *Belliard*, *Friant*, bat et disperse, avec quatre cents hommes, une multitude armée, composée d'Égyptiens, d'Arabes-Mékains, et soutenue par les Mameloucks de Mourad-Bey.

Février 3. Le général *Desaix*, poussant avec une vigueur, une habileté, une activité étonnantes, dans la haute Égypte, Mourad-Bey, le plus redoutable des chefs Mameloucks, parvient de victoire en victoire à l'*Ile de Philé*, sous le tropique, dernière limite de l'empire romain, et limite actuelle de l'Égypte et de l'Éthiopie.

10. *Expédition de Syrie*. — Le général en chef *Bonaparte*, voyant la possession de l'Égypte exposée du côté de la Syrie, a résolu d'y porter la guerre, de saisir les trésors et de détruire la domination du pacha *Djezzar* (le carnassier), qui, d'*Acre*, sa résidence, détache des partis sur la lisière occidentale du *désert de Rahma*, et qui a donné retraite à Ibrahim-Bey (*V.* 21 Juillet 1798).

18. *Reprise d'El-Arisch*, place fortifiée, commandant la route d'Égypte en Syrie. Attaquée avec la plus ardente bravoure par le général *Régnier*, ayant sous lui le général *Joseph Lagrange*, elle est emportée d'assaut. — Le château capitulera le dixième jour.

21. *Mort de Borda*, célèbre géomètre et astronome, âgé de soixante-quatre ans.

25. *Combat et prise de Gazah.* — Soixante lieues d'un désert aride et brûlant viennent d'être parcourues par l'armée d'Orient (*V.* le 9). Elle arrive aux terres fertiles qui précèdent *Gazah*, première ville de la Palestine. Voir cette ancienne capitale des Philistins, s'en rendre maître, et dissiper des nuées d'ennemis, c'est l'affaire de quelques heures pour des Français, conduits par les généraux *Kléber* et *Lannes*.

Mars 1er. *Une armée française*, appelée *armée du Danube*, se porte en entier sur la rive droite du Rhin, *de Manheim à Kehl.* Le quartier-général s'établit à Offenburg. *Jourdan* la commande en chef (*V.* le 4).

Ce mouvement est le signal d'une *seconde guerre continentale*, dans laquelle la France luttera contre les principales puissances de l'Europe, hors l'Espagne toujours fidèle à son alliance par pusillanimité, et la Prusse restée sous le charme d'une ambition vulgaire, livrée à de petites convoitises; politique soigneusement entretenue par le directoire.

3. *Reddition de Corfou.* — Une faible garnison, attaquée depuis quatre mois par des forces russo-turques, est admise à capituler; elle rentre en France.

4. Mouvements offensifs de l'Autriche (*V.* le 1er). — Une armée commandée par l'archiduc Charles, passe le Lech à Augsbourg, et marche à la rencontre de *Jourdan*, généralissime des armées du Danube; d'Helvétie, *Masséna;* d'observation, *Bernadotte.*

6, 7. *Masséna*, commandant l'armée d'Helvétie, *s'empare de Coire*, bat les Autrichiens, et opère la conquête du pays des Grisons; conquête aussi rapide que difficile, et due en grande partie à l'extraordinaire bravoure du général *Oudinot.*

7 — 10. *Prise de Jaffa* en Syrie, par l'armée d'Orient. Cette ville est emportée d'assaut. Le carnage et le saccagement durent deux jours, et deviennent funestes aux Français, chez lesquels la peste se déclare aussitôt. — Des paysans de Bagdad faits prisonniers, au nombre de plus de deux mille, murmurant de ce qu'on ne remplit pas l'engagement de les renvoyer, excitent l'inquiétude du général en chef *Bonaparte.* Les vivres manquent; on peut craindre que ces prisonniers n'aillent se joindre aux Naplousins, aux autres montagnards levés en masse, et à l'armée des pachas; ils sont amenés sur le bord de la mer et mis à mort. La nouvelle de cette exécution rendra tous les Syriens irréconciliables ennemis des Français, en-

flammera la résistance de la garnison d'Acre, et détournera les habitants de se soumettre. — Croirait-on que des flatteurs de Bonaparte aient voulu pallier, excuser même une semblable violation du droit des gens, en l'imputant à la nécessité, comme s'il y avait une nécessité pour les crimes?

21 — 25. *Bataille de Pfullendorf et de Stokach* (bourgs situés à huit lieues N. de Constance), gagnée par l'archiduc *Charles*, sur le général *Jourdan*, malgré les avantages obtenus par l'aile gauche, aux ordres de *Gouvion-Saint-Cyr*. — L'armée française, éprouvant une perte considérable, précipite sa retraite à la gauche du Rhin. *Masséna* recevra le commandement de l'armée du Danube, réunie à celle d'Helvétie.

24 — 27. Les généraux *Lecourbe* et *Dessolles*, commandant deux divisions de l'armée de *Masséna*, parviennent aux frontières de la Valteline, et remportent plusieurs avantages signalés sur les Autrichiens.

25 — 30. *Combats sous Vérone.* — *Schérer*, suivant ses ordres, attaque les Autrichiens dont le nombre est plus que double du nombre des Français. Schérer, en outre, rejette les conseils de *Moreau* qui sert comme volontaire; l'armée est complètement battue.

27. Le pape Pie VI, retiré en Toscane (*V.* 20 février 1798), est arrêté par ordre du directoire. — Il sera transporté en France.

30. Une armée russe, forte de quarante mille hommes d'élite, commandée par Suwarow, arrive à Trieste, s'avançant vers l'Italie. Il va réunir sous son commandement les soixante mille Autrichiens qui sont en présence de *Schérer*.

Avril 3. *Prise de Sour* (ancienne Tyr) par le général *Vial*.

5. *Bataille de Magnano* sur l'Adige, près de Vérone. *Schérer* est de nouveau défait (*V.* 25 mars) par l'autrichien Kray; et cette fois encore malgré les avis de *Moreau*, qui sert sans commission.

8. *Combat de Nazareth*, dans l'ancienne Palestine, livré par trois mille Turcs et Arabes à cinq cents Français, qui, guidés par le général *Junot*, en sortent victorieux.

Congrès de Radstadt. — Rupture des conférences commencées le 9 décembre 1797.

Deuxième coalition contre la France. — Elle est formée de l'Angleterre, des empereurs d'Allemagne et de Russie, d'une *partie* de l'empire germanique, des rois de Naples et de Portugal, de la Turquie et des états Barbaresques.

14. Suwarow (*V.* 30 mars) prend à Vérone le commandement de l'armée autrichienne.

16. *Combat du mont Thabor*, près du Jourdain. — Le général *Kléber*, avec le général *Junot* et deux mille Français, soutient un long combat contre des nuées de Turcs et d'Arabes. Le général *Bonaparte*, se détachant du siége d'Acre, vient dégager cette petite troupe et culbuter vingt-cinq mille cavaliers et une grande multitude de fantassins venus de divers pays.

17. *Prise de Tabarieh*, petite forteresse entre le mont Thabor et le Jourdain, par le général *Murat*.

22. *Moreau* remplace provisoirement *Schérer* dans le commandement de l'armée d'Italie.

27. *Bataille de Cassano* (sept lieues N.-E. de Milan). Suwarow, général de l'armée austro-russe, qui compte quatre-vingt mille combattants, défait l'armée française, forte seulement de trente mille hommes, provisoirement aux ordres de *Moreau*, hors d'état d'éluder un engagement qu'ont rendu inévitable les fautes de son prédécesseur *Schérer*, auquel sont dues aussi les principales dispositions de ce jour. La perte des Français est évaluée à sept ou huit mille hommes hors de combat ou prisonniers. Ils abandonnent cent et quelques pièces de canon. Les généraux *Grenier* et *Becker* se distinguent.

28. *Capitulation du général Serrurier*, avec près de trois mille hommes, coupés par suite de la défaite de la veille.

Congrès de Radstadt. — Les négociations étant rompues depuis le 8 de ce mois, *les plénipotentiaires français* quittent cette ville; ils *sont assassinés*, la nuit, à peu de distance des murs, par des hommes revêtus d'uniformes autrichiens. Le directoire, avili dans l'opinion, inhabile à réduire les adversaires dont sa perfidie augmente chaque jour le nombre, au-dehors comme au-dedans, trouvant d'ailleurs les Français peu disposés à se remettre sous un régime de sang et de terreur; le directoire voit, dans ce tragique évènement, un moyen de ranimer la bravoure et l'énergie de la nation abattue par les revers et la misère, de reproduire l'ivresse républicaine qui se refroidit, et de rallier à son autorité les jacobins, qui ne craignent rien autant qu'un gouvernement doux et modéré. C'est conformément à ce systême, que le directoire attribue la préméditation de cet assassinat à la politique autrichienne, et son exécution à l'archiduc Charles. Il essaie, par des relations mensongères, d'exciter l'indignation des cours, et la vengeance des Français.

Vingt-quatre années se sont écoulées sans faire connaître les auteurs de cet évènement; les preuves positives manquent tout-à-fait. Mais, en rassemblant, discutant plusieurs circonstances, on a de très-fortes présomptions que la mort des plénipotentiaires est le résultat d'un complot formé par le directoire lui-même; et si l'examen de ces circonstances ne l'indiquait pas assez, il suffirait de juger l'intérêt des deux puissances belligérantes dans la perpétration de ce crime, comme de rapprocher le caractère personnel, les doctrines avouées, la conduite habituelle des personnages qui dirigent les conseils et les armées de l'Autriche, des cinq directeurs et de leurs six ministres, presque tous aussi versés dans l'art des criminelles intrigues qu'audacieux à les former. Qu'attendre d'un *Barras*, qui mitrailla les Toulonnais, les Parisiens (*V.* 19 décembre 1794, 4 octobre 1795)? et de ce *Merlin* dit *de Douai*, jurisconsulte confidentiel de *Néron-Robespierre*, du détestable auteur de la *loi des suspects* (*V.* 17 septembre 1793), etc., etc.?

Mai 4. Les Anglais prennent d'assaut *Séringhapatnam*, capitale du Mysore, royaume de l'Indostan soumis à *Tippoo-Saëb*, ancien allié de la France. — Ce souverain, plus courageux qu'aucun des princes de l'Europe attaqués dans leurs résidences (depuis *Guillaume*, stathouder, fugitif de la Haye en janvier 1795; jusqu'à *Guillaume*, roi des Pays-Bas, fugitif de Bruxelles en juin 1815), périt en se défendant à la porte de sa capitale. Plusieurs Français y succombent ou sont faits prisonniers. *Séringhapatnam*, livrée au pillage, donne aux vainqueurs un immense butin. Ils divisent les états de *Tippoo*, et en gardent ce qui leur convient (*V.* 22 juin). C'est le bruit de l'expédition d'Égypte, et l'intention si fastueusement annoncée de se frayer une route vers le Gange, qui a déterminé les Anglais à combattre avec ardeur la puissance du seul auxiliaire indien qu'ait la France. Ainsi l'orgueilleuse chimère de *Bonaparte*, et les viles intrigues du directoire (*V.* 19 mai 1798), auront banni pour jamais les Français de ces riches contrées.

12. *Bataille de Bassignana* (au confluent du Pô et du Tanaro, à quatre lieues nord d'Alexandrie). Les Austro-Russes que conduit Suwarow, attaquent, en forces très supérieures, le général *Moreau*, commandant temporaire, qui, ayant sous ses ordres les généraux *Victor* et *Grenier*, repousse l'ennemi.

16. *Sieyes* (ex-abbé, ex-constituant, ex-conventionnel) est nommé *directeur*.

21. *L'armée d'Orient lève le siége d'Acre*, après soixante jours de tranchée ouverte; les assiégés ayant fait dix sorties, et les assiégeants

ayant livré huit assauts, *Bonaparte* a persévéré dans l'attaque de cette bicoque, malgré l'avis de ses meilleurs officiers. — L'énergique résolution de Djezzar-Pacha a été très-habilement secondée par le commodore anglais Sidney Smith, et sur-tout par un Français, ami de Smith, *Phelipeaux*, ancien officier d'artillerie, puis chef des royalistes du Berry, celui-là même qu'a défait le général *Canuel* à Sens-Beaujeu, le 9 avril 1796. Par une singularité qu'on peut remarquer, en passant, *Phelipeaux* avait été, à l'école militaire, compagnon de classe de *Bonaparte*. Cet officier meurt pendant le siége. — La perte des assaillants est évaluée à sept mille hommes; perte immense (*V.* 9 février), et d'autant plus fâcheuse, qu'elle ne saurait être réparée. De tous les braves tombés aux pieds de ces funestes murailles, nul ne mérite d'aussi vifs regrets que le général du génie *Caffarelli-Dufalga*. — On se met à l'instant en marche vers l'Égypte, afin de s'opposer aux débarquements que les Turcs se disposent à y effectuer.

Ce grand échec, si mortifiant pour *Bonaparte*, est dû principalement à sa présomption. Il avait une telle confiance, qu'il négligea quelques-unes des plus simples précautions d'attaque, dont l'oubli ne serait pas pardonnable dans un officier inférieur. Il avait avec lui d'excellents officiers de génie et d'artillerie, des généraux d'une capacité éprouvée, et les premiers soldats du monde. Il les sacrifia sans pitié pour l'intérêt de sa renommée.

En se retirant, *Bonaparte* manquant de moyens de transport pour emmener les malades et blessés qu'un siége aussi meurtrier avait amoncelés dans l'hôpital de *Caïffa*, et dépourvu de médicaments pour les traiter en route, les fait empoisonner. *Le fait n'est que trop constaté.*

24. *Reddition de la citadelle de Milan* au général russe Suwarow. Investie depuis le 28 avril, elle livre deux mille cinq cents hommes. — L'ennemi s'est emparé, les 20 avril, 6 et 9 mai, de Brescia, Peschiera et Pizzighitone. Ferrare et d'autres places sont près de tomber en son pouvoir.

29. *Prise de Kosséir,* port d'Égypte, sur la mer Rouge, par les généraux *Belliard* et *Donzelot,* du corps du général *Desaix.*

Juin 4 — 8. *Combats* extrêmement meurtriers, livrés près de *Zurich*, à l'avantage de l'archiduc Charles, qui s'empare de cette ville. — Il s'est passé peu de jours, depuis l'ouverture de la campagne, en mars, qui n'aient amené une action. — *Masséna* a sous lui les généraux *Soult, Ney, Lecourbe.*

12. *Combat de Modène*, livré par *Macdonald*, général de l'armée qui vient d'évacuer Naples, à l'autrichien Hohenzollern, qu'il repousse avec une perte considérable.

16 — 18. ÉVÉNEMENTS DU 30 PRAIRIAL.

Les deux conseils et le directoire sont en butte au mécontentement général, depuis la journée du 18 *fructidor* (4 septembre 1797). La France trouve ce gouvernement aussi malfaisant que le comité de salut public. Sa domination n'est rachetée par aucun bienfait. En provoquant la seconde coalition, il s'est privé de ses grands généraux. L'étoile de *Bonaparte* n'est plus visible au-delà de la Méditerranée; la rumeur publique a trop annoncé que *Hoche*, échappé de l'expédition d'Irlande, a fini par le poison (*V.* 18 septembre 1797); *Pichegru* est déporté à Sinamary (*V.* 4 septembre 1797); *Moreau*, en disgrace, ne doit le commandement provisoire des débris de l'armée d'Italie, qu'à la pressante nécessité de réparer les fautes de *Schérer*; le vainqueur de Naples, *Championnet*, et l'intrépide *Joubert*, ennemis du pillage dans les pays conquis, sont destitués, pour avoir essayé de mettre un frein aux rapines des commissaires du directoire : aussi les armes françaises essuient d'affligeants revers, en Italie comme en Allemagne. *Masséna* seul se soutient en Suisse, à force de prodiges de sa part, de celle de ses généraux, et par les nombreuses fautes de ses adversaires. Les forces effectives s'élèvent à peine à cent soixante-dix mille hommes; savoir ;

Armée d'Italie, y compris les troupes ramenées de Naples par *Macdonald*..............................	40,000 h.
Garnisons et postes, dans le Dauphiné et la Savoie....	15,000
Armée du Danube et d'Helvétie, sous *Masséna*.......	55,000
Troupes disséminées sur le Rhin, de Cologne à Bâle....	30,000
Dito, réunies aux Bataves, en Hollande, sous *Brune*..	10,000
Dito, échelonnées sur les côtes de l'Océan, depuis Ostende jusqu'à Brest, et comprises sous la dénomination d'armée d'Angleterre..........................	20,000
	170,000 h.

C'est avec ce faible nombre de soldats épuisés de fatigues, dégoûtés par vingt défaites, dénués des objets de première nécessité, et victimes de la rapacité des agents du directoire, qu'il faut faire face à plus de trois cent mille ennemis portés par l'ardeur de la victoire et le desir de la vengeance, sur les frontières mêmes de la république, et secondés en Italie, en Allemagne, par les peuples qui les appellent de tous leurs vœux et brisent avec furie un joug odieux.

Au-dedans, l'impéritie et la fourberie des directeurs réveillent les passions révolutionnaires et les résistances légitimes. Ils ont enfreint les clauses de la pacification convenue avec les habitants de l'ouest; l'étendard de l'insurrection y est relevé; et il offrirait un point de ralliement, un centre d'action, si le parti royaliste était susceptible d'unir trois choses que jamais il ne saura présenter ensemble : l'énergie, la prudence et le génie. — Les directeurs administrent au hasard, d'après l'exigence du jour, sans but comme sans principes. La détresse des finances est à son dernier degré. Jamais on ne vit des fortunes élevées, aux dépens de l'état, avec plus de scandale. L'immoralité la plus grossière se montre à nu, et le règne du vice a supplanté le règne de la terreur. Mais celle-ci menace de reparaître; l'hydre du jacobinisme relève ses mille têtes. Fourbes maladroits, les maîtres de la France s'imputent réciproquement les résultats de l'inexpérience et de la perversité qu'ils ont mises en commun. Chose étonnante! on ne découvre pas un orateur, un publiciste, un administrateur, un homme de mérite, même un homme de sens, dans les sept cent cinquante membres des deux conseils, si l'on excepte seulement l'ex-conventionnel *Daunou*. La voix des siècles, les écrits du génie, l'ascendant de la vertu, les leçons de l'expérience, ne peuvent rien sur cette tourbe de législateurs, petits en toutes choses, occupés de misérables intrigues, ne ressentant que des passions vulgaires, n'ayant d'instinct que celui que la nature accorde aux animaux immondes. La France est descendue au dernier état de dégradation morale.

Si au 18 fructidor la majorité du directoire a décimé les conseils; au 30 prairial, trois des cinq directeurs sont éliminés par le corps législatif. *Treilhard*, *Réveillère-Lepaux*, *Merlin* dit *de Douai*, sont chassés. Ces avocats ont porté dans la conduite des affaires publiques les ignobles subtilités et les passions mesquines qu'enfante l'art de la chicane. *Gohier*, homme inconnu; *Roger-Ducos*, ex-conventionnel, remarquable par sa nullité; un général *Moulins*, militaire tout-à-fait ignoré; deviennent les collègues de *Barras*, de *Sieyes*. *Barras* n'a pour vertu politique, que l'audace d'un habitué du vice; *Sieyes* est doué de toute l'astuce d'un mauvais prêtre. — De là, une révolution dans le ministère : l'ex-conventionnel *Cambacérès*, si renommé au comité de sûreté générale, reçoit le porte-feuille de la justice; *François* dit *de Neufchâteau*, qui se complaît à diriger l'-

département de l'intérieur, comme un professeur de belles-lettres fait sa classe, cède son écritoire à *Quinette*, ex-conventionnel très-recommandable, pour avoir été livré par *Dumouriez*, en 1793, et rendu en échange de *Madame, fille de Louis XVI*, en 1795. Le général *Bernadotte*, retiré de la diplomatie, après l'éclat de sa mission à Vienne (*V.* 13 avril 1798), démis du commandement de l'armée d'observation, au commencement de cette année 1799, et par conséquent étranger aux derniers revers de *Jourdan*; *Bernadotte* accepte la direction de la guerre. Il se dévoue au salut de la France, dès qu'il voit son indépendance vivement menacée à l'extérieur. Mais, par une sorte d'opposition systématique qui appartient à l'époque, le général *Clarke*, dont l'esprit est des plus ternes, et la capacité des plus communes, sera mis à la tête du cabinet topographique, ou bureau d'opérations militaires. Par un surcroît de compensation aussi, l'antre de la police va recevoir (le 20 juillet) *Fouché* dit *de Nantes*, cet exterminateur des Lyonnais (*V.* 12 octobre 1793), échappé, par une infinité de biais, à la déportation à laquelle il avait été condamné comme jacobin des plus sanguinaires. Mais le citoyen *Talleyrand-Périgord*, auquel les apprêts du 18 fructidor ouvrirent l'hôtel des relations extérieures (*V.* 4 septembre 1797), négociera sa retraite à ce moment même où il s'agit de redresser les deux grands actes de sa diplomatie, en neutralisant cette seconde coalition contre la France, coalition qui s'étend de Pétersbourg à Maroc, comme en disposant à des mesures conciliatrices le divan justement courroucé de l'invasion de l'Égypte. Ce citoyen-ministre disparaît, dès qu'il faut remédier aux maux qu'il a fomentés (le 20 juillet). Car c'est à lui, à lui-même, que sont principalement dues les transactions qui produisirent ces deux funestes résultats, la coalition et l'expédition d'Égypte. Plusieurs documents publics, d'accord avec ses propres discours à l'institut, le prouvent évidemment (*V. Moniteur*, n°s 300, 309, 347, an VII).

L'ensemble des dispositions amenées par le 30 *prairial*, tourne donc au profit des jacobins. De leurs clubs rouverts, ils répandent leurs poisons sur les départements en toute impunité, tandis que les dépositaires du pouvoir suprême, semblables à des insensés qui s'irritent de tout ce qui paraît à leurs regards incertains, s'entourent de débris, replongent tout dans le chaos. L'ineptie et la dépravation font les destinées de la France; et le vaisseau de l'état flottera sans direction, jusqu'à ce qu'il se présente un pilote qui le fasse surgir au port. Harassés par la tourmente, les Français l'appellent à grands cris, prêts à lui remettre le gouvernail. Le premier ambitieux qui osera leur commander, doit compter sur leur servile soumission.

17 — 19. *Bataille de la Trébia* (au confluent de cette rivière et du Pô).

Macdonald, commandant, depuis l'arrestation de *Championnet*, l'armée qui vient d'évacuer Naples, doit faire sa jonction avec l'armée de *Moreau*, qui, jusqu'à ce jour, a déjoué les manœuvres d'un ennemi redoutable par sa supériorité numérique et par l'appui des insurrections; *Macdonald*, qui pourrait soutenir très-utilement *Moreau*, et le relever, agit comme s'il voulait l'éclipser. Arrivé à Lucques, le 3, il est maître de se retirer sur l'état de Gênes; mais il a conçu l'idée hasardeusee de se réunir à *Moreau*, en perçant le gros de l'armée de Suwarow.

Avec environ trente-cinq mille hommes, *Macdonald* résiste heureusement, le 17 et le 18, à près de cinquante mille Austro-Russes; mais, toujours entraîné par le desir de remporter un avantage signalé sans le concours du général sous les ordres duquel il doit passer, et avec lequel il ne s'accorde pas sur toutes les opérations de la campagne, *Macdonald*, le troisième jour, franchit audacieusement la Trébia, en face de l'ennemi, et l'attaque sur toute la ligne. Rejeté, après une lutte opiniâtre et serrée, sur la rive droite, ayant essuyé une perte évaluée à plus de douze mille hommes, il se retire sur Modène. — Son arrière-garde, atteinte le lendemain 20, par Suwarow en personne, est extrêmement maltraitée (*V.* le 27).

18 — 21. *Combats près de Tortone.* — *Moreau* bat l'autrichien Bellegarde.

20. *Reddition de la citadelle de Turin aux Austro-Russes* après dix-sept jours de tranchée ouverte.

22. *Traité de partage du Mysore* (*V.* 4 mai) entre la compagnie anglaise des Indes, le nabab de Nizam, et le Peischwah.

Traité de subsides entre la Russie et la Grande-Bretagne, pour une expédition en Hollande qui sera de dix-sept mille six cents hommes, six vaisseaux de ligne, et cinq frégates.

27. Jonction, près de Gênes, de l'armée de Naples, commandée par *Macdonald*, avec l'armée d'Italie, aux ordres de *Moreau*. L'une et l'autre ont livré de nombreux combats, éprouvé de grandes pertes. — *Macdonald*, se trouvant alors en second, quitte l'armée, ainsi qu'il avait donné sa démission, en janvier, lorsqu'il se trouvait en mésintelligence avec *Championnet*, son général en chef.

Juillet 6. *Formation, à Paris, d'un nouveau club des jacobins*, autrement *réunion du Manége*. *Drouet* en est le président. — Il sera fermé le 30 août suivant.

12. *Loi des ôtages*. Elle prescrit des mesures révolutionnaires contre les parents d'émigrés et les nobles, autorise les administrations des départements à les prendre comme *ôtages*, en cas de troubles, et à séquestrer leurs biens.

13. Le roi des Deux-Siciles rentre à Naples (*V*. 23 janvier).

14. Le pape *Pie VI*, prisonnier du directoire (*V* 27 mars), arrive à Valence (Drôme).

22. *Reddition de la citadelle d'Alexandrie* (Piémont), défendue par le général *Gardanne*, aux Austro-Russes commandés par le général Bellegarde.

25. *Bataille d'Aboukir*. — Dix-huit mille Turcs, convoyés par des vaisseaux anglais, ont débarqué le 15, sur la plage d'Aboukir, et enlevé le fort. Ils sont attaqués par *Bonaparte*, dans la presqu'île même où ils se sont obstinément retranchés. Le pacha qui les commande est fait prisonnier, avec deux cents janissaires; tous les autres combattants sont tués ou précipités dans la mer, hors cinq mille renfermés dans le fort. Toutes les tentes, tous les bagages, l'artillerie entière, restent au pouvoir du vainqueur. Jamais armée ne fut détruite avec autant de rapidité. L'armée victorieuse ne comptait pas neuf mille combattants; mais elle présentait les intrépides généraux *Kléber*, *Lannes*, *Murat*. Cette journée coûte cependant beaucoup de sang aux Français. Elle ne saurait être considérée que comme un épisode militaire, ne décidant rien sur le sort définitif d'une armée qui va s'affaiblissant chaque jour, et qui doit succomber dans une lutte aussi inégale par le nombre.

30. *Reddition de Mantoue*. — Cette place capitule, après soixante-douze jours de siége, vingt de blocus, quatorze de tranchée ouverte et de bombardement. Elle est remise par le général *Latour-Foissac*, à l'autrichien Kray. La garnison, forte de quatre mille hommes seulement, est renvoyée en France et considérée comme prisonnière de guerre jusqu'à parfait échange; mais le commandant et son état-major sont retenus prisonniers et conduits en Styrie. Ce succès des Austro-Russes assure entièrement leur position dans la haute Italie.

Août 2. *Reprise du fort d'Aboukir*. — Les cinq mille Turcs qui s'y sont renfermés (*V*. 25 juillet) périssent tous, ou par le fer, ou par la faim, à l'exception d'un très-faible nombre, fait prisonnier.

14 et suiv. *Combats près de Zurich*. — *Prise du Saint-Gothard*, le 17. Depuis les actions qui ont eu lieu sous les murs de Zurich, au

commencement de juin (V. le 4), *Masséna* s'est vigoureusement maintenu dans ses positions sur les lacs de Zug et de Lucerne, sur l'Aar et sur le Rhin, jusqu'à Bâle. — Ce général attaque l'archiduc Charles; il est repoussé; mais il facilite les opérations de *Lecourbe*, commandant l'aile droite, qui, surmontant par une énergie et une habileté extraordinaires les plus grands obstacles qu'offrent les hautes Alpes, taille en pièces des corps autrichiens numériquement plus forts que le sien, devient maître du Saint-Gothard, du cours de la Reuss, ainsi que de tous les passages qui communiquent en Italie et dans les Grisons, opération décisive pour l'issue de cette campagne.

15. *Bataille de Novi* (trois lieues sud de Tortone). — Vingt-cinq mille Russes dirigés par Suwarow, généralissime, quarante mille Autrichiens, dont quinze mille arrivés la veille de Mantoue (V. 30 juillet) avec Kray, et vingt-cinq mille commandés par Mélas et Bellegarde, forment l'armée ennemie. — Quarante-cinq mille hommes, dont une partie se compose de toutes nouvelles recrues, font le total de l'armée française; l'aile droite obéit à *Gouvion-Saint-Cyr*, l'aile gauche à *Pérignon*. *Joubert*, qui vient de remplacer *Moreau* dans le commandement, jaloux d'exécuter les ordres impératifs qui lui prescrivent de reprendre l'offensive, entraîné par sa propre ardeur, et malgré l'avis de *Moreau*, qui est resté par un dévouement aussi rare que généreux, malgré le sentiment des généraux *Pérignon*, *Gouvion-Saint-Cyr*, *Dessolles*, a précipité ses mouvements. Il s'engage un combat très-inégal, vu la grande supériorité numérique de l'ennemi en hommes et en chevaux. *Joubert* est tué au premier moment de l'action, à cinq heures du matin, en conduisant lui-même une charge à la baïonnette contre les premiers ennemis qui s'ébranlent. *Moreau*, quoique sans caractère à l'armée, ordonne, rallie les troupes, attaque, est repoussé; attaque plusieurs fois, sans se laisser déborder ni entamer. L'acharnement est extrême de part et d'autre. Enfin, à six heures du soir, une de ces petites circonstances qui souvent décident les grands résultats change une retraite bien soutenue en une véritable déroute. Les généraux *Pérignon*, *Grouchy*, *Partouneaux*, sont blessés et prisonniers; les deux premiers sont hachés à coups de sabre. Les Français, outre vingt pièces de canon abandonnées, éprouvent, en tués, blessés, prisonniers, une perte qu'on ne suppose pas au-dessous de vingt mille hommes. La perte des ennemis n'est guère moindre, en s'en rapportant à leur évaluation. Elle atteint sur-tout les Russes; et Suwarow lui-même, le froid ordonna-

teur des massacres d'Ismaïl et de Praga (*V.* 22 décembre 1790, 4 novembre 1794), reste interdit à l'aspect de ce champ de carnage, où il reconnaît un si grand nombre de Russes auxquels il avait promis de les ramener victorieux dans leurs foyers. Sa jactance en est déconcertée. Il frémit de se voir obligé de renoncer à l'offensive, et d'avoir à craindre que ce jour n'éclaire son dernier succès. — Cette bataille a été si vivement disputée, que l'ennemi n'en retirera d'autres avantages que la prise de Tortone, et la sécurité nécessaire pour détacher en Suisse un corps susceptible de soutenir l'armée de l'archiduc Charles aux prises avec *Masséna*.

16. Les têtes des colonnes russes, conduites par Korsakow, arrivent à Schaffhouse, sur la ligne d'opérations de l'archiduc Charles.— Leur force se porte à trente mille hommes.

22. Le général *Bonaparte* s'embarque pour l'Europe, à l'insu de l'armée d'Orient, qu'il laisse en Égypte sous les ordres de *Kléber*. Il emmène avec lui les généraux *Berthier, Lannes, Mürat, Marmont*.

Bonaparte disparaît, alors que son armée est réduite de moitié. Puisque le soldat s'était attaché à sa fortune, ne devait-il pas à son tour s'attacher à celle du soldat? Il se sauve d'Égypte, alors que le plus grand dénuement existe par-tout, que le plus grand désordre est dans l'administration du pays, qu'il est dû douze millions, et qu'il s'agit, non de lutter contre quelques escadrons de Mameluckś, brisés par leurs précédentes défaites, mais de résister aux efforts réunis de trois grandes puissances, la Porte, les Anglais et les Russes. *Bonaparte*, voyant la crise fatale s'approcher, laisse tomber cet énorme fardeau sur *Kléber*.

Comme, dès le 20 mars, Bonaparte avait reçu des lettres de France qui lui transmettaient la connaissance positive des apprêts *d'une seconde guerre continentale*, et qu'il n'en persévérera pas moins dans son attaque d'Acre, on est inévitablement induit à penser qu'il ne détermine son départ des contrées de l'Orient, qu'après ses désastres de Syrie, et lorsqu'il acquiert la certitude que l'expédition doit se terminer malheureusement. Déja compromise, sa gloire militaire recevrait une grave atteinte d'une capitulation; il s'y dérobe par la fuite. Les frégates qui doivent le transporter en France, sont armées et prêtes *depuis* 50 *jours*; il va les joindre, lorsque déja l'escadre turque paraît en vue d'Alexandrie: cette circonstance l'oblige à remettre son départ; il bat cette milice désordonnée (25 juillet); les destins lui sont propices; il s'élance comme Médée, laissant la douleur et le désespoir sur cette terre désolée (*V.* 9 octobre).

27. *Premier débarquement d'une armée anglaise*, forte de vingt mille hommes, dans la Nord-Hollande, sur la presqu'île du Helder (*V.* 15 septembre).

29. *Mort du pape Pie VI*, âgé de 82 ans, à Valence (Drôme), où le directoire le retient captif (*V.* 14 juillet).

Septembre 11. *Reddition de Tortone*, après trois mois de blocus ou de siége. La garnison, réduite à douze cents hommes, est prisonnière de guerre.

12. Suwarow se met en mouvement du Piémont vers les frontières de la Suisse. Les débris de son armée doivent se joindre à l'armée de Korsakow (*V.* 16 août).

15. Second débarquement des troupes anglo-russes, au nombre de vingt-six mille hommes, au Helder, Nord-Hollande (*V.* 27 août).

19. *Bataille de Bergen* (une lieue N.-O. d'Alkmaar, Nord-Hollande). — L'armée franco-batave de trente mille hommes, commandée par *Brune*, ayant sous lui *Vandamme*, défait l'armée anglo-russe, forte de quarante-quatre mille hommes, et protégée par le feu de quelques bateaux canonniers. Les fautes du duc d'Yorck, commandant en chef, lui font perdre tous ses avantages de position et de nombre. Le général russe Hermann est fait prisonnier.

24—26. Dix-huit mille Russes, les débris de l'armée de Suwarow (*V.* le 12), passent le Saint-Gothard, et pénètrent en Suisse par la vallée de la Reuss. — Ils en sont rejetés par le général *Lecourbe* (*V.* 14 août).

25 et suiv. *Combats près de Zurich. — Passages de la Linth et de la Limath. — Bataille de Zurich* ou *de Dietikon. — Prise de Zurich.*

Les Austro-Russes commandés par Korsakow, sont battus par *Masséna*, ayant sous lui les généraux *Oudinot*, *Soult*. — L'autrichien Hotze et trois autres généraux autrichiens sont tués; cinq autres sont faits prisonniers. L'ennemi perd au-delà de seize mille hommes, cent canons, presque tous ses bagages; les Autrichiens, séparés des Russes, ne peuvent les rejoindre qu'au-delà du Rhin et du lac de Constance. — Ces triomphes de *Masséna* garantissent le territoire français de toute invasion, et terminent les progrès que l'ennemi ne cessait de faire depuis l'ouverture de la campagne. *Masséna* sauve la France à *Zurich*, comme *Villars* l'avait sauvée à *Denain*.

26—29. Le général *Molitor*, commandant un faible détachement, repousse les généraux autrichiens Jellachich et Linken, qui, à la tête de forces dix fois plus nombreuses, se portent, par le Linth-Thal, sur Glaris, pour s'y réunir à Suwarow, et parvient à les rejeter dans les Grisons. Puis, avec ses treize cents hommes, *Molitor* contient, toute une journée, cinq mille Russes conduits par Suwarow, qui s'avance aussi sur Glaris, par le Klon-Thal. Les efforts de celui-ci, pour joindre les débris des corps autrichiens, sont refoulés une seconde fois (*V.* le 24).

30. Octobre 1er. Le général *Mortier* attaque, dans le *Muotta-Thal*, près de Schweitz, et repousse le général Rosemberg, commandant la colonne gauche des troupes russes venues d'Italie.

1, 2. Le général *Molitor*, en position dans la vallée de la Linth, derrière Glaris, résiste aux attaques désespérées de Suwarow, qui évacue Glaris, et se retire précipitamment dans les Grisons. Harcelé les jours suivants, le général russe abandonne ses blessés, ses babages, la plus grande partie de son artillerie et environ seize cents prisonniers. — En même temps le général *Loison*, reprenant le Saint-Gothard; l'armée de *Masséna*, maîtresse de la Suisse, occupe une ligne qui s'étend depuis le lac Majeur jusqu'à la tête du lac de Constance.

6. *Bataille de Kastrikum* (trois l. S. d'Alkmaar, Nord-Hollande). — Le général *Brune* défait les Anglo-Russés, commandés par le duc d'Yorck, et les retient dans la position très-resserrée où ils se sont très-malhabilement établis (*V.* le 18).

7. *Combats et prise de Constance.*—Le général, *Gazan*, vainqueur de Korsakow dans plusieurs engagements, s'empare de cette ville, après une résistance soutenue du *corps de Condé*, maintenant au service de Russie. — Les Russes et les Autrichiens se rejettent entièrement à la rive droite du Rhin. — Cette suite non interrompue de succès, depuis le 25 septembre, dissipe le prestige de la grande renommée des troupes russes et de leur grand Suwarow, et termine les opérations en Suisse.

9. Le général *Bonaparte*, parti secrètement d'Égypte (*V.* 22 août), *aborde à Saint-Raphau*, près de Fréjus (Var).

16. *Arrivée à Paris de Bonaparte.* — Il s'est fait déclarer exempt de l'observance de la quarantaine. — Sa vue inattendue excite l'enthousiasme de tous. Quoique les frontières aient été garanties, par les journées de Bergen et de Zurich (*V.* 19, 25 septembre), des dangers d'une invasion immédiate, elles restent encore exposées aux tentatives d'ennemis très-supérieurs en forces numériques et matérielles. Le retour de la sécurité à cet égard, comme la fin des troubles, semblent, à tous les Français, tenir à la présence et à l'action du grand capitaine qui vient à leur secours.

16. *Combat de Bosco* (près de Gavi et de Novi). — *Gouvion-Saint-Cyr* attaque avec cinq mille hommes, sans cavalerie et sans canon, l'autrichien Karacksay, bien supérieur en nombre, ayant deux mille chevaux et une forte artillerie; le rejette au-delà d'Acqui, et lui prend quinze cents hommes avec sept pièces. Ce fait d'armes se distingue entre les plus beaux faits que présente notre histoire militaire.

18. *Capitulation d'Alkmaar* (presqu'île du Helder), entre le général *Brune* et le duc d'*York*, chef de l'armée anglo-russe. Ce prince entièrement inhabile à commander, ayant complètement échoué à *Kastrikum* (le 6), dans ses efforts pour s'étendre hors de l'étroite péninsule sur laquelle il a débarqué, et réduit à recevoir de ses vaisseaux les subsistances et tout ce qui est nécessaire à ses troupes, renonce subitement à la trop flatteuse idée de conquérir la Hollande. Le fils de George III capitule à *Alkmaar*, aussi peu honorablement que le fils de George II avait capitulé à *Closter-Seven*, en 1757. — L'armée anglo-russe est tenue de se rembarquer sans délai, et sans causer aucun dégât par des inondations dans le pays qu'elle abandonne. Huit mille prisonniers de guerre, français et bataves, faits avant la campagne, seront, au choix des gouvernements des deux républiques alliées, renvoyés libres, sans échange ni conditions.

31. Les troupes russes cessent, vers la fin de ce mois, de faire cause commune avec les Autrichiens, et quittent le théâtre de la guerre. Suwarow se dispose à marcher en Russie. Trop vain pour s'attribuer une partie des revers qui signalent ses derniers faits d'armes, ou pour les reporter sur l'habileté supérieure des généraux comme sur la plus grande bravoure des soldats qui lui firent face, l'épuisèrent et le domptèrent, il accuse, avec emportement, ses auxiliaires de lâcheté et de défection. Ses rapports, aigrissant Paul Ier contre l'Autriche, contribueront à le rapprocher de la France. Le général, dépouillé de ses lauriers, mais couvert de titres fastueux, ramènera dans leur pays trente mille de ces quatre-vingt mille soldats fournis à la coalition pour le contingent de son souverain.

Novembre 4. *Bataille de Savigliano* ou *de Fossano*. — *Championnet*, ayant sous ses ordres les généraux *Victor*, *Grenier*, avec vingt-quatre mille hommes, est défait par l'autrichien Mélas. Il perd le tiers de ses soldats; il se voit forcé d'évacuer toutes ses positions dans la plaine de Piémont.

5. *Combat de Novi* (trois lieues S. de Tortone). — *Gouvion-Saint-Cyr*, conduisant des forces très-inférieures à celles de l'autrichien Kray, et presque sans artillerie, le défait, lui enlève quatre canons,

et lui cause une perte de quatre mille tués, blessés ou prisonniers.

JOURNÉES DES 18 ET 19 BRUMAIRE.

Depuis les évènements de *fructidor* (4 septembre 1797), la nation obéit en murmurant au directoire. Elle attend avec impatience la chûte de ce pouvoir, jouet de tous les partis, et réduit au misérable expédient de les opposer l'un à l'autre pour les dominer, en se maintenant par un équilibre que le plus léger accident doit rompre ; car le point d'appui n'est ni dans les principes du gouvernement, ni dans la capacité des gouvernants. Un esprit étroit et tracassier dirige ces cinq magistrats de cinq années, qui supposent que la roideur et la dureté caractérisent le républicanisme. Également vils et méchants, ils ne savent employer que deux moyens, tromper, proscrire. Leur autorité ne se fait connaître que par des vexations, des injustices, des inepties. La loi sur l'emprunt forcé (*V.* 5 janvier 1798) a frappé la terre de stérilité, et tari les sources du travail ; la loi des ôtages (*V.* 12 juillet 1799) fait trembler l'innocence ; des colonnes mobiles désolent les campagnes, tandis qu'une inquisition domestique tourmente sans relâche les habitants des villes. Le citoyen passe-t-il devant un corps-de-garde, il se voit sommé d'exhiber une carte de sûreté. On en est venu au point de demander un passe-port d'une rue à l'autre. A-t-il un collet vert ou noir à son habit, des cheveux en tresses, déclaré par cela seul conspirateur, il est brutalement jeté dans une prison avec les assassins du jour; paraît-il dans un lieu de réunion publique, les sbires de *Fouché* dit *de Nantes,* armés ou gagés, à baudrier ou à ceinture tricolore, en ferment inopinément les issues; reste-t-il au sein de sa famille, à toute heure de la nuit les visites domiciliaires violent cet asyle sacré. Nul moyen d'éviter les embûches de ce *Torquémada,* qui tyrannise des républicains au nom de la sainte liberté. Des milliers de victimes du 19 fructidor gémissent loin de leur patrie ; la Guyane est peuplée d'une foule de citoyens recommandables; la persécution a soulevé des départements entiers ; la guerre civile rallume ses torches, tandis que la gloire de nos armées est obscurcie par vingt défaites qui ont amené l'ennemi jusque sur nos frontières.

Tout-à-coup s'élance, du rivage africain, l'homme de la destinée. Le conquérant des Pyramides apparaît aux yeux étonnés des Français. Dans tous les temps, le merveilleux, l'extraordinaire exercèrent sans doute un empire irrésistible sur leurs esprits ; mais à cette heure l'extase est à son comble. Bonaparte touche le sol de la Provence, et tous les cœurs, tous les bras sont à lui. Celui, dit-on, qui donna la liberté aux Italiens dégénérés, vient nous la rendre, à nous, qui sûmes une première fois la conquérir au-dedans et au-dehors. Celui qui fit goûter aux Égyptiens, abrutis par un despotisme de quinze siècles, les bienfaits d'une administration régulière et modérée, vient nous délivrer de l'anarchie. A peine Bonaparte est à Paris, que tous les partis attendent en silence l'expression de son regard, le signal que donnera sa main. . . . .

Chaque conseil législatif a, sous le nom de commission des inspecteurs, un bureau spécialement chargé de veiller à la sûreté de la représentation nationale et à l'inviolabilité de ses membres. La commission des *anciens*, qui agit de concert avec les directeurs *Sieyes*, *Roger-Ducos*, fait, le 9, un rapport alarmant sur les projets des ennemis de l'ordre qui se rendent en foule à Paris. En conséquence, le conseil porte un décret qui transfère le corps législatif à Saint-Cloud, charge le général *Bonaparte* de l'exécution, et lui donne pouvoir sur tous les militaires. Ce général paraît à la barre, accompagné des généraux *Berthier*, *Lefebvre*, *Murat*, *Moncey*, *Moreau*, *Macdonald*, *Serrurier*, *Beurnonville*, *Marmont*, etc. Les généraux *Jourdan* et *Bernadotte* ne sont point du cortége, et leur absence annonce assez qu'ils désapprouvent les dispositions anti-républicaines de cette journée. *Bonaparte*, ayant reçu les ordres du conseil, parle ainsi: « La république périssait; vous l'avez su: votre décret vient « de la sauver. Malheur à ceux qui voudraient le trouble et le désor- « dre! Je les arrêterai, aidé du général *Lefebvre*, du général *Berthier*, « et de tous mes compagnons d'armes. Qu'on ne cherche pas, dans « le passé, des exemples qui pourraient retarder notre marche! Rien, « dans l'histoire, ne ressemble à la fin du dix-huitième siècle; rien, « dans la fin du dix-huitième siècle, ne ressemble au moment actuel. « Votre sagesse a rendu ce décret; nos bras sauront l'exécuter. *Nous* « *voulons une république fondée sur la vraie liberté*. . . . . « *Nous l'aurons!* . . . . *Je le jure*. . . . . *Je le* « *jure*. . . . . »

Après ce discours, *Bonaparte* passe en revue, dans les Tuileries, dix mille soldats. Un émissaire de ces trois directeurs qu'il se propose de renverser, venant, de leur part, lui proposer un accommodement *Bonaparte* répond par une sortie véhémente, par des anathêmes, qu'un jour la France rejettera, avec une indignation bien plus fondée, sur sa tête sacrilége: « Qu'avez-vous fait de cette France, que « je vous ai laissée si brillante? Je vous ai laissé la paix; je retrouve la « guerre. Je vous ai laissé des victoires; je retrouve des revers. Je vous

« ai laissé les millions de l'Italie, et je trouve par-tout des lois spo-
« liatrices et de la misère! Qu'avez-vous fait de cent mille Français
« que je connaissais tous, mes compagnons de gloire? Ils sont morts!
« Cet état de choses ne peut durer: *il nous mènerait au despotisme.*
« .... *Nous voulons la*
« *république assise sur les bases de l'égalité, de la liberté*.........
« ....» — Si l'un de ces ignobles directeurs, soit *Barras*, *Gohier*, ou *Moulins*, apparaissait, en 1815, pour demander à ce même *Bonaparte*, compte de la barrière du Rhin et des Alpes, de trois millions de Français qui auront péri, depuis Cadix jusqu'à Moskow, compte des deux invasions de l'ancienne France; compte de cette aversion que l'Europe aura contractée envers les Français, quel que soit désormais leur gouvernement, que répondrait le Mahomet-Corse?

Le lendemain 19 brumaire ou 10 novembre, *Bonaparte* paraît inopinément dans la salle des *cinq-cents à Saint-Cloud*, accompagné de plusieurs grenadiers armés. La majorité de ce conseil étant composée de jacobins endurcis au crime, ou de républicains enthousiastes de la constitution de l'an III, on a eu soin, afin d'atténuer l'opposition, de ne pas transmettre, à plusieurs d'entre eux, les lettres de convocation à Saint-Cloud. Cependant les députés présents se croient assez forts pour proscrire, avec un décret, le téméraire qui vient leur dicter des lois. A sa vue, ils se lèvent, ils s'agitent, le menacent en vociférant les noms de *César*, de *Cromwell*. Cet homme habitué aux périls de la guerre, hésite et tremble à l'aspect de cet ignoble simulacre de l'autorité souveraine. Il sort effrayé.

Le tumulte continue dans la salle, et n'est un peu contenu que par la fermeté du président *Lucien Bonaparte*, frère du général (celui-là même que le pape Pie VII a décoré, en 1814, du titre assez ridicule de *prince Canino*). C'est principalement à l'attitude de *Lucien* qu'est dû le résultat de la journée. — Il sort de la salle, et va donner l'utile avis d'y faire défiler un bataillon de grenadiers, au pas de charge. A cette vue, les députés fuient de toutes parts, en jetant leurs bizarres costumes.

On sait que *Cromwell* dispersa le *long parlement*, composé aussi d'obscurs factieux: mais il paya de sa personne, et sortit le dernier du lieu de l'assemblée; tandis que *Bonaparte* s'éclipse, pâle et tremblant, quoique sous l'égide de plusieurs grenadiers en armes, et quoique les violences exercées contre lui se bornent à des menaces et à des vociférations. Mais fidèle à sa fourberie native, et afin d'intéresser les Français à sa personne, il publiera que les poignards des ennemis de la patrie furent levés sur lui. De quelle imposture dédaignerait de faire usage celui qui, principal moteur et soutien *de la journée du* 18 *fructidor* (4 septembre 1797), en accuse aujourd'hui les deux conseils, pour saisir dans cette accusation un prétexte de les dissoudre?

Novembre 11. Les séances des deux conseils sont reprises la nuit, *Lucien* étant parvenu à rassembler ceux des membres du conseil des cinq-cents que l'expédition militaire de la journée n'a pas épouvantés, ou bien qui l'approuvent. — Les deux conseils décrètent *l'abolition du directoire*, l'exclusion de soixante-deux membres du parti renversé, parmi lesquels le général *Jourdan* est le seul remarquable; *l'institution d'un gouvernement provisoire composé de* TROIS CONSULS : *Sieyes* (ex-abbé, ex-constituant, ex-conventionnel, ayant voté la mort de *Louis XVI*, directeur); *Roger-Ducos* (ex-conventionnel, ayant voté la mort de Louis XVI, directeur); le général *Bonaparte*. — Les conseils s'ajournent au 20 février — *Une commission législative* de cinquante membres, pris également dans l'un et l'autre conseil, fera l'*intérim*.

La révolution du 18 *brumaire* aura des effets plus étendus que n'en ont eu les révolutions *du* 30 *prairial* (16 juin 1799,) *du* 18 *fructidor* (4 septembre 1797), *du* 13 *vendémiaire* (4 octobre 1795). Elle met un frein à l'anarchie, et ouvre la carrière au despotisme d'un seul. Le pouvoir exécutif plus concentré, moins gêné dans son action, amenera, pour premiers résultats, de salutaires modifications administratives. La tranquillité publique sera moins incertaine : les fortunes particulières retrouveront un peu de cette sécurité qui fut troublée dès les premières spoliations qu'exerça l'assemblée constituante. La liberté individuelle sera peu respectée, à la vérité; mais du moins elle ne sera exposée qu'aux atteintes des premières autorités; elle ne sera plus livrée à l'arbitraire de plusieurs milliers de tyrans placés à tous les degrés de l'échelle sociale. On s'attend à voir cesser les expropriations collectives, les proscriptions en masse, tous les brigandages commis depuis sept années au nom de la liberté, de l'égalité. Les Français se livrent à l'avenir; ils espèrent; et c'en est assez pour leur faire oublier tous leurs maux, absoudre tous les évènements. Aussi-bien le délire de la gloire militaire, qui de nouveau transporte leur imagination, les attèle, esclaves volontaires, au char de Bonaparte. Ils applaudissent à la soudaine exaltation de ce guerrier dont les triomphes agrandirent l'auréole de la France.

Chaque parti se persuade que cette grande crise doit tourner exclusivement à son avantage. Les royalistes, infatigables dans la poursuite de leurs chimères, se flattent que le général, devenu consul, étudie le rôle de *Monck;* ils n'aperçoivent pas moins, dans la destruction de l'oligarchie directoriale, que la reconstruction du système monarchique de *Louis XIV* et de *Louis XV*, reconstruction faite au profit de *Louis XVIII*. Tandis que les hommes du 21 janvier, du 10 août, les ordonnateurs de septembre, d'accord avec tous ces spoliateurs qui spéculèrent sur les calamités publiques, qui entretinrent l'incendie de la France, afin de trafiquer de ses cendres, se réjouissent de l'apparition d'un gouvernement dont les formes plus simples, mais conservant le type républicain, mettront les uns à l'abri des recherches sur leurs forfaits, et garantiront les autres des réactions démagogiques qui leur enleveraient les fruits de leurs rapines. Les uns veulent l'impunité du crime; les autres, la sanction du pillage. Il ne s'agit point de sauver les principes de la révolution, mais les hommes qui les ont ensanglantés; de consacrer le droit imprescriptible de la propriété en rendant aux proscrits le peu qui reste de leurs dépouilles, mais de conserver aux voleurs publics les deniers de l'état. On voit déja de féroces jacobins se transformer en courtisans, pendant que de nébuleux métaphysiciens se croient parvenus à cette époque où l'application de leurs théories va fonder le bonheur indestructible du genre humain; et dix ans de calamités accidentelles sont un prix qui, s'il faut les en croire, paye bien faiblement ces bienfaisantes utopies. Il est encore des observateurs moraux et politiques, observateurs télescopiques, qui voient dans le conquérant de l'Italie, dans ce destructeur de toutes les institutions amenées par la succession des temps chez les ultramontains, dans ce révolutionnaire violent autant que ténébreux, un émule de *Washington*, un protecteur de l'humanité, un mortel demi-dieu, aussi généreux, aussi juste, aussi modéré, aussi rempli de sincérité que l'illustre Américain. Et la nation, toujours séduite à l'appât de la nouveauté, malgré tant de cruels sacrifices, inhabile à pressentir la tendance de cette révolution, comme à discerner l'ambition de l'homme qui l'exécute, la nation s'abandonne au torrent, dans l'espoir d'être enfin déposée sur un rivage affermi.

1799.

QUATRIÈME PÉRIODE. — *Gouvernement consulaire.*

Toujours la tyrannie a d'heureuses prémices.
(RACINE.)

Des premiers mouvements spectateur immobile,
Tu veux ravir les fruits de la guerre civile,
Sur nos débris communs établir ta grandeur.
(VOLTAIRE.)

NOVEMBRE 11. *Arrêté des consuls provisoires*, qui condamne à la déportation trente-six jacobins parmi les plus fameux, et envoie en surveillance à la Rochelle vingt-six citoyens du parti démagogique et ennemis de cette dernière révolution.

13. *Loi qui révoque celle du 12 juillet, relative aux ôtages.*

Reddition d'Ancône. — Le général *Monnier*, qui soutient avec une rare intrépidité, depuis six mois, un siége pour lequel sont réunies des forces autrichiennes, napolitaines, russes, turques, et des bandes d'insurgés, conclut une capitulation très-honorable. La garnison rentre en France sur parole.

21. *Bourse de Paris.* — Le tiers-consolidé, appelé plus tard les *cinq pour cent*, coté, le 8, à onze francs trente centimes, monte à vingt-deux francs. — Il s'élevera, le 10 mars 1810, à quatre-vingt-huit francs quatre-vingt-dix centimes. — Il sera coté, le 29 mars 1814, à quarante-cinq francs. Le 5 mars 1815, à quatre-vingt-huit francs.

22. Le citoyen *Talleyrand-Périgord* rentre au ministère des relations extérieures, qu'il a quitté le 20 juillet. Il se trouve mis, de la sorte, en regard du citoyen *Fouché* dit *de Nantes*, qui, depuis ce même jour, tient dans sa main les mystérieux ressorts de la police de l'intérieur. Ainsi ces quadrupèdes subtils et avisés, dont la nature amincit les proportions, à qui elle donna l'instinct et la faculté de

se glisser dans les cavités accidentelles d'un édifice en destruction, ressortent toujours sains et saufs de ses décombres amoncelés, et reparaissent au grand jour. L'un et l'autre ministre servira très-efficacement le despotisme naissant de *Bonaparte*; le premier, en flattant les royalistes de retrouver les institutions monarchiques et les faveurs d'une cour splendide, s'ils renoncent de bonne grace à l'ancienne dynastie; le second, en amenant les jacobins aux pieds du destructeur de l'égalité. Les uns convoitent le retour des abus, les autres demandent leur stabilité dans les places dont ils se trouvent en possession.

24. *Réunion des armées du Rhin et du Danube*, sous le nom d'*armée du Rhin; Moreau* en prend le commandement. *Masséna* passe à celui de l'*armée d'Italie.*

Décembre 2, 3. *Combat de Philipsbourg* (cercle du Haut-Rhin). — L'autrichien Sztarray bat les Français et dégage cette place.

5. *Reddition de Coni*, après un siége de dix-sept jours; elle est la suite de la défaite de Savigliano (*V.* 4 novembre). Cette clef du Piémont l'ouvre entièrement aux Autrichiens.

8. *Évacuation de Manheim* et de la rive droite du Rhin.

9. *Mort de George Washington*, âgé de soixante-huit ans, et, depuis trois ans, rentré dans la vie privée. Cet illustre Américain commença la révolution de son pays, par l'énergie; il l'acheva par la modération: il sut la consolider, en la dirigeant constamment vers la plus grande prospérité de ses concitoyens. *Il ne porta jamais atteinte à la propriété.* Son ouvrage, fondé sur la morale et le goût du travail, s'élevait à peine, que les nations l'admirèrent. Voici les dernières paroles qu'en septembre 1796, il adressait aux Américains: « J'ai toujours eu pour motif prépondérant, de tâcher de gagner du « temps pour mon pays, afin qu'il pût consolider et laisser mûrir « ses institutions encore récentes, et faire sans interruption des pro- « grès vers ce degré de force et de consistance qui lui est nécessaire « pour lui donner, humainement parlant, la disposition de son propre « sort.... Mes concitoyens éprouvent la bénigne influence de sages « lois, sous un gouvernement libre. »

La gloire de *Washington*, le seul homme auquel l'histoire moderne ne puisse en comparer un autre, serait sans tache, si ce n'était l'odieux évènement de la *mort de Jumonville*, jeune officier envoyé vers lui, en parlementaire, par le commandant des établissements français sur l'Ohio. *Washington*, alors (24 mai 1754) major dans les troupes du roi d'Angleterre, commandait le poste qui assassina

Jumonville; il était âgé de vingt-trois ans. Loin d'offrir quelque réparation, attaqué lui-même par le frère de *Jumonville* et fait prisonnier avec sa troupe, il reçut la vie et la liberté, à condition de renvoyer les Français échappés au massacre; cependant il viola sa promesse. Des Français ne sauraient effacer le souvenir de cette déplorable circonstance, quelque vénération qu'ait mérité la vie politique de ce grand citoyen.

15. *Combat de Montefaccio* (deux lieues est de Gênes). — Le général *Gouvion-Saint-Cyr*, commandant l'aile droite de l'armée d'Italie, chargé, depuis la défaite de Savigliano (*V.* 4 novembre), de la défense du territoire ligurien, s'y voit environné de dangers. L'anarchie est dans le gouvernement; il le renverse. La population est réduite à l'extrême misère; il sait contenir ses excès. Les soldats français, exténués par les privations, se révoltent; il les fait rentrer dans le devoir, en leur apparaissant et les haranguant à la manière des grands hommes de l'antiquité. Pressé par les Autrichiens, il profite du repentir des troupes et les lance sur le général Klenau qui, malgré l'avantage d'une position presque inexpugnable, malgré sa supériorité numérique et la protection d'une escadre anglo-russe, se fait battre, perd trois mille hommes, abandonne quatre canons. — Gênes reste au pouvoir des Français.

16. *Loi* portant réorganisation de l'école polytechnique (*V.* 21 mars 1795), destinée à répandre l'instruction des sciences mathématiques, physiques, chimiques, des arts graphiques, et particulièrement à former des élèves pour les écoles d'application suivantes : *l'artillerie de terre et de mer, le génie militaire, les ponts et chaussées, la construction civile et nautique des vaisseaux et bâtiments de la marine, les mines, les ingénieurs-géographes.*

24. *Proclamation de la constitution* dite *de l'an VIII.*

Voici la quatrième refonte de l'ordre social, depuis dix années.— Le projet de cette constitution ayant été envoyé, le 13, à l'acceptation dans les départements, on n'a pas eu le temps d'y recueillir tous les votes. On annonce, néanmoins, qu'elle est généralement adoptée; et, sans doute, l'espoir qu'elle servira d'abri contre la tyrannie populaire, a dû réunir l'immense majorité des suffrages.

Les lois sont proposées par le *gouvernement;* un *tribunal* les discute; un *corps législatif* d'une seule chambre les admet ou les rejette; un *sénat* veille à leur conservation. — Le sénat est permanent; il se compose de membres élus à vie. Après la première formation de ce corps, les consuls présenteront trois candidats pour chaque nomination, aux sénateurs eux-mêmes. — Le gouvernement est confié à *trois consuls*, nommés pour dix ans, indéfiniment rééligibles. — Le tribunat se compose de cent membres, âgés de vingt-cinq ans, renouvelés par cinquième tous les ans, indéfiniment rééligibles, c'est-à-dire susceptibles d'être préférés par le sénat sur des listes déja réduites de notabilité. — Le corps législatif est de trois cents membres portés, comme les candidats au tribunat, sur des listes réduites de notabilité dans lesquelles le sénat doit prendre. Les représentants doivent être âgés de trente ans; ils sont indéfiniment réadmissibles et renouvelés, ainsi que les tribuns, par cinquième chaque année. Ils font la loi en statuant par scrutin secret, et sans aucune discussion de leur part, sur les projets de loi qui sont débattus, en leur présence, par les orateurs du tribunat et du gouvernement. La session ordinaire du corps législatif est annuelle et dure quatre mois (*V.* pour les modifications de la constitution, aux 6 mai, 4 août 1802; 30 avril, 3 mai, 18 mai, 1er décembre 1804; 19 août 1807).

Napoléon Bonaparte est nommé *premier consul*. On lui adjoint, 1° *Cambacérès*, ex-conventionnel ayant voté la mort de *Louis XVI*, membre du comité de sûreté générale avec *Robespierre*, et législateur-pratique de mesures révolutionnaires (*V.* le troisième appel nominal, fait deux fois, le 17 et le 18 janvier 1793, 20 janvier d°, 10, 19, 25 mars d°; 23 décembre 1794); 2° *Lebrun*, ex-constituant, ex-député au conseil des anciens, trempé dans les doctrines du despotisme ministériel de l'ancien régime, auprès du *chancelier Maupeou* dont il a, dans sa tendre jeunesse, été le secrétaire intime. — C'est appuyé sur ces deux champions, qui servirent sous deux bannières opposées, que *Bonaparte* s'avance au pouvoir suprême. Par eux, il opposera les royalistes aux jacobins, et, les faisant fléchir également, il dominera seul sur la France. C'est d'après ce système qu'il a déja choisi ses deux principaux ministres. (*V.* 22 novembre.)

Sieyes et *Roger Ducos*, consuls provisoires, sont donc obligés de se retirer. Sieyes, ce ténébreux métaphysicien qui passait pour profond politique, honteux d'être la dupe d'un fourbe plus fourbe que lui, rentre pour toujours dans l'obscurité, qui ne saurait être affaiblie désormais que par la mémoire de sa conduite inconsidérée et factieuse aux états-généraux, criminelle à la convention.

La constitution de l'an VIII, rédigée pour la circonstance ainsi que pour l'avantage exclusif de l'arbitre de la circonstance, offre néanmoins un perfectionnement dans l'esquisse des institutions propres à la France. La convention avait compris, quelque jalouse qu'elle fût d'exercer le pouvoir exécutif dans sa plénitude, qu'il devenait impossible qu'elle délibérât sur tous les actes d'exécution; mais, comme elle refusait d'admettre la division des pouvoirs, elle se vit obligée de créer dans son sein un pouvoir dirigeant et coërcitif. Elle institua les comités de salut public et de sûreté générale. Elle ne craignit pas, en premier lieu, de leur conférer de très-grandes attributions, parce que les membres qui les composaient étaient amovibles, qu'ils devaient se renouveler à des intervalles très-rapprochés, et qu'ils se trouvaient en nombre assez considérable pour se surveiller et prévenir ou détruire l'ascendant de l'un de leurs collègues. Cette combinaison, dictée par un esprit de démocratie rasante, avait pourtant si mal répondu à l'attente de ses auteurs, qu'elle fut remplacée dans la constitution de l'an III, par l'institution de cinq directeurs successivement remplacés à leur cinquième année : c'était un premier pas vers la concentration nécessaire à ce pouvoir toujours agissant, toujours visible. La constitution qui érige le consulat se rapproche encore des formes amies de la stabilité, en resserrant l'autorité exécutive dans les mains de trois personnes élues pour dix ans. On mesure déja la distance qui sépare ce ternaire du gouvernement d'un seul.

Quoique, au commencement de la révolution, la nation ait accueilli avec enthousiasme des idées républicaines, elle est trop profondément imbue d'habitudes, de souvenirs monarchiques, pour ne pas pressentir avec une certaine confiance le retour d'un système à l'ombre duquel elle vécut moins agitée. En obéissant à ces trois personnes consulaires qui ne forment qu'un consul, la nation se flatte d'éviter les crises fréquentes nées de la soif du pouvoir, alors que d'effrénées ambitions en faisaient l'objet des plus périlleux et des plus sanglants débats. *Neuf fois, en moins de sept ans,* depuis la chûte de l'autorité royale, la nation vit le gouvernail changer de mains, et l'état se jeter sur des écueils nouveaux : 1° journée du 31 mai 1793 (défaite des *girondins* ou *brissotins*); 2° 5 avril 1794 (chûte du parti des *cordeliers, Danton, Chabot,* etc.); 3° journée de thermidor (27—28 juillet 1794; chûte de *Robespierre*); 4° journée du 12 germinal, 1er avril 1795 (*Barrère et ses trois complices* opérant un soulèvement pour se soustraire au supplice qui menace leurs têtes); 5° journée du 1er prairial, 20 mai 1795 (les *jacobins* succombant pour la troisième fois); 6° journée du 13 vendémiaire, 4 octobre 1795 (les *jacobins* reprennent le dessus, *Barras* et *Bonaparte* les secondent); 7° journée de fructidor (4—5 septembre 1797, les *jacobins* l'emportent encore; *Bonaparte* les soutient); 8° journée du 30 prairial (18 juin 1799, triomphe des *jacobins Barras*, *Sieyes*, sur les *jacobins Merlin* dit *de Douai*, *Treilhard*, *Réveillère-Lepaux*); 9° journées de brumaire (9—10 novembre 1799, où les *anarchistes* sont enfin domptés).

Plus ces convulsions ont agi violemment, moins la royauté a pu s'oublier. Elle est restée au fond des cœurs comme un besoin vague, importun, indéfini, par conséquent impérieux. La royauté n'offre plus, aujourd'hui, que le souvenir d'une tranquille possession. L'illusion de la perspective se fortifie de l'éloignement même. Plus on a voulu le bruit, le désordre, plus on aspire au calme, à la régularité. Le despotisme féroce et le régime brutal des précédentes époques ont disposé à reprendre le gouvernement monarchique. Les anciennes impressions renaissent en foule. La nation, avec cette fougueuse inconstance, cette mobile inconsidération qui signalèrent les écarts de 1790 à 1795, se complaît à l'idée de rétrograder vers 1790, en franchissant d'un seul bond tout l'espace intermédiaire. Elle avait à son réveil, à l'aurore de la révolution, appelé le bonheur dans ses foyers; elle n'a recueilli que la gloire des combats, et elle juge que le guerrier le plus illustre sera l'administrateur le plus bienfaisant. Elle se précipite dans ses bras; elle le presse, le conjure de fixer les destinées de la France. Car, dans ce simulacre de trinité consulaire, les Français ne voient que *Bonaparte;* c'est à lui qu'ils se donnent, qu'ils s'abandonnent; c'est à lui seul qu'ils disent: « Après « nous avoir délivrés de nos incertitudes si longues, si cruelles; après « que vous aurez dissipé les ennemis obstinés de notre indépendance « collective, établissez notre prospérité sur des bases durables; et « que nous ne changions plus d'institutions. Contemplez *Gustave* « *Wasa*, *Henri IV*, et votre contemporain *Washington*, qui jouit « de son immortalité durant sa vie. Imitez ces demi-dieux; et votre « nom s'élevera autant au-dessus de leurs noms, que la France s'élève « au-dessus des nations modernes. » Vain espoir d'une nation généreuse et confiante!

26. *Bonaparte, premier consul*, écrit au roi d'Angleterre en l'invitant à la paix...... « La guerre qui, depuis huit ans, ravage les « quatre parties du monde, doit-elle être éternelle? N'est-il donc « aucun moyen de s'entendre?..... »

Certes, le plus sincère ami de la paix ne saurait se flatter de conclure un traité dans de telles conjonctures. La France sort d'une crise révolutionnaire; ses finances sont renversées; les départements de l'ouest sont en pleine insurrection; les armées, malgré leurs avantages récents en Suisse et en Hollande, ne peuvent résister au nombre et se replient dans nos frontières. L'occasion est donc on ne peut moins favorable pour entrer en négociation. Mais Bonaparte espère en imposer aux Français par ces vaines autant que solennelles démonstrations. Il sait trop bien que, depuis dix ans, on séduit la multitude à la faveur d'un langage emphatique, par de trompeuses apparences; tandis que Pitt, son rival, se flatte de prendre avantage du bouleversement qui vient de s'opérer dans le gouvernement français. Profondément machiavéliste, le ministre pénètre tout le machiavélisme du consul; il s'écrie à la chambre des communes : « *Dans aucun* « *cas, ne traitez avec cet homme* ». Ce refus d'entrer en pourparler sourit aux projets de Bonaparte, qui ne néglige pas de déclarer aux Français, que, « le ministère britannique ayant repoussé la paix, il « faut, pour la conquérir, de l'argent, du fer et des soldats ».

29. *Prise du fort d'El-Arisch* (situé dans le désert, à une marche de la Syrie et à sept marches de l'Égypte), par les troupes du grand-visir et des officiers anglais qui conduisent l'attaque, malgré les négociations qui continuent entre le général en chef *Kléber* et les plénipotentiaires ennemis.

Mort de Daubenton, célèbre naturaliste et collaborateur de Buffon, à quatre-vingt-trois ans.

30. *Mort de Marmontel*, homme de lettres, dans sa soixante-dix-huitième année.

1800.

Janvier 5. *Loi* qui condamne, par mesure d'état, cent trente-trois individus à la déportation. La plupart sont d'obscurs révolutionnaires inculpés de crimes publics.

17. *Arrêté des consuls*, provoqué par *Fouché* dit *de Nantes*, ministre de la police, *par lequel le nombre des journaux est fixé*, attendu que plusieurs feuilles sont des instruments dans les mains des ennemis de la république. Cet arrêté autorise la suppression des journaux qui inséreront des articles contraires *au pacte social, à la souveraineté du peuple, à la gloire des armées*, et aux nations amies ou alliées, lors même que ces articles seraient extraits des feuilles étrangères.

18. *Convention de Montfaucon* (trois lieues sud de Beaupreau

Maine-et-Loire), par laquelle les généraux *Brune*, *Hédouville*, pacifient de nouveau (*V.* 20 janvier 1799) les contrées de l'ouest, sur l'une et l'autre rive de la Loire. — Dans cette seconde guerre, les royalistes ont montré bien moins d'énergie, de courage et d'habileté qu'ils n'en avaient déployé sous *la Roche-Jacquelin*, *Lescure*, *d'Elbée*, *Charrette*, *Stofflet*. Les successeurs de ces valeureux chefs de parti n'ont su organiser que des bandes isolées, sans discipline, agissant à la manière des contrebandiers, attaquant les voyageurs et les habitations écartées.

24. *Traité d'El-Arisch*, *entre Kléber, général en chef, et le grand visir.* — L'Égypte sera évacuée. — Les places de *Salahieh*, *Catieh*, *Belbéis*, *Damiette*, seront remises aux troupes turques. — L'armée française sera transportée en France, tant sur ses bâtiments que sur ceux qu'il sera nécessaire que la Porte lui fournisse. — Il lui sera délivré, tant de la part de la Porte que de la Grande-Bretagne, les passe-ports, saufs-conduits et convois nécessaires, pour assurer son retour en France. — Il y aura un armistice de trois mois en Égypte.

Ce traité est conclu par les soins et sous les auspices du commodore anglais Sidney Smith, qui a ouvert des communications officielles avec le général Kléber, et s'est montré comme ministre plénipotentiaire de sa majesté britannique près la Porte ottomane. Cependant Smith n'intervient dans l'acte, ni comme ministre diplomatique, ni comme commandant militaire; et la négligence des plénipotentiaires français à requérir son intervention laisse à son gouvernement des motifs spécieux de s'opposer à l'exécution du traité (*V.* 20 mars).

Février 11. *La banque de France* se constitue et entre en exercice.

13. *Soumission des chouans* du Morbihan, des Côtes-du-Nord, du Finistère. — Leurs bandes, composées de quelques royalistes sincères, d'un petit nombre d'hommes d'honneur, et d'un ramas de voleurs de grand chemin, ont commis beaucoup d'excès dans ces contrées, et fait beaucoup de tort à la cause qu'elles annonçaient vouloir défendre.

Loi spécifiant que la liste des émigrés demeure fermée au 25 décembre 1799 (*V.* 28 avril 1802).

17. *Loi* sur la division du territoire en départements et arrondissements communaux.

19. *Le corps du prince de Condé* passe du service de Russie à la solde de l'Angleterre.

24. *Loi* qui établit des octrois municipaux sur les objets de con-

sommation locale dans les villes dont les hospices civils n'ont point de revenus suffisants pour leurs besoins.

Mars 8. *Arrêté des consuls* qui ordonne la formation d'une *armée de réserve*, dont le quartier-général sera à Dijon. — Elle doit être de soixante mille hommes. — Elle est destinée à fournir des renforts, tant à l'armée d'Italie, qu'à celle du Rhin.

Loi qui met à la disposition du gouvernement tous les Français de la première classe de la conscription, ou dont la vingtième année a été terminée le 1er vendémiaire an VIII (23 septembre 1799). — Tout conscrit déserteur sera condamné à une amende de quinze cents francs.

14. Le cardinal *Gregorio-Barnaba Chiaramonte est élu pape* par trente-deux voix sur trente-cinq, dans le conclave tenu à Venise sous l'influence directe de l'Autriche. Il prend le nom de *Pie VII*. — Évêque d'Imola, lors de l'invasion de la Romagne, il s'était fait remarquer par l'approbation explicite qu'il avait volontairement donnée aux principes démocratiques des Français (*V.* 25 décembre 1797).

18. *Loi qui donne aux tribunaux une nouvelle organisation.*

20. VICTOIRE D'HÉLIOPOLIS. — *Kléber*, général en chef de l'armée d'Orient, se confiant au traité d'El-Arisch, du 24 janvier, a remis au grand-visir les places de *Salahieh*, *Catieh*, *Belbéis*, *Damiette*, lorsqu'il reçoit une lettre du lord Keith, commandant en chef de la flotte anglaise, qui somme l'armée de mettre bas les armes, et de se rendre à discrétion. Kléber, indigné, distribue cette lettre dans les rangs, et dit pour toute harangue : « SOLDATS! ON NE RÉPOND A DE TELLES INSOLENCES QUE PAR LA VICTOIRE. MARCHONS. »

On rencontre l'avant-garde ottomane à une lieue N.-E. du Kaire, aux villages d'*Elhanka* et de *Mattarieh*, sur les ruines d'*Héliopolis*. — Cette armée de plus de soixante mille Turcs, Arabes, Mameloucks, est mise en fuite par dix mille Français. — Les riches dépouilles du camp, les nombreux chameaux, presque toute l'artillerie, sont au pouvoir des vainqueurs, qui n'ont pas perdu deux cents hommes. — Les généraux *Régnier*, *Friant*, *Belliard*, *Donzelot*, *Joseph-Lagrange*, se sont distingués, ainsi que le général *Damas*, chef de l'état-major. — Les deux jours suivants voient la déroute complète de l'armée battue. Ses immenses débris s'enfoncent dans le désert ; ils y sont massacrés par les Arabes, ou y périssent plus misérablement encore.

L'anéantissement de l'armée ottomane est le résultat d'un faux calcul du cabinet de Londres, dont la fausseté se développe aujourd'hui toute entière. Une dépêche envoyée par Kléber au directoire, ayant été surprise devant Toulon, les ministres anglais y ont vu, ou cru voir, que l'armée d'Orient est tombée dans un état de faiblesse et de dénuement qui permet de lui faire subir les plus dures conditions. Ils se décident donc à n'admettre aucun traité; et dans l'hypothèse qu'ils regardent comme très-probable, qu'il en aurait été conclu, ils ont défendu à leurs amiraux de le reconnaître, espérant même que ce traité présenterait de nouveaux avantages, en ce que les Français, dépossédés de leurs positions militaires, se verraient dans la nécessité d'accepter les clauses les plus avilissantes. Le ministre Pitt, aussi borné dans ses vues de politique étrangère, que machiavélique dans les moyens d'exécution, mettant en avant un de ses collègues subalternes, Dundas (plus tard vicomte Melville), lui fait dire, « qu'on devait se réjouir de la fin prochaine « de cette perfide armée, qui servirait d'exemple au monde, et dont « la destruction totale était demandée par l'intérêt du genre humain. » — Un tel langage convenait-il aux barbares exterminateurs des pacifiques Hindous, aux perfides violateurs de la paix en 1754, aux oppresseurs de l'Irlande, à ces mêmes provocateurs de la guerre universelle, qu'ils n'avaient excitée en 1791, 92, et qu'ils ne soutenaient toujours que dans leurs intérêts particuliers?

Avril 6 — 20. A la suite de combats très-opiniâtres livrés aux Autrichiens, dont les forces sont plus que triples, *Masséna*, commandant l'armée d'Italie, se replie sur Gênes. *Suchet*, avec la gauche de l'armée, coupée de son général en chef, bat en retraite vers Nice. Les généraux *Soult*, *Oudinot*, *Compans*, ont des commandements dans cette petite armée de braves.

25. *Reprise du Kaire.* — Dès le 20 mars, alors que commençait la bataille d'Héliopolis, des nuées d'Osmanlis avaient pénétré jusqu'à la capitale de l'Égypte, et en avaient soulevé l'immense population. Il fallait tout le génie de *Kléber* pour la reprendre sans la détruire, sans lui causer même de grands dommages; et sur-tout en évitant de sacrifier ses soldats, dont le faible nombre, la position critique, et l'impossibilité des recrutements, exigent qu'on fasse une guerre entièrement de conservation. — Aussitôt la reprise du Kaire, on se remet, de vive force, en possession de tous les postes livrés aux Turcs, conformément au traité d'El-Arisch (*V.* 24 janvier). L'Égypte entière est soumise, malgré la perfidie du gouvernement anglais (*V.* 20 mars).

Cette seconde conquête est mieux assurée, et sur-tout plus légitimement entreprise que la première, puisqu'elle n'a été provoquée que par la *nécessité* de la *défense*, contre les violateurs d'une transaction solennelle. La mauvaise foi de Pitt vient de donner le caractère de la justice à ce que la première invasion avait de répréhensible. On voit ici combien Kléber se met au-dessus de Bonaparte. Il n'emploie aucun des petits artifices de cette politique déloyale autant qu'ignoble, si familière à son prédécesseur. Kléber n'est point un vainqueur insolemment ambitieux, ne produisant que les droits de la violence; mais un guerrier sans reproche qui, malgré le sentiment de ses forces, a, par le traité d'El-Arisch, fait à la justice, comme à la saine politique, le sacrifice de sa gloire future; et qui, pour détruire les atroces combinaisons du cabinet de Saint-James, et dans le seul but de la défense personnelle, s'est vu contraint de conquérir le champ de bataille qu'il avait rendu quelques jours auparavant. — Le ministère anglais, deux mois après, fera savoir à Kléber que le passage en France est libre aux troupes d'Égypte. C'est après les résultats décisifs de la bataille d'Héliopolis, que Pitt consent à l'exécution du traité d'El-Arisch. La diplomatie moderne fournit heureusement de très-rares exemples d'une aussi basse déloyauté.

25. — 30. — *Passage du Rhin.* — *Gouvion-Saint-Cyr*, commandant le centre de l'armée du Rhin, aux ordres de *Moreau*, passe ce fleuve, et s'empare de Fribourg. — Toutes les divisions sont en pleine marche à l'ennemi, sur la rive droite. *Lecourbe* commande la droite; *Bruneteau Sainte-Suzanne*, la gauche; *Dessolles* est chef de l'état-major.

Mai 3. *Bataille d'Engen* (dans la forêt noire, quatre lieues nord de Schaffhouse), remportée par l'armée du Rhin. — *Moreau*, général en chef; *Lecourbe*, *Gouvion-Saint-Cyr*, lieutenants-généraux; *Molitor*, général de division. — Les Autrichiens, conduits par Kray, ont dix mille hommes tués, blessés ou prisonniers. La perte des Français en blessés et en morts est très-considérable.

5. *Bataille de Moeskirch* (sur l'Ablach, cinq lieues est d'Engen). Les Autrichiens, battus par *Moreau*, perdent de six à sept mille hommes, et une partie de leurs magasins.

9. *Bataille de Biberach* (sur la Riss, sept lieues sud-ouest d'Ulm). Toujours victorieuse, l'armée de *Moreau*, dont l'attaque est conduite par *Gouvion-Saint-Cyr*, cause à l'ennemi une perte de quatre mille hommes et celle de ses derniers magasins.

11. *Prise de Memmingen par Lecourbe*, après un combat très-vif

qui coûte à l'ennemi trois mille hommes. — L'armée autrichienne, quatre fois défaite en huit jours, recule sa ligne en appuyant l'aile gauche au Vorarlberg et l'aile droite sur Ulm, dans une position resserrée, et sans communication avec le corps qui garde le Tyrol, tandis que les Français dans l'abondance ont toutes leurs communications assurées.

16 — 20. PASSAGE DES ALPES. *Le gros de l'armée de réserve* (*V.* 8 mars), *conduit par Bonaparte, premier consul, passe le grand Saint-Bernard. D'autres divisions escaladent le petit Saint-Bernard, le Simplon, le Saint-Gothard, le mont Cenis, le mont Genèvre.* Tous les obstacles sont aplanis, comme par enchantement. *Marmont*, commandant l'artillerie, et *Gassendi*, inspecteur du génie, ont trouvé les moyens de transporter les pièces sur les revers des escarpements les plus effrayants; ce que Suwarow n'avait pas osé entreprendre, en se portant, l'année précédente, du Piémont vers Zurich. *Marmont* a fait construire des affûts-traîneaux et creuser des arbres en forme d'auge, afin d'y placer les canons, les obusiers, et de pouvoir les hisser jusqu'au sommet des montagnes par les sentiers les plus étroits et les plus hérissés.—Ce passage des grandes Alpes est, de toutes les expéditions de ce genre, la plus extraordinaire comme la plus rapide. Les Français pénètrent en Italie par trois débouchés où l'ennemi n'a pas cru qu'il soit possible d'aboutir. On n'a perdu qu'une pièce de huit, quelques soldats et quelques transports.

18. *Lannes*, commandant l'avant-garde de l'armée de réserve, ayant franchi le *grand Saint-Bernard*, débouche en Piémont par le val d'Aoste et surprend la ville de ce nom. Partie de Genève, cette avant-garde a fait, en trois jours, plus de vingt-cinq lieues, en escaladant de hautes montagnes.

22 — 25. Différents corps de l'armée de réserve s'emparent de *Suze*, de *la Brunette*, d'*Ivrée*.

27. Occupation de Verceil par le général *Murat*.

28. *Suchet*, lieutenant-général de l'armée d'Italie, ayant été coupé de Gênes (*V.* 20 avril), et rejeté jusqu'au Var, repousse à son tour les Autrichiens et va reprendre l'offensive dans la rivière du Ponent.

Mélas, général en chef autrichien, persiste jusqu'à ce jour à penser que l'armée de réserve est une armée imaginaire, et que la nouvelle de son entrée en Piémont, à travers les Alpes, est un conte puéril. Toujours conduit par sa chimère favorite, l'envahissement des frontières de France, il partage ses forces entre le siége de Gênes et l'attaque du pont du Var, qu'il conduit en personne; se développant ainsi sur une ligne de plus de soixante-dix lieues; et telle est l'imprévoyance de Mélas, que le vaste plan de *Bonaparte* a reçu sa presque entière exécution avant que les Autrichiens aient fait aucun mouvement utile pour l'empêcher.

29. *Occupation d'Augsbourg par Lecourbe*, commandant la droite de l'armée de *Moreau*. — Depuis l'ouverture de la campagne sur le Rhin, le 26 avril, les Autrichiens ont évacué tous les pays entre le Rhin, le lac de Constance, le Danube et le Lech.

Juin 1er. *Premiers essais de l'inoculation de la vaccine* faits à Paris, sur trente enfants, avec du fluide envoyé de Londres. On doit la proposition de ces essais au duc de *la Rochefoucauld-Liancourt*, si connu par son amour de l'humanité, si distingué par l'étendue de ses connaissances, dont il sut toujours faire l'application à l'utilité générale, ainsi qu'au bien-être des classes inférieures ou souffrantes de la société (*V.* 4 avril 1804).

2. *Occupation de Milan* par l'armée de réserve. — Réorganisation de la république Cisalpine. — Toute la Lombardie est au pouvoir des Français.

5. *Reddition de Gênes.* — Ce jour même, où le général Ott reçoit de Vienne l'ordre de lever le blocus, le général *Masséna* signe une convention pour remettre cette place, où, renfermé avec seulement seize mille hommes, il a défendu pendant cinquante-deux jours une enceinte immense et contenu une population de cent vingt mille individus (habitants ou refugiés) soumis, dès les premiers jours, aux plus dures privations. Non-seulement tout ce qui a vie est mangé, mais toute substance alimentaire : le cuir même a servi de pâture à cette multitude toujours retenue dans l'obéissance par l'inébranlable, l'infatigable *Masséna*; vingt-cinq mille habitants ont péri de misère. La garnison n'a reçu, la veille de sa sortie, que trois onces d'une sorte de pain, ou plutôt de mastic noir, amer, carbonisé par la cuisson; composé de son, de folle-avoine, de graine de lin, d'amandes, d'amidon, et imprégné d'huile de cacao. Vingt-quatre heures plus tard, *Masséna* ne commandait plus qu'à des cadavres. Épuisé lui-même, il proposait aux compagnons exténués de ses travaux, de n'emporter que leurs armes et de se faire jour à travers l'ennemi. Il dicte toutes les conditions de l'évacuation de Gênes, à laquelle il consent après avoir refusé de se servir du terme *capitulation*; et, quoique traitant avec un amiral anglais, et que cet amiral soit Keith (*V.* 20 mars), *Masséna* ne lui remet pas cinq corsaires français bloqués dans le port, il les emmène. Cette garnison, réduite à huit mille

cent dix hommes, sort l'arme au bras, des canons en tête, sans autre condition que de se rendre à Nice, dont elle prend la route de terre. L'état-major, les convalescents, le matériel, sont transportés par mer à Antibes, sous l'escorte des Anglais qui bloquaient étroitement le port de Gênes depuis trois mois. — Ce siége élève Masséna au plus haut degré de célébrité. On ne sait ce que l'on doit le plus admirer, de l'étonnante bravoure des troupes françaises, ou de leur constance à supporter toutes les privations et tous les maux dont elles étaient la proie.

5. *Suchet* (*V.* 28 mai, Ier art.) bat l'autrichien Elsnitz à *la Pieva*, et le poursuit jusqu'à *Ceva*.

Kray, commandant en chef les Autrichiens, attaque une partie de l'armée française en position sur la rive gauche de l'Iller, à *Kirchberg*, près de Memmingen. Il est repoussé par le général *Grenier*, ayant sous lui le général *Ney*.

7. Occupation de Pavie par le général *Lannes*, qui s'empare de trois-cent-cinquante canons montés, de dix mille fusils et de riches magasins.

9. *Bataille de Montebello* (26 l. N.-E. de Voghera, Piémont), gagnée par *Bonaparte* sur l'autrichien Ott, qui essuie une défaite complète et perd huit mille hommes. — Le général *Lannes* a la plus brillante part au succès de cette action, qui dure de dix heures du matin à huit heures du soir, mais qui n'est qu'une affaire d'avant-garde, le corps de l'armée autrichienne n'étant point entamé.

14. Victoire de Marengo (dans la plaine entre Alexandrie et Tortone).

Bonaparte général en chef. — L'armée autrichienne aux ordres de Mélas, resserrée entre la Bormida et le Pô, coupée de Gênes, ainsi que du Milanais, mais d'une force numérique très-supérieure, attaque au point du jour l'avant-garde française, en tombant de tout son poids sur les corps des lieutenants-généraux *Lannes* et *Victor*. Épuisés par leur résistance et manquant de munitions, ces deux corps cessent après midi de combattre et abandonnent le terrain. Leurs bataillons à moitié détruits, que la fermeté de deux bataillons de la garde des consuls ne saurait protéger assez efficacement, se retirent derrière le corps de Desaix, qui survient à cinq heures et demie, et qui se trouve appuyé par la brigade de cavalerie de *Kellerman* fils. La journée semble perdue, et effectivement elle est très-hasardée, par suite des fausses dispositions du général en chef, lorsque l'action recommence avec les quatre mille fantassins de Desaix soutenus par une artillerie bien postée et bien servie. Desaix qui, échappé d'Égypte, n'a joint l'armée que depuis trois jours, tombe à la première décharge. Son dernier soupir est un regret de ne pas avoir assez vécu pour la gloire de la France. Les soldats hésitent, reculent et se replient. *Kellerman*, par une de ces inspirations dont dépend quelquefois le destin des batailles, s'élance avec ses cinq cents cavaliers à travers les Autrichiens qui poursuivent en désordre et sans feu dans leurs armes les soldats de *Victor* qui fuient éperdus. Cette charge inopinée est la circonstance décisive de la journée. Le général Zach se rend avec cinq mille grenadiers hongrois. Mélas se voit enveloppé par des troupes de renfort ; et les vainqueurs sont vaincus par leurs propres terreurs. Il est dix heures. La perte de l'ennemi, y compris les prisonniers, dépasse quinze mille hommes; il abandonne trente pièces d'artillerie. Les Français n'ont guère moins de sept à huit mille hommes hors de combat.

Bourse de Paris. — La nouvelle de cette victoire arrivée à Paris, le 21, fait monter le tiers consolidé (5 p. 0/0) de vingt-neuf à trente-cinq francs; il était, la veille du 18 brumaire ou le 8 novembre 1799, à onze francs trente centimes.

14. *Mort de Kléber*, général en chef de l'armée d'Orient. Il est assassiné au Caire par un turc fanatique qu'a expédié le visir défait à Héliopolis (20 mars). Avec Kléber s'éteint l'éclat de cette vaillante armée. *Menou*, son successeur, est sans capacité comme militaire, comme administrateur; et cependant les vingt-cinq mille Français dont le sort lui est remis ne sauraient plus être sauvés que par les combinaisons du génie et l'élan du courage.

Kléber, Desaix, les plus illustres chefs de l'armée d'Égypte, compteront parmi les capitaines dont la France doit s'honorer à jamais. Par une fatale conformité, ils périssent le même jour.

16. *Convention d'Alexandrie* (Italie), entre les chefs des armées française, Bonaparte, et autrichienne, Mélas. — Armistice. — « Les « Autrichiens se retirent sur la rive gauche du bas Pô. — Les places « ou forts de Tortone, d'Alexandrie, de Plaisance, de Turin, de « Milan, de Pizzighitone, d'Arona, d'Ancône; le fort Urbin, Coni, « Céva, Savone, Gênes, sont remis aux Français. »

Le sort de l'Italie est décidé par cette convention, suite nécessaire de la bataille de Marengo. Ici finit cette *campagne* appelée *des trente jours*, dont les prodiges offrent le résultat de causes presque surnaturelles. Bonaparte, consul, trouvera dans la victoire décisive qu'il vient de remporter, tout ce qui lui manque encore de moyens pour s'affermir au-dedans et pour établir sa considération politique. C'est sur le champ de Marengo qu'il saisit le sceptre dont il frappera le continent à coups redoublés, et pendant dix années.

19. VICTOIRE D'HOCHSTEDT (rive gauche du Danube, deux lieues N.-E. de Dillingen).

A ce même lieu, témoin de la gloire de *Villars* (20 septembre 1702), de la honte de *Tallard* et *Marsin* (13 août 1704), *Moreau* triomphe de l'autrichien Kray. Cette bataille, ou plutôt cette suite de grands combats, dans un espace de sept à huit lieues, s'est engagée au jour, et n'a fini que vers onze heures du soir. Cinq mille prisonniers, vingt canons, l'occupation d'Ulm, principale clef du Danube, les riches magasins de Donawerth, sont les fruits immédiats de la journée. L'ennemi, délogé d'une très-forte position, se voit déconcerté dans sa défensive. L'audace du général *Lecourbe* a la plus grande part à ce succès. Les généraux *Dessolles*, *Grenier*, *Decaen*, *Puthod*, *d'Haupoult*, se distinguent. Cette affaire oblige les Autrichiens d'évacuer avec précipitation toute la Souabe, la Franconie, la Bavière. Les manœuvres par lesquelles Moreau amena, força Kray à quitter son camp inexpugnable d'Ulm, passent pour des chefs-d'œuvre de stratégie. Cependant les Français les connaîtront à peine. *Bonaparte*, qui, cinq jours auparavant, a vaincu à Marengo, ne veut d'autre renommée que la sienne.

20. *Traité de subsides signé à Vienne, entre l'Autriche et l'Angleterre.* Il doit être en vigueur jusqu'à la fin de février 1801. — Il est convenu que la guerre contre la France se fera avec énergie, et qu'aucune des deux puissances ne conclura de paix séparée. — L'Angleterre prête en outre à l'Autriche une somme de quarante-huit millions de francs.

23. Le général *Suchet* entre à Gênes et y retrouve toute l'artillerie qui a été abandonnée lors de la reddition de cette place, le 5.

26. Les armées d'Italie et de réserve sont réunies sous le commandement de *Masséna.*

Occupation de Munich par le général Decaen, à la suite de plusieurs engagements partiels, toujours à l'avantage de l'armée du Rhin.

Juillet 1er. *Mort du général d'Arçon*, ingénieur et mécanicien célèbre. Son invention des batteries flottantes insubmersibles, et incombustibles, dont on fit un inutile usage au siége de Gibraltar, en 1782, n'en attira pas moins sur lui les regards de l'Europe savante; et son génie, pour être admiré, n'eut pas besoin du succès que lui ravirent ses envieux.

14. *Prise de Feldkirch* (sur l'Iller), place très-forte par ses retranchements. *Lecourbe* et *Molitor* s'en rendent maîtres, après plusieurs attaques des plus audacieuses dans les défilés du Vorarlberg et des Grisons.

15. *Armistice conclu à Parsdorff* (village à deux lieues E. de Munich), pour l'Allemagne. — Les Français continueront d'occuper la Suisse, le pays des Grisons, à l'exception de l'Engaddine, et les provinces à la gauche du Lech.

Septembre 5. *Reddition de Malte.* — Le général *Vaubois* capitule à des conditions honorables, *après deux ans* d'un blocus rigoureux, et remet cette place aux Anglais. La garnison, réduite à deux mille hommes, est, depuis plusieurs mois, en proie à tous les besoins et aux plus cruelles maladies. Elle est transportée à Marseille. — De même que l'occupation de Malte fut une faute très-grave (*V.* 10 juin 1798), sa perte est le fruit le plus amer de la défaite d'*Aboukir* (*V.* 1er août 1798).

22. Translation du corps de Turenne à l'église des Invalides. Elle a lieu avec un grand appareil.

26. *Arrêté des consuls* qui porte à trois, au lieu de deux par mois, les tirages faits à Paris de la loterie de France, supprimée comme immorale le 16 novembre 1793, et rétablie, comme donnant un produit utile, le 30 septembre 1797. Cette même loi détermine de nouveaux tirages à Bordeaux, Lyon, Bruxelles, Strasbourg.

30. *Traité d'amitié et de commerce entre la France et les États-Unis*, signé à Paris. Il est stipulé, *que le pavillon couvre la marchandise.*

Octobre 3. Le roi d'Angleterre renonce à son titre de roi de France, afin de faciliter les négociations de paix avec le gouvernement consulaire.

19. Le capitaine *Baudin* appareille du Havre avec les corvettes *le Géographe, le Naturaliste,* et la goëlette *la Cazuarina*, commandant *Louis Freycinet*, pour une expédition autour du globe, et spécialement aux terres australes (*V.* 1er avril 1804).

Novembre 12 — 20. Rupture de l'armistice en Italie et en Allemagne (*V.* 16 juin, 15 juillet). — Les forces de la France sont ainsi réparties: armée gallo-batave, *Augereau;* armée du Rhin, *Moreau;* armée de réserve, *Murat;* armée des Grisons, *Macdonald;* armée d'Italie, *Brune.* Ces cinq armées, qui forment près de deux cent cinquante mille hommes, se tiennent depuis la ligne formée par la neutralité prussienne, jusqu'au centre de l'Italie. Elles sont maîtresses du cours du Rhin, des grandes Alpes, du haut Danube et du Pô supérieur. Des détachements occupent les côtes de l'Adriatique et de la Toscane. — L'Autriche a mis en ligne, de deux cent trente à deux cent quarante mille hommes, en Souabe, dans le Tyrol et en Italie.

Décembre 1er—6. *Passage des Alpes tyroliennes.* — L'armée des Grisons pénètre dans la Valteline, *à travers le Splugen,* un des sommets les plus élevés (dix-neuf cent vingt-cinq mètres au-dessus de l'Océan), malgré d'affreuses tempêtes, les amoncèlements des neiges, et par des efforts prodigieux d'audace, de patience et d'industrie. *Macdonald,* qui commande cette armée, dont *Mathieu-Dumas* est chef d'état-major, se met ainsi en communication avec *Brune,* ou l'armée d'Italie.

3. VICTOIRE DE HOHENLINDEN (dix lieues E. de Munich, rive gauche de l'Inn). — *Moreau,* général en chef. — *Dessolles,* chef de l'état-major; *Richepanse, Ney, Grenier, Grouchy, Decaen, d'Hautpoult,* généraux de division, sont ceux qui contribuent le plus au gain de la journée, et principalement *Richepanse.*—L'archiduc Jean, général en chef, ayant pour conseil le général Lauer.

La neige tombe à gros flocons pendant l'engagement qui est général, et qui dure dix heures entières, sur une ligne brisée, très-étendue. L'ennemi perd quatre-vingts pièces de canon, dix mille prisonniers, dont deux généraux; il laisse plus de six mille hommes sur le champ de bataille. Les Français ont à peine trois mille tués ou blessés.

Cette journée, l'une des plus mémorables de la guerre de la révolution, porte à l'Autriche un coup terrible et décisif. Le succès ne doit rien au hasard; la bataille (chose extraordinaire) est exécutée suivant le plan tracé. Jamais chef d'armée n'avait aussi judicieusement préparé une grande action; jamais Moreau ne donna des preuves aussi positives de haute capacité, de présence d'esprit, d'un génie qui se possède, parce qu'il connaît sa portée. La reprise des hostilités a eu lieu le 28 novembre; il ne faut à Moreau qu'une semaine pour battre complètement et mettre en retraite accélérée la formidable armée autrichienne. Après son triomphe, aussi modeste qu'humain et généreux, il ne laisse éclater sa joie que par ces paroles: « Mes amis, vous avez conquis la paix! Oui, c'est la paix, la paix « que nous venons de conclure! »

9. *Passage de l'Inn* exécuté de vive force, *à Neuheuern* (six lieues N. de Kuffstein), par *Lecourbe.* — Le corps du *prince de Condé* qui, suivant l'usage constant des Autrichiens, fait l'arrière-garde dans les circonstances très-difficiles, se signale par une héroïque résistance.

12. L'archiduc Charles, dernière ressource de l'Autriche, est reporté au commandement en chef en Allemagne, qui lui a été retiré au mois de mars.

15. *Combat près de Lauffen; prise de Salzbourg et des lignes de la Salza*, par *Decaen* et *Lecourbe*. — La haute Autriche est ouverte à l'armée de *Moreau*, constamment victorieuse sur tous les points, et qui a franchi tous les grands obstacles susceptibles d'arrêter sa marche sur Vienne.

16. *Système continental. — Traité de neutralité armée, entre la Russie et la Suède*, signé à Pétersbourg, à l'effet de faire respecter leurs pavillons par les puissances belligérantes. Il expose que les vaisseaux neutres ont le droit de naviguer librement de port en port, et sur les côtes des nations en guerre, et que *le pavillon neutre couvre la marchandise*. — Ces stipulations contraires aux prétentions invariablement manifestées par le cabinet britannique (*V.* 11 novembre 1807), l'exciteront aux plus violents excès contre les puissances du nord (*V.* 14 janvier, 2 avril 1801; 7, 9 septembre, 31 octobre 1807). — L'empereur Paul fait saisir immédiatement, dans ses ports, tous les vaisseaux anglais, et détenir leurs équipages, qu'il envoie dans les terres. — Le Danemarck et la Prusse accéderont à cette convention.

19, 20. *Passage de la Traun, par l'armée de Moreau. Occupation de Lintz*, capitale de la haute Autriche (quarante lieues O. de Vienne). — Depuis le passage de la Salza, le 15, les Autrichiens intimidés n'opposent plus de fortes masses à l'avant-garde française.

24. *Explosion de la machine* dite *infernale du* 3 *nivose*. Un tonneau rempli de poudre, de balles, d'artifice, et dans lequel est introduite une mèche disposée de manière à produire l'explosion à l'instant déterminé, éclate dans la rue Saint-Nicaise à Paris, à huit heures du soir, au moment où *Bonaparte, premier consul*, vient de passer, se rendant à l'Opéra. — Les premiers indices établiront que cette tentative est le coup-de-main de quelques obscurs scélérats habitués aux crimes. On en saisit plusieurs, sur lesquels on trouve des traces de leur dessein; eux-mêmes l'avouent, dit-on, publie-t-on. Mais les ressorts de la police jouent dans les mains de *Fouché* dit *de Nantes*. Qu'attendre de vrai, de juste, du destructeur de Lyon, du séide de *Robespierre* (*V.* 12 octobre, 1er novembre 1793)? Le chef du gouvernement goûte, à l'égal de son ministre, l'occasion de remettre en usage l'inquisition révolutionnaire avec ses piéges, avec ses tortures. Des personnes de toutes les classes, de toutes les opi-

nions, sont aussitôt arrêtées. Un régime de terreur sourde remplace, dès le lendemain même, la tolérance insidieusement proclamée à l'avènement du premier consul. On n'égorgera pas, mais on étouffera les victimes. En se bornant à livrer à la justice les prévenus d'un crime, on suivrait les voies légales, on resterait dans le système vulgaire des gouvernements modérés. On représentera donc cet attentat comme l'œuvre des royalistes et des jacobins, que le génie du mal a réunis dans une intime association. On s'efforcera de montrer que cette tentative est due aux mêmes personnages conjurés contre la révolution à son premier jour; personnages qui se sont mêlés parmi les anarchistes, afin de rendre odieuse la république consulaire. — A cet effet, tandis qu'un *sénatus-consulte* condamne à la déportation cent trente individus pris parmi les jacobins, les conventionnels montagnards, les septembriseurs, une foule de royalistes sont, par les ordres de *Fouché* dit *de Nantes*, enfermés dans des donjons. En outre, un TRIBUNAL D'EXCEPTION condamnera à mort deux bandits-chouans, afin de déterminer l'opinion publique dans le sens que le gouvernement a définitivement arrêté. — Cet évènement affermit l'autorité de Bonaparte, et lui donne des prétextes pour l'étendre. Dès-lors elle prend la forme d'une monarchie militaire.

25. *Armistice conclu à Steyer* (vingt-cinq lieues ouest de Vienne) *entre le général en chef Moreau et l'archiduc Charles.* — « Les places « et forts de Wurtzbourg, Braunau, Kuffstein, Schœrnitz, les défilés « et les fortifications de campagne du Tyrol, sont remis aux Français. »

En moins de vingt jours, l'armée de *Moreau* a conquis quatre-vingt-dix lieues de terrain fortement disputé, franchi les formidables lignes de l'Inn, de la Salza, de la Traun, de l'Ens; et ses avant-postes, poussés à vingt lieues de Vienne, ont dispersé les seules troupes qui pussent en défendre les approches. *Moreau*, dont le vœu constant, au milieu de ses derniers triomphes, avait été pour la paix, pour une paix qui assurât l'état de la France, a généreusement consenti aux premières ouvertures. Il ne veut plus d'une gloire inutile aux intérêts de son pays; il dédaigne le puéril honneur d'une entrée triomphale dans la capitale ennemie.

25.—27. *Bataille de Pozzolo* (au-dessus de Borghetto), et *passage du Mincio, par l'armée d'Italie.* — *Brune*, général en chef; *Oudinot*, chef de l'état-major; *Moncey*, commandant l'aile gauche; *Suchet*, le centre; *Dupont*, la droite. — Les Autrichiens, conduits par Bellegarde, sont enfoncés, et perdent environ dix mille hommes, tués, blessés, prisonniers, avec trente canons. Ce grand résultat est dû principalement à l'énergie comme aux habiles dispositions des généraux *Suchet* et *Dupont*, à une attaque de cavalerie faite à propos par le général *Davoust*, ainsi qu'à l'effet de l'artillerie dirigée par le général *Marmont.*

1801.

Janvier 1er. *Ouverture du congrès de Lunéville*, relativement aux négociations de paix avec l'Autriche, qui consent à traiter sans l'Angleterre, malgré la convention du 20 juin 1800.

Passage de l'Adige, près et au-dessus de Vérone. *Brune*, général en chef.

3. *Occupation de Vérone.*

8. *Occupation de Vicence.*

11. *Passage de la Brenta.*

14. *Système continental.* — Proclamation du roi d'Angleterre qui, par représailles (*V.* 16 décembre 1800), met un embargo sur tous les vaisseaux russes, suédois, danois, et qui ordonne de saisir tous les individus et toutes les propriétés trouvés à bord.

16. *Armistice signé à Trévise, entre Brune et l'autrichien Bellegarde.* Les conditions portent que « les places de Peschiera, Sermione, « les châteaux de Vérone et de Légnago, les villes et citadelles de « Ferrare et d'Ancône, seront livrés aux Français; que Mantoue res- « tera en état de blocus, et que le Tagliamento formera la ligne de « démarcation entre les deux armées. »

23. *Louis XVIII quitte Mittau et le territoire russe* (*V.* 11 février 1798). Le roi de Prusse lui donne asyle, d'abord à *Kœnigsberg*, ensuite à *Varsovie*.

Février 2. *Saint-Domingue.* — Le général nègre *Toussaint-Louverture* prend possession, au nom du gouvernement français et malgré l'opposition des commissaires civils, de la portion espagnole, cédée par le traité de Bâle (*V.* 22 juillet 1795).

7. *Loi* qui autorise le gouvernement à former des *tribunaux criminels* SPÉCIAUX, dans les départements où il les jugera convenables.

9. TRAITÉ DE PAIX DE LUNÉVILLE, entre la république française, d'une part, l'empereur et le corps germanique, d'autre part. — Les cessions stipulées à *Campo-Formio* (*V.* 17 octobre 1797) sont confirmées. — En outre, le Rhin, jusqu'au territoire hollandais, devient la limite de la France. — La Toscane est cédée à l'infant de Parme. — *L'indépendance des républiques batave, helvétique, ligurienne, cisalpine*, est reconnue.

Mars 8. L'anglais Abercrombie effectue un *débarquement sur la plage d'Aboukir*, en Égypte, avec dix-huit mille hommes de troupes de sa nation. Ce littoral se trouve presque sans défense, depuis que *Menou*, général des plus inhabiles, commande en chef (*V.* 14 juin 1800).

13. *Combat sous Alexandrie* (Égypte) entre les forces anglaises débarquées le 8, et la garnison de la place. L'ennemi offre une masse de douze mille combattants. Les Français ne sont que quatre mille : ceux-ci sont refoulés dans la place.

16. Formation d'un nouveau ministère en Angleterre, à l'occasion de la retraite de Pitt qui, ayant favorisé le bouleversement de l'Europe et accru ses malheurs en même temps que la puissance de la France, sentant l'extrême difficulté de pourvoir aux moyens de continuer la guerre, se refuse à négocier avec le gouvernement consulaire. Pitt, Dundas (plus tard, lord Melville), lord Grenville, donnent leur démission, ne voulant pas être les instruments de démarches politiques que, dans leur système (*V.* 26 décembre 1799), ils regardent comme honteuses et nuisibles à la nation. Le cabinet anglais vient seulement mettre en panne, afin de réparer ses avaries et de se disposer à une nouvelle croisière.

17. *Reddition du fort d'Aboukir.* — Sidney Smith, officier anglais, se rend maître du lac Madieh qui baigne Alexandrie.

21. *Bataille de Canope*, en vue d'Alexandrie (Égypte), entre l'armée anglaise forte de quinze mille hommes d'infanterie, conduits par Abercrombie, et l'armée française de neuf mille hommes, dont deux mille de cavalerie, aux ordres d'*Abdallah, Jacques Menou*, général en chef de l'armée d'Orient. — Les Français perdent près de deux mille tués, blessés ou prisonniers; perte énorme dans une armée déja si faible et privée des moyens de se renforcer. Ils se retirent, partie dans Alexandrie, partie vers le Kaire. — L'ennemi éprouve aussi des pertes considérables; leur général en chef est blessé à mort. — L'investissement d'Alexandrie commence. — Ce désastre est imputé à la mésintelligence des officiers-généraux; mais principalement aux fautes de *Menou*, le plus inhabile de tous les généraux français ou de toute autre armée chrétienne, qui aient commandé en chef pendant les vingt-deux années des deux guerres de la France.

Traité de Madrid, entre la France et l'Espagne. Les états de Parme sont cédés à la France qui se dessaisit de la Toscane en faveur de l'infant, prince de Parme, revêtu du titre de *roi d'Étrurie* (*V.* 26 juillet). — Ici commence ce long tissu d'importantes fourberies entreprises par Bonaparte, au midi de l'Europe (*V.* 17 mars 1808).

23, 24. *Mort subite de Paul Ier*, empereur de Russie. Il expire dans la nuit, D'UN COUP D'APOPLEXIE, *suivant la proclamation publiée le lendemain, par ordre d'Alexandre Ier, son fils aîné*, pour annoncer à ses peuples son avènement au trône; tandis que personne n'ignore à Pétersbourg, au moment que ce récit est publié, que Paul est mort étranglé par des courtisans. Voilà comment, dans les empires livrés au despotisme, on traite et le souverain et la vérité! — Paul n'était âgé que de quarante-sept ans; son successeur entre dans sa vingt-quatrième année. Paul ayant, depuis peu de temps, tourné ses affections et sa politique vers la France (*V.* 16 décembre 1800), le parti qu'encourage et soutient le lord Witworth, ambassadeur de la cour de Londres à Pétersbourg, triomphe d'un évènement qui ne saurait étonner la nation russe aussi accoutumée à la mort inopinée de ses souverains qu'à leur avènement inattendu; et, par conséquent, à un soudain changement de système politique (*V.* 17 juin).

25. *Le capitan pacha débarque à Aboukir*, avec un corps nombreux de Turcs.

28. *Traité de paix entre la France et le roi de Naples, signé à Florence.* — Ce prince cède ses droits sur l'île d'Elbe et sur Piombino, ainsi que les Présides.

Avril 2 — 9. *Système continental.* — L'Angleterre, irritée des mesures prises par les puissances du nord (*V.* 16 décembre 1800), a dirigé des forces navales contre le Danemarck. Trente vaisseaux, aux ordres de Nelson, bombardent Copenhague. — Les pertes sont très-grandes des deux côtés. — On convient d'un armistice de trois mois.

21. L'empereur de Russie, Alexandre, offre à *Louis XVIII* la continuation de sa pension de deux cent mille roubles que ce prince a rejetée, en quittant la Russie (*V.* 23 janvier), alors que l'empereur Paul, changeant de système politique, entrait en communication avec le gouvernement consulaire.

Mai 10. *Combat de Rahmanieh* (Delta, Égypte). — Le général *Joseph Lagrange*, commandant une colonne de trois mille six cents hommes, soutient avec beaucoup de fermeté l'attaque du capitan-pacha réuni à une division anglaise. Forcé de céder à la grande supériorité du nombre, le général se replie sur le Kaire.

23. Le général Baird débarque à Kosséir, port d'Égypte, sur la mer Rouge, amenant de l'Inde, mille Anglais et dix mille Cipayes.

Juin 17. *Système continental.* — *Convention entre les cours de Pé-*

tersbourg et de Londres, dans la vue de prévenir amiablement les différends susceptibles de s'élever entre elles, relativement à la neutralité armée (*V.* 16 décembre 1800). — Le Danemarck et la Suède y accéderont.

27. *Convention pour l'évacuation du Kaire.* — Le général *Belliard* obtient des conditions très-honorables. La garnison est renvoyée en France. Six mille et quelques cents Français qui la composent, militaires ou non militaires, valides ou malades, n'ayant presque plus de munitions ni de subsistances, privés de communications avec la France, et même avec le général en chef *Menou*, renfermé dans Alexandrie, ne pourraient suffire à contenir plus long-temps une population nombreuse et féroce, comme à soutenir les efforts d'une armée d'Européens, de deux armées ottomanes renforcées de Mamelouks et d'une multitude d'Asiatiques que l'espoir du pillage a poussés en Égypte. — Cette convention-ci sera mieux observée par les Anglais, que ne le fut *le traité d'El-Arisch* (*V.* 24 janvier, 20 mars 1800), quoiqu'elle ne fasse que remettre les choses au point où Kléber et Smith les avaient mises en conduisant ce traité. Que d'efforts cependant, de la part des Anglais, durant cet intervalle! En attestant l'inefficacité des perfidies de Pitt, ils prouvent son extrême incapacité dans la direction des entreprises militaires.

Juillet 1.er *Saint-Domingue.* — Le *noir Toussaint-Louverture*, commandant au nom du gouvernement français, ayant rassemblé des députés de tous les districts de l'île, approuve la constitution qu'ils lui présentent. — L'esclavage aboli. — Chaque citoyen, de quelque couleur qu'il soit, éligible à toutes les places. — Réglements de police pour les travaux sur les habitations assimilées à des manufactures. — Le régime de la colonie s'établit au moyen de lois proposées par le gouvernement, et approuvées dans une assemblée des habitants réunie chaque année. — *Toussaint-Louverture*, nommé gouverneur à vie, investi du droit de choisir son successeur et de nommer à tous les emplois. — Les propriétaires inscrits sur la liste des émigrés restent privés de leurs revenus.

En s'emparant de l'autorité, le chef des noirs a déclaré à ceux qui tentaient de l'en dissuader: « Je suis le Bonaparte de Saint-Domingue, « et la colonie ne peut plus exister sans moi. »

5. *Combat naval d'Algésiras* (baie de Gibraltar), entre l'escadre du contre-amiral *Linois*, forte de deux vaisseaux de quatre-vingts, un de soixante-quatorze, une frégate de quarante, et l'escadre anglaise aux ordres de John Saumarez de deux vaisseaux de quatre-

vingts, quatre de soixante-quatorze, une frégate de trente-six et un lougre. — Les Français sont appuyés par deux batteries de terre armées de douze pièces de grosse artillerie, et par sept chaloupes canonnières espagnoles. Ils s'emparent de l'*Annibal*, vaisseau de soixante-quatorze.

13. *Combat de mer.* — Le *Formidable*, vaisseau de quatre-vingts, commandé par le capitaine de frégate *Troude*, maltraité dans l'engagement du 5, n'ayant pour huniers que ses mâts de perroquet, est rencontré à la vue de Cadix, par trois vaisseaux anglais de soixante-quatorze, aux ordres de John Saumarez. Après une heure et demie de combat, il démâte un de ces vaisseaux et force les autres à l'abandonner.

15. *Concordat* ou convention *sur les affaires du culte, entre le premier consul et le pape Pie VII.* Il est *signé à Paris* (*V.* 15 août 1801, 6 avril 1812).

26. *Louis de Bourbon, prince de Parme, est proclamé roi d'Étrurie* (*V.* 21 mars, deuxième article). Il doit sa chétive couronne à *Bonaparte*, qui semble l'en avoir décoré dans une saillie de vanité, et comme pour montrer le peu de cas qu'il fait d'un roi subalterne, dépourvu de talents militaires et plongé dans les superstitions ultramontaines (*V.* 10 décembre 1807).

Août 4. *Première attaque de la flotille de Boulogne.*

Dès la conclusion du traité de Lunéville (*V.* 9 février), le premier consul a repris le projet de descente en Angleterre, simulé par le directoire après le traité de Campo-Formio, pour décevoir la crédulité des Français (*V.* 9 décembre 1797). Bonaparte a choisi Boulogne comme point central de tous les armements. De petites embarcations se construisent dans tous les ports des côtes de la Manche; on affecte d'y déployer la plus extraordinaire activité. Des divisions de bâtiments légers sont organisées. Tout se prépare avec fracas, avec ostentation, pour une croisade au-delà du Pas-de-Calais. Ces apprêts exagérés par la renommée ont d'abord répandu l'alarme sur l'autre rive; et, afin de l'affaiblir, le ministère britannique se détermine à une vigoureuse offensive. Le partisan le plus audacieux de la marine, Nelson, a promis d'anéantir d'un seul effort le matériel de la flotille française. Il arrive avec des brûlots, des bombardes, sur cette multitude de petits esquifs embossés sous les batteries; il n'obtient aucun résultat. Il se retire.

15, 16. *Deuxième attaque de la flotille* — Nelson, repoussé le 4, reparaît en vue de Boulogne, amenant huit vaisseaux de ligne, douze frégates, des bricks, brûlots, bombardes, chaloupes canonnières, péniches, dont les voiles couvrent le détroit. — Suivant sa propre relation, il s'est donné tout l'avantage que doit obtenir l'assaillant dans une attaque nocturne. Persuadé des succès dévolus à l'audace que dirige une savante tactique, il reproduit la manœuvre qui le fit triompher à Aboukir (1er août 1798); et, pendant qu'une de ses divisions s'efforce de passer entre la terre et l'ennemi, il serre la flotille rangée à cinq-cents toises du rivage et fixée sur ses ancres. Tous ses efforts sont infructueux; il éprouve une perte très-considérable; il s'éloigne.

Mais aussi tout cet appareil si menaçant, qui semble disposé pour détruire l'Angleterre, n'est et ne peut être qu'un simulacre de guerre dispendieux autant qu'inutile, dont le théâtre se restreint à l'espace compris entre Calais et la Somme. Le seul objet réel de Bonaparte est de tenir en haleine le crédule enthousiasme des Français, et de leur paraître toujours un génie incomparable par la force, la beauté, l'étendue de ses conceptions.

Il parvient à les persuader que les frêles embarcations de la flotille, telles qu'elles sont construites et armées, peuvent opérer sans le secours d'une force navale composée de bâtiments de haut-bord. Ce n'est que tard, qu'une foule de personnes moins injudicieuses se désabuseront et s'apercevront que des deux seuls moyens existants pour faire arriver la flotille sur les côtes de l'Angleterre, forcer le passage ou bien le surprendre, le premier est presque impossible, et le deuxième n'est guère plus facile, les localités présentant, à cet égard, les plus grands obstacles, la nature n'ayant placé sur les côtes du Pas-de-Calais aucun mouillage sûr où la flotille puisse demeurer à l'ancre sans danger, pendant la durée d'un de ces coups de vent si fréquents et si terribles dans la Manche, pour en appareiller aussitôt la tempête passée; la flotille devait donc se tenir dans les ports de Boulogne, de Vimereux, etc., jusqu'à l'instant même de l'entreprise. Or, il lui fallait plus d'une marée pour sortir de ces ports, vu le nombre immense de bâtiments qui la composent (*V.* 2 octobre 1804); par conséquent, les forces navales ennemies auraient eu le temps de se porter en masse sur son passage qu'elles surveillaient sans relâche.

Le concordat signé à Paris, le 15 juillet précédent, est, après un long examen, approuvé dans une congrégation de cardinaux. Le pape le ratifie dans tout son contenu (*V.* 6 avril 1802). Le saint-père demande à tous les anciens évêques de France résidents ou absents de renoncer à leurs siéges, afin de faciliter, par la mise en vigueur de ce concordat, le rétablissement de la religion catholique dans l'ancien royaume très-chrétien. — Quatorze d'entre eux tenant beaucoup plus à leurs souvenirs qu'à leurs espérances; attendu qu'ils jouissent à Londres d'une tranquille aisance, sans cultiver la vigne du Seigneur, refusent l'envoi de leur démission.

30. *Reddition d'Alexandrie*, dernier poste occupé par l'armée d'Égypte. La convention est signée par *Abdallah, Jacques Menou*, Hutchinson, commandants français, anglais; et par le capitan-pacha. — Les puissances ennemies s'engagent à ramener en France la garnison. A peine reste-t-il sur pied trois mille soldats; les maladies retiennent dans les hôpitaux la moitié des hommes en état de porter les armes; les vivres et les médicaments finissent; l'eau douce est devenue si rare, qu'on ne la distribue plus que par ration; les ennemis sont formidables par leur grand nombre. — Les causes qui ont hâté la perte de cette possession existent presque uniquement dans les mauvaises dispositions prises, avant l'apparition de l'ennemi comme après son débarquement, par le chef inhabile de la vaillante armée française. — La capitulation est fidèlement observée de la part des Anglais.

Ainsi se termine l'expédition la plus mémorable des temps modernes; expédition, conçue par la perfidie, commencée sous les plus brillants auspices, et qui devait ramener dans l'Égypte dégénérée la civilisation avec tous ses bienfaits. Qui n'en déplorerait l'issue, en voyant transporter les prodiges de la science dans la mêlée des armes, les lumières de l'Europe chez les Bédouins, les arts de la culture au milieu des déserts?

Cette expédition ajoutera, sans doute, à la gloire militaire des Français; mais elle ne produit d'autre avantage que celui d'obtenir une connaissance plus exacte de quelques-unes de ces ruines qui passionnent, qui transportent des antiquaires dédaigneux de tout ce qui est moderne.

Septembre 7. Ouverture d'une nouvelle diète helvétique, à Berne. — Le directoire français aimait à voir réfléchir son image dans toutes les petites républiques qu'il appelait les satellites de la grande nation. A sa voix, elles s'étaient formées ou transformées. Ainsi *François* dit *de Neufchâteau*, séant au Luxembourg, se voyait reproduit par l'avocat *Corvetto*, fabricant des lois dans le palais des doges génois (*V.* 31 mai 1797). — *Bonaparte* a commandé, le 29 mai, un 18 brumaire en Suisse (et cette nouvelle diète est aussi le résultat de la révolution qui doit s'opérer). En Hollande (*V.* 17 octobre), à Milan

(*V.* 26 janvier 1802), à Gênes (*V.* 29 mai 1802), les peuples divers changent de principes politiques, d'organisation sociale, de mode d'administration, et de tyrans, d'après l'ordre du consul des Tuileries.

29. *Traité de paix entre la France et le Portugal, signé à Madrid.* — Les limites de la Guyane française sont étendues jusqu'au fleuve des Amazones, près de son embouchure.

Octobre 1er. *Traité secret de Saint-Ildefonse, entre la France et l'Espagne.* — La Louisiane, qui fut abandonnée à l'Espagne après la paix humiliante de 1793, est rétrocédée (*V.* 30 avril 1803).

Articles préliminaires de paix, entre la république française et la Grande-Bretagne, signés à Londres. — Cessation immédiate des hostilités. — En résultat des diverses campagnes maritimes, la France a vu s'anéantir la plus grande partie de ses forces navales : trois cent quarante vaisseaux de guerre, dont soixante vaisseaux de ligne, cent trente-sept frégates et cent quarante-trois autres bâtiments armés ont été détruits ou pris par l'ennemi ; ce qui suppose, en calculant l'effectif moyen des équipages, une perte de quatre-vingt mille matelots.

Les vrais motifs de Bonaparte, en se déterminant à la paix, sont l'impossibilité de garder l'Égypte ; la mort de Paul Ier, qui a produit la dissolution de la confédération du nord ; la prodigieuse augmentation de la marine britannique ; l'union récente de tous les partis dans les trois royaumes pour en défendre l'accès à l'ennemi ; les mécontentements en Hollande, en Suisse, en Piémont ; les discussions en Allemagne relativement aux indemnités, et les difficultés élevées, depuis peu, touchant l'exécution du traité de Lunéville ; enfin la nécessité de complaire à l'opinion publique en France et de relever l'esprit national fatigué par cette continuité de guerres, et qui s'en irrite autant qu'il se décourage, depuis que tous ces grands projets de coalition maritime, de colonisation en Égypte, et même d'invasion en Irlande ou en Angleterre, sont envisagés comme inexécutables. Toutes ces circonstances décident l'artificieux consul à revêtir des apparences de modération et d'humanité (*V.* 25 mars 1802).

4. *Bourse de Paris.* — La nouvelle de la signature des préliminaires de paix avec l'Angleterre, porte le tiers consolidé de quarante-huit francs à cinquante-trois francs. — Il n'était coté que onze francs trente centimes le 8 novembre 1799 ou la veille du 18 brumaire.

8. *Traité de paix entre la France et l'empereur de Russie, Alexandre, signé à Paris.* — Il n'existait auparavant, entre les deux puissances, qu'une simple cessation d'hostilités par le fait et sans aucune convention écrite. — Des articles secrets portent qu'il ne sera plus fait de changements en Italie, et que la maison de Savoie recevra des indemnités.

9. *Articles préliminaires de paix entre la France et la Porte ottomane, signés à Paris.* — L'alliance des deux puissances remontait au traité conclu en 1534, entre François Ier et Soliman II. Elle n'avait jamais été interrompue, jusqu'à l'invasion de l'Égypte, en 1798; évènement impolitique, amené par la fourberie du directoire, la connivence intéressée de l'ambitieux Bonaparte, et les idées de certains philosophes enthousiastes de ces temps qu'ils appellent la sublime antiquité, et qui dépeupleraient, ruineraient un grand état, pour avoir un marbre d'Athènes ou une momie de Thèbes.

Le traité définitif entre le premier consul et le grand-seigneur, aura lieu le 25 juin 1802.

17. On proclame en Hollande une nouvelle constitution secrètement dictée par le gouvernement français, jaloux d'engager ce pays plus avant encore dans sa dépendance. Cette secousse politique est calquée sur le 18 brumaire.

Décembre 14 et suiv. *Expédition de Saint-Domingue.* — Des escadres appareillent des ports de Brest, de Lorient. Elles seront suivies des armements qui se préparent à Toulon, à Cadix, au Hâvre, à Flessingue. Ces premières expéditions sont chargées d'environ vingt-deux mille hommes de troupes de terre, destinées à replacer cette immense colonie sous l'obéissance immédiate de la métropole. (*V.* 4 février 1802). L'ensemble des forces navales employées à cette entreprise est de trente-quatre vaisseaux de ligne, vingt frégates, avec un nombre proportionné de petits bâtiments de guerre.

Bonaparte premier consul saisit cette occasion d'éloigner un grand nombre de militaires formés à l'école de *Moreau*, général dont la réputation le blesse, dont l'influence le gêne; ceux aussi qu'il juge n'être pas assez dévoués à sa personne ou à ses intérêts, ainsi que ceux qu'il suppose fortement attachés encore aux institutions républicaines. Il les envoie tous dans ce cimetière de la France.

1802.

Janvier 26. *Bonaparte* a convoqué, à Lyon, une *consulte* de Cisalpins. Il y est nommé *président de la république italienne;* qui vient de perdre son nom de *cisalpine*. Il donne à cette république une constitution analogue à celle de France.

Février 4. *Expédition de Saint-Domingue*. — Entrée dans la rade du *Cap-Français*, de la principale partie des armements (*V.* 14 décembre 1801). — Vice-amiral, *Villaret-Joyeuse*; commandant en chef, *Leclerc*.

Les continuels revers de la guerre maritime ont empêché la métropole de s'opposer à l'ascendant de *Toussaint-Louverture*. Ce noir est profondément ambitieux; mais ses talents militaires, son adresse politique, ont délivré la colonie du joug anglais, et l'ont sauvée de ses propres fureurs. Ayant réuni, en assemblée générale, les hommes de la colonie qui lui sont le plus dévoués, il s'est fait présenter un projet de constitution qui lui confère de très-grands pouvoirs, et le nomme gouverneur à vie (*V.* 1er juillet 1801). *Toussaint* ayant adressé cette constitution au gouvernement consulaire, pour en obtenir la ratification, *Bonaparte* dissimule jusqu'à ce que les préliminaires de la paix avec l'Angleterre lui aient garanti la sûreté d'une entreprise à main armée. Son orgueil s'indigne des prétentions d'un nègre; et d'autant plus, que celui-ci doit également sa fortune à la force des armes, à l'art des séductions, et à des services réels et patriotiques. Ébloui de sa puissance inespérée, le consul ne doute pas de réduire cette colonie, dont il méconnaît les ressources dans une guerre nationale. Il fit jusqu'ici la guerre à des souverains; il va s'exercer à combattre des populations. Il assimile les esclaves de Saint-Domingue à des Napolitains, à ces peuples d'Italie les plus dégradés de l'Europe. Il refuse de voir que les colonies anglaises ne se sont émancipées que parce que l'on a refusé de reconnaître les droits politiques qu'elles réclamaient. Bonaparte a son sysètme tout formé; il veut rétablir l'esclavage sans restriction (*V.* 7 mai, deuxième article; 20 mai). Il châtiera cet antagoniste, dont la comparaison lui semble injurieuse, qui prétendrait à l'honneur d'être son image, qui osa lui écrire des lettres d'admiration, avec ce protocole: *Le premier des noirs au premier des blancs*. Pour la satisfaction de son orgueil blessé, pour l'intérêt de sa domination, il n'hésite pas à mettre l'élite de sa marine à la merci de l'Angleterre. L'influence pernicieuse du climat sur des troupes européennes ne saurait arrêter ses absolues volontés. Qu'importe le sacrifice de quarante mille braves Français, pour opérer la conquête d'un pays sur lequel il régnera despotiquement!

Tout aussi fourbe, Toussaint n'a cessé de protester de sa soumission au gouvernement consulaire; mais, à l'arrivée de l'armement, il ne déguise plus ses desseins. Ses troupes, quoiqu'à demi surprises, résistent avec fureur sur plusieurs points de l'île, brûlent ou dévastent un grand nombre d'habitations. *Christophe*, lieutenant de Toussaint, hors-d'état de se maintenir dans la ville du Cap, la livre aux flammes. Ce second incendie de la belle capitale des Antilles françaises, en fait un monceau de cendres (*V.* 21 juin 1793).

Mars 25. TRAITÉ DE PAIX D'AMIENS, *entre les républiques française, batave et l'Espagne, d'une part, l'Angleterre, de l'autre.* — « Les îles « de la Trinité et de Ceylan restent aux Anglais. L'île de Malte doit « être remise à l'ordre *reconstitué*, et rester indépendante. »

Ce traité termine une guerre de neuf années; guerre aussi sanglante que destructive, et qui amène de grands bouleversements d'états.

L'heureuse France n'a rien perdu dans aucune partie du monde, au moyen de sa rentrée dans celles de ses colonies dont l'Angleterre s'est emparée. La France conserve la possession des Pays-Bas autrichiens, de la Flandre hollandaise, avec le cours de l'Escaut, et une partie du Brabant hollandais, ainsi que les forteresses de Mastricht, Venloo, etc.; de plus, toute la partie de l'Allemagne, située à la rive gauche du Rhin, et comprise entre les territoires batave et helvétique et l'Alsace; et aussi Avignon avec le comtat, la presque totalité de l'évêché de Bâle, la Savoie, avec Genève et Nice. — La France retient en outre, hors de son territoire reconnu, l'état de Parme, et toutes les possessions continentales du roi sarde. — La France a érigé le grand-duché de Toscane en royaume d'Étrurie, et en a fait don au duc de Parme, qui ne saurait dépendre d'aucune autre puissance (*V.* 2 août 1801). — La France régit la république italienne, formée de la Lombardie autrichienne, d'une partie de l'état vénitien à l'ouest de l'Adige, des états de Modène, et des trois légations pontificales du Ferrarais, du Bolonais et de la Romagne (*V.* 26 janvier). — La France domine les républiques helvétique et ligurienne (*V.* 7 septembre 1801, 29 mai 1802). — La France commande à la Hollande (*V.* 17 octobre 1801), qui, sous son bon plaisir, s'est appelée république batave. — Dans le nouveau monde, la France a réuni la partie espagnole de Saint-Domingue, ainsi que des territoires portugais, qui, déserts, forment, par cela même, de bonnes frontières à la Guyane française. La Louisiane, susceptible d'une riche culture, est d'une grande importance dans le golfe du Mexique; elle est aussi un excellent point d'attaque contre les États-Unis.

La France a donc atteint une consistance de territoire continental et de possessions d'outre-mer, telle, qu'il ne s'agit plus que de mettre en valeur, par les moyens productifs d'une industrie soutenue, ces nombreuses ressources de prospérité. En peu d'années, ses richesses développées lui donneront, sur l'Europe pacifiée, cette prépondérance que ses victoires lui donnèrent sur l'Europe en armes. — Là même s'arrêterait un conquérant qui, semblable à Frédéric de Prusse, associerait aux illusions de la gloire quelques idées de justice générale, ou de bienfaisance privée, quelques sentiments de reconnaissance pour une nation qui, depuis dix ans, ne mesure ni ne calcule ses sacrifices; car les vœux et la soumission de la France s'adressaient moins au guerrier, qu'au restaurateur de l'ordre social. Persuadée de la supériorité de ses lumières, de la pureté de ses intentions, elle s'abandonne à lui sans réserve. Ayant trouvé l'Europe harassée par dix années de guerre, le consul peut, en maintenant la France dans ses limites actuelles, fonder un ordre durable en Allemagne, en Italie. Disposant de l'Espagne, retrouvant chez les Turcs cet ancien penchant qui les entraînait vers les Français, il n'a plus qu'à faire du bonheur de l'Europe le gage de sa stabilité personnelle. Les états au-delà du Rhin et des Alpes, n'ayant été formés que par les aggrégations successives d'une multitude de petits territoires, on désire, dans ces deux contrées, des modifications qui donnent de la contiguïté aux possessions, de l'homogénéité à la population. Cette époque est, sans contredit, la plus favorable qu'ait rencontrée la France pour exercer, au moyen des négociations, une influence prépondérante.

Mais les desseins de Bonaparte ne sauraient encore, à l'époque où nous sommes, s'expliquer par ses actes. On peut douter si, toujours renfermé dans sa première carrière, il voudra n'être qu'un chef d'armée; ou si, présidant aux destinées de trente millions de Français, il ne sera pas satisfait d'en devenir le bienfaiteur et le père. Dès qu'il obtint la dictature, il parut aussi jaloux de montrer d'estimables que de grandes qualités : protégeant la religion, les bonnes mœurs, les arts, les sciences, tout ce qui perfectionne la société, il invitait, par son exemple, à l'observation des convenances, aux vertus domestiques. A l'égard des rapports extérieurs de la France, il annonçait que la seule rivalité digne des nations est celle qui se manifeste pour des actions généreuses, pour d'utiles entreprises; et qu'il n'aspirait qu'à l'affermissement d'un état de paix nécessaire au bonheur des Français. Telles furent les assurances expresses que reçut le corps législatif, en novembre 1801; et telles, en effet, les dictaient la bonne politique, la vraie gloire. On peut donc, en voyant les transactions d'Amiens, se persuader que Bonaparte desire offrir à l'univers un modèle accompli de modération et de justice, comme de valeur et de science militaire. Mais à peine jouira-t-on des premiers bienfaits de ce traité, que les esprits attentifs seront désabusés; ils apercevront que l'ame du consul n'est agitée que de cette sorte d'ambition vulgaire, parmi les chefs des peuples; et que, pour usurper la domination universelle, nouveau Mahomet, tantôt il agitera le fer du conquérant, tantôt il s'enveloppera du manteau de l'imposteur.

La paix est dans ta bouche, et ton cœur en est loin,

pourront lui redire l'honnête homme, le bon citoyen, à chaque traité, durant les douze années de son existence politique.

Lorsqu'on examine le traité d'Amiens dans ses rapports éloignés, on le trouve encore très-favorable à la France. L'Angleterre, triomphant sur l'élément d'où elle a banni ses adversaires, ne garde, de tout ce qu'elle a ravi, que l'île espagnole de la Trinité et les établissements hollandais dans l'île de Ceylan. A la vérité, sa domination dans l'Inde s'est fortifiée par la destruction du royaume de Mysore, conquis, en 1799, sur Tippoo-Saëb, dont l'alliance des Français a causé le malheur : elle a énervé la puissance du nizam créée par un Français, le général Raymond. — L'Autriche, rivale invétérée de la France, est descendue à un état d'infériorité sous le triple rapport de la population, des revenus et de l'étendue. Si elle obtient l'avantage d'un territoire plus compacte, elle perd sa puissance fédérative. Peut-être devient-elle intrinsèquement plus forte, par la contiguité de ses provinces; mais elle perd son ascendant au nord, comme au midi de l'Europe. — La Prusse, profitant des incertitudes de ces guerres, auxquelles elle évite de prendre part, joint quelques morcèlements à ses états si mal assemblés. Elle balance, en Allemagne, l'influence française; mais ses frontières n'en restent pas moins ouvertes sur tous les points. Des deux pivots sur lesquels reposait cette monarchie, il ne lui reste que l'armée : le trésor est dissipé, et le génie qui la vivifiait s'est éteint avec Frédéric. — Le corps germanique, affaibli par la cession de plusieurs belles provinces d'une surface de deux mille cinq cents lieues quarrées, oserait-il s'opposer à la France, dont, au contraire, il doit redouter l'inimitié, et se ménager l'appui?

Tels sont les fruits que la France est appelée à recueillir du traité d'Amiens, et que dessèchera cette même main qui les a fait éclore. Les observateurs attentifs, éclairés, ne tarderont pas à juger que cette paix n'est que le résultat de la nécessité du moment, qu'une halte militaire; du moins, en ce qui concerne le consul qui sacrifie tout à son autorité personnelle.

Avril 6—8. *Le concordat* sur les affaires ecclésiastiques signé à Paris, le 15 juillet 1801, ratifié par le pape, le 15 août, est envoyé à l'approbation du pouvoir législatif. — Le tribunat adopte à la majorité de soixante-dix-huit voix sur quatre-vingt-cinq, le corps législatif à la majorité de deux cent vingt-huit sur deux cent quarante-neuf, les dispositions de cette convention formant dix-sept articles; et en même temps, les soixante-dix-sept *articles organiques* qui s'y trouvent annexés.

L'autorité de la cour pontificale est restreinte, les légats ne pouvant, *sans autorisation*, exercer aucune fonction relative aux affaires de l'église gallicane. Ils prêteront serment de ne rien entreprendre contre les droits et les libertés de cette église, et de se conformer *en tout* aux lois de l'état. — La nouvelle circonscription de la France (des quatre-vingt-six départements en 1818) n'admet que neuf archevêchés et quarante-un évêchés. Le traitement des archevêques est de quinze mille francs; celui des évêques, de dix mille francs; celui des curés de première classe, de quinze cents francs; des curés de seconde classe, de mille francs. — Le gouvernement *permet* l'érection des chapitres dans les cathédrales; mais il ne les dote point.

Les soixante-dix-sept articles, dits organiques, énoncent et définissent le droit actuel et les libertés de l'église gallicane, qui doivent former le seul code ecclésiastique pouvant faire autorité dans les tribunaux.

En même temps, quarante-quatre *articles organiques du culte protestant* sont convertis en lois. La France voit enfin proclamer une tolérance dont elle fut toujours si éloignée; les chrétiens de Rome, d'Augsbourg, de Genève, de Constantinople même, redeviennent frères; et, si ces dispositions sont constamment en vigueur, les prêtres catholiques ne seront plus, comme du temps de nos rois, les instruments dangereux et souvent aveugles du despotisme ou des factions.

L'existence de ce concordat, quelques améliorations du honteux concordat de François Ier qu'il renferme, est néanmoins une grave erreur politique; car il introduit au sein de l'état un pouvoir étranger susceptible d'y causer des troubles. Le concordat ramène ce mélange funeste autant que bizarre, de spirituel et de temporel. La loi aurait dû se borner à proclamer le libre exercice des cultes, en affectant des revenus aux dépenses de celui que professe la grande majorité des Français. L'intervention du chef de l'église romaine est aussi peu convenable qu'elle est superflue. Il y a des états de la confédération américaine, dont la très-grande partie de la population professe le catholicisme; les prêtres y sont protégés, entretenus, et les autorités, soit provinciales, soit générales, n'ont aucun rapport avec la cour de Rome. Mais le dessein de Bonaparte est d'asservir les Français; et le clergé sera son meilleur auxiliaire (*V.* 27 mai 1804, 24 septembre 1805). Il sait que les prêtres français furent, dans tous les temps, imbus de la doctrine du despotisme et du droit divin des princes qui les protégèrent. Cette disposition offre le caractère de toutes ses institutions politiques. Du premier au dernier article, on voit que le consul doit être tout; et que les autres autorités ne doivent exercer aucune influence.

26. *Sénatus-consulte portant amnistie pour les prévenus d'émigration* qui ne sont pas rayés définitivement des listes. — Il sera formé une seule liste *permanente* de mille noms. — Les amnistiés ne pourront attaquer les partages de succession, ou autres actes faits antérieurement entre la république et les particuliers. — Ceux de leurs biens qui sont encore dans les mains de la nation, leur seront rendus sans restitution de fruits. Sont exceptés et déclarés inaliénables, les bois et forêts d'une contenance de quatre cents arpents, les immeubles affectés au service public, les droits de propriété sur les grands canaux de navigation, les créances qui pouvaient leur appartenir sur le trésor public, et dont l'extinction s'est opérée par confusion au moment où la république s'est saisie de leurs biens, droits et dettes actives.

On voit ici combien le consul s'éloigne des grands principes d'équité. Il garde des propriétés ravies, tout ce qui convient à l'état. C'est toujours le même système d'expropriation collective mis en usage depuis Philippe-le-Bel, spoliateur des templiers. Les injustices publiques souillent chaque page de notre histoire.

Les listes des émigrés présentaient une nomenclature de près de cent cinquante mille individus; elles formaient neuf volumes.

Mai 1er. *Loi qui crée*, pour l'instruction publique, *des écoles primaires* établies par les communes; *des écoles secondaires*, à la charge aussi des communes, ou tenues par des instituteurs particuliers; *des lycées et des écoles spéciales*, dont le trésor public fait les frais.

Bonaparte a le projet de retirer l'instruction publique du néant, mais en la faisant servir à ses vues politiques. Il en confie d'abord la direction au chimiste *Fourcroy*, républicain prononcé, qui pense avec raison qu'une éducation uniforme et nationale est la première garantie de la liberté politique et civile. Fourcroy ne tardera pas à être remplacé par le poète *Fontanes*, qui entrera plus complaisamment dans les desseins du chef de l'état, en dirigeant l'instruction dans un système presque entièrement militaire. Car, ce que veut sur-tout le consul, général bien plus que magistrat, c'est une nation de soldats bons pour étouffer chez nous tout élan de liberté qui entraverait sa marche ambitieuse, et toujours prêts à détruire les sages institutions des autres peuples.

7. *Soumission de Saint-Domingue.* — Les noirs résistaient depuis trois mois, sur divers points, traînant après eux tous les désastres que peuvent produire des esclaves soulevés pour leur indépendance. — *Christophe*, réduit aux derniers moyens de défense, se rend avec les troupes et l'artillerie dont il dispose. Sa défection conduit *Toussaint* à des négociations avec le général *Leclerc*. Se croyant assuré de l'oubli du passé, ainsi que de la conservation des droits acquis par les noirs, Toussaint se soumet avec *Dessalines*, livrant ses magasins, ses armes, ses munitions. — Les hostilités cessent, l'ordre renaît dans les deux parties française, espagnole; et quoique plusieurs villes aient été consumées, les campagnes se raniment par la culture. Les trois quarts de la colonie ont échappé aux ravages ou à la destruction. — L'armée française a perdu plus de cinq mille hommes dans les combats, les hôpitaux en contiennent un égal nombre; de sorte qu'elle se trouve réduite à douze mille combattants environ.

Colonies. — Une escadre sortie de Brest paraît devant *la pointe à Pître* (Guadeloupe); elle débarque trois mille cinq cents hommes destinés à reprendre sur les hommes de couleur, révoltés contre la France, les postes fortifiés qu'ils occupent. — A la Basse-Terre, les rebelles résistent avec plus de fermeté, et ne seront entièrement dissipés que vers le milieu du mois suivant.

La réintégration de la métropole dans cette île aura des suites funestes. Bonaparte a fait promettre à la nombreuse population des grandes Antilles, que les droits politiques dont elle jouit lui seront conservés; et cependant, à peine maître de la Guadeloupe, il y rétablit l'esclavage. Les noirs de Saint-Domingue trouveront, dans cette violation de la foi donnée, un motif légitime de reprendre les armes, afin de prévenir ce rétablissement chez eux. Ainsi le despotisme et la perfidie amèneront, après des calamités inouies, l'éternelle séparation de la plus riche colonie qui ait existé.

8. *Sénatus-consulte*, dit *organique de la constitution*, *qui réélit Napoléon Bonaparte*, *premier consul de la république pour dix ans*, *au-delà des dix années fixées par l'acte constitutionnel du* 13 *décembre* 1799. — Le considérant porte, que « le magistrat qui a « conduit tant de fois les légions républicaines à la victoire, déli« vré l'Italie, triomphé en Europe et en Asie, et rempli le monde de « sa renommée ; qui a préservé la France des horreurs de l'anarchie « qui la menaçaient, brisé la faulx révolutionnaire, dissipé les fac« tions, éteint les discordes civiles et les troubles religieux, ajouté « aux bienfaits de la liberté ceux de l'ordre et de la sécurité, hâté les « progrès des lumières, consolé l'humanité, et pacifié le continent et « les mers, a les plus grands droits à la reconnaissance des Fran« çais ». — La réponse du consul au message du sénat respire une hypocrite sensibilité, et renferme des paroles, en quelque sorte, prophétiques........« La fortune a souri à la république ; MAIS LA « FORTUNE EST INCONSTANTE ; ET COMBIEN D'HOMMES QU'ELLE AVAIT « COMBLÉS DE SA FAVEUR ONT VÉCU TROP DE QUELQUES ANNÉES ! L'IN« TÉRÊT DE MA GLOIRE ET CELUI DE MON BONHEUR SEMBLERAIENT AVOIR « MARQUÉ LE TERME DE MA VIE PUBLIQUE AU MOMENT OU LA PAIX DU « MONDE EST PROCLAMÉE........... MAIS VOUS JUGEZ QUE JE DOIS AU « PEUPLE UN NOUVEAU SACRIFICE ; JE LE FERAI, SI LE VOEU DU PEUPLE « ME COMMANDE CE QUE VOTRE SUFFRAGE AUTORISE. »

19. *Institution de la légion-d'honneur*, destinée à donner des récompenses pécuniaires et de distinction à ceux qui se distingueront par des services rendus à l'état dans la carrière civile ou militaire.

La loi n'est acceptée qu'à une majorité peu considérable. — Au tribunat, elle a été vivement combattue, et principalement par les tribuns *Savoie-Rollin*, *Chauvelin* (députés en 1817, 1818), qui représentent que cette institution est destructive des principes de l'égalité et de la morale républicaines. — Toute innovation qui reproduit un signe de l'ancienne monarchie est encore en France l'objet des défiances et des craintes. Ceux qui pénètrent déja le but de Bonaparte, peuvent-ils n'avoir pas raison ? Ils voient le trône consulaire se donner l'appui d'un ordre de chevalerie (*V.* 14 juillet 1804).

20. *Colonies.* — *Loi qui maintient l'esclavage* dans les colonies ren-

dues par le traité d'Amiens, conformément aux lois et réglements antérieurs à 1789. La traite des noirs et leur importation auront lieu suivant les lois existantes à cette époque.

29. La république ligurienne, excitée par la France, change la forme de son gouvernement.

Juin 4. *Charles-Emmanuel IV*, roi de Sardaigne, abdique en faveur de *Victor-Emmanuel IV*, son frère. — L'île de Sardaigne est la seule possession dont la maison de Savoie ne soit pas dépouillée. — Le roi démissionnaire se réserve son titre, une pension de deux cent cinquante mille fr., et se retire dans un cloître. — *Tippoo-Saëb* eut plus de résolution; il mourut sur la brèche de son palais, véritable trône d'un prince vaincu (*V.* 4 mai 1799); exemple qu'aucun souverain d'Europe n'a voulu donner, ou n'a cru devoir imiter.

10. *Saint-Domingue.* — *Toussaint-Louverture*, chef des noirs, qui s'est soumis (*V.* 7 mai, 1er art.), et qui vit retiré sur une de ses propriétés, est enlevé et transporté en France (*V.* 27 avril 1803). — Il est soupçonné de tramer des complots et de nourrir le dessein de ressaisir son autorité dès que les maladies contagieuses qui se déclarent parmi les soldats Français auront affaibli leurs rangs. Ces imputations sont vraisemblables; mais on doit croire aussi que, lors même que Toussaint n'aurait pas donné lieu à suspecter son ambition, il ne se serait pas moins vu arraché de ses foyers. Bonaparte, voulant rétablir l'esclavage, régner en despote, ne pouvait, sans risquer son plan d'exécution, laisser au milieu des noirs cet ancien chef, objet de leur admiration et de leur attachement. Avertis par son enlèvement et par le régime de la Guadeloupe (*V.* 7 mai, 2e art.), ainsi que par la loi du 20 mai, les noirs épieront l'instant de reprendre les armes (*V.* 14 septembre), et redeviendront maîtres de Saint-Domingue (*V.* 30 novembre 1803, 2e art.). — Ainsi c'est toujours l'ambitieux, le fourbe *Bonaparte* que la France doit accuser des innombrables calamités dont elle sera la proie, depuis la paix d'Amiens, du 25 mars 1802, jusqu'au dernier traité de Paris, du 20 novembre 1815.

25. *Traité de paix* définitif, signé à Paris, entre la France et la Porte (*V.* 9 octobre 1801). — La libre navigation de la mer Noire est assurée aux bâtiments marchands français.

29. *Bref du pape Pie VII.* — « A notre très-cher fils, *Charles-* « *Maurice Talleyrand*....... Nous avons été touchés de joie quand « nous avons appris l'ardent desir que vous avez de vous réconcilier « avec nous et avec l'église catholique..... Dilatant donc, à votre

« égard, les entrailles de notre charité paternelle, nous vous dégageons, par la plénitude de notre puissance, du lien de toutes les « excommunications.....Nous vous imposons, par suite de votre « réconciliation avec nous et avec l'Église, des distributions d'au- « mônes pour le soulagement, sur-tout, des pauvres de l'église d'Au- « tun que vous avez gouvernée.....Nous vous accordons le pouvoir « de porter l'habit séculier, et de gérer toutes les affaires civiles, « soit qu'il vous plaise demeurer dans la charge que vous exercez « maintenant, soit que vous passiez à d'autres, auxquelles votre « gouvernement pourrait vous appeler......»

Août 2. *Sénatus-consulte* dit *organique, conférant à* NAPOLEON *Bonaparte le titre de* PREMIER CONSUL A VIE.

La prolongation accordée à son autorité (*V.* 6 mai) lui paraît déja insuffisante. — Le sénat, ce corps constitué qui s'est établi constituant, fait publier qu'ayant recueilli le vœu de la nation interrogée sur cette modification de l'acte constitutionnel, trois millions cinq cent soixante-dix-sept mille deux cent cinquante-neuf citoyens ont voté librement, dont trois millions cinq cent soixante-huit mille huit cent quatre-vingt-cinq ont émis un vote favorable. — En réponse au message excessivement adulateur du sénat, message présenté par le président *François Barthélemy*, le premier consul dit: « La vie « d'un *citoyen* est à sa patrie. Le peuple français veut que la mienne « tout entière lui soit consacrée.... J'OBÉIS A SA VOLONTÉ.... LA LIBERTÉ, « L'ÉGALITÉ, LA PROSPÉRITÉ DE LA FRANCE, SERONT ASSURÉES......Le « meilleur des peuples sera le plus heureux....... Content alors « d'avoir été appelé, par l'ordre de celui de qui tout émane, à ra- « mener SUR LA TERRE L'ORDRE ET L'ÉGALITÉ, j'entendrai sonner la « dernière heure sans regret......comme sans inquiétude sur l'o- « pinion des générations futures. » — La conduite et le langage de *Bonaparte* représentent à-la-fois *Auguste*, *Mahomet*, *Louis XI*, *Mazaniello*. — Au reste, ce sénatus-consulte qui déclare Bonaparte consul à vie, ne fait que reconnaître explicitement une autorité née avec le gouvernement consulaire, et que chaque jour d'exercice accroît.

4. *Sénatus-consulte*, dit *organique de la constitution de l'an VIII* (*V.* 24 décembre 1799).

Les prodigieux succès qui suivent chaque pas du consul *Bonaparte* vers le pouvoir absolu, l'entraînent et l'excitent de plus en plus. Puisque les Français adoptent, sans hésiter et d'enthousiasme, tout ce qu'il propose, il ne leur laissera pas le temps de délibérer ou de se refroidir. Son autorité ne sera pas entièrement affermie, tant qu'il restera dans l'état un pouvoir qui n'émanera pas directement de lui-même. D'après cela:—Nouvelle composition des colléges électoraux. — Les assemblées de canton désignent deux candidats aux fonctions de juge de paix, deux candidats pour chacune des places du conseil municipal dans les villes de cinquante mille ames. —Les colléges électoraux d'arrondissement élisent un membre par cinq cents habitants; les colléges de département, un par mille. Les électeurs sont à vie. Les colléges d'arrondissement présentent deux candidats pour les places du conseil-général, et deux citoyens pour former la liste sur laquelle sont nommés les candidats au sénat. Les colléges d'arrondissement et de département ont droit à quatre candidats pour le corps législatif. — Les deuxième et troisième consuls sont à vie. — Le sénat peut, au moyen de *sénatus-consultes organiques*, changer les institutions, dissoudre même le corps législatif et le tribunat. — *Le conseil-d'état est reconnu comme autorité constituée.* — Les députés au corps-législatif sont rangés en *cinq séries* renouvelées successivement. — Leur nombre (pour les quatre-vingt-six départements existants en 1818), est de deux cent cinquante-huit. — Les tribuns sont réduits de cent à cinquante. — Le premier consul a le droit de faire grace.

Ce sénatus-consulte, qui dénature le gouvernement créé le 24 décembre 1799, peut être considéré comme une *cinquième constitution* jetée sur un peuple aussi peu judicieux qu'ignorant des éléments de l'organisation politique et sociale. Le despotisme et la métaphysique se sont unis pour produire cet informe et dangereux ouvrage. Ainsi vit-on, au moyen âge, les papes dériver leur malfaisante domination de sophismes puisés dans les ténèbres de l'abstraction.

26. Sénatus-consulte organique, portant *réunion de l'île d'Elbe* au territoire français.

Septembre 11. Sénatus-consulte organique, portant *réunion du Piémont* au territoire français.

14. *Saint-Domingue.— Commencement de l'insurrection des noirs.* (*V.* 10 juin). — Ils attaquent le Cap; leurs principaux chefs sont *Pétion, Clervaux, hommes de couleur; Dessalines, Christophe, noirs.* (*V.* 30 novembre 1803, 2e art.).

22. *Ouverture des travaux de la dérivation de la rivière d'Ourcq*, à l'effet de procurer aux habitants de Paris la jouissance d'une abondante quantité d'eau, dont il est si honteux qu'ils soient privés jusqu'à ce jour. Voltaire avait inutilement signalé, dans plusieurs de ses

écrits, la barbarie d'avoir dans les rues une armée de porteurs d'eau, semblables à des bêtes de somme. — La quantité moyenne des eaux nouvelles sera par jour de neuf mille pouces de fontainier, équivalant à six cent quarante-huit mille muids, ou un million sept cent trente sept mille neuf cent quatre-vingt-dix hectolitres.

Octobre 9. *Occupation des états de Parme*, à l'instant de la mort du dernier duc *don Ferdinand de Bourbon*, père du roi d'Étrurie (*V.* 2 août 1801). La mort de ce prince a été subite ; ce qui a fait supposer qu'elle était l'effet du poison. Il est du moins constant que Bonaparte ne déguise plus ses projets d'envahissement en Italie.

21. *Irruption en Suisse*, sous prétexte d'apaiser les troubles que le gouvernement français lui-même n'a cessé d'y fomenter (*V.* 19 février 1803). Le général *Ney*, à la tête de douze mille hommes, entre à Bâle.

1803.

Février 11. *Mort de la Harpe*, littérateur et critique distingué.

19. Acte de médiation rendu par *Bonaparte*, premier consul, pour terminer les différends survenus entre les cantons suisses, depuis que les intrigues du gouvernement français y ont divisé les esprits. — Cet acte impose à la Suisse un nouveau pacte fédératif, et détermine, en outre, la constitution particulière de chaque canton. — La désapprobation qu'éprouvent ces nouvelles formes de gouvernement, attire aussitôt sur le territoire helvétique trente mille hommes de troupes françaises.

26. *Bonaparte* qui a conçu peu d'estime pour les anciens souverains, parce qu'il a cru démêler peu de nobles qualités dans ceux qu'il a vaincus ou détrônés, et qui lui-même aspire à la couronne, a fait proposer à *Louis XVIII*, de renoncer à ses droits d'hérédité, lui offrant en échange un établissement en Italie, ou un revenu considérable. La personne chargée de faire cette proposition reçoit de Warsovie, où se trouve ce prince, la réponse suivante : « Je ne confonds pas M. Bonaparte avec ceux qui l'ont précédé ; j'estime sa « valeur, ses talents militaires ; je lui sais gré de quelques actes d'ad« ministration.... Mais il se trompe, s'il croit m'engager à renoncer « à mes droits ; loin de là : il les établirait lui-même, s'ils pouvaient « être litigieux, par les démarches qu'il fait en ce moment..... »

Mars 8. *Message du roi d'Angleterre au parlement.* — Le roi fait connaître que, d'après l'étendue des préparatifs qui ont lieu dans les ports de France et de Hollande, il a jugé convenable d'adopter des mesures de précaution pour la sûreté de ses états; et que des discussions d'une grande importance, mais dont l'issue est douteuse, divisent les deux gouvernements. — Les dispositions prises par le roi sont unanimement (*nemine dissentiente*) approuvées dans les deux chambres.

10. *Second message du roi d'Angleterre au parlement*, annonçant, qu'afin de pourvoir à la sécurité de ses sujets, le roi a jugé nécessaire de convoquer et d'organiser les milices de ses royaumes (*V.* 13 mai).

25. *Loi qui accorde au gouvernement cent vingt mille conscrits:* trente mille de l'an XI (du 22 septembre 1802 au 23 septembre 1803), et trente mille de l'an XII (du 24 septembre 1803 au 22 septembre 1804), seront destinés à l'armée active; trente mille conscrits de l'an XI avec trente mille autres de l'an XII formeront une réserve.

Avril 27. *Mort de Toussaint-Louverture*, chef des noirs, enlevé de Saint-Domingue le 10 juin 1802, et renfermé d'abord au château de Joux (Doubs), ensuite à Besançon.

30. *Traité de Paris* entre la France *et l'Union américaine.* — La Louisiane, rétrocédée par l'Espagne à la France (*V.* 1er octobre 1801, 1er art.), est vendue aux Etats-Unis d'Amérique, la somme de quinze millions de dollars (quatre-vingt-un millions trois cent mille francs, à cinq francs vingt-cinq centimes le dollar). Le gouvernement français a commencé les négociations pour ce marché, dès qu'il a résolu de détruire son état de paix avec l'Angleterre.

Alors s'évanouissent tous les projets que Bonaparte avait conçus pour entraîner les États-Unis dans le tourbillon de sa politique. En devenant leur voisin, il se proposait de les inquiéter par des restrictions commerciales, des prohibitions, des contestations de territoire, ainsi qu'il en use avec ses voisins d'Europe, avec la Hollande, l'Allemagne, la Suisse. Les Américains tournent à leur avantage cette fluctuation politique du consul; ils achètent leur tranquillité, et se dégagent de toute connexion forcée avec une puissance dont la proximité devient chaque jour plus dangereuse.

Mai 13.—20. *Le lord Witworth, ambassadeur d'Angleterre, quitte Paris. — Manifeste de cette puissance. — Rupture. — Reprise des hostilités.*

L'Europe est replongée, pour de longues années encore, dans les malheurs dont elle sort à peine. Les perfidies d'une politique plus développée vont aggraver les maux de la guerre; elles porteront la confusion aux lontaines contrées, où n'atteindront point ses armes. Non-seulement elles menaceront les vieilles dynasties, mais elles mettront en problême jusqu'à l'existence des nations diverses qui constituent la chrétienté. Tout ce qui ne sera pas un champ de bataille, sera un champ de discorde. Des souverains revêtus de titres secondaires, et regardés, par les grands potentats, comme de simples patriciens, profiteront du désordre général pour ceindre le diadême; ils formeront leurs trônes des décombres de vingt républiques. Cinq millions d'hommes périront dans un espace de dix ans, parce qu'un homme profondément ambitieux gouvernera la France. A la voix de cet homme s'ébranleront les fondements de toutes les institutions religieuses, politiques et civiles. L'administration de cette vaste et populeuse France ne suffit pas à sa dévorante activité; il faut qu'il déploie sa redoutable influence sur la surface entière du continent; il lui faut d'universelles commotions, des fleuves de sang, de Cadix à Moskou. Eh bien! que les combats, que les révolutions ravagent la terre pendant dix autres années!

On ne peut se le dissimuler, la rupture du traité d'Amiens a pour grande cause l'ambition de Bonaparte. La paix ne saurait lui convenir; car les grandes puissances exercent une continuelle surveillance les unes sur les autres, lorsque les communications sont libres entre les peuples. Un tel état ne laisserait pas assez de facilités au consul, pour agrandir sa domination au-dehors, et gênerait l'extension de sa puissance intérieure. Il juge trop bien que l'effet de nos relations journalières avec l'Angleterre serait de modifier nos idées politiques, de modérer nos passions guerrières. L'aspect de cette liberté réelle, dont jouissent nos voisins d'outre-mer, de cette inviolabilité qui environne toute espèce de propriété; la vue de cet ordre immuable au milieu des agitations; l'énumération des fruits merveilleux d'une industrie sagement appliquée; tout cela, sans doute, altérerait la confiance que nous plaçons dans des institutions improvisées par la métaphysique au profit de l'arbitraire, refroidirait par degrés notre enthousiasme pour le soldat heureux qui n'a suspendu les œuvres de la destruction qu'afin d'employer les matériaux à construire le plus formidable despotisme apparu dans les temps modernes. Bonaparte commence donc par nous priver de tous rapports avec ces peuples libres qu'il n'a pu soumettre, comme il a soumis les Suisses et les Hollandais. Il ne prétend rien moins que faire de la France une île inaccessible à ces principes qu'il en a bannis. Dès qu'il nous aura privés de communications avec le monde, il trouvera dans l'état de guerre, de nombreuses occasions, et les prétextes les plus spécieux pour river nos fers. Cent victoires, éblouissant une nation vaine et passionnée, déguiseront sa captivité. Vainqueur une première fois, le consul ne doute pas que des triomphes toujours plus grands, des prodiges sans cesse renouvelés, ne prolongent l'enchantement, et qu'il ne parvienne enfin à mettre l'univers à ses pieds. Toute la vie politique de Bonaparte fait foi qu'il s'est cru le fils du destin, envoyé pour briser tous les sceptres, et régner seul sur la terre habitée.

A cet effet, il lui faut nécessairement abattre l'Angleterre. C'est à ce but que tendra constamment sa politique. L'idée de détruire cette rivale de la France; sera l'idée fixe de son esprit, l'inévitable chimère de sa passion. C'est dans ce but qu'il fondera ce *système continental;* spécieuse image présentée aux esprits superficiels, aux imaginations ardentes, aux ames serviles. Mais les Anglais le pénètrent déjà; leur sagacité dévoilera chacun de ses desseins, et leur vigueur combattra, sans hésitation, comme sans relâche, la pertinacité de leur adversaire. Ne croirait-on pas que c'était à ces insulaires que le grand orateur de l'antiquité s'adressait en s'écriant: « Ce que « Philippe hait le plus, c'est la liberté d'Athènes, c'est notre démo« cratie. Il n'a rien tant à cœur que de la dissoudre, et il n'a pas « tort. Il sait que, quand même il aurait asservi tous les autres peu« ples, jamais il ne pourra jouir en paix de ses usurpations, tant « que vous serez libres; que, s'il lui arrivait quelqu'un de ces acci« dents auxquels l'humanité est sujette, c'est dans vos bras que se « jetteraient tous ceux qui ne sont maintenant à lui que par con« trainte.... Philippe craint donc que la liberté d'Athènes ne tra« verse ses entreprises; incessamment, il lui semble qu'elle le me« nace, et il est trop actif et trop éclairé pour le souffrir patiemment. « Il en est donc l'irréconciliable adversaire; et c'est avant tout, ce « dont vous devez être bien convaincus pour vous déterminer à « prendre un parti...... Faites encore attention, Athéniens, que « vous courez de plus grands risques qu'aucun autre peuple de la « Grèce. Philippe ne pense pas seulement à vous soumettre, *mais à « vous détruire:* car il sent bien que vous n'êtes pas faits pour servir; « que, quand vous le voudriez, vous ne le pourriez pas; vous êtes « trop accoutumés à commander. Il sait qu'à la première occasion, « vous lui donneriez plus de peine que toute la Grèce ensemble. » (Démosth., harangue pour la Chersonèse).

Les projets que Bonaparte a conçus pour l'annihilation de la puissance anglaise n'ont pu s'engendrer que dans un esprit entièrement absorbé par la contemplation d'un orgueil exalté et d'une fausse gloire. Toutes les têtes françaises les adoptent néanmoins, d'après l'ordre du maître; car l'ignorance des moyens, des ressources, de la force en population dont disposent nos habiles voisins, est tellement épaisse, que le président du corps législatif (un nommé *Lagrange*, Lot-et-Garonne), répondant au message des consuls qui prévient de la rupture, plaint l'Angleterre « *aveuglée sur ses propres* « *intérêts*. En effet, ajoute-t-il, quand même il serait vrai que la « fortune pût se balancer *quelques instants* entre une nation forte de « trente millions d'habitants et celle *qui en compte à peine dix mil-* « *lions*, l'Angleterre peut-elle entrevoir en dernier résultat quelque « avantage d'*une lutte corps à corps* avec la France? » — Comment qualifier les connaissances politiques d'une nation dont les représentants ont mis à leur tête un homme aussi ignare?

Pour justifier la rupture, Bonaparte est inspiré ou bien servi par son ministre, *le citoyen Talleyrand-Périgord*, cet ex-évêque d'Autun, célèbre constituant (*V.* 2 novembre 1789), ce futur prince laïque (*V.* 5 juin 1806), celui-là même qu'on revoit dans toutes les phases de la révolution (*V.* la table des matières), ce patriote auquel la convention permit, par décret spécial (*V.* 4 septembre 1795), de revenir en France avec ses principes républicains, ce diplomate fortement inculpé d'avoir rédigé la note justificative de la journée du 10 août 1792 et de la déchéance de *Louis XVI*, note adressée aux cabinets étrangers (*V. Monit.*, n° 190, an 1798). Bonaparte recourt aux artifices les plus propres à fausser les idées des Français. Les plus grossières invectives contre le gouvernement et les institutions chéries des Anglais, remplissent les journaux; et le ton furibond de ces injures décèle l'irritation de l'ame qui les exhale.

Mais aujourd'hui, en 1819, que la vérité, dégagée du chaos des évènements, se montre au grand jour, que la diplomatie livre tous les documents relatifs à cette grande lutte entre la France et l'Angleterre, on reconnaît l'évidence de plusieurs griefs du cabinet de Saint-James, lorsqu'il reproche au consul d'avoir incorporé le Piémont, l'île d'Elbe; d'avoir, en disposant de la Toscane, gardé les états de Parme, dont la réunion prochaine est annoncée; d'avoir imposé de nouvelles lois aux républiques ligurienne, helvétique; d'avoir réuni dans sa main le gouvernement de la république italienne; d'avoir laissé ses troupes en Hollande, traitée comme une province française, etc. Les ministres anglais, pénétrant la perfidie de leur adversaire, ont trouvé les vrais motifs qui font rassembler des forces considérables sur les côtes de la Bretagne, sous le prétexte d'une nouvelle expédition à Saint-Domingue, et qui font stationner à l'embouchure de la Meuse un autre corps dont l'importance est hors de proportion avec son objet avoué, celui de prendre possession de la Louisiane. En outre, des officiers d'artillerie, du génie, envoyés comme agents commerciaux (consuls), explorent les ports et les rades de la Grande-Bretagne. Peut-on douter après cela, que Bonaparte ne dispose, au sein même de la paix, une invasion furtive en Angleterre, comme il l'exécuta en Égypte (1798), comme il l'exécutera en Espagne (1808)? Mais des ministres anglais ne sommeillent pas comme le vizir du sultan ou le favori du roi catholique; aussitôt ils préparent la résistance, ils donnent l'éveil à la nation et l'arment tout entière au moment même qu'ils adressent à Paris leur ultimatum. — La rupture s'effectue.

Mais si le consul a manqué ce coup-de-main qui devait renverser l'ennemi regardé comme la seule barrière capable d'arrêter ses projets de domination universelle, il a du moins atteint un point essentiel de son but, en prévenant d'un pays à l'autre toute transmission d'idées, toute importation de faits qui eussent peu-à-peu désabusé les Français. En les retenant dans les ténèbres politiques, il les guidera seul; il les amènera par mille détours à l'accomplissement de ses desseins, qui n'ont pour objet que sa puissance personnelle: car lui seul est la fin de ses travaux; les Français n'en sont que les moyens. Leur bonheur est en arrière-ligne; lui seul est le centre de ses affections. Que le monde s'écroule, pourvu que Napoléon-Bonaparte marche triomphant sur ses ruines!

Le seul motif spécieux qu'ait produit la diplomatie du consul, et qu'il n'a cessé de représenter, consiste dans le refus des Anglais de rendre Malte. Les Anglais répondent que depuis le traité d'Amiens il est survenu des circonstances qui rendent cette restitution impossible, sans quelques explications et arrangements préalables. Elle devait se faire à l'ordre *reconstitué*. Or, l'ordre a été de plus en plus décomposé; il est presque anéanti. Les prieurés espagnols ont été abolis, et, suivant toute apparence, par l'influence de la France, et en contravention au traité. Le gouvernement portugais, plusieurs gouvernements allemands, ont annoncé la même intention. Les fonds destinés au soutien de l'ordre, et indispensablement nécessaires à son indépendance et à la défense de l'île, ont été confisqués, en opposition directe aux stipulations du traité. Les principales puissances appelées en garantie, se sont récusées. Ainsi rendre l'île aux chevaliers ou à toute autre puissance hors d'état de la défendre, c'est l'exposer à tomber sous le vasselage immédiat, ou la puissance de la France. Le gouvernement anglais ajoute que le traité d'Amiens, comme tout acte du même genre, avait été stipulé d'après la situation où se trouvait, alors même, chacune des puissances contractantes, l'une envers l'autre. Mais l'état des possessions et des obligations étant assez matériellement changé par la conduite de la France et ses importantes acquisitions de territoire sur le continent, la Grande-Bretagne avait droit à des compensations.

22. *Arrêté des consuls prescrivant d'arrêter tous les Anglais commerçant ou voyageant en France, et de les constituer prisonniers de guerre.*

L'histoire des nations civilisées n'offre point d'exemples d'une semblable atteinte au droit des gens. Cet ordre paraîtrait, même à Constantinople et à Maroc, un acte de tyrannie sauvage. Pour retenir *prisonniers de guerre* de simples particuliers, on s'autorise de ce qu'ils font partie de la milice de leur pays, comme si cette institution n'y était pas une institution nationale, universelle, ou du moins étendue à tous les individus mâles, majeurs et non-prolétaires. Sous ce prétexte, Bonaparte bien obéi, sans doute, par ses deux grands ministres, *les citoyens Talleyrand, Fouché* dit *de Nantes*, fait arrêter, sans distinction d'état, de sexe, d'âge, tous les sujets du roi d'Angleterre qui se trouvent en France et dans les pays envahis. Cet ordre, dont l'exécution ne doit produire aucun avantage à la France, ne saurait être envisagé que comme le caprice d'un despote irrité; caprice d'autant plus odieux, que les Anglais résidants à Paris viennent de recevoir, du ministère français, des assurances *expresses* qu'ils y jouiront de la protection du gouvernement consulaire, après le départ de l'ambassadeur britannique, *avec autant d'étendue que durant son séjour.*

27. *Mort de* Louis Ier, *roi d'Étrurie* (*V.* 2 août 1801). Son fils en bas âge, *Louis II*, lui succède.

Juin 3. Le général *Mortier*, qui vient de faire irruption dans l'électorat d'Hanovre, en prend possession, en vertu d'une convention avec les autorités du pays, signée à *Sühlingen* (une lieue ouest de *Nienburg*).

Août 19. La Russie ayant offert sa médiation aux deux grandes puissances belligérantes, l'Angleterre la récuse, jusqu'à ce que les Français aient évacué le Hanovre.

Septembre 27. *Arrêté des consuls* portant que, « *pour assurer la* « *liberté de la presse*, aucun libraire ne pourra vendre un ouvrage « avant de l'avoir présenté à une commission de révision, *laquelle le* « *rendra, s'il n'y a pas lieu à la censure* ». — Bonaparte, encore chef de deux républiques, s'alarme de l'esprit de liberté. Déja commence l'action étouffante de ce despotisme qui s'exercera sans opposition. Et cependant, combien n'a-t-il pas auprès de lui de ces hommes qui, aux époques précédentes, se signalèrent par d'énergiques déclamations contre la tyrannie? Mais, revêtus aujourd'hui des premières dignités de l'état, ils aimeront à donner l'exemple de la servilité. Au sénat, au corps législatif, au tribunat, partout; dans les ouvrages purement littéraires, comme dans les gazettes, on ne trouvera plus que des orateurs vendus, que des écrivains stipendiés, ou qui desirent l'être par celui auquel les Français ont si précipitamment accordé toute leur confiance, voué leur entière soumission.

Novembre 30. *Convention de neutralité*, entre la France et l'Espagne d'une part, et le Portugal de l'autre.

Évacuation de la partie française de Saint-Domingue (*V.* 14 septembre 1802).

Le général Rochambeau commandant les faibles restes de cette belle armée, moissonnée par le climat, la fièvre jaune et la plus cruelle des guerres, s'est réfugié dans la ville du Cap. Attaqué par les noirs, qu'ont soulevés l'indignation des artifices du général Leclerc (*V.* 10 juin 1802) et les tentatives du rétablissement de l'esclavage (*V.* 7—20 mai 1802), bloqué par des vaisseaux anglais, il capitule avec les noirs et se rend à leurs auxiliaires. — Par l'abandon de cette place, la partie française de l'île reste, en totalité, au pouvoir des noirs, qui nomment *Dessalines capitaine-général* (*V.* 1er janvier 1804). — La garnison de cinq mille hommes, dont huit cents *officiers*, est prisonnière de guerre.

Ainsi finit la déplorable expédition de Saint-Domingue (*V.* 14 décembre 1801). Elle a consommé plus de quarante mille hommes de troupes de terre, auxquels il faut ajouter dix ou douze mille matelots de la marine militaire ou marchande, la plupart des employés civils et militaires, une foule d'individus accourus dans la colonie pour y faire fortune, et au-delà de trois mille colons, massacrés ou morts misérablement. Il faut joindre à cette effroyable liste neuf ou dix mille noirs et sang-mêlés, tués dans la guerre, ou qui ont succombé aux fatigues, et quatre mille d'entre eux, noyés, mitraillés, pendus juridiquement, militairement; et l'on aura un total de près de quatre-vingt mille hommes, qui ont fini de mort violente, dans un espace de vingt-deux mois. — Qu'on juge Bonaparte, d'après ce résultat! — La perte de cette colonie est le premier désastre amené par la rupture avec l'Angleterre, c'est-à-dire par l'ambition du général-consul.

Décembre 20. *Sénatus-consulte*, dit *organique*, relatif à la manière dont les sessions du corps législatif seront ouvertes, à l'élection du président et des vice-présidents, à celles des questeurs et à leurs fonctions, etc. — Bonaparte n'omet aucune de ces minutieuses précautions qui peuvent lui garantir l'usage non contesté du pouvoir absolu.

1804.

Janvier 1er. *Saint-Domingue.* — Les noirs proclament l'indépendance de leur patrie, à laquelle ils rendent son nom primitif d'*Haïti*. *Dessalines*, général en chef de leur armée est proclamé *gouverneur-général à vie* (*V.* 30 novembre 1803). Il justifiera la prééminence qu'ils lui confèrent, en ordonnant et en faisant exécuter sous ses yeux le massacre des blancs qui sont restés, sous la foi des promesses de ce tigre à visage d'homme (*V.* 28 avril, 8 octobre).

Février 25. *Finances publiques.* — *Loi établissant les droits réunis* (impôts sur les boissons, etc., etc.). — Ces droits seront perçus, à la réintégration du gouvernement royal, en 1814, par la régie nommée plus tard, des contributions indirectes. Ils seront toujours, et malgré quelques adoucissements qui y seront introduits, l'objet de l'animadversion presque générale, parce que leur perception restera vexatoire, à plusieurs égards, et que le prélèvement considérable des frais affaiblira les rentrées au trésor de l'état.

28. CONJURATION. — *Pichegru*, déporté par la faction du 18 fructidor (*V.* 4 septembre 1797), s'est échappé de *Sinamary*. A son retour en Europe, il se joint au parti des princes Bourbons. Bonaparte étant devenu maître en France, le général expatrié veut tenter un coup-de-main pour renverser ce principal auteur de son infortune. — On arrange, à Londres, un plan de conspiration; le gouvernement anglais l'adopte. *Georges Cadoudal*, fils d'un meunier du Morbihan, chouan des plus déterminés, débarqué en septembre 1803, est à Paris, pour coopérer à l'exécution. — Le général *Moreau*, qui affecte l'obscurité depuis qu'il reste sans commandement; qui n'a su ni plier, ni résister, ni se faire oublier, car, en se donnant l'apparence d'éviter les mécontents, il semble les attirer; Moreau, qui manque de force

d'ame, ou de dissimulation pour contenir des ressentiments légitimes à certains égards; Moreau, auquel la nature refuse aussi cette promptitude de volonté, comme cette énergie d'action, nécessaires à tout chef de parti; Moreau, qui, au 19 brumaire (10 novembre 1799), n'a pas osé faire cette révolution à son profit, ou dans l'intérêt de la nation, et qui a servi, mais d'assez mauvaise grace, d'aide-de-camp à Bonaparte, à son rival bien plus audacieux; Moreau, enfin, qui a cru devoir dénoncer, après coup, Pichegru, son ancien chef, son protecteur, son frère d'armes (*V.* 4 septembre 1797), renoue maintenant avec lui, pour attaquer l'ennemi commun. — Mais celui-ci en est instruit. *Moreau* est arrêté le 15 février; *Pichegru* le 28; *Georges* le sera le 9 mars, et plusieurs autres conjurés ont éprouvé le même sort (*V.* 6 avril, 10 juin).

Le premier consul, ravi, voit, dans l'éclat de cette tentative, un nouveau moyen d'accroître la popularité que lui ont justement acquise les travaux d'une administration de trois années. Il se réjouit d'une circonstance qui, perdant sans retour Moreau, son émule de renommée militaire, rebutera tous ceux qui restent épris des formes républicaines, ou qui desirent des institutions libérales, et lui permettra, à lui-même, de franchir l'intervalle, immense encore, qui le sépare de la suprême dignité. De tous les points de cette singulière république consulaire, arrivent aux pieds du premier magistrat, des adresses rédigées avec cette plénitude d'enthousiasme dont le Français, en tout temps, en toute conjoncture, aime si fort à prodiguer les témoignages; adresses dont le style, teint de servilité, décèle presque toujours le peu de justesse de ses affections politiques. Prenant le ton d'un monarque héréditaire, le consul à vie donne à ses hypocrites réponses une solennité théâtrale : « .... Je « ne puis me défendre d'un sentiment profond et pénible, lorsque je « songe dans quelle situation se trouverait aujourd'hui ce grand « peuple, si le dernier attentat avait pu réussir!.................. « J'ai depuis long-temps renoncé aux douceurs de la condition « privée............. Le ciel veillera sur la France en déjouant les « complots des méchants. Les citoyens doivent être sans alarmes; *ma « vie durera tant qu'elle sera nécessaire à la nation*............... « .... Mais, ce que je veux que le peuple sache bien, c'est que « l'existence, sans sa confiance et sans son amour, serait pour moi « sans consolation, et n'aurait plus aucun but. »

MARS 21, MORT DU DUC D'ENGHIEN. — Ce prince, fils du duc *de Bourbon*, petit-fils du dernier prince *de Condé*, habitait le château d'Ettenheim, à quatre lieues de Strasbourg, sur la rive droite du Rhin; château *appartenant à l'électeur de Bade; prince souverain.* Le duc d'Enghien est, dans la nuit du 15 au 16, enlevé par un détachement de gendarmes français conduits par le capitaine *Charlot*, et sous le commandement supérieur du général *Ordener*. Il vivait à Ettenheim, depuis long-temps, dans une entière sécurité, la cour électorale, soigneuse d'éviter tout prétexte de rupture avec son redoutable voisin, ayant soumis au cabinet des Tuileries la convenance du séjour du prince, avant de l'autoriser. Un décret de cette cour, daté du 17, et publié même dans les journaux français (*V.* Moniteur, n° 186, an XII), fait connaître que: « Le gouvernement français *venant* de « requérir l'arrestation de certains émigrés, et *une patrouille militaire* « *venant de faire l'arrestation des individus* compris dans cette classe, « LE MOMENT EST VENU OU S. A. E. EST OBLIGÉE DE VOIR QUE LE SÉJOUR « DES ÉMIGRÉS DANS SES ÉTATS EST SUSPECT AU GOUVERNEMENT FRAN- « ÇAIS. » — Le ministre des relations extérieures, *Talleyrand*, a fait connaître le projet de cette arrestation au ministre de l'électeur, par une lettre *en date du* 11 (*V.* le Correspondant de Hambourg, le Courrier de Leyde). « Le premier consul, dit le ministre français, « A CRU DEVOIR donner à des détachements l'ordre de se rendre à « Offembourg, et à Ettenheim, pour y saisir les instigateurs des « conspirations inouies qui, par leur nature, mettent HORS DU DROIT « DES GENS tous ceux qui, MANIFESTEMENT, y ont pris part...... Le « général *Caulincourt qui, à cet égard, est chargé des ordres du pre-* « *mier consul*, aura l'honneur de remettre à V. E. la lettre que je « suis chargé de lui écrire. » Il est peu vraisemblable que cette lettre soit parvenue à Carlsruhe avant l'enlèvement du duc d'Enghien, si rapidement effectué par un guet-à-pens.

Le prince, transporté avec la plus grande vélocité jusqu'à *Vincennes*, y est précipitamment jugé par une commission militaire, assemblée la nuit, et fusillé aussitôt dans le fossé de cette tour où le plus illustre de ses ancêtres avait été renfermé par les ordres d'un ministre vindicatif, venu d'Italie, et d'une reine hautaine, espagnole de naissance. Il était réservé à un Corse, élevé par les bienfaits d'un roi de France, de trancher le dernier rejeton de cette branche de Condé, illustre dès sa séparation de la tige royale.

Ce meurtre, qualifié de coup-d'état par les ministres du consul, est réprouvé même de beaucoup de ses partisans. Il frappe de stupeur la France entière. L'Europe indignée n'y voit qu'un lâche assassinat. Le roi de Prusse s'exprime ainsi, dans son manifeste du 9 octobre 1806 : « L'indépendance du territoire allemand est « violée, au milieu de la paix, d'une manière outrageante pour l'hon« neur de la nation. *Les Allemands n'ont pas vengé la mort du duc « d'Enghien; mais, jamais le souvenir de ce forfait ne s'effacera parmi « eux.* »

Les Français doivent tout craindre, puisque Bonaparte a calculé qu'un crime aussi détestable lui servira, si les partisans des formes républicaines y trouvent la preuve manifeste qu'il ne pactisera jamais avec les royalistes; et que, loin de s'engager dans les voies de *Monck*, il s'élance, autant qu'il lui est donné, sur les traces de *Cromwell*. Est-ce donc pour obtenir l'assentiment d'un *Barrère*, d'un *Merlin* dit *de Douai*, d'un *Carnot*, que ce meurtre a été commis, que le droit des gens a été violé? Et l'opinion de ces ordonnateurs de crimes au comité de salut public, en 1793 et 1794, aura-t-elle donc quelque poids en 1804? La vraie politique, celle qui n'a pour but que le bien-être des peuples et leur indépendance, n'admet point la nécessité des crimes. Cette nécessité n'existe que pour la politique des passions.

Dès ce jour, 21 mars, on peut juger que les protestations de Bonaparte, en faveur de la paix, du bonheur public, du gouvernement représentatif, de la justice, de la liberté, sont autant d'impostures jetées à la crédulité d'un peuple harassé des discordes civiles, et trop enclin à livrer son avenir à de fastueux empiriques. On n'a pu dès-lors s'empêcher d'observer, que tout ce qui est inique sera employé par Bonaparte, aussitôt qu'il s'agira d'envahir le pouvoir absolu, ou de combattre pour la monarchie universelle. Les comités de la convention furent oppressifs avec violence, les directeurs furent oppressifs avec fourberie; l'oppression de Bonaparte emploiera l'une et l'autre. La catastrophe du duc d'Enghien restera comme un des traits caractéristiques de la sauvage ambition du consul. Sa renommée en est à jamais souillée. Son front, comme celui de Caïn, est aux yeux de tous les amis de l'humanité, flétri d'indélébiles stigmates. Et néanmoins, c'est dans un tel homme que *Talleyrand*, son ministre, reconnaît (*V.* Moniteur, n° 136, an XIII) « un fond de « calme et de prudence qui tempère ses entreprises; *une retenue* qui « prévient tout abus; UNE VERVE, enfin, *de justice et d'humanité* ». C'est de Bonaparte enfin, que, trois ans encore après, un chef de la justice (*Séguier*, premier président de la cour d'appel de Paris), dira (*V.* Moniteur, 29 juillet 1807) : « Napoléon est au-delà de l'his« toire humaine; il appartient aux temps héroïques; il est au-dessus

« de l'admiration; *il n'y a que l'amour qui puisse s'élever jusqu'à lui.* »

21. Loi sur la réunion des lois civiles en un seul corps de lois sous le titre de *Code civil* des Français.

24. *Loi relative à la conscription de l'an XIII* (du 23 septembre 1804 au 22 septembre 1805).—Il sera levé trente mille conscrits pour compléter l'armée sur le pied de son organisation, et trente mille pour rester en réserve.

Avril 1er. La corvette *le Géographe*, capitaine *Baudin*, arrive à Lorient, de retour d'une croisière autour du monde (*V.* 19 octobre 1800).

4. *Formation à Paris d'une société pour propager la vaccine*, dont les premiers essais ont réussi (*V.* 1er juin 1800). — Ceux qui n'admettent pas que la vaccine soit un *préservatif absolu*, la regardent, du moins, comme un neutralisant fort utile, et propre à modérer l'action du virus variolique.—Avant son introduction en France, il mourait un individu sur treize atteints de la petite-vérole. Honneur et reconnaissance au duc de *la Rochefoucauld-Liancourt*, introducteur de ce moyen.

6. *Mort de Pichegru.* Cet ancien général, enfermé dans la tour du Temple, depuis le 28 février (*V.* à cette date), y est étranglé. D'après tous les détails donnés par le gouvernement *lui-même*, sur la manière dont la strangulation s'est opérée, tous les physiciens reconnaissent l'impossibilité du suicide. — Un homme peut très-aisément s'étrangler, en se suspendant à un lacet quelconque. Peut-il s'étrangler, en se serrant avec une cravate, dans une position horizontale ? — Il est infiniment vraisemblable que Bonaparte aura voulu prévenir la révélation en audience publique, de quelques circonstances qui lui seraient personnelles; circonstances connues de Pichegru, chef du parti renversé au 18 fructidor (4 septembre 1797). Leur publicité aurait pu nuire à la popularité dont le grand consul était, plus que jamais, obligé de s'environner dans la conjoncture décisive de la transformation de sa dignité. Pichegru s'était imprudemment vanté à l'étranger, d'avoir à faire contre lui de graves révélations. Amené devant ses juges, il eût sans doute hautement démenti une foule de faits énoncés dans des libelles, récemment publiés *par ordre*, et dans lesquels sa conduite politique, en 1795, 96, 97, était artificieusement présentée sous des couleurs défavorables. Un meurtre clandestin va prévenir cette effrayante publicité; et sa coïncidence avec la catastrophe du duc d'Enghien peut servir à l'explication de cette époque de l'histoire.

9. *Mort de Necker*, à Coppet, près de Genève, où il vivait retiré depuis son dernier ministère (*V.* 4 septembre 1790).

Peu d'hommes publics furent jugés aussi diversement que cet étranger, appelé trois fois au conseil de *Louis XVI.* Il ne s'agit pas de déterminer sa capacité d'homme d'état, s'il l'eût exercée dans des conjonctures moins impérieuses. On ne saurait méconnaître en lui l'administrateur aussi intègre que versé dans la science financière, le citoyen épris d'une liberté sagement restreinte, et en même temps opposé à toute amélioration précipitée. Chaque page de ses écrits le montre également recommandable par l'austérité des principes et par l'indulgence envers les hommes. Il serait difficile aussi d'évaluer le degré de sincérité qu'il apporta dans ses projets, lors de son second ministère, en 1788. Mais on lui reproche, avec fondement, de s'être trop persuadé de l'ascendant qu'exercerait son nom; d'avoir trop présumé de son habileté à conduire la France dans les routes nouvelles où lui-même l'avait engagée; d'avoir cru qu'il dirigerait aisément et constamment le tiers-état, cette puissance qu'il avait produite sur l'avant-scène, ou qu'elle n'userait pas de toute la force qu'il lui avait fait déployer. Cédant toujours aux circonstances, il ne sut ni les prévoir, ni les combattre. Conduit par les évènements, il tomba victime de l'opinion populaire, après l'avoir servie en esclave. Il eut la prétention de sauver le vaisseau de l'état du naufrage des abus et de la dissolution où le pouvoir arbitraire le précipitait; il le vit se briser pièce à pièce, sans l'arrêter à aucune ancre de secours. Son esprit fut abusé par le charme de certaines théories; et il se flatta de former et de mettre en œuvre un système de révolution, comme un plan de finances, ou un mode de comptabilité.

Il commit une faute immense, en ne faisant pas tous ses efforts pour gagner *Mirabeau*, le grand moteur du tiers-état. La séduction était-elle donc un moyen répréhensible vis-à-vis un homme profondément immoral, qui pouvait entraîner les destinées de la France? Cette manière de voir lui fit éloigner de salutaires précautions. Recueilli dans son cabinet, il négligea de descendre dans l'arène; et se sentant peu propre à cette lutte effective, dans laquelle l'orateur politique, semblable au gladiateur romain, se présente à découvert, il se méprit sur le peu d'importance dont elle est dans un gouvernement représentatif. La salle des séances, les bureaux des comités étaient le véritable champ de bataille. Sur ce terrain, et de plain-pied, les défenseurs du trône devaient combattre les agitateurs du peuple. Necker, absorbé par des idées générales, n'aperçut pas que les ministres du roi ne pouvaient rester étrangers aux délibérations de l'assemblée nationale. Les inconvénients de trois chambres, il les distingua très-bien, ainsi que les avantages de deux chambres. Cependant le moment parut, et ce moment fut même assez prolongé, où la fusion du clergé dans la noblesse eût pu s'opérer. Si Necker l'eût saisi, les bienfaits de la journée du 2 mai 1814 succédaient immédiatement aux espérances apportées le 5 mai 1789; et la charte, si heureusement retrouvée à Saint-Ouen, présentée aux états-généraux à Versailles, remplissant l'attente de la nation, comblait l'abyme de vingt-cinq années.

12. *Louis XVIII* renvoie au roi d'Espagne (*Charles IV*), l'ordre de la toison d'or, dont venait d'être décoré *Bonaparte*, en lui disant: « Monsieur et cher cousin....... Il ne peut y avoir rien de commun « entre moi et le grand criminel que l'audace et la fortune ont placé « sur un trône qu'il a eu la barbarie de souiller du sang pur d'un « Bourbon, le *duc d'Enghien*. La religion peut m'engager à pardon- « ner à un assassin, mais le tyran de mon peuple doit toujours être « mon ennemi.......... La providence, par des motifs inexplica- « bles, peut me condamner à finir mes jours en exil; mais jamais, « ni mes contemporains, ni la postérité, ne pourront dire que, « dans le temps de l'adversité, je me suis montré indigne d'occuper, « jusqu'au dernier soupir, le trône de mes ancêtres. »

13, 14. Les préparatifs d'une descente en Angleterre (*V.* 4, 15 août 1801), interrompus après le traité d'Amiens (25 mars 1802), ont été repris. Ils s'effectuent, depuis plusieurs mois, avec la plus extraordinaire célérité. On a construit dans les ports, sur les rivières, un très-grand nombre de petites embarcations, chaloupes canonnières, prames, péniches, bateaux plats, dont la réunion générale doit s'effectuer à Boulogne. — Une flotille de près de douze cents de ces bâtiments, y est assaillie par une forte escadre anglaise. La flotille n'éprouve point de dommages (*V.* 2 octobre 1804).

28. *Proclamation de Dessalines* (*V.* 30 novembre 1803). — Ce chef des nègres de Saint-Domingue, donnant un libre cours à sa férocité, les excite à massacrer tous les blancs restés dans cette île... « Mon bras suspendu au-dessus de leurs têtes a trop long-temps « différé de frapper.......... Soyez cruels et sans merci, sembla- « bles à un torrent en fureur qui a rompu ses digues, et qui entraîne « tout ce qui tente de s'opposer à ses flots; votre fureur vengeresse « a renversé et emporté toute chose dans son cours impétueux..... « Où est le vil Haïtien, si indigne de la régénération, qui croie n'a-

« voir point accompli les décrets de l'Éternel, en exterminant ces « tigres altérés de sang? S'il en est un, qu'il se retire par la fuite! La « nation indignée le rejette de notre sein; qu'il aille cacher sa honte « loin de chez nous! L'air que nous respirons n'est pas fait pour ses or- « ganes grossiers; c'est l'air pur de la liberté auguste et triomphante. « Oui, nous avons rendu à ces vrais cannibales, guerre pour guerre, « crime pour crime, outrage pour outrage! Oui, j'ai sauvé ma patrie; « j'ai vengé l'Amérique. L'aveu que j'en fais à la face de la terre et du « ciel *fait mon orgueil et ma gloire........ Guerre à mort aux ty- « rans!* voilà ma devise. *Liberté, indépendance!* voilà notre cri de « ralliement. » Cette proclamation produit tout l'effet qu'attend Dessalines; elle rend le nègre encore plus altéré de sang, elle éteint dans son cœur jusqu'à la dernière étincelle d'humanité. Les noirs se hâtent de courir au carnage; et sur toute l'étendue de leur domination, des milliers de blancs sont non-seulement mis à mort, mais livrés aux plus affreux tourments, aux plus indignes outrages.— Qui ne croit, au reste, en lisant cette proclamation du monstre noir, entendre l'écho du club des jacobins; les motions de *Brissot*, de *Condorcet*, etc., les apologies des massacres de septembre 1792? même langage, mêmes fureurs. Ce sont les exterminateurs de Lyon, de Toulon, de Nantes; c'est *Fouché* dit *de Nantes*, c'est *Barras*, c'est *Carrier* (*V.* 12 octobre, 19 décembre 1793; 16 décembre 1794), qui en ont fourni les expressions, et préconisé d'avance les résultats. Dessalines est le copiste de Fouché.

Tel est le premier effet bien marqué de la rupture du traité d'Amiens; rupture effectuée par l'ambition de *Bonaparte* (*V.* 13—20 mai 1803). C'est de sa perfidie méditée dans le silence et le sang-froid du cabinet, que *Dessalines* s'autorise (*V.* 7, 1er art., 20 mai, 10 juin 1802; 30 novembre 1803, 2e art.) — Il ne se versera pas une goutte de sang en Europe ou en Amérique, pendant dix ans, qui ne retombe sur *Bonaparte*, violateur de la paix, et moteur principal de toutes les catastrophes qui signaleront cette période.

30. Motion faite au tribunat de confier le gouvernement de la république à un empereur, et de déclarer l'empire héréditaire dans la famille du premier consul *Napoléon Bonaparte*. Cette motion est présentée par un membre obscur de cette chambre législative; il se nomme *Curée*. — «................ C'est sanctionner par les « siècles les institutions politiques, et assurer à jamais le maintien « des grands résultats qu'elles ont laissés après elle, que de ramener « et de rétablir dans un cours de succession certain, authentique,

« héréditaire, le gouvernement qui est incorporé à ces grands ré-
« sultats.................. Les ennemis de notre patrie se sont
« effrayés de sa prospérité comme de sa gloire. Leurs trames se sont
« multipliées, et l'on eût dit qu'au lieu d'une nation tout entière,
« ils n'avaient plus à combattre qu'un homme seul. C'est lui qu'ils
« ont voulu frapper pour la détruire........... *Avec lui, le peuple*
« *français sera assuré de conserver sa dignité, son indépendance et*
« *son territoire*........ Il ne nous est plus permis de marcher len-
« tement. Le temps se hâte, *le siècle de Bonaparte* est à sa qua-
« trième année, et la nation veut un chef aussi illustre que sa
« destinée. »

Mai 3, 4. Le tribunat adopte la proposition faite le 30 avril, de conférer à *Bonaparte* le titre *d'empereur*. — Quoique dans le principe de son institution, la composition de ce corps fût soumise au choix du sénat, essentiellement dépendant de l'autorité consulaire, et que la seule attribution des tribuns consistât dans la discussion des projets de loi; le premier consul, redoutant néanmoins leur influence, et croyant apercevoir quelques faibles étincelles de liberté cachées dans cet élément de la constitution de l'an VIII, fit rendre le sénatus-consulte organique du 4 août 1802, par lequel les tribuns furent réduits de cent à cinquante. Dès-lors Bonaparte devint le maître des délibérations.

Presque tous les tribuns sont vendus, ou intimidés, ou séduits par de fausses similitudes historiques. Leur unanimité n'est hautement troublée que par la contradiction du proscripteur *Carnot;* ce directeur proscrit lui-même, en 1797 (*V.* 4 septembre); qui, affectant d'oublier qu'il a donné à l'exécrable comité de salut public un nombre infini de *signatures de confiance*, ainsi qu'elles sont qualifiées par les coopérateurs de Robespierre (*V.* 24 août 1794, 1er avril 1795), se croit un citoyen héroïque, en affectant des sentiments généreux qui font ressortir davantage l'ignominie de ses déférences pour les plus sanguinaires tyrans qu'ait vus la France; mais alors Carnot participait à la tyrannie. — Il se trouve aussi cinq ou six tribuns que l'amour sincère de la patrie et d'une sage liberté invitent à refuser leur assentiment; mais que pourraient quelques efforts individuels contre une majorité qui demande le joug, et qui confond les doctrines les plus dissemblables, sous prétexte d'amener la sécurité et la félicité publiques? — «....... C'est moins d'une récom-
« pense, *dont Bonaparte n'a pas besoin* », dit un de ces obséquieux tribuns, nommé *Siméon* (*V.* Moniteur, n° 222, an XII), « que de

« notre propre dignité et de notre sûreté, que nous nous occuperons........ Opposerait-on la possession longue, mais si solennellement renversée de l'ancienne dynastie? Les principes et les faits répondent.........Le peuple, propriétaire et dispensateur de la souveraineté, peut changer son gouvernement; et, par conséquent, destituer dans cette occasion, ceux auxquels il l'avait confié (les Bourbons). L'Europe l'a reconnu.......La maison qui règne en Angleterre n'a pas eu d'autres droits pour exclure les Stuarts.......... Il fallut qu'après les avoir repris, l'Angleterre chassât les enfants de Charles Ier. Le retour d'une dynastie détrônée, abattue par le malheur, moins encore que par ses fautes, ne saurait convenir à une nation qui s'estime...... Ils vendaient aux puissances dont ils s'étaient faits les clients, une partie de cet héritage dans lequel ils les conjuraient de les rétablir....... Qu'on ne se trompe pas, en regardant comme une révolution ce qui n'est rien qu'une conséquence de la révolution: nous la terminerons; *rien ne sera changé dans la nation....* » *Le citoyen Gillet* surpasse *le citoyen Siméon* dans l'étalage des sophismes; il s'humilie encore plus profondément dans la servitude. Une vingtaine de tribuns, tous également obscurs: *Max. V. Fréville, Jaubert* (de la Gironde), *Duvidal, Carrion-Nisas, Delpierre, Faure, Arnould, Chabot* (de l'Allier), *Grenier, Albisson, Chabaud-Latour, Challan, Carret* (du Rhône), *Chassiron*, etc., etc., se disputent l'encensoir pour enfumer l'idole qu'ils viennent placer sur l'autel. Du moins les affranchis de Rome, et Narcisse et Pallas, acquirent de la célébrité; leurs heureuses mains amoncelèrent les trésors de Lucullus, de Crassus. Nos tribuns sont restés dans la poussière et n'ont pu se distinguer à force de complaisances. Que demandent-ils donc, en offrant l'empire à Bonaparte, à ce soldat dont plusieurs actions bien caractérisées décèlent la dépravation politique? Veulent-ils réserver à la France le sort de Rome dégénérée? C'est ainsi que l'empire fut décerné à Octave, à Tibère, à leurs successeurs. Un usurpateur sanguinaire; un fourbe détestable; le plus cruel des fous; le plus dupe des imbécilles; un monstre exécrable dont le nom est la plus forte injure; un soldat ignoblement avare; un vil débauché; un glouton immonde: tels furent, jusqu'à Vespasien, les empereurs du peuple-roi. Et voilà les dominateurs dont la France se voit menacée, si la quatrième dynastie s'y établit par le sabre des soldats et la bassesse des affranchis; que les affranchis soient tribuns, législateurs, sénateurs de l'an VIII. Bonaparte, dira-t-on, ne verse pas, comme

Octave, des flots de sang humain dans le Forum; non, mais il en inonde les champs du dieu Mars. Octave, devenu Auguste, pardonne à Maxime, à Cinna; Bonaparte, devenant Napoléon, sacrifie Pichegru, Moreau. L'empereur romain est maître de lui quelquefois: l'empereur des Français dissimule aussi quelquefois; mais jamais il ne se modère; jamais il n'adoucit ses plus violentes, ses plus injustes déterminations.

Enfin le vœu du tribunat arrive au sénat-conservateur. Là, *François* dit *de Neufchâteau* s'écrie: « Depuis le 27 mars, le sénat a fixé « sur le même sujet la pensée attentive du premier magistrat...... « Comme vous, citoyens tribuns, nous ne voulons pas la contre-ré« volution, seul présent que puissent nous faire ces malheureux « transfuges qui ont emporté avec eux *le despotisme, la noblesse,* « la féodalité, la servitude et l'ignorance; et dont le dernier crime « (la conspiration de Georges Cadoudal, *V.* 28 février) est d'avoir « supposé qu'un chemin, pour rentrer en France, pouvait passer « par l'Angleterre. »

Effectivement, déja le 27 mars, le sénat, ayant reçu communication de la trame *ourdie par la diplomatie anglaise,* a voté une adresse confidentielle au premier consul.... « En réorganisant notre « ordre social (dit ce sénat qui aurait disputé de servilité avec le « sénat de Domitien), votre génie supérieur a fait un oubli qui aug« mente peut-être vos dangers et nos craintes........ Il manque à « notre constitution, une haute cour, un jury national. Vous avez « eu la confiance qu'un pareil tribunal ne serait pas nécessaire.... « Mais, citoyen consul, vous vous devez à la patrie; vous n'êtes « point le maître de négliger votre existence; et *le sénat qui, par* « *essence, est le conservateur du pacte social,* demande que la loi « s'explique sur le premier objet de votre conservation.....*Mais* ce « jury national ne suffit pas pour assurer, en même temps, et votre vie « et votre ouvrage, si vous n'y joignez pas des institutions tellement « combinées, que votre système vous survive. Vous fondez une ère « nouvelle; *mais* vous devez l'éterniser. L'éclat n'est rien sans la « durée........Vous êtes pressé par le temps, par les évènements, « par les conspirateurs, par les ambitieux; vous l'êtes, dans un autre « sens, par une inquiétude qui agite tous les Français. Vous pouvez « enchaîner le temps, maîtriser les évènements, mettre un frein aux « conspirateurs, désarmer les ambitieux, tranquilliser la France « entière, en lui donnant des institutions qui cimentent votre édifice « et prolongent pour les enfants ce que vous fîtes pour les pères.

« Citoyen premier consul, soyez bien assuré que le sénat vous parle « ici au nom de tous les citoyens.....Dans les cours étrangères, la « saine politique vous tiendrait le même langage. Le repos de la « France est le gage assuré du repos de l'Europe...........» Ainsi parle *François* dit *de Neufchâteau*, discourant en style de professeur de collége, au nom d'un sénat docile par terreur, adulateur par calcul, empressé par corruption. On peut juger du résultat de la rédondante faconde de ce rhéteur, par les succès dont elle ne cesse pas d'être couronnée (*V.* 21 septembre 1792, 27 mai 1804); et voilà les hommes qui disposent de la France!

Le 25 avril, Bonaparte répond : « Votre adresse n'a pas cessé d'être « présente à ma pensée. Elle a été l'objet de mes méditations les plus « constantes............ Je vous invite donc à me faire connaître « votre pensée TOUT ENTIÈRE. »

Le 4 mai, le sénat-conservateur vient donc l'assurer « qu'il est « DU PLUS GRAND INTÉRÊT DU PEUPLE FRANÇAIS DE CONFIER LE GOU- « VERNEMENT DE LA RÉPUBLIQUE A NAPOLÉON BONAPARTE, EMPEREUR « HÉRÉDITAIRE. » Celui qui s'exprime ainsi, et qui place la couronne sur la tête d'un soldat ambitieux, est son collègue consul, ce même *Cambacérès*, qui s'écria, dans la nuit du 19 au 20 janvier 1793 : « Citoyens représentants, en prononçant la mort du dernier roi des « Français, vous avez fait un acte dont la mémoire ne passera jamais, « et qui sera gravé, par le burin de l'immortalité, dans les fastes des « nations...............*Qu'une expédition du décret de mort soit « envoyée*, A L'INSTANT, *au conseil exécutif, pour le faire exécuter* « DANS LES VINGT-QUATRE HEURES DE LA NOTIFICATION. » Dans ce cortége de sénateurs est aussi *Garat*, ministre de la justice au même 20 janvier, qui signifia le décret de mort à *Louis XVI*. — Jamais empereur de Rome ne dut le diadême à de plus vils affranchis. Posé par de telles mains, il eût souillé le front même de Titus.

Quel besoin d'ailleurs de tout cet appareil de fausseté? N'était-il pas évident que le vœu général sollicitait l'union du pouvoir héréditaire au gouvernement représentatif? Pourquoi ne pas tenir de la nation elle-même ce qu'on se fait remettre par des valets de comédie? Pourquoi encore arriver au trône sur le corps de l'innocent? L'assassinat commis à *Vincennes* (*V.* 21 mars) fut certainement un crime perdu. Quelqu'un doutait-il en France que le général victorieux des factions et de la ligue continentale n'aspirât à la suprême magistrature? Du moment qu'il fut proposé à la nation de voter sur la question du consulat à vie (*V.* 2 août 1802), chacun put aisément juger qu'il restait une arrière-pensée, et pressentir un but ultérieur. On voyait une foule d'institutions empruntées à l'ancienne monarchie, superposées au régime démocratique. Mais à chaque innovation de ce genre, on s'empressait de rassurer certains esprits, quoique en assez petit nombre, inquiets sur l'altération des formes républicaines; on protestait que de telles institutions n'étaient établies qu'afin de protéger plus efficacement la liberté, l'égalité. Au moyen de ces hypocrites démonstrations, qui n'abusaient que les plus myopes des politiques, on avançait sans éprouver d'importunes réclamations. — Le terme de toutes ces mesures préliminaires fut enfin avoué, lorsque tout était prêt pour le dénouement, mais aussi quand presque personne ne pouvait en être surpris.

La nation eût donc accédé volontairement à l'invitation du sénat. Se donner pour chef permanent celui qui, dans une magistrature de quatre années, a ramené l'ordre, ranimé l'industrie, et qui annonce le prochain développement des mesures les plus assorties au bien-être de la nation, ce ne serait qu'assurer les bases d'une prospérité dont les fondements paraissent assis. Les Français, du moins ceux qui n'approchent pas le consul, ou qui ne se vendent pas à lui (tribuns, sénateurs ou généraux), sont excusables de se livrer à d'aussi douces illusions. Une perspective riante s'offre à leurs yeux; ils y courent à l'envi.

En effet, *Bonaparte*, consul, a rapporté plusieurs lois de rigueur, fermé la liste des émigrés, et rouvert les portes de la patrie à trente mille proscrits; il a rétabli dans les cités, dans les campagnes, une sécurité qu'on apprécie d'autant mieux, que depuis 1791 on ne la trouvait nulle part. Il s'est efforcé de déblayer les ruines, d'effacer les traces du vandalisme; il encourage l'essor des talents. Il a rendu les ministres de la religion aux autels relevés. Les dépositaires du pouvoir obtiennent de la considération, et s'étonnent eux-mêmes de leur stabilité. Par un prodige plus grand, le crédit public s'élance du gouffre de la banqueroute. A la voix du créateur de toutes ces choses, la lumière jaillit du chaos révolutionnaire. Bonaparte étant, jusqu'à la rupture d'Amiens, le bienfaiteur de la France, établit ses droits aux suffrages d'une nation toujours vive quand elle approuve, toujours emportée dans sa reconnaissance. Il est un grand nombre de citoyens persuadés que la concentration du pouvoir préviendra le retour de l'effroyable régime de 1793, la renaissance de l'oligarchie, comme l'irruption de l'anarchie militaire, à la faveur de laquelle une soldatesque effrénée disposerait du gouvernement.

Sans pénétrer plus avant dans les desseins de l'artificieux consul; sans réfléchir sur sa conduite politique depuis huit ans, on se hâte de lui livrer la France. On ne prend aucune précaution pour l'empêcher d'abuser du plus formidable pouvoir possédé par un souverain de la chrétienté. On ne lui demande aucune garantie : nulle barrière à ses absolues volontés; nulle digue susceptible d'arrêter un instant le torrent de son ambition déja si prononcée. Et ce sont des tribuns, des sénateurs, prétendus oracles d'une révolution qui dévoila si rapidement les secrets de toutes les factions; ce sont ces hommes si renommés à la tribune aux harangues, qui l'élèvent sur le pavois. Il existe, en outre, une multitude de personnes qui, desirant revoir la royauté avec toutes ses pompes, redoutent cependant le rétablissement des princes dépossédés. Elles ne doutent pas que l'exaltation de Bonaparte ne dissipe pour toujours de fatigantes incertitudes en consolidant les améliorations faites depuis son avènement au consulat.

Quoique fort de la disposition des esprits, Bonaparte refusera de tenir de la nation elle-même son nouveau rang. Il aime à se faire reconnaître, inaugurer par son sénat, si prompt à déférer à ses volontés pour un sordide profit, pour l'assurance viagère de quelques mille francs de revenu, pour le privilège d'un habit brodé, par tous les calculs qui sont à la portée des vulgaires ambitions. Jamais cet homme, qui porte la fausseté de son ame jusque dans ses bonnes et ses grandes actions, ne daignera avouer un bienfait reçu. Superbe comme le Satan de Milton, il croit n'avoir d'obligations qu'au destin, qui le forma pour commander à la terre. En s'élevant à la suprême dignité, il croit honorer la nation; il pense, il fera dire qu'elle a tout reçu de lui; qu'il n'a rien reçu d'elle. Aussi-bien, comme arbitre souverain de ses sujets, il n'admet pas qu'il lui soit imposé des devoirs. Tout le bien qui s'échappera de ses mains résultera de la considération d'un intérêt personnel. Il se gardera de consacrer les éternels principes de la justice quand il en aura la faculté; ils seront sacrifiés au système de gouvernement qu'il s'est fait, et non offerts à l'inexorable nécessité. Semblable au Pharaon d'Égypte, qui le disait des Hébreux, Bonaparte dira, mais seulement de temps en temps, *Opprimions-les avec sagesse.* C'est ainsi qu'en rappelant les proscrits, il retient cette part de leurs propriétés qui convient au fisc (*V.* 24 avril 1802). Il gardera, pour son usage, des maximes révolutionnaires toutes celles qui soutiendront son autorité, favoriseront son ambition, nourriront son orgueil. On sera moins tyrannisé comme esclave, mais on ne sera pas assez ménagé comme sujet; encore moins sera-t-on libre comme citoyen. Bonaparte assied un système de finances, dans lequel il rend hommage à la bonne foi pour l'avenir; mais il tranche arbitrairement la plus grande partie de l'arriéré. Si, d'une main vigoureuse, il étouffe l'anarchie, il étend le bras de fer du despotisme sur la France. Les ruines de la *Bastille*, il ne les relevera pas, mais il redonne une odieuse célébrité à *la tour du Temple*, au *donjon de Vincennes*; il établira HUIT PRISONS D'ÉTAT (*V.* 3 mars 1810). Se plaçant ainsi dans la plus étrange position, au milieu de l'Europe civilisée, comme s'il régnait à Maroc, il renonce à devenir le bienfaiteur des Français, pour n'être, à l'égard des peuples étrangers, jusqu'au terme de sa carrière politique, que le fléau de Dieu, le *second Attila*. Il sent, par intervalles, le besoin d'être juste pour s'assurer une muette obéissance; mais, presque aussitôt il retient avec une sombre fureur ce ressort de tout bon gouvernement. Ne voyant plus, dans des bienfaits d'administration, les moyens de la domination universelle à laquelle il aspire, du moment qu'il se voit élevé sur le pavois, Bonaparte semble avoir fait avec les Français cette convention, qu'il les rendra les conquérants du monde s'ils s'abandonnent à lui sans réserve. Ils ne rempliront que trop bien son attente!

Semblables à d'anciens esclaves, ils se replacent eux-mêmes sous le joug dont ils eurent à peine un jour le dessein de s'affranchir :

Torna contento così
Schiavo che uscì di pena
Alla barbara catena
Che detestava un dì.
(*Palinod.* di METAST.)

1804.

CINQUIÈME PÉRIODE. — *Gouvernement impérial.*

Eh quoi! tout factieux qui pense avec courage,
Doit donner aux mortels un nouvel esclavage?
Il a droit de tromper, s'il trompe avec grandeur?
— Oui, je connais ton peuple : il a besoin d'erreur.
(VOLTAIRE.)

MAI 18. Impatient de s'entendre saluer du nom d'empereur, *Bonaparte* n'attendra pas que la formalité de la sanction du peuple soit remplie. *Cambacérès*, ce conventionnel si empressé de hâter la mort de *Louis XVI* (*V.* 19, 20 janvier 1793), ne l'est pas moins d'accélérer l'intronisation de son collègue consul. Tel que ce potier, fabricateur de faux dieux, il s'incline devant l'ouvrage de ses mains et en adore la majesté. C'est à Saint-Cloud, là même où le dernier des Valois vit trancher ses jours et terminer son règne par le poignard d'un moine, que commence, à l'acclamation du meurtrier d'un roi Bourbon, la dignité suprême de celui qui n'est l'héritier que de l'anarchie. Aussitôt la tourbe des courtisans environne le monarque impromptu dont la voix laisse tomber ces paroles solennelles : « Tout « ce qui peut contribuer au bien de la patrie est essentiellement lié « à mon bonheur..... J'accepte le titre que vous croyez *utile à la* « *gloire* de la nation...... Je soumets à la sanction du peuple la « loi de l'hérédité...... J'espère que la France ne se repentira ja- « mais des honneurs dont elle environnera ma famille........ Dans « tous les cas, mon esprit ne sera plus avec ma postérité, le jour « où elle cessera de mériter l'amour et la confiance de la GRANDE « NATION. » — On peut présumer qu'en rejetant le titre de roi, Bonaparte se détermine un peu par l'exemple de deux célèbres imposteurs, Octave et Cromwell. Celui-ci avait dit que ses compatriotes savaient trop jusqu'où allait l'autorité d'un roi. De même, les délibérations du tribunat et du sénat offrent une étonnante conformité avec les plans dressés sous le nom de *pétition et avis*, qui confèrent le pouvoir suprême au général anglais.

Les changements les plus importants au texte de la constitution de l'an VIII (*V.* 24 décembre 1799), sont l'institution du conseil-d'état, comme partie intégrante et autorité supérieure de l'état; des modifications dans le sénat, qui dès-lors devient l'instrument passif du gouvernement.

19. *Décret impérial.* — *Napoléon* confère la dignité de *maréchal de l'empire* aux généraux *Alexandre Berthier, Murat, Moncey, Jourdan, Masséna, Augereau, Bernadotte, Soult, Brune, Lannes, Mortier, Ney, Davoust, Bessières, Kellerman, Lefebvre, Pérignon, Serrurier.*

27. Le sénat est admis à prêter serment à l'empereur. Le sénateur *François* dit *de Neufchâteau*, qu'on retrouve toujours dans ces conjonctures où se placent si à-propos les harangues d'un rhéteur, les figures banales d'une faconde de collége, s'avance le premier; et, reproduisant les mêmes expressions dont il fit usage lorsqu'il eut l'honneur d'installer la convention (*V.* 21 septembre 1792, premier article), il dit : « Sire, vous n'acceptez l'empire que pour sauver LA « LIBERTÉ; vous ne consentez à régner que pour faire régner LES LOIS; « vous ne fîtes jamais la guerre que pour avoir LA PAIX........... « LA LIBERTÉ, LES LOIS, LA PAIX, ces trois mots de l'oracle semblent « avoir été réunis *tout exprès* pour composer votre devise et celle de « vos successeurs........ Vous n'aurez point eu de modèle, et vous « en servirez toujours. » Le même déclamateur avait cependant très-pompeusement célébré, peu de jours avant celui-ci (*V. Moniteur*, n° 225, an XII), la durée de cette constitution dont il célèbre actuellement le renversement; il s'était écrié : « Dans ce temple na- « tional, la constitution doit reposer sur l'autel du dieu *Terme.* »

Au signal donné par le sénat, les adresses affluent de tous les points des cent huit départements qui forment le territoire de la *république impériale.* Les autorités, les fonctionnaires, la magistrature, l'armée, apportent au pied du trône les assurances du plus profond dévouement. Tous les esprits harassés des convulsions d'une longue anarchie, invoquent le sommeil de la servitude. Les Français peuvent, en cette occasion, se faire l'application des expressions de Mirabeau, dans une circonstance de 1790 : « Nous donnons un nou- « vel exemple de cette aveugle et mobile inconsidération qui nous a « conduits d'âge en âge à toutes les crises qui nous ont successive- « ment affligés. Il semble que nos yeux ne puissent être dessillés,

« et que nous ayons résolu d'être, jusqu'à la consommation des « siècles, *des enfants quelquefois mutins et toujours esclaves*, »

La cérémonie du serment, cérémonie si vaine pour des hommes qui se jouèrent de tous les principes, mais qui n'en fut pas moins en usage à toutes les phases de la révolution, vient consacrer les promesses de trente-six millions de sujets. Les mêmes bouches qui jurèrent fidélité à *Louis XVI* et à quatre constitutions, jurent de ne pas devenir infidèles à l'empereur de la grande nation. Et ce dernier serment sera, pour le malheur des Français, religieusement observé!

Le clergé appose le dernier sçeau à tous les actes de dégradation nationale et individuelle. Sa pieuse et savante adulation emploie les formules les plus expressives de la servitude hébraïque; elle épuise les termes obséquieux de la basse latinité. — « Le dieu des dieux « (dit le cardinal *Cambacérès*) et des rois, avait donné et il avait « repris; il n'a pas rendu, mais il a donné de nouveau, comme il « avait donné le trône de Clovis à Charlemagne, et le trône de celui- « ci à saint Louis............. *L'homme de la religion trouvera nos « maximes dans l'Évangile.* » — « Un Dieu et un monarque (dit l'ar- « chevêque de Turin). Comme le Dieu des chrétiens est le seul digne « d'être adoré et obéi, vous (Napoléon) êtes le seul homme digne « de commander aux Français. Par-là cesseront toutes abstractions « philosophiques, tout dépècement du pouvoir. » — « Qu'elle est « grande (s'écrie un autre pontife), qu'elle est admirable, cette di- « vine sagesse qui établit les empires! — *Napoléon*, que Dieu appela « des déserts de l'Égypte, comme un autre *Moïse*. — Donnons pour « garant de notre fidélité à César, notre fidélité à Dieu. — Il fera con- « corder le sage empire de la France avec le divin empire de Jésus- « Christ. — Ne cessons de le dire : LE DOIGT DE DIEU EST ICI. — Prions « le Très-Haut qu'il protège, par sa main puissante, L'HOMME DE SA « DROITE. — Qu'il vive! qu'il commande à jamais, le nouvel *Au- « guste*, cet empereur si grand, qui reçoit, *des mains de Dieu*, la « couronne! — Nouveau *Mathathias*, *Bonaparte* parut dans l'assem- « blée du peuple *envoyé par le Seigneur* (*V.* 19 brumaire, ou 10 no- « vembre 1799). — Un nouveau *Cyrus* a paru. — Généreux comme « le pieux *Onias*. — L'Écriture nous trace dans le règne de *Josaphat*, « ce prince chéri de Dieu et des hommes, l'image du gouvernement « accompli de *Napoléon*. — La soumission lui est due, comme do- « minant sur tous; à ses ministres, comme envoyés par lui pour « protéger le bien et punir le mal; à tous, à cause de Dieu; PARCE QUE

« TEL EST L'ORDRE DE LA PROVIDENCE ». — « Disons avec saint Grégoire, « pape : « Que Dieu soit toujours glorifié, à travers les vicissitudes « humaines, soit qu'il transporte, soit qu'il raffermisse les couronnes! « car le Très-Haut a déclaré, par son prophète, qu'il domine sur « tous les royaumes de la terre, et les distribue selon sa volonté. » — C'est dans ces termes, que cette foule de prélats, oracles si renommés de l'église gallicane, que ces casuistes, qui se disent éclairés du Saint-Esprit, préconisent l'obéissance passive, au nom de la loi des chrétiens! .

A l'aide de ces divers moyens, *Bonaparte* réussit à mettre sur sa tête le diadême que ni César à Rome, ni Cromwell en Angleterre, n'osèrent ceindre. Dès-lors s'évanouit ce gouvernement républicain pour l'établissement duquel tant de milliers de Français ont péri. Les vestiges du gouvernement représentatif ne tarderont pas non plus à s'effacer. — Comme il ne veut qu'asservir les Français, il se hâtera de ramener les serviles habitudes de l'ancienne cour. On voit reparaître au palais des Tuileries, plus qu'on ne l'avait vu au château de Versailles, les livrées, les grands laquais, les pages, les écuyers, les chambellans, les aumôniers, les cordons, l'étiquette des grands et des petits jours. Dégrader, rabaisser les esprits; corrompre, avilir les ames, voilà les moyens qu'emploiera ce parvenu pour accréditer sa dignité.

Juin 10. *Conspiration de Pichegru, de Georges Cadoudal; procès du général Moreau* (*V.* 28 février, 6 avril). — Quarante-sept prévenus sont mis en arrestation. Comme on trouverait très-difficilement, dans les lois existantes, les moyens de perdre les principaux accusés, et comme le gouvernement affecte de respecter les lois; avant d'entamer les procédures, il a fait annuler les dispositions qui protégeraient ces accusés. Dès le 28 février (c'est-à-dire, le jour même de l'arrestation de Pichegru, et treize jours après celle de Moreau), *un sénatus-consulte suspend pendant deux ans les fonctions du jury pour le jugement des crimes d'attentat contre la personne du premier consul.* — Le lendemain, *une loi déclare,* « que le recèlement de Georges « et de ses complices sera jugé et puni comme le crime principal. » Cette loi définit le receleur. — Un tribunal criminel SPÉCIAL est institué. On charge de l'instruction et de l'accusation l'un des plus vils complices de la tyrannie de Robespierre, le conventionnel *Thuriot;* et les conclusions de Thuriot sont, que les quarante-sept prévenus sont coupables de conspiration effective, *ou de contravention à la loi du* 29 *février.*

Bonaparte aspire surtout à la condamnation de *Moreau*, son rival de renommée militaire, dont il cherche à rabaisser la savante campagne de 1796, en l'appelant *une retraite de sergent.* Mais l'opinion publique éclate en faveur de l'opprimé, de manière à faire reculer le despote naissant. L'illustre vainqueur de Hohenlinden échappe à la peine capitale. — Elles ne sont pourtant pas oubliées du public de Paris ni cette lettre, ni cette proclamation (*V.* 4 septembre 1797), ni ces pusillanimes apologies de connivence. *Moreau*, si brave au champ de la gloire, ne cessa pas de se montrer timide dans l'arène politique. On ne devait pas attendre de celui qui montait à l'assaut d'une place le jour que son père montait à l'échafaud, de celui qui obéit avec une entière abnégation aux bourreaux de sa famille, aux tyrans de sa patrie, qu'il servirait de bouclier au général qui l'instruisit dans l'art de vaincre l'étranger! Le désaveu de Moreau, à l'égard de Pichegru, immédiatement après le 18 fructidor, ce désaveu eût-il été concerté entre eux, dut éloigner du premier les cœurs vraiment français; mais s'ils réprouvèrent une démarche aussi peu généreuse, ils accourront au secours de l'illustre capitaine, alors que l'injustice voudra le perdre : plus le public démêle, dans les poursuites, l'iniquité de la haine, plus il s'efforce d'en briser les traits. On trouve aussi, dans ce tribunal SPÉCIAL, quelques juges intègres. L'un d'eux, nourri des exemples de l'antiquité (*Clavier*, savant traducteur de Pausanias), répond à un émissaire qui l'assure que Bonaparte ne desire la condamnation de Moreau qu'afin de lui faire grace : *Et qui nous la fera, à nous?*

Des quarante-sept prévenus, vingt sont condamnés à mort, cinq à deux années d'emprisonnement. Les autres sont acquittés, mais non relâchés. Le sultan des Tuileries envoie ses muets, les agents de sa police, qui renferment dans des donjons tous ceux dont le tribunal SPÉCIAL n'a pu s'empêcher de reconnaître l'innocence.

Afin d'effacer quelques souillures de la procédure, comme pour atténuer l'impression *du meurtre de Vincennes* (*V.* 21 mars), Bonaparte croit utile de signaler l'aurore de son règne par des actes de clémence. Et il convient ici de ne pas laisser ignorer que les plus vives instances pour le fléchir sont déployées par deux femmes auxquelles, sans doute, il a soigneusement dissimulé les motifs qui l'engagent à faire parade de miséricorde. N'eût-il pas eu ce dessein, il aurait dû céder; tant furent vives, animées, instantes, les sollicitations de l'une et de l'autre, de sa femme (l'impératrice *Joséphine*, mère du prince Eugène Beauharnais), en faveur d'*Armand de Poli-*

gnac (duc et pair en 1818, par succession), et de sa sœur (*Madame Murat*, reine de Naples, de 1808 à 1815), pour *Charles de Rivière* (pair de 1815). C'est à elles que les deux complices de Georges doivent de conserver leur existence qui eût fini sur l'échafaud. On aime à penser qu'ils ont gardé le souvenir des démarches de leurs bienfaitrices.

23. *Décret impérial* qui dissout deux établissements formés par des congrégationnistes qui prennent les noms de *Pères de la foi*, *Adorateurs de Jésus*, *Paccanaristes*. — Ces ténébreux sectaires sont les continuateurs de l'ordre de Loyola (*V*. l'article suivant, 7 août 1814; 2 janvier 1816).

Juillet 10. *Décret impérial* qui rétablit le ministère de la police générale, en l'investissant de toutes les attributions qui lui étaient dévolues avant sa réunion au ministère de la justice (en 1802). — Le brevet en est remis aux mains immondes et sanglantes de ce même homme qui eut la confiance des directeurs *Sieyes*, *Barras*, détestables auteurs de la journée du 30 prairial (18 juin 1799). *Fouché* dit *de Nantes* (duc *d'Otrante*), ex-conventionnel, séide de Robespierre, bourreau des généreux Lyonnais (*V*. 12 octobre, 1er novembre 1793), se dévoue à *Napoléon*, son nouveau calife. Il le servira dans la recherche et l'emploi des mesures d'une obscure tyrannie, dans l'établissement de l'inquisition domestique et civile. A un autre Philippe II, il faut un autre Torquemada.

14. *Inauguration de la légion-d'honneur*, créée par la loi du 19 mai 1802. La cérémonie a lieu avec le plus pompeux appareil, dans l'église des Invalides à Paris. Les dignitaires prêtent serment entre les mains de l'empereur. Le grand-chancelier de la légion, *Lacépède*, qui, de garde du cabinet d'histoire naturelle, était parvenu subitement aux plus hautes régions de la politique, en siégeant à l'assemblée législative, prononce un discours riche en déclamations assorties à la circonstance : « Aujourd'hui tout ce que le peuple a « voulu, le 14 juillet 1789, existe par sa volonté. Il a voulu l'éga- « lité, *elle est défendue par un gouvernement dont elle est la base.* « Il a voulu que la propriété fût sacrée, *elle est rendue inviolable par* « *toutes nos institutions.* Répétez ces mots qui ont déja été proférés « dans cette enceinte, et qu'ils retentissent jusqu'aux extrémités de « l'empire : *Tout ce qu'a établi le 14 juillet est inébranlable, rien de* « *ce qu'il a détruit ne peut reparaître.* » En prenant la négative sur tous ces détails, la description du phénomène serait beaucoup plus d'après nature.

16. *Décret impérial déterminant une nouvelle organisation de l'école polytechnique* (*V.* 21 mars 1795, 16 décembre 1799). — Les élèves seront casernés et soumis à la discipline, police, tenue et instruction militaires, comme dans un régiment.—Création de chaires de grammaire et de belles-lettres, de topographie, pour les éléments des machines.

30. Bref du pape Pie VII qui rétablit l'ordre des *jésuites* dans le royaume des Deux-Siciles, d'après la prière du souverain, et conformément aux règles de leur établissement en 1801 dans l'empire de Russie, sur la demande de Paul Ier (*V.* 23 juin 1804, 7 août 1814, 2 janvier 1816).

Août 11. L'empereur d'Allemagne, François II, ajoute à ses titres celui d'empereur héréditaire d'Autriche (*V.* 6 août 1806).

Octobre 2. *Flotille de Boulogne.* —Après des attaques réitérées depuis six mois, et toujours infructueuses, l'amiral anglais Keith vient entreprendre sa destruction. Douze brûlots, les plus formidables qui jamais aient été mis en usage, sont lancés sur ces petites embarcations; mais ils leur causent peu de dommages.

Bonaparte, empereur, a recommencé les immenses préparatifs de l'expédition d'Angleterre, à laquelle il sembla donner une si grande importance pendant son consulat. Ses principaux motifs subsistent (*V.* 4, 15 août 1801). Il y joint aujourd'hui celui d'entretenir, d'augmenter, de consolider le dévouement à sa personne même, de ses troupes, qui sont le fondement essentiel, l'instrument le plus actif de sa puissance. La pompe des spectacles militaires, des fêtes dont il se fait le dieu, flattent son orgueil de général et de monarque. En portant toute l'attention des puissances du continent sur les dunes de Boulogne, il leur persuade que la sienne n'est fixée que sur les dunes de Kent; et il prépare, avec plus de mystère, ses projets de subversion générale. Les développements donnés aux préparatifs de l'expédition sont immenses. La flotille, à son complet, et réunie dans les ports d'Étaples, Boulogne, Vimereux, Ambleteuse et Calais, se composera, dans quelques mois, d'au-delà de deux mille petits bâtiments de toute espèce, montés par seize mille marins, portant une armée de cent soixante mille hommes, avec neuf mille chevaux, tout son matériel et quinze jours de vivres pour la totalité des hommes faisant partie de l'expédition.

8. Le nègre *Dessalines*, imitant Bonaparte, prend le titre d'*empereur de Haïty*, et se fait appeler Jacques Ier. Haïty est le nom primitif de Saint-Domingue (*V.* 1er janvier).

Décembre 1er. Le sénat-conservateur présente à Napoléon le *plébiscite* qui reconnaît l'hérédité de la dignité impériale dans sa famille. — Le résultat de soixante mille registres, ouverts dans les cent-huit départements, constate trois millions cinq cent vingt-un mille six cent soixante-quinze votes affirmatifs, et deux mille cinq cent soixante-dix-neuf négatifs. — L'ex-républicain *François* dit *de Neufchâteau*, le même qui avait dit (*V.* Monit., n° 225, an XII), « La « constitution est placée sur l'autel du *dieu Terme* », aujourd'hui l'organe du sénat, débite un discours aussi longuement amplifié que fastueusement servile, dans lequel il préconise le bonheur réservé à la France. « *Oui, le vaste miroir du passé est la leçon de l'avenir.* » Napoléon, majestueusement affectueux, répond : « Je monte au trône « où m'ont appelé les vœux unanimes du sénat, du peuple *et de* « *l'armée*, le cœur plein du sentiment des grandes destinées de ce « peuple que, du milieu des camps, j'ai, le premier, salué du nom « de grand. Depuis mon adolescence, mes pensées tout entières lui « sont dévolues, et je dois le dire ici, mes plaisirs et mes peines ne se « composent plus aujourd'hui que du bonheur ou du malheur de « mon peuple. *Mes descendants conserveront long-temps ce trône.....* « Ils ne perdront jamais de vue que le mépris des lois et l'ébranle- « ment de l'ordre social ne sont que les résultats de la faiblesse et de « l'incertitude des princes. »

2. *Couronnement et sacre, à Notre-Dame de Paris, de l'empereur Napoléon et de sa femme, Joséphine Tascher de la Pagerie*, veuve d'*Alex. Beauharnais* constituant, mère du *prince Eugène*.

Le splendide appareil déployé dans ce jour solennel, la pompe des cérémonies aux jours suivants, signalent le goût dépravé et l'ineffable orgueil du soldat heureux qui se fait le dieu de ces fêtes. Il s'enivre à longs traits d'un encens nouveau. On dirait qu'il vient assister à son apothéose. A peine sur ce trône, où l'assied l'inexplicable destin, il se plonge dans le fracas et l'ostentation du pouvoir suprême. La brillante inanité de ces spectacles ravit son ame. Ma cour, se dit-il, éclipse déja la cour si célèbre de Louis XIV. La magnificence d'Alexandre, fils de Jupiter, triomphant dans Persépolis, est obscurcie par l'éclat qui m'environne ; et enfin, le vicaire de Dieu sur la terre obéit à ma voix.

Oui, *Pie VII* est accouru pour signaler aux nations et sanctifier l'*élu du ciel* si pieusement proclamé par le clergé gallican (*V.* 27 mai). Que les temps sont changés ! Le souverain pontife est ce pasteur d'Imola qui, jadis (*V.* 25 décembre 1797), exhortait ses ouailles à suivre les traces de la révolution démocratique des Français. Mais, si le cœur de l'homme est dans la main du Très-Haut, l'infaillibilité est un attribut de la tiare. On ne saurait s'étonner de l'obséquiosité du saint-père, en se rappelant que le huitième siècle vit un de ses prédécesseurs visiter la France pour y cultiver la vigne du Seigneur. Étienne III passa les monts en 754, pour resacrer Pepin-le-Bref, qui n'avait d'abord été sacré que par un simple légat (Boniface, archevêque de Maïence). Étienne, afin de donner une plus grande efficacité à cette sainte cérémonie, sacra la reine et ses deux enfants, Charles ou Charlemagne et Carloman. Le pape Zacharie, prédécesseur d'Étienne, avait aussi approuvé les vues de Pepin, lorsqu'en étant consulté, il répondit : CELUI-LA EST ROI, QUI EN A LA PUISSANCE; et qu'il était licite à Pepin de détrôner, raser, clore dans un monastère, le roi Childéric III avec son fils Thierri, et de régner en leur place.

Semblable à Pepin établissant la seconde dynastie, Napoléon établit la quatrième. Qu'a donc d'étonnant la condescendance de Pie VII, en 1804 ? Il serait fort peu convenable de tirer quelque induction de ce qu'aucun autre pape n'est venu sacrer un roi très-chrétien. Pourquoi, par exemple, supposer que Clément XIV, ou Pie VI, se seraient refusés à verser l'huile de la sainte ampoule sur la tête de Louis XVI ? La conformité de conduite entre Pie VII en 1804, et Étienne III en 754, prouve invinciblement que les traditions dont l'esprit est manifestement utile, se conservent sans altération, à travers les siècles, dans les conseils des successeurs du prince des apôtres. Si des historiens ont reproché à *Étienne* d'avoir reçu la souveraineté de la Campagne de Rome, comme le salaire de son voyage, nous ne pouvons, nous, qu'admirer le noble désintéressement du pape *Pie VII*, aujourd'hui (1819) glorieusement régnant, qui n'a recueilli de sa vertueuse condescendance et de ses pacifiques intentions, que des fruits remplis d'amertume, des outrages, une longue captivité (*V.* 2 février, 27 mars, 3 avril 1808; 17 mai, 11 juin, 5 juillet 1809; 19 juin 1812; 25 janvier 1813).

Voici l'oraison récitée par le saint-père, en faisant une triple onction à l'empereur, sur la tête et sur les deux mains : « Dieu tout-« puissant et éternel, qui avez établi *Hazaël pour gouverner la Syrie,* « *et Jéhu, roi d'Israël, en leur manifestant vos volontés par l'organe* « *du prophète Élie ;* qui avez également répandu l'onction sainte des « rois sur la tête de *Saül* et de *David* par le ministère du prophète « *Samuel*, répandez, par mes mains, les trésors de vos graces et de

« vos bénédictions sur votre serviteur *Napoléon*, *que*, malgré notre « indignité personnelle, NOUS CONSACRONS, AUJOURD'HUI, EMPEREUR, « EN VOTRE NOM. »

Décembre 3. *Convention signée à Stockholm*, par laquelle l'Angleterre s'engage à payer un subside à la Suède, afin qu'elle agisse hostilement envers la France (*V.* 3 octobre 1805).

12. L'Espagne déclare la guerre à l'Angleterre. — La contre-déclaration aura lieu le 11 janvier suivant.

27. *Ouverture du corps-législatif.* — L'empereur Napoléon dit: « Si la mort ne me surprend pas au milieu de mes travaux, j'espère « laisser à la postérité un souvenir qui serve à jamais d'exemple ou « de reproche à mes successeurs........ *Je ne veux pas accroître le* « *territoire de l'empire*, mais en maintenir l'intégrité. Je n'ai point « l'ambition d'exercer en Europe une plus grande influence; mais je « ne veux point déchoir de celle que j'ai acquise. *Aucun état ne sera* « *incorporé dans l'empire.* »

31. Le ministre de l'intérieur, présentant au corps législatif l'exposé de la situation de l'empire, assure que « quels que soient les « mouvements de l'Angleterre, les destins de la France sont fixés..... « Lorsque l'Angleterre sera convaincue de l'impuissance de ses ef- « forts pour agiter le continent, lorsqu'elle saura qu'elle n'a qu'à « perdre dans une guerre sans but comme sans motif, lorsqu'elle « sera convaincue que jamais la France n'acceptera d'autres condi- « tions que celles d'Amiens (*V.* 25 mars 1802), et ne consentira « jamais à lui laisser le droit de rompre les traités en s'appropriant « Malte, l'Angleterre alors arrivera à des sentiments pacifiques ».

1805.

Janvier 11. Une escadre d'expédition, se dérobant à la surveillance de la croisière anglaise, met à la voile du mouillage de l'île d'Aix. Elle est sous les ordres du vice-amiral *Missiessi;* elle consiste en un vaisseau à trois ponts, quatre vaisseaux de ligne, trois frégates, etc. (*V.* 28 février).

14. Napoléon a écrit directement au roi d'Angleterre. Abuser les Français sur ses intentions, engager de plus en plus leur assentiment aux projets ambitieux qu'il a formés; faire parade de son rang en traitant d'égal à égal, voilà les motifs de sa démarche. — «..... «........Je n'attache pas de déshonneur à faire le premier pas. J'ai « assez, je pense, prouvé au monde que je ne redoute aucune des

« chances de la guerre. *La paix est le vœu de mon cœur*........, « Je conjure V. M. de ne pas se refuser au bonheur de donner elle-« même la paix au monde. Qu'elle ne laisse pas cette douce satis-« faction à ses enfants.............. Une coalition ne fera jamais « qu'accroître la prépondérance et la grandeur continentale de la « France........» — Le ministre anglais répond à *M. Talleyrand*, ministre de l'empereur: «........—...... S. M. est persuadée que « le but de la paix ne peut être atteint que par des engagements qui « puissent en même temps pourvoir à la sûreté et à la tranquillité à « venir de l'Europe, et prévenir le renouvellement des dangers et « des malheurs dans lesquels elle s'est trouvée enveloppée. S. M. « sent qu'il lui est impossible de répondre plus particulièrement à « l'ouverture qui lui a été faite, jusqu'à ce qu'elle ait eu le temps de « communiquer avec les puissances du continent.......»

17. *Loi* ordonnant la levée de soixante mille conscrits de l'an XIV commençant au 22 septembre 1805.

29. Le gouvernement adopte le projet de construction d'une ville dans le département de la Vendée. —Elle s'y élevera, les années suivantes, sur les ruines de la *Roche-sur-Yon*, et en deviendra le chef-lieu. — Son nom primitif de *Napoléon* sera changé, à l'arrivée de *Louis XVIII* (1814), en celui de *Bourbon-Vendée*.

Février 28. L'escadre sortie de Rochefort (*V.* 11 janvier), ayant débarqué des armes et des munitions à la Martinique, aborde, le 23, *aux Roseaux*, chef-lieu de l'île anglaise de la Dominique. Les troupes commandées par le général *Joseph Lagrange* opèrent une descente, et prennent la plus grande partie de la garnison et de l'artillerie. Tous les magasins, tous les bâtiments mouillés dans le port étant aussi détruits et enlevés, l'escadre appareille.

Mars 8. L'escadre partie de Rochefort (*V.* 11 janvier, 28 février) ravitaille la Guadeloupe.

18. L'empereur Napoléon se rend au sénat, et fait connaître qu'il accepte la couronne royale d'Italie, d'après le vœu manifesté par la république italienne : «.................. De tant de provinces con-« quises, nous n'avons gardé que ce qui était nécessaire pour nous « maintenir au même point de considération et de puissance où a « toujours été la France........ Le génie du mal cherchera en vain « des prétextes pour mettre le continent en guerre. Ce qui a été « réuni à notre empire par les lois constitutionnelles de l'état, y « restera réuni. *Aucune nouvelle puissance n'y sera incorporée.* Mais « les lois de la république batave, l'acte de médiation des dix-neuf

« cantons suisses, et ce *premier statut du royaume d'Italie*, seront « constamment sous la protection de notre couronne; et nous ne « souffrirons jamais qu'il y soit porté atteinte. DANS TOUTES LES « CIRCONSTANCES ET DANS TOUTES LES OCCASIONS, NOUS MONTRERONS « LA MÊME MODÉRATION; et nous espérons que *notre peuple n'aura « plus besoin* de déployer ce courage et cette énergie qu'il a toujours « montrés pour défendre *ses légitimes droits*. »

Avril 5. Le pape *Pie VII* quitte la capitale de l'empire français pour retourner dans ses états (*V*. 2 décembre 1804).

La cour ecclésiastique repasse les monts avec la douleur, si poignante pour des ames italiennes, d'avoir été vaincue dans l'art de la dissimulation. Elle avait compté sur le rétablissement de ses anciens domaines, des trois légations cédées à Tolentino (*V*. 19 février 1797). Elle avait épuisé tous les trésors apostoliques, dans l'espoir de cette remise. Le voyage n'avait été déterminé que dans ce but politique. Le séjour à Paris a été prolongé quatre mois entiers. Ce but manqué, il ne reste, aux yeux de l'Europe, que la démarche elle-même.

8. *Traité de Pétersbourg, entre la Grande-Bretagne et la Russie.* — L'empereur Alexandre s'engage à mettre sur pied une armée de cent quatre-vingt mille hommes, et à former une coalition dans le but de reprendre le Hanovre, de soustraire à l'influence de Napoléon la Hollande et la Suisse, d'obtenir pour l'Autriche une frontière qui la protége, de faire évacuer le royaume de Naples par les troupes françaises, et de rétablir le roi de Sardaigne en Italie (*V*. 9 août).

Mai 8. *Dessalines*, chef des noirs de Saint-Domingue (*V*. 8 octobre 1804), fait promulguer la *constitution impériale de Haïti*.

20. L'escadre de Rochefort (*V*. 11 janvier, 28 février, 8 mars) rentre dans la Charente, sans avoir été rencontrée par l'ennemi. Elle a porté le ravage dans les îles anglaises de Montserrat, de Saint-Christophe, fait de nombreuses et riches prises, et débloqué la place de *Santo-Domingo*, investie par les noirs de la partie française. — Cette expédition est citée comme la seule qui ait complètement réussi pendant les vingt années des deux guerres maritimes, avant et après le traité d'Amiens.

26. *Couronnement à Milan, de l'empereur Napoléon, comme roi d'Italie* (*V*. 18 mars).

Juin 8. *Le prince Eugène Beauharnais* est nommé *vice-roi d'Italie*.

23. La république de Lucques est transformée en principauté, et donnée à une sœur de Napoléon.

Juillet 21. *Décret impérial* qui organise l'administration des états de Parme, comme étant une dépendance de la France.

22. *Combat naval* à la hauteur du cap Finistère (Espagne), entre une flotte combinée de quatorze vaisseaux français et de six vaisseaux espagnols, aux ordres de l'amiral *Villeneuve*, et une flotte anglaise de quinze vaisseaux, commandée par *Robert Calder.*—Deux vaisseaux espagnols tombent au pouvoir de l'ennemi, par l'effet de fausses manœuvres, pendant des brumes épaisses.

Août 9. *Accession formelle de l'Autriche au traité de Pétersbourg*, du 8 avril.

Septembre 8. Troisième coalition continentale. —Le général Klenau passe l'Inn, et envahit la Bavière, dont le souverain est allié ou plutôt sujet de la France.

L'Autriche voyant ses états ouverts et réduits, sa puissance fédérative détruite en Allemagne, sa puissance anéantie en Italie, s'irrite des progrès de *Napoléon* dans cette dernière contrée. Il a posé sur sa tête la couronne d'Italie (18 mars), il annonce le dessein de réunir Gênes (*V.* 8 octobre), de donner Lucques (23 juin), malgré les stipulations du traité de Lunéville (9 février 1801) qui garantissait l'indépendance des républiques cisalpine, ligurienne, et leur assurait la liberté de se choisir un gouvernement. Les mêmes réserves étaient spécifiées à l'égard des républiques helvétique et batave. Or, tous ces articles se trouvent enfreints, dès qu'on impose à tous ces états des constitutions qu'ils n'ont point délibérées, ou qu'on les a mis sous le joug plus ou moins déguisé d'un maître étranger. L'Autriche, pressée depuis les sources du Mein jusqu'aux bouches du Pô, est haletante de frayeur. Son orgueil dévore impatiemment les injures qu'à l'occasion des revers de ses deux guerres, lui prodiguent les écrivains et les folliculaires de Napoléon. Comme, de tous les peuples, l'Autrichien est celui qui a le moins de beaux souvenirs, il en est plus humilié qu'on lui rappelle ses désastres. Au mois de mai, Napoléon avait affecté de se promener en triomphateur dans le champ de Marengo, à la tête de quarante mille hommes. L'insulte était directe; le danger semblait imminent.

L'Angleterre, vigie toujours attentive, aperçoit les dispositions du cabinet de Vienne. Si elle ne redoute pas le succès définitif et complet de l'invasion annoncée avec tant d'emphase, elle envisage néanmoins les graves inconvénients de la descente que la réunion de beaucoup de hasards pourrait favoriser jusqu'à un certain point (*V.* 15, 16 août 1801, 2 octobre 1804). La présence d'une nombreuse armée sur les dunes de Boulogne, fatigue un peuple qui ne vit presque jamais menacer ses foyers. La Russie, déja unie à la Grande-Bretagne (traité du 8 avril), n'arriverait pas sur le Rhin, et n'opérerait qu'une faible diversion, tant que la Prusse ou l'Autriche n'accéderaient point à la coalition naissante. L'Autriche se détermine (traité du 9 août), fait volte-face, et entre aussitôt en campagne. Son armée, forte de quatre-vingt-dix mille hommes, est commandée par l'archiduc Ferdinand, sous la direction de Mack. En même temps, trente mille hommes aux ordres de l'archiduc Jean prennent position dans le Tyrol, appuyant la gauche de l'armée de Bavière, comme la droite de l'armée d'Italie qui, sous l'archiduc Charles, et comptant près de cent mille hommes, s'avance sur l'Adige.

9. *Sénatus-consulte* qui rétablit l'usage du calendrier grégorien, pour le premier janvier 1806.

21. *Traité de Paris, entre la France et le roi de Naples Ferdinand IV*, qui s'engage à rester neutre pendant la guerre actuelle, et à ne confier aucun commandement à des officiers russes, autrichiens, ou appartenant à d'autres puissances belligérantes; ni à des émigrés français. Napoléon s'engage à retirer toutes ses troupes du royaume de Naples.

23, 24. *Napoléon se rend solennellement au sénat*, expose la conduite hostile de l'Autriche, déclare qu'il va se mettre à la tête de l'armée et secourir ses alliés. « L'Autriche et la Russie se sont réu-« nies à l'Angleterre........................ La méchanceté « des ennemis du continent s'est dévoilée; *ils craignaient encore la « manifestation de mon profond amour pour la paix*..........Mon « peuple m'a donné, dans toutes les circonstances, des preuves de sa « confiance et de son amour.............Dans cette circonstance si « importante, *pour sa gloire et la mienne*, il continuera de mériter « le nom de GRAND PEUPLE, dont je le saluai au milieu des champs « de bataille. »

Le sénat s'empresse de suivre l'ordre du maître, en accordant la levée de quatre-vingt mille conscrits *de l'année* 1806. — Un autre sénatus-consulte *met en activité* les conscrits de 1801, 2, 3, 4, 5. — Un troisième sénatus-consulte ordonne la réorganisation des gardes nationales, pour le maintien de l'ordre dans l'intérieur, et la défense des frontières et des côtes (*V.* 12 novembre 1806, 2e art.).

« C'est, dit le préambule, dans l'institution de la garde nationale que « réside la plus belle garantie de l'indépendance de la nation. »

Les Français sont si profondément abusés, touchant la véritable source de cette guerre inopinée, que leur enthousiasme et leur dévouement vont au plus haut degré d'exaltation. On voit même les ministres des autels, le moins disposés jusque alors à l'obéissance, répandre des flots d'adulation sur *l'oint du Seigneur*, célébrer le *moderne Cyrus* envoyé de Dieu pour visiter la terre. On voit les prélats abusant de l'histoire sacrée comme de l'histoire profane pour en faire les plus étranges applications. L'évêque d'Acqui (*Maurice Broglio*) dit à ses diocésains: « On s'étonne, peut-être, de la patiente « magnanimité de *Napoléon*, *de ce nouvel Alexandre*, qui inspire à la « terre le silence de l'admiration. Oui, N. T.-C. F., la vérité est dans « notre bouche; TOUTE IDÉE D'ADULATION NOUS EST ÉTRANGÈRE...... « Disons donc à notre empereur : Prince ......, nous vous servons « avec joie, et nous vous offrons nos bras contre vos ennemis; nous « demandons, pour vous, au Seigneur une longue vie, un gouver- « nement stable, des armées courageuses, et la paix. *Que Dieu vous « accorde la puissance, la santé, et vous rende triomphant de vos en- « nemis...... Amen.* » Depuis que le clergé a été introduit dans les institutions sociales, il a constamment embrassé la cause *du despotisme triomphant*. L'esprit de l'église grecque ou romaine n'a pas changé, de Constantin à Napoléon.

26—30. *Situation militaire.* — Les armements ont été préparés avec une si rare habileté, que la grande armée française arrive déja sur la rive droite du Rhin. Elle forme sept corps distincts, et une grande réserve de cavalerie : premier corps, maréchal *Bernadotte;* second, général *Marmont;* troisième, maréchal *Davoust;* quatrième, maréchal *Soult;* cinquième, maréchal *Lannes;* sixième, maréchal *Ney;* septième, maréchal *Augereau:* cavalerie, maréchal *Murat*, ayant sous lui les généraux *Nansouty*, *d'Hautpoul*, *Klein*, *Beaumont*, *Walther*. *Napoléon* entre en Allemagne à la tête de cent soixante mille hommes, y compris sa garde. — Le maréchal *Masséna* prend le commandement de soixante mille hommes réunis dans l'Italie septentrionale et s'avance vers l'Adige. Renforcé de vingt mille Français qui, sous la conduite du général *Gouvion-Saint-Cyr*, évacuent le royaume de Naples (*V.* le 21), il se trouvera en mesure de lutter avec l'archiduc Charles. En outre, trois corps d'armée de réserve vont se réunir à Boulogne, Maïence, Strasbourg, et trois camps volants de grenadiers, sont désignés à Rennes, dans la Vendée, et à Marengo.

Octobre 3. *Traité d'alliance signé à Beckaskog, entre l'Angleterre et la Suède*, dans lequel on étend les stipulations offensives et défensives déja convenues envers la France (*V.* 3 décembre 1804).

6. *Position de la grande armée.* — Le maréchal *Bernadotte* et les Bavarois occupent *Weissemburg* (douze lieues sud de Nuremberg; le général *Marmont* est près de *Neuburg;* le maréchal *Davoust*, à *Oettingen* (huit lieues nord de Donawerth); le maréchal *Soult*, à *Donawerth;* le maréchal *Ney*, à *Kœssingen* (trois lieues ouest de Donawerth); le maréchal *Lannes*, à *Neeresheim* (deux lieues nord-nord-est de Donawerth); le maréchal *Murat*, avec sa cavalerie, borde le Danube. — En venant se placer ainsi, sur les derrières de l'armée ennemie, Napoléon évite d'avoir en flanc les débouchés du Tyrol; il est au cœur de la Franconie, ayant déconcerté, par la rapidité de sa marche, les plans des Autrichiens.

8. *Combat de Wertingen* (quatre lieues sud-ouest de Donawerth). Le maréchal *Murat*, appuyé du maréchal *Lannes*, enveloppe une division ennemie dont partie est faite prisonnière dans la poursuite, par le général *Oudinot*, commandant une division de grenadiers.

Sénatus-consulte-organique, portant *réunion de l'état de Gênes.*

9. *Combat de Guntburg* (six lieues est d'Ulm). — Le maréchal *Ney* met en déroute l'archiduc Ferdinand, et lui fait essuyer une perte considérable.

Occupation d'Ausbourg par le maréchal *Soult.*

12. *Occupation de Munich* par le maréchal *Bernadotte.*

14. *Prise par capitulation de Memmingen*, place considérable sur l'Iller. — Maréchal *Soult.* — Quatre mille Autrichiens prisonniers.

Combat d'Elchingen (deux lieues nord-est d'Ulm). — Le maréchal *Ney* y signale la plus haute bravoure. — Trois mille Autrichiens pris. — Il devenait important de se rendre maître du pont et de la position d'Elchingen, afin d'isoler, sur la rive gauche du Danube, le gros de l'armée ennemie renfermé dans Ulm.

15. Une première colonne de soixante mille Russes arrive sur l'Inn. Le corps de *Bernadotte* se trouve entre cette rivière et Munich.

16. *Combat de Langenau* (trois lieues nord-est d'Ulm). — Le maréchal *Murat* atteint la division Werneck, échappée d'Ulm, et lui enlève trois mille prisonniers.

17. — 20. CAPITULATION D'ULM. — Napoléon, par la direction donnée à son armée, après le passage du Rhin (*V.* le 6), et par la rapidité de ses marches, a débordé les Autrichiens, réduisant déja tous leurs plans offensifs à une défensive sans méthode : il a placé

Mack à-peu-près dans la même situation où s'était trouvé Mélas avant la bataille de Marengo (*V.* 14 juin 1800). L'un et l'autre sont coupés : Mélas essaie de se faire jour, et il réussit déja, quand un accident qui semblerait fort peu important, lui dérobe le prix de sa résolution; tandis que Mack, resserré aux abords d'Ulm, n'ose prendre la détermination de percer avec toutes ses masses réunies, à travers les corps français, quoique des pluies continuelles favorisent ses tentatives. Il préfère risquer séparément l'évasion de ses divisions. — L'archiduc Ferdinand, général en chef, mais placé sous la tutelle de Mack, est ainsi sorti d'Ulm avec un parti de cavalerie.

Mack, quartier-maître-général, y reste. C'est le même Mack qui, dans sa campagne de Naples, ayant perdu sa réputation de tacticien, et ne déployant aucun talent d'exécution, se rendit prisonnier au général *Championnet* (*V.* 23 janvier 1799). — Mack capitule; il remet la place d'Ulm avec tous les magasins et toute l'artillerie. Des trente mille combattants qui s'y trouvent, les officiers, dont seize généraux, sont renvoyés sur parole; les sous-officiers et les soldats sont conduits en France. Soixante canons attelés, trois mille chevaux sont compris dans les objets livrés. — L'ennemi, *en moins de quinze jours*, a perdu au-delà de cinquante mille prisonniers, et se voit forcé de se cacher derrière l'Inn.

19. — *Combat de Trochtelfingen* (six lieues nord-est de Donawerth). — Le maréchal *Murat* atteint de nouveau (*V.* le 16) l'autrichien Werneck et l'oblige à capituler pour son propre compte et le reste de sa division. Les officiers, dont huit généraux, sont renvoyés sur parole; les soldats sont conduits en France.

21. *Bataille navale, à la hauteur du cap Trafalgar* (dix lieues sud-est de Cadix), entre une flotte anglaise forte de vingt-huit vaisseaux, dont neuf à trois ponts, commandée par Nelson, et une flotte combinée de dix-huit vaisseaux français et de quinze vaisseaux espagnols, savoir : un vaisseau de cent quarante, deux de cent douze, un de cent, trois de quatre-vingt-quatre, trois de quatre-vingts, un de soixante-quatre, les vingt-deux autres de soixante-quatorze. — La perte des alliés consiste en quatre vaisseaux pris, trois brûlés pendant l'action, trois coulés bas, dix échoués et naufragés sur la côte voisine ou à l'entrée du port de Cadix, neuf rentrés à Cadix; quatre seulement parviennent à s'échapper, ayant à peine été dans la mêlée (*V.* 4 novembre, troisième article). — L'amiral en chef *Villeneuve*, un des plus mauvais officiers de la marine française, est fait prisonnier; c'est le même qui, commandant la division de gauche,

à la bataille d'Aboukyr, resta immobile sur ses ancres (*V.* 1er août 1798). Le choix de cet amiral est dû à la faveur dont le couvre le ministre nommé *Decrès*, le plus inhabile ou le plus nuisible de tous les ministres qu'ait jamais reçus notre marine, et auquel, livré pendant onze années, elle reprochera la longue suite de ses désastres et l'abandon des colonies. — Le contre-amiral *Magon* est tué. — L'amiral espagnol Gravina est grièvement blessé, ainsi que le contre-amiral Alava; le contre-amiral Cisneros est pris. — Seize vaisseaux anglais sont mis hors d'état de tenir la mer. Nelson est tué d'un coup de mousqueterie parti d'un vaisseau français, au moment où celui-ci essaie en vain l'abordage de l'amiral anglais. — L'action a duré cinq heures seulement. — Ce désastre, plus humiliant encore que celui d'Aboukyr, doit s'attribuer principalement à Villeneuve, qui, ayant arrêté d'avance son ordre de bataille, ne le modifie pas, en apercevant les dispositions de l'ennemi, et secondairement au défaut de hardiesse et aux manœuvres incertaines de plusieurs officiers de la flotte combinée. Des enquêtes auront lieu; mais personne ne sera trouvé répréhensible de la défaite la plus signalée, suite d'un engagement contre les forces inférieures et par le nombre des bâtiments, et par la faiblesse de leur échantillon, et par le nombre des canons et l'infériorité de leur calibre, et par l'importance numérique des équipages.

Le résultat de la journée de Trafalgar balance, pour l'Angleterre, les suites de la journée d'Ulm (17 octobre). — On a très-justement observé que cette puissance seule, entre toutes celles qui combattirent la France, de 1793 à 1812, n'éprouva jamais un échec dans ses combinaisons politiques ou militaires, qui ne se vît aussitôt compensé par un avantage signalé dans quelque autre partie du globe; tandis que Bonaparte, toujours heureux, jusqu'à cette époque, sur terre, n'éprouva sur mer que des revers et d'éclatantes humiliations. Mais l'honneur du pavillon français, ou des avantages maritimes et coloniaux, ne s'offrent qu'en arrière-ligne à cet oppresseur du continent. Il sacrifie toutes les considérations d'un intérêt majeur et général à son ambition personnelle. Il lui suffira de dire au corps législatif (le 2 mars 1806), touchant le désastre de Trafalgar, « Les « tempêtes nous ont fait perdre quelques vaisseaux, *après* un com- « bat imprudemment engagé ».

25. Entrevue, à Berlin, d'Alexandre empereur de Russie avec le roi de Prusse Frédéric-Guillaume III. — Afin de se donner un gage solennel de leur union, les deux jeunes souverains font serment, sur

le tombeau même de Frédéric II, de faire une guerre implacable à la France (*V.* 3 novembre).

28. *Passage de l'Inn, par la grande armée.* — *Prise de Braunau* par le maréchal *Lannes.* — On y trouve de nombreux magasins de munitions et d'approvisionnements très-considérables.

29 — 31. *Passage de l'Adige par l'armée d'Italie, aux ordres* du maréchal *Masséna.* — *Combat de Caldiero*, près de Vérone, livré par Masséna à l'archiduc Charles. Après une action sanglante et opiniâtre, le champ de bataille reste aux Autrichiens. L'armée française présente un effectif de cinquante-cinq mille hommes, et doit s'augmenter des troupes retirées de Naples (*V.* 21 septembre), qui s'avancent à marches forcées, sous le lieutenant-général *Gouvion-Saint-Cyr.*

Occupation de Salzbourg, par le maréchal *Bernadotte.*

Novembre 2. Un corps autrichien d'environ cinq mille hommes commandé par Hillinger, capitule près de Vérone; il reste prisonnier. — L'archiduc Charles se met en retraite.

3. *Convention additionnelle entre la Russie et la Prusse, signée à Potsdam*, pour réunir leurs efforts contre la France (*V.* 25 octobre).

4. *Combat d'Amstetten* (vingt-trois lieues ouest de Vienne), livré par le maréchal *Murat* et le maréchal *Lannes*, à l'arrière-garde de la première des trois armées que l'empereur Alexandre est convenu d'envoyer au secours de l'Autriche. Les Russes se replient.

Occupation de Steyer (haute Autriche) par le maréchal *Davoust.*

Prise de Vicence, par les troupes de l'armée d'Italie.

Combat naval. — Les quatre vaisseaux français commandés par le contre-amiral *Dumanoir*, échappés du combat de *Trafalgar*, où ils n'ont que faiblement combattu (*V.* 21 octobre), sont rencontrés par des forces supérieures, aux ordres du commodore Strachan, en vue du *cap Villano* (côtes de Galice). Ils se rendent après une action de quatre heures.

7. *Occupation d'Inspruck et de Hall*, par le maréchal *Ney*, déjà maître des forts de *Schoernitz* et de *Neustark*, qui défendent l'entrée du Tyrol, du côté de la Bavière. On trouve dans Inspruck une artillerie et des magasins considérables. — L'archiduc Jean, commandant en chef de l'armée du Tyrol, a pris la fuite.

9. *Combat de Marienzell* (vingt lieues sud-ouest de Vienne). Le maréchal *Davoust*, et sous lui le général *Heudelet*, ayant passé l'Ens à Steyer (le 4), rencontrent, non loin de Marienzell, le corps de l'autrichien Meerfeldt, et précipitent sa retraite en lui faisant essuyer une très-grande perte.

10. Le général *Marmont arrive à Léoben*, sur la Muehr, en Styrie.

11. *Combat de Diernstein*, sur la rive gauche du Danube (vingt-une lieues nord-ouest de Vienne). — Le maréchal *Mortier*, n'ayant avec lui que cinq mille hommes de la division *Gazan*, est engagé dans un défilé très-resserré. Il y rencontre l'arrière-garde russe, forte de vingt à vingt-quatre mille hommes, commandée par le prince Bagration. La petite troupe française soutient une action de plusieurs heures, se fait jour, et rejoint le gros de l'armée sur l'autre rive du fleuve. — Ce combat sera toujours cité comme un des plus glorieux faits d'armes.

13. *Occupation de Vienne*. Les habitants, laissés à eux-mêmes, ont capitulé. — On trouve un matériel et des magasins immenses. — En évacuant cette capitale, les Autrichiens négligent de couper le grand pont du Danube, dont les maréchaux *Murat* et *Lannes* ont l'adresse de s'emparer.

Passage du Tagliamento, par le maréchal *Masséna*, commandant l'armée d'Italie. — L'archiduc Charles se replie sur Palma-Nova.

14. *Occupation de Trente*, par l'avant-garde du maréchal *Ney*, qui s'établit sur le haut Adige.

15. Les Russes, vivement poursuivis au-delà de Vienne, proposent un armistice, dans le seul but de gagner du temps pour recevoir les renforts qui s'avancent de la haute Moravie, et d'assurer leur retraite. Le maréchal *Murat* qui est déja à *Hollabrunn*, accepte leurs propositions; mais *Napoléon* les rejette.

Occupation de Presbourg, par le maréchal *Davoust*. — Des parlementaires hongrois admettent la neutralité du royaume; ils s'engagent à retirer et à cesser les levées, et à faire continuer les approvisionnements de Vienne.

L'armée d'Italie arrive sur l'Isonzo. — Prise de Gradisca. — Occupation d'Udine et de Palma-Nova, renfermant de riches magasins.

16. *Capitulation de Doernberg*. — Le maréchal *Augereau* ayant traversé les défilés de la Forêt-Noire, forcé les Autrichiens d'abandonner Lindau et Bregentz, marche sur *Feldkirch* (huit lieues nord-ouest de Klagenfurth), et fait capituler le général Jellachich avec sept à huit mille hommes. Aux termes de la convention, l'armée française reste en possession de *tout le Voralberg*, de *Feldkirch*, de *Rudenz*; la troupe ennemie se retire en Bohême.

Combat de Juntersdorff (dix lieues nord de Vienne) livré par les maréchaux *Murat*, *Soult*, *Lannes*, à une faible troupe russe, dont la vigoureuse résistance protége la retraite de toute l'armée ennemie. Les Français éprouvent une très-grande perte; le général *Oudinot* est blessé.

18. Une seconde armée russe, commandée par Buxhowden, fait sa jonction avec celle de Kutusow, à Wischau (six lieues est de Brunn, Moravie). Kutusow prend le commandement en chef de l'armée alliée.

19. *Occupation de Brunn*, capitale de la Moravie. Cette place très-forte, bien armée, remplie de munitions de guerre, a été précipitamment évacuée la veille.

Napoléon établit son quartier-général à Wischau. — L'armée française n'a passé le Rhin qu'à la fin de septembre, et déja de belles provinces autrichiennes, ainsi que la capitale, sont en son pouvoir. Cependant sa position est des plus hasardeuses. Entraînée par l'ardeur du succès, elle s'est si témérairement engagée, qu'elle n'a de salut que dans une prompte et complète victoire. Arrivée, en courant, au centre de la Moravie, elle s'y trouve à plus de deux cents lieues des frontières de la France. Elle n'a sur ses derrières ni magasins, ni réserves, ni places fortes pour points d'appui. Sa ligne d'opération, d'une longueur démesurée, est exposée dans un espace de plus de quatre-vingt-dix lieues de pays ennemi. La Bohême s'insurge, et se dispose à couper les communications par la gauche. Les belliqueux Hongrois sont en masse sur la droite. L'archiduc Charles, déja dans leur pays, donne encore la main à Kutusow, et n'est point suivi par *Masséna*, que retient en Italie l'approche d'une flotte anglo-russe; l'archiduc marche sur Vienne, dont il n'est aujourd'hui qu'à cinquante lieues, et dont la nombreuse population se met en fermentation. La Prusse a secrètement accédé à la coalition (*V.* 1er octobre, 3 novembre). Son ministre Haugwitz apporte à Napoléon l'*ultimatum*, dont le rejet doit aussitôt amener la déclaration officielle de guerre (*V.* 4 décembre). Toutes les probabilités se décident contre l'armée française qui, sans des prodiges immédiats de bravoure et de science militaire, ne saurait échapper aux nombreux ennemis qui l'enveloppent.

24. *Occupation de Trieste*, par une division de l'armée de *Masséna*.

24, 25. Un corps d'environ huit mille hommes aux ordres d'un prince *de Rohan*, émigré français et général autrichien, chassé du Tyrol par le maréchal *Ney*, essaie de gagner les lagunes de Venise. Atteint par le général *Régnier*, près de Bassano sur la Brenta, ce corps essuie une perte considérable; le reste se rend, par capitulation, au général *Gouvion-Saint-Cyr*, qui réunit sous son commandement une division de l'armée d'Italie et les troupes retirées de Naples, conformément au traité du 21 septembre.

28. *Jonction à Klagenfurth* de l'armée d'Italie, et des troupes de la grande armée.

Décembre 2. VICTOIRE D'AUSTERLITZ (village à deux lieues S. de Brunn en Moravie).

Les trois empereurs sont avec leurs troupes.—L'armée russe, renforcée d'un second corps (*V.* 18 novembre), compte près de soixante-dix mille combattants effectifs. L'armée autrichienne n'a guère que vingt-cinq mille soldats. L'armée française n'excède pas quatre-vingt mille hommes sur le champ de bataille. L'artillerie est formidable des deux côtés. La cavalerie ennemie a l'avantage du nombre.

Les alliés desiraient gagner du temps, afin de se trouver plus en mesure par l'arrivée d'un troisième corps russe qui n'est plus qu'à huit journées de marche. Mais les manœuvres de *Napoléon* les mettent dans la nécessité d'accepter un engagement général. L'encombrement de leurs troupes aux abords d'Olmutz, résultat de la rapidité extraordinaire des événements, occasionne une telle rareté de vivres, que le général en chef Kutusow s'est vu contraint de précipiter les mouvements offensifs qu'il préparait. Sa détermination entre, à son insu, dans le plan de Napoléon, qui, depuis trois jours, fait replier son avant-garde, pour combattre sur le terrain même qu'il a reconnu et choisi. Les hésitations de Kutusow ont laissé échapper un temps précieux et des circonstances extrêmement favorables. N'ayant pas attaqué, lorsque les forces des Français étaient éparses, il devait continuer sa retraite, à l'effet de les engager plus avant encore, en se portant, soit en Hongrie, pour opérer sa jonction avec l'archiduc Charles, soit en Bohême, afin de communiquer avec la Prusse, dont l'armée était sur pied et en mesure d'agir; il devait temporiser jusqu'à la coopération simultanée et assez prochaine de tous les membres de la coalition: il rendrait alors impossible la retraite, sur le Rhin, de l'armée française. Au contraire, il se décide à risquer les chances d'une action générale, lorsque les forces respectives deviennent à-peu-près égales.

Le maréchal *Lannes*, ayant sous lui le général *Suchet*, commande la gauche; le maréchal *Soult* dirige la droite; le maréchal *Bernadotte* fait le centre; le maréchal *Davoust* se tient en observation sur la gauche de l'ennemi; le maréchal *Murat*, avec sa cavalerie et vingt-quatre pièces d'artillerie légère, appuie la droite du maréchal *Lannes*; le général *Oudinot* forme la réserve avec dix bataillons de grenadiers, que flanquent dix bataillons de la garde, sous le général *Junot*; cette réserve est pourvue de quarante pièces de canon.

L'action, engagée au lever du soleil, se prolonge jusqu'à la nuit. Les Russes, foudroyés par les batteries françaises, éprouvent en tués, en noyés dans un lac dont la glace s'est brisée, en blessés ou en prisonniers, une perte qu'on ne saurait évaluer à moins de trente mille hommes; on compte quinze de leurs généraux pris ou restés sur le champ de bataille; le général en chef Kutusow reçoit plusieurs blessures; il abandonne cent cinquante canons. Les Français n'ont à regretter qu'un seul général de division et deux colonels. Leur perte paraît avoir été de dix mille hommes. À Austerlitz, des masses de nos cuirassiers chargent, pour la première fois, sur des batteries. Un mouvement hardi, très-rapidement exécuté, et très-courageusement soutenu, pendant neuf heures, par le corps du maréchal *Soult*, est la seule cause décisive du résultat de la bataille. Le général *Rapp*, à la tête des grenadiers à cheval de la garde impériale française, enfonce un régiment d'élite de la garde impériale russe, et fait prisonnier le prince Repnin, l'un des colonels; ce fait d'armes se distingue dans le beau tableau de Gérard. Le général *Gardanne*, chargeant avec une division de dragons, a complété la déroute de l'ennemi.

Là, se termine, après moins de deux mois, cette campagne merveilleuse, ouverte à une distance de cent cinquante lieues; elle finit par une des plus belles victoires que présentent les annales des peuples modernes. L'Autriche, dont l'histoire militaire se compose d'éclatants revers et de succès obscurs, n'avait jamais été aussi humiliée par les Musulmans ou les Suédois. Impuissante dans tous les temps à se sauver elle-même, elle a eu recours, une seconde fois, à la bravoure des Slaves; mais le génie de Sobieski n'est point descendu dans Kutusow. La présomption et les fautes multipliées de ce chef ennemi, ne sachant ni se retirer, ni attaquer à-propos; l'exquise habileté de Napoléon sachant, en peu de jours, réparer les écarts de sa prudence depuis l'ouverture de la campagne, et conjurer les funestes effets de sa témérité; et plus que tout cela, l'indomptable valeur des soldats, opèrent ce miracle, qui seul pouvait sauver l'armée française.

4. Le ministre Haugwitz, envoyé de Berlin au quartier-général des alliés, se rend à celui de Napoléon, et le félicite de sa victoire.

Le vainqueur d'Austerlitz ne se méprend point sur les sentiments du cabinet prussien : « Voilà, dit-il, un compliment dont la fortune a « changé l'adresse (*V.* 1er octobre, 3, 19 novembre). »

4 — 6. L'empereur d'Allemagne, François II, visite Napoléon à son bivouac, et lui demande la paix. — Un *armistice* est accordé. Les Russes sont tenus d'évacuer les états de leur allié, et de se retirer à travers les monts Krapacks, à journées d'étape, suivant un ordre déterminé, en trois colonnes.

Ainsi finit cette guerre de la troisième coalition, et la *neuvième campagne de Bonaparte* (car on doit appeler *campagne*, une suite non interrompue d'opérations dans un but déterminé ; dès que ce but est atteint, la campagne est révolue). Jusqu'à ce jour, tous les plans de cet homme extraordinaire ont un caractère particulier d'audace réfléchie, qui doit le faire regarder comme le premier capitaine du siècle, et l'égal des plus célèbres guerriers de tous les siècles.

A son début, on le voit s'élancer des montagnes de Gênes aux Alpes-Juliennes. Il n'a que vingt-six ans, et ses premiers pas sont les victoires de Montenotte, de Millésimo (avril 1796), qui désunissent l'armée autrichienne et l'armée piémontaise.

Seconde campagne. — Le général autrichien Wurmser évacue l'Alsace, accourt au secours du Tyrol ; vaincu à Castiglione (août 1796), il rentre, avec les restes informes de son armée, dans les défilés de ce même Tyrol.

Troisième campagne. — Wurmser complètement battu à Bassano (8 septembre 1796), se renferme à Mantoue avec les débris de la deuxième *armée* portée en Italie par l'Autriche, depuis le commencement de cette guerre de la première la coalition.

Quatrième campagne. — Par l'effet de la journée d'Arcole (15 novembre 1796), le général Alvinzy est rejeté au-delà de la Brenta avec ce qui échappe de la troisième *armée* impériale.

La *cinquième campagne* commence neuf mois seulement après la première. — Les affaires de Rivoli et de la Favorite (1er janvier 1797) amènent la destruction de la quatrième *armée* autrichienne, et la reddition de Mantoue.

Sixième campagne. — Après le traité de Tolentino (février 1797) Bonaparte défait, dans une suite d'engagements, l'archiduc Charles, accouru des bords du Rhin ; et le renversant impétueusement sur le Tagliamento, l'Isonzo, les Alpes-Juliennes, la Drave, la Save et la Muehr, jusqu'à trente lieues de Vienne, il dicte la paix à l'Autriche, stupéfaite de voir les Français en possession de Trieste, de l'Istrie, de la Carniole, de la Carinthie, de la Styrie, et des confins de l'Autriche antérieure.

Septième campagne. — L'expédition d'Égypte à laquelle se rattache celle de Syrie, témoigne que le génie de ce général, réduit à faire une guerre de conservation, avait su se ployer à cette nécessité. On doit pourtant lui reprocher son obstination devant Acre; mais César fut battu à Dyrracchium, Turenne à Marienthal.

La *huitième campagne* commence à Dijon. — Les grandes Alpes sont escaladées par une armée entière, elles voient nos soldats colporter les canons, les affûts, les munitions. Les vallées septentrionales du Piémont sont envahies avec la rapidité des torrents qui s'y précipitent. Mélas, l'inepte Mélas éprouve, à Marengo, une de ces défaites ignominieuses que le destin semble tenir en réserve pour les armées autrichiennes. Dans ce seul jour (14 juin 1800), l'Italie est reconquise; sans que ni la Belgique, ni les départements réunis aient été menacés, et pendant qu'une armée, fortement établie et savamment dirigée par l'inexpugnable Moreau, manœuvre sur le haut Danube.

Enfin, *cette neuvième campagne (d'Austerlitz)*, qui transporte, en soixante jours, cent cinquante mille Français, des montagnes Noires aux monts Krapacks, des sources du Danube aux glaciers d'où jaillit la Vistule; cette campagne offre une telle suite de triomphes inattendus et cependant si bien concertés, qu'elle semble obscurcir la gloire des plus illustres capitaines.

Si le vainqueur, si l'heureux Bonaparte s'arrête ici, son nom sera le premier nom de la guerre. Mais, après avoir conçu, achevé cette campagne, il pourra croire que rien désormais ne lui est impossible. Trop certain de la fortune, il n'en redoutera pas les caprices. Assis sur le trône de France, qu'il aura si prodigieusement exhaussé, ce Louis XIV parvenu, qui est lui-même son Turenne et son Louvois, aspirera à la monarchie universelle. Si le fils de Louis XIII hérita des grands résultats qu'amenèrent Henri IV, et Richelieu, et Mazarin, et les guerres civiles qui aiguisent les courages, qui produisent les beaux génies; le fils d'un Corse ignoré n'est-il pas déja le seul légataire d'une révolution qui lui transmet un pouvoir sans bornes. Car toutes les résistances ont été brisées dans l'intérieur. Cette révolution a mis au jour une foule d'hommes supérieurs, telle qu'on n'en vit jamais d'aussi nombreuse dans les sciences ou les arts divers dont peut s'aider un gouvernement. Ces hommes transcendants par leurs facultés ou par leurs lumières, Bonaparte les a tous dans sa main. Lorsqu'il arrive au pouvoir, l'ancienne France est détruite; la nouvelle est à faire. Nulle institution, aucun préjugé qui balance, qui suspende les conceptions, qui détourne l'action du chef de l'état. L'exaltation guerrière, la passion des conquêtes, ne sont retenues par aucune de ces considérations qui ralentirent, il y a un siècle et demi, l'élan de ce fastueux monarque triomphant de la république hollandaise, vainqueur des deux branches de la maison d'Autriche, dominant la politique anglaise, soit en soudoyant les voluptés de l'aîné des Stuarts, ou en excitant l'imprudent fanatisme de l'autre. Bonaparte ne rencontrera, de la part des Français, aucun obstacle à ses desseins. Par le succès prodigieux de cette campagne de 1805, sa prépondérance réelle est élevée bien au-dessus de la puissance de Charles-Quint, dont le front brillait de trente diadèmes. Napoléon est à l'apogée de sa gloire. Sa victoire d'Austerlitz doit être le fleuron le plus radieux de sa couronne d'empereur, couronne qu'il fera briller d'un éclat immortel, s'il lui suffit de régner sur la moitié de l'Europe et de se faire craindre ou rechercher de l'autre moitié.

Décembre 15. *Convention provisoire, conclue à Vienne.*—La Prusse cède à la France les pays d'Anspach et de Bareuth, Clèves, Neufchâtel, et obtient son consentement pour enlever au roi d'Angleterre l'électorat d'Hanovre, qui servira d'indemnité à la puissance cessionnaire (*V.* 8 mars 1806).

26. TRAITÉ DE PAIX SIGNÉ A PRESBOURG, *entre la France et l'Autriche.* — Les anciens états de Venise, y compris la Dalmatie et l'Albanie, sont cédés au royaume d'Italie.—La principauté d'Eichstett, une partie de l'ex-évêché de Passau, la ville d'Ausbourg, le Tyrol, toutes les possessions de l'Autriche en Souabe, dans le Brisgaw et l'Ortenau, sont transportés à l'électeur de Bavière et au duc de Wirtemberg, créés rois par la France, ainsi qu'au duc de Bade. — La république helvétique, régie par l'acte de médiation du 19 février 1800, voit stipuler son indépendance.

1806.

Janvier 1er. L'électeur de Bavière et le duc de Wirtemberg se déclarent rois, d'après l'autorisation de la France.

23. *Mort de Guillaume Pitt*, à l'âge de quarante-sept ans. — Ce ministre anglais, le second de ce nom deux fois célèbre, comptera

parmi les hommes qui ont fortement pesé sur les destinées de l'Europe et de la France. Il dirigea pendant vingt-trois années les conseils de la Grande-Bretagne. Financier habilement fiscal, orateur éminent, tacticien consommé dans les stratagêmes et les débats parlementaires; s'il était grand ministre jusqu'à Douvres, il ne l'était plus à Calais, car il échoua dans toutes ses combinaisons de politique ou de guerre continentales. Ses échecs sont trop nombreux, pour que les plus obstinés admirateurs du système qu'il se plut à suivre, puissent le justifier (*V.* 9 septembre, 19 décembre 1793; 5 avril, 16 mai, 21, 22 juillet 1795; 29 mars, 15 mai, 8, 10, 22 octobre 1796; 17 octobre 1797; 9 mai, 8 décembre 1798; 23 janvier, premier article, 18, 31 octobre 1799; 20 mars 1800; 9 février, 1er octobre 1801; 25 mars 1802; 26 décembre 1805). Il a servi son pays; mais par son implacable haine envers la France, par son inflexible opposition à tous les gouvernements qui s'y sont montrés, plutôt assurément que par un choix judicieux des moyens propres à y amortir le volcan des révolutions; ce qui était dans l'intérêt de l'Angleterre, aussi-bien que dans l'intérêt du continent. S'engageant dans la route la plus longue, la plus périlleuse, il refusa d'en sortir, malgré les énormes sacrifices qu'il imposait aux Anglais.

Les Anglais seront sauvés, mais huit ans après lui; et ce dénouement, ils le devront bien moins à l'énergique persévérance de son système politique, qu'à l'insigne folie du terrible adversaire qui jura leur ruine. Et néanmoins, si la lutte se prolongeait deux ans encore, leurs finances, hors d'état de la soutenir, les livreraient au maître de l'Occident. Pitt mourant laisse l'Europe dans l'incertitude, et l'Angleterre dans les angoisses. On ne saurait appeler un homme, grand, parce qu'il développa quelques grandes qualités dont l'usage n'amena que d'incomplets, que d'équivoques, que de faux résultats mêlés à de grandes calamités, pour son pays même. L'animosité qu'il avait vouée au nom français aveuglait son esprit. La destruction du jacobinisme, le rétablissement de la monarchie, ne furent pour lui que de vains prétextes. Il enchaîna les pas des princes français, en ne les souffrant jamais à la tête de leur parti (*V.* 27 août 1783; 17 novembre 1795; 29 mars 1796). Déçu dans l'espoir d'anéantir son grand ennemi, il saisit l'occasion inattendue de se dédommager des revers de la seconde coalition continentale, et crut obtenir un plus beau prix de son génie, en assurant la domination exclusive de l'Angleterre sur les mers, et obtenant les bénéfices d'un monopole universel. Mais la puissance territoriale et la force effective de la France s'augmentaient dans la même progression. Depuis la rupture du traité d'Amiens, l'ambition extravasée de Napoléon dispensait le ministre anglais de sagacité politique. Il ne lui fallait, non plus, que des talents vulgaires, pour décider à la plus opiniâtre résistance une nation aussi éclairée, aussi vigoureusement constituée, pour enflammer son courage, susciter tout son patriotisme et la porter aux extrêmes sacrifices. La preuve de ceci est que des hommes inférieurs de toute manière à Pitt, que les lords Castlereagh, Sidmouth, parviendront, huit ans après sa mort, à faire triompher leur pays; et ils n'y seront parvenus qu'à l'aide de circonstances inespérées. L'Europe entière devra avant tout sa délivrance à l'issue des opérations de la campagne de 1812, en Russie; opérations dans lesquelles l'action du ministère anglais ne pourrait exercer qu'une bien légère influence; issue des plus extraordinaires, qu'il n'aura ni préparée ni décidée. D'ailleurs, quand une nation agit directement sur son gouvernement, qu'importent quelques degrés de capacité de plus dans un ministre? Il ne saurait en être de cette nation, comme de telle autre qui, dépourvue d'esprit public et soustraite à la connaissance de ses affaires, ne serait sauvée que par les efforts d'un génie supérieur, d'un de ces génies éclatants, dont l'apparition, ainsi que celle des comètes, n'a lieu qu'à de grands intervalles. Ainsi, en 1763, la France se vit dégagée par le duc de Choiseul, le seul de tous les ministres de Louis XV, capable de lutter contre la nation anglaise excitée par le premier Pitt, et d'arrêter le torrent de nos désastres, au moyen du traité le moins défavorable qui pût se conclure. — La mort de Pitt amène au ministère son célèbre rival Fox (*V.* 13 septembre).

28, *Le sénat a décrété l'érection d'un monument à* NAPOLÉON-LE-GRAND. — Le président, *François* dit *de Neufchâteau* réunit dans sa harangue tous les lieux communs de flatterie qu'entendirent les mauvais princes de la bouche des plus serviles courtisans « ....
« Nous n'essaierons pas de peindre ce que nous éprouvons.......
« .... Ah! que la France doit chérir la quatrième dynastie! Que
« de problèmes résolus au-dehors et au-dedans!..... Au-dedans,
« V. M. toujours fidèle à ses principes, maintient invariablement
« l'union de la liberté avec la monarchie. Toutes nos craintes sont
« passées, nos espérances sont accrues..... Et, quoique votre mo-
« destie ne parle que de prodiges, souffrez que nous exécutions le dé-
« cret du sénat, en donnant solennellement au souverain de la France
« le surnom de GRAND, *ce nom juste, ce nom que la voix du peuple,*
« *qui est ici la voix de Dieu,* nous prescrit de vous décerner..... »

Février 6. *Combat naval.*—L'amiral anglais Duckworth, commandant une escadre de sept vaisseaux, deux frégates et deux sloops, portant cinq cent dix-huit canons, rencontre, dans la baie de Santo-Domingo, une escadre française de cinq vaisseaux, dont un à trois ponts, deux frégates et une corvette, ayant quatre cent trente-six canons, aux ordres du contre-amiral *Leissègues*. Il en résulte un engagement qui dure deux heures avec le plus grand acharnement. Trois vaisseaux français sont pris; les deux autres, poussés à la côte, échouent et sont brûlés.

Ce combat est le dernier coup reçu par la marine française, dont on n'entendra plus parler durant les huit années de guerre qui vont suivre. Ses débris, renfermés dans les ports, oseront à peine se montrer au-delà de la portée des batteries. Seulement, des combats de vaisseau à vaisseau, dans les deux guerres maritimes, auront affaibli la honte de nos défaites, et montré qu'à défaut d'habiles chefs d'escadre, la France possède encore de braves capitaines (*V.* 14 décembre 1798, 13 juillet 1801, 21 avril 1806). Le commis que Napoléon a revêtu du titre de ministre, et qui l'aura si bien secondé dans l'usage des moyens susceptibles d'opérer l'anéantissement de nos forces navales, est un vice-amiral, marin sans réputation, nommé *Decrès*. — Chez nos ennemis, le nombre de vaisseaux, actuellement commissionnés, s'élève à sept cent vingt, dont cent vingt-six de ligne, quatorze de cinquante à quarante-quatre canons et cent cinquante-sept frégates.

8. *Invasion du royaume de Naples*, en représailles de la violation du traité du 21 septembre 1805, par le roi Ferdinand. — *Napoléon* donne à son frère *Joseph Bonaparte* le commandement de cette expédition. Ce général en chef est entièrement inhabile au métier des armes; mais le maréchal *Masséna* est chargé de diriger les opérations, et ses lieutenants sont les généraux *Gouvion-Saint-Cyr*, *Régnier*.

15. *Entrée à Naples de Joseph Bonaparte* (*V.* le 30 mars).

Mars 2. *Ouverture des séances du corps législatif.* — Napoléon dit : « ....Mes armées n'ont cessé de vaincre que lorsque je leur ai « ordonné de ne plus combattre. J'ai vengé les droits des états fai- « bles.......... La maison de Naples a perdu sa couronne sans « retour; la presqu'île de l'Italie, tout entière, fait partie du *grand* « *empire*. J'ai garanti, comme *chef suprême*, les souverains, et les « constitutions qui en gouvernent les différentes parties........ Il « m'est doux de déclarer que mon peuple a rempli *tous ses devoirs*.

« Au fond de la Moravie, je n'ai pas cessé un seul instant d'éprou-
« ver les effets de son amour et de son enthousiasme. Jamais il ne
« m'en a donné des marques *qui aient pénétré mon cœur de plus*
« *douces émotions*. Français, je n'ai pas été trompé dans mon espé-
« rance. *Votre amour, plus que l'étendue des richesses de notre ter-*
« *ritoire, fait ma gloire*................Rien ne vous sera pro-
« posé qui ne soit nécessaire pour garantir la *gloire* et la sûreté de
« mes peuples. »

8. *Traité entre la France et la Prusse*, ratifiant, avec quelques modifications, la convention provisoire de Vienne, du 15 décembre 1805.

10. *Mort de Tronchet*, célèbre jurisconsulte.—L'assemblée constituante avait eu recours à ses lumières.—Il signala le plus noble caractère, en se chargeant de la défense de *Louis XVI* (*V.* 12 décembre 1792).—Il concourut à la rédaction du code civil.

13. *Événements de mer.*—Une forte escadre anglaise s'empare, dans l'Océan, près de Madrid, d'un vaisseau de ligne et d'une frégate qui reviennent de l'Inde, avec le vice-amiral *Linois*.

15. Le maréchal *Murat* est déclaré grand-duc de *Clèves* et de *Berg*.

30. *Joseph Bonaparte* est déclaré roi des *Deux-Siciles*.— Napoléon annonce que la dynastie qui occupe ce trône *a cessé de régner*, parce que son existence est incompatible avec l'honneur de la couronne impériale de France, et le repos de l'Europe.

Avril 1er. Proclamation du roi de Prusse relative à l'annexation de l'Hanovre (*V.* 15 décembre 1805, 8 mars 1806).

20. Manifeste du roi d'Angleterre contre le roi de Prusse (*V.* le 1er. avril.

21. *Combat de mer*, livré près le cap de Bonne-Espérance.—La frégate *la Canonnière*, commandant, capitaine de vaisseau *Bourayne*, se défend toute la journée contre un vaisseau anglais de soixante-quatorze, escortant douze bâtiments armés, de la compagnie des Indes orientales. Quoique ayant éprouvé de fortes avaries dans sa mâture et son gréement, elle parvient à se faire abandonner.

Mai 9. Promulgation de l'ensemble du *code de procédure civile*. Il sera mis en usage le 1er janvier 1807.

14, 15. Le nègre *Dessalines*, maître d'une partie de l'île Saint-Domingue (*V.* 8 octobre 1804, 8 mai 1805), fait massacrer tous les blancs restés au Cap-Français (*V.* 18 avril 1804).

27. *Prise de possession*, par les Français, de la ville de *Raguse*.

Juin 5. *Louis Bonaparte*, jeune homme d'un caractère doux, frère de l'empereur Napoléon, est déclaré *roi de Hollande*, conformément à un traité conclu le 25 mai avec le gouvernement de la république batave (*V.* 1er juillet 1810).—Depuis l'installation de Napoléon, les intérêts généraux éprouvent, en Europe, des altérations sans exemple. Le renversement et la création des états ne semblent plus que des jeux ordinaires de la fortune, dont les peuples restent spectateurs immobiles.

Décret impérial. — « Napoléon, etc., voulant donner à notre « grand-chambellan et ministre des relations extérieures, *Talleyrand*, « un témoignage de notre bienveillance, pour les services qu'il a « rendus à notre couronne.........., nous lui transférons la *prin-* « *cipauté de Bénévent*, avec le titre de prince et duc, pour la possé- « der comme *fief immédiat* de notre couronne...........Il prêtera, « en nos mains, le serment de nous servir *en bon et loyal sujet.* » Les esprits que flatteraient les rapprochements historiques, peuvent mettre à côté de ce certificat donné au grand-chambellan par le chef du grand empire, le certificat délivré par la Convention au citoyen Talleyrand (*V.* 4 septembre 1795).

Juillet 6. *Bataille près de Sainte-Euphémie* (Calabre), entre les Français commandés par le général *Régnier*, et les Anglais. Les premiers perdent quatre mille hommes; les Anglais, cinq cents seulement. —Cette défaite est le signal d'une insurrection générale en Calabre, insurrection préparée par les agents du roi Ferdinand.

12. *Traité de la confédération des états du Rhin* entre l'empereur Napoléon et plusieurs princes du midi et de l'ouest de l'Allemagne.— Ces princes se séparent, à perpétuité, du territoire de l'empire germanique, et s'unissent entre eux, et avec la France, par un lien particulier. —L'empereur des Français est *protecteur* de la confédération.—Le contingent à fournir par chacun des alliés, est déterminé. —Ce traité reconnaît et sanctionne un grand nombre de sécularisations et annexations de territoire en leur faveur (*V.* 1er août).

18. *Prise de Gaëte.*—Cette forte place capitule après un long siége très-meurtrier, conduit par le général *Masséna.* Sa reddition complète la conquête du royaume de Naples, pour *Joseph Bonaparte* (*V.* 8, 15 février, 30 mars).

20. *Préliminaires de paix, entre la France et la Russie*; signés à Paris (*V.* 15 août).

Août 1er. Notification à la diete de Ratisbonne, du traité du 12 juillet. — Quatorze princes allemands déclarent leur séparation du corps germanique et leur nouvelle confédération sous le protectorat de l'empereur Napoléon. — Les intérêts communs des états confédérés seront traités dans une diète qui siégera à Francfort-sur-le-Mein. Cette diète sera divisée en deux colléges : dans le collége des rois, siégeront les représentants de l'électeur de Bavière, et du duc de Wirtemberg qui, l'un et l'autre, ont pris le titre de roi; des grands-ducs de Bade, de Berg, de Darsmtadt, et du prince primat : dans le collége des princes, sont huit petits princes portant des titres inférieurs. — Les contingents sont fixés; savoir: pour la France deux cent mille hommes; la Bavière, trente mille hommes; le Wurtemberg, douze mille hommes; Bade, huit mille hommes; en tout deux cent soixante-trois mille hommes.

Dans les six années suivantes, la confédération du Rhin s'augmentera de tous les souverains allemands, anciens ou nouveaux, à l'exception de l'empereur d'Autriche, du roi de Prusse, des ducs de Brunswick, d'Oldembourg, du roi de Suède en sa qualité de duc de Poméranie, et du roi de Danemarck comme duc de Holstein.

Cet acte fédératif, d'où devraient résulter de grands avantages pour la France, ne sera jamais exécuté par Napoléon que sous le rapport des levées d'hommes et des cotisations. Il ne servira qu'à resserrer le joug imposé aux Allemands.

6. *François II* renonce expressément au titre et à la dignité d'empereur électif d'Allemagne; il se désigne comme *empereur héréditaire d'Autriche*, sous le nom de *François Ier* (*V.* 11 août 1804). — Ainsi finit l'empire germanique, appelé, dans le style diplomatique, le saint empire romain, mille six ans après que Charlemagne fut couronné par le pape Léon III.

15. Le cabinet de Pétersbourg refuse de ratifier les stipulations convenues avec la France le 20 juillet, d'après le motif que son envoyé s'est écarté des instructions. Plus tard, il deviendra manifeste à tout le monde, que les négociations ont, de part et d'autre, été suivies avec une égale insincérité. Les desseins ambitieux de Napoléon, contre le nord de l'Europe, se sont assez évidemment montrés, pour que sa fausseté n'ait pas besoin d'être prouvée. La politique russe, tout aussi envahissante, tout aussi orgueilleuse, voulant se relever de l'humiliation d'Austerlitz, et rétablir sa prépondérance en Occident, a recours aux ruses diplomatiques qui, de tout temps, lui furent familières. Pétersbourg dépêche un émissaire des plus déliés, lequel, réussissant fort bien à se donner l'air d'être surpris, donne à la Russie le temps de disposer ses armements. Il serait d'ailleurs

trop invraisemblable que le négociateur russe eût été joué par le négociateur français, le général *Clarke*, esprit des plus obtus et qui, n'exerçant auprès de Napoléon que les fonctions d'un commis, ne se sera signalé, jusqu'en 1814, que par une entière condescendance à ses ordres.

Septembre 13. *Mort de Charles Fox*, à l'âge de cinquante-huit ans, célèbre orateur de la chambre basse du parlement d'Angleterre, rival de *Pitt*; il envisageait la révolution française sous un autre jour, et condamnait en tout point la guerre qu'elle fit éclore. Convaincu, ainsi que Pitt et Burke, de la prodigieuse influence qu'exercerait ce phénomène, il pensait que pour en affaiblir les ravages, on devait laisser un passage à sa violence (*V.* 24 janvier 1793, premier article). Un jour qu'on pérorait au parlement sur le mauvais état des finances du directoire, et qu'on établissait des calculs, en preuve de l'impossibilité où il se trouverait bientôt de soutenir la lutte contre les anciennes monarchies : « Comptez-vous pour rien, s'écria « Fox, la faculté qu'a la France de faire banqueroute? » — Fox, ministre, depuis la mort de Pitt, a ouvert, avec le gouvernement français, des négociations qui se termineront sans résultat (*V.* 11 octobre).

18. *Assemblée de députés israëlites*. — Réunie à Paris, le 26 juillet, à l'effet d'indiquer au gouvernement les moyens de rendre leurs coreligionnaires susceptibles de participation aux droits civils et politiques, en modifiant celles de leurs habitudes et de leurs doctrines qui les retiennent isolés de leurs concitoyens; cette assemblée, dans la vue de donner aux opinions qu'elle adopte à cet égard la plus grande autorité possible, est d'avis, qu'elles soient présentées dans un *grand sanhédrin* qui, les convertissant en décisions doctrinales, rendrait, à l'universalité des juifs, l'important service de fixer leur croyance sur des matières dans lesquelles ils n'ont pu s'accorder avec les lois d'aucun état de la chrétienté. En conséquence, une proclamation adressée à toutes les synagogues de l'empire français, du royaume d'Italie et de l'Europe, leur annoncera l'ouverture, à Paris, du *grand sanhédrin* (*V.* 9 mars 1807).

Octobre 1er. *Combat de Castelnovo*, près de Raguse. —Le général *Marmont* défait un corps de Russes réunis aux Monténégrins.

5. *Proclamation du prince de la Paix*, ministre tout-puissant de *Charles IV*, roi d'Espagne. — Politique inepte, autant qu'arrogant favori, l'impatience d'échapper à l'ascendant de la France, dans une conjoncture qu'il croit favorable, lui dicte cette proclamation dans

laquelle, parlant de dangers et de gloire, d'ennemis qu'il ne nomme pas, de perfidies qu'il ne fait pas connaître, il appelle sa nation aux armes. Napoléon feint de croire que cette provocation n'est pas dirigée contre lui, de la part d'un allié si timidement soumis jusqu'à ce jour; mais il jure dès cet instant la perte de cette monarchie, charmé qu'on lui fournisse le prétexte de ravir à la famille des Bourbons la couronne d'Espagne, comme il lui a enlevé celle de Naples.

6. QUATRIÈME COALITION CONTINENTALE.

Napoléon arrive à Bamberg, où s'établit son quartier-général. Il se porte contre le roi de Prusse qui, vivement alarmé des mouvements subits des troupes françaises stationnées en Allemagne, a mis les siennes sur pied avec une extrême promptitude, ayant d'abord assuré son alliance avec l'Angleterre, la Russie, la Suède. Quoique, depuis neuf ans, le cabinet de Berlin persévérât dans sa neutralité à l'égard de la France, la nécessité de maintenir l'intégrité d'un royaume formé de démembrements tout récemment incorporés, rendait sa vigilance soupçonneuse, inquiète. La monarchie prussienne n'était pas assez solidement établie pour ne pas craindre de se trouver mêlée aux grands débats de l'Europe, dans lesquels elle n'intervenait pas. L'ascendant de la France en Allemagne devenait, depuis la paix de Lunéville (9 février 1801), l'objet des appréhensions de Frédéric-Guillaume III. Les rapides progrès de cette puissance, essentiellement militaire, conquérante, et toujours heureuse, accroissent de jour en jour les alarmes de ce roi, qui se jette dans les bras de la Russie (*V.* 1er octobre, 3 novembre 1805). Mais, à la vue des prodigieux succès du vainqueur d'Ulm, le traité est enfoui, les préparatifs hostiles sont suspendus, et le prussien *Haugwitz* est envoyé vers Napoléon (*V.* 4 décembre 1805), pour l'assurer que la neutralité ne sera jamais enfreinte. Napoléon feint de croire à la sincérité de ces protestations, remettant sa vengeance à d'autres temps. Dès que les dispositions du traité de Presbourg (*V.* 26 décembre 1805) ont reçu leur exécution, la confédération du Rhin prend naissance (*V.* 12 juillet 1806). La Prusse alors, plus alarmée, essaie d'établir une contre-confédération au nord de l'Allemagne. On le lui défend; et en même temps les journaux et les pamphlets français irritent, par d'éclatantes invectives, cette nation prussienne, prodigieusement vaine de quelques rayons d'une gloire toute nouvelle; on va jusqu'à prodiguer l'outrage à la belle reine du Nord. Alors, et non avant, dès qu'il s'agit d'être ou de ne pas être, des sentiments généreux pénètrent dans la diplomatie brandebourgeoise, tous les esprits s'enflamment, tous les Prussiens demandent des armes. Le roi cède au vœu général, et prépare de prochaines hostilités, tandis qu'à l'exemple de la Russie (*V.* 20 juillet, 25 août), il cherche à prolonger l'incertitude du cabinet des Tuileries, par des négociations directes.

Mais c'est à ce point même que Napoléon a voulu conduire la Prusse. Il saisit, en outre, dans cette circonstance, l'occasion de rompre les négociations qu'il a commencées avec l'Angleterre. L'espoir des nations échoue de nouveau contre l'ambition d'un seul homme; et les Français, inhabiles à soulever le bandeau jeté sur leurs yeux, courent à de nouveaux dangers, ou plutôt à de nouvelles victoires.

L'armée se compose de sept corps, aux ordres des maréchaux *Bernadotte*, *Lannes*, *Davoust*, *Ney*, *Soult*, *Augereau*, *Lefebvre*, commandant les troupes alliées cantonnées en Bavière, et de la grande réserve de cavalerie, commandée par le maréchal *Murat*. Toute cette armée est déja dans le cœur de l'Allemagne; ses avant-postes ne se trouvent séparés des Prussiens que par le Mein et la Rednitz.

Un huitième corps, qui aura pour chef le maréchal *Mortier*, est en formation sur la lisière de la Westphalie.

L'armée prussienne se compose de deux cent trente mille hommes de belles troupes bien disciplinées et équipées, d'une cavalerie réputée la meilleure de l'Europe, et d'une artillerie nombreuse et bien servie.

9. *Manifeste du cabinet prussien*, daté du quartier-général d'Erfurth. — Cette pièce, qui développe une série d'allégations exactes sur les empiétements du maître de la France, « lequel est parvenu à « ce degré d'ambition que rien ne peut satisfaire, et qui marche sans « cesse d'usurpation en usurpation », découvre en même temps le dépit qu'éprouve ce cabinet d'être dupe, à la fois, de sa propre duplicité, de sa propre faiblesse, et de sa propre ineptie. Il va l'être encore de sa témérité et de sa précipitation à provoquer les hostilités, et à se présenter seul et sans soutien dans la lice des combats, pour venger l'Europe et délivrer l'Allemagne. La Prusse, s'engageant dans une guerre contre la France et l'Angleterre qui sont aux mains ensemble, offre un phénomène politique des plus étranges (*V.* 1er et 20 avril)

Premières hostilités entre la France et la Prusse. *Combat de Schleitz* (village-capitale de l'infiniment petite principauté de Reuss, entre l'électorat et les duchés de Saxe). — Le maréchal *Bernadotte* obtient un avantage remarquable; le général *Maison* s'y distingue.

10. *Combat de Saalfeld* (huit lieues sud d'Erfurth), entre la division du général *Suchet*, appartenant au corps du maréchal *Lannes*, et le prince Louis de Prusse, commandant l'avant-garde du corps de Hohenlohe. — Le prince perd la vie. L'infanterie prussienne est culbutée, et laisse trente canons avec mille prisonniers.

11. *Rupture des négociations pour la paix avec l'Angleterre.* — Entamées dans le mois de mars, elles se suivent avec froideur depuis la mort du principal ministre, Fox (*V.* 13 septembre). — Les conférences sont tout à coup rompues, et lord Lauderdale, chargé de les suivre à Paris, retourne en Angleterre.

14. VICTOIRE D'IÉNA.

Napoléon, vainqueur, a consacré sous ce nom une journée extraordinaire, que les vaincus ont appelé d'*Auerstaedt*, parce que le roi de Prusse avait son quartier-général dans ce village.

A proprement parler, cette bataille est une bataille double. Deux armées françaises, éloignées de six lieues et sans contact, aux prises avec deux armées prussiennes également isolées, constituent deux batailles séparées, quoique leur résultat se confonde.

Sur le terrain même d'Iéna où Napoléon dirige les mouvements, se place le maréchal *Lannes* dont le corps, lié à la garde impériale mise sous la conduite du maréchal *Lefebvre*, fait le centre. — Le maréchal *Soult* arrive au commencement de l'action; il forme la droite, à laquelle vient se joindre le maréchal *Ney*. — La gauche est formée par le maréchal *Augereau*. Toutes ces troupes offrent à peu près quatre-vingt-cinq mille hommes, et se trouvent opposées aux corps réunis du prince de Hohenlohe, des généraux Tauenzien et Ruschel qui comptent environ soixante-cinq mille hommes.

L'intervalle entre Iéna et Naumburg est occupé par le maréchal *Bernadotte*, observant la Saale vers *Doernburg*, par où il a l'ordre de déboucher, afin de couper les masses ennemies de leurs réserves et tomber sur leurs derrières, si elles se portent en force sur Naumburg ou sur Iéna. Ce corps ne prend qu'une faible et tardive part à l'action d'Iéna, en se portant sur la gauche. — Sur les bords de la Saale est aussi la cavalerie du maréchal *Murat*.

Le maréchal *Davoust* est posté entre Naumburg et Doernburg, à la droite de la Saale, gardant les défilés de Koesen. Son corps composé de trois belles divisions d'infanterie, mais très-faible en cavalerie, a moins de trente mille combattants. Il se trouve en présence d'une armée forte de plus du double, dont un cinquième est l'élite de la cavalerie ennemie. — Le roi de Prusse est sur ce point, ainsi que le duc de Brunswick, généralissime, le même qui acquit un peu de gloire dans la guerre de Sept-Ans, et qui, en 1792, ne se distingua que par son manifeste (*V.* 25 juillet 1792). Là sont aussi les maréchaux Moellendorff et Kalkreuth déja célèbres, et le général Blucher encore obscur.

L'action d'Iéna est décidée par les charges de la cavalerie du maréchal Murat, qui met en déroute complète la moitié de l'armée prussienne et en poursuit les débris pendant cinq lieues et jusqu'à Weimar.

L'action d'Auerstaedt est plus long-temps disputée. Le maréchal Kalkreuth, le général Blucher combattent avec vigueur sous les yeux de leur souverain. L'inébranlable fermeté du maréchal Davoust, appuyé sur les généraux *Gudin, Friant, Morand,* triomphe du nombre, et cette moitié de l'armée prussienne fuit aussi dans le plus grand désordre. C'est à Auerstaedt que s'est livré le grand combat, et pourtant Napoléon, ombrageux des succès de ses lieutenants, et jaloux de se réserver toute la gloire de cette bataille, ne mentionnera dans ses bulletins l'affaire principale, à laquelle il ne se trouvait pas, que comme un accessoire digne seulement de remarque. Plus tard, il récompensera le maréchal Davoust et son corps d'armée, mais fastueusement, avec ostentation, en Louis XIV, en souverain qui affecte la magnanimité dans la distribution de ses faveurs, parce qu'il rapporte à sa personne tous les services rendus à l'état.

Cette journée qui commence une longue suite de triomphes, coûte aux troupes battues, en tués, blessés ou prisonniers, plus de quarante mille hommes, y compris les auxiliaires saxons. Elles y perdent deux cent soixante canons et d'immenses magasins de subsistances. Vingt-six généraux prussiens sont faits prisonniers; le duc de Brunswick est grièvement blessé, ainsi que le maréchal Moellendorff, le lieutenant-général Schmettau, le prince Henri de Prusse et le lieutenant-général Ruschel; les trois premiers ne survivront que peu de jours à leurs blessures. — L'armée française a moins de douze mille hommes hors de combat, soit à Iéna soit à Auerstaedt; elle perd un général de brigade et neuf colonels.

Entre toutes les défaites qui ont eu lieu depuis 1792, jusqu'à la pacification définitive de 1815, la défaite d'*Iéna* est celle qui aura laissé le moins d'honneur aux vaincus. La fuite y est aussi rapide et aussi générale qu'à *Héliopolis* (*V.* 20 mars 1800); et certes, la présomption des pachas turcs n'a point surpassé celle des généraux prussiens qui se sont présumés grands capitaines, après avoir cité Frédéric II le seul héros de leur monarchie. Le duc de Brunswick qui, à soixante-douze ans, vient se mesurer avec un guerrier dans toute sa force active, est pour nous ce que fut le vieux Pompée chez les Romains, un exemple frappant des illusions d'une ancienne renommée. La timidité des deux vieillards en présence de leurs jeunes adversaires a décidé les journées de Pharsale et d'Iéna.

16. *Combat de Greussen* (sept lieues nord-ouest de Veimar). — Le maréchal *Soult* atteint une colonne prussienne commandée par le maréchal Kalkreuth, qui escorte le roi de Prusse fuyant du champ de bataille d'Auerstaedt (*V.* le 14). Le maréchal Soult la culbute, l'entame et la poursuit vers Magdebourg.

Capitulation d'Erfurth. — Quatorze mille Prussiens sont prisonniers de guerre; parmi eux se trouvent le maréchal Moellendorff blessé à Iéna, le prince d'Orange (roi des Pays-Bas en 1814) et quatre généraux. Un parc de plus de cent pièces d'artillerie, des magasins immenses complètent les résultats immédiats de la reddition de cette place, dont la situation offre un point d'appui très-utile aux opérations de l'armée victorieuse.

Le nègre *Dessalines*, déclaré empereur à Saint-Domingue (*V.* 8 octobre 1804), s'est aliéné, à force de cruauté, ses propres gardes qui se soulèvent et mettent fin à ses crimes et à sa vie. Il est remplacé par *Christophe*, autre nègre tout aussi cruel, qui ne prend d'abord que le titre de chef suprême du gouvernement de Haïty.

17. *Combat de Halle* (sur la Saale, dix lieues nord-ouest de Leipsick). — Le maréchal *Bernadotte* obtient de très-grands avantages sur la réserve de l'armée prussienne, commandée par le prince Eugène de Wirtemberg.

18. *Occupation de Leipsick* par le maréchal *Davoust.* On y saisit une immense quantité de draps et de marchandises anglaises.

Le général Blucher entraîné dans une fuite accélérée avec quelques mille Prussiens, du champ de bataille d'Auerstaedt (*V.* le 14) vers le moyen Elbe, coupé par la division de dragons du général *Klein*, à *Weissensée*, échappe au moyen de la fausse allégation d'un armistice. Blucher ne rougit pas de l'affirmer sur sa parole d'honneur.

19. *Occupation de Halberstadt* (vingt-cinq lieues nord-ouest d'Iéna) par le maréchal *Murat.*

20. Les maréchaux *Davoust* et *Lannes* forcent le passage de l'Elbe à *Wittemberg* et à *Dessau.*

24. *Occupation de Potsdam* (sept lieues ouest de Berlin), par le maréchal *Lannes*.

25. *Occupation de Brandebourg* (treize lieues ouest de Berlin), par le maréchal *Bernadotte*.

Prise de la forteresse de Spandau (trois lieues de Berlin, quatre lieues de Potsdam) après une première sommation faite par le maréchal *Lannes*. On y trouve un grand nombre de bouches à feu et des approvisionnements très-considérables en vivres et en munitions.

Occupation de Berlin. — La terreur est si profonde dans tous les états prussiens, que le maréchal *Davoust*, encore à trois jours de marche, avait envoyé aux magistrats l'ordre de préparer sa réception.

28. *Combat de Prentzlow* (neuf lieues sud-ouest de Stettin).—Le maréchal *Murat*, ayant dix mille cavaliers français, fait mettre bas les armes à seize mille hommes d'élite ou de la garde royale de Prusse, conduits par le prince Hohenlohe. Avec ce commandant en chef, sont prisonniers le prince Auguste de Prusse, le prince de Mecklembourg-Schwerin et le général Tauenzien. —Le général *Belliard* a une part très-distinguée dans ce beau fait de guerre.

29. *Occupation de Passwalk* (trois lieues ouest de Stettin). Le général *Milhaud*, avec seize cents chevaux, fait rendre une colonne de cinq mille Prussiens.

Prise de Stettin. — Le général *Lasalle*, à la tête de douze cents hussards, fait capituler Stettin, place très-forte sur l'Oder, et capitale de la Poméranie prussienne. On y prend cinq mille hommes, cent cinquante canons, d'immenses magasins.

Novembre 1er. *Combat et prise d'Anklam* (dix-neuf lieues nord-ouest de Stettin) par le général de cavalerie *Becker*, qui fait capituler quatre mille Prussiens.

Prise de Kustrin. Cette place, une des plus fortes de la monarchie prussienne, située au milieu d'un vaste marais, bien approvisionnée, défendue par près de quatre mille hommes et quatre-vingt-dix pièces d'artillerie, se rend sans coup férir au maréchal *Davoust*, qui n'a aucun moyen d'en entreprendre le siége. Par son occupation, l'armée française est maîtresse du bas Oder.

Occupation de Hesse-Cassel. — L'électeur, attaqué à l'improviste par le maréchal *Mortier*, ayant sous lui le général *Joseph Lagrange*, est, en un clin-d'œil, dépossédé de ses états. — Les arsenaux de la Hesse livrent de grandes richesses en munitions et en approvisionnements de bouche.

6 — 7. *Prise de Lubeck et ses suites.* — Le général Blucher, fuyard d'Iéna (*V.* 14 octobre), échappé, à la faveur d'un stratagème que réprouvent les usages de l'honneur militaire (*V.* 18 octobre, deuxième article), erre au nord de l'Elbe. Coupé de la Poméranie, chassé du Mecklembourg, repoussé du Lauenbourg, il est rejeté vers ce golfe étroit de la Baltique où la Trave a son embouchure. Il prétend se défendre à Lubeck, place démantelée, exposant ainsi cette ville aux plus grandes extrémités. Atteint presque simultanément par les corps des maréchaux *Bernadotte*, *Soult*, et par la cavalerie du maréchal *Murat*, il soutient un combat à l'entrée et dans les rues de la ville. La perte en tués et blessés est peut-être plus considérable chez les Français; mais quatre mille Prussiens restent prisonniers. Les autres, poussés sur la lisière du Holstein, territoire neutre, capitulent à Ratkau (cinq lieues ouest de Lubeck), et se rendent à discrétion. Le commandant en chef, Blucher, le duc de Brunswick-OEls, dix autres généraux, douze à treize mille officiers ou soldats, plus de quatre mille chevaux, tous les débris de l'artillerie de ce corps d'armée, tombent au pouvoir des Français. C'est à l'ardente bravoure de nos soldats que la ville de Lubeck doit la préservation de ses édifices, comme elle doit à leur généreuse conduite la conservation des propriétés particulières, quoique des relations répandues en Allemagne, dans le but de rendre les Français odieux, aient annoncé qu'ils se sont signalés par la destruction, le pillage, et tous les excès qui se commettent d'ordinaire dans une ville prise d'assaut. Toutes ces imputations sont également fausses. Les désordres commis par des militaires harassés de leurs marches forcées, exténués par les privations, sont peu sensibles aux habitants et ne laissent point de traces.

8. *Reddition de Magdebourg*, la plus forte place de la monarchie prussienne. — Le maréchal *Ney* y prend vingt généraux, vingt mille hommes, plus de sept cents canons, et d'immenses magasins en tout genre. Le maréchal n'avait, pour investir la place, que dix mille hommes.

L'occupation de Magdebourg et l'affaire de Lubeck terminent, pour ainsi dire, la campagne de Prusse, ouverte depuis un mois. Du Rhin à l'Oder, il ne reste d'autre détachement prussien que les garnisons de Hameln et de Nienbourg. Les annales militaires n'offrent point d'exemple d'une aussi rapide succession de défaites ignominieuses. Les armes françaises ont soumis tous les états de la monarchie prussienne, excepté la Silésie, les territoires démembrés de la

Pologne, et la seule forte place de Colberg, dans la Poméranie ultérieure.

9. Napoléon frappe une contribution de cent cinquante millions de francs sur les états prussiens et sur les alliés de la Prusse.

10. *Occupation du Hanovre.* — Le maréchal *Mortier* prend possession de l'électorat, au nom de la France.

Occupation de Posen (sur la Warta, soixante-cinq lieues est de Berlin). — Cette capitale du grand-duché de ce nom, est entrée sous la domination prussienne lors du premier partage de la Pologne, en 1773.

12. Arrivée à Warsovie des premières troupes russes qui s'avancent au secours du roi de Prusse. — L'immense intervalle qui devait séparer pour toujours la France de la Russie étant sur le point d'être franchi, l'empereur Alexandre court aux armes. En soutenant la Prusse avant qu'elle ne soit anéantie, il espère préserver plus efficacement ses propres états.

Décret impérial, rendu à Berlin, sur l'organisation des gardes nationales de France (*V.* 24 septembre 1805). — Les Français, d'une constitution saine et robuste, de l'âge de vingt à soixante ans, pourront tous être requis pour le service. — Chaque légion est formée de plusieurs bataillons qui prendront le nom de *cohortes.* — Les personnes qui occupent des emplois publics ne seront point admises. — Les gardes nationales sont destinées, soit au service de l'intérieur, *soit au service militaire actif.* — Le service intérieur aura lieu, pour les habitants des communes, sur la réquisition du préfet ou du sous-préfet — Les chefs des légions pourront, sur la demande des maires, mettre en activité une partie de la garde nationale qu'ils commandent, pour un service ordinaire et momentané. — Le service d'activité militaire aura lieu lorsque le général commandant en chef les gardes nationales ordonnera leur réunion dans un endroit désigné, ou lorsqu'il les emploiera pour le service d'une place. — Les officiers, sous-officiers et simples gardes nationaux, commandés pour le service intérieur, ou pour celui d'activité militaire, seront soumis à la discipline militaire.

Ces dispositions annoncent que le dessein du chef de l'état est de faire avec la garde nationale une armée régulière composée de tous les Français en état d'entrer en campagne (*V.* 13 mars 1812, 3 avril 1813).

19. *Occupation de Hambourg.* — Le maréchal *Mortier* en prend possession au nom du gouvernement français. — L'ordre est immé-

diatement donné aux habitants de déclarer les fonds ou marchandises appartenant à des Anglais.

20. *Capitulation de Hameln*, place très-forte sur le Wéser, et la seule des états de la maison de Brunswick, qui ne soit pas au pouvoir des Français. — Elle livre d'immenses approvisionnements. La nombreuse garnison prussienne qui l'occupe est prisonnière.

21. *Occupation de Brême* — (*V.* le 19).

Système continental. — *Décret impérial daté de Berlin.* — Les îles britanniques sont déclarées en état de blocus. Tout commerce et correspondance sont interdits. Tout sujet de l'Angleterre, de quelque état ou condition qu'il soit, qui sera trouvé dans les pays occupés par les Français ou par leurs alliés, *sera fait prisonnier de guerre.* — Le commerce des marchandises anglaises est défendu, et toute marchandise, quelle que soit son espèce, provenant de l'Angleterre, est déclarée de bonne prise (*V.* 7 janvier 1807).

Tel est le fameux décret qui doit servir de base au système conçu par le maître de la France pour arriver au grand but de l'humiliation et de l'affaiblissement de l'Angleterre, de cette puissance qui seule s'est jouée de tous ses efforts.

Prise par capitulation de Nienburg avec sa garnison de quatre mille hommes.

28. *Occupation des duchés de Mecklembourg*, au nom de Napoléon.

Occupation de Warsovie par le maréchal *Murat.*

Déclaration de guerre de la Russie à la France. — « Le Très-Haut « prendra notre juste cause sous sa protection. »

Décembre 1er. *Situation militaire.* A ce jour, l'Allemagne septentrionale, excepté Koenisgberg avec les forteresses de Stralsund et de Colberg, se trouve sous la domination directe ou sous l'influence de Napoléon; car la Silésie, qu'il n'occupe pas encore, est un démembrement de la Pologne. La Hesse, le pays de Brunswick, l'Hanovre, les duchés d'Oldembourg et de Mecklembourg, les ports anséatiques, sont en son pouvoir. Cette Prusse qui, depuis un demi-siècle, arrivait pas à pas au premier rang des puissances militaires, est renversée du premier choc. Les hostilités commencent le 9 octobre; et le 14, elle reçoit un coup mortel. Dans dix-sept jours les soldats français traversent les forêts et les défilés de la Franconie, la Saale, l'Elbe, et sont à Berlin. La fin de novembre les trouve au-delà de la Vistule. Un neuvième corps formé des contingents des princes confédérés du Rhin, que renforce une division française, commence la conquête de la Silésie. Le renversement de la puissance prussienne, dans une campagne de six semaines, est un de ces événements dont la postérité pourra difficilement admettre la réalité.—L'Italie, dans toute son étendue, reste soumise. — Les ennemis de la France échouent dans l'Adriatique. — Nos départements entendent parler de guerres lointaines et n'en ressentent d'autres inconvénients, que la séparation des braves qui livrent tous ces combats glorieux, et le départ de quelques mille conscrits empressés de triompher à leur tour. La France est calme, elle espère, elle attend avec confiance ce bonheur que, depuis dix-huit ans, elle attend chaque jour et qui semble ne s'approcher que pour lui rendre chaque jour son image plus trompeuse.

2. *Glogau*, capitale de la basse Silésie, et très-forte place sur l'Oder, se rend par capitulation au général *Vandamme*. La garnison reste prisonnière. On recueille deux cents pièces d'artillerie et des magasins considérables.

6. *Occupation de Thorn*, sur la Vistule (trente-huit lieues sud de Dantzick, quarante-trois lieues nord-ouest de Warsovie).

11. *Passage du Bug*. Il s'exécute de vive force par le maréchal *Davoust* à l'embouchure de l'*Wrka*, en face d'Okunin (six lieues nord-est de Warsovie).

Traité de paix et d'alliance, signé à Posen entre l'empereur Napoléon et l'électeur de Saxe. L'électeur accède à la confédération du Rhin (*V.* 12 juillet 1806), et prend le titre de roi. — Les différentes branches de sa maison souscriront à ce traité.

15. *Sénatus-consulte* ordonnant la *levée de quatre-vingt mille conscrits* de l'an 1807, ou nés du 1er janvier au 31 décembre 1787.

17. Déclaration de guerre de la Porte-Ottomane à la Russie.

23. *Combat de Czarnowo*, au confluent du Bug et de l'Wrka. — Les Russes, très-nombreux et fort avantageusement postés, sont chassés après un combat opiniâtre, par la division *Morand* du corps du maréchal *Davoust*.

25. *Combat de Mohrungen* (seize lieues sud d'Elbing). Les généraux russes, voyant l'armée française suspendre sa course au milieu de ses avantages et se cantonner sur la Vistule, ont pensé qu'il leur serait facile de faire une trouée et de couper l'aile gauche. Avec moins de dix mille hommes, le maréchal *Bernadotte* arrête au commencement de son offensive l'ennemi très-supérieur en nombre, et lui fait éprouver une perte considérable.

26. *Combat de Pultsk* (au confluent de la Narew et de l'Orzyc,

treize lieues nord de Warsovie), entre le maréchal *Lannes*, renforcé d'une division du corps du maréchal *Davoust*, et le général russe Beningsen. On se bat avec acharnement, l'action reste indécise. Les Français éprouvent une grande perte. L'ennemi se retire pendant la nuit.

Combat de Golymin (huit lieues nord de Warsovie). Le corps du maréchal *Augereau*, partie de celui du maréchal *Davoust*, et la cavalerie du maréchal *Murat*, s'engagent avec le général russe Buxhowden. Le combat est livré et rendu avec une égale ténacité. Les Français, quoique très-maltraités, mettent l'ennemi en retraite. Le général *Rapp* est grièvement blessé. — Après les deux combats de ce jour, l'empereur *Napoléon* termine la campagne active; il met l'armée en cantonnement, et va s'établir à Warsovie.

1807.

Janvier 1er. *Situation militaire.* — La rigueur de la saison a déterminé les armées belligérantes sur la Vistule, à prendre quelque repos, sans qu'aucune convention patente ou tacite existe entre elles. — Les forces de Napoléon se composent de, 1° La grande armée qui a reçu les contingents des confédérés du Rhin, et les troupes hollandaises; 2° l'armée d'Italie réunie dans le Frioul et aux camps de Brescia, de Vérone, d'Alexandrie; 3° l'armée de Naples; 4° l'armée de Dalmatie; 5° les corps formant les camps de Boulogne. En outre, trois camps s'établissent à Saint-Lô (Manche) et dans la Vendée. — L'armée russe en Pologne est évaluée à cent soixante mille combattants.

5. *Prise de Breslau*, capitale de la Silésie, après vingt-cinq jours de siége, par les généraux *Vandamme* et *Hédouville*, du neuvième corps d'armée. La garnison compte sept mille hommes.

7. *Système continental.* — Déclaration de l'amirauté britannique, portant qu'aucun navire sortant des ports au pouvoir des Français ou de leurs alliés, et desquels les navires anglais seraient exclus, ne pourra être reçu dans aucun autre port. — Cette mesure est ordonnée en représailles du décret de Berlin, du 21 novembre.

16. *Prise de Brieg*, place forte de la Silesie, sur l'Oder.

27. *République de Haïti.*—Après avoir mis à mort le nègre *Dessalines* (*V.* 16 octobre 1806), les mulâtres ont voulu changer la nature du gouvernement de *Saint-Domingue* et constituer un régime républicain avec un président électif. Le nègre *Christophe* est élu; on fixe

sa résidence au *Port-au-Prince*. Mais, en méfiance des mulâtres, Christophe a marché contre eux. Repoussé, il s'est retiré au *Cap*, où il a établi un gouvernement particulier. Les mulâtres, dirigés par *Péthion*, un des leurs, forment le sénat de la *république de Haïti*, mettent Christophe hors de la loi, et décrètent une constitution. — Le président élu pour quatre ans, est toujours rééligible. Le sénat se compose de vingt-quatre membres, conservant leurs fonctions pendant neuf années et sortant par tiers. Aucun *blanc* ne peut mettre le pied sur le territoire de la république, à titre de maître ou de propriétaire; sont exceptés les blancs actuellement en fonctions. Le territoire est divisé en départements.

Février 5. Ordre du conseil britannique autorisant tout bâtiment anglais à toucher dans les ports de l'île de Saint-Dominque où l'autorité de la France et de l'Espagne n'est pas reconnue, et à y suivre des opérations commerciales, comme dans un pays neutre.

7. *Prise de Schweidnitz*, en Silésie. Cette place très-forte, rendue par capitulation, livre des approvisionnements très-considérables. La garnison, forte de quatre mille huit cents hommes, reste prisonnière.

8. *Combat d'Eylau* (*Preussisch-Eylau*, douze lieues sud de *Kœnisberg*). — Les Russes attaquent les Français dans leurs postes. Des divisions appartenant aux corps des maréchaux *Davoust*, *Soult*, *Ney*, le corps entier du maréchal *Augereau*, soutiennent les efforts, aussi impétueux qu'inattendus, de l'ennemi, dont la force est évaluée à plus de soixante-dix mille hommes. Les abords et l'intérieur du village d'Eylau présentent une effroyable scène de carnage. De part et d'autre, la perte est immense. Plusieurs de nos généraux sont tués ou blessés. Le vingt-quatrième régiment de ligne, aux ordres du colonel *Sémélé*, qui comptait plus de trois mille six cents hommes, est anéanti. Les Russes reculent à la fin du jour, et se retirent derrière la Prégel. Leurs relations établissent leur perte à douze mille blessés et sept mille neuf cents tués; les relations françaises la portent à sept mille morts et quinze mille blessés. Et, tandis que le rapport du prussien Ruschel annonce que les Français comptent dans leurs rangs trente mille morts et douze mille blessés, l'empereur Napoléon n'avouera que mille neuf cents hommes morts sur le champ de bataille, et cinq mille sept cents blessés. Il présentera ce massacre comme une victoire, et une victoire due au maréchal *Murat*, dont la cavalerie cependant n'a paru que vers la fin de cet engagement qui a duré plus de douze heures. Le mécontentement des maréchaux

Augereau et *Lannes*, à cet égard, occasionera leur disgrace. Ces deux braves, dont la franchise ne peut pas plus s'altérer que l'intrépidité, vont être éloignés de la scène des combats, parce qu'ils refusent l'honneur de la journée à *Murat*, au beau-frère, au favori de celui qui, à peine assis sur le trône, s'exerce à traiter la vérité avec autant de mépris qu'il traita l'espèce humaine dès le début de sa sanglante carrière, et qui prétend dicter ses ordres souverains à la renommée. Napoléon ose aussi faire entendre qu'il est satisfait d'avoir marché sur un champ de bataille, les pieds dans le sang. Mais son obstination même à représenter cette bataille d'Eylau comme une grande bataille gagnée et suivie d'un immense résultat; son desir, si souvent proclamé, d'en conserver le souvenir par les chefs-d'œuvre des arts, prouvent trop bien à la France l'inanité du triomphe, et déguisent trop mal l'immensité de la perte. S'il n'éprouva pas l'humiliation de la défaite, il le dut au sacrifice d'au moins quinze mille Français expirés sur la neige, parmi les décombres fumants, ou relevés mutilés et sanglants de ce champ d'horreur.

En dernier résultat, le chef de l'armée française s'est flatté de devenir maître de Kœnisberg; il est arrêté dans cette tentative : le général russe a voulu rejeter les Français au-delà de la Vistule, dégager Colberg, Graudenz et Dantzick; et il n'a pu forcer leurs positions ni décider leur retraite. Les deux partis s'attribueront la victoire; mais quelque grandes que soient les pertes de l'un et de l'autre, l'avantage réel doit être attribué à celui qui, gagnant le champ de bataille, conservera l'offensive. C'est l'avantage qu'obtiennent les Français.

16. *Combat d'Ostrolenka* (sur la Narew, vingt-cinq lieues nord-est de Warsovie) livré par les généraux *Suchet* et *Oudinot*, au général russe Essen. Le succès de cette journée, l'une des plus meurtrières de la campagne, est le résultat de leurs habiles dispositions comme de leur intrépidité.

17. *Ile Saint-Domingue.*—La partie française, entièrement au pouvoir des indigènes (*V.* 30 novembre 1803), a été divisée, après la mort de *Dessalines* (*V.* 16 octobre 1806), entre deux concurrents. Le mulâtre *Péthion* est président au *Port-au-Prince* (*V.* 27 janvier). Le nègre *Christophe* assure son autorité au *Cap*, par une constitution qui lui confère à vie le titre de président et généralissime des forces de terre et de mer de l'état de *Haïti*.

26. *Combat de Braunsberg* (sur la Passarge, près de son embouchure dans le Frisch-Haff, et à six lieues nord-est d'Elbing). —

L'ennemi est culbuté par le général *Bernadotte*, qui assure ainsi les positions de l'armée française à l'extrême gauche de ses opérations.

27. *Situation des deux grandes armées française et russe.* — Elles se touchent sur toute leur ligne. Des corps français : *Bernadotte* est à Braunsberg, Preuss-Holland, Frauenberg et Mulhausen, sur le Frisch-Haff; *Soult*, à Liebstadt et Mohrungen; *Ney*, à Gusttadt, Heilsberg et Allenstein; *Davoust*, à Holsenstein et Gilgenburg; *Lannes*, sur la Narew; *Murat*, près d'Elbing et de Marienwerder avec la cavalerie de réserve. Le quartier-général de *Napoléon* est à Osterode et à Finkenstein. — Les Russes occupent depuis Secburg, Bischoffsburg, Bartenstein, jusqu'à Kœnisberg. Le quartier-général de Beningsen commandant en chef est à Landsberg.

Mars 9. *Le grand sanhédrin* réuni à Paris, le 9 février (*V.* 18 septembre 1806), termine ses séances; il en publie le résultat. — « Après un intervalle de quinze siècles, soixante-onze docteurs de la « loi et notables d'Israël s'étant constitués en grand sanhédrin, afin « de trouver en eux le moyen et la force des ordonnances religieuses « et conformes aux principes de leurs lois, et qui servent d'exemple « à tous les israélites, ils déclarent, que leur loi contient des dispo- « sitions religieuses et des dispositions politiques; que les premières « sont absolues, mais que les dernières, destinées à régir le peuple « d'Israël dans la Palestine, ne sauraient être applicables depuis « qu'il ne se forme plus en corps de nation. — La polygamie permise « par la loi de Moïse, n'étant qu'une simple faculté et hors d'usage « en occident, est interdite. — L'acte civil du mariage doit précéder « l'acte religieux. — Nulle répudiation ou divorce ne peut avoir lieu « que suivant les formes voulues par les lois civiles. — Les mariages « entre israélites et chrétiens sont valables. — La loi de Moïse oblige « de regarder comme frères, les individus des nations qui reconnais- « sent un Dieu créateur. — Tous les israélites doivent exercer, comme « devoir essentiellement religieux et inhérent à leur croyance, la « pratique habituelle et constante, envers tous les hommes reconnais- « sant un Dieu créateur, des actes de justice et de charité prescrits « par les livres saints. — Tout israélite traité par les lois comme ci- « toyen, doit obéir aux lois de la patrie, et se conformer dans toutes « les transactions aux dispositions du code civil qui y est en usage. « Appelé au service militaire, il est dispensé, pendant la durée de « ce service, de toutes les observances religieuses qui ne peuvent « se concilier avec lui. — Les israélites doivent, de préférence,

« exercer les professions mécaniques et libérales, et acquérir des « propriétés foncières, comme autant de moyens de s'attacher à leur « patrie, et d'y retrouver la considération générale.—La loi de Moïse « n'autorisant pas l'usure, et n'admettant que l'intérêt légitime dans « le prêt entre israélites et non israélites, quiconque transgresse cette « loi viol un devoir religieux, et pèche notoirement contre la vo- « lonté divine. »

12. *Traite de cession de Cassel et de Kostheim*, sur la rive droite du Rhin, vis-à-vis de Maïence, faite à la France par les princes de Nassau.

Avril 7. *Sénatus-consulte* qui accorde la levée de quatre-vingt mille conscrits de la conscription de 1808, c'est-à-dire nés du 1er janvier au 31 décembre 1788. Soixante mille seront mis aussitôt en service actif.

Mai 20. *Prise de Dantzick.* — Le général prussien Kalkreuth capitule après plus de deux mois de fortes attaques et cinquante-un jours de tranchée ouverte, avec neuf mille hommes restes d'une garnison de dix-huit mille hommes, lesquels s'engagent à ne pas servir d'une année. La conduite du siége fait le plus grand honneur au maréchal *Lefebvre.* On recueille huit cents pièces de canon avec d'immenses magasins de toute espèce. L'occupation de cette place amène, en outre, de très-grands avantages, l'ennemi étant mis hors d'état de troubler les Français sur leur flanc gauche, ou sur leurs derrières; puisqu'il ne lui reste plus dans la Baltique prussienne que le port de Pillau. L'investissement de Colberg l'empêche d'y préparer des armements.

28. Napoléon confère le titre héréditaire de *duc de Dantzick* au maréchal *Lefebvre.* Dans le message au sénat à cet égard, après avoir très-dignement apprécié les talents et le courage déployés par le maréchal pendant le siége si mémorable de Dantzick, l'empereur ajoute: « Qu'aucun de ses descendants ne termine sa carrière sans avoir versé « son sang pour la gloire et l'honneur de notre belle France. » Ainsi l'art de détruire ses semblables *pour la gloire et l'honneur*, serait au-dessus de toutes les vertus du citoyen; et le descendant d'un illustre guerrier dégénère, s'il sert sa patrie autrement que de son épée.

29. Révolution à Constantinople. — *Sélim III*, sultan régnant depuis 1790, est déposé par les janissaires, et relégué dans l'intérieur du sérail. *Mustapha IV*, fils de son frère, est élevé au trône ottoman (*V.* 28 juillet 1808).

Juin 1er — 6. Vingt-deux mille soldats espagnols que le faible, l'imprévoyant Charles IV a fait partir de son royaume, ainsi que de la Toscane, arrivent en Allemagne, joignent l'armée française et vont être répandus dans le Hanovre et le Mecklembourg.

5. *Combat de Spanden* (trois lieues nord-est de Guttstatdt, sur la Passarge). — Des négociations entamées par les puissances belligérantes, et qui ont ralenti les opérations générales, viennent de se rompre. Deux colonnes russes entreprennent de forcer le passage de la rivière; elles sont repoussées après un combat des plus opiniâtres, dans lequel le maréchal *Bernadotte* est assez grièvement blessé.

6. *Combat de Deppen* (deux lieues sud-est de Guttstadt, sur la Passarge). Le maréchal *Soult* repousse l'attaque d'un corps russe.

9. *Combat de Guttstadt* (sur l'Alle). Napoléon avec les corps des maréchaux *Ney*, *Davoust* et *Lannes*, la garde et la cavalerie de réserve, se porte sur cette ville où une partie de l'arrière-garde de l'ennemi a pris position. Il s'en empare après une vive résistance.

10. *Combat de Heilsberg.* (sur l'Alle, trois lieues nord de Guttstadt, dix-huit lieues sud-est d'Elbing, vingt lieues sud de Kœnigsberg). Il a lieu entre l'armée russe presque entière et les corps des maréchaux *Soult*, *Lannes*, appuyés par la cavalerie du maréchal *Murat*. L'ennemi défend le terrain pied à pied, son artillerie foudroie les rangs français qui ont plusieurs généraux tués ou blessés. Les Russes se maintiennent en colonnes serrées dans leurs retranchements, que cependant ils évacueront le surlendemain.

14. VICTOIRE DE FRIEDLAND (quinze lieues sud-est de Kœnigsberg, huit lieues est de Preussisch-Eylau, sur la rive gauche de l'Alle qui se jette à Wehlau, six lieues au nord, dans la Prégel).

L'armée russe, dont Beningsen est général en chef, a quitté l'avant-veille ses retranchements d'Heilsberg, y abandonnant de riches magasins. Elle est atteinte au point du jour. L'action se passe longtemps en manœuvres, en escarmouches, en combats partiels. Vers les cinq heures du soir, elle s'étend et devient des plus terribles. Là sont les maréchaux *Berthier*, *Lannès* et *Mortier*, le général *Victor*, commandant le premier corps en l'absence du maréchal *Bernadotte*, blessé le 5. Le maréchal *Ney* y brille de tout l'éclat de sa valeur. Les généraux *Oudinot*, *Marchand*, *Latour-Maubourg*, *Verdier*, le colonel *Curial*, se font distinguer. Une batterie de trente pièces, commandée par le général *Sénarmont* faisant, à quatre cents pas en avant des colonnes, un feu de mitraille, écrase les masses ennemies qui, forcées sur tous les points, précipitent leur retraite sur la rive droite de l'Alle. Elles sont poursuivies long-temps après le coucher du soleil, pendant que les corps des maréchaux *Davoust* et *Soult*, soutenus par une partie de la cavalerie du maréchal *Murat*, s'avancent sur la rive gauche pour déborder Kœnigsberg. — La perte des ennemis est très-considérable; et, d'après la relation prussienne assez conforme aux bulletins français, elle s'élève à dix-sept mille morts ou blessés, autant de prisonniers, et soixante-dix canons. La nôtre est grande aussi, même en généraux tués ou blessés. Mais les résultats sont éminemment décisifs, quoique les Russes aient montré en ce jour beaucoup plus de fermeté qu'ils n'en montrèrent à Austerlitz (2 décembre 1805), et qu'on ne puisse pas non plus assimiler leur marche rétrograde, après cette journée de Friedland, à la déroute des Prussiens du champ d'Iéna (14 octobre 1806); déroute chargée d'ignominie et à laquelle on ne trouve rien, dans les annales de la tactique moderne, qu'on puisse comparer. — La savante bravoure des officiers français à Friedland excite l'admiration. *Victor*, général peu brillant, mais solide, qui a beaucoup contribué au succès de la journée, reçoit le bâton de maréchal, sur le champ de bataille; le colonel *Curial* y est nommé général de brigade.

A Friedland, se termine une suite d'opérations commencées seulement à Spanden le 5 et qu'on pourrait appeler : *la campagne de dix jours*. Dans cet espace de temps, l'armée russe, essuyant des pertes énormes, se voit déconcertée dans sa défensive.

16. *Prise de Kœnigsberg*. — Le maréchal *Soult* entre dans la seconde capitale de la Prusse, hors d'état d'être défendue depuis la défaite de l'avant-veille. Cette place servant d'entrepôt général aux armées ennemies, d'immenses approvisionnements y sont rassemblés, son port contient un grand nombre de bâtiments anglais et russes, chargés de munitions, d'armes, de subsistances et de denrées coloniales.

Prise de Neisse. — Cette importante forteresse de la haute Silésie est délivrée aux Français avec un matériel très-considérable d'artillerie et six mille prisonniers.

18. *Capitulation conditionnelle de Glatz*, forte place de Silésie, près de la Bohême.

Capitulation conditionnelle de Kosel, petite forteresse dans la haute Silésie,

19. Le quartier-général de la grande armée s'établit à *Tilsitt*, place ouverte et de moyenne importance, située près de la frontière orien-

tale des états prussiens, sur la rive gauche du Niémen, qui prend le nom de Mémel avant de se jeter dans le Curisch-Haff à quinze lieues nord de Tilsitt. — Il ne reste au roi de Prusse que la petite ville et le petit territoire de Mémel, la position assez avantageusement défendue de Colberg dans la Poméranie ultérieure, la forteresse secondaire de Silberberg dans la haute Silésie, et la place importante de Graudenz. Sept mois ont suffi à la valeur de l'armée française et au génie de son chef, pour réduire à une existence nominale l'héritier de Frédéric II, et pour atteindre la frontière du successeur de Pierre Ier.

21. *Armistice conclu à Tilsitt*, entre l'armée française et l'armée russe, afin de négocier la paix.

25. *Première entrevue des empereurs Napoléon et Alexandre*, dans un pavillon élevé sur un radeau au milieu du Niémen, à *Tilsitt.*

26, 27, 28. *Seconde entrevue* des deux empereurs; le roi de Prusse y est admis. — La moitié de la ville de Tilsitt est neutralisée, les deux empereurs s'y établissent. — Le roi de Prusse s'y rend aussi.

Juillet 2. *Système continental.* — Proclamation du président des États-Unis, enjoignant aux vaisseaux anglais de quitter immédiatement les ports de la confédération. — Cette mesure est provoquée par un de ces actes de rapine maritime si familiers aux Américains britanniques, l'enlèvement d'une frégate (la Chesapeack).

7. TRAITÉ DE PAIX CONCLU A TILSITT, *entre la France et la Russie.* L'empereur *Napoléon*, par égard pour l'empereur *Alexandre*, restitue au roi de Prusse une moitié de sa monarchie; mais une très-grande partie des anciens territoires polonais passeront sous la souveraineté du roi de Saxe, nommé *grand-duc de Warsovie.* — Dantzick, avec un rayon de deux lieues, est rétabli dans son indépendance. — Napoléon accepte la médiation de la Russie auprès de l'Angleterre. — Alexandre reconnaît la confédération du Rhin et les trois frères de son vainqueur; *Joseph, Louis, Jérôme, rois de Naples, de Hollande, de Westphalie.* — Les troupes russes évacueront la Moldavie et la Walachie.

Si Napoléon avait une politique sincère et véritablement grande, qu'il songeât moins à la fortune de sa famille, à sa prépondérance personnelle et au viager de sa puissance, qu'au repos de la France, et à l'avenir de l'Europe, il profiterait de la conjoncture pour demander à la Russie, et pour négocier avec l'Autriche, la restitution des territoires polonais, échus à ces deux puissances en 1795. Rétablissant le trône de Sobieski avec un meilleur système de monarchie, il formerait une barrière plus forte contre l'ambition de la Russie, il préserverait plus efficacement l'Allemagne de l'influence de l'Autriche et de la Prusse, qu'en créant deux faibles états sous les noms de royaumes de Westphalie et de Saxe. La politique de Napoléon offre toujours quelque chose de gigantesque, de hasardeux, d'incohérent, d'inachevé, que n'eurent point les conceptions de Richelieu, de Mazarin. La nation polonaise est sacrifiée ici, de la manière la moins généreuse. Ce n'est pas ainsi qu'en agirent Henri IV envers les Hollandais, Richelieu envers la maison de Bragance.

Ce traité plonge en outre toutes les autres puissances de l'Europe dans un vasselage humiliant, comme dans l'incertitude sur leur sort. Il n'y existe plus que trois états indépendants : la France, la Russie, l'Angleterre.

9. TRAITÉ DE PAIX CONCLU A TILSITT, *entre la France et la Prusse.*

Frédéric-Guillaume III renonce à toutes ses possessions entre le Rhin et l'Elbe. Il abandonne à la Saxe la presque totalité de la Pologne prussienne, ainsi que le cercle de Cotbus en Lusace. En outre, il sera ouvert plusieurs routes militaires à travers les états prussiens, pour faire communiquer le royaume de Saxe et le duché de Warsovie. — Tous les pays restant à la Prusse seront fermés à la navigation et au commerce anglais. — *Art.* 28. Toutes les provinces que le roi conserve doivent être évacuées avant le premier octobre 1807, pourvu que les contributions de guerre soient acquittées ; et elles seront reconnues comme telles, lorsque l'intendant de l'armée française aura reconnu valables les sûretés offertes.

Par ce traité, la Prusse perd au-delà de la moitié de son territoire et près de la moitié de sa population. Il ne lui reste pas six millions de sujets, de dix millions et demi qu'elle comptait avant la journée d'Iéna. Son territoire démantelé, ouvert sur toutes ses frontières, forme un long parallélogramme jeté sur les bords de la Baltique, s'étendant cent quatre-vingts lieues de l'ouest à l'est, et réduit à une largeur de quarante. Les prohibitions stipulées, relativement aux communications avec l'Angleterre, empêcheront que les landes et les sables de ces pays ne soient fertilisés par les produits du commerce maritime et les échanges de l'industrie.

L'histoire moderne n'offre point d'exemple d'une puissance descendue à ce degré d'abaissement et d'humiliation, par l'effet d'une conquête aussi rapidement exécutée. Les Prussiens, conduits par des conseillers et des capitaines également inconsidérés, ont mérité d'être atteints à la fois par la honte et le malheur. Chassés en quelques semaines, comme un gibier timide, des défilés de la Thuringe au-delà de la Vistule, ils ont perdu jusqu'à leur réputation de bravoure. Nul fait d'armes n'a justifié ce haut renom qui surprit l'Europe bizarrement engagée dans la guerre de 1744. Les annales de cette nation, fortuitement agglomérée pendant la première moitié du dix-huitième siècle, n'offre de remarquable que cinq ou six campagnes avec deux capitaines : Frédéric II et le prince Henri. Voilà tout ce qui fait l'illustration de cette monarchie, et cependant les Prussiens se donnent comme les Macédoniens de l'Allemagne. En ce cas, ils auront été à *Iéna*, ce que furent les compagnons de *Persée* à *Pydne*, après avoir faiblement ressemblé sous l'un de leurs cinq rois aux soldats d'*Alexandre fils de Philippe*.

Cependant, quoiqu'on ne puisse guère s'intéresser au sort d'une puissance élevée par de continuelles usurpations, quelque mérité que semble le châtiment infligé à ce cabinet, dont la politique fomenta les discordes en France comme en Pologne, et profita si peu honorablement des désastres dans lesquels la plus terrible des révolutions enveloppa l'Europe, on se sent indigné des procédés du vainqueur d'Iéna et de Friedland, choqué de son langage oriental. Outrageusement ignoble dans la manifestation de ses ressentiments, dont il s'étudia si bien à provoquer les occasions, Napoléon se complaît dans l'humiliation d'un monarque abattu. Ce n'est pas Alexandre devenant plus grand lorsqu'il relève Sapor; c'est Tamerlan prodiguant l'insulte à Bajazet. Le courage de la reine de Prusse ne devrait-il pas être admiré comme l'avait été le courage de Marie-Thérèse d'Autriche? Les généraux prussiens sont-ils donc moins généreux dans leur élan patriotique que ne le furent les palatins hongrois? Le vainqueur d'Iéna doit-il donc, en s'adressant aux élèves de Frédéric, s'écrier dans le palais même de Frédéric, « Je rendrai « cette noblesse de cour si petite, qu'elle sera réduite à mendier son « pain »? L'arrogance du triomphateur, plus cruelle que la blessure de ses armes, ulcère l'ame du vaincu et ne cessera de l'exciter aux extrêmes résolutions de la vengeance. Après de si grands succès, il serait beau de se reposer; de donner le bonheur à la France, la paix au monde. Mais Napoléon s'irrite encore d'apercevoir au loin des bornes à sa puissance. Périsse le monde, et que sur ses décombres s'élève le trône de Napoléon!

En vain des traités avantageux auront suivi ses victoires; il aimera, tel qu'un joueur insatiable, à livrer, sans relâche, sa puissance aux chances les plus hasardeuses. Il refusera de voir que la modération et la bonne foi peuvent seules consolider un trône nouvellement fondé. Il pense que son gouvernement et les anciens gouvernements ne sauraient coexister. Il veut les détruire successivement, établir une seule famille en Europe, sacrifiant toute la génération présente à ce dessein, et se justifiant par le tableau de l'ambition et de la cupidité anglaises. A peine aura-t-il terminé cette guerre dans le nord, qu'il dirigera sa politique destructive et portera ses armes au-delà des Pyrénées.

12. *Convention de Kœnigsberg*, à l'effet de déterminer l'époque des différentes évacuations de territoire qu'opéreront les troupes françaises en Prusse, en Silésie et dans les provinces de l'Elbe, conformément à l'article vingt-huit du traité du 9.

29. L'empereur victorieux, de retour à Paris, est l'objet des adulations les plus forcées. — Le premier président de la cour d'appel (*Séguier*) le harangue ainsi : « Mais, sire, il est une chose plus ex« traordinaire que les prodiges de votre majesté ; c'est que vous résis« tiez à la fortune qui affecte pour vous *l'empire de la terre;* que vous « soyez moins ambitieux de vaincre que de vous réconcilier ; que vous « ne fassiez sentir, par vos armes, les dangers de votre inimitié, que « pour faire comprendre, par la force de votre génie, les avantages « de votre alliance. *Napoléon n'a jamais voulu que la paix du monde ;* « il a toujours présenté la branche d'olivier à ses provocateurs, qui « l'ont forcé d'accumuler les lauriers. NAPOLÉON EST AU-DELA DE « L'HISTOIRE HUMAINE ; IL APPARTIENT AUX TEMPS HÉROÏQUES ; IL EST « AU-DESSUS DE L'ADMIRATION ; IL N'Y A QUE L'AMOUR QUI PUISSE S'ÉLEVER « JUSQU'A LUI............ » (*V.* l'article suivant).

Août 16. *Corps législatif. Séance impériale.* — Napoléon dit : « .... Je desire la paix maritime. MON RESSENTIMENT N'IN« FLUERA JAMAIS SUR MES DÉTERMINATIONS ; je n'en saurais avoir contre « une nation, jouet et victime des partis qui la déchirent, et trompée « sur la situation de ses affaires comme sur celle de ses voisins. Mais, « quelle que soit l'issue que les décrets de la providence aient assi« gnée à la guerre maritime, *mes peuples me trouveront toujours le* « *même*, et je trouverai toujours mes peuples dignes de moi......» — Quelques jours après, le président, ex-poëte *Fontanes*, répondra : « TOUS NOS COEURS SONT ÉMUS AUX TÉMOIGNAGES DE VOTRE AFFEC« TION POUR LES FRANÇAIS. Les paroles que vous avez fait entendre « du trône ont déja réjoui les hameaux. Un jour on dira, en parlant « de vous (et ce sera le plus beau trait d'une histoire si merveilleuse), « on dira que la destinée du pauvre occupait celui qui fait la desti-

« née de tant de rois, et qu'à la fin d'une longue guerre vous avez « diminué les charges publiques, tandis que vos mains victorieuses « distribuaient, avec tant de magnificence, des couronnes à vos « lieutenants...... Et comment n'accueilleriez-vous pas ce langage « AUSSI ÉLOIGNÉ DE LA SERVITUDE qu'il le fut de l'anarchie?....... »

Ce sont toutes ces phrases, si faussement brillantées, qui ont perpétué l'extase des Français, achevé l'ivresse du dispensateur de leurs destinées. Il n'y a pas de souverain, pour si heureusement né qu'il soit, dont d'aussi corrosives adulations ne dissolvent le naturel. Elles se seraient insinuées dans l'ame même de Louis XII ou de Henri IV, ces deux rois toujours inaccessibles aux flatteries de leurs courtisans. Qu'on évalue leur effet sur l'esprit de celui qui affectait d'imiter l'Alexandre des Grecs, allant subjuguer l'Orient pour être loué sous les portiques d'Athènes! Oui, c'est aux flatteurs de Napoléon, flatteurs publics, flatteurs domestiques, que la France devra la plupart des fléaux dont il l'inondera, et dont les traces seront ineffaçables. Si la prospérité le corrompit de si bonne heure, la faute en est à ceux qui lui présentèrent et ne cessèrent, pendant dix ans, de lui présenter un breuvage corrupteur.

18. *Décret impérial* qui ordonne la réunion, dans un seul gouvernement, des états de Hesse-Cassel, de Brunswick, de Fulde, de Paderborn, de la plus grande partie du Hanovre et de plusieurs enclaves, pour former le *royaume de Westphalie*, et qui charge de l'organisation, ainsi que de l'administration temporaire de ce nouvel état, une régence composée des conseillers d'état *Beugnot*, *Siméon*, *Jollivet*, et du général *Joseph Lagrange*.

19. *Sénatus-consulte organique, portant suppression du tribunat, et modification du corps législatif.* — La discussion préalable des lois faite par le tribunat (*V.* 24 décembre 1799, 4 août 1802), le sera par trois commissions, de législation, d'administration, de finances, prises dans le corps législatif. — *Pour être député, il faudra avoir quarante ans accomplis.*

On voit que chaque victoire de Napoléon est un pas de plus vers le pouvoir absolu, et les Français admirent toujours davantage le triomphateur, soigneux de river leurs chaînes.

20. *Prise, par capitulation, de Stralsund,* place forte, et capitale de la Poméranie suédoise, par le maréchal *Brune*. Outre quâtre cents bouches à feu, on y trouve des magasins considérables. — Le roi de Suède, Gustave IV, a rompu subitement la convention d'un armistice conclu le 18 avril, à Schlatkow. Comptant sur la coopération des

Anglais, il devient agresseur après que la Russie a posé les armes, et lorsque l'Allemagne obéit au vainqueur de Friedland. La détermination de ce jeune prince, en continuant une guerre aussi contraire aux intérêts de la Suède qu'elle est au-dessus de ses forces, indispose cette nation éclairée autant que généreuse, et devient la première cause des malheurs personnels de Gustave (*V.* 13 mars 1809).

Septembre 1er. Organisation du gouvernement sept-insulaire, dans la mer Ionienne, comme faisant partie de l'empire français.

2. *Système continental.* — Proclamation du roi de Prusse, datée de Mémel. Ce prince, se conformant au traité de Tilsitt (9 juillet), interdit dans ses états tout commerce avec les Anglais.

7. *Prise, par capitulation, de l'île de Rugen, par le maréchal Brune.* — L'armée suédoise est tenue de se retirer en Suède, et la marine de cette nation d'abandonner les parages de cette île et de la Poméranie suédoise. — L'occupation de Rugen complète les conquêtes effectuées par les Français, pendant cette mémorable campagne. On doit remarquer que les Anglais, toujours livrés à une politique tracassière et exclusivement bornée à leurs intérêts particuliers, ne firent aucun effort pour secourir leur plus fidèle allié qu'ils conduisirent à sa perte, en entretenant sa fougueuse obstination à combattre Napoléon et ses alliés (*V.* 13 mars 1809).

Système continental. — Les Anglais, n'ayant pu entraîner le Danemarck dans la guerre contre la France, ont attaqué Copenhague. Après trois jours de bombardement et l'incendie de six cents maisons, une capitulation a lieu. Les Anglais restent maîtres de toute la flotte danoise, et des munitions navales renfermées dans l'arsenal. — Le principal motif de cette agression inattendue est de prévenir les desseins de Napoléon, dont les troupes occupent Hambourg et Lubeck, menacent le Holstein, avec le dessein d'obliger le Danemarck à fermer ses ports au commerce britannique. Ainsi, des deux parts, on ne cessera de commettre de ces actes désavoués par la justice et l'humanité, tant que durera cette guerre d'un genre nouveau; et les deux cabinets rivaux de Londres et de Paris se combattront toujours avec les armes de la perfidie.

9. *Système continental.* Irrité de l'attaque inattendue des Anglais, le roi de Danemarck défend toute espèce de commerce ou d'échange avec eux, ordonne l'arrestation de tous ceux qui se trouvent dans ses états et la saisie de toutes les propriétés britanniques.

Octobre 14. *Système continental.* — *Déclaration de Napoléon.* Il s'opposera à toutes liaisons, soit politiques ou commerciales, des puissances du continent avec l'Angleterre; il menace le prince-regent de Portugal, de le détrôner (*V.* le 17).

16. *Traité d'alliance entre la France et le Danemarck.*

Systéme continental. — Déclaration de l'empereur Alexandre qui, manifestant la plus grande indignation de la conduite de l'Angleterre envers le Danemarck (*V.* 7 septembre), rompt toute communication avec elle, annulle tout acte précédemment conclu entre lui et le cabinet anglais et notamment la convention du 17 juin 1801 (*V.* cette date), proclame de nouveau les principes de la *neutralité armée* (*V.* 16 décembre 1800), et s'engage à n'y déroger jamais. Il déclare en outre qu'aucune communication n'aura lieu entre la Russie et l'Angleterre, que le Danemarck n'ait été satisfait et que la paix n'ait été conclue entre la France et la Grande-Bretagne. « ..... Deux fois « l'empereur a pris les armes dans une cause où l'intérêt le plus di- « rect était celui de l'Angleterre, il a sollicité en vain qu'elle coopé- « rât suivant le commun intérêt; mais, loin d'agir de bonne foi, elle « est restée froide spectatrice de la guerre qui s'est allumée à son « gré. Elle a envoyé ses troupes attaquer Buénos-Ayres, chercher à « s'approprier l'Égypte. Elle exécute sur les côtes du Danemarck un « acte de violence dont l'histoire, si féconde en exemples de ce « genre, n'en offre pas un pareil......... » L'empereur de Russie proclame de nouveau « les principes de la *neutralité armée*, ce mo- « nument de la sagesse de l'impératrice Catherine......» (*V.* 10 novembre, 18 décembre).

17. *Première expédition en Portugal.* — Une armée d'environ vingt-sept mille hommes aux ordres de *Junot*, se met en mouvement de Bayonne et se porte en Portugal (*V.* le 14). La France n'a cessé de vivre en paix avec ce pays, depuis six années (*V.* 29 septembre 1801). Mais Napoléon persiste de plus en plus dans son système continental. La cour de Lisbonne, croyant ne pouvoir se garantir que par une exacte neutralité, a constamment repoussé l'ascendant britannique. Ce n'est pas assez pour complaire au cabinet des Tuileries, elle doit épouser sa cause, et comme lui, méprisant l'importance de ses colonies, laisser ses possessions trans-atlantiques, en Afrique, en Asie, en Amérique, son commerce, ses plus grandes richesses, aux maîtres de la mer. Ainsi le veut Napoléon, maître de la terre (*V.* 28 novembre).

27. *Traité secret de Fontainebleau entre la France et l'Espagne.* — Des troupes françaises, au nombre d'au moins vingt-huit mille

hommes, entreront immédiatement en Espagne, afin de coopérer à la conquête du Portugal avec les forces espagnoles. — Le roi d'Étrurie (*V.* 2 août 1801) remettra son royaume à Napoléon, et recevra en échange, la province portugaise d'entre Douro et Minho, il prendra le titre de roi de la Lusitanie septentrionale. — Les Algarves et l'Alentejo sont donnés en souveraineté à Godoï (prince de la Paix), favori de la reine et du roi d'Espagne. — Le roi de la Lusitanie septentrionale et le prince des Algarves reconnaîtront la haute protection ou suzeraineté de Charles IV. — L'empereur des Français s'oblige à reconnaître le roi d'Espagne comme empereur des deux Amériques. — Le reste du Portugal sera tenu en réserve, jusqu'à la paix générale. — Un autre corps de quarante mille Français sera réuni à Bayonne, le 20 novembre au plus tard, pour être prêt à entrer en Espagne à l'effet de se rendre en Portugal, dans le cas où les Anglais y enverraient des renforts et menaceraient d'une attaque.

L'empereur a très-habilement profité de la fausse position où s'est placé vis-à-vis de lui Godoï, tout-puissant favori de Charles IV (*V.* 5 octobre 1806), pour assurer, au moyen de ce traité, l'expédition qu'il médite contre le Portugal. Formant de la sorte un bizarre amalgame de souverainetés au midi comme au nord de l'Europe, Napoléon signale de plus en plus l'inaltérable soif de conquêtes qui le dévore. Il fait voir son dessein d'incorporer à la France une partie de la péninsule occidentale, comme il y incorpora la Hollande et plusieurs contrées de l'Italie et de l'Allemagne.

30. Premier éclat d'une mésintelligence entre le roi d'Espagne Charles IV et le prince des Asturies (Ferdinand VII). — Ce dernier, accusé d'avoir projeté de détrôner son père, est arrêté avec plusieurs seigneurs. — Déclaration publique du roi à cet égard (*V.* l'article suivant).

Novembre 5. On publie à Madrid une lettre du prince des Asturies, Ferdinand, à Charles IV. Elle porte, qu'il s'est rendu coupable en manquant à son père et à son roi, qu'il s'en repent, qu'il promet la plus humble obéissance, qu'il a été surpris, qu'il a dénoncé les coupables, qu'il le prie de lui pardonner et de lui permettre de baiser ses pieds. On publie une autre lettre de ce même prince à la reine, dans laquelle il demande pardon de son opiniâtreté à nier la vérité. — Comme la production de ces pièces a lieu sous l'influence toute-puissante de Godoï, prince de la Paix, favori de la reine et du roi, et depuis long-temps en opposition ouverte avec l'héritier de la couronne, il est difficile d'apprécier leur authenticité. Tous les écrits touchant cette mystérieuse affaire, sont trop visiblement dictés par les divers partis d'une cour en proie à l'intrigue et à la corruption. — En faisant connaître ces faits, le roi transmet au conseil de Castille un décret dans lequel il dit, que la voix de la nature désarme le bras de la vengeance et qu'il pardonne à son fils; mais il ordonne d'instruire le procès de ses complices, et prescrit aux juges de prendre pour bases des chefs d'accusation, les réponses données par le prince dans son interrogatoire, réponses paraphées et signées de sa main, ainsi que les papiers saisis dans ses bureaux et écrits aussi de sa main. — Le procès étant instruit, le conseil de Castille reconnaît l'innocence de tous les accusés.

5. *Installation de la cour des comptes*, instituée pour examiner les états des recettes et des dépenses publiques, et vérifier l'exécution des réglements établis dans la comptabilité.

10. *Systéme continental.* — L'empereur de Russie, adoptant en entier les vues politiques de la France (*V.* 16 octobre), fait mettre un embargo sur tous les bâtiments anglais qui se trouvent dans ses ports, et ordonne le séquestre de toutes les propriétés anglaises.

11. *Systéme continental.* — Ordonnance du roi d'Angleterre, par voie de représailles, contre le décret de Berlin du 21 novembre 1806. « Tous les ports de la France et de ses alliés, tous les pays dont le « pavillon anglais est exclus, sont soumis aux mêmes interdictions « maritimes et commerciales que s'ils étaient rigoureusement bloqués « par les forces navales britanniques. Tout commerce d'objets pro- « venant des ports ou pays sus-mentionnés, est déclaré illégal. Tout « navire sortant de ces pays, ou devant s'y rendre, sera légitimement « capturé. Les bâtiments des puissances neutres et *même alliées* de « l'Angleterre sont assujettis, non-seulement à la visite des croiseurs « anglais, mais encore à une station obligée dans un des ports de « l'Angleterre et à une imposition sur leur chargement qui sera réglée « par la législation anglaise. » — L'Angleterre énonça de tout temps les mêmes déclarations. Au mois d'avril 1780, la cour de Londres, irritée de l'adhésion donnée par les Provinces-Unies à la neutralité armée, prit contre elles des mesures hostiles et fit amener dans ses ports, et condamner par ses amirautés, un grand nombre de navires marchands hollandais, d'après ce principe étrange « que, les ports « français étant par leur position *naturellement* bloqués par ceux d'An- « gleterre, il n'était pas permis de naviguer auprès d'eux ».

Traité entre la France et la Hollande, signé à Paris. — *Cession* de la ville et du territoire de *Flessingue* à la France, en échange de l'Ost-Frise, du pays de Jever et des seigneuries de Varel et de Kniphausen.

23. *Système continental.* — *Décret impérial* portant saisie et confiscation des bâtiments qui, après avoir touché en Angleterre, entreront dans les ports de France.

28, 29. *Première expédition en Portugal.*

Le faible gouvernement de Lisbonne, menacé par la France, intimidé par l'Angleterre, craint également de s'unir à l'une ou à l'autre de ces puissances, et les mécontente également. Une armée française s'avance sur ses terres (*V.* 17, 27 octobre). Son avant-garde est, dès le 26, à Abrantès, à vingt lieues de la capitale, que le conseil du régent ignore son approche, et délibère sur des messages diplomatiques. Ce prince n'a connu la gravité de sa position, qu'en recevant, le 25, le numéro du *Moniteur*, à la date du 13, qui a été apporté à Lisbonne par un bâtiment extraordinairement expédié de Londres à l'ambassadeur anglais. Ce numéro contient un décret impérial assez semblable aux sentences rendues autrefois sur le sommet du Liban par le vieux de la Montagne. Ce décret porte que, *la maison de Bragance a cessé de régner en Europe.* C'est pour l'exécuter que le général *Junot* avance avec une extrême rapidité. — Le prince, saisi d'effroi, s'embarque pour le Brésil, avec la reine sa mère, sa famille, ses courtisans et ses effets les plus précieux. L'expédition consiste seulement en huit vaisseaux de ligne, quatre frégates, plusieurs corvettes, bricks, sloops armés, et des bâtiments du Brésil, montant ensemble à trente-six voiles; le tout, mal approvisionné. En ne prenant sa détermination qu'au dernier moment où l'exécution est possible, le prince Jean s'est privé d'emmener une partie de son armée, d'enlever ou de détruire les ressources dont son opulente capitale offrira la disposition à l'ennemi. Le prince Jean émigre de sa personne, abandonnant son pays à ceux qui l'ont assez épouvanté pour le décider à fuir sans tirer l'épée, et même sans enlever les moyens qui augmenteront leur force; mais il emporte toutes ses reliques.

30. *Première expédition en Portugal.* — *Prise de Lisbonne.* — L'avant-garde de l'armée française, commandée par le général *Junot*, y entre sans coup férir, et s'empare de quatre vaisseaux, cinq frégates, douze bricks, de plusieurs bâtiments en construction, et d'un arsenal bien approvisionné en fer et en bois. Le séquestre est aussitôt mis sur les propriétés anglaises. — Au moment même de l'apparition des envahisseurs, l'escadre fugitive, qui porte la maison de

Bragance, appareille du Tage. Quelle leçon pour les chefs de ces gouvernements usés par le despotisme, s'il leur manquait des leçons! Les conseils du prince avaient considéré comme impraticable, même dans la belle saison, une invasion à travers le Beira; et, suivant les hommes les plus expérimentés, les pluies diluviennes de l'automne offraient une continuité d'obstacles invincibles. Cependant vingt-huit mille français, *Junot* à leur tête, franchissent, en courant, les torrents, les précipices et les montagnes les plus infréquentées, ayant fait plus de deux cents lieues depuis Bayonne, d'où l'avant-garde s'est mise en marche le 17 octobre. Cette course si rapide se comprendrait difficilement, si l'on n'ajoutait pas que plus de la moitié des soldats sont morts en route, ou à leur arrivée, de misère et d'épuisement. Le mépris souverain de la vie des hommes fut souvent une des grandes causes des succès qu'obtint Napoléon, et qui étonnèrent le monde. Le prestige de ses entreprises, philosophiquement examinées, s'affaiblit en proportion des victimes qu'elles font; et l'horreur la plus profonde devient la seule émotion durable des ames honnêtes.

Décembre 1er. *Système continental.* — Déclaration de Frédéric-Guillaume III, qui interdit toute communication entre les états prussiens et l'Angleterre, jusqu'au rétablissement de la paix définitive entre l'Angleterre et la France.

8. *Royaume de Westphalie.* — *Jérôme Bonaparte*, frère de l'empereur Napoléon, prend les rênes du gouvernement (*V.* 18 août). C'est un jeune homme mal élevé, sans principes, sans capacité, sans qualités extérieures, et rempli de vices.

10. *Royaume d'Étrurie.* — *Marie-Louise de Bourbon*, reine-régente pendant la minorité de son fils (*V.* 26 juillet 1801, 27 mai 1803), est obligée de déclarer qu'il renonce à ce royaume (*V.* 27 octobre). Des troupes françaises en prennent possession.

17. *Système continental.* — *Décret de Milan.* En opposition à l'ordonnance du roi d'Angleterre, du 11 novembre, l'empereur Napoléon déclare, que tout bâtiment, de quelque nation qu'il soit, qui se sera soumis aux dispositions de cette ordonnance, est, par cela seul, déclaré *dénationalisé*, avoir perdu la garantie de son pavillon, et être devenu propriété anglaise; que, tombé au pouvoir d'un bâtiment français, il sera jugé de bonne prise. Napoléon déclare, en outre, les îles britanniques en état de blocus; et, légitimement capturé, tout bâtiment expédié des ports d'Angleterre ou des pays occupés par les forces anglaises.

Le cabinet de Saint-James, abusant de l'immense prépondérance qu'il s'est assurée par la dissolution de la marine française, a repris les usages des temps barbares. S'il a raison de signaler l'ambition envahissante de Napoléon, il ne se fait pas plus de scrupule de violer les usages consacrés par la civilisation européenne. Monstrueux abus de la violence, le code de ces insulaires est une piraterie imitée des flibustiers et des Algériens. Ils ne veulent de la liberté que pour leur navigation. Par-tout où dominent leurs forces, ils exercent la tyrannie; ou, s'ils déploient quelque générosité, ce n'est que dans des vues de convenance accidentelle, de profit ultérieur. Le despotisme maritime leur paraît un droit acquis, incontestable. Ils exigent que la loi commune des nations fléchisse devant les ordres du conseil et les réglements de l'amirauté de Londres : « Comme nation guer« rière (a dit Franklin), l'Angleterre aime les conquêtes ; comme « nation ambitieuse, elle convoite la domination, et comme nation « commerçante, elle est avide d'un gain exclusif. » Déja, sous Élisabeth, Bacon disait : « La mer est une espèce de monarchie universelle « que la nature semble avoir donnée en dot à la Grande-Bretagne, « qui, tôt ou tard, doit avoir les trésors de l'Inde à sa disposition. » C'est avec de semblables principes que le cabinet de Londres justifie ses plus odieuses déprédations, tandis que le droit des gens n'admit jamais que le droit de guerre et le droit de conquête qui en dérive s'étendissent aux citoyens paisibles et sans armes, aux habitations et aux propriétés privées, aux marchandises de commerce, aux magasins qui les renferment, aux chariots qui les transportent, aux bâtiments non armés qui les voiturent sur les rivières ou sur les mers; en un mot, à la personne et aux biens des simples particuliers.

18. *Système continental.* — Déclaration du roi d'Angleterre, en réponse aux griefs exprimés dans la déclaration de l'empereur de Russie, du 16 octobre.—« *S. M. proclame de nouveau les principes de « la loi maritime*, contre lesquels fut dirigée la neutralité armée sous « les auspices de l'impératrice Catherine (9 juillet 1790), et contre « lesquels la Russie dénonce actuellement les hostilités.......... Il « est du *droit*, comme du devoir de S. M. B., de maintenir ces prin« cipes............. *Ils ont*, EN TOUT TEMPS, *contribué au maintien « de la puissance maritime de l'Angleterre;* mais ils sont devenus d'une « importance incalculable, à une époque où la puissance maritime « de la Grande-Bretagne est le seul boulevard existant contre les « usurpations sans cesse renaissantes de la France, et le seul refuge

« auquel d'autres nations puissent avoir recours dans des temps plus « heureux......... »

23. *Décret impérial* — Contribution de cent millions de francs, imposée sur le Portugal (*V.* 28 novembre).

1808.

Janvier 1er. La marine de l'Angleterre se compose, d'après les états officiels, de mille cent vaisseaux de guerre, non compris les cutters et les bâtiments de moindre dimension; deux cent cinquante-trois vaisseaux de ligne, vingt-neuf de cinquante canons, deux cent soixante-une frégates, deux cent quatre-vingt-dix-neuf sloops, deux cent cinquante-huit bricks armés. — La marine française est tombée, par l'effet du système politique et de l'ambition conquérante de Napoléon, ainsi que par les mauvaises dispositions de son ministre *Decrès*, dans un tel état d'affaiblissement matériel et de décomposition morale, que jusqu'à la fin de la guerre maritime à peine quelques escadres légères oseront-elles appareiller.

Les dispositions du *code de commerce* deviennent exécutoires. — L'ensemble de ce code a été converti en loi, les 10 et 11; promulgué les 20 et 21 septembre 1807.

Bonaparte se persuade que, législateur, il peut improviser un code, ainsi que, triomphateur, il improvise une monarchie. Il est cependant bien présumable que de ces amas de lois, si précipitamment décrétées, il restera seulement ces parties qui sont le résultat de l'investigation soutenue des siècles éclairés, et non celles que produisirent ces légistes si expéditifs, formés dans le chaos révolutionnaire, et jaloux ensuite de remplir une tâche sous la férule d'un maître absolu.

3. *Systéme continental.*—Cédule, ou ordonnance du roi d'Espagne qui adopte les dispositions du décret de Milan (17 décembre 1807). « L'abominable attentat commis, en 1804, par des vaisseaux de guerre « anglais, par ordre exprès de ce gouvernement, contre les quatre « frégates de la flotte royale qui, naviguant sous l'entière assurance « de la paix, ont été injustement surprises, attaquées, et forcées de « se rendre, m'a déterminé........ »

6. Instruction du ministre de la guerre *Clarke*, concernant la formation de deux corps d'observation dans le département de la Gironde.......... « *Point de repos* jusqu'à ce que les mers soient « libres. »

21. *Sénatus-consulte* qui réunit au territoire de l'empire français, les villes de *Kehl*, *Cassel* et *Wésel*, situées sur la rive droite du Rhin, la ville et le port de *Flessingue*, avec toutes les dépendances de ces places.

Sénatus-consulte qui met à la disposition du gouvernement quatre-vingt mille *conscrits*, nés du 1er janvier au 31 décembre 1789. Les levées coïncident avec les incorporations de territoire; l'injustice politique se soutient au moyen de l'oppression nationale.

27. Arrivée à Rio-Janeiro de la reine et du prince-régent de Portugal (*V.* 29 novembre 1807).

Février 1er. Le général *Junot*, commandant l'armée française en Portugal, déclare que la maison de Bragance a cessé de régner en Europe (*V.* 14 octobre 1807).

2. *Entrée des troupes françaises à Rome.* — Cette mesure a pour but ostensible d'écarter les émissaires des puissances ennemies de la France, réunis à Rome, et dont la cour papale est censée favoriser les intrigues.

17. *Prise du fort de Scylla* (Calabre-ultérieure) par le général *Régnier*, sur les Anglais. — L'occupation de ce point achève la conquête du royaume de Naples.

Prise de la citadelle de Pampelune. Des troupes françaises y entrent de vive force, et en abusant de la sécurité du commandant espagnol qui à l'ordre de les laisser prendre leurs quartiers dans la ville.

29. *Occupation de la citadelle et des fortifications de Barcelonne.* — Des troupes françaises s'en emparent par stratagême. — D'autres corps, sous prétexte d'envahir le Portugal et d'attaquer Gibraltar, couvrent l'Espagne, en qualité d'auxiliaires et d'amis, et s'assurant de quelques autres places fortes, *Saint-Sébastien, Figuières*, prennent d'excellentes positions militaires (*V.* 23 novembre, 30 décembre 1807 et l'article précédent). — Déja cent mille français, l'armée de Portugal comprise, couvrent la péninsule.

Mars 11. *Sénatus-consulte* qui porte institution de titres héréditaires honorifiques, sous les dénominations de *prince*, *duc*, *comte*, *baron*, et *chevalier*.—Les titulaires pourront former des *majorats* ou substitutions, en faveur de leurs descendants directs.—Dès le 28 mai 1807, Napoléon avait créé, *par droit d'initiative*, le duc de Dantzick; tant il faisait peu de cas des sénatus-consultes qui, à tout prendre, ne furent jamais que des bassesses perdues, mais ils corrompaient de plus en plus l'esprit national.

13. *Mort de Christian VII, roi de Danemarck*, à soixante ans. Son fils, âgé de quarante ans, et régent depuis plusieurs années que l'aliénation mentale du roi s'est déclarée, lui succède sous le nom de *Frédéric VI*.

17 — 24. Troubles à la cour d'Espagne; naissance des agitations de ce royaume. — Les artifices de Napoléon ont fomenté la discorde dans la famille royale. Ses desseins, sur le midi de l'Europe, se développent; en voici la notice.

On se rappelle que le cardinal Chiaramonti, pasteur démocrate à Imola (*V.* 25 décembre 1797), devenu pape, et marchant pieusement sur les traces d'Étienne III qui vint en France de son propre mouvement, l'an de grace 754, sacrer l'usurpateur Pepin; on se rappelle que Chiaramonti, ou Pie VII, a de même passé les Alpes Allobroges, pour répandre l'huile sainte sur le front de Napoléon (*V.* 2 décembre 1804). Le saint-père s'est empressé de diviniser le titre du monarque, sans attendre que la voix des nations ait déclaré la voix du ciel. Inutile docilité, vaine et funeste complaisance! Loin d'obtenir les heureux résultats qu'obtint le vénérable Étienne III, Pie VII aura besoin d'une résignation toute apostolique (*V.* 17 mai, 11 juin, premier article; 5 juillet 1809).

On a vu (28 novembre 1807) le pusillanime Jean de Bragance se dérober aux atteintes de Napoléon, en fuyant au-delà de l'Océan, comme n'auraient fui ni Emmanuel, ni Jean III.

Napoléon, qui juge à-propos d'envoyer le plus docile de ses frères s'asseoir et sommeiller sur le trône de Naples (*V.* 30 mars 1806), trouve aussi convenable de retirer ce simulacre de roi qu'il a montré à Florence (*V.* 10 décembre 1807). Il expulse, d'une main outrageante, la reine-régente de ce royaume d'Étrurie, ainsi que son fils en bas âge, sous prétexte de les envoyer en possession de l'imaginaire souveraineté de la Lusitanie septentrionale (*V.* 27 octobre 1807). — C'est en abattant ces faibles branches, que Napoléon prélude aux grands coups sur le tronc de la maison de Bourbon, tronc encore robuste qui s'élève orgueilleusement sur le sol castillan. Ayant projeté d'éteindre la dynastie régnante en Espagne, qu'il juge absolument contraire à l'élévation de la sienne, depuis la proclamation de Godoï, prince de la Paix (*V.* 5 octobre 1806), il s'est exercé, de longue main, à désunir le père et le fils (30 octobre, 5 novembre 1807). La diplomatie de Napoléon a été savamment dirigée ou servie par un ex-ministre du directoire, ministre aussi sous le consulat, qu'on verra toujours ministre dans les phases révolutionnaires les plus dissemblables; par ce ministre enfin, dont il n'est plus besoin de reproduire le nom, et qu'il serait aussi difficile de ne pas reconnaître, malgré la disparité de ses titres, que de ne pas rencontrer à chaque époque de notre histoire contemporaine. La diplomatie de Napoléon, conduite ou exercée de la sorte, ne peut qu'avoir habilement disposé ses réseaux. — Vingt mille hommes, l'élite des troupes castillanes, sont stationnées en Danemarck, afin d'y protéger la liberté des mers; elles y sont sous la surveillance d'un des premiers généraux français, un Béarnais, aussi déterminé que doué de sagacité politique (*V.* 13 avril 1798). — Cent mille soldats français tiennent le Portugal, ou marchent vers les ports de l'Espagne menacés par les Anglais. Des corps arrivent déjà sur l'Ebre, à cinquante lieues de Madrid. Les citadelles de Pampelune, de Barcelonne, de Figuières, de Saint-Sébastien, ont été perfidement enlevées. *Murat*, général en chef, a des postes avancés à Somo-Sierra, et sur d'autres points qui séparent la vieille de la nouvelle Castille, tandis que d'autres troupes échelonnées dans les départements méridionaux n'attendent qu'un signal pour franchir les Pyrénées.

Cependant les esprits sont singulièrement agités à Madrid. L'Espagnol, distingué entre tous les Européens par sa perspicacité, découvrait depuis long-temps à son horizon des points nébuleux, signes des plus violents orages. Inactif par habitude, ne sachant non plus où et comment agir pour conjurer la tempête, il usait son esprit dans de sinistres conjectures. Aranjuez n'était que factions et cabales. Les uns accusaient le présomptueux favori, le prince de la Paix, d'être de concert avec la reine, pour faire périr le prince des Asturies héritier de la couronne : les impudiques mystères de la cour n'étaient inconnus de personne, et la honte du trône blessait les yeux de la multitude. D'autres courtisans accusaient l'infant de favoriser les vues d'un parti qui voudrait déposséder son père. Les confidents du roi, trop long-temps mêlés à ces odieuses intrigues, portent enfin un regard inquiet sur les menées obliques du cabinet français. Ils envisagent avec effroi l'intrusion de ces nombreuses cohortes, car Napoléon ne s'était pas borné à ce nombre stipulé par le traité du 27 octobre précédent. Soudain l'épouvante parvient à son comble. Des courtisans tout efféminés, vieillis dans l'insignifiance des cérémonies d'antichambre, ne savent conseiller que la fuite.........., et la fuite aux terres lointaines. Une aristocratie décrépite ne porte-t-elle pas les mêmes fruits, sous quelque latitude qu'elle végète, à Versailles, à Venise, à Aranjuez? Tout-à-coup on annonce le départ de la famille royale pour Séville. Dix mille bras s'emploient tumultuairement aux préparatifs du voyage; car un roi, qui ne se meut que conformément à l'étiquette, ne saurait se soustraire au péril avec autant de vélocité que le vulgaire, lors même que la foudre embrase les airs. A ces immenses apprêts, à ces bruyantes rumeurs, le peuple de Madrid découvre un plan d'évasion en Amérique semblable à celle de la cour de Portugal (*V.* 28 novembre 1807). Les habitants, joints par les paysans des environs, se portent en troupes à Aranjuez, dans la nuit du 17 au 18, pillent et dévastent l'habitation de Godoï, prince de la Paix, de cet homme si honteusement élevé au rang et au pouvoir des anciens maires du palais, sous un roi aussi faible que les derniers Mérovingiens. La haine vouée à ce favori, que la nation regarde avec raison comme la principale cause de ses souffrances, l'impatience de voir la fin d'un règne aussi désastreux, et l'espoir d'un meilleur avenir sous le gouvernement de Ferdinand, prince des Asturies, ce triple motif dirige à cette heure l'esprit général dans le royaume.

Le roi s'empresse d'annoncer que le prince de la Paix abandonne toutes ses charges, dépose tous ses titres, et n'est plus que Don Manuel Godoï. « Mes aimés sujets, dit le monarque, tranquillisez « vos esprits. Sachez que l'armée de *mon cher allié*, l'empereur des « Français, traverse mes états *avec des sentiments de paix et d'amitié;* « elle a pour but de se porter sur les points menacés d'un débarque- « ment de l'ennemi. La réunion de ma garde n'a pour objet, ni de « défendre ma personne, ni de m'accompagner dans un voyage que « la malignité vous a fait supposer nécessaire...... »

Le 19, Charles IV abdique en faveur de son fils, proclamé Ferdinand VII.

Le 20, Godoï est arrêté. Ferdinand VII ordonne la confiscation des biens de l'ami de son père.

Les deux jours suivants, le désordre et la confusion continuent. Des troupes françaises, arrivant à l'improviste à Madrid, répandent la plus grande consternation. — L'Espagne est envahie presque aussitôt que menacée. La plupart des forteresses situées dans les provinces limitrophes des Pyrénées sont déja au pouvoir de Napoléon (*V.* 29 février).

27. *Bref comminatoire d'excommunication*, adressé nominativement par le pape *Pie VII* à *Napoléon*. — « .... Depuis « long-temps le domaine du saint-siége a dû supporter la charge « énorme de vos troupes; en sorte que, depuis 1807 jusqu'à présent,

« elles ont consommé à-peu-près cinq millions d'écus romains...... « Vous nous avez dépouillé des duchés de Bénévent et de Ponté-« Corvo.......... Enfin, vous avez envahi hostilement la capitale « même.......... Et vous nous avez constitué nous-même prison-« nier dans notre résidence apostolique, en pesant militairement sur « notre peuple. Nous en appelons, pour la décision de cette manière « d'agir de votre part, au droit de tous les peuples ; nous en appelons « à vous-même, comme *à un fils consacré et assermenté*, pour répa-« rer les dommages et pour soutenir *les droits de l'église catholique.* « .... Vous nous forcerez ainsi, à ce que nous fassions, *dans* « *l'humilité de notre cœur, usage de cette force que le Dieu tout-puis-* « *sant a mis dans nos mains*, si........ » — C'est au dix-neuvième siècle, qu'on voit cette confusion d'intérêts profanes et d'intérêts religieux (*V.* 11 juin 1809).

Avril 2. *Décret impérial*, qui démembre de l'état ecclésiastique les provinces d'Ancône, d'Urbin, de Macerata, de Camerino, en les annexant au royaume d'Italie.

3. Le légat du pape quitte Paris. — Le ministre (Champagny) justifie ainsi la prise de possession des états romains : « L'empereur « ne se départira jamais de la proposition que l'Italie forme une ligue, « afin d'en éloigner la guerre. Si le saint-père y adhère, tout est ter-« miné ; s'il s'y refuse, il annonce par cette détermination qu'il ne « veut aucun arrangement, aucune paix avec l'empereur, et qu'il « lui déclare la guerre. *Le premier résultat de la guerre est la conquête,* « ET LE PREMIER RÉSULTAT DE LA CONQUÊTE EST LE CHANGEMENT DE « GOUVERNEMENT. Car si l'empereur est *forcé* d'entrer en guerre avec « Rome, ne l'est-il pas encore d'en faire sa conquête, d'en établir « un autre, de........? » Telle est la doctrine professée par le se-crétaire-interprète de ce dévastateur des nations ! — Le souverain dépossédé fera répondre (note du cardinal Gabrielli, du 19 avril) : « .... Par une telle ligue le saint-père ne se chargerait pas « seulement de l'obligation d'une simple défense ; *le serviteur du Dieu* « *de paix* serait placé dans un état de guerre......... Une pareille « obligation est trop contraire *à ses devoirs sacrés*, elle serait trop « pernicieuse à la religion, pour que son chef pût la contracter..... » Voilà les termes de mansuétude qu'on affecte de placer dans la bouche d'un pontife pacifique et doux, à la vérité, mais qui n'en est pas moins le successeur de l'exécrable Alexandre VI, du superbe Jules II et de Léon X, le plus fourbe des Médicis, qui ne cessèrent d'attiser les guerres. Ce n'est que depuis que les souverains, portant

la tiare, sont descendus au dernier degré de force, que, se bornant à de ténébreuses intrigues, ils ont cessé de troubler violemment l'Europe.

15. *Arrivée de Napoléon à Bayonne*, où il s'établit afin de conduire avec plus de facilité ses desseins contre les princes d'Espagne. Il veut attirer dans cette ville tous les individus de la famille royale, ainsi que Godoï, dont la mise en liberté (*V.* 17 — 24 mars) avait été l'objet principal des démarches de la reine-mère, auprès de *Murat.*

20. *Arrivée de Ferdinand VII à Bayonne*, où *Napoléon* réunira sous peu tous les princes d'Espagne. — Ferdinand n'est reçu que comme prince des Asturies. — Le général *Savary* a fait usage des plus insidieux artifices, des ruses les plus subtiles, qu'inspire ou qu'enseigne l'exercice des fonctions diplomatiques, des fonctions de gendarmerie, et des fonctions de chef de police sous un gouvernement despotique, pour entraîner à Bayonne un jeune prince dont la trop confiante ingénuité ne saurait soupçonner les projets de celui qui se déclare son protecteur. Envoyé à Madrid, le général, assurant Ferdinand que l'empereur était prêt à reconnaître son titre, l'avait engagé à se rendre au-devant de ce généreux voisin tout empressé de resserrer les liens des deux pays, et qui ne venait en Espagne qu'avec ce dessein. A chaque hésitation de Ferdinand, sur la route, Savary renouvelant les protestations, redoublant d'instances auxquelles se mêlent sans doute des insinuations susceptibles d'intimider, amène successivement la victime jusqu'au terme fatal, jusqu'à l'autel où se fera le sacrifice.

24. *Napoléon* se fait présenter par son ministre, ou plutôt son commis des relations extérieures (Champagny), un rapport sur la situation de l'Espagne, dans lequel sont produits tous les sophismes que l'ambition, la mauvaise foi, peuvent suggérer contre un gouvernement dont on a résolu l'entière destruction, l'anéantissement complet. « .... L'Espagne sera toujours l'ennemie cachée de la « France; il faut qu'un prince, ami de la France, règne en Espagne; « c'est l'ouvrage de Louis XIV qu'il faut recommencer : *ce que la po-* « *litique conseille, la justice l'autorise.* »

30. *Arrivée de Charles IV à Bayonne.* Le vieux monarque, aussi confiant que *Montézuma*, vient implorer les consolations et l'appui de *Napoléon*, qu'il nomme affectueusement *son cher allié*, et qui se réjouit de tenir cette riche proie. Napoléon a débuté par séduire un souverain débonnaire; il va ravir ses états. Un succès de fourberie

ne lui plaît pas moins qu'un triomphe à main armée. — Dès le 21 mars, Charles IV a protesté (mais en secret) contre l'abdication qu'il a souscrite le 19. Ses appréhensions de la France se sont évanouies aux premières assurances exprimées par le maréchal *Murat*, entré dans Madrid à la tête d'une forte colonne française. Le roi n'a plus d'inquiétudes, son favori lui est rendu; et il n'est plus en défiance que du repentir de son fils Ferdinand.

Mai 1er. Ferdinand, obéissant à son père, lui remet la couronne d'Espagne. — On ne trouve pas d'exemple dans l'histoire moderne, depuis les fils de Louis-le-Débonnaire, d'un prince s'asseyant sur le trône de son père, après une abdication forcée. — Charles IV, en recevant la renonciation de Ferdinand, lui écrit « que tout doit être « fait pour le peuple, et rien pour lui ». Voilà les maximes qui précipitent du trône les princes élevés dans l'absurde droit divin des couronnes! — On ne sait si les astucieuses, les ignobles, les basses ruses de Napoléon et de ses agents offrent un tableau plus méprisable que les instigations des conseillers de ces infortunés princes d'Espagne, qui avilissent publiquement la majesté royale, en les précipitant dans l'abîme. Tout cela forme un tissu de lâchetés, un amas de honte, un réceptacle d'ignominies, dont heureusement les annales du monde offrent peu, extrêmement peu de modèles.

2. Le peuple de Madrid, que n'a point séduit la dangereuse confiance de la famille royale et de la cour, et qui a fort bien pénétré les hostiles desseins de Napoléon, s'insurge et attaque les soldats français. Les paysans des environs accourent pour prendre part à l'agression, lorsque le maréchal *Murat* fait tirer à mitraille dans les rues. C'était le desir de ce commandant des forces françaises, de voir éclater quelques mouvements populaires, afin d'avoir un prétexte d'en venir à des mesures militaires susceptibles de répandre la terreur, et de se donner les moyens d'accomplir les projets qui lui étaient ordonnés. — Le calme rétabli, une amnistie venant d'être proclamée, Murat fait fusiller, pendant la nuit, une centaine d'habitants au Prado, près du Rétiro, dans le lieu le plus remarquable de la capitale, sans distinction de coupables et d'innocents. Le peuple s'indigne de la promptitude d'une exécution qui a privé des secours de la religion, des condamnés auxquels l'usage est d'accorder beaucoup de temps pour en profiter; soudain éclate sur tous les points du royaume une haine implacable contre les Français. La nation prépare aussitôt la vengeance, elle aiguise les armes les plus dangereuses et les plus subtiles. Sous le plus humble toit, la domination française, qui s'an-

nonce par des actes de cruauté, inspire une profonde horreur. Depuis le mendiant jusqu'au grand d'Espagne, tout chargé de titres; depuis le *scribano* nécessiteux, jusqu'au duc de Medina-Celi, tous les Espagnols repousseront le conquérant joignant ainsi la barbarie à la perfidie, et affectant de traiter une nation d'anciens conquérants comme une population dévouée à l'esclavage. — Cependant la junte provisoire qui gouverne à Madrid, en l'absence d'un souverain quelconque, se voit contrainte de nommer pour son président, Murat lui-même. Le faible, l'opprimé Charles IV, non-seulement confirmera ce choix, par une cédule rendue à Bayonne; il nommera aussi Murat, son lieutenant-général dans les Espagnes.

5. *Traité de Bayonne.* — Charles IV cède tous ses titres sur les Espagnes à Napoléon, lui résignant expressément le droit de transmettre la couronne à qui il jugera à propos. — Ce traité est successivement ratifié par Ferdinand, auquel (assure-t-on) Napoléon aurait déclaré « qu'il faut opter entre la cession et la mort », ainsi que par les autres infants.

Ainsi se termine cette opposition si remarquable de la faiblesse qui pardonne tout, réunie à la bonne foi qui ne connaît que sa parole, et de l'abus de la force qui n'élève aucun doute sur la stabilité de la fortune. Ainsi se consomme le rapt et la spoliation des princes d'Espagne, attentats conçus, amenés, exécutés avec une perfidie qui, dans le moyen âge, eût étonné ces fameux politiques, violateurs effrénés de tous les devoirs. On ne saurait discerner parmi les pontifes romains, qui semaient les embûches au sein des républiques italiennes, d'une main si cauteleuse, un acte aussi fortement imprégné de déloyauté, de trahison, de noire fourberie, et de tout ce qui peut caractériser le plus hideux machiavélisme. En vain essaierait-on un parallèle avec le plus sombre dévastateur que présenteraient nos modernes annales. Que seraient, à côté de Napoléon, et ce *Ferdinand-le-Catholique* qui s'applaudissait d'avoir, en toute rencontre, abusé notre *Louis XII?* et ce *Philippe II*, protecteur de la sainte ligue et de la Sorbonne rebelle, et même *Louis XI*, le seul des Capétiens méchamment dissimulé (car *Charles IX* était un adolescent entraîné par une furie italienne)? *Cromwell*, ce prodige d'hypocrisie, ourdit moins fallacieusement ses trames d'iniquité. Le *Satan* de Milton peut seul représenter *Napoléon* détrônant le faible et malheureux, et toujours soumis, et toujours aveuglément résigné, Charles IV. Non, l'histoire de l'homme dans l'état sauvage, de barbarie, de civilisation ou de corruption, n'offre rien de semblable à la dépossession des princes espagnols. — Napoléon se vantera d'avoir recommencé l'ouvrage de Louis XIV; mais Louis XIV avait des droits à l'héritage de l'Espagne, droits litigieux, à la vérité, mais approuvés et soutenus par une partie de la nation.

Ravisseur de la péninsule, Napoléon s'apprête à saisir les trésors du Nouveau-Monde. Depuis long-temps sa rapacité convoite une aussi belle proie. Il touche au moment de porter sa toute-puissance au-delà de l'Atlantique; mais c'est alors même que l'arrête un Dieu vengeur. Ces farouches Espagnols que le Corse assimile à des Italiens dégénérés et toujours flexibles sous un joug étranger, il ne courbera jamais leur volonté. Comme lui, ils dissimuleront, ils tromperont cent fois, et pour éclater cent fois, et chaque fois avec une fureur plus ardente. Il emploiera contre eux l'arme de la perfidie, ils lui renverront sa flèche empoisonnée. La fortune les accablera de ses coups redoublés; ils redoubleront d'efforts. Ils apprendront enfin à l'Europe qu'on peut résister à ce colosse de perversité. Comment! ce peuple qui lutta pendant plus de *sept siècles* contre les Maures (depuis la bataille de Xérès en 712, jusqu'à la prise de Grenade en 1492), ne persévérerait pas *sept années* dans sa résistance à Napoléon? Mais quand on considère cette empreinte dont un esclavage prolongé et la noire superstition ont marqué le caractère national, on frémit d'avance des horreurs qui souilleront la plus belle des causes.

11. Départ de Bayonne de Ferdinand, prince des Asturies, des infants don Antonio son oncle, et don Carlos son frère. Ils se rendent à *Valençay* (Indre), où ils seront retenus prisonniers, pendant six années (*V.* 13 mars 1814). — En partant, ils envoient au gouvernement provisoire de Madrid leur adhésion au traité du 5, avec exhortation à tous les Espagnols de s'y conformer de cœur et d'ame, et les relevant du serment de fidélité.

13. Départ de Bayonne de Charles IV pour *Compiègne*, lieu affecté à sa résidence. Il y sera reçu par le comte *de Laval*, nommé, à cet effet, gouverneur de ce château; et l'Europe s'étonnera de ce qu'*un Montmorenci* devienne le *geolier d'un Bourbon*.

Adresse de la junte suprême à l'empereur *Napoléon*. Elle demande pour roi, son frère *Joseph*, actuellement roi à Naples. — Le conseil de Castille, la municipalité de Madrid, expriment le même desir (*V.* 6 juin).

24. *Proclamation de Napoléon aux Espagnols.* « ...... Après une « longue agonie, votre nation périssait. *J'ai vu vos maux, je vais y*

« *porter remède*. Votre grandeur, votre puissance, fait partie de la « mienne. Vos princes m'ont cédé leurs droits à la couronne des Es« pagnes. Je ne veux pas régner sur vos provinces, mais je veux « acquérir des titres éternels à l'amour et à la reconnaissance de votre « postérité. Votre monarchie est vieille, ma mission est de la rajeu« nir............ Soyez pleins d'espérance et de confiance dans les « circonstances actuelles; car je veux que vos derniers neveux con« servent mon souvenir et disent : *Il est le régénérateur de notre « patrie.* »

Le même jour on voit sceller la dépossession d'un autre prince Bourbon. Un *sénatus-consulte* ordonne la *réunion* à l'empire français *des duchés de Parme, de Plaisance, et des états de Toscane.*

27 — 30. Le 27, fête de Saint-Ferdinand, l'insurrection éclate en plusieurs lieux de l'Espagne. — Le peuple de Cadix se soulève. — La résistance se communique, avec la rapidité de l'étincelle, à une traînée de poudre; et la nation sort d'un long assoupissement, pour se débattre dans un océan de sang.

L'unanimité, la spontanéité des résolutions d'une population aussi clair-semée sur une vaste surface, la vivacité des efforts déployés par des hommes ordinairement si lents à se mettre en action, sont des phénomènes très-remarquables, et que ne saura pourtant pas discerner le grand moteur de l'Europe. En apercevant cet embrasement général, il le prend pour un feu léger, prêt à se résoudre en fumée. Il est, à ce jour, plongé dans le même aveuglement que les chefs des émigrés de France, en 1792. Les Espagnols montreront, ainsi que l'ont montré les Français, quelle arme terrible c'est qu'une nation debout comme un seul homme. Les habitants de la péninsule prouveront, après d'autres exemples, qu'un peuple homogène se levant en armes, agité de l'esprit d'indépendance, devient irrésistible; que ses premiers succès, excitant son ardeur, le conduisent de triomphe en triomphe; que l'esprit de *nationalité*, si ce n'est le sentiment de la vraie liberté politique, le porte à braver tous ses ennemis, et lui donne les moyens de les terrasser. Quelque abâtardis que soient les Castillans du dix-neuvième siècle, ils montrent néanmoins qu'ils descendent de ceux qui, sous Isabelle et Charles-Quint, dominèrent l'Europe, subjuguèrent le Nouveau-Monde. Ils puisent leur grande force dans l'exaltation de ces souvenirs, comme les descendants de tout peuple conquérant, qui sont redoutables aussi longtemps qu'ils forment un corps de nation.

Jamais peuple ne se souleva contre l'oppression étrangère dans des circonstances plus défavorables. L'élite de ses troupes a été transportée au nord de l'Europe (*V.* 1er juin 1807). Cette frontière d'airain qui ferme les Pyrénées, est envahie; les places surprises ont des garnisons françaises (*V.* 29 février); la capitale, la moitié du royaume, le Portugal, sont occupés par cent mille soldats vainqueurs de toutes les puissances, et conduits par les meilleurs officiers de l'Europe. Sans armes, sans munitions, sans trésor public, les Espagnols se voient délaissés par leur gouvernement, et livrés à eux-mêmes. Les grands et les notables, dont la nation devrait attendre un concours actif, pour donner aux ressources de la monarchie une direction uniforme, ou lâches ou pris en défaut, trompent l'espoir de la patrie; ils la trahissent, du moins ostensiblement, et la plupart d'entre eux. Tous les rapports sociaux sont interrompus. Les Espagnols ne savent comment lier leurs efforts partiels à un centre commun d'opérations; et cependant ils n'hésitent pas à se mesurer avec la nation la plus nombreuse et la plus belliqueuse de l'Europe, nation voisine, nation obéissant au politique le plus subtil, au premier capitaine du siècle. Leur détermination n'est point dictée par une arrogante ou aveugle présomption : en prenant ce parti ils ne se sont dissimulé ni la gravité ni le nombre des dangers. Leur détermination n'est pas, non plus, un emportement éphémère, une explosion inconsidérée d'enthousiasme ou de fanatisme. Un homme seul, quelques hommes ensemble se laissent entraîner, par la passion ou par le délire du moment, à des actes de fureur; mais il n'en est pas ainsi d'une grande nation répandue sur un territoire compacte, et moins que de toute autre de la nation espagnole, renommée par la sagacité, la circonspection, la patience et la persévérance. Les volontés sont à tel point résolues, que les esprits restent pénétrés de l'infaillibilité du succès; et quelque terrible que puisse être le combat, pas un Espagnol ne doute *qu'enfin* son pays ne triomphe. Il se confie en la justice de la cause commune; il compte sur la coopération de tout autre Espagnol.

Cette confiance dans le succès définitif, en dépit de tous les obstacles, est, de toutes les circonstances de ce soulèvement général, la plus étonnante, la plus extraordinaire. Cette confiance n'appartient pas à l'un des sexes, à une seule classe, au jeune âge seulement; elle est universelle autant que profonde. C'est la confiance d'hommes qui, envisageant froidement la puissance formidable qu'ils vont combattre, savent qu'ils se dévouent à des privations infinies, à des défaites sans gloire, à des désastres sans nombre et sans mesure ; mais ils ont calculé que, s'ils sont hors d'état de terrasser leur ennemi par des masses, ils l'amèneront à la fin, par l'emploi constant de tous leurs moyens de nuire, au dernier degré de lassitude et d'épuisement.

Le 27, il se forme à Séville une réunion de magistrats et de notables. D'anciens statuts les autorisent à convoquer une *junte provinciale* investie du gouvernement suprême, et à rejeter les ordres du *conseil de Castille*, tout le temps que Madrid est au pouvoir des troupes étrangères. La junte annonce que son pouvoir ne relève que de *Ferdinand VII*, seul légitime souverain, et actuellement hors d'état de manifester sa volonté. La junte déclare la guerre à la France. — Des juntes se constituent dans toutes les provinces qui ne sont pas entièrement occupées ou subjuguées par les soldats de Napoléon ; elles correspondent et s'unissent contre l'ennemi commun.

Les parents enseigneront à leurs enfants un catéchisme composé pour la circonstance. « ...... Dis-moi, mon enfant, qui es-tu? Espagnol, par la grace de Dieu. — Que veux-tu dire par-là ? Homme « de bien. — Quel est l'ennemi de notre félicité? L'empereur des « Français. — Qui est-ce? C'est un méchant, la source de tous les « maux, le destructeur de tous les biens, le foyer de tous les vices. « — Combien a-t-il de natures? Deux : la nature humaine et la diabolique. — Combien y a-t-il d'empereurs des Français? Un véritable, « en trois personnes trompeuses. — Comment les nomme-t-on ? *Napoléon*, *Murat* et *Manuel Godoï* (prince de la Paix). — Lequel des « trois est le plus méchant? Ils le sont tous trois également. — De qui « dérive Napoléon ? Du péché. — Murat? De Napoléon. — Et Godoï ? « De la fornication des deux. — Quel est l'esprit du premier? L'orgueil et le despotisme. — Du second ? La rapine et la cruauté. — « Du troisième ? La cupidité, la trahison et l'ignorance. — Que sont « les Français? D'anciens chrétiens devenus hérétiques. — Quel supplice mérite l'Espagnol qui manque à ses devoirs ? La mort et l'infamie des traîtres. — Comment les Espagnols doivent-ils se conduire ? D'après les maximes de notre seigneur Jésus-Christ. — Qui « nous délivrera de nos ennemis? La confiance entre nous autres et « les armes. — Est-ce un péché de mettre un Français à mort? Non, « mon père ; on gagne le ciel en tuant un de ces chiens d'hérétiques. »

Juin 1er. *Situation de l'armée française en Espagne.*—Le maréchal *Murat* général en chef.

Corps de la Gironde (général *Dupont*)............	23,000 h.
d° des côtes de l'Océan (maréchal *Moncey*).......	26,000
d° des Pyrénées orientales (général *Duhesme*).....	15,000
d° formé de troupes de différentes armes (maréchal *Bessières*).........................	20,000
	84,000

Ces troupes occupent ou parcourent la Biscaye, la Navarre, le Léon, l'Aragon, la Catalogne, les deux Castilles. Elles se composent, en grande partie, de conscrits nouvellement appelés. A la vue de ces soldats encore adolescents, les Espagnols redoublent de haine contre l'oppresseur qui semble dédaigner la résistance d'une nation fière de ses anciens titres de gloire; ils s'animent d'une nouvelle ardeur, parce que le succès leur paraît plus facile. — Napoléon est entraîné, par sa fureur envahissante, dans la plus injuste, la plus impolitique et la plus désastreuse des guerres qu'un monarque ambitieux, dépravé ou insensé, ait pu jamais entreprendre. — C'est cependant, au sujet de cette guerre que le sénat, en accordant une contribution de quatre-vingt mille conscrits, dira dans son adresse du 10 septembre: *La guerre d'Espagne est politique; elle est juste; elle est nécessaire!*

6. *Décret impérial de Bayonne.* — Recevant le vœu de la junte d'état, du conseil de Castille, de la sainte inquisition, de la ville de Madrid, etc. (*V.* 13 mai, deuxième article), *Napoléon* proclame roi des Espagnes et des Indes, *Joseph Napoléon*, exerçant actuellement à Naples les fonctions de souverain, en lui garantissant l'intégrité de ses états d'Europe, d'Afrique, d'Asie et d'Amérique. —Aussitôt affluent les adresses des différentes corporations du royaume qui se prosternent devant le nouveau roi avec les apparences de la plus profonde soumission. Bien trompeuses apparences!

9. L'empereur d'Autriche, François Ier, ordonne la levée d'une milice extraordinaire dans tous ses états (*V.* 30 juillet).

14. Les insurgés espagnols se rendent maîtres de la flotte française retirée à Cadix, depuis la défaite de *Trafalgar* (*V.* 21 octobre 1805). —Cinq vaisseaux, une frégate, quatre mille marins.

15. Ouverture de la grande junte d'état réunie à Bayonne. — Cent cinquante personnes du clergé, de la noblesse et de la bourgeoisie, choisies et envoyées par *Murat*, sont supposées constituer la représentation des diverses provinces d'Espagne. L'objet de leur convocation

est l'établissement d'une constitution libre. — L'espoir de servir la patrie, en se ménageant les occasions de trahir la cause de ses oppresseurs, décide le grand nombre des membres de la junte à jurer fidélité au roi et à l'acte constitutionnel qu'on leur impose. Les plus distingués acceptent, dans ce dessein, les premiers emplois à la cour de *Joseph Bonaparte*.

16. Première insurrection des Portugais, à *Oporto*. — Elle s'étend si rapidement dans les provinces du nord, que ces provinces seront immédiatement évacuées par les troupes françaises.

Juillet 4. Déclaration du gouvernement anglais, enjoignant de cesser les hostilités contre les Espagnols qui reconnaissent *Ferdinand VII*.

14. *Bataille de Médina del Rio-Seco* (Léon) — Le maréchal *Bessières* défait quarante mille Espagnols, s'avançant de la Galice pour couper, à *Joseph Bonaparte*, déclaré, le 6 juin, roi d'Espagne, à Bayonne, le chemin de Madrid. L'action est très-sanglante. Plus de huit mille des leurs restent sur la place, suivant la relation française.

15. L'empereur *Napoléon* déclare roi de Naples, sous le nom de *Joachim Napoléon*, le maréchal *Murat*, son beau-frère, actuellement *duc de Berg*.

19—22. *Combat et capitulation de Baylen* (village à quatre lieues est d'*Andujar*, royaume de Cordoue). — *Murat*, généralissime en Espagne, a dû disséminer les troupes françaises, afin de faire face aux ennemis qui paraissent de plusieurs côtés. Conformément à ses dispositions, *Dupont*, conduisant un corps d'armée, s'est porté dans les premiers jours de juin en Andalousie, afin d'y comprimer les soulèvements. Murat, aussi brave soldat que peu capable de commander en chef, en annonçant à Dupont des renforts qu'il n'envoie pas, l'engage de plus en plus dans ces pays où la population, levée en masse, commet d'atroces représailles. Tout ce corps est, le 15 juillet, sur les bords et à la droite du Guadalquivir. — *Védel* (Italien de naissance), commandant une division de huit mille hommes, reçoit, ce même jour, l'ordre d'évacuer *Baylen*, de couvrir le passage du fleuve en face de *Mengibar* et de détacher deux bataillons sur *Andujar*, occupé par Dupont. Mais, suivant mal cet ordre, Védel y arrive avec sa division entière, le 16, à onze heures du matin; laissant de la sorte à un corps espagnol toute facilité de prendre position sur la même rive, la rive droite. Védel, renvoyé à la recherche de l'ennemi, aux environs de Baylen, avec injonction de le combattre, pousse au-delà de *la Caroline*, et jusqu'à *Sainte-Hélène* (sept lieues nord de Baylen). Dupont, au lieu d'attaquer le corps ennemi posté à la gauche du fleuve, vis-à-vis ses positions d'Andujar, ou de se replier sur la route de Cordoue, route encore libre, hésite et reste deux jours immobile. Il ne décampe d'Andujar que le 18 au soir, pour donner la main à Védel. Sa marche de retraite s'opère en mauvais ordre. Le lendemain, il se trouve en présence de quarante-cinq mille Espagnols postés à Baylen même, dont plus de moitié se compose de troupes de ligne pourvues d'une artillerie considérable. Dupont amène sept mille soldats, mais tous ne sont pas destinés à combattre. Il attaque dans la matinée, et avec l'espoir que Védel, qui doit se tenir à proximité, accourt à son secours. Védel s'est effectivement rapproché; mais, quoique entendant le canon, il avance lentement et fait des haltes. Dupont, après plusieurs charges infructueuses, perdant l'espoir d'un secours, propose un arrangement. Alors, et dans la soirée seulement, Védel arrive près de Baylen sur les avant-postes qui lui font face, mettant les Espagnols entre deux feux. Mais apprenant d'*eux-mêmes* que le général en chef parlemente, il se résigne à ne pas combattre et s'éloigne malgré les instances et l'indignation de ses officiers, malgré l'ardeur de tous ses soldats, déterminés à se frayer un passage jusqu'au général Dupont, qu'ils jugent n'avoir pu transiger pour des troupes étrangères à son combat.

La capitulation, signée définitivement le 22, porte : « Les troupes « sous les ordres de Dupont sont prisonnières de guerre, *la division* « *Védel exceptée*.... Elles seront toutes embarquées à *San-Lucar* et « à *Rota*, sur des vaisseaux espagnols, et transportées à Rochefort.... « l'armée espagnole assure leur traversée contre toute expédition « hostile........... Les généraux conserveront chacun une voiture « et un fourgon, sans être soumis à aucun examen. » La junte refusera d'approuver la capitulation. Les Espagnols regardent comme juste et légitime de violer une convention faite avec les troupes d'un envahisseur, violateur effréné des droits les plus sacrés des peuples et des souverains; venant, sous le prétexte d'une alliance intime, porter le ravage dans un pays qui, depuis douze années, supportait, sans murmures, tous les maux d'une guerre maritime, pour les seuls intérêts de la France. Et de valeureux Français seront victimes de la perfidie de leur maître, que repousse la perfidie des Espagnols. —Treize mille soldats et officiers, envoyés à Cadix, seront entassés dans des pontons, dans ces cachots flottants, d'invention anglaise;

et ce qui doit paraître étrange, les généraux, gardant leur liberté, rentrent dans leur patrie.

Le désastre de Baylen est le seul revers qui flétrisse les armes françaises dans cette longue suite de campagnes, de la fin de 1792 à la fin de 1812. Des batailles auront été perdues, des places enlevées ou remises, des régiments pris, mais toujours sans deshonneur. Jamais, même après 1812, un corps nombreux n'aura capitulé en rase campagne. A Baylen, des deux guerriers capitulés, l'un a tenu son épée dans le fourreau, l'autre l'y remet; indubitablement parce qu'il appréhenderait les chances d'un second combat devenu beaucoup trop inégal, et qu'il desirerait sauver la vie de ces jeunes braves qu'il commande et dont il verrait les forces presque épuisées. Car on ne saurait supposer qu'un général, véritablement français, se rende pour conserver des fourgons contenant de riches dépouilles; quelque répandue que soit une telle allégation en Espagne, en Angleterre, et même en France. On sait à quel point la renommée peut être fautive dans l'interprétation des faits: et sans doute cette relation, si outrageante à l'honneur d'un militaire recommandable, est une imposture inventée par une basse jalousie ou par le desir de rendre les Français odieux. On ne saurait dire non plus qu'un général, autorisé par les usages de la conquête à frapper de fortes contributions, se réduise à commettre des actes de rapine. Mais ceci paraît avéré: 1° Dupont pouvait et devait livrer bataille le 16; 2° il devait, en se décidant à la retraite, l'effectuer immédiatement sur la route libre de Cordoue; 3° sa marche sur Baylen devint très-pénible par l'embarras de ses fourgons beaucoup trop nombreux; 4° dans la nécessité de se battre contre un ennemi bien plus fort, il devait brûler ses fourgons, au lieu de laisser à leur garde des troupes d'élite, dont une partie des marins de la garde, reconnus braves parmi les braves; 5° il se hâte de faire des propositions à un ennemi dont il devait connaître l'irritation et l'esprit de vengeance. Effectivement, si Dupont avait fait une dernière charge désespérée, ou s'il s'était tenu sur la défensive, il se voyait, au déclin du jour, délivré par Védel, qui survenait enfin.

La capitulation de Baylen porte la plus grave atteinte à la cause de Napoléon. Jusqu'à ce jour, un assez grand nombre d'Espagnols éclairés, envisageant d'un œil craintif les chances d'une opposition à la France, auront manifesté leur adhésion au gouvernement de Joseph. Mais actuellement l'enthousiasme de tous s'enflamme d'une ardeur inextinguible. Les premiers, ils auront humilié les vainqueurs de l'Europe! Ce triomphe inespéré jaillit comme un éclair de lumière aux yeux de tous les peuples gémissant sous l'oppression de Napoléon. Le nom de *Baylèn* retentit dans la profondeur des cabinets ; et déterminés enfin par l'exemple de cette énergique et brûlante nation, les vieux gouvernements épieront l'occasion de ressaisir des armes vengeresses, les nouveaux gouvernements concevront l'espoir de s'affranchir du joug qu'appesantit chaque jour celui-là même qui leur donna l'existence. Déja des murmures confus bruissent sourdement dans les états subalternes de l'Allemagne. Certes le général *Dupont* a tout le droit, comme toutes les prétentions (s'il veut), de se considérer comme l'une des causes efficientes des grands bouleversements qui s'effectueront en 1813 et 1814.

20. *Joseph Bonaparte*, roi usurpateur d'Espagne, fait son entrée à Madrid. Les habitants immobiles gardent un morne silence. Il s'en fera bientôt mépriser par ses vices bourgeois, sa mollesse, son incapacité administrative et militaire. Au reste, pendant les cinq années de son séjour en Espagne, les murs de Madrid qu'il appelle sa capitale, formeront souvent les frontières de son royaume (*V.* le 29).

Seconde révolution à Constantinople (*V.* 29 mai 1807). — Les conjurés redemandent le sultan *Sélim*, on leur rend son cadavre. Le sultan *Mustapha* est néanmoins déposé; son frère puîné *Mahmoud*, cousin de Sélim, est proclamé (*V.* 14 novembre).

29. *Joseph Bonaparte*, effrayé des progrès de l'insurrection, abandonne Madrid, après une résidence de huit jours. Il se retire à Vittoria. — Le *Moniteur* publiera que « l'armée française va prendre « des quartiers de rafraîchissements, afin de respirer un air plus doux « et de boire de meilleures eaux ».

30. Déclaration officielle de la France contre les armements extraordinaires de l'Autriche (*V.* 9 juin).

31. Débarquement en Portugal, d'une armée anglaise. Elle va s'établir à *Leiria* (trente lieues nord de Lisbonne).

Août 10. *Expédition de la Romana.* — Napoléon préparant, de loin, le trait qui devait abattre le roi d'Espagne, avait obtenu de lui, ou plutôt de son indigne autant qu'inepte favori, la disposition de vingt-deux mille hommes (*V.* 1er juin 1807). Dirigées sur l'Allemagne, et poussées insensiblement vers la Baltique, ces troupes ont marché en Danemarck, contre les Anglais. Une division très-considérable a ses quartiers dans les îles de Fionie ou de Funen et de Langeland, à huit cents lieues des Pyrénées. Leur commandant *la Romana* est subordonné au maréchal *Bernadotte*. A la nouvelle des malheurs de sa patrie, le Castillan forme le dessein de la secourir. Plus rusé que le Béarnais, il élude ou endort la surveillance dont il est l'objet, et s'embarque sur des bâtiments anglais, avec la majeure partie de sa division.

Cet acte du plus ardent patriotisme enflammera l'enthousiasme de ses compatriotes, redoublera leur haine contre la tyrannie étrangère. Les peuples de l'Europe, remplis d'étonnement en voyant ce peuple affronter tous les dangers, apprendront enfin qu'une nation énergique peut d'abord être trahie par la fortune; mais que son inexpugnable volonté défie, en dernier résultat, la puissance du plus redoutable agresseur.

21. *Première expédition en Portugal.—Bataille de Vimeiro* (quinze lieues nord de Lisbonne, sur le bord de la mer), entre l'armée du général *Junot* et les Anglais conduits par leur commandant en second, Arthur Wellesley (Wellington). Quoique très-inférieurs en nombre, les Français n'éprouvent pas, après un engagement serré de cinq heures, une perte plus considérable que l'ennemi; et ils font leur retraite en bon ordre. Leur perte est de douze canons, douze cents tués ou prisonniers, huit cents blessés; celle des Anglais s'élève à plus de quinze cents hommes. Il est contasté que Junot réunit à peine dix mille combattants; l'ennemi avoue lui-même en réunir vingt-six mille, Anglais, Hanovriens ou Portugais. Une suspension d'armes est la suite immédiate de cette action.

24. *Ferdinand VII* est de nouveau proclamé à Madrid, d'où son insignifiant compétiteur a fui à la première lueur d'un danger personnel (*V.* 29 juillet).

30. *Première expédition en Portugal. — Convention de Cintra* (village à cinq lieues nord-ouest de Lisbonne). — Les troupes françaises évacueront le Portugal, avec armes et bagages; elles ne seront point considérées comme prisonnières de guerre, et à leur arrivée en France, elles auront la liberté de servir. Le gouvernement anglais fournira des moyens de transport à l'armée française, qui sera débarquée dans un des ports de France, entre Rochefort et Lorient. L'armée emporte, avec toute son artillerie de calibre français, ses caissons, bagages, chevaux, et propriétés particulières. — On voit, avec surprise, vingt mille hommes, dont le corps principal a été maltraité le 21, transiger aussi favorablement, avec une armée renforcée, tout-à-l'heure, de troupes fraîches qui la portent au moins à quatre-vingt mille hommes; armée appuyée par une insurrection générale et très-bien combinée. Les avantages de cette convention sont dus,

presque entièrement, à la terreur inspirée par les armes françaises, à la fermeté du commandant en chef Junot, aussi brave ici qu'il le fut à Nazareth (*V.* 8 mars 1799), ainsi qu'à l'habileté du général Kellermann, chargé des premières négociations. Très-fortement improuvée en Angleterre, cette convention donne lieu à des enquêtes spéciales et à d'orageuses discussions parlementaires. Le commandant en second de cette immense, quoique insuffisante armée, Arthur Wellesley (Wellington), est l'objet de censures motivées. On lui reproche d'avoir, après l'action de *Vimeiro*, attendu des renforts, et surtout de s'être pressé de conclure un armistice, dont les stipulations ont servi de bases à la convention définitive. Les généraux ennemis prétendent que, en l'accordant, ils ont préservé Lisbonne des désastres auxquels l'eût dévouée une suite d'opérations offensives, pour amener la reddition d'un commandant aussi résolu que Junot. Ce motif serait, en effet, la seule excuse admissible de leur accession à des conditions aussi peu honorables pour les armes britanniques. Au reste, le gouvernement anglais exécutera la convention avec une scrupuleuse fidélité. — L'abandon du Portugal est un des résultats amenés par le désastre de *Baylèn* (*V.* 19 juillet). De toute la péninsule, les Français n'occupent plus que Barcelone, la Navarre, la Biscaye, et l'Alava.

Septembre 8. *Convention de Paris, entre la France et la Prusse* (*V.* 9 juillet 1807). — L'armée prussienne sera, pendant dix ans, réduite à quarante mille hommes. — *Glogau*, *Stettin*, *Kustrin* seront gardés par les troupes françaises, jusqu'à parfait paiement des contributions de guerre; les garnisons de ces trois places seront fortes de dix mille hommes, et entretenues aux dépens de la Prusse. — *Sept routes militaires* traverseront les états prussiens. — La Prusse cède un territoire environnant Magdebourg, sur la rive droite de l'Elbe. Les arrérages dus par la Prusse, sur les contributions de guerre, sont arrêtés à cent quarante millions (*V.* 5 novembre).

10. *Sénatus-consulte* qui met à la disposition du gouvernement quatre-vingt mille conscrits des classes 1806, 7, 8, 9, lesquels pourront être mis de suite en activité; plus quatre-vingt mille autres, *pris sur la classe de* 1810, particulièrement destinés à former des corps pour la défense des côtes de l'empire français.

25. Une junte suprême et centrale se rassemble à Aranjuez. Elle prend les rênes du gouvernement, au nom de Ferdinand VII.

27. *Entrevue d'Erfurth.* — Alexandre, empereur de Russie, vient y fraterniser avec Napoléon. Tous les souverains inférieurs de l'Alle-

magne y accourent en humbles courtisans des deux grands potentats, ou plutôt du destin. Là, sont des rois nés de la révolution de France, dont les trônes se sont élevés sur les cadavres des républicains français. Les deux redoutables arbitres, dont l'accord politique établit la soumission du continent, passent dix-huit jours dans l'intimité, au milieu des fêtes.

L'avenir apprendra (*V.* 9 mai 1812) lequel de l'un ou de l'autre recueillera les meilleurs fruits de cette rencontre extraordinaire, ou celui qui croit surprendre, ou celui qui peut feindre d'être surpris ; et qui, s'il n'a pas feint, sera prochainement remis dans la direction politique, donnée par le czar Pierre à l'empire du nord. Dans tous les temps, en toute circonstance, l'amitié de Napoléon fut un breuvage soporifique pour les puissances qui retiennent encore quelque énergie politique, ou un joug avilissant pour celles qui n'en ont plus.

Octobre 12. *Lettre collective de l'empereur Napoléon et de l'empereur de Russie, Alexandre, au roi d'Angleterre.* Au moment de partir d'Erfurth, les deux maîtres du continent pressent sa majesté britannique « d'écouter la voix de l'humanité, en faisant taire celle « des passions; de chercher, avec l'intention d'y parvenir, à conci- « lier tous les intérêts; et, par-là, de garantir toutes les puissances « qui existent, et assurer le bonheur de l'Europe.....Beaucoup « d'états ont été bouleversés........... De plus grands change- « ments encore peuvent avoir lieu, et tous contraires à la politique « de la nation anglaise............. » Le ministre anglais répond, le 28 : « Le roi a fait connaître, en chaque occasion, ses desirs et sa vo- « lonté d'entamer une négociation pour une paix générale, à des « conditions qui puissent être compatibles avec la tranquillité et la « sûreté de l'Europe................ Le roi d'Angleterre ayant pris « des engagements avec les rois de Portugal, de Sicile et de Suède, « et avec le gouvernement espagnol actuel, il doit leur être permis « de prendre part à la négociation à laquelle sa majesté britannique a « été invitée. » Après quelques échanges de notes, les négociations seront rompues.

En réunissant à Erfurth les éléments d'un congrès, Napoléon, obligé d'envoyer des renforts en Espagne, voulait sonder les dispositions de l'Autriche et de la Russie, avant de dégarnir le nord, et entamer des négociations avec l'Angleterre. Il se donnait ainsi les facilités de connaître les risques, d'apercevoir les écueils qu'il pourrait avoir à rencontrer, la campagne prochaine, en poursuivant ses vastes entreprises politiques. Le cabinet de Londres élude, ou plutôt rejette les ouvertures faites; et le cabinet de Vienne, tout en feignant de louer les intentions de celui des Tuileries, se détermine, dès-lors, à la guerre qu'elle déclare six mois après (*V.* 9 avril 1809). — On trouvera dans les évènements postérieurs à l'entrevue d'Erfurth, des indices d'un accord entre les deux empereurs pour partager la domination du continent, en s'appuyant, l'un, au détroit de Gibraltar; l'autre, aux Dardanelles.

26. *Ouverture du corps législatif.—Napoléon* dit : « .... *J'ai « senti que, pour être heureux, il me fallait d'abord l'assurance que la « France fût heureuse*..... La vue de cette grande famille française, « aujourd'hui *prospère*, tranquille et unie, a sensiblement ému mon « ame!!....... — Une partie de mon armée marche contre celles que « l'Angleterre a formées ou débarquées dans les Espagnes. C'est un « bienfait particulier de cette Providence qui a constamment protégé « nos armes, que les passions aient assez aveuglé les conseils anglais « pour qu'ils renoncent à la protection des mers, et présentent enfin « leur armée sur le continent............. L'empereur de Russie « et moi nous nous sommes vus à Erfurth. Nous sommes d'acord, « et *invariablement unis*, pour la paix comme pour la guerre « .... *Bientôt mes aigles planeront sur les tours de « Lisbonne*.......... »

29. Entrée en Espagne des premières troupes anglaises, venant au secours des insurgés.

Novembre 4. *L'empereur arrive en Espagne.* — Refusant de terminer une guerre si imprudemment amenée, il a retiré d'Allemagne quatre-vingt mille vieux soldats, et les a conduits au-delà des Pyrénées. Ses mains allumèrent un vaste incendie, il court l'éteindre par des flots de sang. Il soumit des rois; que pourraient, dit-il, des peuples révoltés? Tous les obstacles doivent céder au fils du destin. Il ordonne à ses aigles triomphantes de ne s'arrêter qu'aux colonnes d'Hercule, il va les guider lui-même.

5. *Convention de Berlin*, par laquelle l'empereur fait remise à la Prusse de vingt millions sur sa dette de guerre (*V.* 9 novembre 1806, 8 septembre 1808). Il consent à recevoir des garanties pour le paiement, et à retirer ses troupes de tous les pays et places, autres que *Glogau*, *Stettin* et *Kustrin*. — Il accorde ces adoucissements pour être à même de renforcer ses armées d'Espagne, et en terminer promptement la conquête.

10. *Combat et prise de Burgos*, par les maréchaux *Soult* et *Bes-*

sières. — Les Espagnols laissent sur le champ de bataille trois mille tués, autant de prisonniers avec une vingtaine de canons. — *Napoléon* manifeste ici le système de spoliation qu'il a déterminé à l'égard de l'Espagne, en confisquant pour trente millions de laines appartenant à des moines ou à des particuliers.

12. *Bataille d'Espinosa* (vieille Castille, au nord de l'Ebre). — Le maréchal *Victor* défait l'armée espagnole commandée par la Romana et Blake. — Vingt mille Espagnols tués ou pris, avec dix généraux tués, cinquante canons et un matériel immense pris. Les généraux *Maison* et *Pacthod* se distinguent.

14 — 16. Troisième révolution à Constantinople, opérée par les janissaires. — L'ex-sultan *Mustapha* est étranglé. Le grand-visir Baraiktar qui suit avec énergie un vaste plan de réformes militaires, attaqué lui et ses troupes (les Seymens) par les forces supérieures des janissaires, embrase son palais, dès qu'il voit la victoire se déclarer pour eux, et se fait sauter en l'air (*V.* 28 juillet).

23. *Bataille de Tudéla* (seize lieues sud de Pampelune, sur l'Ebre), perdue par Castanos et Palafox, commandant les armées d'Andalousie et d'Aragon. — Trente canons enlevés, trois mille prisonniers, quatre mille hommes restés sur le champ de bataille ou noyés. — Ce succès décisif pour la campagne et qui ouvre la route de Madrid, est, en très-grande partie, dû au maréchal *Lannes*, ainsi qu'à la brillante, audacieuse et ferme conduite du général *Joseph Lagrange*, auquel le maréchal a confié l'attaque la plus importante et la plus difficile. — Cette victoire eût été plus décisive encore, si le maréchal *Ney* eût pu arriver à temps pour prendre part à l'action.

Décembre 3. Évacuation volontaire de Berlin, occupé par les Français, depuis le 26 octobre 1806 (*V.* 5 novembre).

4. *Reddition de Madrid*, au moment d'un assaut décisif. — *Napoléon* rend plusieurs décrets portant suppression du conseil de Castille, de l'inquisition; réduction des couvents à un tiers; abolition des droits féodaux, des barrières de l'intérieur, etc. — En se déterminant à paraître de sa personne, en Espagne, Napoléon est fidèle au système adopté par les gouvernements révolutionnaires antérieurs à son gouvernement; système qu'il a si prodigieusement étendu, et dont le principe dominant consiste à faire dépendre d'une grande opération le sort de la campagne. Il regarde la prise d'une capitale, comme décisive pour la soumission de tout un royaume. C'est ainsi qu'il s'est conduit en 1805; c'est ainsi qu'il agira en 1809, 1812, 1813; et c'est de même qu'agiront en 1814 ses adversaires, pâles mais judicieux imitateurs de sa stratégie.

5. *Prise de Roses*, place maritime très-importante en Catalogne. Elle se rend après un mois de siège et dix-sept jours de tranchée ouverte, au général *Gouvion-Saint-Cyr*, commandant un corps venu d'Italie. On y recueille soixante canons de bronze et une quantité considérable de projectiles.

7. *Proclamation de Napoléon, émise à Madrid.*— Il annonce son dessein de traiter l'Espagne en pays conquis, si elle persiste à ne pas reconnaître le roi *Joseph*. « .... Je mettrai alors la couronne « d'Espagne sur ma tête, et je saurai la faire respecter des méchants; « car Dieu m'a donné la force et la volonté nécessaires pour sur- « monter tous les obstacles. » — Ses menaces, pour si insidieuses ou si violentes qu'elles soient, trouveront les Espagnols inébranlables. Ceux qui sont hors d'état de résister, apportent leur soumission en conservant le dessein de trahir.

15. *Réponse de Napoléon* à la députation de la ville de Madrid, qui vient le remercier du pardon qu'il daigne accorder.

« J'ai satisfait à ce que je devais à moi et à ma nation, la part de « la vengeance est faite......... Les armées anglaises! je les chas- « serai de la péninsule.......... Il n'est aucun obstacle capable de « retarder long-temps l'exécution de mes volontés....... Les Bour- « bons ne peuvent plus régner en Europe....... Aucune puissance « ne peut exister sur le continent, influencée par l'Angleterre. S'il « en est qui le desirent, leur desir est insensé et produira tôt ou tard « leur ruine.............. Il me serait facile et je serais obligé de « gouverner l'Espagne, en y établissant autant de vice-rois qu'il y a « de provinces. Cependant je ne refuse pas de céder *mes droits de* « *conquête au roi* et de l'établir dans Madrid, si. .... Vos neveux « me béniront comme votre régénérateur, ils placeront au nombre « des jours mémorables, ceux où j'ai paru parmi vous; et de ces « jours, datera la prospérité de l'Espagne. — Voilà, monsieur le « corrégidor, ma pensée tout entière. »

16. *Combat de Cardeden* ou de *Llinas* (neuf lieues nord de Barcelone). — Le général *Gouvion-Saint-Cyr*, commandant en Catalogne, défait complètement un corps espagnol beaucoup plus fort en nombre; les Français, sans cartouches et même sans pièces d'artillerie, attaquent à la baïonnette.

21. *Combat sur le Llobregat*, à *San-Felice* et à *Molino-del-Rey* (deux lieues nord-ouest de Barcelone), livré par le général *Gouvion-Saint-Cyr* à une nombreuse armée espagnole qui, mise en déroute, perd toute son artillerie avec des magasins considérables de munitions.

26. Promulgation des derniers articles du *Code d'instruction criminelle.* — On ne sait que trop qu'il contient une foule de dispositions aussi favorables au despotisme, qu'attentoires à la liberté individuelle.

1809.

Janvier 3. *Combat de Priéros* (une lieue est de Villafranca, province de Léon, confins de la Galice). — Les forces anglaises ayant décidé l'évacuation du Portugal (*V.* 21—30 août 1808), sont entrées en Espagne, à la fin de septembre. Mais, apprenant le résultat de l'affaire de Tudéla et de la prise de Madrid (23 novembre, 4 décembre), et que *Napoléon* s'avance pour les séparer des bords de la mer, Moore leur commandant se dirige vers les côtes de la Galice, à marches forcées, en trois colonnes, sur Astorga, sur Zamora et sur Léon et Oviédo. Leur arrière-garde est défaite par le maréchal *Soult.* Une division espagnole met bas les armes (*V.* 16—19).

12. Les Espagnols de l'Amérique du sud, joints aux Portugais du Brésil, se rendent maîtres de *Cayenne* et de la *Guyane française.* Cette colonie leur est rendue par son chef *Victor Hugues,* qui, après s'être signalé comme un des plus sanguinaires jacobins, se conduit en militaire des plus lâches.

13. *Combat de Taraçona* (près d'Aranjuez). — Le maréchal *Victor* détruit un corps d'armée espagnol, échappé de Tudéla (*V.* 23 novembre 1808).

14. *Traité* d'alliance entre le roi d'Angleterre et les insurgés espagnols.

16 — 19. *Combat de la Corogne* (*V.* le 3). — Les Anglais sont complètement défaits par le maréchal *Soult.* Le commandant en chef Moore et deux autres généraux périssent sur le champ de bataille; le commandant en second Baird est grièvement blessé. — Les Anglais se rembarquent précipitamment. — La place capitule.

27. *Prise du Ferrol* par les troupes du maréchal *Soult.* — On y trouve seize cents pièces de canon, d'immenses magasins, huit vaisseaux, trois frégates et plusieurs petits bâtiments.

30. Débarquement des Anglais à la *Martinique* (*V.* 24 février).

Février 21. *Prise de Saragoce,* capitale de l'Aragon, après huit mois d'investissement ou d'attaques interrompues, vingt-huit jours de tranchée ouverte pour entrer dans la place, et vingt-trois autres jours de combats de maison en maison. — Cette grande ville, sans fortifications régulières, ou permanentes, est défendue par de nombreuses bandes récemment levées, et par sa population entière. Les moines, donnant l'exemple de la plus obstinée défense et du plus féroce courage, entraînent la perte de quarante mille individus, hommes, femmes, enfants, victimes du sentiment qui les excite contre l'ennemi de leur pays, aussi-bien que de leur aveugle confiance dans les miracles de leurs saints. Cependant l'humanité du digne guerrier qui conduit le siége, du brave maréchal *Lannes*, essaya de tous les moyens d'épargner le sang et les souffrances de ces malheureux, dont l'extrême opiniâtreté rappelle les siéges de *Numance*, de *Sagonte*, de *Calahorra*. On est confondu de retrouver, après vingt siècles, cette brûlante énergie, cette indomptable persévérance dans les habitants de l'Espagne.

Les vainqueurs de Saragoce, ne foulant que des ruines embrasées, gémissent sur ces horribles désastres; mais celui qui dispose arbitrairement de leur courage, l'ambitieux Napoléon n'y verra que l'effet d'une guerre animée; il n'apercevra pas, dans cette inébranlable volonté de résistance, un premier obstacle à ses desseins sur l'univers. Il voudra toujours confondre l'Espagnol à demi-civilisé, avec l'Italien dégradé par l'abus de la civilisation. Jusqu'à ce jour, toutes les nations du continent se sont prosternées devant les invincibles phalanges françaises. Mais ce peuple, si long-temps allié fidèle et soumis, vassal patient et dévoué de la France, à la vue du joug humiliant qu'on lui montre, court aux armes et combat pour sa primitive indépendance. Abandonné de son gouvernement, il n'envisage aucun risque, ou plutôt il les affronte tous, transporté qu'il est par la soif de la vengeance. Il a juré la confusion de son oppresseur; et c'est à ce serment que le monde la devra, plus qu'aux frimats du nord, plus qu'à la confédération des Germains et des Slaves; bien plus encore qu'à l'or et à la politique de la Grande-Bretagne.

24. *Reddition de la Martinique*. Les Anglais, débarqués le 30 janvier, deviennent maîtres de cette colonie, à la suite d'une capitulation signée par le vice-amiral *Villaret-Joyeuse*. — Deux mille deux cents prisonniers.

25. *Combat de Vals* (trois lieues nord de Tarragone). — Le général *Gouvion-Saint-Cyr*, ayant sous lui le général *Souham*, met en déroute, après un combat long et meurtrier, un corps de troupes espagnoles, et s'empare de toute leur artillerie. Les Français n'ont fait usage que de la baïonnette.

Mars 1er. *Système continental*. — Acte du congrès américain, prohibant les relations de commerce entre les États-Unis et la Grande-Bretagne ou la France, jusqu'à ce que l'une ou l'autre de ces deux puissances révoque et modifie ses décrets (*V.* 21 novembre 1806, deuxième article; 11 novembre, 17 et 18 décembre 1807) de manière à cesser de violer la neutralité des États-Unis.

12. *Deuxième expédition de Portugal.* — *Prise de Chavès* (quinze lieues ouest de Bragance, en Portugal). — Le maréchal *Soult* y trouve beaucoup de munitions et d'artillerie.

13. *Révolution en Suède.* — Le jeune roi *Gustave-Adolphe IV*, entraîné par cette fougueuse obstination qui rendit si bizarre la conduite de plusieurs de ses prédécesseurs, a porté au dernier degré le mécontentement d'une nation éclairée autant que généreuse, chez laquelle le simple paysan connaît la mesure de ses devoirs et l'étendue de ses droits. Ce prince, sourd aux plus sages conseils, insensible aux prières, s'irrite, et va percer de son épée ceux mêmes qui le supplient de mettre un terme aux calamités du royaume. Désarmé par un Suédois des plus distingués, il en reçoit cet avis: « Sire, votre « épée vous a été donnée pour la tirer contre les ennemis de la patrie, « et non contre les vrais patriotes qui ne veulent que votre bonheur « et celui de la Suède. » Le roi est arrêté, mais traité avec tous les égards convenables. Le duc *de Sudermanie*, son oncle, se met à la tête du gouvernement (*V.* 29 mars, deuxième article).

Deuxième expédition en Portugal. — *Combat de Lanhozo* (sous Braga) livré par le maréchal *Soult* aux Portugais qui succombent après une résistance opiniâtre.

28. *Bataille de Medelin* (six lieues est de Merida, Estramadure). — Le maréchal *Victor* défait complètement les Espagnols. Les généraux de cavalerie *Lasalle*, *la Tour-Maubourg*, *Bordesoult*, se distinguent. — Le lendemain, les avant-postes français arrivent sur Badajoz.

29. *Deuxième expédition en Portugal.* — *Bataille et prise d'Oporto.* — Le maréchal *Soult* défait complètement les forces portugaises du nord du Portugal, commandées par l'évêque de cette ville, avec perte pour eux de plus de vingt mille hommes tués ou noyés. On trouve, dans les lignes nouvellement formées, deux cents pièces d'artillerie.

Révolution de Suède. — *Gustave-Adolphe IV* abdique la couronne (*V.* 13 mars). « .... Persuadé que nous ne pouvons « plus continuer nos fonctions royales, ni maintenir l'ordre et la « tranquillité dans ce royaume, d'une manière digne de nous et de nos « sujets, nous nous faisons un devoir sacré de renoncer, par le pré-

« sent acte, volontairement et par notre propre motif, à nos fonctions « royales, afin de consacrer le reste de nos jours à la gloire de Dieu. « Nous souhaitons à tous nos sujets la grace et la bénédiction de « Dieu, pour un avenir plus heureux pour eux et leurs descendants. « Oui, craignez Dieu, et honorez le roi! En foi de quoi, nous avons « écrit la présente de notre propre main (*V.* 10 mai). »

Avril 9. CINQUIÈME COALITION CONTINENTALE. — *Les Autrichiens passent l'Inn à Braunau et à Scharding, la Salza à Burghausen; l'archiduc Charles,* conduisant leur principale armée, déclare au commandant des troupes françaises, stationnées en Bavière, qu'il se porte en avant, et qu'il traitera comme ennemis tous ceux qui résisteront.

L'Autriche, déchue de son rang en Europe, privée de sa domination sur l'Allemagne, se trouve encore moins humiliée de ses nombreuses défaites, que de l'arrogance du vainqueur. Réduite à craindre pour son existence, depuis qu'elle n'est plus que puissance de second ordre, elle épie, dans une humble et silencieuse attitude, l'occasion d'assurer au moins l'intégrité de ses états actuels. D'ailleurs, on sait bien que cette puissance, infatigable dans sa persévérance, immuable dans sa politique, n'abandonna ni n'altéra jamais aucun de ses plans d'agrandissement, de quelques terribles coups dont la fortune l'ait accablée. Marchant à pas lents et continus, à travers les siècles, elle reprend obstinément le sentier dont on la fit sortir; elle le suit sans dévier, sans se distraire, semblable au plus patient des animaux domestiques.

Elle s'irrite pourtant aujourd'hui; elle arme, elle ouvre la lice, parce que la résistance soutenue du peuple espagnol lui montre qu'il n'est pas impossible d'ébranler la force du géant. La pauvreté de ce cabinet trouve des subsides à Londres; sa faiblesse espère trouver un appui à Pétersbourg. Mais l'orgueil militaire du conseil aulique lui tend des piéges cette fois-ci encore; il ne cesse de s'abuser sur les talents de ses capitaines, comme sur l'excellence de ses troupes. Chose étrange! l'Autriche qui, depuis Maximilien Ier, à la fin du quinzième siècle, a désolé l'Europe par ses armes, autant que par sa politique, n'aurait pas à citer un seul guerrier, si *Daun* n'avait enfin paru au milieu du dix-huitième siècle : car *Merci* était Lorrain; *Montecuculli*, Italien; *Eugène*, Français; *Lascy* et *Laudhon* virent le jour en Livonie; et *Tilly*, le célèbre rival de Gustave-Adolphe, avait pris naissance et servi en Bavière. Dans le cours de ces anciennes guerres, pendant plus de trois cents ans, la capitale de l'Autriche a été *sauvée deux fois par des généraux étrangers*; et dans le cours des guerres de notre temps, cette capitale aura, *deux fois*, *été abandonnée par des généraux nationaux*; tandis que la seule place qu'aient jamais emportée les armes de l'Autriche, c'est .... *Munich*. Quoique étayée de trois coalitions, ses soldats ont à peine cueilli quelques lauriers dans neuf années (1792, 93, 94, 95, 96, 97, 98, 99, 1800; 1805). Néanmoins le conseil autrichien vient s'engager une quatrième fois, avec plus d'inhabileté encore qu'il n'en développa dans ses trois autres tentatives. Frédéric II disait: « J'ai vu les généraux autrichiens « faire souvent des fautes; le cabinet, jamais ». C'est donc après Frédéric, qu'il est réservé à ce cabinet de couvrir, par de célèbres bévues continuées pendant dix-huit ans entiers (depuis le traité de Pilnitz, 27 août 1791, jusqu'aux présentes hostilités), l'ineptie de généraux tels qu'Alvinzy, Mélas, Mack, Jellachich, Hillinger, etc.?

L'empereur d'Autriche, s'adressant à ses sujets, leur dit: « Depuis « trois ans, j'ai tout fait pour vous procurer les bénédictions d'une « paix durable........... Tous mes efforts ont été vains. La mo- « narchie autrichienne était destinée à succomber sous l'ambition de « l'empereur Napoléon. De même qu'il travaille à subjuguer l'Espa- « gne, qu'il humilie insolemment le chef sacré de l'Église, qu'il s'ap- « proprie successivement les provinces de l'Italie, et que, d'après « son bon plaisir il dispose de celles de l'Allemagne ou les opprime, « de même l'Autriche devait rendre hommage à ce *grand empire* que, « depuis quelques années, il proclame avec tant d'emphase....... » L'archiduc Charles s'adresse aussi aux Allemands: « ...... L'empe- « reur d'Autriche se voit forcé de prendre les armes, parce que « l'empereur des Français veut qu'il ne subsiste pas un seul état qui « ne reconnaisse sa suprématie, et qui ne serve d'instrument à ses « projets d'agrandissement; parce qu'il exige que l'Autriche, renon- « çant à son indépendance, désarme, et se livre à sa volonté; parce « que les armées de l'empereur des Français, et de ses alliés, qui ne « sont que ses vassaux, se mettent en mouvement contre l'Au- « triche......... »

L'Autriche a sous les armes, y compris la landwehr, cinq cent cinquante mille hommes, en Allemagne ou en Italie. Les Français ont moins de deux cent mille hommes à leur opposer, même en comptant les troupes de la confédération du Rhin.

12. *Marine française.* — Douze vaisseaux, quatre frégates sont mouillés sous le feu des batteries de l'*île d'Aix*. Les Anglais envoient des brûlots, dont ils accompagnent l'explosion par des fusées lancées

de leurs bâtiments légers embossés, ainsi que par une attaque avec trois vaisseaux, deux frégates et quelques canonnières; un vaisseau français de cent vingt, cinq de soixante-quatorze, et deux frégates, réduits à s'échouer, sont considérablement endommagés. Un vaisseau de quatre-vingt, deux de soixante-quatorze, un de cinquante, et deux frégates, sont brûlés par leurs propres équipages ou par l'ennemi qui, lui-même, ne perd aucun bâtiment. Deux vaisseaux français *seulement* parviennent à remonter la Charente sans dommages.

Ainsi, pendant que, pour accélérer l'exécution de ses gigantesques projets, le maître de la France sacrifie journellement des milliers de conscrits dans une double guerre continentale, il accélère la destruction des dernières ressources de sa marine, il perd toutes ses colonies. — Il a dit (25 octobre 1808) : *Les passions aveuglent les conseils anglais.............. Bientôt mes aigles planeront sur les tours de Lisbonne*.......... Il a dit (15 décembre 1808):....... *Leurs armées! je les chasserai de la péninsule........... Il n'est aucun obstacle capable d'arrêter long-temps l'exécution de* MES VOLONTÉS........... Pour toute réponse, ces Anglais, dont il affecte de déprécier l'importance politique et les moyens d'action, viennent porter le ravage et l'humiliation jusque dans ses ports. Ce dernier échec peut aussi s'attribuer à l'incapacité du commis auquel, sous le nom de ministre, il livre la marine (*V.* 21 octobre 1805, 6 février 1806).

15. Invasion des Autrichiens commandés par l'archiduc Ferdinand, dans le grand-duché de Warsovie.

Commencement des hostilités en Italie. — Combat de Pordenone (sur le Tagliamento). — L'avant-garde française, forte de deux mille hommes d'infanterie et de quinze cents chevaux, trop éloignée de la masse des troupes, est enlevée par les Autrichiens que commande l'archiduc Jean.

16. *Bataille de Sacile* (près de Pordenone). — Les Français, commandés par le prince *Eugène Beauharnais*, attaquent l'armée autrichienne. Complètement battus, ils se retirent en désordre, à la faveur de la nuit, derrière la Livenza, ayant six à sept mille hommes hors de combat et laissant plusieurs canons. — La relation française de cette journée présente un résultat contraire; c'est là sans doute, qu'auront puisé les auteurs de l'ouvrage intitulé : *Victoires, conquêtes, etc.*; ouvrage si remarquable par ses méprises, ses erreurs et ses préventions.

19. *Premières rencontres de la nouvelle guerre en Allemagne.*

Combat de Pfaffenhofen (onze lieues nord-est d'Ausbourg). — Le général *Oudinot* repousse un corps autrichien.

Combat de Tann (quatre lieues sud de Ratisbonne). — Le maréchal *Berthier*, dont l'incapacité manœuvrière est aussi reconnue que sa capacité pour organiser une armée, et dans des fonctions d'état-major, a mal-à-propos engagé, sur Ratisbonne, le corps du maréchal *Davoust*, au sort duquel tient celui de l'armée française, jusqu'à la jonction assez prochaine des autres corps. Davoust prend sur lui d'opérer une marche de flanc, de cette ville sur Abensberg. Parvenu à Tann, il arrête toute l'armée autrichienne, donne la main aux Bavarois, et prépare à l'empereur, sur le point d'arriver, le moyen de percer la ligne ennemie et de battre successivement les deux grands corps autrichiens de l'archiduc Louis et de l'archiduc Charles lui-même (*V.* les articles suivants). Cette belle manœuvre dont l'iniative appartient au maréchal, rejettera dans des directions divergentes les deux parties de cette armée qui, réunies et bien conduites, auraient pu renverser les faibles obstacles placés devant elle, et parvenir sur le Rhin, dès le commencement de la campagne.

20. *Bataille d'Abensberg* (huit lieues sud de Ratisbonne). — L'empereur *Napoléon* maltraite et culbute les corps aux ordres de l'archiduc Louis et du général Hiller, après un engagement d'une heure et demie seulement. De très-grands avantages en résulteront. — En même temps une colonne autrichienne fait capituler Ratisbonne où le soixante-cinquième régiment de ligne français, fort de dix-huit cents hommes, est fait prisonnier.

21. *Combat de Landshut*, continuation de l'affaire d'Abensberg. — Les Autrichiens abandonnent neuf mille prisonniers, trente pièces d'artillerie, six cents chariots de munitions, trois mille voitures et trois équipages de ponts.

Capitulation de Warsovie (*V.* le 15). — L'armée polonaise se retire au-delà de la Vistule.

22. *Bataille d'Eckmuhl* (six lieues sud de Ratisbonne). — L'empereur *Napoléon* attaque vivement. L'archiduc Charles se défend d'abord très-bien, mais il finit par abandonner sa position et va se mettre à couvert derrière le Danube. — Cette journée fait le plus grand honneur au maréchal *Davoust*. Les maréchaux *Lannes*, *Masséna*, *Lefebvre*, s'y distinguent. — L'armée défaite perd, avec une partie de son artillerie, environ deux mille prisonniers. *La maison de Lorraine a cessé de régner:* dit le vainqueur à ses soldats.

23. *Combat et prise de Ratisbonne.* — Cette ville, ceinte de vieilles

murailles, est enlevée d'assaut; un de ses quartiers incendié. Les Autrichiens ont perdu beaucoup de monde, en essayant de la défendre; ils laissent en se retirant plusieurs mille prisonniers.

25. *Sénatus-consulte* accordant trente mille conscrits *de la classe de* 1810, et dix mille autres pris sur les classes de 1806 à 1809, pour faire partie de la garde impériale.

26. Le maréchal *Masséna* traverse *Passau*, brûle *Scharding* (quatre lieues sud). — L'armée passe l'*Inn* sur plusieurs points.

28, 29, 30. *L'armée française effectue à Burghausen* (vingt-cinq lieues est de Munich), *le passage de la Salza*, torrent d'une extrême rapidité, resserré entre deux hauteurs; la hauteur dominant la rive gauche s'élève presque à pic. Le passage a lieu sur deux ponts de bois construits à la hâte. Les Autrichiens, présentant sur ce point une faible apparence d'attaque, auraient jeté dans la plus grande confusion le quartier-général, embarrassé d'un nombre infini de caissons, de chariots. Mais l'ennemi respire à peine sous les coups dont il se sent frappé depuis dix jours. Napoléon a déja comme scié en deux l'armée de l'Autrichien qui osa, pour la première fois, prendre l'iniative des hostilités. En forçant cette armée si pesamment téméraire, de se précipiter dans les défilés de la Bohême, le général français la rejette sur une route de Vienne, courbée en forme d'arc, tandis que l'armée victorieuse s'ouvre la route plus unie de la rive droite du Danube, route qui forme la corde de cet arc. Les Français n'éprouveront d'autres obstacles que les débris des corps de l'archiduc Louis, du général Hiller, et de légers accidents du terrain. Sans contredit, cette manœuvre est une des plus belles de la tactique moderne.

28. Schill, major prussien, sort de Berlin à la tête d'un corps de partisans, et se dirige sur le royaume de Westphalie.

29. *Combat de Caldiéro* près de Véronne.—Le prince *Eugène Beauharnais* défait l'archiduc Jean.

Mai 3. La Russie déclare la guerre à l'Autriche.— Une armée russe entre en Gallicie.

4. *Combat et attaque d'Ebersberg*, gros bourg sur une butte à la rive droite de *la Traun* (trois lieues est de Lintz). Ce lieu est le théâtre resserré d'une action affreusement sanglante. Des généraux français, placés sous les yeux de leur général en chef, veulent prendre d'emblée cette forte position; et sacrifiant sans hésiter cinq mille braves, engloutis dans le torrent, foudroyés par la mousqueterie, écrasés sous les décombres, ou consumés par le feu mis à toutes les

maisons du bourg par l'ennemi battant en retraite. Carnage inutile autant qu'affreux, puisque le maréchal *Lannes*, arrivant sur la rive opposée, a tourné la position. Mais, à ce jour, l'espoir d'un grade, d'une dotation, fait dépasser toutes les bornes de l'audace guerrière et méconnaître aussi les inspirations de l'humanité. Le quarante-sixième régiment de ligne arrivé au point du jour à *Ébersberg*, a fait, de *Scharding* (sur l'Inn), vingt-six lieues en trente-cinq heures.

8. *Passage de la Piave* par l'armée française d'Italie. *Défaite de l'archiduc Jean, par le prince Eugène Beauharnais*, et prise de deux généraux autrichiens avec quelques pièces de canon.

10. *Révolution de Suède.* — Les ordres réunis de la diète suédoise (*V.* 13 mars) reçoivent communication de l'acte d'abdication du roi Gustave-Adolphe IV (*V.* 29 mars, deuxième article.). Ils acceptent sa renonciation. La décision par laquelle les états de Suède se dégagent du serment d'obéissance, porte : « ...... D'après tous ces « motifs du plus haut intérêt, et ces considérations importantes, aux-« quels l'acte d'abdication dressé volontairement et sans contrainte, « par sa majesté le roi, et écrit de sa propre main, dont lecture « nous a été faite aujourd'hui, MAIS QUE NOUS NE REGARDONS POURTANT « PAS COMME NÉCESSAIRE POUR NOS DÉMARCHES, donne un nouveau « poids, nous avons pris la résolution ferme et inaltérable qui suit : « NOUS ABJURONS, PAR LE PRÉSENT ACTE, TOUTE FIDÉLITÉ ET OBÉISSANCE « QUE NOUS DEVONS, COMME SUJETS, A NOTRE ROI GUSTAVE-ADOLPHE IV, « JUSQU'A PRÉSENT ROI DE SUÈDE, ET LE DÉCLARONS, AINSI QUE SES HÉ-« RITIERS, DÉJA NÉS ET A NAÎTRE, POUR LE PRÉSENT ET A JAMAIS, DÉCHU « DE LA COURONNE ET DU GOUVERNEMENT DE SUÈDE » (*V.* 6 juin).

Ainsi se consomme la déposition d'un jeune souverain qui, se refusant obstinément à transiger avec la fortune, va périr avec ses sujets, qui n'ont cessé de sacrifier leur sang et leurs biens dans la poursuite d'une guerre impolitique, absolument téméraire, excessivement désastreuse. Que pouvait la faible Suède contre la Russie et la France réunies? Néanmoins les Suédois restent attachés à ce rejeton de la dynastie de Holstein, jusqu'au dernier moment, jusqu'au moment où la nation se verrait perdue sans retour. Que les détracteurs du gouvernement représentatif examinent cet acte de dépossession, unanimement consenti par le vaillant, le généreux, l'estimable peuple Suédois TOUT ENTIER, et qu'ils prononcent si les classes inférieures doivent être privées de lumières et de civilisation ! Ils ne trouveront dans les annales des temps modernes aucun autre exemple d'une déposition de souverain, faite ou consentie *par tous les intéressés, et opérée avec sagesse et modération.* La tranquillité publique n'éprouve aucune altération, pas une goutte de sang ne souille cette révolution de souveraineté; tandis que les Français, à la fin du dix-huitième siècle, comme les Anglais au milieu du dix-septième, ces peuples encore sanguinaires et injustes, parce que, sortant à peine de l'ignorance, ils en conservaient les misérables passions et les préjugés, offrirent une complication d'attentats inouis, de crimes détestables. Le paysan suédois est au contraire trop éclairé en 1809, pour ne pas discerner les desseins des méchants qui tenteraient d'avilir la cause de la patrie, en ensanglantant la révolution.

10 — 18. *Évacuation du Portugal et fin de la deuxième expédition.* — Le maréchal *Soult* perd une partie de son artillerie et de son matériel; il opère sa retraite sur le Minho.

13. *Occupation de Vienne* par l'armée française, après un bombardement de trente-six heures. Les ressources en munitions de guerre, entassées dans cette capitale, suffiraient pour une campagne.

17. *Décret impérial portant réunion des états romains à l'empire français* (*V.* 2 février, 27 mars, 3 avril 1808). Par ce décret rendu à Vienne, le pape a la faculté de résider à Rome, où il jouira d'un revenu de deux millions de francs. Napoléon justifie ces dispositions en alléguant que l'influence spirituelle exercée en France par un prince étranger, est contraire à l'indépendance de l'état, injurieuse à son honneur, et menaçante pour sa sûreté. Il laisse entendre qu'il ne fait que révoquer les dons de Charlemagne, son illustre prédécesseur, aux évêques de Rome, bienfaits dont ils ont abusé au préjudice de leurs devoirs spirituels et des intérêts des peuples mis sous leur autorité. — Sans doute ces motifs se justifieraient mieux que les inductions prises de la suprématie apostolique dont les pontifes du moyen âge faisaient dériver leur droit de gouverner la terre. Mais l'intérêt des sociétés dont la tranquillité serait sans cesse exposée, si des revendications qui remonteraient à la formation des états restaient perpétuellement en instance, cet intérêt a fait admettre le principe de droit public, qu'une longue possession confère un droit positif et à l'abri de toute recherche. C'est sur ce fondement que repose la validité d'un titre ancien, quoique irrégulier. Un nouveau maître est USURPATEUR, lorsqu'il s'établit par les armes comme *Clovis*, par la séduction comme *Pépin-le-Bref*, ou par l'un et l'autre moyen ensemble comme *Hugues-Capet* et *les évêques de Rome*. L'usurpation devient LÉGALE, par l'assentiment prononcé ou tacite des

sujets des princes et des peuples voisins, joint à la transmission déja effectuée de la puissance usurpée. Ainsi l'on ne saurait considérer comme usurpateurs, ni *les quatre fils de Clovis*, ni *Charlemagne*, ni *Robert*, ni, à plus forte raison, leurs descendants. La puissance acquise et continuée doit enfin devenir LÉGITIME par un long usage, une possession affermie, sans quoi tous les établissements humains se verraient exposés à des bouleversements sans terme. Mais, lorsqu'il s'agit de détrôner un prince, Napoléon a-t-il d'autre motif que son ambition, ou d'autre logique que sa convenance du moment (*V.* 10, 11 juin 1809; 27 février 1810)?

18. *Occupation de Trieste* par un détachement de l'armée d'Italie.

19. *Occupation d'Inspruck* par le maréchal *Lefebvre*, qui a soumis une partie du Tyrol.

20. Le quartier-général de l'armée d'Italie s'établit à *Villach*, ses avant-postes arrivent à *Klagenfurth*.

21, 22. *Bataille d'Esling*, livrée par *Napoléon* à l'archiduc Charles. —Le Danube, divisé, au-dessous de Vienne, en trois bras inégaux, sépare les deux armées. Les Français, qui occupent la rive droite, s'établissent dans les îles. Ils attaquent l'archiduc en position sur la rive gauche, derrière les villages de *Gross-Aspern* et d'*Esling*, à trois lieues nord de Vienne. Après plusieurs tentatives excessivement meurtrières, sur un espace très-resserré, dans lesquelles une troupe française a lutté avec opiniâtreté contre des forces supérieures et une formidable artillerie, les assaillants sont repoussés, et à ce moment même où ils apprennent la nouvelle de la rupture des ponts. Les munitions n'arrivant plus de la rive droite, ils restent sans moyens pour couvrir le feu de l'ennemi qui les foudroie sans relâche. La relation de l'archiduc porte, que, le premier jour, deux cent quatre-vingt-huit pièces autrichiennes ont tiré cinquante-un mille coups, tant à boulet qu'à mitraille; et que, le lendemain, plus de quatre cents pièces ont tiré, de part ou d'autre. — L'intrépide maréchal *Lannes* est blessé à mort; trois généraux perdent la vie; au-delà de cinq cents officiers, et *au moins* dix-huit mille soldats sont blessés. Le nombre des morts excède la proportion ordinaire. La perte des Autrichiens, moins considérable, est cependant très-forte. L'archiduc annonce quatre mille deux cents tués, et seize mille blessés.

Napoléon, qui n'avouera jamais que ses revers proviennent de ses fautes, accusera les éléments, la nature; il assignera des causes qui, suivant lui, se trouvent hors de la portée du génie de l'homme. Il se proclame victorieux à Esling, et n'avoue que onze cents morts avec trois mille blessés. S'il ne profite pas de la victoire, il faut, s'écrie-t-il burlesquement, s'en prendre au général *Danube*, le meilleur officier de l'Autriche, voulant exprimer que la crue subite du fleuve a rompu ses ponts, et, le privant de ses munitions, l'a contraint de se replier. En admettant que cette rupture de trois ponts, construits avec précipitation, dont l'un a deux cent quarante toises de long, ne tient pas à leur défaut de solidité, ou ne soit pas décidée par le choc de bateaux pesamment chargés ou autres machines lancées par l'ennemi, comment se justifier de n'avoir pas prévu la possibilité de ces crues d'eau, périodiques comme la fonte des neiges qui les amènent? D'ailleurs ces crues d'eau ne sont point assez fortes pour entraîner par elles-mêmes la destruction des ponts qu'on aurait bien établis. Mais Napoléon ne conviendra jamais d'une faute de tactique ou d'un échec. Cependant les plus grands capitaines ont vu dans quelques rencontres leurs combinaisons échouer; *César* se fit battre à *Dyrrachium*, *Turenne* à *Marienthal*, *Eugène* à *Denain*, *Frédéric II* à *Kollin*.

22. Le général *Macdonald*, commandant l'aile droite de l'armée d'Italie, fait capituler dans *Laybach*, capitale de la Carniole, l'autrichien Meerveldt avec quatre mille hommes.

25. A la suite d'un engagement heureux, le prince *Eugène Beauharnais*, commandant en chef l'armée d'Italie, parvient à *Léoben* (Styrie), où il prend la plus grande partie du corps de Jellachich. — *Gorice*, *Trieste* et *Klagenfurth* vont ouvrir leurs portes.

26. *Jonction de l'armée d'Italie avec l'armée d'Allemagne, à Bruck, sur la Muehr,* en Styrie (trente lieues sud de Vienne). L'archiduc *Jean*, qui faisait face à la première, opère sa retraite sur la Hongrie. — Des postes français occupent le pays de *Salzbourg*, *le Vorarlberg*, *le Tyrol*, *la Styrie*, *la Carinthie*, *la Carniole*, *le Frioul*, *l'Istrie*. — Le général *Marmont*, en marche de la Dalmatie, a pénétré à travers *la Croatie autrichienne* jusqu'à *Fiume*.

Juin 1er. L'archiduc Ferdinand évacue Warsovie (*V.* 21 avril, deuxième article), et commence sa retraite du grand-duché.

6. *Révolution de Suède.* Le duc de Sudermanie, régent provisoire de Suède (*V.* 13 mars, 29 mars, deuxième article; 10 mai), est proclamé roi par la diète, composée des quatre ordres réunis, *in pleno plenorum.* Il prend le nom de *Charles XIII.* — Le roi démissionnaire *Gustave-Adolphe IV*, sera banni. Mais sa personne ne cesse pas d'être honorée; elle est l'objet de tous les égards compatibles avec la sûreté du nouvel ordre de choses. La diète lui assignera,

pour lui, sa femme et ses enfants, une pension annuelle d'un million sept cent mille francs, outre la jouissance des biens et des rentes qu'ils possèdent comme particuliers dans le royaume.

Tel est l'esprit de droiture et de noblesse qui distingue une nation au sein de laquelle fleurissent d'anciennes institutions représentatives, qu'un roi doit les bénir, alors même qu'il descend du trône, pour les avoir méconnues. *Jacques Stuart* eût éprouvé des Anglais un semblable traitement, s'il eût su se conformer à sa destinée, sacrifier ses injustes desseins de domination exclusive à des considérations générales, ne pas chercher, auprès de Louis XIV, les moyens de remettre ses peuples sous le double joug des principes politiques et religieux qu'ils avaient rejetés, et auxquels ils avaient inutilement essayé de le faire renoncer.

10. Promulgation à Rome, du décret ordonnant la réunion des états de l'Église à l'empire français (*V.* 17 mai).

11. *Bulle d'excommunication émise par le pape Pie VII, contre Napoléon et ses coopérateurs à l'envahissement de Rome* (*V.* 17 mai).

A ce jour, comme au moyen âge, le chef du catholicisme, s'éloignant des principes de la vraie religion, n'aura fait usage de ce qu'on nomme des armes spirituelles que pour des intérêts temporels. — En 1588 *Sixte-Quint* excommunie *Henri IV*, en osant le qualifier *génération bâtarde et détestable de la maison de Bourbon.* — Cette démence superstitieuse de la cour de Rome reparaît sous *Louis XV*, dans l'excommunication fulminée par *Clément XIII*, sur un descendant de *Henri IV, l'infant duc de Parme.* Il semblerait que plus le despotisme est absurde, plus il est susceptible de s'invétérer. *Pie VII* a déja oublié, qu'il bénit, consacra celui qu'aujourd'hui il vient maudire (*V.* 2 décembre 1804). La bulle porte « QUE LES SOUVERAINS « APPRENNENT ENCORE UNE FOIS, QU'ILS SONT SOUMIS PAR LA LOI DE « JÉSUS-CHRIST A NOTRE TRÔNE ET A NOTRE COMMANDEMENT; CAR NOUS « EXERÇONS AUSSI UNE SOUVERAINETÉ, MAIS UNE SOUVERAINETÉ BIEN « PLUS NOBLE, A MOINS QU'IL NE FAILLE DIRE QUE L'ESPRIT DOIT CÉDER « A LA CHAIR, ET LES CHOSES DU CIEL A CELLES DE LA TERRE ». En s'exprimant ainsi, le pontife affaiblit, détruit même l'intérêt qu'inspire son infortune comme prince dépossédé et captif (*V.* 5 juillet).

Ce n'est aussi qu'une autre sorte de vertige, produit par le long usage et par l'ivresse de la domination, qui puisse amener un politique aussi pénétrant que Napoléon, à dépouiller, à jeter dans les fers le souverain pontife, à risquer d'exciter l'indignation de tous les pays catholiques et d'y provoquer l'esprit de résistance. Mais actuellement que cet empereur, si merveilleusement élevé, voit la prodigieuse extension de sa puissance, il ne croit plus utile ni convenable de ménager les opinions, les habitudes, les préjugés des hommes et des nations. L'idée principale de son plan est d'opposer la moitié du monde à l'autre moitié; les gens sans mœurs, sans principes, aux hommes nourris de saines doctrines et chérissant des habitudes d'ordre; et puis, de les courber tous sous le despotisme militaire. Machiavel a dit que le prince qui n'établit sa domination qu'au moyen de changements, ne doit rien laisser subsister de l'ancien état des choses, et sans doute Napoléon a pensé qu'il n'assurerait entièrement son empire qu'en renversant toutes les institutions d'autrefois. Mais, si l'on peut dompter, asservir des nations en détruisant chez elles la morale, la religion, l'ancien culte, les doctrines anciennes, peut-on conserver long-temps une vaste puissance sans le secours des deux premiers moyens? Voila un problême que l'expérience n'a pas encore résolu. Bonaparte fonde son empire par la violence des armes et par les fourberies de la politique. Pirate sur terre, il distribue de riches dépouilles à ses aventureux associés; conseiller perfide, en amenant les états et les royaumes les uns contre les autres, il conspire la destruction de tous. Ainsi il souleva l'Espagne contre le Portugal, la Russie contre l'Autriche; ainsi il portera la Prusse, l'Allemagne, l'Autriche même, contre la Russie.

Napoléon, par le concordat (*V.* 6 avril 1802), avait en quelque sorte relevé les autels, mais il se garda de ranimer l'esprit religieux. *Lucien Bonaparte*, le plus dépravé de ses frères, ne vint-il pas, s'appuyant sur l'autorité de l'estimable jurisconsulte *Portalis*, qui cessa de l'être en cette conjoncture, dire au corps législatif, en présentant ce concordat? « *La religion est un utile instrument dans les mains* « *du gouvernement, aussi-bien qu'une consolation* AUX ESPRITS-FAIBLES « ET AUX CONSCIENCES TIMORÉES. » Les Français seront-ils, d'après cela, bien portés à vénérer un systême de cérémonies fastueuses dont le but est si franchement avoué? D'ailleurs le clergé impérial est plongé dans la déconsidération, non par les autorités, mais par lui-même; en ayant juré, abjuré, repris ses premiers serments, suivant les circonstances. Quelle estime pourrait-on avoir pour un *abbé Bernier*, transfuge du camp des Vendéens, qui le virent dans leurs rangs le crucifix à la main, lorsqu'on le voit s'incliner sans dignité, dans les salons des Tuileries, devant l'ennemi des Bourbons, pour soutenir la cause desquels ce prêtre a fait verser des flots de sang? Quel sentiment peut inspirer aujourd'hui l'*abbé Maury* transformé en cardinal, trahissant, avec une insigne lâcheté, des serments solennels, et se courbant dans les antichambres des favoris de la plus sanguinaire révolution, les *Fouché*, les *Merlin* ? Tout Paris verra ce spectacle pendant plusieurs années; et la France a vu, et voit un nombre infini d'ecclésiastiques prostituer leur sainte profession. Le clergé s'est encore perdu dans l'opinion, par l'adulation blasphématoire de tous les prélats qui, dans leurs lettres pastorales, leurs sermons, leurs mandements, à chaque occasion, comparent *Bonaparte* à *Cyrus*, l'élu de Dieu, etc., etc., etc. (*V.* 27 mai 1804 et 24 septembre 1805). Il ne fallait plus que les doctrines si explicitement énoncées dans cette bulle d'excommunication, pour que le clergé perdît tout son crédit chez les hommes éclairés et même chez ceux dont l'esprit n'est pas entièrement fasciné par d'abjectes superstitions, qui sont non-seulement hors de la religion, mais qui en sont réprouvées.

14. *Bataille de Raab*, en Hongrie.—L'armée d'Italie qui n'abandonne pas les traces de l'archiduc Jean, repoussé des bords de la Piave (*V.* 8, 27 mai), l'atteint de nouveau sur le Danube, au moment où il vient d'opérer sa jonction avec l'archiduc palatin, commandant les forces hongroises. Le prince *Eugène Beauharnais* bien secondé par le général *Grenier*, soutenu vers la fin de la journée par le général *Macdonald* amenant l'aile droite, et renforcé par des détachements de l'armée d'Allemagne, attaque les Autrichiens et les met en déroute en leur causant une perte considérable. Le général *Lauriston* se distingue dans cette journée, fertile en résultats avantageux.

18. *Combat de Belchite* (huit lieues sud de Saragoce).—Le général *Suchet* défait complètement le général espagnol Blake, battu une première fois, le 15, sous Saragoce.

22. *Capitulation* de la place de *Raab*, attaquée depuis huit jours par le général *Lauriston*.

Juillet 4, 5. *Passage du Danube et bataille d'Enzersdorff* (cinq lieues est de Vienne).—Les Français, réjetés par leur défaite à *Esling* (22 mai) sur la rive droite du Danube, se sont établis dans la grande île *In-der-Lobau*. Les deux armées s'observant, se retranchant avec soin, séparées seulement par le bras septentrional du Danube, large de soixante pas, n'ont, depuis six semaines, rien entrepris. Enfin, dans la nuit du 4 au 5, les Français passent sur la rive gauche du continent. Là, s'engage une action très-vive avec l'aile gauche de l'archiduc Charles, près de la petite ville d'*Enzersdorff*, qui est réduite en cendres. Les Français se maintiennent après vingt-quatre heures des plus violents efforts, de part et d'autre.

5, 6. *Le pape Pie VII*, en contestation avec Napoléon (*V.* 17 mai, 11 juin), *est enlevé de Rome*, pendant la nuit, d'après l'ordre de *Murat*. — On transportera le saint-père à travers les Alpes, non comme une idole offerte à l'adoration du peuple, mais comme un proscrit dont on est embarrassé. Sans égard pour son grand âge, pour sa double dignité, Napoléon agit envers ce souverain, comme en usèrent Sapor envers Valérien, Tamerlan envers Bajazet. Envoyé d'abord à *Grenoble*, Pie VII sera transféré à *Savone*, où, gardé à vue, il ne jouira d'autre liberté que de celle de dire la messe.

Bataille de Wagram. — Ce village est à cinq lieues nord-nord-est de Vienne, dans une plaine cultivée et découverte. — A *Wagram* même, s'appuie le centre de l'armée aux ordres de l'archiduc Charles; armée dont le développement s'étend à plus de deux lieues sur chaque aile. — L'extrême gauche des Français est confiée au maréchal *Masséna*, que flanque le maréchal *Bernadotte*, suivi du prince *Eugène Beauharnais*; ce dernier se lie au centre occupé par les généraux *Marmont*, *Oudinot*, et la garde; le corps très-nombreux du maréchal *Davoust* forme l'aile droite. L'artillerie est, de part et d'autre, la plus formidable qui ait été mise en jeu dans aucune bataille rangée sur terre. L'ennemi présente cent vingt mille hommes, dont douze mille sabres, avec cinq cents pièces de canon. L'armée française, plus nombreuse, est inférieure en artillerie; les pièces sont même d'un moindre calibre.

L'action principale, qui commence au lever du soleil, et dure douze heures, avec un égal acharnement, dans les rangs opposés, offre, à proprement parler, le développement des attaques partielles de la veille. Cette immense plaine, mise en feu par neuf cents bouches qui le vomissent sans relâche, voit s'élever d'épais tourbillons de fumée sur ses moissons, naguères si riches, sur ses beaux et grands villages, subitement réduits en cendres. — Vers la fin du jour, l'archiduc Charles, ayant son aile gauche renversée, et se trouvant de la sorte séparé de la Hongrie et d'un corps de quinze mille hommes, aux ordres de l'archiduc Jean, qui aurait dû arriver au point du jour, l'archiduc Charles fait retirer ses bagages et reployer ses divisions avec un ordre admirable, si l'on considère combien il est difficile de compter sur la discipline après un engagement aussi long, aussi meurtrier, aussi varié par les manœuvres, aussi étendu par sa ligne, et dans un des jours les plus ardents de l'été. L'archiduc laisse le champ de bataille jonché d'Autrichiens; mais à peine a-t-il perdu quelques centaines de prisonniers, plus que compensés par ceux qu'il nous a faits, et par la prise de neuf pièces de la *division Boudet*. Ces résultats sont positifs, malgré la jactance de nos bulletins. — De notre part, outre un très-grand nombre de tués, dont le chef de l'état-major a pu seul avoir un état approximatif, état qui aura été confidentiel de lui au général en chef, on ne saurait évaluer au-dessous de vingt mille blessés les malheureux qui n'expirèrent pas en présence de l'ennemi; quoique le général français n'avoue que quinze cents morts et quatre mille blessés. Le 10, quatre jours après l'action, on ramasse encore au milieu des blés des hommes mutilés, écrasés et à demi consumés; des soldats haletants sous les dards enflammés du soleil de juillet dont rien ne les garantit, assaillis par des myriades d'insectes, et qui cependant conservent le souffle vital, après soixante heures sans avoir pris ni nourriture, ni rafraîchissements, ni cordiaux; les vers s'attachent déja aux plaies. Les jours suivants, Vienne et ses faubourgs renfermeront *vingt-trois hôpitaux*, et encore y aura-t-il fort peu de maisons qui n'aient recueilli quelques victimes du champ de Wagram. Dans cette capitale de deux cent soixante mille habitants, ville de luxe, dont le peuple, tranquillement laborieux, vit dans l'aisance, connaît peu les vices qui la détruisent, est bon, est charitable, par instinct comme par habitude, le linge manque assez pour que l'*étoupe* soit employée en supplément de *charpie*, dont on recouvre seulement le cratère de la plaie. — Qu'on juge donc l'homme qui sans cesse fait bruit de sa gloire, et se vante, à l'univers, de savoir exterminer ses adversaires! C'est bien aujourd'hui, que tout Français doit redire ce mot d'un Romain: *Quand cesserons-nous de vaincre?*

7. *Santo-Domingo se rend, par capitulation*, aux Anglais joints par les habitants espagnols qui se sont insurgés contre les Français. — Cette perte, qui termine l'évacuation de l'île, est un des résultats de l'injuste expédition de Napoléon en Espagne.

12. *Décret impérial.* — Contribution de cent quatre-vingt-seize millions de francs, frappée sur les états conquis de l'Autriche.

Armistice de Znaïm. — L'armée autrichienne, se repliant depuis le 6, avec ordre et sans se laisser entamer, arrive à Znaïm, ville de la Moravie, à vingt-quatre lieues du champ de Wagram. Son arrière-garde est aux prises avec l'avant-garde française, lorsque le signal de cesser le combat se fait entendre. L'empereur François Ier a pris subitement la résolution de s'humilier et d'implorer la paix. On convient d'une suspension d'armes; les Autrichiens se retirent en Bohême.

Voici la position respective des deux puissances belligérantes.— Le système de Napoléon, bien développé aujourd'hui, consiste à sacrifier les hommes au terrain; la méthode de l'Autriche, dans ses quatre guerres, fut, au contraire, de perdre du terrain plutôt que des soldats; et, en dernier résultat, ses revers la laissaient avec des troupes toutes formées, d'une grande importance numérique, et rassemblées sur un territoire moins vaste et moins découpé. L'archiduc *Charles*, auquel on avait, depuis ses premiers revers sur le haut Danube, permis d'opérer sans contrôle, suivait le plan très-sage de se maintenir sur la défensive et d'user son ennemi, à l'exemple de *Fabius Cunctator*, du maréchal *Daun*, du général *Washington*. Au moment de l'armistice de Znaïm, l'armée allait effectuer sa retraite en Bohême, contrée fertile, peuplée d'hommes belliqueux, hérissée de montagnes et de places fortes. En s'y engageant, les Français se réduisaient à la guerre de chicane; ils restaient exposés sur leurs derrières; les deux cent soixante mille habitants de Vienne pouvaient se soulever en s'appuyant sur les Hongrois, nation énergique, nation toute militaire, surprise dans son élan et non défaite ou soumise, dont le territoire était à peine effleuré, et qui se rappelait avoir sauvé deux fois l'Allemagne du joug étranger. — Le cabinet de Pétersbourg avait bien déclaré la guerre à l'Autriche, mais tard (*V.* 3 mai); et son attitude indécise n'annonçait point l'intention de contribuer à l'affaiblissement d'une puissance qui lui ouvrit le chemin de l'occident, à laquelle il tenait par une multitude d'à-propos politiques. Une division russe s'avançant, à pas comptés, en Gallicie semblait plutôt épier la marche des Polonais, conduits par Poniatowski, que chercher l'occasion de les soutenir. Fidèle à son plan de déception, depuis qu'elle s'insinua dans le système politique des nations civilisées, la Russie ne paraît s'associer à la France, qu'afin de surprendre un nouvel accès, pour si étroit qu'il soit, dans les affaires générales, et de dérober, si l'occasion arrive, un fragment de territoire à l'occident, quelque exigu qu'il semble. Son grand principe de conduite consiste dans la ruse qui agit de loin, à l'instar de ce cauteleux quadrupède si bien mis en scène dans la fable 17 du livre IXe de La Fontaine. — Encore quelques jours de temporisation du conseil aulique, ordinairement si temporisateur, et la communication de l'armée française avec l'Italie se trouvait coupée par les inexpugnables montagnards du Tyrol levés en masse, et brandissant une guerre d'extermination. — Le Piémont songeait à se détacher de la France; le superstitieux et vindicatif Piémontais se soulevait déja, et à défaut d'épée, il aurait recours au stylet, son ancienne arme, dont il regrette tant l'usage, depuis que les mœurs françaises ont été violemment introduites dans sa patrie, jusque alors si misérablement gouvernée; mais telle est la force des habitudes dépravées! — L'insurrection du Vorarlberg, liée à la cause des Tyroliens, menaçait de gagner le Wirtemberg, et d'intercepter le passage direct sur Strasbourg. — Les Westphaliens venaient de repousser cet adolescent, déja vieilli dans la corruption, appelé le roi Jérôme; ils se disposaient à soutenir avec décision, les partisans qui s'étaient emparés de Dresde, sous le commandement du duc de Brunswick-OEls, que les populations éparses de l'Elbe et du Wéser regardaient comme le vengeur des opprimés. On n'ignorera plus, dans quelques années, que le roi de Prusse, si outrageusement traité à Tilsitt, favorisait en secret cette entreprise. — Les Anglais étaient, depuis trois mois, toujours à la veille de décharger, à l'embouchure de l'Escaut, un armement formidable (*V.* le 29); ils savaient combien les Hollandais gémissaient de se voir enclavés dans l'empire français. — Au sud-ouest de l'Europe, on remarque un peuple qui redouble d'énergie contre des ennemis que devait priver de renforts la résistance prolongée des Autrichiens.

Eh bien! malgré ses nombreux auxiliaires, malgré cette multitude de chances favorables, le descendant de ces princes lorrains, si belliqueux, ou si téméraires, le petit-fils du duc François qui délivra la monarchie de Rodolphe, jette tout-à-coup son épée et s'incline. Car, ce qu'il redoute par-dessus tout, ce sont les hasards d'une lutte continuée corps à corps avec son vigoureux adversaire. Les secours, qu'il voit au loin, ne lui paraissent d'aucune valeur, et deux fois en Moravie (*V.* 4 décembre 1805) ses timides conseillers lui auront dit qu'une bataille perdue et la capitale envahie laissent la monarchie sans ressource. L'archiduc Charles dépose le commandement. Il a disputé la victoire; il ne veut pas discuter l'ignominie de la paix. Et le vainqueur, dont on couronne l'orgueil, s'apprête à dicter ses arrêts, dans le palais même du souverain vaincu, à *Schoenbrunn*.

Quoi qu'il en soit, les moyens et le courage du vainqueur ont été plus sérieusement exercés dans cette dernière lutte que dans les précédentes guerres; et même, si les Autrichiens ont cédé à l'incomparable bravoure des troupes françaises, et à l'habileté supérieure de leurs chefs, ce n'est qu'après avoir donné des preuves de force et de résolution. Aucune des trois autres guerres de l'Autriche, ni la guerre prussienne, ni la guerre russe, ne saurait se comparer à cette dernière guerre, pour l'équilibre de la fortune à la campagne qui finit à Znaïm. Il y a même eu un instant où la bravoure et la force des deux armées ont pu se contrebalancer. Un degré de plus d'énergie dans le conseil autrichien, un degré de plus d'audace dans le chef qui avait eu le temps de se porter, avec avantage, à la droite du Danube, sur le flanc de l'armée ennemie, soit par Krems, soit par Presbourg; et le vainqueur enveloppé de toutes parts, saisi jusqu'aux points les plus éloignés de sa domination, succombait sous l'indignation universelle. Mais à ce jour, devant Znaïm, l'occasion a fui, et l'armistice peut être une ressource, du moins un palliatif. L'incohérence des plans entre les puissances, ouvertement ou secrètement coalisées; l'excessive rapidité des mouvements offensifs de Napoléon; l'admirable constance de ses troupes, déconcertant la politique temporisante et la timide tactique du cabinet autrichien, ont privé ce cabinet de chances favorables qui, deux mois auparavant, semblaient infaillibles. On dirait que la Providence refuse au conseil de Vienne le talent de saisir les conjonctures opportunes pour la délivrance de l'Europe, de même qu'elle se plaît à laisser encore aux Français le temps de revenir de l'aveugle confiance qu'ils ont mise dans le destructeur de leur liberté, qui fait d'eux des instruments de ravage et d'oppression.

13. *Décret impérial* imposant des contributions de guerre sur les provinces conquises de la monarchie autrichienne; total, deux cent trente-sept millions huit cent soixante mille francs.

14. Les Autrichiens rendent Cracovie aux troupes polonaises.

Colonies. — Les Anglais s'emparent des établissements français au Sénégal.

Les généraux *Oudinot*, *Marmont*, *Macdonald*, dont les talents ont brillé d'un nouvel éclat dans cette campagne, *sont créés maréchaux.*

28. *Bataille de Talavera-la-Reyna* (sur le Tage, à vingt-cinq lieues sud-ouest de Madrid). Arthur Wellesley (Wellington) qui se porte sur Madrid, est attaqué par le maréchal *Victor.* Il le repousse, lui fait essuyer une perte assez considérable en tués ou blessés, et se rend maître de quelques pièces de canon. Le général anglais avoue la perte de six mille des siens, en se plaignant à son gouvernement de ce que ses auxiliaires espagnols, ne se trouvant pas eux-mêmes attaqués, n'ont pris aucune part à l'action. — Cet échec est l'effet de

l'impéritie du soi-disant roi *Joseph*, qui, jaloux de se signaler, donne l'ordre d'attaquer avec des troupes numériquement plus faibles, et avant la jonction du maréchal *Soult* qui commande en chef une forte armée, ayant sous ses ordres, les maréchaux *Ney*, *Mortier*. Le mentor de Joseph est le maréchal *Jourdan*, chef de son état-major royal. — Néanmoins le général anglais ne tardera pas à quitter l'offensive, et à se retirer en Portugal, pour éviter le maréchal Soult.

29 — 31. *Expédition dans l'Escaut.* — Dix-sept mille hommes, formant l'avant-garde de la plus nombreuse et de la plus formidable expédition qui soit jamais partie des ports britanniques (*V.* 24 décembre), paraissent à l'embouchure de ce fleuve, s'emparent de Middelbourg, de Terver, du fort de Batz, et se portent sur Flessingue.

Août 8. *Combat d'Arzobispo* (sur le Tage, trois lieues ouest de Talavera-la-Reyna). Le maréchal *Soult*, secondé du maréchal *Mortier*, défait les Espagnols, et s'empare de trente pièces d'artillerie; avantage inutile, par les mauvaises dispositions qu'ordonne *Joseph* qui se plaît à croire, qu'en lui conférant le titre de roi, *Napoléon* lui transmit son génie militaire.

15. *Reddition de Flessingue*, livré aux Anglais (*V.* 29 juillet), par le général *Monnet*, après un bombardement de trente-six heures seulement; la place étant défendue par plus de quatre mille hommes, approvisionnée pour plusieurs mois, et l'ennemi se trouvant encore à la distance de quatre cents toises. — Le général Monnet, traduit devant un conseil de guerre, sera jugé coupable par la mollesse de sa défense.

Octobre 5. *Sénatus-consulte* qui met à la disposition du gouvernement trente-six mille conscrits, pris dans les classes de 1806, 7, 8, 9 et 10.

14. TRAITÉ DE PAIX SIGNÉ A VIENNE, *entre la France et l'Autriche.* —*L'Autriche cède*, en faveur des souverains de la confédération du Rhin, *Salsbourg*, *Bergtolsgaden*, avec une partie de la haute Autriche. Elle cède à Napoléon *Gorice*, *Montefalcone*, *Trieste*, *le cercle de Villach* en Carinthie, et *tous les pays* situés *à la droite de la Save*, jusqu'à la frontière de la Croatie turque. Elle cède au grand-duché de Warsovie toute la *Gallicie occidentale* avec *Cracovie*, ainsi que *le cercle de Zamosc* dans la Gallicie orientale. Elle cède enfin à la Russie *un territoire* renfermant une population de quatre cent mille *ames*, pris dans la partie la plus orientale de la Gallicie. L'empereur d'Autriche reconnaît tous les changements survenus *ou qui pour-*

raient survenir en Espagne, en Portugal, en Italie; il adhère au système prohibitif adopté par la France et la Russie, à l'égard de l'Angleterre, pendant la guerre maritime actuelle, et s'engage à cesser toute relation commerciale avec l'ennemi du continent.

14. *Décret impérial rendu à Schoenbrunn* (une lieue ouest de Vienne), portant réunion des pays cédés à la France par le traité de ce jour, plus la Dalmatie, en un seul corps, sous la dénomination de *Provinces illyriennes.*

25. *Marine Française.* — Le contre-amiral anglais Martin oblige une escadre française de trois vaisseaux et deux frégates, commandée par le contre-amiral *Baudin*, de s'échouer sur les côtes du département de l'Hérault, et de mettre le feu à deux de ses vaisseaux. — Le convoi escorté par cette escadre se réfugie dans la baie de Roses. Il y sera pris ou détruit par l'ennemi.

Novembre 19. *Bataille d'Ocana* (près d'Aranjuez). — La principale armée des insurgés d'Espagne, forte de cinquante mille hommes, est détruite ou mise en déroute par le maréchal *Mortier*, à la tête de vingt-cinq mille Français. Cette victoire décide l'invasion de l'Andalousie, ouverte depuis l'abandon des défilés de la Sierra-Morena.

20. *Évacuation de Vienne* par les Français (*V.* 13 mai).

28. *Combat d'Alba de Tormès* (cinq lieues sud-est de Salamanque). Le général *Kellermann* avec quelques régiments de cavalerie, met en déroute une nombreuse armée d'insurgés, et s'empare de quinze pièces de canon.

Décembre 1er. *Prise de Gironne* (Catalogne), par le maréchal *Augereau*, après un siége de cinq mois que le général *Gouvion-Saint-Cyr* a conduit jusqu'à la fin. On y trouve deux cents pièces de canon.

16. *Sénatus-consulte portant dissolution du mariage de Napoléon, avec Joséphine Tascher de la Pagerie, mère du prince Eugène Beauharnais, vice-roi d'Italie.* Cet acte est rendu par le sénat-conservateur (*V.* 18 janvier 1810, premier article.).

23. Retour du roi de Prusse à Berlin, après trois ans d'absence.

24. *Expédition de l'Escaut.* — Les Anglais ayant démoli les arsenaux et les chantiers de Flessingue (*V.* 15 août), évacuent cette place, et se rembarquent, terminant de la sorte une tentative honteuse pour leurs armes, et si tardivement faite qu'elle n'a pu prévenir ou atténuer les désastres de l'Autriche, et n'a produit qu'une très-faible diversion dans les affaires d'Espagne. Un armement de

sept cents voiles, dont cent vaisseaux de guerre, avec plus de quatre-vingt mille hommes en état de combattre sur terre ou sur mer; un armement fait à des frais énormes, aboutit à ce misérable résultat. — C'est au maréchal *Bernadotte* qu'on doit les premières mesures de conservation des établissements maritimes d'Anvers.

·1810·

Janvier 6. *Système continental. — Traité de paix entre la France et la Suède, signé à Paris.* — La Poméranie suédoise et l'île de Rugen sont rendus à la Suède qui, adhérant entièrement à la politique de la France, interdit l'entrée de ses ports au commerce anglais.

18. Sentence de l'officialité diocésaine de Paris, déclarant la nullité, quant au lien spirituel, du mariage de l'empereur Napoléon, avec l'impératrice Joséphine (*V.* 16 décembre 1809). — L'officialité métropolitaine confirmera cette sentence.

18. Le maréchal *Oudinot*, commandant une armée française, déclare, de son quartier-général de Bréda, que l'empereur Napoléon lui ordonne de prendre possession des pays situés entre la Meuse et l'Escaut.

24. *Système continental.* — Déclaration de Napoléon contre l'administration de la Hollande, accusée de faire, des ports bataves, les entrepôts du commerce anglais (*V.* 1er juillet.)

Février 2. *Occupation de Séville*, siége de la junte suprême des insurgés espagnols, point central de leurs forces, et dépôt général de leurs armées (maréchal *Soult*). La junte se refugie à Cadix. — A ce jour, Alicante et Carthagène sont, avec Cadix et l'île de Léon, les seuls points où n'ont pas pénétré les armes françaises.

6. *Reddition de la Guadeloupe* aux Anglais. — Le général *Ernouf*, capitaine-général, accusé d'abus de pouvoir, de concussions et de trahison, sera mis en jugement. Diverses circonstances, en ayant suspendu les informations et la poursuite, il demandera et obtiendra une ordonnance de *Louis XVIII*, le 25 juillet 1814, laquelle exprimant « la volonté d'user d'indulgence envers un officier-général qui a rendu d'utiles services à la patrie », enjoint « de ne donner aucune suite à la procédure ».

7. Convention de mariage entre l'empereur Napoléon et l'archiduchesse Marie-Louise, fille de François Ier, empereur d'Autriche (*V.* 18 janvier, premier article).

La nécessité de sauver ce qui survit de la puissance autrichienne, mutilée par des guerres et des traités également funestes, a conduit le chef d'une maison altière, à conclure un mariage qui n'est pas même *morganatique*. Le faible monarque ne saurait garantir ses frontières, ouvertes de toutes parts, qu'au moyen d'une étroite union avec son formidable voisin. Il ne peut recréer ses forces intérieures; car, tant que la sécurité de ses états restera menacée de la sorte, il lui sera impossible de relever ses finances abîmées (*V.* 14 octobre 1809). Il se soumet. Il attend de sa condescendance envers le grand empereur d'Occident, quelques reflets de gloire et de bonheur, ou du moins la restitution de quelques lambeaux de ses anciennes possessions en Pologne, en Allemagne, en Italie, en Illyrie. Cette monarchie maladive, mais fidèle à ses traditions, espère beaucoup du temps et de cette froide dissimulation, dont le cabinet de Vienne possède tout le secret; et dont, par exemple, le prince de Kaunitz fit un si profitable usage, en déterminant l'auguste Marie-Thérèse à flatter la courtisanne Pompadour. L'intimité des nouvelles relations déguisera les mystères de la politique, jusqu'à ce que la fortune, ayant pitié de l'Autriche, lui jette un dé favorable qu'elle n'ait que la peine de relever (*V.* 9 septembre, 3 octobre 1813).

Napoléon est parvenu à ce point de sa carrière, où l'affermissement de ce qu'on possède devient plus à-propos qu'une continuité des mêmes efforts pour acquérir encore. Le lien qu'il forme avec la première maison de la chrétienté donne, aux yeux de la nation française et du monde entier, un tel degré de solidité et de perfection à l'édifice de sa grandeur, que de nouveaux projets d'agrandissement ne peuvent que l'affaiblir et l'ébranler. Ce que la France, l'Europe, tant de nations foulées et réduites au désespoir, demandent au ciel, une saine politique le prescrit, comme loi de sa propre conservation, au monarque tant de fois couronné par la victoire. Mais cette grande alliance ne fera qu'irriter son ambition. Il fatiguera son génie, en cherchant toujours à dépasser la hauteur de la plus haute destinée depuis Charlemagne; et cet évènement, qui semble consolider son rang, comptera parmi les causes de sa perte. Pensant n'avoir désormais rien à redouter du côté de l'Allemagne, il ne mettra plus de bornes à ses projets d'agrandissement.

7. *Clôture du corps législatif.* — Le président *Fontanes*, le plus disert des orateurs qui ont prodigué la louange à Napoléon, fait entendre les paroles suivantes: « .... On a souvent nommé « les rois d'illustres ingrats; on a dit, non sans quelque raison, qu'ils « mettaient trop tôt en oubli le dévouement de leurs sujets, et que,

« auprès du trône, il était plus utile de flatter que de servir. *Combien* « LE MAÎTRE *à qui nous sommes attachés, mérite peu ce reproche!* « Quels dévouements extraordinaires ne doit pas attendre un souve- « rain *si magnanime! Périsse à jamais le langage de l'adulation et de* « *la flatterie!* Je ne commencerai point à m'en servir dans les der- « nières paroles que je prononce à cette tribune, d'où je vais des- « cendre pour toujours. Je n'ai point oublié les devoirs imposés à ce « corps *respectable* et cher, et dont j'ai *l'honneur*, encore une fois, « d'être l'organe et l'interprète. Le corps législatif ne doit porter au « pied du trône que la voix de l'opinion publique. C'est avec elle « seule que je louerai le prince. *L'élite de la France et de l'Europe* « *est ici rassemblée.* J'en appelle à leur temoignage........ J'inter- « roge maintenant tous ceux qui m'écoutent. En est-il un seul qui « désavoue le moindre trait de ce tableau? Heureux les princes qu'on « peut louer dignement *avec la vérité!* Heureux aussi l'orateur qui « ne donne aux rois que des éloges *justifiés par leurs actions!* »

17. *Sénatus-consulte organique* qui sanctionne le décret du 17 mai 1809, ordonnant la réunion à l'empire français de Rome et des états du pape, lesquels formeront deux départements. — Il est déclaré que toute souveraineté étrangère est incompatible avec l'exercice de toute autorité spirituelle dans l'intérieur de l'empire. — Le pape a le choix du lieu de sa résidence; il conservera deux palais, à Paris, et à Rome; sa dotation sera de deux millions en biens ruraux, francs d'impositions.

Mars 2. *Promulgation des dernières dispositions du code pénal.* Les premières ont été promulguées le 1er février précédent.

3. *Décret impérial concernant les détenus dans les prisons d'état, qu'il n'est point convenable ni de faire traduire devant les tribunaux, ni de faire mettre en liberté.* — Il y aura HUIT PRISONS PERMANENTES, dans les châteaux de Saumur, Ham, If, Landskrown, Pierre-Châtel, Fénestrelle, Campiano, Vincennes. — La détention sera ordonnée par *le conseil privé*, sur le rapport du ministre de la police ou de la justice. En outre, le premier a la faculté *de mettre en surveillance* les individus *qui lui paraîtront* devoir y être mis.

Il ne manque à cette disposition du sultan *Bonaparte* et de son visir *Fouché*, que de faire graver sur la porte de ces huit bastilles, l'inscription dérisoire des prisons de Gênes, *Liberté*.

16. *Bourse de Paris.* — Cinq pour cent, quatre-vingt-huit francs quatre-vingt-dix centimes, taux le plus élevé des effets publics, pendant la durée du gouvernement impérial.

Traité entre l'empereur Napoléon et son frère Louis, roi de Hollande, qui cède le Brabant hollandais, toute la Zélande, la partie de la Gueldre située à la gauche du Wahal. — Ces pays formeront les départements français *des Bouches-du-Rhin (Bois-le-Duc), des Bouches-de-l'Escaut (Middelbourg)*, (*V.* 24 avril). — Tout commerce entre les ports de la Hollande et de l'Angleterre est défendu aussi long-temps que les ordres du conseil britannique (*V.* 11 novembre, 18 décembre 1807) ne seront pas révoqués. Dix-huit mille hommes, dont douze mille Hollandais et six mille Français, surveilleront l'exécution de cette disposition.

Avril 19. Les provinces de *Caracas*, *Cumana*, *Barinas*, *Margarita*, *Barcelonne*, *Merida et Truxillo*, dans l'Amérique espagnole du sud, forment un gouvernement fédératif, désigné sous le nom de *Confédération américaine de Venezuela*, mais sans annoncer l'intention de se séparer de la métropole.—De semblables révolutions auront successivement lieu dans plusieurs colonies de la même nation, au Nouveau-Monde.

23. *Combat de Lerida.* — Le général *Suchet* défait complètement le général espagnol O'Donnell.

24. *Sénatus-consulte organique*, portant *réunion* à l'empire français de tous les pays situés sur la rive gauche du Rhin, depuis les limites des départements de la Roër et de la Meuse-Inférieure, en suivant le thalweg du Rhin jusqu'à la mer (*V.* 16 mars).

Mai 1er. *Système continental.* Acte du congrès des Etats-Unis d'Amérique, qui interdit l'entrée des ports américains aux vaisseaux de guerre français et anglais.

6. *Prise d'Astorga.*—Cette place forte est emportée d'assaut après dix-huit jours de tranchée ouverte, par le général *Junot*, appartenant à l'armée du maréchal *Masséna*.

13. *Prise de Lerida.* — Le général *Suchet* s'empare de cette place très-importante, après quinze jours de tranchée ouverte. On y trouve une grande quantité d'approvisionnements de guerre.

15. *Évasion de prisonniers français en Espagne.*

Six cents Français, presque tous officiers, sont détenus sur le ponton *la Castille*, dans la baie de Cadix. Ils osent entreprendre de s'échapper et de rejoindre les troupes de leur nation. — Une mauvaise carcasse de navire, dépouillée de tous ses agrès, conduite par des militaires sans armes et sans expérience de la mer, aborde le rivage, malgré la surveillance de deux escadres anglaise et espagnole, sous le feu de plusieurs chaloupes canonnières et celui de la batterie de Puntalès. Un officier du dixième de dragons, le chevalier *Faurax*, passe à la nage un intervalle de deux mille toises, afin de mettre en communication ses malheureux camarades du ponton, avec le corps du maréchal *Victor* posté sur la terre-ferme, et retourne aussi à la nage pour les prévenir des dispositions de secours.

Le succès de cette tentative étonne moins encore, que l'audace qui la fit entreprendre. Ce coup-de-main est un des plus admirables qu'ait inspirés l'amour de la liberté, et le plus hardi peut-être de tous ces nombreux exemples de résolution et d'intrépidité que les Français ont donnés, pendant vingt-cinq ans de guerre.

21. *Mort à Londres du chevalier ou de la chevalière d'Éon*, personnage diplomatique du cabinet Pompadour. Le sexe équivoque ou déguisé, les missions secrètes de cet aventurier ou de cette aventurière, ses discussions scandaleuses dans des fonctions publiques, représentent comme un miroir fidèle la cour de Versailles, la politique de la France dégénérée et la physionomie morale de *Louis XV*.

Juin 8. *Prise de Méquinenza* par le général *Suchet*. — Cette ville est très-forte par sa position élevée au confluent de l'Ebre et du Sègre. On y trouve de grands magasins.

18. *Système continental*. — *Décret impérial* qui prescrit l'usage exclusif du *sucre de raisin*, dans tous les établissements publics.

26. *Mort de Joseph Montgolfier*, mécanicien distingué par plusieurs inventions utiles, entre autres celle du *bélier hydraulique* qui élève l'eau à soixante pieds. Terme moyen, la dépense d'eau est au produit de cette machine, dans le rapport de cent à cinquante-quatre, tandis que, dans l'énorme machine de Marly, la dépense est au produit comme soixante est à un. Montgolfier est encore cité pour la perfection qu'il a donnée à la fabrication du papier.

Juillet 1er — 9. *Louis Bonaparte*, administrateur de la Hollande sous le nom de roi (*V.* 5 juin 1806), désapprouvant les mesures violentes et si défavorables au commerce maritime de ce pays que prescrit l'empereur *Napoléon*, son frère, a long-temps essayé de s'y soustraire et de les éluder. Mais à l'approche d'un corps français, Louis abdique en faveur de son fils. — Le maréchal *Oudinot* s'empare d'Amsterdam. — L'abdication est rejetée. — Un *décret impérial* ordonne l'incorporation de la Hollande à l'empire français, attendu que « la réunion de la Belgique à la France ayant détruit l'indépen-« dance de la Hollande, le système de la Hollande est devenu *néces-« sairement* celui de la France, comme si elle était une de ses pro-« vinces............ Le peuple y gémit sous le poids de vingt-trois

« contributions et d'une dette énorme..... Votre majesté, en donnant « à la Hollande un gouvernement provisoire, n'a fait que prolonger « sa douloureuse agonie...... Ainsi votre majesté doit prononcer cette « réunion pour l'intérêt comme pour le salut de ce peuple........ « La Hollande est comme une émanation du territoire de la France; « elle est comme *le complément de l'empire. Pour posséder le Rhin* « *tout entier*, votre majesté *doit aller jusqu'au Zuyderzée......* » Tel est le langage que dicte à son ministre, ou plutôt à son commis des affaires étrangères, nommé *Champagny*, l'insatiable *Napoléon* empressé d'achever la ruine d'un peuple estimable qu'il efface de la liste des nations. — Jamais l'Europe ne vit de détestables usurpations aussi scandaleusement justifiées, aussi dérisoirement palliées. C'est ici la pitié d'un brigand qui achève sa victime pour la soustraire, dit-il, à la douleur de ses blessures. Le sort du roi d'Étrurie (*V.* 27 octobre, 10 décembre 1807) a déja prouvé que Napoléon écrase la tête sur laquelle il a fait tomber une couronne.

7, 8. *Colonies. — Prise de l'île de Bourbon*, par les Anglais.

10. *Troisième expédition en Portugal.—Prise de Ciudad-Rodrigo,* place forte de la province de Léon, en Espagne sur la frontière du Portugal, après vingt-cinq jours de tranchée ouverte. La garnison, de six mille hommes, est prisonnière de guerre. On trouve dans la place une grande quantité de bouches à feu, d'armes et de munitions de toute espèce. Le maréchal *Ney* a commandé le siége.

Août 5. *Système continental.* Napoléon fait déclarer aux États-Unis d'Amérique, que ses *décrets de Berlin et de Milan* (*V.* 21 novembre 1806, 17 décembre 1807) cesseront d'avoir force au 1er novembre suivant, si le gouvernement britannique révoque ses arrêtés du blocus continental et de l'assujettissement des neutres à ses réglements (*V.* 11 novembre, 18 décembre 1807), ou lorsque les États-Unis se décideront à faire respecter leur indépendance.

Système continental. — Décret impérial qui soumet à un tarif très-élevé les marchandises coloniales introduites en France.

21. *Révolution de Suède* (*V.* 13 mars, 10 mai, 6 juin 1809). Les états-généraux de Suède, rassemblés en diète extraordinaire à OErebro, élisent *prince héréditaire du royaume, Jean-Baptiste-Jules Bernadotte, maréchal de France, prince de Ponte-Corvo*, qui, par ses qualités personnelles, comme par ses liaisons avec Napoléon, redoutable arbitre du continent, leur paraît une acquisition utile à la Suède. Le roi *Charles XIII* adopte pour fils le maréchal *Bernadotte.* — On raconte que ce maréchal, voyant dans *Napoléon* de l'éloigne-

ment à lui permettre d'accepter sa nomination, lui dit : « Voudriez-« vous donc, sire, que je sois plus que vous, en me faisant refuser « une couronne? » et que, frappé de l'observation, l'empereur répondit : *Soit, allez; nos destinées doivent s'accomplir.*

27. *Systême continental.—Décret impérial ordonnant le brûlement de toutes les marchandises anglaises,* existant en France, en Hollande, dans les villes anséatiques, et généralement depuis le Mein jusqu'à la mer. — Ces mesures violentes sont des représailles au système prohibitif des Anglais, qui ont eux-mêmes, et dès le dix-huitième siècle, offert dans la législation de leurs douanes de nombreux exemples de ce genre de destruction, à l'effet de nuire au commerce français. — Ce décret est exécuté en plusieurs lieux, avec rigueur, et avec le plus vif empressement par tous les petits vassaux allemands de Napoléon.

Troisième expédition en Portugal. — Prise d'Almeïda, place forte du Portugal, par le maréchal *Masséna.*

Septembre 15. *Troisième expédition en Portugal.* — L'armée du maréchal *Masséna* est en pleine marche dans le Portugal, sur la route de Coïmbre, à la poursuite des Anglais. Wellington, qui les commande, n'a pas attendu pour se retirer la prise d'Almeïda (27 août). Ne négligeant aucun moyen de nuire aux Français, il a donné les ordres les plus rigoureux aux habitants d'abandonner tous les lieux où l'ennemi pénétrera, de détruire tout ce qui ne pourra s'emporter (*V.* 4 mars 1811).

27. *Troisième expédition en Portugal.—Bataille de Busaco* (au pied de la montagne d'*Alcoba*, six lieues sud de *Viseu*, en Portugal). — Le maréchal *Masséna* atteint l'armée anglaise, retranchée sur des hauteurs escarpées; pouvant la tourner, il l'attaque de front, en plein jour, et par de petites masses isolées, sacrifiant de la sorte cinq mille hommes tués, blessés ou prisonniers. Le lendemain, les Français prennent un chemin qui tourne la position, chemin que leur indique un paysan. Car, chose étonnante! personne ne le connaît; même les Portugais employés dans l'armée française l'ignorent; et le général en chef, dont la libéralité est des plus mesquines, n'a reçu que très-peu de renseignements de ses espions. A la vue de ce mouvement, Wellington, qui se trouve débordé, timide par tactique, ou par défiance de lui-même, ne s'oppose pas à la marche des Français, malgré le succès qu'il vient d'obtenir, et sa grande supériorité numérique. Il continue sa retraite vers le Tage inférieur, en faisant déserter les villes et les villages par les habitants, auxquels il est

ordonné d'enlever ou de détruire tout ce qui pourrait être utile aux Français (*V.* 4 mars 1811).

Octobre 6. *Troisième expédition en Portugal.* — *Wellington*, en retraite devant *Masséna*, occupe la position de *Torrès-Vedras*, à douze lieues nord de Lisbonne.

18. *Système continental.* — *Décret impérial instituant des cours prévôtales et des tribunaux de douanes*, avec le droit de prononcer, *même sans recours en cassation*, des peines afflictives et infamantes, non-seulement envers les contrebandiers, mais aussi envers leurs *conducteurs, directeurs, intéressés ou complices.*

Novembre 2. *Système continental.* — *Acte du congrès des États-Unis d'Amérique*, révoquant son acte du 1er mai, à l'égard de la France (*V.* aussi 5 août, septième article).

9. *Ouverture du canal de Saint-Quentin* (Aisne), un des plus beaux et des plus utiles monuments de la France. Il est achevé, après quatre-vingts ans de travaux sans ordre et sans continuité. — Les six premiers bateaux qu'il porte, arrivent à Paris avec un chargement de charbon de terre pris à Cambrai.

Décembre 3. *Colonies.* — *Prise de l'île de France, par les Anglais.* — Ils y trouvent d'immenses quantités de munitions navales et de marchandises, cinq grosses frégates, plusieurs petits bâtiments de guerre, et vingt-huit vaisseaux de la compagnie anglaise des Indes, tombés au pouvoir des corsaires français. La prise de cette colonie entraînera la destruction des postes de Madagascar; de sorte qu'à la fin de cette année, il ne restera plus à la France un seul vaisseau dans l'océan indien, un établissement quelconque dans les deux Indes. — La prépotence des Anglais sur le globe est l'effet immédiat de la politique de *Napoléon*. — Au surplus, le dénuement dans lequel furent constamment laissées toutes les colonies françaises, dénuement qui amène successivement leur perte, prouve évidemment, et tout au moins, un manque absolu d'habileté dans le ministre *Decrès* (*V.* 6 février 1806).

13. *Sénatus-consulte* dit *organique*, portant que la Hollande, les villes anséatiques, le Lauenbourg, tous les pays situés entre la mer du Nord, et une ligne tirée depuis le confluent de la Lippe dans le Rhin jusqu'à Halteren; de Halteren à l'Ems, au-dessus de Telget; de l'Ems au confluent de la Werra, dans le Weser; et de-là à Stolzenau, sur l'Elbe, au-dessus du confluent de la Stekenitz, font partie intégrante du territoire français. — Lesdits pays formeront dix départements.

Sénatus-consulte dit *organique*, portant réunion du Valais à la France. — Il formera un département.

Au moyen de ces réunions, l'empire français s'étend de la Baltique au Garigliano, de l'Adriatique à l'Océan. Il embrasse du cinquante-quatrième au quarante-unième degrés de latitude, et vingt-quatre degrés de longitude. Sa surface, d'environ trente-six mille lieues quarrées est divisée en cent trente départements, sa population excède quarante-deux millions d'habitants. — Dans son rapport, le sénateur *Sémonville* (pair de 1814), dit : « Enfin après dix ans d'une « lutte glorieuse pour la France, le génie le plus extraordinaire qu'ait « produit le monde réunit dans ses mains triomphantes les débris « de l'empire de Charlemagne. » — Ainsi l'extension démesurée du territoire appelé *France*, exécutée par la seule volonté de Napoléon, n'excite aucune surprise, ne donne lieu à aucune remarque. Toutes ces réunions violemment amenées sont envisagées comme des transactions ordinaires et de droit positif.

Sénatus-consulte. — Les cantons littoraux des trente départements maritimes de l'empire français cesseront de concourir à la conscription pour l'armée de terre et seront réservés pour le service de mer. — Les conscrits marins seront choisis dans l'âge de treize à seize ans. — Quarante mille des classes de 1813, 14, 15 et 16 sont, dès-à-présent, mis à la disposition du gouvernement.

Sénatus-consulte. — Cent vingt mille hommes de la conscription de 1811 (nés du 1er janvier au 31 décembre 1791) sont mis à la disposition du gouvernement.

L'un et l'autre sénatus-consulte est (publie-t-on) adopté à l'unanimité. S'il en était ainsi, la saine politique et l'humanité, également outragées, n'auront pas compté une seule voix en leur faveur. — L'adresse de ce sénat, si libéral du sang français, s'exprime en ces termes : « Poursuivez, sire, CETTE GUERRE SACRÉE, entreprise pour « l'honneur du nom français et pour l'indépendance des nations. Le « terme de cette guerre sera l'époque de la paix du monde. Les me- « sures proposées par votre majesté hâteront ce terme si desirable.... « LE COEUR PATERNEL de votre majesté laisse voir qu'il ne demande « ce tribut (cent soixante mille conscrits), qu'avec REGRET. » On sait au reste, que Napoléon ne se faisait pas scrupule de falsifier les délibérations et les adresses du sénat, avant d'en autoriser la publication.

29. *Décret impérial* par lequel l'état renonce aux successions des émigrés qui lui ont été dévolues pendant cinquante années, suivant la loi du 28 mars 1793.

1811.

Janvier 2. *Prise de Tortose*, place importante qui se rend à discrétion au général *Suchet*, après treize jours de tranchée ouverte. La garnison est nombreuse; le matériel abandonné, très-considérable.

8. *Prise du fort Saint-Philippe de Balaguer* (Catalogne).

Acte du parlement d'Angleterre, déférant la régence au prince de *Galles*, pendant la maladie mentale du roi, avec des restrictions pour une année (*V.* 18 février 1812).

20. *Occupation d'Olivenza*, poste important pour les opérations militaires en Portugal.

Février 19. *Bataille de la Gébora* (petite rivière affluente de la Guadiana, près de Badajoz), gagnée par le maréchal *Soult*, sur une armée espagnole accourant au secours de Badajoz assiégé. Les généraux *Girard*, *Latour-Maubourg*, *Philippon*, le capitaine *Bory Saint-Vincent* se distinguent.

28. *Système continental. — Prise de possession du duché d'Oldembourg.* — Cette spoliation, que Napoléon ne peut justifier qu'en alléguant qu'elle convient à sa politique, en complétant le blocus continental le long de la mer du Nord, mécontente vivement l'empereur de Russie, attaché par les liens du sang et de l'affection au prince dépossédé, et dispose le cabinet de Pétersbourg à se rapprocher de l'Angleterre.

Mars 5. *Combat de Chiclana* (une lieue de l'île de Léon). Quinze ou seize mille hommes, tant Anglais qu'Espagnols, venant de la baie d'Algésiras, à travers les montagnes, attaquent les Français qui forment le blocus de Cadix. Ils percent leurs postes, et, après plusieurs actions opiniâtres, sont rejetés dans l'île de Léon par le maréchal *Victor*.

10. *Prise de Badajoz*, capitale de l'Estramadoure espagnole et très-forte place. Le général *Mortier* s'en empare après un siége de cinquante-quatre jours. Suivant les relations anglaises elles-mêmes, sept mille Espagnols sont prisonniers. On y saisit une très-grande quantité de munitions de guerre. — Le général anglais Wellington, communiquant cet évènement à la régence du Portugal, dit : « La nation espagnole a perdu en deux mois les forteresses de *Tortose*, « d'*Olivenza*, de *Badajoz*, sans cause suffisante. Pendant ce temps, « le maréchal *Soult*, avec un corps de troupes qu'on n'a jamais sup- « posé au-dessus de vingt mille hommes, outre la prise de ces deux

« dernières places, a pris ou tué plus de vingt-deux mille hommes de « troupes espagnoles. »

12. *Troisième expédition en Portugal* — *Combat de Redinha* (six lieues sud de Coïmbre). — L'intrépide maréchal *Ney* arrête les Anglais ardents à poursuivre l'armée française.

20. Ce jour est marqué par un évènement qui doit, suivant les apparences, soutenir puissamment le trône de *Napoléon*. Le destin le sert encore en lui donnant un fils. Le titre pompeux de *roi de Rome*, titre enfermé dans le tombeau des Ostrogoths, est exhumé pour cet enfant, dont on salue le berceau par des adulations qui surpassent toutes celles que virent éclore les siècles les plus avilis dans la servitude politique. Les républicains et les royalistes d'autrefois, également dépravés, viennent se disputer le prix de la basse flatterie.

Sans doute la perspective de sa dynastie flatte délicieusement le maître de la France. Il est cependant nécessaire qu'il jouisse lui-même d'un règne long et prospère, afin de transmettre paisiblement sa couronne au premier de ses descendants directs. Une prétention à la souveraineté héréditaire ne saurait prévaloir sur un titre antérieur du même genre, excepté par la volonté prononcée d'une nation libre, ou par une suite non interrompue de succès dans l'usurpation. Mais le tout-puissant empereur concevrait-il la possibilité de quelque grande altération dans l'état de l'Europe ou dans sa propre fortune avant que cet enfant soit hors de l'enfance?

Avril 3. *Troisième expédition en Portugal.*—L'armée française entreprend sa retraite vers l'Espagne (*V.* 4 avril). *Combat d'Alfayetès* (près de Sabugal, Beira). — Le général *Régnier*, se retirant avec trop peu de célérité, se voit attaqué par des forces supérieures; il se défend avec fermeté, et parvient à reprendre sa retraite, après avoir perdu mille quatre cents hommes.

4. *Troisième expédition en Portugal.* — *Fin de la retraite.* — L'armée française, aux ordres de *Masséna*, rentre sur le territoire espagnol. Le général anglais Wellington, qui occupe la position de *Torrès-Vedras*, à douze lieues nord de Lisbonne (*V.* 6 octobre 1810), s'est heureusement maintenu dans sa défensive. Renfermé depuis cinq mois dans des lignes fortifiées d'une manière formidable, armées de quatre cents bouches à feu, assises sur le terrain le plus avantageux, il a bravé *Masséna*. Ayant dans sa retraite entièrement dévasté la province de Beira et l'Estramadure au nord du Tage, brûlé les moissons, entraîné la population et les bestiaux, détruit ou fait détruire tous les objets quelconques susceptibles de servir à ses en-

nemis, même les ustensiles les plus usuels; il attend en sûreté les effets que doit produire sur eux une longue disette en toutes choses. En adoptant ce système, Wellington a mieux saisi le caractère de Napoléon, que Napoléon n'a discerné le caractère de Wellington. Le grand objet du général anglais, dont la timide conduite ne cesse d'être décriée par les écrivains stipendiés de l'empereur, est de se soutenir en Portugal pendant cette campagne, et, en même-temps, d'occuper une partie considérable des forces françaises qui, sans cet obstacle, employées en Espagne, auraient probablement achevé la conquête de l'Andalousie. Inférieur en nombre de troupes exercées, ses Portugais n'ayant pas eu le temps de s'aguerrir, une défensive opiniâtre était sans doute le parti le plus convenable. Le maréchal Masséna, ne pouvant donc ni l'entamer dans ses lignes, ni l'attirer au-dehors, commence sa retraite d'un pays où ses troupes éprouvent tous les besoins, et rentre en Espagne par la frontière de Ciudad-Rodrigo.

Wellington, secondé par une foule de circonstances politiques, relevera enfin le drapeau britannique de ce long déshonneur dans lequel l'ont plongé des revers sans mélange jusqu'à ce jour. Les soldats anglais n'ont cessé de fuir, à Dunkerque (*V.* 9 septembre 1793), à Toulon (*V.* 19 décembre 1793), au Helder (*V.* 18 octobre 1799), à Flessingue (*V.* 24 décembre 1809), et par-tout où les soldats français paraissent en rase campagne. La prise de l'Égypte, ni la convention de Cintra (*V.* 30 août 1818) ne sauraient faire exception, vu la grande faiblesse numérique de ceux-ci.

Ainsi échoue cette troisième campagne, entreprise pour chasser les auxiliaires de la maison de Bragance. Napoléon n'a cessé de prédire que cette maison a cessé de régner, et que les aigles impériales surmonteront les clochers de Lisbonne. Mais, à dater de sa défaite d'Esling (21 mai 1809), on voit distinctement qu'il veut suppléer au défaut de ses forces ou au vice de ses plans, par le prestige de ses précédentes victoires. Il annonce au monde le terme de ses opérations, avec une présomptueuse anticipation du succès. Chaque jour on remarque davantage le ton de jactance, la fausseté de ses écrits officiels; et cependant la multitude en est, en France, toujours abusée. Sa gloire éblouit, aveugle, tandis que par une persévérance des plus hasardeuses, le gouvernement anglais saisit chaque occasion de mortifier l'orgueil, d'arrêter la puissance de cet adversaire dont l'embarras se trahit par cela même qu'il fait un continuel usage de l'imposture. La temporisation de Wellington, à défaut de talents d'un ordre plus élevé (car *Fabius Cunctator*, malgré le beau résultat de sa prudence, n'a été placé qu'au-dessous d'*Annibal*), est très-efficacement employée contre un général dont la renommée doit en imposer, mais dont le génie semble avoir jeté sa dernière lueur. Ici donc le redoutable *Masséna* n'inspire plus de terreur, on dirait qu'il se survit; sa mollesse a laissé naître l'insubordination de ses lieutenants. Il a pour sa gloire fait une campagne de trop. — Le maréchal *Marmont* le remplacera dans le commandement de cette armée, appelée toujours armée de Portugal.

Combat de Fuentes de Onoro (deux lieues d'Almeïda).—*Masséna*, commandant les débris de l'armée de Portugal, voulant ravitailler Almeïda, près de tomber au pouvoir des Anglo-Portugais, les attaque sans succès.

Mai 10. *Évacuation d'Almeïda*, dernière place occupée en Portugal par les Français. Le général *Bernier de Montmorand* ayant épuisé ses vivres, et sachant qu'il ne peut être secouru, fait miner les fortifications, y met le feu, et, au moment de l'explosion, s'ouvre avec sa faible garnison de quinze cents hommes un chemin à travers quarante-cinq mille Anglais.

16. *Combat d'Alboerra* (quatre lieues de Badajoz). Les troupes anglo-espagnoles, commandées par le général Beresford, attaquées par le maréchal *Soult*, restent maîtresses du terrain, et reprennent l'investissement de Badajoz. La perte seule des Anglais est évaluée par eux-mêmes à cinq mille hommes; celle des Espagnols est immense. La perte des Français est aussi très-considérable.

Juin 3. *Henri Christophe est couronné, au Cap-Français, roi de Haïty*. Cet ex-esclave, appelé aux Antilles le *singe noir de Napoléon*, est sacré avec de l'huile de cacao par le capucin *Corneille Brell*, créé à cet effet, grand-aumônier, duc de Lance, etc. Ce capucin avait sacré, en 1804, l'empereur *Dessalines*.— La constitution de ce nouveau royaume a été calquée sur la constitution de la France impériale. — La partie française de Saint-Domingue est donc divisée en deux états (*V.* 27 janvier 1807), qui, depuis la mort de Dessalines (*V.* 16 octobre 1806), se sont fait une guerre cruelle.

11. *Ouverture d'un concile à Paris*. Il est convoqué pour régulariser l'ordre de l'institution canonique, attendu que le pape la refuse aux évêques nommés depuis que Napoléon a peu d'égard pour sa souveraineté temporelle. Plus de cent évêques de France, d'Italie et d'Allemagne se réunissent (*V.* 5 août, 20 septembre).

18. Le général anglais Wellington, apprenant que les maréchaux *Soult* et *Marmont* ont réuni leurs forces, lève précipitamment le

siége de *Badajoz* (*V.* 16 mai), et se replie en Portugal. Cette place, quoique endommagée par un premier siége (*V.* 10 mars), a été, pendant près de deux mois, vaillamment et habilement défendue par le général *Philippon* (*V.* 7 avril 1812).

28. *Prise de Tarragone.* — Cette place très-importante est emportée d'assaut par le général *Suchet,* après un siége de deux mois et cinq assauts. Dix mille hommes, qui survivent d'une garnison très-nombreuse, restent prisonniers de guerre. Les vainqueurs acquièrent une immense quantité d'approvisionnements en tout genre. — Cette conquête vaut au général Suchet le bâton de maréchal.

Juillet 14. *Prise du Monserrat* (Catalogne).

Août 5. *Décret du concile de Paris* (*V.* 11 juin). — « Le concile national est compétent pour statuer sur l'institution des évêques, en « cas de nécessité..... — Les siéges, d'après les canons, ne peu« vent rester vacants plus d'un an, pendant lequel la nomination, « l'institution et la consécration doivent avoir lieu...... — Les nom« més s'adresseront au pape pour obtenir l'institution canonique. — « Six mois après la notification de la nomination, le pape sera « tenu de donner l'institution, d'après la forme du concordat. — Les « six mois écoulés sans que le pape ait accordé l'institution, le mé« tropolitain y procédera, ou bien le plus ancien évêque de la pro« vince..... » (*V.* l'article suivant.)

Septembre 20. *Bref du pape, daté de Savone, confirmatif des décrets du concile national* (*V.* 5 août). — Cependant ce bref restera sans exécution; la cour papale, rentrant presque aussitôt dans son système, refusera constamment, par des vues de souveraineté terrestre et des considérations d'intérêt profane, l'institution promise; de sorte que, jusqu'à la fin de 1819, l'église de France sera presque sans évêques. Que les catholiques enthousiastes jugent, d'après cela, si le Saint-Esprit inspire le sacré collége! Peuvent-ils oublier que le Saint-Esprit n'est qu'avec l'église entière, représentée par un concile écuménique?

Octobre 11. *Prise du fort d'Oropesa* (royaume de Valence).

25. *Bataille de Sagonte,* autrement *Murviedro,* livrée au voisinage de cette place. — Les généraux espagnols Blake, O'Donnell, marchent au général *Suchet,* dans l'espoir de faire lever le siége de cette place. Soutenus par le feu des vaisseaux anglais qui rangent la côte, ils attaquent avec fureur et disputent vivement le terrain jusqu'à la fin du jour. Défaits cependant, ils abandonnent quinze bouches à feu et plus de quatre mille prisonniers, dont deux géné-

raux. Le maréchal Suchet est blessé. Les généraux *Harispe* et *Montmarie* se distinguent.

26. La victoire de la veille a décidé la *reddition de Sagonte*, assiégée depuis un mois. Ce rocher, élevé sur la rive droite du *Murviedro*, joignant la mer, isolé de toutes hauteurs, escarpé à pic dans presque tout son pourtour, couronné d'épaisses constructions mauresques et d'ouvrages récents, domine une plaine que traversent les routes principales de Valence, de Saragoce et de Barcelonne. L'occupation de ce poste formidable est nécessaire pour s'établir dans l'est de la péninsule. Le général de génie *Rogniat* a déja vaincu toutes les difficultés qu'opposent à son art les approches de cette place lorsqu'elle capitule. La garnison reste prisonnière.

Décembre 20. *Sénatus-consulte* qui met à la disposition du gouvernement cent vingt mille conscrits de 1812 (nés du 1er janvier au 31 décembre 1792).

26. *Passage du Guadalaviar.* — Le camp retranché de *Quarte* (trois lieues sud-ouest de Valence, sur la rive droite) est enlevé avec tous les canons. Les Espagnols fuient en désordre, et, se renfermant dans Valence, laissent au maréchal *Suchet* la faculté de compléter l'investissement de cette grande place (*V.* l'art. suiv.).

1812.

Janvier 9. *Prise de Valence* (Espagne). — L'importance de cette capitale s'est accrue par les circonstances de la guerre. Les insurgés des provinces de l'est y ont le dépôt général de leurs forces et de leurs approvisionnements. Une immense population s'y est renfermée, avec la résolution d'imiter la résistance de Saragoce (*V.* 21 février 1809). Mais le maréchal *Suchet* réduit la garnison. Vingt généraux, neuf cents officiers, dix-huit mille soldats, quatre cents bouches à feu, une grande quantité de munitions, sont le fruit de la capitulation. — Un décret impérial dotera l'armée d'Aragon, de biens situés dans la province de Valence, pour une valeur de deux cents millions de francs. Le marcéhal Suchet recevra le titre de duc d'*Albuféra*.

15. *Système continental.* — *Décret impérial* qui affecte cent mille hectares à la culture des betteraves, destinées à fournir du *sucre indigène*.

19. Prise de Ciudad-Rodrigo par l'anglais Wellington.

Prise du fort de Denia (dix-huit lieues de Valence, Espagne).

26. *Occupation de Stralsund par le général Friant*, qui prend possession de la Poméranie suédoise, au nom de la France (*V.* 24 mars).

Décret impérial qui réunit la Catalogne à la France, et divise cette province en quatre départements.

Février 2. *Prise du fort de Péniscola* (Valence, Espagne) par le maréchal *Suchet.*

18. Le prince régent d'Angleterre entre dans la plénitude du pouvoir royal (*V.* 8 janvier 1811).

24. *Traité de Paris avec la Prusse.*—Frédéric-Guillaume III, dont les états séparent la domination française de l'empire russe, effrayé des symptômes d'une rupture entre ces deux grandes puissances, se refugie dans l'alliance de celle qu'il croit la plus formidable. Berlin est environné de troupes françaises; le maréchal *Oudinot* est sur le point de s'en emparer, comme il s'empara d'Amsterdam (*V.* 1re juillet 1810). Le roi s'empresse de signer trois conventions. — Les mesures prohibitives contre le commerce anglais sont renouvelées (*V.* 2 septembre 1807). — Dans le cas de guerre avec la Russie, la Prusse fera marcher quatorze mille hommes d'infanterie, quatre mille chevaux et deux mille soldats d'artillerie avec soixante pièces. — Les conventions des 8 septembre et 5 novembre 1808 seront exécutées, moyennant réduction des contributions dues par la Prusse à la somme de soixante-deux millions.

Mars 13. *Sénatus-consulte qui divise en trois bans la garde nationale*, c'est-à-dire, tous les sujets mâles de l'empire, en état de porter les armes, et qui ne sont pas *militaires actifs.* — *Le premier ban*, formé des hommes de vingt à vingt-six ans, ne doit pas sortir du territoire français, et sera exclusivement destiné à la garde des frontières, à la police intérieure, à la conservation des grands dépôts maritimes, arsenaux et places fortes. — *Cent cohortes du premier ban sont mises à la disposition du gouvernement.* — Chaque cohorte a neuf cent soixante-onze hommes.

14. *Traité d'alliance entre la France et l'Autriche, signé à Paris.* — Secours réciproque de trente mille hommes avec soixante pièces de canon. — Garantie de l'intégralité des possessions européennes de la Porte-Ottomane.

24. *Traité d'alliance entre la Russie et la Suède, signé à Pétersbourg* (*V.* 26 janvier). — *Le prince royal de Suède (Bernadotte)* entrera en campagne et réunira sous ses ordres un corps russe. — La Norwége est promise à la Suède (*V.* 3 mai).

Napoléon a voulu déterminer son ancien maréchal à faire cause commune contre la Russie; mais celui-ci préfère les intérêts de sa nouvelle patrie, ainsi que, dans les contrées où le divorce est autorisé, on préfère la seconde femme devenue la seule légitime épouse. Le prince de Suède desire aussi concourir à l'affranchissement général. Il voit que Napoléon opprime les souverains de l'Europe, comme Robespierre opprima les citoyens en France : que, de même, Napoléon proscrit tout état de neutralité, impute à crime la modération qu'inspire l'amour des hommes, nomme trahison le desir de la paix. — Madame *de Staël* a-t-elle eu tort d'appeler *Bonaparte, Robespierre à cheval?*

Avril 7. Badajoz est pris d'assaut par les Anglais (*V.* 10 mars, 18 juin 1811.) — Le général *Philippon*, assiégé trois fois par des armées de cinquante mille hommes, a défendu pendant treize mois cette place où il est fait prisonnier avec trois mille Français seulement.

24. Alexandre, empereur de Russie, part de Pétersbourg pour joindre sa grande armée en position sur la frontière occidentale de la Lithuanie.

Mai 3. *Convention* par laquelle la Grande-Bretagne accède au traité du 24 mars, entre la Russie et la Suède.

9. L'empereur Napoléon quitte Paris. Il se rend en Allemagne, où le suivent les regards inquiets de vingt peuples. — La rivalité des deux puissances qui dominent le continent, rivalité née chez l'une comme chez l'autre d'un excès d'ambition, tient, depuis quinze ans, l'Europe attentive à leurs moindres démarches.

La Russie doit son prodigieux accroissement à la duplicité de sa politique et à l'immanité de sa tactique militaire, beaucoup plus qu'à toutes les circonstances de la petite diplomatie, ou au mérite relatif des souverains et des guerriers qu'elle présente. La nation a cet inflexible orgueil qui caractérise l'état de barbarie. Elle s'estime inexpugnable, parce qu'elle subjugua des hordes tartares, asservit des peuplades asiatiques, repoussa des Turcs un peu moins féroces qu'elle, et neutralisa la résistance de la Pologne, en y excitant, en y entretenant avec perfidie les plus cruelles dissensions. La superstition léguée avec le Bas-Empire au peuple russe, dépravant la brutalité qu'il tient de son origine scythe, le porte à mépriser autant qu'à haïr les étrangers, et lui donne une affreuse ressemblance avec ce peuple hébreu qui se disait envoyé de Dieu pour exterminer tous ceux qui ne descendaient point d'Abraham. *Moskow* est saluée du nom de *nouvelle Jérusalem;* le *czar* est signalé comme le *messie;* à part cette *race élue*, il n'existe que des *Amalécites*, sur lesquels doit frapper le glaive exterminateur remis à la tribu sainte. Voilà les seules idées données à ces peuples esclaves.

L'étonnement excité par l'apparition subite de ce gigantesque empire, de ce Briarée aux cent bras, et l'inépuisable jactance de ses généraux, valurent aux troupes moskowites une réputation d'invincibilité qui commença seulement à s'affaiblir lors de l'infructueuse campagne de leur grand Suwarow (1799). *Masséna* battant complètement Korsakow sur la Limath (*V.* 24 septembre 1799) dissipa le prestige des occidentaux qui en vinrent jusqu'à mettre les Russes au-dessous des Autrichiens, en voyant qu'à Austerlitz (2 décembre 1805), la science et la bravoure des Russes n'avaient consisté qu'à se faire tuer sur place. La guerre de Pologne (1807) les rabaissa plus encore dans l'opinion générale; et le traité de Tilsitt (8 juillet 1807) déconsidéra le cabinet de Pétersbourg.

Mais, en signant ce traité, Napoléon manqua de perspicacité, s'il n'aperçut pas l'irritation des vaincus; ou bien il commit une faute très-grave, lorsqu'il leur offrit lui-même des facilités pour rengager la lutte, en couvrant de ses armées la surface de l'Italie, de l'Espagne. Devait-il ignorer que le levier de l'Europe était dans le nord? Peut-être il crut avoir trouvé dans les conversations intimes d'Erfurth (*V.* 27 septembre 1808), des assurances inviolables, des gages indestructibles de sécurité qui lui permettaient de jeter ses troupes dans les deux péninsules du midi. Sans doute, il prit à Erfurth l'ascendant qu'exerce nécessairement un politique versé dans les affaires, sur un jeune prince doué d'inclinations généreuses. Cependant la suite a prouvé que Napoléon s'abusait étrangement, lorsque, mécontentant l'Autriche pendant qu'il était aux prises avec la nation espagnole, il se reposait sur la coopération du cabinet de Saint-Pétersbourg. L'inaction presque hostile des troupes russes dans cette campagne de 1809, malgré les engagements diplomatiques, aurait dû lui révéler que son influence sur l'esprit d'Alexandre avait été aussi incomplète qu'éphémère, et que si le conseil russe sembla plier à Tilsitt, il n'avait pas dévié. Napoléon aurait pu se souvenir que les conseillers de Pierre, d'Anne, d'Élisabeth, de Catherine, ne conclurent jamais de traité qu'avec le dessein de l'éluder ou de le rompre, si les clauses leur en étaient désavantageuses, ou bien de les outrepasser, si elles ouvraient quelque jour à leur ambition. Pour les Russes, une frontière, quelque reculée qu'elle soit, reste encore une limite; cet empire n'en admet point. D'ailleurs, outre que la fierté de la noblesse russe est blessée au vif de la supériorité des Français dans l'art de la guerre, les vrais intérêts de ces pays septentrionaux souffrent excessivement des prohibitions maritimes. Lors même que les courtisans de Pétersbourg, par ton, par déférence, par l'effet de la séduction, se seraient rangés au système continental de la France, la pénurie des finances de l'état, tarissant ces abondantes faveurs dont ils étaient l'objet, les aurait ramenés au parti anglais. Les principaux revenus de la haute noblesse consistent dans la vente de denrées dont Londres est le marché le plus avantageux. Enfin, l'émancipation partielle de la Pologne expose imminemment la Lithuanie, boulevard actuel du territoire russe; et les grossières invectives, les indiscrètes menaces des journaux français achèvent de dévoiler les desseins du cabinet des Tuileries.

Cependant l'animosité ou les appréhensions des Russes n'oseraient se produire, si Napoléon, tout en restant sur l'Oder, n'avait pas fougueusement annoncé des projets ultérieurs, et si, loin de précipiter ses préparatifs, menaçant toujours, et ne frappant jamais, il n'eût pas été envieux du temps nécessaire à l'exécution de son plan. Il dédaigne les lentes combinaisons de l'ancienne politique : son ambitieuse fureur dévore des siècles.

Toute l'année 1811 s'est passée en négociations. Il en est résulté, de part et d'autre, des apparences plus marquées de froideur, de mécontentement; et, au commencement de 1812, l'influence de l'Angleterre, s'étendant sur Pétersbourg, amène les nuages précurseurs des tempêtes.

La chose est avérée; l'occident ne se trouve plus désormais assez spacieux, pour contenir deux puissances essentiellement envahissantes. Leur inimitié va se déclarer une quatrième fois, et le choc de ces colosses ébranlera jusqu'aux fondements de la vieille Europe. La guerre qui se prépare ne sera pas un épisode historique, sans effet sur les destinées de la chrétienté, comme les guerres du siècle dernier, lesquelles, en remontant jusqu'à la régence, n'étaient que des contestations incidentes, partielles, dans lesquelles la France, l'Autriche, l'Espagne, la Prusse, athlètes principaux, se portaient de faibles coups, presque aussitôt amortis. Depuis la destruction de la Pologne, l'Allemagne reste sans frontière à l'orient et au nord; depuis le débordement de la France, l'Allemagne a perdu sa frontière à l'occident et au midi.

Qu'est l'Autriche? Son cabinet, si fécond en ressources, ne trouve que des abîmes. A bout d'expédients, il se débat avec pesanteur dans l'agonie de ses finances. Au seul nom de la France, il tremble, se tait, obéit.

La Prusse existe, car son nom se prononce encore. A l'aspect d'une puissance aux abois qui ne s'éleva que par usurpation, on se sent ému d'indignation à-la-fois et de pitié. Dans cette monarchie, aujourd'hui décomposée, on est réduit à chercher ce qu'on pourrait ne pas mésestimer. Le vertueux souverain est seul digne de considération et de regrets. Entraîné dans le tourbillon de sa cour, il obtient, nonobstant tous les malheurs des dernières années, l'amour, le respect, l'estime de ses sujets, qui le voient s'imposer les sacrifices les plus pénibles, afin d'alléger les leurs. La mélancolie consume son ame; il n'est ni prisonnier, ni fugitif; sa main tient encore le sceptre, il a revu sa capitale; et pourtant sa destinée est plus funeste que s'il était tout-à-la-fois dépossédé, banni, captif. De tous les princes qui subirent, depuis vingt ans, les chances des combats, il a les premiers droits à la compassion de l'Europe. L'intérêt de son pays et une attraction bien naturelle l'invitent de s'allier à la Russie; mais une impulsion excentrique le lance dans le système de la France. Il est contraint, depuis cinq années, d'exécuter, dans toute leur rigueur, les prohibitions commerciales qui complètent la ruine de ses provinces. Il se voit actuellement obligé de soutenir la puissance de son oppresseur, en mettant un corps considérable de ses troupes aux ordres du général *Rapp*, commandant français sur la côte méridionale de la Baltique (*V.* 24 février).

La confédération du Rhin, soumise à Napoléon, comprend un territoire peuplé d'environ quatorze millions d'ames. Son contingent de troupes s'élève aujourd'ui à cent dix-huit mille hommes. Ce contingent est déja rassemblé sous le canon de Mayence. Tous les souverains confédérés, souverains d'un jour ou de plusieurs siècles, n'importe, prosternés aux pieds de leur auguste protecteur, attendent leur lendemain d'un de ses regards. Ils ont jusqu'ici recueilli, de leur asservissement, des extensions territoriales ou des jouissances personnelles, ou la préséance de leurs vanités dynastiques. N'ayant qu'une ambition de famille ou des desirs de satisfaction individuelle, ils séparent leur cause de la cause des peuples écrasés sous le poids des tributs et des contingents. Leurs sujets attendent avec une poignante anxiété, mais silencieusement et dans l'ombre, ce jour où ils pourront se mesurer avec leurs tyrans étrangers; à l'exemple des Espagnols, dont ils envient l'élan si rapide, dont ils admirent l'opiniâtre résistance, tout en réprouvant leur férocité. Les Allemands ne font point usage du stylet ou du poignard; ils ne voudront se servir que de l'épée. Ils apprêtent déja leurs armes. *Le lien de la vertu* (Tugend-Bund), les unissant dans une confraternité de vengeance, leur prépare une ère semblable à l'ère de la réformation. Ces peuples emploieront contre *Napoléon*, *despote couronné*, les mêmes maximes d'insurrection qu'employa le *jacobin Bonaparte* soulevant les peuples d'Italie contre leurs gouvernements. Ils vont offrir à sa tactique, des périls qui lui échappent dans l'obscurité qui les recèle encore, et contre lesquels il n'a pu se prémunir.

Le cabinet de Pétersbourg fomente ces dispositions; il compte sur leur efficacité, si la fortune trahissait une troisième fois les efforts de ses guerriers. Napoléon a battu les armées russes; ils les a humiliées aux yeux de l'Europe; mais le corps de la nation n'en reste pas moins persuadé qu'elles triomphèrent. Cette nation sera donc un levier formidable, et son gouvernement qui, sans cesse, affecta de rejeter la cause de ses revers sur l'inconduite de ses auxiliaires, qui profita même de leurs désastres, car les traités de Tilsitt (7, 9 juillet 1807) cédèrent à la Russie un petit territoire, sous prétexte de rectification de limites, et le traité de Vienne (14 octobre 1809) lui valut une extension en Gallicie; son gouvernement se tient encore debout et de toute sa hauteur. Non-seulement il accepte le combat, il en provoque le signal. La nécessité lui prescrit de conserver, dans sa plénitude, sa considération extérieure. Si le prestige de sa puissance venait à s'affaiblir, le principe de sa force serait altéré.

26. Réunion à Dresde de l'empereur Napoléon, de l'impératrice Marie-Louise, de l'empereur et de l'impératrice d'Autriche, du roi de Prusse, et de plusieurs souverains subalternes de l'Allemagne.

28. *Préliminaires de paix, signés à Bucharest, entre les plénipotentiaires russes et le grand-visir.* — Le Pruth doit former la limite des deux empires.

Ce traité reste ignoré de Napoléon, qui n'apprendra, non plus, qu'à la fin d'octobre, que l'armée russe de Moldavie s'avance vers la Lithuanie (*V.* 16 novembre).

Juin 12. *Combat sous Tarragone.* — Instruit qu'une armée anglo-espagnole assiége Tarragone, le maréchal *Suchet* est accouru de Valence. L'ennemi, jeté dans le plus grand désordre, abandonne toute son artillerie.

18. Le congrès des États-Unis déclare la guerre au gouvernement anglais qui gêne leur commerce, ainsi que celui de toutes les nations neutres.

19. *Le pape Pie VII,* toujours captif, *arrive à Fontainebleau* (*V.* 5, 6 juillet 1809).

22. Le général américain *Bloomfield* proclame, de son quartier-général de *New-Yorck,* la guerre avec la Grande-Bretagne.

Napoléon proclame, de son quartier-général de *Wilkowiski,* près de Gumbinen (Prusse orientale), la guerre avec la Russie. — « Soldats, la seconde guerre de la Pologne est commencée. La première « s'est terminée à Tilsitt; à Tilsitt, la Russie a juré éternelle alliance « à la France et guerre à l'Angleterre. Elle viole aujourd'hui ses serments. La Russie est entraînée par la fatalité. Ses destins doivent « s'accomplir. Nous croit-elle donc dégénérés?......... Marchons « donc en avant. Passons le Niémen; portons la guerre sur son territoire. La seconde guerre de la Pologne sera glorieuse aux armes « françaises, comme la première........... »

L'armée de Napoléon, la plus belle, la plus formidable armée que la France ait, dans aucun temps, lancée hors de son territoire, compte près de cinq cent mille combattants, et près de mille deux cents bouches à feu. — Un tel développement de forces terminerait, sans doute, en peu de mois, assurerait même la conquête de l'Espagne. Mais le Tamerlan de l'occident, dont les pieds foulent dédaigneusement les nations, et dont les mains brisent les sceptres, n'a pas jugé que ce pays puisse échapper à sa puissance. N'a-t-il pas assimilé aux peuples dégénérés de l'Italie, ces farouches Espagnols marqués, jusqu'à nos jours, de la profonde empreinte d'une barbarie native? Quatre années de résistance de cette nation, surprise par la trahison la plus noire, délaissée de ses chefs, et livrée, dès-lors, à toutes les calamités; quatre années de résistance n'ont pu convaincre le bourreau des Espagnols de l'inutilité des tortures auxquelles il les a dévoués. Leur opposition ne s'éteint qu'avec leur vie; il le voit et ne s'arrête pas. Pour les soumettre, il faut les exterminer tous, hommes, femmes, enfants; il le sait, mais il n'a pas cru que ses frères et sœurs puissent rester dans les rangs de la société; il leur faut aussi des trônes. Qu'importe que ces trônes s'élèvent sur des monceaux de cadavres? Le Corse indigent, dont l'enfance fut recueillie par la charitable munificence des rois de France, et qui a posé leur couronne sur sa tête, en décevant une nation que la soif de la liberté, ou plutôt l'horreur d'une malfaisante aristocratie, a rendue crédule, aura, dit-il, bien moins affaire désormais pour s'assurer l'empire de l'occident. D'un bras, il atteint aux colonnes d'Hercule; de l'autre, il va fixer ses aigles sur le golfe de

Finlande. La Russie soumise ou morcelée, que pourra l'Angleterre, dont les ressources taries l'obligeront à recevoir une servile paix?

Voilà ses desseins : et, pour téméraires qu'ils soient dans leur ensemble, ils présentent néanmoins des parties d'une exécution possible. Le début de la guerre va prouver jusqu'à quel point la France serait en état de nuire à son adversaire. Mais ce qui sera toujours inexplicable, c'est que l'homme qui peut concevoir, ou plutôt qui ose entreprendre d'aussi vastes desseins, dédaigne de faire entrer dans leur composition cet élément, nécessaire cependant à leur succès, et dont il lui serait si facile de disposer : cet élément, d'un effet si positif, d'une possession si peu contestée à Napoléon, n'est autre que *le temps*, dont il sera, en cette conjoncture, plus envieux qu'il ne le fut jamais.

A considérer cette gigantesque expédition de Russie, dans l'intérêt bien entendu de la France, le résultat ne peut que lui être préjudiciable. L'empire français a déja plus d'étendue et de puissance qu'il ne lui en faut pour que ses habitants soient conduits au dernier terme des prospérités humaines. Si l'on envisage la satisfaction du maître de la France, la nomenclature suivante montrera que les limites de l'univers pourraient seules arrêter ses desirs.

Peuples vivant sous la domination directe de NAPOLÉON *ou de sa famille.*	habit.		
LA FRANCE avec tous les départements réunis, la Hollande, les villes anséatiques, Oldembourg, Munster, le Valais, etc., etc.,	42,000,000	69,300,000	85,500,000
Le royaume d'Italie,	6,000,000		
Les provinces Illyriennes,	1,100,000		
Naples, Lucques, Piombino, etc.,	4,600,000		
L'Espagne (en Europe),	10,500,000		
Le Portugal (en Europe),	3,000,000		
Le royaume de Westphalie,	2,100,000		
Peuples soumis à la domination indirecte de NAPOLÉON.			
La confédération du Rhin (non compris le royaume de Westphalie),	11,000,000	16,200,000	
La Suisse,	1,600,000		
Le grand-duché de Warsovie,	3,600,000		

Report	85,500,000
La population de l'Europe (suivant l'évaluation de Humboldt) est de	182,000,000
A déduire la population de la Turquie européenne,	10,000,000
Reste	172,000,000

Ainsi Napoléon entraîne dans son orbite la moitié de la population de la chrétienté. Ses ordres s'exécutent dans un espace qui comprend dix-neuf degrés de latitude, et trente degrés de longitude, dans la zône où ceux-ci sont au moins de onze lieues, et son ambitieuse fureur n'est point assouvie ! Et il s'apprête à jouer l'existence de la France, afin, fait-il dire par ses ministres et ses journalistes, de lui donner les moyens de s'approvisionner de denrées coloniales ! Plus il s'enfonce dans le dédale de sa politique, plus il croit approcher de son issue. Il avance obstinément, et se perd sans retour.

L'on pourrait objecter au calcul ci-dessus, que l'Espagne, étant en guerre avec Napoléon, doit figurer comme une quantité négative double; mais ce fut sa faute, à lui seul, si cette population, au lieu d'être pour lui, s'est tournée contre lui. Avant son invasion dans ce pays, il en avait toutes les ressources, argent, troupes, marine, places fortes, mérinos : toute la monarchie était à sa disposition; car le tout-puissant favori Godoï lui était vendu. Sans ses attentats sur les princes d'Espagne en 1808, il rangerait, en 1812, la population de ce royaume sous ses bannières. Il aurait donc, pour commencer la guerre contre la Russie, non-seulement les quatre-vingt-cinq millions d'Européens portés au premier tableau, mais encore, toutes les forces effectives en braves soldats français, italiens, allemands, polonais, qu'il a fait périr dans la péninsule pendant les quatre dernières campagnes; plus, tous ceux qu'il y laisse se consumer en exploits inutiles.

24, 25. *Le quartier-général de l'armée française passe le Niémen vis-à-vis Kowno*, première ville de Lithuanie. — En s'élançant sur la rive moskowite, *Napoléon*, affectant une inspiration prophétique, telle qué l'aurait affectée l'arabe Mahomet, s'écrie : *La fatalité entraîne les Russes; que les destins s'accomplissent !* — L'évènement révélera le sens que les destins attachent à cette imprécation.

L'infanterie française est répartie en dix corps : premier corps, maréchal *Davoust;* deuxième, maréchal *Oudinot;* troisième, maréchal *Ney*; quatrième, prince *Eugène Beauharnais*, vice-roi d'Italie; cinquième, prince *Poniatowski*; sixième, général *Gouvion-Saint-Cyr*; septième, général *Régnier*; huitième, général *Junot*; neuvième, maréchal *Victor* (ce neuvième corps se trouve entre l'Elbe et l'Oder; une de ses divisions occupe Dantzick); dixième, maréchal *Macdonald*. La vieille garde est commandée par le maréchal *Lefebvre*; la jeune garde, par le maréchal *Mortier*. La réserve de cavalerie, sous les ordres du roi de Naplès, *Murat*, forme quatre corps: généraux *Nansouty*, *Montbrun*, *Grouchy*, *Latour-Maubourg*. La cavalerie de la garde agit à part. Un corps autrichien marche séparément. — Le total général des troupes n'est guère au-dessous de quatre cent cinquante mille combattants, dont vingt mille Italiens, quatre-vingt mille de la confédération du Rhin, trente mille Polonais, trente mille Autrichiens, et vingt mille Prussiens; ainsi les Français forment, seuls, un effectif d'environ deux cent soixante-dix mille baïonnettes ou sabres.—Les troupes russes sont divisées en première et deuxième armée d'occident: généraux Barklay de Tolly, Bagration; et armée de réserve, Tormasow. Leur force, en y comprenant différents corps détachés et la cavalerie irrégulière, est évaluée à trois cent soixante mille combattants.

25. L'empereur de Russie annonce la guerre et les hostilités, par une proclamation dans laquelle il recommande à ses peuples esclaves de défendre *la patrie* et *la liberté*. Il invoque le nom de *Dieu protecteur du culte grec où réside la vérité*: son adversaire s'est adressé *au destin*.

28. *Entrée à Wilna*, ancienne capitale de la Lithuanie.

La diète assemblée à Warsovie proclame le rétablissement du royaume de Pologne.

Juillet 14. L'empereur Alexandre paraît à Moskow, pour y exciter le zèle et le sacrifice des habitants. L'imprévoyance de ce gouvernement, dans tout ce qui tient à la défense de l'empire, est d'autant plus surprenante, qu'il médite une rupture avec la France depuis la fin de 1810, ou, du moins, qu'il s'y attend. Mais l'orgueil russe n'a pu concevoir qu'on ose envahir le *territoire sacré*. Aucun appel à la nation n'a, jusqu'à ce jour, préparé le développement de ses forces intérieures, pour empêcher les progrès de l'ennemi; aucun plan n'a été déterminé pour un évènement quelconque, par lequel la savante audace de cet ennemi neutraliserait les dispositions défensives exécutées sur les bords du Niémen et de la Düna. Le gouvernement et les généraux se laissent également surprendre. Alexandre vient donc armer ce troupeau d'esclaves qui, dociles par crainte et par superstition, tiennent toutes leurs facultés aux ordres de leur maître. Le métropolitain de Moskow, *monseigneur Platow*, âgé de cent dix ans, la *bouche d'or russe*, s'adresse à son autocrate en ces termes, après lui avoir fait don de la précieuse image de *saint Serge, abbé de Radouege*; image dont la protection doit servir aussi efficacement le schisme des Russes, que l'oriflamme fut utile à l'orthodoxie des Français dans les temps de l'influence monacale (de 1135 à 1415). « La ville de Moskow, la première capitale de l'empire, la « *nouvelle Jérusalem* reçoit son *Christ* comme une mère dans les bras « de ses fils zélés; et, à travers le brouillard qui s'élève, prévoyant « la gloire brillante de sa puissance, elle chante dans son transport: « Hosanna! Béni soit celui qui arrive! Que l'arrogant, l'effronté « Goliath apporte, des limites de la France, l'effroi mortel aux con- « fins de la Russie! La pacifique religion, cette fronde du David « russe, abattra soudain la tête de son sanguinaire orgueil! Cette « image de saint Serge, antique défenseur du bonheur de notre pa- « trie, est offerte à votre majesté impériale.............. » Telles sont les ressources de ce puissant empire, après *vingt jours* d'hostilités! Telle est la sagesse de ce gouvernement si renommé depuis quatre ou cinq générations.

18. *Traité de paix entre l'Angleterre et la Suède, signé à Oerebro.*

20. *Traité de Wéliky-Louky*, entre l'empereur de Russie et la régence de Cadix, agissant au nom de Ferdinand VII, roi d'Espagne. — L'empereur reconnaît la légitimité de l'assemblée générale et extraordinaire des cortès, tenue à Cadix, ainsi que la constitution qu'elle a décrétée. — Les deux parties s'engagent à suivre avec vigueur la guerre contre l'empereur des Français, leur ennemi commun, et à se secourir de tous leurs moyens.

22. *Bataille des Arapiles* (près d'Alba de Tormez, province de Léon). — Le maréchal *Marmont* est défait par l'anglais Wellington, et grièvement blessé. Les Français ont de six à huit mille hommes hors de combat, et cinq mille prisonniers; ils perdent une partie de leur artillerie. Ils se retirent derrière le Duero. La perte des troupes anglaises et portugaises est, suivant le rapport de leur chef, de cinq mille deux cents hommes. —Wellington, satisfait d'avoir vaincu, ne cherche pas à profiter de sa victoire, et son immobilité sauve, d'une destruction totale, l'armée française, dont presque tous les généraux sont tués ou blessés. Cependant, cette grande action est d'une importance décisive dans la cause de *Joseph*, en ce que les cortès

étaient déterminées, si la fortune l'avait secondé, à lui porter leur soumission.

23. *Combat de Mohilow* (sur le Dnieper, autrefois le Borysthène). — L'action est opiniâtre. Le maréchal *Davoust* défait Bagration, ce même général russe, si vivement repoussé à Dierustein par le maréchal *Mortier* (*V.* 11 novembre 1805).

28. *Entrée des Français à Witepsk.*

Août 1er. *Traité de paix et d'union, signé à Pétersbourg, entre la Grande-Bretagne et la Russie.*—Rétablissement des anciennes relations d'amitié et de commerce; alliance défensive contre toute puissance qui attaquerait l'une ou l'autre des puissances contractantes. — Le secours donné par la flotte anglaise pour défendre Riga et le dépôt de confiance de toutes les forces navales russes qui hiverneront dans les ports de l'Angleterre, seront les deux principaux résultats de ce traité.

Occupation de Dünabourg (sur la rive droite de la Düna, au gouvernement de Witepsk). — Le général *Ricard*, d'avant-garde au corps du maréchal *Macdonald*, entre dans cette place évacuée, où se trouvent encore vingt canons avec beaucoup de munitions. Ses fortifications qui ont coûté quatre années de travaux, des sommes immenses, et regardées par les Russes comme inexpugnables, seront rasées.

Combat d'Obaïarzma, sur les bords de la Drissa. — Le maréchal *Oudinot*, après divers engagements qui ont eu lieu les jours précédents, défait Wittgenstein, commandant le premier corps de la grande armée russe. L'ennemi perd de six à sept mille hommes, avec quatorze canons.

12 — 14. L'anglais Wellington, vainqueur aux Arapiles (*V.* 22 juillet), a continué sa marche dans le centre de l'Espagne. Il occupe Madrid, et fait capituler la garnison française du fort la China, construit au Buen Retiro.

17. *Bataille et prise de Smolensk* (sur le Dnieper).

Cette grande ville, le seul boulevard de l'empire russe sur la frontière de Pologne, est ceinte de constructions très-anciennes et très-massives, auxquelles on vient d'ajouter des ouvrages fortifiés avec un soin extrême. La grande armée de Barklay de Tolly y attend les Français. *Napoléon* est à leur tête; il commence l'attaque. L'ennemi foudroyé, rompu, abandonne ses positions dans la nuit, après avoir mis le feu à la ville qui renferme d'immenses magasins. Sa perte en tués, blessés ou pris, est évaluée à douze mille. Celle des

Français est estimée au-dessous de la moitié de ce nombre. Les maréchaux *Davoust*, *Ney*, le prince *Poniatowski*, partagent les dangers et la gloire de cette journée, dont les résultats ont une influence très-marquée sur le cours des opérations.

L'armée victorieuse continue de se porter en avant, et la détermination de son chef est une faute des plus graves. Les suites de la campagne montreront que la prudence conseillait de la terminer à Smolensk même. Napoléon a dédaigné quelques avis dont l'expression fut réservée, parce que les généraux qui les émirent pénétraient sa pensée. Ses principes de stratégie se développent complètement dans cette campagne. On sait assez qu'ils consistent à provoquer un engagement décisif, à se présenter avec des masses compactes et supérieures sur le point le plus fort de l'ennemi, et, s'il ne peut l'envelopper, à séparer ses ailes et à traverser son centre; mais sur-tout à l'étonner, à le confondre, en se portant avec impétuosité sur les positions importantes et dans les moments les plus favorables à son attaque, sans attendre ses magasins ou ses bagages, et même avant d'entreprendre la réduction des forteresses qui se trouvent sur sa ligne ou près de sa ligne d'opérations. L'avantage de son système fut démontré par l'occupation de Milan, le 14 mai 1796; par la victoire d'Austerlitz, le 2 décembre 1805; par celle d'Iéna, le 14 octobre 1806, et par celles d'Eckmuhl et de Ratisbonne, les 22 et 23 avril 1809. Napoléon s'avance donc sur Moskow avec une assurance qui provient du sentiment de son infaillibilité. Il s'enfonce dans les profondeurs de cet empire, sans avoir calculé ni le caractère de ses ennemis, ni les dispositions de l'Europe impatiente du joug, ni le temps, ni la distance, ni la précoce âpreté du climat au cinquante-cinquième degré de latitude. Cependant, en décembre 1806, moins aveuglé par la fortune, et loin de se laisser attirer sur le territoire russe, lorsque ces mêmes ennemis évitaient le combat, il sut prendre sur la Vistule une position formidable, afin de disposer ses moyens offensifs pour la campagne prochaine. Il fit alors fortifier des têtes de pont ou des camps retranchés à Thorn et à Praga, ainsi que sur le Bug et la Narew, et le succès couronna sa temporisation.

17, 18. *Combat et bataille de Polotsk* (sur la Düna, vingt lieues nord-ouest de Witepsk). Le général *Gouvion-Saint-Cyr* met en déroute l'armée russe de Wittgenstein, dont la force est de beaucoup supérieure, et lui prend vingt canons. Le maréchal *Oudinot*, grièvement blessé dans la première action, n'a pris aucune part aux dispositions de la seconde journée qui peut être regardée comme une des belles batailles que les Français aient gagnées sur les Russes. Les généraux *Maison*, *Legrand*, se distinguent.

19. *Combat de Valontina-Cora* (deux lieues est de Smolensk), très-meurtrier de part et d'autre; le général *Gudin* y perd la vie. — La grande armée russe, vivement pressée par le maréchal *Ney*, précipite sa retraite.

27. Le général *Gouvion-Saint-Cyr* reçoit le bâton de *maréchal*, pour prix de la victoire de Polotsk, le 18.

28. *Entrevue d'Abo, en Finlande*, de l'empereur de Russie et du prince royal de Suède (*Bernadotte*). L'ambassadeur anglais, le lord Cathcart, est seul admis à leur conférence, qui amène la détermination de la Suède à des opérations offensives contre la France. Il paraît certain qu'on s'y est déterminé à écrire à *Moreau*, pour l'engager à revenir en Europe, prendre le commandement d'une armée (*V.* 10 juin 1804).

29. *Entrée de l'avant-garde française à Wiazma* (trente-cinq lieues est de Smolensk). Les Russes, en se retirant, ont brûlé cette ville.

Septembre 1er. *Sénatus-consulte*, relatif au recrutement de l'armée. — 1° Cent vingt mille conscrits de 1813, ou nés du 1er janvier au 31 décembre 1793, sont mis à la dispositions du gouvernement; 2° dix-sept mille conscrits de 1813, non appelés à faire partie des cent vingt mille ci-dessus, seront levés pour remplacer les hommes qui manqueront au complet des cohortes du premier ban de la garde nationale (*V.* 13 mars).

7. Bataille de la Moskowa, appelée par les Russes, de *Borodino*, livrée à vingt-cinq lieues ouest de Moskow, sur les bords de la *Kologha*, petite rivière qui se jette dans la *Moskowa*, à une lieue et demie nord du village de *Borodino* et à une lieue ouest de la petite ville de *Mojaïsk*. — L'action a lieu sur le plateau qui domine Borodino.

Les Russes, effrayés des désastres de la retraite ordonnée par Barklay de Tolly, demandaient l'occasion de se mesurer en bataille rangée. Kutusow, vieux guerrier, vainqueur des Turcs, paraît le plus digne du commandement, et le plus capable d'amener un engagement décisif. Il a solennellement promis de couvrir Moskow, la cité sainte, et d'anéantir l'armée française, dont le chef, au reste, desire avec une égale ardeur cette rencontre, qui fera connaître à l'Europe le mérite de l'une et de l'autre armée. Couvertes par des retranchements que Kutusow annonce, dans ses rapports officiels, comme inexpugnables, les troupes russes sont encore animées par les prédications de leurs prêtres et par la vue de l'image miraculeuse de la Vierge, qu'on promène dans leurs rangs. Kutusow prophétise la victoire. « .... Dieu va combattre son ennemi avec l'épée de Michel, « et avant que le soleil de demain ait disparu, vous aurez écrit votre « foi et votre fidélité dans les champs de votre patrie, avec le sang « de l'agresseur et de ses légions............ ». — L'ordre du jour lu aux Français les appelle à leur valeur ordinaire. « Soldats, voilà « la bataille que vous avez tant desirée. Désormais la victoire dépend « de vous.......... Elle vous donnera *l'abondance, de bons quar-* « *tiers d'hiver et un prompt retour dans la patrie.* Conduisez-vous « comme à Austerlitz, à Friedland, à Smolensk..... » — Les corps présents sont, outre l'ancienne et la nouvelle garde, ceux des maréchaux *Davoust* et *Ney*, des princes *Eugène Beauharnais* et *Poniatowski;* les quatre grands corps de cavalerie sous les généraux *Nansouty, Montbrun, Grouchy, Latour-Maubourg*, lesquels obéissent au roi de Naples (*Murat*). — A l'armée russe, le général Barklay de Tolly, dépossédé du commandement en chef, tient la droite; le général Beningsen, le centre; le prince Bragation, la gauche. Des redoutes très fortement armées et plusieurs batteries couvrent le front et les ailes. — On ne saurait trouver, dans les rapports si singulièrement et si diversement emphatiques que ces généraux ont faits, avant ou après cette journée, quelques données un peu satisfaisantes sur les forces numériques de leurs divisions. Il paraît constant que l'armée française compte au-delà de cent trente mille combattants. — Avec l'avantage de la position, Kutusow a des soldats inébranlables et de braves officiers. *Napoléon* conduit des soldats très-braves à-la-fois et très-intelligents, des officiers consommés. La comparaison des deux chefs ne saurait être essayée. Quelque élevé, quelque retranché que soit le poste des Russes, les Français sont guidés par le vainqueur des Russes et des Autrichiens; c'en est assez pour les faire vaincre dans une action générale.

A six heures du matin, le feu d'une batterie française donne le signal; et le général *Compans*, du corps du maréchal *Davoust*, commence l'attaque. Toutes les batteries russes sont successivement assaillies et enlevées. La plus formidable de leurs redoutes est emportée par les cuirassiers. Cette audacieuse entreprise coûte la vie, dans l'espace d'une heure, au général *Montbrun* commandant la division, au général *Caulaincourt*, qui le remplace, et à un très-grand nombre d'officiers qui avaient survécu à toutes les campagnes de la révolution. Napoléon a consacré l'usage d'attaquer des bouches à feu avec de la cavalerie; c'est ainsi qu'il agit à Esling, à Wagram. Dans son extrême impatience de voir, non pas le terme de ses desseins (son ambition n'en connaît point), mais le terme de la campagne qu'il exécute, il prodigue les plus violents moyens qu'aient les hommes pour s'entre-détruire. S'il est vrai qu'il ait dit que *le soldat était de la chair à canon*, ce mot décèle l'ame d'un Domitien : si ce mot n'est pas sorti de sa bouche, la tactique infernale de ses dernières campagnes atteste que ce mot se trouvait au fond de son cœur. De cette haute fortune à laquelle il est monté, il prétend improviser la destruction d'un vaste et puissant empire, comme il improvisa la chûte des frêles républiques de Gênes et de Lucques (*V.* 9, 23 juin 1806); comme il improvisa les succès politiques du 13 vendémiaire (4 octobre 1795), ou du 19 brumaire (10 novembre 1799). Mais il dirige des Français; et, avec eux, il se croit sûr d'entraîner la destinée. A quelle époque, en effet, les Français firent-ils la guerre avec plus d'audace, plus de science et plus de fermeté?

Aussi le résultat de cette journée est tel qu'on doit l'attendre d'une semblable armée française. La jactance des généraux russes en est éperdue. Obstinés à la reprise de leurs redoutes, et laissant, pendant plusieurs heures, des masses compactes sous la mitraille, il s'attirent des pertes énormes. Les premières ombres de la nuit, qui descendent trop tard pour eux, trop tôt pour leurs vainqueurs, cachent les pas rétrogrades du Scythe Kutusow, qui prend sa direction vers Moskow, si emphatiquement appelé *la ville sainte*, la ville aux miracles, et qu'il ne peut sauver de la profanation des modernes Amalécites.

Cette bataille est une des plus opiniâtres et des plus sanglantes dont les annales militaires présentent le récit. On croit qu'il a été tiré cent vingt mille coups de canon, que la perte des Russes est au-dessus de trente mille hommes tués, blessés ou prisonniers. Celle des Français s'élève à vingt mille hommes hors de combat; ils regrettent deux généraux de division, six généraux de brigade. Les généraux de division *Compans*, *Nansouty*, *Grouchy*, *Latour-Maubourg*, *Rapp*, *Morand*, *Friant*, *la Houssaye*, sont plus ou moins grièvement blessés. L'armée ennemie a perdu le prince Bagration ; elle compte cinquante officiers-généraux tués ou blessés, et ses rangs éclaircis découvrent toute l'étendue de son désastre.

Mais le bivouac des vainqueurs est pénible et douloureux. Les subsistances manquent entièrement. Aux tourments de la faim, viennent se joindre les rigueurs d'une nuit pluvieuse et froide, rendue plus fâcheuse par la privation totale de bois. Les Russes se sont éloignés, sans être poursuivis.

14. OCCUPATION ET INCENDIE DE MOSKOW.

Kutusow, battu le 7, donne au monde un exemple inouï de forfanterie, en publiant les résultats de sa victoire. Soit que les relations de ce général, si ferme sur le champ du mensonge, abusent l'empereur Alexandre, qui se trouve aux bords de la Néva; ou que de fabuleux récits paraissent nécessaires pour entretenir l'exaltation d'une population dévouée; ou bien que le crédit du parti de Kutusow l'emporte, celui-ci, bien mieux traité que le Varron des Romains, reçoit, avec de pompeux éloges de sa conduite, l'honneur suprême, et si rarement conféré, du titre de *feld-maréchal*. Pétersbourg, et toutes les villes jetées sur la vaste surface de l'empire, retentissent de chants solennels pour remercier le Dieu des batailles d'avoir envoyé l'ange exterminateur contre l'armée française.

Les habitants de Moskow croient de même au prodige jusqu'au 14, alors qu'ils voient les étendards russes en fuite, et les drapeaux français se déployer à l'horizon. Leur profonde ignorance entre dans le plan du gouverneur Rasptochin. Cet homme, parvenu, par d'ignobles, de grotesques pasquinades, ou de mystérieux services, dans l'intimité de Paul Ier (comme les bouffons de quelques souverains du moyen âge), a conçu de bonne heure le projet de brûler Moskow. Il sait la joie qu'en ressentiront les courtisans de Pétersbourg; il ne doute pas de la haute faveur qui récompensera son zèle à saisir une si favorable occasion de délivrer le gouvernement autocratique et le sénat dirigeant, toujours porté aux grands coups-d'état, des éternelles prétentions de ces boyards qui, depuis Pierre Ier, défendent pied à pied l'antiquité de leurs priviléges moskowites. Rasptochin ne fera d'ailleurs qu'étendre et perfectionner les mesures de destruction auxquelles les généraux ont eu recours, dans l'impuissance de battre et même de retarder les Français. La dévastation du territoire, opérée systématiquement par les propres mains des Russes; cet éclatant aveu de la faiblesse de leurs moyens défensifs, de l'impuissance de leurs armes, de l'insuffisante bravoure des troupes, de l'insuffisant génie des généraux; voilà la seule barrière qu'ils opposent à la marche des Français. C'est la dernière ressource de l'impéritie militaire. Les Ottomans, dans leur déclin, ont donné le premier exemple de ravager une large ceinture de cette masse de territoire dans lequel ils consentent à réduire leur empire, afin de mettre un désert entre eux et des ennemis acharnés à leur ruine. Ils font de même, ces Moskowites, battus sans relâche depuis le Niémen, et qui se rappellent sans doute qu'ils ont une commune origine avec les destructeurs d'un si grand nombre de monuments romains. Mais les Scythes d'autrefois, qui s'élançaient en troupes de bêtes féroces, ravagèrent moins cruellement les villes où leur domination s'était fixée. Le pas que les Scythes ont fait dans la civilisation semble avoir irrité leur brutalité naturelle. Défaits, ils se retirent armés de torches. On ne peut voir ici que la rage imbécille d'une nuée de barbares; il est impossible d'y reconnaître un plan de défense, une combinaison militaire. Ni le connétable de Montmorency, détruisant (en 1536) les faibles ressources que la Provence pouvait offrir à l'armée de Charles-Quint; ni Wellington, faisant enlever ou anéantir (*V.* mars 1811) tous les approvisionnements du Beira et de l'Estramadure, en se repliant sur Lisbonne; ni l'un ni l'autre de ces capitaines n'avaient réduit en cendres les villes dont ils ne pouvaient éloigner l'ennemi. De même que l'embrasement du Palatinat décida le triomphe de Louvois, de même le complot que trament Kutusow et Rasptochin, de livrer aux flammes l'ancienne capitale des czars, assurera leur influence. Que leur importe, alors, que cette incendie entraîne de plus grands désastres que n'en causerait le séjour de l'armée ennemie? Les Russes ne sont-ils pas des esclaves dont l'existence dépend du bon plaisir de leurs maîtres? et ce bétail, à visage d'homme, n'est-il pas destiné à la dispersion ou à la mort, suivant l'intérêt ou le caprice de ses conducteurs?

Napoléon aurait donc pu s'apercevoir, depuis Smolensk, qu'il avait affaire à ces mêmes guerriers, auteurs des massacres d'Ismaïl et de Praga, atrocités qui n'ont jamais été surpassées dans l'histoire du monde (*V.* 22 décembre 1790, 4 novembre 1794, deuxième article). Il lui suffisait de voir avec quelle promptitude et quelles précautions avaient été brûlées les villes de Smolensk, Dorigobni, Wiazma, Ghiat, Mojaïsk, pour supposer le sort réservé à Moskow.

« Dans tout autre pays de l'Europe (dit l'auteur de la Campagne « de 1812), une détermination semblable eût été proclamée haute- « ment, et un appel solennel au peuple l'eût invité à embrasser une « mesure extrême, qui devait avoir son salut et son indépendance « pour résultat. Mais.................. le peuple, en Russie, n'a « rien à perdre qu'une vie flétrie par l'esclavage le plus avilissant; « le toit même qui le couvre ne peut brûler qu'aux dépens de son « maître. Il n'était donc pas nécessaire de le prémunir contre un

« danger qui ne lui portait point de dommage. Les étrangers, qui « sont les seuls êtres qui jouissent d'une liberté précaire, se seraient « alarmés d'une ruine certaine sans dédommagement quelconque. Il « valait donc mieux les sacrifier; d'autant plus que les Russes, se « croyant déja assez avancés dans les arts et dans les sciences, n'y « voient que des rivaux dangereux. C'est sur ces bases qu'on agit, « et tout se traine dans le silence. » — On pourrait, d'après cela, faire un parallèle entre Rasptochin, scythe, extravagant et féroce, incendiant Moskow, et Christophe, nègre d'Afrique, incendiant le Cap-Français (*V.* 4 février 1802).

Les pompes et les instruments en usage, en cas d'incendie, ont été enlevés et transportés hors de la ville; des fusées incendiaires sont distribuées aux agents de police chargés de les remettre aux malfaiteurs dont on videra les prisons, et qui devront allumer le feu dans mille endroits. Dès que la plus grande partie de cette population, surprise au sein de la sécurité dans laquelle on l'a soigneusement endormie, se sera jetée, comme en sursaut, dans les bois voisins, à défaut d'autre asyle, et que les ténèbres descendront, les émissaires infernaux de Rasptochin procéderont à l'exécution de ses ordres.—Les matières inflammables, déposées dans un grand nombre de maisons désertes, les embrasent à-la-fois. Le feu a été mis aux établissements publics, et même aux hôpitaux. — Le ravage des flammes ne cesse que dans la soirée du 20, lorsque les neuf dixièmes de la ville sont en cendres. De quatre mille maisons en pierre, il n'en reste que deux cents; de huit mille en bois, que cinq cents. Plus de vingt mille malades ou blessés périssent consumés.

L'avantage que la Russie pouvait attendre de la destruction de sa capitale, celui même qu'elle en a retiré par suite du séjour si prolongé des Français (séjour auquel on ne devait pas s'attendre), équivalent-ils encore à l'énormité du sacrifice? La réponse sera tracée, pendant un siècle encore, sur les ruines de Moskow. Ce résultat, funeste pour la Russie, n'aurait pas eu lieu, si, par une ambition dépravée, elle n'avait fait alliance avec le dominateur de la France, l'oppresseur de l'Europe civilisée. Le gouvernement russe méritait, comme le gouvernement espagnol, de recueillir les fruits amers réservés à ceux qui s'unissent aux méchants, et favorisent l'iniquité. Malheur aux simples qui encensent un génie malfaisant!

18. *L'armée russe* dite *du Danube*, qui a quitté la Moldavie, après le rétablissement de la paix avec la Porte-Ottomane (*V.* 28 mai), *se réunit à Lutsk* (en Wolhynie, sur le Styr) *avec l'armée de réserve.*

La première est sous les ordres de l'amiral Tschitchagow; la seconde, commandée par le général Tormasow, vient d'être battue et fortement endommagée par le prince Schwartzemberg, conduisant l'armée austro-saxonne.

26. Débarquement à Riga d'un corps de troupes russes venu de la Finlande.

Octobre 11. L'armée russe, sortie de la Moldavie (*V.* 18 septembre), ayant rejeté le général autrichien en Gallicie, gagne Bresc sur le Bug. Cette armée, forte d'environ trente-six mille hommes, menace ainsi les communications de l'armée française avec Warsovie.

17—19. *Combat de Polotsk.*—Le Russe Wittgenstein, renforcé par les corps venus de la Finlande (*V.* 26 septembre), se flatte de pouvoir, au moyen de sa grande supériorité numérique, entamer le corps d'armée du maréchal *Gouvion-Saint-Cyr*, et empêcher sa retraite par la Düna. Wittgenstein est lui-même fortement endommagé et repoussé dans toutes ses attaques. Le maréchal est grièvement blessé, il fait un grand éloge des généraux *Maison*, *Legrand*, de l'adjudant-commandant *d'Albignac.*

18. *Combat de Winskowo* (vingt lieues ouest de Moskow).—Kutusow voulant empêcher la jonction du maréchal *Victor*, parti de Smolensk, attaque le *roi de Naples* (Murat) qui couvre Moskow avec l'avant-garde de la grande armée. Murat est complètement battu.

22. Wellington, chef de l'armée anglaise en Espagne, lève, après trente-cinq jours, le siége du château de Burgos, bâtiment de construction gothique, flanqué de fortifications irrégulières et construites à la hâte, mais aussi bravement qu'habilement défendu par le général *Dubreton* qui, n'ayant que quinze cents hommes, a soutenu cinq assauts. Les assiégés ont perdu près de six cents tués ou blessés; les ennemis, plus de deux mille hommes.

23. *Conspiration à Paris*, dite *conspiration Malet.*

Trois ex-généraux obscurs, mûs par des mécontentements personnels, ou par on ne sait quels motifs, essaient de renverser l'immense puissance de Napoléon, au moyen d'un coup-de-main sur les principaux agents de sa police, police qui dispose de l'intérieur de la France. Car il n'a pas seulement fondé son trône sur le prestige de sa gloire militaire, sur les fastueuses illusions de ses vastes desseins, comme sur les bienfaits accidentels et la régularité de son administration, ou encore sur ses prodigalités systématiques : il juge que la sécurité de son trône repose bien mieux sur cette inquisition domestique, introduite dans le système du gouvernement de Louis XIV, et si désastreusement perfectionnée, au comité de sûreté générale, par les *Cambacérès* et les *Merlin* dit *de Douai*. Consul, à la faveur du 19 brumaire (10 novembre 1799), Bonaparte trouve au ministère de la police l'ex-conventionnel *Fouché* dit *de Nantes*, fameux d'abord par un républicanisme atroce (*V.* 12 octobre 1793): mais, après le gouvernement révolutionnaire, la plupart des jacobins ayant adopté d'autres règles de conduite révolutionnaire, ce ne sera plus, à l'époque du consulat, Fouché, sociétaire du comédien *Collot d'Herbois*, mitraillant des masses, et se mettant *en défiance des larmes du repentir;* ce sera Fouché, artisan de conspirations, protégeant tous les vices bas, étouffant tous les sentiments généreux. Par ses inspirations, la police, puissance occulte, dont la force réside dans l'idée qu'elle sait donner de sa force, devient le grand ressort de l'état. Néanmoins Napoléon, impatient de toutes les renommées antérieures à la sienne, qui ne veut déja de mérites et de talents que ceux auxquels il donna l'essor, ou qu'il circonscrit dans une sphère étroite, s'importune enfin de la transcendance de son ministre Fouché. Ayant fait, en toutes choses, un continuel usage de petits artifices ou de stratagêmes habilement déguisés, il prétend connaître mieux, que qui que ce soit, le système de police approprié au despotisme. Il veut diriger, lui-même, cette branche d'administration qui tient à sa sûreté personnelle, au repos de ses nuits. Désormais il ne déposera sa confiance que dans les mains de ses plus dociles élèves, des plus fermes exécuteurs de ses volontés. Le général de gendarmerie *Savary* est déclaré ministre; et le juge *Pasquier*, préfet de la police impériale perfectionnée. Ils remplissent avec vigilance, zèle et dextérité, leurs fonctions de visir et de pacha du sultan français; lorsque, le 23 octobre, ils sont, à leur tour, inopinément jetés, par les généraux conspirateurs, dans ces prisons où gémissent leurs victimes. Le ministre de la guerre, si dénué de moyens en toute occasion, a, dans cette circonstance, perdu toute présence d'esprit. Mais, grace à la perspicacité de ce conventionnel, membre distingué du comité de sûreté générale, de *Cambacérès*, le visir et le pacha sont bientôt délivrés; l'affront fait à leur dignité, à leurs talents est vengé; et ce chétif évènement d'un jour n'offre plus au public, comme certains apologues, que l'intérêt de la moralité qui en découle, pour témoigner l'insuffisance des précautions dont s'entoure la tyrannie, et montrer la fragilité de ses supports, quelque bien choisis qu'ils puissent être.

Évacuation de Moskow.

Enfin déterminé par la défaite de Winskowo (*V.* le 18), le chef de l'armée française bat en retraite vers l'ouest. Le maréchal *Mortier*, formant l'arrière-garde, fait sauter l'arsenal, les magasins et le *Kremlin*, citadelle et résidence des premiers ducs moskowites. C'est après quarante jours d'occupation, et presque d'inaction, que *Napoléon* abandonne une ville dont le premier jour a vu détruire les richesses et les approvisionnements. Il a cru s'enrichir des dépouilles d'une opulente cité; il n'a trouvé que son cadavre. L'impatience de triompher dans cette métropole, l'orgueil d'y trouver la date de cent décrets, lui ont fait tout sacrifier pour y parvenir. Toujours plongé dans les misérables illusions du despotisme, il prétend, des confins de l'Asie, décider les plus obscurs détails de l'administration intérieure de cette vaste France, comprenant cent trente départements. Il envoie à Paris des réglements sur les théâtres, des décrets sur l'exercice, par tel ou tel individu, de la profession de boulanger ou d'apothicaire; croyant prouver ainsi la force, l'étendue et la flexibilité de son génie. Les puérilités dans lesquelles il se complaît, sur ce qui touche à son rang ou tient à sa puissance, ne sauraient s'expliquer dans un homme doué des plus éminentes facultés.

La situation des corps français qui manœuvrent autour de Moskow, assez avantageuse d'abord, a cessé de l'être, dès que Kutusow sort de la stupeur produite par sa grande défaite du 7 septembre. Ayant échoué dans ses opérations régulières, ce chef des Russes s'applique à soulever la population. Mauvais général, il sera bon révolutionnaire; il enflammera ses compatriotes vains, comme le sont des esclaves; superstitieux et fanatiques, comme des barbares frappés des premières lueurs de la civilisation. On les persuadera que cette guerre, fomentée par la seule politique de deux cabinets rivaux, est dirigée contre la croix grecque et contre l'existence matérielle du paysan slave.

Les combats et les marches ont affaibli l'armée française de plus de la moitié de son nombre primitif. La disette et les maladies la diminuent de jour en jour. Les plus forts régiments de cavalerie ne comptent pas cent chevaux; tous les moyens de les remplacer et d'entretenir les équipages manquent à-la-fois.

Les subsistances cessent d'arriver à Moskow; les environs sont, dans un rayon de plusieurs lieues, désolés par des partis de cavalerie irrégulière. N'importe : Napoléon suspend son départ; il ne doute pas qu'Alexandre, aussi bon philanthrope que François d'Autriche, également touché de la perte de sa capitale et des suites d'une campagne désastreuse, ne s'empresse d'accepter un traité. C'est ainsi qu'on termina les campagnes de 1805 et de 1809: celle de 1812 ne saurait finir autrement. Napoléon ne reconnaît aucune dissemblance entre le système tout conservateur de l'Autriche, qui sacrifie le terrain aux hommes, et le système envahissant de la Russie, pour qui la perte de plusieurs milliers d'esclaves n'est rien auprès d'une extension de territoire. Vienne, seule résidence du monarque autrichien, fait son orgueil et ses délices: Moskow n'est, il y a un demi-siècle, que la seconde ville de l'empire russe. Moskow, asyle des boyards mécontents, des boyards jaloux à l'excès des favoris qui se distribuent, à Pétersbourg, les dignités et la puissance, Moskow a perdu la présence et l'affection de ses maîtres, depuis qu'ils échangèrent le titre de czar pour celui d'empereur, les mœurs de l'orient pour les usages de l'Europe.

Adoptant un système de destruction complète, le gouvernement russe a prescrit aux habitants d'abandonner, à l'approche des Français, les villes, bourgs et villages incapables d'une défense régulière, d'enlever préalablement les bestiaux, voitures, subsistances et fourrages, de brûler tout ce qui ne pourrait se transporter, de briser les moulins, détruire les fours, couper les routes, les ponts, et de nuire à l'ennemi de toute manière. Lorsqu'en 1798 les Anglais se précautionnèrent contre l'invasion de leur pays, ils s'attachèrent à ces mêmes moyens de défense. Ils n'eurent pas l'occasion d'en faire l'essai; mais ils les firent adopter, par la suite, aux Portugais (*V.* 15 septembre 1810, 4 mars 1811). En cette conjoncture extrême, le gouvernement russe, habitué à faire en Pologne, en Turquie, la guerre de dévastation, trouve naturel de ravager son propre territoire. Les armées françaises ont déja, en Portugal, éprouvé l'efficacité de ces résolutions désespérées, qui ont si décidément arrêté leurs progrès. Cependant Napoléon ne comprend pas un système hors du cercle de sa stratégie. On dirait qu'il croit faire la guerre dans ces belles contrées d'Italie ou d'Allemagne, couvertes d'une population serrée autant qu'industrieuse et riche, florissant à l'ombre d'institutions d'une civilisation toute moderne, et soumises à des chefs redoutant également et d'appauvrir des sujets qui disposent eux-mêmes des produits de leurs sueurs, et de faire couler les larmes des femmes et des vieillards. *Napoléon* n'avait-il pas encore l'exemple de Saint-Domingue, où l'anéantissement de ses troupes résulta principalement du système de destruction et de conflagration suivi par les noirs?

Après avoir vainement attendu, *pendant vingt-deux jours*, une démonstration suppliante d'Alexandre, dont il croit avoir à Erfurth (*V.* 27 septembre 1808) si bien approfondi le caractère, sondé les inclinations pacifiques, *Napoléon* conserve néanmoins toutes ses orgueilleuses pensées. Il envoie, le 5 octobre, le général *Lauriston*, près de Kutusow; mais l'art diplomatique, jusque ici si renommé, de ce Français d'origine irlandaise, restera sans efficacité. Le maréchal russe voit l'automne déja sur son déclin; il espère, des frimas, ce secours qui n'est pas dans ses talents, tandis que le maître des décombres de Moscow ne sait voir autour de lui que l'immense beauté de ces décombres, une armée russe dissoute et des conseils russes éperdus. L'on ignore à Moscow l'arrivée en Lithuanie de l'armée de Moldavie (*V.* 11 octobre), ou bien on dédaigne cette circonstance; on n'est pas instruit de la paix avec la Turquie (*V.* 28 mai): on ne soupçonne la fidélité d'aucun de ces alliés allemands qu'on a soumis à de si douloureux sacrifices, abreuvé de si cruels outrages; on n'a découvert aucun des ressorts qui meuvent déja leurs cabinets, qui soulèvent l'opinion de leurs peuples. On fut aveugle en Espagne, on reste tel dans le nord. On s'est inconsidérément éloigné de ses magasins. On n'a pu souscrire aux délais qu'exigerait l'organisation de la Pologne, boulevard nécessaire dans une expédition au cœur de la Russie; car ces délais eussent remis à une seconde campagne la prise de Moskow. Le premier capitaine de Rome écrivit, *Je vins, je vis, je vainquis;* Napoléon fera davantage, il veut dire, *Je vis, je vainquis;* mais il n'aura pas vu, et la honte sera le fruit du délire qui lui dérobe sa position.

On part enfin, quand l'heure fatale a sonné; tant on aime à se répéter à soi-même que la fortune n'abandonne point César : cent cinquante mille Français vont être les victimes de cette détermination si tardive.

24. *Bataille de Malo-Jaroslawetz* (30 lieues sud de Moskow, quatorze lieues nord de Kaluga). Dix-sept mille hommes, sous les ordres du prince *Eugène Beauharnais*, repoussent Kutusow dont les forces engagées sont quatre fois plus nombreuses. Le succès déja décidé, s'affermit à l'arrivée des généraux *Gérard* et *Compans* appartenant au corps du maréchal *Davoust*. Le général russe qui, dans son rapport, s'avoue battu, déclare que la ville a été prise et reprise huit fois. Cette action, continuée de cinq heures du matin à dix heures du soir, coûte à l'ennemi de huit à dix mille hommes hors de combat,

et aux Français plus de cinq mille. — La rencontre de l'armée russe et ses violents efforts démontrent trop évidemment à Napoléon que ses ennemis sont loin d'être affaiblis ou découragés, pour qu'il ne renonce pas au projet de se retirer sur Smolensk, en prenant la vieille route de Kaluga, route qui traverse des provinces abondantes. Il est donc contraint de se reporter sur la route directe, qui n'offre que des pays ravagés et déserts.

Novembre 3. *Bataille de Wiazma* (cinquante-six lieues ouest de Moskow). — L'arrière-garde française, vivement pressée depuis son départ de Moskow, repousse l'ennemi après un engagement opiniâtre et sanglant qu'ont soutenu le prince *Eugène Beauharnais*, les maréchaux *Ney*, *Davoust*, et le général *Compans*.

7. L'armée française en pleine retraite, depuis quinze jours, et continuellement inquiétée sur ses flancs par des partis russes, arrive à Smolensk. La température se refroidit tout-à-coup, la terre se couvre de neige, et les chevaux périssent en grand nombre au bivouac. L'armée a fait cent lieues, manquant de pain ou de biscuit et de fourrages, incessamment assaillie par des essaims de Cosaques. Ses malheurs croissent à chaque pas; tous, ils sont dus à son chef qui, par un aveuglement inconcevable, n'a rien prévu, rien calculé, n'a pris aucune des précautions les plus communes, auxquelles un général est tenu envers ses soldats; son affreuse insouciance les dévoue à des calamités plus déplorables encore. Les magasins les plus rapprochés de Moskow se trouvent à Smolensk; mais ils ne seront que d'un secours momentané, les transports étant impossibles. Napoléon, persuadé que la nature retarderait la saison des frimas, ne s'est pas, à son départ de Moskow, pourvu de fers à glace pour les chevaux.

Aussi-bien une retraite précipitée ne peut s'exécuter que lorsqu'on doit parcourir une distance peu considérable. La précipitation devient au contraire pernicieuse, lorsque la distance est très-grande. S'il est vrai que toute retraite, par elle-même, *démoralise* le soldat, cette démoralisation, qui est un mal plus grave que tous les accidents, augmente dans la proportion de la distance et suivant la promptitude qu'on met à franchir cette distance. Mais Napoléon qui rabaissait les talents de Moreau, en qualifiant cette savante marche faite du Lech au Rhin, en septembre et octobre 1796, de *retraite de sergent*, Napoléon compromettra sa gloire militaire par des fautes qui seront à lui, à lui seul.

10. Jonction, à *Alba de Tormez* (cinquante-six lieues sud-est de

Salamanque), des trois armées françaises, dites de Portugal, du Centre et du Midi.

14 — 16. *Évacuation de Smolensk.* — Le moindre retard dans la retraite conduirait inévitablement à une bataille générale, que l'armée est hors d'état de hasarder, vu l'impossibilité d'en lier les ailes au centre. Le froid, excessif dès le 6, a frappé et fait périr un grand nombre d'hommes, de chevaux. L'armée ne peut ni s'éclairer, ni se défendre; il faut qu'elle marche sans relâche pour atteindre *Minsk*, grand dépôt de munitions et d'approvisionnements, ou au moins *la Bérézina*, avant l'ennemi qui, maître du pays, arrive à revers, tandis qu'il commence à se prolonger sur les flancs. — Déja il est trop tard pour arriver à *Minsk* (*V.* l'article suivant). — C'est à Smolensk que Napoléon reçoit avis de la conspiration de Malet (*V.* 23 octobre, premier article). Soupçonneux à l'excès sur tout ce qui menace son trône, le despote songera bien plus à garantir ce trône, que le général ne songera à sauver sa brave armée. Ce premier motif suffirait pour le déterminer à précipiter, avec la plus fougueuse violence, sa retraite vers le Niémen.

16. *Prise de Minsk* (quarante lieues sud-est de Wilna). — Cette place, susceptible de défense, a été abandonnée sans motif. Elle est aussitôt occupée par le général Lambert, commandant l'avant-garde de l'armée russe partie de la Moldavie (*V.* 18 septembre, 11 octobre). Les Russes y prennent pour une valeur de deux millions de francs, en rations de toute espèce, outre une immense quantité de munitions; et cette armée de Moldavie s'y trouve avantageusement placée entre le Niémen et les Français.

16 — 19. *Combat de Krasnoï* (dix lieues ouest de Smolensk). — Kutusow veut couper les colonnes françaises sur la grande route de *Smolensk* à *la Bérézina*. Il s'y porte avec soixante-dix mille hommes d'infanterie, trente mille chevaux, une nombreuse artillerie. Les Français ne sont pas vingt-cinq mille combattants effectifs. Ils ont perdu beaucoup de leurs canons et les trois quarts de leurs chevaux; ils se défendent pourtant, et avec succès. Le prince *Eugène Beauharnais*, le maréchal *Davoust*, résistent avec une admirable fermeté. Le maréchal *Ney*, laissé en extrême arrière-garde avec six mille combattants, se voit attaqué par des masses énormes qui lui ferment sa marche. Ne pouvant les renverser, il se retire devant elles, surprend le passage du Dniéper, se fait jour à travers des essaims de Cosaques et rejoint le gros de l'armée dont, pendant deux jours, il a été coupé. *Ney* montre ici quels étonnants résultats peut amener l'intrépidité

jointe à la science militaire, tandis que Kutusow, semblable au pacha d'Héliopolis (*V.* 20 mars 1800), donne un exemple éclatant de l'insuffisance de la supériorité en forces numériques et matérielles, quelque immense que soit cette double supériorité, remise à des mains inhabiles.

21. Les généraux russes Lambert, Langeron (français de naissance et par leur éducation militaire), attachés à l'armée de Moldavie, s'emparent de Borisow sur la Bérézina, achevant, par l'occupation de ce point, le plus important de tous, d'enfermer le gros de l'armée française, qui en est encore à cinq ou six marches vers l'est.

23. *Combat de Borisow* (sur la Bérézina).—Le maréchal *Oudinot*, qui, depuis l'abandon des positions sur la Düna (*V.* 19 octobre), précède immédiatement l'armée en retraite, reprend le poste de Borisow, enlevé l'avant-veille. C'est là même que doit s'effectuer le passage de la Bérézina, principale difficulté de la marche des Français vers le Niémen. Leur situation est des plus périlleuses. La ligne de la Düna est forcée; le général autrichien Schwartzemberg s'est mis à couvert derrière le Bug (*V.* 11 octobre); nulle difficulté de position n'arrête l'ennemi dans son opération décisive; tout le pays est à lui, et les Français n'ont que cette ligne étroite sur laquelle ils courent. Il vit dans l'abondance; ils souffrent toutes les privations. Les attelages de l'artillerie russe sont en bon état; les chevaux des Français meurent de faim, de froid, ou, déferrés, ne peuvent se soutenir sur le sol entièrement congelé. Tous ces malheureux Français peuvent avoir leur tombeau dans les marécages de la Bérézina, dont les glaces ne semblent s'amollir tout-à-coup que pour les engloutir. Kutusow les suit avec une fureur augmentée à chaque humiliation qu'éprouve son inhabile poursuite. Pressés sur leur flanc droit par Wittgenstein, sur leur flanc gauche par Tschitchagow qui les prend encore à revers; ayant une artillerie et une cavalerie considérablement réduites; exténués par la disette et la marche, engourdis par le froid, ils n'existent ou ne résistent que par l'espoir de toucher au terme de tant de maux. Un dernier élan de leur bravoure fera leur dernière ressource. Affreuse alternative, et sans exemple dans l'histoire des calamités militaires! Voilà le résultat de l'indomptable orgueil de leur chef, qui sacrifie le plus noble courage, la plus vaillante ardeur, qui aient jamais animé d'aussi nombreuses légions.

26—28. *Combat et passage de la Bérézina* (affluent du Dniéper).

Tous les corps de l'armée française (à la réserve de quelques divisions), rassemblés aux environs de *Borisow* (cent quatre-vingts lieues ouest de Moskow, trente-huit lieues est de Wilna), offrent encore une masse d'environ quatre-vingt mille hommes, avec une assez nombreuse artillerie. Ils ne sont pas encore désorganisés. Le soldat, du moins celui qui vient de Moskow, abattu par les fatigues de quarante jours de marche sur un territoire dévasté, assailli par des essaims de Cosaques, accablé de privations, souffrant à demi nu les excessives rigueurs de la température, retrouve cependant son ardeur, à la vue de l'ennemi qui l'attend dans la présomption de la victoire. Les corps venant de Moskow se voient soutenus par ceux des maréchaux *Victor, Oudinot*, et par la division polonaise qui n'a que peu souffert du défaut de vivres et de la rigueur du froid. Il faut, en premier lieu, renverser seize mille Russes avantageusement postés au débouché de Borisow, sur la rive droite, et appartenant à l'armée de Tschitchagow, avant la jonction de Wittgenstein, qui suit de très-près l'arrière-garde du maréchal Victor sur la rive gauche au-dessus de Borisow, et avant, aussi, que Kutusow, qui marche avec sa grande armée sur le flanc gauche du grand quartier-général français, ait le temps de regagner trois marches qui lui ont été dérobées.

Deux ponts sont jetés à *Weselowo*, village à quatre lieues et demie au-dessus de *Borisow*, pendant que plusieurs dispositions annoncent à l'ennemi que le passage doit s'effectuer sur le pont même de Borisow. La rapide construction de ces deux ponts, dans ces effroyables circonstances, offre un des plus merveilleux exemples de ce que peuvent la bravoure et la science de nos ingénieurs militaires. La Bérézina est large, à Weselowo, de deux cent cinquante toises. Elle charie des glaces. Le bord opposé s'étend en marécages, que traverse une jetée assez étroite. La berge de Weselowo est, au contraire, élevée.

Le 28, le maréchal *Oudinot*, qui forme l'avant-garde, étant blessé en repoussant Tschitchagow, dont les forces se sont groupées à la rive droite, le maréchal *Ney* prend, au milieu de l'action, le commandement des trois corps (deuxième corps, *Oudinot;* troisième, *Ney;* cinquième, prince *Poniatowski*). Ney oblige Tschitchagow de renoncer au combat. C'est dans cette occurrence décisive, pour le salut de tous, que ce maréchal, surnommé déja *le brave des braves*, étonne le courage de nos plus vaillants soldats. Ils reconnaissent tous devoir leur salut à son inébranlable ténacité, comme à l'extrême promptitude de ses dispositions.

Le maréchal *Victor*, laissé en arrière-garde sur la rive gauche, soutient aussi, ce même jour 28, avec une grande fermeté, l'attaque de l'armée de Wittgenstein. Sa résistance est très-prolongée, malgré la grande disproportion du nombre, ce maréchal n'ayant que douze mille hommes depuis la veille que la division *Partouneaux*, jetée le même jour sur plusieurs divisions ennemies, et embarrassée par les équipages, a été prise tout entière, après une résistance honorablement prolongée; tandis que l'ennemi compte au-delà de quarante mille hommes. — Le neuvième corps est donc obligé de repasser les ponts. « Aussitôt on les fait sauter, abandonnant, à l'autre rive, « l'artillerie, les bagages, et un grand nombre de malheureux, pres« que tous non combattants, qui n'ont pu passer. La plaine assez « grande qui se trouve devant Weselowo offre, le soir, un spectacle « dont l'horreur est difficile à peindre. Elle est couverte de voitures « et de fourgons, la plupart renversés les uns sur les autres et brisés. « Elle est jonchée de cadavres d'individus non militaires, parmi les« quels on ne voit que trop de femmes et d'enfants, traînés à la suite « de l'armée jusqu'à Moskow, ou fuyant cette ville pour suivre leurs « compatriotes, et que la mort avait frappés de différentes manières. « Le sort de ces malheureux, au milieu de la mêlée des deux armées, « fut d'être écrasés sous les roues des voitures ou sous les pieds « des chevaux; frappés par les boulets ou par les balles des deux « partis; noyés en voulant passer les ponts avec les troupes, ou dé« pouillés par les soldats ennemis, et jetés nus sur la neige où le « froid termina bientôt leurs souffrances. » (Mémoire de Vaudoncourt). En outre, les Russes font près de vingt mille prisonniers sur le champ de bataille, s'emparent de cent cinquante pièces de canon, c'est-à-dire, de toute l'artillerie, hors quelques pièces, et de presque tous les bagages, parmi lesquels ils retrouvent les richesses et les trophées enlevés de Moskow.

Tel est ce trop fameux passage de la Bérézina, où l'armée française échappe à son entière destruction, par l'effet des fausses manœuvres du général Wittgenstein, et sur-tout par les retards dus à l'inhabileté du généralissime Kutusow, qui s'est laissé surprendre trois marches. La réunion, sur Borisow, des deux armées russes, parties, l'une du golfe de Livonie, ainsi que de la Finlande suédoise, l'autre, de la Moldavie; cette réunion accuse éternellement l'imprévoyant orgueil de Napoléon qui, loin de soupçonner la possibilité de leur coopération, campe QUARANTE JOURS sur les cendres de Moskow, dans la contemplation de sa vaine conquête, et ne doutant pas de clore la campagne par des négociations qui répareront l'insigne imprudence de sa rapide incursion au cœur de la Russie.

Ce désastre immense, inouï, cet épouvantable résultat des plus fausses conceptions, obscurcit la gloire militaire de Napoléon. Quoiqu'il ait vécu dans une période de haute civilisation, où la réalité des principaux faits historiques ne puisse pas être mise en doute, où elle n'est pas exclusivement confiée à l'incertaine transmission des traditions orales, où la discussion donne aux récits une certitude bien fondée; nos descendants seront, néanmoins, embarrassés pour comprendre la vie de Napoléon, pour rattacher ses revers à ses triomphes, pour concilier la fin de son règne avec le début de sa dictature consulaire, avec ses premiers exploits. La postérité restera confondue à la vue de cette disparité. En effet, que sont, à côté des fautes commises depuis la prise de Smolensk, depuis le 17 août, les fautes et de *Mélas* (campagne de 1800), et de *Mack* (campagne de 1805), ces deux chefs d'armée, de tous les généraux autrichiens, ceux qui aient éprouvé les plus humiliantes défaites? Comparerait-on Charles XII à Napoléon? Eh bien! *Charles XII, à Pultawa* même, excite l'admiration. Quel courage! Sa gloire pâlit, mais ne s'éteint pas. Si l'enchantement cesse, si le prodige s'est évanoui, sa fin étonne encore. L'indomptable volonté de Charles XII n'a rien de bas, rien qui dégrade l'homme, le guerrier, le monarque; il n'use d'aucun moyen vil ou barbare; il ne s'abaisse point à d'indignes stratagêmes pour se relever de son infortune. Plus tard, ce héros a la force de s'avouer l'égarement de son ame; il recommence sa carrière en grand homme, en habile politique. Une mort inopinée, autant que glorieuse, l'atteint. Mais *Napoléon, à la Bérézina*, ne se distingue par aucun fait; et plus tard, il deviendra l'objet de la pitié ou de l'indignation de tout ce qui sent et pense en homme. Il ne saura pas mourir en soldat; il subira le sort d'un visir disgracié auquel on fait grace de la vie, et qui se résigne à la terminer dans une avilissante captivité (*V.* 13 octobre 1815).

Décembre 3. *Vingt-neuvième bulletin de la grande armée, daté de Malodeczno* (vingt lieues ouest de Borisow, quinze lieues nord-ouest de Minsk).

Ce bulletin, si peu semblable aux bulletins précédents, parvient à Paris, le 18 décembre. Il découvre enfin aux Français, toujours aussi confiants dans la destinée de celui qui sacrifie leurs enfants qu'éblouis de ses anciens triomphes, la vaste étendue des calamités du jour. Les conjectures ont une teinte sombre, depuis que les bulletins de l'armée n'apparaissent qu'à de longs intervalles. Le vingt-sixième bulletin, *de Borowsk sur la Moskowa*, portait la date du 23 octobre; le vingt-huitième, celle du 11 novembre.

La nue exposition de tant de malheurs, étalée dans ce vingt-neuvième bulletin, est un nouveau piége offert au généreux dévouement de cette nation qui, se plaisant à croire que son chef veut saisir la première conjoncture favorable pour ramener la paix, et asseoir enfin les fondements du bonheur général, se prépare sans murmure aux plus grands sacrifices.—Toujours plein de ses souvenirs d'orient, le conquérant fugitif, racontant sèchement les détails de cette catastrophe, aime à comparer les Cosaques aux hideux Bédouins; et cette similitude, reproduisant à ses yeux une agréable perspective, semble le mettre à l'aise pour la suite de sa narration. Il avoue donc le désastre entier; mais il a soin d'ajouter que « les « hommes que la nature n'a pas *trempés assez fortement* pour être « au-dessus de toutes les chances du sort et de la fortune, parurent « ébranlés, perdirent leur gaîté, leur bonne humeur, et *ne rêvèrent « que malheurs et catastrophes;* ceux qu'elle a créés supérieurs à « tout, conservaient leur gaîté et leurs manières ordinaires, et virent « une nouvelle gloire dans de nouvelles difficultés à surmonter ». Il finit son affreux récit, adressé à cinq cent mille familles éplorées, en disant que « *jamais sa santé n'a été meilleure* ». Il voudrait que la France et l'Europe ne vissent rien de changé dans le déplorable changement que produit cette grande catastrophe.—Voilà l'homme à la voix duquel les Français ont prodigué leur sang pendant quatorze années.

5. *Arrivée de Napoléon à Smorgony* (douze lieues ouest de Willika), *et son départ de l'armée.*—Il confère au roi de Naples (*Murat*), le commandement des débris de l'armée; et, se mettant isolément et furtivement en route vers Paris, laisse à ses soldats, pour dernière ressource, cet exemple de lâche égoïsme. Aussitôt le désordre devient général; la fuite du chef est le signal de la dispersion. La plupart des corps qui ont maintenu, jusqu'à cette heure, une apparence d'organisation, se débandent tout-à-fait. Le froid se soutenant, depuis plusieurs jours, à vingt-cinq degrés (de Reaumur), un grand nombre de soldats ont les pieds ou les mains gelés, et sont hors d'état de porter les armes et presque de marcher. Un nombre considérable de chevaux d'artillerie ayant péri sous leurs harnais, il a fallu abandonner beaucoup de pièces. C'est lorsque Napoléon voit expirer ses victimes par milliers, qu'il les quitte. Il court à Paris en demander des milliers d'autres, destinées à succomber aussi sous le poids de

sa perverse ambition. Car, si l'avenir lui fait retrouver des chances favorables pour rendre le repos au monde, et fermer les plaies de la France, il les repoussera, trop orgueilleux pour consentir à détacher une seule province de son grand empire (*V.* 12 juillet, 10 août, 31 décembre premier article, 1813). N'a-t-il pas annoncé que des batteries ennemies placées sur les hauteurs de Montmartre, ne l'amèneraient pas à céder un pouce de terre? En vain dirait-on, pour pallier la honte de cette évasion, que Napoléon, en France, est seul capable d'arrêter la défection de ses alliés, et de trouver les moyens de frayer un passage aux débris de l'armée! il ne prouvera que trop que le soin de sa puissance est le vrai, l'unique motif de sa détermination. — Sylla, voyant ses soldats près de lâcher pied, à la bataille d'Orchomènes, leur adressa ces paroles : « Fuyez; et moi je meurs ici! « Si l'on vous demande ce que vous avez fait de votre général, dites « que vous l'avez abandonné sur le champ de bataille ».

10, 11. *Évacuation de Wilna. — Déroute complète.* — Le désordre, ou le défaut d'administration supérieure, ont été et sont si grands qu'on n'a fait aux troupes, *dans l'espace de deux mois, que trois distributions*, à Smolensk, à Orcha et à Kowno; et, dans ces distributions, on ne comprenait que les soldats présents aux appels, qui ne formaient guère que la cinquième partie de l'armée. Les immenses magasins rassemblés à Wilna sont abandonnés, faute de moyens de transport; la situation déplorable dans laquelle une température excessivement rigoureuse a réduit l'armée, ne permettant pas d'y prendre position. « Par une de ces conséquences inattendues (Mémoire de Vaudoncourt), quoique dérivant de la marche des évènements, le passage de l'armée dans Wilna est une époque « des plus désastreuses de la retraite, sans en excepter même le passage de la Bérézina (*V.* 28 novembre). Un grand nombre d'officiers « et de soldats avaient épuisé le reste de leurs forces pour arriver à « une ville dont les magasins offraient à leur imagination l'idée de « l'abondance, et un dédommagement à leurs longues souffrances. « C'est là qu'ils espéraient réacquérir encore assez de forces pour « reprendre les armes qui échappaient à leurs membres engourdis, « et arrêter l'insolent triomphe d'un ennemi, toujours vaincu sur le « champ de bataille, et devant lequel la rigueur d'un climat supérieur « aux forces physiques des peuples policés les forçait, en frémissant, « de se retirer. Mais, là même, leur espérance fut déçue. Ils avaient « fait le dernier effort; ils y succombèrent. Beaucoup d'entre eux « ne pouvant plus trouver d'asyle dans les maisons encombrées par

« leurs camarades, qui, comme eux, cherchaient de la nourriture, et « une température plus supportable, restèrent dans les rues et y trouvèrent bientôt la fin de leurs maux. Ceux qui avaient rencontré un « toit qu'ils croyaient hospitalier, ne furent pas moins malheureux, « sur-tout s'ils étaient désarmés ou isolés. Leur corps épuisé, qui ne « se soutenait que par une tension extrême, tomba dans l'affaissement et la consomption, par l'effet même du soulagement momentané qu'il éprouvait; leurs membres, conservés par l'action du froid « qui les avait engourdis, furent frappés d'une corruption rapide « qui bientôt éteignit en eux le principe de l'existence. On les voyait « gisant à la place où, pour la première fois depuis long-temps, ils « avaient reposé à l'abri des rigueurs de l'air, hors d'état de se mouvoir pour chercher de tardifs secours, et dévoués à la pitié ou à « l'humanité de ceux qui les entouraient. C'est là où le fanatisme, « la barbarie, la cupidité et la trahison, enveloppés dans le manteau « du patriotisme, venaient, sous l'égide des proclamations adressées « au peuple russe, leur porter la mort sous mille formes diverses. « Les plus modérés de leurs bourreaux se contentèrent de les jeter « dans la rue, où bientôt ils avaient cessé d'exister. Le plus grand « nombre les assassina ou les dépouilla auparavant. Les Juifs, surtout, se signalèrent par cette lâche cruauté, dont on trouve tant « d'exemples dans leurs annales. Le lendemain, des milliers de cadavres, nus ou habillés, qui encombraient toutes les rues, attestèrent, à la face du ciel, qu'il n'est point d'excès auquel un peuple « sauvage ne puisse se porter. Quiconque fut témoin des scènes qui « se passèrent alors à Wilna, a perdu le droit de taxer d'exagération « les atrocités qui noircissent tant de feuillets de l'histoire du genre « humain. C'est encore ici le lieu de rendre à ces braves patriotes polonais, nos compagnons fidèles dans tant d'occasions, la justice que « méritent la loyauté de leur caractère et la franchise de leur attachement pour nous.... Si l'on entend un de ceux qui furent prisonniers à Wilna se louer de son hôte, on peut hardiment assurer que « cet hôte fut un Polonais. »

Les soldats de Napoléon n'ont pas épuisé dans les murs de Wilna les effets de son inconsidération. Presque à la porte occidentale se présente *la montagne de Ponary*, courte, mais rapide; couverte de verglas, elle offre une résistance impossible à vaincre. Là les Cosaques remportent les seuls exploits qu'ils ambitionnent, d'abondantes dépouilles, un riche butin.

Il est impossible de trouver, dans les exagérations si diversement emphatiques des généraux russes, ivres d'un dénouement auquel leur bravoure et leurs talents n'eurent qu'une bien faible part, des données tant soit peu probables qui permettent d'établir le nombre des mourants qu'ils ont ramassés, des cadavres et non des hommes qu'ils ont pris. La jactance moskowite en a fait des trophées; jamais trophées ne furent plus aisément enlevés. Les éléments ont presque tout fait, et comme on le dit vulgairement en Russie: « Ce n'est point « *le général Kutusow* qui a tué ou dispersé les Français; c'est *le gé-* « *néral Morosow* (la gelée) ».

16. *Évacuation de Kown, et passage du Niémen.* C'est encore ici qu'on retrouve le maréchal *Ney* (*V.* le 10), toujours le dernier à se retirer, protégeant toujours, au mépris de sa vie, la vie et la retraite du dernier soldat, ranimant l'espérance éteinte, et valant seul d'épais bataillons. Ici, se refugient les débris de la plus belle armée que la France ancienne ou nouvelle ait jamais lancée hors de son territoire. Ici, s'embrassent quelques-uns de ces guerriers, qui, portés par une vaillante ardeur, se jetaient au mois de juin sur la même rive qu'ils délaissent aujourd'hui si déplorablement. Des quatre cent mille guerriers qui, à l'ouverture de la campagne, franchirent ce fleuve, à peine trente mille le repassent, parmi lesquels les deux tiers n'ont pas vu le Kremlin. Mais celui qui les entraîna, qui reçut d'eux une obéissance sans bornes, ne les a point attendus (*V.* le 5).

La guerre offensive, qui vient de se terminer, n'a pas été plus longue que les rapides invasions des années précédentes. La campagne de 1812 se resserre dans un espace de temps aussi borné que les campagnes de 1805, de 1806, de 1807, et de 1809; mais le résultat de cette dernière aggression est, pour les mères françaises, un deuil affreux, que suivront d'autres deuils, jusqu'à ce que l'homme qui les a causés soit enchaîné sur une île lointaine, et qui deviendra sans rivage dès que la destinée, dont il fut l'aveugle sectateur, l'y aura déposé.

20. Napoléon arrivant à Paris, fugitif et déserteur, excite les transports de joie de ce *sénat-conservateur*, de ce sénat aussi docile que celui qu'un empereur des anciens temps voulait faire présider par son cheval. Les témoignages de servilité qu'exprime l'adresse de *félicitation* sur le fortuné retour du souverain, échappé au désastre général, ne sont tempérés par aucune observation sur les maux immérités de la patrie, sur les souffrances de l'humanité. « Le sénat (dit le natu- « raliste *Lacépède*) s'empresse de présenter au pied du trône de votre « majesté impériale et royale l'hommage de ses félicitations sur l'*heu-*

« *reuse arrivée* de votre majesté au milieu de ses peuples. L'absence « de votre majesté, sire, est toujours une calamité nationale; sa pré« sence est un bienfait qui remplit de joie et de confiance tout le « peuple français............ Le sénat, premier conseil de l'empe« reur, et *dont l'autorité n'existe que lorsque le monarque la réclame « et la met en mouvement*; est établi pour la conservation de cette « monarchie et de l'hérédité de votre trône, *dans notre quatrième « dynastie*. La France et la postérité le trouveront, dans toutes les « circonstances, fidèle à ce devoir sacré; et tous ses membres seront « toujours prêts à périr pour la défense de ce *palladium* de la sûreté « et de la prospérité nationales.......... » (Le naturaliste n'aurait pu mieux faire l'éloge de l'hyène). Le sénat s'engage à reconnaître les héritiers de son sang auguste; il l'assure du dévouement et de l'affection des Français qui n'attachent de bonheur qu'à le défendre, de l'empressement des jeunes gens à voler sous les drapeaux. L'empereur répond: « Sénateurs, ce que vous me dites m'est fort agréable. « J'ai à cœur la GLOIRE ET LA PUISSANCE de la France; mais nos pre« mières pensées sont POUR TOUT ce qui peut perpétuer la tranquillité « intérieure................ POUR CE TRÔNE auquel sont attachés « DÉSORMAIS les destinées de la patrie............... J'ai demandé « à la Providence un nombre *d'années déterminé*............... « J'ai réfléchi à ce qui a été fait aux différentes époques de NOTRE « histoire; j'y penserai encore » (aux précautions à prendre pour assurer la succession à son fils).—Et c'est Bonaparte, Corse, né sous la domination génoise, élevé par la charitable munificence des rois de France, qui cite *notre* histoire, qui parle de la *gloire*, de la *puissance*, et se tait sur le bien-être de la nation; lui, qui a répandu le sang de deux millions de Français pour la cause de son exclusive ambition et l'élévation de son indigne famille; lui qui, au moment de l'épouvantable catastrophe que seul il amène, ne s'occupe essentiellement que du soin de conserver le trône à son fils! Et le sénat le seconde, l'encourage; et les Français accourent à la voix du sénat! Malheureux qui, traîtreusement renfermés dans une maison en flammes, sont obligés, pour leur propre salut, de garantir sa conservation à celui qui s'en fit le maître! Peuple trop à plaindre d'être ainsi sacrifié!—Le 25, le grand-maître de l'université, *Fontanes*, viendra déposer aux pieds de son maître un dixième tribut d'adulation (*V.* 16 août 1807, 7 février, deuxième article, 1810). « ...... L'étude des « bonnes lettres qu'enseigne l'université de Paris, est fondé *sur le bon « sens. Le bon sens s'arrête avec respect devant* LE MYSTÈRE DU POUVOIR

« *et de l'obéissance. Il l'abandonne à la religion qui rendit les princes* « *sacrés, en les faisant* L'IMAGE DE DIEU MÊME.......... Permettez, « sire, que l'université détourne un moment les yeux du trône que « vous remplissez *de tant de gloire*, vers cet auguste berceau, où « repose *l'héritier de votre grandeur*. Toute la jeunesse française en- « vironne, avec nous, de ses espérances et de ses bénédictions, cet « enfant royal qui doit les gouverner un jour. Nous le confondons « avec votre majesté dans le même respect et le même amour. Nous « lui jurons d'avance un dévouement sans bornes, comme à vous- « même. Sire, ce mouvement qui nous emporte vers lui, *ne peut dé-* « *plaire* à votre cœur paternel; il vous dit que votre génie ne peut « mourir, qu'il se perpétuera dans vos descendants, et que *la re-* « *connaissance nationale doit être éternelle comme votre nom.* » — Deux jours après, le premier président de la cour de Paris, s'exprime ainsi: « .... Ah! sire, l'autorité impériale « n'aura jamais de plus fermes appuis que les magistrats qui sont « les plus chers garants du respect pour *les droits de la souverai-* « *neté. Nous sommes prêts à tout sacrifier pour votre personne sa-* « *crée, pour la prospérité de votre dynastie.* Veuillez recevoir ce « nouveau serment, *nous y demeurerons fidèles jusqu'à la mort.* » — Le préfet de la Seine s'écrie : « .... Quelle allé- « gresse! sire, vos regards viennent tout vivifier. *Mais aussi*, QUE « DE GLOIRE, *pendant votre absence!* Notre admiration suivait les « pas de votre majesté lorsqu'elle volait de victoires en victoires, « planter ses aigles sur les tours de Moskow, et dans ces moments « *plus glorieux encore*, où elle montrait ce que peuvent contre « les climats la constance et la fermeté d'ame qui lui ont assuré « *le plus beau triomphe qu'il soit donné aux mortels d'obtenir.* .... » — Voudrait-on excuser la servilité de ces harangues, en alléguant la nécessité de parler de la sorte? Cette nécessité n'existe pas, puisqu'elle ne se montre pas dans les discours adressés par les présidents de la cour de cassation et de la cour des comptes, qui, tout en rendant les déférences dues au pouvoir de fait et reconnu, ne célèbrent pas les tristes et honteux résultats d'une conduite insensée, en bravant l'affliction de trois cent mille familles françaises. Mais les conquérants trouvèrent toujours une foule d'apologistes, dirigés soit par la crainte, soit par une admiration volontaire de ces actions extraordinaires que l'on suppose être le résultat des talents non moins extraordinaires de leur auteur. Il n'est guère possible de changer, à cet égard, le cours des passions humaines; les échecs que reçoit l'idole sont représentés comme accidentels, et sa fortune, sa puissance, comme immuables.

Cette campagne est, sans contredit, la plus horriblement meurtrière de toutes celles que le maître de la France a dirigées, et, de beaucoup, la moins favorable à sa renommée militaire ou politique. Il parvient, à la vérité, avec une formidable armée, jusqu'à la capitale éloignée d'un puissant empire; mais, au lieu d'atteindre le but si vanté de ses immenses préparatifs, il ne réussit qu'à fouler les cendres de cette capitale, et à porter le ravage dans une vaste étendue de ce territoire ennemi, que bientôt il laisse jonché de cent cinquante mille cadavres de ses sujets ou alliés, abandonnant un nombre plus considérable encore de prisonniers, avec tous ses magasins, avec toute son artillerie. Cette expédition de Russie, qui le rabaisse sous le point de vue des combinaisons stratégiques, lui ravit sa réputation d'homme d'état. Il la termine en fugitif qui craint, pour sa personne, le péril et l'outrage. Cependant il fait usage de tous les artifices susceptibles de pallier nos désastres, et de nous dérober leurs inévitables conséquences.

30. *Défection du général prussien York* et *convention de Taurogen* (près de Tilsitt).

Le maréchal *Macdonald*, faisant l'extrême gauche de la grande armée, a pénétré victorieusement dans la Samogitie, dans la Courlande, dépassé la Düna, entamé la Livonie, et menacé Riga, lorsque les progrès de la retraite générale l'obligent à se replier. Il a toujours battu l'ennemi, quoique les généraux du contingent prussien, fort de vingt mille hommes, qu'il a sous ses ordres, le suivent et se battent à regret. York recevant des instructions de Berlin, de ce cabinet, dont la fidélité tourne, depuis vingt ans, avec la roue de la fortune, lève le masque, et signe une convention de neutralité avec les Russes. Dès-lors, l'armée française ne peut ni conserver la ligne du Niémen, ni s'établir derrière la Vistule; elle doit reculer jusqu'à la Warta et l'Oder.

La conduite du général prussien est sur-tout l'effet des inspirations patriotiques que souffle, dans l'ombre, l'association des *amis de la vertu* (Tugendbund). Cette défection est le signal de la liberté allemande. Aussitôt le tocsin de l'insurrection retentit de l'Oder au Rhin, de la Baltique aux Alpes Juliennes. Cette foule de souverains secondaires, retirés, par leurs propres sujets, de la léthargie qu'ont produite les dons empoisonnés du grand monarque, accourront successivement, à mesure qu'ils verront s'évanouir leurs dangers per-

35.

sonnels, pour faire aussi leur morsure au lion malade. De serviteurs couronnés, de mercenaires enrichis, ils deviendront d'ingrats conjurés et des adversaires implacables. Une seconde fois, ils aimeront à puiser de riches dépouilles dans le sang français (*V.* Congrès de Vienne, 9 juin 1815).

31. *Grande armée.* La position sur la Vistule des différents corps qui la composent, ou plutôt de leurs débris confusément rapprochés, se trouve dangereusement menacée par la défection des Prussiens, et aussi par la conduite équivoque des Autrichiens. *Le roi de Naples (Murat)*, commandant en chef, est fort peu capable de remédier à d'aussi grands désastres. Une bravoure audacieuse, la bravoure d'un soldat, constitue son mérite militaire.—La Pologne est presque évacuée; l'Allemagne va devenir le théâtre de la guerre.

Voilà où se terminent les vastes desseins de Napoléon qui, pâle imitateur de César, croit n'avoir rien conquis s'il lui reste un état à conquérir. Le Romain employa dix années à dompter les Gaules; et le Corse, ivre de sa fortune, n'a pas daigné consacrer deux années à l'envahissement de cet immense désert de Scythie qui vit fuir Darius, reculer Alexandre, périr Crassus; où Julien termina sa carrière; où Valérien se couvrit d'ignominie; et qui vit le désastre de Charles XII, le guerrier le plus avantureux, l'ame la plus forte de l'occident. On ne saurait concevoir qu'un aussi grand capitaine, instruit par ces leçons de l'histoire, bien au fait de la topographie de cette vaste contrée, s'y engage à la fin de juin. S'il avait passé l'hiver sur le Niémen, rétablissant, selon sa promesse, le royaume de Pologne, et organisant complètement l'armée polonaise, il se serait, au commencement du printemps, trouvé en état d'ouvrir la campagne avec des forces encore plus nombreuses, et des moyens d'agression plus formidables. Il serait arrivé à Moscow à une époque de l'année bien moins avancée, et se serait donné les facultés d'assurer et de consolider sa conquête. Les apologistes de Napoléon essaieraient en vain de pallier sa témérité. Ils n'oseraient, sans doute, célébrer sa philanthropie, ni l'affection qu'il porte aux Français. Il a délaissé ses malheureux compagnons d'armes, avec le projet d'extraire du sein de leurs familles de nombreuses victimes qu'il puisse leur associer; il a revu la France pour y prendre toutes les mesures susceptibles d'assurer ses couronnes à ses descendants, qu'il a déja l'habitude de désigner comme la quatrième dynastie (*V.* le 20). Il a remarqué l'instabilité des trônes qui ne s'appuient que sur l'épée, l'incertitude du pouvoir donné par la fortune; il voudrait consolider ses institutions par le suffrage des peuples ; il s'efforcera de le ravir, en cette conjoncture extrême, par les mêmes moyens dont il fit un continuel usage, le prestige et la déception.

A son superbe langage, on croirait que les éléments seuls opérèrent la destruction de l'armée française, comme si la précocité d'un froid rigoureux, au cinquante-cinquième degré de latitude, et sur un plateau très-élevé (Moscow est à trois cents mètres au-dessus du niveau de l'océan), n'avait pas dû entrer dans le calcul des possibilités, et décider, avant le 23 octobre, une marche rétrograde. D'ailleurs, la précocité du froid est, cette année, très-peu marquée ; assez communément la contrée de Smolensk se couvre de neige et de glace, dès les premiers jours de novembre. Le conquérant, à bout de ruses diplomatiques et d'expédients de toute sorte, confus, désabusé, part enfin de Moskow, après quarante jours d'incertitude et d'inaction militaire en disant (vingt-sixième bulletin daté de Borowsk, le 23 octobre) : « L'empereur compte se mettre en marche « le 24, pour gagner la Düna, en prendre une position qui le rap- « proche de quatre-vingts lieues de Pétersbourg et de Wilna, double « avantage ; c'est-à-dire, plus près, de vingt marches, des moyens et « du but. » Trois jours après, il s'écrie prophétiquement (vingt-septième bulletin) « Le temps est superbe, les chemins sont beaux, « c'est le reste de l'automne ; CE TEMPS DURERA ENCORE HUIT JOURS, *et à* « *cette époque, nous serons rendus dans nos nouvelles positions. Dix-sept marches en huit jours,* à travers un pays systématiquement ruiné, en présence d'ennemis supérieurs !!!.........

En résumant les opérations de Napoléon, on trouve, 1° science et génie militaires au début de l'expédition et jusqu'à Smolensk ; 2° mépris des principes élémentaires de l'art, en s'avançant vers Moskow par une marche hasardée, et qui, faite sur une seule ligne, peut fortement compromettre l'armée, si un seul revers interrompt ses succès ; 3° fausse honte en séjournant à Moskow ; ignorance du caractère russe, présomption et malhabileté dans l'essai des négociations ; imprudence extrême, en restant dans une position où l'on ne trouve ni magasins, ni moyens d'en établir ; et la plus étrange infatuation, en ne l'abandonnant qu'à l'approche des frimas ; 4° des lueurs de talent dans les dispositions défensives jusqu'à la Bérézina ; mais oubli total des précautions qui peuvent assurer la retraite, et faute desquelles les hommes et les chevaux sont morts de faim et de froid ; 5° insigne lâcheté d'ame, oui, *lâcheté d'ame,* depuis Smorgony, en abandonnant les débris de l'armée, et rage concentrée de se voir la fable de l'Europe. Après tout cela, *Tallard*, *Soubise*, *Mélas*, *Mack*, ne sont plus des noms aussi chargés d'ignominie. La honteuse expédition de *Napoléon* efface la honte de leurs revers. Leurs revers furent amenés par la surprise d'un moment; sa déroute, si prolongée, est le résultat de ses profondes méditations. Lui seul creusa le gouffre où disparaît une aussi vaillante armée, et à elle appartient la gloire qui sillonna par intervalles cette sombre retraite. Chose des plus étranges! l'ennemi n'emporte pas un triomphe qui soit le fruit de ses talents, dont il puisse se parer comme d'un titre de gloire; nul de ses généraux ne sait se mesurer avec les nôtres. Les Russes, toujours battus à champ ouvert, n'obtiennent rien de leur propre valeur; et nos soldats ont aussi intrépidement combattu la nature que les bataillons ennemis. Les bataillons ennemis furent vaincus; la nature est plus forte. Cette campagne démontre que si la Russie peut être envahie, si le courage brut de ses soldats, et la médiocre capacité de ses généraux, sont insuffisants à la défendre, elle reste indomptable par le droit du climat.

Campagne militaire d'Espagne. — Elle est la cinquième. Napoléon, ivre encore de sa destinée, prétend commander à la fortune, comme au plus docile de ses généraux, comme à l'orateur le plus dévoué du sénat-conservateur. Il veut montrer combien il l'emporte sur les premiers capitaines de l'antiquité, sur les politiques les plus célèbres du moyen âge, sur les plus orgueilleux monarques des temps modernes, en conduisant, de front, deux guerres aux extrémités de l'Europe.

Comme il a soin d'appeler, sur le théâtre qu'il s'est réservé, une partie des troupes qui disputent la possession de l'Espagne et du Portugal et les troupes les mieux exercées, les chefs qu'il laisse dans ces deux pays ne s'y maintiennent qu'avec des difficultés infinies. Le maréchal *Suchet* a cependant consolidé ses triomphes sur le rivage de la Méditerranée, triomphes utiles autant que glorieux (*V.* 9 janvier, 2 février, 12 juin). Le maréchal *Marmont*, quoique défait et blessé aux Aréopiles (*V.* 22 juillet), en impose à l'anglais Wellington, dont la timide temporisation semble s'accroître avec ses forces. Et le maréchal *Soult*, par de savantes manœuvres, soutient encore le soi-disant roi *Joseph*, qui donne au monde l'étrange spectacle d'un usurpateur sans génie, sans talents, sans courage. Ce même Wellington qui, pendant trente-cinq jours, s'est épuisé en efforts inhabiles devant la bicoque de Burgos, défendue par le général *Dubreton* (*V.* 20 octobre), a battu en retraite et s'est réfugié, comme à l'ordinaire (*V.* 6

octobre 1810, 4 mars, 18 juin 1811) dans ses retranchements sur le Tage inférieur. Là son camp, placé comme une armure d'acier, garantit Lisbonne. De là il menace toujours l'Espagne; tandis que les troupes françaises, obligées de se répandre sur la surface hérissée de ce grand royaume et d'être toujours en mouvement, n'obtiennent la soumission que des habitants qui les ont en vue. Car, dès que le drapeau tricolore ne flotte plus à l'horizon, ces mêmes Espagnols si prodigues de protestations, de serments, d'adulations, arborent l'étendard national et courent tête baissée où la vengeance les entraîne. Les Français inondent en vain le territoire; la conquête de la veille est ravie le lendemain, si le vainqueur s'éloigne. Les Espagnols ressemblent aux vagues du rivage qui ne reculent que pour avancer et sans cesse, jusqu'à la consommation des choses. Il est facile de les vaincre, impossible de les subjuguer. Toute arme sert à ce peuple, dont le fanatisme religieux entretient la résistance politique; à défaut d'épée ou de salpêtre, il frappera de la hache et du couteau; plus l'assassinat sera noir, plus il sera populaire et national. — Voilà le sort réservé à des milliers de braves, Français, Allemands, Polonais, combattant pour l'établissement du frère de Napoléon.

1813.

Janvier 5. Occupation de Kœnigsberg, par les Russes.

8. Le roi de Naples *(Murat)*, reconnu incapable d'un commandement en chef, remet les débris de l'armée française, épars dans la Prusse, au prince *Eugène Beauharnais*, vice-roi d'Italie (*V.* 31 décembre 1812, article premier).

11. *Sénatus-consulte* qui met deux cent cinquante mille hommes à la disposition du gouvernement, savoir: cent mille conscrits de 1809, 10, 11 et 12, *autres que ceux qui feraient partie des cohortes du premier ban*, appelés par le sénatus-consulte du 13 mars 1812; cent cinquante mille conscrits de 1814, c'est-à-dire, nés du 1er janvier au 31 décembre 1794.

21. Arrivée à Berlin des premières troupes formées des débris de l'armée française de Russie.

25. *Concordat de Fontainebleau, entre Napoléon et le pape Pie VII.* — Le pape exercera le pontificat en France et dans le royaume d'Italie, de la même manière que ses prédécesseurs. Ses agents diplomatiques seront traités comme ceux des autres puissances. Les domaines qu'il possédait, et *qui ne sont point aliénés*, seront exempts

d'impôts, et administrés par ses agents; les domaines *aliénés* seront remplacés jusqu'à la concurrence de deux millions de francs. EN RECONNAISSANCE DE CES AVANTAGES TEMPORELS, le saint-père promet de donner l'institution canonique à ce grand nombre d'ecclésiastiques qui, depuis sa rupture avec le cabinet des Tuileries, ont été nommés évêques. La propagande, la pénitencerie et les archives seront établies dans le lieu du séjour du saint-père, et l'empereur rend ses bonnes graces à tous les cardinaux, évêques, etc., qui ont encouru son déplaisir.

En signant cette transaction, Napoléon a senti le besoin de regagner la confiance des catholiques zélés en France, et sur-tout en Italie, leurs dispositions pouvant nuire à la prompte levée des conscrits, destinés à remplacer ses vieilles troupes, détruites dans l'expédition de Russie. — Mais bientôt la cour de Rome, observant les progrès de la coalition formée contre son oppresseur, rejettera ce concordat.

Février 1er. *Proclamation de Louis XVIII, datée d'Hartwell* (maison de campagne, près de Londres, dans le Buckingham-Shire). — Ce prince, qui sent renaître l'espoir de monter sur le trône de ses ancêtres, et qui persévère dans les idées constitutionnelles qu'il parut adopter autrefois (*V.* 12 décembre 1788), énonce, dans cette adresse aux Français, les institutions et les principes qui se trouveront développés dans la Charte (*V.* 4 juin 1814).

5. *Sénatus-consulte* déterminant la forme de la régence pendant la minorité de l'empereur des Français. — Napoléon, qui moissonne avec indifférence un si grand nombre de ses sujets, a le plus vif desir d'assurer à sa postérité la réversion de son pouvoir.

8. Reddition de Warsovie aux Russes.

10. Proclamation d'Alexandre, empereur de Russie, datée de Warsovie. — Il invite les Allemands à secouer le joug de la France. Il dit des membres de la confédération du Rhin : « Princes esclaves « qui livrent leurs malheureux pays à l'insatiable ambition d'un « homme » (*V.* le 22).

14. *Ouverture de la session du corps législatif.* — « Je desire la paix « (dit *Napoléon*); elle est nécessaire au monde. Quatre fois, depuis « la rupture qui a suivi le traité d'Amiens (25 mars 1802), je l'ai « proposée dans des démarches solennelles. Je ne ferai jamais qu'une « paix honorable et conforme à la *grandeur* de mon empire. »

22. Déclaration d'Alexandre, empereur de Russie, datée de Warsovie. — Il invite de nouveau (*V.* le 10) les peuples de l'Allemagne

à se lever en masse contre *Napoléon*. « . . . . *Ce sont nos bienfaits*, « *et non les limites de notre empire*, que nous voulons étendre jus- « qu'aux nations les plus reculées. . . . . . . ».

Mars 1er. SIXIÈME COALITION CONTINENTALE CONTRE LA FRANCE. — *Traité d'alliance entre la Russie et la Prusse, signé à Kalisck.*

La politique prussienne se montre ici toujours semblable à elle-même, versatile comme l'occasion, dissimulée comme la faiblesse.

En effet, dès 1792, la France, agitée par une révolution générale, menacée par plusieurs grandes puissances, semble près de succomber; aussitôt la Prusse se donne l'initiative de la guerre, quoiqu'elle ne soit ni provoquée ni insultée.

A la troisième campagne, la France ayant triomphé des armées coalisées, la Prusse retire la sienne. La Prusse donne le signal de sauve qui peut, ainsi qu'elle avait donné celui de marche en avant, et, par le traité de Bâle (5 avril 1795), qui renverse le traité de Pilnitz (27 août 1791), qui rend plus dérisoire l'insolent manifeste de son général (*V.* 25 juillet 1792), elle reconnaît et courtise ces républicains qui la bafouèrent et la noyèrent dans l'opprobre.

En 1799, la France voit la fortune changer; la Prusse va changer aussi. — Mais, la victoire se rattachant aux drapeaux du directoire, le cabinet de Berlin accable de protestations amicales les cinq membres du cabinet du Luxembourg.

En 1805, l'Autriche arme tout-à-coup. Sa réunion à deux grandes puissances, et leurs immenses préparatifs, ne semblent présager que des défaites à la France; la Prusse arme alors, et signe un traité d'alliance sur le tombeau même de Frédéric II (*V.* 1er octobre, 3 novembre 1805). — Mais son ministre Haugwitz est spectateur de la journée d'Austerlitz (*V.* 4 décembre 1805). Le cabinet de Berlin, déchirant précipitamment le traité de Postdam, rejetant dans l'oubli le serment fait aux mânes du grand roi, vire de bord, par la plus rapide des manœuvres, et contracte, avec la France, des engagements nuisibles à l'Angleterre, avec laquelle cette même Prusse était toute prête à s'unir (*V.* 15 décembre 1805).

Ces oscillations irrégulières amènent sur les eaux de la Sprée la confusion et les tempêtes. Les Brandebourgeois, qui s'appellent avantageusement *les Macédoniens de l'Allemagne* (dont, disent-ils, les Saxons sont les Athéniens, et les Autrichiens sont les Béotiens), vains, et non pas fiers de cet éclair de gloire que fit briller le seul grand homme de leur adolescente monarchie, se croyant inexpugnables, comme lorsqu'il était à leur tête, forceront, en 1806, leur gouvernement d'improviser les hostilités contre la France. — Cette fois l'inconsidération de leurs hommes d'état si vantés reçoit, ainsi que l'inhabileté de leurs généraux, dont presque tous furent obscurs jusqu'à Iéna (14 octobre 1806), un châtiment à jamais mémorable. Frédéric-Guillaume III recouvre pourtant à Tilsitt (*V.* 9 juillet 1807), la moitié de son royaume, grace à sa digne et vertueuse résignation, ainsi qu'à l'instance de l'empereur Alexandre, son allié.

En 1809, la guerre d'Autriche éclate. La Prusse fait des vœux pour le succès de ses armes; elle favorise, mais avec mystère, les courses du major Schill et du duc de Brunswick-Oels. — Les évènements trompent encore l'attente du cabinet de Berlin; il se replie aussitôt dans les obscurs détours de sa politique nourricière.

En 1811, les états prussiens sont destinés à servir de champ de bataille aux deux grandes puissances; le cabinet prussien sollicite, intercède, presse, adjure, supplie, le plus humblement possible, la France de resserrer les nœuds de leur union.

Il reste fidèle aussi long-temps que les chances sont favorables à son alliée. Dès l'heure où ce cabinet apprend la retraite de l'armée française de Moskow, il renoue ses liens avec la Russie; liens formés par les calculs de l'ambition, et relâchés aussi souvent que la Russie paraît la moins puissante. Le traité du 24 février 1812 avait été demandé par la frayeur; mais la déroute de la Bérézina donne des velléités courageuses aux conseillers de Berlin; elle leur révèle, à l'instant même, que le joug français est onéreux, humiliant; que l'humanité est outragée au nord comme au midi de l'Europe; que les droits les plus sacrés furent sans cesse méconnus par le cabinet des Tuileries; que le sentiment de l'honneur peut ne pas rester absolument étranger aux inspirations de la diplomatie; et, qu'en certaines conjonctures, il doit se combiner avec un intérêt positif. La défaite complète, l'entière humiliation de Napoléon signalent, le même jour, et comme par enchantement, toutes les calamités qu'a produites son ambition depuis dix années. La nécessité les ramène au bon sens; et, consentant à devenir les auxiliaires des peuples justement révoltés, à favoriser l'influence des institutions secrètes qui travaillent avec un zèle infatigable à la délivrance de l'Allemagne, ils ont le mérite d'arriver quand l'Europe est persuadée qu'il ne reste plus que le coup mortel à donner à son tyran mortellement blessé.

On continue cependant à feindre. La défection d'York (*V.* 30 décembre 1812) est improuvée; il est ostensiblement destitué et condamné par contumace. Napoléon se voit toujours assiégé par les protestations d'un sincère dévouement à sa cause, tandis qu'avant le commencement de cette année 1813, on a renoué avec Alexandre, que la fortune ramène à l'occident. On a déja mis sur pied une force effective de quatre-vingt-dix mille fantassins, et de quinze mille cavaliers, tout prêts à la guerre active. — Voilà de quelle manière la Prusse accède à la sixième coalition.

3. Traité de Stockholm, entre l'Angleterre et la Suède. — Cette dernière puissance s'éloigna de la France, dès 1811, parce qu'elle en éprouva le refus d'intervenir auprès du Danemarck, pour la cession de la Norwége. L'invasion de la Poméranie (*V.* 26 janvier 1812) détermina Charles XIII à se rapprocher des deux grands ennemis de Napoléon (*V.* les traités des 24 mars et 3 mai 1812). — Ce nouveau traité confirme les stipulations précédentes, et y ajoute l'engagement pris par la Suède, d'entrer en campagne avec un corps de troupes nationales d'au moins trente mille hommes. En outre, la cour de Stockolm reçoit, de celle de Londres, un subside de vingt-cinq millions de francs, avec la cession de la Guadeloupe, abandonnée aux Anglais par le général *Ernouf* (*V.* 6 février 1810).

4. *Occupation de Berlin* par les Cosaques.

9. Le prince *Eugène* porte son quartier-général à Leipsick.

10. Le maréchal *Soult*, affaibli par le départ d'une assez grande partie de ses troupes, envoyées en France, et dirigées sur l'Allemagne, se portent de Valladolid au nord de l'Espagne.

12. *Évacuation de Hambourg.*

21. *Prise de la ville neuve de Dresde* par les Russes et les Prussiens.

23. *Bernadotte, prince royal de Suède, écrit à Napoléon*, l'invitant à modérer une ambition de plus en plus funeste à l'Europe.

31. Publication du manifeste de la Prusse contre la France. On évalue les forces actives de la Russie et de la Prusse à deux cent quarante mille hommes.

Avril 1er. Déclaration de guerre de la France à la Prusse, proclamée dans le sénat. — A ce jour, l'armée française, qui ne se compose guère que de trente mille anciens soldats, a son quartier-général a *Stassfurth*, près de Halberstadt. Elle est sous les ordres du prince *Eugène Beauharnais*, vice-roi d'Italie. En position sur l'Elbe et la Saale, elle occupe Magdebourg, Wittemberg, Torgau.

3. *Sénatus-consulte* qui met à la disposition du gouvernement cent quatre-vingt mille combattants; savoir : dix mille gardes-d'honneur à cheval, s'équipant et se montant à leurs frais; quatre-vingt mille hommes, qui seront appelés sur le *premier ban* de la garde nationale

des années 1807, 8, 9, 10, 11, 12, et destinés à renforcer les cent cohortes levées en exécution du sénatus-consulte du 13 mars 1812; quatre-vingt-dix mille conscrits de 1814, c'est-à-dire nés du 1er janvier au 31 décembre 1794. Ces quatre-vingt-dix mille conscrits, qui ne font pas partie des cent cinquante mille accordés au gouvernement par le sénatus-consulte du 11 janvier, sont destinés à la défense des frontières et des côtes.

5. *Décret impérial* qui crée trente-sept cohortes urbaines pour la défense particulière des places maritimes (*V.* 17 décembre).

10. *Mort de Lagrange*, à l'âge de soixante-dix-huit ans, le premier mathématicien de l'Europe, depuis Euler.

14. Le quartier-général de l'armée suédoise, débarquée en Allemagne, s'établit à Rostock (*V.* 3 mars).

15. *Napoléon* part de Paris, et se rend à son armée d'Allemagne.

16. *Reddition de Thorn* aux Russes.

28. *Napoléon* porte son quartier-général d'*Erfurth* à *Eckhartsberg*. Son armée, plus formidable par la masse, que par l'espèce des troupes qui la composent, n'offre qu'une organisation incomplète.

29. *Combat de Weissenfels* (Saxe), livré par le maréchal *Ney* à des corps prussiens. Il est sans résultat.

Mai 1er. *Mort du célèbre poète Delille*, connu d'abord sous le nom de *l'abbé Delille*.

Forces des Français en Allemagne.

1er	corps,	général *Vandamme* (sur l'Elbe inférieur),..	24,000 h.
2^e^	—	maréchal *Victor* (près de Magdebourg),..	6,000
3^e^	—	maréchal *Ney*,........	30,000
4^e^	—	général *Bertrand*,........	20,000
5^e^	—	général *Lauriston*,........	18,000
6^e^	—	maréchal *Marmont*,........	12,000
11^e^	—	maréchal *Macdonald*,........	18,000
12^e^	—	maréchal *Oudinot*,........	18,000
Garde impériale,........			16,000
Cavalerie séparée,........			4,000
			166,000 h.

Forces des alliés prêtes à l'offensive.

Corps russes,........	125,000	225,000
— prussiens,........	100,000	

2. *Bataille de Lutzen*, ou plutôt de *Gross-Goerschen* (Saxe), remportée par *Napoléon* sur l'armée prussienne et un corps russe, les deux souverains présents. — Le prince *Eugène*, les maréchaux *Ney*, *Mortier*, *Macdonald*, *Marmont*; les généraux *Compans*, *Ricard*, *Souham*, *Drouot*, *Latour-Maubourg*, ont réparé, par leur intrépidité, le vice des dispositions générales prises au commencement de l'action. Les forces françaises sont évaluées à quatre-vingt-cinq mille combattants; les forces ennemies à cent dix mille.

Cette victoire, extrêmement meurtrière, puisque le récit du vainqueur établit sa perte à dix mille tués ou blessés, est due principalement à la supériorité de l'artillerie française. Napoléon ne se bat pas comme Bonaparte; il ne s'appuie plus, dans les grandes actions, que sur cette arme, dont il force l'usage. Après avoir triomphé à coups d'hommes, il en vient à ne gagner les batailles qu'à coups de canon. Un grand nombre de vieux soldats ont péri; la cavalerie est tombée à un degré très-marqué d'infériorité, par l'effet des expéditions lointaines, par la précipitation des levées, ainsi que par le système des dernières campagnes, où elle se vit sacrifiée d'une manière inouie. Ce n'est plus la guerre des peuples civilisés, c'est la guerre des sauvages ou des barbares. L'empereur ne met aucun prix à la vie des hommes, que, cependant, doit ménager le talent comme l'humanité d'un général. Les combats sont des boucheries; les armées, des instruments de carnage.

Un succès aussi chèrement acheté n'amène point de résultats importants. Le manque de cavalerie empêche de poursuivre l'ennemi; et les fruits de la victoire se réduisent à la possession de cette partie de la Saxe située sur la gauche de l'Elbe. Le vainqueur devrait donc apercevoir l'insuffisance de ses moyens pour soutenir, aussi loin des frontières de France, une guerre offensive. Car un seul état d'Allemagne, la Prusse, qui, depuis 1807, n'est plus que l'ombre d'elle-même, la Prusse, dépouillée de la moitié de ses provinces, systématiquement ruinée, qui, suivant ses traités avec la France, ne pouvait avoir que soixante mille hommes sous les armes, la Prusse n'a commencé que depuis quatre mois ses efforts et ses armements; et, déja, elle se présente à Lutzen: quoiqu'elle ne soit appuyée que par un corps russe peu nombreux, la Prusse vient, néanmoins, défier celui qui dispose encore des immenses ressources de la France et de l'Allemagne, et dont les forces, concentrées sur les bords de la Saale, guidées par les premiers généraux de l'Europe, présentent une masse redoutable.

8. *Occupation de Dresde, par le prince Eugène et le maréchal Macdonald.*

12. *Combat de Bischoffswerda* (cinq lieues est de Dresde) livré aux Russes par le maréchal *Macdonald*. Il est sanglant et sans résultat.

19 — 21. *Combats de Kœnigswartha, Bautzen, Hochkirch, Wurtschen* (Lusace). — *Napoléon*, à la tête de plusieurs corps commandés par les maréchaux *Ney, Soult, Mortier, Marmont, Oudinot, Macdonald*, les généraux *Lauriston, Reynier, Compans, Latour-Maubourg*, suit les Russes et les Prussiens. — Après une vive résistance sur tous les points de sa ligne, l'ennemi se retire, sans précipitation, à l'abri de sa bonne et nombreuse cavalerie. — La perte *officiellement* déclarée des Français est de douze mille hommes. — Tout leur avantage consiste à se rendre maîtres des routes qui conduisent en Silésie. La perte de l'armée combinée paraît être de dix-huit à vingt mille tués ou blessés. — La circonspection des généraux opposés, leur retraite en ordre serré et à pas comptés, le ravage des contrées qu'ils abandonnent; tous ces indices sont insuffisants pour éclairer *Napoléon*, qui se précipite avec emportement sur leurs traces.

22. *Combat de Reichenbach, près de Goerlitz* (Lusace). — Les Français sont très-maltraités; ils perdent plusieurs canons. L'ennemi continue toujours sa retraite sur l'Oder, et Napoléon se laisse toujours entraîner à leur poursuite. Il vient d'étonner l'Europe par la création spontanée d'une nouvelle armée; ses derniers succès rétablissent sa renommée. C'en est assez pour l'empêcher de voir que son mouvement de la Saale sur l'Oder n'est qu'une suite de combats destructeurs, et qu'à mesure qu'il avance, il s'éloigne de ses renforts, tandis que les ennemis se rejettent sur les leurs.

30. *Reprise de Hambourg*, par le maréchal *Davoust* et le général *Vandamme*. — En rentrant dans cette ville, évacuée le 12 mars, les Français recouvrent le territoire situé sur la rive droite du bas Elbe, territoire annexé à l'empire par le sénatus-consulte du 13 décembre 1810.

Juin 1er. *Occupation de Breslau par le général Lauriston.*

4. *Armistice conclu à Plesswitz, en Silésie*, entre Napoléon et ses ennemis. — Il doit expirer le 20 juillet. — Les Français n'occuperont qu'une petite partie et la moins fertile de la Silésie; leur ligne n'atteignant l'Oder que sur un espace fort resserré, et Breslau restant libre entre les deux armées. Ils sont de la sorte pressés dans une contrée dévastée, incendiée, épuisée et menacée de la famine.

Napoléon a souscrit à des conditions aussi désavantageuses, dans l'espoir de séduire ses ennemis ou de désunir leur formidable coalition, et par le besoin qu'il a de gagner du temps pour réparer ses pertes au moyen des renforts très-considérables qu'il attend de France et qui lui permettront d'agir avec de grandes masses. Il se confie à la force de son génie, ainsi qu'à l'usage de ce plein-pouvoir qu'il dit avoir reçu du destin. Au lieu de penser aux moyens de conserver les avantages qu'il vient d'obtenir, ainsi que sa prépondérance dans le système de l'Europe, il songe à faire des conquêtes et à remettre le continent sous le joug.

Les ennemis sont déterminés par un même desir d'accroître leurs forces. En outre, ils comptent sur un soulèvement général en Allemagne, sur la défection de la confédération du Rhin, sur des mouvements populaires en Hollande, en Suisse, dans le Tyrol, en Italie, en Dalmatie, sur les progrès de Wellington dans le midi de la France, depuis le départ, vers le nord, d'une partie des troupes qui lui sont opposées; ils comptent sur des mécontentements en France. Ils espèrent, sur-tout voir l'Autriche, déja sous les armes, prendre une part active à cette guerre qui, d'après la seule position géographique du théâtre des opérations, ne peut manquer de devenir fatale aux Français. Napoléon ne devrait pas se dissimuler que la politique de toutes les puissances continentales est à la veille d'éprouver de grandes altérations. Il aime à se persuader le contraire, en voyant que, jusqu'à ce jour, les intérêts particuliers et les vues ambitieuses de chaque souverain et de chaque état ont eu plus de force que la nécessité de faire de grands sacrifices pour détruire le système adopté par la France depuis sa révolution.

15. Le maréchal *Suchet* fait lever le siége de Tarragone à l'anglais Murray, qui laisse toute son artillerie et se rembarque avec précipitation.

21. *Bataille de Vittoria* (Alava, Espagne). — Après les désastres de la campagne de Russie, en 1812, une partie des troupes françaises répandues en Espagne se sont dirigées vers l'Allemagne. Trop faibles alors pour opérer isolément, les différents corps se sont réunis. Mais Wellington, généralissime des Anglo-Espagnols, mettant cette fois de la rapidité dans son offensive, atteint le maréchal *Jourdan*, qui a le commandement supérieur des forces françaises, en sa qualité de major-général du soi-disant roi *Joseph Bonaparte*, et le défait complètement. — L'inhabile et présomptueux *Joseph* contribue beaucoup au désastre de la journée. — Tous les bagages, toute l'ar-

tillerie, tombent au pouvoir de l'ennemi. — La retraite vers la France ne peut s'exécuter que par la route indirecte de Pampelune, route qui même est remplie de *guérillas*. — Heureusement pour les vaincus, Wellington ne saura retirer aucun avantage de sa victoire; et les Français, quoique en pleine déroute, désorganisés, sans artillerie, suivant une ligne brisée, arriveront avant lui, et grace à lui, sur la frontière de France.

Joseph Bonaparte s'est ainsi déconronné de ses propres mains. L'incapacité du personnage est un phénomène singulier en histoire. Jamais on ne vit un usurpateur à ce point dépourvu de génie ou de talents. D'un extérieur commun, de mœurs basses, il se trouvait en butte aux sarcasmes de ses courtisans, comme l'objet du mépris des ennemis de *Napoléon*. Ayant contracté des habitudes apathiques à Naples, il vivait dans la mollesse et l'oisiveté. Durant son séjour à Madrid, l'enceinte de la ville renfermait ses royaumes. Là, s'il se rappelait quelquefois les titres dont son frère avait chargé sa nullité, il faisait des promotions dans une armée qui n'existait pas; il donnait des décorations de son ordre qu'on refusait de porter; il publiait des proclamations que les Espagnols refusaient d'admettre........ Et c'est pour cè misérable Sosie de la royauté que les premiers généraux de l'Europe ont remporté triomphe sur triomphe; que les armes françaises se sont couvertes d'une gloire inutile, d'une gloire funeste; que *cinq cent mille braves* ont péri au-delà des Pyrénées!! Le sang de tous ces Français, Allemands, Polonais, et même Italiens, est-il donc si vil, qu'on puisse le répandre à grand flots, pour les intérêts d'un Corse, également dépourvu de qualités et de courage.

25. *Combat de Tolosa* (Biscaye). — Le général *Foy*, à la tête de près de vingt mille hommes, arrête l'aile droite de l'armée ennemie, victorieuse le 21.

30. *Convention signée à Dresde*, par laquelle l'empereur Napoléon accepte la médiation de l'Autriche, relativement aux négociations de la paix générale, ou, s'il n'est pas possible d'en convenir, d'une pacification continentale. — Un congrès s'ouvrira à Prague, le 5 juillet. — L'armistice de Plesswitz (4 juin) est prolongé jusqu'au 10 août.

Juillet 1er. *Guerre d'Espagne*. — Les forces françaises répandues sur la péninsule forment plusieurs armées ou corps d'armée, dont les chefs, indépendants entre eux, ou cherchant à l'être, ont livré séparément de nombreux combats, sans obtenir de résultats suivis pour la cause qu'ils soutiennent. La concentration de l'autorité dans les mains du maréchal *Jourdan*, aurait pu mettre fin à la mésintelligence des généraux de Napoléon. Mais le désastre de Vittoria (*V.* 21 juin) veut être réparé. A cet effet, le maréchal *Soult*, qui vient de faire en Saxe la première partie de cette campagne, est renvoyé en Espagne, investi du gouvernement suprême. Il reçoit l'ordre de s'y tenir sur la défensive, jusqu'au moment où Napoléon, ayant battu les Russes et les ayant forcés à faire la paix, pourra envoyer des renforts pour reprendre l'offensive. On retire de la péninsule douze mille hommes de la garde, et quarante mille d'anciennes troupes.

5. Le maréchal *Suchet se porte de Valence sur l'Ebre.*

10. *Traité* d'alliance et de garantie réciproque, entre la France et le Danemarck, signé à Copenhague.

12. *Congrès de Prague.* — L'ouverture en a été différée jusqu'à ce jour (*V.* 30 juin), dans l'attente de l'envoyé de France. — Les ministres d'Autriche, de Prusse et de Russie, commencent entre eux les conférences. — Ces trois puissances décident que l'Allemagne doit rester indépendante. Elles consentent à laisser Napoléon en possession de l'empire français, borné au Rhin et aux Alpes.

26. Le général *Moreau*, refugié aux États-Unis depuis sa condamnation (*V.* 10 juin 1804), excité par le prince royal de Suède (*Bernadotte*), à donner l'appui de ses talents aux princes confédérés contre Napoléon, *débarque à Gothembourg.*

27. *Adhésion de l'Autriche à l'alliance de la Russie et de la Prusse, par un traité signé à Prague.*

28. *Congrès de Prague* (*V.* le 12). Le duc *de Vicence* (*Caulincourt*) s'y présente comme ministre de Napoléon. Ses pouvoirs étant trouvés insuffisants, et ses propositions équivoques, son caractère est décliné. Le congrès se sépare.

Dans ces conjonctures, la situation politique de l'Europe est telle, que, si l'Autriche s'unissait à la France, il est évident que les Russes, les Prussiens et les Suédois seraient obligés à une prompte retraite; si même l'Autriche observait une stricte neutralité, l'issue de la lutte aurait pu d'abord être douteuse; mais les sanglants combats de Leipsick (*V.* 18, 19 octobre) n'auraient plus permis de douter qu'elle ne se fût terminée en faveur de Napoléon. — Pour la satisfaction de cet homme, que la France périsse! Jamais il ne pensa qu'à lui, ne vit que lui seul, ne travailla que pour lui-même. Son esprit ne conçoit que du vide hors de la sphère de ses intérêts personnels. Sa domination, non la domination de sa patrie, non la domination de sa famille, mais sa domination individuelle et absolument exclusive, voilà l'unique but de tous ses efforts. Pour l'atteindre, il rejettera l'heureuse circonstance de ce congrès qui suspendrait les malheurs de l'Europe; il sacrifiera sans hésitation, comme sans mesure, les immenses ressources et la nombreuse jeunesse de la France.

31. *Combats de Roncevaux et de Cubiry* (frontières de Navarre). — Après la défaite de Vittoria (21 juin), l'armée française s'est retirée en mauvais ordre vers la France, et s'est reformée sur les Pyrénées. Le maréchal *Soult*, qui en a pris le commandement dans les premiers jours de juillet, attaque l'armée combinée, dans le but de ravitailler Pampelune. Après plusieurs combats très-meurtriers, il parvient à Roncevaux et sur d'autres positions jusqu'à la montagne de Cubiry, occupée en force par l'ennemi. Les Français fondent sur lui; repoussés, ils pressent leur retraite en France, ayant perdu plus de huit mille hommes.

Août 10. *Dénonciation de l'armistice convenu le 4 juin.—La grande armée française est divisée en quatorze corps*, dans lesquels entrent les auxiliaires Italiens, Allemands, Polonais. Ces corps sont sous les ordres des maréchaux *Victor, Ney, Macdonald, Oudinot, Davoust* (détaché sur le bas Elbe), *Augereau, Marmont, Gouvion-Saint-Cyr;* des généraux *Régnier, Rapp, Lauriston, Bertrand, Vandamme;* du prince *Poniatowski. La vieille garde*, toujours auprès de *Napoléon*, n'a pas, à ce jour, de commandant qui remplace le maréchal *Soult* envoyé en Espagne (*V.* 1er juillet). *La jeune garde* obéit au maréchal *Mortier. La cavalerie de la garde* est commandée par le général *Walther; l'artillerie de la garde*, par le général *Dulauloy; le premier corps de cavalerie*, par le général *Latour-Maubourg; le deuxième*, par le général *Sébastiani; le corps d'artillerie de l'armée*, par le général *Sorbier; le corps du génie*, par le général *Rogniat.* Tous ces corps, généralement plus faibles que pendant les campagnes précédentes, réunissent au plus deux cent quatre-vingt mille combattants effectifs, dont la moitié de recrues qui n'ont pas vu le feu. — Il paraît avéré, que les puissances ennemies comptent sous les armes, savoir : l'Autriche, cent quatre-vingt mille hommes (y compris les forces envoyées vers l'Italie et les réserves); la Russie, cent trente mille; la Prusse, cent quatre-vingt mille (sans compter les levées en masse dites *Landsturm*); la Suède, trente mille (avec le Mecklembourg, les anséates) : total, cinq cent vingt mille combattants, dont quatre cent cinquante mille environ occupent le théâtre des principales opérations.

C'est avec une telle infériorité de forces que Napoléon s'obstine à garder la position de Dresde et à tenter, sur l'Elbe, les chances des combats. Incapable de renoncer au moindre de ses projets, toujours plein de confiance dans son étoile et dans son génie, il se croit assuré de vaincre par les fautes de ses adversaires, pour si nombreux qu'ils soient. Il rejette absolument la paix; et, certes, ses partisans les plus opiniâtres ne sauraient présenter, sous un jour favorable, les motifs qui peuvent le déterminer. On reconnaît la France dans les limites de la Meuse, du Rhin, des Alpes et des Pyrénées. On consent à l'existence de la confédération du Rhin. Mais il faut renoncer à l'occupation de la Hollande, des villes anséatiques et de l'Italie. L'empire français reste fort, reste grand; mais régner sur trente-six millions d'hommes ne paraît pas à Napoléon une assez belle destinée.

12. Le cabinet autrichien notifie officiellement son adhésion à l'alliance de la Russie et de la Prusse.

Napoléon devrait voir dans cette défection le signal de la défection des puissances secondaires. Ce ne sera que lorsqu'elles auront toutes rejeté le fardeau de son alliance, qu'il connaîtra qu'il lui fut donné de réaliser ce prodige si rare, d'éteindre les anciennes jalousies politiques, de détruire les animosités les plus invétérées de nation à nation. Le noble sentiment de l'indépendance aura produit de nos jours cette confédération de vingt peuples, comme, au douzième siècle, la démence de la superstition amena les croisades. L'exemple des Espagnols a soulevé le flegme allemand. Les sujets entraînent les souverains; les vœux impatients des peuples devancent, en tous lieux, la marche timide des gouvernements. L'ardente soif de la liberté, le desir dévorant de la vengeance, se produisent du Sund au détroit de Gibraltar. Ces cabinets, que ne réunirent jamais des sentiments de bienveillance pour l'humanité, se trouvent rapprochés par le joug qui pèse sur eux. Les rivalités d'états cessent, alors que, de l'union de tous, dépend le salut de chacun. Il semblait qu'éblouis de l'éclat du moderne Charlemagne, les princes ne pussent ouvrir les yeux que les uns après les autres; ils se présentaient successivement à l'humiliation de la défaite. Mais, à cette heure, la raison des nations vient dessiller tous ces conseillers qui conseillèrent tant de bassesses, et qui, toujours lâches, ne sauront, au jour du succès, effacer leur ignominie, qu'en exerçant d'ignobles représailles, non sur l'auteur de toutes les calamités, mais sur les plus malheureuses victimes de ses fureurs, sur les Français. C'est ainsi qu'on verra dans le cours de la campagne suivante, et encore en 1815, ces peuples de troisième ou quatrième rang, qui seraient effacés du tableau des peuples, ou qui n'y eussent point été inscrits, si des flots de sang français n'avaient été répandus pour conserver leur frêle existence, porter la désolation dans les foyers de leurs bienfaiteurs. Tous ces petits princes allemands, vassaux, presque serfs de Napoléon, qui ont, dans une humble attitude, sollicité quelques fragments de sa grandeur, aimeront à se venger de leur servilité sur les Français (*V.* 10 février).

15. Proclamation du prince royal de Suède (*Bernadotte*), généralissime de l'armée du nord de l'Allemagne, datée d'Oranienbourg (près de Berlin). « Soldats!............. C'est maintenant que les « rivalités, les préjugés et les haines nationales doivent disparaître « devant le grand but de l'indépendance des nations. L'empereur « Napoléon ne peut vivre en paix avec l'Europe, qu'autant que l'Eu- « rope lui est asservie. Son audace a conduit quatre cent mille braves « à sept cents lieues de leur patrie; des malheurs contre lesquels il « n'a pas daigné les prémunir, sont tombés sur leurs têtes, et trois « cent mille Français ont péri sur le territoire d'un grand empire, « dont le souverain avait tout essayé pour vivre en paix avec la France. « On devait espérer que ce grand désastre ramènerait l'empereur de « France vers un système moins dépopulateur, et qu'enfin, éclairé « par l'exemple du nord et de l'Espagne, il renoncerait à l'idée de « subjuguer le continent, et consentirait à laisser la paix au monde. « Mais cette espérance a été déçue, et la paix, que tous les gouver- « nements desirent et ont proposée, a été rejetée par l'empereur « Napoléon. Soldats! c'est donc aux armes qu'il faut avoir recours « pour conquérir le repos et l'indépendance. Le même sentiment « qui guida les Français de 1792, et qui les porta à s'unir et à com- « battre les armées qui étaient sur leur territoire, doit diriger au- « jourd'hui votre valeur contre celui qui, après avoir envahi le sol « qui vous a vus naître, enchaîne encore vos frères, vos femmes et « vos enfants......... »

Le général *Jominy* (Suisse de naissance), chef de l'état-major du corps d'armée commandé par le maréchal *Ney*, *trahit et passe à l'ennemi.* Son rapport fait connaître que Napoléon a le projet de se porter sur Berlin (*V.* le 23).

18. *Évacuation du royaume de Valence.* — La compression des évènements de la guerre générale oblige le maréchal *Suchet* d'abandonner le théâtre de ses beaux succès. — Il fait sauter les fortifica-

tions de *Tarragone ;* il laisse des garnisons dans les places de Denia, Sagonte, Peniscola, Mequinenza, Tortose et Lerida. — Les faibles armées d'Aragon et de Catalogne sont en mouvement pour se réunir.

21. *Ouverture de la campagne en Italie.* Le royaume de ce nom est vivement menacé par l'Autriche. Le prince *Eugène Beauharnais,* accouru des bords de l'Elbe, porte son quartier-général à *Adelsberg,* non loin de la Save. — L'armée franco-italienne est d'environ cinquante mille hommes.

23. *Combats de Gross Beehren et d'Ahrensdorff* (près de Berlin). — Le prince royal de Suède *(Bernadotte)* accable, avec des forces supérieures, le maréchal *Oudinot,* commandant avec son corps d'armée les deux corps d'armée des généraux *Régnier* et *Bertrand,* lui prend quinze cents hommes et vingt canons. Berlin est préservé. — L'empereur, mécontent d'Oudinot, lui retire le commandement de cette aile gauche et la remet au maréchal *Ney* (*V.* 6 septembre).

24. *Sénatus-consulte* qui met à la disposition du gouvernement trente mille *conscrits* des classes 1814, 13, 12, dans vingt-quatre départements limitrophes ou à proximité des Pyrénées. Ces conscrits se répartiront dans les corps des armées d'Espagne.

26, 27. BATAILLE DE DRESDE.

Les armées autrichienne, russe, prussienne, commandées par Schwartzemberg, Wittgenstein, Kleist, fortes d'environ cent quatre-vingt mille hommes, ont débouché de la Bohême sur Dresde, par la rive gauche de l'Elbe, pendant que *Napoléon* franchit témérairement la Lusace, et pousse vers l'Oder, l'armée du prussien Blucher. Napoléon, apprenant que la grande armée des alliés se met en mouvement, voyant de son œil d'aigle qu'ils essaient de couper ses communications au Rhin, irrévocablement déterminé à ne pas abandonner Dresde, dont il fait le pivot de ses opérations, Napoléon a remis au maréchal *Macdonald,* le commandement des troupes qu'il laisse en Silésie, et arrive inopinément, le 26, vers dix heures du matin, au champ de bataille, à Dresde même. Les troupes qu'il amène, ont fait quarante lieues en soixante-douze heures, sans distributions, et déja fatiguées par les marches et les combats des dix jours précédents. Quelques heures plus tard, Dresde était pris d'assaut, comme venaient d'être enlevés plusieurs ouvrages à l'entrée des faubourgs. Alors tous les corps stationnés en Saxe, enveloppés par des ennemis trois fois plus nombreux, resserrés sur des territoires épuisés, en butte aux représailles d'une population malheureuse, ou passaient sous les fourches caudines, ou n'échappaient qu'en lambeaux et par des prodiges d'une valeur désespérée. Heureusement l'ennemi, arrivé le 25 à la vue de Dresde, est resté vingt-quatre heures dans l'inaction. La lenteur autrichienne et la rapidité française coïncident merveilleusement pour prouver, comme à l'envi, tout le prix d'un instant perdu. — L'action s'engage à l'entrée même des faubourgs, à quatre heures après midi; elle dure jusqu'à la nuit; les Français conservent leurs positions.

Le lendemain, au point du jour, Napoléon prenant l'offensive, dirige plusieurs attaques sur les ennemis qui couronnent les hauteurs voisines de la ville. Ses forces ne s'élèvent pas à cent mille hommes; mais, appuyées par un artillerie formidable et bien nourrie, elles emportent tous les obstacles, et forcent les masses alliées de chercher un refuge derrière les hautes montagnes de la Bohême. Les Autrichiens laissent vingt mille prisonniers, soixante canons, un grand nombre de chariots que le mauvais état des chemins empêche d'emmener.

Cette grande affaire dans laquelle se distinguent éminemment l'ardente bravoure des soldats français, et les talents ou l'expérience des maréchaux *Ney*, *Gouvion-Saint-Cyr*, *Mortier*, *Victor*, n'entraîne cependant aucun résultat décisif pour le vainqueur. Les plans de l'ennemi n'en sont point renversés. Les armées de Blucher et du prince de Suède (Bernadotte) ont toujours la liberté d'avancer, d'agir avec vigueur sur les derrières et sur un des flancs de l'armée française, ainsi que les moyens de battre les corps qu'ils ont en face, tandis que l'autre flanc des Français ne cesse pas d'être dangereusement menacé par les masses rentrées en Bohême.

La fortune semble, à ce jour, avoir offert les moyens d'une belle retraite sur le Rhin. Mais, toujours ébloui de son génie, Napoléon ne voudrait pas altérer son plan de campagne, par des modifications susceptibles de voiler, un instant, l'éclat de sa renommée, et d'affaiblir, au moindre degré, l'admiration de la France et de l'Europe. Ce triomphe inespéré l'enivre, le transporte; toutes ses idées colossales se relèvent soudain. Ainsi la fortune, si prodigue pour lui, et dont, trois fois, il méprisa l'avertissement, en Syrie, en Espagne, en Russie, lui aura plus vainement encore accordé sa dernière faveur en Saxe.

Que ne fait pas la fortune pour Napoléon? Elle vient de moissonner, en ce jour même, le Turenne de notre siècle, le seul capitaine dont le génie mûri par l'expérience, dont les talents consommés pourraient déterminer rapidement le sort de la campagne. *Moreau*, accouru du Nouveau-Monde, à la voix d'Alexandre et d'un ancien frère d'armes (*V.* 28 août 1812, 24 juillet 1813), a, le 16, dix jours auparavant, joint le grand quartier-général des alliés à Prague. Il y fait décider l'attaque sur Dresde, dont la prise exposera l'aventureux Napoléon au dernier péril. — Le 27, vers midi, Moreau s'entretenant avec l'empereur de Russie, près d'une batterie prussienne, reçoit un coup mortel. Cet évènement, survenu à l'instant le plus important de la journée, exerce une influence décisive. Dès-lors l'action continue avec peu d'ensemble de la part des Autrichiens; leur pesanteur augmente en ne recevant plus d'ordres; ils se mettent en retraite, et les Français obtiennent la victoire, du moins cette victoire que laisse enlever un ennemi déconcerté.

On ne saurait être indifférent aux motifs qui ramènent le vainqueur de Hochstedt et de Hohenlinden (*V.* 19 juin, 3 décembre 1800) sur ce théâtre de guerre. Serait-ce, après neuf années, l'impatience de son obscure retraite au-delà de l'océan, ou le ressentiment des outrages dont il fut abreuvé (*V.* 10 juin 1804)? Serait-ce le pur amour de la patrie qu'il voit écrasée sous un sceptre de fer? C'est à la postérité la plus reculée, qui apercevra dans le même fond de perspective les hommes de tous les siècles, à décider si *Moreau* ressemble au généreux *Camille*, ou bien au vindicatif *Coriolan;* s'il est venu blesser la France, ou la délivrer. Il y a des actes d'une nature si haute, qu'on ne saurait les assujettir au niveau de la morale, qui mesure les actions ordinaires de l'humanité. On n'est pas d'accord, après vingt siècles, en jugeant les étranges résolutions de *Timoléon*, des *deux Brutus*. « Depuis le commencement de la révolution, disait « Moreau lui-même lors des débats de son procès (*V.* 10 juin 1804), « le sens attaché à ce mot de *traître*, a subi de grandes variations. Il « y a eu des hommes traîtres en 1789, qui ne l'ont pas été en 1793, « d'autres l'ont été en 1793, et ne l'ont plus été en 1795; d'autres « l'ont été en 1795, qui n'ont pas été postérieurement considérés « comme tels; enfin, d'autres ont été républicains en telle année, et « ne le sont pas à présent. » — Quoi qu'il en soit, il n'est pas un Français, ami de son pays, qui ne doive déplorer sa fin prématurée, en ce sens, que ce grand capitaine pouvait, en précipitant la catastrophe de l'ennemi de l'Europe, de l'oppresseur de la France, accélérer le terme des calamités. On ne saurait douter que les souverains confédérés, reconnaissant toute l'utilité de la coopération de Moreau, n'eussent plus tard accueilli son interposition en faveur de sa patrie malheureuse; car l'admiration, le dévouement, la condescendance même, du plus éminent des confédérés, d'Alexandre pour Moreau, s'étaient déja signalés avec des apparences de franchise trop marquées, pour ne pas être réelles. — Il est présumable que Moreau n'aurait jamais passé au camp des Russes, s'il n'y avait été conduit par l'idée qu'il s'était faite de la noble et loyale politique de leur empereur: s'il n'avait pas été ramené en Europe par cet espoir, il est vraisemblable qu'il serait resté en Pensylvanie, déplorant, comme tout bon Français, les hasards de la patrie. Moreau devait se flatter que son influence produirait d'heureux résultats pour la France, alors que les armées confédérées parviendraient au Rhin. Peut-être n'auraient-elles pas franchi ce fleuve, et c'eût été du rivage même de Kehl, à jamais célèbre par ses exploits, que ce guerrier se serait fait entendre aux Français, les aurait appelés et décidés à rejeter la tyrannie impériale. Ce grand résultat de *Napoléon* lui deviendra funeste, en lui donnant trop de mépris pour ses ennemis, trop de confiance en ses troupes, et en lui rendant la persuasion que son étoile est le présage assuré de la victoire.

Combat sur la Katsbach (entre *Brechtelshoff* et *Groetschen*, Silésie). — Le prussien Blucher, commandant une des trois grandes armées confédérées, attaque et défait *Macdonald*, considérablement affaibli depuis le départ des troupes emmenées à Dresde, par Napoléon. Le maréchal essuie une très-grande perte.

27.—29. Le maréchal *Macdonald*, battant en retraite des frontières de la Silésie, est de nouveau défait et très-endommagé dans une suite d'actions au passage de *la Bober* et de *la Queiss;* dix à douze mille hommes, et une partie de son artillerie, tombent au pouvoir du prussien Blucher.

28. *Sénatus-consulte* annullant la déclaration d'un jury, et enjoignant à la cour de cassation de renvoyer les accusés devant une autre cour d'assises qui prononcera sur l'accusation, en sections réunies, *et sans jury*. — Napoléon, infatigable dans l'établissement de l'arbitraire, détruit ce dernier refuge de la liberté civile.

30. *Combat de Kulm*. — Le général *Vandamme*, à la tête d'un corps très-considérable, s'est engagé dans les défilés de la Bohême, à la poursuite d'une division ennemie. Mais, soit que son ardeur l'entraîne, ou qu'il suive à la lettre les ordres de Napoléon, ce général, se portant trop en avant, se voit enveloppé et fait prisonnier avec environ douze mille hommes.

31. *Combat d'Irun*.—L'armée française passe la Bidassoa, attaque

sans succès les troupes anglo-hispanico-portugaises, pour débloquer la garnison de Saint-Sébastien. Elle se retire avec perte de plus de deux mille hommes, dont les généraux *Vandermazen*, *la Martinière*. .

Septembre 2. Le maréchal *Davoust évacue Schwérin ;* son corps d'armée *se reploie sur la Stecknitz*. — Ce mouvement rétrograde est l'effet des succès de l'armée combinée sur la Sprée (*V.* 23 août).

6. *Combat de Dennewitz* (près de Berlin). — L'empereur qui comptait sur une prochaine occupation de cette capitale (*V.* 23 août), a donné l'ordre au maréchal *Ney* de s'y porter, en réunissant à son corps d'armée celui du maréchal *Oudinot*, et ceux des généraux *Régnier* et *Bertrand*. Ce mouvement a été signalé par le transfuge *Jominy* (*V.* 15 août, deuxième article). — Le maréchal Ney, défait par le prince de Suède, Bernadotte, ayant sous lui le général prussien Bulow, perd, avec les deux tiers de son artillerie, ses munitions, ses bagages et plus de douze mille hommes.—Les débris de ses troupes échappent vers Torgau. — Ce revers provient de la conduite de deux divisions saxonnes dont la fidélité est déja ébranlée, et qui se battent mollement, lâchent pied, fuient et entraînent les troupes voisines.

Napoléon, qui s'est, immédiatement après sa grande affaire du 27 août, reporté avec ses deux gardes et d'autres renforts au secours de *Macdonald*, apprenant la défaite de Ney, se voit de nouveau forcé de renoncer à son plan d'invasion en Silésie. Il revient sur Dresde. Cependant, malgré tous les échecs essuyés par les corps qu'il a détachés sur ses flancs (*V.* 23, 26, 27 — 29, 30 août), toujours pénétré que son génie doit triompher de tous les obstacles, il persiste à conserver ses positions dans le cœur de la Saxe, il se refuse à toute modification un peu importante de ses opérations. Des corps d'armée entiers, de nombreuses garnisons, sont jetés à de grands intervalles, depuis la Baltique jusqu'à la mer du Nord et jusqu'au Rhin. Par-tout, sur la rive droite de l'Elbe, les levées en masse (*Landsturm*) s'organisent ; elles se préparent sur la rive gauche. Napoléon se voit prochainement menacé sur tous les points, entre l'Oder et le Rhin, d'une guerre nationale semblable à celle qui a concouru à la délivrance de l'Espagne ; son armée, réduite et manquant de cavalerie, doit faire face à des armées trois ou quatre fois plus nombreuses, dont les succès augmentent l'audace, qui se meuvent d'après des combinaisons froidement méditées, et auxquelles le temps offrira successivement des chances plus favorables. Néanmoins aucun motif de prudence (car la vue des souffrances de l'humanité ne modéra jamais l'élan de son ambition) ne peut ébranler la détermination qu'il a prise. Frédéric II, entouré d'ennemis, conserva la position de l'Elbe: Napoléon le sait; il ne voudra pas se mettre au-dessous de ce roi, dans l'opinion des tacticiens.

8. *Reddition de Saint-Sébastien.* — Les Anglais entrent dans cette place après un long siége, sans gloire. — A peine la garnison française s'est renfermée dans le *fort Lamothe*, où elle se défend, que ces libérateurs de l'Espagne incendient la ville, livrent les maisons au pillage, et commettent tous les excès que peut éprouver une place ennemie prise d'assaut. Leur conduite n'admet pas l'excuse qui sembla justifier quelquefois les excès des Français, obligés à des représailles contre des habitants souvent cruels.

9. *Triple alliance signée à Tœplitz, entre l'Autriche, la Russie, et la Prusse.*

12. *Combat de Villafranca de Panade* (huit lieues ouest de Barcelonne). Le maréchal *Suchet*, soutenu du général *Decaen*, attaque l'anglais Bentinck, débarqué avec des troupes amenées de Sicile, le défait, et lui cause une perte immense.

Octobre 3. *Traité préliminaire d'alliance à Tœplitz, entre l'Autriche et la Grande-Bretagne*, « à l'effet de rétablir un juste équilibre « entre les puissances ». — Ce traité cimente la coalition des ennemis de *Napoléon*.

7. *Passage de la Bidassoa* par Wellington, commandant une armée d'Anglais, d'Espagnols et de Portugais.

C'est sur la frontière même de France que se termine l'entreprise de Napoléon sur l'Espagne. Cette nation, que le Jupiter-Corse devait anéantir d'un clin-d'œil, s'est hérissée de fer sur toute la surface de son territoire; et des attaques faibles, très-faibles, isolément, ont, par leur infinie multiplicité, déjoué les combinaisons militaires les plus savantes, dompté les hommes les plus braves, défié les plus experts entre les guerriers. Les Espagnols ont donné l'idée d'une guerre de peuple contre une guerre de tactique. Car ce serait une erreur de croire que les journées des Arapiles (22 juillet 1812) et de Vittoria (21 juin 1813), ont forcé les Français d'abandonner la péninsule, dont le salut était décidé sans elles, avant elles, et alors même que ceux-ci nageaient dans la splendeur de vingt triomphes. Ce sont les pertes journalières, les destructions d'homme par homme; ce sont les gouttes de sang français tombant une à une, qui ont, en cinq années, opéré la consommation de cinq cent mille braves. Nos généraux, victorieux des généraux les plus distingués de l'Europe, ont succombé sous de misérables chefs de *guerillas*, et le plus bel exploit de *Soult* ou de *Suchet* laissait sur le sol de l'Espagne une trace aussi fugitive que le sillage du navire sur la surface de la mer. Quant aux Anglais, ils ne sont arrivés dans cette guerre que de la manière qu'ils arrivent dans toutes les crises du monde, pour recueillir, au milieu de la désolation générale, les fruits de leur politique, et consolider leurs plans de despotisme maritime, de commerce exclusif. — L'issue de la guerre d'Espagne, de cette guerre abominable, l'œuvre de Napoléon, aura prouvé encore une fois, qu'il n'est rien de si téméraire que l'injustice, de si hasardeux que la perfidie.

9. *Sénatus-consulte* qui met en activité de service deux cent quatre-vingt mille conscrits : 1° cent vingt mille sur les classes de 1814 et des années antérieures, pris dans les départemens qui n'ont pas concouru dans la levée des trente mille, ordonnée le 24 août précédent; 2° cent soixante mille sur la conscription de 1815.

15. Une forte armée bavaroise fait sa jonction, à *Braunau*, avec un corps autrichien, en conséquence d'une *convention conclue le* 8 *à Ried*. — Si l'on considère la vieille inimitié des deux cabinets et des deux peuples, ainsi que les brillants et profitables avantages dont la politique ou la condescendance de Napoléon a fait jouir le souverain de Munich dans les années précédentes (*V.* 26 décembre 1805; 1er janvier, 12 juillet 1806; 9 avril, 14 octobre 1809), on appréciera la force du sentiment qui rapproche les Allemands et les excite à secouer le joug de l'étranger. — Le bavarois Wrede, commandant en chef, dit à ses troupes : « Le roi, et les puissances alliées « avec lui, guidés, non par l'esprit de conquête, ni par aucune vue « partielle, veulent que l'Allemagne soit l'Allemagne, et la France « la France, et que la paix se répande sur l'Europe...... »

16, 17. *Combats livrés près de Leipsick, aux villages de Wachau, Doelitz, Lieberwolkowitz*, à la droite de *la Pleiss*. — Les ennemis ont rapproché leurs principales masses, dans l'intention de porter un coup décisif. *Napoléon*, très-inférieur en nombre, ayant une cavalerie très-faible, parvient, en forçant l'emploi de sa formidable artillerie, à reculer son entière défaite. Mais ses pertes sont immenses, et, toujours plus resserré, il ne peut se dissimuler que ses adversaires ne fassent de plus vigoureux efforts encore, afin de l'expulser de l'Allemagne.

18, 19. BATAILLE DE LEIPSICK, livrée sous les murs de cette ville, aux mêmes lieux où se sont donnés les combats des deux jours précédents, et dans cette vaste campagne qui s'étend au-delà de *Lutzen* et de *Weissenfels*, villages célèbres par de grands faits d'armes.

Un demi-million d'hommes, rassemblés sur une surface de trois lieues quarrées, s'attaquent, se repoussent, se massacrent à coups de mitraille, s'égorgent de près avec une fureur extrême.

Suivant les documents les plus dignes de foi, les armées confédérées comptent; savoir:

Armée de Bohême.	— Schwartzemberg............	140,000 h.
D° du Nord....	— Prince de Suède (Bernadotte).	65,000
D° de Silésie...	— Blucher...................	85,000
D° de Pologne..	— Beningsen................	40,000
	Total.....	330,000 h.

L'armée française se compose ainsi:

1° *Infanterie d'armée.* — Deuxième corps, maréchal *Victor;* troisième, maréchal *Ney;* quatrième, général *Bertrand;* cinquième, général *Lauriston;* sixième, maréchal *Marmont;* septième, général *Régnier;* huitième, prince *Poniatowski;* onzième, maréchal *Macdonald*.................................... 130,000 h.

2° *Garde impériale*.......................... 30,000

3° *Cavalerie*.................................... 15,000

Total..... 175,000 h.

Les débris du premier corps, commandé d'abord par le général *Vandamme* (*V.* 30 août), sont restés en arrière, pour la défense de Dresde, avec le quatorzième corps, maréchal *Gouvion-Saint-Cyr.* Le neuvième (Bavarois) n'existe plus (*V.* le 15). Le douzième, maréchal *Oudinot*, est détruit (*V.* 23 août, 6 septembre). Le dixième, général *Rapp*, est renfermé à Dantzick (*V.* 1er janvier 1814, deuxième article). Le treizième, maréchal *Davoust*, est aggloméré sur la Steck-nitz, occupant Lubeck, Lauenbourg, Hambourg, Haarbourg (*V.* 2 septembre).

Napoléon, inférieur par le nombre de ses troupes d'infanterie, comme par le nombre et le mauvais état de ses escadrons, a mis sa confiance dans sa terrible artillerie: mais, pressé de toutes parts, en vain épuise-t-il les munitions; l'artillerie de l'ennemi est aussi formidable, et mieux approvisionnée. Les soldats français luttent avec le plus étonnant courage, lorsque trois batteries saxonnes de vingt-six pièces, avec sept bataillons et deux régiments de cavalerie saxonne, et plusieurs régiments wirtembergeois (en tout vingt-six bataillons, dix escadrons), passent à l'ennemi, et, se rangeant sous les drapeaux du prince de Suède, *Bernadotte*, attaquent à l'instant même leurs frères d'armes. Néanmoins l'empereur, faisant aussitôt avancer ses réserves, parvient à contenir les ennemis qui fondent sur Leipsick; mais l'armée ne peut conserver ses positions sans s'exposer à une ruine totale. L'armée n'a été ni enfoncée ni mise en déroute : pourtant, après ses énormes pertes, il est trop évident que le défaut de temps a seul empêché les ennemis d'obtenir de plus grands succès. Napoléon le juge ainsi : au commencement de la nuit, il bat en retraite.

Le lendemain, Leipsick est enlevé. L'empereur de Russie, le roi de Prusse, le prince de Suède, *Bernadotte*, y ont pénétré par trois portes différentes. Là, ou auprès, sont pris, avec le roi de Saxe, la garnison et l'arrière-garde françaises, fortes de plus de vingt mille hommes, ainsi que treize mille blessés ou malades abandonnés, tout le matériel des hôpitaux et tous les magasins, quinze généraux, deux cent cinquante pièces de canon, neuf cents caissnos.

Cependant la retraite du gros de l'armée s'effectue sans de grands désordres, lorsqu'un évènement dont la cause n'est pas encore bien connue, l'explosion d'un pont qui traverse l'Elster, sur le chemin où défilent les troupes, répand une de ces terreurs paniques dont l'expansion fut toujours si rapide et l'effet si désastreux dans les rangs français. Avec la même fureur qui, la veille, poussait nos soldats à l'ennemi, ils se précipitent dans les issues occidentales de la plaine, aux passages des divers bras dont est coupée la route qui s'ouvre vers la France : plusieurs mille sont faits prisonniers, plusieurs mille périssent dans les eaux. Le maréchal *Macdonald* passe à la nage. Le prince *Poniatowski*, le héros, le soutien et l'espoir de la Pologne, est englouti. Les généraux *Régnier*, *Lauriston*, sont pris.

La perte des Français en rase campagne, dans ces deux journées, est immense; quoiqu'on ne puisse la déterminer d'une manière précise, on a recueilli assez de données pour présumer qu'elle s'élève à la moitié des combattants, sans compter la défection de leurs alliés. Outre les généraux Régnier et Lauriston, huit généraux de division restent prisonniers. — La perte réelle des ennemis, également inconnue, doit avoir été prodigieuse, vu leur lenteur à poursuivre, et le grand nombre de leurs généraux tués ou blessés. Les Autrichiens avouent quatre feld-maréchaux-lieutenants et trois cents officiers blessés; les Russes déclarent deux lieutenants-généraux, avec quatre généraux-majors tués, et trois généraux-majors blessés; les Prussiens, fidèles à leur forfanterie, ne sont convenus que *d'un seul général-major blessé*.

On concevrait difficilement qu'un capitaine qui livra trente batailles rangées et les gagna toutes, qui s'est élevé au plus haut degré de gloire militaire, en se servant, avec une rare habileté, des grands talents d'une foule de généraux français, ait concentré son armée dans une position aussi défavorable; qu'il ait accepté un engagement décisif dans la partie orientale des plaines de Leipsick, ayant sur ses derrières la ville, des marécages et des eaux qui se divisent en canaux multipliés, sur lesquels se trouvent peu de ponts. Mais il ne dépendait déja plus de lui de choisir l'assiette de son armée; l'ennemi l'avait très-adroitement amené sur ce terrain. Si Napoléon s'était placé au-delà de la Partha, de l'Elster, de la Pleiss et de la Luppa, il se serait étendu dans un pays plat, où la cavalerie ennemie aurait inquiété, paralysé tous ses mouvements. On sait, d'ailleurs, que la roideur de caractère qu'il manifesta dans cette campagne, ne lui permettait pas de céder un pouce de terrain sans y être contraint; il avait toujours dédaigné l'idée de prendre position derrière la Saale, en évacuant Leipsick et Dresde.

Les suites de la bataille de Leipsick sont extrêmement funestes. Napoléon, qui voulut toujours faire croire, et qui croit sans doute lui-même, dans ses dernières guerres, qu'il n'a point été donné aux hommes de triompher de son génie; qui, dans toute circonstance, en Syrie, à Esling, en Russie, expliqua ses revers par des causes hors de la portée humaine, rejeta ses fautes sur l'inévitable destin; Napoléon avoue, dans un de ses bulletins, que sa perte peut aller à douze mille hommes, à plusieurs centaines de voitures; il dit, dans un bulletin postérieur, que *l'armée* VICTORIEUSE *arrive à Erfurth, comme arriverait une armée battue.*

23, 24. Les débris de l'armée, défaite sous Leipsick le 18, parviennent à Erfurth, où sont des approvisionnements en munitions, en vivres et en habits. Ce qui restait de troupes allemandes a déserté depuis Leipsick.

26. Le général Wrede, commandant l'armée austro-bavaroise (*V.* le 15), s'empare de Wurtzbourg, et suit le cours du Mein.

Les troupes du Wirtemberg marchent pour se joindre aux troupes de la Bavière, contre les Français.

30. *Combat de Hanau.* — Une armée austro-bavaroise, d'environ soixante mille hommes, est postée à Hanau, sur la ligne que suivent les Français depuis Erfurth (*V.* les 23, 24). Elle se flatte de les arrêter; elle espère donner le temps à l'armée de Blucher d'arriver sur leurs derrières, à la grande armée de Bohême d'atteindre leur flanc

gauche, tandis que l'armée aux ordres du prince de Suède (*Bernadotte*) prolonge leur aile droite. Placés dans la nécessité de percer cette masse de troupes fraîches, les Français fondent sur elles, et se font jour en les écrasant. Le général *Curial* à la tête de deux bataillons de la vieille garde, le général *Nansouty* avec la cavalerie de la vieille garde, le général *Drouot* avec cinquante pièces d'artillerie, ont le principal mérite de cette journée qui sauve les débris d'une aussi brave armée, comme elle en est le dernier triomphe au-delà du Rhin. Le général bavarois Wrede qui croit avoir, sous les drapeaux français, appris l'art de vaincre, reçoit le digne prix de sa témérité. Il est blessé; sa perte s'élève à plus de douze mille hommes tués, blessés ou prisonniers. Mais *Hanau* n'en devient pas moins, pour Napoléon, une autre *Bérézina*. C'est à l'héroïsme de ses soldats, aux talents de ses généraux, qu'il doit, cette fois encore, la conservation de sa personne. — On évalue les pertes de ce jour, avec celles du jour suivant à l'attaque infructueuse de la place de Hanau, à dix mille morts ou blessés, et presqu'un égal nombre de prisonniers. — On estime la masse qui poursuit sa retraite à cinquante-cinq mille combattants. La Saxe avait reçu, depuis l'ouverture de la campagne, environ deux cent cinquante mille soldats français : les uns formant les débris de l'armée de Russie; les autres envoyés de France, soit qu'ils fissent partie des cent cohortes du premier ban de la garde nationale (*V.* 13 mars, 1er septembre 1812; 3 avril 1813), ou des dépôts des anciens corps, ou des conscrits nouvellement levés (*V.* 13 mars, 1er septembre 1812; 11 janvier, 3 avril 1813). Voilà le résultat de cette persévérance à garder la ligne de l'Elbe).

31. *Combat et prise de Bassano* (sur la Brenta, six lieues nord de Vicence), *par le prince Eugène Beauharnais.*

Capitulation de Pampelune, rendue, faute de vivres. La garnison reste prisonnière. — La chûte de cette place importante assure l'affranchissement de l'Espagne occidentale.

Novembre 2, 3. *Napoléon* fugitif, et devançant la tête des colonnes, arrive à Mayence. — L'arrière-garde française évacue Francfort. Nos troupes arrivent en France où d'autres fléaux les attendent. La contagion va moissonner ce qu'épargna le fer et le feu de l'ennemi. Soixante mille hommes fournis par les dépôts de l'intérieur, entassés dans des hôpitaux, sur la frontière du Rhin, périront dans le court espace de six semaines; victimes du désordre de l'administration militaire, confiée, depuis quatre ans, au ministre *Cessac*, le plus injudicieux, le plus docilement courbé de tous les hommes médiocres qu'à ce jour l'arbitre de nos destinées emploie de préférence et par inquiétude de despote. Jamais, et dans aucun pays, un gouvernement bien établi et fortement consolidé ne se joua de la sorte de la vie des hommes.

Ainsi les prodigieux efforts de la France ont, en 1813, les mêmes suites qu'en 1812. Ses légions, l'épouvante de l'univers, n'offrent plus que de misérables débris. Elles se précipitent derrière le Rhin, au-delà de cette barrière qu'il serait difficile de franchir, si leur chef n'avait voulu subjuguer tous les peuples, renverser tous les gouvernements. L'armée russe va la passer, parce qu'au mépris de toute prudence militaire, Napoléon a poursuivi les Russes jusqu'à Moskow. L'armée prussienne l'attaquera, parce qu'en violation de dix traités, Napoléon a retenu des places prussiennes. L'armée autrichienne aussi l'insultera, parce que son souverain a de nombreux affronts à venger. Enfin, tous les peuples allemands inonderont le territoire français, dans l'espoir d'anéantir ou de fortement circonscrire le destructeur de leurs libertés, de leurs lois et de leur idiôme. Six mois plutôt, le Rhin, où l'on aurait pu être arrivé par une retraite, et non par une déroute, le Rhin eût été un fleuve protecteur.

Comment, aujourd'hui, ranimer l'énergie, entretenir la constance de ces trop généreux guerriers, brisés, mutilés par une si longue et si pesante chaîne d'effroyables revers? Eh bien! ce prodige va s'opérer. Il est si peu de choses impossibles avec des Français! Mais, en vain, d'autres braves cohortes accourront d'Espagne et d'Italie; en vain d'épais bataillons de conscrits, à peine adolescents, apporteront de leurs foyers le courage des vétérans, empressés qu'ils seront de partager les nouveaux travaux de leurs aînés: il sera trop tard. Nos frontières ne sauraient plus se garantir. En vain présentent-elles des forteresses, qui jadis défièrent les plus formidables armées, des armées bien plus savamment dirigées que par des Blucher, des Schwartzemberg; toutes ces places, mal entretenues, manquent d'approvisionnements, ne renferment qu'un matériel insuffisant, ne sont que des masses inertes, d'inutiles enveloppes. Elles ne peuvent offrir à nos troupes battues, découragées, confusément organisées, plus confusément recrutées, des asyles salutaires, ou un supplément de force assez grand pour les mettre en équilibre avec des armées dix fois plus nombreuses et restant sur l'offensive.

En se portant au début de cette campagne si funeste, on voit que si Napoléon, rendu circonspect par les fautes commises en Russie, avait modéré la fougue de son caractère; s'il avait daigné consulter ses généraux, il aurait peut-être regagné sa supériorité; ou que, plus probablement, il aurait balancé les résultats. Mais les désastres de 1812 le rendirent plus obstiné dans ses conceptions, plus impétueux encore dans son intempestive aggression, plus téméraire dans ses développements de colonnes. Il ne faisait consister l'art de la guerre que dans une répétition, presque sans intervalles, de violentes attaques entretenues au moyen de marches forcées; dans des batailles immenses qui seraient des canonnades désespérées, de véritables éruptions de l'Etna; dans l'envahissement des capitales. Mais toutes les branches de son système étaient connues; il en avait trop souvent livré le secret. Lors même que les généraux étrangers n'auraient pas su le pénétrer, comment eût-il échappé au génie éminemment observateur de *Moreau*, à la sagacité de *Bernadotte?* Napoléon était deviné; lui seul ne s'en douta pas. Aussi-bien se souvenait-il sans cesse, que Frédéric II avait gardé la position du haut Elbe : en abandonnant cette position, n'eût-il pas avoué la supériorité d'un capitaine du siècle précédent? Napoléon se conduira donc, à Lutzen et à Dresde, comme à Smolensk et à Moskow; il éprouvera le même sort, et sa seconde armée sera détruite. L'Allemagne, la Hollande, l'Italie, seront délivrées. Son favori, qu'il a fait roi de Naples, le trahira. Les jours derniers de 1813 verront ce conquérant insatiable, repoussé dans les limites de l'ancienne France, dépouillé de la plus grande partie de ses états, et, jusqu'à un certain degré, de sa renommée militaire. Des corps nombreux, ou plutôt des armées ont été délaissées, contre toute prudence, loin du théâtre des opérations. C'est ainsi que trente-cinq mille hommes occupent Hambourg; vingt mille, Magdebourg. Les garnisons de Dresde (*V.* 11 novembre), de Dantzick (*V.* 1er janvier 1814), vont capituler. Plus de cent mille soldats ont été laissés dans des places éloignées les unes des autres, et à plus de cent lieues du Rhin, afin de se ménager des points d'appui dans un retour offensif.

Deux campagnes en 1812 et 1813, faites par le plus immodéré de tous les ambitieux que produisit l'Europe, ont anéanti les résultats de vingt années de victoires, dissipé le prix du sang de deux millions de Français.

9. L'empereur Napoléon, parti la veille de Mayence, arrive à Saint-Cloud. — La rapidité de sa course est excitée par la nécessité d'organiser à Paris les extrêmes mesures contre les extrêmes dangers. Il reparaît dans sa capitale; mais les revers ne l'ont point changé. Il

ne reconnait de limites nécessaires ou naturelles, ni à son pouvoir, ni au territoire de son empire.

10. *Combat de Saint-Jean-de-Luz.* Le maréchal *Soult*, nommé, le 1er juillet, général en chef, en Espagne et dans le sud de la France, a repassé la Bidassoa, le 7 octobre, et s'est renfermé dans des lignes à *Saint-Jean-de-Luz.* Il est attaqué et forcé avec une perte très-considérable (évaluée à deux mille trois cents hommes), par l'anglais *Wellington*, qui dispose de toutes ses forces depuis la reddition de Pampelune (*V.* 31 octobre). — Le général de division *Conroux* est tué. — Le quartier-général de l'ennemi s'établit à Saint-Jean-de-Luz.

11. *Reddition de Dresde* et ses suites. — Napoléon, en s'avançant dans la plaine de Leipsick, avait laissé à Dresde le maréchal *Gouvion-Saint-Cyr.* Il se proposait de l'y retenir jusqu'à ce que le succès de la bataille qu'il allait livrer, succès dont il ne doutait pas, lui rendit la faculté de reprendre ses grandes opérations vers l'Oder et sur la Bohême. La perte de la bataille (*V.* 18 octobre) devait entraîner la chûte de Dresde. Cependant, Gouvion-Saint-Cyr entreprit, le 5, un mouvement sur Torgau; probablement dans l'intention d'en retirer la garnison, puis celle de Wittemberg, et en tâchant de gagner Magdebourg, d'effectuer sa retraite vers la France, ou du moins opérer une forte diversion. Cette tentative échoua. Le maréchal, rejeté dans Dresde, vit aggraver sa position, contenant à peine le désespoir des habitants, toutes ses communications étant coupées. Se défendre quelques semaines, dans une ville dominée, sans fortifications régulières, était une chose impossible. Les vivres commençaient à manquer, ainsi que les munitions. Le maréchal s'empresse donc de conclure avec l'autrichien *Klénau*; une convention d'après laquelle la garnison sera conduite en France et ne pourra servir qu'après échange. Cette convention est de plus signée par le russe *Tolstoi*, et reçoit un commencement d'exécution. Mais le prince *Schwartzemberg*, refusant de la ratifier, les Français sont arrêtés dans leur marche, et dirigés vers l'Autriche. Leur nombre s'élève à vingt-trois mille hommes, dont treize généraux de division, vingt généraux de brigade, mille sept cents officiers, outre six mille malades restant dans les hôpitaux de Dresde. — Un sort semblable attend les troupes laissées dans les places éloignées du Rhin; résultat inévitable de l'obstination que Napoléon a mise à se maintenir dans la Saxe, au mépris de toutes les considérations militaires et politiques qui l'engageaient à concentrer ses forces en Thuringe ou sur le Rhin.

Décret impérial qui ordonne l'augmentation de trente centimes aux contributions des portes et fenêtres, des patentes et qui ajoute vingt centimes par kilogramme au prix du sel.

14. Discours adressé à l'empereur Napoléon par le sénateur Lacépède, naturaliste. « . . . . Le sénat a frémi « des dangers que votre majesté a courus. . . . . Votre majesté « *a tout surmonté; elle a combattu pour la paix.* Avant la reprise des « hostilités, votre majesté a offert la réunion d'un congrès. . . . . « *Vos ennemis, sire, s'y sont opposés. C'est sur eux que doit retomber* « *tout le blâme de la guerre* (*V.* 12, 28 juillet) . . . . Les « Français montrent, par leur dévouement et leurs sacrifices, qu'au« cune nation n'a jamais mieux connu ses devoirs envers la patrie, « l'honneur et son souverain. » — *Réponse.* « . . . . La postérité « dira, que, si de grandes et critiques circonstances se sont présen« tées, elles n'étaient pas au-dessus de la France et de moi. »

15. *Combat de Caldiero* sur l'Adige.— Cette action, dans laquelle le prince *Eugène* obtient un assez grand avantage sur les Autrichiens, sera sans importance, à cause de la faiblesse de l'armée franco-italienne, et de la réserve dans laquelle se tient l'ennemi, attendant de jour en jour la coopération des Napolitains.

Sénatus-consulte qui met à la disposition du gouvernement trois cent mille conscrits des années 1803 et suivantes, jusques et compris 1814. La moitié sera levée et mise en activité sur-le-champ; l'autre moitié formera des armées de réserve à Bordeaux, Metz, Turin, Utrecht, et sur les autres points où elles pourront être nécessaires pour garantir l'inviolabilité du territoire de l'empire, entamé au nord et dans les Pyrénées.

Sénatus-consulte qui proroge pour la session du corps législatif, fixée au mois de décembre, les pouvoirs de la quatrième série, expirants au 1er janvier 1814; qui appelle en corps le sénat et le conseil d'état aux séances d'ouverture du corps législatif, et qui supprime les listes des candidats à la présidence, en déférant à l'empereur le choix du président.

Plus ombrageux, à mesure que s'affaiblissent ses moyens militaires, Napoléon redoute l'effervescence des esprits dans la réunion des colléges électoraux et le choix des candidats à la série rentrante au corps législatif. Il n'est pas assez rassuré par les précautions apportées déja pour affaiblir l'influence de ces candidatures et pour étouffer la voix publique, au moyen des sénatus-consultes organiques du 4 août 1802 et du 20 décembre 1803, il faut encore qu'aux séances impériales du corps législatif il soit entouré du sénat, du conseil d'état, ces deux corps distingués par la plus humble soumission. Il se flatte que l'appareil de leur présence fascinera les yeux, agira sur les imaginations débiles, persuadera les esprits craintifs (*V.* 19 décembre).

24. *Prise d'Amsterdam par le prussien Bulow.* — Le général *Molitor,* chargé de la défense de toute la Hollande et des îles de Zélande, ne dispose que de quatorze mille hommes de troupes à peine formées, et d'une très-mauvaise composition. Il se replie sur Utrecht. — Le gouvernement provisoire établi à Amsterdam, proclame l'indépendance des Provinces-Unies, et rappelle le prince d'Orange.

Décembre 1er. *Déclaration de Francfort.* — « .... Les puissances « alliées, desirant parvenir à une paix générale solidement établie, « promulguent, à la face du monde, les vues qui les guident, les « principes qui font la base de leur conduite, leurs vœux et leurs « déterminations................. Les souverains alliés déclarent, « *qu'ils ne font point la guerre à la France; qu'ils desirent qu'elle soit « forte et heureuse, que le commerce y renaisse, que les arts y re- « fleurissent, que son territoire conserve une étendue qu'elle n'a jamais « connue sous ses rois*, parce que la puissance française, grande et « forte est, en Europe, une des bases fondamentales de l'édifice so- « cial; parce qu'un grand peuple ne saurait être tranquille, qu'autant « qu'il est heureux; parce qu'une nation valeureuse ne déchoit pas, « pour avoir, à son tour, éprouvé des revers dans une lutte opiniâtre « et sanglante................. C'est à l'empereur seul qu'ils font « la guerre; ou plutôt à cette prépondérance qu'il a trop long-temps « exercée hors des limites de son empire pour le malheur de l'Europe « et de la France. »

2. Lettre du duc de Vicence (Caulaincourt), ministre des relations extérieures, au ministre d'Autriche, dans laquelle il est déclaré que *l'empereur Napoléon adhère aux bases générales et sommaires de négociation proposées au nom des puissances alliées*, et admet que la négociation se suive dans un congrès réuni à Manheim. — Ces bases sont, la France resserrée dans ses limites *naturelles*, entre le Rhin, les Alpes, les Pyrénées; l'Espagne sous son ancienne dynastie; l'Italie, l'Allemagne, la Hollande, rétablies comme états indépendants de la France et de toute puissance prépondérante. — Napoléon ne transmet cette déclaration que dans l'espoir de gagner du temps, et de ralentir les préparatifs de ses ennemis.

Occupation d'Utrecht par le prussien Bulow. — La prise d'Amsterdam (*V.* 24 novembre), et l'occupation d'Utrecht, décident les Hollandais à se détacher de l'empire.

5. Prise de Lubeck par les Suédois. — A leur approche, le maréchal *Davoust* s'est replié dans Hambourg, où il se maintiendra jusqu'au mois de mai suivant.

Capitulation de Stettin; sept mille prisonniers. — Zamosk capitulera le 22, Modlin le 25; Torgau, avec dix mille hommes, le 26.

8 — 13. *Combats très-vifs sur les bords de la Nive,* entre l'armée du maréchal *Soult* et l'armée ennemie, qui force le passage à *Cambo* et à *Ustaritz.* — Les forces françaises s'élèvent à soixante mille hommes; mais dans ce nombre se trouvent plus de vingt mille conscrits nouvellement enrégimentés. Wellington, qui dirige les opérations sur toute la ligne des Pyrénées, porte contre Soult, en particulier, soixante-douze mille Anglais, Espagnols ou Portugais, tous soldats aguerris. — La perte des Français, dans ces combats, s'élève au-delà de six mille tués ou blessés, d'après l'évaluation présentée par leur état-major. — L'ennemi estime la sienne à huit mille hommes.

Occupation d'Ancône par les troupes du roi de Naples (*Joachim Murat*). — Ce soldat, dont Napoléon, son beau-frère, fit un roi (*V.* 15 juillet 1808), inquiet déja sur les progrès de la confédération européenne, veut se montrer redoutable. S'annonçant comme le soutien de l'indépendance italienne, il fait avancer dans les états romains deux colonnes fortes d'environ vingt-quatre mille hommes, Napolitains ou transfuges italiens (*V.* 6 janvier, troisième article 1814).

9, 10. Évacuation de Bréda, de Wilhemstadt, par les Français.

11. *Traité de Valençay* (Indre), entre l'empereur Napoléon et Ferdinand VII, son prisonnier (*V.* 20 avril 1808). — Ce prince est remis en possession de l'Espagne. Il s'engage « à conserver la monarchie dans son intégrité, et spécialement à ne jamais céder aux « Anglais Mahon ni Ceuta, places actuellement en leur pouvoir. Les « droits maritimes existeront entre la France et l'Espagne suivant les « stipulations du traité d'Utrecht, et comme avant 1792. On conviendra d'un traité de commerce. Le présent traité ne doit recevoir son « exécution qu'après l'approbation du conseil de régence, établi par « les cortès (*V.* 5 février, 13 mars 1814) ».

15. Armistice entre les Russes et les Danois. Il enlève à Napoléon son seul allié dans le nord, et met le treizième corps (maréchal *Davoust*), déja refoulé dans Hambourg (*V.* le 5, article premier), hors d'état de se dégager.

17. *Décret impérial,* appelant les gardes nationales urbaines à seconder ou à remplacer les garnisons de l'intérieur. — La force de ces gardes est évaluée à cent soixante mille hommes. Ce décret est une extension du sénatus-consulte du 3 avril.

19. *Convocation du corps législatif* (*V.* 15 novembre, deuxième article). — Le dominateur des Français est arrivé dans sa capitale, chargé de la honte de ses dernières défaites (*V.* 18, 30 octobre). Battu sous les yeux de l'Europe civilisée, au centre de l'Allemagne, il ne saurait accuser les éléments, produire des causes extraordinaires, hors de la portée des facultés humaines. Il lui devient difficile d'étouffer les murmures, de soutenir la confiance, de rajeunir les illusions d'une nation à laquelle tous les artifices de la police impériale ne sauraient dérober entièrement la connaissance des faits et l'approche de ces multitudes ennemies qu'encourage la victoire, qu'enflamme la vengeance. Il l'essaiera cependant, et, voilant sa propre ignominie, étalant aux Français une partie des maux qu'il traîne avec lui, et dissimulant tous ceux qu'il leur destine dans l'accomplissement de ses nouveaux desseins, pour relever sa gloire humiliée, sa puissance déchue, il leur montre le territoire sacré près d'être envahi; il leur déclare « *un dernier effort nécessaire pour con-* « *quérir la paix*.......... Mon cœur a besoin de la présence et de « l'affection de mes sujets. *Je n'ai jamais été séduit par la prospé-* « *rité; l'adversité me trouvera au-dessus de ses atteintes*............ « J'avais conçu et exécuté de grands desseins pour la prospérité et le « bonheur du monde.......... Des négociations ont été entamées « avec les puissances. J'adhère aux bases préliminaires qu'elles ont « posées........... Les retards apportés au congrès de Manheim « ne doivent pas être attribués à la France......... Monarque et « père, je sens ce que la paix ajoute à la sécurité des trônes et à celle « des familles.......... *Rien ne s'oppose, de ma part,* au rétablis- « sement de la paix..........».

Les auditeurs de ces paroles captieuses éprouvent un mouvement de reconnaissance, lorsque le souverain veut bien promettre de communiquer au corps législatif *toutes les pièces originales* (*V.* le 28) qui se trouvent au portefeuille des relations extérieures, et, comme lui, ils jugent que *les nations ne traitent avec sécurité qu'en déployant toutes leurs forces.*

On appréciera la sincérité du langage que Napoléon vient de faire entendre, en rapprochant les déclarations suivantes (*V.* Moniteur, n° 291, 10 juillet 1804). « *On dit,* que l'empereur va réunir sous

« son gouvernement la république de Lucques, le royaume d'Étrurie, « les états du saint-père, et, par une suite nécessaire, Naples et la « Sicile. *On dit*, que la Suisse et la Hollande auront le même sort. « *On dit*, que le pays d'Hanovre offrira à l'empereur, par sa réu-« nion, le moyen de devenir membre du corps germanique........ « NON, *la France ne passera jamais le Rhin!* et ses armées ne le pas-« seront plus; à moins qu'il ne faille garantir la confédération ger-« manique, et ces princes qui lui inspirent tant d'affection pour « elle et par leur utilité pour l'équilibre de l'Europe............ « La France a cet avantage, qu'elle n'a plus besoin désormais de « prendre les armes; elle n'a géographiquement rien à desirer de ce « qui appartient à ses voisins.......... NON, l'empereur ne veut « la guerre avec qui que ce soit........... Il ne se mêle pas des « affaires de ses voisins......... UNE LONGUE PAIX *est le desir qu'il « a constamment manifesté.* » — Sous le gouvernement révolutionnaire, on avait prononcé la peine de mort contre ceux qui parleraient de paix; Bonaparte ne cesse de célébrer les bienfaits de la paix, et fait toujours la guerre.

21. *Passage du Rhin*, depuis Bâle jusqu'à Schaffhouse, par six divisions ennemies, fortes de plus de cent mille hommes, aux ordres du généralissime Schwartzemberg. Le suisse *Jominy*, qui trahit ses devoirs de militaire français (*V.* 15 août), a, dit-on, contribué, par ses intrigues, à déterminer les Suisses à livrer passage aux troupes coalisées. Quoique cette violation du territoire suisse ait été provoquée par les chefs du canton de Berne, les puissances alliées déclarent leur intention de reconnaître la neutralité de la confédération dès qu'elle jouira de son indépendance.

22. D'après l'ordre de l'empereur, le sénat et le corps législatif nomment deux commissions extraordinaires, chargées de prendre connaissance des documents relatifs aux négociations entamées avec les puissances coalisées (*V.* le 19). La première de ces commissions se compose des sénateurs *Lacépède*, vice-président (naturaliste), *Fontanes* (ex-poète), *le prince de Bénévent* (*Talleyrand*), *Saint-Marsan* (Piémontais), *Barbé-Marbois*, *Beurnonville* (général). — Les signes trop visibles de l'insincérité de Napoléon, proclamant ses dispositions pacifiques, ont excité, parmi les députés, une méfiance qui se manifeste par des murmures. Les listes qu'on fait circuler, et qui portent les noms des députés placés dans la dépendance du gouvernement, sont rejetées. Les votes se portent sur des hommes indépendants, de professions libres, inconnus dans les partis de la

révolution, et jugés aussi susceptibles par leur caractère que capables par leurs lumières de discerner les mesures propres à faciliter la paix, comme à soulager la France du despotisme qui l'oppresse. Les commissaires sont, le président *Régnier* (il l'est de droit), les députés *Raynouard*, *Lainé*, *Gallois*, *Flaugergues*, *Maine de Biran*.

24. *Évacuation définitive de la Hollande.* — C'est aux fausses mesures de Napoléon que nos armées doivent d'être chassées de cette contrée, en moins de temps que Pichegru n'en avait mis à la conquérir, en 1795.

26. *Décret.* — L'empereur envoie dans les divisions militaires des commissaires extraordinaires, qui doivent hâter les levées des conscrits, et accélérer les mesures de défense.

27. Rapport de la commission, formée le 22, au sénat. Il est présenté par le comte *Fontanes*, et adopté. C'est un tableau des négociations, revêtu de couleurs favorables au gouvernement, et propre à disposer la France à tous les sacrifices *qui n'auront pour objet que la paix.*

28. Prise de Raguse par les Autrichiens, déjà maîtres de Cattaro, de Zara et de toutes les côtes orientales de l'Adriatique.

28. — 30. Rapport de la commission formée le 22 au corps législatif. — Il a été l'objet d'une longue et vive discussion entre les commissaires députés et les commissaires du gouvernement. Les premiers annoncent n'avoir pas eu communication des *bases générales et sommaires* de la négociation avec l'ennemi, sous le prétexte de ne pas les exposer à être divulguées (*V.* le 19). La commission admet la nécessité de préparer la guerre pour obtenir la paix; mais elle desire que l'empereur oppose à la déclaration des puissances (*V.* le 1er) une déclaration propre à désabuser la France et l'Europe du dessein qu'on lui prête « *de vouloir conserver un territoire trop* « *étendu, ou une prépondérance contraire à l'indépendance des na-* « *tions*......... *Cela ne suffit pas pour ranimer le peuple lui-même.* « Suivant les lois, c'est au gouvernement à proposer les moyens qu'il « croira les plus prompts et les plus efficaces pour repousser l'en- « nemi, et asseoir la paix sur des bases durables. Ces moyens auront « des effets assurés, si les Français sont convaincus que leur sang ne « sera versé que pour défendre *une patrie et des lois protectrices.* « *Mais ces mots consolateurs de paix et de patrie retentiraient en* « *vain, si l'on ne garantit les institutions qui promettent les bienfaits* « *de l'une et de l'autre.* Il paraît donc indispensable à votre com-

« mission, qu'en même temps que le gouvernement proposera les « mesures les plus promptes pour la sûreté de l'état, sa majesté soit « suppliée de MAINTENIR L'ENTIÈRE ET CONSTANTE EXÉCUTION DES LOIS « QUI GARANTISSENT AUX FRANÇAIS LES DROITS DE LA LIBERTÉ, DE LA « SÛRETÉ, DE LA PROPRIÉTÉ; et à la nation, LE LIBRE EXERCICE DE SES « DROITS POLITIQUES. Cette garantie a paru à votre commission le plus « efficace moyen de rendre aux Français l'énergie nécessaire à leur « propre défense ». — Le très-grand nombre des députés approuve un rapport dans lequel on découvre, malgré la mollesse des expressions, le ménagement des réticences et l'ambiguité des circonlocutions, l'intention positive de défendre les libertés publiques, si bénévolement abandonnées dans le rapport du sénat (*V.* le 27). C'est la première fois que le dominateur de la France éprouve de l'opposition de la part de ses représentants, d'une servilité muette ou approbatrice. — L'impression du rapport fait au corps législatif est votée, à une majorité de deux cent vingt-cinq voix contre trente-deux. Mais *le duc de Rovigo (Savary)*, ministre-inquisiteur de la police, fait enlever, le jour même, les épreuves du rapport, et les remet à son maître.

31. *Décret impérial. — Ajournement du corps législatif.* — Les portes de la salle des séances sont fermées dès la veille.

L'empereur témoigne à son conseil d'état la douloureuse impression qu'il a ressentie à la lecture du rapport de la commission (*V.* le 28). Il regarde ce rapport comme injurieux à sa personne, attentatoire à son autorité. Il le signale comme une œuvre séditieuse, un brandon de discorde, une motion sortie d'un club des jacobins. « Voudrait-on rétablir la souveraineté du peuple? Eh bien! en ce « cas, je me fais peuple; car *je prétends être toujours là où se trouve « la souveraineté.* » Aussitôt il ajourne le corps législatif, attendu que les pouvoirs de la quatrième série expirent au premier janvier, et quoiqu'il ait fait rendre un sénatus-consulte (*V.* 15 novembre) qui les a prorogés.

Le peuple français, courbé, comme il l'est, depuis douze ans, sous un sceptre de fer, conserve cependant quelques étincelles du feu sacré de la liberté. Il s'étonne de ce dernier effort pour l'étouffer. L'existence de ce simulacre de représentation laissait encore un faible espoir d'un meilleur avenir. — Cromwell, investi d'une autorité très-étendue par *l'acte du gouvernement*, ne se crut maître que par l'entière oppression de la chambre des communes. Ce sera toujours le but des ministres, des ligues aristocratiques, ou des tribuns du peuple. Cromwell meurt dans la plénitude du pouvoir, mais au moment où l'esprit de liberté se réveille; et si sa vie se prolonge, il ne tardera pas à être renversé, du moins attaqué. Lorsque, dans une monarchie, il paraît *une seule* forme représentative, l'opinion s'y rallie. Dès cet instant, on ne voit plus qu'un despote invétéré dans le guerrier qu'on ne croyait qu'ambitieux. L'opinion s'éloigne de lui; et les hommes qui réfléchissent sur les grandes circonstances de notre révolution, indignés d'un tel attentat, qui leur rappelle le 31 mai, le 18 fructidor, le 18 brumaire, n'attendent plus, de l'excès des malheurs publics, que la destruction du pouvoir arbitraire et la délivrance de la France. Mais cette longue servitude a tellement énervé les ames, rabaissé toute importance individuelle, usé ou concentré tous les ressorts administratifs, que personne ne peut élever sa voix.

Reddition de Genève. — Les troupes autrichiennes sont introduites par les bourgeois, laissés à eux-mêmes.

La France éprouve en 1813 et 1814, comme elle l'éprouva en 1709, l'inconvénient de laisser la frontière du Jura sans fortifications, et de se confier aux traités conclus avec des gouvernements et une race d'hommes mercenaires. En 1709 les cantons protestants, malgré la paix perpétuelle de 1516 et l'alliance de 1663, qui subsistaient alors, favorisèrent, provoquèrent même l'invasion en Alsace de *Merci*, par le canton de Bâle. La France sera toujours exposée de ce côté. Quelle confiance pourrait-elle avoir désormais en des gouvernements subalternes, qui, semblables aux petits souverains de la Sénégambie, font un trafic d'hommes? Des considérations de politique, ou des moyens de corruption, les entraîneront à livrer, dans tous les temps, comme à ces deux époques, le passage de leur territoire à l'ennemi qui viendra frapper au cœur du royaume.

Passage du Rhin par l'armée de Silésie, aux ordres du prussien Blucher. — Il s'effectue sans opposition, depuis Manheim jusqu'à Coblentz.

Les grandes puissances belligérantes poursuivent avec persévérance leur redoutable adversaire, parce qu'elles éprouvent qu'aucune considération, aucun revers n'affaiblit ses desseins de domination universelle. Bien avant la bataille de Dresde, elles sollicitèrent la paix, et elles étaient de bonne foi. Elles auraient admis des propositions compatibles avec leur indépendance et leur sécurité; car elles avaient été trop long-temps effrayées, et trop humblement inclinées, pour oser secouer entièrement des habitudes de condescendance;

et elles n'étaient rien moins que sûres d'abattre, ou même d'endommager fortement leur adversaire. Depuis que l'Allemagne est délivrée, elles ont voulu négocier, et elles sont de bonne foi encore (*V.* le 1er et le 2). Mais (ajoutent-elles) Napoléon demeure inébranlable dans son système de déception, malgré l'imminence du danger. Les puissances, appréciant enfin l'obstination de son orgueil, déjoueront les artifices de sa diplomatie, ainsi qu'elles ont surmonté les combinaisons de sa tactique. Elles n'attendront que de la guerre la sécurité promise par les traités les mieux cimentés. Il a détruit ou sapé toutes les existences politiques. Les peuples accablés demandent la fin des révolutions. Celui qui les entretient et les renouvelle sans cesse doit périr. Le combat de l'Europe contre Napoléon est la lutte d'Hercule et d'Antée. Fils de la terre, à peine ce géant y pose, qu'il s'élance formidable; il tombe, et rebondit avec sa première vigueur, avec une élasticité nouvelle. Un seul instant suffirait pour qu'il ressaisît la victoire, la victoire pleine et entière; on ne lui laissera pas cet instant. Jamais, en effet, le Rhin n'aura vu sur ses bords des bataillons aussi pressés. Ce ne sont pas des armées, ce sont des nations en masse. La guerre d'irruption est reportée contre celui même qui ramena dans l'Europe ce fléau des barbares.

ÉTAT APPROXIMATIF *des troupes régulières, mises en campagne contre la France à la fin de cette année.*

Grande-armée alliée. — Schwartzemberg, ...	190,000 h.
Armée de Silésie... — Blucher, ...	160,000
D° du Nord..... — Prince de Suède (Bernadotte),.	130,000
Réserves allemandes, en formation, ...	80,000
Corps hollandais, ...	12,000
D° anglais, en Belgique, ...	8,000
Réserves autrichiennes se réunissant sur l'Inn, ...	50,000
D° russes se formant en Pologne, ...	60,000
Troupes employées aux blocus et aux siéges, en Allemagne, ... — Tauenzien; Beningsen.....	100,000
Armée autrichienne en Italie. — Bellegarde, ...	70,000
Armées des Pyrénées se composant d'Anglais, d'Espagnols, de Portugais, de Siciliens, de Sardes, etc. — Wellington, ...	140,000
	1,000,000 h.

Dans l'énumération ci-dessus, ne sont pas comprises les milices allemandes (landwehr), les levées en masse des paysans et des bourgeois en Allemagne (landsturm), les troupes irrégulières en Espagne (guérillas). Cependant cette population armée est efficacement employée à contenir les garnisons françaises qui occupent une trentaine de places dans ces divers pays ; tandis que, précédemment, elle servait à harceler les colonnes en retraite, et faisait main basse sur les traînards. — On a négligé de même un corps de quinze mille Anglo-siciliens prêt à se porter dans le golfe de la Spezzia, et l'armée de *Murat* occupant, avec vingt-cinq mille Napolitains, les états pontificaux, au moment d'envahir la Toscane, et menaçant la haute Italie.

ÉTAT *des troupes françaises, à la fin de cette année.*

Garnisons des places au-delà du Rhin, sur l'Elbe, l'Oder, la Vistule, en Hollande, en Italie, en Dalmatie,....		100,000 h.
Armées des Pyrénées, d'Aragon. — Maréchaux *Soult*, *Suchet*,....................................		90,000
Armée franco-italienne sur l'Adige. — Prince *Eugène Beauharnais*,....................................		50,000
Grande armée sous les ordres directs de l'empereur.	Arm. du bas Rhin. Maréchal *Macdonald*,.	56,000
	Corps du h. Rhin { Mar. *Marmont*, 25,000 ; Maréc. *Victor*, 13,000 }	38,000
	D° des Vosges. — Maréchal *Ney*, ...	12,000
	D° du Morvan (Côte-d'Or, Yonne, Nièvre) — Maréchal *Mortier*, ...	12,000
	D° du Rhône. — Maréchal *Augereau*,..	2,000
		360,000 h.

Les deux gardes impériales font partie de ce total, ainsi que les renforts en marche ; mais les gardes nationales urbaines, rendues mobiles (*V.* le 17), n'y sont pas comprises. —Dans les cent vingt mille hommes dont se compose la grande armée, il y a moitié d'anciens soldats ou ayant fait la dernière campagne. — Les garnisons de Wésel, Dusseldorf, Mayence, Landau et Strasbourg, entrent aussi dans ce nombre, et doivent venir en déduction des forces agissantes.

En comparant ces deux tableaux, dressés suivant les documents les moins incertains, on est à même de préjuger l'issue de la campagne qui s'ouvre. Les corps français n'ont encore reçu qu'une organisation très-incomplète ; leurs rangs se composent aux deux tiers de conscrits enlevés avant l'âge, et peu faits au maniement des armes. La nation reste immobile à la vue des ennemis qui s'avancent de tous les points de l'horizon. Il n'y a plus de patrie, parce qu'il n'y a plus de liberté. En vain, le desposte voudra soulever cette nation, espérera dans sa fierté, dans son enthousiasme; on ne reverra pas cet élan rapide, universel, de 1793: il s'attacha trop long-temps à comprimer tous les sentiments généreux qui font le citoyen. La nation sera spectatrice des sanglantes mêlées qui auront lieu sur son territoire inondé par les armées européennes. Ce rempart d'airain, dont s'enorgueillissait l'ancienne France; ce double et triple rang de forteresses au nord et à l'est, si ferme autrefois, ne peut plus briser l'impétuosité des envahisseurs (*V.* 2 novembre, 21 décembre).

Quels rapprochements présente la conclusion des campagnes de 1812, de 1813! Au mois de novembre 1812, la ligne des Français en retraite commençait à Dantzick et à Modlin, suivait plusieurs places sur l'Oder, sur l'Elbe, sur le Wéser, se prolongeait par Erfurth, Wurtzbourg, et se terminait au Rhin. Une campagne offensive mal conçue, et prolongée en dépit de toutes les saines notions de la politique et de la stratégie, a fait perdre et l'avantage de ces positions, et les ressources des nombreuses garnisons qui y ont été laissées. Cette campagne a sacrifié trois cent mille soldats qui, joints aux nouveaux renforts, eussent offert, sur les limites de l'empire français, une force inexpugnable.

Ce qui, sur-tout, a perdu Napoléon, c'est la honte de paraître céder, parce qu'il avait manqué son plan. Il s'accoutuma, le plus tard qu'il put, à cette idée. Il revient en France, annonçant que les ennemis n'oseront dépasser la frontière; et plus il l'a dit, plus il se complaît à le dire. Dans cette affectation à soutenir une opinion aussi peu vraisemblable, il entre plus de présomption, peut-être, que de crainte d'exposer son pouvoir, en alarmant la nation, quoique cette crainte soit très-visiblement marquée.

C'est à l'invasion, à la désolation de la France, qu'aboutissent les gigantesques desseins de cet homme insatiable de domination. Né dans une famille obscure et pauvre, élevé au rang suprême, ce n'est pas assez. Il prétend que l'univers tombe à ses pieds, et que les rois deviennent ses courtisans. Il a dit au moment de sa première entrée à Vienne (novembre 1805): « C'est pour la dernière fois que « les gouvernements européens appelleront de si funestes secours.. « .... *D'ici à cent ans*, il ne sera, en Autriche, au pouvoir « d'aucun prince d'introduire des Russes dans ses états. » Et c'est lui.

même qui livre la France au Valaque barbare, au Cosaque farouche, au hideux Kalmouck, à l'automate Prussien, au mercenaire Anglais.

En établissant sa puissance par les armes, il n'a pas habilement usé de la terreur qu'inspiraient ses victoires. Il a voulu frapper et frapper sans relâche, au lieu de frapper rarement, avec mesure, en menaçant davantage. L'épée de Damoclès glace la résolution de celui qui la voit suspendue sur sa tête, quoiqu'elle ne se détache jamais. Dans les belles années de son règne, Louis XIV employa ce ressort politique. Frédéric de Prusse lui dut une partie de son ascendant. Aguerrir les petits peuples voisins de la France, et rendre leurs armées nombreuses et savantes, n'était-ce pas exposer sa prépondérance militaire ? Napoléon eût agi bien mieux dans ses intérêts, s'il n'eût permis à tous les princes, ses vassaux, que d'entretenir les troupes nécessaires à la police de leurs états; s'il en eût exigé des tributs modérés; et si, en leur laissant leurs lois, il eût formé, sur leurs frontières, des colonies armées, à la manière des Romains. Aujourd'hui ces peuples retombent sur leur oppresseur, avec les moyens que lui-même leur laissa ou leur donna, avec la science militaire dans laquelle il les instruisit. Comment les repoussera-t-il ?

Possédé par une seule idée fixe, Napoléon commit des fautes qu'aurait évitées un esprit moins ardent, une ame faiblement sensible aux maux de l'espèce humaine. Son but unique, invariable, était l'Angleterre, formidable barrière à sa domination universelle. C'est l'Angleterre qu'il voulait atteindre à Lisbonne, à Madrid; à laquelle il voulait faire perdre sa dernière ancre sur le continent, lorsqu'il portait la guerre en Russie. Tenant à ses plans, avec une inébranlable pertinacité, il lui importait peu que de vastes contrées, que des millions d'habitants, en devinssent les victimes; et, dans le cours de ces guerres qui détruisaient le repos et le bonheur des peuples étrangers, l'égoïsme national, desséchant l'ame des Français, faisait voir avec indifférence ce déluge de maux, avant-coureurs des leurs.

Le jour arrive où leur enchantement cessera. Leurs yeux ne sauraient être dessillés que par d'excessives infortunes, d'innombrables revers. A la veille d'éprouver les atteintes du sort, ils jugeront enfin les desseins de celui qui, si long-temps, fit leurs destinées; et se rappelant sa vie entière, ils verront en dernier résultat à quel point il fut indigne de tant de sacrifices.

Cet homme, devenu Français par l'effet d'une conquête postérieure à sa naissance, élevé par la munificence de Louis XVI, est, dès les premiers troubles, un jacobin forcené. Ses excès le font repousser de son pays natal. Après le 9 thermidor (27 juillet 1794), considéré comme un des Séides de Robespierre, il est arrêté, rejeté dans les cadres de l'infanterie: courtisan des révolutionnaires les plus caractérisés, il est désigné par *Barras*, au 13 vendémiaire (4 octobre 1795), comme un utile instrument du despotisme de la convention; et Bonaparte inonde les rues de Paris du sang des citoyens qui réclament des droits légitimes. Courant en Égypte sacrifier une belle armée à de chimériques ou perfides projets, il massacre des prisonniers, empoisonne ses malades (*V.* 7 mars, 21 mai 1799), et il abandonne ses compagnons d'armes, lorsque le moment est arrivé de vaincre ou de périr (22 août 1799). Entreprenant de dissoudre les conseils législatifs, il échouerait, si la fermeté de son frère *Lucien* ne le soutenait (*V.* 10 novembre 1799). Parvenu au pouvoir, il fait étrangler Pichegru (*V.* 6 avril 1804); il proscrit *Moreau* (*V.* 10 juin 1804); saisissant *le descendant du grand Condé*, sur une terre étrangère, il l'assassine dans la solitude des cachots et la nuit, comme assassinait Domitien, le plus sombre des tyrans (*V.* 21 mars 1804). Avec lui, la terreur reparaît en France; *au lieu d'une bastille il en érige huit* (*V.* 3 mars 1810). Violant la plus sainte garantie des accusés, il établit des *tribunaux d'exception* (*V.* 24 décembre 1800, 5 février 1801, 10 juin 1804, 18 octobre 1810, 28 août 1813). Ombrageux à l'égal de Tibère et de Louis XI, tantôt faisant parler les lois comme le premier, tantôt les faisant taire comme le second, il introduit un système d'espionnage universel qui absorbe une partie de l'activité des administrateurs; toute idée libérale est proscrite, toute voix indépendante est étouffée; le silence de la servitude plane sur cette ancienne France, habitée par une des nations les plus éclairées et les plus spirituelles; la flatterie seule s'y fait entendre et déguise, à force d'imposture, l'état de cette belle contrée. Qu'est au dehors la conduite de cet oppresseur? Un tissu de perfidies. Tous les vétérans de la patrie ont péri dans les guerres que rallume, depuis dix ans, sa frénétique ambition; la jeunesse est annuellement moissonnée ainsi que les récoltes des champs. L'éclat des victoires, obtenues par la valeur des Français qu'il a dirigés, produit et soutient un dangereux prestige: Napoléon le dissipe à force d'orgueil; et son bonheur reste son seul mérite dans ses derniers succès. D'alliés fidèles, il n'en a point; il a trompé, foulé, humilié tous ceux qui se confièrent à sa foi, à sa bénignité, à sa puissance; tous aspirent à secouer ce joug de vasselage qu'il décore du nom d'alliance.

L'ancienne France est envahie ; et le conquérant vaincu parle encore de conquêtes, de grand empire ; il ne cesse de promettre à ses soldats abusés les dépouilles de ces régions lointaines, dont les nombreuses cohortes ont déja franchi nos frontières laissées sans défense.

A la veille de voir la chûte de plusieurs puissances créées sous l'influence de la révolution de France, et par l'effet des guerres que cette révolution a déterminées ou qui en ont été les suites plus ou moins indirectes ; près de voir aussi le rétablissement de plusieurs princes qui paraissent à jamais déchus de leur rang, il peut ne pas être sans intérêt de jeter les yeux sur le tableau des anciens souverains morts en régnant ou descendus du trône depuis 1787.

CHARLES III, *roi d'Espagne*, mort de maladie (13 décembre 1788). — ACHMET IV, *empereur des Turcs*, mort de mort subite (7 avril 1789). — JOSEPH II, *empereur d'Allemagne*, mort de maladie (20 février 1790). — LÉOPOLD II, *empereur d'Allemagne*, mort de maladie (1er mars 1792). — GUSTAVE III, *roi de Suède*, assassiné (29 mars 1792). — LOUIS XVI, *roi de France*, déposé et exécuté (18 août 1792, 21 janvier 1793). — STANISLAS-AUGUSTE, *roi de Pologne*, détrôné et mort de maladie (25 novembre 1795, 11 février 1798). — VICTOR-AMÉDÉE III, *roi de Sardaigne*, mort de maladie (16 octobre 1796). — CATHERINE II, *impératrice de Russie*, morte d'apoplexie (17 novembre 1796). — FRÉDÉRIC-GUILLAUME II, *roi de Prusse*, mort de maladie (15 novembre 1797). — PIE VI, *pape*, détrôné et mort prisonnier (15 février 1798, 27 mars, 29 août 1799). — CHARLES-EMMANUEL IV, *roi de Sardaigne*, chassé de ses états de terre-ferme, abdicataire (10 novembre 1798, 4 juin 1802). — PAUL Ier, *empereur de Russie*, mort de mort violente (24 mars 1801). — FERDINAND IV, *roi de Naples*, chassé de ses états de terre-ferme (12 février 1806). — SÉLIM III, *empereur des Turcs*, déposé, mort de mort violente (29 mai 1807, 18 juillet 1808). — MARIE, *reine de Portugal*, émigrée (29 novembre 1807). — CHRISTIAN VII, *roi de Danemarck*, mort de maladie (13 mars 1808). — CHARLES IV, *roi d'Espagne*, contraint d'abdiquer et prisonnier (6 mai 1808). FERDINAND VII, *roi d'Espagne*, à titre contesté, contraint d'abdiquer et prisonnier (6 mai 1808). MUSTAPHA IV, *empereur des Turcs*, déposé et mort de mort violente (28 juillet 1808). — GUSTAVE-ADOLPHE IV, *roi de Suède*, déposé et banni (10 mai 1809). — PIE VII, *pape*, détrôné et prisonnier (5 juillet 1809).

1814.

Janvier 1er. L'empereur reçoit, à ce jour consacré par l'étiquette des cours, les hommages des grands fonctionnaires. Ses traits sont altérés, son œil est farouche. Les observations présentées par la commission du corps législatif (*V.* 28 décembre 1813) l'ont irrité. Il s'en explique. Il trouve étrange qu'on se permette d'attirer l'attention publique sur les sacrifices imposés aux Français, d'envisager les évènements dont ils souffrent; qu'on ose insinuer que cette continuité de guerres expose leurs intérêts, trouble leur repos, hasarde leur avenir; qu'on balance, enfin, leurs convenances et ses volontés. Despote courroucé, il fait de violentes excursions sur le zèle de ses représentants qui sortent du cercle étroit où, depuis douze ans, il les tient renfermés. Employant ce langage abject à-la-fois et hautain qui, de temps en temps, venait surprendre ses admirateurs même, et révéler son intime pensée, il laisse tomber ces paroles étranges : « .... Députés du corps législatif, vous n'êtes pas les représentants « du peuple; je le suis plus que vous. Quatre fois, j'ai été appelé *par « l'armée;* et quatre fois, j'ai eu les votes de cinq millions de citoyens « pour moi............ *J'ai sacrifié mes passions, mon ambition, « mon orgueil à la France*............. Dans votre adresse, vous « avez mis l'ironie la plus sanglante à côté des reproches.......... « Vous avez cherché à me barbouiller aux yeux de la France: c'est « un attentat! Vous dites que l'adversité m'a donné des conseils salu- « taires. Comment pouvez-vous me reprocher vos malheurs? Je les ai « supportés avec honneur, parce que j'ai un caractère fort et fier « .... *J'avais besoin de consolations;* je les attendais « de vous. Vous avez voulu me couvrir de boue; mais, je suis de ces « hommes qu'on tue et qu'on ne déshonore pas.................. « Qu'est-ce que le trône, au reste? Quatre morceaux de bois recouverts « d'étoffe.......... Tout dépend de celui qui s'y asseoit.......... « *La France a plus besoin de moi, que je n'ai besoin d'elle*.......... « N'êtes-vous pas contents de la constitution? Eh bien! il y a quatre « mois qu'il fallait en demander une autre.................. Vous « parlez d'abus, de vexations: je sais cela comme vous; cela dépend « des circonstances et des malheurs du temps............ Pourquoi « parler devant l'Europe de nos débats domestiques? je vous avais « indiqué un comité secret.......... Il faut laver son linge sale en « famille.......... J'ai un titre, vous n'en avez pas. Qu'êtes-vous

« dans la constitution? Rien. Vous n'avez aucune autorité. C'est le « trône qui est dans la constitution; tout est dans le trône et moi « .... Je vous le répète : vous avez parmi vous des factieux. « M. *Laîné* est un méchant homme; les autres sont des factieux et « je les poursuivrai........... M. *Raynouard* dit que le maréchal « *Masséna* a pillé la maison de campagne d'un citoyen; M. Raynouard « en a menti.......... La nature m'a doué d'un caractère fort; il « peut résister à tout.......... Je suis au-dessus de vos misérables « déclamations.............. Mes victoires écraseront vos criail- « leries.......... Dans trois mois, nous aurons la paix......... « ou les ennemis seront chassés de notre territoire.......... ou je « serai mort.......... Nous avons plus de ressources que vous ne « pensez. Les ennemis ne nous ont *jamais* vaincu; ils ne nous vain- « cront point; et ils seront chassés, plus promptement qu'ils ne sont « venus..............» — A ce ton d'inspiré, à ces prophétiques apophtegmes, à cette brusquerie et à cette incohérence de diction, ne croirait-on pas entendre un descendant de l'arabe Mahomet, ou bien un disciple de Cagliostro?

Si, comme l'a dit Buffon, le style est tout l'homme, l'ame de Napoléon est empreinte dans ses discours improvisés, dans ses fougues *ab irato*, comme dans ses proclamations et ses harangues les plus étudiées. Même, ces mots à la Titus, dont il fit quelquefois usage; mots charmants que recueillait la flatterie des serviteurs, que sanctionnait l'idolâtrie des écrivains, nous décèlent et son ardente ambition, et sa duplicité, et l'extrême irritabilité de son caractère impatient du présent, envieux de l'avenir. C'est aussi une chose singulière, que cette humeur fantasque et cynique, qui perçait accidentellement à travers le faste de la souveraineté et le prestige de la gloire. Cet homme, supérieur de tant de manières, se ravalait par boutades; il se mettait en scène, au milieu d'un cercle d'hommes très-éclairés, qu'il savait être tels, et qu'il voyait embarrassés à déguiser leur confusion. Plusieurs fois, les courtisans étonnés de ce que la bouche du héros, leur maître, proférait les plus triviales expressions, en vinrent à se demander si le palais des Tuileries touchait aux halles. Tout ce qui sort de sa plume et de sa bouche prouve que si la nature l'a doué de tous les talents, elle en a excepté celui de s'exprimer avec discrétion et sagesse. Le langage qu'il tient ici, choque même la grossière multitude. Entre les nations civilisées, la nôtre paraît la plus susceptible de s'offenser d'un manque d'égards, de s'irriter en voyant blesser certaines convenances sociales. Un haut fonctionnaire dont le langage est ignoble, perd de sa considération, même dans les dernières classes. Il n'est personne qui ne juge, en cette occasion, que la dignité publique se trouve offensée par des sorties aussi peu décentes, de la part du chef de l'état. Le Français se laisse opprimer, plutôt qu'humilier. Qu'il ne soit pas libre, à la bonne heure, pourvu qu'il soit flatté! Ce vain simulacre de représentation nationale nourrit encore et l'orgueil et l'espoir de la nation: en l'insultant, Napoléon indispose les esprits.

Capitulation et reddition de Dantzick. Le brave général *Rapp*, ayant contenu, pendant près d'une année, les efforts des armées qui l'investissent, ainsi que l'impatience de quarante mille habitants; ayant perdu, seulement par des maladies épidémiques, plus de vingt mille hommes, c'est-à-dire les deux tiers de ses forces, a conclu, le 27 novembre, une *convention d'évacuation*, suivant laquelle la place sera rendue le premier janvier, si elle n'est pas secourue; la garnison sortant avec les honneurs de la guerre, avec de l'artillerie et tous ses bagages, pour rentrer en France, et sous condition de ne point servir, d'une année, contre les alliés. Mais, voyant la faiblesse des assiégés, les Russes refusent d'exécuter la transaction et les retiennent prisonniers; le prince de Wirtemberg imitant ainsi le procédé déloyal du prince de Schwartzemberg envers la garnison de Dresde (*V.* 11 novembre 1813). Si l'on joint à ces deux violations la rupture du traité d'El-Arisch, par l'amiral Keith (*V.* 24 janvier, 20 mars 1800), on aura trois grands exemples d'infraction à la morale et à la promesse du guerrier, donnés par les Anglais, les Autrichiens, les Russes. Il est honorable pour les généraux français qui, durant vingt-deux années de guerre, firent tomber un si grand nombre de places, et capituler en rase campagne des multitudes d'ennemis, de n'avoir jamais abusé de leur supériorité et de leurs avantages, en méconnaissant le droit des gens et les règles établies chez les peuples policés. Bonaparte seul, et par une insigne exception, a faussé sa parole (*V.* 7 mars 1799); mais la nécessité lui fournit un motif spécieux, lui servit de prétexte, et les trois étrangers ne peuvent même faire valoir l'embarras de la circonstance.

2. *Prise du Fort-Louis* (Bas-Rhin), par les Russes.

3. *Occupation de Montbéliard*, par les Autrichiens; *de Colmar*, par les Bavarois.

4. *Occupation de Haguenau*, par les Russes. — *Prise du fort l'Écluse, et occupation de Saint-Claude*, par l'autrichien Bubna, de la grande armée.

6. *Décret impérial* qui rend mobiles cent vingt-un bataillons de gardes nationales, lesquels seront licenciés dès que l'étranger sera chassé du territoire de l'empire. Cette levée doit servir à couvrir Paris, Lyon, et former des réserves.

Occupation de Trèves, par le prussien York, de l'armée de Silésie.

Convention provisoire entre l'Angleterre et le roi de Naples, Joachim Murat. — Elle établit un armistice dont l'expiration sera notifiée trois mois d'avance.—Cette transaction, et celle du 11, avec l'Autriche, entraîneront le sort de l'Italie ; elles doivent compter parmi les principales causes des revers de Napoléon.

7. *Occupation de Vésoul*, par les Autrichiens.

8. *Bourse de Paris.*— Cinq pour cent, à quarante-sept francs cinquante centimes.

Occupation d'Épinal, par les Wirtembergeois.

Le prince Schwartzemberg, généralissime des alliés, porte son quartier-général à Montbéliard.

10. *Occupation de Forbach* (Moselle), par le prussien York, de l'armée de Silésie.

11. *Traité d'alliance entre l'Autriche et le roi de Naples, Joachim Murat.* — Garantie de ses états en Italie pour lui et ses héritiers. — Il agira contre la France avec trente mille hommes.

12. *Occupation de Bourg* (Ain), par les Autrichiens de la grande armée alliée. — Cette ville est livrée au pillage.

15. *Occupation de Cologne*, par les Cosaques de l'armée alliée du nord.

16. *Occupation de Nancy*, par des troupes russes de l'armée de Silésie.

Capitulation du fort de Joux (Doubs), rendu aux Autrichiens.

17. *Prise de Langres*, par les Autrichiens.

19. *Occupation de Dijon*, par les Autrichiens; *de Neufchâteau*, par les Bavarois.—Ces troupes appartiennent à la grande armée alliée.

Occupation de Rome, par le général *Lavauguyon*, aide-de-camp de *Joachim Murat*, roi de Naples.

20. *Prise de Toul*, par les Russes de l'armée de Silésie. Le mauvais état des ouvrages n'a pas permis de défendre cette place.

Occupation de Chambéry, par des troupes autrichiennes de la grande armée.

21. *Occupation de Châlons-sur-Saône*, par l'autrichien Bubna, de la grande armée alliée. — Il est maître de tout le pays entre la Saône et l'Ain.

Passage de la Meuse, à Vaucouleurs, Commercy, Saint-Mihiel, par l'armée de Silésie.

24. Départ du pape *Pie VII*, captif à Fontainebleau. Il est conduit vers l'Italie, par Orléans et Limoges.

25. L'armée de Silésie s'établit sur la Marne, à Saint-Dizier et à Joinville.

Occupation de Bar-sur-Aube, par les Autrichiens.

Départ de Napoléon pour l'armée.

Toujours persuadé qu'il rétablira ses affaires dans une seule bataille, il est resté aux Tuileries, méditant, combinant, retravaillant ses gigantesques projets. Pendant que les ennemis s'avancent, il passe des revues, il reçoit des adresses sur un trône qu'ébranlent déja l'incertitude et l'incohérence de ses mouvements. Il traite les Parisiens d'*enfants effrayés;* il plaisante avec ses courtisans; et les journalistes expliquant, comme des journalistes, les motifs d'un séjour aussi prolongé, annoncent que *l'empereur prépare dans un silence magnanime l'inévitable destruction des confédérés.* Bien plus despote que guerrier, il est plus attentif aux modifications de l'opinion, dans la capitale, qu'à l'approche des Russes et des Prussiens. Ses grandes appréhensions viennent des dispositions qu'il croit démêler dans les esprits : il n'a cédé qu'à la nécessité, en recréant la garde nationale; et il prend toutes les précautions pour que cette force armée ne puisse, en aucun cas, s'opposer à la détermination du gouvernement. Il craindrait de confier, en son absence, le commandement de Paris à un militaire d'un caractère élevé, d'une haute réputation, et capable de se déterminer de lui-même. L'empereur, après avoir régné dix ans entiers sans opposition, se tient néanmoins en garde contre le mérite de ceux de ses lieutenants qui se trouvent hors de sa vue. Il veut réunir dans ses mains les innombrables ressorts de l'administration; et cela, plus encore par jalousie de monarque, que par habitude de faire dominer son génie sur les facultés de ceux qu'il emploie. Il laisse donc à Paris son frère *Joseph*. La nullité politique et militaire, l'ame timide, l'esprit borné de cet ex-usurpateur de l'Espagne, le rassurent sur sa conduite. Également sûr de ses ministres, qui tous lui conviennent, en raison de la médiocrité de leurs talents et de leur inépuisable servilité; bien persuadé de l'entière condescendance de son sénat-conservateur, Napoléon part, en promettant d'accélérer son triomphe et son retour. — La régence est conférée à l'impératrice.

Paris, cependant, reste sans défense, et à la merci des troupes légères des alliés. Napoléon avait assemblé un comité de fortification; mais il ne lui confia que des détails d'exécution, et n'adopta aucune de ses vues de défense. Il est trop pénétré de l'immense supériorité de ses conceptions pour adopter les avis des officiers les plus exercés de l'Europe.

Quant aux plans généraux, ses premières dispositions ont décelé son embarras et son ignorance des projets, des moyens et de la marche des ennemis. Toute son attention s'est d'abord portée sur la Belgique. Car il n'a pas soupçonné qu'ils franchiraient cette chaîne abaissée qui sépare les bassins du Rhin et du Rhône; qu'ils pénétreraient par cette trouée où finissent les Vosges et le Jura; que la ligne d'opérations la plus favorable à leur offensive se trouvait sur ces points, puisqu'ils pouvaient violer impunément la neutralité de la Suisse, et porter rapidement trois cent mille hommes au cœur de la France. Il s'est flatté d'arrêter, avec les seuls débris ramenés de Leipsick, les premiers efforts de la grande armée alliée et de l'armée de Silésie.

Remettant en œuvre ses vieux stratagêmes, il croit en imposer par un vain appareil. Il multiplie les dénominations principales de ses forces, il érige *huit corps d'armée*, commandés par autant de maréchaux. Mais ces corps sont des squelettes; les cadres nombreux sont vides de conscrits, attendu qu'on n'a pu effectuer des levées dans cette partie très-considérable du territoire de l'empire déja envahie. Les maréchaux ont perdu sur leurs soldats l'ascendant de leur renommée. Les renforts, si hautement annoncés chaque jour, n'existent nulle part. Les corps des maréchaux *Victor*, *Ney*, *Marmont*, sont rejetés sur la rive gauche de la Marne moyenne, et leur retraite a été déterminée, plus encore par l'état déplorable des troupes, que par leur grande infériorité numérique. Sans solde depuis six mois, sans distributions régulières, mal vêtues, à peine secourues des habitants que fatigue et désole leur séjour prolongé, elles cèdent au découragement. Les chevaux n'ont pu être ferrés à glace, faute de fonds. Tout cela, non-seulement accuse l'imprévoyance de l'empereur, mais doit lui faire éternellement reprocher cette obstination à refuser des conditions de paix (*V.* 12 juillet, 2 décembre 1813), dans lesquelles les Français de l'ancienne France trouvaient la fin de leurs calamités; suivant lesquelles ils restaient en possession d'une partie de leurs conquêtes, ce prix de leur sang; et qui, leur offrant un avenir moins troublé, leur auraient fait supporter avec moins de regret quelques sacrifices de territoire.

La guerre continuant, sans doute il convenait de ne pas disséminer des forces très-inférieures, de l'Adriatique au Zuyderzée. Au lieu d'essayer de lier les détails d'un plan gigantesque, ne valait-il pas mieux évacuer tout-à-fait la Hollande, l'Espagne et même l'Italie, en laissant de bonnes garnisons à Mantoue, Alexandrie, Gênes, comme aussi dans Anvers? Alors, on se mettait en état de rassembler cent mille hommes entre le Jura, les Vosges et le Morvan. Si ces forces n'avaient pas d'abord arrêté l'irruption de l'ennemi, elles en eussent émoussé la violence, ralenti les progrès. Mais en abandonnant un grand nombre de départements, l'empereur divulguerait le secret de sa faiblesse; et sa vanité, blessée d'un tel aveu, préfère courir les risques d'une défaite totale à décheoir de sa puissance. Vainement la fortune déploie-t-elle en sa faveur de grands moyens de conservation, il refuse d'exister comme souverain si sa puissance n'embrasse l'occident et le midi de l'Europe.

Les trois armées d'invasion occupent une ligne qui s'étend de Langres à Namur, sur un développement de soixante-dix lieues. Leurs masses, postées sur la Meuse et sur la Marne, sont en mesure d'agir sur Paris, tandis que les corps très-considérables du prussien Bulow, en Belgique, et de l'autrichien Bubna, dans le bassin du Rhône, sont destinés à favoriser l'opération principale, par des entreprises sur les flancs. Besançon et toutes les forteresses du Rhin sont bloquées.

Les maréchaux *Marmont*, *Ney*, *Victor*, arrivent sur Châlons, où le maréchal *Macdonald* accourt à marches forcées pour les soutenir. La défense de la Belgique est confiée au général *Maison*, qui, décoré du titre pompeux de général en chef de l'armée du nord, n'a sous ses ordres que des cadres presque vides, avec les restes informes de quelques régiments.

26. *Napoléon porte son quartier-général à Châlons-sur-Marne.* L'aile droite, maréchal *Mortier*, est dans les environs de Troyes; le centre, maréchaux *Victor* et *Marmont*, autour de Vitry; l'aile gauche, maréchal *Macdonald*, auprès de Mézières; la réserve formée de la garde, maréchaux *Ney* et *Oudinot*, prend poste à Châlons et à Vitry. L'effectif de tous ces corps est évalué à soixante-dix mille hommes. Avec ces forces, l'empereur se flatte de surprendre les ennemis par la vivacité de ses manœuvres, de les battre partiellement, de les confondre, de les diviser; et, en usant à propos des ressources de la négociation, de désunir les alliés. Toutes ces dispositions décèlent (on ne peut trop s'en étonner) son ignorance des plans,

des mouvements et des forces de l'ennemi. Comment un génie de cette portée peut-il s'abuser aussi étrangement?

Les alliés, au contraire, agissent avec une froide circonspection. Forts d'une immense supériorité, qui leur promet un succès définitif, ils sont déterminés à ne pas l'exposer aux chances d'une grande bataille. Ils ont étudié leur adversaire; ils savent qu'avec un moindre nombre de troupes et dans des positions difficiles, il est parvenu à ressaisir la victoire par un mouvement rapide, à dissiper des masses très-redoutables; ils savent que la confiance qu'il place en lui-même est infinie, et ils s'attendent à lui voir mettre en usage ces marches expéditives qu'il employa dans toutes ses campagnes, tandis que son génie leur paraît peu susceptible de combiner une longue et laborieuse défensive. Ils veulent enfin le cerner, bien plus qu'ils ne cherchent à l'atteindre.

Celui qui dédaigne tout système de stratégie différent du sien, qui trouve Turenne timide, et le maréchal de Saxe un écolier, qui traite la marche rétrograde de Moreau, en 1796, de *retraite de sergent*, celui-là se gardera d'agir à leur manière. Aussi-bien, il serait trop tard. Napoléon est dans l'inévitable alternative de frapper des coups d'audace extrême, de faire des actions d'un éclat prodigieux, ou de commettre sa renommée, qui, actuellement, fait une grande partie de sa puissance. L'art du prestige, qui lui valut de si merveilleux succès dans les plus critiques conjonctures, reste, dans cette extrémité, sa ressource la plus efficace.

27. *Reprise de Saint-Dizier, par Napoléon en personne.*

29. *Combats de Brienne* (Aube). *L'empereur*, conduisant les maréchaux *Ney*, *Victor*, attaque les corps russes de Sacken et d'Alsufiew, de l'armée de Silésie, avec lesquels se trouve le général en chef Blucher. Le château, la ville et leurs abords deviennent le théâtre d'une foule de combats particuliers, livrés avec un acharnement extrême. Trois mille tués ou blessés, de chaque parti, restent sur le terrain. Les Français doivent à leur fermeté, de sortir avec honneur d'une position où Napoléon les a témérairement engagés. Blucher se replie et prend position, pour attendre des renforts de la grande armée.

Février 1er. *Bataille de la Rothière* (village à une lieue un quart sud de *Trannes*, deux lieues et demie nord de *Brienne*, dans une plaine bornée par l'Aube et son affluent *la Voire*.

Napoléon, s'abusant sur les motifs de l'immobilité de ses ennemis, a continué de les menacer. Impatient d'obtenir une victoire qui relève la confiance de l'armée et l'espoir de la nation, il a voulu se mesurer une seconde fois, au lieu de retourner en toute hâte sur Troyes, où le maréchal *Mortier* lui donnerait une augmentation considérable de troupes. — Blucher attaque dès qu'il aperçoit les renforts de la grande armée alliée. Ces renforts, amenés par l'autrichien Giulay, le bavarois Wrède, le prince de Wirtemberg et le prince Constantin de Russie, commandant les réserves, portent l'armée combinée à près de cent dix mille combattants. Napoléon n'en réunit pas quarante mille, sous les maréchaux *Ney*, *Victor*, *Oudinot*, *Marmont*, et le général *Gérard*. — Cette action étant la première bataille rangée que les alliés livrent en France, son résultat doit exercer une grande influence sur le moral des troupes et sur l'issue de la campagne.

L'engagement commence à une heure après midi, et ne cesse qu'à minuit. La perte des Français s'élève à six mille hommes, dont deux mille cinq cents prisonniers, et à plus de cinquante bouches à feu. La perte des alliés, presque aussi considérable, en tués ou blessés, affecte peu leur masse. Ce n'est qu'un dix-huitième de leur nombre, c'est un sixième des Français.—Ceux-ci battent en retraite sur Troyes. On ne les poursuit dans aucune direction. De sorte qu'il serait difficile de déterminer si l'incapacité manœuvrière du Prussien, pendant et après la bataille, est plus grande que la témérité de son adversaire qui vint le défier. Mais, quoique indécise, cette affaire achève de dissiper ce prestige d'invincibilité que la fortune attachait à la présence de Napoléon. Le découragement atteint ses officiers de toutes armes, et jusqu'aux généraux; l'esprit de désertion, introduit parmi les soldats, affaiblira, chaque jour, des corps déja considérablement réduits par les fatigues, les privations, les maladies.

Évacuation de Bruxelles.

4. *Le prince Eugène Beauharnais*, commandant l'armée franco-italienne, hors d'état de garder l'offensive avec les Autrichiens, depuis la défection de *Murat* (*V.* 6, 11 janvier), recule de l'Adige sur le Mincio.

5. Les cortès désavouent le traité de Valençay (11 décembre 1813).

Ouverture du congrès de Châtillon (Côte-d'Or), *entre les quatre grandes puissances alliées et la France.* — Il est composé des comte Stadion, baron Humboldt, comte Rasumowski, plénipotentiaires de l'Autriche, de la Prusse, de la Russie. L'Angleterre y est représentée par les lords Aberdeen, Cathcart, et le général Charles Stewart; en outre, le lord Castlereagh, ministre, est présent. Le général *Caulincourt (duc de Vicence)* est envoyé de la France. — La défaite de Napoléon (*V.* le 1er) le décide à traiter, conformément aux bases de Francfort (*V.* 1er décembre 1813).

Occupation de Châlons (Marne), par le prussien York, de l'armée de Silésie. — Cônformément aux plans déterminés par les souverains alliés, depuis la bataille du 1er, cette armée doit côtoyer la Marne et marcher sur Paris, par les deux routes qui y conduisent de Châlons, tandis que la grande armée s'avancera par l'une et l'autre rive de la Seine; la liaison des deux masses se fera par des corps détachés dans plusieurs positions intermédiaires.

7. *Occupation de Troyes*, par des corps de la grande armée alliée. — L'empereur a évacué cette ville, pour suivre l'armée de Blucher, agissant isolément sur la Marne. — A Troyes, se déclarent les premiers vœux des royalistes. Car l'évacuation de Nancy (16 janvier), celle de Dijon (19 janvier), villes où résident les principales familles de l'ancienne noblesse de la Bourgogne et de la Lorraine, n'ont amené aucune démonstration en faveur des princes Bourbons.

8. *Bataille du Mincio*, sur la rive droite de cette rivière, *à Vellegio* et *Pozzolo* (trois lieues ouest de Mantoue). L'armée de Bellegarde compte cinquante mille vieux soldats. Le prince *Eugène Beauharnais* ne dispose que de trente mille hommes, dont la moitié consiste en nouvelles levées. — L'action dure tout le jour et finit au désavantage des Autrichiens, qui ont cinq mille hommes hors de combat et deux mille prisonniers. La perte des Franco-italiens ne s'élève pas à quatre mille hommes. Malgré les démonstrations des troupes napolitaines sur la rive droite du Pô, malgré sa supériorité numérique, l'ennemi intimidé gardera la défensive. Concentrant ses forces, il restera dans l'inaction jusqu'à la fin de la guerre. Le cabinet de Vienne, fidèle à son système de temporisation, compte sur les efforts de ses alliés plus que sur les siens propres, il ménage ses troupes et prodigue les petits artifices de sa diplomatie.

9. *Reddition d'Avesnes* (Nord). Le russe Winzingerode, de l'armée alliée du nord, prend, sans coup férir, cette petite forteresse dépourvue de tous moyens de défense.

10. *Combat de Champaubert* (cinq lieues nord de Sézanne, Marne). — L'incurie et la timidité manœuvrière de Blucher, dans l'exécution du grand plan de marche sur Paris (*V.* le 5, deuxième article), offrent à *Napoléon* la facilité d'entamer son flanc gauche. Le corps russe d'Alsufiew, n'ayant que six mille hommes, est laissé isolément

vers Sézanne, pour entretenir la communication des deux armées alliées. C'est sur ce corps que l'empereur, abandonnant la rive droite de la Seine, vient se jeter par un mouvement des plus rapides. A peine quinze cents Russes parviennent à s'échapper; Alsufiew, deux autres généraux, quarante-cinq officiers, dix-huit cents soldats et vingt-une pièces sont les trophées de cette journée. La perte des Français est peu considérable.

11. *Combat de Montmirail* (Marne). — *L'empereur* atteint le russe Sacken, de l'armée de Silésie, au moment où il s'efforce d'opérer sa jonction avec le prussien Yorck. Ils abandonnent neuf cents prisonniers, vingt-cinq canons, presque tous les bagages et trois mille morts ou blessés. La perte des Français est évaluée à deux mille hommes. Les maréchaux *Ney*, *Mortier*, *Lefebvre*, les généraux *Friant*, *Nansouty*, *Ricard*, se distinguent par l'opiniâtreté de leurs attaques. La défaite de trois lieutenants de Blucher, ce jour et le précédent, prouvent sa médiocrité manœuvrière.

Proclamation du duc d'Angoulême (neveu de Louis XVI), aux Français. Elle est datée *de Saint-Jean-de-Luz* (Basses-Pyrénées), où ce prince est arrivé avec l'armée anglaise. — Cette proclamation semblerait annoncer que le ministère anglais agit en faveur de la maison de Bourbon. Mais les actes du général en chef Wellington ne permettent pas de le supposer; il prend possession au nom de son souverain de chaque parcelle de territoire, et il ne permet pas qu'on reconnaisse le jeune prince en sa qualité de lieutenant du roi son oncle (*V.* 12 mars).

11, 12. *Prise de Bray et de Nogent-sur-Seine*, par le bavarois Wrede et le russe Wittgenstein; *prise de Sens et de Pont-sur-Yonne*, par le prince royal de Wirtemberg. Ces trois chefs appartiennent à la grande armée alliée.

L'empereur, quittant les bords de la Seine, pour opérer sur ceux de la Marne (*V.* le 10), a chargé les maréchaux *Victor* et *Oudinot*, de garder la Seine, entre Nogent et Moret, tandis que les généraux *Pajol* et *Allix* défendraient l'Yonne, d'Auxerre à Montereau. Paris serait ainsi couvert sur la route de Fontainebleau. Mais ni les maréchaux, ni les généraux, n'ont des forces suffisantes, et les points qu'ils occupent sont presque aussitôt enlevés qu'attaqués.

12. *Occupation de Laon*, par le russe Winzingerode (*V.* le 9).

14. *Combat de Vauchamp* (une lieue et demie ouest de Montmirail, Marne).—Blucher sortant de ses incertitudes, reprend l'offensive pour venger l'affront et réparer les échecs de ses lieutenants

(*V.* les 10 et 11). Il s'avance avec les prussiens Kleist, Ziethen et le russe Kapzewitsch, sur le maréchal *Marmont*, laissé à Étoges, afin d'observer la route de Châlons. Mais l'empereur qui, après deux autres actions très-avantageuses aux environs de Château-Thierry et sous ses murs, le 12 et le 13, a rejeté Sacken et York à la droite de la Marne, fait soudain volte-face sur Blucher, resté si long-temps immobile à la rive gauche. A la vue des Français, le Prussien commençant à se retirer, ses lignes sont impétueusement chargées par les généraux *Grouchy*, *Doumerc*, *Bordesoult*, *Saint-Germain*, et mises en pleine déroute. Dix-huit canons, avec trois mille Prussiens, sont pris; sept mille, tant Prussiens que Russes, sont mis hors de combat. Les Français perdent à peine six cents hommes.

Napoléon fit souvent dépendre sa fortune d'un coup grandement hasardé. Ainsi, dans cinq jours, il écrase successivement les cinq corps de l'armée de Silésie, s'avançant avec confiance sur Paris, et leur fait essuyer une perte d'au moins vingt-cinq mille tués, blessés ou prisonniers. Il retrouve, en ce pressant danger, les heureuses inspirations qui distinguèrent ses premiers faits d'armes en Italie. Mais que sont-elles? Des éclairs sillonnant d'épaises ténèbres, des lueurs d'un flambeau prêt à s'éteindre; et l'ennemi que déconcertent ses rapides manœuvres, est le fuyard d'Iéna, le capitulé de Lubeck (*V.* 14, 18 octobre, 6 novembre 1806). D'ailleurs ces avantages partiels ne sauraient entraîner le sort de la campagne.

Occupation de Montereau et *de Moret* (Seine-et-Marne), par les Autrichiens.

15. *Position respective des armées.* — En vingt jours, l'empereur a battu successivement tous les corps de l'armée de Silésie, et les a jetés entre la Marne et l'Aisne. Blucher serait hors d'état de venger ses humiliations, si le corps très-nombreux du russe Winzingerode n'accourait de la Belgique pour le soutenir (*V.* 9, 12). Ce renfort de troupes fraîches compense avantageusement ses pertes. — Napoléon, se croyant à l'abri de ce côté, du moins pour quelque temps, y laisse en observation les maréchaux *Mortier, Marmont.* Il porte ses regards vers la Seine, où la grande armée des alliés a manœuvré séparément, et dont les avant-postes, dépassant Moret et Provins, menacent Melun; tandis que des partis, s'étendant au sud de Fontainebleau, répandent l'alarme jusqu'aux portes d'Orléans. Secondé par les maréchaux *Victor, Oudinot, Macdonald,* commandants des débris auxquels on laisse le nom de corps d'armée; conduisant lui-même sa vieille et sa jeune garde; renforcé par des troupes arrivant

d'Espagne, l'empereur s'avance sur le flanc de l'ennemi disséminé à la rive droite de la Seine. L'armée française, dont les succès ont ranimé l'ardeur, présente une masse de cinquante mille combattants. Les corps des maréchaux *Mortier, Marmont*, détachés au nord de la Marne, ne se comprennent pas dans ce nombre, non plus que les troupes confiées au général *Maison*, qui défend pied à pied la frontière de la Flandre.

17. *Congrès de Châtillon* (*V.* le 5, premier article). — *État des négociations.* — De part et d'autre les conférences se suivent sans bonne foi. Si Napoléon les admit, s'il les prolonge, c'est dans l'espoir que des victoires signalées ne tarderont pas d'en rompre le cours. Les cabinets alliés occupent, avec des armées tellement supérieures en nombre, une portion si considérable de l'empire, qu'ils croient toucher au but de leurs opérations. Rejetant à ce jour les bases qu'eux-mêmes proposèrent à Francfort (*V.* 1er décembre 1813), bases fondées sur ce qu'eux-mêmes appelaient *les limites naturelles* de la France; ils se refusent à lui laisser une consistance analogue au rang qu'elle doit occuper dans le système politique. Ils donnent un projet de traité. « .... —Article 2. L'empereur des « Français renonce à la totalité des acquisitions faites par la France, « depuis le commencement de 1792, et à toute influence constitution- « nelle hors de ses anciennes limites............... —Article 4. Il « reconnait aux puissances alliées le droit de déterminer, d'après les « traités convenus entre ces puissances, les limites et rapports, tant des « pays cédés par la France, que de leurs états entre eux, sans qu'elle « puisse *aucunement* y intervenir. — Article 5. Toutes les colonies « de la France lui seront restituées, à l'exception des îles de Tabago, « des Saintes, de Bourbon et de France. — Article 6. Il remettra, « dans de très-brefs délais, et sans exception, les forteresses des « pays cédés, et toutes celles encore occupées par ses troupes, en « Hollande, en Belgique, en Allemagne, en Italie. *Ces places seront « remises, dans l'état où elles se trouvent, avec leur artillerie, les « munitions, et tout ce qui n'est pas propriété particulière. L'empereur « remettra, également sans délai, aux armées alliées*, les places de « Besançon, Béfort, Huningue, *à titre de dépôt, jusqu'à la ratifi- « cation de la paix définitive.* »

Napoléon, qui provoqua tant de fois l'armement des puissances, et les punit si durement de leurs défaites, reçoit d'elles, à son tour, les plus dures conditions de paix. Il est probable que l'empereur d'Autriche, desirant l'avantage de sa fille, aurait fait adoucir ces conditions, et que la France aurait pu conserver cette partie des départements de la Sarre et du Mont-Tonnerre, indispensable à la régularité et à la défense de la frontière nord-est. Mais, en se réduisant à ce point, l'altier Napoléon se voyait profondément humilié aux yeux de l'Europe. Les Français, sortis d'un si long enchantement, dégagés de toute reconnaissance, comptant leurs blessures, lui reprochant éternellement la perte de toutes ces belles contrées, que d'autres généraux avaient conquises; les Français auraient limité son autorité; l'esprit de liberté, si fortement comprimé jusque alors, aurait repris son élasticité: les troupes, sur lesquelles il n'aurait plus versé des flots de récompenses; les troupes, dont le souffle empesté de son ambition a fané tous les lauriers, les troupes, elles-mêmes, auraient abjuré ce dévouement inconsidéré, et si funeste à tous, en prenant parti pour la nation, à laquelle ils crurent toujours obéir.

Napoléon aperçoit très-bien les inévitables conséquences de la réduction de sa puissance politique. En vain l'Autriche le pressera d'accepter l'ancien royaume de France. Qu'est la vraie France pour cet homme qui, depuis douze années, absorbé dans la contemplation de son GRAND EMPIRE, dans ses desseins de domination universelle, placé comme dans un vaste serrail, jette à peine quelques regards de préférence sur cette France qui lui valut ses premiers succès? Il ne l'aime que parce qu'elle est le meilleur instrument de ses conquêtes, qu'elle renferme la population la plus anciennement façonnée à son joug, qu'elle fut le théâtre de son exaltation, et qu'elle doit rester le plus bel apanage de sa dynastie.

Aussi-bien les avantages récemment obtenus sur l'une et l'autre armée ennemies réveillent ses orgueilleuses illusions. Il ne doute pas d'amener la plus forte de leurs masses, les pesants Autrichiens, à une bataille rangée, dans laquelle il décidera son triomphe définitif. « *C'est par trop exiger,* a-t-il dit publiquement, les alliés oublient QUE JE SUIS PLUS PRÈS DE MUNICH QU'ILS NE LE SONT DE PARIS. » On assure que c'est le soir du combat de Champaubert (le 10), qu'il dit cette autre phrase, mal rapportée dans l'ouvrage de M. de Pradt: ENFIN JE PUIS ÊTRE ENCORE UNE FOIS MAÎTRE DU MONDE. — Peu de jours avant la bataille d'Austerlitz (2 décembre 1815), l'empereur Alexandre avait fait offrir la paix à Napoléon, à condition qu'il rendrait la Belgique à l'empereur d'Autriche, l'Italie à ses anciens souverains, et laisserait la Hollande indépendante. Justement indigné, Napoléon pouvait s'écrier alors: « Allez dire à votre souverain, que,

« si la paix n'est possible qu'à ces conditions, il ne les obtiendrait « pas, quand même son armée serait campée sur les hauteurs de « Montmartre ». Devrait-il, aujourd'hui, conserver de semblables prétentions; et, battu dans toute l'Europe, refuser ces articles à la porte de Paris?

Combat près de Nangis (Seine-et-Marne). — De fortes divisions austro-russes, en marche sur Paris par les rives de la Seine, sont mises en déroute par l'empereur qui, parti le 15, de Montmirail, avec sa garde et le maréchal *Ney*, est, la veille, arrivé à Guignes par Meaux, ayant fait vingt-huit lieues en deux jours. Là, ralliant partie des troupes des maréchaux *Victor*, *Oudinot*, il réunit près de cinquante mille combattants. Le résultat de cette journée est pour l'ennemi, une perte de cinq mille hommes, d'autant de prisonniers et d'une douzaine de canons. Elle serait plus considérable, si Victor avait agi avec plus de décision. L'empereur, fort mécontent de la conduite de ce maréchal, lui retire son commandement, et le confie au général *Gérard*, dont le mérite a brillé dans cette occasion, comme il brilla dans beaucoup d'autres circonstances. Les Français ne comptent guère qu'un millier des leurs hors de combat, tandis que l'ennemi perd, avec la moitié de ses soldats, quatorze canons. — L'issue de ces combats livrés sur différents points, détermine aussitôt le généralissime des alliés à battre en retraite sur Troyes.

18. *Combat de Montereau* (Seine-et-Marne). — Il est la continuation des actions de la veille. Le prince royal de Wirtemberg, impétueusement attaqué, perd environ sept mille hommes. Les généraux *Gérard*, *Pajol*, ont la plus grande part à ce résultat. Près de trois mille Français sont mis hors de combat.

21. *Arrivée à Vesoul, de Monsieur, comte d'Artois* (frère de *Louis XVI*).

22. *Combat de Méry-sur-Seine* (sept lieues nord-nord-ouest de Troyes). — La division *Boyer* arrête, repousse le corps de Sacken, appartenant à l'armée de Silésie, et l'empêche de profiter de ce passage important, qui porterait l'ennemi sur le flanc et les derrières de Napoléon. — On peut citer sur ce combat, une anecdote qui peint le caractère du soldat français. C'était le jour du mardi-gras; nos conscrits ayant trouvé des masques dans une boutique, les prirent, et se battirent masqués. Voltaire n'a-t-il pas dit?

« . . . . Ces fous sont pleins d'honneur :
« Ainsi qu'au bal, ils courent aux batailles. »

24. *Reprise de Troyes*, après plusieurs actions particulières avec l'arrière-garde de l'armée alliée en retraite.

Décret impérial daté *de Troyes*. — Cette ville est la seule où percent des lueurs de royalisme (*V.* le 7). Aussitôt les terreurs de *Napoléon*, dont la sagacité s'était endormie sur ce danger, se manifestent dans ses dispositions contre les partisans des Bourbons: « Tout « Français au service d'une des puissances dont les troupes enva- « hissent le territoire de l'empire, et tout Français qui aura porté « les signes ou les décorations de *l'ancienne dynastie*, seront déclarés « traîtres, jugés par des commissions militaires, condamnés à mort, « et leurs biens seront confisqués. »

L'importance des anciens souvenirs n'a pu s'apprécier que fort tard. La concentration du pouvoir, en ramenant les institutions monarchiques, rappelait involontairement l'image des Bourbons. A mesure que Napoléon déployait un caractère irascible, absolu, opiniâtre, inflexible, les hommes d'un âge mûr aimaient à se retracer les abus paisibles, la facile condescendance, la bénévole pusillanimité du gouvernement des deux derniers princes; et, lorsqu'un bras de fer comprimait la plainte, les regrets germaient au fond des cœurs. La route qui devait ramener à la monarchie tempérée se frayait insensiblement. L'arbitraire du gouvernement, chaque jour plus injuste ou plus découvert, avait aliéné de lui cette partie de la nation qui est, à-la-fois, éclairée et industrieuse. La destinée voulait que le rétablissement des rois suivît le règne d'un soldat parvenu dans une république. Cette fois seulement, l'instinct des émigrés aura deviné. Ils atteindront le but de leurs vœux, quoique leurs efforts imprudents autant qu'inhabiles les en aient sans cesse écartés. Il faudra que les plus étranges évènements aient neutralisé leurs innombrables fautes, depuis qu'ils abandonnèrent Louis XVI aux Tuileries, pour aller le défendre à Coblentz.

Napoléon avait aussi, pour les personnes de l'ancienne cour, un goût de parvenu. Il les combla de faveurs, en remplit son palais. Il les tenait près de sa personne, depuis qu'il prit l'état de représentation des rois de France; croyant ajouter quelque chose à sa dignité en se faisant servir par les mêmes hommes qui servirent à Versailles. Une vanité puérile abusa la sagacité de celui dont la conduite dans les affaires paraissait tracée par le publiciste de Florence, et lui en fit négliger ce seul conseil: *Ne rendez jamais aux hommes la moitié de ce qu'ils ont perdu; car, ils s'en serviraient contre vous.* En effet, ces anciens courtisans que le nouveau monarque environnait de sa protection, ne retrouvant qu'une partie des avantages d'autrefois, recevaient sans reconnaissance des graces qui leur semblaient incomplètes.

26. *Position des armées belligérantes.* — L'empereur n'a pu, comme il l'espérait, amener à un engagement le généralissime Schwartzemberg, dont l'irrésolution s'est accrue à la suite des revers qu'il vient d'essuyer (*V.* les 17, 18, 22, 24). Dépourvu de talents d'une certaine portée, l'Autrichien n'attendra rien de la fortune ou de l'audace; il n'usera de l'avantage de son immense supériorité numérique, que pour envelopper de loin ceux qui viennent à sa rencontre. Regardant le temps comme le seul élément de succès, il se propose d'user leurs moyens, en prolongeant leur action, en les jetant dans l'incertitude sur ses mouvements. A cet effet, il s'est retiré derrière l'Aube, disposé à s'y tenir en observation, pivot immobile des opérations, tandis que ses lieutenants formant les ailes, se déploieront au nord et au midi. Alarmé des progrès obtenus sur le Rhône par le maréchal *Augereau*, dont le corps s'élève à trente mille hommes, au moyen des renforts de vieilles troupes venues d'Espagne, et de conscrits enlevés avant l'âge, autour de Lyon; le généralissime envoie contre lui vingt-cinq mille Allemands tenus en réserve. — A la droite de la Marne, Blucher, au moment d'opérer sa jonction avec les corps de Bulow et de Winzingerode détachés de l'armée du nord, ce qui portera ses forces disponibles à plus de cent mille hommes, va se trouver en mesure de reprendre l'offensive, et de marcher sur Paris, par la vallée de la Marne, en écrasant les corps des maréchaux *Mortier, Marmont*, réduits à moins de vingt mille hommes. — Les autres corps de l'armée alliée du nord, couvriront la Belgique, où le général *Maison*, avec une poignée de soldats novices, ne se soutient que par les plus habiles manœuvres, en face du corps formidable du prince de Weimar qu'appuie le *prince de Suède (Bernadotte)*, lequel, d'après les ordres transmis du grand quartier-général, s'arrête à Liége. — Comment des dispositions aussi dangereuses, parce qu'elles proviennent de l'excessive défiance des alliés, seraient-elles éludées par le chef de l'armée française? Ne pouvant forcer les Autrichiens à recevoir le combat, l'empereur a chargé les maréchaux *Macdonald, Oudinot*, de surveiller, avec environ trente-cinq mille hommes, les mouvements de Schwartzemberg, qui semble entreprendre une retraite sur Châtillon. L'empereur a détaché, sur la gauche de Blucher, les maréchaux *Victor* et *Ney*, avec environ vingt-deux mille hommes; et il tient en réserve, dans un point intermédiaire, huit mille hommes

prêts à marcher vers la Seine ou vers la Marne, selon les circonstances. — Ainsi, par cette temporisation, seule ressource d'une capacité commune, le généralissime se met à l'abri d'un grand revers. Craignant de commettre ses forces dans un engagement, il sait enlever à Napoléon la plupart des chances favorables, en l'obligeant à morceler ses troupes.

27. *Prise de la Fère*, par le prussien Bulow, de l'armée du nord. — Cette mauvaise place, laissée avec quatre cents hommes, livre à l'ennemi cent et quelques canons, et un matériel estimé à vingt millions.

Bataille d'Orthez. (Basses-Pyrénées).

Le très-circonspect Wellington, loin d'user de sa grande supériorité numérique, s'est borné, depuis le passage de la Bidassoa le 7 octobre, à deux attaques importantes (*V.* 10 novembre, 8 — 13 décembre 1813). Il a laissé le maréchal *Soult* s'établir, se retrancher devant Bayonne, et disposer sa défensive. Deux mois se sont écoulés dans des chicanes de postes, quoique l'armée anglaise ait reçu de puissants renforts, et que l'armée française se soit affaiblie de trois divisions d'infanterie, et de six régiments de cavalerie envoyés à la grande armée. Comme si la disproportion des forces ne donnait pas encore assez de chances avantageuses, le général ennemi s'appuie sur ces moyens politiques que prépare, dans les provinces voisines, la fermentation excitée par la présence du duc d'Angoulême, que le cabinet de Saint-James a tout-à-coup retiré de l'oubli où il vivait, ainsi que sa malheureuse famille (*V.* 11 février). Alors, et alors seulement, Wellington se détermine à tenter le sort des armes. Fort de soixante-dix mille hommes, il parvient, après de nombreuses tentatives (depuis le 14 jusqu'au 22), à déposter trente-huit mille Français des retranchements et des positions près de Bayonne, mais sans entamer le maréchal qui se replie sur Orthez. — Jamais frontières de France ne furent défendues avec plus de science et de fermeté que les frontières des Pyrénées occidentales : jamais des positions ou des retranchements ne furent attaqués avec plus de patience méthodique, quoiqu'avec des moyens infiniment supérieurs. Wellington ne rencontre que les obstacles que lui opposent les éléments et la force des armes ; il nage dans l'abondance de toutes choses, tandis que son adversaire doit combattre la disette de vivres, les difficultés de se pourvoir de munitions, l'esprit des habitants, les décisions du ministre Clarke, décisions dictées par l'impéritie ou par un sentiment d'animosité personnelle.

Toutes les divisions françaises réunies à Orthez le 26, une action générale s'engage le lendemain, à neuf heures, et se prolonge jusqu'à la chûte du jour. Elle est décidée en faveur du nombre. Les Français quittent leurs positions en bon ordre, ayant perdu trois mille tués, blessés, prisonniers, avec cinq canons. Le général *Foy* est grièvement blessé. — La perte de l'ennemi semble beaucoup plus considérable, même en l'établissant d'après la dépêche fort peu détaillée de son chef. — L'investissement de Bayonne, Saint-Jean-Pied-de-Port, Navarreins, devient facile aux Anglais, maîtres de toutes les grandes communications à la droite de l'Adour, depuis sa jonction avec le Gave-de-Pau.

27, 28. *Combats de Bar et de la Ferté-sur-Aube.* — Les instances du roi de Prusse, bien informé des opérations offensives de Blucher dans la vallée de la Marne, ont retiré le généralissime Schwartzemberg de l'inaction dans laquelle il retranchait sa science militaire. Cette inaction pouvait aussi masquer les incertitudes de la diplomatie autrichienne flottante entre le desir d'humilier Napoléon, et la crainte de renverser la fortune de Marie-Louise. Enfin, une attaque est résolue. — Quarante mille Austro-russes s'avancent à Bar, sur les quinze mille Français mis sous les ordres du maréchal *Oudinot*, qui se laisse surprendre, et du général *Gérard*. Ils éprouvent cependant une perte égale à celle qu'ils causent, et n'obtiennent que le champ de bataille, malgré la lenteur du maréchal dans les préparatifs de sa défensive, et l'éloignement de son artillerie. Des militaires, ayant servi sous ses ordres, assurent qu'il se sert rarement de son artillerie, afin de ne pas la compromettre. Il doit son salut à une charge rapide et vigoureuse du général *Kellermann*, et aussi aux habiles dispositions du général *Gérard*. — Vingt mille hommes, commandés par le maréchal *Macdonald*, sont attaqués, à *la Ferté*, par des forces autrichiennes et wirtembergeoises, très-supérieures en nombre. — Les deux maréchaux sont contraints à se replier à l'Aube sur la Seine.

Mars 1er. *Traité de Chaumont* (Haute-Marne). — L'Autriche, la Grande-Bretagne, la Prusse, la Russie, s'engagent, dans le cas où la France refuserait d'accepter les conditions de la paix proposée (*V.* 17 février), de consacrer tous leurs moyens à poursuivre avec vigueur la guerre contre elle, et à les employer dans un parfait concert, afin de procurer une paix générale. — Chaque puissance continentale tiendra constamment en campagne active cent cinquante mille hommes au complet. — Aucune négociation séparée n'aura lieu avec l'ennemi commun. — L'Angleterre fournit un subside annuel de cent vingt millions de francs, à répartir entre ses trois alliés. — Le présent traité d'alliance, ayant pour but de maintenir l'équilibre en Europe, et de prévenir les envahissements qui, depuis tant d'années, ont désolé le monde, sera en vigueur pendant vingt ans.

Ainsi le traité de Chaumont est offensif et défensif. Il est offensif, si Napoléon refuse les propositions offertes; défensif, dans la supposition contraire. — C'est Napoléon lui-même qui vient de resserrer les liens de la coalition, en écrivant à l'empereur d'Autriche, son beau-père, une lettre remplie de propositions captieuses, d'adroites insinuations, dans lesquelles on pénètre toute la fausseté de son desir de conclure. Cette lettre donne aux alliés des motifs pour l'accabler.

2. *Combat de Parme.* — Le général français *Grenier*, de l'armée d'Italie, défait une division d'Autrichiens réunis à des Napolitains et fait échouer leurs tentatives d'invasion dans l'Italie supérieure.

Prise de Soissons, par le prussien Bulow. — La possession de cette place, rendue prématurément par capitulation, assure la jonction des armées de Silésie et du Nord. Cette jonction permet à Blucher de défier les forces qui s'avancent.

4. *Évacuation de Troyes.* — Le maréchal *Macdonald* a pris le commandement de toutes les troupes laissées en présence de la grande armée alliée (*V.* 28, 29 février). Ces troupes formant à peine trente mille hommes, il bat en retraite, et abandonne le bassin de l'Yonne, pour établir sa ligne de défense de Nogent à Montereau.

5. *Décrets impériaux*, datés de *Fismes* (quatre lieues ouest de Reims). — *Napoléon*, résolu de sacrifier la France à l'intérêt de sa cause personnelle, proclame une guerre d'extermination et enjoint de désobéir aux autorités empressées de diminuer les ravages. « *Tous les citoyens* français sont, non-seulement autorisés à courir aux armes, « mais requis de le faire; de sonner le tocsin, aussitôt qu'ils entendront le canon de nos troupes s'approcher d'eux; de se rassembler, « de fouiller les bois, de couper les ponts, d'intercepter les routes, « et de tomber sur les flancs et sur les derrières de l'ennemi. — Tout « citoyen français, pris par l'ennemi, et qui serait mis à mort, sera « sur-le-champ vengé par la mort, en représailles, d'un prisonnier « ennemi. Tous les maires, fonctionnaires publics et habitants qui, « au lieu d'exciter l'élan patriotique du peuple, le refroidissent ou « dissuadent les citoyens d'une légitime défense, seront considérés « comme traîtres et traités comme tels. »

Voilà les ordres absolus, impitoyables, de celui qui seul réduisit la France à ne pouvoir être délivrée des étrangers, que par la dévastation du territoire, l'embrasement des habitations, une effusion générale de sang humain. Il recourt à ces affreuses mesures auxquelles le désespoir entraîna les Portugais (*V.* 15 septembre 1810, 4 mars 1811). Mais une indignation bien légitime enflammait ce peuple traîtreusement surpris au sein de sa paisible indolence. De quel secours d'ailleurs serait en France cette levée si tardive de la population? Il n'y a qu'une milice organisée à l'avance, essayée au maniement des armes, dont l'instruction est ébauchée, qui puisse, dans un péril extrême, défendre le territoire et sauver l'état. Napoléon s'est privé de cette ressource, en redoutant que l'influence des gardes nationales ne s'exerçât un jour contre son oppressive ambition. Toujours il refusa de leur donner une existence constitutionnelle. (*V.* 30 mars, deuxième article).

7. *Bataille de Craonne* (trois lieues sud-est de Laon), livrée au prussien Blucher, par Napoléon, ayant avec lui les maréchaux *Ney*, *Victor*, *Mortier*; les généraux *Belliard*, *Grouchy*, *Curial*. — Les Français sont trente mille. — La force combinée de l'armée alliée est de cent mille hommes, dont à-peu-près vingt-deux mille seulement sont engagés sous le commandement des généraux russes Woronsow et Sacken. — Cette action longue, opiniâtre et pourtant indécise, dans laquelle les Français ont toujours attaqué, leur coûte environ huit mille hommes hors de combat. Le maréchal *Victor* et le général *Grouchy* sont grièvement blessés. — La perte des Russes est moins considérable.

9. *Combat de Berg-op-Zoom*. — Cinq mille Anglais, introduits par les habitants dans cette forte place, sont chassés par la garnison, consistant seulement en deux mille huit cents Français, commandés par le général *Bizanet*. Quatre mille assaillants périssent ou restent prisonniers avec trois généraux.

9, 10. *Combats sous Laon*. — Cette place servant d'entrépôt aux armées alliées (*V.* 12 février), est inutilement attaquée par l'empereur. Les maréchaux *Ney* et *Mortier* n'obtiennent que de faibles avantages. Le maréchal *Marmont*, arrivant d'un autre côté, est surpris à la nuit, et perd deux mille cinq cents prisonniers avec quarante canons. — Le lendemain, l'empereur persiste dans le dessein d'enlever Laon de vive force; toujours repoussé, il se retire le 11 sur Soissons, évacué par l'ennemi, le 7 (*V.* le 2, deuxième article). — Blucher, inhabile à détruire en rase campagne la petite armée française, n'osant même troubler sa retraite, est néanmoins, par l'insuccès des attaques qu'elle a dirigées contre lui, rendu à la liberté de s'avancer sur Paris, avec plus de quatre-vingt-dix mille Russes et Prussiens.

10. *Évacuation de Rome et des États romains.*

12. *Entrée à Bordeaux du duc d'Angoulême.* Ce prince, fils de *Monsieur, comte d'Artois*, et neveu de *Louis XVI*, arrive avec l'avant-garde anglo-espagnole. Il est reçu aux acclamations de la population. Cette ville est la première qui se déclare pour les princes Bourbons, et qui proclame *Louis XVIII.*

13. *Ferdinand VII*, roi d'Espagne, dépossédé (*V.* 20 avril 1808), et captif au château de Valençay (*V.* le 11 mai 1808), obtient sa liberté et se met en route vers les Pyrénées (*V.* le 24, premier article).

13, 14. *Reprise de Reims* par l'empereur en personne, à la suite d'un combat très-vif avec un corps russe, qui s'était emparé de cette ville le 12. Le général russe *Saint-Priest*, émigré français, y perd la vie. L'ennemi compte quatre mille tués, blessés ou prisonniers; il abandonne dix bouches à feu et cent chariots de munitions.

19. *Rupture du congrès de Châtillon* (*V.* 5, 17 février).

Napoléon a long-temps réclamé les bases de Francfort (*V.* 1, 2 décembre 1813), comme si sa position n'avait pas changé. Il n'aspire qu'à gagner du temps, et il ne saurait se persuader que le terme fixé par les plénipotentiaires alliés, pour répondre à leur projet, soit un terme de rigueur. Sa conduite ne diffère point de celle qu'il tint à Prague (*V.* 28 juillet, 10 août 1813); il y refusa la paix, et l'Autriche lui fit la guerre.

Cependant, le négociateur Caulincourt, impérieusement pressé de donner une explication définitive, remet un contre-projet. L'empereur consent à restreindre sa domination dans l'étendue de l'ancienne France, avec la Savoie, Nice, et l'île d'Elbe, et à condition que la couronne du royaume d'Italie, dont l'Adige formera la frontière du côté de l'Autriche, sera donnée au prince Eugène Beauharnais; et aussi avec la réserve que les principautés de Lucques, de Neuchâtel et le grand-duché de Berg, retourneraient aux titulaires précédemment investis.

Les plénipotentiaires alliés rejettent ce contre-projet, en déclarant que, « d'après ses clauses, la France gardant une force territo-« riale infiniment plus grande que ne le comporte l'équilibre de l'Eu-« rope, conservant des positions offensives et des points d'attaque au « moyen desquels son gouvernement a déja effectué tant de boule-

« versements, les cessions qu'elle ferait ne seraient qu'apparentes. « Les principes avoués à la face de l'Europe par le souverain actuel « de la France, et l'expérience de plusieurs années, ont prouvé que « les états intermédiaires, sous la domination des membres de la fa- « mille régnante en France, ne sont indépendants que de nom. En « déviant de l'esprit qui a dicté les bases du projet de traité (V. 17 « février), les puissances n'eussent rien fait pour le salut de l'Eu- « rope; les efforts de tant de nations réunies pour une même cause, « seraient perdus; la faiblesse des cabinets tournerait contre eux « et contre les peuples; l'Europe et la France même deviendraient « bientôt victimes des nouveaux déchirements. L'Europe ne ferait « pas la paix; mais elle désarmerait. Les cours alliées, considérant que « le contre-projet présenté ne s'éloigne pas seulement des bases de paix « proposées par elles, mais qu'il est essentiellement opposé à leur es- « prit, et qu'ainsi il ne remplit aucune des conditions qu'elles ont « mises à la prolongation des négociations de Châtillon, elles ne peu- « vent reconnaître dans la marche suivie par le gouvernement fran- « çais, que le desir de traîner en longueur des négociations aussi « inutiles que compromettantes, déclarent qu'indissolublement « unies pour le grand but qu'elles espèrent atteindre, elles ne font « point la guerre à la France; qu'elles regardent les justes dimensions « de cet empire comme une des premières conditions d'un état d'é- « quilibre politique; mais qu'elles ne poseront pas les armes avant que « leurs principes n'aient été reconnus et admis par son gouvernement. »

Ainsi finit ce congrès, où l'on vint avec l'intention de suivre l'influence des évènements. Le sort des armes étant, à ce jour, favorable aux alliés, les alliés dictent les plus dures conditions. Napoléon a feint d'admettre certaines bases, après les combats de Brienne (V. 29 janvier, 1er février), alors qu'il voit sa capitale menacée. Bientôt ses brillants succès l'engagent à tout rejeter (V. 17 février). Aujourd'hui qu'il s'avance audacieusement sur les derrières de la grande armée alliée, et qu'il se flatte de prévenir sa jonction à l'armée de Blucher; ébloui de quelques avantages éphémères et partiels, persuadé que son génie l'emporte, et qu'il est à la veille de décider, dans une seule bataille, la grande question de l'intégrité de l'empire français avec ses limites naturelles et ses formidables appendices extérieurs, Napoléon repousse les dernières conditions. Il n'aperçoit pas que son triomphe définitif tient à ce que l'action de son gouvernement parte des Tuileries, et demeure indépendante de l'occupation de Paris par les alliés; ou, s'il l'aperçoit, il ne distingue pas tous leurs efforts pour atteindre ce but. Ayant lui-même fondé le système d'envahissement des capitales, dont la réussite met la puissance surprise dans la presque nécessité de poser les armes; il court, au loin, sur la haute Marne (*V.* l'article suivant), espérant que cette rapide et menaçante manœuvre détournera les ennemis d'un projet dans lequel il ne les suppose pas bien affermis.

20, 21. *Combats d'Arcis-sur-Aube.* — L'empereur ayant laissé les maréchaux *Mortier* et *Marmont*, avec près de vingt mille hommes, et donné l'ordre aux commandants des places de la Moselle, de la Meurthe et de la Meuse, de pousser de forts partis sur les derrières de l'ennemi, s'est mis en marche, le 17, de Reims, à la tête d'environ dix-huit mille hommes, dans le dessein de se joindre au maréchal *Macdonald*, arrivant avec trente mille hommes; il se porte sur l'Aube, contre le prince de Schwartzemberg, qui dispose de cent mille combattants effectifs.

L'empereur s'expose en soldat dans ces deux journées. Au moment du plus grand danger, la vieille garde commençant d'arriver, on la forme de suite en carré, en avant d'Arcis. L'ennemi fait le feu d'artillerie le plus vif; les projectiles sillonnent l'air. Un obus vient, en roulant, se placer au bord d'un des carrés de la garde; et, malgré toute la bravoure de ces vieilles troupes, il occasionne un flottement dans les rangs. L'empereur, qui en sent toute l'importance, pousse son cheval vers le carré; et, lui faisant flairer du plus près la mèche enflammée, il demande la cause de ce mouvement d'hésitation, et s'étonne que des soldats éprouvés fassent attention à pareille chose. Aussitôt l'obus éclate, et, ni l'empereur, ni son cheval, personne n'est atteint. — Napoléon, ou Macdonald, ont perdu quatre mille hommes; mais, graces à la timidité du généralissime allié, leur jonction s'effectue, et Napoléon, évitant le sort qui semblait réservé à sa téméraire audace, se dirige, le 23, sur Saint-Dizier et Joinville, sans être poursuivi.

En se portant ainsi à la droite de la haute Marne, l'empereur espère sans doute attirer les ennemis hors de leurs positions sur l'Aube, les faire renoncer à leur direction sur Paris, et rallier quelques renforts sortis de Metz. On ne saurait supposer qu'il ait l'idée, au risque de découvrir Paris, de manœuvrer sur leurs derrières, et d'intercepter leurs communications avec le Rhin. Ses troupes sont trop faibles, sur-tout en cavalerie, pour qu'il puisse se flatter d'y parvenir. Cependant il paraît qu'il n'entreprend ce mouvement que dans la persuasion que *Joseph*, son lieutenant, et *Clarke*, son ministre, ont su mettre Paris en état de défense, et que la population, pleine de fidélité à sa dynastie et à sa personne, voudra se défendre énergiquement (*V.* le 30).

21. *Occupation de Lyon* par les Autrichiens, à la suite d'un engagement avec le maréchal *Augereau*, qui se retire sur Valence. Ce vétéran, survivant à sa réputation, ne cesse, depuis un mois, de commettre des fautes.

24. Ferdinand VII, renvoyé en Espagne (*V.* le 13), arrive sur la Fluvia, près de Figuières. La remise de sa personne est faite par le maréchal *Suchet*, en présence des armées opposées, dont les hostilités viennent de cesser. — Ce prince, qu'une déplorable confiance fit descendre d'un trône sur lequel il était monté prématurément, par la pusillanimité de son père (*V.* 17 mars, 20 avril 1808), dont la famille était déconsidérée par la domination du plus vil des favoris, ainsi que par les scènes scandaleuses qui éclatèrent en 1808 ; ce prince, dont aucune action n'avait encore pu disposer le dévouement des Espagnols, et auquel néanmoins ils s'attachèrent comme à leur dernier espoir, reçoit de leurs mains une couronne qu'ils ont dégagée par des efforts et des sacrifices inouis. Il arrive sur cette terre toute fumante du sang des martyrs de la liberté, et ne tardera guère à la replonger dans la servitude; prouvant de nouveau que les princes élevés à l'école du droit divin, et toujours entourés des apôtres de cette doctrine, peuvent bien difficilement revenir à de saines idées de gouvernement, apprécier les avantages d'une autorité contenue par des lois fixes et par la surveillance de la nation (*V.* 4 mai).

Situation militaire et politique de la France.

Napoléon n'a plus d'alliés. *Murat* a consommé sa défection (*V.* le 2, premier article); il occupe, avec vingt-sept mille Napolitains, les états romains et la Toscane; il inquiète l'armée française; il seconde les tentatives de quinze mille Anglo-Siciliens débarqués au golfe de la Spezzia; et (chose étrange) à ses drapeaux se mêlent les drapeaux du roi Ferdinand IV, son co-titulaire et son antagoniste. L'autrichien Bellegarde, posté sur l'Adige, n'entreprend rien, quoique disposant d'une force effective de soixante-cinq mille hommes. Le cabinet de Vienne, immuable dans sa politique, ambitionne des succès sans travaux, des conquêtes sans combats, des bénéfices sans risques; et son général n'avancera que sur les positions abandonnées, reculant toujours à la plus légère offensive des Français, quoiqu'il sache que l'armée active du prince *Eugène Beauharnais* est réduite à vingt-huit mille combattants, depuis que la désertion, se propageant dans les troupes italiennes, a obligé de les reléguer dans les places. Si cette armée de vingt-huit mille Français aguerris, traversant les Alpes, se fût jointe aux troupes du maréchal *Augereau*, dans le bassin du Rhône, elle eût opéré la plus complète diversion, au moment où l'empereur, vainqueur de Blucher, reprenait de l'ascendant. Mais précisément ce triomphe éphémère de Vauchamp (*V.* 14 février) lui a fait révoquer l'ordre donné au prince Eugène d'accourir en Savoie, et l'a fait retomber dans ce système de morcellement qui a, jusqu'ici, rendu ses efforts inutiles, et qui le mène à sa perte. Il veut retenir les extrémités de l'empire, tandis qu'il en garantit très-difficilement le centre.

Augereau, renforcé par des divisions de l'armée d'Aragon, a remporté quelques avantages; mais l'arrivée de quarante mille Autrichiens les lui a enlevés, en l'obligeant même à se replier sur la rive gauche du Rhône inférieur. Le maréchal stationne à Valence, avec quinze mille hommes, donnant la main au général *Marchand*, qui tient Grenoble avec cinq mille conscrits de nouvelle levée.

L'armée active de *Suchet* se compose de quatorze mille hommes seulement. Ce maréchal, en exécution des ordres de l'empereur, ordres inhabilement surchargés par le ministre *Clarke*, a laissé dans plusieurs places de la Catalogne des garnisons dont il attendra vainement le retour, en conformité des stipulations faites avec l'approbation du roi Ferdinand réintégré, stipulations qui seront éludées ou violées par les chefs espagnols, au mépris de tout sentiment d'honneur militaire. *Suchet* n'a point reçu d'instructions pour lier sa retraite à celle du maréchal *Soult*, qui, depuis la bataille d'Orthez (*V.* 27 février), côtoie les Pyrénées, et se trouve actuellement entre Saint-Gaudens et Toulouse, avec vingt-huit mille hommes que Wellington suit pesamment, parce qu'il se défie encore de lui-même, à la tête de plus de quatre-vingt mille Anglais, Espagnols, Portugais.

L'incohérence des plans de Napoléon produit au nord les mêmes résultats. Le général *Maison* garantit la Flandre par de surprenants efforts d'habileté militaire. Avec neuf ou dix mille soldats inaguerris, il tient en échec quarante ou cinquante mille ennemis, sur une frontière dont la réputation fait, en ce moment, la principale force. L'attitude menaçante de ce général prévient ou dissipe les invasions de nos anciens départements, et plusieurs démonstrations offensives de sa part entretiennent les appréhensions de ses adversaires, et surtout du prince de Weimar, un des chefs les plus inhabiles que l'Allemagne ait produits.

Les maréchaux *Mortier*, *Marmont*, laissés sur l'Aisne avec moins de vingt mille hommes, vis-à-vis de Blucher, qui réunit au-delà de cent mille combattants effectifs, reçoivent l'ordre de se porter entre l'Aube et la Marne, où ils doivent rencontrer l'empereur, qui, depuis la réunion du maréchal *Macdonald* (*V.* 20, 21), conduit plus de quarante mille hommes, avec lesquels il se flatte toujours de paralyser la grande armée alliée, en se mettant entre elle et les Vosges. L'empereur marche sur Joinville; *Macdonald*, sur Saint-Dizier. — Les combats d'Arcis, la marche de l'empereur sur la haute Marne, et le passage de cette rivière, sont les évènements décisifs de la campagne. Poussé par une inconcevable fatalité, refusant d'ajouter foi à tous les rapports qu'on lui fait, il croit que les ennemis ne risqueront pas le passage de l'Aube, et qu'effrayés pour leurs derrières par le mouvement qu'il exécute par sa gauche, ils se décideront à marcher de suite par leur droite, pour aller prendre des positions du côté de Langres.

Fausse combinaison. Alors même les alliés se déterminent à marcher sur Paris, dont les routes sont dégagées : l'armée de Silésie, par Montmirail et la Ferté-sous-Jouarre; la grande armée, par Sézanne et Coulommiers, toutes deux devant se réunir à Meaux le 28. Le russe Winzingerode, de l'armée du nord, est détaché avec une nombreuse cavalerie et une artillerie formidable, vers Saint-Dizier, après Napoléon, pour le harceler sans relâche, et de manière à lui faire supposer que la grande armée tout entière le poursuit.

Ainsi, pour prévenir la prise de Paris, ce grand but des ennemis, but dont ils espèrent faire le terme de la campagne, Napoléon n'a guère que soixante mille hommes, divisés en deux corps principaux. Ces deux corps sont séparés par des masses gigantesques; ils se trouvent à quarante et cinquante lieues de Paris; ils arriveront difficilement assez tôt sous ses murs, si les alliés marchent avec un peu de promptitude.

Les garnisons des places fortes du nord et de l'est suffisent à peine pour les défendre d'un coup-de-main. Bordeaux est aux Anglais (*V.* le 12); Lyon, aux Autrichiens (*V.* le 21). Les conscrits réfractaires et les mécontents se multiplient dans les départements méridionaux et dans la Vendée militaire. Les moyens de recrutement ne sont plus au pouvoir du gouvernement. De graves désordres nuisent, presqu'en tous lieux, à l'action administrative. Plus de contributions, plus de finances. Les campagnes sont désolées par les réquisitions sans cesse renaissantes des différentes armées qui sillonnent une grande partie du territoire. La France n'a, et ne peut pas avoir d'élan patriotique. L'apathie des Français est entretenue par les brillantes proclamations des souverains alliés, qui s'annoncent en libérateurs.

Les royalistes ont, à Paris, des coteries très-remuantes, mêlées d'hommes, de femmes et de prêtres; ce sont autant d'arsenaux d'intrigues obscures, autant de sources des plus sinistres rumeurs, des plus séduisantes espérances, des insinuations le mieux ménagées. Là, dans leurs réunions secrètes, ces royalistes, sans armes et sans talents, se croient forts, parce que, dans leurs salons, ils ont le ton menaçant; nombreux, parce qu'ils voient toute la France en eux-mêmes. La foudre qui va briser le trône impérial ne s'échappera cependant pas de leurs débiles mains. Le trait enflammé partira d'une autre région. L'ancien prélat d'Autun, aujourd'hui *prince* laïque *de Bénévent* (*V.* 5 juin 1806, deuxième article), conduit des menées bien autrement efficaces. Éloigné, depuis plusieurs années, des conseils de Napoléon, humilié et bafoué par ce despote, après en avoir été, dans ses belles années, le génie inspirateur ou le docile élève, ce noble dignitaire, vice-grand-électeur de l'empire, sait associer à ses ressentiments personnels de vastes, de hautes, d'utiles idées politiques. S'étant mis en communication avec les cours alliées, il nourrit leur confiance, anime leur fermeté, et réchauffe leur espoir d'une subversion du gouvernement français. Autour de ce diplomate ondoyant se pressent un grand nombre de sénateurs, de fonctionnaires, de grands capitalistes, tous alarmés sur la fortune de l'état dont dépendent leurs fortunes; de fournisseurs poursuivis en restitution ou menacés; d'acquéreurs de propriétés nationales recherchés pour les décomptes : car Napoléon est parvenu à s'aliéner une foule d'intérêts particuliers, et même les plus divers. Tout ce qu'il y a d'hommes industrieux et éclairés réprouve le système qu'il s'obstine à suivre; et quand le trône n'est soutenu ni par les affections de l'élite de la nation, ni par les institutions politiques, le jour arrive où la force matérielle devient insuffisante.

Le conseil de régence, siégeant auprès de l'impératrice, est hors d'état de contreminer d'aussi mystérieuses et savantes tentatives; ce conseil est aux abois, quoique dirigé par l'ex-conventionnel *Cambacérès*, par ce membre prépondérant du comité de sûreté générale, créateur du grand tribunal révolutionnaire, inventeur de la mesure de mise hors la loi des émigrés, des prêtres et de leurs domestiques; auteur de la motion qui fit accélérer le supplice de *Louis XVI* (*V.* 19, 20 janvier, 10, 19, 25 mars 1793), et si habile explorateur de la conspiration qui avait si singulièrement jeté dans les prisons les chefs de la police impériale perfectionnée, *Savary*, *Pasquier* (*V.* 23 octobre 1812, premier article). Et même tous ces fameux révolutionnaires, l'épouvante du monde, qui réalisèrent tant de prodiges en 1794, se réuniraient en *pandæmonium* aux Tuileries, les uns évoqués de leurs tombeaux, les autres, de leurs obscures retraites, d'autres quittant leurs chaises curules, présents de la munificence de cet empereur ouvrage de leurs mains, qu'ils verraient, en 1814, toutes leurs conceptions échouer contre la force active de l'étranger et la force répulsive de la nation.

Le sort de Napoléon dépend entièrement de la défense de Paris. Onze mille hommes de garde nationale, à demi armés, forment la garnison de cette place, d'un circuit de six lieues; et ces braves citoyens ont, en outre, à garantir l'ordre menacé par la basse population dont cette capitale abonde. Quel frêle appui pour le colosse impérial!

25. *Combat de Fère-Champenoise* (quinze lieues est de Sézanne, Marne). Les maréchaux *Mortier*, *Marmont*, marchent sur Vassy et Saint-Dizier, dans le dessein d'opérer leur jonction avec l'empereur. Attaqués séparément par des masses de cavalerie appartenant à l'armée de Silésie et à la grande armée alliée, ils sont rejetés sur la route de Paris par Sézanne et Coulommiers, après avoir essuyé une perte de neuf mille hommes, dont cinq mille hors de combat, de soixante bouches à feu, de six généraux faits prisonniers. — La malheureuse issue de cette journée est en partie amenée par le manque d'unité dans le commandement, cause à laquelle il faut attribuer une multitude de revers essuyés dans cette campagne. Napoléon, dévoré de soupçons, craindrait, en confiant une autorité supérieure à l'un de ses maréchaux, et de dépendre de lui, et d'exciter le mécontentement des autres.

26. *Décret impérial* qui prescrit des mesures d'exécution pour la levée de cent soixante mille conscrits de 1815 (*V.* 9 octobre 1813), *dans les départements occupés, en totalité ou en partie, par l'ennemi.*

Combat de Saint-Dizier (Marne). — *Napoléon*, très-vivement harcelé par les dix mille chevaux du russe Winzingerode, lancés à sa poursuite (*V.* le 24), supposant toujours qu'ils forment l'avant-garde de la grande armée ennemie, engage cette cavalerie, la culbute, et l'endommage fortement. Mais le résultat même de cette victoire l'éclaire, et ne lui permet plus de se dissimuler que les alliés ne soient en pleine marche sur Paris. — Après d'assez longues incertitudes sur le parti à prendre dans ce moment décisif, il se détermine à un mouvement rétrograde, et, ne pouvant suivre la route directe qui traverse Vitry, occupé par les ennemis, il se dirige par Bar-sur-Aube et Troyes, en arrière de la forêt de Fontainebleau.

27. *Napoléon*, marchant au secours de Paris, a son quartier-général à Montiérender (cinq lieues sud de Saint-Dizier).

28. Les maréchaux *Mortier*, *Marmont*, repoussés de la route directe de Sézanne à Paris, et vivement poursuivis (*V.* le 25), se sont portés à Provins, à Nangis. Ils parviennent à Brie-Comte-Robert. — L'armée de Silésie et la grande armée des alliés (Blucher, Schwartzemberg) se dirigent, en trois colonnes, contre la capitale, par la rive droite de la Marne, qu'ils passent à Trilport, Meaux et Lagny.

29. Les maréchaux *Mortier*, *Marmont*, occupent Saint-Mandé, Vincennes, Charonne, et s'établissent devant les barrières de Paris auxquelles aboutissent ces villages. — L'empereur de Russie et le roi de Prusse portent leur quartier-général à Bondi (deux petites lieues nord). — *Napoléon* a le sien à Troyes, d'où il a cinquante lieues à faire pour arriver sous la capitale par la route détournée qu'il est contraint de suivre. Il place l'itinéraire de son armée de manière à ce qu'elle y soit rendue le 2 avril.

Bourse de Paris. — Les cinq pour cent, à 45 fr. Les actions de la banque, à 520 fr.

30. *L'empereur*, se séparant des troupes en pleine marche, qu'il amène vers Paris, et dont il laisse le commandement au maréchal *Macdonald*, se rend de sa personne à Fontainebleau. Il espère, en développant lui-même l'énergie des habitants de la capitale, créer les moyens de tenir les alliés en échec jusqu'au 2 avril, jour où l'arrivée de son armée doit rendre moins inégales les chances de l'inévitable combat. Hors d'état de se dissimuler plus long-temps que sa puissance et sa gloire vont recevoir la plus sérieuse atteinte, il a eu recours aussi à des tentatives de négociation auprès de l'empereur d'Autriche, son beau-père, actuellement à Dijon. Mais il donna, depuis les commencements de son adversité, de si nombreux exemples de mauvaise foi (*V.* 28 juillet, premier article; 10 août; 2 décembre, premier article; 28 d°; 31 d°, premier article, 1813; 17 février, premier article; 18 mars 1814), que les souverains ont résolu de ne plus traiter avec lui; et ce n'est pas au moment de frapper un coup décisif qu'ils écouteraient d'insidieuses propositions.

BATAILLE DE PARIS.

Napoléon a manifesté qu'il redoute bien plus les dispositions de ses sujets, que l'approche de ses ennemis (*V.* 24 janvier, deuxième article). Depuis long-temps, il se tenait moins en garde contre les armes étrangères que contre le réveil de la liberté nationale. Appelant idéologues, tous ceux qui raisonnaient sur les matières de politique, de haute administration, de législation générale; il aurait, de grand cœur, mis au donjon de Vincennes l'auteur de l'Esprit des Lois, ainsi qu'il envoya dans l'exil madame de Staël, dont les éloquentes productions respiraient, propageaient l'amour de l'humanité, l'enthousiasme de la liberté. Habitué à la jouissance du pouvoir, il y a concentré toutes ses facultés. La guerre est devenue une passion secondaire; elle n'est plus, depuis dix années, qu'un moyen accéléré d'étendre son despotisme et sa domination. Lorsqu'une expédition militaire ne doit que faiblement agrandir sa puissance au-dehors ou au-dedans, il ne s'y porte plus que par passe-temps, comme à la chasse, pour se tenir en haleine, pour occuper ses troupes et fomenter en Europe la terreur de son nom.

Toute réputation faite avant lui, autre part qu'à son quartier-général ou à l'ombre de son trône, l'importunait, le blessait même. Il en vint à ne prendre pour ministres que des hommes d'un esprit servile. Il les voulait d'une capacité bornée aux détails d'exécution dans lesquels il les renfermerait. Ainsi les deux portefeuilles de la guerre échurent à deux militaires dont les campagnes s'étaient faites dans les bureaux, l'un, le général *Clarke, duc de Feltre*, l'autre, le général *Lacuée, comte de Cessac*, tous les deux également routiniers, et cependant amoureux des réformes dans les très-petits accessoires; faisant suivre les volontés du maître avec un empressement d'esclaves, et sans ménagement pour les intérêts particuliers. Napoléon tenait auprès de sa personne, comme ministre de confiance, un négociateur qu'aucun succès n'avait fait connaître, *Maret, duc de Bassano*. Ce haut secrétaire de cabinet avait, pour rares mérites, la main du plus habile expéditionnaire, le talent d'arranger sur-le-champ des phrases incorrectes proférées à la hâte, et l'art, que possède sans doute le chef des muets du serrail, d'interpréter le moindre signe du sublime sultan. Le repos des nuits de Napoléon était confié au général de gendarmerie *Savary, duc de Rovigo*, devenu le visir, le grand porte-clef de l'empire, depuis que *Fouché* dit *de Nantes*, d'exécrable mémoire (*V.* 12 octobre, 1er novembre 1793), avait été mis au rebut. Le dernier ministre de la police était doué d'une surprenante médiocrité dans ce vil métier, et ne se voyait pas éclipsé par son second, le préfet de police, baron *Pasquier* (*V.* 23 octobre 1812, premier article). Napoléon, vers sa fin, montre la même défiance que *Louis XIV* vieillissant portait aux hommes dans lesquels un caractère élevé s'unissait à une haute capacité. Ainsi ce roi mit à la fois *Chamillard* aux finances et à la guerre. *Villeroi*, supplantant Catinat en Italie, perdit toutes les conquêtes. Envoyé en Flandre, il fut ignominieusement défait à *Ramillies*, comme *Joseph Bonaparte* à *Vittoria* (*V.* 21 juin 1813); et *Jérôme Bonaparte*, incapable de commander un bataillon, ne saurait même se placer à côté de *Tallard*.

Le sénat-conservateur rendait si complaisamment les sénatus-consultes organiques, qu'il n'inspirait point d'ombrage. Mais le corps législatif, tout vain qu'était ce simulacre de représentation nationale, ne laissait pas d'inquiéter le despote. Le costume de ses membres n'était pas encore tout-à-fait devenu un habit de livrée. L'ex-poète *Fontanes* ne se trouvant pas être encore assez adulateur dans sa prose (*V.* 16 août 1807, 7 février 1810, deuxième article), la présidence lui fut enlevée et conférée au grand-chambellan, du nom de *Montesquiou*, qui sut mettre dans l'exercice de cette charge toute la précision et l'obédience des étiquettes du palais.

Napoléon était doué d'une si merveilleuse sagacité, comme chef d'état, qu'il pénétrait fort bien l'influence des souvenirs de l'ancien régime. Il s'attachait à les étouffer avec une infatigable pertinacité. Il effaçait minutieusement tous les vestiges du passé, liait à sa fortune toutes les existences privées, écrasait toutes les renommées, toutes les importances individuelles, transvasait, avec dextérité, la cour de *Louis XVI* dans la cour impériale. Il avait créé une milice administrative de plusieurs centaines d'adolescents, qui, sous le nom d'*auditeurs*, étaient destinés à remplir tous les emplois civils. Parvenus à l'âge de raison, depuis qu'il était lui-même parvenu au trône, ils ne connaissaient que lui, ils lui devaient tout, ils ne cesseraient donc de lui être dévoués. Il aurait ainsi, peu à peu, rejeté des affaires publiques, tous les hommes d'un mérite éprouvé, dont la jeunesse avait vu le pâle crépuscule de l'ancienne monarchie, et la sanglante aurore de la liberté. Il avait déterminé que l'histoire ne commencerait qu'à lui. La France, alors pressée dans ses filets, devenait l'inaliénable propriété de la quatrième dynastie. Les dotations et les faveurs prodiguées aux militaires, le nombre immense de familles dont l'état, la subsistance même, dépendait du gouvernement; la censure de la librairie; les polices secrètes; l'interdiction de communications avec ces peuples qui, ne faisant point partie du *grand empire fédératif*, n'étaient point soumis au joug commun; ce bruyant concert de louanges, cet *Hosanna* sans fin, qui s'adressaient à l'héroïque Napoléon, de tous les degrés de l'administration; voilà les liens qu'il avait façonnés avec une admirable ou plutôt une épouvantable habileté, pour retenir à jamais les Français sous son sceptre.

Aujourd'hui que la fortune de la guerre a changé, qu'est-il arrivé d'un tel système? Napoléon reste seul contre l'univers; seul avec une petite troupe de braves, que le souvenir des plus beaux triomphes enchaîne à ses drapeaux. Il n'ose se confier à la nation qu'il asservit, rendre des armes à cette population qui affranchirait le territoire en 1814, comme elle l'affranchit en 1794. En vain le plus intrépide des maréchaux, *Ney*, a proposé de se jeter en partisan dans les Vosges, et d'appuyer, de diriger les soulèvements des Alsaciens, des Lorrains, que l'invasion pénètre de douleur et de confusion. Napoléon prétend ne devoir son salut qu'à lui-même, et s'effraie des concessions qu'il serait obligé de faire à ses libérateurs. Il deviendrait monarque constitutionnel, s'il devait à ses sujets la conservation de sa couronne. Incapable de se faire à l'idée de baisser la tête devant l'autorité des lois, il aimera mieux se précipiter du trône que de s'y voir soutenu par l'action libre du peuple français. Toujours il craignait de réveiller l'institution des gardes nationales, n'ignorant pas qu'elle serait un rempart formidable contre l'envahissement de l'ennemi extérieur, mais qu'elle le deviendrait aussi contre l'esprit conquérant ou la tyrannie du souverain. Il avait bien adopté le rétablissement d'une milice propre à garder les villes, pendant que toute l'armée de ligne s'élancerait, avec lui, hors de l'empire (*V.* 24 septembre 1805); mais cette milice, à laquelle il avait donné le nom de *garde nationale*, était positivement une levée en masse, une conscription étendue sur toute la population (*V.* 12 novembre 1806, deuxième article); il en avait déja fondu une partie dans l'armée de ligne (*V.* 13 mars 1812, 3 avril 1813). Il a donc sciemment repoussé la principale ressource de la France dans cette conjoncture extrême.

C'est sur-tout à Paris que ce moyen produirait de salutaires effets. Lorsqu'on y procéda à la réorganisation de la garde nationale, les habitants, n'y voyant qu'un enrôlement forcé, s'y portèrent avec répugnance, tandis que Napoléon, s'effarouchant de revoir en armes une masse de citoyens ennemis de son pouvoir absolu, prenait, sous divers prétextes, toutes les mesures pour qu'elle ne pût maîtriser le gouvernement (*V.* 25 janvier, deuxième article). De sorte qu'au 30 mars l'effectif de la garde nationale n'excède pas douze mille hommes, dont la moitié, seulement, a reçu des fusils de munition. L'armement de l'autre moitié - se compose d'armes de hasard ou de rebut, de fusils de chasse, et même de pacotille. Cependant le dépôt central d'artillerie, dont le ministre de la guerre *Clarke* a la disposition, renferme VINGT MILLE FUSILS NEUFS, qui n'en seront pas retirés.

Joseph Bonaparte, ex-usurpateur d'Espagne, s'est vu laissé à Paris, en qualité de lieutenant-général de l'empereur dans la première division militaire. Ainsi le salut de la capitale, et sans doute de l'état, reste confié à cet homme aussi dépourvu de lumières que de courage, méprisé même de ses partisans, et qui serait le plus ignoble Sosie de la royauté, si l'Europe n'avait vu son frère *Jérôme* (*V.* 8 décembre 1807).

Joseph a sous ses ordres six chefs indépendants entre eux : les maréchaux *Mortier, Marmont*, commandant les troupes qu'ils ont si péniblement ramenées sous Paris (*V.* 25, 28, 29 mars); le maréchal *Moncey*, commandant la garde nationale; les généraux *Hullin*, commandant les troupes de la première division militaire, *Ornano*, commandant les dépôts de la garde impériale, deux généraux sans réputation; et le général *Clarke*, ministre de la guerre, dont la réputation n'a jamais pu se faire. On prévoit aisément le résultat dont menacent et la nullité du chef suprême, et le défaut d'unité dans les chefs secondaires, et l'incohérence de cette organisation. Joseph se montre néanmoins très-jaloux d'ordonner, sans vouloir comme sans savoir rien résoudre. Si l'on s'étonne que Napoléon ait choisi un tel lieutenant-général, c'est qu'il n'avait trouvé personne plus incapable que son frère de porter atteinte à sa domination. Ainsi sa perte sera dérivée précisément de ces mesures, qu'il aura prises afin de l'éviter.

Les moyens matériels de défense offrent aussi peu de sécurité. L'irrésolution de ce même Joseph n'a pas permis de tirer parti, pour la protection de la capitale sur la rive droite de la Seine, des positions, des plateaux et des hauteurs qui s'y trouvent. Napoléon avait rejeté (*V.* 25 janvier, deuxième article) le projet soumis par le comité chargé de proposer un système d'ouvrages propres à fortifier l'enceinte même de Paris. Il avait craint la fermentation des esprits, et se confiait à sa fortune, à son génie. On s'est donc réduit à couvrir les barrières par de misérables tambours en bois, capables *seulement* de résister aux attaques de la cavalerie. Aucune mesure importante n'a été prise. Cependant les journaux annoncent avec emphase la construction d'un grand nombre de redoutes : et ces redoutes ne sont pas même tracées; on n'a pas fait un abattis; on n'a pas donné un coup de pioche pour faciliter les mouvements de l'artillerie. Les ressources de cette arme, affectées à la défense de Paris, consistent en vingt-cinq pièces de huit, et cinquante pièces de quatre. Cependant il y avait à Meulan (dix lieues de Paris), quatre-vingts pièces de gros calibre, transportées de Cherbourg et du Hâvre, et destinées aux fortifications de Páris. Mais à cette heure, l'empereur est mollement obéi, quand ses ordres ne sont pas éludés; on ne saurait se dissimuler que l'inexécution des mesures qu'il ordonna, ne soit une des grandes causes de ses derniers revers. Son ministre *Clarke*, devenu général sans combattre, qui lui doit sa fortune militaire, ses hautes fonctions, ses titres, ses richesses, toute son existence politique et toute la considération dont il jouit, depuis qu'en 1796, envoyé par le directoire comme surveillant à l'armée d'Italie, il révéla sa mission à Bonaparte, dont il devint l'agent de déception auprès de ce même directoire; Clarke, toujours semblable à lui-même, en jouant un double rôle, vient de se rapprocher des ennemis de Napoléon. Il recouvre d'apparences d'exactitude et de fidélité, l'inobservation de plusieurs ordres importants; négligence qu'après la catastrophe de son souverain, il présentera comme des services rendus par anticipation à une autre cause. Combien ne verra-t-on pas de fonctionnaires faire valoir de semblables exemples de dévouement pour un gouvernement qui n'existait pas encore, et dont ils ne prévoyaient pas l'apparition, afin d'obtenir des honneurs et des récompensesi qui se vanteront d'avoir préparé secrètement; par leur inertie, le désastre de l'ambitieux qui souleva l'Europe, d'avoir mal exécuté ses commandements, d'avoir fait échouer ses préparatifs, semblables à Achitophel qui trahissait, en même temps, David pour Absalon, Absalon pour David! Les Achitophel savent que, dans tous les temps, celui que la fortune élève *croit à la perfidie et absout du crime de fidélité* (Tacit. Hist. lib. 2, § 6).

Pour revenir aux Achitophel de Paris, il est certain qu'on pouvait rassembler de divers dépôts, placés à une ou deux journées de marche de la capitale, vingt mille hommes d'infanterie: ils n'y furent pas appelés. Deux mille six cents hommes d'élite sont employés à couvrir la marche de l'impératrice et de son fils, sont qui partis, la veille 29, pour Blois, à la suite d'une délibération du conseil de régence, et d'après les ordres formels de l'empereur qui redoute, avant toutes choses, que, lui vivant, on élève son fils sur le trône : arrangement qu'il n'ignore pas être au gré de plusieurs généraux et d'un certain nombre de sénateurs. *Marie-Louise* se voit accompagnée des membres du conseil, excepté de *Talleyrand* qui reste, et de *Clarke* qui part le 30 pour masquer, jusqu'au dernier moment, sa précoce défection. La retraite de l'impératrice a porté le découragement dans la garde nationale, son escorte ne se composant que d'anciens militaires dont la présence eût été très-utile en face de l'ennemi. Ce départ ne put qu'être défavorable aux intérêts de Napoléon et de son fils; sortir de la capitale, c'est abandonner le gouvernement. On assure que *Talleyrand* s'opposait à cette détermination; on a même supposé que ce dignitaire de l'empire, d'accord avec la minorité du sénat, formait le projet ou concevait l'espoir de proclamer *le jeune Napoléon* sous la régence de sa mère, et avec un conseil dont ce personnage renommé, l'homme de chaque époque et de tous les gouvernements, deviendrait sans doute le principal rouage.

Un tout autre esprit dirige les déterminations de l'ennemi. L'empereur de Russie, le roi de Prusse et le généralissime Schwartzemberg, établis, le 29 au soir, à Bondy (deux lieues est-nord-est de l'enceinte de Paris), ont résolu de mettre en défaut l'activité de Napoléon par une bataille décisive qui leur livre, sans retard, le siége de son gouvernement, qui prévienne la réunion de ses forces, décompose la plupart de ses ressources, et puisse entraîner une révolution politique; révolution que leurs renseignements, touchant les dispositions de quelques sénateurs, leur font envisager comme prête à s'opérer sans efforts, au sein d'une population fatiguée de cette multiplicité de revers amenés par le délire de l'ambition. Le plan des alliés consiste à porter les principales attaques sur les hauteurs de Montmartre et de Belleville, afin d'occuper la ligne des sommités qui dominent Paris au nord-est. — L'empereur avait donné l'ordre à son frère *Joseph* de défendre Paris jusqu'à l'extrémité, de barricader les rues, de créneler les maisons, de couper les ponts extérieurs de la Seine et ceux de la Marne, d'enlever les bateaux. Le même capitaine qui reprochait à l'archiduc Maximilien d'avoir, en 1809, essayé de défendre Vienne, place pourvue d'une enceinte bastionnée, place isolée de ses faubourgs, n'ayant pas le tiers de la circonférence de Paris, et au secours de laquelle s'avançait à marches forcées l'archiduc Charles dont l'armée n'avait été que faiblement entamée; ce même capitaine veut aujourd'hui qu'on résiste dans une ville immense et accessible de toutes parts!

Au lever du soleil, le canon apprend aux habitants et l'approche de l'ennemi, et le commencement de l'action. — La droite des Français est formée par le maréchal *Marmont*, disposant de près de treize mille hommes, dont trois mille de cavalerie. Il se déploie de Montreuil aux prés Saint-Gervais, ayant sous lui les généraux *Compans*, *Ricard*, *Bordesoult*. Il est appuyé par le maréchal *Mortier* qui s'étend jusqu'à la Chapelle, avec environ neuf mille cinq cents baïonnettes et deux mille cinq cents sabres, dont les généraux *Belliard*, *Curial*, sont les premiers chefs. Mais de ces vingt-cinq mille soldats de toutes armes, deux mille sont laissés à Saint-Maur, Charenton, Vincennes, Saint-Denis, Neuilly. C'est avec cette poignée d'hommes, avec ces débris informes de plus de cent soixante bataillons ou escadrons, échappés aux désastres de la Saxe et de Hanau, aux combats de Brienne, de Craonne, de Laon, de Fère-Champenoise, qu'il faut résister à des armées sept fois plus nombreuses; l'ennemi s'avançant avec cent quatre-vingt mille hommes. — Le maréchal *Moncey* s'est porté hors de l'enceinte, avec six mille gardes nationaux, dont l'artillerie est servie par des canonniers invalides, et par des élèves de l'école polytechnique, dignes de rivaliser avec les guerriers les mieux exercés et les plus braves.

Les Français prennent l'offensive sur les points principaux, sans compter leurs ennemis. Les villages de Pantin et de Romainville sont pris et repris plusieurs fois; le général *Compans* y déploie la plus brillante intrépidité. A onze heures, les efforts des Autrichiens et des Russes sont encore contenus. Leurs grenadiers, éprouvant partout la plus valeureuse opiniâtreté, n'obtiennent quelque faible avantage qu'au prix des plus grands sacrifices, et en couvrant de morts le terrain qu'ils ne peuvent enlever. Alors les Prussiens paraissent, entrent en ligne, et disposent leurs attaques. — L'inepte généralissime Joseph, établi en observateur, dans un pavillon fermé, sur un mamelon de Montmartre, ne conçoit leurs mouvements, qu'après que des officiers expérimentés lui en ont expliqué le but. Saisi de frayeur, il ne songe plus qu'à la conservation de sa personne. Il fuit avec toute la précipitation d'un Thersite, avant que les boulets n'arrivent à sa portée, se bornant à dire, *qu'on fasse connaître aux maréchaux Mortier et Marmont qu'il les autorise à capituler*. — Il n'y a donc, avant midi, plus de général en chef, plus de quartier-général. Les ministres, même celui de la guerre (*Clarke*), s'empressent d'imiter *Joseph*. Les troupes engagées, la garde nationale, l'immense population de Paris, tout est laissé, par eux, à la merci des évènements. Tous les courtisans du pouvoir se sont ignominieusement dérobés, n'ayant, dans cette journée, su préparer que leur évasion.

Il est quatre heures. Le maréchal *Marmont* tient encore à Belleville, qu'il défend de sa personne, avec une petite troupe d'élite. Mais sa cavalerie est culbutée; l'ennemi, maître de Charonne et de Ménilmontant, lance déja des obus contre Paris; il ne reste plus qu'à rentrer et à se défendre pied à pied dans les rues. Se voyant donc au dernier instant de résistance possible hors des murs, le maréchal parlemente. On convient d'un armistice de deux heures, sous condition que, achevant de céder les hauteurs, il se bornerait à couvrir l'enceinte de Paris, et qu'il s'entendrait avec son collègue, pour traiter d'une convention, stipulant, en principe, l'évacuation. — C'est à cette résolution soudaine du maréchal, que Paris doit, sans doute, de ne pas devenir un vaste champ de bataille et de carnage. — Le maréchal *Mortier* voit en même temps ses efforts surmontés par les colonnes ennemies qui s'emparent d'Aubervilliers, de la Villette, de la Chapelle, et enfin de Montmartre, et parviennent à la barrière de Neuilly. Il est sans instruction de la part de *Joseph*, dont il ignore la fuite précipitée, lorsqu'il reçoit l'avis de l'armistice; il y adhère, et se joint au maréchal *Marmont*, pour traiter d'une convention nécessaire, malgré une aussi longue, une aussi glorieuse résistance contre des masses trois fois plus fortes, pourvues d'une formidable artillerie, d'une cavalerie nombreuse, et soutenue par la totalité de leurs forces; tandis que, par l'effet de l'imprévoyance, de l'incurie extrême et de *Joseph* et du ministre *Clarke*, les Français ont dû, à deux heures, ralentir, faute de munitions, l'action de leur faible artillerie de campagne. L'héroïque résistance des troupes françaises leur coûte trois à quatre mille hommes. L'ennemi avoue sept à huit mille des siens restés sur le champ de bataille. Il n'a pas fait un seul prisonnier; il ne s'est pas emparé d'une seule pièce de canon.

A cinq heures et demie, il est convenu que les troupes françaises se retireront avec leur matériel, et auront la nuit entière; que les troupes alliées entreront à Paris à six heures du matin, et ne pourront recommencer les hostilités qu'après neuf heures. — Ces conventions verbales doivent être rédigées par le maréchal *Marmont*.

Le comte *Alexandre de Laborde*, *M. Tourton*, officiers supérieurs de la garde nationale, se rendent, dans la nuit, auprès du généralissime Schwartzemberg. Ils obtiennent que la garde nationale conservera, soit à l'intérieur ou aux barrières, tous les postes utiles à la tranquillité publique. — Cet arrangement amenera les résultats les plus satisfaisants. Graces à la contenance, à la sagesse, à l'infatigable activité de cette réunion de citoyens propriétaires, aucun trouble, aucun désordre remarquables n'auront lieu; et cela pendant toute la durée de l'occupation.

Dans la soirée, une proclamation du généralissime des armées alliées commence à se répandre dans Paris. Cette proclamation contraste par la modération des expressions, d'une manière bien remarquable, avec le fameux manifeste du duc de Brunswick (*V.* 25 juillet 1792). — « Habitants de Paris, les armées alliées se trouvent « devant Paris. Le but de leur marche sur la capitale est fondé sur « l'espoir d'une réconciliation durable avec elle. Depuis vingt ans, « l'Europe est inondée de sang et de larmes. Les tentatives pour « mettre un terme à tant de malheurs ont été inutiles, parce qu'il « existe, dans le pouvoir même du gouvernement qui vous opprime, « un obstacle insurmontable à la paix. Quel est le Français qui ne « soit pas convaincu de cette vérité!

« Les souverains alliés cherchent, de bonne foi, *une autorité salu-* « *taire en France,* qui puisse cimenter l'union de toutes les nations « et de tous les gouvernements. C'est à la ville de Paris qu'il appar- « tient, dans les circonstances actuelles, *d'accélérer la paix du monde.* « Son vœu est attendu avec l'intérêt que doit inspirer un si immense « résultat. Qu'elle se prononce, et, dès ce moment, l'armée qui est « devant ses murs devient le soutien de ses décisions!

« Parisiens, vous connaissez la situation de votre patrie, la con- « duite de Bordeaux, l'occupation amicale de Lyon, les maux atti- « rés sur la France, et les dispositions véritables de vos concitoyens. « Vous trouverez, dans ces exemples, le terme de la guerre étran- « gère et de la discorde civile; vous ne sauriez plus le chercher « ailleurs.

« La conservation et la tranquillité de votre ville seront l'objet des « soins et des mesures que les alliés s'offrent de prendre avec les « autorités et les notables qui jouissent le plus de l'estime publique. « Aucun logement militaire ne pesera sur la capitale.

« C'est dans ces sentiments, que l'*Europe en armes* devant vos « murs s'adresse à vous. Hâtez-vous de répondre à la confiance qu'elle « met dans votre amour pour la patrie, et dans votre sagesse. »

31. CAPITULATION DE PARIS *et ses suites.*

Elle est signée à deux heures du matin, par les colonels *Denis* et *Fabvier,* au nom des maréchaux *Mortier* et *Marmont.* — Les intérêts militaires sont réglés, comme ils l'ont été la veille au soir par la convention verbale des maréchaux; il est ajouté, que les arsenaux, ateliers, établissements et magasins militaires seront laissés dans l'état où ils se trouvaient avant qu'il fût question de la présente capitulation. Ainsi les vingt mille fusils laissés au dépôt central de la guerre, par le ministre *Clarke*, seront remis à l'ennemi. — Les intérêts civils ne sont pas réglés dans tout ce qui touche à l'administration et à la police.

Entrées des armées alliées. — A midi, l'empereur de Russie, le roi de Prusse et le généralissime font leur entrée dans Paris, à la tête d'une grande partie de leurs troupes. — La sécurité des habitants n'éprouve aucune atteinte; les barrières leur sont ouvertes; le départ des courriers de la malle a lieu à l'ordinaire.

Bourse de Paris. La proclamation des alliés (*V.* 30) étant bien connue, les prix s'élèvent: les cinq pour cent, à quarante-sept francs cinquante centimes; les actions de la banque, à cinq cent cinquante francs (*V.* le 29, deuxième article). — Le 30, la bourse a été fermée.

Déclaration de l'empereur de Russie, au nom des alliés. — « Les « armées des puissances alliées ont occupé la capitale de la France. « Les souverains alliés accueillent le vœu de la nation française. Ils « déclarent, que si les conditions de la paix devaient renfermer de « plus fortes garanties, lorsqu'il s'agissait d'enchaîner l'ambition de « *Bonaparte*, elles doivent être plus favorables, lorsque, par un re- « tour vers un gouvernement sage, la France elle-même offrira l'as- « surance de ce repos. Les souverains alliés proclament, en consé- « quence, *qu'ils ne traiteront plus avec Napoléon Bonaparte, ni avec* « *aucun de sa famille;* qu'ils respectent l'intégrité de l'ancienne « France, telle qu'elle a existé sous ses rois légitimes; qu'ils peuvent « même faire plus, parce qu'ils professent toujours le principe, que, « pour le bonheur de l'Europe, il faut que la France soit grande et « forte; qu'ils reconnaîtront et garantiront la constitution que la « nation française se donnera. *Ils invitent*, par conséquent, le *sénat* « à désigner un gouvernement provisoire qui puisse pourvoir aux « besoins de l'administration, et préparer la constitution qui con- « viendra au peuple français. Les intentions que je viens d'exprimer « me sont communes avec toutes les puissances alliées. »

Cette pièce est rédigée dans la soirée, à la suite d'un conseil dans lequel la paix avec Napoléon, la régence de l'impératrice, et le retour des Bourbons, ont été longuement agités. Elle est à l'instant imprimée, répandue dans Paris; et toutes les mesures sont immédiatement prises pour assurer les dispositions qu'elle suggère.— Les révolutions politiques, comme les batailles décisives, dépendent quelquefois d'un instant de surprise.

Avril 1er. *Proclamation du conseil départemental et municipal de Paris.* — « Habitants, vos magistrats seraient traîtres......... s'ils « comprimaient plus long-temps la voix de leur conscience. Elle leur « crie, que vous devez tous les maux qui vous accablent à un seul « homme. C'est lui qui, chaque année, par la conscription, décime « nos familles. Qui de nous n'a perdu un fils, un frère, des parents, « des amis? Pour qui tous ces braves sont-ils morts? Pour lui seul, « et non pour le pays. Pour quelle cause? Ils ont été immolés, uni- « quement immolés à la démence de laisser après lui le souvenir « du plus épouvantable oppresseur qui ait pesé sur l'espèce humaine. « .... C'est lui qui nous a fermé les mers des deux mon- « des.......... A lui, nous devons la haine de tous les peuples, « sans l'avoir méritée, puisque, comme eux, nous fûmes les mal- « heureuses victimes, bien plus que les tristes instruments de sa « rage. N'est-ce pas lui aussi qui, violant ce que les hommes ont de « plus sacré, a retenu captif le........... chef de la religion; qui « a privé de ses états, par une détestable perfidie, un roi son allié, « et livré à la dévastation la nation espagnole?........... N'est-ce « pas lui encore qui, ennemi de ses propres sujets long-temps trompés « par lui, après avoir, tout-à-l'heure (*V.* 18 mars), refusé une « paix honorable dans laquelle notre malheureux pays du moins « eût pu respirer, a fini par donner l'ordre parricide d'exposer inuti- « lement la garde nationale, pour la défense impossible de la capitale, « sur laquelle il appelait aussi toutes les vengeances de l'ennemi? « N'est-ce pas lui, enfin, qui, redoutant la vérité, a renvoyé nos lé- « gislateurs, parce qu'une fois (*V.* 28, 31 décembre 1813) ils ont « tenté de la lui dire avec autant de ménagement que de dignité? « Qu'importe qu'il n'ait sacrifié qu'un petit nombre d'hommes à « ses haines, ou bien à ses vengeances particulières, s'il a sacrifié la « France? que disons-nous la France? toute l'Europe à son ambi- « tion sans mesure? Ambition ou vengeance, la cause n'est rien. « Quelle que soit cette cause, voyez l'effet. Voyez ce vaste continent « de l'Europe, par-tout couvert des ossements confondus de Fran- « çais et de peuples qui n'avaient rien à se demander les uns aux « autres, qui ne se haïssaient pas, que les distances affranchissaient « des querelles, et qu'il n'a précipités dans la guerre que pour rem-

« plir la terre du bruit de son nom. Que nous parle-t-on de ses vic-« toires passées? Quel bien nous ont-elles fait, ces funestes victoires? « La haine des peuples ; les larmes de nos familles, le célibat forcé « de nos filles, la ruine de toutes les fortunes, le veuvage préma-« turé de nos femmes, le désespoir des pères et des mères à qui, « d'une nombreuse postérité, il ne reste plus la main d'un enfant « pour leur fermer les yeux; voilà ce que nous ont produit ses « victoires! Ce sont elles qui amènent aujourd'hui dans nos murs « .... les étrangers, dont l'heureuse protection nous com-« mande la reconnaissance, lorsqu'il nous eût été si doux de leur « offrir une alliance désintéressée.......... C'est au nom de nos « devoirs mêmes et des plus sacrés de tous, que nous abjurons « toute obéissance envers *l'usurpateur, pour retourner à nos* MAÎTRES « *légitimes.* »

Cette proclamation, qui excite les Français à secouer le joug d'un despote invétéré, énonce plusieurs motifs d'une évidence complète; mais son style déclamatoire rappelle le souvenir de nos premiers énergumènes de la révolution. Au lieu de se borner à l'exposition de la vérité assez entraînante par elle-même, on entasse des reproches dont l'exagération est manifeste, on avance de fausses allégations, que l'extrémité des circonstances ne peut même faire excuser; on s'adresse à l'opinion publique, comme à des conspirateurs de mélodrame. — Voilà le résultat d'une longue oppression! Des hommes habitués à la servitude ne sauraient emprunter le langage simple des hommes libres dont la tranquille énergie repousse l'emphase et l'hyperbole. Ces magistrats, naguères si dociles exécuteurs des ordres du maître, s'expriment comme des agas révoltés; ils ont recours aux sophismes des factieux après avoir épuisé les adulations des esclaves. Ils se sont bassement prosternés pendant douze années; ils se relèvent avec des mouvements convulsifs. Ils appellent des princes français du nom odieux de MAÎTRES, comme pour les engager dans les voies de l'arbitraire. Mais ces princes, se souvenant qu'ils sont les premiers et les plus anciens descendants des Francs, repoussent une semblable qualification.—Au reste, cette production (dont plusieurs passages sont omis ici) passe pour être l'œuvre d'un avocat; il est assez reconnu que le meilleur plaidoyer n'est exempt ni de boursouflure ni de pathétique affecté.

Message du général Caulincourt (duc de Vicence), dépêché à l'empereur Alexandre, avec des propositions que Napoléon juge susceptibles de le désarmer. — Le ministre plaide en vain non-seulement la cause de celui qui l'envoie, mais celle même de l'impératrice *Marie-Louise* et de son fils. Les souverains alliés se refusent à toute négociation, attendu que les propositions offertes ne sont pas celles que les puissances croient avoir à attendre, sur-tout *après la manifestation éclatante des sentiments de Paris et de toute la France.*

Acte du Sénat instituant un gouvernement provisoire.

Le sénat, invité par la déclaration de l'empereur de Russie (*V.* 31 mars), s'assemble dans l'après-midi. Ce corps compte, à ce jour, cent quarante membres, dont six appartiennent à la famille impériale, et vingt-sept sont étrangers à l'ancienne France. La réunion est de soixante-quatre sénateurs, dont neuf sont des pays réunis. Le président est le *prince de Bénévent (Charles-Maurice Talleyrand)*, le même personnage qui débuta sur la scène politique comme évêque d'Autun et constituant; qui, devenu *citoyen Talleyrand*, se vit solennellement rappelé en France par la convention (*V.* 4 septembre 1795); qui fut successivement ministre du directoire, ministre des consuls, ministre de l'empereur, et son grand-chambellan; *prince* laïque *de Bénévent*, vice-grand-électeur de l'empire; lequel deviendra *prince* et *duc de Talleyrand*, pair de France, le 4 juin 1814, et ministre du roi en 1814, 1815, et encore grand-chambellan. On voit que ce haut fonctionnaire se sera produit dans tous les régimes, un seul excepté, le régime révolutionnaire; ce qui ne pouvait avoir lieu, et par diverses raisons, car l'ex-prélat aimait une liberté douce, bénigne, conciliante, conforme à l'esprit de son premier état, à l'esprit des cours; il repoussait l'effrayante austérité du système républicain. Animé d'une modération évangélique, craignant de voir couler les larmes du malheureux, comment aurait-il pu voir répandre des flots de sang? D'ailleurs la secte infernale des jacobins ne s'affiliait que des hommes dont l'ame lui semblait susceptible d'un certain degré de force, ou dans lesquels on découvrait du moins quelques lueurs de fermeté, ces lueurs instantanées eussent-elles dérivé de la peur même; et aussi l'ardente multitude qui entourait les tribunes populaires exigeait des orateurs une physionomie pleine d'audace, un débit véhément, une éloquence nerveuse. Ainsi, lors même que le citoyen Talleyrand n'eût pas été un sincère ami de la liberté constitutionnelle, un véritable antagoniste de la licence démagogique (car ses utiles travaux à l'assemblée constituante le présentent sous cet honorable aspect), il était doué d'une trop grande sagacité pour se dissimuler à quel point la nature lui refusa des dehors prononcés, et l'art des longs et beaux discours. Ayant donc le secret de sa timidité, jugeant très-bien qu'il courait de grands dangers personnels, à cette époque de persécution pour les hommes honorablement célèbres; et, malgré le bruit répandu qu'il était l'auteur de l'apologie diplomatique du 10 août, et de la déchéance de *Louis XVI* (*V. Moniteur*, n° 190, an 1798), bruit susceptible de garantir sa tête, le citoyen Talleyrand s'exila volontairement. Il porta sa civique douleur dans l'autre hémisphère, et ne hasarda un pied douteux en Europe que lorsqu'il crut apercevoir que, désormais, pour se produire et réussir en France, il ne fallait plus ni la détermination ni la voix d'un tribun du peuple, et qu'il suffisait de réunir à de vagues connaissances un républicanisme mitigé et des intentions plausibles. Il fut presque aussitôt admis dans la confidence des directeurs *Rewbell* et *Barras*. Panégyriste, par don de prophétie, du général *Bonaparte* (*V.* 10 décembre 1797), il vient saluer l'aurore de son consulat, il fut l'oracle de sa diplomatie dans les négociations les plus efficaces pour l'avantage extérieur de la France; mais ayant encouru la disgrace de ce maître brutal, il sentit tous les inconvénients des gouvernements qu'il avait soutenus, prônés, servis, il revint à des sentiments d'affection pour le sang de Henri IV, et aux principes de légitimité dont il avait été nourri au séminaire. Semblable, en quelque sorte, à ces soldats vagabonds de l'armée des rois de France, qu'une dernière et loyale désertion ramenait sous leur premier drapeau.

Quoi qu'il en soit, l'influence du président s'exerce à propos sur les membres du sénat, extraordinairement réunis aujourd'hui sous la protection de l'empereur Alexandre. Aussi-bien ils ont d'eux-mêmes le dessein d'exercer, pour le salut public, les hautes prérogatives qu'on leur reconnaît. Le sénat va mériter enfin le nom de *conservateur* que lui décerna la constitution de l'an VIII, qu'il n'a pas encore justifié. Il charge un gouvernement provisoire de pourvoir aux besoins de l'administration, et de soumettre au sénat un projet de constitution qui puisse convenir au peuple français.

Les membres de ce gouvernement provisoire sont, le prince *de Bénévent*, le sénateur et général *Beurnonville*, le sénateur *de Jaucourt*, le duc *d'Alberg* (étranger à l'ancienne France), l'abbé *de Montesquiou*; *Dupont de Nemours* est secrétaire-général.

2. *Allocution d'Alexandre, empereur de Russie, à une députation du sénat.* — « Un homme, qui se disait mon allié, est arrivé dans mes « états en injuste agresseur; c'est à lui que j'ai fait la guerre, et non

« à la France. Je suis l'ami du peuple français. Ce que vous venez « de faire redouble encore ce sentiment. Il est juste, il est sage de « donner à la France des institutions fortes et libérales qui soient en « rapport avec les lumières actuelles. Mes alliés et moi, nous ne ve- « nons que pour protéger la liberté de vos décisions. — Pour preuve « de cette alliance durable que je veux contracter avec votre nation, « je lui rends tous les prisonniers français qui sont en Russie. Le « gouvernement provisoire me l'avait déja demandé; je l'accorde au « sénat, d'après la résolution qu'il a prise aujourd'hui. »

Acte du gouvernement provisoire qui confère au général Dessolles le commandement de la garde parisienne et du département de la Seine. — C'est principalement à la sagesse, à la haute capacité de ce général, et à la confiance que placent en lui les souverains et les généraux alliés, que Paris devra d'échapper à de grands désordres. Par ses soins assidus et le zèle infatigable de la garde nationale, le passage du gouvernement impérial au gouvernement royal s'effectuera sans qu'une seule goutte de sang français soit versée, sans calamités nouvelles, et presque sans secousses.

Adresse du gouvernement provisoire aux armées françaises.

« Soldats, la France vient de briser le joug sous lequel elle gémit « avec vous depuis tant d'années. Vous n'avez jamais combattu que « pour la patrie; vous ne pouvez plus combattre que contre elle sous « les drapeaux de l'homme qui vous conduit. Voyez tout ce que vous « avez souffert de la tyrannie : vous étiez, naguères, un million de « soldats; presque tous ont péri; on les a livrés au fer de l'ennemi; « sans subsistances, sans hôpitaux, ils ont été condamnés à périr de « misère et de faim. Soldats, il est temps de finir les maux de la « patrie; la paix est dans vos mains. La refuserez-vous à la France « désolée? Les ennemis mêmes vous la demandent; ils regrettent de « ravager ces belles contrées, et ne veulent s'armer que contre votre « oppresseur et le nôtre. Seriez-vous sourds à la voix de la patrie « qui vous rappelle et vous supplie? Elle vous parle par son sénat, « par sa capitale, et sur-tout par ses malheurs. Vous êtes ses plus « nobles enfants, et vous ne pouvez appartenir à celui qui l'a ravagée, « qui l'a livrée sans armes, sans défense; qui a voulu rendre votre « nom odieux à toutes les nations, et qui aurait peut-être compromis « votre gloire, si un homme, qui n'est pas même Français, pouvait « jamais affaiblir l'honneur de nos armes et la générosité de nos sol- « dats. Vous n'êtes plus les soldats de *Napoléon*; le sénat et la France « entière vous dégagent de vos serments. »

Décret du sénat conservateur qui déclare Napoléon *déchu du trône ; le droit d'hérédité aboli dans sa famille ; le peuple français et l'armée déliés envers lui du serment de fidélité.*

« Le sénat conservateur, considérant que, dans une monarchie « constitutionnelle, le monarque n'existe qu'en vertu de la consti- « tution, ou du pacte social;

« Que *Napoléon Bonaparte*, pendant quelque temps d'un gouver- « nement ferme et prudent, avait donné à la nation des sujets de « compter, pour l'avenir, sur des actes de sagesse et de justice; mais « qu'ensuite il a déchiré le pacte qui l'unissait au peuple français, « notamment en levant des impôts (*V.* 11 novembre 1813), en éta- « blissant des taxes autrement qu'en vertu de la loi, contre la teneur « expresse du serment qu'il avait prêté à son avènement au trône, « conformément à l'article 53 des constitutions du 28 floréal an XII « (18 mai 1804);

« Qu'il a commis cet attentat aux droits du peuple, lors même « qu'il venait d'ajourner sans nécessité le corps législatif, et de faire « supprimer, comme criminel, un rapport de ce corps (*V.* 31 dé- « cembre 1813), auquel il contestait son titre et son rapport à la « représentation nationale;

« Qu'il a entrepris une suite de guerres, en violation de l'article 50 « de l'acte des constitutions de l'an VIII (*V.* 24 décembre 1799), qui « veut que la déclaration de guerre soit proposée, discutée, décrétée « et promulguée, comme des lois;

« Qu'il a, inconstitutionnellement, rendu plusieurs décrets por- « tant peine de mort, nommément les deux décrets du 5 mars der- « nier (*V.* cette date), tendant à faire considérer comme nationale « une guerre qui n'avait lieu que dans l'intérêt de son ambition « démesurée;

« Qu'il a violé les lois constitutionnelles par ses décrets sur les « prisons d'état (*V.* 3 mars 1810);

« Qu'il a anéanti la responsabilité des ministres, confondu tous « les pouvoirs, et détruit l'indépendance des corps judiciaires (*V.* 28 « août 1813);

« Considérant que la liberté de la presse, établie et consacrée « comme l'un des droits de la nation, a été constamment soumise à « la censure arbitraire de sa police, et qu'en même temps il s'est « toujours servi de la presse pour remplir la France et l'Europe de « faits controuvés, de maximes fausses, de doctrines favorables au « despotisme, et d'outrages contre les gouvernements étrangers;

« Que des actes et rapports, entendus par le sénat, ont subi des « altérations dans la publication qui en a été faite;

« Considérant que, au lieu de régner dans la seule vue de l'intérêt, du bonheur, et de la gloire du peuple français, aux termes « de son serment, *Napoléon* a mis le comble aux malheurs de la « patrie, par son refus de traiter à des conditions que l'intérêt national obligeait d'accepter, et qui ne compromettaient pas l'honneur « français; par l'abus qu'il a fait de tous les moyens qu'on lui a confiés en hommes et en argent; par l'abandon des blessés sans secours, « sans pansement, sans subsistances; par différentes mesures dont « les suites étaient la ruine des villes, la dépopulation des campagnes, « la famine et les maladies contagieuses;

« Considérant que, par toutes ces causes, le gouvernement impérial établi par le sénatus-consulte du 28 floréal an XII, ou 18 mai « 1804, a cessé d'exister, et que le vœu manifeste de tous les Français appelle un ordre de choses dont le premier résultat soit le « rétablissement de la paix générale, et qui soit aussi l'époque d'une « réconciliation solennelle entre tous les états de la grande famille « européenne, le sénat déclare et décrète ce qui suit, etc. »

L'empereur avait réduit le sénat à n'être qu'une cour d'enregistrement passive; il la conservait pour établir la notoriété des actes publics d'une haute importance, ainsi que pour garder encore une ombre du gouvernement représentatif. Chaque jour il l'humiliait et l'abaissait, sans prévoir que cette assemblée, à laquelle il aurait laissé les apparences d'un pouvoir constituant, pourrait, dans des conjonctures menaçantes pour la couronne impériale, user effectivement contre la couronne elle-même de ce pouvoir, qui, se trouvant sans contre-poids au moment où celui du monarque cesserait de se montrer et d'agir, serait universellement regardé comme la seule autorité dans l'état.

Soixante-dix-sept membres du corps législatif, présents à Paris, se réunissent et adhèrent à l'acte du sénat. — Les cinquante membres de la cour de cassation expriment aussi leur adhésion.

L'acte du sénat qui délie les Français de leurs serments à Napoléon est à peine connu, et le nom de Louis XVIII frappe à peine les airs, que des adresses sans nombre applaudissent aux nouvelles dispositions. Des hommes signalés par leurs excès, aux époques les plus funestes, sont actifs à publier leur adhésion. On voit parmi eux le conventionnel *Maïlhe*, premier acteur dans la procédure de *Louis XVI* (*V.* 7 novembre 1792); on voit cet autre conventionnel *Cambacérès*, qui, jaloux d'enlever à la victime son dernier espoir, appela l'heure du supplice (*V.* 19. 20 janvier 1793); c'est bien le même *Cambacérès* qui, se constituant l'organe de la nation (*V.* 18 mai 1804), a salué du nom d'empereur celui dont il vient approuver la déchéance, après avoir rampé pendant dix années devant lui, en avoir reçu de riches dons, dépouilles enlevées à la France et aux nations abattues.

Les adresses d'adhésion parviennent de toutes parts au gouvernement provisoire. Elles se succèdent avec cette fougue toujours reproduite, depuis vingt ans, à chaque mutation d'autorités; à chaque innovation salutaire ou désastreuse; à chaque retour vers l'ordre, la justice; à chaque rechûte dans l'anarchie ou le despotisme; à chaque déplacement de principes; à chaque mesure d'un effet général; à chacune des six ou sept constitutions. Tous ces hommes, empressés d'étaler les sentiments de bien public qu'ils ont si long-temps cachés dans les replis de leurs ames, les uns par lâcheté, les autres par intérêt, d'autres aussi par une détestable insouciance, craignent aujourd'hui de ne pas arriver à temps, pour faire constater la pureté de leur dévouement au sang de Henri IV, au bonheur de la patrie. Une foule d'entre eux, que l'immense tourbillon révolutionnaire avait ensevelis, ressuscitent dans cette occasion solennelle d'épreuve pour ce jugement dernier. Ceux-là même sur lesquels nos sanglantes discordes imprimèrent des flétrissures indélébiles, viennent au grand jour montrer un front radieux. Les plus violents fauteurs de la tyrannie oligarchique, de la démence populaire, les plus vils suppôts du despotisme impérial, de tous les despotismes, accourent haletants; ils semblent manquer de termes pour exprimer leur horreur du passé. Des noms qui réveillent les plus hideux souvenirs s'inscrivent sur ces tables destinées à l'allégresse, à l'espérance, à la concorde. La lie la plus infecte bouillonne au bord du vase, comme une brillante écume. On dirait que la France ne renferme que des jacobins convertis.

4. *Arrêtés du gouvernement provisoire.* — Tous les conscrits rassemblés sont libres de retourner chez eux. — Tous ceux qui n'ont point encore été enlevés de leur domicile sont autorisés à y rester. — La même faculté est applicable aux bataillons de nouvelle levée, que chaque département a fournis, ainsi qu'à toutes les levées en masse.

Adresse du gouvernement provisoire au peuple français.

« *Français*, au sortir des discordes civiles, vous avez choisi pour « chef un homme qui paraissait sur la scène du monde avec les ca

« ractères de la grandeur. Vous avez mis en lui toutes vos espérances ; « ces espérances ont été trompées ; sur les ruines de l'anarchie, il n'a « fondé que le despotisme. Il devait au moins, par reconnaissance, « devenir Français avec vous : il ne l'a jamais été. Il n'a cessé d'en- « treprendre, sans but et sans motif, des guerres injustes, en aven- « turier qui veut être fameux. Il a, dans peu d'années, dévoré vos « richesses et votre population. Chaque famille est en deuil ; toute la « France gémit : il est sourd à vos maux. Peut-être rêve-t-il encore « à ses desseins gigantesques, même quand des revers inouis punis- « sent, avec tant d'éclat, l'orgueil et l'abus de la victoire. Il n'a su « régner, ni dans l'intérêt national, ni dans l'intérêt même de son « despotisme. Il a détruit tout ce qu'il voulait créer, et recréé tout « ce qu'il voulait détruire. Il ne croyait qu'à la force ; la force l'ac- « cable aujourd'hui : juste retour d'une ambition insensée ! Enfin, « cette tyrannie sans exemple a cessé : les puissances alliées viennent « d'entrer dans la capitale de la France. *Napoléon* nous gouvernait « comme un roi de barbares : Alexandre et ses magnanimes alliés ne « parlent que le langage de l'honneur, de la justice et de l'humanité. « Ils viennent réconcilier avec l'Europe un peuple brave et malheu- « reux. *Français*, le sénat a déclaré *Napoléon déchu du trône* ; la « patrie n'est plus avec lui ; un autre ordre de choses peut seul la « sauver. Nous avons connu les excès de la licence populaire, et « ceux du pouvoir absolu ; rétablissons la véritable monarchie, en « limitant, par de sages lois, les pouvoirs divers qui la composent. « Qu'à l'abri du trône paternel, l'agriculture épuisée refleurisse ; que « le commerce, chargé d'entraves, reprenne sa liberté ; que la jeu- « nesse ne soit plus moissonnée par les armes avant d'avoir la force « de les porter ; que l'ordre de la nature ne soit plus interrompu, « et que le vieillard puisse espérer de mourir avant ses enfants ! « *Français*, rallions-nous ; les calamités passées vont finir, et la paix « va mettre un terme aux bouleversements de l'Europe. Les augustes « alliés en ont donné leur parole. La France se reposera de ses longues « agitations ; et, mieux éclairée par la double épreuve de l'anarchie « et du despotisme, elle trouvera le bonheur dans le retour d'un « gouvernement tutélaire. »

Arrêté du gouvernement provisoire, prescrivant la suppression de tous signes et emblêmes caractéristiques du gouvernement impérial, et chargeant les autorités de ce soin, sans que le zèle des particuliers puisse s'en mêler ou les prévenir. Cet arrêté défend dans les écrits « toute expression outrageante contre le gouvernement ren-

« versé; la cause de la patrie étant trop noble pour adopter aucun des « moyens odieux dont il s'est servi ». — Cette mesure du gouvernement suspend à Paris les dévastations des monuments sur lesquels des royalistes effrénés prétendent venger l'avilissement ou la nullité dont les armées étrangères viennent de les retirer.

Avis de l'administration des postes, annonçant « que les lettres « EN IMMENSE QUANTITÉ, retenues depuis plus de trois ans, dans le « dépôt des rebuts, à Paris, vont être expédiées à leurs adresses ».

5. CONVENTION DE CHEVILLY (deux lieues sud de Paris, une lieue est de Sceaux), entre le maréchal *Marmont* et le prince Schwartzemberg, commandant en chef les troupes alliées.

Depuis le 2, des pourparlers ont lieu entre le maréchal et le prince, des négociations sont entamées entre le même maréchal et le gouvernement provisoire, auquel un noyau d'armée nationale est nécessaire pour l'accomplissement de ses desseins. Marmont envisage la situation de la France, comme l'envisagent à cette heure les maréchaux *Ney*, *Lefebvre*, *Macdonald*, *Oudinot* (*V.* l'article suivant). Marmont, convaincu que celui qui a mis la patrie sur le bord de l'abîme est hors d'état de la relever et de lui donner la paix, Marmont se rallie au gouvernement provisoire, et se détermine à conclure un arrangement particulier. — « Article 1er. Les troupes françaises « qui, par suite du décret du sénat du 2 avril, quitteront les dra- « peaux de Napoléon Bonaparte, pourront se retirer en Normandie, « avec armes, bagages et munitions, et avec les mêmes égards et « honneurs militaires que les troupes alliées se doivent réciproque- « ment. — Article 2. Si, par suite de ce mouvement, les évènements « de la guerre faisaient tomber entre les mains des puissances alliées « la personne de Napoléon Bonaparte, sa vie et sa liberté lui seront « garanties dans un espace de terrain et dans un pays circonscrit, « au choix des puissances alliées et du gouvernement français. »

Le général *Souham*, à qui Marmont a laissé le commandement de son corps, aux environs d'Essonne, assemble dans la nuit ceux des officiers-généraux auxquels la transaction a secrètement été communiquée. On décide qu'elle sera exécutée sur-le-champ, et, au jour, toutes les troupes, environ neuf à dix mille hommes, quittent leurs positions. Elle ne pénètrent l'objet de leur marche que lorsque, déjà parvenues à Versailles, leur dévouement à l'empereur, toujours aussi vif malgré ses revers, ne peut se manifester qu'en plaintes inutiles.

Les généraux *Lafayette*, *Dumouriez*, avaient essayé de soustraire la France à l'oppression (*V.* 18 août 1792, 4 avril 1793). La défection du maréchal *Marmont*, inspirée par des motifs assez semblables, obtiendra le succès qui leur fut refusé. Sans doute, il abandonne la cause de son chef; mais lorsque celui-ci a, depuis long-temps déja, séparé ses intérêts de ceux de la nation; mais après avoir intrépidement combattu jusqu'au dernier instant où la résistance est possible; mais quand il est trop évident qu'une prolongation d'hostilités, sacrifiant inutilement les précieux restes de la plus vaillante armée, ne peut qu'étendre la désolation sur la surface entière de la France. Ni les partisans de Jean de Bragance, ni Monck, ni Marlborough, ne purent alléguer une nécessité plus urgente. Marmont ne cesse d'être guerrier qu'au moment où son épée devient inutile à la défense du territoire dont les trois quarts sont envahis; il ne se considère plus que comme citoyen, dès qu'il s'agit d'épargner à la France le sort de la Pologne. Il se délie du serment prêté à son général, alors seulement que sa patrie réclame l'observation d'un serment antérieur à toute autre considération. Si l'on n'admet point les similitudes puisées dans l'histoire moderne; si l'on croit ne trouver le type de la haute morale que dans les siècles reculés, qu'on transporte la scène dans l'ancienne Grèce, et qu'on juge l'opportunité, qu'on apprécie le caractère de la détermination prise par Marmont.

4, 5, 6. *Négociations relatives à l'abdication conditionnelle. Napoléon* est à Fontainebleau, depuis le 30 mars au soir. — L'évacuation de Paris effectuée, il a disposé son armée le long de l'Essonne, appuyant la droite à Melun, étendant la gauche jusqu'à la Ferté-Aleps. Cette armée compte environ quarante-cinq mille hommes. Là sont, avec les troupes amenées par Macdonald (*V.* 30 mars, premier article), les débris des corps des maréchaux Mortier, Marmont, et les dépôts des différentes armes existants au sud de Paris.

L'empereur a deux partis à prendre : manœuvrer aux environs de la capitale, ou se retirer sur la Loire. Heureusement pour la France que, manquant de fermeté dans cette circonstance décisive, il consume en tentatives de négociations un temps qu'il aurait pu employer à porter le théâtre des opérations dans les départements du centre. Celui qui a si souvent connu le prix d'un instant perdu flotte incertain pendant trois jours, et reste à Fontainebleau.

Le message du général *Caulaincourt* a échoué (*V.* 1er avril, deuxième article). — Les maréchaux *Lefebvre*, *Ney*, *Macdonald*, *Oudinot*, qui sont près de Napoléon, cherchant à soustraire leur patrie aux horreurs de la guerre étrangère, comme à prévenir les calamités d'une guerre civile, lui proposent, le 3, de renoncer au trône, en faveur de son fils, sous la régence de l'impératrice. Le maréchal Ney se prononce très-énergiquement à ce sujet, et c'est principalement à son insistance qu'est dû le succès d'une démarche qui, après la défection du maréchal Marmont, aura le plus influé sur le sort de la France. Napoléon, ne croyant avoir de ressources que dans cette armée dont le dévouement lui paraît douteux, depuis que les maréchaux osent manifester leurs desirs d'un arrangement dont il supportera tout le poids, Napoléon signe son acte d'abdication. Il craint de continuer une lutte qui l'exposerait à ces sortes de dangers personnels, d'humiliations vulgaires, de privations d'un simple lieutenant, que son orgueil trouve au-dessous de sa dignité de monarque, de son rang de général en chef; il se refuse, entouré d'un assez grand nombre de braves qui lui restent encore, et qui s'immoleraient pour sa cause, à courir, au-delà de la Loire, les hasards de la petite guerre, telle que l'avaient faite et entretenue Henri IV, ou les chefs de la fronde; il lui faut des armées toutes faites, il n'est plus habitué qu'à frapper avec de grandes masses; il dérogerait de sa renommée, s'il se transformait en chef de partisans. D'ailleurs, toujours pénétré de l'idée de sa prédestination, il ne croit pas que son éclipse puisse être longue, et que la fortune lui refuse une occasion prochaine de ressaisir son sceptre. Car ce n'est pas l'amour de la gloire qui, depuis qu'il règne, l'a conduit sur les champs de bataille, il n'aime que le pouvoir; la guerre n'est pour lui que le moyen le plus accéléré d'étendre sa domination sur l'espèce humaine; son ame n'admet plus de sentiment généreux; l'intérêt est le seul dieu auquel il sacrifie; il rapporte à lui, à lui seul, toutes ses pensées, toutes ses actions; et certes, ce serait une profonde erreur de supposer que le desir de ménager le sang français le détermine à déposer la couronne. Sa vie entière repousse une explication aussi favorable.

Les maréchaux *Ney*, *Macdonald*, et le général *Caulaincourt*, sont chargés de faire agréer aux souverains alliés l'acte d'abdication. Ils doivent s'adjoindre le maréchal *Marmont;* mais celui-ci, abandonnant ses collègues, se rend auprès du généralissime *Schwartzemberg*, pour terminer la convention secrète déja entamée (*V.* l'article ci-dessus). Les trois autres plénipotentiaires vont à Paris; ils sont favorablement reçus de l'empereur Alexandre, qui, à cette proposition inattendue, remettant en délibération sa déclaration du 31 mars, reste long-temps incertain. Il peut tout; les alliés s'en rapportent à sa décision. Mais, *après deux jours*, considérant toutes les suites d'un pas rétrograde dans une révolution déja si avancée, dont il a si puissamment et si constamment favorisé l'essor, et apprenant la défection du corps du maréchal Marmont, ce souverain déclare qu'on n'acceptera de Napoléon qu'une abdication absolue.

Par cette résolution définitive, le retour des Bourbons est assuré, leur cause l'emporte, l'horizon s'éclaircit, et l'avenir de la France se développe moins sombre et moins incertain.

C'est à ce moment qu'on aperçoit toute la gravité de la fausse manœuvre de Napoléon, en se jetant sur les derrières de l'ennemi (*V.* 20, 24 mars, deuxième article); car, en considérant l'opiniâtre résistance des maréchaux Mortier et Marmont, devant Paris (le 30 mars), peut-on présumer le résultat de l'action, si les quarante mille hommes amenés par l'empereur y étaient arrivés à temps? En supposant les alliés battus, il leur restait, à la vérité, des masses formidables, et d'immenses moyens pour traîner la guerre en longueur sur notre territoire. Vainqueurs, ils avaient cependant à se rendre maîtres de Paris, où sans doute Napoléon se serait défendu jusqu'à la dernière extrémité. On ne saurait envisager tous les désastres dont la France était inévitablement assaillie, si celui qui, depuis tant d'années, en réglait les destins, n'eût commis l'erreur la plus défavorable à ses intérêts personnels.

5° *Bourse de Paris.* — Les cinq pour cent sont, le 29 mars, à 45 fr; le 30, *point de Bourse;* le 31, à 47 fr. 50 c.; le 1er avril, à 51 fr.; le 2, à 52 fr.; le 4, à 57 fr. 50 c.; le 5, à 63 fr. 75 c. — Les fonds se soutiennent les jours suivants.

6. *Constitution décretée par le sénat.*

L'appréhension de voir se renouer les négociations avec Napoléon, et la nécessité de raffermir dans leur adhésion ceux d'entre les partisans de la restauration qui exigent des garanties positives, entraînent le gouvernement provisoire à présenter au sénat, sans retard, le projet de constitution qu'il est chargé de rédiger (*V.* 1er avril, deuxième article.). Le projet est aussitôt décrété.

Cette constitution repose sur les mêmes bases, sur lesquelles s'élèvera la *Charte constitutionnelle* (*V.* 4 juin). Elle en diffère pourtant en deux points principaux. 1° L'article 2 porte: « Le « peuple français appelle librement au trône de France LOUIS-STA- « NISLAS-XAVIER DE FRANCE, frère du dernier roi, et après lui les

« autres membres de la famille des Bourbons, dans l'ordre ancien.
« — La présente constitution, dit l'article 29, sera soumise à l'ac-
« ceptation du peuple français, dans la forme qui sera réglée. Louis-
« Stanislas-Xavier sera proclamé roi des Francais, aussitôt qu'il aura
« juré et signé un acte portant : J'accepte la constitution, je jure de
« l'observer et de la faire observer. Ce serment sera réitéré dans
« la solennité où il recevra le serment de fidélité des Français. » —
2° L'article 5 maintient le sénat, comme chambre haute. L'article 6 fixe le nombre des sénateurs à cent cinquante au moins et deux cents au plus, attribue leur nomination au roi, et rend leur dignité inamovible et héréditaire de mâle en mâle, par ordre de primogéniture, et de plus, *fait des sénateurs actuels* le fonds de la pairie constitutionnelle, attache à leurs titres des majorats formés de *la dotation du sénat ou des sénatories, et rend ces titres et ces majorats transmissibles à leurs descendants.* Le public remarque, avec surprise, une disposition transitoire qui consacre les utiles et brillantes prérogatives de tous ces auxiliaires si zélés de Napoléon; du despote dont ils viennent eux-mêmes de prononcer la déchéance. On s'indigne de les voir s'arroger le droit de convertir en propriétés particulières, inaliénables, des majorats dont ils n'ont eu jusques ici que l'usufruit. En vain diront-ils, pour se justifier, que cette disposition leur fut inspirée par un homme qui avait le dessein de déconsidérer le corps du sénat, qu'ils n'en pénétrèrent pas le venin, et qu'ils n'avaient pu se persuader que cet homme portât malheur dans tous les temps aux amis de la liberté.

Les sénateurs paraissent avoir, dans cette déclaration si naïve, livré le secret de leur servile obéissance au guerrier ambitieux qui, pour renfermer toute l'Europe dans l'empire français, exigeait une continuelle effusion de sang français. Dans quelle circonstance, pendant un règne de dix années, ces pères du peuple, enrichis par d'immenses dotations, ou par d'autres sources détournées de la fortune publique, décorés de titres, revêtus d'honneurs, manifestèrent-ils de l'émotion, en voyant la route hasardeuse dans laquelle leur maître engageait de plus en plus cette nation trop facile, trop belliqueuse, et dont ils s'étaient chargés de *conserver* les intérêts. Ils ne semblaient pas s'apercevoir que le sang français coulait à grands flots. Un sordide intérêt les empêchait d'observer que l'indignation des peuples domptés par nos armes, ou comprimés par notre alliance, retomberait sur la France à la première conjoncture favorable; et qu'une extension illimitée de territoire était aussi contraire à la saine politique que nuisible à la civilisation, que réprouvée par la justice et l'humanité. Riches et honorés, ces magistrats approuvaient tout, semblables aux affranchis dont Tibère et Domitien avaient peuplé le sénat de Rome dégénérée. Rarement entendait-on dans les séances tenues au Luxembourg une voix qui plaidât la cause de l'humanité. Soudain l'écho eût transmis ses paroles aux Tuileries, d'où serait revenu un arrêt de proscription. Une minorité estimable, mais très-facile, ne pouvait guère faire entendre ses regrets au milieu des acclamations de la servitude. A la tête de cette minorité, l'on remarque l'indéfectible, l'inébranlable, l'incorruptible *Lanjuinais*, qui se vit plusieurs fois au moment d'être proscrit.

ACTES RENDUS SOUS LE GOUVERNEMENT IMPÉRIAL, RELATIFS A LA CONSCRIPTION ET AUX LEVÉES DE TROUPES.

Acte	Date	Année	Hommes
Loi............du	17 janvier....	1805,........	60,000 h.
Sénatus-consulte du	24 septembre.	d° ,........	80,000
D°............	4 décembre.	1806,........	80,000
D°............	7 avril.....	1807,........	80,000
D°............	21 janvier....	1808,........	80,000
D°............	10 septembre.	d° ,........	160,000
D°............	18 avril......	1809,........	30,000
D°............	d°	d° ,........	10,000
D°............	5 octobre...	d° ,........	36,000
D°............	13 décembre.	1810,........	120,000
D°............	d°	d° ,........	40,000
D°............	20 décembre..	1811,........	120,000
D°............	13 mars.....	1812,........	100,000
D°............	1er septembre.	d° ,........	137,000
D°............	11 janvier....	1813,........	250,000
D°............	3 avril.....	d° ,........	180,000
D°............	24 août.....	d° ,........	30,000
D°............	9 octobre...	d° ,........	280,000
D°............	15 novembre.	d° ,........	300,000
			2,173,000 h.

La population des départements de l'empire, portés en dernier lieu à cent trente, étant, terme moyen, du 17 janvier 1805 au 15 novembre 1813, d'environ trente-huit millions d'habitants, la France réduite à son état de 1815, aurait compté vingt-huit millions.

Ainsi les quatre-vingt-six départements français du royaume auront fourni un million six cent mille soldats : lequel nombre, divisé par neuf, nombre d'années, donne un contingent annuel de plus de cent soixante-quinze mille hommes. Proportion effrayante ! puisque c'était la fleur de la population qu'on enlevait, et que, de ces cent soixante-quinze mille jeunes Français, Français d'extraction, les neuf dixièmes périssaient sur une terre étrangère, ou ne reportaient dans leurs foyers que des corps abattus par les fatigues ou privés d'une partie d'eux-mêmes.

Si cependant quelque apologiste invétéré de ces temps de conquêtes et d'illusions s'étonnait encore de la modicité des contingents, il aurait à considérer que, dans ce total général de deux millions cent soixante-treize mille recrues, *officiellement constatées*, ne sont point compris les enrolements volontaires, ni les douaniers qui formaient d'excellents régiments-frontières, et qui servirent utilement en 1813 et 1814, ni plusieurs corps de formation accidentelle, ni spécialement *le surplus de chaque levée de conscrits, à raison des réfractaires et des déserteurs*, lesquels finissant par céder aux ennuis, aux inquiétudes de leur position, et rentrant successivement, n'opéraient pas néanmoins la libération des numéros subséquents dans les tirages, numéros qu'on avait substitués aux premiers quand les porteurs de ceux-ci n'avaient pas rejoint immédiatement les dépôts. Ainsi, trois conscrits étaient-ils demandés, les numéros 1, 2 et 3 ne se présentant point, les gendarmes prenaient 4, 5, et 6 ; mais ces derniers ne se voyaient point congédiés, lorsque les premiers, las de se cacher et de compromettre leurs parents, se rendaient au poste forcé de l'honneur. Par cet artifice digne de Tibère, quand Tibère faisait la guerre, les cadres des bataillons avaient un trop-plein qui servait à mettre sur le chantier de nouveaux bataillons ; les matériaux abondaient et les ouvriers aussi (car les officiers se faisaient d'un trait de plume). Voilà le mécanisme de cette boucherie d'hommes simplifiée, comme le mécanisme des exécutions judiciaires, depuis l'invention de la guillotine ; car il fallait des moyens expéditifs qui fournissent à cette bête dévorante sa ration complète de conscrits à chaque campagne. Aidés de toutes ces inventions, ses pourvoyeurs prenaient toujours fort au-delà. — Dans les totaux ci-dessus, on ne comprend pas non plus les levées en masse, organisées au commencement de 1814, dans plusieurs départements de la France actuelle, ni les gardes nationales de Paris et de quelques autres villes considérables (Strasbourg, Metz, Lille, etc.) qui firent cependant un service actif et tel qu'auraient pu le faire des troupes de ligne, qui défendirent des forteresses ou des redoutes comme des militaires exercés, et qui se battirent avec audace et vigueur, sous la conduite et à l'exemple des vétérans des premières guerres, glorieux de se trouver dans les rangs des citoyens, pour défendre le sol français.

Si l'on fait attention, outre cela, qu'au 17 janvier 1807, *époque de la première levée légalement autorisée depuis l'avènement de Napoléon à l'empire,* il avait trouvé les armées du directoire, il avait fait rentrer l'arriéré de la conscription de 1799 (loi du 8 mars 1800); que la loi du 18 mai 1802 lui avait alloué cent vingt mille conscrits; qu'il avait donc en 1804, malgré les pertes éprouvées dans la campagne de 1800, une armée formidable qu'il employait, depuis le traité d'Amiens (25 mars 1802), à envahir ou à retenir le Piémont, les duchés de Parme, la Hollande; à troubler la Suisse (*V.* 11 septembre, 9, 21 octobre 1802); à intimider les petits princes allemands, voisins du Rhin; à s'emparer du Hanovre (*V.* 3 juin 1803), à garnir les côtes de la Manche, et à parader pompeusement sur les dunes de Boulogne; alors on conviendra que le nombre de soldats dont disposa Napoléon, depuis le 18 mai 1804, jour où le nom d'empereur lui fut donné par *Cambacérès*, prince archi-chancelier, président du sénat, jusqu'au 2 avril 1814, jour où *Maurice Talleyrand*, prince vice-grand-électeur, président de ce même sénat, retire ce nom d'empereur à Napoléon; on conviendra que, dans cette période de dix années, le nombre de soldats dont disposa Napoléon peut se porter sans exagération, à trois millions trois cent mille, ou deux cents millions quatre cent mille pour les quatre-vingt-six départements actuels; nombre qui, réparti sur cet espace de temps (dix années), fait deux cent quarante mille par an. — Ne se récrierait-on pas en 1819, si le gouvernement royal appelait chaque année, sous les armes (ostensiblement ou par de machiavéliques collusions) deux cent quarante mille jeunes Français, desquels plus de la moitié serait destinée à la mort?

Arrêté du gouvernement provisoire. — « La garde nationale prendra « la cocarde blanche, qui *redevient*, dès ce moment, la cocarde *na-« tionale* et le signe de ralliement des Français. »

Cette disposition, dont, aux yeux de la multitude, l'effet doit être décisif, s'exécute à Paris, sans amener de fâcheux accidents. La sagesse du général *Dessoles* (*V.* 2 avril, quatrième article) a tempéré la fougue de quelques royalistes bruyants, d'autant plus empressés à faire dominer la couleur des lis, que leurs cris dans les carrefours, leurs promenades tumultueuses dans les rues, sont tout ce qu'ils possèdent de moyens pour accélérer la consommation du grand changement qui s'opère. La promptitude de tous les citoyens à se décorer de la cocarde blanche, excite l'étonnement des étrangers dont Paris est rempli. Ils ne conçoivent pas cette transmutation subite de signes extérieurs, parce qu'ils ne savent pas à quel point les Français sont blasés sur les révolutions, et avec quelle souplesse ils ont, depuis vingt-cinq ans, transporté leurs hommages au parti victorieux. Il est pénible de le dire : c'est à cette tradition d'obéissance passive aux hommes qui se sont rendus maîtres du siége du gouvernement, qui se sont faits puissance législative, bien plus qu'à la considération des dangers ou des besoins de la France; bien plus qu'au desir de la délivrer du double joug de Napoléon et de l'étranger; bien plus encore qu'à des principes de croyance politique, que le très-grand nombre défère en arborant les signes de la royauté. Au 30 mars, pas une compagnie de la garde nationale n'aurait émis le vœu de rappeler les descendants de Henri IV. Le lendemain, pendant l'entrée à Paris des troupes alliées, lorsque des femmes agitaient des mouchoirs blancs aux fenêtres, et que des groupes de jeunes gens parés de cocardes blanches, parcouraient les rues, la masse de la population, surprise de ces mouvements auxquels elle n'était pas préparée, semblait animée de sentiments opposés. Lorsque, le 2 avril, les chefs des douze légions parisiennes furent consultés sur l'opportunité de leur faire prendre la cocarde blanche, il fut bien avéré qu'elles n'y étaient pas disposées. Aujourd'hui, toutes les cocardes tricolores disparaissent sans contrainte au premier avis, parce qu'on voit Napoléon tout-à-fait abattu. Le peuple de Constantinople ne semble pas plus indifférent à une révolution du serrail; le peuple français ne l'était pas davantage aux intrigues de l'œil-de-bœuf, aux succès des courtisanes en titre qui, sous un règne ignominieux, faisaient et défaisaient les ministres.

10. *Bataille de Toulouse.* — Trop faible en nombre pour lutter avec Wellington qui conduit d'épaisses masses de troupes anglaises, allemandes, espagnoles, portugaises, le maréchal *Soult* pouvait en être plus que vaincu; il devait en être écrasé. Il s'est néanmoins très-lentement replié des bords de la Bidassoa, qu'il a traversée dès le 7 octobre. Connaissant l'extrême circonspection de son adversaire, il l'a tenu six mois entiers en échec, lui faisant très-péniblement acheter ses progrès dans un pays tout ouvert, et dont la population reste inactive, quand elle n'embrasse pas la cause contraire à celle que défend encore la petite armée française.

Après la bataille d'Orthez (*V.* 27 février), le maréchal avait trois directions de retraite. S'il prenait la route qui de Mont-de-Marsan se dirige sur Bordeaux, il était obligé de traverser les Landes tandis qu'il ouvrait à l'ennemi les fertiles départements du Gers et de Lot-et-Garonne. En suivant la route qui conduit à Agen par Condom, il amenait l'ennemi dans le cœur de la France. Il préféra se porter sur Tarbes, par les deux rives de l'Adour; s'appuyant toujours aux Pyrénées, et conservant les facilités de se joindre à l'armée d'Aragon (*V.* 24 mars, deuxième article).—Cette marche abusant Wellington, lui fait perdre les fruits de la bataille d'Orthez. Ne poursuivant pas d'abord les Français avec toutes ses forces, il n'atteint leur colonne principale qu'à Tarbes (le 20 mars), sans pouvoir les empêcher de continuer leur retraite en côtoyant les montagnes.

C'est ainsi que *Soult* arrive presque impunément sous les murs de Toulouse, le 24, avec des troupes que les combats partiels, les fatigues et les accidents de la campagne ont réduites à un effectif de vingt-sept mille hommes, y compris six mille conscrits de nouvelle levée, imparfaitement armés. Les abords de cette grande ville, dominée de toutes parts, sont, *en quinze jours*, couverts d'ouvrages; une circonvallation de trois lieues en fait un vaste camp retranché. Wellington se voit dans la nécessité d'attaquer. Ses éclaireurs ont paru dès le 22; cependant il tâtonne, il hésite; quinze jours de préparatifs lui semblent nécessaires, quoiqu'il dispose sur ce seul point d'une nombreuse cavalerie et de quatre-vingt-quatre mille combattants effectifs, tous soldats éprouvés. Sa prudence laisse aux Français le temps de mettre la dernière main à leurs retranchements.

Dès six heures du matin le combat s'engage autour de cette vaste enceinte hérissée de canons; et lorsque la nuit le termine, une seule redoute est au pouvoir de l'ennemi. Les Français bivouaquent dans leurs lignes, voyant d'un œil satisfait que le maréchal, toujours aussi indifférent sur le nombre de ses adversaires, se dispose pour une seconde journée. L'armée ennemie paraît avoir, hors de combat, presque autant d'hommes que l'armée française comptait de soldats avant le premier coup de canon. *Du propre aveu de Wellington* (*V.* sa dépêche dans l'Annual Register 1814), ses prises se réduisent à un canon embourbé. — Il est certain que les Français n'ont pas au-delà de trois mille six cents tués ou blessés. Les généraux *Reille*, *Clausel*, *Vilatte*, *Maransin*, *Darmagnac*, *Berton*, partagent avec le maréchal l'honneur de cette bataille. —Si les premiers détachements de l'armée d'Aragon, alors à Narbonne, eussent, plus rapides dans leur marche, atteint Toulouse, la victoire couronnait les Français;

les maréchaux *Soult*, *Suchet*, se couvraient d'une gloire incomparable dans ce jour, le dernier de vingt-deux années de guerre. Sans doute, Suchet inaccessible à toute jalousie de commandement, eût desiré prendre part à cette action. Il avait moins à céder que Boufflers qui, par une générosité vraiment romaine, avait demandé et obtenu (1709) d'aller servir sous les ordres de Villars, quoiqu'il fût son ancien.

11, 12. Wellington, étonné probablement de ses pertes, pensant qu'un second engagement pourrait détruire ou sa réputation ou son armée, passe la journée à faire enterrer ses morts, et à semer parmi les habitants de Toulouse les rumeurs les plus effrayantes, afin de les déterminer à un soulèvement. Le maréchal Soult, sensible à leurs dangers, commence, dans la seconde nuit, à se replier vers le département de l'Aude, emmenant avec lui toute son artillerie, ses bagages et les blessés transportables. — Sa marche n'est point troublée. — Dans la soirée du 12, l'acte du sénat du 2, et la nouvelle des évènements antérieurs à cet acte, se répandent. — On a prétendu que Wellington, à l'imitation, soit du prince d'Orange qui, prévenu de la conclusion du traité de Nimègue (1678), ne se fit pas scrupule d'attaquer le maréchal de Luxembourg; soit de l'amiral Hughes qui, averti, le 20 juin 1693, des préliminaires signés le 20 janvier, crut pourtant devoir engager le combat avec le bailli de Suffren; on a prétendu que Wellington, informé, par la route de Bordeaux dont il était maître, des arrangements faits à Paris, les 1er et 3 (les courriers ordinaires ne mettent qu'une soixantaine d'heures de Paris à Bordeaux, et moins d'une quinzaine de Bordeaux à Toulouse), avait caché sa nouvelle, dans l'espoir de ravir enfin un laurier digne de la réputation que lui donnaient ses compatriotes; mais que Wellington se trouvant, comme Guillaume, surnommé le Taciturne, et comme Hughes le déloyal, avoir manqué sa victoire, malgré l'immense supériorité de ses forces, annonça enfin les grands évènements qui suspendaient les hostilités. Si donc, d'après la marche des courriers *ordinaires*, il est difficile de mettre en doute que l'état-major anglais n'ait pas appris les grands évènements de la capitale; s'il est constant que des détachements anglais occupent la route d'Alby depuis le 8, le général anglais ne peut pas ignorer ces évènements à six heures du matin le 10, au commencement de l'action. — En résultat, l'offensive du général anglais ou irlandais a fini sur les bords de la Garonne, par une bataille que Turenne, que Montecuculli, Frédéric, Daun, Moreau, auraient appelée, que de bien moins grands capitaines appelleraient *une défaite*.

11. *Traité de Paris* entre les maréchaux *Ney*, *Macdonald*, le général *Caulincourt*, plénipotentiaires de Napoléon, et les ministres d'Autriche, de Russie et de Prusse.

Napoléon renonce, pour lui et les siens, à tout droit de souveraineté et de domination, tant sur l'empire français et sur le royaume d'Italie, que sur tout autre pays. — L'île d'Elbe, désignée pour le lieu de son séjour, formera, sa vie durant, une principauté SÉPARÉE, qui sera possédée par lui EN TOUTE SOUVERAINETÉ et propriété. — Il lui sera réservé, à lui et à sa famille, dans les pays auxquels il renonce, un revenu de cinq millions.—L'impératrice Marie-Louise recevra, en toute propriété et souveraineté, les duchés de Parme et de Plaisance, lesquels passeront à son fils (*V.* 10 juin 1817). — Il sera formé un établissement convenable, hors de France, au prince Eugène, vice-roi d'Italie.

L'Angleterre accède à ce traité, pour les stipulations relatives à la possession et souveraineté de l'île d'Elbe et des états de Parme; mais elle n'est point partie contractante aux autres stipulations. — Les quatre puissances s'engagent à obtenir l'adoption et la garantie de la France pour tous les articles.—Le gouvernement provisoire accède à l'instant même. L'adhésion du roi *Louis XVIII* est constatée par la déclaration de son ministre (*Talleyrand*), en date du 30 mai.

ACTE D'ABDICATION DE L'EMPEREUR NAPOLÉON.

Il le souscrit à Fontainebleau, en recevant le traité de ce jour. « Les puissances alliées ayant proclamé que l'empereur Napoléon « était le seul obstacle au rétablissement de la paix en Europe, l'em- « pereur Napoléon, fidèle à son serment, déclare, qu'il renonce, pour « lui et ses héritiers, aux trônes de France et d'Italie, parce qu'il n'est « aucun sacrifice personnel, même celui de sa vie, qu'il ne soit prêt « à faire à l'intérêt des Français ».

On a rapporté que, ayant accompli cette détermination, Napoléon montra le plus grand calme, la plus noble résignation. L'auteur des Mémoires sur la campagne de 1814, (le colonel *Kock*), ouvrage excellent et dont l'exactitude se trouve rarement en défaut, dit (t. 2, p. 610, 11, 12), qu'après la signature de cet acte, Napoléon parut soulagé d'un lourd fardeau et s'entretint familièrement, en simple citoyen, avec les officiers-généraux de sa cour, des suites de la révolution, comme si elle lui avait été étrangère, et leur fit une longue allocution pleine de beaux sentiments. On doit regretter qu'un écrivain aussi recommandable, et trop ami de la vérité pour s'être laissé aller au desir de faire effet, en traitant un grand évènement à la manière dramatique de Tite Live, ait été mal informé de cette circonstance. Toutes les personnes qui ont fréquenté ou seulement entrevu la cour ou le quartier-général de Napoléon, savent combien peu il se laissait approcher, même des personnes du premier rang et des officiers de sa maison. Il tenait toujours tout le monde à une très-grande distance de lui. Pendant son séjour à Fontainebleau, il fut encore moins abordable; il paraissait absorbé, et se tint constamment renfermé dans son cabinet; il ne voyait presque, que le prince de Neufchâtel (Berthier), les ducs de Bassano, de Vicence (Maret, Caulincourt), et les maréchaux qui furent chargés pour lui de la négociation. Aussi l'on peut regarder comme apocryphes les discours que lui prête l'auteur de cet ouvrage.

Ainsi tombe Napoléon, homme extraordinaire entre tous les hommes extraordinaires qui passèrent sur la terre, et qui vivront dans l'histoire de l'univers. Les plus lointains rivages ressentirent le choc ou le reflux de sa puissance. Son nom restera jusqu'à la fin des temps, marqué d'une empreinte réservée pour lui seul. Tout avait concouru à favoriser son essor vers la plus haute région à laquelle un être créé puisse atteindre, la nature en le douant des plus étonnantes facultés intellectuelles; le destin qui, consommant avec une célérité inouïe le bouleversement des institutions sociales de la première des nations, déconcertant la politique des nations amies, rivales ou ennemies, combina pour lui toutes les chances de succès; la nature et la fortune encore, qui produisirent le même jour, une foule de génies éminents dans chaque carrière, et les mirent, sans réserve, à sa disposition, afin de lui assurer un triomphe impérissable. Car tel est le résultat des dissensions intestines, que les hommes doués de grandes facultés prennent les places que ces facultés leur assignent. Jamais on ne vit une rencontre aussi-bien concertée, un rapport aussi intime des hommes et des choses pour l'exaltation d'un homme; aucun âge sans doute ne les reverra. Il lui avait été donné d'effacer tout ce qui parut de grand, d'héroïque, de merveilleux, depuis la naissance du monde. Mais il s'est rabaissé à force d'orgueil, il a répudié sa noble destinée; il ne lui a pas suffi d'une première place sous le ciel, il a détruit volontairement sa propre nature, et, au lieu d'être à jamais le mortel par excellence, il ne sera pour la postérité que le plus célèbre des aventuriers.

Non, malgré la transcendance de ses facultés, il ne fut point un génie du premier ordre; car il établit le pouvoir arbitraire. César, Trajan, Charlemagne, Louis IX, Henri IV, Gustave-Adolphe, reconnaissaient des limites à leur autorité. On vit au contraire tous les célèbres ambitieux dont l'esprit ne s'élevait point au vrai beau, parce qu'ils avaient moins de génie que de calcul, Auguste, Cromwell, Philippe II d'Espagne, Ferdinand II d'Autriche, Charles XI de Suède, Louis XIV, se montrer impatients de la moindre résistance à leurs volontés. Ils n'eurent que cette ambition des rois vulgaires, de dominer impérieusement. La plus sublime des inspirations, parvenir à l'immortalité en contribuant au bonheur de leurs semblables, leur avait manqué.

Conduit par une noire ingratitude, Napoléon éleva l'édifice de son despotisme sur les ruines du trône et de la tribune, sur les débris de l'ancien régime, et sur les décombres de l'anarchie révolutionnaire. Il débuta par le langage des Brutus, et finit en agissant comme Tarquin et Octave. Au seul geste de sa main, au froncement du sourcil de ce Jupiter parvenu, les trônes tombent; ils se relèvent pour d'obscurs plébéiens. Il ordonne à la renommée de transformer ses défaites en victoires. La fuite d'Égypte, ainsi que l'hégire du célèbre imposteur de l'orient, avec lequel il offre de si nombreux traits de ressemblance, amène son triomphe. Le monde croira long-temps que rien n'est impossible, en voyant l'étendard d'un Corse, né sans fortune, flotter sur les tours des plus orgueilleuses capitales du continent. Le merveilleux n'aura plus rien que d'ordinaire aussi pour celui qui dispose, en se jouant, des provinces, des états, des couronnes; qui met à ses pieds un peuple de rois. Aujourd'hui, la soldatesque l'admire au bivouac; demain, les hommes les plus polis des anciennes cours le contemplent avec extase dans les salons. Couvert d'abord du bonnet jacobin, il l'a remplacé par la couronne de lauriers de Charlemagne et par la couronne de fer de Didier. Il dicte des lois, sur un radeau, au czar. Il désigne une Autrichienne, aussitôt elle devient sa compagne. Il exile, dans l'autre hémisphère, la maison de Bragance. Il jette ses filets sur l'Espagne, et soudain tous les Bourbons sont enveloppés. Il se montre, et la monarchie de Frédéric II s'éclipse. — Contemplez-le dans son empire: enchaînant la presse, il se déclare le protecteur des lettres; arrêtant la diffusion de la pensée, il accorde son appui à la philosophie; il excite, encourage les sciences, et proscrit l'exercice de l'entendement, qu'il appelle idéologie. Se faisant un jeu du sang des hommes et de la violation de tout ce qui existe de sacré, il a mis en principe la guerre perpétuelle.

Napoléon l'a voulu lui-même; on ne peut plus le mettre en parallèle qu'avec *Attila*, *Gengis*, *Timur*, *Nadir;* avec les plus bruyants exterminateurs de l'espèce humaine qu'engendra l'orient. Ainsi qu'eux, il s'est signalé par les ravages; et seul, par une inconcevable exception, il ne laisse après lui aucun débris de sa puissance. Il disparaît, et toutes ses conquêtes sont effacées à l'instant, comme le sillage du navire. Il finit, tout finit avec lui.

Comment, par quel prodige nouveau, a pu s'anéantir lui-même, s'abîmer tout entier, celui qui, au premier jour de sa domination, disposait de la France; celui qui, à peine consul par élection, pouvait tout sur les Français?

Il trouve le royaume de *Louis XVI*, plus la Savoie, Nice, Avignon; plus, les neuf départements de la Belgique; plus, les quatre départements du Rhin; quel premier degré?

A la vérité, les frontières de cette vaste république viennent d'être menacées. Mais le danger n'existe déja plus; *Masséna à Zurich* (*V.* 25 septembre 1799), *Brune à Alckmaer* (*V.* 18 octobre 1799), l'ont dissipé. — Le fantôme de Suwarow s'est évaporé; quelques faibles bataillons russes, disant un triste adieu aux fertiles campagnes de l'Italie et de la Souabe, reculent humiliés, vers les steppes de la Tartarie (*V.* 31 octobre 1799). — L'Angleterre n'est déja plus ce rocher qui brise les tempêtes, on en voit les bases trembler et prêtes à s'entr'ouvrir; la révolte atteint sa flotte et l'Irlande; sa banque, le gouvernail de Pitt, penche sur l'abime. L'orgueil britannique a fléchi, il vient traiter avec les successeurs de Robespierre, et il ne faut pas moins que l'ineptie de directeurs comme *Barras*, *Merlin* dit *de Douai*, *François* dit *de Neufchâteau*, pour faire échouer les négociations (*V.* 18 septembre 1797). — Le cabinet prussien, qu'est-il, depuis le traité de Bâle (*V.* 6 avril 1795)? Un suppliant de la fortune, dans une humble attitude, un négociateur de petits échanges de territoire. — L'Autriche se montre forte encore; mais toujours, un coup vigoureusement frappé l'étourdit. Il ne faut qu'une campagne gagnée sur elle; et, pour des soldats français, une campagne n'est souvent qu'une bataille. Bonaparte, qui, en douze mois (depuis le 12 avril 1796, à Montenotte, jusqu'au 15 avril 1797, à Léoben), détruisit ou décomposa *cinq armées impériales*, doit en 1800 renverser l'Autrichien d'un premier choc. Quand on a *Moreau*, *Masséna*, pour généraux d'armée; *Macdonald*, *Gouvion-Saint-Cyr*, *Lannes*, *Lecourbe*, *Soult*, *Suchet*, pour généraux de division, on peut braver les décisions du conseil aulique.

Bonaparte triomphe de la seconde coalition, et s'annonce comme

Titus après le siége de Jérusalem. Il montre la paix au monde, le repos à l'Europe, et le bonheur à la France.

Mais son bonheur à lui existe dans le fracas du pouvoir. Le sang de la guerre est son élément. Tout conquérir et tout mettre dans la dépendance de la France : tel fut le système de la politique de *Brissot*, de *Robespierre*, de *Rewbell* et de *Barras*; il appartient plus particulièrement à celui qui a pris leurs principes, comme il réunit leurs pouvoirs. Il est impossible d'ouvrir une carte de l'Europe, et d'y trouver une contrée où Napoléon n'ait pas commis quelque spoliation, enfreint quelque traité, méconnu quelques-unes des lois des nations. Des batailles, des victoires, des conquêtes, hors de leur seul but justifiable, la justice et la paix, ne sont pas de la gloire, mais le triomphe de la fraude et de l'usurpation. Se faisant un jeu de l'effusion du sang humain et de la violation de tout ce qui existe de sacré, il a mis en principe la guerre perpétuelle. Enfant parricide de la liberté, il veut l'étouffer sous des lauriers. La vertu, il la méprise; s'il en emprunte le secours, c'est quand elle devient un instrument utile. Le crime est de même accidentellement à son usage; il ne rejette pas cette arme dangereuse, lorsqu'elle peut lui servir. Des milliers d'hommes n'offrent à ses yeux qu'une parcelle d'atômes insensibles à leur existence. Une créature humaine ne lui semble qu'un chiffre, une lettre algébrique. Il considère les peuples en masse, comme les élémens de ses calculs de domination, comme une matière morte, un champ d'expériences que le destin lui livre. La pleine coupe du pouvoir ne saurait étancher son ambition. Sa tyrannie, la plus formidable tyrannie qui se soit développée depuis l'invasion des barbares, pesera douze ans sur l'occident, jusqu'à ce que les peuples se soulèvent au nord, au midi, à l'est; s'avancent, en obligeant leurs chefs de les conduire, et l'accablent d'un poids irrésistible. Le triomphateur succombe. L'Europe, étonnée de cette chûte, peut à peine croire à la fin du règne de celui qui se disait le chef d'une dynastie impérissable, de celui dont la voix proférait des oracles sinistres; qu'on entendit plusieurs fois s'écrier : TELLE MAISON A CESSÉ DE RÉGNER.

Chose inouie! de ce trône immense, il ne reste pas un débris. Il s'est englouti tout en entier; et l'histoire de Napoléon n'est, le lendemain même de son renvoi, qu'une tradition. A peine il est découronné, et ses ministres, ses lieutenants, apparaissent comme des ombres mythologiques. Vivant, il subit le jugement de la postérité.

Ses prodigieux succès avaient presque achevé la soumission de l'Europe à la France. Sa chûte ramène la France dans ses anciennes limites, et l'Europe à son ancien système politique. Depuis quatorze ans, des destinées de ce seul homme dépendaient les destinées de tous les peuples civilisés. Parmi les causes extérieures de sa ruine, la première ou la plus ancienne cause se trouve dans l'usurpation de l'Espagne (1808). Cet acte fut aussi mal combiné qu'injuste; car il jouissait, par le fait, de tous les avantages que pouvait lui donner la possession réelle de ce royaume. Le cabinet de Madrid suivait aveuglément l'impulsion de celui de Paris; les flottes et les armées espagnoles étaient livrées; le commerce de cet allié profitait à la France; ses colonies, tout en s'appauvrissant, venaient augmenter les ressources de Napoléon, afin de soutenir l'exécution du système continental. L'usurpation transforme subitement une nation dépendante et soumise sans murmures, en un peuple d'ennemis implacables. L'usurpation offre à l'Angleterre le seul moyen d'attaquer, avec avantage, son formidable adversaire. Ce nombre immense d'excellents soldats français, sacrifiés dans la guerre de la péninsule, eût été plus que suffisant pour contenir, en 1813, les armées des trois grandes cours alliées et reprendre la supériorité en Allemagne. — La seconde cause principale de la ruine de Napoléon, est son obstination à pénétrer au cœur de la Russie, dans une saison déja trop avancée, en se flattant d'intimider Alexandre et de le porter à souscrire aux conditions de paix qui lui seraient dictées. Lors même que les négociations eussent été commencées à l'époque du passage du Niémen, au mois de juin 1812, elles auraient facilement pu traîner en longueur jusqu'au commencement de l'hiver, et Napoléon et son armée eussent été de même à la merci de l'ennemi. — Enfin, il s'est renversé lui-même, en refusant trois fois la paix : à Dresde (*V.* 28 juillet, 10, 12 août 1813); à Francfort (*V.* 1, 2, 19, 28 décembre 1813); à Châtillon (*V.* 17 février 1814).

La fin de sa carrière offre de nouvelles preuves, que le véritable génie ne se sépare pas d'une certaine modération. Sylla, César, Richelieu, Cromwell, Frédéric II, et la foule de grands personnages historiques, morts dans la plénitude du succès, l'attestent comme à l'envi. —Vertot trace ainsi le portrait d'un célèbre capitaine de l'antiquité, d'Annibal; la ressemblance est extraordinaire : « Des vues « immenses; le génie admirable pour distribuer dans le temps l'exé« cution de ses desseins; toute l'adresse pour agir sans se laisser « apercevoir; infini dans les expédients; aussi habile à se tirer du « péril qu'à y jeter les autres : du reste, sans foi, sans religion, san

« humanité; et cependant ayant su se donner tous les dehors de ces « vertus, autant qu'il convenait à ses intérêts. »

De tous les maux dont ce dévastateur aura surchargé l'espèce humaine, le plus grand mal n'aura pas été de conquérir des peuples asservis, ou faits pour la servitude, des Italiens, des Égyptiens, des Portugais; il est bien plus condamnable pour avoir opprimé des nations généreuses, libres, ou dignes de la liberté, telles que la Hollande, la Suisse, l'Allemagne et la France, et aussi pour avoir mis les Anglais dans la nécessité de restreindre leurs nobles institutions.

Le crime d'opprimer est si noir, qu'il n'y a ni qualité ni vertu, ni triomphe, ni bienfait rendu à son pays, ni même service rendu à l'humanité, prise dans un sens collectif, qui puissent le laver ou l'affaiblir: car l'oppression n'est assurée qu'alors qu'on parvient à dégrader les ames, à corrompre les mœurs, avilir les caractères, éblouir ou dénaturer l'intelligence de l'homme; qu'on parvient, en un mot, à détruire l'œuvre du Créateur.

Richelieu, malgré les fastueuses louanges prodiguées à sa mémoire depuis deux siècles, se présente aujourd'hui sous un odieux aspect; le czar Pierre se prosternant sur les degrés de son tombeau, en 1717, et célébrant son génie dans le gouvernement, a signalé le despotisme sanguinaire de ce fameux cardinal, bien digne, en effet, d'être le précepteur d'un Scythe farouche. Néanmoins, le cardinal a fait arriver jusqu'à nous quelques heureux résultats de ses perfidies politiques. En établissant et sa fortune et sa dictature, il établissait la fortune et la prépondérance de la France; bien mieux, il scellait l'avenir de sa patrie. Il devina le grand Gustave; il sut apprécier le génie des peuples du nord, et l'importance de la confédération de Luther; il forma des coalitions victorieuses de l'envahissante Autriche. Mais Napoléon sacrifiait la France, sa patrie adoptive, ses plus fidèles serviteurs, ses frères, à son individuelle satisfaction, telle qu'elle existait à l'instant même de sa rapide pensée. Il ne connut ni la marine, ni le caractère des Anglais; il n'aperçut jamais l'efficacité de leur constitution. Parce qu'il avait méprisé les Italiens, les Turcs, les Égyptiens, il méprisa les Allemands, les Espagnols, les Russes. Il soulevait de formidables coalitions: après les avoir impétueusement abattues, il les relevait, comme pour se distraire de la monotonie de ses trèves. — Nous conservons des acquisitions du cardinal de Richelieu, le Roussillon, et d'importantes enclaves dans nos provinces de l'est. Bonaparte n'avait pas conquis la Savoie, Nice, l'évêché de

Bâle, la Belgique, la rive gauche du Rhin: ses folies nous auront privés de tous ces territoires; et lorsque arrivera sa dernière chûte, des lambeaux de nos anciennes frontières seront encore détachés : nos belles colonies resteront à jamais séparées : deux millions de Français auront péri dans les jeux de son ambition. Nul revers ne pouvait éteindre la gloire de nos guerriers; mais il l'aura fait pâlir. Il aura deux fois amené l'Europe sur les bords de la Seine. Il aura condamné la génération actuelle à d'immenses sacrifices. Enfin il aura tellement corrompu le germe des générations futures, en renouvelant toutes les traditions du despotisme, que le régime bienfaisant de la charte guérira difficilement la nation de cette lèpre invétérée de servitude dont le Mahomet du dix-neuvième siècle avait rapporté de l'orient de nouveaux ferments pour envenimer ceux qui existaient en France.

C'est parmi les conventionnels qui participèrent au gouvernement révolutionnaire, qui y avaient contracté des habitudes tyranniques et serviles en même temps, que Bonaparte, consul, prend la plupart de ses Séides. Il est notoire que, même empereur, il avait à ses gages *Barrère*, son ancien ami, Barrère, orateur confidentiel de Robespierre, pour lui faire des articles de journaux et des brochures politiques. Très-malheureusement, il trouva sous sa main une foule de légistes à l'esprit subtil, au cœur faux; de sophistes sans conscience ni pudeur; de vieux courtisans de révolution qui lui bâtirent un système régulier de domination oppressive. Leur dangereux savoir-faire disposa tous ces réseaux qui, sous les noms de conseil d'état, de ministère du commerce, de domaine extraordinaire, de liquidation, de police générale, de conscription, enveloppaient la France, et ne permettaient pas qu'un seul commerçant exerçât librement son industrie; qu'un seul écu pût se soustraire au fisc lorsqu'il l'exigerait; qu'un seul adolescent dérobât sa tête aux fureurs de la guerre, et qu'une seule pensée sortit de la tête d'un écrivain pour éclairer les Français sur les abus de l'autorité.

Il ne perdait aucune occasion d'avilir les hommes fameux, en les mettant en opposition avec eux-mêmes : c'est ainsi qu'il chargeait de titres, d'habits brodés, de cordons, de plaques, ceux-là même qui proscrivirent une foule d'hommes dont les torts étaient d'avoir porté des plaques, des cordons, des habits de cour, des titres. C'est ainsi qu'il faisait opprimer le peuple, en exerçant l'arbitraire des conscriptions par ces personnages qui, au nom du peuple souverain, avaient opprimé les classes élevées, ruiné les propriétaires, amené le triomphe de la basse démagogie. Quels hommes auraient mieux servi le despotisme, que ceux qui déchaînèrent les prolétaires en France, les esclaves à Saint-Domingue? Aussi, reparurent transformés en princes, ducs et comtes, *Cambacérès*, *Fouché*, *Merlin*, *Sieyes*, destinés à servir de modèles au *prince du Bel-Air*, au *duc de la Marmelade*, au *comte du Dondon*, dignitaires de la cour de *Henri I*er, roi de Haïti, appelé aux Antilles le singe noir de Bonaparte.

C'est bien Napoléon qui a donné une nouvelle existence à la police, qui a ranimé ce monstre engendré, au dix-septième siècle, par un capucin, conseiller intime d'un cardinal sanguinaire; monstre dont les ministres de Louis XIV avaient élevé l'enfance, et qui prospéra sous le règne suivant. Accueilli par le comité des recherches de la commune de Paris, en 1791, 1792; adopté par les comités de la convention, où siégeaient *Barrère*, Robespierre, Saint-Just, Couthon, Collot-d'Herbois, Billaud-Varennes, Treilhard, *Cambacérès*, il semblait y avoir obtenu tout son développement, lorsque *Merlin* dit *de Douai*, inventeur de la *loi des suspects* (*V.* 17 septembre 1793), devenu geolier en chef de la France pendant l'ignoble tyrannie du directoire (*V.* 1er janvier 1796), donne au monstre de plus savantes leçons encore. Enfin, le fourbe des fourbes, le destructeur sentimental de Lyon (*V.* 12 octobre 1793), *Fouché* dit *de Nantes*, vient lui révéler tous les noirs secrets de son ame.

C'est avec cette monstrueuse police, remise aux mains de *Fouché*, puis de *Savary*, que Bonaparte dirige les idées, les affections de la France entière, dicte à tout un peuple ses opinions sur la religion, sur la politique, sur les mœurs, sur les individus. Il dispose de toutes les fortunes; il déplace les conditions de la société. Toutes les bouches sont baillonnées, toutes les démarches de la vie domestique sont épiées : chacun se voit suivi d'une ombre impalpable et dangereuse, dès l'instant qu'il ne renonce pas à la dignité de la nature humaine, qu'il veut sentir, parler, agir d'après lui-même. Si l'on n'est esclave volontaire, ou complice du despotisme, on est condamné aux angoisses de l'incertitude. On est signalé, pour peu qu'on ressorte de la foule. Le fils de Tarquin conseillait de couper les têtes les plus élevées : Napoléon les courbait toutes sous son sceptre de fer. Il avait un registre sur lequel se trouvaient inscrits, par département, les jeunes personnes dont la naissance, les graces, la fortune, se faisaient remarquer, avec les militaires ou les courtisans qu'il leur destinait pour époux. Il fallait être obscur, ignare, plongé dans une torpeur morale, du moins médiocre en fortune et en tous autres avantages, pour éviter d'être surveillé, épié, ou, ce qui était plus fâcheux, envoyé à l'armée, carrière funeste dès qu'elle n'est pas volontaire; ou bien appelé à la cour, source de toute corruption. Il fallait être utile au despote, où très-petit honnête bourgeois. Ce qu'a dit Montesquieu d'un monarque à grande renommée, que son portrait, toujours recommencé, ne serait jamais achevé, peut s'appliquer à la tyrannie que Bonaparte a déployée dans l'administration : on ne saurait épuiser les détails de cette tyrannie. Excessivement jaloux de se réserver tous les moyens de domination, il ravit aux sciences et aux lettres des hommes distingués qui, jetés dans les affaires publiques, y perdirent de leur mérite et de leur honneur : ainsi vit-on, du temps de Cromwell, des écrivains et des poètes, d'abord fanatiques de liberté, donner d'éclatants exemples d'adulation ; mais ils finirent par déchirer la mémoire de celui dont ils avaient mendié ou reçu les bienfaits.

Le caractère de la politique extérieure de Napoléon tenait de l'impétuosité française, de la fourberie italienne, et du naturel manifesté par les Corses durant leurs guerres intestines; sa perfidie était toute punique.

Son abord était sec, son regard ardent. Les phrases entrecoupées qu'il laissait tomber avaient cet absolu positif qu'un mathématicien attache aux formules d'algèbre. On aperçoit, dans sa nature, un mélange de grand et de bizarre, comme dans Mahomet, dans Pierre-l'Ermite, dans Luther, dans Cromwell. Sans être doué des talents séduisants de Périclès, du génie éminemment observateur de Sylla, de la longue prescience politique et de l'infatigable persévérance de César, de l'exquise finesse d'Octave, ou même de l'impénétrable dissimulation qui distingue et Louis XI et Cromwell; il sut, par intervalles, ressembler à chacun d'eux; il fit d'abord penser qu'il les avait tous surpassés. Le moment où Bonaparte cessa d'offrir l'apparence d'un grand homme se trouve au traité d'Amiens (25 mars 1802), qu'il signa sans intention de le suivre (*V.* 13—20 mai 1803), résolu de ne pas conduire les Français au bonheur, et préférant les mener à la vaine gloire. L'époque où Napoléon cessa d'être le premier capitaine de son siècle se rapporte à la paix de Tilsitt (7 juillet 1807). Dès-lors il fait des guerres désespérées; jouant le tout pour le tout, il se livre à des expéditions militaires qui, même en réussissant, amèneront une immense consommation de ses braves soldats, véritables éléments de sa force. La première grande circonstance qui trahit complètement les aberrations de sa politique se voit dans le détrônement du roi ou des rois d'Espagne (*V.* 5 mai 1808). Oui, qu'on examine sans prévention sa carrière: il parut grand jusqu'au traité d'Amiens, héroïque jusqu'à celui de Tilsitt, profond politique jusqu'à celui de Bayonne; depuis, on n'a vu qu'un oppresseur de ses concitoyens, un guerrier hasardeux, un monarque insensé.

Aujourd'hui, certaines personnes, très-indulgentes dans leurs jugements sur un arbitraire dont elles ont si bien profité, se plaisent à justifier Napoléon; elles le proclament innocent, parce qu'il est tombé; elles défient de citer de nombreux exemples de proscription sous le régime impérial. « Mais, dit madame de Staël, c'est que « le despotisme était si fortement mis en exécution, qu'on avait « fini par s'y soumettre, comme aux terribles lois de la nature, la « maladie et la mort. » Les habitants de Maroc ne trouvent-ils pas légal que leur sublime empereur fasse rouler à ses pieds les têtes de ses sujets? Madame de Sévigné ne voyait non plus rien d'étrange à ce qu'on envoyât des lettres-de-cachet aux personnages les plus illustres, à ce que les murs de la Bastille retinssent le vainqueur de Nerwinde. C'était, à ces temps-là, une des attributions du pouvoir royal et ministériel; on y était façonné. C'est la juste conséquence de ce dogme du droit divin, consécrateur de l'autorité suprême.

Il faudra, sans doute, bien des années, écoulées, sous l'influence d'un gouvernement judicieux et fixe, dans l'exercice d'une sage liberté, avant que les Français parviennent à rejeter les traditions du despotisme qui si long-temps altéra leur caractère, faussa leurs esprits. Bonaparte a dissipé l'avenir de la France.

La postérité concevra difficilement que les Français aient secondé pendant douze années l'ennemi de leur bien-être, le destructeur de leurs libertés, le fléau de l'Europe. — A peine sa main a signé les traités de Lunéville, d'Amiens (9 février 1801, 25 mars 1802), qu'elle s'appesantit sur les états secondaires, en faveur desquels les parties contractantes n'ont pas fait d'expresses stipulations. Bonaparte soustrait au faible cabinet espagnol (1er octobre 1801) la Louisiane, acquisition précieuse par les facilités qu'elle prêtera d'inquiéter l'Angleterre et les États-Unis. Le consul s'empare de l'île d'Elbe (26 août 1802); il réunit le Piémont (11 septembre 1802); il retient les états de Parme (9 octobre 1802); il complète l'assujettissement des républiques batave (17 octobre 1801), italienne (26 janvier 1802), ligurienne (29 mai 1802), suisse (21 octobre 1802); il sème la discorde dans les états voisins du Rhin; il envoie des espions actifs dans les ports, dans les capitales des souverains avec lesquels il vit en pleine paix, pendant que de formidables expéditions, dont la destination avouée est évidemment simulée, s'apprêtent dans les ports de la Manche et de la Hollande (*V.* 13 mai 1803). Chaque année, de 1802 à 1812, voit éclore de nouvelles perfidies, des guerres toujours plus subversives. Le conquérant impitoyable abat la population par coupes réglées; il verse à torrents le sang français; et, en dernier lieu, il hasarde l'existence même de la nation, afin de retenir les dépouilles de l'Europe.

Par quel prestige cette nation généreuse est-elle amenée à favoriser d'aussi longs attentats contre l'espèce humaine? Quels sont ces prodiges qui soutiennent son enthousiasme dans le cours des plus révoltantes iniquités? Quelle est cet aveugle impulsion qui précipite des millions de citoyens, victimes volontaires, à travers les rochers des Espagnes, les steppes de la Moskowie? Atteints du même vertige que leur chef, on les voit courir sur ses traces, jusqu'au dernier jour de sa puissance. Il ne faudra pas moins qu'un acte positif de sa volonté souveraine pour rendre le grand nombre de ses sujets à eux-mêmes, à la pensée de leur bonheur, et la déclaration du 11 avril 1814 pourra seul mettre fin à leur servile obéissance.

Il devient nécessaire d'examiner attentivement le caractère français, pour expliquer un aveuglement aussi étrange que prolongé. Au temps des rois, le Français aimait sa patrie, non comme le montagnard suisse, qui languit et se dessèche s'il ne tient au sol natal; non comme l'habitant d'un pays libre, qui chérit des institutions salutaires; non comme l'indolent et fier Portugais, qui savoure les délices de son climat, vante les richesses spontanées de son territoire. Le Français, belliqueux par tempérament, conquérant d'origine, guerrier par habitude, se flattant, de siècle en siècle, de règne en règne, que la France parviendrait à dominer l'Europe, s'attachait à la France par ce sentiment; du moins ce sentiment était, de tous les liens, le lien le plus fort. Il n'admirait guère dans ses rois que leurs vaillantes fureurs; il ne célébrait que leurs faits chevaleresques. Mais *Charles V*, roi sédentaire, qui ne pouvait ni n'aurait voulu commander son armée, et qui cependant répara les désastres de la France, avec plus d'habileté, peut-être, que *Henri IV* lui-même; *Charles*, surnommé *le Sage* par les sages de son temps, resterait presque oublié, sans la renommée de son connétable *Duguesclin*. L'imprudent *Charles VIII*, ramenant les débris de son invincible armée, excitait les transports d'un peuple amateur de merveilles. Les mémoires contemporains de *Louis XII* louent, par-dessus tout, ses expéditions inconsidérées.

François Ier entreprend des guerres insensées et les fait en aventurier; il ruine la France, il la dépeuple; il massacre les protestants; il sacrifie l'église gallicane par le plus honteux des concordats; il commet toutes les fautes que peuvent conseiller des femmes corrompues, des courtisans dépravés: néanmoins les Français du dix-huitième siècle n'ont encore vu, dans cet excès d'impéritie et d'opprobre, que des malheurs immérités. Ce roi captif n'a-t-il pas dit, que *l'honneur* n'était pas perdu; et, en faveur de ce mot, ils n'oseraient lui reprocher d'avoir violé la foi des traités, renié lui-même sa parole d'honneur. La mémoire de Henri IV, à-peu-près ressuscitée par Voltaire, ne fut tant célébrée, ne devint si populaire dans les salons dorés, que parce que le Béarnais avait, par excellence, les qualités, les passions et les défauts de l'homme de guerre. D'où provient, en faveur de Louis XIV, cet engouement des Français accablés du poids de ses succès autant que du poids de ses revers? De la vue des lauriers cueillis par les grands capitaines du siècle. Quoique ces guerriers fussent les élèves d'une école qui brillait avant son règne, l'auréole de leur gloire n'entourait que l'effigie du fastueux monarque; et le Parisien, sortant de Notre-Dame tout ornée de drapeaux ennemis, oubliait sa misère et sa servitude. Tout roi ou ministre qui ouvrit la lice des combats fut impunément despote. Se plaignit-on de Louvois? Non, mais de Colbert. A toutes les époques, la nation estima peu les souverains pacifiques par sagesse, bienfaisants sans orgueil, qui plaçaient leur satisfaction dans le bien-être du grand nombre de leurs sujets, dans l'aisance des classes laborieuses. On ne voulait pas même d'un bien effectué sans bruit et sans éclat. Quoique, depuis la paix désastreuse de 1763 jusqu'à la mort de Louis XV en 1774, le royaume eût prospéré suivant une progression extraordinaire, on ne sut aucun gré aux ministres d'avoir favorisé cette foule d'heureux développements; et, si ce prince emporta dans la tombe l'indignation et le mépris de ses sujets, c'était moins à cause de son parc aux cerfs ou de son odieux trafic sur les blés, qu'à cause du partage de la Pologne et des revers de la dernière guerre.

On ne saurait douter que cette manière de voir et de sentir n'ait déterminé l'abandon général qu'éprouva *Louis XVI*. Un peuple sensible s'attendrissait en silence sur d'aussi cruelles infortunes; mais égaré par de fausses notions de grandeur, il ne secourut pas un roi dont les qualités personnelles et les combinaisons politiques n'avaient presque pas ajouté *à la gloire nationale*. Après la guerre d'Amérique, on ne lui pardonna pas d'avoir laissé humilier le pavillon et le drapeau français, en souffrant l'entrée des escadres russes dans la Méditerranée et des troupes prussiennes à Amsterdam. Ce furent ces souvenirs qui valurent une si grande vogue au parti de Brissot. Si les Français avaient aimé le monarque parce qu'ils aimaient la monarchie, l'auraient-ils délaissé? Non, sans doute. Mais, dans tous les temps, ils s'enivrèrent de la gloire des combats; la passion des armes fut leur passion caractérisque. Sans cesse on confondait l'orgueil avec l'honneur de la patrie. On se croyait bon Français, quand on desirait voir régner son pays sur les pays voisins, sur l'Europe, sur l'un et l'autre hémisphère.

En admettant donc que, dans l'ancienne France, le patriotisme se manisfestait par l'effervescence d'une vanité belliqueuse; que le Français, alors même qu'il vivait sous un gouvernement absolu, regardait sa nation comme la reine des nations, et la croyait appelée à dominer sur l'univers, on doit convenir que ce sentiment, ou cette illusion, a dû se fortifier et lui paraître bien plus raisonnable, dès qu'il a renversé le despotisme, et s'est mis en possession d'une liberté civile et politique, plus grande, du moins dans son opinion, que dans toute autre monarchie. Et c'est à ce moment où le Français tressaille de joie, s'exalte dans son triomphe, c'est en 1792 qu'on envahit ses frontières, que les manifestes, les déclarations lui enjoignent de relever le gouvernement qu'il vient d'abattre! La nation indignée se lève tout entière pour défendre son indépendance, ses droits, mais sur-tout cette suprématie en Europe dont elle fut toujours si jalouse. Les revers des agresseurs révélant à la nation les secrets de sa force, elle se pénètre de l'idée qu'elle est invincible, et qu'elle doit tout oser. Les plus hardis projets d'invasion, essayés sous Louvois, paraissent, en 1794, d'une facile exécution. Les Français s'avancent de victoire en victoire, et disent, avec fondement, aux imprudents conseillers des rois, « Si vous n'aviez pas apporté la « désolation dans nos provinces, si vous n'aviez pas attaqué notre « liberté naissante, nous ne viendrions pas brandir le fer et la flamme « au sein de vos états, exciter vos peuples à l'insurrection ».

Cette ardeur de vengeance nationale est entretenue par tous les révolutionnaires qui se succèdent dans l'exercice du pouvoir, et par Bonaparte avec bien plus de succès que par tout autre. Il revient de son lointain et brillant exil au moment même où les Français éprouvent des revers. La nation le salue avec transport, persuadée qu'il ramène la victoire. Elle approuve qu'il arrache les rênes du gouvernement à d'ineptes directeurs. Elle a cependant obéi à tous ces chefs qui ne sont pas militaires, parce qu'ils lui présentèrent toujours l'appât des conquêtes, qu'ils lui parlèrent sans cesse de gloire et d'honneur. De plus en plus éprise du tumulte des armes, elle a laissé décimer sa jeune population d'année en année, quoiqu'elle ait vu que les factions paralysaient la bravoure et l'expérience des troupes, ainsi que l'audace et l'habileté des généraux. A quels sacrifices ne se portera-t-elle donc pas désormais, que l'élévation de Bonaparte présage les plus brillantes destinées, qu'il lui montre les dépouilles des nations? Ce Louis XIV parvenu possède en lui-même tous les talents d'exécution; il est son Turenne, son Louvois, son Vauban; seul il est l'ame, la tête et le bras de son gouvernement; et, bien plus habile encore que le fils d'Anne d'Autriche à saisir l'esprit de la nation, à fasciner les yeux sur la réalité des malheurs publics, présentant en masse toutes les idées de fausse grandeur et de domination, il portera l'enthousiasme au plus haut degré, et rabaissera la soumission à son dernier niveau. Les prodiges que sans cesse il fera jaillir les uns des autres rajeuniront chaque jour ce sentiment exalté d'admiration.

Cette ardeur martiale, déja si nuisible à la liberté lorsqu'elle gagne la masse du peuple, devient des plus funestes lorsque le monarque se met à la tête des troupes. La subordination et la discipline d'une armée ne font que trop perdre de vue la solide gloire. Le despotisme militaire, utile pour assurer les devoirs du soldat, fait contracter l'habitude de rendre aux personnes cette sorte de soumission que les vrais citoyens croient ne devoir qu'aux lois et à la patrie. Accoutumés à suivre aveuglement les ordres du général, les subalternes se disposent bientôt à la même déférence pour les commandements du monarque : lui obéir dans une qualité, et non dans une autre, est une distinction bien délicate pour un soldat. « A son élé« vation au consulat, dit le maréchal *Gouvion-Saint-Cyr* (Mémoire « sur la campagne de Catalogne), Napoléon trouva l'armée aussi « républicaine qu'il l'avait laissée à son départ pour l'Égypte; mais, « n'aspirant d'abord qu'à rétablir la royauté, en attendant qu'il pût « mettre en pratique les idées qui l'avaient séduit dans l'orient, il « sentit qu'il n'y parviendrait qu'après avoir changé son esprit. Il « s'appliqua dès-lors à la corrompre; et, quoique les principes répu« blicains y eussent jeté de plus profondes racines que parmi les ci« toyens, il y parvint en peu d'années, en introduisant dans les corps « un luxe effréné, et en excitant tous les genres d'ambition. Les « troupes, par leur composition, ne pouvaient conserver long-temps

« un esprit qui n'était pas partagé par la nation. Ainsi, les décora« tions, qui, dans le principe, en 1802, avaient failli être repous« sées, ou qui, du moins, avaient été accueillies plus que froidement, « furent reçues plus tard avec transport, et enfin, en 1809, on était « très-mécontent en Catalogne de n'en point obtenir, quand on savait « les avoir méritées. »

Bonaparte, conduisant la nation à la conquête du monde, a reçu en échange le sacrifice de toutes ses libertés, l'abandon de tous ses droits, la disposition de toute sa population militaire. Les Français auront, une deuxième fois encore, manifesté qu'on les mène à la servitude en irritant ce desir, ce penchant irrésistible de dominer, qui furent leurs mobiles dans presque toutes leurs grandes guerres. — Il pourra dire d'eux :

J'ai cent fois, dans le cours de ma grandeur passée,
Tenté leur patience et ne l'ai point lassée.

Puisse cette dernière épreuve les désabuser à jamais, leur inspirer l'envie bien plus louable de se rendre heureux chez eux-mêmes, en y cultivant tous les avantages qu'ils y possèdent ! Ils seront toujours assez forts pour repousser le bras de l'étranger, s'ils savent être justes les uns envers les autres, et, de plus, mépriser les rivalités nationales.

1814.

Sixième Période. — *Gouvernement royal.*

Dans Paris *étonné*, l'étranger accourut ;
Tout périssait, enfin, lorsque Bourbon parut.
(Voltaire.)

Avril 11. *Adresse du gouvernement provisoire à l'armée:*

« Soldats, vous n'êtes plus à Napoléon ; mais vous êtes toujours à « la patrie : votre premier serment de fidélité fut pour elle........ « La constitution nouvelle vous assure vos honneurs, vos grades, « vos pensions. Le sénat et le gouvernement provisoire ont reconnu « vos droits. Ils sont sûrs que vous n'oublierez pas vos devoirs. Dès « ce moment, vos souffrances et vos fatigues cessent. Votre gloire « demeure tout entière. La paix vous garantira le prix de vos longs « travaux. Quelle était votre destinée sous le gouvernement qui n'est « plus ? Traînés des bords du Tage à ceux du Danube, des bords du « Nil à ceux du Dniéper........ vous éleviez, sans intérêt pour la « France, une grandeur monstrueuse dont tout le poids retombait « sur vous comme sur tout le reste du monde. Tant de milliers de « braves n'ont été que les instruments et les victimes d'une force « sans prudence, qui voulait fonder un empire sans proportion. Com- « bien sont morts inconnus, pour augmenter la renommée d'un seul « homme ! Ils ne jouissaient pas même de celle qui leur était due. « Leurs familles, à la fin de chaque campagne, ne pouvaient consta- « ter leur fin glorieuse et l'honneur de leurs faits d'armes. Tout est « changé. Vous ne périrez plus à cinq cents lieues de la patrie pour « une cause qui n'est pas la sienne. Des princes nés Français ména- « geront votre sang ; car leur sang est le vôtre : leurs ancêtres ont « gouverné vos ancêtres......... Pourriez vous concevoir quelques « alarmes ? Ils admiraient, dans une terre étrangère, les prodiges « de la valeur française. Ils l'admiraient, en gémissant que leur re-

« tour fût suspendu par tant d'exploits inutiles.......... Restez « donc fidèles à votre drapeau............... »

12. *Monsieur*, comte d'Artois, frère de *Louis XVI* et de *Louis XVIII*, *fait son entrée à Paris*. Il y développe le titre et les fonctions de lieutenant-général du royaume, qui lui ont été conférés par le roi *Louis XVIII*.

13. *Arrêté du gouvernement provisoire*, qui substitue le pavillon blanc et la cocarde blanche au pavillon et à la cocarde tricolores (*V.* le 9).

14. *Décret du sénat* qui confère le gouvernement provisoire de la France au *comte d'Artois*, sous le titre de lieutenant-général du royaume, en attendant que *Louis-Stanislas-Xavier de France*, appelé au trône des Français, ait accepté la charte constitutionnelle (*V.* le 6).

16. *Convention de Schiarino-Rizzino* (près de Mantoue), entre le prince *Eugène Beauharnais*, vice-roi d'Italie, et le général autrichien *Bellegarde*. — Les troupes françaises rentreront dans les limites de l'ancienne France. Elles sont fortes de quarante mille hommes, dont vingt-cinq mille sous les armes, avec trois cent soixante pièces d'artillerie. — Les troupes italiennes continueront d'occuper tous les pays qui ne sont pas au pouvoir des souverains alliés.

L'armée franco-italienne a contenu, jusqu'à ce jour, l'armée autrichienne, malgré la défection de *Murat* (*V.* 6 — 11 janvier), le soulèvement des peuples de la moyenne Italie, et les débarquements opérés par les Anglais sur les côtes de la Méditerranée.

Entrevue, au petit Trianon, de l'empereur d'Autriche (François Ier) avec l'impératrice (Marie-Louise) sa fille. Le départ de cette princesse pour Vienne y est déterminé.

18. Le maréchal *Soult*, établi avec sa brave armée sur les limites des départements de la Haute-Garonne, de l'Aude et de l'Arriége, *conclut* avec Wellington *un armistice* entre les armées françaises des Pyrénées et l'armée anglo-espagnole.

20. *Départ de Napoléon de Fontainebleau* pour l'île d'Elbe, sa résidence future, suivant le traité de Paris, du 11.

Entrée solennelle de Louis XVIII à Londres; il reçoit les plus grands honneurs, en qualité de roi de France.

23. *Conventions signées à Paris, entre* Monsieur, *comte d'Artois, d'une part; les puissances alliées, d'autre part.*

Art. 1er. Toutes hostilités, sur terre et sur mer, sont suspendues entre la France et les puissances alliées. — 2. Elles feront évacuer par leurs armées le territoire français, tel qu'il se trouvait le 1er janvier 1792, à mesure que les places occupées encore, hors de ces limites, par les troupes françaises, seront évacuées et remises aux alliés. — 3. Les places ci-dessus désignées seront évacuées dans des délais qui seront déterminés de manière à ce que la remise totale puisse être effectuée au 1er juin prochain. Les garnisons sortiront avec armes et bagages, et pourront emmener l'artillerie de campagne, dans la proportion de trois pièces par chaque millier d'hommes, les malades et blessés y compris. *La dotation des forteresses, et tout ce qui n'est pas propriété particulière, sera remis*, EN ENTIER, *aux alliés.* (Dans la dotation sont compris les dépôts d'artillerie et les munitions.) Les garnisons rentreront en France. Le blocus des places fortes en France sera levé sur-le-champ par les armées alliées. Les flottes et les bâtiments de la France demeureront dans leur situation respective. — 4. Le sort des arsenaux et des vaisseaux de guerre, armés et non armés, qui se trouvent dans les places maritimes remises par la France, sera réglé par le traité de paix définitif (*V.* l'art. 15 du traité du 30 mai). — 7. De part et d'autre, les prisonniers, les ôtages, seront immédiatement renvoyés dans leurs pays respectifs, sans rançon et sans échange. — 8. Il sera fait immédiatement remise, par les co-belligérants, de l'administration des départements ou villes, actuellement occupés par leurs forces, aux magistrats nommés par le gouvernement provisoire du roi. — *Les réquisitions militaires cesseront aussitôt.*

Les stipulations de ce traité, nécessaire pour amener le départ des armées confédérées et mettre un terme aux réquisitions et au régime oppresseur de leurs généraux; ces stipulations, moins onéreuses et moins insultantes néanmoins que les conditions de l'article 6 de l'*ultimatum* prescrit à Châtillon (*V.* 17 février, premier article), nous dessaisissent de cinquante-une places fortifiées ou forts occupés par nos troupes au-delà des limites de l'ancienne France, dont plusieurs n'auraient pas été rendus aux troupes alliées sans de longs efforts. Nous abandonnons un matériel immense, de grands dépôts de toutes sortes d'effets militaires; douze mille bouches à feu, dont onze mille en bronze. Ces pertes, en y comprenant trente-un vaisseaux de haut rang, douze frégates, remis, en exécution de l'article 15 du traité du 30 mai suivant, pour le tiers des objets de cette nature; ces pertes ne sauraient être évaluées au-dessous de deux cent soixante millions de francs. Ainsi le résultat de vingt années de travaux s'évanouit en un jour. Le fruit de tant de combats, de tant de hauts faits d'armes, de tant de sacrifices, échappe à la France abattue.

24. *Louis XVIII débarque à Calais.* — Il a quitté la France le 22 juin 1791, à ce jour même où *Louis XVI* fut arrêté à Varennes, n'ayant consenti à s'en séparer que parce qu'il ne pouvait plus l'aider à soutenir le poids des factions, et qu'il espérait, en outre, le rejoindre à Montmédi, où la personne du roi devait être en sûreté, et sa volonté libre (*V.* 26 juin 1791).

27. *Traité de Paris*, par lequel les empereurs d'Autriche, de Russie, le roi de Prusse, conformément au traité du 11, reconnaissent la souveraineté de l'île d'Elbe dans la personne de *Napoléon*, et déterminent que sa famille possédera la souveraineté des duchés de Parme et de Plaisance. — L'Angleterre accédera à ce traité.

29. Une députation du corps législatif complimente le roi à Compiègne. « ....Venez, descendant de tant de rois, montez sur « ce trône où nos pères placèrent autrefois votre illustre famille..... « Votre majesté ne peut rentrer que dans l'exercice des droits qui « suffisent à l'autorité royale; l'exécution de la volonté générale, « confiée à ses paternelles mains, n'en deviendra que plus respectable « et plus assurée.......... »

Mai 2. *Déclaration du roi donnée à Saint-Ouen*, près de Paris. « Rappelé *par l'amour de notre peuple au trône de nos pères*, « éclairé par les malheurs de la nation que nous sommes destiné à « gouverner, notre première pensée est d'invoquer cette confiance « mutuelle, si nécessaire à notre repos, à son bonheur. Après avoir « lu attentivement le plan de constitution proposé par le sénat, dans « sa séance du 6 avril dernier, nous avons reconnu que les bases en « étaient bonnes, mais qu'un grand nombre d'articles portant l'em- « preinte de la précipitation avec laquelle ils ont été rédigés, ils ne « peuvent, dans leur forme actuelle, devenir lois fondamentales de « l'état. Résolu *d'adopter une constitution libérale*, voulant qu'elle « soit sagement combinée, et ne pouvant en accepter une qu'il est « indispensable de rectifier, nous convoquerons le sénat et le corps « législatif, *nous engageant à mettre sous leurs yeux* le travail que « nous aurons fait avec une commission choisie dans le sein de ces « deux corps, et à donner pour base à cette constitution les garanties « suivantes : LE GOUVERNEMENT REPRÉSENTATIF DIVISÉ EN DEUX CORPS, « L'IMPÔT LIBREMENT CONSENTI, LA LIBERTÉ PUBLIQUE ET INDIVIDUELLE, « LA LIBERTÉ DE LA PRESSE, LA LIBERTÉ DES CULTES, LES PROPRIÉTÉS « INVIOLABLES ET SACRÉES, LA VENTE DES BIENS NATIONAUX IRRÉVO- « CABLE, LES MINISTRES RESPONSABLES, LES JUGES INAMOVIBLES ET LE « POUVOIR JUDICIAIRE INDÉPENDANT, LA DETTE PUBLIQUE GARANTIE, LA

« LÉGION D'HONNEUR MAINTENUE, TOUT FRANÇAIS ADMISSIBLE A TOUS « EMPLOIS; ENFIN, NUL INDIVIDU NE POURRA ÊTRE INQUIÉTÉ POUR SES « OPINIONS ET SES VOTES. »

3. *Louis XVIII fait son entrée solennelle à Paris*, aux acclamations des habitants, favorablement disposés par sa déclaration de la veille, ainsi que par les souvenirs de ce vif attachement de la nation pour ses anciens princes. Ce retour inespéré semble leur promettre le terme des calamités publiques. Moins il fut attendu, plus ils se confient à l'avenir.

4. Édit de Ferdinand VII, roi d'Espagne (*V.* 24 mars). — Rejetant absolument, et sans la moindre réserve, tout ce que contenait d'avantageux à la nation la constitution de Bayonne, qui reconnaissait Joseph Bonaparte; réprouvant aussi tout ce que renfermait de sage la constitution décrétée à Cadix par les cortès, ce prince veut régner despotiquement, d'après les maximes du droit divin. Il dissout les cortès, il menace de mort quiconque agira, parlera en leur faveur, ou tentera de maintenir leurs dispositions. Par-là, bien loin de terminer les malheurs de son pays, Ferdinand les aggrave, et sème les germes d'une autre révolution. Un grand nombre de victimes gémiront dans les cachots, plus de dix mille familles espagnoles chercheront des asyles à l'étranger. Tels sont les résultats qu'amènent et le fanatisme du moyen âge, et l'influence de la féodalité, et la corruption des courtisans.

9. *Proclamation du roi.* — « En remontant sur le trône de nos an« cêtres, *nous avons retrouvé nos droits dans votre amour*....... »

13. *Nomination des ministres du roi.* — *Dambray*, chancelier et ministre de la justice; le prince de *Bénévent (Talleyrand)*, des affaires étrangères; l'abbé de *Montesquiou*, de l'intérieur; le général *Dupont*, de la guerre; le baron *Malouet*, de la marine; le baron *Louis*, des finances; le comte *Blacas-d'Aulps*, de la maison du roi. Le département de la police est remis à un directeur-général, le comte *Beugnot*.

Ordonnance du roi qui nomme *Monsieur*, comte d'Artois, colonel-général de toutes les gardes nationales du royaume.

15. *Ordonnance du roi* qui autorise les conscrits de la classe de 1815 à rentrer dans leurs familles (*V.* 9 octobre 1813; 26 mars 1814).

30. TRAITÉ DE PAIX DE PARIS, *entre la France et les puissances alliées.*

Art. 2 *et* 3. Les limites de la France sont rétablies ainsi qu'elles existaient au 1er janvier 1792, avec l'addition de quelques cantons aux départements des Ardennes, de la Moselle, du Bas-Rhin, de l'Ain, et l'annexation d'une partie de la Savoie. La France est confirmée dans la possession de la principauté d'Avignon, du comtat Venaissin, du comté de Montbéliard et de toutes les enclaves ayant appartenu autrefois à l'Allemagne, qui sont comprises dans la frontière déterminée et déja incorporées à la France. — 6. La Hollande, placée sous la souveraineté de la maison d'Orange, recevra un accroissement de territoire. Les états de l'Allemagne seront indépendants et unis par un lien fédératif. La Suisse, indépendante, continuera de se gouverner par elle-même. L'Italie, hors des limites des pays qui reviendront à l'Autriche, sera composée d'états souverains. — 7. L'île de Malte et ses dépendances appartiendront en toute propriété et souveraineté à sa majesté britannique. — 8. La France reprend les colonies, pêcheries, comptoirs et établissements de tout genre, qu'elle possédait au 1er janvier 1792, dans les mers et sur les continents de l'Amérique, de l'Afrique et de l'Asie, à l'exception toutefois des îles de Tabago et de Sainte-Lucie et de l'Ile-de-France avec ses dépendances, nommément Rodrigue et les Séchelles, lesquelles sa majesté très-chrétienne cède en toute propriété et souveraineté à sa majesté britannique, comme aussi de la partie de Saint-Domingue cédée à la France par la paix de Bâle (*V.* 22 juillet 1795), que sa majesté très-chrétienne rétrocède à sa majesté catholique, en toute propriété et souveraineté. — 9. Sa majesté le roi de Suède consent à ce que l'île de la Guadeloupe (*V.* 6 février 1810, 3 mars 1813), soit restituée à sa majesté très-chrétienne, et cède tous les droits qu'il peut avoir sur elle. — 10. Sa majesté très-fidèle s'engage à restituer la Guyane française, telle qu'elle existait au 1er janvier 1792 (*V.* 29 septembre 1801, 12 janvier 1809). — 12. Sa majesté très-chrétienne s'engage à ne faire aucun ouvrage de fortification dans les établissements qui lui doivent être restitués et qui sont situés dans les limites de la souveraineté britannique sur le continent des Indes, et à ne mettre dans ces établissements que le nombre de troupes nécessaire pour le maintien de la police. — 15. En exécution de la convention du 23 avril dernier, relativement aux arsenaux et vaisseaux de guerre, armés et non-armés, qui se trouvent dans les places maritimes remises par la France, il est convenu que lesdits vaisseaux, comme aussi l'artillerie navale et les munitions navales, et tous les matériaux de construction et d'armement, seront partagés entre la France et les pays où les places sont situées, dans la proportion de deux tiers pour la France, et d'un tiers pour les puissances auxquelles lesdites places appartiendront. Sont exceptés les vaisseaux et arsenaux existants dans les places tombées au pouvoir des alliés antérieurement au 23 avril, ainsi que les vaisseaux et arsenaux qui appartenaient à la Hollande, et nommément la flotte du Texel. Dorénavant, le port d'Anvers sera uniquement un port de commerce. — 18. Il est renoncé, de part et d'autre, à la totalité des sommes que les gouvernements ont à réclamer réciproquement, à raison de contrats, de fournitures ou d'avances quelconques, faites dans les différentes guerres qui ont eu lieu depuis 1792. — 19. Le gouvernement français s'engage à faire liquider et payer les sommes qu'il se trouverait devoir, d'ailleurs, dans des pays hors de son territoire, en vertu de contrats ou d'autres engagements formels, passés entre des individus ou des établissements particuliers et les autorités françaises, tant pour fournitures qu'à raison d'obligations légales. — 21. Les dettes spécialement hypothéquées, dans leur origine, sur les pays qui cessent d'appartenir à la France, ou contractées pour leur administration intérieure, resteront à la charge de ces mêmes pays. Il sera tenu compte en conséquence, par le gouvernement français, à partir du 22 décembre 1813, de celles de ces dettes qui ont été converties en inscriptions sur le grand-livre de la dette publique de France. Les titres de toutes celles qui ont été préparées pour l'inscription, et n'ont pas encore été inscrites, seront remis aux gouvernements des pays respectifs. — 22. Le gouvernement français restera chargé, de son côté, du remboursement de toutes les sommes versées par les sujets des pays ci-dessus mentionnés dans les caisses françaises, soit à titre de cautionnements, dépôts ou consignations. De même, les sujets français, serviteurs desdits pays, qui ont versé des sommes à titre de cautionnements, dépôts ou consignations, dans leurs trésors respectifs, seront fidèlement remboursés. — 26. A dater du 1er janvier 1814, le gouvernement français cesse d'être chargé du paiement de toute pension civile, militaire et ecclésiastique, solde de retraite et traitement de réforme, à tout individu qui se trouve n'être plus sujet français. — 27. Les domaines nationaux, acquis à titre onéreux par des sujets français, dans les ci-devant départements de la Belgique, de la rive gauche du Rhin et des Alpes, hors des anciennes limites de la France, sont et demeurent garantis aux acquéreurs. — 32. Dans le délai de deux mois, toutes les puissances qui ont été engagées, de part et d'autre, dans la présente guerre, enverront des plénipotentiaires à Vienne, pour régler, dans un congrès général, les arrangements qui doivent compléter les dispositions du présent traité.

Un article additionnel au traité avec la Grande-Bretagne porte que, 1° le roi de France unira, au futur congrès, tous ses efforts à ceux du roi d'Angleterre, pour faire prononcer par toutes les puissances de la chrétienté l'abolition de la traite des noirs, de telle sorte que ladite traite cesse universellement, comme elle cessera définitivement et dans tous les cas de la part de la France, dans un délai de cinq années; et qu'en outre, pendant la durée de ce délai, aucun trafiquant d'esclaves n'en puisse importer ni vendre ailleurs que dans les colonies de l'état dont il est sujet............ 4° Il sera accordé, de part et d'autre, aussitôt la ratification du présent traité de paix, main-levée du séquestre qui aurait été mis depuis 1792 (*V.* 1er août 1793), sur les fonds, revenus, créances et autres effets quelconques des parties contractantes ou de leurs sujets. Dès que les sujets anglais auront été pleinement indemnisés pour la valeur des biens meubles ou immeubles indûment confisqués par les autorités françaises, ainsi que pour la perte totale, ou pour celle de leurs créances ou autres propriétés indûment retenues, le gouvernement anglais s'engage à renoncer à la totalité de l'excédent qui se trouverait en sa faveur, relativement à l'entretien des prisonniers de guerre.

Ce traité, le moins défavorable des mauvais traités qu'ose espérer la France après d'aussi prodigieux revers qui ont rendu inévitable la convention du 23 avril; ce traité termine la guerre née de la révolution, la plus longue des guerres dans lesquelles la même nation ait, depuis l'invasion des barbares, été engagée sans interruption; l'intervalle du traité d'Amiens à sa rupture ne pouvant être considéré comme un état de paix pour la France, puisque cet intervalle de quinze mois fut rempli par des expéditions ou des préparatifs militaires en Italie, en Hollande, par les affreux combats livrés à Saint-Domingue, à la Guadeloupe. Ainsi cette guerre de vingt-deux ans restera la plus longue et la plus extraordinairement variée de toutes celles que la France a essuyées depuis la naissance de sa monarchie.

On doit principalement remarquer dans ce traité le soin jaloux avec lequel l'Angleterre, aussi fidèle à sa vieille inimitié envers la France qu'à son système de déprédation maritime, se réserve, dans toutes les parties du globe, des points d'attaque, des postes offensifs contre le commerce des autres peuples. L'Angleterre, abusant avec énormité de sa fortune, déprime la France d'une manière inouie, en la dépouillant de ses trois colonies de Sainte-Lucie, de l'Ile-de-

France et de Tabago, lorsqu'elle-même a plus de colonies qu'elle n'en peut embrasser. Jamais cette puissance ne mérita davantage le jugement de Franklin : « Comme nation guerrière, l'Angleterre aime les « conquêtes ; comme nation ambitieuse, elle convoite la domination ; « comme nation commerçante, elle est avide d'un gain exclusif. » Un de ses plus fameux ministres (Chatham) ne disait-il pas aussi : *Que deviendrait l'Angleterre, si elle était toujours juste envers la France ? Craignez, réprimez la maison de Bourbon*, disait-il encore dans cette séance mémorable (1764), relative aux troubles des colonies américaines et au bill du timbre, séance dans laquelle on vit Franklin comparaître à la barre. Ces paroles sont restées profondément gravées dans l'ame de tous les politiques anglais.

Juin 4. *Assemblée collective du corps législatif et d'une fraction du sénat. — Séance royale. — Émission de la charte constitutionnelle. — Institution, convocation et réunion des chambres législatives.*

Un certain nombre de sénateurs, que le gouvernement royal ne juge pas répréhensibles de graves égarements dans le cours de la révolution, ont été appelés à siéger dans la salle du palais Bourbon. — Le corps législatif y a été aussi convoqué. La constitution de l'an VIII étant abolie de fait, et, par conséquent, les sénatus-consultes organiques modifiant les dispositions relatives aux élections se trouvant invalidés, il ne reste plus de règles pour procéder à la formation d'une représentation nationale. La rapidité des évènements et l'urgente nécessité d'établir les premiers fondements d'un nouvel état politique, ne laissent pas la faculté de rassembler des colléges électoraux quelconques. Le gouvernement a donc recours à ce même corps législatif que Napoléon réunit le 19 et dispersa le 31 décembre 1813.

Louis XVIII, s'asseyant pour la première fois sur le trône de France, prononce le discours suivant : « .... Je me félicite « d'être devenu le dispensateur des bienfaits que la divine Providence « daigne accorder à mon peuple. — J'ai fait avec l'Autriche, la Russie, l'Angleterre et la Prusse, une paix dans laquelle sont compris « leurs alliés, c'est-à-dire tous les princes de la chrétienté. La guerre « étant universelle, la réconciliation l'est également. — Le rang que « la France a toujours occupé parmi les nations n'a été transféré à « aucune autre, et lui demeure sans partage. Tout ce que les autres « états acquièrent de sécurité, accroît également la sienne, et, par « conséquent, ajoute à sa puissance véritable. Ce qu'elle ne conserve « pas de ses conquêtes, ne doit donc pas être regardé comme retran-

« ché de sa force réelle. — La gloire des armées françaises n'a reçu « aucune atteinte; les monuments de leur valeur subsistent, et les « chefs-d'œuvre des arts nous appartiennent désormais, par des droits « plus stables et plus assurés que ceux de la victoire. — Les routes « du commerce, si long-temps fermées, vont être libres. Le marché « de la France ne sera plus seul ouvert aux productions de son sol « et de son industrie. Celles dont l'habitude lui a fait un besoin, ou « qui sont nécessaires aux arts qu'elle exerce, lui seront fournies par « les possessions qu'elle recouvre. Elle ne sera plus réduite à s'en « priver, ou à ne les obtenir qu'à des conditions ruineuses. Nos ma- « nufactures vont refleurir; nos villes maritimes vont renaître, et « tout nous promet qu'un long calme au-dehors et une félicité du- « rable au-dedans seront les heureux fruits de la paix...........

« C'est guidé par l'expérience, et secondé par plusieurs d'entre vous, « que j'ai rédigé la charte constitutionnelle dont vous allez entendre « la lecture, et qui asseoit sur des bases solides la prospérité de l'état. »

Le chancelier *Dambray* (dans un discours redondant en généralités, semé d'allusions à la *toute-puissance* des rois de France) a l'imprudence de dire, de reproduire, de faire sentir de diverses manières, que le roi, « en pleine possession de ses droits héréditaires, « *ne veut* exercer l'autorité *qu'il tient de Dieu et de ses pères*, qu'en « posant, *lui-même, les bornes de son pouvoir*.............. qu'il « a éloigné l'idée que la souveraineté doive être dégagée de contre- « poids, qu'il les pose *lui-même;* .... qu'il *ne veut être* que « le chef suprême; .... que la nation *peut desirer* une ga- « rantie contre les abus; .... que le roi *déploie l'appareil* « *imposant de la royauté* pour apporter à son peuple *le bienfait pré-* « *cieux d'une* ORDONNANCE DE RÉFORMATION........... » — Langage presque blasphématoire, et portant directement atteinte à la confiance qui venait s'établir entre le monarque et la nation! Malheureuses expressions d'un interprète inexact; expressions qui, rapprochées du préambule ministériel de la charte, et sur-tout des dernières lignes de ce préambule, feront soudain germer en France des semences de division, et fourniront de trop spécieux prétextes de désaffection, qu'il faudrait détourner à tout prix! il serait si facile de rendre, sans mélange, le bienfait de cette institution fondamentale. — D'après ce discours du chancelier *Dambray*, il semblerait que la nation aurait, en adhérant à la déchéance de Napoléon, prononcé la sienne propre. Ce chancelier se gardera de marcher sur les traces de *Lhôpital*, et son inconsidération sera plus nuisible de nos jours que

ne le fut, en 1771, la servile condescendance de *Maupeou*. — Les paroles de ce ministre ne sont-elles pas, en outre, manifestement contraires à la déclaration de Saint-Ouen (2 mai)? « *Rappelé, par « l'amour de notre peuple, au trône de nos pères*...............
« Résolu D'ADOPTER une constitution libérale...... .... Ne « pouvant en accepter une qu'il est indispensable de rectifier, nous « convoquerons le sénat et le corps législatif, NOUS ENGAGEANT A MET-« TRE SOUS LEURS YEUX le travail que nous aurons fait avec une com-« mission............. » — En droit ou en fait (comme on voudra l'entendre, d'après l'idée dont on aura primitivement été nourri), la légitimité est *la base* ou bien *la garantie* d'un pacte constitutionnel. Nommez le roi avant ou après la nation; pourvu que le roi et la nation s'entendent, qu'importent? Le monarque doit posséder la sagesse; la nation doit vivre dans la confiance. Si l'un ou l'autre se trompent, le remède se trouve dans le gouvernement représentatif, ainsi que le montrent l'Angleterre et la Suède. Hors de ce mode de gouvernement, le peuple ne sait où prendre sa garantie; le chef de l'état, où puiser sa sécurité: la catastrophe de l'Espagne (en 1808) le témoigne assez hautement. Un souverain, qu'il s'intitule kan, schah, padischah, tzar, empereur, roi, archiduc, grand-duc, duc, etc., ne saurait posséder la puissance en vertu de son organisation individuelle. L'espèce humaine ne présente pas une variété qu'on puisse appeler souveraine. Le monde social ne comporte pas les classifications de la botanique. Gardons-nous d'élever des discussions métaphysiques, c'est se battre à la manière des guerriers d'Ossian, dans la région des nuages, des vapeurs, des fantômes; et cependant les atteintes n'en sont pas moins réelles, les blessures moins cuisantes. Souveraineté du peuple, droit divin des couronnes, l'une et l'autre de ces doctrines absolues ont ravagé l'Europe moderne. On l'a dit, il y a deux siècles, au parlement de Paris: *Les rois et les peuples ne s'entendirent jamais mieux que dans le silence.*

CHARTE CONSTITUTIONNELLE.

LOUIS, par la grace de Dieu, ROI DE FRANCE ET DE NAVARRE, à tous ceux qui ces présentes verront, SALUT:

La divine Providence, en nous rappelant dans nos états après une longue absence, nous a imposé de grandes obligations. La paix était le premier besoin de nos sujets, nous nous en sommes occupé sans relâche; et cette paix, si nécessaire à la France, comme au reste de l'Europe, est signée. Une Charte constitutionnelle était sollicitée par l'état actuel du royaume; nous l'avons promise, et nous la publions. Nous avons considéré que, bien que l'autorité toute entière résidât en France dans la personne du roi, nos prédécesseurs n'avaient point hésité à en modifier l'exercice, suivant la différence des temps; que c'est ainsi que les communes ont dû leur affranchissement à Louis-le-Gros, la confirmation et l'extension de leurs droits à saint Louis et à Philippe-le-Bel; que l'ordre judiciaire a été établi et développé par les lois de Louis XI, de Henri II et de Charles IX; enfin, que Louis XIV a réglé presque toutes les parties de l'administration publique par différentes ordonnances dont rien encore n'avait surpassé la sagesse.

Nous avons dû, à l'exemple des rois nos prédécesseurs, apprécier les effets des progrès toujours croissants des lumières, les rapports nouveaux que ces progrès ont introduits dans la société, la direction imprimée aux esprits depuis un demi-siècle, et les graves altérations qui en sont résultées : nous avons reconnu que le vœu de nos sujets pour une Charte constitutionnelle était l'expression d'un besoin réel; mais, en cédant à ce vœu, nous avons pris toutes les précautions pour que cette Charte fût digne de nous et du peuple auquel nous sommes fiers de commander. Des hommes sages, pris dans les premiers corps de l'état, se sont réunis à des commissaires de notre conseil, pour travailler à cet important ouvrage.

En même temps que nous reconnaissions qu'une constitution libre et monarchique devait remplir l'attente de l'Europe éclairée, nous avons dû nous souvenir aussi que notre premier devoir envers nos peuples était de conserver, pour leur propre intérêt, les droits et les prérogatives de notre couronne. Nous avons espéré que, instruits par l'expérience, ils seraient convaincus que l'autorité suprême peut seule donner aux institutions qu'elle établit la force, la permanence et la majesté dont elle est elle-même revêtue, qu'ainsi, lorsque la sagesse des rois s'accorde librement avec le vœu des peuples, une Charte constitutionnelle peut être de longue durée; mais que, quand la violence arrache des concessions à la faiblesse du gouvernement, la liberté publique n'est pas moins en danger que le trône même. Nous avons enfin cherché les principes de la Charte constitutionnelle dans le caractère français, et dans les monuments vénérables des siècles passés. Ainsi nous avons vu dans le renouvellement de la pairie une institution vraiment nationale, et qui doit lier tous les souvenirs à toutes les espérances, en réunissant les temps anciens et les temps modernes.

Nous avons remplacé, par la chambre des députés, ces assemblées des Champs de Mars et de Mai, et ces chambres du tiers-état, qui on tsouvent donné tout-à-la-fois des preuves de zèle pour les intérêts du peuple, de fidélité et de respect pour l'autorité des rois. En cherchant ainsi à renouer la chaîne des temps, que de funestes écarts avaient interrompue, nous avons effacé de notre souvenir, comme nous voudrions qu'on pût les effacer de l'histoire, tous les maux qui ont affligé la patrie durant notre absence. Heureux de nous retrouver au sein de la grande famille, nous n'avons su répondre à l'amour dont nous recevons tant de témoignages, qu'en prononçant des paroles de paix et de consolation. Le vœu le plus cher à notre cœur, c'est que tous les Français vivent en frères, et que jamais aucun souvenir amer ne trouble la sécurité qui doit suivre l'acte solennel que nous leur accordons aujourd'hui.

Sûr de nos intentions, fort de notre conscience, nous nous engageons, devant l'assemblée qui nous écoute, à être fidèle à cette Charte constitutionnelle, nous réservant d'en jurer le maintien, avec une nouvelle solennité devant les autels de celui qui pèse dans la même balance les rois et les nations.

A CES CAUSES,

NOUS AVONS volontairement, et par le libre exercice de notre autorité royale, ACCORDÉ ET ACCORDONS, FAIT CONCESSION ET OCTROI à nos sujets, tant pour nous que pour nos successeurs, et à toujours, de la Charte constitutionnelle qui suit :

Droit public des Français. — ART. 1er. Les Français sont égaux devant la loi, quels que soient d'ailleurs leurs titres et leurs rangs.

2. Ils contribuent indistinctement, dans la proportion de leur fortune, aux charges de l'état.

3. Ils sont tous également admissibles aux emplois civils et militaires.

4. Leur liberté individuelle est également garantie, personne ne pouvant être poursuivi ni arrêté que dans les cas prévus par la loi, et dans les formes qu'elle prescrit.

5. Chacun professe sa religion avec une égale liberté, et obtient pour son culte la même protection.

6. Cependant la religion catholique, apostolique et romaine, est la religion de l'état.

7. Les ministres de la religion catholique apostolique et romaine, et ceux des autres cultes chrétiens, reçoivent seuls des traitements du trésor royal.

8. Les Français ont le droit de publier et de faire imprimer leurs

opinions, en se conformant aux lois qui doivent réprimer les abus de cette liberté.

9. Toutes les propriétés sont inviolables, sans aucune exception de celles qu'on appelle *nationales*, la loi ne mettant aucune différence entre elles.

10. L'état peut exiger le sacrifice d'une propriété, pour cause d'intérêt public légalement constaté, mais avec une indemnité préalable.

11. Toutes recherches des opinions et votes émis jusqu'à la restauration, sont interdites. Le même oubli est commandé aux tribunaux et aux citoyens.

12. La conscription est abolie. Le mode de recrutement de l'armée de terre et de mer est déterminé par une loi.

Formes du gouvernement du roi. — 13. La personne du roi est inviolable et sacrée. Ses ministres sont responsables. Au roi seul appartient la puissance exécutive.

14. Le roi est le chef suprême de l'état, commande les forces de terre et de mer, déclare la guerre, fait les traités de paix, d'alliance et de commerce, nomme à tous les emplois d'administration publique, et fait les réglements et ordonnances nécessaires pour l'exécution des lois et la sûreté de l'état.

15. La puissance législative s'exerce collectivement par le roi, la chambre des pairs, et la chambre des députés des départements.

16. Le roi propose la loi.

17. La proposition de la loi est portée, au gré du roi, à la chambre des pairs ou à celle des députés, excepté la loi de l'impôt, qui doit être adressée d'abord à la chambre des députés.

18. Toute loi doit être discutée et votée librement par la majorité de chacune des deux chambres.

19. Les chambres ont la faculté de supplier le roi de proposer une loi sur quelque objet que ce soit, et d'indiquer ce qu'il leur paraît convenable que la loi contienne.

20. Cette demande pourra être faite par chacune des deux chambres, mais après avoir été discutée en comité secret: elle ne sera envoyée à l'autre chambre par celle qui l'aura proposée, qu'après un délai de dix jours.

21. Si la proposition est adoptée par l'autre chambre, elle sera mise sous les yeux du roi; si elle est rejetée, elle ne pourra être représentée dans la même session.

22. Le roi seul sanctionne et promulgue les lois.

23. La liste civile est fixée pour toute la durée du règne, par la première législature assemblée depuis l'avènement du roi.

De la chambre des pairs.—24. La chambre des pairs est une portion essentielle de la puissance législative.

25. Elle est convoquée par le roi en même temps que la chambre des députés des départements. La session de l'une commence et finit en même temps que celle de l'autre.

26. Toute assemblée de la chambre des pairs qui serait tenue hors du temps de la session de la chambre des députés, ou qui ne serait pas ordonnée par le roi, est illicite et nulle de plein de droit.

27. La nomination des pairs de France appartient au roi. Leur nombre est illimité ; il peut en varier les dignités, les nommer à vie ou les rendre héréditaires, selon sa volonté.

28. Les pairs ont entrée dans la chambre à vingt-cinq ans, et voix délibérative à trente ans seulement.

29. La chambre des pairs est présidée par le chancelier de France, et, en son absence, par un pair nommé par le roi.

30. Les membres de la famille royale et les princes du sang sont pairs par le droit de leur naissance : ils siégent immédiatement après le président ; mais ils n'ont voix délibérative qu'à vingt-cinq ans.

31. Les princes ne peuvent prendre séance à la chambre que de l'ordre du roi, exprimé pour chaque session par un message, à peine de nullité de tout ce qui aurait été fait en leur présence.

32. Toutes les délibérations de la chambre des pairs sont secrètes.

33. La chambre des pairs connaît des crimes de haute trahison et des attentats à la sûreté de l'état, qui seront définis par la loi.

34. Aucun pair ne peut être arrêté que de l'autorité de la chambre, et jugé que par elle en matière criminelle.

De la chambre des députés des départements. — 35. La chambre des députés sera composée des députés élus par les colléges electoraux dont l'organisation sera déterminée par des lois.

36. Chaque département aura le même nombre de députés qu'il a eu jusqu'à présent.

37. Les députés seront élus pour cinq ans, et de manière que la chambre soit renouvelée chaque année par cinquième.

38. Aucun député ne peut être admis dans la chambre, s'il n'est âgé de quarante ans, et s'il ne paie une contribution directe de mille francs.

39. Si néanmoins il ne se trouvait pas dans le département cinquante personnes de l'âge indiqué, payant au moins mille francs de contri-

butions directes, leur nombre sera complété par les plus imposés au-dessous de mille francs, et ceux-ci pourront être élus concurremment avec les premiers.

40. Les électeurs qui concourent à la nomination des députés ne peuvent avoir droit de suffrage s'ils ne paient une contribution directe de trois cents francs, et s'ils ont moins de trente ans.

41. Les présidents des colléges électoraux seront nommés par le roi, et de droit membre du collége.

42. La moitié au moins des députés sera choisie parmi des éligibles qui ont leur domicile politique dans le département.

43. Le président de la chambre des députés est nommé par le roi, sur une liste de cinq membres présentée par la chambre.

44. Les séances de la chambre sont publiques, mais la demande de cinq membres suffit pour qu'elle se forme en comité secret.

45. La chambre se partage en bureaux pour discuter les projets qui lui ont été présentés de la part du roi.

46. Aucun amendement ne peut être fait à une loi, s'il n'a été proposé ou consenti par le roi, et s'il n'a été renvoyé et discuté dans les bureaux.

47. La chambre des députés reçoit toutes les propositions d'impôts; ce n'est qu'après que ces propositions ont été admises, qu'elles peuvent être portées à la chambre des pairs.

48. Aucun impôt ne peut être établi ni perçu, s'il n'a été consenti par les deux chambres et sanctionné par le roi.

49. L'impôt foncier n'est consenti que pour un an. Les impositions indirectes peuvent l'être pour plusieurs années.

50. Le roi convoque chaque année les deux chambres : il les proroge, et peut dissoudre celle des députés des départements; mais, dans ce cas, il doit en convoquer une nouvelle dans le délai de trois mois.

51. Aucune contrainte par corps ne peut être exercée contre un membre de la chambre, durant la session, et dans les six semaines qui l'auront précédée ou suivie.

52. Aucun membre de la chambre ne peut, pendant la durée de la session, être poursuivi ni arrêté en matière criminelle, sauf le cas de flagrant délit, qu'après que la chambre a permis sa poursuite.

53. Toute pétition, à l'une ou à l'autre des chambres, ne peut être faite et presentée que par écrit. La loi interdit d'en apporter en personne et à la barre.

Des Ministres. — 54. Les ministres peuvent être membres de la chambre des pairs ou de la chambre des députés. Ils ont en outre leur entrée dans l'une et l'autre chambre, et doivent être entendus quand ils le demandent.

55. La chambre des députés a le droit d'accuser les ministres, et de les traduire devant la chambre des pairs, qui seule a celui de les juger.

56. Ils ne peuvent être accusés que pour fait de trahison ou de concussion. Des lois particulières spécifieront cette nature de délits, et en détermineront les poursuites.

De l'ordre judiciaire.—57. Toute justice émane du roi. Elle s'administre en son nom par des juges qu'il nomme et qu'il institue.

58. Les juges nommés par le roi sont inamovibles.

59. Les cours et tribunaux ordinaires actuellement existants sont maintenus. Il n'y sera rien changé qu'en vertu d'une loi.

60. L'institution actuelle des juges de commerce est conservée.

61. La justice de paix est également conservée. Les juges de paix, quoique nommés par le roi, ne sont point inamovibles.

62. Nul ne pourra être distrait de ses juges naturels.

63. Il ne pourra, en conséquence, être créé de commissions et tribunaux extraordinaires. Ne sont pas comprises sous cette dénomination les juridictions prévôtales, si leur rétablissement est jugé nécessaire.

64. Les débats seront publics en matière criminelle, à moins que cette publicité ne soit dangereuse pour l'ordre et les mœurs; et, dans ce cas, le tribunal le déclare par un jugement.

65. L'institution des jurés est conservée. Les changements qu'une plus longue expérience ferait juger nécessaire, ne peuvent être effectués que par une loi.

66. La peine de la confiscation des biens est abolie, et ne pourra pas être rétablie.

67. Le roi a le droit de faire grace, et celui de commuer les peines.

68. Le code civil et les lois actuellement existantes, qui ne sont pas contraires à la présente Charte, restent en vigueur jusqu'à ce qu'il y soit légalement dérogé.

Droits particuliers garantis par l'État.—69. Les militaires en activité de service, les officiers et soldats en retraite, les veuves, les officiers et soldats pensionnés, conserveront leurs grades, honneurs et pensions.

70. La dette publique est garantie. Toute espèce d'engagement pris par l'état avec ses créanciers, est inviolable.

71. La noblesse ancienne reprend ses titres : la nouvelle conserve les siens. Le roi fait des nobles à volonté ; mais il ne leur accorde que des rangs et des honneurs, sans aucune exception des charges et des devoirs de la societé.

72. La légion d'honneur est maintenue. Le roi en déterminera les réglements intérieurs et la décoration.

73. Les colonies seront régies par des lois et des réglements particuliers.

74. Le roi et ses successeurs jureront, dans la solemnité de leur sacre, d'observer fidèlement la présente Charte constitutionnelle.

Articles transitoires.—75. Les députés des départements de France qui siégeaient au corps législatif, lors du dernier ajournement, continueront de siéger à la chambre des députés, jusqu'à remplacement.

76. Le premier renouvellement d'un cinquième de la chambre des députés aura lieu, au plus tard, en l'année 1816, suivant l'ordre établi entre les séries.

Nous ordonnons que la présente Charte constitutionnelle, mise sous les yeux du sénat et du corps législatif, conformément à notre proclamation du 2 mai, sera envoyée incontinent à la chambre des pairs et à celle des députés.

Donné à Paris, l'an de grace 1814, et de notre règne le dix-neuvième.

Signé LOUIS.

Et plus bas : *Le ministre secrétaire-d'état*,

Signé L'ABBÉ DE MONTESQUIOU.

Visa : *Le chancelier de France*, *Signé* DAMBRAY.

Après une révolution qui a déplacé beaucoup de propriétés, transformé les habitudes, amené d'autres besoins, et après une lacune de vingt-deux ans, *Louis XVIII*, paraissant sur le trône royal, donne cette Charte à la France, comme une garantie pour l'avenir, comme une transaction entre le présent et le passé, entre les intérêts qu'a produits la révolution pour la masse et quelques intérêts particuliers dérivés de l'ancien régime, et qui se sont maintenus. En sa qualité de roi, Louis XVIII a cru devoir se considérer comme le représentant universel. S'entourant d'hommes sages, éclairés, qu'il choisit dans les premiers corps de l'état, pour la confection de cette Charte qui n'est improvisée que dans sa facile rédaction, le roi l'annonce avec confiance. Il ne pense pas qu'en la rendant obligatoire, à l'instant même, la nation puisse revendiquer un droit d'acceptation. L'importance des bienfaits qu'elle montre, semble à ce prince devoir dispenser de toute suspension. Il pense que les hommes en général consentent à devenir heureux. Tous les principes qu'elle consacre sont le résultat d'observations suivies, d'expériences d'un quart de siècle, sur les besoins et les vœux de l'immense majorité des Français. Par cet acte, la royauté rejette toute alliance avec le despotisme, répudie la féodalité, et, s'unissant seulement à l'intérêt de la propriété, se mettant dans l'heureuse impuissance de méconnaître les besoins réels et les vœux permanents des Français, elle asseoit le trône sur les plus solides bases. La Charte a résolu le problème de concilier ce qui est possible, avec ce qui est desirable.— *Malesherbes* avait proposé à *Louis XVI*, en 1788, de donner lui-même une constitution libre à la France, et de convoquer ensuite les représentants de la nation. Ce conseil perdu par l'infortuné monarque est retrouvé par son frère.

La Charte est donc ce nœud formé par la sagesse, qui réunit solidement la puissance et le bonheur, la confiance et l'autorité, la grandeur du monarque et la liberté publique. Sa perfection consiste dans le pouvoir de nous gouverner sans menace, sans violence, sans artifice, et comme une famille. Le gouvernement représentatif embrasse ou considère une immensité d'objets, et cependant, il est mesuré dans ses moyens et prudent dans sa marche; il donne à la vertu de l'essor, aux esprits de la flexibilité; la justice le conduit, la bonne foi devient son bouclier, la vérité son épée. Ces résultats s'apprécieront bien mieux sous des rois incapables ou faibles, aux époques de minorité, ou de crises politiques, ou de formidables agressions. Par lui, on échappe aux hasards d'une monarchie absolue. Les meilleurs princes, saint Louis, Louis XII, Henri IV, redoutant les erreurs de leur autorité, se plurent à demander les conseils de leurs sujets. Charles V, à son lit de mort, prévoyant de prochains malheurs, regretta de n'avoir pas établi la périodicité des états-généraux. Philippe-le-Bel, Louis XI, Jean, enveloppés de dangers, trouvèrent des ressources certaines dans les résolutions de ces assemblées. Mais les princes absolus que dévorait la jalousie du pouvoir, qui prenaient leurs modèles à Constantinople, qui furent le jouet de leurs passions et de leurs flatteurs, placés par leurs excès sur le bord de l'abîme, préféraient y tomber, que recourir aux lumières publiques. Ils craignaient l'intervention de la nation, et lui refusaient de prendre connaissance de ses intérêts. François Ier, Louis XIV, Louis XV, repoussant tous les vœux à cet égard, léguèrent à Louis XVI cette défiance générale qui devint si funeste à la couronne. Il était donné à Louis XVIII d'accomplir les desseins de son frère. Mais, quel affreux intervalle! Puissions-nous pressentir le bonheur destiné à la France, par une ferme adhésion aux principes de la Charte! Que l'ambition d'un ministère dépravé, ou l'inflexible orgueil des rejetons de la vieille aristocratie; ou l'égarement de quelques sophistes à théories générales, ne viennent pas s'opposer au développement de ces institutions dont la Charte a si bien tracé les linéaments.

La Charte, malgré ses imperfections, et même quelques discordances de détail, malgré quelques réticences, malgré des commentaires indiscrets, malgré les explications inconsidérées du chancelier Dambray, la Charte se popularisera de plus en plus, parce qu'en annonçant le dessein de fermer le cercle des révolutions, elle rétracte les doctrines contre-révolutionnaires, efface les prétentions émanées de l'ancien régime; prétentions et doctrines en horreur à la nation qui, depuis vingt-cinq ans, ne cesse de réclamer les droits du citoyen, l'égalité politique.

Formation des chambres législatives. — Désignées par le roi, elles se constituent immédiatement. — La chambre des pairs se compose de cent cinquante-quatre pairs nommés à vie; savoir : quatre-vingt-six sénateurs, plusieurs maréchaux et généraux, trois prélats ecclésiastiques, les ducs et pairs reconnus sous Louis XVI, et quelques nobles de l'ancien régime, qui jouissent de la faveur des princes réintégrés.

6. *Adresse de la chambre des députés au roi, sanctionnant le vœu des Français.* — « . . . . Votre majesté a senti qu'elle « imprimerait aux lois de la France un caractère plus irrévocable, « en sanctionnant le vœu des Français. C'est, en effet, en accueillant « les principales dispositions présentées par les différents corps de « l'état, c'est en écoutant tous les vœux, que votre majesté a formé « cette Charte constitutionnelle qui, *par le concours de toutes les « volontés,* raffermit à-la-fois les bases du trône et de la liberté pu-« blique. . . . . En vertu de cette Charte, la noblesse ne se « présentera désormais aux regards du peuple, qu'entourée de témoi-« gnages d'honneur et de gloire que ne pourront plus altérer les « souvenirs de la féodalité. Les principes de la liberté civile se trou-« vent établis sur l'indépendance du pouvoir judiciaire et la conser-« vation du jury, *précieuse garantie* DE TOUS LES DROITS. . . . . . *Aussi « avons-nous l'intime confiance que l'assentiment des Français don-« nera à cette Charte tutélaire un caractère* TOUT-A-FAIT NATIONAL. . . . »

Juillet 12. *Rapport sur la situation du royaume*, présenté aux chambres, par le ministre de l'intérieur.

L'abbé de Montesquiou développe, avec une affectation très-soignée, les erreurs, les abus, les injustices qui ont eu lieu dans les diverses parties de l'administration, sous le régime impérial; il en exagère les fâcheuses conséquences pour la France actuelle, tandis qu'il glisse, avec une légèreté remarquable, sur les merveilleux progrès manifestés depuis douze ans. Cet exposé est une amère censure, une diatribe inconsidérée de tout ce qui se fit. Cependant il est trop avéré par les relevés statistiques que la population de la France s'est considérablement accrue, depuis l'établissement du gouvernement consulaire. Les hommes les moins indulgents pour le despote découronné ne sauraient ne pas reconnaître que le sort des classes inférieures ne soit devenu plus supportable, et que, dans les campagnes sur-tout, elles n'aient acquis un peu d'aisance; que l'industrie, l'agriculture, n'aient pris un essor extraordinaire, obtenu d'étonnants succès; qu'on n'ait administré avec intelligence, avec une activité surprenante; qu'on n'ait entrepris beaucoup de travaux utiles; perfectionné, exécuté sur une grande échelle, des essais timidement ou passagèrement faits sous le régime antérieur à la révolution; qu'on n'ait favorisé tous les produits nationaux sur lesquels la guerre maritime n'exerçait pas une compression irrésistible. Sous ce rapport, Napoléon a droit à la reconnaissance; mais sous ce rapport seulement. Car il avait trop bien senti la nécessité d'offrir un dédommagement à la nation qu'il privait de tant d'autres avantages, sur laquelle il répandait des flots de calamités. Ayant prévu que, pour l'entraîner, il ne suffirait pas de la magie des victoires, il ajouta le prestige d'un grand perfectionnement en toutes choses. Ses nombreux bienfaits déguisaient fort habilement ses aberrations et ses iniquités politiques. Il est trop constant que la condition de l'individu placé hors du cercle politique et des mesures rigoureuses que prescrivait l'ambitieuse fureur du chef de l'état, s'est améliorée au point d'étonner, en 1814, les observateurs étrangers qui avaient vu en 1789 la misère de nos paysans dans presque toutes les provinces. Les Français sont peut-être excusables de s'être laissés décevoir sur les intentions générales du gouvernement impérial, par la possession des avantages qu'ils en recevaient. Le bien qui s'échappe de la main d'un méchant homme, n'en est pas moins un bien.

Mais l'abbé-ministre, cédant à des idées systématiques, à des préventions féodales, à l'influence des souvenirs, ou bien au desir de faire reluire sa faconde, ne craint pas de déduire aux représentants de la nation un exposé très-fautif, comme s'il pouvait leur dérober la connaissance des faits dont ils furent les témoins, ou voiler les objets qu'ils ont sans cesse sous les yeux.

Ce que l'abbé-ministre devrait énoncer dans son exposé, c'est que, depuis trois mois, plusieurs choses sont doubles dans ce singulier royaume, à peine recomposé. Il y a deux armées : l'ancienne qui se réveille du réveil d'Épiménide, toute composée d'officiers, dont à peine deux mille continuèrent de servir sous les drapeaux du corps valeureux de Condé, jusqu'au jour où la politique étrangère les éloigna des champs de bataille ; la nouvelle armée, composée d'une multitude de généraux, d'officiers, de soldats, qui triomphèrent de l'Europe, jusqu'au jour où ils se virent trahis par la démence de leur chef. Il y a deux marines : l'ancienne, la nouvelle. Il y a deux noblesses incompatibles. Il y a deux décorations rivales, de couleur de feu : le cordon de Saint-Louis, se portant de droite à gauche ; le cordon de la légion-d'honneur, passant de gauche à droite. Il existe même deux clergés, car on aperçoit cette *petite église*, formée d'évêques récalcitrants et de leurs adhérents et de leurs pénitentes. La petite église s'oppose clandestinement aux arrangements susceptibles de ramener en France le véritable sentiment religieux, et réclame le retour d'une foule d'abus, d'une foule de fondations parasites, et sur-tout la renaissance de la prééminence ecclésiastique. On commence aussi à discerner que plusieurs personnages, appelés au conseil de la royauté, recèlent des idées contraires aux dispositions de la Charte ; et, avant la fin de l'année, leur duplicité se reconnaîtra aux ravages de leur influence. Il ne manque plus que l'établissement bien déterminé d'un gouvernement occulte, tel que celui qui pesait par intervalles sur l'infortuné *Louis XVI*, pour que toutes choses soient doubles. Buffon, admirant l'œuvre de la création, y reconnaît la simplicité du dessein et la magnificence de l'exécution. On peut assurer en voyant l'édifice qu'essaient de construire les ministres de *Louis XVIII*, qu'il y a confusion dans le plan, mesquinerie et incohérence dans les détails.

A dater de l'expulsion de Napoléon, l'esprit de parti, s'opposant à l'évidence, prétendra qu'aucun bien n'a pu s'opérer depuis la convocation des états-généraux, attendu que la révolution n'est qu'une longue rebellion, et que des rebelles ne peuvent ni amener ni laisser arriver aucun avantage. Cependant il faut bien convenir que les lois sur la primogéniture, le mépris général pour le commerce, les moines, les maisons religieuses, que, sur-tout, l'humiliation dans laquelle vivait le paysan, que toutes ces causes contraires au bien-être et à l'accroissement de la population ont été entraînées dans le tourbillon révolutionnaire, et remplacées bientôt par des causes directement favorables. L'émigration de la noblesse et d'une partie du clergé fut plus que compensée par l'effet du transfert de leurs propriétés entre les mains d'un grand nombre de familles de prolétaires. L'aisance nouvelle de ceux-ci multiplia les mariages; les malheurs même de la guerre, en hâtant les liens légaux ou illégitimes, lui fournirent des ressources pour réparer les brèches qu'elle faisait à la population; et enfin, l'influence de la vaccine fut sensible dès les premières années de son introduction.

16. *Ordonnance du roi, concernant la garde nationale.* — Toute garde nationale est *sédentaire et non mobile.* — La garde *urbaine* est distinguée de la garde *rurale.* — *Tous les officiers seront à la nomination du roi.* — Il y aura des inspecteurs-généraux et un inspecteur particulier dans chaque département. Cette ordonnance, contraire à la nature des institutions primitives des gardes nationales constitutionnelles, offre un amalgame étrange du régime militaire avec le régime administratif. Elle conserve presque toutes les dispositions faites dans l'intérêt du pouvoir absolu, par le sénatus-consulte du 24 septembre 1805, et le décret du 12 novembre 1806.

20. *Traité de paix entre la France et l'Espagne, signé à Paris.* — Les deux états rentrent dans tous les rapports existants au 1er janvier 1792. — Les propriétés des Français en Espagne, des Espagnols en France, seront rendues.

Août 7. *Bulle du pape Pie VII, portant le rétablissement de l'ordre des Jésuites.*

Le saint-père déclare, qu'intercédé par l'empereur *Paul* de Russie et le roi *Ferdinand* de Naples (le premier, d'une communion hétérodoxe et trop bien connu par le désordre, comme le second par la faiblesse de toutes idées politiques ou législatives), de rétablir cette société dans leurs états, et ayant gracieusement accédé à leurs humbles prières, par ses brefs du 7 mars 1801 et du 30 juin 1804, il répand aujourd'hui sur l'univers ce bienfait si judicieusement apprécié par les esprits éclairés. « . . . . *Le monde catho-* « *lique demande, d'une voix unanime,* le rétablissement de la com- « pagnie de Jésus, et nous recevons chaque jour, à cet effet, de « pressantes supplications DES ARCHEVÊQUES ET ÉVÊQUES. . . . . » La fin de ce bref manifeste, sans équivoque, les impérissables prétentions de la papauté. « Nous ordonnons que les présentes lettres « soient invariablement observées, suivant leur forme et teneur, « dans tous les temps à venir; qu'elles obtiennent leur plein et entier « effet; qu'elles ne soient *jamais* soumises au jugement ou à la révi- « sion *d'aucun juge*, QUELLE QUE SOIT L'AUTORITÉ DONT IL SE TROUVE « INVESTI.............. Si quelqu'un essayait d'enfeindre quelque « partie de cette ordonnance, ou de s'y opposer PAR UNE AUDACIEUSE « TÉMÉRITÉ, qu'il sache que, par-là, il encourra l'indignation du « Dieu tout-puissant, et des saints apôtres Pierre et Paul. »

Ne croirait-on pas entendre *Hildebrand* imposant ses absolues volontés à l'Europe? Cependant le pontife qui menace ainsi, de l'enfer des ultra-montains, les gouvernements qui refuseront d'admettre les jésuites, est ce même évêque républicain d'Imola, panégyriste des Brutus et de Caton d'Utique (*V.* 25 décembre 1797). Cette bulle annonce aux contrées catholiques la reprise d'un système tout-à-fait contraire à l'esprit qui devrait appartenir au chef de la catholicité, d'un système perturbateur, incompatible avec l'esprit des temps, et menaçant pour la tranquillité des états (*V.* 2 janvier 1816).

Le parlement de Paris, en bannissant les jésuites, avait déclaré par son arrêt du 6 août 1762, leur institut « inadmissible, par sa « nature, dans tout état policé, comme contraire au droit naturel, « attentatoire à toute autorité spirituelle et temporelle, et tendant « à introduire dans l'église et dans les états, sous le voile spécieux « d'un institut religieux, non un ordre qui aspire véritablement et « uniquement à la perfection évangélique, mais plutôt un *corps politique* dont l'essence consiste dans une activité continuelle pour « parvenir, par toutes sortes de voies directes ou indirectes, sourdes « ou publiques, d'abord à une indépendance absolue, et successive- « ment à l'usurpation de toute autorité » (*V.* 23 juin 1804).

21. *Ordonnance du roi* portant que toutes les inscriptions sur les listes d'émigrés, et encore subsistantes, à défaut d'élimination, de radiation, etc. (*V.* 24 avril 1802), sont abolies, à compter du jour de la publication de la Charte constitutionnelle (4 juin).

Septembre 18. *Proclamation de Christophe*, chef des noirs de Saint-Domingue, sous le nom et le titre de *Henri Ier, roi de Haïti*. — Il déclare qu'il s'opposera à toutes les tentatives de la France sur ses états, et qu'il ne consentira jamais à des traités qui compromettraient l'honneur, la liberté et l'indépendance du peuple de Haïti.

23. *Lois de finances. Budgets de 1814 et de 1815.*

Au 1er avril 1814, le total des cinq pour cent consolidés, formant la dette perpétuelle, se portait à soixante-trois millions trois cent mille francs; les pensions à la charge du trésor étaient de vingt millions. — L'arriéré propre au ministère des finances paraît être de six cent quarante-quatre millions, dont cent soixante-treize et demi exigibles; l'arriéré général des ministères et des finances, pour dépenses antérieures au 1er avril 1814, s'évalue à un milliard trois cent huit millions, dont sept cent cinquante-neuf exigibles.

Exercice 1814. — Dépenses, huit cent vingt-sept millions quatre cent quinze mille francs; recettes, cinq cent vingt millions de francs.

Exercice 1815. — Dépenses, cinq cent quarante-sept millions sept cent mille francs; recettes, six cent dix-huit millions de francs.

Principaux détails des dépenses pour 1815.

Liste civile, Famille royale	33,000,000 f.
Chambres législatives	7,200,000
Justice	20,000,000
Affaires étrangères	9,500,000
Intérieur	85,000,000
Guerre	200,000,000
Marine	51,000,000
Police	1,000,000
Finances	23,000,000
Dette publique	100,000,000
Intérêts des cautionnements, Frais de négociation	18,000,000

Octobre 21. *Loi relative à la liberté de la presse.*

ART. 1er. Tout écrit de plus de vingt feuilles d'impression, pourra être publié librement. 2. Il en sera de même des écrits en langues mortes ou étrangères, des mandements ou autres écrits du clergé en fonctions, des mémoires sur procès, des mémoires des sociétés littéraires ou savantes *autorisées*, des opinions des membres des deux chambres. 3. Les écrits de vingt feuilles et au-dessous, seront sujets à l'examen ou à la censure préalables. 4. Le directeur-général de la librairie fera procéder à l'examen. 5. Il pourra ordonner qu'il soit sursis à l'impression. 9. Les journaux et écrits périodiques ne paraîtront qu'avec l'autorisation du roi. 11. Nul ne sera imprimeur ni libraire, s'il n'est bréveté par le roi et assermenté. 12. Les brevets pourront être retirés à ceux qu'un jugement aura convaincus de contravention aux réglements. 14. Nul écrit ne pourra être imprimé qu'après déclaration faite. 16. Il y aura lieu à séquestre et saisie de l'ouvrage, si les formalités ne sont pas observées. 22. Les dispositions ci-dessus cesseront d'avoir leur effet à la fin de la session de 1816, à moins qu'elles ne soient reprodnites par une loi.

Cette loi serait plus convenablement intitulée (Loi sur la police de la presse et des ateliers d'imprimerie); elle est le résultat des étranges méditations de l'abbé *de Montesquiou*, ministre de l'intérieur, sur le gouvernement constitutionnel. Il dit, sans détour : « Une plus grande « latitude serait dangereuse. Ne citons pas l'exemple des Anglais. La « nature a réparti ses dons entre les peuples. Si nous n'avons pas la « sage froideur des Anglais, n'avons-nous pas cette vivacité d'esprit, « ce sentiment des convenances, et tant d'autres avantages qui nous « ont valu ASSEZ *de bonheur et de gloire pour que nous puissions nous « en contenter?* » Ensuite cet orateur comble d'éloges *François Ier*, et le montre portant avec gloire le nom de *Père des Lettres;* il fait voir que le beau siècle de *Louis XIV* n'a pu prendre un nom plus glorieux que celui de ce prince; et que, cependant, sous *François Ier*, la liberté de la presse n'existait pas; que sous *Louis XIV* la censure était terrible, et telle qu'on n'oserait jamais la proposer. Il fonde la nécessité de la censure sur l'usage *nécessaire* des passe-ports, qui, suivant lui, ne gênent en aucune manière les voyageurs. Epiloguant sur le mot *censure:* « Elle est, dit-il, importante aux bonnes lettres. « *La censure devint importune à Rome, lorsque les mœurs se corrom-« pirent;* de même, lorsque les lettres se corrompent, on ne veut plus « de censeurs littéraires. » — Ainsi, selon cette décision dogmatique d'un abbé de Paris, les lettres n'ont cessé d'être corrompues en Angleterre et dans les pays libres! dans ceux au contraire, où la production de la pensée est assujettie à des prohibitions, comme en Italie et en France, on ne publia jamais de mauvais livres! —Ensuite, ornant sa rhétorique d'une prosopopée, le ministre poursuit: « Je me « figure Louis XIV arrivant dans cette assemblée, escorté de ces « grands écrivains *qu'on ne sépare jamais de sa gloire;* il entend cette « assemblée discuter froidement sur l'honneur de la nation, sur les « destinées de l'empire, sur ce qu'il y a de plus auguste, et tout cela, « pour des journaux, pour des pamphlets, pour de simples feuilles! » — Oui, monsieur l'abbé; puisque cette liberté doit préserver toutes les libertés : s'il y avait eu des journaux libres, l'atroce édit de 1685 fût resté le projet de quelques théologiens fanatiques. — Voilà, certes, un artifice oratoire bien malheureusement trouvé, que de conduire au milieu d'une assemblée politique, un souverain altier, absolu, vrai despote, celui qui disait, *L'état, c'est moi ;* celui dont les théologiens tranquillisaient la conscience, en assurant qu'il avait tout droit de saisir les propriétés de ses sujets ; celui qui, le fouet à la main, faisait taire les doléances du parlement ; celui qui maltraita Fénélon et Racine s'attendrissant sur les souffrances du peuple ! Pourquoi le ministre-orateur, après avoir cité Louis XIV, ne cite-t-il pas *Napoléon ?*

Enfin, l'abbé de Montesquiou affirme que *prévenir* les abus c'est les *réprimer*, et soutient une longue argumentation pour démontrer la synonymie de ces deux termes.—C'est ainsi que des subtilités scolastiques viennent au secours du ministre. Ces arguments, de quelque élégant vernis qu'ils soient recouverts, sont dignes de la Somme de saint Thomas. Ah ! si Malesherbes avait entendu les phrases mal sonnantes de M. l'abbé, qu'il se serait cru loin du dix-neuvième siècle ! En résultat, celui-ci prouve qu'il est, à-la-fois, peu grammairien, peu dialecticien, et encore moins homme d'état, c'est-à-dire peu capable. — Trois députés se sont honorés par une vigoureuse opposition à ces doctrines erronées : ce sont MM. *Bédoch, Flaugergues,* et sur-tout *Raynouard,* dont le discours restera, comme un morceau d'étude sorti d'une main habile, comme la noble déclaration d'une ame enflammée de sentiments généreux ; mais ils n'obtiennent rien sur la majorité de ces législateurs trop habitués au servage impérial pour repousser les sophismes d'un ministre. La loi est reçue par cent trente-sept voix sur deux cent dix-sept.

Novembre 3. *Ouverture du congrès de Vienne,* en exécution de l'article 32 du traité de Paris, du 30 mai.

8. *Loi relative à la liste civile et à la dotation de la couronne.* — Conformément à l'article 23 de la Charte (*V* 4 juin), la liste civile est fixée, pour la durée du présent règne, à la somme de vingt-cinq millions, payée annuellement par le trésor de l'état. — La dotation de la couronne se compose, 1° du Louvre, des Tuileries avec leurs dépendances ; 2° des palais, bâtiments, terres, bois, etc., formant les domaines de Versailles, Marly, Saint-Cloud, Meudon, Saint-Germain, Rambouillet, Compiégne, Fontainebleau, Pau, Bordeaux, Strasbourg, etc. ; 3° des pierreries, bijoux, tableaux, statues, pierres gravées et autres monuments des arts, et des bibliothèques qui se trouvent, soit dans les palais du roi, soit dans le garde-meuble, ou dans les musées de la couronne. — Les biens de la dotation sont inaliénables, imprescriptibles, non passibles d'hypothèques, d'affectations

ou de contributions publiques. — Le roi peut acquérir des domaines privés et en jouir suivant la loi commune. Ces domaines rapporteront leur quote-part des charges de la propriété et des contributions publiques. — Huit millions seront annuellement payés par le trésor de l'état, pour l'entretien des princes et princesses de la famille royale. — Cette loi est adoptée à la chambre des députés, par cent quatre-vingt-cinq votants sur cent quatre-vingt-neuf.

30. Réunion d'un comité, pour s'occuper de l'érection d'un monument à *Quiberon* (Morbihan), en mémoire des émigrés, défenseurs de la cause des Bourbons, qui y ont été jugés et fusillés, suivant les ordres de la convention, après leur défaite du 21 juillet 1795.

Le maréchal *Soult*, gouverneur de la treizième division militaire (Rennes), a mis, à produire ce projet, comme à réaliser son exécution, un zèle ardent, zèle d'autant plus remarquable, que, de tous les lieutenants de Napoléon laissés au-delà des Pyrénées après l'enlèvement et la spoliation des Bourbons en Espagne, ce maréchal s'est montré le plus actif et le plus ferme dans l'impulsion et la conservation de la conquête.

L'éclat des cérémonies expiatoires qui doivent avoir lieu à l'inauguration de ce monument, annonce la fausse route où le gouvernement aime à s'engager. Le gouvernement se complaît à exhumer les plus tristes souvenirs, sur lesquels la prudence conseille de jeter le voile le plus épais; les Français ont un si grand besoin de se demander l'oubli de leurs torts mutuels! Et, à peine six mois se sont écoulés, depuis le retour d'une dynastie incontestée, qu'on s'empresse de signaler, d'orner d'une pompe funèbre, les lieux témoins de nos discordes! Est-ce bien le moyen d'assoupir les haines civiles, de réconcilier des frères? « Non, jamais les monuments publics ne doi« vent consacrer, éterniser des crimes publics. » Ainsi s'exprimait un digne et courageux député à l'assemblée legislative (*Beugnot*), alors que la faction des démagogues proposait d'élever un monument en l'honneur des patriotes morts dans la journée du 10 août 1792. Tibère lui-même, s'opposant à l'érection d'un autel à la Vengeance, déclarait (Annal. de Tac. liv. 3) qu'il fallait des monuments pour les victoires étrangères, et pour les malheurs domestiques la douleur et le silence. — Mais, pour conquérir la faveur de ce parti qui l'emporte à la cour, le maréchal *Soult* adopte les idées les plus exagérées. S'il n'ambitionnait que la considération, sa belle réputation militaire lui semblerait un assez beau titre aux suffrages de la France.

Décembre 3. Le maréchal *Soult* est nommé ministre de la guerre, en remplacement du général *Dupont* dont l'administration est encore plus nuisible aux intérêts de la France, que la capitulation de Baylen (22 juillet 1808) ne fut défavorable à sa réputation comme homme de guerre. Le comte *Beugnot* succède, à la marine, au baron *Malouet* décédé.

Le public s'étonne de la promotion simultanée de deux hommes qui ont si peu d'analogie : l'un, sage partisan des doctrines constitutionnelles, constant défenseur du trône à l'assemblée législative, béni à Dusseldorff pour avoir adouci, par une administration bienveillante, les rigueurs de l'occupation française; l'autre, professant la doctrine du pouvoir absolu, dont il a fait un si long usage en Espagne; et qui, pour gagner le cœur de certains royalistes, n'a eu besoin que de changer dans le sien le nom du maître dont il voudrait appesantir le sceptre.

5. *Loi relative aux biens non vendus des émigrés.*

Tous droits acquis avant la publication de la Charte constitutionnelle, sortiront leur plein et entier effet. — Tous les biens immeubles qui n'ont pas été vendus, et font actuellement partie des domaines de l'état, seront rendus en nature (le projet de loi portait : *restitués*), ainsi que les rentes purement foncières, les rentes constituées et les titres de créances dues par des particuliers et dont la régie des domaines serait actuellement en possession. — Il n'y aura lieu à aucune remise des fruits perçus. — Sont exceptés de la remise les biens affectés à un service public dont, par des lois ou actes d'administration, il a été définitivement disposé en faveur des hospices, maisons de charité et autres établissements de bienfaisance, en remplacement de leurs biens aliénés ou donnés en paiement des sommes dues par l'état. Mais, lorsque, par des mesures législatives, ces établissements auront reçu un accroissement de dotation égal à la valeur des biens qui n'ont été que provisoirement affectés, il y aura lieu à la remise de ces derniers biens en faveur des anciens propriétaires, leurs héritiers ou ayant-cause. Il en sera de même des biens possédés par la caisse d'amortissement, lorsqu'il aura été pourvu à leur remplacement. — Il sera sursis jusqu'au 1er janvier 1816, à toutes poursuites de la part des créanciers des émigrés, sur les biens remis par la présente loi; lesdits créanciers pourront néanmoins faire tous actes conservatoires de leurs créances.

Cette loi est adoptée à la chambre des députés, par cent soixante-huit votants sur cent quatre-vingt-douze. — L'opinion générale sanctionne, sans réserve, l'évidente justice de ces dispositions. Pourquoi le gouvernement ne s'est-il pas contenté d'un résultat qui n'est désapprouvé par personne? Pourquoi un ministre d'état, au moins très-imprudent (*Ferrand*, auteur d'un ouvrage où il pose une théorie des révolutions politiques, de la même manière qu'un physicien bâtirait un système des volcans), a-t-il alarmé profondément la nation, par son discours à la chambre des députés, le 13 septembre, en y apportant le projet de loi? « .... Il est « bien reconnu, dit-il, que les régnicoles, comme les émigrés, appelaient de tous leurs vœux, un heureux changement, lors même qu'ils « n'osaient encore l'espérer. A force de malheurs et d'agitations, tous « se retrouvaient donc au même point, tous y étaient arrivés : les uns « en suivant *une ligne droite, sans jamais en dévier*; les autres, après « avoir parcouru, plus ou moins, les phases révolutionnaires au milieu « desquelles ils se sont trouvés. » — Comment caractériser l'ingénuité de tels aveux!

21. *Loi relative aux dettes contractées* en pays étranger, *par le roi et les princes de la famille royale.* Les sommes dont le roi se reconnaît personnellement débiteur envers divers particuliers, sont reconnues, *dettes de l'état, jusqu'à la concurrence de trente millions.*

30. *Ajournement des chambres législatives au 1er mai* 1815.

La chambre des députés offre un bien petit nombre de personnes dignes d'attention. Nulle de nos assemblées, à l'exception des conseils qui furent le résultat nécessaire du 18 fructidor (*V.* 16 — 18 juin 1799), n'avait été à ce point dépourvue de talents ou de mérite. Depuis les modifications apportées à la constitution de l'an VIII, la représentation nationale se formait suivant un mode compliqué, et au profit du despotisme. Le maître, tel qu'un joueur de gobelets, agitait à son gré les chétifs objets de ses combinaisons fugitives. Le sénat prenait les législateurs dans les candidats présentés par les colléges électoraux, auxquels le gouvernement avait dicté ses choix. On rejetait avec soin l'homme d'un mérite reconnu, l'homme dont le caractère prononcé aurait fait ombrage au sultan des Tuileries. On leur préférait ces ignobles parasites de places qui se présentent à toutes les avenues du pouvoir, à chaque saison, et quelque temps qu'il fasse; ou bien les très-obscurs clients de quelques sénateurs dont l'influence dominait les votes de leurs collègues. De petits propriétaires, presque prolétaires, briguaient les faveurs de cette occasion solennelle, les indulgences de ce jubilé quinquennal, afin d'aboutir à Paris, centre des fortunes et des intrigues. Là, par leurs sourdes menées, leur chétif manége, leur entregent subtil et délié, ils obtenaient de petits emplois pour leurs petits parents. Avec dix mille francs de traitement, ils nageaient dans le Pactole. Ils jouissaient de cette importance qui s'attachait à leur médaille privilégiée, à leur habit brodé d'argent. D'ailleurs il ne fallait ni les moindres frais d'érudition, ni le moindre effort d'esprit, pour exercer d'insignifiantes fonctions sous un souverain excessivement jaloux de faire à lui seul toutes choses. Tranquillement assis sur les bancs, ces législateurs tout débonnaires écoutaient en silence les orateurs du gouvernement, et ne se dérangeaient un peu que pour déposer une boule dans l'urne législative. Ni côté droit, ni côté gauche, dans cette salle d'un aspect inévitablement uniforme. Tout y était obséquieux et taciturne; le seul président était débâillonné à certains intervalles. Aussi, à chaque occurrence qui devait attirer un bienfait sur sa personne, ce président exerçait-il avec une véhémente ardeur son exclusive prérogative, célébrant, d'une voix extatique, l'auguste munificence du grand monarque, dont la main épanchait de riches émoluments sur le premier représentant de la grande nation. Sans doute, les recueils destinés à transmettre les détails de quelque importance, conserveront à la postérité les ingénieux éloges du président *Fontanes*, ainsi que les complaisantes harangues de son successeur, le chambellan *Montesquiou;* car leurs discours doivent servir à caractériser cette époque législative. Vingt-cinq à trente séances, pendant deux ou trois mois, chaque année, suffisaient à tout ce qu'on demandait de nos dociles mandataires. De retour dans leurs départements, ils ne négligeaient pas d'y reporter un peu de cette dignité dont ils venaient de contempler avec une respectueuse résignation les sublimes hauteurs. Après s'être inclinés devant un *Cambacérès*, un *Fouché*, princes et ducs dont l'exaltation fut aussi honorable que celle des dignitaires de *Henri Ier, roi de Haïty* (*V.* 2 juin 1811), ces législateurs se relevaient pour recevoir les hommages des administrateurs et des employés de leurs départements, ayant soin de leur indiquer l'art de cette déférence dont ils venaient de faire à Paris le très-utile, le très-profitable apprentissage.

En considérant le mode d'élection en usage depuis dix ans, ne doit-on pas s'étonner que l'assemblée de 1814, qui est tout entière celle de 1813 et de 1812, ait possédé quelques hommes dont les bonnes qualités, dont les sentiments estimables méritent d'être distingués; qu'elle ait recélé quelques parcelles du feu sacré de la patrie étouffé par une si forte et si durable compression? Il serait donc plus injuste de ne pas retracer des noms dignes d'éloge et de reconnaissance : *Becquey*, *Bédoch*, *Flaugergues*, *Gallois*, *Lainé*, *Raynouard*, plusieurs autres députés, ont montré que, quoiqu'ils eussent fléchi sous la verge impériale, ils n'avaient attendu que l'apparition d'un gouvernement qui tolérerait les saines doctrines, pour se redresser et se remettre dans les voies de la justice, de la liberté et de l'honneur. Hommage à ces Français, puisque les excès de la licence pendant douze années, l'action étouffante du despotisme pendant douze autres années, n'ont pu éteindre dans leurs ames le feu du patriotisme!

1815.

Janvier, 18, 19. *Exhumation des restes de la reine* Marie Antoinette *et de* Louis XVI. — Des fouilles ont lieu dans les terrains indiqués comme ceux où furent creusées les fosses qui reçurent les corps des deux augustes victimes. On en retire de très-faibles fragments d'ossements en calcination presque achevée (*V.* 21 janvier 1793). Les procès-verbaux constatant et appréciant ces découvertes portent les signatures de dix personnes, dont huit tiennent à la cour; les deux autres témoins sont les propriétaires du terrain. Aucun des fonctionnaires ordinaires de l'ordre municipal et judiciaire n'ayant été présent aux travaux, n'ayant été appelé pour apprécier l'individualité des parcelles retrouvées, il s'est élevé des doutes sur la sincérité de ces procès-verbaux. La signature du ministre *Blacas*, dont les actes sont très-défavorablement jugés par l'opinion, devient un nouveau motif de défiance. — Plusieurs dispositions prises à cette occasion semblent, à des esprits soupçonneux, annoncer le dessein de rétablir les principes de l'ancienne monarchie. Sans doute on ne saurait voir dans le caractère du roi rien qui donne lieu à de semblables appréhensions; mais la cour se montre toujours imbue des maximes qu'elle professait au commencement de la révolution, qu'elle conserva dans l'exil, qu'elle a rapportées en France, et qu'elle essaie de faire prévaloir par tous les moyens de l'intrigue, au nombre desquels elle voudrait faire entrer jusqu'aux cérémonies ecclésiastiques. Si les amis de la liberté constitutionnelle trouvent dans les menées des courtisans des raisons assez plausibles de se tenir en défiance du gouvernement, il est aussi beaucoup de personnes que l'esprit de faction excite à se servir de toutes les apparences susceptibles d'augmenter les mécontentements. Et c'est à ceci que les dépositaires du pouvoir négligent de faire attention.

Février 26. *Joachim Murat*, roi de Naples, reconnu par le grand nombre des puissances, ayant annoncé le dessein d'envoyer une armée contre la France et fait demander passage par la moyenne et la haute Italie, reçoit des autorités autrichiennes une déclaration formelle que l'empereur s'opposera au passage. — Le ministre napolitain au congrès de Vienne appuyait cette demande sur les craintes inspirées par le cabinet des Tuileries, qui paraissait avoir formé le projet d'obliger Murat à remettre la couronne de Naples au roi Ferdinand. C'est du moins ce qu'annonçait une lettre du *prince de Bénévent (Talleyrand)* au lord Castlereagh, en date du 26 décembre, dans laquelle le premier propose un plan d'attaque contre *Murat*.

Mars 1er. *Débarquement de Napoléon Bonaparte au golfe Jouan*, près de Cannes (Var). Sorti furtivement de l'île d'Elbe (*V.* 11 avril 1814) avec neuf cents hommes, ses anciens soldats, il adresse aussitôt, comme *empereur*, une proclamation au peuple français. Après avoir avancé que la trahison seule a livré la France à ses ennemis, il dit : « Les Français ne furent jamais sur le point d'être plus puis« sants, et l'élite de l'armée ennemie était perdue sans ressource; « elle eût trouvé son tombeau dans ces vastes contrées qu'elle avait « si impitoyablement ravagées....... Dans ces nouvelles et grandes « circonstances, *mon cœur fut déchiré, mon ame resta inébranlable;* « je m'exilai sur un rocher au-delà des mers; ma vie vous était et « *devait encore* vous être utile..................... Élevé au « trône par votre choix, tout ce qui a été fait sans vous est illé« gitime............... »

6. *Ordonnance du roi* portant convocation immédiate des chambres législatives.

Ordonnance du roi prescrivant des mesures de sûreté générale. — Napoléon Bonaparte est déclaré traître et rebelle. Il est enjoint à tous les gouverneurs, commandants, etc., et même aux simples citoyens de lui courir sus, de l'arrêter..........

7. *Napoléon*, aidé par des défections partielles, et n'éprouvant d'obstacle ni des forces dirigées contre lui ni des habitants, *parvient à Grenoble*, où se trouve un dépôt considérable d'artillerie. — Il s'y est rendu par Grasse, Digne, Sisteron, Gap, la Mure, ayant fait en six jours soixante-douze lieues à travers un pays de montagnes très-difficile.

9. *Ordonnance du roi qui met en activité la garde nationale.* — « .... Il importe de resserrer les nœuds d'une confiance

« mutuelle, en prenant un seul et même point de ralliement. Nous « l'avons trouvé *dans la Charte constitutionnelle, que nous avons pro-* « *mis d'observer et de faire observer à jamais*, *qui est notre ouvrage* « *libre et personnel*, *le résultat de notre expérience et le lien com-* « *mun*............ »

10. *Entrée de Napoléon à Lyon.* — Il amène huit mille hommes de troupes de ligne et trente pièces de canon. Il est accueilli par une partie nombreuse de la population.

11. *Ordonnance du roi concernant la convocation et la permanence des conseils généraux des départements.* — « Ils resteront en séance « permanente, pour l'exécution des mesures de salut public prescrites « par nos ordonnances. Ils sont autorisés à prendre toutes autres « mesures que les circonstances ou les localités pourront leur sug- « gérer............ »

Le roi retire au maréchal *Soult* le porte-feuille de la guerre. Il le remet au général *Clarke (duc de Feltre)*, administrateur et militaire sans réputation, mais tout dévoué aujourd'hui à la cause royale, comme il le fut au directoire, comme il le fut au gouvernement des consuls, comme il le fut à l'autorité et à la personne de Napoléon, qui se reposait sur sa minutieuse exactitude de l'exécution de beaucoup de détails dans la partie militaire. Le nouveau ministre déclare lui-même avec assurance à la chambre des députés (séance du 13) : « J'ai pris le porte-feuille, parce que je suis fidèle au roi, « parce que je suis fidèle à la nation, et que, dans toutes les circon- « stances de ma vie, j'ai scrupuleusement rempli tous mes engage- « ments............... Tous ceux qui me connaissent savent que « je suis honnête homme, et incapable de sortir de la ligne de mon « devoir. Il était indispensable que je me rendisse à moi-même ce « témoignage............... »

13. *Déclaration des huit puissances signataires de la paix de Paris, réunies au congrès de Vienne.* — « En rompant ainsi la conven- « tion qui l'avait établi à l'île d'Elbe, *Bonaparte* détruit le seul titre « légal auquel son existence se trouvait attachée. En reparaissant en « France avec des projets de troubles et de bouleversements, il s'est « privé lui-même de la protection des lois; et a manifesté, à la face « de l'univers, qu'il ne saurait y avoir ni paix ni trêve avec lui. « Les puissances déclarent, en conséquence, que *Napoléon Bona-* « *parte* s'est placé hors des relations civiles et sociales, et que, « comme ennemi et perturbateur du repos du monde, il s'est livré « à la vindicte publique. Elles déclarent, en même temps, que fer-

« mement résolues de maintenir intacts le traité de Paris du 30 mai « 1814 et les dispositions sanctionnées par ce traité, et celles qu'elles « ont arrêtées ou qu'elles arrêteront encore pour le compléter et le « consolider, elles emploieront tous les moyens et réuniront tous « leurs efforts pour que la paix générale, objet des vœux de l'Eu- « rope, et vœu constant de leurs travaux, ne soit pas troublée de « nouveau............... »

Le gouvernement de Napoléon s'efforcera, pendant deux mois entiers, de persuader au public, et à Paris et dans les départements, que cette déclaration des puissances est une pièce supposée. — Si, moins dévoré d'impatience, il eût attendu la fin du congrès de Vienne et la dispersion des puissants régulateurs de l'Europe, il se serait donné de meilleures chances d'un succès définitif. Mais son ame, profondément atteinte du besoin de dominer, ne saurait admettre que ses longs attentats aient animé les peuples d'une haine profonde, aient réuni les souverains dans une alliance moins fragile que les précédentes coalitions. Il paraît néanmoins que la discorde pénétrait dans les conseils des alliés, et qu'achevant les spoliations de territoire et le trafic des ames qu'ils se cédaient mutuellement, les cabinets se disposaient à reprendre, avec leurs anciennes inimitiés, leurs systêmes de politique particulière. L'Autriche, la France et l'Angleterre s'étaient liées, par une convention particulière, contre la Russie et la Prusse; les divisions s'annonçaient, se prononçaient même au congrès de Vienne. Quelques mois encore, quelques mois seulement, Napoléon n'avait pas à combattre une confédération; sa tentative n'éprouvait que les difficultés de l'intérieur.

Napoléon, ne doutant pas de ses progrès ultérieurs, depuis que plusieurs milliers de ses anciens soldats ont accouru sous ses drapeaux; sûr de devenir promptement le maître de la France entière, en voyant s'avancer la population dans les provinces déja franchies, *rend*, à Lyon, *un décret portant :* « dissolution de la chambre des « pairs et de celle des communes; convocation, à Paris, des colléges « électoraux de département, en assemblée extraordinaire du Champ- « de-Mai, pour la modification des constitutions de l'*empire*, et le « couronnement de l'*impératrice* et du *prince impérial.* » (*V.* 1er juin.)

16. *Séance royale des chambres législatives réunies.* — Le roi dit : « ....Celui qui vient allumer parmi nous les torches de la « guerre civile, y apporte aussi le fléau de la guerre étrangère; il « vient remettre notre patrie sous son joug de fer; il vient, enfin, « détruire cette Charte constitutionnelle que je vous ai donnée; cette

« Charte, mon plus beau titre aux yeux de la postérité; cette Charte « que tous les Français chérissent, et que je jure ici de maintenir. « Rallions-nous donc autour d'elle. Qu'elle soit notre étendard sa- « cré!............... » —*Monsieur* (frère du roi) prend la parole; il dit, avec la plus touchante effusion, ces mots à jamais mémorables, et qui garantissent la perpétuité comme la sincérité de son affection aux institutions représentatives et à l'égalité politique des Français : « Sire, permettez que j'unisse ma voix et celle de votre « famille aux sentiments que vous venez d'exprimer. Oui, sire, c'est « au nom de L'HONNEUR QUE NOUS JURONS TOUS FIDÉLITÉ A VOTRE MA- « JESTÉ ET A LA CHARTE CONSTITUTIONNELLE, QUI ASSURE LE BONHEUR « DES FRANÇAIS. » Les princes présents, *le duc de Berry*, *le duc d'Orléans*, *le prince de Condé*, s'écrient : NOUS LE JURONS. — Ce serment solennel, que prêtent, au milieu de la tempête, à l'heure du danger, le souverain et l'héritier présomptif de la couronne, peut bien rassurer la France sur leurs intentions, dissiper les alarmes excitées par les propos inconsidérés des courtisans, et les insolentes provocations de quelques personnes de l'ancien régime, mais ne saurait réparer le mal qu'ont fait aux Bourbons et à leur cause et les fausses mesures et la marche oblique des intimes dépositaires du pouvoir royal.

La séance de la chambre des députés étant continuée, le président *Lainé* prononce un discours dont plusieurs passages sont très-remarquables ; « Ce n'est pas le moment *de rechercher les fautes*, de « découvrir les causes de cette agitation inattendue. La France ob- « tiendra bientôt, par ses représentants, justice et *réparation*...... « *Ce n'est* PLUS *de la cour* que peuvent venir les inquiétudes sur la « liberté et les droits reconnus............... Dès que la France « sera délivrée, nous aurons toutes les garanties qui assurent à ja- « mais la sage liberté des peuples. Non-seulement le roi, mais les « princes qui sont sur les marches du trône, ont fait des promesses « solennelles. *Ils n'auront jamais* NI LA VOLONTÉ, NI LE POUVOIR *de* « *les violer*............... Des jours brillants se leveront sur un « peuple *réconcilié* avec son gouvernement. » — Cette session sera close le 19.

17. *Proclamation du prince d'Orange*, qui se constitue roi des Pays-Bas, non en vertu d'un titre héréditaire et légitime, qu'il ne possède pas, mais en conformité d'une résolution du congrès de Vienne, source d'un tout autre droit que le *droit divin*.

20. DÉPART DU ROI DES TUILERIES.

A minuit un quart, *Louis XVIII* franchit le seuil d'un palais qu'il a revu, après vingt-trois ans écoulés dans l'infortune, adoucis par la résignation (*V.* 21 juin 1791). Plus malheureux, aujourd'hui, d'éprouver que ses intentions, qui pouvaient être si facilement suivies, ont été sacrifiées à d'incurables desirs de vanité, d'avarice et de vengeance. Parmi les personnages qui l'accompagneront dans ce second exil, il en est qui doivent se considérer comme les causes premières de cette grande catastrophe. Ils auraient atténué leurs torts envers la nation et l'autorité royale, si leur dévouement à la personne du monarque était dégagé d'intérêts personnels; mais toute leur conduite politique, depuis dix mois, a trop hautement annoncé qu'on ne saurait les supposer susceptibles d'un aussi noble sentiment.

La résolution prise par le roi de s'éloigner de sa capitale, est tenue secrète, jusqu'à l'heure même du départ. On sait assez que ce prince n'adopte un parti si peu favorable à ses intérêts, qu'en acquérant la conviction de l'inefficacité de ses ministres dirigeants, qui furent, à-la-fois, violents, absurdes, pusillanimes. C'est en eux qu'il a mis son entière confiance, dès le 5, dès l'instant que parvient la nouvelle du débarquement de Bonaparte. Leur zèle est ardent, leur dévouement extrême. Mais, qu'ont-ils conçu pour sauver le trône et l'état, ces malheureux ministres? Quels ordres ont-ils transmis pour arrêter, seulement peu de jours, les progrès de l'ennemi? Quelle grande mesure réparatrice, propre à ramener, tout-à-coup, l'opinion qui, depuis plusieurs mois, se détache et s'éloigne du gouvernement, a signalé la sagesse de leurs déterminations? Car, si Bonaparte n'est pas aidé, du moins toléré par l'opinion du grand nombre; si le gouvernement ne s'est pas entièrement aliéné l'affection du peuple, que pourra ce millier d'hommes amenés de l'île d'Elbe? Les ministres *Blacas*, *Dambray*, *Montesquiou*, *Soult*, qui ont si profondément blessé les partisans du régime constitutionnel, ne se hâtent pas de s'éloigner. Le seul maréchal *Soult* dépose ses fonctions, mais tard, le 11, et pour les laisser aux inhabiles mains d'un successeur qui, s'il n'est pas odieux encore à l'armée, n'obtint jamais son suffrage. Les opérations militaires, qui doivent être immenses, rapides ainsi que les moyens employés contre un vaste incendie, se réduisent à disséminer, sur plusieurs points, des chefs renommés, mais qu'on laisse sans instructions, auxquels on enjoint formellement de n'agir que suivant les ordres qu'ils recevront; et qu'ils ne reçoivent pas, ou qu'ils reçoivent tard, ou qui se trouvent insuffisants. On reste à-peu-près dans l'inaction, pendant ce peu de journées qu'à tout prix il faudrait employer. Aussi la défection se propage par le mécontentement qu'inspire l'inhabileté de la direction supérieure. Pourquoi n'avoir pas envoyé en poste, de Paris sur Lyon, les troupes dont on pouvait être assuré? — La chambre des pairs, d'une si frêle contexture, ne se voit fortifiée d'aucun de ces hommes qui se sont signalés par une noble persévérance dans les véritables routes de la liberté, quoique leur nomination doive offrir, à l'instant même, une des plus solides garanties des vues du gouvernement royal. — La chambre des députés est laissée incomplète. — Nul moyen décisif n'est essayé pour agir sur l'esprit public. On semble redouter l'intervention de la nation, le réveil d'un généreux patriotisme; et les citoyens découragés, ou pleins de défiance, se conduisent comme ils se conduisirent dans plusieurs de ces fameuses journées qui virent la chûte de différents pouvoirs, jusqu'à celui de Napoléon; ils ne s'appellent, ni ne s'excitent, ni ne se meuvent: les liens qui les attachent au gouvernement actuel se sont trop relâchés pour qu'ils volent à son secours par un élan d'enthousiasme; ils se retirent, et le gouvernement tombe. L'infortuné monarque, dont les intentions ont été si mal secondées, ne voit plus de ressources que dans un départ précipité. Funeste départ! Inévitable résultat de l'esprit émigré, de l'esprit de cour; occasion directe et déterminante de toutes les calamités qui pénétreront en France sous les bannières de l'étranger.

20. Arrivée de Napoléon aux Tuileries.

L'irruption du conquérant a lieu à neuf heures du soir. — Paris reste muet de stupeur. La réalité s'offre à sept cent mille spectateurs, comme une illusion théâtrale, comme une optique mensongère. Ils voudraient repousser le témoignage de leurs sens; leur imagination se refuse à la vraisemblance d'une aussi rapide succession de faits merveilleux; ils ne sauraient admettre cet étrange dénouement d'un roman, dont ils ne conçoivent aucune scène. Ils prennent pour un fantôme ce guerrier qui leur apparaît triomphant, porté sur le pavois par d'autres guerriers, et se précipitant, à travers les ombres tout-à-coup éclairées de la nuit, vers cette antique demeure, veuve de son roi depuis si peu d'instants. Chacun le voit, et chacun demande si c'est lui, lui-même. On s'agite, on s'interroge sans cesse, afin de reconnaître ces vétérans de la victoire, pour distinguer ces couleurs revenant de l'exil, et qui devaient ne reparaître que dans l'histoire d'une république et d'un empire détruits.

Lorsqu'enfin, retirés de leur extase, sortant de leur profond engourdissement, ces flots de spectateurs reprennent l'usage de la pensée; qu'ils retrouvent l'ordre de leurs sensations, ressaisissent la chaîne des évènements; qu'ils recueillent leurs idées, combien parmi eux qui se disent :

Napoléon ne reparaîtrait pas aujourd'hui, si l'on n'avait offert à ses partisans un argument spécieux: lorsque les ministres de *Louis XVIII* négligèrent de faire consacrer le retour à la royauté par la nation elle-même, et qu'ils le représentèrent, non comme venant occuper un trône constitutionnel, mais seulement rappelé à l'autorité de ses pères, c'est-à-dire à l'exercice d'un pouvoir qui ne serait tempéré que par sa volonté; ne prétendait-on pas répudier l'assentiment des sujets, en ne faisant valoir que les droits du souverain? Afin d'énerver le principe de la souveraineté du peuple, principe exclusivement admis pendant de nombreuses années, on prêche le dogme de la légitimité héréditaire. On pouvait, ce semble, concilier les partisans de l'une et de l'autre doctrine, pourvu qu'on rejetât l'absurde théorie des Juifs sur le droit divin; théorie que certains prêtres, sans lumières ou sans vertus évangéliques, s'efforcent de faire dominer eux-mêmes. La différence de la souveraineté du peuple ou d'un autocrate à la souveraineté constituée des gouvernements libres, c'est que le peuple agissant en masse, et comme un seul homme, et l'autocrate armé du droit divin, sont des volontés individuelles, tandis que l'action complexe de la société elle-même n'offre que des droits réels, des intérêts positifs. En admettant la manifestation du vœu national exprimé dans des assemblées primaires qui auraient confirmé l'ancien principe de l'obéissance à l'autorité tutélaire d'une dynastie incontestée, qui l'auraient fait aimer davantage, par cela même que l'obéissance aurait été reconnue libre, la royauté se donnait des garanties plus fortes et mieux déterminées dans l'opinion publique. D'ailleurs, le despotisme impérial avait si bien comprimé les discussions métaphysiques sur la souveraineté des peuples, qu'il devenait au moins inutile de ressusciter les arguties scolastiques sur le droit céleste des couronnes, sur l'obéissance passive des sujets qui, dans ce cas, ne seraient qu'un troupeau d'esclaves. L'exercice des droits constitutionnels, dans le gouvernement représentatif, rectifie, mieux que les théories, les idées de ces hautes matières. Il arrive une époque où l'on sent pleinement et le danger et l'impossibilité de résoudre des questions aussi délicates et sur lesquelles les nations ne disputèrent avec acharnement, qu'alors qu'elles se dégageaient d'une longue oppression. Les Anglais, satisfaits, depuis plusieurs générations, de leurs lois constitutives, laissent à l'écart toutes ces questions de métaphysique politique, parce que, dans la théorie, elles amènent une importune agitation de l'esprit, et que, dans l'application, elles menaceraient le repos de la société. Si les gouvernés ne doivent pas recourir à l'insurrection, les gouvernants ne doivent pas rechercher les prétextes de l'arbitraire. — Montesquieu déclare expressément : « Ce n'est pas pour la famille régnante que l'ordre de succession est « établi, mais parce qu'il est de l'intérêt de l'état qu'il y ait une fa- « mille régnante. La loi qui règle la succession des particuliers est « une loi civile qui a pour objet le bien et la conservation de l'état ». *Le gouvernement légitime*, a dit Bossuet, *est opposé*, *de sa nature*, *au gouvernement arbitraire qui est barbare et odieux.* Et certes, quel autre dépositaire du pouvoir, avant ou après *Louis XIV*, osa dire; l'ÉTAT, *c'est* MOI? *Napoléon*, lui-même, n'aurait pas risqué ce langage. Mais les imprudents conseillers de la royauté réintégrée ne surent pas voir que, le fait de la succession ayant été malheureusement interrompu pendant vingt-trois ans, la famille royale ne pouvait qu'affermir et consolider ses droits d'hérédité, au moyen de la reconnaissance expresse que ferait une nation touchée de la douceur des Bourbons, se rappelant encore les bienfaits de *Louis XVI*, le nom de *Henri IV*, et pénétrée des intentions de *Louis XVIII* lui-même. Les desirs des Français, constatés par un vote solennel, n'en eussent pas été moins vifs, moins unanimes; et leurs suffrages n'eussent pu s'assimiler à ces acclamations populaires, à ces adresses improvisées, quelque nombreuses, universelles qu'aient été les unes ou les autres; car les unes et les autres pouvaient bien n'être considérées que comme le renouvellement de ces témoignages de servilité qu'obtinrent toujours ceux qui parvenaient à l'autorité suprême. On s'aperçoit enfin de la faute commise, mais lorsqu'elle est irréparable. L'ordonnance du 11 mars convoque les conseils des départements. Puisqu'on recourt à la représentation municipale, afin de secourir la royauté en 1815, pourquoi ne s'y être pas adressé en 1814, quand il convenait de sceller le contrat entre le souverain et les sujets? Cette déférence libre et spontanée devait faire sur l'immense majorité une impression bien autrement durable que l'enthousiasme excité par l'apparition du gouvernement royal. L'enthousiasme fut-il jamais en France autre chose qu'une vapeur légère? Les mouchoirs blancs agités aux fenêtres, ou promenés dans les rues de Paris, le 31 mars 1814, seraient-ils devenus des gages irréfragables de l'éternelle alliance de l'ancienne maison régnante avec la nouvelle nation sortie du creuset de la révolution?

Napoléon ne reparaîtrait pas aujourd'hui, disait-on encore, si des gazettes soumises à la censure, et dont les lignes indiscrètes, ou les insinuations malfaisantes, révélant les secrètes intentions des ministres, n'avaient outragé, diffamé tous les individus morts ou vivants qui, les premiers, avaient proclamé les principes mêmes de la Charte; si des pamphlétaires trop nombreux et trop violents pour n'être pas stipendiés, ne s'étaient attachés à noircir cet immense tableau des victoires nationales, où chaque Français croit voir son portrait. Les mêmes exploits qui ravirent l'admiration de l'Europe sont en butte au dédain, à l'insulte; on va jusqu'à faire l'éloge des Cosaques. Qui sont-ils ces détracteurs? de quels lauriers ceignirent-ils leurs fronts, dès qu'ils cessèrent d'appartenir à la nation? Quels noms l'Europe a-t-elle redit, a-t-elle répété, pendant vingt campagnes? étaient-ils anciens ou nouveaux? Les échos des Alpes et du Rhin retentissent-ils des noms de Montmorency, de Rohan, ou des noms de Masséna, de Gouvion, etc.?

On écarte l'ancienne garde, ce modèle de toutes les vertus guerrières, comme si la fidélité des temps passés ne garantissait pas la fidélité de l'avenir. Sa haute bravoure est un sujet d'animadversion. Des guerriers à cicatrices se voient remplacés par des adolescents inexpérimentés, par des vieillards débiles, par des hommes sans services. La maison fastueuse de l'avant-dernier roi, de ce roi dont on ne devrait même pas reproduire le nom, reparaît brillante d'or et d'argent; et cent mille soldats endurcis au bivouac sont rejetés. Cette armée d'autant plus héroïque, qu'elle reste impassible, est l'objet des défiances; on l'abreuve d'humiliations; on en décompose les rangs; d'obscures casernes retiennent ces vétérans de la victoire, loin du roi qu'ils aimeraient à connaître, à servir; des soldats étrangers sont appelés, traités avec faveur; le titre de colonel-général des Suisses décore, de préférence, l'héritier de la couronne. Une telle accumulation de fausses mesures, dont la plupart sont dues au général *Dupont*, le capitulé de Baylen (*V.* 19 juillet 1808), amène la désaffection des militaires. Aussitôt elle se propage dans les classes moyennes dont ils sortent tous; la confiance n'est plus entre la nation et les dépositaires du pouvoir; et ce lien, si doux et si fort d'un peuple à son gouvernement, se détend, s'éloigne et fuit.

Sans doute, à l'apparition de l'ex-empereur, l'immense majorité des Français se serait levée contre lui, s'il n'avait été question que de prendre la défense du roi et de la Charte. Elle se serait ralliée sans hésitation à la cause royale, si les ministres avaient loyalement mis en œuvre le régime constitutionnel. Mais des hommes dont les prétentions surannées ne peuvent cependant mourir, n'ont vu dans le retour du roi que leur propre triomphe; dans la Charte, qu'une vaine théorie qui serait aussi facilement renversée que la constitution de l'an VIII l'avait été par les *sénatus-consultes-organiques*. Ces hommes attendaient un plein succès de leurs sourdes manœuvres, de leurs intrigues de cour, et des ordonnances ministérielles. La nation les observe, les méprise, les craint, et se détache de cette cause dont ils semblent devoir seuls recueillir les avantages.

Napoléon n'aurait pas hasardé une des entreprises les plus audacieuses que signale l'histoire, si l'on n'avait pas laissé se répandre les insinuations, les injures, les menaces contre les détenteurs de ces propriétés que l'article 9 de la Charte garantit expressément. Des prêtres allaient semant les alarmes dans les consciences. Semblables aux fanatiques apôtres de la sainte ligue, ils agitaient les torches de la discorde : les uns, dans l'espoir de retrouver leur opulence; les autres, leur domination; et tous, affectant de confondre la religion et le sacerdoce. Les paysans qui, à peine encore, avaient entendu parler de la Charte et des intentions réelles du roi, pouvaient-ils ne pas craindre le retour des dîmes, des corvées, des redevances féodales, en voyant leurs anciens seigneurs reproduire de gothiques prétentions?

Le gouvernement impérial avait flatté l'avarice des gens de guerre: quelques agents du gouvernement royal ont flatté l'avarice de la noblesse d'autrefois. A-t-on vu une meute altérée se précipiter dans une eau vive, et y boire à longs traits? voilà l'image des nouveaux débarqués et de ceux qui les attendaient, et qui se jettent ensemble dans les caisses de l'état, assiégent la liste civile, réclament les plus hauts grades, les premiers emplois, des pensions, des honneurs, des dignités, des récompenses de toute sorte. Un émigré, à-la-fois militaire, diplomate et prêtre, sollicite et obtient une triple pension de retraite.

La désaffection est presque par-tout. En un mot, la défiance générale fait le succès de l'audacieux exilé; et cette défiance (on ne saurait trop le dire) est amenée par la conduite ou le langage inconsidéré des ministres Dambray, Blacas, Montesquiou, Dupont. Ces quatre ministres sont les grands conducteurs de la foudre partie de l'île d'Elbe. Napoléon revient précisément à ce moment où tout est disposé pour son retour.

Cependant nombre de personnes pensèrent qu'une trame, ourdie de longue main, lui fraya la route. Mais, si cette conspiration, dont on a tant fait bruit, eût existé, ses fauteurs auraient, après le 20 mars, énuméré leurs services; mais, plus tard, on en eût retrouvé de faibles vestiges. Le seul complot réel fut la tentative de quelques généraux, au mois de février, dans le département de l'Aisne, tentative anéantie aussitôt que produite. La plupart des généraux apprirent avec surprise, même avec inquiétude, le débarquement de leur ancien chef; soit parce qu'ils se voyaient menacés de perdre le repos auquel ils commençaient à s'attacher; soit que, dévoués à la patrie pour laquelle ils avaient si long-temps combattu, ils prévissent les incertitudes de l'avenir. Napoléon observe, de son rocher, les dispositions des esprits; son audace fera le reste. Il voit que d'imprudentes mains ont couvert la France de matières inflammables; il ira l'embraser. Eût-il pénétré par les frontières de l'est, du nord ou de l'ouest, il eût également attiré une portion assez considérable de la population active. Les généreux efforts de quelques maréchaux enchaîneront-ils le torrent? Et ces autres maréchaux, entraînés par ses vagues indomptables, ne regardent-ils pas le rivage d'un œil consterné? De tous ces maréchaux résolus à servir le roi, il n'y en aura que trois, *Berthier, Victor, Marmont* qui se retireront au-delà des frontières. Aucun des autres (si l'on excepte *Macdonald*, atteint d'une violente maladie) ne rejettera la cocarde tricolore, ne refusera son acte de soumission au maître actuel de la France, à Napoléon. Pourraient-ils lutter contre l'opinion qui repousse les ennemis des institutions constitutionnelles? A quelques exceptions près, les officiers-généraux et supérieurs furent enveloppés dans la défection plus qu'ils ne s'y portèrent. Il faut bien le redire : l'armée, comptant à peine quelques officiers élevés dans l'obéissance envers des princes absents depuis tant d'années, devait voir leur retour avec inquiétude. La conduite des Stuarts, après la restauration, se représentait à tous les esprits. La Charte, qui prouva la modération éclairée de *Louis XVIII*, avait dissipé les anxiétés de la nation; mais la non exécution de cette charte, le mépris avec lequel en parlaient les émigrés et les courtisans, ne tardèrent pas à réveiller les craintes, et malheureusement Bonaparte parut comme un libérateur. Encore une fois, les vrais conjurés furent ces hommes que divers motifs, tous également peu généreux, réunirent dans une opposition directe aux volontés du roi; ces hommes qui, méconnaissant l'esprit de la nation, la tendance du siècle, l'effet d'une révolution générale d'un quart de ce siècle, la magie des souvenirs militaires; qui, calculant mal le nombre, et méprisant la force des nouveaux propriétaires, se complurent dans la poursuite de leurs desseins gothiques, féodaux, ultramontains. En tête de ces hommes si étrangement abusés, de ces myopes politiques, on doit placer le *sieur Blacas d'Aulps*, ministre de la maison du roi, personnage dépourvu d'expérience administrative, étranger à la France qu'il avait quittée adolescent, étourdi de son élévation subite au faîte des honneurs; l'abbé de Montesquiou et le chancelier Dambray. Certes, pour faire face à de semblables adversaires, on n'avait pas besoin de conspirer; le gouvernement conspirait trop bien contre lui-même. Bonaparte n'avait qu'à s'embarquer à Porto-Ferrajo, pour que le courant de l'opinion l'amenât jusqu'aux Tuileries.

Sans doute, cet ex-empereur conservait des intelligences en France. Il serait absurde de supposer que, après avoir été quatorze ans revêtu d'un pouvoir sans bornes, toutes communications se fussent soudainement fermées entre lui et la foule des personnes qu'il avait eues dans sa dépendance, ou qu'il combla de bienfaits; mais des correspondances dans lesquelles aux souvenirs se mêlaient apparemment des espressions de regret, ne constituent pas une conspiration effective. On peut être mécontent sans être mal intentionné; et encore, mal intentionné sans être coupable. Il est impossible de ne pas convenir qu'une partie de la population ne lui fût encore attachée; il débarque et court comme en poste vers la capitale, non-seulement sans armée, mais dépourvu de moyens de défense, et de la même manière qu'un propriétaire se rend dans ses domaines. Il traverse, en vingt jours, un espace de deux cent vingt lieues; malgré les proclamations, les ordres, les proscriptions, les promesses de récompense, pas un seul homme ne se présente pour le frapper. Que cela soit dérivé de telle ou telle cause, toujours est-il, que Bonaparte n'avait pas besoin d'être amené par une conjuration.

En un mot, on regrettait généralement le roi, mais on maudissait ces courtisans étendus comme un épais rideau pour dérober le sentiment et le vœu de la nation; personnages qui mirent une si grande ostentation dans leurs paroles, au moment du retour, et un si grand empressement à les désavouer! Des prétentions aussi contraires ne pouvaient se concilier. Un homme dépouillé de sa puissance ou de sa fortune, restera toujours l'ennemi de celui qui l'aura supplanté: mais, si un changement de cette nature devient presque général dans un pays; si, sous le nom d'épuration, une sorte de proscription s'établit, et sur-tout si les motifs de cette proscription sont tels que chaque individu la voie s'avancer vers lui sous des prétextes d'économies ou de classifications nouvelles; si l'inquiétude et les peines viennent frapper aussi les militaires au milieu d'une nation qui a passé toute entière dans les camps; où le chef du gouvernement trouvera-t-il des appuis? De quelques nobles qualités, de quelques vertus qu'il soit doué, elles ne sauraient lui servir d'égide; et quelque sacrés que soient ses droits, ils seront méconnus en paraissant opposés aux intérêts positifs de la partie active de la nation. Quand Bonaparte ne serait pas débarqué en Provence, le systême adopté par le ministère avait déja trop fortement compromis la royauté. On avait restreint la liberté de la presse, alarmé les propriétaires, indisposé l'armée et les innombrables partisans des institutions constitutionnelles. Long-temps avant l'arrivée de Bonaparte, alors qu'on ne la prévoyait pas, un mécontentement réel s'insinuait dans les classes moyennes. Des courtisans sacriléges, et qui s'intitulaient exclusivement royalistes, osaient accuser, et tout haut, le monarque de duplicité. Comment le peuple n'en aurait-il pas cru quelque chose, sur-tout en lisant le discours prononcé à la tribune des députés, le 13 septembre 1814, par un ministre d'état nommé *Ferrand* (*V.* 5 décembre 1814)? Cependant il existe encore aujourd'hui (1819) un parti, celui des mauvais royalistes de la cour, qui s'obstine à redire que Bonaparte avait en France, à Paris même, des intelligences suivies et relatives à son retour. Ces hommes, en reproduisant de telles allégations, ne font qu'imiter niaisement la tactique du comité de salut public et du directoire qui, de 1793 à 1799, ne cessaient de dire que le gouvernement anglais, que *Pitt* excitaient toutes les conspirations, soudoyaient chaque conspirateur contre la liberté. Des milliers de victimes périrent d'après cela; pas une preuve de la coopération directe du gouvernement anglais ne fut produite, ni au 18 fructidor, ni avant, ni après. Le royalisme de la basse féodalité ne sait pas mieux appuyer ses assertions, que les chefs de la démagogie ne surent démontrer les leurs. Mais qu'on laisse un homme raconter sans cesse une chose fausse, il finira par persuader, surtout en France.

Napoléon nomme ses ministres. — *Cambacérès* devient chef de la justice; *Carnot*, de l'intérieur. L'un et l'autre se firent connaître à la convention: le premier, par sa motion à l'effet d'accélérer l'exécution de *Louis XVI* (*V.* 19, 20 janvier 1793) et par deux rapports très-remarquables sur la formation du tribunal révolutionnaire (*V.* 10

mars 1793), pour *la mise hors de la loi* des émigrés (*V.* 19 mars 1793); le second, par sa présence au comité de salut public où pendant neuf mois il accorda *des signatures de confiance à Robespierre* (*V.* 24 août 1794, 1er avril 1795).

Bourse de Paris. — Cinq pour cent, soixante-treize francs cinquante centimes.—Le lundi 19, il n'y a point de bourse; le samedi 17, les cinq pour cent étaient à soixante-huit francs dix centimes.

Congrès de Vienne. — Déclaration des puissances sur les affaires de la confédération helvétique. — L'intégrité des dix-neuf cantons, tels qu'ils existaient en corps politique, à l'époque de la convention du 21 décembre 1813, est reconnue. — Le Valais, le territoire de Genève, la principauté de Neufchâtel, formeront trois nouveaux cantons. — L'évêché de Bâle est annexé, en grande partie, au canton de Bâle; le reste est joint aux cantons de Berne et de Neufchâtel.

23. *Louis XVIII* s'est retiré à Lille, avec le dessein de s'y renfermer. Ce séjour ne lui offrant plus de sûreté, dès l'instant que la garnison, qui avait été éloignée, y rentre, il se retire en Belgique. — Toutes les places de Flandre arborent le drapeau tricolore. En partant, ce prince rend une ordonnance qui licencie l'armée.

25. *Traité de Vienne*, entre l'Autriche, la Grande-Bretagne, la Prusse et la Russie, confirmatif des principes consacrés par le traité de Chaumont, du 1er mars 1814. — Il tend à préserver de toute atteinte l'ordre des choses rétabli en Europe par le traité du 30 mai 1814, ainsi que les stipulations arrêtées et signées au congrès de Vienne, dans le but de compléter les dispositions de ce dernier traité, et de les garantir particulièrement contre les desseins de Napoléon Bonaparte. — A cet effet, les parties contractantes s'engagent à diriger, dans le sens de la déclaration du 13 mars, tous leurs efforts réunis contre lui et les siens, afin de le forcer à se désister de ses projets et de le mettre hors d'état de troubler, à l'avenir, la tranquillité et la paix générales, sous la protection de laquelle les droits, la liberté et l'indépendance des nations viennent d'être placés et assurés. — Les puissances contractantes s'engagent à mettre d'abord sur pied chacune cent cinquante mille hommes dont un dixième au moins de cavalerie (non compris les garnisons des places fortes). Elles s'engagent à ne poser les armes que de concert, et seulement après avoir rempli le but de cet armement. — Le roi de France sera spécialement invité à donner son adhésion au présent traité.—Cette adhésion a lieu.

La Suède et le Portugal refusent seuls de fournir leur contingent.

On calcule qu'un million d'hommes sera réuni, à la fin de juillet, sur les frontières françaises.

27. Déclaration du conseil d'état, institué par Bonaparte. — Elle relève l'ex-empereur de sa déchéance et annulle son abdication. — Ainsi les mêmes hommes auxquels il vient d'accorder sa confiance, prétendent être, en sa faveur, les organes de la nation.

28. Irruption des troupes napolitaines dans les états du pape, et prise de Terracine.—*Murat* attaque les Autrichiens à Césène (*V.* 26 février).

Joachim Murat, reconnu roi de Naples par les puissances alliées et par le congrès de Vienne, invite les peuples italiens à se confédérer contre toute domination étrangère. Il commence précipitamment les hostilités, à la tête de cinquante mille Napolitains, soldats sans discipline, sans courage et mal commandés. Cet homme, élevé par le hasard, bien plus que par son mérite, de l'état de cabaretier jusque sur le trône, loin d'être satisfait de sa fortune, prétend subjuguer la presqu'île entière. Parce que sa bravoure le fit distinguer dans les rangs français, il se croit appelé à mettre dans la balance de l'Europe un poids assez fort pour entraîner ses destinées. Sa présomption lui suggère qu'il possède en lui-même les moyens de se placer au nombre des grands conquérants. Il se déclare donc souverain des pays que traversent ses troupes (*V.* 5 avril, deuxième article; 2 mai).

Avril 1er. *Le duc de Bourbon*, prince français, envoyé pour se mettre à la tête de la Vendée, s'embarque à Paimbœuf sur un bâtiment anglais. Toutes les tentatives pour soulever les rustiques habitants de ces pays ont échoué.

2. *La duchesse d'Angoulême, nièce de Louis XVIII*, s'embarque à Bordeaux. Elle quitte la France, après avoir vainement montré beaucoup de résolution à soutenir la cause royale.

5. Proclamation de François Ier, empereur d'Autriche, portant érection et réunion du royaume de Lombardie à la monarchie autrichienne.

Proclamation datée de Milan, de l'autrichien Bellegarde, contre l'aggression inopinée de *Joachim Murat* (*V.* 28 mars).

6. Occupation de Florence par les troupes de *Murat*.

16. *Le duc d'Angoulême, neveu de Louis XVIII*, a vainement essayé de soutenir la cause de sa famille, sur les bords du Rhône. La défection de ses troupes, les dispositions indécises ou contraires des habitants, la plus grande habileté des généraux opposés à quelques officiers novices dont ce prince s'est entouré; ces diverses causes

le font succomber. — Il se rend prisonnier. — Conduit à Cette, il recouvre la liberté en s'embarquant. — *Bonaparte* n'est pas assez sûr du succès définitif de son invasion, pour encourir l'indignation de l'Europe, pour dédaigner l'affliction des Français, en se souillant d'un second meurtre dans la même famille (*V.* 21 mars 1804). Faisant parade de sa clémence, il s'écrie : « Je veux pouvoir me vanter « d'avoir reconquis mon trône, sans qu'une goutte de sang ait été « versée, ni sur le champ de bataille, ni sur l'échafaud ».

22. *Acte additionnel aux constitutions de l'empire.*

Napoléon présente, à l'acceptation des Français, une suite d'articles supplémentaires à ce qu'il nomme les constitutions de l'empire (*V.* 24 décembre 1799 ; 2, 4 août 1802 ; 18 mai 1804). Ces articles font revivre plusieurs dispositions de la Charte royale. Napoléon sait très-bien que le très-grand nombre des Français réclame la jouissance pleine et entière de ces droits de liberté positive, auxquels il avait substitué son absolue volonté. Il ne peut reconnaître moins que n'a reconnu *Louis XVIII.* L'aveu solennel des principes du gouvernement représentatif est, dans sa politique, un moyen d'engager les Français à le soutenir de tous leurs efforts. Sans doute, il se propose de renverser cet ouvrage de la circonstance, et de rentrer dans la plénitude de l'arbitraire. Il ne saurait se résoudre à partager le pouvoir, pas plus qu'à s'accommoder d'un état de paix. Le despotisme forme l'essence de son caractère ; le sang de la guerre est son élément. Ne fut-il pas toujours prêt à jouer le bien-être, et même l'existence de la nation contre la liberté des autres peuples, et, ne se disait-il pas, dans ses campagnes de 1813, 1814, qu'en fait de puissance et de renommée il ne faut jamais rétrograder ?

L'acte additionnel reconnaît deux chambres législatives : une chambre de pairs héréditaires, et une chambre de représentants élus par le peuple, suivant *deux degrés* d'élection. Les membres de la seconde chambre sont au nombre de six cent vingt-neuf ; ils doivent être âgés de vingt-cinq ans. Elle est renouvelée, de droit, en entier, tous les cinq ans. — Par le dernier article, le peuple français se dessaisit du droit de rétablir, dans aucun cas, les princes Bourbons, l'ancienne noblesse féodale, les prérogatives féodales et seigneuriales, les dîmes et un culte quelconque qui serait privilégié et dominant. Toute proposition à cet égard est formellement interdite. — L'énumération de ces prohibitions signale (sauf la proscription de nos anciens princes) les véritables objets qui, durant les dix mois précédents, indisposèrent la masse de la nation. On voit la preuve de la sagacité de Napoléon, dans cette affectation à les désigner. Il savait combien il devait plaire aux Français.

Mais ce mot *additionnel* trouble les amis sincères de la liberté, et cet acte supplémentaire est reçu avec une répugnance très-marquée et presque générale, parce qu'il suppose la conservation des principales institutions créées par le pouvoir absolu. Cet acte ne sera agréé sans restriction, que par un très-faible nombre de personnes, dont la plupart même regardent leur adhésion comme une simple formalité. En voulant imposer ces formes de gouvernement et ces conditions de liberté, le despote incorrigible altère lui-même sa récente popularité.

Mai 2, 3. *Bataille de Tolentino et de Maccrata* (marche d'Ancône). —Les troupes napolitaines, battues à chaque rencontre, depuis l'entrée en campagne de Murat (*V.* 28 mars), sont mises ici dans la plus grande déroute.

12. *Rapport fait au congrès de Vienne, et publié par son ordre.*

Ce rapport, approuvé et signé par toutes les puissances, confirme la déclaration du 13 mars. — « La liberté d'une nation de changer « son système de gouvernement, doit avoir ses justes limites; et si « les puissances étrangères n'ont pas le droit de lui prescrire l'usage « qu'elle fera de cette liberté, elles ont au moins, indubitablement, « celui de protester contre l'abus qu'elle pourrait en faire, à leur « préjudice. Pénétrées de ce principe, les puissances ne se croient pas « autorisées à imposer un gouvernement à la France; mais elles ne « renonceront jamais au droit d'empêcher que, sous le titre de gou- « vernement, il ne s'établisse en France un foyer de désordre et de « bouleversement pour les autres états.............. Cet homme « n'a d'autre garantie à proposer à l'Europe, que sa parole. Après « la plus cruelle expérience de quinze années, qui aurait le courage « d'accepter cette garantie? La paix avec un gouvernement placé en « de telles mains et composé de tels éléments, ne serait qu'un état « perpétuel d'incertitude, d'anxiété et de danger. Aucune puissance « ne pouvant effectivement désarmer, les peuples ne jouiraient « d'aucun des avantages d'une véritable pacification, rien ne serait « stable dans les relations politiques, un sombre mécontentement « planerait sur tous les pays, et, du jour au lendemain, l'Europe en « alarmes s'attendrait à une nouvelle explosion........... La plus « grande partie des envahissements et des réunions forcées dont il a « successivement formé ce qu'il appelait *le grand empire*, a eu lieu « pendant ces perfides intervalles de paix, plus funestes à l'Europe « que les guerres mêmes dont il l'a désolée............. »

Tout esprit raisonnable doit admettre l'évidence de ces allégations. Il serait impossible de ne pas convenir que, dès que Bonaparte se vit assuré du pouvoir, il déchira le traité d'Amiens (*V.* 25 mars 1802, 13 mai 1803), et peu satisfait des vastes, magnifiques et solides acquisitions échues à la France, il persévéra dans un système destructif de l'indépendance de toutes les nations. Il rallumait la guerre, non pour obtenir de la sécurité, mais pour agrandir ses conquêtes. Ses négociations de paix n'avaient d'autre objet que d'entretenir dans une fausse persuasion ces puissances dont il n'avait pas encore marqué l'heure fatale, pendant qu'il préparait, combinait et exécutait contre d'autres états ses projets de rapt et de spoliation. Ses traités n'étaient que des haltes militaires.

Mais, en reconnaissant que les quatre grandes puissances ont des motifs réels de défiance et de ressentiment contre Napoléon, il ne faut pas couvrir d'un voile officieux les motifs particuliers qui sont les plus puissants véhicules de leurs déterminations. — L'Angleterre sourit à la conjoncture actuelle, en sa qualité d'ennemie invétérée de la France; la Prusse, en raison de cet accroissement désordonné qui, la mettant en contact avec notre territoire, lui fait craindre l'établissement en France d'un système militaire capable de comprimer son ambition. La Russie se réjouit de cette nouvelle occasion de s'immiscer dans les querelles de l'occident, dévorée qu'elle est du desir d'y trouver une augmentation de prépondérance : plus elle en voit s'allumer, plus elle se montre empressée à les éteindre, car elle ne vient jamais qu'en dernière ligne, s'exposant à de moindres dangers, et recueillant les plus riches débris. Le conseil de Vienne dont aucun revers ne peut humilier le front, ni détourner la marche, voit, dans la renaissance des malheurs de la France, la facilité d'appesantir à jamais son joug tudesque sur l'Italie. Les plus belles contrées se fanent par le souffle de l'Autriche; les régions les plus favorisées de la nature languissent dans ses stériles et impuissantes mains: n'importe, elle est saisie de la frayeur que des principes représentatifs ne pénètrent dans ses anciens états, où domine une gothique oligarchie. L'Autriche, que gênent la Russie et la Prusse, espère que de nouvelles hostilités contre l'ennemi commun lui vaudront des agrandissements, susceptibles de la reporter à ce premier rang auquel elle ne se juge pas encore remontée. Ne vit-on pas, à chaque génération, cette puissance sacrifier des considérations d'antique orgueil, de justice, d'honneur, de convenance, et même ses archiduchesses, à une politique d'expectative? Que risquerait-elle d'ailleurs si *Napoléon* se relevait? n'aurait-elle pas l'intercession de

Marie-Louise? — Quant aux vues des cabinets secondaires de l'Allemagne, satellites obligés des puissants monarques, dociles courtisans du plus fort; en participant à cette croisade, elles ne méritent pas une plus grande attention que la valeur spécifique de leurs états, que la qualité de leurs troupes, ou le mérite de leurs généraux; mais ces potentats subalternes sont ravis de pouvoir se venger sans risques, sur la France, de ce qu'elle les a tirés du néant, et de prouver ainsi leur existence politique.

19. Une première colonne de troupes russes traverse Nuremberg, se dirigeant vers le Rhin.

20. *Convention signée à Zurich*, entre la diète suisse et les plénipotentiaires de l'Autriche, de la Grande-Bretagne, de la Prusse, de la Russie.

La confédération suisse adhère à l'alliance contractée par les quatre grandes puissances contre la France (*V.* 25 mars). — La confédération s'engage à tenir constamment en campagne un corps d'armée suffisant pour garantir sa frontière contre toute entreprise de l'ennemi commun. — Dans le cas d'urgence, où l'intérêt commun exigerait un passage momentané de troupes alliées, à travers quelques parties de la Suisse, on recourra à l'autorisation de la diète.

Convention militaire de Casa-Lanzi près de Capoue, entre les généraux autrichiens et l'envoyé anglais d'une part; le général en chef de l'armée napolitaine du roi *Joachim Murat*, d'autre part.—Toutes les places, citadelles et forts, de même que les ports et arsenaux de tous genres, seront livrés aux armées des puissances alliées, pour être remis au roi *Ferdinand*. — Cette campagne qui amène l'entière dépossession de Murat, a commencé le 28 mars.

26, 27. L'empereur de Russie, le roi de Prusse, l'empereur d'Autriche, partent de Vienne et se rendent près de leurs armées, qui sont en pleine marche sur la France. Ils n'ont voulu recevoir aucune proposition de la part de Napoléon (*V.* le 12).

31. *Traité signé à Vienne*, entre le roi des Pays-Bas, d'une part; l'Autriche, la Russie, l'Angleterre et la Prusse, d'autre part.

Ce traité remplit les dispositions de l'article 6 du traité de Paris, du 30 mai 1814, relativement à l'accroissement de territoire destiné à la Hollande, placée sous la souveraineté de la maison d'Orange. Le traité reconnaît l'érection du royaume des Pays-Bas (*V.* 17 mars); il sanctionne l'acte constitutionnel des provinces-unies, rendu commun aux provinces belges, et détermine les limites du royaume : à l'est par l'Ems jusqu'à Nieuschanz, et par les monarchies hanovrienne et prussienne jusqu'à Luxembourg; au sud, par les frontières des départements français, de la Moselle, de la Meuse, des Ardennes et du Nord.

Juin 1er. *Assemblée*, dite *du Champ-de-Mai.*

Les électeurs de tous les départements devaient s'y rendre, afin de prendre les mesures convenables pour corriger et modifier les constitutions, selon l'intérêt et la volonté de la nation (*V.* 13 mars, article deux); mais en publiant son *acte additionnel* (*V.* 22 avril), Napoléon a jeté une nouvelle amorce à la crédulité des Français; il vient aujourd'hui flatter leur goût pour les spectacles frivoles, en réunissant au Champ-de-Mars, dans ce même lieu, témoin de la fédération du 14 juillet 1790, un grand nombre de députés des départements, des gardes nationales, de l'armée. Ainsi qu'en 1790, l'autel, sur lequel la religion doit consacrer le serment d'obéissance et d'union, s'élève au milieu de cette enceinte, la même foule s'y rassemble, le même enthousiasme y règne, les acteurs seuls sont changés. Au lieu de *Louis XVI*, le restaurateur de la liberté française, c'est *Bonaparte*, l'oppresseur du continent qui le menace une seconde fois de son joug; au lieu de *l'évêque d'Autun*, *Charles-Maurice de Talleyrand-Périgord*, on voit *l'archevêque de Tours*, *Barral*, assisté du *cardinal de Bayane* qui, l'un et l'autre, avaient été nommés pairs par *Louis XVIII*. Là, sont aussi les maréchaux *Soult*, *Ney*, *Jourdan*, *Oudinot*. — Ce même *Cambacérès*, lugubre fantôme, visible à toutes ces grandes occasions qui doivent être funestes à la France (*V.* 19, 20 janvier 1793; 4, 18 mai 1804), ce conventionnel qui provoqua l'exécution immédiate du roi de France dans l'intérêt de la république française, ce consul, puis sénateur, qui s'inclina le premier, comme le plus auguste représentant de la grande nation, devant l'empereur des Français, se fait encore aujourd'hui l'organe de la France, il proclame que *l'acte additionnel* aux constitutions de l'empire est accepté de un million trois cent mille votants et rejeté par seulement quatre mille deux cent six; et *Cambacérès* prononce, le premier, le serment d'obéissance aux constitutions, et de fidélité au chef de la dynastie napoléonnienne; l'assemblée répète *Nous le jurons:* Napoléon jure aussi d'être fidèle à son ouvrage: on rend à Dieu de solennelles actions de graces, et ce serment ne tardera pas à se dissiper, comme tant d'autres serments; ce sera un parjure ajouté à tous les parjures. — Mais celui qui affecte de reproduire ces assemblées du Champ-de-Mai si favorables à la dignité comme à la liberté de la nation, lorsqu'elles étaient tenues par le héros de la seconde dynastie, voit s'accomplir ses desseins. La multitude séduite par le prestige de cette cérémonie, s'enflamme pour la cause de l'ambitieux travesti en libérateur, du tyran déguisé en citoyen. Des milliers de bras vont s'armer pour sa défense.

L'effectif de l'armée française qui, dans les six derniers mois de l'année précédente, a reçu d'importantes modifications, était, au 1er mars, de cent quarante mille hommes, dont vingt mille chevaux appartenant à la cavalerie ou à l'artillerie. — Au 1er juin, l'armée de ligne est, en hommes présents sous les armes et hors des dépôts, de deux cent mille, dont trente mille de cavalerie, et trente-six mille d'artillerie. L'armée extraordinaire employée à la garde des places fortes et des côtes, compose en gardes nationaux d'élite, en hommes de mer, canonniers de la marine, gardes-côtes, vétérans, militaires retirés et réformés, mis dans les places, une force de cent quatre-vingt mille hommes. Les dépôts renferment environ cent cinquante mille recrues.

2. *Napoléon nomme cent dix-huit pairs.* — Ici reparaissent des hommes dont la conduite politique fut l'opprobre de la France, *Carnot*, *Fouché* dit *de Nantes*, *Quinette*, *Roger-Ducos*, *Sieyes*. Ici revient *Rœderer*, ce procureur-syndic du département de Paris, qui livra *Louis XVI* comme un utile ôtage dans les mains des démagogues de 1792 (*V.* 10, 24 août 1792). Ici sont des courtisans auxquels l'air de toutes les cours est salutaire; quelques-uns de ces administrateurs disponibles pour tous les régimes; un assez grand nombre de militaires dont quelques-uns possédés d'un fanatique enthousiasme pour la personne de leur général en chef, et tous les autres, animés d'un noble patriotisme, desirant avant tout préserver le territoire de l'invasion, et faisant de ce sentiment le premier mobile de leur détermination. C'est auprès de ceux-ci qu'il convient de placer *Boissy-d'Anglas*, à qui la France dut une fois son salut contre les plus dangereux ennemis de l'intérieur. La victoire qu'il remporta le premier prairial (*V.* 20 mai 1795), reste un des plus beaux triomphes obtenus par le courage du citoyen. Le président de la convention défiant les poignards des plus vils jacobins, offrirait à la toile un sujet tout aussi digne d'un grand pinceau, que ce magistrat résistant au peuple ameuté par les frondeurs et dont le seul aspect calme la sédition.

7. *Ouverture des chambres législatives, par Napoléon en personne.* — Il voudrait conserver la dictature, et remettre la convocation à l'époque de son retour de l'armée. Victorieux, il aurait dissous la

représentation, s'il n'avait pu la soumettre à ses volontés. Il cède néanmoins à l'empressement général, afin de ne pas augmenter les difficultés de sa position actuelle.

Les élections ont mis à découvert tous les partis. Les royalistes qui, toujours, firent bruit de leur dévouement à la cause de l'autel et du trône, n'y ont pas assisté. Se retirer au loin, voilà toute leur tactique dans les troubles civils et à l'heure du danger; et cela, depuis que les députés de la noblesse de Bretagne refusèrent de siéger aux états-généraux (*V.* 5 mai 1789), comme pour les rendre incomplets et les frapper de nullité. Une foule de citoyens timides, et tout disposés à se ranger du parti triomphant, s'absentent aussi des colléges électoraux. Quoique, par l'effet de ces défections si mal calculées, on ait procédé d'une manière irrégulière et incomplète dans plusieurs chefs-lieux; quoique vingt-neuf départements n'aient point fait de nominations, les choix ne laissent pas que de signaler l'opinion prédominante. Les électeurs présents, inquiets sur les promesses de Bonaparte, qui affecte de se proclamer le vengeur des droits et des intérêts de la révolution, vivement émus encore des tentatives faites sous le gouvernement royal, les électeurs ont principalement porté leurs votes sur ces hommes dont les idées populaires, ou plutôt décidément constitutionnelles, donnent les meilleures garanties contre l'invasion du despotisme : dans la banque et le commerce, messieurs *Benjamin-Delessert*, *Hottinguer*, *Lafitte*; dans le barreau, messieurs *Bérenger*, *Dupin*, *Roi*; dans l'armée, les généraux *Becker*, *Grenier*, *Sébastiani*, *Sorbier*; dans les classes indéterminées, messieurs *Bédoch*, *Dupont* (de l'Eure), *Flaugergues*, *Girod* (de l'Ain), *Lafayette*, *Lambrechts*, *Lanjuinais*, *Voyer-d'Argenson*. Ces députés dont l'influence doit entraîner le sentiment de la grande majorité, se montrent prêts à rendre à la France tous les services qui, dans la ligne de la liberté, peuvent dépendre d'eux. Une section moins nombreuse de l'assemblée se compose de fonctionnaires de l'empire, de bonapartistes décidés, de fanatiques du système napoléonien et de procureurs ou avocats-généraux, professant les doctrines du pouvoir absolu. L'assemblée présente des hommes très-instruits, de beaux talents; il n'est personne qui ne se prononce avec force pour l'indépendance nationale et la liberté du citoyen. Le président est *Lanjuinais*, célèbre, à toutes les époques, par sa résistance à l'injustice et son inébranlable adhésion aux principes d'une liberté positive. Il monte sur la brèche, au milieu de la confusion et des ténèbres; il se dévoue, dans l'espoir d'être utile à la

France. En le nommant, l'assemblée se détermine précisément, parce qu'il déplait à Bonaparte, dont il a constamment désapprouvé le despotisme, dont il a même en partie rédigé l'acte de déchéance (*V.* 2 avril 1814). Le premier de ces motifs porte aussi à la vice-présidence, *Lafayette*, *Dupont* (de l'Eure), le général *Grenier*, *Flaugergues*. On n'a pu faire admettre aucun des ministres, des conseillers d'état, de ces farouches ou perfides Omars de tribune, si jaloux de faire exécuter les terribles volontés du maître et de faire du sabre l'emblême de la loi. Cette première circonstance caractérise l'esprit de l'assemblée pour toute la session. Où seraient les ressources de la France, si autour de Lanjuinais ne s'étaient rangés des hommes étrangers à ce lâche égoïsme qui, à chaque vicissitude, a signalé d'une manière flétrissante la presque universalité des Français auxquels une fortune ou une éducation supérieure imposaient le devoir de s'avancer. Ces hommes ne fuient pas, ils braveront tous les périls pour servir la patrie. Leur dévouement est d'autant plus digne d'éloges, qu'à côté d'eux siégent d'odieux jacobins : *Garat*, *Garnier* dit *de Saintes*, *Garreau*, *Félix Lepelletier*, *Merlin* dit *de Douai*, rapporteur de l'exécrable *loi des suspects* (17 septembre 1793), *Barrère* dont le nom se trouve écrit sur presque toutes les pages honteuses ou sanglantes de la révolution.—Napoléon dit, avec cette plénitude de fourberie qui semble lui avoir été léguée par Mahomet et Robespierre : «............Aujourd'hui s'accomplit le desir le plus puissant de mon cœur; je viens commencer la monarchie constitutionnelle.............. J'ambitionne de voir la France jouir de toute la liberté possible.................. La liberté de la presse est inhérente à la constitution actuelle........... La cause sainte de la patrie triomphera ».

8. *Acte signé à Vienne, qui fixe la constitution fédérative de l'Allemagne.* — Les princes souverains et les villes libres d'Allemagne, en comprenant l'empereur d'Autriche, les rois de Prusse, de Danemark et des Pays-Bas, établissent entre eux une confédération perpétuelle pour le maintien de la sûreté, de l'indépendance et de l'inviolabilité des états admis à la confédération; laquelle se compose de tous les pays qui, en 1792, appartenaient à l'empire. — Tous les membres sont égaux en droits; leur nombre est de trente-deux. — Les affaires de la confédération sont confiées à une diète présidée par le représentant de l'Autriche. — La diète est permanente, ou ne peut pas s'ajourner à plus de quatre mois. Elle siége à Francfort-sur-le-Mein. — Lorsque la guerre est déclarée par la confédération, aucun

membre ne peut négocier avec l'ennemi commun, sans le consentement de tous. Il ne peut non plus contracter aucun engagement particulier, au préjudice d'un autre confédéré.

9. ACTE DÉFINITIF DU CONGRÈS DE VIENNE.

Il a pour but de compléter les transactions du traité de Paris du 30 mai 1814, en y joignant quelques dispositions jugées utiles au repos de l'Europe.

Cette assemblée, qui devait être une arche de salut pour tous les états, a été un gouffre où plusieurs d'entre eux se sont vus jetés comme des victimes du sort. En 1813, les grands souverains alliés, desirant amener la réunion de tous les peuples contre la France, avaient hautement promis la réparation de toutes les injustices commises par son chef, et la restitution de chaque territoire à l'ancien possesseur. Mais, dès que la trompette de la victoire a retenti, leurs conseillers n'ont plus entendu la voix de l'équité. Imitant celui qu'ils renversèrent, ils ne s'arrêtent dans le cours de leurs spoliations, qu'au moment où, voyant le débarquement en Provence de ce même homme, et l'aggression du roi de Naples, Joachim Murat, il leur paraît nécessaire de rallier à la grande cause toutes les opinions. Ces occurrences, jointes à l'impossibilité d'obtenir des peuples épuisés les sacrifices que demanderaient deux campagnes, mettent un terme aux dispositions de ces arbitres si peu équitables. On ne sait où se seraient arrêtés les démembrements de territoire et les injustices politiques, sans ces considérations d'urgence. L'Europe allait succomber tout-à-fait, sous l'ambition de plusieurs, après avoir été soustraite à l'oppression d'un seul.

Les travaux du congrès devaient embrasser une masse immense d'intérêts. Deux routes s'ouvraient, celle d'une justice pleine et entière, et celle d'une haute politique. Loin de procéder au nom des intérêts prédominants de l'Europe, considérée dans son ensemble et dans un détachement absolu des intérêts privés; plus loin encore d'appliquer à tous les cas les principes de l'équité, les chefs du congrès ont préféré de s'engager dans des voies obliques, détournées, incertaines. En se glorifiant au parlement d'avoir défait l'ouvrage de Bonaparte, le lord Castlereagh devait convenir qu'il en avait repris la trame. Des états asservis ont redemandé leur indépendance aux représentants de cette terre classique de la liberté, on leur répond qu'ils garderont leurs fers, ou qu'ils en porteront d'autres; comme si la sécurité de tous devait résulter de la souffrance de quelques petits membres de la société européenne. Aurait-on dû mettre en oubli que l'indulgence n'était que de la justice, à l'égard de plusieurs états d'un ordre inférieur qui, satellites du grand empire, furent entraînés dans son tourbillon? L'Autriche, la Prusse, la Russie, ne favorisèrent-elles pas les usurpations de la France, quand un avantage momentané les y invitait? Et voici la part qu'elles se font aujourd'hui, dans la distribution des dépouilles.

La Russie daigne se contenter de l'acquisition du duché de Warsovie. Elle consent à s'arrêter à la Silésie, position qui lui paraît assez avantageuse pour étendre les filets de sa politique sur tout l'occident.

D'après la doctrine de la légitimité héréditaire, proclamée au congrès avec une componction si édifiante par des politiques chrétiens de différentes communions, la Prusse n'aurait à réclamer que ce qu'elle possédait avant sa défaite d'Iéna. Encore cette puissance ne s'est-elle gonflée depuis cent ans, c'est-à-dire depuis qu'elle existe, que d'usurpations. Mais il lui revient onze millions d'ames pour se mettre à côté des grandes puissances; elle s'empare donc de la moitié de la Saxe : retrouvant, de la Pologne, tout ce qui ne convient pas à la Russie; de la Westphalie et de la Franconie, tout ce qui n'est pas à la convenance de l'Autriche, et qui peut être enlevé aux petits souverains ou aux seigneurs féodaux de l'ancien empire germanique sans exciter de dangereux mouvements; la Prusse, en outre, passe le Rhin et s'établit sur la rive gauche, dans une longueur de soixante-dix lieues, sur une largeur moyenne de quinze lieues.

L'Autriche, ignominieusement défaite toutes les fois qu'elle s'est aventurée sur un champ de bataille, perdant des provinces à chaque traité; l'Autriche, qu'aucun mouvement d'honneur n'entraîna dans l'alliance de la Russie; que l'avarice conduisit encore dans cette conjoncture extrême; qui fût restée fidèle à Napoléon, ou du moins neutre, s'il lui eût rétrocédé les provinces illyriennes; l'Autriche, qui ne fit volte-face qu'après avoir épuisé les artifices de la politique expectante; l'Autriche, enfin, qui, arrivée la dernière sur l'arène, ne s'y est distinguée que par la violation de la capitulation de Dresde (*V.* 11 novembre 1813), retrouve, par les décisions du congrès, ce qu'elle a perdu par le traité de *Campo-Formio* (17 octobre 1797). A la réserve des Pays-Bas, elle ressaisit tous les territoires auxquels elle a renoncé par les traités de *Lunéville* (9 février 1801); de *Presbourg* (26 décembre 1805); de *Vienne* (14 octobre 1809). L'Autriche réunit donc tous les états vénitiens sur les deux rives de l'Adriatique, avec Raguse (non compris les Sept-Iles), les vallées de la Valteline, de Bormio et de Chiavenna, le royaume d'Italie, et cette partie des états du saint-père située sur la rive gauche du Pô. Ainsi les spoliations de la France impériale deviennent des titres de possession pour l'empire autrichien. En outre des acquisitions particulières du chef de cette maison, deux branches collatérales se rétablissent, à Florence, à Modène. Ce ne sera qu'après une longue résistance qu'il abandonnera la reversion des états de Parme (*V.* 10 juin 1817).

Le souverain du stérile Hanovre s'empare de Hildesheim, Goslar, de l'Oost-Frise entière, de Lingen, d'une partie de Munster, pour se faire une consistance territoriale. Ce possesseur d'un million deux cent mille têtes humaines arbore le titre de roi; titre qui reste aussi au prince auquel on laisse, autour de Dresde, un million de têtes semblables.

Les princes d'Orange, stathouders de la Hollande en 1792, ou simples magistrats d'une république fédérative, en y réunissant la Belgique, l'évêché de Liége, le duché de Luxembourg, tous pays dont ils s'arrogent la souveraineté, mettront au jour le royaume des Pays-Bas, où cinq millions d'habitants seront contraints d'obéir à un souverain créé par la politique anglaise.

Les princes de Savoie qui, pour se former un état de quelque importance en Italie et pour atteindre la royauté, prodiguèrent pendant trois siècles tous les artifices d'une politique plus cauteleuse encore que celle des papes; qui, depuis vingt-cinq ans, n'avaient su que se refugier dans les sauvages rochers de la Sardaigne, ou dans des cloîtres; ces princes, si bien rentrés dans la vie privée pour laquelle ils paraissaient si bien faits, réparaissent sur la scène du monde et viennent fouler une des riches contrées de l'Italie. Ils recouvrent leurs domaines embellis, vivifiés par l'industrie française, élevés en civilisation, dégagés de dettes, soumis à des formes régulières d'administration, épurés des assassins et des empoisonneurs, et voient de plus la république de Gênes courbée sous leur joug.

Les souverains de Munich et de Stuttgard, devenus rois par la grace de Napoléon (*V.* 1er janvier 1806) et au prix du sang français, reçoivent, avec la confirmation de leurs titres, des augmentations de territoires et de paysans.

L'ancien marquis de Bade reste ce qu'il a été fait par la France, grand-duc, et ne voit ni augmenter ni réduire son aggrégation d'hommes.

Des deux princes de Hesse, l'un, qui gouverne à Cassel, dispose à son gré de ses feudataires; il administre son pays comme un cultivateur exploite sa ferme, pour son plaisir et son avantage; l'autre, établi à Darmstadt, acquiert quelques lieues quarrées dont le produit est utile à son indigence.

Les petits ducs d'Oldembourg, de Mecklembourg, de Weimar, prennent le titre de grands-ducs.

Quatorze autres princes, y compris celui de Lippe-Dettmold, qui règne sur deux mille cinq cents habitants à figure humaine, forment ce qu'on pourrait appeler la basse classe des souverains allemands.

Enfin, les puissances prépondérantes au congrès de Vienne permettent à quatre des cinquante-une villes libres que comptait jadis l'Allemagne, de reprendre leur individualité politique; mais Francfort, Brême, Hambourg, Lubeck, ne sont plus que des atômes; et cette concession de l'indépendance ne servira qu'à flatter la vanité de leurs bourgeois, dont la plupart ont acquis leur fortune en trafiquant des cendres de l'Europe, embrasée par une guerre de vingt-trois années.

En résumé, on a beaucoup parlé au congrès de Vienne de justice, d'honneur et de légitimité, et l'on s'y est partagé les peuples comme de vils troupeaux, d'après des convenances mutuelles. N'est-ce pas un hommage dérisoire à la légitimité, que le démembrement de la Saxe? Et n'est-ce pas aussi un outrage à la majesté royale, que l'existence de ce royaume microscopique qui finit auprès des murs de Dresde, auprès desquels il commence? Le souverain de Berlin et de Kœnigsberg avait trois fois autant de population et huit fois plus de territoire, qu'il n'était encore pour l'Europe, comme pour Louis XIV, que le marquis de Brandebourg. Mais, depuis le premier partage de la Pologne, en 1773, le goût de la convenance n'a plus fait regarder les états que comme des agglomérations fortuites, et n'existant que sous le bon plaisir de la force.

L'Angleterre, dont l'avidité maritime a été comblée bien au-delà des vastes espérances qu'elle avait pu concevoir, ne devait point se présenter au partage du continent. Mais quelle destinée auraient donc tous ses princes? ne resteraient-ils pas d'obscurs patriciens dans leur île, si l'un d'eux ne portait une couronne royale en Allemagne, dans cette terre classique des rois subalternes? Peu satisfaite néanmoins de cet honneur, l'Angleterre réclame impérieusement l'intérêt des sommes qu'elle a prêtées pour nourrir des guerres qui lui ont valu le monopole de l'univers. Sous le modeste titre de protectrice de la république des îles Ioniennes, elle jette l'ancre à l'issue de l'Adriatique et à l'entrée de la mer Égée; elle prend poste sur la terre des anciens Épirotes, des Albanais, qui descendent aussi des compagnons de Scanderbeg. C'est dans ces peuplades militaires que l'Angleterre pourra recruter ses troupes lorsqu'il y aura disette d'hommes dans les marchés des princes allemands. Une escadre sortie de Corfou peut arriver en quelques jours aux Dardanelles, et une armée anglaise parvenir aussi promptement aux sommets de l'Hémus. La protection de l'Angleterre peut balancer l'influence de la Russie aux yeux des cupides Grecs. Quelques bateaux armés peuvent détruire le commerce du littoral autrichien. Par la connivence du congrès de Vienne, l'Angleterre retiendra sur les mers tous les points dont l'occupation suffit pour arrêter les tentatives de toutes les marines.

L'Angleterre ne cessera de proclamer que c'est à elle seule que l'Europe doit sa délivrance, elle qui en épuise les ressources pour composer sa fortune publique : elle prônera sa justice, son humanité; et, si Napoléon n'eût point existé, les actes de violence, de tyrannie, de rapacité commis par elle, n'auraient trouvé aucun objet de comparaison dans les annales modernes. Les usurpations de l'amirauté britannique seraient-elles moins odieuses que les spoliations exercées en terre-ferme par le cabinet impérial des Tuileries? L'affreux régime des pontons, ces cimetières flottants où l'on entassait les prisonniers français, peut bien soutenir le parallèle des massacres commis à Jaffa sur les prisonniers turcs (*V.* 7 mars 1799). La première horreur est froidement cruelle, elle est le résultat des médiations du cabinet; cette dernière est suggérée à un téméraire conquérant par l'instinct de la conservation, suivant lequel il faut qu'une armée soit sauvée à tout prix.

Ce sont ces mêmes publicistes qui en ont appelé à l'opinion, des abus de la puissance; qui ont, à si grands cris, invoqué l'humanité, la justice, tous les principes violés par Bonaparte; ce sont eux qui ont si activement enflammé tous les cœurs, armé tous les bras contre son pouvoir monstrueux, qui en calquent à loisir, en les reproduisant, un à un, tous les actes, et trait pour trait. La promesse, faite à l'Europe, de rétablir ce qui a été détruit, de rendre aux états anéantis, subjugués ou dégradés leurs formes anciennes et leur primitive indépendance, a été faite en vain. Les iniquités systématiques du congrès de Vienne, replongeant dans l'asservissement des contrées libres autrefois, dépouillant des souverains anciennement possesseurs; de telles iniquités sont, certes, bien moins excusables que les conquêtes de la convention et du directoire, dont les chefs, au reste, étaient atteints d'un vertige nouvellement descendu sur la terre. On fut envahisseur de part et d'autre; mais si le congrès de Vienne l'est avec moins de fureur, il l'est avec plus d'hypocrisie.

Gémissons sur les atrocités de la guerre et sur les crimes de cette sorte de perversité qu'on nomme politique. Vouons haine et mépris à tous les oppresseurs, que leurs noms soient anglais, autrichiens, ou français. Le lord Castlereagh s'est-il, dans cette longue série de transactions, montré autrement, que comme l'écolier de Pitt, et le copiste de Bonaparte, les deux hommes qui, de nos jours, ont le plus désolé l'espèce humaine?

12. *Napoléon part de Paris.* Il va se mettre à la tête de son armée rassemblée sur la frontière nord de la France.

En débarquant en Provence (1er mars), Napoléon se flattait de détacher l'Autriche. Il supposait qu'elle ne renoncerait pas plus longtemps à l'héritage du fils de *Marie-Louise.* Il voyait que, depuis la bataille de Leipsick (18 octobre 1813), jusqu'à celle de Paris (30 mars 1814), l'Autriche ayant décidé les succès des alliés, si elle les abandonnait, leur cause serait ruinée. Mais le cabinet de Vienne était entré trop avant dans leur système, retenu par trop de considérations, engagé dans des liens trop multipliés, satisfait par un trop grand nombre de concessions. L'avantage réel et direct, l'immense avantage qu'il avait trouvé dans l'acquisition de l'Italie supérieure, étouffait tout sentiment de famille, tout amour-propre individuel, toute vanité dynastique. C'était à Prague (*V.* 28 juillet, 12 août 1813), que Napoléon, voyant François résolu de mettre un frein à son ambition démesurée, devait discerner qu'il était de son intérêt de souscrire aux conditions de paix qu'on lui offrait. A Châtillon encore (*V.* 17 février, 18 mars 1814), l'Autriche conservait le desir de laisser Marie-Louise sur le trône de France; mais, depuis cette époque, l'Autriche n'a plus agi que dans un concert intime avec ses alliés, relativement à la conduite à suivre envers Napoléon.

L'armée de Flandre se compose de dix-huit mille hommes de la garde impériale recréée; de cinq corps, réunissant environ quatre-vingt mille combattants; de quatre corps de cavalerie, forts de douze mille sabres. — Trois autres corps stationnés au voisinage de Strasbourg, en Savoie, dans le Jura, comprennent trente-six mille hommes. — Des corps d'observation dans les départements méridionaux, présentent de dix à douze mille hommes.—L'armée dans la Vendée peut s'évaluer à dix-huit mille hommes. —Ainsi cent soixante-dix mille hommes forment déjà *l'armée active,* armée d'autant plus redoutable, que les anciens soldats ont accouru, pressés par leurs souvenirs de gloire, et que leur présence anime et les conscrits et les gardes nationales volontaires ou requises : tant l'élan de l'honneur national est vif et rapide, et la haine vouée à l'étranger, qui s'avance en armes, est profonde !

Au moyen de toutes les ressources qu'offrent les troupes en armement, les gardes nationales avec les levées des conscriptions de 1814 et 1815, la France présenterait, dans trois mois, une armée active de plus de trois cent mille combattants, soutenue par une armée de réserve de quatre cent mille hommes, c'est-à-dire, des gardes nationales en deuxième ligne ou dans les places fortes. — Napoléon s'est occupé, avec autant d'habileté que d'activité, de l'objet le plus important après les levées de soldats, les armes à feu. Renouvelant les prodigieux efforts du comité de salut public (*V.* 3 novembre 1793, 22 septembre 1794), les magasins s'approvisionnent comme par enchantement. L'artillerie a pris des mesures pour doubler le travail des manufactures existantes. On établit dans toutes les grandes places fortes des ateliers de réparation. On en créa dans la capitale, qui furent dirigés avec tant de zèle et d'intelligence, que, dès le mois de juin, ils fournissent, par jour, trois mille fusils, et qu'ils doivent en livrer quatre mille, à commencer du 1er juillet. — Une création aussi rapide de tous les moyens militaires étonne l'imagination. Deux mois encore, et le général français peut braver les forces alliées, pour si nombreuses qu'elles soient, et se mesurer avantageusement, dans une longue suite de combats, avec leurs généraux.

Évaluation des forces combinées contre la France, d'après des documents officiels.

Autrichiens	en Italie, ...	150,000 h.
	sur le haut Rhin, ...	150,000
Russes en-deçà de l'Oder et en marche sur le Rhin, ..		280,000
Prussiens, ...		220,000
États d'Allemagne, ...		150,000
Hollande, ...		50,000
Grande-Bretagne, ...		50,000
		1,050,000 h.

13. *Premier essai de l'enseignement mutuel dans l'instruction élémentaire destinée aux enfants des pauvres.*

Cette méthode, conçue d'abord en France, avait disparu dans le gouffre de la révolution; elle vient d'être importée de l'Angleterre par *Alex. de Laborde*, digne émule des *Dupont de Nemours*, des *la Rochefoucauld-Liancourt*, bienfaiteurs éclairés des classes indigentes, appréciateurs judicieux des ressources qu'elles offrent à l'état qui ne dédaigne ou ne craint pas de les cultiver.

La découverte de l'enseignement mutuel se trouve en butte aux mêmes anathêmes que lança la sottise sur la physique de Galilée, sur l'inoculation, sur la vaccine, sur le jury, sur le gouvernement représentatif. En vain dit-on à la sottise, que Dieu fit l'homme pour une vie morale, et que, développer les facultés intellectuelles de l'homme, c'est nourrir ses affections vertueuses; que plus il s'éclaire, mieux il apprécie les desseins de la Providence; et que, pour s'en convaincre, il suffit de comparer le pâtre calabrois au montagnard écossais, de rapprocher le Portugais superbe, vindicatif, superstitieux, croupissant dans l'indigence et dans l'oisiveté, du Saxon, qui vit laborieux, économe, paisible, parce qu'il raisonne ses devoirs de famille et de citoyen.

Lorsque les Américains des États-Unis déterminent l'emplacement d'un hameau, leur premier soin est d'y amener un instituteur. Ils pensent qu'il est aussi nécessaire à ces premiers habitants de cultiver leur intelligence que de défricher la terre, que de se faire un toit et de se vêtir. Ils ont sous les yeux l'état des sauvages.

« Quelque idée, dit Hume, que nous puissions avoir de la franchise et de la candeur des nations grossières et barbares, il y a beaucoup plus de fausseté, et même de parjures, chez elles que chez les nations civilisées. La vertu, qui n'est autre chose que la raison développée et cultivée, ne fleurit jamais à certain point, et n'est fondée sur de solides principes d'honneur qu'où la bonne éducation est devenue générale, et où l'on apprend aux hommes les conséquences pernicieuses du vice, de la perfidie et de l'immoralité. L'empire de la superstition même, quoique plus puissant sur les peuples ignorants que sur les peuples éclairés, ne supplée que très-faiblement, pour les bonnes mœurs, au défaut de connaissances et d'éducation. Nos ancêtres européens, qui employaient à tous moments la religion du serment sur la croix et les reliques les plus sacrées, respectaient moins leurs engagements que ne fait leur postérité, désabusée, par son expérience, de ces inutiles sûretés dont elle ne se sert plus. »

Mirabeau, qui avait observé les classes inférieures de son pays, s'écriait : DONNEZ-MOI UNE BÊTE BRUTE, ET JE VAIS EN FAIRE UNE BÊTE FÉROCE.

L'expérience démontre, avec une irrécusable évidence, à quel point l'instruction, répandue parmi les nécessiteux, ajoute à la sécurité des sociétés. L'Écosse, la Suisse, la Saxe, sont exemptes d'agitations populaires depuis plusieurs générations : les délits contre l'ordre public y sont aussi rares que les crimes particuliers; car, même le prolétaire sait lire, écrire, et s'instruit tout seul par ce double moyen. La nation suédoise, dans une occasion récente (*V.* 13 mars, 10 mai, 6 juin 1809), a su voir l'horreur du précipice où l'entraînaient les aberrations d'un roi jeune et passionné. Avec quelle sagacité et quelle modération l'ordre des paysans et le bas peuple de Stockholm ne procédèrent-ils pas dans cette conjoncture extrême? Qu'on transporte la scène de ces évènements en France, à Paris; qu'on suppose qu'ils ont lieu au dix-septième siècle, au dix-huitième, aujourd'hui même; pourra-t-on aussi supposer qu'il n'y aura pas une seule goutte de sang répandu, un désordre accidentel commis? Voilà cependant le spectacle qu'ont offert, à Stockholm et dans la Suède entière, le simple soldat et le prolétaire. Il faut donc convenir que la raison du plébéien, qu'auront développée des notions élémentaires, est un ressort utile à l'état, une garantie politique.

L'Angleterre, dévorée de la double soif des richesses et des conquêtes, maintiendrait-elle sa tranquillité domestique, sans l'appui qu'elle trouve dans le bon sens des classes inférieures contre la populace, contre cette lie des immenses cités qu'aucune institution ne saurait épurer? Aux élections de Westminster, en 1818, le démagogue Hunt n'a obtenu que quatre-vingt-quatre voix sur quinze mille, parce que l'artisan, le petit marchand de Londres ont précisément ces premières notions d'ordre civil et de sagesse politique que donnent les premiers essais de culture intellectuelle. Les lumières, uniformément répandues sur un peuple, l'empêchent de s'enivrer de la licence, comme de sommeiller dans la servitude.

Chose étrange! des hommes dont la vocation est de conduire à la vertu par l'instruction, désavouent la méthode simple et facile de l'enseignement mutuel; et cependant deux millions d'enfants réclament, en France, le bienfait de l'éducation primaire. Qu'ils entendent *Pascal :* « Mahomet s'est établi en tuant; Jésus-Christ, en fai- « sant tuer les siens; *Mahomet, en défendant de lire; Jésus-Christ,* « *en ordonnant de lire.* » Pascal s'étonnerait, sans doute, de voir des prêtres s'opposer à la diffusion d'une instruction devenue bien *plus* nécessaire depuis nos dernières erreurs, s'il voyait ces prêtres reproduire, avec un zèle faux, toutes les minutieuses pratiques dont le sacerdoce du moyen âge surchargea les cérémonies du culte, dans le dessein d'asservir les peuples, en étouffant les lumières; s'il voyait des prêtres ineptes, lorsqu'ils ne sont pas factieux, oser déclarer l'esprit humain révolutionnaire, et prôner les absurdités cléricales.

15. *Premières hostilités. — Napoléon entre en Belgique.* — Ayant réorganisé son ancienne armée, et reformé son matériel avec une dextérité, une célérité admirables (*V.* le 12), il a su dérober à ses ennemis les mouvements des divisions qui la composent. Les forces qu'il rassemble vers un même point, et qu'il dirige en personne, s'élèvent à cent vingt mille hommes. Pourvues de trois cent cinquante bouches à feu, elles s'avancent en trois colonnes, de *Maubeuge*, *Beaumont*, *Philippeville*, pour déboucher par *Marchiennes*, *Charleroi* et *Châtelet*. Après quelques affaires d'avant-postes avec les Prussiens, la majeure partie des troupes est, le soir, à la gauche de la Sambre. Le quartier-général français s'établit à *Charleroi*; celui des Prussiens est à *Namur*, celui des Anglais à *Bruxelles*.

Les effets de cette attaque inopinée sont peu considérables, à cause des informations données la veille aux Prussiens par un transfuge, le général *Bourmont*, chef d'état-major du quatrième corps. Ce général est un ex-vendéen; mais vendéen de la petite ou seconde Vendée, qui ne présenta point de guerrier qu'on pût comparer à d'Elbée, Lescure, la Roche-Jacquelin, Cathelineau, Charette, Stofflet (*V.* 18 janvier 1800).

Le sort de la France semble tenir aux chances d'une bataille. Que de bons Français ne savent, à cet instant, s'ils doivent desirer le triomphe ou la défaite de Napoléon! Si la fortune le seconde, il redevient despote. Si la victoire trahit sa brave armée, qui garantira la France du sort de la Pologne, de l'Allemagne, de l'Italie? Les vertus du roi réintégré, ses intentions constitutionnelles et les assurances des princes de son sang, appuyées de ce serment solennel du 16 mars, seront-elles des garanties suffisantes contre ce parti faussement royaliste, déplorablement ennemi de la masse de ses concitoyens, parti qui viendra s'emparer du pouvoir et procéder à de violentes injustices, à de sanglantes exécutions? La politique étrangère conservera-t-elle quelques égards envers un prince infortuné? D'incomplets résultats, des succès balancés qui retiendraient au-delà des frontières les bataillons confédérés, et qui donneraient à l'opinion des Français le temps de s'arrêter à quelques principes salutaires, de rappeler eux-mêmes la famille des Bourbons, de réclamer la Charte; voilà ce qu'il pourrait y avoir de plus favorable.

16. *Batailles de Ligny, sous Fleurus, et des Quatre-Bras* (une lieue sud de *Genappe*. — *Napoléon*, avec environ soixante-seize mille hommes et deux cent quarante canons, attaque quatre-vingt-dix mille Prussiens commandés par Blucher, les force à se retirer après un engagement de quatre heures, et leur cause une perte d'au moins vingt-deux mille hommes. — En même temps, le maréchal *Ney*, conduisant trente mille hommes, avec quatre-vingts bouches à feu, se porte sur la gauche, contre l'avant-garde de l'armée anglaise sous Wellington, et la pousse impétueusement. La perte des Anglais, y compris les auxiliaires, est évaluée à sept ou huit mille hommes. Le duc de Brunswick-Oels est tué, ainsi qu'un lieutenant-général et un assez grand nombre d'officiers. — La perte des Français, dans ces deux actions séparées, est estimée de treize à quatorze mille hommes.

A l'entrée de cette campagne, Napoléon demeure fidèle à son caractère. Numériquement plus faible, comme au début de ses opérations en 1813, il risque tout, dans l'espoir de regagner, par une soudaine victoire, l'opinion des Français, et d'écraser les ennemis.

18. Bataille de Waterloo, ou de Mont-Saint-Jean, livrée a l'entrée de la forêt de *Soignies*, dans la direction de *Genappe à Bruxelles*. *Waterloo*, quartier-général de Wellington, chef de l'armée britannique, est à quatre lieues sud de Bruxelles. Ce poste est retranché d'une manière formidable.

Wellington présente quatre-vingt-dix mille hommes de troupes anglaises, hollandaises et belges, hanovriennes ou brunswickoises. *Napoléon* ne réunit sur le champ de bataille qu'environ soixante-neuf mille hommes et deux cent quarante bouches à feu. Il a détaché à sa droite, et de l'autre côté de la Dyle, le général *Grouchy*, avec trente-cinq mille hommes et cent huit pièces de canon, afin de tenir en échec l'armée prussienne, mal assurée dans ses mouvements depuis sa défaite de l'avant-veille. En outre, huit mille hommes sont laissés en arrière, pour la sûreté des parcs de réserve. — Napoléon prend l'offensive vers onze heures. Les attaques se prolongent jusqu'à sept heures du soir, qu'il ordonne une charge désespérée de cavalerie et des corps d'élite d'infanterie, que doivent soutenir trente pièces. Cette charge exécutée avec fureur est reçue avec fermeté. Presqu'au même instant, le corps prussien de Bulow, fort de trente mille hommes, attaque le flanc droit des assaillants. Ce corps est vivement repoussé et fortement endommagé, mais il est bientôt secouru par trente mille autres Prussiens qu'amène le général en chef

Blucher. Moins timide alors, Wellington attaque lui-même sur toute sa ligne. Les trente pièces destinées à protéger la dernière charge des Français, ont épuisé leurs munitions; et, au crépuscule, Blucher tombant sur leurs rangs, y porte le désordre. Les plus braves cèdent; toutes les armes se mêlent; les soldats se pressent, s'enfoncent les uns les autres, en se précipitant à travers champs, sur les bords du *Thuy*, ruisseau fangeux qui passe à *Genappe*. L'ennemi n'a que l'embarras de la poursuite, pour se rendre maître de tout le matériel.

La perte des Français en tués, blessés non enlevés ou prisonniers, s'élève à la moitié des combattants. Les troupes de Grouchy, qui n'ont pris aucune part à l'action, seront les seules qui repasseront en ordre la frontière belge. — La perte des alliés est immense aussi. Wellington déclare sept cents officiers anglais ou hanovriens tués ou blessés, d'où on peut évaluer quinze mille hommes hors de combat. En outre, les corps hollandais et belges, sous le commandement immédiat du prince d'Orange (lui-même fortement blessé), éprouvent un vide de quatre mille hommes. De quelques réticences dont fasse usage Blucher, étonné, sans doute, d'un triomphe qu'il partage, et auquel il n'avait pas le droit de s'attendre. (*V.* 14, 18 octobre, 16 novembre 1806; 29 janvier, 10, 11, 14 février 1814), on est fondé à ne pas réduire la perte des Prussiens au-dessous de quinze mille hommes. Ce qui donne un total de trente-quatre mille alliés restés sur le champ de bataille, ou que leurs blessures en auront éloignés; total égal au total des pertes de l'armée française. — Mais leur victoire est des plus complètes. Conservant leur ensemble, et pouvant se recruter, ils présentent la force des masses jointe à la force numérique, à un nombre actuellement huit ou dix fois plus grand que celui que les Français pourront, les jours suivants, réunir en corps.

Dès ce jour on peut sonder la profondeur de l'abîme que Bonaparte a rouvert sous la France, en y reparaissant. — Il aimera, cette fois-ci encore, à rejeter sa défaite sur des causes indépendantes de lui-même. Cet esprit superbe, comme le satan de Milton, n'avouera jamais une faute; il ne saurait admettre que la tactique de ses adversaires puisse l'emporter une seule fois sur son génie; il essaiera d'accréditer que les dissensions politiques ont détrempé le moral de l'armée, dissous l'énergie des plus braves, obscurci les facultés de tous. Plus l'allégation de ce chef d'armée serait fondée, plus il serait inconsidéré de vouloir exécuter avec des guerriers dont les dispositions, comme citoyens, ne seraient pas en sa faveur, une entreprise aussi audacieuse que celle de venir à bout, en un seul jour, de deux formidables armées. La situation morale des lieutenants du général en chef est, sans contredit, un élément de son plan de campagne, sur-tout dans les temps de troubles civils. C'est de même une vaine excuse que de rejeter le désastre de la journée sur la terreur panique dont les soldats auraient été saisis, en entendant crier *nous sommes trahis;* comme si des cris isolés avaient pu dominer les détonations de quatre cents bouches à feu, comme si des signes d'hésitation avaient pu s'apercevoir au milieu de ces épais nuages de fumée qui couvraient la plaine. Au même instant où les vétérans de la victoire chargent avec une vigueur extraordinaire, quelques paroles de défection les entraîneraient-elles en arrière, les transformeraient-elles tout-à-coup en de lâches soldats? Non, cela n'est pas croyable, et jamais on ne calomnia plus outrageusement les soldats français. Les derniers efforts attestent leur dévouement. Ils n'ont que très-bravement combattu pour cette cause et pour l'auteur de ce désastre inoui. Ses injurieuses allégations n'obtiendront pas un jour, une heure de créance. De quelque apologie dont il vienne recouvrir sa conduite, personne n'hésite à jeter sur sa tête les grandes fautes de la journée. Pourrait-on se dissimuler qu'il n'ait commis une faute très-grave, en s'obstinant, pendant plusieurs heures, dans le refus de croire ce qu'on lui annonça du mouvement des Prussiens (mouvement confirmé par des lettres interceptées de l'état-major prussien, lesquelles font positivement mention de leur marche). Enfin il adhère à la certitude que Grouchy n'arrive point, et que c'est Bulow qui débouche sur son flanc. Aussitôt il s'écrie en pâlissant, *Tout est perdu,* et sa fuite accélérée aggrave tous les malheurs de ce jour. —Les armées françaises ne furent, depuis 1793, mises en pleine déroute que deux fois; après le passage de la Bérézina (*V.* 28 novembre 1812), à Leipsick (*V.* 18 octobre 1813). L'auteur de l'un et de l'autre désastre, qui est-ce? Qui délaissa ses vaillantes troupes à Smorgony (*V.* 5 décembre 1812), les livrant aux frimas, sans chevaux, sans canons, sans subsistances et sans vêtements? qui les abandonna de nouveau, à Hanau (*V.* 2 novembre 1813), en donnant le signal de *sauve qui peut?* Celui-là même qui donne aujourd'hui, pour la troisième fois, le spectacle d'un général refusant de partager le sort auquel il dévoue ses soldats. Non, les braves de tous les jours n'ont pas dégénéré dans cette dernière rencontre, leur valeur a été barbarement sacrifiée, et l'outrage ne saurait les atteindre. Wellington parlera plus honorablement à nos soldats, que Bonaparte pour lequel ils viennent de verser leur sang, d'excéder leurs forces, de porter leur intrépidité au dernier degré du possible. Le général ennemi donne des éloges à leur bravoure et à leur persévérance. « Je ne dis « pas cela pour en retirer quelque mérite personnel; car, la victoire « doit être attribuée à la supériorité des forces physiques des Anglais « et à leur constance invincible ». L'intrépidité de nos soldats n'a été que trop réelle! Leur confiance et leur dévouement n'ont eu que trop d'étendue! Pendant huit heures, ils se sont acharnés sur des batteries, dont les décharges si rapides à mitraille ou à boulets, qu'aucune volonté individuelle ni collective ne saurait affronter, les forcent enfin de s'éloigner. Les moins valeureux se retirent en frémissant; et leur chef en délire a juré de les faire exterminer tous jusqu'au dernier, plutôt que d'ordonner le signal de la retraite. Ces braves cèdent à la mécanique irrésistible des batailles, mécanique que le général ennemi emploie au moment décisif. Napoléon s'est obstiné sur les retranchements anglais, voulant emporter de vive force ce point inexpugnable que ses manœuvres n'ont pas rendu inutile. Aucune disposition n'a été prise en cas de revers. L'humiliation de la défaite retombe donc tout entière sur le présomptueux capitaine qui prétend clore sa campagne, trois jours après l'avoir ouverte. — La principale cause de la perte de cette journée est, sans contredit, l'arrivée inopinée des Prussiens sur la droite engagée des Français, ainsi que l'absence du corps d'armée de Grouchy. Si le général en chef eût prescrit à son lieutenant de marcher sur Wavres, en côtoyant la rive gauche de la Dyle, cette cause était enlevée.

Quant aux reproches jetés avec emportement sur ce même Grouchy, détaché avec l'aile droite, et sur le maréchal Ney, conduisant l'aile gauche, ceux qui s'adressent au premier, semblent incontestables, s'il a reçu l'ordre de rejoindre; et, dans le cas contraire, ses hésitations, la lenteur de sa marche ce jour et le précédent, son défaut de sagacité ou de détermination en ne se portant pas vers les points où il entendait le canon, une canonnade terrible, tout cela repousse ses excuses. — Mais, en dernier résultat, les méprises du lieutenant retombent sur le généralissime qui l'investit de cette pleine confiance que doit seul obtenir un militaire capable de la grande guerre. *Macdonald*, *Gouvion*, ne sont pas à la disposition de Napoléon, et le fardeau de ce commandement important est tombé sur *Grouchy*. Ainsi, quelle que soit la fâcheuse influence de deux ou trois circonstances, Napoléon ne doit s'en prendre qu'à lui-même, de ce que sa fortune échoue pour la dernière fois. Il a fait une campagne de trois jours; et ses plans ont été si fougueusement conduits, qu'en trois jours il perd une belle armée et flétrit sa propre renommée militaire.

Eût-il été vainqueur, la campagne se prolongeait, mais sa perspective ne changeait pas. Cette bataille, gagnée sur les Anglais et les Prussiens, ne faisait qu'entamer leurs forces, sans les détruire; il eût fallu deux victoires complètes sur les Russes et les Autrichiens. C'était faire des suppositions erronées, que d'attendre une diversion de la part des Italiens, race dégénérée et sans esprit de nation; que de croire que, parce que les Belges supportent avec humeur quelques circonstances de leur transformation, ils viendront se ranger sous les aigles françaises; que de compter sur les dispositions des peuples allemands à se remettre sous le joug qu'ils ont brisé avec rage. La France restait donc condamnée aux extrêmes sacrifices, pour amener les hostilités jusqu'à la fin de l'automne; et, vu l'étroite union des généraux alliés, les décisions si positives des grands cabinets dont les liens étaient si fortement tissus, l'accord intime des souverains avec leurs sujets, les opérations n'eussent admis aucune suspension durant l'hiver. L'épuisement de la France la mettait alors à la merci de l'Europe conjurée. Ce funeste dénouement était inévitable, à moins que l'opinion générale, qui aurait eu le temps de s'assurer, n'invoquât la fin des désastres, en rappelant unanimement le roi et en se rejetant dans la Charte.

La journée de Waterloo n'est pas simplement une grande bataille, un fait d'armes extraordinaire; elle n'est pas seulement une de ces journées qu'on nomme décisives, parce qu'elles auront déterminé le résultat d'une campagne ou d'une contestation politique, telles que les affaires d'*Héliopolis*, de *Marengo*, de *Hohenlinden*, d'*Austerlitz*, d'*Iéna*, de *Friedland*. La bataille de *Waterloo* est une révolution de royaumes et de puissances; révolution pleine, entière, révolution dont les effets traverserout les siècles, ainsi que les résultats des célèbres journées d'*Hastings* (1066), de *Bouvines* (1214), de *Denain* (1712).

21. *Retour de Napoléon à Paris.* — N'ayant fait que peu d'efforts pour rallier ses troupes, n'ayant donné que des ordres vagues pour essayer de changer cette déroute en retraite, laissant ses lieutenants à eux-mêmes; il fuit éperdu, entraîné par un sentiment inexplicable dans tout militaire qui ne serait point un despote invétéré, sentiment qu'il découvre aujourd'hui, comme il le découvrit en 1812 et en 1813.

Il n'a plus que deux pensées, sauver sa personne, dissoudre la seconde chambre législative, seule barrière à son délire. Il ne saurait usurper la dictature, qu'en dispersant les envoyés des départements, lesquels, dans cette effroyable tempête, servent de boussole au très-grand nombre des Français. Il se juge capable de reproduire l'enthousiasme de la nation; mais son acte *additionnel* a dissipé toutes les illusions, il a trop prouvé maintenant à l'universalité de la nation que la liberté n'a pas de plus dangereux ennemi. Il arrive atterré d'une affreuse célébrité, puisque l'éclat de sa renommée est effacé, déterminé à signaler la dernière heure de sa puissance. On se rappelle les horribles anathêmes, les sinistres prophéties, sortis de sa bouche, l'année précédente, *qu'on saura ce que coûte la mort d'un grand homme.......... que ses funérailles seront sanglantes..........* Les citoyens se lèvent en masse, s'arment à l'instant même, se serrent, prennent poste. Ils se souviennent, ces Parisiens, du 13 vendémiaire (*V.* 4 octobre 1795); cette fois leur détermination est aussi prompte que vigoureuse, l'unanimité se joint à la vélocité de l'élan patriotique.

Les chambres déclarent, sur la motion faite par *Lafayette* à la chambre des représentants, que l'indépendance de la nation est menacée, qu'elles se constituent en permanence, que toute tentative pour les dissoudre est un crime de haute trahison, que l'armée de ligne et les gardes nationales qui ont combattu et combattent encore pour défendre la liberté, l'indépendance et le territoire de la France, ont bien mérité de la patrie.

Cette déclaration spontanée et l'attitude de la chambre des représentants en imposent aux fauteurs de Napoléon, et préviennent ses mesures. Cependant ces hommes dévoués au despote, et sur-tout son frère *Lucien*, celui qui s'est distrait de onze années d'exil et de disgrace impériale, en déployant sa frivolité, ses vices et son luxe, produit des richesses enlevées à la France par d'obscures concussions, et à l'Espagne, par les profits illicites d'une ambassade; ce même Lucien que le pape Pie VII a daigné décorer du titre assez ridicule de *prince de Canino;* celui qui revient aux grands jours de deuil, pour repaître de nouveau sa cupidité, en ajoutant aux malheurs des Français; *Lucien Bonaparte*, de concert avec des factieux aussi méprisables que lui, essaie de réchauffer le génie malfaisant de Napoléon. Ils pressent leur empereur de monter à cheval et de disperser ceux qui prétendent limiter sa toute-puissance. Mais le héros craindrait d'être atteint d'une main obscure; le général fugitif mesure toute la distance de sa position à ce jour-ci, et au 18 brumaire (20 novembre 1799). Si, au 18 brumaire même, alors que tous les vœux de la nation appelaient son triomphe, il manqua de hardiesse, qu'obtiendrait-il depuis que ses attentats et sa honte dernière ont dessillé tous les yeux? Jamais il ne porta de résolution qu'au milieu des baïonnettes; privé des forces militaires, il devient timide comme un coupable surpris, pusillanime comme un tyran abattu.

22. Abdication de Napoléon.

Il fallait, ou que l'assemblée qui figurait la représentation nationale fût dissoute, ou que Napoléon fût détrôné. L'ambitieux manquant de courage pour son coup-de-main, parce qu'il ne réunissait pas de grands moyens militaires, et craignant, peut-être, que cet état d'hostilité, plus long-temps continué, ne le conduisît à son entière ruine; ne se voyant appuyé que par des bandes de fédérés, la lie des faubourgs, il se résigne à se découronner de sa propre main. Il abdique, parce qu'on lui fait connaître que si l'abdication n'est pas envoyée sur-le-champ, *Lafayette* va faire la motion de sa déchéance.

Le général qui aggrava la défaite de son armée trop brave et trop confiante, l'oppresseur qui médite d'étouffer encore une fois la liberté, est enfin dépouillé de l'autorité. La veille, il entre dans Paris, se proposant de mettre en usage les dernières ressources de la France, d'armer toute sa population. Outré de se voir la fable de l'univers, il voudrait, en expiation de sa défaite, joncher de ruines et de cadavres les quatre-vingt-six départements. A peine il paraît, chacune de ses volontés éprouve un refus formel. Il voit qu'il ne peut plus rester en présence de l'Europe conjurée, et à la tête de la France désabusée, de la France à laquelle il annonça d'abord que les souverains approuvaient son retour; et la flattant ensuite de l'espoir qu'il désunirait ou renverserait leur coalition. Il s'éloigne, mais les fléaux de l'invasion s'avancent. Néanmoins, en déposant son pouvoir, il ose protester de la pureté de ses intentions; il ose adresser ses adieux au peuple français. « En commençant la guerre, pour soutenir « l'indépendance nationale, je comptais sur la réunion de tous les « efforts, de toutes les volontés, et sur le concours de toutes les auto- « rités nationales . . . . *Les circonstances me paraissent* « *changées*. . . . . Ma vie politique est terminée, et je « proclame mon fils, sous le titre de Napoléon II, empereur des « Français. . . . . »

L'usurpation de Napoléon a duré cent jours, pendant lesquels il a dépensé six cents millions et fait périr soixante mille braves. La France va s'inonder d'un million de soldats étrangers. Plusieurs de ses belles provinces seront ravagées. Paris n'échappera que par une sorte de prodige, à la destruction. Les sacrifices imposés aux Français seront des plus rigoureux; ils seront innombrables. — Telles auront été les suites du retour de ce souverain découronné, retour amené (on ne saurait trop le dire) par les fautes accumulées que produisit, pendant ce court espace de dix mois, antérieur au débarquement du 1er mars, l'influence prépondérante du comte *de Blacas d'Aulps*, si bien secondé par *messire Dambray* et monsieur l'*abbé de Montesquiou*.

Les chambres législatives nomment une commission exécutive provisoire. — Là, reparaissent encore deux hommes teints de sang, *Fouché* dit *de Nantes*, bourreau des Lyonnais (*V.* 12 octobre 1793); *Carnot*, qui secondait *Robespierre* au comité de salut public par des *signatures de confiance*, ainsi qu'il les qualifiait lui-même (*V* 1er avril 1794).

Bourse de Paris. — La certitude de l'abdication de Bonaparte a élevé les cinq pour cent à soixante francs.—La veille, aux premières rumeurs de déchéance ou d'abdication, ils s'étaient portés à cinquante-cinq francs; ayant été la surveille ou le 20, à la première nouvelle de la bataille de Waterloo, à cinquante-trois francs.

23. En conséquence de l'abdication de Bonaparte, *la commission de gouvernement se constitue sous la présidence de Fouché* dit *de Nantes*, autrement *duc d'Otrante.*

Les frontières du département de la Moselle sont envahies par *Forbach.* — Les Autrichiens passent le Rhin à *Gemersheim* et à *Manheim.*

25. *Proclamation de Louis XVIII aux Français, datée de Cateau-Cambrésis.* — « .... Nous nous hâtons de rentrer dans nos « états, pour y rétablir la constitution que nous avions donnée à la « France.........., récompenser les bons, mettre à exécution *les « lois existantes* contre les coupables............ »

25, 26. *Massacres à Marseille.* — A la nouvelle subite et imprévue de la bataille de Waterloo, la populace de cette ville, qui probablement avait été disposée d'avance aux assassinats, mais qui pouvait bien aussi n'avoir pas besoin de stimulant, car on la vit, en toute circonstance, portée d'elle-même à des actes de férocité; la populace attaque, égorge des militaires sans défiance, et, de préférence, une troupe de Mameloucks, ou plutôt d'orientaux refugiés après la guerre d'Égypte, et qui formaient un escadron de la garde impériale. Des citoyens accusés de *bonapartisme* sont aussi immolés, tandis que les habitants appartenant aux classes aisées restent spectateurs, n'apercevant dans ces évènements que le triomphe de leur opinion politique. — On n'a pu connaître le nombre des victimes.

26. *Convention de Chollet* (Maine-et-Loire) — Elle assure et complète la pacification des départements de l'ouest, dans lesquels, cependant, la guerre civile n'a jeté que de faibles étincelles. A aucune autre époque de la révolution, la cause de la royauté n'y fut aussi faiblement, ni aussi malhabilement soutenue. On remarque, au nombre des chefs royalistes, ce même général *Canuel* qui s'était distingué dans l'état-major de l'armée incendiaire, lancée par la convention contre les premiers et véritables Vendéens (*V.* 5 août 1793); qui dissipa les royalistes du Berri (*V.* 9 avril 1796); qui fut chargé par le directoire, à l'époque du 18 fructidor, du commandement de Lyon, et du soin d'y comprimer les ennemis de la république (*V.* 4 septembre 1797). Cet officier-général est le même qu'on retrouvera à Lyon, déployant un zèle très-prononcé pour la royauté (*V.* 8 juin 1817). On l'observe encore: il faut bien se garder de confondre les armements formés à ce jour, dans la Vendée et dans trois ou quatre départements voisins, avec les premiers, les véritables Vendéens qui défendirent, avec la plus étonnante bravoure, leurs foyers, leur opinion politique, et leur croyance religieuse. Aujourd'hui la plupart des chefs royalistes de ces contrées ne sont que de mauvais tribuns populaires, des fauteurs d'émeutes au profit de leurs intérêts particuliers.

28. *Paris est mis en état de siége.*

Proclamation de Louis XVIII aux Français. — Elle est datée de Cambrai. « J'apprends qu'une porte de mon royaume est ouverte, et « j'accours.................. pour adoucir les maux que j'avais « voulu prévenir, pour me placer, une seconde fois, entre les armées « alliées et les Français, dans l'espoir que les égards dont je puis « être l'objet, tourneront à leur salut: c'est la seule manière dont j'ai « voulu prendre part à la guerre; je n'ai point permis qu'aucun prince « de ma famille parût dans les rangs étrangers.................. « *Mon gouvernement devait faire des fautes; peut-être en a-t-il fait.* « *Il est des temps où les intentions les plus pures ne suffisent pas* « *pour diriger; où quelquefois même elles égarent. L'expérience seule* « *pouvait avertir; elle ne sera pas perdue; je veux tout ce qui sauvera*

« *la France*................... » — Les paroles de *Louis XVIII* doivent persuader aux Français les moins portés pour lui, que les maximes du roi de France ne sont pas celles d'un émigré colérique, absurde, vindicatif; elles témoignent que l'amour de la royauté ne doit pas être une cabale, une coterie dans laquelle on ne puisse être admis sans avoir justifié de seize quartiers de rectitude aristocratique.

29. *Départ de Bonaparte de Paris.*

Il se dérobe furtivement, alors que le canon des étrangers gronde aux environs de la capitale, en apprenant que leurs troupes arrivent à Versailles, qu'elles se portent sur Saint-Germain, non loin de Malmaison, où, tapi comme dans un antre, il épie l'instant de ressaisir sa proie. Il retarde de jour en jour, d'heure en heure, de moment en moment, son départ qui doit mettre au néant toutes ses orgueilleuses illusions. Le moribond ne craint pas davantage le ciseau de la Parque inexorable. Enfin, on le décide en lui disant que les coureurs de l'ennemi sont en vue; il cède, consentant à perdre la France, mais non à perdre la vie. Il y tient par le dogme de la fatalité; il attend et ne cessera d'attendre la protection du destin, le retour de la fortune. Les souvenirs de la Bérézina, de Leipsick, de Waterloo, ne sauraient troubler son ame. Loin d'invoquer la mort ou de l'envisager avec calme, ainsi qu'Annibal, Marius, Pompée, généraux défaits, il fait avec soin des dispositions qui doivent adoucir l'amertume et les ennuis de l'existence privée à laquelle il se voit amené, et qu'il se résigne à supporter dans la contemplation de ses hautes actions qui sont à ses yeux, non-seulement sublimes, mais irréprochables et marquées du sceau de la vertu la plus pure qui fut sur la terre. Il s'applique fastueusement cette maxime de l'école de Zénon :

> Mais je suis homme et roi : réservé pour souffrir,
> Je saurai vivre encor; je fais plus que mourir.

C'est bien lui cependant, lui-même qui, sous les murs de Vienne, le 13 mai 1809, disait à ses troupes : « Les princes de la maison « de Lorraine ont abandonné la capitale, non comme des soldats « d'honneur qui cèdent aux circonstances, mais comme des parjures « que poursuivent leurs propres remords. En fuyant de Vienne, leurs « adieux à ses habitants ont été le meurtre et l'incendie : comme « Médée, ils ont, de leurs propres mains, égorgé leurs enfants ».

Mais, quelque émotion que Napoléon ressente à l'approche de ses vainqueurs, la soif du sang de la guerre le dévore encore. Il ne lui suffit pas d'avoir couvert d'ossements français l'Égypte, Saint-Domingue et la moitié de l'Europe, il voudrait en couvrir la France et recommencer, dans les quatre-vingt-six départements, ses meurtrières caravanes. Même, partant pour Rochefort, il annonce au gouvernement provisoire un plan qu'il vient de concevoir dont l'exécution est *infaillible*, et au moyen duquel il parviendra à séparer les deux armées anglaise et prussienne, et les forcera à prendre des positions si désavantageuses, qu'elles ne pourront plus inquiéter la capitale. « .... J'offre de me remettre à la tête de l'armée : « non plus comme le souverain de la France, c'est à mon fils qu'ap- « partient aujourd'hui ce titre et l'autorité qui y est attachée; mais, « comme un soldat qui peut guider les Français dans le chemin de « l'honneur.............. » Il prie le gouvernement de le nommer généralissime et de croire *à sa parole d'honneur d'empereur et de soldat*, qu'après le succès il déposera le commandement et rentrera dans sa solitude. — Ce dernier cri de la démence est repoussé, on l'entraîne; le général *Becker* est chargé de l'honorable mission de délivrer la France de sa funeste présence.

Juillet 3. *Convention militaire de Saint-Cloud*, entre le maréchal *Davoust*, commandant l'armée française, d'une part; Wellington et Blucher, généraux des forces anglaises et prussiennes, d'autre part.

Suspension d'armes. — L'armée française se retirera derrière la Loire, emportant avec elle tout son matériel, son artillerie de campagne, ses caisses militaires et tous ses effets. Les barrières de Paris seront remises le 6; le service continuera d'y être fait par la garde nationale et par le corps de la gendarmerie municipale. — La convention est déclarée commune à toutes les armées alliées.

Cet armistice préserve Paris des horreurs d'un siége ou des chances d'un dernier combat, dont l'issue ne saurait être douteuse; puisqu'il faudrait se mesurer avec des armées victorieuses, dix fois plus fortes en nombre et en moyens d'opération. Cet armistice conserve à la France des militaires dont elle s'enorgueillit, et qui peuvent un jour servir à recomposer son armée; il prévient une inutile effusion de sang et le bouleversement du royaume.

6. *Entrée à Paris des troupes étrangères confédérées*, en conformité de la transaction du 3.

7. La commission de gouvernement provisoire cesse ses fonctions (*V.* 22, 23 juin). — Son président *Fouché* dit *de Nantes*, le fourbe

des fourbes, le fourbe de tous les temps, n'a cessé de l'être dans ces quinze jours. Il a continué les viles intrigues diplomatiques qu'il a mises en jeu, pendant les trois mois précédents, et que favorisaient ses attributions de ministre de la police pour Bonaparte. Il a conduit des correspondances avec le cabinet de Vienne, en faveur du fils de cet ex-empereur et de Marie-Louise; il a communiqué avec la cour de *Louis XVIII;* soutenu les mesures des chambres législatives, tendant à rendre la nation arbitre dans sa cause; il entretient des intelligences avec les généraux étrangers qui ont combattu à Waterloo. Qui nombrera ses fourberies? Il n'a été ni cruel, ni spoliateur, cette fois; parce que, cette fois, il n'a pas eu besoin de verser du sang ou de dépouiller la veuve et l'orphelin, pour se distinguer dans un parti, ou pour amasser des trésors (*V.* 12 octobre, 1er novembre 1793). Mais, cette fois encore, on verra triompher son iniquité; la Providence le permet pour l'instruction des peuples et des rois.

7, 8. *Fermeture des salles d'assemblée des chambres législatives.* — Elle a lieu pendant la nuit, en l'absence de leurs membres et par des gens armés. — Cette mesure est-elle l'effet des ordres directs du roi, d'influences privées, ou le coup-de-main de quelques royalistes enthousiastes? Le public n'est pas à même d'en juger.

La chambre des représentants, en qui résidait la force d'un parti franchement constitutionnel et animé d'un véritable sentiment de conservation et de nationalité, est un phénomène qui révèle les ressources de la France en esprits d'une trempe et d'une instruction supérieures. Malgré l'incomplet des colléges électoraux, l'irrégularité des élections (*V.* 7 juin), on s'étonne du résultat. Sans doute cette chambre reçut d'infâmes jacobins; mais les tigres se virent aussitôt muselés. Un nommé *Léguevel*, envoyé par le Morbihan, osant, au premier jour, proposer de *mettre hors de la loi* les ascendants et descendants des *révoltés royaux*, et de *séquestrer* leurs biens, la chambre est saisie d'indignation; l'abominable *Barrère* lui-même n'entreprend pas la justification de ces mesures que, pendant *dix-sept mois*, il ordonna et fit exécuter avec une barbarie inouie (*V.* 24 août 1794). Cette chambre recelait aussi des esprits boursouflés de métaphysique, tels que *Garat*, qui vient reproduire les droits de l'homme, et qui semble ne pas se rappeler qu'il a, ministre de la justice sous le plus inique des gouvernements, signifié à *Louis XVI*, sa sentence de mort (*V.* 20 janvier 1793); qu'il s'est abstenu non-seulement de poursuivre les auteurs des massacres de septembre 1792, mais qu'il ne rougit pas de présenter leurs motifs sous un jour favorable (*V.* 24 octobre 1792), ce qui lui valut le nom de *Garat-Septembre*. Mais le temps des vaines théories passe aussi, et rien ne l'annonce mieux que la déclaration de cette chambre dans la séance du 5, où elle proclame comme inadmissible, tout gouvernement qui ne reposerait point sur la liberté publique, l'égalité politique des Français, et l'inviolabilité des propriétés.

Sans doute cette assemblée formée d'éléments si divers, placée dans des conjonctures uniques, ayant à ménager un certain nombre de bonapartistes incorrigibles, à contenir l'irritation, l'impatience de la nation désabusée qui repousse également la dynastie napoléonienne, et redoute le retour d'une turbulente et pernicieuse aristocratie; cette assemblée devant en cet instant conjurer la vengeance et l'orgueil des militaires étrangers, la politique des cabinets, la perfidie de Fouché qui, peut-être, n'est pas le seul perfide; sans doute cette assemblée commit, commet encore des erreurs. Elle se laissa trop aller à l'impulsion de quelques orateurs. Cependant on peut croire qu'une relation approfondie des circonstances, des motifs, des obstacles qui conduisirent ou détournèrent cette assemblée dont la durée n'a été que de trente jours; une relation impartiale, faite par un écrivain qui déciderait entre elle et ses accusateurs, comme décideraient des jurés appelés à prononcer dans une cause où il ne serait question que de délits obscurs; qu'une telle relation laisserait à la France une impression de reconnaissance pour l'ensemble des travaux de cette assemblée, et renouvellerait l'hommage d'une estime profonde à son président, l'incorruptible, l'indéfectible, l'inébranlable *Lanjuinais*. — Quelqu'un se rappelant la vertueuse obstination de *Lanjuinais* à la convention, dans les plus effrayantes circonstances, l'appelait *le Masséna de la tribune*. Son opposition dans les séances relatives aux évènements du 31 mai 1793 doit effectivement se faire admirer comme on admire l'héroïque détermination du vainqueur de Zurich (*V.* 25 septembre 1799), du défenseur de Gênes (*V.* 5 juin 1800).

8. Entrée de Louis XVIII a Paris. — A la faveur de ce second avènement, la France évitera, pour la seconde fois, sa dissolution. — Ici finit l'interrègne, appelé *les cent jours*.

9. *Promotion de ministres.* — *Le prince de Talleyrand*, président du conseil avec le département des affaires étrangères; *le duc d'Otrante*, *Fouché* dit *de Nantes*, à la police; *le baron Pasquier*, garde-des-sceaux; le maréchal *Gouvion-Saint-Cyr*, à la guerre; *le comte de*

Jaucourt, à la marine; *le duc de Richelieu*, à la maison du roi; *le baron Louis*, aux finances. Le ministère de l'intérieur reste vacant. — La plus étrange disparate de ce ministère, comme l'une des plus bizarres singularités de notre révolution, si féconde en résultats inattendus, est la réunion, dans le conseil de la monarchie royale, de deux personnages mis déja trois fois en regard, en qualité de ministres, sous le gouvernement du directoire, sous la république consulaire, sous le régime impérial (*V.* 10 décembre 1797; 18 juin, 22 novembre 1799 *et passim*). Ainsi de légères balises se soulèvent au-dessus des écueils; ainsi des tiges flexibles, en se courbant sans cesse, défient les plus violents orages. Quatre fois honneur, à cette exquise dextérité d'un ex-évêque et d'un ex-oratorien, du prince laïque de Bénévent, transformé en prince duc de Talleyrand, et du duc d'Otrante !!!!

11. *Proclamation du maréchal Davoust, commandant en chef les troupes françaises au-delà de la Loire* (*V.* le 3). — « .... Les « sentiments de l'armée sont bien connus. Elle a combattu vingt-cinq « ans, toujours pour la France, souvent pour des opinions contes- « tées........ L'intérêt national doit réunir franchement l'armée au « roi. Cet intérêt exige des sacrifices; ils doivent être faits de bonne « grace, avec une énergie modeste. L'armée subsistante, l'armée « unie, deviendra, si nos malheurs s'aggravent, le centre et le point « de ralliement de tous les Français, et des royalistes même les plus « exagérés. Tous ne tarderont pas à sentir que l'union et l'oubli « de tous les dissentiments, pourront seuls opérer le salut de la « France.............. » (*V.* le 17).

15. Dernière fuite et captivité de Napoléon Bonaparte.

Depuis quelques jours il est au mouillage de l'île d'Aix, à bord d'une frégate près d'appareiller pour les États-Unis d'Amérique. Incapable de se persuader qu'il ne règne plus, se confiant toujours à l'espoir qu'il sera reconduit aux Tuileries, il se refuse à quitter les côtes de France. Des vaisseaux anglais croisent cependant à sa vue. Il voudrait alors descendre à terre, on l'y observe aussi. Il courrait des chances extrêmes sur l'océan couvert de voiles ennemies, s'il se dérobait à bord d'un léger esquif, pour joindre un navire neutre en haute mer. N'ayant point le courage de la générosité, il ne s'exposa jamais que par calcul; et, lorsque sa sûreté ou son ambition ont demandé qu'il fuie, il a fui (*V.* 5 décembre 1812; 2 novembre 1813; 18, 29 juin 1815). Mais, ici, sa sûreté ne lui demande pas la fuite, cette dernière ressource d'un général vaincu, d'un souverain détrôné. Redoutant bien plus de tomber aux mains du pouvoir royal, et n'ayant que le choix de ceux dont il se constituera le prisonnier, il se fait transporter à bord du *Bellérophon*, après avoir fait annoncer QU'IL S'EN REMET ENTIÈREMENT A LA GÉNÉROSITÉ du prince régent d'Angleterre. — Chose inexplicable! Bonaparte ne redouta jamais les dangers de la guerre; et hors de la scène des combats, il craint tout danger. La soif du pouvoir, opérant sur ses facultés l'effet du somnambulisme, l'entraîne dans les hasards extrêmes; mais, s'il n'est plus sur le champ d'extermination, dans un cercle de baïonnettes sanglantes, s'il n'entend plus les détonations de cent bouches à feu, on le croirait éveillé, tant il devient timide, en pensant qu'il pourrait cesser de vivre. L'idée positive de la mort lui est insupportable; il faut qu'il voie la mort dans un nuage de gloire, à travers la fumée du canon.

Afin d'éviter les malentendus, l'*Anglais Maitland, capitaine du Bellérophon* a, la veille même, déclaré catégoriquement aux parlementaires de Bonaparte, qu'il est sans pouvoir pour stipuler des conditions quelconques; et que tout ce qu'il lui est permis de faire, se réduit à transporter en Angleterre Bonaparte et sa suite, pour y être reçu de la manière que le prince régent le jugera convenable. C'est donc en espérant *la vie sauve*, que Napoléon se décide à se rendre, bercé néanmoins de l'idée que sa renommée s'interposera efficacement pour le garantir des rigueurs de la captivité, et que sa présence en imposera dans un pays où les hommes aiment le merveilleux, se passionnent pour l'extraordinaire. Il réclamera le droit des gens, hors duquel le place irrécusablement la violation du traité du 11 avril 1814. Il aimera à se persuader qu'on ne donnera point d'effet aux assurances pourtant si positives de la délibération du 13 mars. Il invoquera la sainteté des asiles sur cette terre où sa détermination ne l'a pas conduit, alors que sa détermination pouvait sembler libre et volontaire. Ce destructeur de vingt républiques en Italie, en Allemagne, ce destructeur de toute liberté autour de lui, se met à côté d'un héroïque défenseur de la liberté des Grecs; il s'écrie avec emphase : « Je viens, comme Thémistocle, m'asseoir sur « les foyers de mes ennemis. » Quelle similitude peut donc s'établir entre le généreux Athénien qui repoussa les satrapes d'un despote d'Asie, et l'impitoyable oppresseur des paisibles citoyens de la Hollande (*V.* 2 août, deuxième article)?

16. *Ordonnance du roi*, relative à la formation d'une nouvelle armée.—La force militaire active consistera en quatre-vingt-six lé-

gions d'infanterie, chaque légion de trois bataillons; huit régiments d'artillerie à pied; quatre régiments d'artillerie à cheval; quarante-sept régiments de cavalerie, etc.

17. *Proclamation du maréchal Davoust, commandant en chef les armées au-delà de la Loire* (*V.* le 11). — « . . . . C'est « à vous, soldats, à compléter cette soumission par votre obéissance; « arborez la cocarde et le drapeau blancs. Je vous demande, je le « sais, un grand sacrifice; l'intérêt de notre patrie le commande. Un « soldat sert toujours son pays, quel que soit le gouvernement qu'on « ait. L'armée ne peut être délibérante . . . . » — L'ordre du chef s'exécutera sans troubles; l'armée se résignera toujours (*V.* 1er août).

20. *Ordonnance du roi.* — Les bataillons des gardes nationales d'élite, levés depuis le 20 mars, seront licenciés sur-le-champ. — Les conscrits de 1815, qui ont fait partie des bataillons d'élite, rentreront également dans leurs foyers.

Ordonnance du roi qui rétablit la liberté de la presse, les feuilles périodiques exceptées, et déroge aux articles 3, 4, 5 de la loi du 21 octobre 1814.

21. *Cessation d'hostilités sur les côtes de France.* — L'ordre en est donné par le gouvernement anglais, d'après l'information que Napoléon Bonaparte s'est rendu à ses forces navales (*V.* le 15).

24. *Ordonnance du roi.* — 1° Dix-neuf généraux ou officiers (désignés nominativement) qui ont abandonné le roi, avant le 23 mars, ou qui ont attaqué le gouvernement et la France, à main armée; ou qui, par violence, se sont emparés du pouvoir, seront arrêtés et traduits devant des conseils de guerre. 2° Trente-huit personnes (désignées nominativement) seront éloignées de leurs domiciles, et mises en surveillance dans des résidences fixées par la police, en attendant que les chambres statuent sur celles qui devront sortir du royaume, ou être livrées à la poursuite des tribunaux. — Les individus qui seront condamnés à sortir du royaume auront la faculté de vendre leurs biens et d'en disposer. — Toute autre liste est et demeure close, en conséquence des désignations ci-dessus (*V.* 12 janvier 1816).

Août 1er. *Licenciement de l'ancienne armée.* — Le maréchal *Macdonald* arrive à Bourges, pour assurer et compléter le licenciement des troupes stationnées au-delà de la Loire (*V.* 11, 17 juillet). Macdonald remplace le maréchal *Davoust* qui, depuis la convention du 3 juillet, maintient, dans une exacte discipline, cent mille soldats, nobles débris de tous les anciens corps. Quoique aigris par leurs revers, irrités de se voir signalés comme de mauvais Français, ces vétérans de la gloire se soumettent avec calme. On jette sur eux d'odieux soupçons, on leur prête de criminels desseins, on insulte à leurs derniers actes de courage; mais ils ne cesseront pas d'obéir au sentiment qu'ils vouèrent à la patrie. En se séparant, ils s'embrassent comme des frères destinés à ne plus se rejoindre, et qui se garderont le plus tendre souvenir. La France saura, au mois de janvier suivant, et par les journaux, et comme s'il s'agissait du démembrement d'une armée russe ou autrichienne, que leur licenciement est terminé. La soudaine dispersion de ces nuées de braves qui couvraient l'Europe de leurs trophées, pénètre l'Europe d'un plus grand étonnement encore. Aussitôt ces guerriers si fougueux se destinent aux travaux de la paix. Ils exhaleront leurs regrets en silence, dans les foyers paternels; impassibles comme cette généreuse déesse autour de laquelle croassent les immondes habitants des marais.

Une armée de mercenaires ne serait pas, de terrible et conquérante, devenue tout-à-coup soumise et résignée. L'amour de la patrie a pu seul obtenir ce renoncement aux drapeaux, renoncement dont l'histoire n'offre pas d'exemple. Tous ces guerriers posent les armes dès qu'on leur dit que les puissances confédérées jugent que *Louis XVIII* est le seul prince qui puisse, comme chef du gouvernement français, leur présenter toute la garantie dont elle ont besoin pour assurer la tranquillité de l'Europe; et que, dans le cas où la France adopterait un autre souverain, cette garantie, nécessaire à la France ainsi qu'à l'Europe, ne pourrait consister que dans des cessions de territoire. Non, dans aucun pays, on ne vit de nombreuses, de vaillantes armées déposer les armes en se dévouant à la proscription; des généraux, les premiers des temps modernes, quitter leurs légions, se réfugier dans l'obscurité, préférant les misères de l'exil et l'échafaud même à la guerre civile. Turenne, Condé, agirent-ils de même? Le connétable de Bourbon ne porta-t-il pas ses talents et son audace au service des ennemis de sa patrie, de l'adversaire de son roi? ne devint-il pas le stipendié d'une maison opposée à la sienne? Non, ils ne voulurent pas trahir leur pays, ces braves qui, s'avançant à la frontière, essayèrent de la défendre contre d'avides étrangers. Ils n'avaient ni conçu, ni préparé la dernière subversion dont ils furent les premières victimes. Cette catastrophe des cent jours provient, sur-tout (on ne saurait trop le dire), de cet esprit qu'avait transmis l'ancienne cour, qui a passé à Coblentz, à Londres, qui s'est relégué au faubourg Saint-Germain pendant le gouvernement impérial, et qui a reparu aux Tuileries lorsque cette résidence a repris son titre féodal de château ; esprit de cour essentiellement pernicieux ; esprit malfaisant, favorisé et répandu par trois ministres inconsidérés (*V.* 20 mars, deuxième article).

Quatre mois s'écoulent à peine, et ces formidables légions se confondent dans la masse du peuple. Elles y font oublier leur existence, sans faire bruit de leur gloire. Soldats héroïques en face de l'ennemi, citoyens dévoués au sein de la France, qui vient se reposer sous les ailes de la paix.

L'héroïsme de cette abnégation n'est pas assez remarqué. Les époques où notre ancien gouvernement licenciait ses armées, à la fin de longues guerres civiles ou étrangères, furent toujours des crises dangereuses ; et long-temps encore, la société en était désolée. Des bandes, la terreur des citoyens et du gouvernement même, dévastaient les campagnes, pillaient les villes. — Notre *Charles V*, si justement nommé *le Sage*, ne connut d'autre remède à ces maux, que de réunir ces bandes (1366) appelées *les grandes compagnies*, et d'en purger la France. Duguesclin les conduisit en Castille, où elles détrônèrent Pierre-le-Cruel, après avoir, sous Avignon, rançonné le nonce du pape qui se trouva payer les frais de la guerre faite au roi le plus dévoué au siége apostolique. — *Henri IV* rendait édit sur édit, et d'une rigueur extrême, sur les ports d'armes et les capitaineries. Néanmoins, son règne fut traversé par des révoltes multipliées, ainsi que par une infinité de *duels collectifs* qui firent périr, en seize ans, plus de quatre mille gentilshommes (Mémoires de Sully, liv. 25, an 1608). A peine le grand roi eut-il fermé les yeux, que les divisions éclatèrent de toutes parts. — Ces exemples ne disent-ils pas qu'un état sortant des agitations civiles, n'a rien à redouter d'une armée prise dans le corps de la nation ; ne disent-ils pas explicitement que le système représentatif tempère heureusement la fougue militaire, tandis que les mesures du plus habile, comme celles du plus ingénieux et du meilleur des monarques absolus, peuvent rester sans efficacité, dans les conjonctures extrêmes qu'amènent les guerres civiles ?

2. Assassinat du maréchal Brune, à *Avignon*.

Célèbre par plusieurs faits d'armes, *Brune* sut aussi se distinguer par des mœurs douces et un esprit conciliant, lorsque tout invitait à déployer des mœurs farouches, un esprit de rudesse. Il traversa la révolution sans se souiller du moindre excès. Sa modération avait contribué à la pacification de la Vendée. Maître en Suisse, après l'avoir conquise (mars 1798); maître en Hollande, après avoir expulsé le duc d'Yorck (*V.* 18 octobre 1799), loin d'apesantir le pouvoir militaire sur les habitants, il tempéra les ordonnances du directoire, et fit preuve de désintéressement, à cette même époque où la plupart des généraux et des administrateurs exerçaient les plus odieuses rapines dans les pays envahis.

Ayant, au mois d'avril, accepté le gouvernement de la huitième division militaire (Marseille), il y maintint la tranquillité par des mesures indulgentes; et ce ne fut qu'après son départ, que des troubles éclatèrent (*V.* 25 juin) dans cette ville où la populace est toujours si près de la férocité. Instruit du retour du roi, le maréchal Brune accourt à Toulon, il y prévient l'opposition d'une troupe égarée et fait arborer le drapeau blanc. Déposant aussitôt le commandement, il se met en route pour Paris, où le rappelle le gouvernement qui n'entretient aucun soupçon sur la loyauté de son caractère. — Le maréchal est arrêté, en passant à Avignon, par des hommes de la lie du peuple que les imprudents royalistes de ces contrées avaient armés; royalistes qui font consister leur fidélité au souverain légitime dans les persécutions illégales, dans les voies de fait contre quiconque s'indigne de leurs excès. Brune est signalé aux tueurs, comme un détestable jacobin. Ils l'égorgent d'une manière atroce. Son corps lacéré, traîné dans la boue, jeté dans le Rhône et repoussé sur la grève par le mouvement des eaux, reste deux jours privé de sépulture. Cet assassinat d'un maréchal de France a eu lieu en plein jour, devant trois mille citoyens, spectateurs immobiles des efforts que prolongent quatre heures entières le maire et le préfet réduits au seul secours de quelques gendarmes. La lâcheté de ceux des habitants présents qui n'encouragent pas les assassins, est un phénomène trop souvent reproduit en France. L'égoïsme habituel, l'ineffaçable pusillanimité des classes intermédiaires, que leurs habitudes d'ordre et leur éducation devraient animer à combattre les sauvages excès d'une populace égarée; cet égoïsme, cette pusillanimité, se remarquent à Avignon dans cette circonstance, comme au début de la révolution (*V.* 16 octobre 1791); comme à Paris, lors des massacres de septembre 1792, et dans plusieurs autres conjonctures de cette sanglante époque; comme ils se manifestèrent en divers lieux, par exemple, à Saint-Denis (*V.* 1er août 1789), à Montauban (*V.* 10 mai 1790), à Étampes (*V.* 3 mars 1792), à Versailles (*V.* 9 septembre 1792); et comme on les reverra plusieurs fois, cette année-ci (*V.* 25 juin, 17 août, 12 novembre).

Près de quatre ans s'écouleront avant qu'une information judiciaire sur le meurtre d'un maréchal de France, ait lieu. Les Français semblent ramenés au temps de *Louis XIII*, si étrangement surnommé *le Juste*, lorsque le maréchal d'Ancre fut assassiné sur le Pont-Neuf; crime qui ne resta pas seulement impuni, qui fut même approuvé. Si les ministres de Louis XVIII ne dirigent pas des poursuites contre les assassins de Brune, du moins ils ne verseront pas sur eux des récompenses et des honneurs. S'ils n'osent sévir, ils laisseront pourtant connaître leur indignation.

Convention entre l'Autriche, la Grande-Bretagne, la Prusse et la Russie, signée à Paris.—*Napoléon Bonaparte* est regardé par les puissances qui ont signé le traité du 25 mars dernier, comme leur prisonnier (*V.* 15 juillet).—Sa garde est spécialement confiée au gouvernement britannique.............—Les cours d'Autriche, de Prusse et de Russie nommeront des commissaires qui se rendront au lieu de sa détention, et qui s'assureront de sa présence.......—Le roi de France sera invité à envoyer également un commissaire (*V.* 13 octobre, premier article).

17. *Assassinat du général Ramel, à Toulouse.*

Dans ce département, ainsi que dans plusieurs autres du midi, des sectaires politiques, réunis en affiliations illégales, répandent une terreur profonde. Sous prétexte de comprimer les partisans de Bonaparte, et s'annonçant comme chargés de la vindicte publique, ils satisfont leurs haines, leurs vengeances privées, et se portent à de coupables et dangereux excès. Cependant le maréchal-de-camp *Ramel*, commandant à Toulouse, est assez bien parvenu à contenir leurs fureurs, lorsque lui-même est surpris, égorgé et barbarement mutilé par une bande de forcenés qui s'étudient à prolonger ses dernières souffrances. Ils agissent de la sorte, au milieu d'un peuple fanatisé, tout aussi passivement attentif à ce spectacle, qu'il le serait à celui d'une cérémonie funèbre, ou d'une procession commémorative de crimes publics, ou d'une exécution judiciaire; toutes choses dont ce peuple ne cessa d'aimer la vue, depuis la croisade contre les Albigeois (en 1225). Les assassins se trouvent aussi comme encouragés par l'inaction de ces autres habitants que leur éducation devrait garantir des passions populaires, et qui n'ont cessé de les enflammer. Plusieurs fonctionnaires administratifs et judiciaires sont en ville au moment que le crime se commet; n'ayant pas essayé de le prévenir ou de l'empêcher, ils s'abstiendront de le constater.—En vain, long-temps après, les lois, dont le gouvernement croira l'influence revenue dans ces contrées où règne un double fanatisme, poursuivront-elles les assassins, les lois seront éludées ou impuissantes.

En rapprochant cet évènement de celui qui termina les jours du maréchal Brune (*V.* le 2), on reconnaît l'esprit de ces populations qui croupissent dans les superstitions ultramontaines. Les habitants de Toulouse ont célébré, jusqu'en 1790, l'anniversaire d'un grand massacre des protestants; ils le célébraient par une procession de reliques. En 1762, le supplice de *Calas*, qui révolta l'Europe, fut consacré dans cette ville par des *Te Deum* solennels. On a vu ces habitants se réjouir, en 1793, au pied de l'échafaud sur lequel périssait, victime expiatoire, le petit-fils du *capitoul David* (Louis *Descalone*), du juge de ce même Calas. — Toulouse est la seule ville du royaume qui ait admis l'inquisition (en 1229). — Les massacres de la Saint-Barthélemy (1572) y furent horribles (*V.* Mézeray). — Elle renfermait, en 1789, plus de soixante couvents ou congrégations. Voltaire prétendait, et certes avec fondement, que « la tolérance et « la circonspection sont les seules brides qui puissent bien conduire « cette nation des anciens Visigoths ». Et Montesquieu, habitant une province voisine, a dit : « Il paraît que dans cette ville-là, on est « aussi fanatique en fait de politique, qu'en fait de religion. » (Lettre à l'abbé de Guasco, du 1er mars 1747; édition de Belin, Paris, 1817.)

Ordonnance du roi, *portant nomination de quatre-vingt-treize pairs*, lesquels, à l'exception de dix, sont pris dans les familles de l'ancienne noblesse, ou dans ces familles dont la vogue se fonde sur des titres fort douteux, ainsi que sur des illustrations de cour; et qui, néanmoins, prétendent à une haute et pure noblesse, avançant leurs prétentions mêmes en garantie de leurs titres. — De cent cinquante-deux pairs institués le 4 juin 1814, il en reste cent dix-sept, six étant décédés, et vingt-neuf ayant été éliminés par une ordonnance du 24 juillet 1815, comme ayant siégé dans la chambre instituée par Bonaparte. — Total à ce jour, deux cent dix.

19. *Ordonnance du roi.* — La dignité de pair est et demeurera héréditaire de mâle en mâle, par ordre de primogéniture, dans la ligne directe des pairs, composant actuellement la chambre. — La même prérogative est accordée aux pairs qui seront nommés. — Les lettres-patentes porteront toutes collation d'un titre affecté à chaque pairie.

27. *Siége et reddition de Huningue.* — Depuis que les gardes nationales destinées à la défense des forteresses ont été licenciées (*V.*

20 juillet), la garnison de Huningue se trouve réduite à cent canonniers, trente soldats de divers corps d'infanterie et cinq gendarmes à cheval. La population de la place, qui n'atteint pas huit cents ames, ne saurait être d'un grand secours. L'investissement a commencé dès le 25 juin, par vingt mille Autrichiens ou Suisses, sous l'archiduc Jean. La tranchée s'ouvre le 14 août; cent trente pièces de canon sont mises en batterie. Ce n'est qu'après soixante heures de bombardement, que le général *Barbanègre*, propose de capituler. Sa troupe, composée d'une cinquantaine d'hommes valides, et que l'ennemi supposait très-nombreuse, d'après la vivacité de la résistance, sort avec les honneurs de la guerre, pour rejoindre l'armée française stationnée derrière la Loire.

Septembre 1er. *Ordonnance du roi concernant la formation de la garde.* — Sa force totale sera, à l'état de paix, de vingt-six mille deux cents hommes. — En outre, la maison militaire du roi ne se composera plus que de quatre compagnies, au lieu de six. Deux compagnies sont attachées à la personne de *Monsieur,* frère du roi.

14. *Convention signée à Vienne*, par laquelle les duchés de Parme sont assurés à l'archiduchesse *Marie-Louise*, et après elle au fils qu'elle a de Napoléon (*V.* 10 juin 1817).

18. *Siége et reddition de Longwy.* — Une faible garnison réduite à deux cent quatre-vingt-dix hommes, après un siége de deux mois et demi, capitule avec dix-huit mille Prussiens.

26. *Renouvellement du ministère.* — Le duc *de Richelieu*, nommé président et ministre des affaires étrangères, remplace le prince *de Talleyrand*, qui se retire aujourd'hui, comme il se retira sous le directoire (*V.* 16 juin 1799), au moment où la France paraissait à la veille de succomber. Il se dévoue à la vie privée, dans laquelle il jouira de ses richesses et des souvenirs de sa vie politique. Sa perspicacité s'effraie sans doute des difficultés à vaincre; car, en d'autres conjonctures, il montra de l'ardeur pour les dignités. Le cardinal de Retz disait qu'afin de conserver le pouvoir, il fallait changer souvent d'opinions. L'ex-évêque Talleyrand n'est pas cardinal, le pape l'a seulement amnistié, en lui permettant d'être laïque et de porter l'habit séculier (*V.* 29 juin 1802); et, quoiqu'il ait bien souvent suivi la maxime du célèbre moteur de la fronde, il trompera cette fois-ci l'attente universelle. — Le comte *Barbé-Marbois* devient garde-des-sceaux. — Le comte *Vaublanc* reçoit le portefeuille de l'intérieur. — Le général *Clarke, duc de Feltre*, est installé à la guerre. — Le vicomte *Dubouchage* entre au département de la

marine. — Les finances sont remises au comte *Corvetto*. Le prédécesseur de celui-ci, le baron *Louis*, rejetant les traditions fiscales de l'ancienne monarchie, imbu des saines doctrines du crédit public, et possédant sur leur application des données acquises dans l'exercice de fonctions secondaires sous le précédent gouvernement, a résolu le probléme, presque insoluble en France, d'un ministre unissant la dextérité et la probité financières; car Sully lui-même débuta par des injustices, en tranchant l'arriéré, qui se fondait néanmoins sur des transactions, faites dans des conjonctures impérieuses avec des rois habitués à l'infidélité et chancelants sur le trône. On sait aussi que Colbert, trop souvent réduit à l'exécution des ordres absolus de son maître, se vit obligé d'altérer, et, à la fin, de renverser le système que son génie avait conçu. — Le préfet de police *Decazes* remplace, au ministère de ce nom, *Fouché* dit *de Nantes (duc d'Otrante)*, envoyé en mission diplomatique. Fouché, conventionnel et jacobin féroce (*V.* 12 octobre, 1er novembre 1793), est un de ces hommes reptiles qui, ayant trouvé des abris sous les ruines de l'état, à chaque bouleversement, se sont toujours remontrés, lorsqu'il s'est agi de déblayer ces ruines et de procéder à de nouvelles constructions. De là sa réputation de profond tacticien révolutionnaire, réputation soutenue d'une immense fortune acquise par des meurtres, des spoliations, des trafics honteux. Cet homme, médiocre en talents de toute description, est un exemple de cette prévention favorable avec laquelle on juge les méchants d'une perversité consommée. Le 8 juillet arrive, *Fouché* se montre comme l'ange sauveur de la France, et *Louis XVIII* se voit réduit à la déplorable nécessité d'admettre au conseil de l'état le meurtrier de *Louis XVI*. Les Français, témoins des plus surprenantes métamorphoses, restent confondus, en voyant le trône, la patrie défendus, la liberté gardée, par l'exterminateur des Lyonnais, le grand-inquisiteur du directoire, le lieutenant de police de Bonaparte, le visir de Napoléon, le fourbe de tous les temps, le fourbe des fourbes. C'est un cri général en France : Qu'il s'éloigne enfin! qu'il aille sur une terre étrangère, porter son or, le prix du sang, y terminer une vie dont la durée semble accuser l'arbitre des destinées humaines! — Bientôt les portes de la France se fermeront sur lui (*V.* 12 janvier 1816). Cet homme prouve que l'astuce, l'intrigue, les menées obscures, les petites combinaisons de la fausseté, et l'immoralité dans les détails ou dans l'ensemble de l'administration, ne sauraient faire un homme d'état. Mazarin jouait un bien misérable rôle aux

Tuileries; mais, sur l'Ems et la Bidassoa, son caractère prenait de l'élévation et son esprit de la grandeur; tandis qu'en tout temps, et à chaque occasion, Fouché fut également bas et rampant, toujours également fourbe, toujours méprisable.

26. *Traité de la Sainte-Alliance, entre les empereurs d'Autriche, de Russie et le roi de Prusse, signé à Paris.*

« Les monarques contractants, se regardant comme *frères en Jésus-* « *Christ*, et confessant que la nation chrétienne, dont eux et leurs « peuples font partie, n'a réellement d'autre souverain que celui à qui « seul appartient en propriété la puissance, parce qu'en lui seul se « trouvent tous les trésors de l'amour, de la science et de la sagesse « infinies, c'est-à-dire Dieu, notre divin sauveur Jésus-Christ, le « Verbe du Très-Haut, la parole de vie, etc., se promettent de de- « meurer unis par des liens véritables et indissolubles, et recom- « mandent, avec la plus tendre sollicitude, à leurs peuples, comme « unique moyen de jouir de cette paix qui naît de la bonne con- « science, et qui seule est durable, de se fortifier chaque jour dans « les principes et l'exercice des devoirs que le divin Sauveur a en- « seignés aux hommes. — Toutes les puissances qui voudront solen- « nellement avouer les principes sacrés qui ont dicté le présent acte, « et.................. seront reçues avec autant d'empressement « que d'affection dans cette sainte alliance. »

Ces paroles si édifiantes, si pleines de mysticité et de componction, que l'Europe n'entendait plus résonner dans les transactions diplomatiques depuis à-peu-près le treizième siècle, semblent émanées d'un pape qui cesserait d'être ultramontain, d'un archimandrite devenu tolérant, ou d'un chef de consistoire qui rendrait un éclatant hommage aux principes de parfaite charité que professe, de nos jours, sa communion. Les générations suivantes verront quelle confiance nous avons dû placer dans cette pieuse déclaration, et si les sentiments qu'elle énonce auront long-temps régné, non dans l'ame des souverains signataires, si justement environnés des hommages unanimes de tous les peuples, mais dans la politique de leurs cabinets; car les meilleurs princes eurent des conseillers à double fonds; et le passé permet de douter que les trois cours, trois fois co-partageantes de la toute chrétienne Pologne, qui ont, en 1814 et 1815, morcelé le territoire de l'Europe chrétienne d'après des convenances particulières, ou pour la satisfaction d'ambitions immodérées (*V.* 9 juin 1815), soient dorénavant animées d'un esprit de renoncement et d'humilité évangéliques. En outre, cet acte de foi en notre divin Sauveur, loin de garantir les sectateurs de l'islamisme, du chamanisme et des autres croyances non-chrétiennes, semble les vouer plus expressément aux fléaux d'une guerre éternelle. Cette acte religieux a l'air d'un acte de politique exceptionnelle, quelque étendue que soit l'amnistie qui s'y laisse voir. En renonçant à la guerre contre une partie de l'espèce humaine, en s'interdisant toute aggression envers les adorateurs du Christ, ne se réserve-t-on pas d'armer contre les mécréants et d'attaquer en temps et lieu le sultan, le schah, ou le grand-lama? Cependant l'esprit de charité, que recommande le Nouveau-Testament, embrasse aussi *les gentils*.

Octobre 7. *Ouverture des chambres législatives, session ordinaire de* 1815. — Le roi dit : « . . . . C'est pour donner plus de « poids à vos délibérations, c'est pour en recueillir moi-même plus « de lumières, que j'ai créé de nouveaux pairs (*V.* 17 août, deuxième « article), et que le nombre des députés des départements a été aug« menté » (trois cent quatre-vingt-douze, au lieu de deux cent cinquante-huit, nombre fixé par les constitutions impériales pour les quatre-vingt-six départements restés à la France) « . . . . Vous « ne perdrez jamais de vue les bases fondamentales de la félicité de « l'état : union franche et loyale des chambres avec le roi, et *respect « pour la Charte constitutionnelle. Cette Charte que j'ai méditée avec « soin avant de la donner; à laquelle la réflexion m'attache tous les « jours davantage; que j'ai juré de maintenir, et à laquelle vous tous*, « A COMMENCER PAR MA FAMILLE, *allez jurer d'obéir*, est sans doute, « comme toutes les institutions humaines, susceptible de perfection« nement; mais aucun de nous ne doit oublier QU'AUPRÈS DE L'AVAN« TAGE D'AMÉLIORER EST LE DANGER D'INNOVER. . . . . »
Monsieur, comte d'Artois, et tous les princes présents, au nombre desquels se trouve le vénérable prince *de Condé*, le *Nestor* du siècle, qui vit trois générations, prononcent avec ardeur, JE LE JURE. Cet auguste serment électrise l'assemblée. Malheureusement il ne produira que peu d'effet sur l'universalité des Francais, trop incrédules à la religion du serment pour apprécier à sa haute valeur le gage donné par des princes aussi bons chrétiens qu'habitués à suivre l'impulsion d'une loyauté toute chevaleresque; sur des Français qui restent persuadés, en voyant la nomenclature des pairs et des députés, qu'un assez grand nombre de ces pairs et de ces députés engagent leur foi comme une formalité nécessaire avant d'être autorisés à développer les sentiments de haine et de vengeance qu'ils vouent à la majorité éclairée de la nation.

13. *Arrivée au mouillage de l'île Sainte-Hélène de* NAPOLÉON BONAPARTE (*V.* 15 juillet, 2 août).

Il doit y rester comme un monument offert à la contemplation de ces ennemis du genre humain dont la passion serait de conquérir, et qui voudraient se faire un sceptre de leur épée. — Il se résigne à vivre dans une humiliante captivité, n'ayant osé s'y soustraire par une glorieuse fin, ou par une fuite audacieuse à travers l'océan, couvert de voiles ennemies. Il s'est timidement rendu, lui qui avait répondu, le 21 juin, à la députation de sa chambre des pairs, venant le féliciter de sa fortunée évasion de Waterloo : « C'est dans les temps « difficiles que les grands hommes déploient toute l'énergie de leur « caractère, et deviennent un sujet d'admiration pour la postérité. » — Son inconcevable ardeur de conquêtes ne pouvait s'éteindre. Il se vit au moment de régner sur le continent européen, du mont Calpé à la mer Blanche, des Sporades grecques à l'ancienne Thulé. En août 1812, alors que des bombes françaises atteignaient jusqu'aux murs de Cadix, la terreur des aigles françaises faisait emballer les archives de Pétersbourg. S'il eût réussi au midi et au nord, nouvel Attila, il eût reporté dans l'orient, et même aux bords de la mer Jaune, les fleaux dont les chefs des Huns submergèrent, au cinquième siècle, l'empire des successeurs d'Honorius.

On lui laisse la vie afin qu'il médite sur ses fureurs qui, seules, amenèrent le terme de son existence politique; sur cette démence qui lui fit refuser, pendant douze ans, de légitimer par la modération une puissance enlevée par surprise.—Le contraste du mal immense qu'il fit et du bien immense qu'il pouvait faire, ne sera pas négligé par les Français des âges suivants. Sans doute ils se trouveront moins que nous disposés à sacrifier la justice à la gloire. Les sanglantes conquêtes ne leur offriront pas cet attrait qui nous déçut. On ne les verra pas servilement obéissants aux caprices d'un despote; ils aimeront à n'obéir qu'à des institutions susceptibles de garantir leurs droits et d'assurer leur repos. — Bonaparte l'avait dit lui-même : « La force est toujours la force, l'enthousiasme n'est que l'enthou- « siasme; mais la persuasion reste, et se grave dans les cœurs. » Cependant il n'a vu que lui, que son élévation, sa fortune, son étoile resplendissante. Il n'a pas voulu être l'homme de la patrie, l'homme de l'opinion, l'homme du siècle. Il a refusé d'être le plus grand homme de l'histoire, lorsque tout le portait à ce premier degré d'exaltation, les facultés dont le doua la nature, d'accord avec la réunion, unique dans les annales du monde, de toutes les circonstances favorables. Il a préféré n'être que l'homme de son ambition, l'homme de sa destinée telle que l'orgueil la lui dessinait.

Le masque tombe, l'homme reste,
Et le héros s'évanouit.

Condamné à supporter l'existence, le captif des puissances européennes est comme retranché de la génération actuelle, il n'appartient plus à l'histoire du présent. Aujourd'hui qu'il descend au lieu de son éternel exil, ne pouvant se dissimuler la nullité politique à laquelle il est irrévocablement condamné, il doit éprouver le plus grand des supplices de l'ambition et de l'orgueil déçus. Semblable au vautour de Prométhée, cette désolante certitude déchirera son sein, rongera ses entrailles. S'il peut y résister quelques années, il faut, ou que l'amour de la vie soit en lui plus fort que l'ambition même, ou qu'il tienne à l'existence par cette idée fixe que sa fortune va se relever et que le destin va le ramener en triomphateur sur la scène du monde. Son esprit ne saurait se détacher de cet espoir, il s'en nourrira jusqu'au dernier soupir; car, fataliste et superstitieux, il croyait aux jours heureux et malheureux, et lui-même en convenait. — « Beaucoup de héros ont eu le même système (dit *La Harpe*, à propos de César): il semble que ceux qui ont le plus d'influence sur « les hommes par leurs talents et leur génie, aient senti plus que « d'autres, combien ils étaient servis eux-mêmes par des évènements « qu'ils n'avaient pas préparés, et combien ce qu'on appelle prudence est subordonné à ce qu'on appelle fortune. » — Napoléon s'est montré trop au-dessous du grand dans l'infortune, pour que ses flatteurs les plus déterminés puissent croire que son excessive prospérité soit uniquement l'ouvrage de son génie.

A ce même jour où *Bonaparte* arrive en vue de Sainte-Hélène, *Joachim Murat*, ex-roi de Naples, *est fusillé à Pizzo*, petite ville de la Calabre. Il y est débarqué, le 8, dans l'attente d'un soulèvement en sa faveur, tandis qu'il était attiré dans le piége par l'astuce ou, si l'on veut, la loyauté napolitaine du podesta de ce lieu. — Murat, brave soldat, monta au trône par l'effet de cette seule circonstance qu'il avait épousé la sœur d'un empereur puissant, de Napoléon; il en est descendu, pour avoir fait la paix quand il devait continuer la guerre (*V.* 6, 11 janvier 1814), et recommencé la guerre quand il devait rester en paix (*V.* 26 février, 28 mars 1815). — Celui qui forma le tribunal d'où sortit l'arrêt du duc d'Enghien, sacrifié à la politique du maître de la France (*V.* 21 mars 1804), meurt par l'arrêt d'un roi Bourbon.

23. *Mort du général Lecourbe*, à cinquante-trois ans, guerrier célèbre parmi les guerriers dont l'audace et l'habileté se distinguèrent dans l'attaque ou la défense des postes.

29. *Loi portant suspension de la liberté individuelle.* — Tout individu qui aura été arrêté comme prévenu de crimes et délits contre la personne ou l'autorité du roi, contre les personnes de la famille royale, ou contre la sûreté de l'état, pourra être détenu jusqu'à l'expiration de la présente loi, si, avant cette époque, il n'a été traduit devant les tribunaux. — Les mandats à décerner ne pourront l'être que par les fonctionnaires à qui la loi confie ce pouvoir. — A défaut de motifs graves, le prévenu pourra être mis sous la surveillance de la haute police, conformément au code pénal. — Si la présente loi n'est pas renouvelée à la prochaine session, elle cessera.

Les députés *De Serre*, *Royer-Collard*, ont combattu avec une force qui méritait d'être victorieuse, l'esprit et le texte de cette loi d'exception faite tout entière pour une circonstance mal envisagée. La loi, pourtant, a réuni deux cent quatre-vingt-quatorze voix sur trois cent cinquante.

L'action du pouvoir extraordinaire confié au gouvernement n'est ni régulière, ni déterminée avec précision. Confier aux agents dépravés de la police, ou à des administrateurs subalternes, dont les passions politiques se sont si souvent déja manifestées avec violence, cette action pleine et entière, c'est leur donner des moyens nuisibles au repos d'une foule de citoyens, moyens dangereux au gouvernement lui-même. Le ministre *Decazes* mettra bien quelque soin à recommander la modération, l'indulgence, aux fonctionnaires chargés de faire exécuter cette loi, ou de veiller à son exécution; il leur parlera de l'oubli qu'ordonne la Charte; mais de quel effet seront ou des circulaires qui ne spécifient qu'un petit nombre de circonstances, ou des lettres confidentielles écrites à ces mêmes fonctionnaires qui lui auront transmis les informations suivant lesquelles il doit évaluer (le plus souvent après coup) le degré de rigueur convenable envers les personnes désaffectionnées, mécontentes ou malintentionnées? En supposant que le ministre n'ait pas voulu mettre sa responsabilité à couvert, par des instructions rédigées en termes généraux; en vain prescrira-t-il la sagesse, puisqu'il défère une grande latitude sur le choix et l'application des mesures. Beaucoup de ces fonctionnaires, s'ils ne sont pas animés de haines politiques, excités par des ressentiments particuliers, verront dans leurs attributions inquisitoriales des moyens d'attirer les récompenses, d'obtenir des grades, de parvenir aux plus hauts emplois. Des conspirations seront par eux supposées, *si elles ne sont pas provoquées.* Plusieurs polices rivales étendront leurs filets sur la France, à l'insu du ministre de la police; et il n'en apercevra les funestes effets qu'après qu'ils seront consommés et devenus irréparables. Imprudents ministres, de s'être fait remettre un pouvoir discrétionnaire, et d'en avoir distribué l'usage à tous les étages administratifs! leur voix, fût-elle bien distincte, fût-elle fortement impérative, sera perdue dans ce désordre de passions qui se masquent des devoirs imposés par la *légitimité.* D'innombrables persécutions individuelles seront, chaque jour, pendant deux ans, exercées, sous des motifs spécieux, par la foule d'agents intermédiaires ou subalternes qui ont envahi tous les degrés des diverses juridictions. Des milliers de gens qui ne sont recommandables que pour avoir crié *Vive le roi*, peu d'instants avant que la masse de la nation ait pu revenir de la profonde stupeur causée par une aussi rapide succession d'évènements extraordinaires, s'arrogeront le droit de décimer leurs concitoyens. Les chefs du gouvernement se verront dans la déplorable nécessité de lutter, et pendant deux années, contre le fanatisme haineux et perturbateur de leurs agents, sans oser les révoquer. L'esprit impur de la cour, qui se développa si désastreusement pendant les six dernières années de *Louis XVI*, exercera sa funeste influence dans les premiers temps de l'administration de *Louis XVIII.*

Novembre 2. Discours du président de la cour de Paris *(Séguier)*, prononcé à l'audience de rentrée: « .... *Toute autorité « vient de Dieu; il n'est pas permis aux peuples d'en disposer.* Nos « ancêtres, qui gardaient leurs franchises et chérissaient leur liberté, « plus sages que nous, avaient reconnu que nos rois régnaient par la « grace de Dieu et non par les constitutions. Le monarque, image « de la divinité, ne représente pas plus ses sujets, que le père repré- « sente ses enfants. La suprématie de l'un et de l'autre, constitue « l'être *essentiellement naturel. Tout autre forme politique est une « dégradation à la règle générale*, et contient un principe de retour « à l'ordre *primordial*.................. » C'est un des principaux organes de la justice qui proclame le code du despotisme. Il est donc des hommes tellement façonnés à la servitude, que peu leur importe le nom ou l'extraction du maître (*V.* pour la conformité des principes de ce même magistrat, le 29 juillet 1807). — Au reste, telle était la doctrine professée par les magistrats *torys* du temps de Jacques II, doctrine qui, d'après le jugement des historiens, prépara sa ruine.

5. *Traité signé à Paris, entre l'Angleterre et la Russie, relativement aux îles Ioniennes* qui sont déclarées former un *État-Uni*, sous la protection unique de l'Angleterre. Cette puissance y aura un commissaire; elle en approuvera les lois, y tiendra garnison et en commandera les troupes. — Il est, de plus, convenu que les ports et rades desdites îles sont *dans la jurisdiction de l'amirauté anglaise.*

6. *Réglement relatif aux officiers qui ont servi Napoléon Bonaparte, depuis son retour de l'île d'Elbe.* — Les officiers désignés seront répartis *en quatorze classes*, conformément à l'appréciation des motifs qu'une commission spéciale jugera qu'ils ont apportés dans leur défection.

L'auteur de ce réglement est le ministre de la guerre, le duc *de Feltre*, autrement général *Clarke*, ministre sans exploits, administrateur sans talent. Des injustices, des persécutions aussi nombreuses qu'odieuses signaleront l'exécution de ces dispositions inconsidérées. Néanmoins cette foule d'officiers et de généraux renvoyés avec outrage, soumis à d'humiliantes mesures de surveillance, sacrifieront leurs ressentiments à la tranquillité de la patrie. Leur résignation sera pleine, entière, sans arrière-pensée. Pas un d'eux ne levera l'étendard de la révolte; ils étoufferont leurs justes réclamations, bien différents des compagnons d'Henri IV qui, chaque jour, bravaient sa clémence.

9. *Loi relative à la répression des cris séditieux et des provocations à la révolte.*

Toutes personnes coupables de cris, de discours, d'écrits qui auront exprimé la menace d'un attentat contre le roi ou les personnes de sa famille, qui auront excité à s'armer contre l'autorité royale, ou qui auront provoqué directement ou *indirectement* le renversement du gouvernement, le changement de l'ordre de successibilité au trône, *alors même que ces tentatives n'auraient été suivies d'aucun effet, et n'auraient été liées à aucun complot*, tous lesdits coupables seront punis de la déportation.—Même peine contre ceux qui auront arboré un autre drapeau que le drapeau blanc. *Les cours d'assises connaîtront de ces crimes.* — Les articles 4, 5, 6, 7 et 8, établissent une nomenclature étendue et confuse des délits contre le gouvernement, contre les institutions, et rendent les accusés passibles d'un emprisonnement de cinq ans à trois mois, d'amendes qui pourront s'élever à trois mille francs, de suppression de pensions ou traitements d'inactivité, de l'interdiction des droits politiques, pour dix ans au plus, cinq ans au moins. Les condamnés sont soumis, en outre, *à la surveillance de la haute police*, pendant un temps qui sera déterminé par le gouvernement et dont la durée s'étendra jusqu'à cinq ans; le tout sans préjudice des poursuites criminelles et de l'application des peines plus graves, prescrites par le code pénal, s'il y a lieu. *Tous ces jugements seront rendus par les tribunaux de police correctionnelle. — A ces exceptions près*, les dispositons du code d'instruction criminelle et du code pénal continueront d'être en vigueur.

La chambre des députés admet la loi, à la majorité de deux cent quatre-vingt-treize voix sur trois cent soixante-deux. C'est en vain que des hommes sages en ont improuvé plusieurs dispositions; leurs discours ont été interrompus par les clameurs de leurs nombreux adversaires, dont l'esprit réacteur veut donner une couleur légale à l'arbitraire, parce qu'ils remplissent la cour et les principaux emplois de l'administration. Un député du Haut-Rhin, *De Serre*, s'est inutilement écrié : « La loi n'est pas seulement provisoire, c'est une loi « pour l'avenir, il ne faut donc pas s'attacher aux circonstances ac- « tuelles. Forcez la peine, vous êtes certains que les juges et les jurys « ne l'appliqueront point, toutes les fois qu'une loi aura été portée « avec passion et dictée par la cruauté.......... Un drapeau peut « être élevé par quelque homme insignifiant......... »

12. *Assassinat du général Lagarde, commandant à Nîmes.*

Ce général est assailli et grièvement blessé au moment où l'on rouvre, en sa présence, le temple des protestants. — Le roi ordonnera de poursuivre l'auteur, les complices, les provocateurs de ce crime; mais ses intentions, trop souvent méconnues par les dépositaires même de son pouvoir, resteront sans effet; les coupables ne seront pas punis. — Nîmes, où la population se partage sur les opinions politiques et religieuses, s'est vue le théâtre d'une multitude d'attentats, à chaque crise de la révolution; chaque parti profitant à son tour d'une occasion de vengeance. Pendant les cent jours, les royalistes essuient des persécutions qu'ils rendent avec usure aux protestants, dès le retour des Bourbons. En n'admettant qu'une partie des récits publiés, les barbaries exercées contre les protestants déshonoreraient même des peuplades sauvages.

20. TRAITÉ DE PAIX DE PARIS, *entre la France*, d'une part, *l'Autriche, la Grande-Bretagne, la Prusse et la Russie*, d'autre part.

Les articles 1, 2, 3, 4 resserrent le territoire français sur les frontières du nord et de l'est, non-seulement en dépouillant la France des annexations résultant du traité du 30 mai 1814, et qui régularisaient ses limites; mais encore en détachant plusieurs cantons importants dans lesquels se trouvent *tout le duché de Bouillon*, les forteresses de *Philippeville, Mariembourg, Sarre-Louis, Landau. Une partie du pays de Gex* est cédée à la république helvétique, et la ligne des douanes françaises sera placée à l'ouest du Jura, de manière à ce que tout le pays de Gex se trouve hors de cette ligne. *La partie du département du Mont-Blanc, restée à la France* en vertu du traité du 30 mai 1814, est remise au roi de Sardaigne. La haute suzeraineté de la France sur la principauté de Monaco, est aussi transférée à ce roi. *Les fortifications de Huningue* seront démolies, et le gouvernement français ne pourra les rétablir dans aucun temps, ni les remplacer par d'autres fortifications, à une distance moindre qu'à trois lieues de la ville de Bâle. La neutralité de la Suisse s'étendra sur une partie de la Savoie. — La partie pécuniaire de l'indemnité à fournir par la France, aux puissances alliées, est fixée à la somme de sept cents millions; laquelle somme sera acquittée par jour, par portions égales dans le courant de cinq années (*V.* 9 octobre, 19 novembre 1818). — Un corps de troupes alliées dont le nombre ne dépassera pas cent cinquante mille hommes, occupera des positions militaire, le long des frontières de la France, dans les départements du Pas-de-Calais, du Nord, des Ardennes, de la Meuse, de la Moselle, du Bas-Rhin et du Haut-Rhin. Ce corps occupera les places de *Condé, Valenciennes, Bouchain, Cambrai, le Quesnoy, Maubeuge, Landrecies, Avesnes, Rocroy, Givet* avec *Charleville, Mézières, Sedan, Montmédy, Thionville, Longwy, Bitche* et *la tête de pont du Fort-Louis*. Nonobstant cette occupation, le gouvernement français ne pourra entretenir, dans vingt-six places enclavées dans le territoire occupé, des garnisons dont l'importance dépassera ce qui est déterminé dans l'énumération faite à ce sujet et formant un total de vingt-deux mille sept cents hommes. Les cent cinquante mille hommes de troupes alliées seront entretenus par le gouvernement français, de manière que le logement, le chauffage, l'éclairage, les vivres et les fourrages soient fournis en nature, le nombre des rations ne pouvant être porté au-delà de deux cent mille pour les hommes et de cinquante mille pour les chevaux. La composition des rations est beaucoup plus forte que celle des rations délivrées aux troupes françaises. Quant à la solde, l'équipement, l'habillement et autres objets accessoires, le gouvernement français subviendra à cette dépense moyennant le paiement d'une somme de cinquante millions par an, payable en numéraire, de mois en mois, à dater du 1er décembre prochain. — La France promet de faire liquider toutes les sommes qu'elle se trouve devoir dans les pays hors de son territoire actuel, soit à des individus, soit à des communes, soit à des établissements particuliers dont les revenus ne sont pas à la disposition des gouvernements. Les puissances contractantes nommeront des commissaires à cet effet. — Une convention additionnelle avec l'Angleterre détermine que les sujets anglais, porteurs de créances sur le gouvernement français, lesquels, en contravention au traité de commerce de 1786 et depuis le 1er janvier 1793, ont été atteints par les effets de la confiscation ou du séquestre décrétés en France (*V.* 9 septembre 1793), seront indemnisés et payés.

Ce traité est le plus désastreux de tous les traités désastreux, dont nos annales offrent la nomenclature, depuis celui de Bretigny en 1360. Il est pourtant moins humiliant que celui de 1763, quand Louis XV, avili par ses vices et son insouciance, ayant avili la nation sur laquelle il laissait régner des courtisanes, accepta d'ignominieuses conditions, qui l'eussent même été davantage sans l'habileté de son ministre, déterminé à conclure à tout prix et ne cessant de dire « Puisqu'on ne sait pas faire la guerre, il faut faire la paix ». Du moins, en 1815, nos légions n'ont pas succombé sous les armes d'une seule puissance, d'une puissance secondaire; Waterloo n'était pas Rosbach, et, à ce jour, on n'aurait pas trouvé un Soubise parmi nos généraux.

Les pertes de population qui dérivent de ce traité, sont évaluées:

	ames.	
Département du Nord	27,000	
— des Ardennes	78,000	
— de la Moselle	222,000	534,000.
— du Bas-Rhin	27,000	
— du Mont-Blanc	180,000	

Ce traité fait perdre à la France, vingt lieues quarrées. Elle se trouve en avoir gagné quarante, par la réunion d'Avignon et du comtat Venaissin, de Mulhouse. Les acquisitions du royaume, depuis la paix de Westphalie en 1648, jusqu'en 1792, sont de mille six cents lieues quarrées. Ainsi ses agrandissements en Europe, depuis 1769, époque de l'acquisition de la Corse, c'est-à-dire pendant un demi-siècle, sont à peine sensibles, et la guerre qui finit l'aura privée de Saint-Domingue, Sainte-Lucie, Tabago, l'Ile-de-France.

Si l'on considère la prodigieuse extension des trois grandes puissances continentales et de l'Angleterre, depuis un demi-siècle, on jugera combien est fausse cette politique abaissant la France et sacrifiant son importance relative, réclamée par la tranquillité de l'Europe, à des considérations de vieille jalousie, à des sentiments de haine, à des motifs de cupidité. Le congrès de Vienne (*V.* 9 juin) et les deux traités de Paris (*V.* 30 mai 1814); en consacrant de nombreuses, d'immenses injustices, en confirmant d'odieuses spoliations, ont semé pour les générations suivantes, et (cela est encore à craindre) pour la génération actuelle, des germes de discorde dans tous les états. La prospérité de chaque peuple, la sécurité de chaque pays, ne dépendent que du caprice de l'un des grands potentats, ou de quelques circonstances accidentelles de la diplomatie. Les nations restent sans garantie efficace contre l'ambition des cabinets. Les dernières conventions, sous prétexte d'effacer la trace des bouleversements effectués depuis 1792, préparent indubitablement des désordres, des révolutions, des guerres, qui commenceront dès que les peuples ou leurs chefs auront repris des forces et recueilli de nouveaux moyens d'aggression ou de résistance à l'oppression. Peut-être les deux cabinets les plus violemment ennemis de la justice, l'Angleterre et la Prusse, en ressentiront-ils les premiers les atteintes.

20. *Traité de Paris, entre l'Autriche, la Grande-Bretagne, la Prusse et la Russie.* — Il est confirmatif des traités de Chaumont (*V.* 1er mars 1814) et de Vienne (25 mars 1815), dont il renouvelle expressément les stipulations offensives et défensives, à l'effet d'assurer l'ordre des choses établi en France par le précédent traité de ce jour; *ordre fondé sur le maintien de l'autorité royale et de la Charte constitutionnelle*, ainsi que sur l'exclusion à perpétuité de Napoléon Bonaparte et de sa famille du pouvoir suprême en France.

Tableau montrant la durée des guerres dans lesquelles la France a été engagée depuis la pacification de Vevrins, en 1598, *jusqu'aux traités de Paris du* 20 *novembre* 1815.

ÉPOQUES ET LEUR ÉTENDUE.	ANNÉES DE GUERRE.	ANNÉES DE PAIX.
HENRI IV et LOUIS XIII, 45 ans.	19 ans.	26 ans.
LOUIS XIV, ... 73	54	19
LOUIS XV, ... 59	18	41
LOUIS XVI, ... 18	5	13
195	96	99
De 1793 à 1815, ... 23	22	1
218	118	100

Le traité du 20 novembre 1815 est la dernière transaction européenne concernant la France, dans une période de vingt-cinq ans. La première fut la convention de Pilnitz (*V.* 27 août 1791), où parut *Calonne*, négociateur sans pouvoirs légitimes, qui voulait livrer la France aux étrangers, et qui les excitait à des tentatives d'envahissement. Combien agit plus noblement le duc de *Richelieu*, qui essaie de sauver sa patrie, en obtenant, à tout prix, la retraite des armées conjurées contre elle !

On ne devrait pas, rigoureusement parlant, compter l'année de paix écoulée entre le traité d'Amiens et sa rupture (du 25 mars 1802 au 23 mai 1803), puisque cet intervalle se trouve entièrement rempli par l'expédition de Saint-Domingue, la plus cruelle et la plus destructive des guerres qu'aient faites jusqu'alors les troupes françaises.

27. Alexandre, empereur de Russie, donne une constitution aux provinces polonaises, dont le congrès de Vienne lui a confirmé la possession (*V.* 9 juin). La Pologne reprenant son nom, soumise à un gouvernement séparé, sort du tombeau dans lequel l'avait précipitée cette même puissance qui lui rouvre les portes de la vie. Mais les guerriers émules de Kosciusko, de Joseph Poniatowski, ne verront dans la régénération de leur patrie que de fausses lueurs d'exis-

tence; dans la proclamation de leur état de nation, qu'une servitude déguisée. Ils furent barbarement déçus par Napoléon. Son vainqueur leur commande avec sagesse; mais il commande. Les Grecs trouvaient doux d'obéir à Trajan; néanmoins ils pleuraient sur les ruines de leur liberté. Ancienne et malheureuse alliée de la France, la Pologne ne recouvrera pas, comme elle, le premier bienfait des dieux, l'indépendance; et c'est la France que la Pologne en accusera éternellement. La confiance des Polonais fut trahie deux fois : en 1772, par un roi dont le règne fit la honte des Français; en 1812, par cet empereur qui remplit l'Europe de son nom, et se signala du nord au midi par des actes d'oppression.

Décembre 7. *Mort du maréchal Ney, duc d'Elchingen, prince de la Moscowa.* — Il est condamné par la chambre des pairs, transformée en cour criminelle, en vertu d'une ordonnance spéciale, pour prononcer sur l'accusation de haute-trahison portée contre lui. Sur cent soixante et un votants, cent trente-six opinent à la peine capitale. — Le maréchal est fusillé à neuf heures du matin, dans l'avenue de l'Observatoire, auprès et hors de la grille du Luxembourg.

Cet évènement arrêtera l'attention des historiens; et, quel que soit le point de vue sous lequel ils l'envisageront, ils remarqueront, en premier lieu, que le maréchal Ney est traduit en jugement par suite de la première ordonnance du 24 juillet, alors que le conseil du gouvernement se composait de sept ministres, dont six ont, bientôt après, perdu la confiance du roi (*V.* 9 juillet, 26 septembre). Le duc de Richelieu, le seul ministre resté au conseil, est donc le seul des sept ministres actuels qui ait été imbu de l'esprit, pénétré de la pensée toute entière de l'ordonnance, au moment de son émission. Les six autres ministres (*V.* 29 décembre 1818, le tableau indicatif) concourent à l'exécution d'un acte, à l'idée et à la rédaction duquel ils furent étrangers.

La défection du maréchal étant avérée, elle le rend justiciable du gouvernement auquel elle a préjudicié. Le gouvernement désigne un conseil de guerre, l'accusé le récuse. Le gouvernement désigne un second tribunal, l'accusé l'admet; il exposé devant lui les circonstances qui l'entraînèrent à violer ses engagements. Ayant reconnu la compétence de ses juges, il doit se soumettre à leur jugement. Il est prouvé que sa défection fut la première des grandes défections qui attirèrent sur la France un torrent de calamités. Sa condamnation se justifie donc par le droit positif de toutes les législations; car celui-là doit périr, qui a compromis le salut de la société à laquelle il appartient. Les devoirs de la morale dérivent ici de l'intérêt général.

Mais ses juges, qui voulurent venger le passé, rassurer le présent, et qui se flattèrent, sans doute, d'influer sur les destinées de l'état, pesèrent-ils attentivement les irréparables suites de l'arrêt porté contre le plus vaillant guerrier, le plus intrépide défenseur de la patrie commune; les accusateurs ne se souvenaient-ils plus que de célèbres rebelles, oubliés par les lois, ou couverts par une auguste clémence, illustrèrent et sauvèrent la France?

En ne remontant qu'à la minorité de Louis XIV, on trouve deux grands capitaines révoltés contre l'autorité royale. L'un, *Turenne*, né dans la communion protestante, si barbarement opprimée depuis la mort de Henri IV, se constitue défenseur de sa croyance. Il use, d'ailleurs, d'une prérogative réclamée par les seigneurs féodaux, de dicter, les armes à la main, des lois au chef de la monarchie. Heureusement sa rebellion lui est pardonnée, et la France conserve un héros destiné à la préserver du joug étranger.

Le grand Condé, émule de Turenne sur le champ de la gloire, est aussi son rival dans l'art des trahisons. Placé par sa naissance sur un de ces premiers degrés du trône, qui presque toujours sont des écueils, d'un esprit aussi peu vaste que son ambition est inconsidérée, il oublie que ses richesses sont la dépouille du *duc de Montmorency*, frère de sa mère, jeté dans la révolte par le premier prince du sang. Cependant la fortune seconde Louis de Condé, devenu général des Espagnols, qu'il a conduits au cœur du royaume. Il dicte lui-même son accommodement, et recueille de riches et brillants apanages. La déloyauté obtient le prix d'une fidélité sans tache. Eh bien! le souvenir de ses erreurs enflammera son génie militaire.

L'amnistie de deux grands coupables donnera quarante ans de gloire à la France. Ceux de qui dépend la destinée de Ney devraient se souvenir de ces mots de Bossuet, en faveur de Condé : « Tout est « surmonté par la gloire de son grand nom et de ses actions immor- « telles. »

Aucune de ces considérations n'est rappelée lorsqu'on défend la cause du maréchal Ney. On l'engage dans les plus obscurs détours judiciaires. On le contraint de se défendre pied à pied, dans le chaos des législations. L'intrépide guerrier ne comprend rien à cette manière de se battre. Le héros de la Moscowa, comme le héros de Rocroy, n'est grand qu'un jour de bataille. Laissé à sa seule impulsion, sans doute, il eût adressé aux juges les mêmes paroles que le duc de *Montmorency* fit entendre : *J'ai failli; eh bien! je dédaigne de chicaner ma vie.* — Alors le brave des braves n'eût pas cessé d'être lui-même.

On lui a suggéré de se laisser défendre comme le vulgaire des criminels. Un praticien, vieilli dans les formules paralogistiques du droit, prononce, devant la cour des pairs, un plaidoyer dont les subterfuges sont des atteintes aussi réelles à l'honneur qu'à la cause du maréchal.

Laissant le fait trop évident de sa défection, ne pouvait-on représenter que, depuis vingt-cinq ans, tous les principes d'ordre social ont été méconnus ou contestés; que tous les devoirs, jusqu'à ceux de l'enfance, ont été violés dans les temps de discorde; que très-peu de citoyens sont restés fidèles aux dogmes de la morale? Comment, après vingt serments qui s'entre-détruisaient, la religion du serment se serait-elle conservée? Les divers gouvernements avaient trop bien réussi à fausser les esprits. En 1815, les apostats de toutes les croyances politiques sont innombrables.

La postérité croira-t-elle ce récit qui lui montrera *Fouché* dit *de Nantes*, siégeant au conseil de l'autorité royale, et désignant ceux qui abjurèrent leurs serments à la royauté, et qui doivent être portés sur la liste du 24 juillet? Quoi! demandera-t-elle, est-ce le même *Fouché* qui, aux Tuileries même, vota la mort de *Louis XVI;* ce jacobin effréné, l'un des plus atroces délégués de la convention, spoliateur des familles, couvrant Lyon de ruines et de sang, y mitraillant des femmes, des enfants, et se mettant en *défiance des larmes du repentir? Fouché,* inventeur des coups-d'état du directoire, artisan de conspirations sous le gouvernement consulaire, fervent adorateur de l'idole impériale, le fourbe de tous les temps, le fourbe des fourbes; c'est lui qui lève le glaive de la justice nationale sur un guerrier dont mille faits héroïques consacrent la célébrité, et qui, peut-être, ne faillit que par impétuosité!

Ney est soldat, n'est que soldat. Pour ce soldat, les formes de l'autorité du dedans ne sont que de légers accidents du terrain. Ayant, de son bivouac, vu passer dix gouvernements, il se persuade trop aisément, en 1815, que les tableaux de cette mouvante optique changeront encore. Il s'est toujours battu pour le sol qui le vit naître. Ses pénates, voilà ses dieux, il n'en connaît point d'autres; et tout étranger qui s'avance en armes est son ennemi. Ainsi le canonnier meurt sur sa pièce; ainsi le lierre reste adhérent à sa tige favorite.

Ney a promis de tenir arboré le drapeau blanc; mais *on lui dit* que le drapeau blanc ne flotte plus qu'au-delà des frontières; mais il est entouré de dix mille braves qui triomphèrent sous le drapeau tricolore, que les plus glorieux exploits attachent à ce drapeau. Ne se figure-t-on pas le vertige qu'amène la plus brillante des illusions? Et, dans cet instant décisif, nul conseil ne défend le trop vaillant maréchal des souvenirs qui l'assiégent, et détruisent, pièce à pièce, l'œuvre de sa primitive résolution, tandis que les suggestions les plus déliées viennent l'enlacer. Jeté sur le Rubicon, il s'en croit encore loin lorsqu'il touche à la rive fatale.

Les destins ont prononcé à Waterloo. Mais celui qui ne connut l'étranger qu'en apprenant à le vaincre, n'ira pas, exilé volontaire, lui demander l'eau et le feu. S'il fuyait sa patrie, il se mépriserait lui-même sans calmer ses remords. Il reste au centre de la France, absorbé dans sa douleur, et se livrant à la destinée qui le protégea tant de fois. — Il est pris, jugé, exécuté. — Puisse la France n'avoir pas à déplorer la mort de *Ney*, comme au seizième siècle elle déplora la disgrace du *connétable de Bourbon!*

Loi qui rétablit les juridictions prévôtales.

Il sera établi dans chaque département une cour prévôtale. — Les cours prévôtales seront composées de cinq juges civils, pris parmi les membres des tribunaux de première instance, et d'un prévôt, pris parmi les officiers, ayant le grade de colonel au moins. — Les fonctions du ministère public seront exercées par le procureur du roi ou par l'un des substituts. — Les cours prévôtales connaîtront des crimes qui étaient attribués aux *cours spéciales*, par le code d'instruction criminelle, et de tous désordres commis par des vagabonds, gens sans aveu, criminels déja jugés, des crimes de rebellion à force armée, de contrebande armée, de fausse monnaie, des assassinats lorsqu'ils auront été préparés par attroupements armés, etc. — L'interrogatoire du prévenu aura lieu dans les vingt-quatre heures; l'information, l'audition des témoins, se feront dans le plus court délai. — La cour prévôtale déclare sa propre compétence. Le ministère public pourra, dans les dix jours de ce jugement, se pourvoir contre, par-devant la cour royale, chambre d'accusation. Si cette dernière cour réforme le jugement, elle renverra la cause et les parties *à une autre cour prévôtale* de son ressort, qui procèdera immédiatement au jugement définitif. — Dans le cas où la cour prévôtale se déclarerait compétente, le jugement de compétence sera envoyé immédiatement au procureur-général, qui sera tenu, toute affaire cessante, de le soumettre à la délibération de la cour royale, pour qu'elle statue *définitivement*, *sans recours en cassation.* — Les arrêts des cours prévôtales seront rendus *en dernier ressort et sans recours en cassation. Ils seront exécutés dans les vingt-quatre heures*, à moins que le condamné ne soit recommandé à la commisération du roi. — Cette loi cessera d'avoir son effet à la fin de la session de 1817, si elle n'y est pas renouvelée.

Cette loi qui livre à cinq juges subalternes, dont les fonctions se bornèrent toujours aux matières civiles ou correctionnelles, la vie des citoyens, l'honneur des familles; qui met à leur merci la tranquillité des cités et des campagnes; qui donne des armes terribles et d'un effet si prompt; cette loi est adoptée dans la chambre des députés, à la majorité de deux cent quatre-vingt-dix voix contre treize, et, quoiqu'elle contienne cinquante-sept articles, les débats n'auront duré que six heures, en deux séances. L'ardeur de la plupart des députés à prévenir la renaissance des troubles, l'exagération de leurs craintes, leur font précipiter la discussion. A peine daignent-ils entendre les observations de quelques-uns de leurs collègues, mieux instruits en jurisprudence, observateurs plus froids des symptômes qui peuvent apparaître, appréciateurs plus éclairés des moyens de répression qu'il conviendrait d'adopter, et sur-tout moins passionnés dans leur zèle. La voix des députés *Royer-Collard*, *De Serre*, est perdue dans les bruyantes clameurs d'une fougueuse majorité. En vain le député *Camille-Jordan* signale ces cours prévôtales comme des tribunaux de sang.

Dès qu'en jurisprudence on admet des tribunaux extraordinaires; qu'ils s'appellent révolutionnaires, comme en 1793 (*V.* 11 mars), spéciaux, comme en 1801 (*V.* 5 février), cours prévôtales comme en 1815, on confond les règles, on dénature les principes. A diverses époques de la monarchie, ainsi que durant la révolution, lorsque les gouvernements ont voulu s'assurer des sentences dans des procès politiques, ils ont eu recours à des commissions extraordinaires. C'est cependant pour les causes extraordinaires que les magistrats ont été plus spécialement institués. — Le lord *Erskine*, plaidant dans une cause célèbre où il s'agissait d'un attentat contre la personne même du roi d'Angleterre (*Georges III*), disait que, loin qu'aux époques d'agitations et de passions politiques, il faille supprimer ou abréger les formes que la justice a destinée à la protection des accusés, c'est alors, au contraire, qu'il faudrait y ajouter, s'il était possible, pour garantir, des plus déplorables surprises, des magistrats que tout expose alors à être circonvenus et jetés dans l'égarement.

27. *Ordonnance du roi, concernant la garde nationale.*

Tous les officiers sont à la nomination du roi. — Il y aura des inspecteurs dans chaque département. Le prince colonel-général (*Monsieur, comte d'Artois*), se concertera avec le ministre de l'intérieur, pour faire les règlements et instructions *que l'on soumettra au roi.* — Dans les départements, le préfet et l'inspecteur se concerteront pour régler le service ordinaire, diriger l'instruction et la discipline; en cas de dissentiment, le préfet en référera au ministre, et l'inspecteur au prince.

Cette ordonnance si contraire à l'essence, à la nature de l'institution primitive des gardes nationales constitutionnelles, est due à la pernicieuse influence du ministre de l'intérieur *Vaublanc*, aujourd'hui desirant amener l'extension démesurée de la prérogative royale, après en avoir été l'antagoniste très-inconsidéré (*V.* 9, 29 novembre 1791).

1816.

Janvier 2. *Ukase ou édit de l'empereur Alexandre, expulsant les Jésuites de ses états.* — Sectaires toujours offensifs, à peine quelques membres de cette affiliation réprouvée avec éclat par toute la catholicité, au dix-huitième siècle, sont admis dans l'empire russe, qu'ils apportent la désunion dans les familles et troublent l'action du gouvernement. Les motifs qui déterminent leur renvoi sont aussi graves que ceux qui décidèrent le parlement de Paris (*V.* 7 août 1814). — L'ukase porte : . . . . Ils ont détourné de notre culte « des jeunes gens dont l'éducation leur avait été confiée, ainsi que « quelques femmes d'un esprit faible et inconsidéré, et leur ont fait « adopter leur croyance. . . . . Exciter un homme à abjurer sa « foi, la foi de ses pères, détruire en lui l'amour de ceux qui pro- « fessent la même religion, en faire un étranger à son pays, semer « la discorde et l'animosité dans les familles, détacher le frère du « frère, le fils du père et la fille de la mère; amener des divisions « parmi les enfants de la même famille, est ce là la volonté de Dieu et « de son divin fils, J.-C., notre sauveur? . . . . Nous ne « sommes plus surpris que l'ordre de ces religieux ait été éloigné de « tous les pays, et qu'il ne soit toléré nulle part. Quel est, en effet, « l'état qui pourrait souffrir dans son sein ceux qui répandent la « haine et le trouble? . . . . »

12. Loi d'amnistie. — Art. 1er. Amnistie pleine et entière est accordée à tous ceux qui, directement ou indirectement, ont pris part à la rebellion et à l'usurpation de *Napoléon Bonaparte*, sauf les exceptions ci-après. — 2. L'ordonnance du 24 juillet 1815 continuera à être exécutée à l'égard des individus compris dans l'article premier de cette ordonnance. — 3. Le roi pourra, dans l'espace de deux mois, à dater de la promulgation de la présente loi, éloigner de la France ceux des individus compris dans l'article 2 de ladite ordonnance, qu'il y maintiendra et qui n'auraient pas été traduits devant les tribunaux. Dans ce cas ils sortiront de France, dans le délai qui leur sera fixé, et n'y rentreront pas sans l'autorisation expresse de sa majesté; le tout, *sous peine de déportation*. Le roi pourra pareillement les priver de leurs biens et pensions à eux concédés à titre gratuit. — 4. Les ascendants et descendants de Napoléon Bonaparte, ses oncles et tantes, ses neveux et ses nièces, ses frères, leurs femmes et leurs descendants, ses sœurs et leurs maris, sont exclus du royaume, à perpétuité, et sont tenus d'en sortir dans le délai d'un mois, sous la peine portée par l'article 91 du code pénal (la mort). Ils ne pourront y jouir d'aucuns droits civils, y posséder aucuns biens, titres, pensions à eux accordés *à titre gratuit;* et ils seront tenus de vendre dans le délai de six mois, les biens de toute nature, qu'ils posséderaient *à titre onéreux*. — 5. La présente amnistie n'est point applicable aux personnes contre lesquelles ont été dirigées des poursuites, ou sont intervenus des jugements avant la promulgation de la présente loi; les poursuites seront continuées, et les jugements seront exécutés conformément aux lois. — 6. Ne sont point compris dans la présente amnistie, les crimes ou délits *contre les particuliers*, à quelque époque qu'ils aient été commis; les personnes qui s'en seraient rendues coupables, pourront être poursuivies conformément aux lois. — 7. Ceux des régicides qui, au mépris d'une clémence presque sans bornes, ont voté pour l'acte additionnel (*V.* 22 avril 1815), ont accepté des fonctions ou emplois de l'usurpateur, et qui, par-là, se sont déclarés ennemis irréconciliables de la France et du gouvernement légitime, sont exclus à perpétuité du royaume, et sont tenus d'en sortir dans le délai d'un mois, sous la peine portée par l'article 33 du code pénal (la déportation). Ils ne pourront y jouir d'aucuns droits civils, y posséder aucuns biens, titres ni pensions à eux concédés à titre gratuit.

Le projet, présenté d'abord à la chambre des députés, ne renfermait pas l'article 7. Ce n'est qu'après une vive résistance de la part des ministres, que cet article est inséré dans la loi; et l'on peut dire qu'il a été fait une sorte de violence à la sanction royale, *Louis XVIII* desirant suivre scrupuleusement les dispositions exprimées dans le testament de *Louis XVI*, qui pardonne à tous ceux qui votèrent sa mort.

Les discussions ne se sont prolongées que pendant *cinq séances* dans la chambre des députés; quelques-uns inclinent vers la douceur, le plus grand nombre invoquent des mesures sévères. Les premiers veulent la rigueur pour la justice de l'avenir, les seconds la réclament pour la vengeance du passé. Personne n'oserait soutenir que les révolutions s'effacent autrement que par des amnisties: mais des hommes exaspérés desireraient en resserrer le cercle, tandis que des publicistes mieux éclairés, et vertueux avec discernement, demandent qu'on l'étende aussi loin que peut le permettre la sécurité bien constatée de l'état; et qu'on ne sonde pas, avec le fer des lois, les plaies de la patrie que la clémence et la modération peuvent seules cicatriser.

La majorité de la commission de la chambre des députés a produit un système de classification qui désignerait les crimes et non les coupables, ce qui ferait d'une loi d'amnistie un code de proscription. Ce système est étayé par des membres qu'excitent et l'irritation du malheur et cette funeste soif de vengeance qui dévore encore le malheureux après qu'il est sauvé. Le député *Corbière* (Ile-et-Vilaine), rapporteur de la majorité de cette commission, repousse toute idée conciliatrice de la minorité; il se montre implacable sur le champ de la proscription. La chambre décide avec fougue, avec impétuosité, et l'on peut ajouter, avec une espèce de fureur, une mesure dont peut dépendre l'avenir de la France, en soulevant les partisans des proscrits dont on affecte trop de mépriser l'importance ou de rabaisser le nombre, et en éveillant l'inquiétude d'une multitude d'hommes répandus en tous lieux, qui s'attendent à plus de modération, et qui désapprouvent la proscription par représailles.

Il a été proposé, par amendement, *de confisquer* les biens des bannis et des condamnés. Les discussions élevées à ce sujet offrent une nouvelle preuve du danger des traditions et de cet empire qu'elles exercent encore sur un grand nombre d'esprits irréfléchis. Car l'histoire de France, notre histoire, l'histoire nationale, notre passé, à nous qui sommes émerveillés de quelques circonstances de vaine gloire, et toujours ivres de la fumée d'une gloire future, cette histoire nous retrace, à chaque page, les odieuses violations du droit de propriété. Ces violations étaient consacrées par le code féodal où la félonie les établissait — Ainsi *Henri Ier*, petit-fils de *Hugues-Capet*, confisque, en 1040, l'apanage de son frère *Eudes*. Le roi d'Angleterre, *Jean-sans-terre*, cité devant la cour des pairs de France, au sujet du meurtre de son neveu, est déclaré rebelle pour n'avoir pas comparu; il est condamné à mort. *Philippe-Auguste* s'empare, en vertu de cet arrêt, de la Normandie, de la Touraine, de l'Anjou, du Maine, etc., et les réunit à sa couronne.— *Louis VIII* confisque les biens des Albigeois, dont *saint Louis* hérite sans scrupule. Les bûchers des templiers signalent l'avarice de *Philippe-le-Bel*, d'une manière épouvantable. — *Philippe-le-Long* chasse les Juifs du royaume, dispose des confiscations comme d'un revenu public et affecte leur produit à l'acquittement des rentes à vie et perpétuelles. — La spoliation de *Robert, comte d'Artois*, amène les malheurs de *Philippe-de-Valois*. — *Charles V* lui-même, adoptant la jurisprudence des confiscations, dépossède *Édouard III d'Angleterre* de plusieurs provinces en France, et l'arrêt du parlement de Paris, à ce sujet, aura plus efficacement contribué à leur réintégration, que l'héroïque valeur de Duguesclin. — *Louis XI* devait se servir contre le *duc de Bourgogne* et le *comte d'Armagnac*, d'une arme forgée par *Sylla* et qui fut si terrible dans la main d'*Octave*. — En arrivant aux Bourbons, on voit la branche de *Condé* s'enrichir des dépouilles du *duc de Montmorency*, qu'un cardinal et un capucin avaient jeté dans le piége d'une guerre civile (*V.* Mém. de Basville). — Combien de familles opulentes encore aujourd'hui, et dont la fortune dérive des scandaleuses confiscations exercées sous *Louis XIII*, si faussement nommé *le Juste*, et pendant la minorité de son successeur? Les spoliations atroces et si multipliées, suite de la révocation de *l'édit de Nantes* (1685), ont même à présent des traces sur le sol de la France. — Enfin *Louis XV*, en s'emparant des biens d'un ordre qu'il fait sagement de détruire, laisse à peine aux religieux défroqués les moyens d'échapper à la faim. — Dans quelques coutumes provinciales, on trouvait le principe que *qui confisque le corps, confisque les biens*. Ainsi la condamnation à mort entraînait la soustraction des biens du condamné, au préjudice de sa veuve, de son fils, de toute sa descendance. — Voilà notre histoire. — La convention la suivit au pied de la lettre, et la chambre de 1815 voudrait marcher sur les pas de la convention! — « Les confiscations, « dit *Royer-Collard*, député, sont l'ame et le nerf des révolutions. « *Après avoir confisqué parce qu'on a condamné, on condamne pour*

« *confisquer*. La férocité se rassasie; la cupidité, jamais. Les confis-« cations sont si odieuses que la révolution en a rougi, elle qui n'a « rougi de rien; elle a rendu les biens des condamnés. »

Honneur donc au député *Royer-Collard* prenant la défense des principes immuables de la justice! Honneur au *duc de Richelieu!* disant, « Depuis Tibère jusqu'à Bonaparte, les confiscations ont été « prononcées sous le nom d'*indemnités;* et ce mot se trouve littérale-« ment dans les discours des orateurs qui, en présentant le code « pénal, l'avaient rempli d'articles de confiscation que sa majesté en a « fait disparaître. Plus de confiscation, a dit la Charte que nous avons « jurée. Il a fallu puiser, dans nos malheurs, une grande leçon pour « tous les peuples. Ce sont les confiscations qui rendent irréparables « les maux des révolutions; voyez-en parmi nous les lamentables « effets. En punissant les enfants, elles lèguent aux générations les « haines et la vengeance; elles désolent la terre, comme les conqué-« rants à la suite desquelles elles marchent ». Honneur, sur-tout, à *Louis XVIII*, qui non-seulement imite *Henri IV*, en se refusant à toute confiscation, mais qui encore l'interdit à ses successeurs! (art. 66 de la Charte)!

Cet odieux amendement du député *Corbière*, en faveur de la confiscation, est rejeté, *mais à une faible majorité;* tant sont profondes les empreintes des jurisprudences féodale et révolutionnaire! Quelle immense distance entre ce député *Corbière*, et *Montesquieu* prononçant, « Si les confiscations sont fort *utiles* dans les « états despotiques, elles sont pernicieuses et injustes dans les états « modérés »!

Enfin, la loi est adoptée par trois cent trente-quatre voix sur trois cent soixante-six.— Les députés, dont cette courte discussion honore l'ame et le caractère, sont MM. *Becquey* (Haute-Marne), *Colomb* (Hautes-Alpes), *Germiny* (Seine-Inférieure), *Royer-Collard* (Marne), *De Serre* (Haut-Rhin).— La loi est reçue, *sans discussion*, à la chambre des pairs, par cent vingt votants sur cent quarante et un.

19. *Loi* qui fixe un deuil général au 21 janvier, en commémoration de la mort de *Louis XVI* (*V.* 21 janvier 1793), et qui autorise l'érection d'un monument expiatoire.

31. *Ordonnance du roi, portant création d'un collége de marine, et de compagnies d'élèves de la marine.* — Le collége est établi à Angoulême. — Les élèves recevront une éducation théorique dans ce collége, une éducation pratique dans les ports et sur des corvettes d'instruction armées et faisant campagne.

Mars 13. *Traité entre la France et les cantons suisses*, établissant des capitulations militaires, d'après lesquelles douze mille Suisses sont admis dans l'armée française. — Cette faveur accordée à des étrangers, est à-la-fois une maladresse de la part d'un gouvernement susceptible de réunir en sa faveur tous les droits à l'affection des Français, une insulte à leur courage ou un outrage à leur fidélité, et un surcroît de dépenses.

20. *Mort de Marie, reine de Portugal*, transportée au Brésil (*V.* 29 novembre 1807; 27 janvier 1808). Frappée d'aliénation mentale, elle ne gouvernait plus. Son fils, régent depuis le 30 janvier 1792, lui succède sous le nom de *Jean VI*.

21. *Ordonnance du roi*, substituant aux quatre classes de l'*institut*, quatre académies : française, des inscriptions et belles-lettres, des sciences, des beaux-arts. Chaque académie a son régime indépendant. — On peut assigner divers motifs de cette mesure, au moins inutile. En reproduisant les accessoires de l'ancien régime, on fait naître l'idée qu'il conviendrait de tout rétablir, et qu'il n'est pas une seule institution nouvelle qui n'ait besoin de réforme. On redoute l'influence de l'institut réuni. On se donne l'occasion et le prétexte d'éliminer des membres imbus d'un système contraire au système monarchique d'autrefois. Mais sur-tout, il faut attribuer cette décomposition de l'institut au ministre *Vaublanc*, fougueux architecte de ruines, et jaloux d'effacer les traces de sa conduite ultra-républicaine à l'assemblée législative, à force de zèle pour détériorer les utiles fondations posées dans le cours de la révolution (*V.* 13 avril).

31. *Mort de Ducis*, poète tragique, à quatre-vingt-trois ans.

Avril 13. *Ordonnance du roi*, qui licencie les élèves de l'école *polytechnique*. — Aujourd'hui que toutes les institutions des époques antérieures sont en butte à l'animadversion d'une faction d'hommes haineux par système, comme par petitesse d'ame, ces élèves, dont la renommée ne cessa de proclamer les merveilleux progrès dans les sciences d'application mathématique; ces élèves, l'étonnement et l'envie de l'Europe entière, sont désignés au gouvernement, comme de jeunes factieux prêts à l'attaquer. C'est le ministre *Vaublanc*, néophyte royaliste, voulant faire pénitence de ses écarts démagogiques (*V.* 9, 29 novembre 1791), par conséquent, injustement passionné et turbulent dans une fausse carrière, qui provoque cet acte d'inutile sévérité (*V.* 4 septembre 1816).

20. *Projet de loi*, présenté à la chambre des députés, dont l'objet

est de révoquer un décret de l'assemblée constituante (*V.* 14 avril 1791) annulant l'acte d'engagement de la *baronnie de Fénestranges*, au profit de la famille *Polignac.* — En produisant ce projet dans les derniers jours d'une session prolongée plus de six mois, les ministres, favorables au retour des anciens abus, se flattent qu'il passera sans examen. Heureusement il se trouvera des députés auxquels une extrême lassitude ne saurait faire négliger les intérêts de la nation (*V.* 16 janvier 1817).

28. LOI SUR LES FINANCES.

La proposition royale pour la loi de l'impôt, portée à la chambre des députés le 20 novembre, a été rejetée. Diverses propositions, substituées aux dispositions premières, ont obtenu l'assentiment royal, après quatre mois de discussion, et à la suite d'une lutte opiniâtre de la part des ministres. Ainsi l'ordre constitutionnel a été interverti; la marche des pouvoirs s'est faite dans le sens le plus opposé à la dignité de la couronne, comme aux intérêts positifs du peuple; et cette prérogative, textuellement réservée au roi seul par l'article 16 de la Charte, s'est trouvée, au moyen d'une interprétation forcée de l'article 46, dévolue par le fait, non-seulement à cette chambre, mais même individuellement à chacun de ceux qui la composent. La majorité parlant, outre mesure, de son attachement à la monarchie de saint Louis, de son ardeur pour la réhabilitation des bons principes, s'engage dans des routes fausses et dangereuses (*V.* le 29). L'amour-propre des chefs, leurs prétentions déréglées, leurs opinions anti-constitutionnelles, étouffent jusqu'aux apparences de tous ces sentiments généreux qu'ils proclament avec la plus fastueuse ostentation. Sectaires artificieux, ils entraînent tous les fanatiques de bonne foi, espèce de fanatiques la plus redoutable.

Quels ministres aussi, pour défendre la prérogative royale et les véritables intérêts de la nation, que les *comtes Viennot-Vaublanc* (*V.* 9, 29 novembre 1791), *Corvetto*, ligurien natif (*V.* 29 décembre 1818), et le *duc de Feltre* ou *général Clarke* (*V.* 30 mars 1814, premier article; 11 mars 1815, deuxième article)! Lorsqu'un plan de finances n'est pas l'ouvrage même du ministre, que devient cette responsabilité morale qui doit peser sur lui? où l'opinion publique trouvera-t-elle son justiciable? L'ex-avocat de Gênes, *comte Corvetto,* défend au reste assez mal, soit par adresse ou par maladresse, la cause ministérielle. L'examen de toute sa gestion pourrait même laisser croire qu'il n'est pas mécontent d'avoir perdu cette cause.

Les ministres avaient proposé l'établissement de six nouvelles impositions indirectes; toutes sont rejetées. — On a doublé le droit des patentes, malgré la rigueur des circonstances où le commerce est placé, malgré les inconvénients signalés par une tentative faite il y a peu d'années, quoiqu'on n'ignore pas que de tous les impôts directs c'est celui dont l'assiette est la plus arbitraire, la répartition la plus inégale, le recouvrement le plus incertain. En vain le député *Beugnot* présentera-t-il de très-lumineuses observations, l'indocile majorité les rejettera, comme tout ce qui éclaire.

Budget de 1814 (*V.* 23 septembre 1814). — Il est réglé définitivement :

En recettes, à cinq cent trente-trois millions sept cent treize mille francs;

En dépenses, à six cent trente-sept millions quatre cent trente-deux mille francs.

Il sera pourvu à l'excédent des dépenses par le mode déterminé relativement à l'*arriéré*. — Le budget de 1814 est fermé.

Budget de 1815 (*V.* 23 septembre 1814). — Il est fixé :

En recettes, à sept cent cinquante-trois millions cinq cent dix mille francs;

En dépenses, à huit cent quatre-vingt-trois millions neuf cent quarante mille francs.

Il sera pourvu à l'excédent des dépenses par le mode déterminé relativement à l'*arriéré*.

Contributions extraordinaires de 1815. — Les ordonnances du roi qui les ont autorisées pendant l'occupation militaire sont confirmées, et les levées extraordinaires faites à la même époque sont régularisées.

Arriéré. — Sous ce nom se confondent toutes les créances antérieures au 1er janvier 1816. Il sera acquitté en reconnaissances de liquidation portant intérêt à cinq pour cent, et *non négociables*. — Cette masse de créances comprend : 1° l'arriéré commençant au 1er janvier 1810, et se terminant au 1er avril 1814; 2° l'arriéré des trois derniers trimestres de 1814 et de l'exercice entier 1815. Le sort des créanciers de la première classe avait été fixé par la loi du 23 septembre 1814, dont quelques dispositions se trouvent révoquées par la loi actuelle, qui retire aux créanciers l'hypothèque assignée, et réduit leurs avantages. On élude ainsi l'article 70 de la Charte, portant textuellement : « La dette publique est garantie; « toute espèce d'engagement pris par l'état avec ses créanciers est

« *inviolable* ». Mais l'hypothèque dont il s'agit ici est assise, en partie, sur trois cent mille hectares des bois de l'état; et les membres qui dominent la chambre des députés ont objecté que l'état n'est point propriétaire de ces bois, attendu qu'ils n'ont pas cessé d'être la *propriété du clergé*. Ainsi, pour des prêtres dont la conduite politique fut presque constamment, durant vingt-cinq années, un objet de blâme et de reproche; pour l'avantage personnel de ces prêtres dont la funeste influence amena, condensa les vapeurs dont se forma l'orage du 20 mars 1815; pour redonner à des individus, auxquels le simple exercice d'un ministère sacré ne suffit pas, une consistance politique que tout défend de leur rendre, des députés de la nation trahissent la foi promise! Ils osent prétendre que des engagements consacrés par une loi sont révocables, parce qu'aucune loi n'est immuable!!!

Budget de 1816. — Il se divise en *ordinaire* et *extraordinaire*. — Le budget ordinaire comprend les recettes et dépenses ordinaires. — Le budget extraordinaire comprend les charges extraordinaires résultant des traités et conventions du 20 novembre 1815, et les recettes extraordinaires destinées à les acquitter.—La dépense ordinaire est réglée à cinq cent quarante-huit millions deux cent cinquante-deux mille cinq cent vingt francs;

La recette ordinaire, à cinq cent soixante-dix millions quatre cent cinquante-quatre mille neuf cent quarante francs.

La dépense extraordinaire est fixée à deux cent quatre-vingt-dix millions huit cent mille francs;

La recette extraordinaire, à deux cent soixante-neuf millions cent quarante mille francs.

— Le complément des dépenses extraordinaires sera formé par l'excédent des recettes ordinaires. Au nombre des recettes extraordinaires, se trouve un prélèvement de cinq millions sur un crédit supplémentaire de six millions de rentes que le gouvernement est autorisé à créer et à faire inscrire au grand-livre de la dette publique, à mesure des besoins, jusqu'à concurrence de ce crédit.

Les économies opérées sur les dépenses ordinaires de 1815 s'élèvent à cinquante-cinq millions cinq cent mille francs; les augmentations survenues dans les dépenses ordinaires de 1816, à cinquante-six millions cent vingt mille francs.

Principaux détails des dépenses ordinaires pour 1816.

Dette publique. { Dette perpétuelle (5 p. cent cons.). Dette viagère et pensions........ }	125,500,000 f.
Liste civile..	25,000,000
Famille royale......................................	9,000,000
Chambre des pairs...................................	2,000,000
Chambre des députés.................................	700,000
Justice...	17,000,000
Affaires étrangères.................................	8,000,000
Intérieur...	51,000,000
Dépenses départementales............................	23,930,520
Guerre..	180,000,000
Marine..	48,000,000
Police générale.....................................	1,000,000
Finances..	16,000,000
Intérêts des cautionnements.........................	8,000,000
Frais de négociation................................	12,000,000
Fonds d'amortissement...............................	20,000,000
Intérêts des obligations royales à échoir...........	1,122,000

Au nombre des ressources extraordinaires, sont : les retenues sur les traitements, évaluées à treize millions, et l'abandon de dix millions fait par le roi, sur la liste civile, pour les départements qui ont le plus souffert pendant l'occupation militaire de 1815.

La chambre des députés a procédé suivant des formes inconstitutionnelles dans cette importante transaction. Le projet qu'elle a mis le gouvernement dans la nécessité d'accepter est (on doit le redire) injuste envers les créanciers dont le sort était fixé par une loi antérieure. Plusieurs dispositions de cette loi sont évidemment moins avantageuses à l'état, ou moins favorables aux contribuables que celles qu'offrait le projet des ministres. Cependant la chambre des pairs, tout en jugeant de la sorte, tout en appréciant la fâcheuse tendance des mesures déja arrêtées, est déterminée par des considérations de circonstance. Craignant de prolonger l'anarchie financière, elle adopte le projet de loi.

29. *Clôture de la session des chambres législatives.*

Les plaies de la France à fermer, la Charte à relever, à raffermir, à perfectionner de concert avec le roi ; amener des institutions susceptibles de garantir la liberté civile, politique, religieuse, en les mettant à l'abri des factions comme du pouvoir ; assurer la sécurité des propriétés légales, la stabilité des dispositions législatives, l'extinction des vengeances : voilà les devoirs que les circonstances imposaient aux représentants de la nation. Mais les élections se sont faites en présence des baïonnettes de l'étranger; sous l'influence d'un parti qui, depuis vingt-huit ans, s'efforce de s'opposer aux vœux, comme aux besoins de la nation, et sous la direction presque exclusive des préfets, qui s'occupent à faire écarter tous les hommes qui ne se sont pas bruyamment, impétueusement, annoncés pour la royauté. Dans un assez grand nombre de départements, les députés doivent leur nomination à la présence des baïonnettes, et à l'absence de beaucoup d'électeurs. On organisa des compagnies secrètes, des comités prétendus royalistes. Dans quelques endroits du midi, on égorgea en plein jour.

Ces mêmes courtisans de 1789, aujourd'hui comme alors, enveniment les passions publiques, provoquent les ressentiments particuliers. Sous prétexte de détourner la trahison, de prévenir la révolte, ils réclament des mesures violentes, extrêmes. Royalistes aussi faux qu'ils sont mauvais Français, ils affectent d'exagérer l'importance de la faction démocratique, de dénaturer la tendance des mécontentements individuels, les intentions des militaires qui se sont si paisiblement soumis et dispersés (*V.* 11, 17 juillet, 1er août 1815). Inhabiles et faibles, ils n'ont que l'audace d'une peur masquée, l'esprit d'intrigue qui résulte d'une corruption invétérée, d'un long abaissement. Très-peu capables d'action, ils se tiennent dans une continuelle agitation; ils ont des velléités et point de plans, de l'impatience sans aucun caractère, et des idées reçues par tradition. Où sont parmi eux les hommes d'un mérite éminent? L'infortune a pesé sur des ames détrempées, sans leur donner du ressort. L'adversité leur a refusé ses leçons en leur présentant des vices nouveaux. Lorsqu'ils ne pouvaient plus être courtisans, ils ne voulurent pas se faire hommes. L'inestimable suffrage de la conscience ne leur semble d'aucun prix; ils n'apprécient que les applaudissements de leurs coteries dans lesquelles ils enferment la patrie, l'Europe, la nature humaine. Envahir, par les ruses les moins dignes, tous les emplois administratifs et militaires, tel est leur but; il n'est point de si chétive fonction qu'ils ne briguent. Ils proclament que le trésor de l'état leur doit des indemnités pour toutes leurs pertes, ils y entrent comme dans une place conquise. C'est pour eux, pour eux seuls, que les contribuables ont à verser le produit de leurs labeurs. Rien ne les satisfera, jusqu'à ce qu'ils aient réintégré tous les abus de l'ancien régime, régime de courtisans et de courtisannes, et porté au ministère des hommes aussi dégradés par la frivolité que *Maurepas* et *Calonne*. On remarque chez eux un desir de parler déréglé et presque inexprimable. Toutes leurs expressions sont d'une violence extrême. Ils font consister l'ardeur de la loyauté à répéter souvent le cri populaire de *Vive le roi!* Un tiers de la chambre élective se compose de ces hommes malfaisants. Ce parti se disant royaliste est une faction exclusive et jalouse de mettre hors des affaires la majorité du nombre, des talents, de la richesse effective, le pouvoir moral. Remontée au pouvoir, elle a la bassesse de se ressouvenir des humiliations qu'elle éprouva. Se livrant à des actes de vengeance particulière, elle devient plus odieuse qu'elle ne le fut dans les premières années de la révolution. Les mêmes phénomènes apparurent au retour de Charles II d'Angleterre. Un trait caractéristique de la violence de ce parti se trouve dans l'interruption et le rappel à l'ordre du député *Voyer-d'Argenson* défendant, à la tribune, les protestants qu'on assassine dans le midi.

Une foule d'autres députés arrivèrent agités des craintes les plus vives et des déplorables souvenirs des anciennes époques, troublés de l'image des derniers malheurs de la patrie. On ne peut donc s'attendre à ce que la sagesse préside aux délibérations. A des erreurs succèderont des fautes et des lois d'exception. Afin de se garantir des bonapartistes, la majorité invoquera le code de Dracon. Dans cette chambre de trois cent quatre-vingt-douze membres, il n'en est peut-être pas trente assez éclairés, assez dégagés d'illusions ou de préventions, assez calmes, pour apprécier la circonspection du gouvernement. Combien d'entre eux voudraient amener de périlleux combats, tandis qu'il s'efforce de les éviter; aimeraient à subordonner l'intérêt général à leurs opinions, à leurs passions, à leurs intérêts personnels! On distingue avec une plus vive satisfaction les noms de ces législateurs pénétrés de cette vérité, que la clémence royale et l'oubli des torts réciproques offrent désormais les seuls moyens de réunir tous les Français autour du trône. C'est par ces dignes sentiments que se sont signalés, pendant tout le cours de la session, les députés *Becquey* (Haute-Marne), *Beugnot* (Haute-Marne), *de Catelan* (Haute-Garonne), *Colomb* (Hautes-Alpes), *de Grammont* (Haute-Saône), *Lainé* (Gironde), *Louis* (Seine), *Roy* (Seine), *Royer-Collard* (Haute-Marne), *Savoie-Rollin* (Isère), *de Serre* (Haut-Rhin).

Mai 4. *Insurrection près de Grenoble.*—Elle est très-promptement dissipée, mais punie avec une grande sévérité. Vingt-un individus, tous obscurs, à l'exception du chef, seront envoyés à l'échafaud; une centaine ont péri par les mains des troupes envoyées contre les villages soulevés. Le public ne saura s'il faut imputer l'excès des mesures et les violences des poursuites, de quelques apparences légales que soient recouvertes et les unes et les autres, à des autorités secondaires, ou bien au ministre de la police *Decazes*. Cependant le ministre, s'expliquant sur cet évènement à la tribune des députés, dit: « Trois cents paysans égarés, dont un tiers ignorait le motif « pour lequel on lui avait fait prendre les armes, et croyant venir à « des fêtes et des réjouissances, ont été les auteurs de ce mouve- « ment séditieux ». Et, pour réduire trois cents paysans joués par leur crédulité, on égorge avec le fer de la loi cent vingt *personnes!* Était-on beaucoup plus atroce aux temps de la convention? — Cet évènement n'entraîne point de désordres ni de malheurs plus graves dans ces contrées.

7. *Changement dans le ministère.* — Le ministre de l'intérieur *Vaublanc* est remplacé par le président de la chambre des députés, *Lainé*. Le comte *Barbé-Marbois* remet les sceaux au chancelier *Dambray*, qui les tient par *interim*.

8. *Loi qui abolit le divorce.* — Le titre 6 du livre 1er du code civil se trouve supprimé.

Juin 8. *Mort du maréchal Augereau, duc de Castiglione.* Guerrier brillant, il signala par de nombreux faits d'armes une rare bravoure. Courtisan du pouvoir, il se fit l'instrument de toutes les dominations, depuis la journée de fructidor (4 septembre 1797), jusqu'au retour de Napoléon (20 mars 1815). En pays conquis, sa cupidité fit ombre à sa gloire militaire.

Juillet 2—6. *Naufrage de la Méduse.* — Cette frégate échoue le 2, à trois heures de l'après-midi, par un beau temps, sur le banc si connu d'*Arguin* (à vingt lieues du *Cap-blanc, Sénégal*). Elle est commandée par le capitaine *Duroy-de-Chaumareix*, prenant le titre de comte. Lieutenant de vaisseau en 1791, son nom resta toujours inconnu dans la marine. Pris à Quiberon (21 juillet 1795), détenu à Auray, il est, par une singulière fatalité, le seul qui échappe au sort déplorable de trois cents braves officiers de mer. — Le ministre *Dubouchage*, sacrifiant impitoyablement au système actuel, suivant lequel le marin qui, en 1792, sépara, par une fiction chevaleresque, la cause royale de la cause nationale, doit être seul admis à servir l'état en 1815, s'est empressé de rappeler au service actif une foule d'émigrés qui, s'ils furent inconsidérés en désertant leurs vaisseaux, avaient comme racheté cette erreur politique par leur fidélité envers un prince en butte à l'infortune. Mais une longue inactivité a trop rendu nos anciens officiers inhabiles à paraître sur cet élément qui s'était enorgueilli de leurs triomphes. Des pensions de retraite, voilà tout ce que le ministre devait leur accorder. Cependant il confie au plus incapable, au plus présomptueux de ces marins de l'autre siècle, le commandement en chef d'une expédition importante, la destinée de quatre cents Français et la valeur d'une division navale, dont l'équipement a coûté les contributions de deux cents communes. Aussi le capitaine *Chaumareix*, après l'échouement de la frégate, dont il paraît avoir été seul la cause, prend-il de plus en plus de mauvaises mesures pour sauver l'équipage et les passagers. Cent cinquante personnes s'entassent sur un radeau mal construit. Quelques accidents survenant, le capitaine lâche sa remorque et laisse cent cinquante Français lutter, pendant quatre jours, avec la faim, la soif, la tempête, le soleil du tropique; il les laisse en proie aux horreurs de la *calenture*. De quinze qui parviendront à terre, cinq n'y trouveront qu'un tombeau. — Le capitaine osera néanmoins reparaître en France. Un conseil le jugera, le sauvera même (puisqu'il lui conservera la vie); et ce jugement ne sera point rendu public; les journaux asservis n'en feront aucune mention; et nul pair, nul député, ne se levera pour accuser un ministre complice de ce désastre, dès l'instant qu'il revêt le coupable de sa protection!

3. *Ordonnance du roi, qui nomme maréchaux de France le duc de Coigny, le comte de Beurnonville, le duc de Feltre* (*général Clarke*, ministre de la guerre sous le gouvernement impérial, ainsi qu'en 1815, 16), le *comte de Viomenil.*

9. *Proclamation du congrès formé à Tucuman*, par les habitants des onze provinces de *la Plata*, par laquelle leur indépendance du gouvernement espagnol est déclarée.

Septembre 4. *Ordonnance du roi, qui rétablit l'école polytechnique*, en changeant son organisation (*V.* 13 avril). — La France voit avec joie renaître cette belle institution, modèle offert aux nations étrangères, et dont la suspension était l'ouvrage du fougueux *Vaublanc*, ministre de l'intérieur, aussi royaliste en 1816 qu'antagoniste de la royauté en 1791 (*V.* 9, 29 novembre 1791). — Espérons que, sous le gouvernement royal, l'école polytechnique ne cessera point d'être la première école scientifique de l'Europe, avantage qu'elle a dû principalement à sa supériorité dans l'enseignement et au choix des maîtres (*V.* 21 mars 1795; 8 novembre 1799; 16 juillet 1804).

5. *Ordonnance du roi.* — 1° Aucun des articles de la Charte constitutionnelle ne sera revisé (*V.* 7 octobre 1815); 2° la chambre des députés est dissoute; 3° le nombre des députés reste fixé conformément à l'article 36 de la Charte (deux cent cinquante-huit).

Cette ordonnance absolue, impérative, rassure le très-grand nombre des Français. Elle est le premier pas qui fait rentrer dans le régime constitutionnel dont le ministère, formé le 26 septembre 1815, est imprudemment sorti, en s'abandonnant aux terreurs d'une nouvelle atteinte à l'autorité royale, sans craindre de trop élever ce parti que la nation réprouve, parce que ses revers, son inquiétude, ses succès inattendus, furent également nuisibles à la France. Cette vieille aristocratie remplissait la chambre des députés, les administrations jusqu'au plus bas étage, l'armée jusqu'au dernier grade; elle annonçait, tout haut, le dessein de ressaisir ses priviléges. Presqu'en tous lieux, les hommes de l'ancien tiers-état qui ne se tenaient pas dans une attitude servile étaient destitués, exilés, poursuivis. La détresse générale, aggravée par des récoltes insuffisantes, a multiplié les mécontents. Des mesures inconsidérées, et quelquefois de perfides machinations, amènent des séditions qui sont jugées, punies avec une promptitude, une rigueur excessives. Les lois et les tribunaux d'exception semblent avoir été créés pour servir les intérêts privés, les haines particulières, le desir des vengeances. Une terreur sourde plane sur la France en la menaçant, si ce n'est d'un retour à l'affreuse époque de 1793, du moins d'un régime tel que celui de la convention après le 9 thermidor, ou celui du directoire après le 18 fructidor, ou avant le 18 brumaire.

La chambre des députés ne saurait être remise dans les voies de la sagesse et de la modération. Une loi sur les élections, ouvrage informe du ministre *Viennot-Vaublanc*, lui est présentée. Les discussions témoignent que la majorité nourrit le desir de se perpétuer elle-même, ou de perpétuer, par un système d'élections influencées, l'esprit d'exagération dont elle est agitée. Les pairs rejettent le projet de loi, et le gouvernement termine une session aussi périlleuse (*V.* 29 avril). Mais, loin de devenir plus circonspects, les chefs de la faction inconstitutionnelle donnent à leurs desseins une impulsion encore plus fougueuse; ils se proclament plus royalistes que le gouvernement royal. C'est par fidélité, disent-ils, qu'ils lèvent l'étendard de la révolte. Ridicules au-delà de ce qu'étaient les artisans de la fronde, ils n'ont pas, comme leurs modèles, le courage qui appartient à l'individu; ils n'ont même pas un *Beaufort* qui puisse régner sur les Halles. Cependant ils excitent une fermentation dont la prudence conseille d'arrêter les développements. Il est à propos de dissoudre une assemblée factieuse, et de faire, par de nouvelles élections, un appel à l'opinion nationale. — Le ministère a d'ailleurs un motif pressant de s'accorder avec la nation. Cette réaction de quatorze mois se dirige enfin contre lui; elle va l'atteindre. Heureuse la France, que les calculs de l'ambition des premiers fonctionnaires s'unissent aux salutaires considérations de l'intérêt général! Leur conduite flétrie dans l'Europe entière, réprouvée des âmes généreuses, désavouée par les esprits éclairés, ne pouvait résister à ces causes de dissolution et de ruine. Aussi souvent qu'on prétendra gouverner suivant le système du droit divin ou celui de la basse féodalité, on échouera.

C'est à propos de cette ordonnance, qui plonge soudain dans le néant tous ces pygmées politiques, qu'on a dû remarquer que, pour éteindre une aussi misérable secte, il suffisait de souffler. L'ordonnance émise, tous ces faux royalistes disparaîtront; ils disparaîtront pendant trois années. On doit en conclure que le gouvernement peut beaucoup en France. Ce sera donc à son impulsion que la France rapportera, désormais, le calme ou l'agitation.

25. *Ordonnance du roi qui autorise la société des prêtres des missions de France, et approuve les statuts de cette société.* — Cette ordonnance est rendue d'après l'exposé présenté par le *grand-aumônier*, et en conséquence de l'insuffisance des prêtres attachés aux églises particulières.

Plusieurs de ces missionnaires, agités d'un faux zèle, nourrissant des prétentions déréglées, se serviront de ce moyen d'influence sur le peuple, pour essayer de détruire la confiance qu'il place dans les nouvelles institutions. L'égalité des droits, la liberté des cultes, expressément consacrées par la Charte, blessent, irritent des prêtres qui ne sauraient s'habituer à ne pas entrer en partage de la domination, des prêtres intolérants par doctrine et par cupidité. Leurs prédications vont rallumer les passions, réveiller les ressentiments politiques. En vain le souverain aura-t-il invité à l'union, à l'oubli: ces sectaires, que la charité désavoue, aimeront à reproduire les tableaux de nos dissensions, afin de ramener les esprits timides à l'idée de doter richement le clergé, et de se laisser guider par ses instructions.

Si les conseillers de *Louis XVIII* ont pensé qu'ils consolideraient l'autorité royale avec de tels auxiliaires, ils se sont étrangement abusés. De tous les peuples de l'Europe, le peuple français est le moins religieux, parce que ses chefs voulurent toujours diriger la religion vers un but politique. *Henri IV* contint les écarts du clergé catholique, et ce clergé, si factieux naguère, n'insulta pas à son pouvoir, n'osa pas lancer des anathèmes sur l'édit de Nantes. Malheureusement sa trop facile bonté, cédant aux suggestions de ces Italiens amenés par Marie de Médicis, accorda le rappel des jésuites; il choisit un confesseur dans leur ténébreuse société; mais il se garda de donner ni au confesseur, ni à la société, de l'ascendant sur les affaires de l'état.

Le clergé français ne goûte que le despotisme. On le vit, du temps de la ligue, aux pieds de *Philippe II*, le démon du midi; nos yeux l'ont vu prosterné devant *Napoléon* (*V.* 27 mai 1804; 23 septembre 1805). Tout ce que la plupart de nos prêtres savent en politique, tout ce qu'ils comprennent de la théorie des gouvernements, tout ce qu'ils admettent touchant les droits et les devoirs sociaux, c'est que la puissance est la puissance. En répétant dans chaque conjoncture, *rendez à César ce qui est à César*, ils consacrent toujours le gouvernement de fait; et cependant ils n'aimeront à concourir aux vues du gouvernement que lorsqu'il les mettra en participation du pouvoir et de la fortune publique.

En Autriche, la masse de la population est catholique, et mieux chrétienne qu'en France, parce que le clergé n'y exerce aucune autorité extérieure, qu'il n'y jouit d'aucune suprématie mondaine, et n'a d'influence que sur les mœurs domestiques par voie d'exhortation. Là, point de révolution qui ait produit le sacerdoce sur la scène; point de massacres, de spoliations, de sainte ligue, de fronde, d'édits funestes, de discussions théologiques dignes d'un hôpital de fous. Jamais les évêques ne soufflent la discorde; jamais ils n'arrêtent l'action du pouvoir laïque, le seul pouvoir qui doive régir les hommes.

Le clergé français! à quelle époque cessa-t-il de prêcher l'intolérance, d'en sanctifier les dogmes impies? Contemplez les Albigeois détruits par le fer et la flamme, les supplices des huguenots sous François Ier, les proscriptions ordonnées par l'édit d'Écouen (1559), l'horrible massacre dans lequel périt Coligny, les hideuses processions de la Sorbonne et des moines de Paris, les ruines de Port-Royal; voyez la fuite de cinq cent mille Français vers des terres plus hospitalières que leur patrie, ces hommes agrestes des Cévennes poursuivis comme des bêtes féroces, et ces billets de confession que d'insolents prêtres exigeaient des mourants. Nos prêtres s'établissent seuls régulateurs des consciences, seuls arbitres de la morale; ils protestent toujours contre la liberté des cultes; ils évoquent le fanatisme du moyen âge; ils remettent en usage les superstitions ultramontaines, en les présentant comme les vrais moyens de salut, comme la perfection évangélique. Au lieu de vivre pieusement dans le sanctuaire, ils font irruption dans la société; ils s'immiscent dans tous les intérêts civils; ils veulent enfin reconquérir cette domination extérieure qu'ils ne cesseront de regretter; ils prétendent que leur empire soit de ce monde.

Le clergé d'autrefois hésita, jusqu'en 1682, entre l'autorité du roi et celle du pape. Il reconnut alors les libertés de l'église gallicane; mais ces quatre articles si fameux ne font que cimenter l'alliance de l'intolérance religieuse et d'un gouvernement absolu. Aussi Bonaparte, n'étant encore que consul, les proclamait-il. Le clergé actuel, voyant que la monarchie constitutionnelle rejette ses odieuses maximes et ses projets perturbateurs, va fortifiant les prétentions de la cour de Rome, et voudrait nous ramener les temps de *Hildebrand* et de *Boniface VIII*, les deux plus détestables fourbes qu'ait eus l'église, et, par conséquent, l'Europe moderne; car *Jules II* et *Léon X*, qui déçurent tant de fois *Louis XII* et *François Ier*, rachetaient, par de brillantes qualités, les crimes de leur politique, ou les scandales de leur cour.

Novembre 4. *Ouverture de la session ordinaire de 1816, par le roi en personne.* « .... Soyons attachés à la Charte. « .... Je ne souffrirai pas qu'il soit porté atteinte « à cette loi fondamentale. Mon ordonnance du 5 septembre vous le « dit assez.................. Enfin, messieurs, que les haines « cessent; que les enfants d'une même patrie, j'ose ajouter d'un « même père, soient vraiment un peuple de frères, et que, de nos « maux passés, il ne nous reste plus qu'un souvenir douloureux, « mais utile. Tel est mon but; et, pour y parvenir, je compte sur « votre coopération; mais sur-tout, sur cette franche et cordiale « confiance, seule base solide de l'union si nécessaire entre les trois « branches de la législation. Comptez aussi, de ma part, sur les « mêmes dispositions, et que mon peuple soit bien assuré de mon « inébranlable fermeté pour *réprimer les attentats de la malveillance,* « *et pour contenir les écarts d'un zèle trop ardent.* » Ces derniers mots sont la réprobation de la violente conduite tenue par la majorité de la chambre des députés, pendant la dernière session (*V.* 29 avril).

La chambre actuelle se compose d'hommes choisis sous de moins funestes influences que les députés de la chambre précédente, quoique le ministère ait, au moment des élections, inondé les chefs-lieux de ses agents de toute sorte semant les promesses, les menaces, employant de petites intrigues, mettant en usage mille moyens corrupteurs. Misérable tactique de ces ministres animés, sans doute, d'intentions pures, mais imbus de plusieurs fausses idées! Les talents de chacun d'eux sont aussi peu transcendants que leur capacité collective est réelle. Les électeurs ont néanmoins envoyé un assez grand nombre d'hommes recommandables, et nommé bien moins qu'on ne devait s'y attendre de ces hommes dociles à la faveur, ou imprégnés du levain aristocratique. Beaucoup d'entre eux accorderont au gouvernement tout ce qui, d'après ses informations, est sollicité par les circonstances. Ils sont accourus avec un ardent desir de coopérer à la libération de la patrie, et disposés à se confier aux dépositaires du pouvoir, sous un prince dont la confiance en son peuple se manifeste sans équivoque.

Ces dispositions s'annoncent dans l'adresse d'usage, à l'occasion du discours d'ouverture : « Sire, ... vous avez « prouvé à l'Europe et à la France, que le pouvoir royal, pour s'être « imposé lui-même à des limites constitutionnelles, n'a rien perdu « de sa majesté ni de sa force .... Nous reconnais- « sons, avec votre majesté, le pouvoir de l'économie. Celle des rois « est le trésor des peuples. C'est dans cette économie, c'est dans « la garantie donnée à tous les intérêts; c'est dans la fidélité gardée « aux engagements du dedans, comme à ceux du dehors; c'est sur- « tout dans l'union des volontés, que la France trouvera l'énergie « dont elle a besoin pour se faire respecter dans le malheur, après « s'être fait si long-temps envier dans la prospérité..............
« Votre majesté place l'attachement à la Charte immédiatement après « celui qui est dû à la religion. Vous avez exprimé, sire, la pensée « de la France entiere, car il n'est pas un Français qui ne veuille une « sage liberté, la paisible jouissance de son état, de ses droits et de « ses biens. C'est dans ces dispositions, et avec une profonde recon- « naissance, que votre ordonnance du 5 septembre a été reçue, et « que sera reçue la royale assurance que vous y ajoutez de ne jamais « souffrir qu'il soit porté atteinte à la loi fondamentale de l'état. « Là, est le salut de la France, parce que là est le terme des révo- « lutions............. »

L'adresse de la chambre des pairs s'exprime ainsi. « Sire........
« Pénétrés de tous nos devoirs, nous resterons fidèles aux principes « de cette Charte donnée par vous-même : en-deçà, au-delà de cette « ligne constitutionnelle où nous avons constamment marché sur vos « traces, tout est péril et confusion. La force n'est plus que dans la « modération, l'habileté que dans la prudence. Si c'est un grand « crime d'avoir précipité, au-delà des bornes de la sagesse et de la « morale, le mouvement donné par le siècle, ce serait un grand tort « de ne pas suivre ce mouvement jusqu'aux limites fixées par la rai- « son. Les espérances coupables doivent s'évanouir, les regrets inu- « tiles doivent se calmer. Avec les plus pures et les plus nobles in- « tentions, il est possible d'anéantir l'effet du bien même, si on le « hâte imprudemment. »

11. Nomination du baron *Pasquier* à la présidence de la chambre des députés.

1817.

Janvier 16. Le projet de loi relatif à la *baronie de Fénestranges*, présenté à la dernière session (*V.* 20 avril 1816), est reproduit par le ministre *Corvetto*, empressé de favoriser tous les intérêts particuliers provenant de l'ancien régime. Heureusement pour les intérêts de la nation, que le décret d'annulation rendu par l'assemblée constituante, le 14 février 1791, se motive sur un article du contrat de vente, et sur l'énoncé du *livre rouge* (*V.* 1er avril 1790), qui ont laissé connaître que le duc de *Polignac*, engagiste, a reçu *du trésor même* la somme de un million deux cent mille francs qu'il devait payer à l'état, comme finance ou prix du domaine de Fénestranges concédé par la couronne. — L'évidence de la collusion ne peut que frapper l'esprit des membres de la commission nommée par la chambre des députés pour l'examen du projet de loi. Aussi les protecteurs des abus de la cour, craignant la révélation complète des choses, font retirer ce projet qu'ils n'oseront plus reproduire. — Mais ce qu'on doit bien remarquer, c'est l'infatigable persévérance des courtisans à réclamer les effets des anciennes prodigalités, le retour des profusions; à solliciter des graces nuisibles au peuple et surchargeant les contribuables. Que de millions sacrifiés de la sorte, de mai 1814 à la fin de 1818! Que de dilapidations commises, alors qu'elles étaient favorisées par la forme défectueuse et compliquée des comptes, ainsi que par leur incomplète publicité! En voilant ces dilapidations, sans doute nos députés auront appréhendé d'offrir des prétextes à la malveillance et des motifs à la discorde. Le secret en est resté dans les bureaux des chambres. Puisse au moins cette indulgence servir d'avertissement aux déprédateurs de la fortune publique!

19. *Mutations dans le ministère.* Le baron *Pasquier*, président de la chambre des députés, est nommé garde-des-sceaux. *Messire Dambray*, chancelier, faisant l'intérim, depuis le 7 mai 1816, est borné à ses fonctions de président de la chambre des pairs.

22. Le député *De Serre*, est nommé président.

Février 5. LOI SUR LES ÉLECTIONS (*V* Les art. 35, 36, 37, 38, 39, 40, 41, 42 de la Charte, au 4 juin 1814). — Art. 1er. Tout Français, jouissant des droits civils et politiques, âgé de trente ans accomplis, est appelé à concourir à l'élection des députés du département où il a son domicile. — 7. Il n'y a dans chaque département qu'un seul collége électoral. Il est composé de tous les électeurs du département, dont il nomme directement les députés à la chambre. — 8............. Les colléges ne peuvent s'occuper d'autres objets que de l'élection des députés; toute discussion, toute délibération, leur sont interdites. — 9........... Chaque assemblée ne peut être au-dessus de six cents électeurs, ni moindre de trois cents électeurs dans les départements où il y a plusieurs sections.—12. La session des colléges est de dix jours au plus. Chaque séance s'ouvre à huit heures du matin; il ne peut y en avoir qu'une par jour, qui est close après le dépouillement du scrutin. — 13. Les électeurs votent par bulletin de liste.......... Il n'y a que trois tours de scrutin. Chaque scrutin est, après être resté ouvert, au moins pendant six heures, clos à trois heures du soir et dépouillé, séance tenante.... Le résultat de chaque tour de scrutin est, sur-le-champ, rendu public.—14. Nul n'est élu à l'un des deux premiers tours de scrutin, s'il ne réunit, au moins, le quart plus une des voix de la totalité des membres qui composent le collége, et la moitié plus un des suffrages exprimés. — 15............ Au troisième tour de scrutin, les nominations ont lieu à la pluralité des votes exprimés. — 17. Les préfets et les officiers généraux commandant les divisions militaires et les départements, ne peuvent être élus dans les départements où ils exercent leurs fonctions. — 18. Lorsque, pendant la durée ou dans l'intervalle des sessions des chambres, la députation d'un département devient incomplète, elle est complétée par le collége électoral du département auquel elle appartient. — 19. Les députés à la chambre ne reçoivent ni traitement ni indemnité.

Cette loi se présente favorablement, en ce qu'elle reconnaît les deux grands principes du système électoral, qui sont : la parfaite égalité de droits entre les électeurs admis, et l'élection directe. Ces deux conditions ôtées, il n'y a plus de vrais mandataires de l'opinion générale ou nationale. Aussi les despotes de toute espèce cherchèrent-ils à détruire l'immédiateté entre le peuple et ses représentants. Bonaparte ou Napoléon avait usé de ce subterfuge à son profit. Plus un gouvernement s'éloigne de la liberté, plus il s'éloigne de cette double disposition. Aussi le vieux gouvernement de Venise, le plus savant en moyens de perpétuer son ascendant, le plus ingénieux à favoriser une oppressive oligarchie, avait-il combiné un mode très-compliqué de *neuf degrés*, pour l'électiou d'un doge, seul débris d'une autorité constituée par élection. Voici le dédale de cette élection. Tous les *nobles* présents au *grand-conseil* tiraient chacun une boule d'une urne où il y en avait trente dorées: ceux auxquels elles tombaient, allaient une seconde fois au sort; leur nombre se réduisait à neuf : ces neufs électeurs en nommaient quarante qui, par un nouveau ballottage, se trouvaient réduits à douze : ces derniers nommaient vingt-cinq électeurs, que le sort réduisait encore à neuf : ces neuf électeurs en choisissaient quarante-cinq; le sort en laissait subsister onze, qui nommaient *enfin* les quarante-un électeurs qui élisaient le doge.

Il est impossible de ne pas reconnaître que l'élection indirecte est une corruption de la minorité, que l'élection à deux ou plusieurs degrés n'a d'autre but que de s'emparer du pouvoir ; ce résultat n'avait pas échappé à la sagacité de Bonaparte, en faisant la constitution de l'an VIII. Le gouvernement représentatif repousse tous priviléges dans sa partie démocratique, et la loi approche de la perfection lorsque tous ceux dont la capacité est reconnue exercent d'une manière uniforme leurs droits électoraux. Par la loi actuelle, la majorité de la chambre représentera la majorité de la nation ; et cela doit être ainsi, pour qu'il y ait stabilité.

La loi est admise, à la chambre des députés, par cent trente-deux votants sur deux cent trente-deux, après deux mois de débats. La chambre des pairs l'adopte, après sept jours de discussion; quatre-vingt-quinze voix pour, sur cent soixante-douze.—Conformément au sens apparent de l'article 36 de la Charte, le nombre des députés pour les quatre-vingt-six départements est de deux cent cinquante-huit.

La loi sur les élections offre cette singularité précieuse à recueillir, qu'elle obtient l'assentiment presque unanime de ceux qu'elle exclut des fonctions d'électeur, et la plus forte opposition qu'elle éprouvera, elle l'éprouvera de quelques grands propriétaires à qui elle garantit, non-seulement le droit d'élire, mais même celui d'être élus. Les rejetons de la basse féodalité, ces frelons de la société, ces eunuques du serrail, ne conçoivent rien de plus digne d'eux, rien de plus honorable, que de s'opposer à l'esprit général, aux inclinations naturelles de la nation, pour lui dérober et la récompense de ses efforts et sa satisfaction. Certes, en 1789, une semblable loi eût révolté la nation entière, jalouse de tous ses droits, ombrageuse à l'excès.

En interprétant les dispositions de la Charte, cette loi fortifie, garantit les institutions constitutionnelles, et, suivant l'expression du député *Royer-Colard*, *la Charte tout entière a passé par cette loi.* A l'instant, sa bienfaisante influence ranime la France, et, avec elle, le crédit qui offre seul les moyens d'acquitter les contributions de guerre. Cette loi fait renaître la sécurité, parce qu'elle soumet à l'influence nationale, directement manifestée, et les partisans du pouvoir absolu, et les champions des institutions féodales, et les hommes épris encore des théories républicaines. Les capitalistes s'avancent, dès qu'ils jugent que la nation a retrouvé dans ses malheurs cette volonté d'être libre qu'elle montrait en 1789, et qu'elle y ajoute l'intention d'être juste. Sans doute, les factions comme les dépositaires de l'autorité, représentants mobiles et partiels de l'opinion ou du gouvernement, joûteront sur l'arène, à chaque époque d'élection. Les ministres, comme les organes de quelques idées populaires, essaieront de plier à leurs intérêts les facilités de cette loi, d'amener les citoyens à leurs convenances, à leurs passions réciproques. Mais les électeurs se souviendront peut-être de deux choses, que la république s'établit en supprimant l'hérédité du pouvoir, que le despotisme impérial s'affermit en s'emparant des élections.

Puissent les ministres ne pas méconnaître ou rejeter des vœux si expressément et si tranquillement prononcés ! Puissent-ils sortir au plus tôt du système de lois exceptionnelles, de réglements persécuteurs, qu'ils ont cru devoir embrasser (*V.* 29 octobre; 6, 9 novembre; 20 décembre 1815; 12 janvier, 13 avril 1816) ! Puissent-ils, se dégageant de l'atmosphère délétère de la cour, rentrer dans les voies constitutionnelles ! Ils préviendraient des malheurs, et n'en auraient pas à réparer (*V.* 8 juin 1817).

Le président de ces ministres, le duc *de Richelieu*, ne connaît la France que depuis trente mois. Des intentions pures, d'honnêtes habitudes, une réputation sans tache, voilà ce qu'il rapporte dans sa patrie, après vingt-cinq ans d'absence; mais il y rapporte aussi quelques impressions de l'ancienne cour, avec de douloureux souvenirs, et, si ce n'est l'irritation des exilés, leur défiance, leurs soupçons.

Un autre ministre, *Lainé*, n'a point reçu de la nature les facultés qui constituent l'homme d'état, et n'a pu les obtenir encore de l'expérience. La probité dans les relations privées, les données d'un barreau de province, un talent de tribune et le zèle du royalisme, ne suffisent pas pour guider dans le champ de la haute politique, au milieu des orages.

Le baron *Pasquier* fut préfet de la police impériale (*V.* 23 octobre 1812), et ce n'est point dans de telles fonctions qu'on peut contracter une allure franche et déterminée.

Que dire du maréchal *Clarke (duc de Feltre)*, auquel les militaires ne reconnaissent aucun fait de guerre, les administrateurs aucune preuve de capacité; qui n'a su que vieillir dans l'insignifiance des détails d'un ministère dont les grandes attributions lui avaient été soustraites? Qu'il fut passivement obéissant au directoire, à Bonaparte consul, à Napoléon empereur des Français, roi d'Italie, etc., et qu'aujourd'hui, comme de tout temps, il exige l'obéissance passive de ses subordonnés. Suivant lui, la doctrine du pouvoir absolu contient toute la science du gouvernement.

Le ministre de la marine, le vicomte *Dubouchage*, est jugé par la protection dont il a couvert l'inepte commandant de la Méduse (*V.* 2 juillet 1816). Il fut fidèle à *Louis XVI*, et se trouva le 10 août 1792 à côté de ce prince infortuné; mais il ne devait pas offrir ses services à *Louis XVIII*, en refusant d'entrer dans l'esprit de la Charte.

Le comte *Corvetto*, ex-avocat de Gênes, qui se signala dans le renversement de l'antique constitution de son pays, qui ne plaida pas en faveur de son indépendance, a été cru capable de rétablir les finances de la France, occupée à sa régénération. Ainsi en 1717, précisément à la distance d'un siècle, on eut recours à l'écossais *Law*. Mais de nos jours, la France est régie par un souverain vertueux, elle est tenue en éveil par une foule d'hommes instruits; le ministre n'est maître que des détails financiers, et cependant la présence de *Corvetto* ne laissera pas que de nuire à la fortune publique. Il existe pour les esprits italiens une infinité de biais, dont ailleurs on n'a pas le secret. Enfin, se rejetant dans l'obscurité qui lui convient, l'ex-ligurien voudra, par une adroite fuite, soustraire ses procédés à l'investigation publique (*V.* 7 décembre 1818). Le Français oublie si vîte!

Le septième des régulateurs de la France est, à ce jour, l'espoir des amis de la justice et de la tolérance. Car il ne s'agit plus de liberté, depuis que des lois de précaution, des lois vengeresses, des tribunaux extraordinaires déploient toutes leurs rigueurs; depuis que les *royalistes inconstitutionnels*, ceux-là mêmes que *Louis XVI* déclare dans son testament (*V.* 25 décembre 1791) lui avoir *fait beaucoup de mal par un faux zèle, ou un zèle mal entendu*, envahissent tous les emplois de l'administration et presque tous les honneurs de l'armée. Le ministre de la police, *Decazes*, n'a pas vu les désordres de l'anarchie, les attentats de la convention; il n'a connu par lui-même, de toutes les infortunes de la patrie, que les résultats du despotisme impérial. Il est encore à cet âge où les sentiments généreux entraînent un bon naturel, un esprit vif. Il a judicieusement observé l'irruption du fanatisme révolutionnaire, déguisé sous les couleurs de la loyauté. Dépositaire de l'arme la plus terrible, de cette arme à mille tranchants, dont *Merlin* dit *de Douai*, *Fouché* dit *de Nantes*, firent un si funeste usage, il s'efforcera d'en modérer l'emploi. Souvent occupé à contenir l'action perturbatrice de ses agents, il rendra moins nombreux et moins sévères les exils, les arrestations et tous les actes arbitraires qu'accumulent des préfets, des sous-préfets, des commandants militaires, des maires, empressés de déployer leur malfaisante servilité, ou de satisfaire leurs ressentiments (*V.* 29 octobre 1815). Des sociétés secrètes sont établies dans quelques départements, sous prétexte de venir au secours de la légitimité, et d'horribles assassinats en ont révélé l'existence (*V.* 2, 17 août, 12 novembre 1815). D'autres factieux, qui n'ont de commun avec les royalistes de la première Vendée que d'être aux mêmes lieux, trameront, dans l'ombre, des intrigues pour renverser la Charte; leurs émissaires iront mendier la protection de l'étranger. Le ministre, perçant tous ces complots, jugera qu'il fait assez, s'il parvient à paralyser leur exécution; il craindrait, en sévissant contre leurs auteurs, de semer les germes d'une guerre civile. Entouré d'écueils, il doit louvoyer avec circonspection; il ne se dissimule pas qu'il tient le gouvernail. Mais un obstacle se présente, qu'il ne peut sans doute entièrement éviter. Uue foule d'agents subalternes, restes impurs de la police impériale, mis en œuvre par des personnages que l'ambition dévore, soulèvent quelques hommes crédules des classes inférieures; aussitôt paraissent de sinistres conspirations.

On représente une poignée de prolétaires nécessiteux, comme de dangereux fauteurs de la plus vaste conjuration, comme réunissant tous les moyens de renverser le gouvernemént. Ces malheureux, que des espions amenèrent dans le piége, sont impitoyablement écrasés par les lois de circonstance ou foudroyés par des expéditions militaires. Difficilement le chef suprême de la police discernerait-il tous les filets qu'une multitude d'hommes méchants étendent sans cesse autour de lui. Si la France ne le trouve pas infaillible, elle doit pourtant reconnaître que les maux qu'il prévint ou qu'il adoucit sont, et par leur nombre et par leur importance, hors de comparaison avec les maux accidentels dont il n'arrêta pas le développement. A nulle autre crise de cette révolution de vingt-cinq années, jusqu'à la journée du 18 brumaire (9 novembre 1799), les sanglantes proscriptions, les lointains exils, les emprisonnements, n'atteignirent un moindre nombre d'individus. La cupidité, le faux zèle, ont amené des destitutions en très-grand nombre, dans toutes les parties du service public, il est vrai; mais on n'a point vu ces expropriations législatives, judiciaires, ou ministérielles, dont tous les gouvernements précédents firent un si déplorable usage. Le ministre de la police est le premier à rendre hommage aux guerriers de cette brave armée si résignés en perdant leurs drapeaux victorieux (*V.* 11 juillet, 1er août 1815), qui, toujours silencieux, immobiles, défient l'outrage et la calomnie. Chose merveilleuse! de tous ces guerriers que la malveillance signale comme traîtres, conspirateurs, ennemis du trône, pas un ne méconnaîtra l'intérêt de la patrie, n'agitera son sein. Redevenus simples citoyens, ils annoncent par leur attitude calme, réservée, le généreux esprit qui anime cette nation dont ils font une part si considérable.

Tout présage l'aurore de ce jour où la France sera, malgré les sinistres prophéties d'une tourbe d'insensés, replacée sous le bienfaisant empire des lois constitutionnelles qui peuvent seules assurer sa tranquillité, et lui garantir un avenir prospère. Le ministère ne devrait donc plus que préparer, avec une noble franchise, l'instant qui verra l'entière réconciliation de la nation et du monarque. Le ministère a l'appui d'une grande majorité dans les chambres, majorité qu'augmentera l'heureuse influence de la loi des élections. Si la majorité de nos représentants abandonne le ministère, ce ne sera qu'en le voyant se jeter dans des routes dangereuses. Et la nation, dont l'instinct peut être fautif, mais dont l'opinion ne saurait s'égarer, alors qu'elle est persévérante, la nation ne se détachera du gouvernement que lorsqu'il ne sera plus douteux qu'il refuse de marcher avec elle.

10. *Note diplomatique, relativement à la diminution de l'armée d'occupation.* — Les cours d'Autriche, de la Grande-Bretagne, de Prusse et de Russie, ayant pris en considération le desir manifesté par le roi, de voir diminuer le nombre des troupes formant l'armée d'occupation (*V.* 20 novembre 1815), et proportionnellement celui des charges que sa présence sur le territoire français exige, accordent, qu'à commencer du 1er avril prochain, il sera effectué une réduction de trente mille hommes, que les deux cent mille rations fournies chaque jour seront réduites à cent soixante mille.

Marine française. — Suivant le rapport du ministre *Dubouchage* à la chambre des députés, la France compte soixante-huit vaisseaux de ligne, trente-huit frégates et deux cent soixante-onze bâtiments de moindre grandeur.

12. *Loi sur la liberté individuelle.* — « Tout individu prévenu de com-« plots ou de machinations contre la personne du roi, la sûreté de « l'état, et les personnes de la famille royale, pourra, sans qu'il y « ait nécessité de le traduire devant les tribunaux, être arrêté et dé-« tenu, en vertu d'un ordre signé du président du conseil des mi-« nistres et du ministre de la police. — La loi du 29 octobre 1815 est « abrogée. — L'effet de la présente loi cessera, de plein droit, au « 1er janvier 1818. »

Bien moins sévère que la loi abrogée, et dont abusèrent un grand nombre de fonctionnaires, la loi actuelle parait nécessaire aux ministres, pour contenir les ennemis de l'ordre établi, soit les royalistes inconstitutionnels qui, toujours inconsidérés et vantant sans cesse leur ancienne fidélité au roi, y puisent des motifs pour se dispenser de la fidélité présente; soit les hommes qu'éblouit encore la gloire de nos conquêtes, que séduit le vain charme de nos funestes triomphes. Aidés de cette loi, les ministres prépareront, avec plus de tranquillité, les voies de la délivrance du territoire; circonstance à laquelle tient le salut de l'état, et devant laquelle doit fléchir toute autre considération. Cette loi est une loi de confiance; et, cette fois, les chambres auront bien jugé, en pensant que les ministres n'en feront qu'un bon usage.

28. *Loi sur les journaux.* — « Les journaux et écrits périodiques « ne pourront paraître qu'avec l'autorisation du roi. — La présente « loi cessera, de plein droit, d'avoir son effet, au 1er janvier 1818 » (*V.* l'article suivant).

Loi de procédure contre les écrits saisis. — « Lorsqu'un écrit aura été « saisi, en vertu de la loi du 21 octobre 1814, l'ordre de saisie et le pro- « cès-verbal seront, sous peine de nullité, notifiés, dans les vingt- « quatre heures, à la partie saisie qui pourra y former opposition. »

En admettant les dispositions de cette loi et de la loi ci-dessus sur les journaux, les chambres se sont déterminées par les mêmes motifs qui les ont induites à voter la loi du 12. Le gouvernement a promis de leur présenter, à cette époque de parfaite sécurité qu'il annonce comme prochaine, des lois qui dégageront la presse et la liberté individuelle de toute entrave inconstitutionnelle. Il attire, de la sorte, la confiance des hommes les plus recommandables par la pureté des intentions, l'étendue des lumières et la sagesse des principes. — *Lally-Tollendal* dit à la chambre des pairs : « Quatre mots « suffisent pour résumer ces principes. Point de gouvernement re- « présentatif qui n'ait pour objet et pour fondement la liberté pu- « blique et individuelle. Point de liberté, ni publique, ni individuelle, « sans la liberté de la presse. Point de liberté de la presse, sans la « liberté des journaux. Point de liberté de la presse ou des journaux, « par-tout où les délits de la presse et des journaux sont jugés au- « trement que par un jury, soit ordinaire, soit spécial. Enfin, point « de liberté d'aucun genre, si à côté d'elle n'est une loi qui en ga- « rantisse la jouissance, par cela même qu'elle en réprime les abus. « Voilà les principes qu'il s'agira de vérifier et de consacrer, d'acti- « ver et de modérer pleinement et définitivement, quand la loi pro- « mise nous sera présentée dans la prochaine session ». — « Ce qui « m'a frappé (dit, à la tribune des députés, *Camille-Jordan*), c'est « la malheureuse nécessité créée par la législation antécédente. Le « projet de loi (sur la liberté individuelle) m'a paru bien moins une « loi nouvelle que l'abrogation des lois anciennes, bien moins une « restriction à la liberté qu'un affranchissement de la contrainte, « bien moins la suppression des principes que le *commencement* de « leur application. Oui, sans doute, si nos prédécesseurs avaient « laissé cette grande question intacte, s'ils nous avaient légué cet « inestimable héritage de la liberté civile, s'il s'agissait de venir ici, « tout-à-coup, pour des périls nouveaux, poser une restriction nou- « velle, je concevrais toute l'hésitation, j'entendrais les alarmes, je « pourrais m'y associer. Mais est-ce donc là notre position? Et pou- « vons-nous faire ainsi abstraction de cette *longue tradition de l'ar-* « *bitraire* qui, depuis tant d'années, a modifié profondément et nos « lois et nos mœurs? »

Mars 25. Loi sur les finances.

Dispositions complémentaires sur le paiement de l'arriéré. — 1° Les dispositions relatives au paiement de l'arriéré, antérieur à 1816, contenues dans la loi du 28 avril dernier, continueront d'être exécutées avec les modifications suivantes. *Les reconnaissances de liquidation* délivrées aux créanciers de l'arriéré antérieur à 1816, et qui ne remonte qu'au premier janvier 1810, *seront négociables et payables au porteur*. Lesdites reconnaissances seront remboursées intégralement, à commencer de l'année 1821, et par cinquième, d'année en année. Ces remboursements se feront en numéraire; et, à défaut, en inscriptions de rentes au cours moyen des six mois qui auront précédé l'année du remboursement. — 2° Les créances de 1809 et années antérieures, jusques et compris l'an IX (1801), continueront d'être acquittées, conformément à la loi du 29 mars 1813, c'est-à-dire en inscriptions de rentes, valeur nominale.

Budgets généraux des années antérieures. — 1° Les dépenses des neuf derniers mois de 1814 sont fixés à six cent neuf millions trois cent quatre-vingt-quatorze mille six cent vingt-six francs, dont quarante et un millions cent un mille trente-neuf francs, payables en valeur de l'arriéré. — 2° Les dépenses de l'exercice 1815, à sept cent quatre-vingt-onze millions trois cent dix-sept mille six cent soixante francs, dont soixante-huit millions cent vingt-quatre mille cinq cents francs, payables en valeur de l'arriéré. — 3° Les dépenses de l'exercice 1816, à huit cent quatre-vingt-quatre millions quatre cent quatre-vingt-douze mille cinq cent vingt francs, soit en produits de contributions ordinaires ou extraordinaires, soit en résultat de crédits ouverts au gouvernement.

Fixation du budget général de 1817.

1° Dette consolidée et fonds d'amortissement.....	157,000,000 f.
2° Dépenses ordinaires........................	481,345,967
3° Dépenses extraordinaires..................	430,915,859
	1,069,261,826 f.

Principaux détails des dépenses ordinaires.

Dette viagère..................................	13,400,000 f.
Liste civile et famille royale.................	34,000,000
Chambre des pairs..............................	2,000,000
Chambre des députés...........................	680,000
Justice..	17,600,000

Affaires étrangères		6,500,000 f.
Intérieur (y compris les dépenses départem[les].)		62,233,500
Finances		23,092,082
Guerre		157,500,000
Marine		44,000,000
Police générale		1,000,000
Clergé en activité		29,100,000
Intérêts des cautionnements		9,000,000
Frais de négociation		15,000,000
Pensions civiles	4,066,500 f.	
Pensions militaires	51,762,317	63,228,817
Pensions ecclés. en non activité	7,400,000	

Dispositions relatives aux pensions à la charge de l'état. — Toutes les pensions à la charge de l'état seront inscrites sur le livre des pensions du trésor royal, et payées sur les fonds généraux. — Aucune pension nouvelle ne pourra être inscrite au trésor qu'en vertu d'une ordonnance dans laquelle les motifs et les bases légales seront établis, et qui aura été insérée au Bulletin des lois. — Nul ne pourra cumuler deux pensions, ni une pension avec un traitement d'activité, de retraite ou de réforme. Néanmoins, les pensions de retraite pour services militaires pourront être cumulées avec un traitement civil d'activité. — Le fonds *permanent* affecté aux pensions ne pourra excéder vingt-trois millions par année, dont trois pour services civils et vingt pour services militaires et soldes de retraite. — Dès que le montant des pensions aura atteint les *maximum* fixés, il ne pourra en être accordé que jusqu'à concurrence du montant des extinctions. — Le ministre des finances présentera chaque année le tableau de toutes les pensions.

Suivant un tableau présenté par le département de la guerre, les officiers sont au nombre de :

Armées royales anciennes	12,000	
Armée licenciée	8,000	38,600
Nouvelle armée	12,600	
En retraite	6,000	

La commission spéciale, nommée pour l'appréciation des services dans les anciennes armées royales, a examiné vingt-un mille mémoires.

26. *Clôture de la session de* 1816. — L'ouverture a eu lieu le 4 novembre 1816.

La chambre élective de 1816 est caractérisée par la grande loi sur les élections (*V.* 5 février). L'adresse en réponse au discours du trône (*V.* 4 novembre 1816) avait annoncé les dispositions du grand nombre des députés en faveur de la Charte; ils ont tenu leurs promesses. A la vérité, ils ont admis trois lois d'exception (*V.* 12, 28 février); mais, en cédant à de prudentes considérations, ils ont senti que le gouvernement doit encore posséder, pour combattre les mécontentements individuels, des moyens plus coërcitifs que ceux accordés par la Charte, afin que, libre d'inquiétudes au-dedans, il puisse se livrer à tous les soins qu'exige notre position extérieure. De l'évacuation du territoire dépend, sans doute, et la nationalité de la France, et l'affermissement de ses institutions. Comment parviendra-t-il à disposer favorablement, non les souverains, mais les cabinets de Londres, de Berlin et de Vienne, ces trois cabinets ennemis ou jaloux, si d'insolents pamphlétaires, des journalistes stipendiés répandent chaque jour des flots d'injures sur les arbitres de notre sort? Lors même que ces écrits ne présenteraient que de sévères reproches, de justes récriminations; les perfides conseillers du congrès de Vienne (*V.* 9 juin 1815) changeraient-ils de système, et reviendraient-ils sur les injustices consommées? La logique du vaincu lui serait imputée à crime. Les députés ont donc sagement vu qu'il fallait placer les ministres dans une position dégagée de toutes contrariétés. La France les remerciera le 9 octobre 1818, et nos neveux béniront sans cesse leurs succès; car de semblables conjonctures décident de l'existence des nations. Ils ne fussent point parvenus à ce résultat, s'ils avaient dû lutter avec la chambre de 1815.

De nouvelles élections, exprimant plus fidèlement le vœu général, ont amené une majorité calme, raisonnable, une majorité susceptible d'allier à la pureté des principes les vues conciliatrices qu'exigent la convalescence du corps social, l'appréhension d'une rechûte, la crainte de ces affreux remèdes que nous rapporterait la politique de l'étranger.

Parmi les députés recommandables sous le double rapport des intentions et des opinions, on a remarqué MM. *Becquey* (Haute-Marne), *Beugnot* (Haute-Marne et Seine-Inférieure), *Boin* (Cher), *de Courvoisier* (Doubs), *Ganilh* (Cantal), *de Grammont* (Haute-Saône), *Camille-Jordan* (Ain), *Lainé* (Gironde), *Louis* (Meurthe), *Martin de Gray* (Haute-Saône), *Roy* (Seine), *Royer-Collard* (Marne), *Savoye-Rollin* (Isère), *De Serre* (Haut-Rhin).

30. Une conspiration a été formée contre la vie du prince royal de Suède (*Bernadotte*). Sa réponse à l'adresse des bourgeois de Sto-

ckolm, offre des traits remarquables. « .... Je vins « au milieu de vous, et j'apportai comme titre et garantie mon épée « et mes actions. Si j'avais pu vous apporter une série d'ancêtres, « depuis le temps de *Charles-Martel*, je l'aurais desiré, seulement « par rapport à vous. Pour moi, je suis également fier des services « que j'ai rendus et de la gloire qui m'a élevé. Ces prétentions se « sont accrues par l'adoption du roi et le choix unanime d'un peuple « libre. Là-dessus je fonde mes droits; et, aussi long-temps que « l'honneur et la justice ne seront pas bannis de la terre, ces droits « seront plus légaux et plus sacrés que si j'étais descendu d'*Odin*. « L'histoire montre qu'aucun prince ne monta sur le trône, si ce « n'est par le choix du peuple ou par conquête. Je ne me suis point « frayé une voie à la succession de Suède, par les armes; le choix « libre de la nation m'a appelé; et voilà le droit sur lequel je m'appuie. « Rappelez votre état à mon arrivée, et voyez ce que vous êtes « maintenant................ »

Avril. 4. *Mort du maréchal Masséna, duc de Rivoli, prince d'Esling*, âgé de cinquante-neuf ans. Aussi brave que Villars, et de plus sans ostentation, Masséna réunissait sans doute, à une plus vaste capacité, une plus grande énergie dans les occasions imprévues ou décisives. Mais le guerrier républicain, comme le courtisan de Versailles, avait la faiblesse des richesses. Tant que *Zurich, Gênes* existeront, leurs murs retentiront du nom de *Masséna* (*V.* 25 septembre 1799, 5 juin 1800, premier article).

Juin. 8. *Émeutes dans quelques communes voisines de Lyon, et leurs suites.*—Le préfet se nomme *Chabrol-Crouzol;* le maire de Lyon, *de Fargues;* le général divisionnaire, *Canuel* (*V.* 5 août 1793; 2 avril 1796; 4 septembre 1797).

Ces mouvements populaires, présentés d'abord au gouvernement, comme l'effet d'une conspiration vaste dans son plan, grave dans son objet, atroce par ses moyens, ont été très-promptement et très-facilement réprimés. Quelques malheureux paysans, surpris dans leurs villages, s'agitant presque sans chefs et ne sachant pour quel objet, sont impitoyablement frappés. Des troupes parcourent les campagnes, rançonnant et maltraitant les habitants, traînant l'instrument du supplice, à l'exemple de ces *colonnes infernales* jetées dans la Vendée par la convention (*V.* 5 août 1793). La cour prévôtale déploiera avec célérité les terribles attributions qui lui sont dévolues (*V.* 20 décembre 1815). Les autorités municipales, prenant à l'envi des arrêtés contraires aux lois, prononcent arbitrairement des condamnations, imposent des amendes, provoquent des exécutions militaires. Sous prétexte de conspirations, ils remplissent les cachots, ils y jettent des femmes, des enfants. La terreur, une terreur qui rappelle 1793, plane sur Lyon et sur une grande partie de son département. « Sur deux cent cinquante révoltés (dit un des « plus estimables citoyens dont la France puisse s'honorer, *Camille-* « *Jordan*), formant les rassemblements séditieux, plus de cent cin- « quante individus, parmi lesquels ne se trouvaient pas même les « véritables directeurs du mouvement, étaient traduits en jugement; « près de cent dix, condamnés à des peines afflictives et infamantes, « et la plupart supposés chefs par le titre de leur condamnation elle- « même pour un complot évidemment unique, ou au moins étroitement « lié dans toutes ses parties. Onze procédures diverses établies multi- « pliaient sans motifs les rigueurs par leur division, et en prolon- « geaient la durée par leurs délais. Au nombre des malheureux « exécutés à mort les ames sensibles apercevaient un enfant de seize « ans, condamné pour une simple *menace d'assassinat*, que sa libre « volonté ne réalisa point; un ouvrier de la classe la plus ignorante, « pour avoir porté en plein jour, dans une direction étrangère au « lieu de la révolte, *un paquet renfermant des cartouches;* mais dont « il pouvait ignorer, comme porte-faix salarié, et dont il a déclaré, « jusqu'au dernier soupir, ignorer et le contenu et la destination. » — Tel est le résultat de ce système de la fin de 1815. On a destitué des fonctionnaires que recommandaient leurs vertus civiles, leur amour de l'ordre; on les a remplacés par des hommes pétris de fiel, qui tourmentent les citoyens au nom du roi.

Lyon, malheureuse cité, destinée à servir d'arène aux factieux dont les complots n'ont pu se produire dans la capitale; Lyon, accusée, à plusieurs époques désastreuses, de conspirer contre le bonheur public, subit aujourd'hui encore les maux de cette préférence qu'elle doit à sa nombreuse population, à ses richesses comme à l'industrie sans rivale de ses laborieux habitants. Mais le gouvernement, surpris à-la-fois de la confusion, de l'incohérence des rapports qui lui parviennent, et de cette incompréhensible obscurité qui dérobe les instigateurs d'une sédition si faiblement caractérisée, et pourtant si rigoureusement punie; le gouvernement, averti déja par les évènements de Grenoble (*V.* 4 mai 1816), confère des pouvoirs extraordinaires au maréchal *Marmont*. Les habitants du Rhône le verront arriver dans les premiers jours du mois suivant, et soudain les rumeurs alarmantes cesseront de se répandre, les espions cesseront de dénoncer, toute agitation disparaîtra dans Lyon, dans ses faubourgs, et les campagnes n'offriront plus aucun symptôme de désaffection. Le maréchal interdira les arrestations, suspendra les enquêtes prévôtales; il défendra de disséminer dans les campagnes les troupes d'exécution, et d'y promener *le fatal tombereau* (suivant l'énergique expression du député *Camille-Jordan*, à la tribune de la chambre). Quelques jours s'écouleront, et la seconde ville du royaume sera rendue à la sécurité, bénissant le souverain qui adoucit ou remet toutes les condamnations dont l'effet n'est pas irrévocable, et qui répare tout le mal qui peut se réparer.

Sans doute, en empêchant la publicité de ces malheurs, le gouvernement appréhende qu'elle ne donne de fâcheuses impressions, dans ce moment même où il veut, à tout prix, calmer les esprits, afin de délivrer la France de la présence de l'étranger. Le gouvernement sait que la faction vivace de la vieille aristocratie, de cette aristocratie si active dans nos premiers troubles, qui se hâta de paraître à Pilnitz (*V.* 27 août 1791), qui ne cessa de se vendre aux ennemis de la patrie, s'efforce, après vingt-six années de calamités, de les faire renaître, en persuadant aux puissances occupant plusieurs de nos départements (*V.* 20 novembre 1815), que le jacobinisme exerce une influence toute-puissante, et qu'il y aurait de l'imprudence à retirer l'appui qu'elles donnent si généreusement aux principes monarchiques. Le gouvernement juge donc à propos de ne pas révéler les détails des événements de Lyon. Il lui suffit d'avoir ramené la paix et la confiance dans ces contrées désolées.

Quoique bornés à des récits non officiels, il est bien peu de Français qui n'aient su, et qui n'en restent pénétrés, que les troubles du Rhône ont été provoqués par les délations d'agents subalternes, et que plusieurs autorités plus ou moins élevées, dont ces agents dépendent, auraient elles-mêmes été complices involontaires du plus lâche complot que puisse concevoir la perversité. Que peut-il en effet y avoir de lâche et d'infâme, comme de tendre un piége et d'y jeter ses concitoyens, ses amis, ses frères? Et voilà ce qu'on fait des royalistes inconstitutionnels, éternels ennemis du peuple et de la raison! Ils ont recommencé la secte des jacobins, sous un autre manteau. Heureusement l'énergique sagacité du gouvernement a restreint leurs dangereux essais dans le seul département du Rhône, et, tout aussi heureusement sans doute, en dérobant à la nation la manifestation de leurs attentats, sa prudence a prévu les effets de l'indignation générale, et, par conséquent, soustrait aux cabinets étrangers des prétextes de s'immiscer dans nos débats.

10. *Traité de Paris*, entre la France, l'Autriche, l'Espagne, la Grande-Bretagne, la Prusse et la Russie, pour l'accomplissement du quatre-vingt-dix-neuvième article de l'acte du congrès de Vienne (*V.* 9 juin 1815), établissant la reversion des états de Parme, après la mort de l'archiduchesse *Marie-Louise*, en faveur de l'infante d'Espagne *Marie-Louise* et de son fils, l'infant *Charles-Louis*, anciens souverains de ces mêmes états de Parme et de la Toscane (*V.* 21 mars, 2 août 1801; 27 mai 1803, 27 octobre, 10 décembre 1807; 14 septembre 1815).

23. Le maréchal *Gouvion-Saint-Cyr* est nommé ministre de la marine.

Juillet 14. *Mort de madame de Staël*, à cinquante-trois ans; la plus illustre des femmes qui n'ont porté ni le sceptre ni l'épée. Ses titres à la célébrité existent dans vingt écrits où sont gravés, en traits de feu, l'enthousiasme de la vraie liberté, la générosité des sentiments, les vives affections de la vertu, l'horreur de l'hypocrisie politique ou religieuse, et cette héroïque impatience de voir l'espèce humaine, en possession de tous ses droits légitimes, s'avancer de plus en plus vers la perfection et le bonheur.

Les *Considérations sur les principaux évènements de la révolution*, ouvrage posthume, sont des dessins d'une vigueur, d'une sublimité, qui placent madame *de Staël* au-dessus de *Mallet-du-Pan*, de *Burke*, et de tous les publicistes dont la vue de nos troubles excita l'éloquente indignation ou les nobles regrets. Là, sont énoncés des jugements presque toujours justes sur les choses, s'ils ne le sont pas aussi souvent sur les hommes. Parcourant à vue d'aigle les sommités de la révolution, elle en saisit les contours; elle pénètre ses profondeurs, explique ses phénomènes, révèle ses grands mobiles, assigne ses immuables résultats. Mais, qu'elle aperçoive le bien ou le mal (car elle n'embrasse que la cause de l'humanité), toutes les passions généreuses trouvent grace devant elle, tandis qu'elle marque du sceau de l'ignominie toute action, pour belle qu'elle apparaisse, dont le vil intérêt ou le fanatisme furent la source. Elle retrace les faits, non pour la vaine ostentation de décrire, mais pour fixer les principes, déduire les conséquences et marquer le but de la raison. Semblable aux cartons de Raphaël, cet ouvrage n'est qu'une esquisse, et seul il suffirait à la postérité pour établir que madame *de Staël* a été, dans le dix-neuvième siècle, ce qu'a été *Montesquieu* dans le dix-huitième. L'un et l'autre ont sans doute erré quelquefois; mais l'un et l'autre seront consultés, quand il s'agira de consolider, de modifier, de perfectionner les institutions politiques.

16. *Convention entre le roi et le pape.* — Art 1er. Le *concordat* passé entre le roi de France François Ier, et le pape Léon X, est rétabli. — 2. En conséquence, le *concordat du 15 juillet* 1801 cesse d'avoir son effet. — 3. *Les articles organiques* publiés le 8 avril 1802, en même temps que ledit concordat de 1801, sont abrogés, en ce qu'ils ont de CONTRAIRE *à la doctrine et aux lois de l'église.* — 4. *Tous* les anciens siéges sont rétablis. — 5. Il sera assuré à tous les siéges, tant existants qu'à ériger de nouveau, une *dotation* CONVENABLE *en biens-fonds et en rentes sur l'état, aussitôt que les circonstances le permettront;* et en attendant, il sera donné à leurs pasteurs, un revenu SUFFISANT pour améliorer leur sort. *Il sera pourvu également à la dotation des chapitres, des cures et des séminaires*, tant existants que de ceux à établir (*V.* 22 novembre).

Août 8. *Mort de Dupont de Nemours*, âgé de soixante-dix-huit ans, à Wilmington (Pensylvanie). — Une prodigieuse instruction, une philosophie douce et bienveillante, le placent à côté des *Malesherbes*, des *Liancourt.* Les opinions les plus libérales et l'opposition la plus courageuse aux doctrines subversives de la propriété, doivent recommander sa mémoire à tous les Français témoins de la révolution. Les institutions philanthropiques qu'il accrédita, malgré les préjugés invétérés, les fausses lumières et les obstacles de tout genre, doivent faire bénir à jamais son nom des amis de la patrie, des amis du pauvre et du malheureux.

25. *Ordonnance du roi*, concernant l'institution des majorats attachés à la pairie. — Nul ne sera nommé pair, s'il n'a institué un majorat. Les majorats attachés au titre de duc ne pourront être composés de biens produisant moins de trente mille francs de revenu net; ceux attachés au titre de marquis et de comte, moins de vingt mille francs; aux titres de vicomte et de baron, moins de dix mille francs. — Le majorat, ainsi que le titre, sont transmissibles, à perpétuité, au fils aîné, et à la descendance naturelle et légitime de celui-ci, de mâle en mâle et par ordre de primogéniture. — Il ne pourra entrer dans la formation des majorats que des immeubles libres de tous priviléges et hypothèques.

28. *Traité de Paris, entre la France et le Portugal*, relativement à la remise de la Guyane française, en conformité du cent septième article de l'acte définitif du congrès de Vienne (*V.* 9 juin 1815). — Cette remise a, depuis deux ans, été, sous divers prétextes, éludée par le gouvernement de sa majesté très-fidèle.

Septembre 12. *Mutation de ministres.* — Le maréchal *Gouvion-*

Saint-Cyr passe du ministère de la marine à celui de la guerre. Il est destiné à réparer toutes les fautes réparables de son prédécesseur, le maréchal *duc de Feltre (Clarke)*, qui, soit par incapacité, par esprit de courtisan, ou par impatience d'effacer les traces de son dévouement au directoire, aux régimes consulaire et impérial, a produit dans ce département la plus grande confusion, commis les injustices les plus graves, de manière à être regardé comme l'un des fléaux amenés par la catastrophe du 20 mars 1815. Clarke, ministre pendant deux ans, fut violent par la persécution envers ses anciens frères d'armes, dont le très-grand nombre était transporté par de brillants souvenirs, et non conduit par des intentions anti-françaises. Il avait été de même violent dans son obéissance au pouvoir absolu de Bonaparte (*V.* 6 janvier 1808). — Le *comte Molé*, dont le zèle pour le gouvernement despotique s'est également signalé pendant la durée de l'empire, est promu au département de la marine, comme pour tempérer le renvoi du maréchal Clarke.

17. *Départ de Toulon, du capitaine Louis Freycinet, commandant la corvette l'Uranie.* — Les deux principaux objets de sa mission sont, de déterminer, à l'aide du pendule, les éléments de la courbure de l'hémisphère austral; d'étudier les variations de l'aiguille aimantée, et de reconnaître le cours des lignes magnétiques par lesquelles l'aiguille est précisément dirigée du sud au nord. Il doit, en outre, joindre à ces sujets d'étude l'observation de tous les phénomènes susceptibles d'intéresser la physique, l'astronomie et la navigation (*V.* 8 octobre 1818).

20. *Réunion des collèges électoraux.* — Ce premier essai de la loi du 5 février n'amène aucun de ces troubles que les royalistes inconstitutionnels prédisaient avec complaisance. L'Europe voit avec étonnement, admire avec dépit, les Français, ce peuple si déprimé, qu'elle croyait si profondément dégradé par la servitude, ou si fougueusement ennemi du repos, procéder avec une régularité, avec un calme inaltérables, à ces opérations qui, par leur nature, mettent tous les intérêts en fermentation, toutes les ambitions en mouvement dans les pays le plus anciennement possesseurs du droit d'élire leurs mandataires. Tous ces cabinets, jaloux d'entretenir le pouvoir absolu des princes dont ils disposent, ou de le leur donner, s'alarment déja de ce résultat obtenu par une nation qui exerce une si puissante magistrature sur les autres nations. L'oligarchie s'émeut à Vienne, à Berlin, dans les capitales subalternes de l'Allemagne et de l'Italie; l'inquisition monacale et la bassesse des grands tremblent à Madrid,

tandis que ces généreux amis de l'humanité auxquels la liberté prodigue ses bienfaits sur les bords de la Tamise, de la Delaware, du lac Meler, applaudissent à nos heureux essais. Aucun tumulte, nul désordre, n'accompagnèrent ces assemblées composées d'éléments si divers, d'hommes étonnés de se rencontrer sur un champ libre d'élection, après toutes ces combinaisons si bizarrement variées, qui tournèrent toujours au profit de la licence, de l'oligarchie ou du despotisme. Le ministère, manifestant trop ouvertement le dessein de s'assurer les choix, vient d'éprouver, sur-tout à Paris, l'effet d'une réaction électorale; et cette première épreuve d'un mode judicieusement établi montre que le gouvernement représentatif peut s'adapter au caractère national.

Octobre 15. *Mort de Kosciusko.* — Ce défenseur, honorable autant que malheureux, de l'indépendance polonaise, finit ses jours à Soleure, dans un exil volontaire. Il aima la France, et compta trop sur son appui. Guerrier et citoyen, il appartient à tous les pays qui ont acquis la liberté, ou qui ont combattu pour l'acquérir. Sa mémoire vivra à jamais dans les ames généreuses. En apprenant sa fin, ses compatriotes auront redit, avec douleur, ce mot qu'il fit entendre au moment où, renversé de cheval (le 10 octobre 1794, en combattant sous Warsovie), il se vit prisonnier des Russes : *finis Poloniæ.* — Les noms de *Washington*, de *Kosciusko*, nobles bienfaiteurs de leurs semblables, fourniront toujours à l'histoire des contrastes frappants avec les noms de *Robespierre*, de *Napoléon*, implacables ennemis de toute liberté. Pourquoi faut-il que les premiers soient étrangers, et que ceux-ci appartiennent à la France?

Novembre 5. *Ouverture de la session ordinaire de 1817, par le roi en personne.* — « Messieurs,.................... j'éprouve « la satisfaction de vous annoncer que je ne juge pas nécessaire la « conservation des *cours prévôtales* au-delà du terme fixé pour leur « existence, par la loi qui les institue (*V.* 20 décembre 1815)..... «.................J'ai fait rédiger, conformément à la Charte, « une *loi de recrutement.* Je veux qu'aucun privilége ne puisse être « invoqué, que l'esprit et les dispositions de cette Charte, notre vé- « ritable boussole, qui appelle indistinctement tous les Français aux « grades et aux emplois, ne soient pas illusoires, et que le soldat n'ait « d'autres bornes à son honorable carrière, que celle de ses talents « et de ses services.................. » — Adresse de la chambre des députés au roi. — «.................. L'esprit même de la « Charte, l'honneur national ont parlé dans les communications que

« votre majesté a daigné nous faire sur les dispositions de la loi pré« parée par son ordre pour le recrutement de l'armée. Tous vos su« jets, sire, répondent à la voix d'un monarque évidemment français; « rien ne leur coûtera pour assurer à votre couronne et à la patrie « leur dignité et leur indépendance................. » — Adresse de la chambre des pairs au roi : « ....Vos peuples « ont subi avec douleur, mais dans le silence, les traités du mois « de novembre 1815. Après avoir fait les derniers efforts pour les « exécuter fidèlement, après que des années calamiteuses ont infi« niment ajouté à la rigueur des conditions explicites de ces traités, « nous ne pouvons croire qu'ils recèlent des conséquences exorbi« tantes qu'aucune des parties contractantes n'avait prévues....... « Cette nation reconnaît de plus en plus, qu'un accord intime avec « son roi peut seul finir le cours de ses longues adversités. Son vœu, « sans doute, est que l'autorité royale protége efficacement tous les « intérêts contre toutes les passions. Il faut que cette autorité soit « forte, pour être vraiment protectrice. Déja votre majesté ne juge « plus nécessaire la conservation des cours prévôtales. Le réta« blissement de l'ordre intérieur promet que nous jouirons bientôt, « avec sécurité, des autres franchises nationales un moment suspen« dues, et qu'assure au peuple français cette Charte constitutionnelle « où vous avez posé, d'une main sûre, les limites du pouvoir et de la « liberté. L'union au-dedans peut seule obtenir le respect au dehors. « L'Europe, en nous voyant replacés sous le sceptre du roi légitime, « n'a rien à craindre des mouvements réguliers d'une monarchie « sagement constituée. Des circonstances favorables appellent donc « une loi sur le recrutement. Cette loi qui n'admettra d'autre dis« tinction que les talents et les services, était vraiment desirée par « la valeur française. C'est sur-tout dans cette carrière que le « partage des mêmes dangers justifie l'ambition des mêmes hon« neurs............ ».

La chambre des députés se compose des quatre cinquièmes restants de la session précédente, et qui ont été envoyés par ces mêmes colléges électoraux, institutés par la constitution de l'an VIII et les sénatus-consultes organiques, au profit du despotisme impérial. Le dernier cinquième est la première épreuve de la loi du 5 février. Cette première épreuve n'a produit, ni le tumulte d'élection, ni les funestes choix que desiraient et qu'avaient prophétisés les adversaires de la loi. L'expression de la majorité des citoyens s'est manifestée sans désordre. Le cours de la session montrera que le mode nouveau n'expose nullement la paix publique ou la sûreté de l'état. Ces élections nationales, parce qu'elles sont directes, ont prouvé l'union du peuple avec son roi.

12. Nomination du député *de Serre* (Haut-Rhin) à la présidence.

21. *Concordat sur les affaires ecclésiastiques.*

Projet de loi présenté à la chambre des députés, relativement à la convention du 16 juillet, avec le pape.—Article 1er. Conformément au concordat passé entre François Ier et Léon X, le roi seul nomme, *en vertu de droit inhérent à la couronne*, aux archevêchés et évêchés, qui se retirent auprès du pape, pour en obtenir l'institution canonique. — 2. Le concordat du 15 juillet 1801 cesse d'avoir son effet, sans que néanmoins il soit porté aucune atteinte aux effets qu'il a produits, et *à la disposition contenue dans l'article* 13 *de cet acte*, laquelle demeure dans toute sa force et vigueur. — 3. Sont érigés quarante-deux *nouveaux siéges*. — Les dotations des évêques seront prélevées sur les fonds mis à la disposition du roi par l'article 143 de la loi des finances du 25 mars. — 5. Tous actes émanés de la cour de Rome ou produits sous son autorité, excepté les indults de la pénitencerie, en ce qui concerne le for intérieur seulement, ne pourront être reçus, publiés et exécutés qu'avec l'autorisation du roi. — 6. Tous autres actes, desquels on pourrait induire quelques modifications législatives, ne seront reçus qu'après vérification des deux chambres. — 10 et 11. Les bulles papales ne seront reçues et publiées, ou, si elles le sont, ne pourront préjudicier aux droits publics garantis par la Charte, aux maximes, franchises et libertés de l'église gallicane, aux lois et réglements sur les matières ecclésiastiques, et aux lois concernant l'administration des cultes non catholiques.

À peine le public a-t-il connaissance du concordat, des dispositions timides, équivoques de ce projet de loi et des expressions outrageantes consignées dans les bulles papales, que l'opposition, ou plutôt l'indignation, éclate avec force de toutes parts. En vain, le ministre de l'intérieur *Lainé*, ex-avocat de la Gironde, essaiera-t-il, par de doucereuses insinuations, par de subtils commentaires, de donner le change aux esprits : sa faconde et ses distinctions de l'école n'abuseront personne. Il ne saurait persuader que, plus l'épiscopat est nombreux, plus il est honoré, et que l'intérêt de la religion exige l'érection de quarante-deux siéges ; encore moins fera-t-il admettre que l'institution d'un grand nombre de séminaires et de chapitres est de peu d'importance en finances, et que le peuple n'aura que de légers sacrifices à supporter pour des dépenses accidentelles.

Aussitôt, paraissent une foule d'écrits, montrant combien ce concordat est inutile, anti-national, destructif des libertés, ou plutôt des droits imprescriptibles de l'église gallicane, attentatoire à la Charte, injurieux à l'honneur comme à la raison des Français, et désastreux pour les finances. Les bulles ont osé reproduire les formules du despotisme sacerdotal, avec tous ces sophismes de droit divin proclamés dans le moyen âge. Elles mettent le roi de France dans une humble dépendance d'un étranger qui n'est, après tout, que le chef d'une communion religieuse. Par d'insidieuses restrictions, ou d'artificieuses réticences, elles menacent la sécurité de ces propriétés dont le clergé est légalement dépossédé depuis un quart de siècle; de ces propriétés touchant la conservation desquelles le doute élevé par des prêtres qu'égarait l'esprit de mondanité fut un des principaux conducteurs de la foudre qui sillonna la France en mars 1815. On prouve que le rétablissement du concordat de 1516, de ce honteux monument de notre diplomatie, conduirait au rétablissement des exactions romaines tant de fois réprouvées par nos rois et par la nation entière. Quand il s'agit de régulariser d'une manière claire, précise, nos rapports avec cette cour cauteleuse et monacale, avec cette cour d'une indestructible pertinacité dans ses prétentions surannées; lorsqu'il faut tracer profondément la ligne qui séparera ce que cette cour appelle le spirituel de ce que nos canonistes appelaient le temporel, pourquoi faire un acte dont les expressions sont vagues, équivoques, entortillées, contradictoires même? Voilà ce que répètent les hommes éclairés, et voilà ce que comprend à merveille la nation.

Mais, que pouvait-on attendre d'un négociateur comme le comte ou marquis de *Blacas-d'Aulps*, d'un militaire sans services, et tout aussi étranger aux études ecclésiastiques qu'il s'est montré ignare en administration, inepte en politique (*V.* 20 mars 1815)? Comment un Français qui a passé sa vie hors de la France, dans des fonctions domestiques près d'un prince dépossédé et retenu chez l'étranger, aurait-il apprécié les intérêts politiques de la France? On dirait qu'il n'a consulté, dans ses négociations, que la satisfaction des prélats dépossédés par le concordat de 1801, ou l'obscure ambition de quelques prêtres qui attendent comme autrefois de la cour la mitre épiscopale. Ce qu'il y a de singulièrement remarquable, c'est que le sacré collége s'est très-long-temps refusé à détruire ce concordat de 1801, et qu'il n'a pu se résoudre à sacrifier les apparences de son infaillibilité en le rapportant, qu'à la vue des nombreux avantages qui lui étaient accordés et qui lui en laissaient entrevoir de plus brillants encore, dont il lui serait fait abandon dans des temps plus favorables.

La nation distingue fort bien, dans ces transactions, l'influence d'un clergé qui ne veut point rester dans ses attributions, qui s'irrite d'être resserré dans le sanctuaire; et la nation ne veut pas plus de l'ascendant du clergé que de l'autorité de la noblesse émigrée; elle rejette absolument l'ancien régime. Qui est-ce qui ignore aujourd'hui que l'église est dans l'état, et que les institutions ecclésiastiques sont de l'homme, suivant ce que Jésus-Christ a dit de l'institution du sabbat?

Le pape, dans sa bulle du 27 juillet, relative à la nouvelle circonscription des diocèses de France, renouvelle ses protestations contre l'incorporation du duché d'Avignon et du comtat Venaissin. Il se promet de l'équité du roi très-chrétien que ces pays seront restitués *au patrimoine du prince des apôtres;* ou du moins qu'il sera donné une *juste compensation. Pie VII* ne s'est pas cru assez favorisé, lorsque, après avoir été réintégré à Rome, il y a trouvé toutes ses anciennes dettes liquidées, et qu'il n'a qu'à continuer un système d'administration dont ses monsignori n'auraient jamais connu la régularité, ni soupçonné les résultats avantageux. Il devrait bénir à jamais l'usurpation de Napoléon, dont la chûte fait hériter le gouvernement papal d'une foule d'améliorations. Pie VII devrait s'écrier, *Heureuse faute!* comme saint Augustin, au sujet du péché d'Adam. Le régime français, en vigueur sur les bords du Tibre, pendant cinq années (*V.* 5, 6 juillet 1809), avait très-favorablement influé sur les abominables mœurs des Italiens de Rome. Déja disparaissaient les assassinats, les empoisonnements et tous ces crimes bas et vils qui, depuis tant de générations, dégradent ce peuple aux yeux des autres peuples. De tous les anciens petits souverains qui ne contribuèrent en quoi que ce soit à la délivrance de l'Europe, le pape est, après sa majesté sarde, celui que le congrès de Vienne a le plus gracieusement traité. Ce pontife règne sur deux millions et demi de sujets, qui lui rendent au-delà de six millions de francs. Une aussi brillante participation aux intérêts de ce monde ne suffit-elle donc pas à celui qui s'intitule le serviteur des serviteurs de Dieu? Non, sans doute, et jusqu'à la consommation des siècles, les papes protesteront contre le recez de Vienne (*V.* 9 juin 1815). Comment donc juger les agents français employés dans les affaires du concordat, qui ont gardé le silence, en voyant cette étrange résurrection des droits de la cour de Rome sur Avignon?

Néanmoins toutes ces ignominieuses transactions rentreront dans l'obscurité. Le ministre Lainé, qui présente le projet de loi comme l'*arche du salut*, n'osera plus le reproduire; il n'en sera plus fait mention, tant on est embarrassé de renouveler au dix-neuvième siècle les prétentions des moines, des prêtres, des pontifes du douzième et du seizième siècle.

Tel sera, jusqu'à la fin de 1819, le résultat de six années de négociations avec cette puissance qui ne se désista jamais de la moindre de ses prétentions, qu'elle ne fût opprimée et fortement opprimée; qui nuit aux peuples qu'elle ne redoute pas; qui n'a que deux manières d'exister, persécutante ou persécutée. Si les rois qu'elle peut atteindre ne lui paient tribut, elle les fatigue sans cesse de ses bulles et de ses admonitions apostoliques, espèce de piraterie comme celle d'Alger, moins le courage.

L'issue de cette tentative est pourtant avantageuse à quelques ambitions sacerdotales, en ce que, aussitôt et par anticipation, ont été nommés évêques une quarantaine de prêtres, dont les uns ne connaissent pas la France, ayant été, pendant plusieurs années, absents, cachés, oisifs; dont les autres se sont montrés, en toute circonstance, inconsidérément opposés à l'opinion générale. Cette opinion réagit aujourd'hui sur eux, et les contraint à n'être que des évêques *in partibus*, c'est-à-dire à n'être rien en France. Les contribuables voient avec satisfaction le renvoi de dépenses aussi inutiles qu'onéreuses.

Décembre 30. Loi déterminant que les *journaux* et autres ouvrages périodiques qui traitent de matières et de nouvelles *politiques* ne pourront, jusqu'à la fin de la session des chambres de 1818, paraître qu'avec l'autorisation du roi (*V.* 28 février, premier article). — Elle est adoptée à la chambre des députés, par cent trente-un votants sur deux cent vingt-huit; aux pairs, par cent cinq sur cent cinquante-sept. — Cette loi formait le dernier article d'un projet sur la régularisation de la presse. Le projet a été si vivement combattu, que les ministres, arrivant sans résultat à l'expiration de la loi du 28 février, ont subitement, et par une déviation imprévue de la marche régulière et constitutionnelle, séparé ce dernier article de ceux qui le précèdent, et le font adopter immédiatement.

1818.

Février 5. *Mort de Charles XIII, roi de Suède et de Norwége*, dans sa soixante-dixième année. — Son fils adoptif (*V.* 21 août

1810), l'ex-maréchal français *Bernadotte*, lui succède. Il est dans sa cinquante-cinquième année. Il prend le nom de *Charles XIV*, et fait connaître son intention de gouverner l'un et l'autre royaume suivant leurs nouvelles lois fondamentales; en rappelant que le premier objet de ses soins, à son arrivée dans la péninsule, fut de défendre leurs droits, leur liberté, leur indépendance. — Il signe *l'acte de garantie*, qu'aux termes de la constitution les souverains doivent signer au moment même de leur accession au trône. — Le 7, il renouvelle dans la diète générale le serment exigé par la loi. Il prête ce serment, à genoux, devant le trône, et la main sur la Bible. — Son autorité n'éprouve aucune opposition dans l'intérieur, et la reconnaissance de son titre par les souverains de l'Europe n'essuiera point de retard. La conduite de ce prince, depuis le jour où il prit terre à Helsimborg, promet à sa nouvelle patrie un avenir prospère. Les peuples de la Scandinavie se féliciteront un jour d'avoir eu aussi un Béarnais pour roi.

6. *Ordonnance du roi*, qui prescrit des dispositions concernant les condamnés à la détention qui, s'étant fait remarquer par leur bonne conduite et leur assiduité au travail, seraient jugés dignes de la remise ou de la commutation de la peine qui leur resterait à subir.

Mars 10. *Loi sur le recrutement de l'armée.*

L'armée se recrute par des *engagements volontaires*, et, en cas d'insuffisance, par des *appels*. — Pour être admis à contracter un engagement, il faut être Français, âgé de dix-huit ans, jouissant de ses droits civils, n'être ni repris de justice, ni vagabond ou déclaré tel par un jugement. — Il n'y a ni prime en argent, ni prix quelconque d'engagement. — *Le complet de paix* est fixé, en totalité, à deux cent quarante mille hommes. — Les appels ne pourront excéder ce complet, ni excéder annuellement le nombre de quarante mille hommes. — Les remplacements sont admis, suivant des conditions déterminées. — La durée du service des soldats *appelés* sera de *six ans*. — Les rengagements peuvent avoir lieu. — Les sous-officiers et soldats licenciés après les six ans de service exigés, seront assujettis, en cas de guerre, à un service *territorial* dont la durée est fixée à six ans, sous le nom de *vétérans*. Nul ne pourra être sous-officier, s'il n'est âgé de vingt ans, et s'il n'a servi *activement*, pendant deux ans, dans un des corps de troupes réglées. Nul ne pourra être officier, s'il n'a servi pendant deux ans comme sous-officier, ou s'il n'a suivi et rempli les cours des écoles militaires. — Les deux tiers des sous lieutenances de la ligne seront donnés aux sous-officiers. — Les deux tiers des grades et emplois d'officiers inférieurs seront donnés à l'ancienneté. — Nul officier ne pourra être promu à un grade ou emploi supérieur, s'il n'a servi quatre ans dans le grade ou l'emploi immédiatement inférieur, excepté à la guerre, pour des besoins extraordinaires ou pour des actions d'éclat mises à l'ordre du jour de l'armée.

Le projet de cette loi a été reçu dans la chambre des députés, par cent quarante-sept votants, sur deux cent trente-neuf; dans la chambre des pairs, par quatre-vingt-seize votants, sur cent soixante-dix.—Les députés qui ont défendu avec le plus de force et de talent les dispositions essentielles de la loi, sont MM. *Beugnot* (Haute-Marne, et Seine-Inférieure), *Bignon* (Eure), *Chauvelin* (Côte-d'Or), *Courvoisier* (Doubs), *Camille Jordan* (Ain), *Royer-Colard* (Marne).— Parmi les pairs de la même opinion, on distingue le général *Dessolles*, les ducs *de la Vauguyon*, *de la Rochefoucauld-Liancourt*, le marquis *de Lally-Tollendal*.

Cette loi, aussi vivement desirée que la loi des élections (*V.* 5 février 1817), non moins importante pour les destinées de la France, est accueillie avec transport par la nation, c'est-à-dire, par cette immense majorité qui desire l'ordre avec la liberté et qui s'irrite des obstacles que mettent à l'établissement des sages institutions dont la France éprouve le besoin, ces hommes qui, sous prétexte de défendre la prérogative royale, demandent le despotisme, parce qu'ils espèrent en recueillir les faveurs.

Le député *Courvoisier*, abordant avec impétuosité les inculpations adressées au ministère par ces prétendus royalistes, s'écrie : « Je repousserai les élans d'une opposition opiniâtre, et j'ose dire funeste, « puisque, au-dehors comme dans cette enceinte, elle crée, elle propage toutes les autres. Soit qu'elle invoque la liberté, ou qu'elle « réclame l'arbitraire, le gouvernement est l'objet de ses emportements « et de ses reproches; elle l'accuse d'organiser une conspiration contre « le trône, quand il se refuse à conspirer avec elle pour creuser un « abîme; elle l'accuse de sacrifier le monarque et la monarchie, « parce qu'il refuse de lui livrer les rênes, ou de s'associer à ses complots; elle l'accuse de chanceler dans sa marche, de varier dans ses « plans, parce qu'il ose lui déplaire en s'isolant de ses ambitieux « desseins; elle l'accuse de livrer à la conspiration le militaire, après « lui avoir tout livré dans le civil. Quand, depuis deux ans, dans nos « provinces, la France exhérédée par elle, gémit de ne retrouver « l'autorité que dans ses mains, elle offre fièrement l'oubli; *elle at-*

« *tend*, dit-elle, *sur le terrain de la Charte*, ceux qui voudront y « grossir ses rangs. A qui s'adresse ce langage? est-ce au gouverne- « ment? Ce serait audace. Qu'il veuille, et d'un souffle il va dissiper « un frêle parti. Est-ce à nous? Il faut s'entendre. La Charte existe « depuis quatre ans, et cet espace, l'ordonnance du 5 septembre le « divise. Sur quel terrain veut-on nous placer? est-ce sur celui de « 1815? Nous ne voulons ni décimer la France, ni diviser en caté- « gories notre nation................. Accuser, insulter, entraver « le gouvernement sans relâche, ce n'est point là l'esprit de la Charte, « nous ne consentirons jamais à nous rallier sur ce terrain........ « On ose parler de destitutions, de dénonciations, d'espionnage! De « quelle source sont sortis ces divers fléaux?............. L'esprit « de la France n'est point un esprit de fanatisme et d'indépendance. « .... La France ne se nourrit pas de défiance envers « son roi; mais, plus que jamais, elle est en garde contre les pré- « tentions de caste; elle s'attache au présent, en envisageant le « passé......... » C'est (a dit le ministre de la guerre, le maréchal *Gouvion-Saint-Cyr*) « un spectacle unique dans l'histoire du monde, « que celui d'un gouvernement national libre, discutant son système « et sa force militaires, en présence des armées de l'Europe, résidant « encore sur son territoire. »

29. *Mort d'Alexandre Péthion, président de la république de Haïti* (*V.* 27 janvier 1807). — La modération de son caractère et la justice de son administration ont offert un contraste remarquable avec l'horrible cruauté et le despotisme accablant de *Christophe*, établi, sous le titre de roi, dans la partie septentrionale de Saint-Domingue (*V.* 2 juin 1811). Péthion a favorisé le commerce; il n'a pas essayé sans fruit de consolider les institutions et de rendre le peuple apte à la liberté. Ce peuple s'en est montré digne, quoique sorti récemment de l'esclavage. Aussi son chef laisse-t-il dans cette contrée, avec la tranquillité domestique, une émulation vers tous les objets qui peuvent amener sa prospérité. — Suivant des renseignements dignes de foi, la population de la république serait, à ce jour, de deux cent quatre-vingt mille ames, et celle du royaume de Christophe de cent cinquante mille seulement.

Avril 1er. *Proclamation de Jean-Pierre Boyer, président de Haïti, au peuple et à l'armée de la république, à l'occasion de son avènement.* Cette proclamation est datée du Port-au-Prince, chef-lieu de son gouvernement. Il promet de soutenir les droits du peuple, et l'indépendance de l'état.

25. *Convention signée à Paris, entre la France*, d'une part, *l'Autriche, l'Angleterre, la Prusse et la Russie*, d'autre part. — A l'effet d'opérer l'extinction totale des dettes contractées par la France, dans les pays hors de son territoire actuel, envers des particuliers, dont le paiement est réclamé en vertu des traités du 30 mai 1814 et du 20 novembre 1815, le gouvernement français s'engage à faire inscrire sur le grand-livre de la dette publique, une rente de douze millions quarante mille francs représentant un capital de deux cent quarante millions huit cent mille francs. — Le gouvernement français abandonne toutes réclamations sur les sujets des puissances étrangères. — De leur côté, lesdites puissances reconnaissent que toutes réclamations et prétentions à cet égard se trouvent éteintes. — Au moyen de ces stipulations, la France se trouve complètement libérée de dettes de toute nature, prévues par les traités du 30 mai 1814 et du 20 novembre 1815.

Convention signée à Paris, entre la France et l'Angleterre — A l'effet d'opérer le remboursement et l'extinction totale des créances des sujets de sa majesté britannique, dont le paiement est réclamé en vertu des traités du 30 mai 1814 et du 20 novembre 1815, il sera inscrit sur le grand-livre de la dette publique de France une rente de trois millions de francs, représentant un capital de soixante millions.

Mai 15. LOI SUR LES FINANCES.

Fixation de l'arriéré. — 1° Le montant des créances de 1801 à 1810, restant à ordonnancer au 1er octobre 1817, est limité, sauf réductions par suite des liquidations, à soixante-un millions sept cent quatre-vingt mille francs. — 2° Le montant des créances de 1810 à 1816, restant à acquitter à ladite époque du 1er octobre, est limité, et sauf aussi l'effet des liquidations, à deux cent quatre-vingt-dix-sept millions six cent trente mille francs.

Exercices 1815, 1816, 1817. — 1° Il ne sera statué qu'à la session prochaine sur les changements survenus depuis la loi du 25 mars 1817, dans les recettes et dépenses de l'exercice 1815. — 2° Il est accordé, sur le budget de l'exercice 1816, des crédits supplémentaires pour quatorze millions neuf cent soixante-douze mille sept cent quatre-vingts francs. Ces suppléments seront prélevés sur les excédents des recettes appartenant à l'exercice 1816. — 3° Il n'est rien innové, jusqu'à la session prochaine, au budget de l'exercice 1817.

Fixation du Budget de 1818.

1° Dette cons. et amortissement	180,782,000 f.	1,098,362,693 f. c.
2° Dépenses du service ordin...	616,112,271	
3° Dépenses extraordinaires...	301,468,422	

Principaux détails des dépenses ordinaires.

Dette viagère		12,800,000
Pensions civiles	4,408,500	60,408,500
Pensions militaires	48,500,000	
Pensions ecclés. (part. exting.)	7,500,000	
Liste civile et famille royale		34,000,000
Chambre des pairs		2,000,000
Chambre des députés		680,000
Justice		17,300,000
Affaires étrangères		7,650,000
Intérieur		72,916,800
Guerre		162,750,000
Marine		43,200,000
Finances, y compris frais de régie, de perception, etc.		144,246,971
Intérêts des cautionnements		8,000,000
Frais de négociation		17,000,000
Police, y compris diverses dépenses qui, précédemment, ne figuraient pas dans les comptes publics		6,160,000
Clergé en activité		27,000,000

État des sommes mises à la disposition de la couronne, depuis le 1er avril 1814 jusqu'au 1er avril 1818.

Liste civile	25,000,000
Famille royale	8,000,000
Domaine de la couronne, par estimation...	8,000,000
Domaine extraordinaire	1,200,000
Recettes particulières de la police, non versées au trésor	5,000,000
Débris de l'apanage de S. A. R. le comte d'Artois	300,000
	47,500,000
Total pour quatre années.....	190,000,000

Report.........	190,000,000 f.	c.
Dettes du roi à l'étranger (loi du 21 décembre 1814).........................	30,000,000	
Dépenses du mariage de S. A. R. le duc de Berry	1,500,000	
Supplément annuel accordé pour le duc de Berry (deux années)...................	2,000,000	
Cinq cent mille francs de rentes appartenant au domaine extraordinaire, vendues sans autorisation législative................	10,000,000	
Total des quatre années.....	233,500,000	
— par année...........	58,375,000	
— par mois............	4,864,583	
— par jour............	159,931	50
— par heure...........	6,663	81

Le député *Benjamin Delessert* ayant énoncé, à la tribune de la chambre, et son assertion n'ayant pas été contredite, que la quote-part de chaque individu, dans les contributions publiques directes ou indirectes, à percevoir en 1818, s'élève à vingt-huit francs, somme supposée être le dixième de son revenu, il en résulte que, six mille six cent soixante-trois francs quatre-vingt et un centimes, étant la somme dont la couronne dispose, par heure, cette somme absorbe le montant des contributions de deux cent trente Français, ou bien le revenu total de vingt-trois d'entre eux, l'un portant l'autre.

16. *Clôture de la session de* 1817. — La chambre des députés qui n'a reçu que le premier cinquième élu conformément à la loi du 5 février 1817, offre cependant des dissemblances très-remarquables avec la chambre de la session précédente, qu'elle-même on croirait séparée, par un immense intervalle, de cette chambre ardente de 1815 — 1816; tant sont rapides les progrès des idées constitutionnelles. Leur développement s'en fait à ce jour, avec force, plénitude, exubérance, quoique avec régularité. Les discussions, souvent animées du feu de la liberté, ont montré tout ce qu'on doit attendre des Français entrés enfin dans cette carrière, après trente années d'égarement. Combien peu d'analogie existe entre l'esprit vivifiant de cette législature, et les idées vagues, incohérentes, les timides velléités, la surface terne de la chambre de 1814, de ce corps législatif ayant les profonds stigmates des liens dans lesquels le gouvernement impérial l'avait si fortement comprimé!

La chambre des députés a présenté quatre divisions principales. 1° Les membres siégeants à droite, désignés sous le nom d'*ultras*, faisant profession de dévouement au pouvoir absolu, d'obéissance passive, conformément au droit divin, ainsi que les jacobites anglais au commencement du dernier siècle; regrettant tout l'ancien régime; s'efforçant de ramener l'influence de la cour, de reproduire les prétentions aristocratiques les plus surannées, et réclamant, avec une infatigable persévérance, tous les emplois, tous les honneurs, comme des récompenses dues à leur inviolable royalisme, pendant les trente années de leur fausse conduite politique. Cependant, la nécessité de conserver des partisans dans le corps de la nation, inquiète de leur ascendant, les a portés à rendre hommage aux principes généraux de la liberté, à donner des marques d'adhésion à la Charte, à se résigner au systême en masse, sauf à dévier dans chaque détail. 2° Les *ministériels*, assis au centre de la salle, hommes habitués, la plupart, à l'abnégation de toute idée positive, complaisants du pouvoir, épiant ses distributions, et préférant, comme de raison, le gouvernement qui se servira d'eux, qui les fera vivre, et les conduira à la fortune. 3° Quelques amis des libertés constitutionnelles qui desirent échapper au régime provisoire, aux lois d'exception (résultat déplorable des circonstances), voir effacer les précautions de rigueur, entrer enfin pleinement dans la Charte; mais qui, tout en désapprouvant plusieurs actes du gouvernement, en blâmant les tâtonnements de sa marche, en déplorant l'infixité de sa politique intérieure, apprécient l'étendue et la pression des difficultés qui lui font la loi, reconnaissent qu'animé du desir sincère d'amener le bonheur commun, il cherche les moyens de les surmonter. Souvent ils défèrent à ses vues, votent en faveur de ses mesures, appréhendant de paralyser son action au-dedans, comme d'atténuer cette confiance dont il a besoin pour être mieux écouté dans les négociations qui doivent délivrer la France. Leurs concessions sont à ce prix. Lorsque les périls qu'ils se sont imposé le devoir de conjurer seront affaiblis, ils se présenteront dans toute la franchise de leurs opinions. On les appelle *doctrinaires*, parce qu'on les juge immuablement attachés aux doctrines positives formant l'essence du gouvernement représentatif. Aussi ces publicistes se voient en butte aux divers factieux qui voudraient, les uns, la subversion; les autres, l'exagération de la liberté, et d'autres encore, une suspension, plus longtemps continuée des institutions de la Charte. De même, en 1789 et précédemment, *Malesherbes*, que des courtisans appelaient par dérision *le ministre patriote*, *Dupont de Nemours*, *le duc de la Rochefoucault-Liancourt*, *Mounier*, *Mallouet*, *Lally-Tollendal*, se voyaient en butte aux invectives de chaque parti. 4° Dans la chambre sont encore les députés de la gauche, connus sous le nom de *libéraux*, qui réclament aussi l'entière exécution de la Charte; mais qui la réclament immédiatement, qui repoussent tout délai, s'indignent de la moindre réserve, qui font abstraction des conjonctures, citent impérieusement le texte de l'évangile politique, et fondent leur popularité sur d'irrépréhensibles arguments, sur les vérités éternelles. Quelque imprudent, quelque intempestif que puisse être le développement de leurs maximes, la nation les goûtera davantage, à mesure qu'elle avancera dans l'usage de la liberté. Et ces députés eux-mêmes, bannissant peu-à-peu les exagérations d'une application rigoureusement systématique, adoptant un esprit de conciliation plus conforme à la prudence, secondant plus sagement les progrès de la raison générale, deviendront, sans doute, d'utiles fanaux pour le gouvernement. Ils releveront avec sagacité les méprises, les erreurs dans lesquelles se laissent, presque inévitablement, entraîner les arbitres des destinées humaines; car la vraie liberté n'existe pas là où l'opposition n'est pas franche et bien déterminée. Dès notre première assemblée, un éloquent royaliste, *Cazalès*, signalait sa bienfaisante influence. « Le parti de l'opposition (s'écriait-il, séance du 7 décem« bre 1790) est toujours le parti du peuple. Oui, quelle que soit « l'autorité dominante, qu'on la nomme despote, roi, chambre, « sénat, assemblée nationale, le parti de l'opposition est toujours « celui des hommes les plus indépendants; il est le défenseur du peu« ple: sans cela, qui apprendrait au peuple si une majorité infidèle « ou corrompue le trahit? Apprenez, législateurs d'un jour, que « c'est ce parti qui conserve la liberté politique. Si vos décrets sont « justes, l'opposition ne poussera que de vaines clameurs; s'ils ne « sont pas justes, ce parti qui tendra sans cesse à éclairer la nation, « deviendra la majorité de la nation, et alors il sera bien près d'être « la majorité de l'assemblée. ».

Des trois projets de lois constitutives, présentés pendant la session, celui qui se rapporte au concordat est replongé dans le néant dont il n'eût pas dû sortir (*V.* 22 novembre 1817). — Le projet sur la presse a été rejeté. La nation veut le jury dans le jugement de ces sortes de délit: elle ne veut que le jury; elle s'indigne de voir les auteurs, les publicistes, ignominieusement traduits devant des tribunaux correctionnels. Le discours du député *Martin de Gray* (Haute-Saône) a ranimé la France; il a démontré, par des arguments si pressants, que, sans le jugement par jurés, toute législation sur la presse est illusoire, que ce mode de jugement est le véritable palladium de la liberté, qu'aucun orateur n'a essayé de le contredire. Les plus fougueux adversaires des institutions constitutionnelles se sont retranchés dans les motifs de préservation que nécessitent des circonstances qui, d'après leurs desirs, ne doivent point finir. Le dernier article du projet concernait les journaux. Il en a été détaché (*V.* 30 décembre 1817), admis d'urgence et presque sans discussion. — La loi sur le recrutement (*V.* 10 mars) a été l'occasion de longs débats, qui, faisant ressortir les plus faibles nuances de chaque opinion, ont signalé la bannière de ces hommes que ni l'expérience d'un quart de siècle, ni l'évidence des faits présents n'ont pu ramener sous l'étendard de la raison. Mais en affectant d'énoncer des sentiments opposés aux desirs universels, de déclamer contre l'égalité politique, contre l'émulation des classes ascendantes, ils ont ranimé les anciennes craintes, inspiré de salutaires défiances. La nation est actuellement fixée sur leur compte. — La théorie des budgets a été perfectionnée dans cette session, de manière à ce que leur intelligence ne soit plus une science occulte réservée à quelques initiés.

Tel est l'heureux résultat amené par le premier cinquième élu suivant la loi du 5 février 1817. Tandis que les amis d'une liberté raisonnée ont vu s'accroître leur nombre, le parti des royalistes inconsidérés s'est réduit. Là, cette religion prétendue du royalisme s'est dévoilée, et n'a présenté qu'une faction aristocratique toujours insubordonnée, dès que ses intérêts personnels lui semblent compromis, et qu'on blesse sa puérile vanité.

La France n'avait pas vu une assemblée délibérante dans laquelle un aussi grand nombre de membres eussent pris une part aussi active aux discussions. De beaux talents, des esprits sages se sont révélés, prouvant très-bien toute notre aptitude au gouvernement représentatif. On a remarqué la franchise et l'indépendance des opinions jusque dans les écarts de quelques orateurs. Cependant, le mode de discussion le plus suivi n'est pas le mode le plus convenable. Des discours écrits, des compositions d'apparat ne sauraient produire qu'une impression sans force et sans durée. Les réponses ne succédant pas aux objections, on attaque une opinion à l'aide de généralités; on ne lutte pas corps à corps avec son adversaire; on pérore, on ne réplique pas. Les délibérations ne sont pas, comme en Angleterre, des conversations publiques dans lesquelles on emploie ce style d'affaires dont sont douées les personnes exercées à eur maniement, et qui doivent en rendre des comptes périodiques et fréquents. La véritable éloquence délibérative est encore dans son enfance, mais c'est l'enfance d'Hercule.

Au reste, cette session établit, avec solidité, les principes constitutionnels. Les adversaires de la Charte sont obligés de se rallier à son drapeau; et s'ils laissent pénétrer le dessein de la trahir, ils n'oseraient l'attaquer en face. Les doctrines mieux assurées ont triomphé des passions comme des évènements imprévus. Le crédit public s'est élancé au-delà de ce qu'on vit jamais, chez aucun peuple, dans des conjonctures analogues. Le crédit a pris sa force de l'union plus sincère du gouvernement et de la nation. Les Français se dévouent, avec une noble résignation, à d'immenses sacrifices. Ils dédaignent de marchander leur rançon; l'espoir de jouir, au plus tôt et dans leur plénitude, des bienfaits de la Charte, remplit tous les cœurs.

Les députés les plus remarquables de cette session, sont, *d'Argenson* (Haut-Rhin), *Becquey* (Haute-Marne), *Beugnot* (Haute-Marne, Seine-Inférieure), *Bignon* (Eure), *Chauvelin* (Côte-d'Or), *Corbière* (Ile-et-Vilaine), *Courvoisier* (Doubs), *Camille-Jordan* (Ain), *Martin de Gray* (Haute-Saône), *Roy* (Seine), *Royer-Colard* (Marne), et, sur les questions incidentes du budget, *Villèle* (Haute-Garonne). — Le président *De Serre* (Haut-Rhin) a fait remarquer son impartialité dans ses fonctions.

Août 2. *Ordonnance du roi*, déterminant les degrés de la hiérarchie et la progression de l'avancement dans tous les corps militaires, conformément à l'esprit de la loi du 10 mars. — Le nombre des maréchaux de France est fixé à douze. Il ne sera fait aucune nomination, tant que ce nombre se trouvera rempli. Les officiers-généraux employés en temps de paix seront au nombre de quatre-vingts lieutenants-généraux et de cent soixante maréchaux de camp. — Cette fixation est à-peu-près conforme à celle qu'adopta le corps législatif, sur la proposition du général Jourdan (*V.* 18 août 1797). Puisse la pernicieuse influence de la cour ne pas obtenir une augmentation de dignités militaires qui retomberaient à la charge de la nation!

25. *Inauguration de la statue de* Henri IV, érigée sur le Pont-Neuf, à Paris. — La statue que sa veuve, Marie de Médicis, lui fi élever en 1614 a disparu le 11 août 1792, le lendemain de cè jou où l'assemblée dite législative décréta la déchéance de son quatrièm successeur. — Le monument actuel est élevé du produit des somme souscrites par des milliers de Français appartenant à tous les états Le pauvre a déposé quelques centimes pour retrouver l'image du bo

roi dont on lui a tant dit qu'il aimait le peuple, que c'est le seul roi dont le pauvre conserve le souvenir. Le citoyen versé dans l'histoire nationale a présenté son offrande pour contempler l'effigie du grand roi, du père de la patrie qui sut, en moins de dix-sept années, réparer cent années de désastres dus aux guerres insensées et à l'esprit persécuteur de François Ier, à la tyrannie, à la cruauté ou à la faiblesse des derniers Valois, ainsi qu'aux discordes attisées par le fanatisme de l'aristocratie féodale, et le fanatisme du catholicisme ultramontain. — Le prix de cette statue équestre, en bronze, est de trois cent trente-huit mille francs seulement, mais la très-grande partie du métal est un don du gouvernement.—*La statue de* Louis XV, *fondue par Bouchardon* (en 1763, cette même année qui vit la France abaissée sous un traité des plus ignominieux, après une guerre des moins glorieuses), *avait coûté* un million six cent mille francs. — Sous les mains du sculpteur qui vient de modeler le bon roi, le meilleur des grands rois, le bronze reste muet. Rien dans les traits, dans l'attitude du cavalier, n'exprime le monarque, le guerrier, ou le Français par excellence. Ce monument présente un homme sans physionomie, sur un cheval fort peu digne de sa destination; voilà tout. Puisse le nom du statuaire être tracé sur le piédestal, en caractères qui s'effacent rapidement! — On se propose d'y graver des inscriptions *toutes* en latin, comme pour dérober à la presque universalité des spectateurs l'intelligence des éloges donnés à ce roi né de père et de mère Français, qui ne sortit jamais de la France, qui ne parla jamais que des idiômes nationaux, et qui ne saurait être assez vénéré des spectateurs de toutes les conditions, dans les siècles à venir. Le citoyen illétré passera, et ne verra pas que cette image est l'image de ce Henri appelé par les Français, *grand et bon*, comme les Romains appelaient l'Être-Suprême. Étrange abus des vieilles idées sur l'exclusive prééminence des langues mortes! Voilà comment des hommes sans discernement gâtent les bonnes choses, en outrant ou en feignant de bonnes intentions.

26. *Ordonnance du roi*, par laquelle quarante mille *soldats sont appelés* sur chacune des classes de 1816, 1817 (*V.* 10 mars).

30. *Ordonnance du roi, concernant la garde nationale.*—La garde nationale improvisée le 13 juillet 1789, instituée par l'assemblée constituante (*V.* 12 septembre, 12 décembre 1790), désorganisée par l'anarchie révolutionnaire (*V.* 29 septembre, 14 octobre 1791), ne fut que très-imparfaitement reconstituée par le directoire, alors qu'il

portait toutes les troupes réglées hors de France, contre la seconde coalition continentale. Tombée presque en désuétude sous le consulat, elle se vit inopinément rétablie, mais dans l'intérêt exclusif du despotisme impérial (*V.* 24 septembre 1805; 12 novembre 1806). Depuis le gouvernement du roi, elle n'existe que d'une manière provisoire, incomplète et confuse. Elle a été mise à la disposition de ce parti qui se dit seul défenseur de la royauté; elle devient dans ses mains une arme dont il prétend se servir contre la liberté publique. A la vérité elle a pour commandant suprême l'héritier de la couronne, *Monsieur, comte d'Artois*, bien connu par son dévouement à la Charte (*V.* 16 mars, 7 octobre 1815); mais, comme en plusieurs lieux elle obéit à ce parti, elle y est un instrument d'oppression, et même une arme de vengeance. Cette belle institution est donc jetée hors de l'action administrative et du régime constitutionnel. Que ne peut-elle pas cependant dans les troubles publics, dans les désastres des invasions? Deux fois employée, la garde nationale de Paris a, deux fois, préservé la France des plus grands dangers; elle a, deux fois, sauvé la capitale par sa contenance ferme et mesurée, en émoussant les desirs irréfléchis des soldats français trahis par la victoire et les passions haineuses des soldats étrangers qu'enflammaient leurs succès. En 1791, 92, elle aurait sauvé le trône, si les conseillers secrets de *Louis XVI* ne l'avaient pas détourné de se confier à son dévouement.

L'ordonnance de ce jour, replaçant les gardes nationales dans la dépendance du pouvoir civil ordinaire, réintègre sous l'autorité directe du ministre de l'intérieur les maires, sous-préfets, préfets, dans l'exercice des attributions primitivement dévolues aux pouvoirs municipaux. — L'ordonnance supprime tous les emplois d'officiers supérieurs à celui de commandant de commune ou de canton. — Elle prévient ou réprime un grand nombre d'abus. — Elle met un terme aux vexations des inspecteurs-généraux, détruit l'arbitraire de l'etat-major-général. — Elle prescrit aux autorités locales d'adopter pour base du contrôle nominal le rôle de tous les imposés ou fils d'imposés sans aucun examen des opinions politiques, sans autre exclusion que celle des individus qui ont subi des condamnations afflictives et infamantes, et en se réduisant au nombre d'hommes suffisant au service habituel de la police locale.

Cette ordonnance est accueillie par tous les Français amis de leur pays avant toutes choses, c'est-à-dire par l'immense majorité. Elle semble promettre une loi définitive qui, plaçant cette institution à l'abri des caprices du pouvoir, secondera l'influence constitutionnelle de la loi sur les élections (*V.* 5 février 1817), et de la loi relative au recrutement (*V.* 10 mars 1818); deux lois chères aux Français, en ce qu'elles doivent concourir à garantir la liberté au-dedans et le repos au-dehors.

Septembre 30. CONGRÈS D'AIX-LA-CHAPELLE. *Ouverture des conférences.* — Les empereurs d'Autriche, de Russie, le roi de Prusse, se réunissent pour décider la question de l'évacuation totale du territoire français par les armées confédérées (*V.* 20 mars 1815, 10 février 1817). Les ministres de ces trois souverains doivent, de concert avec les envoyés de la Grande-Bretagne et le duc *de Richelieu*, envoyé de la France, préparer la résolution définitive.

Octobre 2. CONGRÈS D'AIX-LA-CHAPELLE (*V.* l'art. précédent).— *Troisième séance des ministres des cinq grandes puissances.* — Le principe de l'évacuation du territoire de la France est décidé à l'unanimité et presque sans discussion (*V.* le 9).

8. — Relâche à Timor, de la corvette l'*Uranie* (commandant, le capitaine *Louis Freycinet*), employée à une expédition scientifique (*V.* 17 septembre 1817). Ce bâtiment a exploré une partie de la côte nord-ouest de la Nouvelle-Hollande, dont les détails étaient inconnus.

9. CONGRÈS D'AIX-LA-CHAPELLE (*V.* le 2). —*Convention entre les ministres des cours d'Autriche, de la Grande-Bretagne, de Prusse et de Russie,* d'une part; *le duc de Richelieu, plénipotentiaire de France,* d'autre part. — ART. 1er Les troupes composant l'armée d'occupation seront retirées du territoire français, le 30 novembre prochain. — 4. Tous les comptes entre la France et les puissances alliées ayant été réglés et arrêtés, la somme à payer par la France, suivant les stipulations du traité du 20 novembre 1815, est définitivement fixée à deux cent soixante-cinq millions.—5. Sur cette somme, celle de cent millions, valeur effective, sera acquittée en inscriptions de rentes sur le grand-livre de la dette publique de France, portant jouissance du 22 septembre 1818. Lesdites inscriptions seront reçues au cours du 5 octobre 1818. —6. Les cent soixante-cinq millions restant seront acquittés par neuvième, de mois en mois, à partir du 5 janvier prochain, au moyen de traites sur des maisons de commerce à ce désignées (*V.* 19 novembre).

Ainsi le duc *de Richelieu*, qui se sentit un assez grand courage de résignation pour souscrire les conditions du 20 novembre 1815, courage que ne put se donner son prédécesseur, le prince *de Talleyrand* (*V.* 26 septembre 1815), a le bonheur d'attacher son nom à la transaction qui les efface. Beaucoup de nos ministres signèrent des traités funestes; il est le seul qui ait réparé les maux qu'il n'avait pas faits. Il n'entre en partage d'une aussi belle gloire, qu'avec le plus sage de nos rois, *Charles V*, qui défit si bien *le traité de Bretigny* (1360).

20 et 26. *Réunion des colléges électoraux*, convoqués pour la nomination des députés de la deuxième série, et des remplaçants des autres séries. — L'Europe voit une seconde fois (*V.* 20 septembre 1817), et avec une égale surprise, le calme établi dans des réunions si propres à soulever les passions politiques.

On s'est efforcé d'accréditer que les électeurs étaient sans zèle dans leurs fonctions; on a prétendu qu'un tiers d'entre eux ont dédaigné de concourir aux élections. Cependant, à nulle autre époque depuis les assemblées des bailliages pour les nominations aux états-généraux, on ne vit une affluence aussi considérable, eu égard au nombre des votants admis par les diverses constitutions. Cette fois, une foule de citoyens se rappelle que la facilité avec laquelle les ambitieux ou les méchants s'emparèrent du pouvoir à chaque crise révolutionnaire, fut la suite de l'égoïsme des classes intermédiaires, la conséquence de leur défaut d'énergie, dans ces temps où les hommes des classes supérieures, qui auraient dû servir de guides dans la résistance, avaient si impolitiquement pris la fuite. Cette présence des deux tiers des électeurs, en octobre 1818, montre avec évidence le développement de l'esprit public; elle prouve que les citoyens appelés à voter apprécient l'importance de leurs fonctions, que l'insouciance enfin cesse d'être le caractère général, et que l'opinion ne doit pas céder en toute rencontre à l'impulsion du ministère. Ce commencement d'énergie raisonnée doit faire époque; il annonce que la nation se constitutionnalise, et que les salutaires dispositions de la Charte ont déja de fortes racines dans les esprits. L'absence d'un tiers des électeurs, absence dont le parti anti-populaire s'autorise pour indiquer des vices dans la loi du 5 février 1817, provient sur-tout de ce que ce parti, désespérant de diriger les élections, y prévoyant sa défaite, en a fui l'humiliant spectacle. Les choix manifestent à quel point la majorité des propriétaires réprouve le système des ministres et s'irrite de leurs tentatives pour dominer exclusivement les colléges. — Les plus remarquables des députés sont: *Bédoch* (Corrèze), le général *Grenier* (Moselle), *Kératry* (Finistère), *Lafayette* (Sarthe),

Manuel (Vendée et Finistère), *Martin de Gray* (Haute-Saône), *Saint-Aulaire* (Gard). Les électeurs du Rhône, assemblés le 26, n'ont qu'un député à nommer. Leurs suffrages se portent sur un des plus estimables citoyens dont s'honore la France, quoiqu'ils n'ignorent pas que les électeurs de l'Ain l'ont choisi, le 20. Les habitants de Lyon aiment à rendre un éclatant hommage à leur défenseur, *Camille Jordan*, ce même député qui, sous la tyrannie du directoire, fit entendre une voix courageuse (*V.* 9 octobre 1793, 17 juillet 1797), et qui, vingt ans après, s'élève avec la même énergie contre les nouveaux attentats exercés dans cette cité malheureuse, contre les fauteurs d'une autre espèce de terrorisme (*V.* 8 juin 1817). — La seconde épreuve de la loi du 5 février 1817 démontre donc, d'une manière positive, que la nation est susceptible de discerner les avantages d'un système représentatif, qu'elle sait reconnaître tout le besoin d'en retenir la possession. Cette loi est bonne, puisqu'elle ouvre les portes de l'enceinte législative aux hommes les plus chers à la population du pays.

Novembre 1er. CONGRÈS D'AIX-LA-CHAPELLE. — *Note adressée à M. le duc de Richelieu, par les plénipotentiaires des cours d'Autriche, de la Grande-Bretagne, de Prusse et de Russie* (*V.* 9 octobre).

« Appelés par l'article 5 du traité du 20 novembre 1815 à examiner, de concert avec sa majesté le roi de France, si l'occupation « militaire d'une partie du territoire français, arrêtée par ledit traité, « pouvait cesser à la fin de la troisième année, ou devait se prolonger jusqu'à la fin de la cinquième, leurs majestés l'empereur d'Autriche, le roi de Prusse et l'empereur de toutes les Russies, se sont « rendues à Aix-la-Chapelle, et ont chargé leurs ministres de s'y « réunir en conférence avec les plénipotentiaires de leurs majestés « le roi de France et le roi de la Grande-Bretagne, afin de procéder « à l'examen de cette question importante. — L'attention des ministres et plénipotentiaires a dû se fixer avant tout, dans cet examen, sur l'état intérieur de la France. Elle a dû se porter également « sur l'exécution des engagements contractés par le gouvernement « français envers les puissances co-signataires du traité du 20 novembre 1815. — L'état intérieur de la France ayant été depuis « long-temps le sujet des méditations des cabinets, et les plénipotentiaires réunis à Aix-la-Chapelle s'étant mutuellement communiqué les opinions qu'ils s'étaient formées à cet égard, les augustes « souverains, après les avoir pesées dans leur sagesse, ont reconnu « avec satisfaction que l'ordre des choses, heureusement établi en

« France par la restauration de la monarchie *légitime et constitutionnelle*, et le succès qui a couronné jusqu'ici les soins paternels de « sa majesté très-chrétienne, justifient pleinement l'espoir d'un affermissement progressif de cet ordre des choses si essentiel pour le « repos et la prospérité de la France et si étroitement lié à tous les « grands intérêts de l'Europe. — Quant à l'exécution des engagements, les communications....... n'ont laissé aucun doute...... « leurs majestés impériales et royales se sont félicitées de n'avoir plus « qu'à écouter ces sentiments et ces vœux personnels qui les portaient « à mettre un terme à une mesure que des circonstances funestes et « la nécessité de pourvoir à leur propre sûreté et à celle de l'Europe « avaient pu seules leur dicter. — Dès-lors les augustes souverains « se sont décidés à faire cesser l'occupation militaire du territoire « français, et la convention du 9 octobre a sanctionné cette résolution. Ils regardent cet acte solennel comme le complément de la « paix générale........ »

Le congrès d'Aix-la-Chapelle fait rentrer l'Europe dans son état ordinaire. Chaque nation se retrouve enfin chez elle. Les souverains confédérés se sont honorés dans cette loyale interprétation des conventions du 20 novembre 1815. Ils ont adopté ce mot de notre malheureux *Jean* : « Si la bonne foi était bannie de la terre, elle devrait « se trouver dans le cœur des rois ».

15. Congrès d'Aix-la-Chapelle. — « Les plénipotentiaires des « cinq grandes puissances déclarent qu'elles sont fortement décidées « à ne s'écarter, dans aucune de leurs relations, du principe d'union « intime qui a présidé à leurs rapports. — Que cette union n'a « pour objet que le maintien de la paix générale, fondé sur le respect « religieux pour les engagements consignés dans les traités et pour « la totalité des droits qui en dérivent. — Que la France, associée « aux autres puissances pour la restauration du pouvoir monarchique, *légitime et constitutionnel*, s'engage à concourir désormais au « maintien et à l'affermissement d'un système qui a donné la paix à « l'Europe, et qui peut seul en assurer la durée. — Que des réunions « particulières, soit entre les souverains eux-mêmes, soit entre leurs « ministres plénipotentiaires respectifs, pourront avoir lieu, si elles « sont jugées nécessaires. »

17. *Dislocation de l'armée d'occupation*, et commencement de l'évacuation du territoire occupé par les troupes étrangères (*V.* 9 octobre); — sept cent cinquante millions de contributions de guerre, sept cent cinquante millions de frais d'occupation, et plus de cinq

cents millions consommés ou détruits du 1er mars au 30 décembre 1815 : voilà les fruits qu'apporta Napoléon de l'île d'Elbe. La France ne dut jamais d'aussi grands désastres à un seul homme. Mais cet homme (il convient de le redire) n'aurait rien entrepris, sans les déviations si inconsidérées des ministres du roi (*V.* 20 mars).

19. CONGRÈS D'AIX-LA-CHAPELLE. — *Modification à l'article 6 des stipulations de la convention du 9 octobre.*

« Les maisons de banque avec lesquelles le gouvernement français « a traité de l'exécution de ses engagements pécuniaires et dont le « crédit universellement reconnu a déterminé les cours alliées...... « à accepter en paiement les lettres-de-change tirées de ces maisons « par le trésor royal de France, pour la somme de cent soixante- « cinq millions, restant à acquitter, d'après l'article 6 de la conven- « tion du 9 octobre............ ces maisons avaient déclaré qu'elles « pouvaient effectuer en neuf termes les différents paiements dont « elles se chargeraient.............. Mais de graves circonstances « ayant agi défavorablement sur le crédit de la France, sur la valeur « de ses effets publics, ainsi que sur les relations commerciales et « pécuniaires des grandes places de l'Europe, et les puissances créan- « cières ayant sérieusement réfléchi sur la position des choses, sur « les inconvénients nombreux qui résulteraient pour l'Europe en gé- « néral et spécialement pour la France, si les maisons de banque « chargées des paiements étaient obligées de les effectuer dans l'es- « pace de temps qui a été limité; lesdites puissances consentent à « prolonger à dix-huit mois les termes des paiements, fixés à neuf « mois par la convention du 9 octobre. »

Cette décision sera suivie d'une dernière convention qui détermi- nera définitivement les arrangements relatifs à ces objets. Quoique cette convention soit de l'année 1819, son indication étant nécessaire pour compléter la connaissance des derniers résultats amenés pour la libération financière de la France, le texte de cette convention doit trouver place ici.

« *Convention relative au dernier paiement de l'indemnité pécuniaire « due par la France.* — Les circonstances existantes ayant rendu « nécessaire de chercher à diminuer, autant que possible, la masse « des inscriptions de rente sur le grand-livre de la dette publique « de France, qui peuvent être immédiatement mises sur la place de « Paris, il a été convenu ce qui suit : Article 1er. L'inscription de « six millions six cent quinze mille neuf cent quarante-quatre francs « de rente, livrée par la France aux cours d'Autriche, de la Grande-

« Bretagne, de Prusse et de Russie, conformément au cinquième « article de la convention du 9 octobre 1818, restera en dépôt entre « les mains des commissaires de ces cours, jusqu'au 5 juin 1820. — « 3. Le 1er juin 1820, la France remettra au cours sus-mentionné, « en échange de l'inscription de six millions six cent quinze mille « neuf cent quarante-quatre francs de rente, des bons du trésor « royal pour cent millions de francs; cesdits bons portant intérêt de « cinq pour cent, payables en neuf mois, en portions égales, jour « pour jour, à commencer le 1er juillet 1820, et à finir le 1er mars « 1821. Les deux premiers tiers ne seront pas négociables; mais le « dernier tiers pourra être négocié, à commencer dès le 1er décem- « bre 1820. — 6. Il est convenu que, lors de l'époque de la négo- « ciation du dernier tiers des bons qui seront mis à la disposition « des cours créancières en exécution du troisième article ci-dessus « (pourvu que ces cours veuillent user de ce pouvoir), le gouver- « nement français en sera informé, et à conditions égales, jouira de « la préférence pour la négociation de ces bons. — Fait à Paris, le 2 « février 1819. *Signé* le baron *de Vincent* (Autriche), le marquis « *Dessolles* (France), *Charles Stuart* (Angleterre), *H. de Goltz* « (Prusse), *Pozzo-di-Borgo* (Russie).

24. *Ouverture à Paris d'un cours normal d'enseignement mutuel*, pour les officiers et sous-officiers, appelés, à cet effet, de tous les corps de l'armée, par le ministre de la guerre, maréchal *Gouvion-Saint-Cyr* (*V.* 13 juin 1815).

Décemdre 7. *Le comte Corvetto* (ancien avocat à Gênes, *V.* 31 mai 1797) quitte le ministère des finances qu'il exerce depuis trois ans. Il est remplacé par M. *Roy*, député.

Précisément, à un siècle d'intervalle, la France s'est vue menacée du plus sombre avenir ou d'une fin prochaine, par le renversement de ses finances. Les causes en sont les mêmes aux deux époques: l'ambition démesurée, les guerres injustes, impies, l'ardeur despotique de deux hommes faisant, en 1815, en 1715, les destinées de la France. Si *Napoléon* est plus odieux, plus insensé, *Louis XIV* n'aura pas été moins funeste à la fortune publique. Le roi meurt enfin en 1715, laissant un déficit de cent trente millions, valeur actuelle, ayant dépensé, au moyen d'anticipations, *l'entier revenu de* 1716 *et la moitié de celui de* 1717, et devant, en outre, deux milliards. La dette existante à la fin de 1815, y compris les charges extraordinaires, acquittables en cinq ans, l'arriéré, etc., peut s'évaluer à près de quatre milliards.

Dans l'une et l'autre conjoncture, un étranger arrive pour sonder et guérir les plaies de la France. On présente, de nos temps, le *génois Corvetto*, comme un miraculeux Esculape, ainsi qu'on avait attiré, au commencement du dernier siècle, l'*écossais Law*. Ces opérateurs étrangers ont, l'un comme l'autre, mal soigné les plaies de l'état. Cependant Law avait apporté de grands spécifiques très-susceptibles d'efficacité. Mais il n'existait, dans notre monarchie décrépite, aucune surveillance légale des transactions du fisc, aucune protection spéciale pour les créanciers de l'état. Les principes de Law furent dénaturés presque aussitôt qu'adoptés, et l'infamie de la banqueroute, jetée sur son nom, fut la seule expiation obtenue par les victimes d'un gouvernement dépravé.

Aujourd'hui, les doctrines financières ont germé dans les esprits; elles commencent à éclore. Un ministre, vînt-il de Constantinople, ne saurait en arrêter l'essor, ne pourrait en corrompre l'essence. Mais il lui est encore loisible de commettre de nombreuses fautes d'exécution; il peut se permettre de désastreuses connivences qui retomberont à la charge du peuple. Ces fautes, ces collusions, mille défauts de forme sont reprochés à l'ex-jurisconsulte de Gênes.

Il se retire chargé de l'animadversion presque générale. Mais, loin de se voir exposé au sort de ces deux célèbres surintendants, *Marigny*, *Fouquet*, il n'est même pas menacé d'accusation. On le laisse se refugier dans l'ombre, se condamner à l'oubli. Des considérations prises de la haute politique, ou puisées dans une profonde prudence, auront amené ces ménagements, qui pourraient, sans cela, paraître fort étranges. En soulevant les voiles étendus sur des opérations d'effets publics, en expliquant certaines ambiguités des comptes, on pourrait exciter les passions, enflammer des dissentiments. Les cours étrangères aimeraient à suspendre le départ de leurs troupes; et la France, à l'exception de quelques pygmées de la basse féodalité, soupire après sa libération complète. Fidèles au vœu national, les membres des deux chambres, couvrant le passé d'un nuage officieux, se réservent de diriger toute leur attention sur les améliorations à porter dans le revenu, la perception et les dépenses.

10. *Ouverture de la session législative de* 1818—1819, *par le roi en personne.* — Le discours prononcé dans cette occasion solennelle ne sort presque pas du cercle des généralités. « . . . .
« En secondant mes vœux et mes efforts, vous n'oublierez pas, mes-
« sieurs, que cette Charte, en délivrant la France du despotisme, a
« mis un terme aux révolutions. Je compte sur votre concours pour

« repousser les principes pernicieux qui, sous le masque de la liberté, « attaquent l'ordre social, conduisent par l'anarchie au pouvoir ab- « solu, et dont le funeste succès a coûté au monde tant de sang et de « larmes. . . . . » — Ces paroles, dont le sens positif reste enveloppé, sont diversement interprétées : les uns y voient des motifs d'assurance contre des innovations nuisibles à la Charte, ou qui menaceraient d'atténuer ses effets, de circonscrire ses dispositions ; tandis que des esprits ombrageux y découvrent les indices d'une fluctuation dans le système du gouvernement, ou d'un retour au régime de 1815.

Le second cinquième des députés élus conformément à la loi du 5 février 1717, entrant dans la chambre, y produira des résultats plus avantageux que ceux des précédentes sessions. Plus les élections seront régulières et dégagées des illicites influences de l'autorité administrative, plus l'esprit de la représentation sera conforme à l'esprit général. La nation s'est prononcée, cette année, plus fortement contre les antagonistes de la Charte, en les excluant; pour les défenseurs ostensibles de la liberté et des intérêts communs, *en les* portant à la chambre. Ministère inconsidéré, que celui dont l'existence se terminera le 29 ! Sa majorité cédant à la pernicieuse influence de la cour, substituant à la franchise de petites intrigues auprès des hommes, ne sait pas, ou ne veut pas s'appuyer sur les choses, c'est-à-dire sur la force morale de l'opinion, de cette opinion toute nationale dont il est aussi facile de discerner que d'admettre le vœu; d'où résulterait non-seulement la force, mais la tranquillité du gouvernement. Car l'opinion soutient seule le gouvernement représentatif; elle seule peut lui donner de l'aplomb.

18. Le député *Ravez* (Gironde) est nommé président.

24. *Mort du maréchal Pérignon*, âgé de cinquante-cinq ans. — A de très-beaux succès militaires, aux talents de la négociation, il joignit les qualités recommandables qui font le bon citoyen.

29. *Renouvellement du ministère.* — *Le duc de Richelieu* est remplacé aux affaires étrangères par le général *Dessolles* (pair); le baron *Pasquier*, aux sceaux, par le député *De Serre; Lainé*, à l'intérieur, par le comte *Decazes* (ministre de la police et pair); le comte *Molé*, à la marine, par le député *Portal; Roy*, aux finances, par le député *Louis*. Le maréchal *Gouvion-Saint-Cyr* (pair) est conservé à la guerre. — Le département de la police est supprimé.

STATISTIQUE MINISTÉRIELLE, *du 13 mai 1814 au 29 décembre 1818.*

DATES DES NOMINATIONS.	NOMS ET FONCTIONS.		
13 mai 1814.....	*Dambray*, chancelier.	—justice.	8
	Prince *de Bénévent (Talleyrand*, pair de 1814).......	—affair. étrangères.	
	Abbé *de Montesquiou* (pair de 1815)...	—intérieur.	
	Général *Dupont*....	—guerre.	
	Baron *Malouet*....	—marine.	
	Baron *Louis*.......	—finances.	
	Cte *Blacas d'Aulps* (pair de 1815)...	—maison du roi.	
	Cte *Beugnot* (directeur-général faisant fonctions)..	—police.	
3 décembre 1814.	Maréchal *Soult*....	—guerre.	2
	Comte *Beugnot*....	—marine.	
11 mars 1815....	Duc de Feltre, général *Clarke* (pair).	—guerre.	1
9 juillet 1815....	Prince *de Talleyrand* (pair)..........	—prés. affaires étr.	7
	Baron *Pasquier*....	—garde-des-sceaux.	
	Maréchal *Gouvion-Saint-Cyr* (pair).	—guerre.	
	Cte *de Jaucourt* (p.).	—marine.	
	Baron *Louis*......	—finances.	
	Duc d'Otrante (*Fouché* dit *de Nantes*).	—police.	
	Duc *de Richelieu* (p.)	—maison du roi.	
26 septembre 1815.	Duc *de Richelieu* (p.)	—prés. affaires étr.	3
	Cte *Barbé-Marbois* (pair).........	—garde-des-sceaux.	
	Cte *Vaublanc (Viennot-Vaublanc)*..	—intérieur.	
			21

Suite de la STATISTIQUE MINISTÉRIELLE, 1814 — 1818.

DATES DES NOMINATIONS.	NOMS ET FONCTIONS.		
		D'autre part....	21
26 septembre 1815.	Duc de Feltre (général *Clarke*, pair).	—guerre.	4
	Vic[te] *Dubouchage* (pair)..........	—marine.	
	Cte *Corvetto* (natif Ligurien)......	—finances.	
	Decazes..........	—police.	
7 mai 1816......	*Laîné*...........	—intérieur.	1
19 janvier 1817...	Baron *Pasquier*....	—garde-des-sceaux.	1
23 juin 1817......	Maréchal *Gouvion-Saint-Cyr* (pair).	—marine.	1
12 septembre 1817.	Maréchal *Gouvion-Saint-Cyr* (pair).	—guerre.	2
	Cte *Molé* (pair)...	—marine.	
7 décembre 1818.	*Roy*.............	—finances.	1
29 décembre 1818.	Génér. *Dessolles* (p.)	—prés. affaires étr.	5
	De Serre.........	—garde-des-sceaux.	
	Comte *Decazes*....	—intérieur.	
	Baron *Portal*.....	—marine.	
	Baron *Louis*......	—finances.	
		Total....	36

Dans ce nombre de trente-six promotions, pendant cinquante-cinq mois, ne sont pas compris quatre ministres intérimaires, ainsi que deux directeurs-généraux de police, *Dandré*, *Mounier*, investis des attributions ministérielles.

Fatalité des circonstances! *Louis XV* exerçant un pouvoir absolu ou sans limites déterminées, s'abandonnant à la mollesse et à la dissolution, faisant, clandestinement et sans scrupule, le monopole des blés, n'appréhendait pas de révolutions populaires, de violents tumultes, ou ne les redoutait que dans un avenir auquel il ne se croyait pas destiné. Aussi tout en livrant les destinées de la France aux intrigues des courtisans les plus dépravés, et des courtisanes les plus flétries, *Louis XV* n'eut que cinquante-sept ministres, en cinquante et une années de règne, depuis le mois de février 1723, que, déclarant sa majorité, il prit en main le gouvernement de l'état; et dans ce nombre de cinquante-sept sont compris les mutations et les rappels; par exemple, le chancelier d'Aguesseau trois fois disgracié. En outre, le département de la justice avait assez fréquemment deux ministres, le chancelier et le garde-des-sceaux. — Cette instabilité des dépositaires du pouvoir est un des grands fléaux agissant à chaque règne, depuis *Louis XIII* jusqu'à l'infortuné *Louis XVI.*

Quoique le ministère sortant ait rendu de très-utiles services à la France, il ne lui convient plus dans ce moment. S'arrêtant tout-à-coup dans sa marche constitutionnelle, il s'est rejeté dans des voies tortueuses, qui semblent mener à l'arbitraire. Cependant il a déterminé l'ordonnance du 5 septembre 1816, bienfait inappréciable et par les avantages qu'elle annonce, et par les maux dont elle suspend les progrès : il a présenté les lois éminemment constitutives du 5 février 1817, du 10 mars 1818; il a, par des ménagements convenablement soutenus, et par une attitude mesurée sans humiliation vis-à-vis des cours étrangères, amené la libération du territoire, ainsi qu'une fixation moins onéreuse des charges résultant du traité du 20 novembre 1815 (*V.* 2, 9 octobre; 1er, 15, 19 novembre 1818); il a plusieurs fois, en 1818, atténué les suites de la réaction qui ravagea la France à la fin de 1815, et, par intervalles aussi, en 1816 et 1817; il n'a point désespéré de la chose publique. Voilà des titres réels, de très-beaux droits à la reconnaissance des Français. Mais au moment où ils doivent entrer dans la plénitude des droits que leur assure la Charte, devenue, depuis la dernière catastrophe, leur cri de ralliement, ce ministère hésite, chancèle; il se laisse intimider par des symptômes vagues d'un mal éventuel; il croit découvrir à l'horizon ces points noirs qui présagent les tempêtes. Loin de se montrer pilotes expérimentés dans ce flux et reflux des vagues d'une liberté renaissante, ces ministres, nautoniers novices, heurtent à chaque écueil, manquent l'entrée du port; et ce n'est que lorsqu'à la vue de leurs fausses manœuvres les clameurs des passagers deviennent menaçantes, que ces ministres, aux abois, résignent le gouvernail.

L'incertitude de leurs mouvements s'est décelée par-tout, jusque dans leur influence sur le pouvoir judiciaire. L'incohérence de leur conduite et de leurs principes ostensibles est trop évidente. Rendant hommage à la Charte, ils persistent à laisser les moyens de la détruire pièce à pièce aux adversaires de la nation, aux défenseurs obstinés des priviléges, à la faction révolutionnaire de la vieille aristocratie. La Charte a proclamé l'égalité devant la loi, la liberté des cultes, l'inviolabilité des ventes nationales, l'oubli des torts; et l'indiscrète vanité de quelques nobles de l'ancien régime, l'imprudente ferveur de quelques prêtres impatients de persécution, viennent impunément réveiller les haines, alarmer les consciences, mettre en doute des droits consacrés; amenant par-là cet immense nombre de personnes intéressées à la conservation de toute espèce de droits, à penser que le gouvernement manque de sincérité dans ses déclarations. Le ministère a donc justement appelé la défiance de la nation. Il paraît moins effrayé des tentatives de cette oligarchie faussement royaliste, que des progrès du parti populaire: il aperçoit le danger dans le corps même de la nation; il médite de renverser son propre ouvrage; il essaie de maîtriser les élections, à la seconde épreuve de la loi, de manière à neutraliser les dispositions de cette loi. Mais les électeurs, pénétrant les insidieuses démarches des ministres pour dominer les colléges, ont mis un plus grand prix à l'exercice du droit électoral, afin d'écarter les postulants d'une cour infectée des souvenirs du despotisme. La masse électorale a demandé à ses députés des garanties qu'elle ne trouve plus dans ses administrateurs. Une attaque sourdement méditée sur la loi des élections a déterminé cette résolution contraire aux ministres; et tous les services rendus par eux à la France, depuis trois ans, sont comme effacés, dès que la France peut craindre d'être ramenée sous le joug des ennemis invétérés de la liberté, de ces indiscrets partisans de l'influence étrangère. Un gouvernement à double fond peut devenir le pire des gouvernements, et doit amener de fâcheux résultats.

Il paraît peu douteux que le duc de *Richelieu*, président du conseil, et le ministre de l'intérieur *Laîné*, effrayés de la diffusion des principes constitutionnels, ainsi que de leur direction, n'eussent le projet de suspendre ou de modifier l'action des institutions déja acquises, et d'ajourner les institutions attendues.—Le premier, revenu en France après un exil de vingt-cinq années, ne saurait encore apprécier la masse de ses compatriotes, telle qu'elle est sortie du creuset de la révolution. Ses belles intentions, comme sa sagesse, suffisent-elles, pour effacer, jusqu'au degré convenable, les impressions que firent sur son ame les excès de la démagogie? et n'est-il pas invité par ses souvenirs à redouter le renouvellement de semblables excès? De très-estimables qualités, mais d'assez faibles talents de gouvernement; de la modération, mais trop d'idées d'un autre siècle ou d'un autre ordre de choses; une connaissance positive de l'intérieur des cours et du système des cabinets, avec une connaissance nécessairement bornée de la France actuelle; tout cela ne saurait donner l'espoir, quelque noble que soit son caractère, qu'il devienne utile comme homme d'état, à moins qu'il ne soit réservé pour adoucir les suites de la plus fatale des circonstances, d'un second traité du 20 novembre. Il aura du moins entouré le nom de Richelieu de la plus belle des illustrations, celle de la vertu, du désintéressement et de l'honneur sans tache. Il obtiendra l'entière reconnaissance des Français, si, appréciant avec justesse la portée de ses vues et de ses moyens politiques, il sert désormais son prince et sa patrie par le seul ascendant de son mérite dans la vie privée. — Le second de ces ministres, sans expérience administrative, est dépourvu de ces lumières, comme de ce coup-d'œil, dont l'heureuse rencontre fait aussitôt *l'homme d'état*. Il ne pourrait avoir acquis dans un barreau de province ou dans les muettes fonctions de législateur, sous le despote impérial, ces notions de haute politique, indispensables dans le conseil du prince. Trop flatté peut-être des louanges empressées, des respectueuses déférences que lui prodiguent sans éclat, et même avec une réserve étudiée, les coryphées de la faction anti-constitutionnelle et des prêtres ultramontains, insensiblement il a cédé à leurs décevantes inspirations. Mais, quelles que soient les illusions de son jugement, on ne saurait mettre en doute l'intégrité de ses motifs. La France se souviendra qu'il coopéra à l'ordonnance du 5 septembre 1816; elle n'oubliera pas que, le premier, il fit entendre des soupirs de liberté à Napoléon, à ce despote invétéré, qui prescrivait à la France de s'immoler pour la défense de la quatrième dynastie (*V.* 28 décembre 1813; 1er janvier 1814, premier article). — Quant au régulateur des finances, à l'ex-génois *Corvetto*, que de singuliers hasards ont fait asseoir au conseil de la monarchie française, mille causes le rendent inacceptable à la nation. Habile jurisconsulte des circonstances, de même qu'après avoir été le promoteur de la république ligurienne (*V.* 31 mai 1797) il s'éclipsa, l'abandonnant à ses triviales destinées; de même, il dépose aujourd'hui le fardeau de ses fonctions, lorsqu'il peut encore dissiper de fâcheux nuages. — Le maréchal *Gouvion-Saint-Cyr*, inébranlable dans ses opinions constitutionnelles, est le plus en butte aux ressentiments de la faction oligarchique, à l'occasion des changements du personnel de l'armée, dans laquelle son prédécesseur (Clarke) avait introduit une foule d'officiers inhabiles ou sans exercice. Cette faction s'indigne de ce que le mérite, le mérite réel et les services effectifs, soient, d'après la loi du 10 mars, susceptibles d'être promus aux grades intermédiaires, jadis réservés aux protégés d'une cour perdue de corruption. En dépit de l'expérience de plusieurs grandes conjonctures en divers pays, cette faction s'abuse au point de supposer qu'avec quelques mille hommes, dont une partie serait composée de mercenaires étrangers, de Suisses, elle maîtriserait, courberait, subjuguerait la nation française, cette nation qui vient de passer toute entière dans les camps, et qui compte aujourd'hui un si grand nombre d'hommes unissant le courage réfléchi du citoyen à la savante bravoure du vétéran. — Le ministre *Decazes* est, avant toute chose, un favori de la fortune, qui l'est aussi de la dernière des révolutions, de la révolution de juillet 1815. Semblable à cette précieuse écume que la vague de la Baltique dépose sur la grève, et dont on façonne de gracieux ornements de toilette féminine, le ministre de la police paraît un politique à brillante et diaphane surface. Devenu pair en France, duc en Danemarck, il a su conjurer l'avenir. Sa fortune s'est merveilleusement déroulée, et certes nul ministre des rois d'Espagne, dans cette terre classique des illustres heureux (car la France fut plutôt la terre promise des courtisanes, dévotes ou non), ni Lerme, ni Olivarès, ni Porto-Carrero, ni le parmesan Albéroni, ni le hollandais Ripperda, ni le castrato Farinelli, ni le napolitain Squillaci, ni même l'estramadurien Godoy, surnommé prince de la Paix, n'eurent une exaltation aussi rapide que le girondin Decazes. Nul de ces ministres espagnols, dont l'existence donne tant à réfléchir à l'historien, ne parvint en aussi peu d'années au sommet de la fortune. Decazes arrive à la fin de 1815: à la fin de 1818, il semble régir la France; son nom est européen, il parcourt le globe, il se trouve dans la bouche du président du conseil britannique, du visir du sultan, du suprême mandarin de l'empereur du milieu. Cependant le ministre dirigeant s'est prononcé en faveur des principes de la Charte, pour le maintien des nouvelles lois constitutives, pour les braves de l'ancienne armée. Quoique ayant à sa disposition les ressorts de l'arbitraire, il déploie, de temps à autre, une allure constitutionnelle. Sans fixité, parce que ses jeunes idées n'ont grandi qu'au soleil de la faveur, parce qu'à ses yeux la perspective de sa brillante carrière est sans fin, il semble livré aux oscillations des deux principes du manichéisme. Ayant hérité de cet énorme amas de moyens d'inquisition réunis par ses prédécesseurs, il exerça néanmoins beaucoup d'actes de modération; assez souvent il rejeta les armes de l'iniquité, il affaiblit les torches de la discorde. Cela suffit pour lui concilier la faveur de la nation. Puissent les Français ne jamais dire de lui ce que les Espagnols disent de leurs guerriers, *Il fut brave, tel jour!* Il n'en est pas des espions, comme des bourreaux. Ceux-ci, nécessaires sans doute, n'agissent qu'après la consommation du crime et l'évidence de sa réalité; les autres le préparent, l'excitent et le font éclater. Voilà ce qu'on reproche aux suppôts infernaux de la convention, aux misérables du directoire, notamment à *Merlin* dit *de Douai*, aux zélés dépositaires de la dictature consulaire, et du despotisme impérial, sur-tout à *Fouché* dit *de Nantes;* voilà cet affreux système dont on retrouve les vestiges dans les bureaux et chez les agents plus ou moins relevés de la police ou des polices agissant sous le nom de *Louis XVIII*, et bien à l'insu de ce prince. De même les réseaux que déployaient les courtisans de Marly, échappaient par leur ténuité, au moyen de l'ombre qui les couvrait, et de l'artifice de leur disposition, à l'œil pénétrant de Louis XIV. Car tel est le sort d'un monarque dont l'autorité trop étendue, soit par les traditions du droit divin, soit par l'effet des circonstances, passe aux mains de ministres que trop souvent le hasard tout seul a soulevés, ainsi que le souffle de l'air soulève ces germes imperceptibles d'abord, et qu'il dépose sur un terrain fécond. Combien d'hommes puissants durent leurs premiers degrés d'élévation à des rencontres fortuites, et eurent pour mérite principal le talent de s'abandonner à l'avenir, de se laisser mollement emporter dans la direction du vent ou dans le cours du fleuve qui les recueillit. Mais faut-il qu'ils laissent abuser de leur pouvoir par les êtres les plus vils d'une société mal civilisée, les espions, les délateurs? C'est de ces êtres essentiellement malfaisants que le ministre Decazes, novice encore, ne s'est pas assez garanti. Il pouvait marcher d'un pas mieux assuré vers l'honorable perspective offerte à la France par la Charte et la raison, en méprisant et neutralisant la duplicité et les perverses doctrines des personnages de la vieille cour. Les prisons d'état sont inefficaces à la longue. N'a-t-on pas vu la Bastille, ce terrible rempart du despotisme, dont le nom seul inspirait l'effroi, tomber et disparaître dans un jour? Est-ce avec des espions, des gendarmes et des geoliers qu'on gouvernera ce peuple auquel, pendant quinze ans, on promit la liberté? — Les ministres *Molé*, *Pasquier*, d'une influence moins sensible au conseil, médiateurs plastiques en quelque sorte, paraissent au public persuadés de l'efficacité de ce régime despotico-impérial qui les avait mis, l'un sur le premier siége de la justice, l'autre au deuxième étage de la police (*V.* 23 octobre 1812, premier article).

Quel système adoptera-t-on, aujourd'hui que l'évacuation du territoire est complète? C'est la question répétée dans tous les cantons du royaume; et les incertitudes du ministère viennent de s'annoncer par des signes trop marqués et trop nombreux, pour que la France reste exempte d'alarmes. Elle vit, depuis trois mois, dans une douloureuse anxiété. Enfin, un ministère, en apparence homogène et constitutionnel, sort du chaos. La nouvelle est reçue, par la nation, avec des transports d'allégresse.

Des quatre nouveaux ministres, le général *Dessolles* arrive précédé d'une glorieuse réputation comme militaire, d'une bonne réputation comme citoyen. Il a rendu à la France d'importants services, en se mettant à la tête de la garde nationale de Paris, dans une crise formidable autant qu'inattendue (*V.* 2 avril, troisième article; 9 avril 1814). Compagnon et ami de Moreau, il ne se prosterna pas aux pieds du despote qui conduisit ce grand capitaine au bord de l'échafaud. Il vécut long-temps dans la retraite; et lorsqu'il se vit rappelé aux armées, il servit sa patrie, en n'ayant que sa patrie en vue.—Le député *De Serre* s'est signalé, durant trois sessions, par une énergique opposition aux tentatives d'un parti appelant le jour des vengeances, réclamant des proscriptions, desirant le retour d'un régime qui rejeta la France dans la route des révolutions (*V.* 29 octobre, 9 novembre, 20 décembre 1815; 29 avril 1816; 26 mars 1817).—Le député *Louis* a déja été apprécié au poste où l'appelle, une troisième fois, le choix du souverain (*V.* 26 septembre 1815, premier article). —Le député *Portal*, peu connu comme administrateur, est un négociant estimé de Bordeaux.

Ce ministère n'aura pas, comme celui qui finit, l'assentiment des Français à des mesures d'exception, à des dispositions de circonstance qu'ils supportaient pendant que les armées confédérées stationnaient sur le territoire, parce qu'on annonçait que de tels moyens étaient indispensables au maintien de la paix intérieure de laquelle dépendait l'éloignement de ces armées. Aujourd'hui, tous les regards, tous les desirs se fixent au-dedans. L'impatience d'entrer dans la pleine possession de la Charte éclate de toutes parts. On desire n'en jamais sortir; et, si la représentation nationale, adoptant les imprudentes conceptions d'un nouveau ministère, consacrait des mesures exceptionnelles, l'opposition se trouverait malheureusement dans la nation même.

Des mécontentements graves et de trop justes défiances, à dissiper presque en tous lieux; l'agitation causée dans plusieurs départements par le zèle effervescent des missionnaires, à calmer; une dette énorme à réduire; le crédit à consolider; une majorité dans la chambre des députés, à fortifier; des partis en présence, à contenir, l'un plus fougueux par l'irritation de sa défaite, l'autre plus exigeant, à mesure de ses progrès; disposer les institutions que réclame la France, et sans lesquelles la Charte ne serait qu'une constitution de l'an III ou de l'an VIII, savoir, la liberté de la presse, un jury indépendant, l'administration municipale dotée d'attributions effectives, la garde nationale constitutionnellement organisée, la réforme des codes existants, la publication des codes rural et militaire; inspirer un esprit de fixité dans les institutions; faire qu'on s'entende sur les principes du gouvernement représentatif; empêcher que, dans une session, on ne remette en question ceux qu'une précédente session aura consacrés: tout cet ensemble forme la tâche imposée aux nouveaux ministres. Dans quel siècle, dans quelle région, les suprêmes arbitres des peuples en eurent-ils une plus belle? Que, sous des prétextes quelconques, les dépositaires de la confiance royale n'exilent jamais la liberté des lois; ils la feraient refluer dans l'opinion, et l'on doit aujourd'hui savoir apprécier la force de ce torrent. Que les ministres achèvent, de bonne foi, ce que la Charte a commencé. Qu'ils terminent ce procès qui date de la réintégration de la dynastie royale, entre la nation et une aristocratie perturbatrice.

A ce ministère est encore réservée la gloire d'anéantir toutes les sortes de réaction, cette ressource des ames basses, des esprits étroits; cette arme dont les blessures envenimées se rouvrent sans cesse, que la tradition enflamme loin de les adoucir.

Ce ministère doit veiller principalement à la refonte de nos institutions, alliage hétérogène formé du mélange d'édits royaux, de lois constitutionnelles et librement sanctionnées, de lois républicaines, de décrets impériaux, de lois nouvellement constitutionnelles. — George Ier, débarquant en Angleterre, dit: *Je veux être whig, puisque la nation est de ce parti.* George gouverna donc dans le sens du peuple anglais, et le peuple anglais prospéra dans les treize années de son règne. Jamais, en Angleterre, depuis la révolution de 1688, jusqu'à l'insurrection des Américains en 1765, les rois n'ont remis aux torys les intérêts de la nation. La retraite du premier Pitt amena la séparation de treize colonies. Le ministère du second Pitt a produit de grandes calamités (*V.* 23 janvier 1806); il a semé (qui en doute à ce jour?) le germe de grandes calamités que difficilement parviendront à combattre et la haute science du pouvoir, et la force immense de la propriété. Et cependant la guerre des torys et des whigs actuels est loin de ressembler aux débats de nos ultras et de nos libéraux. Il y a, en France, incompatibilité entière entre les vieilles et les nouvelles doctrines, entre les anciens et les nouveaux intérêts, entre l'esprit émigré et l'esprit national, entre la soif des priviléges et l'ardeur de l'égalité. Malheureuse la dynastie qui nous gouverne, malheureuse la France, si le pouvoir passe aux malfaisantes mains d'une incorrigible aristocratie!

Louis XVIII a fait les mêmes déclarations que George Ier (*V.* 28 juin 1815, deuxième article; 5 septembre 1816). La félicité de la patrie est donc assurée, si les ministres font religieusement observer le sens des paroles royales. Prenant les rênes de l'état à la fin des révolutions, ils sentiront qu'à cette époque doit commencer l'histoire de la nouvelle France, de la France régénérée. Puisse ce ministère, s'environnant de plus en plus de la confiance publique, ne pas être un de ces légers météores qui brillent un instant, et s'éteignent dans l'espace!

CONCLUSION.

Le grand peintre dont le génie ne se laissait point abuser par de fausses perspectives, dont l'ame se refusait à consacrer l'apothéose du méchant; qui, d'un pinceau ferme et sévère, représenta les commotions et les désastres de l'ancienne Rome, semble avoir tracé avec la même énergie et la même vérité l'image des troubles ensanglantés de la France. Il a signalé cette époque de nos discordes, comme une révolution contemporaine, ou comme si le prince des enfers lui en avait donné l'apparition anticipée.

« Elle présente les évènements les plus frappants, des batailles « meurtrières, des séditions cruelles, des pacifications qui ne le sont « pas moins; des princes mis à mort, des guerres civiles, des guerres « étrangères, et souvent les unes et les autres tout à-la-fois; des « succès........... des revers.........., toutes les nations Sar- « mates et Suèves se liguant contre nous; le Germain illustré par ses « défaites et les nôtres;........... l'Italie désolée;........... « nos plus saints mystères profanés; des attentats fameux, les mers « se couvrant d'exilés, les rochers inondés de sang, des barbaries plus « révoltantes dans la capitale; la naissance, les richesses......... « devenues des crimes, et la mort, l'infaillible partage des vertus; « les délateurs non moins odieux par leurs récompenses que par leurs « forfaits, se partageant, comme des dépouilles, les uns les emplois « de l'intérieur, d'autres les commandements au-dehors; la puis- « sance bouleversant tout, armant la haine ou l'imbécillité du peuple « contre ses anciens chefs, et, à défaut d'ennemis, les amis eux- « mêmes.............. Cette époque, toutefois, ne fut pas si sté- « rile en vertus, qu'elle n'offrît aussi des actions louables. Des mères « accompagnèrent la fuite de leurs enfants, des femmes partagèrent « l'exil de leurs époux, des proscrits trouvèrent du courage dans « leurs proches, de la fermeté dans leurs gendres. On vit des servi- « teurs conserver au milieu des supplices une fidélité inébranlable; « de grands hommes condamnés à mourir subirent avec intrépidité « leur arrêt, après avoir soutenu de grandes adversités, aussi stoï- « quement que les sages des anciens temps........... » (Histoires de Tacite, livre 1er).

Si l'on ajoute à ce tableau de nos discordes le despotisme qui s'établit sur les débris informes d'un gouvernement insensé et faussement républicain; si l'on voit ce despotisme s'agitant avec fureur et sans relâche, s'élevant par des efforts inouis à une hauteur sans proportion, s'étendant sans mesure, et provoquant par des succès inconsidérés les plus terribles catastrophes; si, enfin, l'on signale le port où la France espère trouver le calme avec la liberté, deux bienfaits qu'elle desire également et dont elle a le droit de jouir ensemble, on se fera une idée sommaire, mais exacte, des trente-deux années qu'embrasse cet ouvrage.

La nation serait-elle donc au moment de recueillir le fruit de ses longs et penibles travaux? Elle lutte, depuis le dixième siècle, contre la superstition et la féodalité, tantôt secondée par le système de ses rois, tantôt égarée par leur enthousiasme belliqueux, et trop souvent victime des conseils qui les entraînèrent eux-mêmes. Au dix-huitième siècle, elle distingue toute l'étendue de sa destinée, elle distingue le véritable but de la civilisation, elle s'élance à pas de géant. Mais, délaissée de ceux qui doivent la conduire, et mal dirigée par ceux qui se placent violemment à sa tête, elle se perd dans les ténèbres, elle heurte à tous les écueils, jusqu'à ce qu'une lumière inattendue l'éclaire sur le bord du dernier abime. Aujourdhui, la terre promise est en vue, elle nous apparaît à une légère distance; nul obstacle ne s'interpose entre elle et nous. La monarchie et la liberté doivent nous servir de guides. Naviguant de conserve, elles répondent de la route, depuis que la Charte est leur boussole. Elles ne demandent que de l'attention à leurs signaux, et un peu de constance à suivre leurs voies. Qui nous en détournerait? Seraient-ce les ambitieux du pouvoir? les mercenaires des cours? cette foule habituée à plier sous le joug, incapable de mettre au-dessus des louanges d'une société corrompue le noble suffrage de la conscience, l'estime inappréciable de soi-même? Seraient-ce encore, après nos funestes essais de république, les conceptions de quelques novateurs éperdus.

Non, près du terme de ses vœux, la nation ne voudra pas se manquer à elle-même. Elle possède maintenant le sentiment de son importance politique, elle n'y renoncera pas au moment d'atteindre le but, de voir sa persévérance couronnée, et son bien-être assuré dans une longue suite de générations. Cette nation aujourd'hui, aussi éclairée que généreuse, sait que son courage peut braver tous les obstacles. Son courage ne l'a pas abandonnée dans ses dernières

épreuves, de toutes ses adversités les plus douloureuses et les plus effrayantes. Bien plus magnanime encore après les conventions du 20 novembre 1815, qu'après le traité de Bretigny (1360), elle a consommé, sans murmures, tous les sacrifices; elle a concentré son indignation, dévoré ses ressentiments aussi nombreux que légitimes, contre les procédés d'une politique sans justice et sans pudeur. Les soldats européens, étonnés d'occuper nos places fortes et d'habiter nos campagnes, les soldats de tous ces cabinets faussaires, devenaient timides en voyant l'attitude des hommes qu'ils n'avaient pas soumis par le fer, sur lesquels ils n'osaient appuyer le joug, et qu'ils ne parvenaient point à dégrader. Un peuple renommé par l'aménité de ses mœurs, par sa courtoisie envers l'étranger, a montré combien il hait la perfidie, méprise la déloyauté, en rejetant leur société; et les sbires, les trabans, les strelitz, les horse-guards de l'Europe, surveillants et délateurs de la France, sont restés comme prisonniers dans une terre ennemie, privés de tous rapports confidentiels avec leurs hôtes surpris. A leur départ, la France n'a pas eu besoin de se relever, elle ne s'était pas inclinée; elle n'avait pas cessé de connaître sa force, de manifester sa dignité. La grande adversité resta toujours impuissante sur cette nation qui, bien plus qu'aucune autre nation moderne, ressentit les vicissitudes de la fortune, ayant touché au zénith de la gloire, et s'étant vue comprimée jusqu'au nadir de la puissance. La France qui, plusieurs fois, dans le cours de sa brillante carrière, fut sur le point d'éprouver le sort de la Pologne, n'a cessé de reparaître sur la scène du monde. Sa constance dans les revers est inaltérable; et sa force de répulsion, invincible.

Comme pour balancer de si glorieuses vertus, on affecta toujours d'accuser les Français d'être moins à l'épreuve de la prospérité. Eh bien! à quelles causes faudrait-il attribuer cette disposition de leur caractère? N'est-ce pas à leurs chefs qui, depuis le temps des croisades, ne lui présentèrent que de fausses lueurs de gloire, que de mensongères apparences de bonheur; qui les voulaient humbles, ignorants de leurs droits politiques, dévoués, absolument dévoués ou plutôt asservis, excepté lorsque des conjonctures extrêmes obligeaient de réveiller chez eux de généreux sentiments et le dévouement du patriotisme? Louis XIV ne devait en appeler à ses sujets qu'après la défaite de Denain; l'élan volontaire de leur magnanimité était réservé comme la dernière ressource du trône. Jusque-là, ils n'avaient point à s'immiscer dans les affaires de l'état; il leur était enjoint de souffrir toutes les misères que répandraient l'arbitraire, la perversité ou l'inhabileté des agents du prince.

Nos dernières dissensions ont trop manifesté le long abaissement de la nation. Elles ont prouvé que des révolutions générales, faites avec violence, confondant tous les éléments de la société, renversant tous ses appuis, et qui n'amènent cependant que des oppositions éphémères ou des résistances sans courage; que ces révolutions sont d'infaillibles indices d'une forte dépression morale, d'un long affaissement de l'esprit public, d'une ignorance complète des moyens susceptibles d'amener la prospérité nationale. Si les débordements ne rencontrèrent aucune digue, et si leur immensité submergea toutes choses; si les hommes sages ne purent se faire entendre, et si l'épouvante glaça tous les cœurs; si l'on vit, sans cesse, de 1792 jusqu'à 1817, la force maltraitant la faiblesse, et des persécuteurs renversant des victimes; si la France ne fut qu'une vaste arène où des bêtes féroces dévoraient des hommes désarmés; si, durant cette anarchie qui ne finit qu'avec le directoire, on a peu de traits d'un mâle courage à citer, on trouve rarement de ces sentiments généreux et de ces actions fortes qui brillèrent en d'autres contrées et au sein de leurs grandes commotions; ah! n'en doutons point, la cause en est dans l'influence de notre ancien gouvernement, dans ces passions atroces, dans ces habitudes de frivolité, dans ces goûts serviles, dans cette ignorance des choses honorablement utiles, que, sur-tout, depuis Cadenet de Luynes jusqu'à Maurepas, les nations étrangères nous reprochaient si amèrement.

Les siècles nous avaient légué un amas énorme de corruption; nous en avons fait usage; nous l'avons développé au grand jour. Les excès des gouvernements précédents, nous les avons renouvelés; les vices des anciennes institutions, nous les avons outrés; les inclinations de la perversité, nous les avons mises en jeu, et toutes à-la-fois. Contempler nos dernières injustices, ce n'est que revoir l'ensemble de nos annales.

Philippe-le-Bel et Philippe-le-Long proscrivent en masse les templiers et les juifs. — François Ier, son fils, et le plus odieux de ses petit-fils, répandent à flots le sang des protestants. — Richelieu et son imitateur Louis XIV violent les pactes qui n'avaient semblé que justes à Henri IV: on proscrit, on déporte, on enchaîne, on égorge des milliers de dissidents; on prononce sur eux les confiscations les plus iniques; un arc de triomphe (la porte Saint-Denis) offre une inscription à la louange du révocateur de l'édit de Nantes. — Louis XV, dispersant les jésuites, ne leur laisse ni pain, ni abri; on le rend inhumain envers ces sectaires, parce qu'ils abusèrent de la crédulité des peuples, qu'ils convoitèrent les richesses et le pouvoir. — Sully, le digne Sully lui-même, croit pouvoir, en débutant, manquer aux engagements contractés sous les règnes précédents, afin de se mettre à l'aise dans ses plans de restauration financière, et de se donner la facilité d'être juste pour l'avenir (Bonaparte a copié ce modèle, trait pour trait, dans ses décrets sur l'arriéré).—Louis XIV meurt, laissant l'épargne endettée de quatre milliards de nos jours, ayant anticipé les revenus de quinze mois. — Le régent, héritant de cet état de choses, achève de dépraver toutes les notions de loyauté publique. — Louis XV tolère toutes les iniquités du fisc; il les verse, goutte à goutte, sur la malheureuse France. — Qu'ont fait les trois assemblées, le directoire, Bonaparte, consul ou empereur, que rajeunir ces portraits, raviver les honteuses couleurs de ces tableaux?

Le principe des confiscations est admis dès les premiers Capétiens. Au dix-septième siècle, Richelieu en fait de grandes applications. Il excite Montmorency à la révolte (*V.* les Mém. de Basville), et s'empare de ses biens dont il enrichit le nécessiteux prince de Condé; et cependant le fils de celui-ci, le grand Condé (très-grand à la guerre, et petit par-tout ailleurs), croit déférer aux antiques lois de la monarchie en levant l'étendard de la révolte contre son légitime souverain, en appelant en France le roi d'Espagne; que dis-je? en se mettant aux gages de cet étranger, de cet ennemi juré du sang bourbon, et en conduisant les bandes castillanes au cœur de la France. N'importe, il fait son accommodement, et se voit récompensé de ses trahisons par d'opulents apanages. N'était-ce pas un séduisant exemple pour les courtisans et les militaires déserteurs du parti de Louis XVI, ou plutôt du parti de ses conseillers, qui changeaient de conduite comme les nuages changent de forme? Ces transfuges de la couronne avançaient, du moins, un prétexte spécieux, en se constituant défenseurs de la nation souffrante. Qu'on examine les grands dans les trois ou quatre siècles antérieurs à Louis XV; on les trouvera généralement infidèles ou factieux. A mesure que les Bouillons héritent de ce nom, ils semblent hériter de l'usage du parjure: Turenne, le héros de la famille, en est aussi le plus insigne conspirateur. Les Rohans se sont signalés, à vingt époques, par des rebellions ouvertes ou de ténébreuses intrigues. On connaît les déplorables artifices, les extrêmes violences de cette tourbe de princes qui, depuis saint Louis, ensanglantent les pages de notre histoire. Il ne faut pas remonter à Charles d'Anjou, ni même à Charles-le-Mauvais, pour en trouver les funestes empreintes. Louis XII lui-même, père du peuple quand il en est le roi, a conjuré sur les degrés du trône. Gaston, second fils de Henri IV, attisa les factions. Heureusement, Henri IV n'eut pas de frère; il ne se vit obligé que de punir Biron, et de pardonner à trente misérables courtisans qui ne se trouvaient jamais assez comblés de biens ou d'honneurs. Si cette longue tradition ne pallie pas suffisamment la défection de plusieurs députés aux états-généraux de 1789, portant des noms connus (*V.* 4 août, 2 novembre 1789; 20 juin 1790, deuxième article), lorsqu'ils prirent parti contre une cour dans laquelle ils avaient servi jusqu'à cet instant, elle justifie, du moins, la conduite de ce grand nombre de citoyens qui se crurent autorisés à produire, avec énergie, des changements jugés nécessaires au bonheur général.

Le droit de propriété avait, dans l'ancienne monarchie, si *souvent* été méconnu, que la convention n'hésita point à confisquer les *biens* des émigrés. Les antécédents, ainsi qu'on l'a vu plus haut, s'offraient en foule, pour l'encourager à cette violation regardée comme mesure d'état, comme disposition de haute politique. Il est constaté que, dès 1689, la fortune de cent mille protestants était la proie du fisc et des courtisans. Ce souvenir historique fut remis en action par *Cambacérès* et ses complices, à l'égard des adversaires de la république (*V.* 11 et 19 mars 1793).

François Ier, Henri II, Charles IX, Richelieu, Louis XIV, et même l'efféminé Louis XV, avaient torturé les consciences, imposé des dogmes, déterminé des règles pour le culte; ils avaient exigé des abjurations, des profanations sacramentaires, des billets de confession, etc. Les révolutionnaires de 1791, 92, 93, 94, copient ces hideux exemples. Un serment est prescrit aux prêtres: ils s'y refusent; ils sont destitués: ils s'obstinent; on les déporte, on les emprisonne, on les égorge; on refoule sur eux toutes les proscriptions jetées sur les religionnaires. L'émigration amène la déportation, à cause de la corrélation de conduite et de sentiments des nobles et des prêtres. La dernière génération du dix-huitième siècle, ayant hérité des détestables maximes des précédentes générations, en a fait usage; voilà tout. On ignore le nombre des prisonniers assassinés par les émissaires de la commune de Paris, du 2 au 6 septembre 1792; mais on ne pourrait l'évaluer à plus de trois mille, en considérant la capacité des prisons qui les renfermaient (*V.* 2 septembre 1792). Cet évènement, tout affreux qu'il est, ne saurait être mis en parallèle avec la Saint-Barthélemy (24 août 1572). Qu'on écoute le véridique Mézerai. « Pour faire un petit tableau de cet horrible « massacre, il dura sept jours entiers : les trois premiers, savoir, « depuis le dimanche jour de la Saint-Barthélemy jusqu'au mardi, « dans sa grande force; les quatre autres, jusqu'au dimanche sui- « vant, avec un peu plus de ralentissement. Durant ce temps, il fut « tué près de cinq mille personnes de diverses sortes de mort, et plu- « sieurs de plus d'une sorte; entre autres cinq ou six cents gentils- « hommes. On n'épargna ni les vieillards, ni les enfants, ni les « femmes grosses : les uns furent poignardés; les autres, tués à coups « d'épée, de hallebarde, d'arquebuse ou de pistolet; quelques-uns « précipités par les fenêtres, plusieurs traînés dans l'eau, et plu- « sieurs assommés à coups de croc, de maillet ou de levier. Il s'en « était sauvé sept ou huit cents dans les prisons, croyant trouver un « asile sous les ailes de la justice; mais les capitaines destinés pour le « massacre se les faisaient amener sur une planche, près de la vallée « de Misère (partie du quai de la Mégisserie, près la place du Grand- « Châtelet), où ils les assommaient à coups de maillet, et puis les « jetaient dans la rivière. Un boucher, étant allé le mardi au Louvre, « dit au roi qu'il en avait tué cent cinquante la nuit précédente; et « un tireur d'or se vanta souvent, montrant son bras, qu'il en avait « expédié quatre cents pour sa part............. Ceux qui étaient « logés dans le Louvre ne furent pas épargnés : après qu'on les eut « désarmés, et chassés des chambres où ils couchaient, on les « égorgea tous les uns après les autres, et ON EXPOSA LEURS CORPS « TOUT NUDS A LA PORTE DU LOUVRE; LA REINE-MÈRE ÉTANT A UNE FE- « NÊTRE, QUI REPAISSAIT SES YEUX DE CET HORRIBLE SPECTACLE. Ce dé- « luge de sang enveloppa aussi quantité de catholiques qui furent « dépêchés par ordre des puissances souveraines, ou par l'instiga- « tion de quelques particuliers. C'était être huguenot que d'avoir de « l'argent ou des charges enviées, ou des ennemis vindicatifs, ou des « héritiers affamés.............. Lorsque l'amiral (Coligny) eut « été assommé, on jeta son corps dans la cour; *le duc de Guise, qui « était au bas, essuya le sang qui lui couvrait le visage, pour le « reconnaître.* Après cela, un Italien lui coupa la tête *et la porta à « la* REINE-MÈRE............. La populace s'acharna furieusement « sur ce malheureux tronc; elle lui coupa premièrement les mains « et les parties viriles, puis le laissa sur un fumier. L'après-dînée,

« elle le reprit; le traîna trois jours dans les boues, puis sur le bord « de la rivière; et enfin à Montfaucon. Elle l'y pendit par les pieds « avec une chaîne de fer, et alluma du feu dessous, dont il fut à « demi grillé. . . . . Le mardi, troisième jour des massa- « cres, après avoir ouï solennellement la messe, pour remercier « Dieu de la grande victoire obtenue sur l'hérésie, et commandé de « fabriquer des médailles pour en conserver la mémoire, il (Char- « les IX) allà tenir son lit de justice au parlement, où il avoua toute « l'action. Quelques jours après, il envoya ordre à cette compagnie « d'employer l'autorité des lois pour la justifier, et pour cela de tra- « vailler incessamment à faire le procès à l'amiral et à ses complices; « *à quoi ils obéirent aveuglément*. . . . . Deux mois du- « rant, cette horrible tempête couvrit toute la France, plus ou « moins sanglante, selon la disposition des pays et des gouvernants. « . . . . Elle fut fort cruelle à Meaux, à Troyes, « à Orléans, à Nevers, à Lyon, à Toulouse, à Bordeaux et à « Rouen, et fit périr près de vingt-cinq mille hommes. A Toulouse, « ils pendirent cinq conseillers du parlement, en robes rouges, à un « orme, dans la cour du palais. » — Les monstres qui dirigèrent les journées de septembre 1792 ne reproduisirent, comme on *voit*, qu'une partie des atroces détails des journées d'août 1572. Deux cent vingt ans plus tard, les ordonnateurs du crime, et sur-tout le peuple de Paris, se sont conduits avec moins de barbarie; et les Tallien, les Péthion n'ont pas atteint, dans la carrière des crimes publics, les Guise, les Médicis et les Valois. La catastrophe de 1572 restera donc encore, suivant l'expression de Péréfixe, « une action « exécrable qui n'a jamais et qui n'aura, s'il plaît à Dieu, jamais de « semblable ». La diffusion des lumières produit donc quelque avantage, si elle borne l'impudence et rétrécit la mesure du forfait.

Citons, de plus, l'*édit d'Écouen* (1559) rendu par Henri II, qui ordonne de punir de mort tous les luthériens, avec défense au juge de diminuer la peine, comme ils l'avaient fait. Rappelons encore l'*édit du* 29 *avril* 1686, confirmatif de la révocation de l'édit de Nantes, et s'exprimant ainsi : « Les protestants malades qui refuse- « ront le viatique doivent être considérés comme apostats, s'ils re- « viennent en santé; les hommes être condamnés aux galères perpé- « tuelles, les femmes à la prison et à la perte de leurs biens; en cas « de mort, leurs biens être vendus, leurs cadavres exhumés et jetés « à la voirie. » —Ainsi les jacobins n'ont fait que copier les actes de proscription exercés sous des princes Valois et Bourbons. Et qu'importe l'espèce de fanatisme qui produit cette démence sanguinaire? Horreur éternelle à tout fanatisme persécuteur!

Le régicide judiciaire est le seul attentat que nos révolutionnaires aient emprunté à l'histoire d'un autre peuple. Mais les modèles en étaient trop frappants pour échapper à l'imitation. Les échafauds de Louis XVI et de Marie-Antoinette semblent avoir été les échafauds mêmes de Marie Stuart et de Charles Ier. Une épitaphe mise sur le tombeau de la reine d'Écosse, à Péterborough (épitaphe qui fut promptement enlevée), portait : « .... Elle meurt, « et avec elle tous les rois assimilés au peuple meurent civilement. « .... Ci gît, parmi les cendres de Marie, la majesté de « tous les rois violée et foulée aux pieds. Ce monument silencieux « parle assez.............. » Horrible transmission! Puisse-t-elle être à jamais interceptée!

C'est bien à tort qu'on jugerait que les actions de l'homme s'isolent, ont un effet local et ne laissent que de faibles vestiges. Observons cette étincelle de liberté populaire, étincelle allumée sous Charles Ier. Les puritains l'emportent en Amérique; elle s'y entretient, et cent ans après, en 1765, elle s'y développe dans la conflagration simultanée de treize colonies anglaises. Elle repasse l'océan; elle est noyée à Londres (1780) dans le sang de quelques centaines de prolétaires soulevés par lord Gordon; mais elle se propage en France, et y devenant aussitôt une flamme dévorante, elle embrase ce royaume avec plusieurs contrées voisines. La combustion achevée, ou peut-être suspendue en Europe, la fusée incendiaire revole au-delà de l'Atlantique chez les Espagnols. Là, les chefs des indépendants se voient secourus par des Français et des Anglais. C'est dans les ports des États-Unis, dans les ports des nègres de Haïty, que s'équipent et s'arment les vaisseaux qui attaquent si audacieusement le commerce et la puissance de la métropole des Espagnes, de cette métropole despotiquement gouvernée. — Il y a donc une propagation d'idées, une filiation de théories à travers les siècles, comme il y a une succession d'individus dans les espèces animales, une reproduction perpétuelle dans les végétaux. Il y a donc une génération de révolutions.

Mais, lorsqu'un peuple se soulève contre son gouvernement, la violence du soulèvement est en proportion du poids ou de l'injustice de l'oppression et de la dégradation morale des opprimés. Quatre crises analogues offrent à la génération actuelle quatre degrés de comparaison. — 1° Les Américains du nord, possédant des notions positives sur la liberté civile et un long exercice de leurs droits, ont, en secouant le joug, été mis en action par ce sentiment raisonné de l'indépendance qui guide l'homme pénétré de la dignité de son être, et sachant apprécier le but de la Providence. Car (suivant Bossuet lui-même), *la vraie fin de la politique est de rendre la vie commode et les peuples heureux.* — 2° Les Français tourmentés en divers sens, par des institutions féodales ou d'outrageantes prétentions, par le fanatisme et la superstition, essayèrent vingt fois, depuis les révoltes de la Jacquerie (1358), et des Maillotins (1383), de briser des liens aussi honteux qu'oppressifs. L'occasion renaît en 1789; ils la saisissent avec cette fougue inconsidérée qui signala toujours leurs mouvements. Ils se précipitent dans les hasards de la liberté, en hommes dévorés d'impatience, suivant aveuglément des guides ou peu clairvoyants, ou intéressés à faire fausse route. De là, des erreurs, des crimes mêlés à des actes héroïques pour l'indépendance extérieure de la patrie. — 3° On a vu les nègres de Saint-Domingue, dont l'esclavage entretenait l'abrutissement, entendre le mot de liberté, et se porter soudain aux derniers excès de la déraison, de la scélératesse et de la vengeance. — La populace d'Amsterdam, habituée à la plus exacte distribution de la justice, livrée à d'industrieuses occupations, ne s'est souillée, à l'entrée ou au départ des Français, d'aucune de ces horreurs que commirent, à chaque bouleversement des choses, les lazzaroni de Naples, cette lie de la dernière des nations chrétiennes. — 4° Enfin le peuple suédois, obligé de se sauver lui-même, a rejeté son roi (*V.* 13 mars, 10 mai, 6 juin 1809), mais sans l'assassiner, mais sans le dépouiller de son patrimoine, mais sans lui refuser une pension convenable, mais sans insulter à son infortune, sans maltraiter ses serviteurs, ne cessant de respecter les marques du rang suprême, quoiqu'on ôte le pouvoir au prince. — Que les apôtres de l'ignorance, que les sectaires ultramontains réfutent ces leçons de l'histoire contemporaine! Qu'ils disent si les vices qu'engendrent l'arbitraire des favorites, le despotisme des ministres de cour, ou la confusion aristocratique, n'amènent pas nécessairement les excès de la licence!

Sans doute, il faudra du temps pour nous identifier avec les saines théories de liberté, de justice. Nous retenons encore de cet esprit de servilité inhérent aux peuples trop long-temps courbés sous le joug; et nous avons ces fougueuses appréhensions des hommes qui viennent de s'y dérober et qui ne peuvent se réconcilier avec ses apparences. « Ce que je craindrais (a dit Rousseau aux Polonais,

« sur le projet d'affranchir leurs paysans), ce n'est pas seulement « l'intérêt mal entendu, l'amour-propre et les préjugés des maîtres, « ce sont les vices et la lâcheté des sujets. La liberté est un aliment « de bon suc, mais de forte digestion; il faut des estomacs bien sains « pour le supporter. » — « La liberté (dit Shéridan, Histoire de la « révolution de Suède, en 1772), n'est pas une plante qui croisse « tout-à-coup. L'expérience seule enseigne les moyens de la défendre « et de la cultiver. En vain établirait-on chez un peuple une forme « de gouvernement qu'on croira destinée à le rendre libre, s'il n'est « pas préparé à la recevoir : l'harmonie dont dépendra sa stabilité « ne peut résulter que de l'accord du génie du peuple, avec la nature « du gouvernement libre qu'on lui donne. »

Une constitution, quelque généreux qu'en soient les principes, quelque facile qu'en soit l'application, avec quelque solennité qu'elle soit promulguée, célébrée et jurée, reste inefficace pour répandre sur une nation les bienfaits de la liberté. S'il en était autrement, les peuples les plus dépravés par la servitude seraient susceptibles de devenir, en un clin-d'œil, les peuples le plus heureusement libres. Le texte d'une Charte, d'un bill des droits, ne saurait suffire. La nation doit posséder le sentiment et connaître la mesure de ses droits ainsi que de ses devoirs; il doit exister dans les hautes classes, et sur-tout dans les hommes investis du pouvoir, une conviction que leur propre bonheur sera moins exposé, lorsque la liberté du peuple sera mieux fondée : sinon, la meilleure constitution, rédigée par les publicistes les plus vertueux et les plus éclairés, revêtue des plus fortes garanties, des serments les plus explicites, n'est qu'une matière privée de l'esprit vivificateur; elle peut d'abord présenter le fantôme de la liberté, mais la tyrannie, en corps et en ame, s'avance derrière ce fantôme.

Si nous reçûmes de nos aïeux d'injustes lois, des maximes corrompues et des modèles de perversité, faisons en sorte de ne laisser à nos neveux que des principes et des exemples fondés uniquement sur le goût de l'ordre, sur l'amour de l'humanité et sur un respect inviolable pour toute espèce de propriété; et, nous dégageant entièrement des traces de l'ancien régime, répudions à jamais les débris de ce malfaisant héritage.

De tous les débris de ce gouvernement, il n'en est pas qui présente un plus indigne aspect que *la cour*. On peut en croire *Montesquieu*, disant : « L'ambition dans l'oisiveté, la bassesse dans l'or- « gueil, le desir de s'enrichir sans travail, l'aversion pour la vérité,

« la flatterie, la trahison, la perfidie, l'abandon de tous ses engage-« ments, le mépris des devoirs de citoyen, la crainte de la vertu du « prince, l'espérance de ses faiblesses, et, plus que tout cela, le ri-« dicule perpétuel jeté sur la vertu, forment, je crois, le caractère « du plus grand nombre des courtisans, marqué dans tous les lieux « et tous les temps. » *La Bruyère* avait imprimé les mêmes traits aux courtisans de la génération antérieure. « N'espérez, dit-il, plus de « candeur, de franchise, d'équité, de bons offices, de services, de « bienveillance, de générosité, de fermeté dans un homme qui s'est, « depuis quelque temps, livré à la cour. » C'est bien autour de Louis XIV, que notre grand comique, peintre si fidèle de la société, a trouvé les modèles de dépravation qu'il offre au mépris des races futures. Il ne faut pas être humoriste comme Alceste, pour éprouver ce sentiment. A la fin du dernier siècle, Champfort a révélé d'un seul mot toute l'indignité des courtisans : « Ce sont des pauvres en-« richis par la mendicité. » Racine dans ses vers enchanteurs, Massillon dans sa prose mélodieuse, ces deux ames si douces, si compâtissantes, prennent l'accent de l'indignation, en signalant les flatteurs des princes. L'influence de la cour est si fâcheuse, qu'elle altère les plus beaux caractères, de même que l'air des marais de la *Zélande* affaiblit les santés les plus fermes.

On ne saurait lire sans dégoût les nombreux mémoires écrits par les courtisans eux-mêmes, depuis qu'ils surent écrire. Ce sont eux qui dépravèrent les princes trop susceptibles des impressions du vice, infirmèrent le bon naturel de quelques autres, et détruisirent si rapidement l'effet du seul règne entièrement favorable à la France, parce que le monarque est le seul qui ait joint à une bonté toute céleste le plus beau génie politique descendu sur la terre.

Le conseil caché de Louis XVI, conseil composé de courtisans, que la mollesse ou l'ambition ou de moins dignes motifs, peut-être, avaient retenus près de sa personne; ce conseil secret fut (qui en conserve aujourd'hui le moindre doute?) le moteur le plus actif de sa destinée; il le conduisit à son dernier jour; il le mit, et de très-bonne heure, à la merci de ses ennemis. Les princes français étaient presque tous bons, faciles, généreux. Malheureusement, depuis les Médicis et l'introduction de la perversité italienne, depuis leurs alliances dans la maison du sombre Philippe II, et les trop fréquentes leçons données par la hauteur castillane entrée au Louvre, les princes étaient élevés pour une scène où leurs rôles leur laissaient à peine un mouvement à eux. Jamais ils ne déposaient une sorte de dignité théâtrale. Une étiquette exagérée les privait de communications, excepté avec leurs courtisans et leurs valets. Ils vivaient ainsi, depuis le premier jusqu'au dernier jour de l'année, et leur vie entière. Ils ne devaient donc guère entendre le véritable sens de ce mot de nation. La révolution les atteint derrière leurs flatteurs, et les enveloppe comme un grand nuage, comme un nuage immense. Tous ces flatteurs sont sans connaissances politiques. Le souverain, retiré au fond du sanctuaire, ignore les choses effectives, réelles; il est sans expérience des difficultés de la vie commune. La plupart de ceux qui approchaient Louis XVI virent donc dans ce mouvement tout national, venant de toutes parts, préparé de si loin, une émeute passagère de prolétaires turbulents, excités par une poignée de factieux sans importance. A l'œil-de-bœuf de Versailles, on vouait au ridicule tout citoyen éclairé, témoignant le desir que le corps de la nation fût admis à participer, avec mesure, au soin de ses intérêts directs. *Malesherbes*, le premier homme de la France, était dérisoirement appelé *le ministre patriote*.

Dans nulle autre monarchie, le fléau de la cour n'exerça d'aussi cruels ravages. C'est depuis que l'Angleterre n'a plus de rois de cour, qu'elle a des souverains efficacement attentifs à sa destinée. Qu'on fasse le parallèle des avantages qu'a reçus ce royaume, des deux Charles et des deux Jacques, ou des trois Georges !

Louis XIV devenu, à son déclin, le jouet des courtisans de toutes les espèces, ternit la gloire de son début. Il ne sut plus qu'appauvrir, écraser la France, mettant dans un imminent danger l'édifice élevé par les deux cardinaux, dont d'abord il parut le docile élève. Son avènement sur la scène fut imposant, parce que les plus beaux acteurs de l'histoire moderne, formés bien avant lui, le secondèrent merveilleusement. Sa sortie fut sifflée et, certes, méritait de l'être. Si sa carrière ne s'était pas prolongée au-delà de la paix de Nimègue (1678), on ne l'aurait pas vu dominé, durant trente-huit années, par les courtisans, les jésuites, et une vieille dévote, qui, tous, ne réveillèrent dans son ame altière que ce qui s'y trouvait de peu digne du roi, et de peu favorable à l'avenir du royaume. *Henri IV* raillait volontiers les grands qui se ruinaient en beaux habits: « Ils portent « leurs moulins et leurs bois sur leurs épaules ». Que témoignerait-il, aujourd'hui, que les courtisans des Tuileries ne convoitent, ne briguent, ne mendient le pouvoir que pour ressaisir, aux dépens de la nation, des richesses dont ils sont tout prêts à faire de nouveau le plus scandaleux usage?

« Ce parti compte des hommes qui haïssent la révolution par « amour de l'ancien régime et des abus, qui haïssent la liberté par « amour de l'indolence. Ils regrettent ce temps, où la nation n'in- « fluait sur le gouvernement que par des chansons, des pamphlets « clandestins, des émeutes; où la force de la couronne, beaucoup trop « grande contre les individus, fléchissait devant des corps puissants; « où les dignités, les places, les récompenses, abandonnées à des « cabales de cour, étaient devenues, contre l'esprit de la monarchie, « le patrimoine de quelques familles, et le prix de l'intrigue; où des « ministres passagers traitaient la législation et l'état, comme la toile « de Pénélope, en s'étudiant à faire et à défaire, tous les six ans; où « les volontés arbitraires de ces interprètes du monarque avaient « l'efficace de la loi; où la mobilité perpétuelle des institutions ré- « sultait de cet arbitraire; en sorte qu'à la voix d'un empirique en- « treprenant et accrédité, les divers états de la société changeaient de « forme, nul n'étant sûr de sa position pendant deux ministères « successifs; où à la faiblesse du pouvoir législatif se joignait l'indé- « pendance oppressive des agents d'exécution; où, seuls arbitres des « besoins publics, deux ou trois ministres, en se conciliant, pouvaient « à leur gré imposer la nation, la ruiner par ses emprunts, *forcer* « toujours la recette pour atteindre la dépense, au lieu de subordon- « ner la dépense à la recette, et couvrir par des prestiges le désordre « des finances, avant-coureur d'une catastrophe générale; où l'autorité « royale se perdait dans les canaux irréguliers et innombrables de la « bureaucratie; où la liberté personnelle n'avait d'autre sauve-garde « que la douceur du gouvernement et la probité des gens en place; « où enfin, malgré l'appareil de ses forces et la plénitude de sa puis- « sance, l'autorité souveraine, pliant sous son propre excès, s'ébran- « lait elle-même par ses vacillations et ne connaissait plus cette « énergie tempérée, mais continue, sans laquelle tout gouvernement « penche vers son déclin. Ceux qui convoitent le retour de ce désordre « politique, qui renfermait tous les inconvénients de la monarchie « sans en avoir les avantages, ne font autre chose que réclamer une « nouvelle révolution. Replacez la France et le trône sur les anciens « écueils, ils y périront une seconde fois et par les mêmes causes; car, « aussi long-temps que l'autorité du prince ne s'assied pas sur le « fondement des lois, *du moment où son armée vient à lui manquer,* « elle reste sans défense *et sans ressources.* » (Ces observations sont de *Mallet-Dupan*, qui les écrivait en 1791; et certes ce publiciste n'était point ennemi de la monarchie.) Son tableau semble appartenir à ce temps-ci; il reproduit, trait pour trait, les adversaires de la Charte en 1819. Les courtisans de Versailles ressemblaient à ces patriciens, vers la fin de la république romaine, dont Salluste disait (première lettre à César) : « Engourdis d'indolence, ne connaissant « plus la fatigue, la guerre, l'ennemi, ils ne savent qu'intriguer au- « dedans........................ nobles sans caractère, vraies statues « qui n'offrent que l'inscription d'un nom et rien de plus. » Aussi le règne de Louis XV, règne de soixante années, règne qui vit trois grandes guerres, ne produisit-il que trois généraux distingués, dont deux, *les maréchaux de Lowendhal* et *de Saxe*, n'étaient pas Français, et le troisième, *le maréchal de Broglie*, était d'origine étrangère. Tant cette noblesse que l'usage faisait appeler *haute noblesse*, était dépouillée de mérite et déchue en talents. Perdus dans la corruption et la frivolité, ces rejetons d'illustres familles, loin d'ambitionner une honorable célébrité dans l'histoire, n'aspiraient qu'à jouir de cet éclat viager que donnent les dehors de l'opulence et les accidents de la faveur. Pas un seul de ces noms écrits sur le tableau de l'ancienne valeur française, n'a reparu dans les guerres de 1792 à 1814; et de tous ces nobles de cour, il n'y en a qu'un, *le prince de Talmont*, de la maison de la Trémouille, qui ait combattu en France même et à la vue de ses foyers.

Oui, la cour est, aujourd'hui même, une puissance malfaisante, comme tout ce qui se cache et manœuvre dans l'obscurité. Elle pèse sur la France dans un sens directement opposé à l'explicite volonté du souverain, aux déclarations réitérées de *Louis XVIII*, aux serments solennels des princes de son sang (*V.* 16 mars, 7 octobre 1815). Elle agit dans ce moment, ainsi qu'elle ne cessa d'agir, depuis le 22 février 1787 jusqu'au 10 août 1792; de même qu'elle agit du 4 juin 1814 au 20 mars 1815, et toujours. Mais, à cette heure, la nation sait qu'elle existe de droit aussi-bien que de fait; elle est visible et agissante aussi; elle joint aux lumières de la théorie les clartés bien plus sûres de l'expérience; elle ne cherche point à recommencer ses épreuves; elle veut se reposer dans la culture de son industrie relevée, de sa prospérité renaissante. Elle ne croit ni ne craint ces hommes qui diraient que le trône rétabli n'est qu'un accident de la révolution de 1814, qui oseraient ajouter que le roi n'est qu'une pierre de l'édifice, qu'il faut relever en entier et dont ils sont les seuls matériaux. Elle s'aperçoit que le débris de l'ancienne cour est le ver rongeur de la France nouvelle, le défaut le plus sensible de son ordre social et ce qui la menace le plus dans son avenir. Les

Français savent très-bien maintenant qu'ils se rendraient indignes d'exister en corps de nation, s'ils restaient spectateurs indifférents des tentatives de cette faction qui voudrait anéantir la possession de leurs droits, possession acquise au prix de tant de sacrifices. Ils ne seront plus apathiques ou timides, comme ils le furent principalement, sous la convention, sous le directoire, dans les dernières années de l'empire. La nation est prête, de quelque côté que paraissent les ennemis des institutions qu'elle demanda toujours, qui lui furent si souvent promises, et qui viennent enfin de lui être assurées. Aujourd'hui elle possède une boussole qui l'empêchera de faire fausse route. La Charte l'a conduite au port où elle doit trouver, sous les auspices de la légitimité, l'oubli des maux, le repos et le plus doux espoir.

Combien sont-ils, ces hommes à prétentions exclusives? Avant la révolution, on comptait dix-huit mille familles nobles, ou *se disant nobles;* ce qui pouvait comporter cent mille têtes. Aujourd'hui, nonobstant l'émigration et ses misères, malgré tous les fléaux dont ils ont été frappés, leur nombre semble plus que doublé. Quel prodige amena cette multiplication? Ces rejetons de l'ancien régime ont-ils la propriété des polypes qui couvrent les eaux stagnantes, de foisonner sous l'instrument qui les tranche; et les ciseaux d'Atropos sont-ils devenus les dents de Cadmus? Comment ont apparu en 1814 tous ces privilégiés des siècles précédents, avec cette foule d'auxiliaires? Comment les familles éteintes se sont-elles ranimées? La crédule antiquité n'avait admis qu'un seul phénix. Les nobles, dont l'origine se reportait avant le premier anoblissement connu, celui de l'orfèvre Raoul (1271), devraient n'être aujourd'hui qu'excessivement peu nombreux; et l'on peut avancer, sans injustice, qu'ils ne sont guère que les mânes de leurs ancêtres. Car les rois les avaient plus déconsidérés par les collègues qu'ils leur avaient donnés, qu'affaiblis par la soustraction de leurs priviléges, qu'énervés en les réduisant à la domesticité. Combien d'entre eux sont hors d'état de montrer un autre titre que la quittance fraîche encore du paiement d'une charge acquise avec un argent quelquefois sordidement gagné? Gilbert a dit:

> Pour être un jour baron, tel se fait usurier.

Combien de familles encore, qui montrent des taches infamantes comme des titres d'illustration! Comprendra-t-on aussi dans la noblesse, des familles qui non-seulement ne sont pas illustrées suivant les historiens, mais pas même suivant les généalogistes. Il n'existe peut-être pas en France cent noms honorablement historiques. Mais il a semblé, en 1814, qu'il suffisait de prendre un nom, pour être, de droit et de fait, membre de l'ancien ordre de la noblesse; qu'il ne fallait que se parer d'un titre, pour en avoir la possession réelle. On eût dit qu'une ordonnance royale l'avait enjoint à cette foule d'hommes inutiles en toutes choses, qui avaient crié *Vive le roi!* lorsqu'il n'y avait plus de danger, et qu'il pouvait cependant en résulter des avantages matériels. Les dissensions civiles sont admirablement favorables à l'usurpation de la noblesse. *Montaigne* se plaint que, de son vivant, un grand nombre de familles inconnues avaient pris des titres, « et les plus obscures sont les plus idoines à falsification ». Aujourd'hui, beaucoup de ces gentilshommes que les circonstances ont fait éclore, qu'elles ont amenés de l'état de chrysalide à l'état d'insecte ailé, « sont dans une position encore plus favorable (dit « le judicieux auteur des *Français en* 1817 (*Lesur*); leurs titres « sont fondés sur la destruction des autres; et au fait, pour peu « qu'un homme ait voyagé, qu'il soit inconnu dans un pays, il est « bien modeste, s'il ne se donne au moins un marquisat ». C'est bien ainsi qu'en avait usé le Villette de Voltaire. Lui et quelques autres individus de bas aloi s'étaient fait marquis, en dépit de la nature, disait-on. De leur temps, ce n'était qu'une manie bornée à certains personnages assez assurés dans leur contenance pour braver le ridicule : aujourd'hui, c'est une épidémie qui s'étend de Lille à Antibes, de Colmar à Quimper; c'est la fièvre jaune, c'est le *vomito nero* de la France nouvelle.

Une affectation aussi générale de titres vrais ou faux signale une basse et puérile vanité, une complète dégradation morale chez les gens qui tiennent à la cour, ou qui voudraient y tenir. Aussi, parmi les anciens nobles, combien en citerait-on qui aient refusé de servir Bonaparte dans les emplois du palais, dans des fonctions de haute ou moyenne domesticité? On n'a qu'à parcourir la liste de ses chambellans, de ses écuyers, de ses aumôniers. Les almanachs de 1812, 1813 existent en témoignage; et les délinquants de l'ancienne royauté, que ces almanachs attachent ainsi au pilori, ne peuvent en déchirer, en effacer les pages. S'il arrivait que les cartons d'un grand-chambellan, ou d'un ministre de la police de ces temps-là, s'ouvrissent aux regards du public, combien de célèbres royalistes métamorphosés! « Tremblez, malheureux, a dit à la tribune le député *Camille* « *Jordan*, ... si la malignité s'amusait à « fouiller dans l'histoire de tant de héros de l'immuable fidélité; si

« elle venait à reproduire, pour l'un, son adresse; pour l'autre, son « épithalame et son compliment; pour celui-là, ses provocations à « des guerres insensées....................... ! » Le très-grand nombre refusa de servir, ou servit à peine, dans le corps valeureux de Condé. La plupart de ces aventureux exilés, jetés hors de toute condition, allaient tendant la main, de capitale en capitale. La foule revenue, après la terreur, remplit les antichambres des fonctionnaires, sollicita dans les plus obscurs bureaux; et, lorsque le despote couronné fit signe aux hommes de l'ancienne cour, on les vit aussitôt reprendre, avec leurs habits de Versailles, les attitudes et les manières serviles qui les avaient déconsidérés en Europe en les rendant inutiles à la France.

Dès 1789, cette faction conspira contre l'affranchissement de la nation.—En 1791, elle souleva l'indignation générale, en menaçant de l'agression de l'étranger, en guidant même les baïonnettes ennemies.—En 1804, venant saluer le sublime despote, ces nobles transfuges de la légitimité furent reçus dans le camp de l'usurpation victorieuse, et dans les salons de la roture anoblie, à condition qu'ils aideraient à tuer la liberté, et qu'ils livreraient au monarque impromptu les traditions de la domesticité féodale. Ils le servirent avec zèle; l'Europe le sait. Quand la sagesse du roi donna la Charte, ces hommes, éternellement opposés aux intérêts communs, déclarèrent leur haine contre ce statut fondamental; et le projet de le détruire ou de le neutraliser fut dès-lors conçu. Le 20 mars arriva, et certes personne aujourd'hui n'avancerait que le grand personnage de cette catastrophe en ait été le moteur. Si le cratère de l'île d'Elbe n'avait pas vomi cette lave dévorante, les entrailles de la France l'eussent élancée, tant était grand l'amas, active la fermentation des matières inflammables. Eh bien! les ennemis de la Charte qui voulurent la renverser en 1814, dans le court espace de quelques mois, reprirent ce dessein en juillet 1815; et pour agir à coup sûr, ils sentirent qu'il leur fallait plusieurs années. Ils se dirent : « Le roi, par lequel « nous devons régner, ne porte qu'une couronne mal assurée, aussi « long-temps que les étrangers camperont en France. On ne peut les « éloigner que par l'apparence du calme, et sur-tout par des in- « demnités pécuniaires. Les emprunts sont les seules resssources; or, « le crédit demande la confiance des capitalistes, confiance qui ne « s'obtiendra que par l'assurance, *sans cesse renouvelée*, que les « Français jouiront enfin de ces institutions que depuis tant d'an- « nées ils réclament. »—Les étrangers soldés, ou plutôt ayant touché leurs gages pécuniaires, abandonnent leur nantissement. Ils partent : aussitôt, à la fin même de 1818, renaissent les rumeurs alarmantes; les principes de la loi des élections sont ouvertement attaqués; la France doit n'avoir fait des efforts extraordinaires, n'avoir prodigué ses ressources, qu'afin d'amener sa délivrance en faveur de ce parti qui lui destine un autre joug. Telle est la marche de ce parti, depuis 1815; il devient impossible de s'y méprendre. Ces hommes veulent résister à l'évidence. Semblables à des insensés qui brisent l'aiguille du cadran pour arrêter la marche des heures, ils s'obstinent à lutter contre le siècle, et le siècle les entraîne comme une paille légère. — A la fin de 1815, cette faction se signale par de nombreuses injustices; et, si ses excès n'atteignent pas aux excès commis en 1793, c'est d'abord parce qu'en 1815 il existe une forme déterminée de gouvernement, et que le chef auguste de l'état a trop de pénétration, de bonté, de grandeur d'ame, de l'esprit de Henri IV, pour laisser un libre cours à la violence de ce parti; en second lieu, parce que ces ligueurs, fougueux comme ils sont, ne possèdent ni le courage individuel, ni la sagacité, ni les talents d'exécution, ni l'inexpugnable volonté des monstres de la convention; car, le bon sens, l'énergie, l'esprit et le talent exceptés, ils ont tout employé. L'ordonnance du 5 septembre 1816, arrêtant tout-à-coup leur présomptueuse audace, prouve en un clin-d'œil ce que prouveront toutes les crises semblables, qu'il suffit de souffler sur cette faction pour l'éteindre, suivant l'expression du député *Courvoisier* (*V.* 10 mars 1818). Ces hommes ne possèdent d'autre science que celle de l'intrigue, d'autre courage que l'art des bravades, d'autre énergie que celle qui est donnée par l'habitude de la défaite, en un mot, ils sont une substance décomposée. Ces hommes d'un caractère exclusif, de facultés rétrécies, sentent néanmoins qu'ils ne peuvent ressusciter la féodalité; mais toujours ils prétendent au monopole des grades et des emplois, à la disposition de la fortune publique, au privilége des faveurs et des distinctions inventées par l'esprit des cours au profit de la vanité, et si obséquieusement révérées par la multitude. Qu'ils ne restent pas confondus avec la nation! telle est leur immuable desir. Arrêter l'élan et comprimer l'émulation des classes ascendantes; voilà le but de leurs efforts! comme si eux-mêmes n'étaient pas montés des derniers degrés de l'échelle sociale! Quel est donc le noble, *réellement noble*, appartenant à l'ancienne monarchie, en état de prouver n'avoir pas été esclave avant, ou serf après l'invasion des barbares?

Néanmoins, ils refusent de se rallier aux intérêts nationaux, et eur opiniâtreté, à cet égard, est inexplicable. Soldats éternellement vaincus, ils n'en crient pas moins victoire. Dans chaque défaite, ils aperçoivent le présage du triomphe. En 1790, lisez les Actes des Apôtres; en 1791 et 92, lisez les journalistes Royou et Durozoi; en 1794, lisez le Spectateur du Nord, rédigé à Hambourg par deux émigrés, B............ et la M............; lisez le Courrier de l'Europe, entrepris à Londres par un abbé, fabricateur de faux assignats, et bien digne d'être le frère du plus frivole des ministres qu'ont signalés vingt mauvais plans de finances, et de plus mauvais plans politiques, colportés, sans pudeur, en Saxe, à Vienne, à Pétersbourg, à Londres. En 1796, et dans les années suivantes, lisez les pamphlets du nommé Pelletier, autrefois à Paris, collaborateur des Actes des Apôtres, et dernièrement à Londres chargé d'affaires de Christophe, roi de Haïty. Car de tels royalistes aimeront toujours le pouvoir absolu, que le maître soit blanc ou noir, et de quelque nom qu'il s'appelle, pourvu qu'ils en profitent.

Ces hommes, aussi gonflés de prétentions que vides de mérite, osent produire l'exemple de l'Angleterre, où l'aristocratie absorbe les hautes dignités, les honneurs intermédiaires, ainsi que les fonctions lucratives. Mais dans les familles adhérentes à la pairie, les jeunes gens sont l'objet d'une instruction très-soignée, d'une instruction continuellement dirigée vers l'utile; ils portent fort loin leurs études classiques; ils acquièrent une connaissance approfondie de la législation, de la jurisprudence; ils voyagent pour faire l'application de toutes ces notions, et se rendent ainsi très-capables de servir leur patrie. Aussi, depuis trois ou quatre générations, il est sorti de ces familles une foule de personnages distingués. L'aristocratie anglaise maintient encore plus son influence par la suprématie de ses connaissances, et par l'art de s'adjoindre les citoyens éminents, que par le poids qu'elle reçoit de son élévation politique, ou de son opulence territoriale. L'aristocratie anglaise est populaire; elle a profondément étudié ce qui attire la nation, ce qui la repousse. Voilà sa tactique et son secret depuis huit siècles; voilà ce qui lui valut sa prépondérance dans mille circonstances antérieures, et ce qui la lui conserve de nos jours. Dans ce pays fertile en hommes judicieux, les classes élevées sentirent, de bonne heure, que leur instruction contribuerait à maintenir la tranquillité de l'état, en faisant obtenir à ceux qui les composent, par une supériorité de vertus et de lumières, l'influence qu'elles doivent exercer sur les autres classes pour le repos de toutes. Le parti de l'opposition est en Angleterre, comme en chaque pays, conduit par un calcul d'ambition; mais toujours, dans cette île, il s'appuie sur la liberté. Il se plaît à contredire, à censurer le gouvernement; mais à peine voit-il le danger de l'état devenir grave, il se rapproche du centre de l'autorité, et fortifie son action: car dans cette terre classique des institutions sociales, l'opposition est forte en patriotisme, en talents, en lumières; ce parti n'appela jamais l'odieux étranger.

Qu'on se reporte en France, et qu'on y abaisse les yeux sur ce *caput mortuum* de l'ancien régime, sur cette fourmilière parasite qui s'agite, sollicite, mendie sans cesse, dans les antichambres des palais, dans les salons des hôtels et jusque dans les plus obscurs bureaux! Qu'on essaie d'y prendre la dixième partie des administrateurs, des militaires, des hommes nécessaires ou seulement utiles à la France! seraient-ils la clef de la voûte, la pierre angulaire de l'édifice, ces hommes qui cédèrent à tous les vents, comme de frêles roseaux, ou ne surent que disparaître, à l'heure du danger? Il faudrait désespérer de la monarchie qui n'aurait que de semblables appuis. Plus ils seront en usage, plus sa sûreté sera compromise. Le 20 mars 1815 l'a prouvé, de même que le 20 juin 1792. Ils sont jaloux sans émulation, tant les habitudes qui dépriment les âmes étouffent les talents! Combien, parmi eux, compterait-on d'hommes éclairés, d'orateurs éloquents, d'écrivains de mérite? S'il y en a quelques-uns, voyez s'ils ne professèrent pas des principes de raison et de liberté avant d'adopter les doctrines serviles; à coup sûr, c'est dans le camp d'où ils désertèrent qu'ils apprirent à se battre.

Qu'on ne se trompe pas en évaluant les motifs de cet étrange et absolu dévouement de la France à Bonaparte! Elle crut voir en lui une digue immense élevée contre l'ancienne aristocratie, objet éternel de l'aversion publique; digue capable d'assurer sa préservation. Si la nation renonçait à la liberté, elle consolidait l'égalité. Longtemps abusée sur les intentions du maître auquel elle s'était confiée, elle en attendait le bonheur; se repaissant de cet espoir, et ne pouvant se persuader qu'un génie aussi éminent ne reprît enfin la voie la plus honorable de l'immortalité! Tout ce temps, la gloire militaire consolait la France du sacrifice de ses droits. C'est en promettant l'égalité que Bonaparte obtint la soumission; c'est par cette fastueuse annonce qu'il acquit l'opinion générale, moins disposée, après quinze années d'affreuses calamités, à tolérer la domination de ceux qui avaient tant contribué à leur extension. Les exilés inspiraient un intérêt général; mais croyant voir leur triomphe complet dans la restauration qui ne faisait que garantir les droits de tous, et décelant aussitôt les pensées qu'ils avaient si bien masquées durant le régime impérial, aussitôt leurs insultantes hauteurs, leurs prétentions exclusives, leur avidité, leur parcimonie, soulevèrent contre eux les classes moyennes et industrieuses. Au commencement de 1814, on disait : Long-temps malheureux, ils ont droit aux égards; on ne put s'empêcher de dire, au commencement de 1815 : Ces fugitifs, toujours fugitifs, osent reparaître avec l'air menaçant des triomphateurs. Aussi recueillent-ils le dédain et l'aversion d'une nation que les revers peuvent consterner, mais ne sauraient abattre.

Ces faux royalistes, ces champions de la basse féodalité, dont l'esprit ne saurait s'élever à l'idée de la liberté politique, aiment à confondre les excès de la révolution avec son but primitif, la tyrannie des féroces proconsuls qui s'en emparèrent avec les vœux des hommes généreux qui en furent les victimes. Cette juste horreur, qu'inspirent les folies des démagogues et les crimes des jacobins, ils l'étendent aux principes émis par les défenseurs de l'humanité, dans l'espoir de déconsidérer les partisans d'un gouvernement sagement pondéré, légalement établi et mis hors du droit divin. Non, l'esprit constitutionnel de 1819 n'est pas l'esprit révolutionnaire de 1791; c'est cet esprit de réforme, bouillonnant en 1788, après avoir fermenté pendant trois quarts de siècle. Ce n'est pas un feu grégeois, un incendie dévorant, un orage destructeur des moissons, un ouragan impitoyable; c'est une action aussi douce qu'uniforme, une chaleur fécondante, un courant d'air dans une direction bien déterminée; une mousson inévitable dans les belles latitudes.

Parfois, on rencontre des enthousiastes ramenés à la raison. On peut éclairer l'esprit, calmer la frénésie de ceux qui, séduits par des idées nouvelles, prirent un bouleversement pour un accident, l'innovation pour la réforme, les actes d'une violence désordonnée pour les symptômes de la vraie liberté : on peut les désabuser, en leur montrant l'évidence des résultats. Mais les hommes voués à l'ancien régime n'abandonneraient pas une seule de leurs traditions; ils sont incapables de changer de route, parce qu'ils prétendent avoir toujours marché sur *la ligne droite*, suivant l'étrange expression d'un ministre d'état (*V.* 5 décembre 1814). La lèpre invétérée de l'aristocratie est ineffaçable, incurable, éternelle; tandis que le fanatisme de la démagogie, semblable à une grande contagion, n'apparaît qu'à de longs intervalles, et se consume par ses ravages mêmes. — La France serait-elle à jamais une terre ingrate, rebelle, incapable de produire des citoyens et des hommes? L'esprit, le savoir, la philosophie, les agréments de la vie sociale, abondent dans cette belle France. Mais cette force d'ame qui, s'unissant au bon sens et à la réflexion, constitue le *caractère* et fait un homme supérieur en mérite; chez combien de personnes tenant aux premières classes, la trouva-t-on, de 1789 à 1815?

Un second obstacle à l'entière régénération de la France, est le parti qui semble maîtriser le clergé. L'intolérance constitue sa doctrine, la soif de la domination est sa passion dominante. Il prétend exercer une action directe dans les affaires humaines. Trop peu de nos prélats présentèrent la religion comme un sentiment dégagé des intérêts de ce monde; et trop souvent, ils se servirent de l'Évangile pour établir des dogmes politiques (*V.* 27 mai 1804). Un assez grand nombre de prêtres subalternes, imbus de petits préjugés, conduisent à l'idiotisme par la superstition, et répandent ce fanatisme qui germe dans les cerveaux étroits. Plusieurs de leurs chefs, nourrissant des desirs effrénés de commandement, invoquent sans cesse le pouvoir absolu. En confondant les maximes de la vraie piété avec les priviléges et les envahissements d'un sacerdoce tout mondain, ils ont extrêmement affaibli le véritable esprit du christianisme. Les aumôniers de Napoléon ne se lassaient pas de l'encenser, parce que, nouveau Constantin, il allait, croyaient-ils, rendre le clergé fastueux. Par exemple, un évêque, nommé *Boulogne*, s'écriait : *Toute puissance vient de Dieu, et qui résiste à la puissance résiste à Dieu même.* Par ces paroles que le Saint-Esprit n'avait point inspirées, cet évêque justifiait implicitement la mémoire de Domitien, de Louis XI, de Charles IX, et aussi de Robespierre. Un autre pontife, *Maurice de Broglie*, n'acquit-il pas un peu de célébrité par son langage adulateur (*V.* 23 septembre 1805)? Certains prêtres vont prêchant sans cesse, que le pouvoir absolu, en quelques mains illégitimes ou peu dignes qu'il tombe, ne saurait être contesté, ni modifié (*V.* 27 mai 1804). Répandant un faux sentiment religieux, ils n'édifient pourtant, à ce jour, que les simples, et les très-simples, au moyen de ces maximes, et des petites pratiques superstitieuses du moyen âge. — Tel est l'esprit du clergé dans les pays où l'autorité ne l'a pas assez contenu. Toutes les inepties, tous les malheurs, toutes les fautes, toutes les cruautés des quatre Stuarts (des deux Jacques, des deux Charles), sont dans la doctrine du despotisme et du droit divin, dans cette effroyable chimère qui fascinait leurs esprits, et qui pénétrait leurs ames.

Le clergé français s'adressait à Louis XIV, au sujet de la révocation de l'édit de Nantes, en ces termes : « Si vos actions précédentes ont porté votre nom aux extrémités de la terre, celle-ci « l'élevera jusque dans les cieux et vous acquerra une gloire qui « durera encore *après la ruine de l'univers.* » N'est-ce pas avec une douloureuse émotion qu'on entend Bossuet, un des plus beaux génies de l'Europe moderne, s'écrier : « Touchés de tant de mer« veilles, épanchons nos cœurs *sur la piété de* Louis. Poussons jus« qu'au ciel nos acclamations, et disons à ce nouveau Constantin, « à ce nouveau Théodose, à ce nouveau Marcien, à ce nouveau Char« lemagne, ce que les six cent trente pères dirent autrefois, dans le « concile de Chalcédoine : *Vous avez affermi la foi, vous avez « exterminé les hérétiques; c'est le digne ouvrage de votre règne, « c'en est le propre caractère.* Par vous l'hérésie n'est plus; *Dieu « seul a pu faire cette merveille. Roi du ciel, conservez* LE ROI DE « LA TERRE. C'est le vœu des églises, c'est le vœu des évêques ». Jamais on ne préconisa de grands désastres avec plus d'enthousiasme.

Le clergé a rampé, de toute la souplesse de ses vertèbres, sous Napoléon, afin de n'être pas écrasé. Le pied du colosse ne pèse-t-il plus, aussitôt le clergé lève une tête altière, et fait entendre des sifflements aigus dans les espaces libres. Ce clergé semble ne pouvoir exister, que persécutant ou persécuté.

Depuis huit années, un certain nombre d'ecclésiastiques ne cessent d'exciter des alarmes sur plusieurs objets de premier intérêt, se déclarent les ennemis jurés des institutions qu'ont déja ou que réclament encore les Français, s'opposent à leur affermissement ou à leur complément. Plaçant la sève de la religion dans son écorce, ils affectent de confondre la tolérance des cultes et l'indifférence religieuse. Profondément imbus des idées du droit divin, ils réprouvent la Charte et tout contrat social; ils osent dire que l'usage de la liberté en est l'abus. Aussi, depuis 1814, n'a-t-on pas vu nommer un seul prêtre à la chambre des députés. La puissance des tyrans, répètent ces prêtres, désavoués par la doctrine de l'Évangile, est une puissance instituée par Dieu, pour nous châtier; il faut baiser la verge dont ils nous frappent. Mais on sait assez qu'ils ne prêchent cette doctrine, que lorsque les tyrans sont leurs bienfaiteurs, leurs amis, leurs serviteurs, leurs pénitents. En certains lieux, on procède par des confréries, des pèlerinages, par des associations mystiques, par une foule de petites voies d'obscure superstition. Il semble qu'on nourrisse le dessein de mettre les Français en tutelle ecclésiastique. Étrange opinion ! que le clergé seul puisse régénérer la France ; qu'à cet effet, on doive le multiplier, lui confier la jeunesse et lui laisser prendre une influence décisive. Depuis quelques années, les missionnaires se livrent à des déclamations furibondes sur le passé. Et ce moyen, qui a paru à de faux esprits de cour susceptible de contribuer à la réunion des Français, les aigrit et les divise de nouveau. On aurait pu s'en servir pour ramener à un véritable sentiment religieux dont la diffusion modérerait les heureux du siècle et consolerait les infortunés, toujours en si grand nombre. Mais puisqu'un tel secours devenait dangereux, il fallait le repousser. La France rapportera l'altération de sa tranquillité, et la principale cause des discordes naissantes, à deux ou trois imprudents ministres qui favorisèrent l'ascendant du clergé et le dotèrent d'attributions incompatibles avec l'opinion générale.

Quand donc les régulateurs de la France voudront-ils entendre que la prêtrise est une profession, et non un ordre politique ? Les catholiques allemands ont banni la controverse, pour ne s'occuper que des principes religieux. Ils ont établi la tolérance si peu semblable à l'insouciance. On voit en plusieurs lieux des fidèles de communions différentes invoquer dans le même temple le père commun des hommes ; et pour cela chacun n'en adhère pas avec moins de ferveur au culte qu'il professe. Cette sociabilité a pu seule mettre fin aux déplorables querelles qui ensanglantèrent ces contrées pendant deux siècles, tandis qu'elles ont désolé la France, jusqu'à l'expulsion des jésuites, et n'y ont jamais entièrement cessé.— On est, en Autriche, aussi dévoué que chez nous au catholicisme. Cependant on n'y vit, en aucun temps, des orages excités par le clergé, parce que les ecclésiastiques y furent toujours renfermés dans leurs fonctions, qu'ils n'y exercèrent aucun droit politique. Aussi n'ambitionnent-ils pas de jouer un rôle dans l'état. Ils sont modestes, paisibles, et ne se laissant voir qu'au sanctuaire. — Aux États-Unis, le sentiment de la religion est universel, sans que l'autorité soutienne un culte quelconque. L'appui du gouvernement peut favoriser l'intérêt des prêtres, mais il fait tort à l'esprit religieux, esprit qui contribue si efficacement à la sécurité publique, en sanctifiant la morale.

Outre les faux royalistes, voulant d'un roi clément faire un dictateur impitoyable, outre les ministres atrabilaires d'un Dieu de paix, il existe une sorte d'hommes nuisibles aussi, ceux qui se sont tournés vers le nouveau soleil de la faveur et qui viennent l'adorer, suivant les mêmes rites qu'ils pratiquaient dans l'adoration de la grande idole, aujourd'hui renversée. Engagés dans ces habitudes d'excessive dépendance, que formèrent chez un grand nombre de fonctionnaires les impressions du servage impérial, ces agents de l'arbitraire sous quatre ou cinq gouvernements, ces diplomates-visirs qui imposèrent à tous les souverains et à tous les peuples du continent des conditions exigées par leur grand-sultan, ces apostats de toutes les doctrines, renégats de toutes les institutions, parjures toujours empressés, se représentent toujours. S'il y en a qui trahirent le despote, ils assurent qu'ils n'abjurèrent pas le despotisme, et que leur présence au pouvoir est indispensable; ils ne rougissent pas d'émettre que le changement d'opinions en des temps différents prouve qu'on s'est éclairé; ils ne sont pas honteux d'avancer qu'ils cèdent au cri d'une conscience mieux instruite. Ainsi le cardinal Duperron offrait de prouver ou de nier l'existence de Dieu. Misérables hommes d'état, sans autre mobile que le soin de leurs intérêts particuliers, et qui ressemblent au fléau de la balance dont l'inclinaison se décide par le poids qui charge inégalement et tour-à-tour l'un et l'autre bassin! Ces pilotes prétendront retenir le gouvernail d'un navire, qu'eux-mêmes avouent, avec une naïve assurance, avoir jeté sur les écueils. Par de telles apologies, *Fouché* dit *de Nantes*, *Merlin* dit *de Douai*, entièrement disculpés, auraient droit à reprendre leurs hautes fonctions. Dans de tels hommes, l'intérêt personnel est tout, l'intérêt public rien.

Il en est encore d'autres, jadis séides du tout-puissant imposteur, qui s'efforcent aujourd'hui de paraître les héros de la liberté, les champions de la vertu, les amis du peuple. Si *Fouché*, d'exécrable renom, publie ses mémoires, il ne manquera pas de se produire comme un modèle de philanthropie. Le déclamateur *Garat* se donnera pour le Condillac de la législation; ce ministre des jacobins, qui remit à Louis XVI son arrêt, revendiquera l'honneur d'être cité comme le Malesherbes de la liberté. Les Garat et les Fouché ont laissé en France un certain nombre d'élus qui, moins fameux, furent tout aussi pervers. On les voit cependant dans les rangs des défenseurs du peuple ou bien des courtisans, suivant l'occasion qui leur est venue. L'histoire de nos troubles offre de nombreuses et de bien singulières disparates dans les individus qui s'y mêlèrent.

Leur portrait politique, si l'on peut hasarder cette expression, ressemble à ces divinités de l'Inde, bizarre assemblage de formes humaines, de membres empruntés à des quadrupèdes, à des reptiles, à des oiseaux, à des monstres marins.

Voilà l'inévitable résultat de ces révolutions générales où l'action fut tout entière à un parti, où la nullité signala constamment un autre parti; où il y eut des victimes et non des vaincus, des oppresseurs et non des vainqueurs, et où la masse de la nation, habituée à l'inertie, entretenue dans l'ignorance par ses anciens gouvernements, se vit rouler comme les vagues de l'océan, entraîner comme les sables du désert, ou disperser comme des nuages sans consistance. En moins de dix ans, on trouve les Français aux deux extrémités, en proie à la licence populaire, au despotisme d'un seul maître. Les Francais, dépourvus d'esprit public, suivirent en aveugles, tantôt les conseils des factieux, tantôt les ordres des dépositaires du pouvoir. — Il y a maintenant deux partis qui ne craignent rien autant qu'un gouvernement doux, modéré, et mis hors d'état de changer; qu'un gouvernement représentatif solidement constitué. Ce sont les continuateurs du jacobinisme, heureusement aussi peu nombreux que discrédités, et les adhérents de la vieille aristocratie, qui se trouvent en trop grand nombre.

Certains raisonneurs, froidement optimistes, ou que fatigue l'investigation des moyens propres à conduire les hommes au meilleur état possible, répètent avec complaisance deux vers de Pope, bel-esprit anglais, versificateur, parasite et papiste prononcé, c'est-à-dire dépendant par corruption, par mollesse et par système:

For forms of govern'ment let fools contest,
Whate'er is best administered, is best.

C'est folie de discuter les formes de gouvernement; le meilleur consiste dans la meilleure administration. Mais ces institutions qui portent en elles-mêmes un principe de durée; ces combinaisons qui tendent à garantir la stabilité de l'ordre établi, admis par le consentement volontaire de tous (que ce consentement soit expliqué ou tacite); ces institutions civiles et ces combinaisons politiques doivent, sans doute, être préférées à l'arrangement qu'amenèrent des circonstances la plupart fortuites, ainsi que l'irrégulière influence des siècles barbares ou mal civilisés. Les ressorts d'un gouvernement représentatif, convenable au peuple qui l'a reçu, se réparent d'eux-mêmes. Ce mécanisme est le mouvement perpétuel et bien ordonné des sociétés. C'est ce qu'on a vu dans les villes de l'empire germanique, lorsqu'elles jouissaient d'elles-mêmes; c'est ce qu'on a vu et ce qu'on voit encore en Suède, en Angleterre, aux États-Unis, dans plusieurs cantons suisses. Titus, Louis XII, Henri IV, laissèrent les rênes de l'état à des successeurs dépourvus de leurs talents ou de leurs vertus. Les monarchies absolues sont destinées à de fréquentes, à d'incalculables vicissitudes. Louis XV en-deçà, comme Charles IV au-delà des Pyrénées, et Charles II sur la Tamise, ont donné de bien tristes exemples de toutes les dégradations qu'amène le pouvoir arbitraire. Réclamer l'arbitraire, c'est refuser les garanties du bonheur individuel et de la prospérité publique.

Quand, à la faveur de ces autres institutions qui ne sauraient être encore long-temps attendues sans danger pour le trône lui-même, l'esprit public sera développé, la France offrira ce phénomène aperçu dans les pays possédant avant nous des institutions analogues. On y verra un principe d'action uniforme, de progrès, de durée, toujours supérieur aux difficultés du dehors; et, pour quelques cantons des départements du Rhin et de la Moselle, pour quelques établissements coloniaux, cédés ou perdus, la France aura gagné la connaissance d'elle-même, acquis la science de se conduire, contracté une aptitude infaillible à réparer ses anciens désastres, à conserver et reproduire sans cesse ses nouveaux avantages. Plus le régime franchement constitutionnel sera mis en jeu, et plus la propriété étendra son empire sacré. Les émeutes des prolétaires, les sophismes des démagogues ne seront pas à craindre. Dès que les classes moyennes, dont le mouvement ascendant se fait régulièrement, seront pleinement convaincues que nulle considération ne saurait légitimer la moindre atteinte aux facultés du plus humble citoyen, elles ne nommeront que des représentants également ennemis de l'anarchie et du despotisme. Alors, on ne verra point le silence de la servitude succéder au tumulte de la démocratie. Le souvenir de leurs écarts aura donné aux Français une salutaire prévoyance; et la crainte de retomber dans les premiers excès ne les rejettera pas de nouveau dans des excès contraires.

En vain s'obstinera-t-on à calomnier l'impulsion générale qui se manifesta en 1789; la véritable opinion publique, celle qui domine toutes les factions, et qu'il est aussi facile de discerner qu'il l'est de distinguer la lumière du soleil des lumières factices; l'opinion, qui peut être comprimée, mais qui se relève à chaque circonstance favorable, reste invariable depuis trente années. Quand Bonaparte arriva d'Aboukir à Saint-Raphau, la nation voyant dans son système de gouvernement (ainsi qu'il a été dit plus haut) une digue qui devait rompre tous les efforts de cette ancienne aristocratie, si pernicieuse en tout temps, la nation s'abandonna sans réserve à Bonaparte. Oui, les désastres de la France ont été causés, bien moins par l'exagération de quelques enthousiastes et par le complot de quelques méchants, que par l'hésitation, la tiédeur, la pusillanimité, l'inertie ou la retraite du grand nombre, que par les compositions avec la conscience d'une foule d'hommes ayant d'abord de bonnes intentions, ainsi que par le stoïcisme et la résignation à contre-temps des hommes vertueux eux-mêmes. Cette résignation ne saurait se concevoir. Jamais on ne comprendra que, de 1791 à 1814, il n'ait pas pu se former, au milieu d'une nation aussi spirituelle, aussi brave, aussi estimable, une opposition raisonnée à l'action malfaisante des gouvernements qui se sont succédé; que ces gouvernements aient impitoyablement mutilé cette nation, sans en éprouver de résistance, excepté à Lyon et dans la Vendée. Quelle absence de bon sens politique, quel défaut d'idées saines pour sa propre conservation ne suppose pas une telle conduite soutenue durant vingt-cinq années! Cette ignorance des éléments de la félicité générale, de la sécurité individuelle; cette dépression de tant de millions d'hommes parvenus cependant presque au sommet de la civilisation, dérivaient (qui pourrait en douter?) de la pernicieuse influence du despotisme insensé qui courba la France depuis la mort de Henri IV. Les Romains n'étaient, du temps de Trajan, déja plus susceptibles de mouvements généreux; ils avaient rampé pendant deux siècles sous des tyrans et des affranchis, les courtisans d'alors. L'histoire de leur république ne s'offrait plus à leur esprit, que comme une tradition décolorée; tant le sentiment de la liberté avait été étouffé chez le peuple-roi! Ce sentiment, lorsqu'il se manifestait en France sous les Valois ou sous les Bourbons, étant presque aussitôt amorti, se dissipait en fumée, mêlée de légères étincelles. *Opprimons-les avec sagesse*, à l'instar du Pharaon des Hébreux, disaient les ministres dépositaires de nos destinées; et quand Louis XVI, adorable dans sa bienfaisance, vient ranimer ce sentiment, il ne trouve que des cendres froides ou des matières inflammables qui, à l'instant même, produisent l'éruption du Vésuve.

Le gouvernement ne saurait maintenant assurer sa tranquillité, il ne saurait assurer la tranquillité de la France, qu'autant qu'il s'entourera de la seule force en état de le faire triompher des factions; c'est-à-dire de la confiance nationale. Un gouvernement qui ne marcherait pas avec son pays, qui n'aurait pas égard à *l'opinion raisonnée et persévérante des classes moyennes*, qui n'agirait pas dans le sens de l'universalité des citoyens, ou perdrait la nation, ou serait perdu par elle, ou se perdrait avec elle. Puissent toujours nos rois unir au bon naturel qui ne cessa de distinguer les Bourbons, l'esprit de discernement et la plénitude de la franchise! Puissent-ils gouverner à la manière de Henri IV, dont l'allure était si vraie, même dans les écarts de sa vie privée; dont la mort fut sincèrement pleurée du peuple, et suivie des regrets des gens de bien de tous les états; tandis que l'allégresse fut aussi vraie qu'universelle, à la mort de ses trois successeurs immédiats! Sans doute, les successeurs de Louis XVI aimeront à s'appliquer la déclaration de son ministre, le jour de l'ouverture des états-généraux (*V.* 5 mai 1789). « Des graces versées sur un petit nombre « de courtisans et de favoris, quoique méritées, ne satisferaient pas « la grande ame du roi. » Puissent les ministres sur lesquels enfin se reposera la confiance du roi, car jusqu'en décembre 1818 sa confiance n'a été que passagère (*V.* le tableau des promotions, pages 837 et 838), se tenir avec sincérité dans les routes constitutionnelles, les seules que les Français veuillent suivre; et que ces ministres se pénètrent bien, que l'arbitraire n'est pas plus un moyen de puissance que la duplicité n'est un ressort d'administration! Que les ministres à venir, suivant sans dévier les conseils d'une haute prudence, ne laissent pas se renouveler des querelles assoupies, qu'ils ne portent pas dans leurs fonctions les vues d'une ambition de courtisans qui nous agiterait et qui perdrait la France, en exposant la monarchie! On obtient beaucoup des Français par la franchise et la bonne foi, on n'en obtient rien par des voies obliques, qui seraient bien promptement devinées.

Les Français, l'immense nombre des Français, apprécient leur position et leurs devoirs. Ils savent que personne ne peut dire avoir traversé, sans dériver un peu, le fleuve orageux de la révolution; que des maximes de morale ne sauraient apporter un secours efficace au milieu des discordes; qu'on ne saurait lutter contre les préjugés reçus dans l'enfance, contre les vices de l'éducation, contre l'effet d'un mauvais gouvernement; que, dans une tempête imprévue, nul n'est en état de répondre de sa direction. Les Français savent fort bien que le souvenir de ces temps déplorables, loin d'être un appel à la vengeance, doit être la leçon de leur avenir. Après un orage, tous ceux qui en ont été battus aiment à se reposer ensemble, à se féliciter mutuellement; ils jouissent en commun de la sérénité du ciel.

ERRATA.

Page 116, ligne 22, deux cent vingt-quatre mille, *lisez :* deux cent vingt mille.
— 127, — 27, et son nombre, — et ce nombre.
— 127, — 28, ce conseil, — son conseil.
— 161, — du titre, décembre an 1793, — décembre an 1792.
— 177, — 24, Merlin et, — Merlinet.
— 183, — 16, baron *de Périgord*, — comte *de Périgord.*
— 183, — 17, deux cents livres, — douze cents livres.
— 186, — 32, Louis XII, — Louis XIII.
— 243, — 37, 17 mai 1795, *Supprimez cette date.*
— 252, — 7, du êtes-petit, — du très-petit.
— 264, — 29, n° 1, 36, 38, — 36, 38.
— 282, — 3, *Willot, Jourdan*, l'amiral, — *Willot*, l'amiral.
— 289, — 29, *Grinvard*, — *Grimoard.*
— 308, — 16 et 23, *Seringhapatam*, — *Seringnapatam.*
— 438, — 21 et 22, américains britanniques, — amiraux britanniques.
— 457, — 13, et rien pour lui, — et rien par lui.
— 478, — 3, la seule place, — la seule capitale.
— 481, — du titre, mars an 1809, — avril an 1809.
— 534, — 26, *je vis*, — *je vins.*
— 550, — 23, *Aréopiles*, — *Arapiles.*
— 652, — 21, juin 1693, — juin 1783.
— 662, — 13, d'adulation; mais ils, — d'adulation; ils.
— 668, — 10, une deuxième fois, — une dixième fois.
— 728, — 25, médiations, — méditations.
— 736, — 19, que très-bravement, — que trop bravement.
— 737, — 1, honorablement à nos, — honorablement de nos.
— 768, — 2, de Vevrins, en, — de Vervins, en.
— 787, — 12, plus de mau-, — plus mau-.
— 807, — 27, et qui n'en restent, — et qui ne restent.
— 810, — 9, violent par la, — violent dans la.

TABLE INDICATIVE

DES

NOMS ET DES FAITS LES PLUS REMARQUABLES.

Les chiffres désignent les pages; quand ils sont séparés par un trait —, on doit y comprendre tous les chiffres des pages intermédiaires.

ABRÉVIATIONS.

Am. — Amiral.
De l'ass. const. — Membre de l'assemblée constituante.
De l'ass. lég. — Membre de l'assemblée législative.
De la conv. — Membre de la convention.
Des cons. lég. — Membre des conseils législatifs.
Du corps lég. — Membre du corps législatif.
Dép. — Député. Membre de la chambre des députés.
Dir. — Directeur.
Gén. — Général.
Gouv. — Gouvernement.
Mar. — Maréchal.
Min. — Ministre.
Nat. — National ou nationale.
Off. — Officier.
Pr. — Prince.
Prés. — Président.
Sén. — Sénateur.
Tr. — Tribun.

D.

E.

F.

J.

K.

L.

M.

V.

W.

Lightning Source UK Ltd.
Milton Keynes UK
UKHW050148171118
332445UK00018B/535/P